WBC 성경주석

예레미야(상)

솔로몬

WORD BIBLICAL COMMENTARY

Volume 26

Jeremiah 1–25

PETER C. CRAIGIE
PAGE H. KELLEY
JOEL F. DRINKARD, JR.

WORD BOOKS, PUBLISHER · DALLAS, TEXAS

목 차

편집자 서문

본 성경 주석 전집(WBC; Word Biblical Commentary)이 세상에 나오기까지는 수년 간의 기획 과정이 필요했다. 1977년에 본 전집의 편집위원회 위원들은 발행인들과 회합한 자리에서 몇 가지 뚜렷한 특징을 지닌 새로운 성경 주석의 발간 가능성을 면밀하게 검토했다. 그러한 특징이 무엇인지는 독자들이 이 주석서들을 진지한 자세로 읽어 내려가는 과정에서 금방 알게 될 것이다. 하지만 본 성경 주석이 당초에 목표로 삼은 것이 과연 얼마나 완벽하게 성취되었는지는 오로지 시간만이 말해 줄 수 있을 것이다.

우선, 우리는 우리와 뜻을 같이하면서 세계 도처의 대학교, 신학교 등에서 가르침의 사역에 종사하고 있는 학자들을 되도록 폭 넓게 선발하여 본 성경 주석의 기고자로 삼기 위해 많은 노력을 기울여 왔다. 매우 다양한 교단적 배경을 지닌 본서 기고자들의 폭 넓은 시야는 가히 "복음주의적"-성경을 하나님의 계시로 받아들이고 기독교 복음의 진리와 능력을 자신의 생명처럼 여긴다는 적극적이고 역사적인 의미에서-이라 불려지는 것이 마땅하다.

다음으로, 본 전집에 포함된 주석서들은 처음부터 『WBC 성경주석』의 일환으로 쓰여진 책들이다. 오늘날 성경 주석 분야에서 상당한 호평을 받고 있는 몇몇 전집들이 영어 이외의 언어로 쓰여진 저작들을 영어로 번역한 것에 비하여, 본 성경 주석은 오로지 처음부터 영어로 쓰여진 책들만이 포함되어 있다. 또한 본 전집의 주석가들은 성경 원문을 각자 나름대로 영어로 번역한 다음, 그 번역된 성경 본문을 자신들의 주해와 주석의 바탕으로 삼는 것을 원칙으로 삼았다. 나아가서 본 전집의 대표적인 특징으로는, 그 내용이 어디까지나 성경적인 언어를 바탕으로 하면서도 각계각층의 독자들-공부하는 학생들, 현재 목회 사역에 종사하고 있는 교역자들 그리고 이 분야를 전공하는 학자들이나 교수들-이 성경에 대한 신학적 이해를 학문적이면서도 실제적으로 쌓아 나갈 수 있고, 또 그들에게 현실적인 도움이 될 수 있도록 구성되어 있다는 점을 들 수 있다.

마지막으로, 본 성경 주석의 구성 양식에 관하여 몇 마디 말을 덧붙이고자 한다. 우리는 여러 계층의-그리고 상이한 수준의-독자들을 의식하여, 확실하게 구분되는 몇 개의 단락으로 나누어 책의 내용을 구성했다. 예를 들어, 번역된 성경 본문의 바탕을 이루는 [히브리어와 헬라어] 원문에 관하여 좀더 깊이 있게 공부하려는 독자들은 본 성경 본문의 "원문주해"를 살펴보고, 현대 신학자들이 어떠한 해석을 내리고 있는지에 관심이 있다면 "참고문헌" 및 "양식/구조/배경"을 참조하면 될 것이다. 또한 어떤 성경 본문의 의미 및 그 본문에 포함된 성경적 계시를 좀더 폭 넓은 관점에서 이해하려면 "주석"과 "해설"을 보면 된다. 그러므로 본 성경 주석을 펼쳐 든 사람이라면 누구나 자신에게 유익한 자료들을 얻을 수 있으리라 믿어 의심치 않는다.

이상과 같은 우리의 목표가 상당히 만족스러운 수준까지 달성될 때, 우리 편집자들이 당초에 의도했던 것들이 구체적으로 실현됨과 아울러 본 전집의 기고자들이 흘린 땀방울도 충분한 보상을 받을 수 있게 될 것이다.

책임 편집자 : **데이비드 허바드**(David A. Hubbard)
글렌 바커(Glenn W. Barker)
구약 편집자 : **존 와츠**(John D. W. Watts)
신약 편집자 : **랠프 마틴**(Ralph P. Martin)

저자 서문

피터 크레이기(Peter Craigie) 박사의 때 아닌 별세로 인해 이 "주석"서 저술 작업은 중단될 수밖에 없었다. 1988년 사망 시 그는 예레미야 7장까지는 원고를 마무리한 상태였으며, 8:4까지 작업이 진행된 상태였다. 편집진은 그의 미망인 엘리자벳(Elizabeth)과의 협의로 구약주석 편집인 존 왓츠(John Watts)가 일하고 있는 남침례 신학교(Southern Baptist Seminary)에서 필진을 구성하여 예레미야 1-25장과 그 하편(예레미야 26-52장) 사이의 균형을 맞추도록 결정했다.

이 책에서 크레이기 박사의 저술은 서론을 포함하여 그가 저술한 내용이 그대로 제시되고 있다. 예레미야 8:4부터 16장까지의 주석은 페이지 켈리(Page Kelley)가 작업을 했으며, 17장부터 25장까지는 조엘 드링카드(Joel Drinkard)가 저술했다. 제랄드 키언(Gerald Keown)은 크레이기 박사가 만들어 놓은 참조문헌을 추가 교정하였다. 특히 제랄드 모리스(Gerald Morris)는 고대 주석서 목록을 만들었으며, 토머스 스모더스(Thomas Smothers)는 "예레미야의 역사적 배경" 단원을 집필했다. 작업의 분담으로 인해 책의 각 부분에 대한 서로 상이한 강조점이 나타나는 것은 피할 수 없는 일이겠지만, 이 책의 페이지마다 귀한 결실을 낸 각각의 저자들이 가진 독특한 관심사는 허용할 수밖에 없는 일이었다.

저술진과 편집진은 이 책이 피터 크레이기에 대한 기억을 길이 남기고 그의 업적이 인정되는 것으로 감사할 뿐이다.

그는 경건을 배우는 일과 결혼했으며,
겸손이라는 탁월한 재능을 옷 입었고,
교회에서 많은 결실을 맺으면서 학교에서의 봉사에도 헌신했다.
대부분의 동료들보다 더 뛰어나게
그는 매사에 고도의 재능을 보였다.
히브리와 셈 분야의 연구뿐만 아니라
다른 교수들과 더불어 행정에도 참여했으며,
그가 속한 학회 활동에서도 왕성했고,
캘거리 대학교에서의 학장과 교무처장 활동에서도 영향력을 발휘했으며,
자신의 아내와 가족도 사랑으로 보살폈고,

많은 친구들과도 뜻이 맞았으며,
그의 창조주와 구속주를 섬겼다.

이 주석서뿐만 아니라 다른 여타의 주석서들과 단행본, 전문 연구서에서 피터 크레이기의 업적과 그의 대중적인 주해서들은 전부 우리로 하여금 성경을 연구하는 모든 연구자들이 그에게 큰 빚을 졌다는 것을 기억하게 만든다. 상대적으로 짧은 시간에 이루어진 막대한 생산력은 우리로 하여금 그의 사역에 감사하게 만들고, 그에게서 기꺼이 시편 기자의 기도를 배우게 만든다.

우리에게 우리 날 계수함을 가르치사
지혜의 마음을 얻게 하소서
시편 90:12

존 왓츠(John D. W. Watts)
데이빗 후바드(David A. Hubbard)

약어표

정기간행물, 연속간행물, 참고도서류

AAS	*Acta apostolicae sedis*
AASF	Annales Academic Scientarum Fennicae
AASOR	Annual of the American Schools of Oriental Research
AB	Anchor Bible
AbrN	*Abr-Nahrain*
AcOr	*Acta orientalia*
ADAJ	Annual of the Department of Antiquities of Jordan
AfO	*Archiv für Orientforschung*
AGJU	Arbeiten zur Geschichte des antiken Judentums und des Urchristentums
AHW	W. von Soden, *Akkadisches Handwörterbuch*
AJA	*American Journal of Archaeology*
AJAS	*American Journal of Arabic Studies*
AJBA	*Australian Journal of Biblical Archaeology*
AJSL	*American Journal of Semitic Languages and Literature*
AJT	*American Journal of Theology*
ALBO	Analecta lovaniensia biblica et orientalia
ALUOS	Annual of Leeds University Oriental Society
AnBib	Analecta biblica
ANEP	J. B. Pritchard(ed.), *Ancient Near East in Pictures*
ANESTP	J. B. Pritchard(ed.), *Ancient Near East Supplementary Texts and Pictures*
ANET	J. B. Pritchard(ed.), *Ancient Near Eastern Texts*
AnOr	Analecta orientalia
ANQ	*Andover Newton Quarterly*
AOAT	Alter Orient und Altes Testament
AOS	American Oriental Series
APOT	R. H. Charles(ed.), *Apocrypha and Pseudepigrapha of the Old Testament*
ARG	*Archiv für Reformationsgeschichte*
ARM	Archives royales de Mari

ArOr	*Archiv orientální*
ARW	*Archiv für Religionswissenschaft*
ASSR	*Archives des sciences sociales des religions*
ASTI	*Annual of the Swedish Theological Institute*
ATAbh	Alttestamentliche Abhandlungen
ATANT	Abhandlungen zur Theologie des Alten und Neuen Testaments
ATR	*Anglican Theological Review*
AusBR	*Australian Biblical Review*
AUSS	*Andrews University Seminary Studies*
BA	*Biblical Archaeologist*
BANE	G. E. Wright(ed.), *The Bible and the Ancient Near East*
BAR	*Biblical Archaeologist Reader*
BASOR	*Bulletin of the American Schools of Oriental Research*
BAT	Die Botschaft des Alten Testaments
BCSR	*Bulletin of the Council on the Study of Religion*
BDB	F. Brown, S. R. Driver, and C. A. Briggs, *Hebrew and English Lexicon of the Old Testament*
BeO	*Bibbia e oriente*
BETL	Bibliotheca ephemeridum theologicarum lovaniensium
BEvT	Beiträge zur evangelischen Theologie
BFCT	Beiträge zur Förderung christlicher Theologie
BGBE	Beiträge zur Geschichte der biblischen Exegese
BHH	B. Reicke and L. Rost(eds.), *Biblisch-historisches Handwörterbuch*
BHK	R. Kittel, *Biblia hebraica*
BHS	*Biblia herbraica stuttgartensia*
BHT	Beiträge zur historischen Theologie
Bib	*Biblica*
BibB	Biblische Beiträge
BibIll	*Biblical Illustrator*
BibLeb	*Bibel und Leben*
BibOr	Biblica et orientalia
BibS(F)	Biblische Studien(Freiburg, 1895-)
BibS(N)	Biblische Studien(Neukirchen, 1951-)
BIES	*Bulletin of the Israel Exploration Society*
BIFAO	*Bulletin de l'institut français d'archéologie orientale*
BJRL	*Bulletin of the John Rylands University Library of Manchester*

BK *Bibel und Kirche*

BKAT Biblischer Kommentar: Altes Testament

BLit *Bibel und Liturgie*

BMik *Beth Mikra*

BN *Biblische Notizen*

BO *Bibliotheca orientalis*

BR *Biblical Research*

BSac *Bibliotheca Sacra*

BSO(A)S *Bulletin of the School of Oriental(and African) Studies*

BSS *Bibliotheca Sanctorum*

BSt Biblische Studien

BT *The Bible Translator*

BTB *Biblical Theology Bulletin*

BTS *Bible et terre sainte*

BVC *Bible et vie chrétienne*

BWANT Beiträge zur Wissenschaft vom Alten und Neuen Testament

BZ *Biblische Zeitschrift*

BZAW Beihefte zur *ZAW*

CAD *The Assyrian Dictionary of the Oriental Institute of the University of Chicago*

CAH *Cambridge Ancient History*

CAT Commentaire de l'Ancien Testament

CB *Cultura bíblica*

CBQ *Catholic Biblical Quarterly*

CBQMS Catholic Biblical Quarterly - Monograph Series

CCath Corpus Catholicorum

CJT *Canadian Journal of Theology*

CleM *Clergy Monthly*

CML G. R. Driver, *Canaanite Myths and Legends*(Edinburgh, 1956); rev. ed. J. C. L. Gibson(Edinburgh, 1978)

ConB Coniectanea Biblica

COT Commentaar op het OT

CQ *Church Quarterly*

CQR *Church Quarterly Review*

CRAIBL *Comptes rendus de l'Académie des inscriptions et belles-lettres*

CSCO Corpus scriptorum christianorum orientalium

CTA	A. Herdner, *Corpus des tablettes en cunéiformes alphabétiques*
CTM	*Concordia Theological Monthly*
CurTM	*Currents in Theology and Mission*
DACL	*Dictionnaire d'archéologie chrétienne et de liturgie*
DBSup	*Dictionnaire de la Bible, Supplément*
DD	*Dor le Dor*
DISO	C. -F. Jean and J. Hoftijzer, *Dictionnaire des inscriptions sémitiques de l'ouest*
Div	*Divinitas*
DJD	Discoveries in the Judaean Desert
DOTT	D. W. Thomas(ed.), *Documents from Old Testament Times*
DTT	*Dansk teologisk tidsskrift*
Ebib	Etudes bibliques
ECarm	*Ephemerides Carmeliticae*
EHAT	Exegetisches Handbuch zum Alten Testament
EHO	Cross and Freedman, *Early Hebrew Orthography*
EI	*Ereṣ Israel*
EncJud	*Encyclopaedia judaica*(1971)
EnchBib	*Enchiridion biblicum*
EngSt	*English Studies*
EstBib	*Estudios biblicos*
ET	*Église et Théologie*
ETL	*Ephemerides théologicae lovanienses*
ETR	*Etudes théologiques et religieuses*
EuntDoc	*Euntes Docete*
EvK	Evangelische Kommentare
EvQ	*Evangelical Quarterly*
EvT	*Evangelische Theologie(EvTh)*
Exp	*The Expositor*
ExpTim	*Expository Times*
FrancSt	*Franciscan Studies*
FRLANT	Forschungen zur Religion und Literatur des Alten und Neuen Testaments
GAG	W. von Soden, *Grundriss der akkadischen Grammatik*
GKB	Gesenius-Kautzsch-Bergsträsser, *Hebräische Grammatik*
GKC	*Gesenius' Hebrew Grammar*, ed. E. Kautzsch, tr. A. E. Cowley

GTJ	*Grace Theological Journal*
HALAT	W. Baumgartner et al., *Hebräisches und aramäisches Lexikon zum Alten Testament*
HAR	*Hebrew Annual Review*
HAT	Handbuch zum Alten Testament
HDR	Harvard Dissertations in Religion
Hen	*Henoch*
HeyJ	*Heythrop Journal*
HibJ	*Hibbert Journal*
HKAT	Handkommentar zum Alten Testament
HS	*Hebrew Studies*
HSAT	*Die Heilige Schrift des Alten Testament,* 2 vols.; ed. E. Kautzsche and A. Bertholet(Tübingcn: ^{4}1922-23)
HSM	Harvard Semitic Monographs
HTR	*Harvard Theological Review*
HTS	Harvard Theological Studies
HUCA	*Hebrew Union College Annual*
HUCM	Monographs of Hebrew Union College
IB	*Interpreter's Bible*
ICC	International Critical Commentary
IDB	G. A. Buttrick(ed.), *Interpreter's Dictionary of the Bible*
IDBSup	Supplementary volume to *IDB*
IEJ	*Israel Exploration Journal*
IndJTh	*Indian Journal of Theology*
Int	*Interpretation*
ISBE	G. W. Bromiley(ed.), *International Standard Bible Encyclopedia, rev.*
ITQ	*Irish Theological Quarterly*
ITS	*Innsbrucker theologisches Studien*
JA	*Journal asiatique*
JAAR	*Journal of the American Academy of Religion*
JAC	Jahrbuch für Antike und Christentum
JANESCU	*Journal of the Ancient Near Eastern Society of Columbia University*
JAOS	*Journal of the American Oriental Society*
JAS	*Journal of Asian Studies*
JB	A. Jones(ed.), *Jerusalem Bible*
JBC	R. E. Brown et al.(eds.), *The Jerome Biblical Commentary*

JBL	*Journal of Biblical Literature*
JBR	*Journal of Bible and Religion*
JBS	Jerusalem Biblical Studies
JCS	*Journal of Cuneiform Studies*
JDS	Judean Desert Studies
JEA	*Journal of Egyptian Archaeology*
JEOL	*Jaarbericht ... ex oriente lux*
JETS	*Journal of the Evangelical Theological Society*
JJS	*Journal of Jewish Studies*
JMES	*Journal of Middle Eastern Studies*
JNES	*Journal of Near Eastern Studies*
JNSL	*Journal of Northwest Semitic Languages*
JPOS	*Journal of Palestine Oriental Society*
JPSV	Jewish Publication Society Version
JQR	*Jewish Quarterly Review*
JQRMS	Jewish Quarterly Review Monograph Series
JR	*Journal of Religion*
JRAS	*Journal of the Royal Asiatic Society*
JRelS	*Journal of Religious Studies*
JSOT	*Journal for the Study of the Old Testament*
JSOTSup	Supplement to *JSOT*
JSS	*Journal of Semitic Studies*
JSSR	*Journal for the Scientific Study of Religion*
JTC	*Journal for Theology and the Church*
JTS	*Journal of Theological Studies*
Judaica	*Judaica: Beiträge zum Verständnis ...*
KAI	H. Donner and W. Röllig, *Kanaanäische und aramäische Inschriften*
KAT	E. Sellin(ed.), Kommentar zum Alten Testament
KB	L. Koehler and W. Baumgartner, *Lexicon in Veteris Testamenti libros*
KD	*Kerygma und Dogma*
KlT	Kleine Texte
KTU	*Die Keilalphabetischen Texte aus Ugarit*, I, ed. M. Dietrich, O. Loretz, and J. Sammartin, AOAT 24(1976)
LCC	Library of Christian Classics
LCL	Loeb Classical Library
LD	Lectio divina

Les *Lesonénu*
LLAVT E. Vogt, *Lexicon linguae aramaicae Veteris Testamenti*
LQ *Lutheran Quarterly*
LR *Luterische Rundschau*
LSJ Liddel-Scott-Jones, *Greek-English Lexicon*
LTK *Lexicon für Theologie und Kirche*
LumVit *Lumen Vitae*
LUÅ Lunds universitets årsskrift
MBA Y. Aharoni and M. Ari-Yonah, *Macmillan Bible Atlas*, rev. ed.(New York: Macmillan, 1977)
McCQ *McCormik Quarterly*
MDOG Mitteilungen der deutschen Orient-Gesellschaft
MelT *Melita Theologica*
MGWJ *Monatsschrift für Geschichte und Wissenschaft des Judentums*
MScRel *Mélanges de science religieuse*
MTZ *Münchener theologische Zeitschrift*
MUSJ *Mélanges de l'université Saint-Joseph*
MVAG Mitteilungen der vorder-asiatisch-ägyptischen Gesellschaft
NedTTs *Nederlands theologish tijdschrift*
NGTT *Nederduits Gereformeerde Teologiese Tydskrif*
NHS Nag Hammadi Studies
NICOT New International Commentary on the Old Testament
NKZ *Neue kirchliche Zeitschrift*
NorTT *Norsk Teologisk Tidsskrift*
NovT *Novum Testamentum*
NRT *La nouvelle revue théologique*
NSH Kuhnigk, *Nordwestsemitische Studien zum Hoseabuch*(Rome: Biblical Institute Press, 1974)
OBO Orbis biblicus et orientalis
OIP Oriental Institute Publications
OLP Orientalia lovaniensia periodica
OLZ *Orientalische Literaturzeitung*
Or *Orientalia(Rome)*
OrAnt *Oriens antiquus*
OrChr *Oriens christianus*
OrSyr *L'orient syrien*

OTL	Old Testament Library
OTS	*Oudtestamentische Studiën*
OTWSA	*Die Outestamentiese Werkgemeenskap in Suid-Afrika*
PAAJR	*Proceedings of the American Academy of Jewish Research*
PCB	M. Black and H. H. Rowley(eds.), *Peake's Commentary on the Bible* (London: Thomas Nelson and Sons, 1963)
PEFQS	*Palestine Exploration Fund, Quarterly Statement*
PEQ	*Palestine Exploration Quarterly*
PG	J. Migne, *Patrologia graeca*
PJ	*Palästina-Jahrbuch*
PL	J. Migne, *Patrologia latina*
PRU	*Le Palais royal d'Ugarit*
PSTJ	*Perkins(School of Theology) Journal*
PW	Pauly-Wissowa, *Real-Encyclopädie der classischen Altertumswissenschaft*
PWSup	Supplement to PW
QDAP	*Quarterly of the Department of Antiquities in Palestine*
RA	*Revue d'assyriologie et d'archéologie orientale*
RAC	*Reallexikon für Antike und Christentum*
RArch	*Revue archéologuique*
RB	*Revue biblique*
RCB	*Revista de cultura biblica*
RE	*Realencyklopädie für protestantische Theologie und Kirche*
RechBib	Recherches bibliques
REJ	*Revue des études juives*
RelS	*Religious Studies*
RelSRev	*Religious Studies Review*
RES	*Répertoire d'épigraphie sémitique*
ResQ	*Restoration Quarterly*
RevExp	*Review and Expositor*
RevistB	*Revista biblica*
RevQ	*Revue de Qumran*
RevScRel	*Revue des sciences religieuses*
RevSém	*Revue sémitique*
RGG	*Religion in Geschichte und Gegenwart*
RHPR	*Revue d'histoire et de philosophie religieuses*

RHR *Revue de l'histoire des religions*
RivB *Rivista biblica*
RR *Review of Religion*
RSO *Revista degli studi orientali*
RSP *Ras Shamra Parallels*, ed. L. R. Fisher, AnOr 49(Rome:Pontifical Biblical Institute, 1972)
RSPT *Revue des sciences philosophiques et théologiques*
RSR *Recherches de science religieuse*
RTL *Revue théologique de Louvain*
RTP *Revue de théologie et de philosophie*
RUO *Revue de l'université d'Ottawa*
SANT Studien zum Alten und Neuen Testament
SAOC Studies in Ancient Oriental Civilization
SAT Die Schriften des Alten Testaments in Auswahl übersetzt und erklärt, ed. Herman Gunkel
SAYP Cross and Freedman, *Studies in Ancient Yahwistic Poetry*
SB Sources bibliques
SBB Stuttgarter biblische Beiträge
SBFLA *Studii biblici franciscani liber annuus*
SBLASP Society of Biblical Literature Abstracts and Seminar Papers
SBLDS SBL Dissertation Series
SBLMasS SBL Masoretic Studies
SBLMS SBL Monograph Series
SBLSBS SBL Sources for Biblical Study
SBLSCS SBL Septuagint and Cognate Studies
SBLTT SBL Texts and Translations
SBM Stuttgarter biblische Monographien
SBS Stuttgarter Bibelstudien
SBT Studies in Biblical Theology
ScEs *Science et esprit*
Scr *Scripture*
ScrB *Scripture Bulletin*
SD Studies and Documents
SEÅ *Svensk exegetisk årsbok*
Sef *Sefarad*
SEHM Stuart, *Studies in Early Hebrew Meter*

Sem	*Semitica*
SJT	*Scottish Journal of Theology*
SOTP	H. H. Rowley(ed.), *Studies in Old Testament Prophecy*
SOTSMS	Society for Old Testament Study Monograph Series
SPAW	Sitzungsberichte der preussischen Akademie der Wissenschaften
SR	*Studies in Religion/Sciences religieuses*
SSS	Semitic Study Series
ST	*Studia theologica*
STÅ	*Svensk teologisk årsskrift*
STDJ	Studies on the Texts of the Desert of Judah
STK	*Svensk teologisk kvartalskrift*
StudOr	Studia orientalia
SVTP	Studia in Veteris Testamenti pseudepigrapha
SWJT	*Southwestern Journal of Theology*
TBl	*Theologische Blätter*
TBT	*The Bible Today*
TBü	Theologische Bücherei
TD	*Theology Digest*
TDOT	G. J. Botterweck and H. Ringgren(eds.), *Theological Dictionary of the Old Testament*(Grand Rapids: Eerdmans, 1974-)
TextsS	Texts and Studies
TF	*Theologische Forschung*
TGl	*Theologie und Glaube*
TGUOS	*Transactions: Glasgow University Oriental Society*
ThLife	*Theology and Life*
ThSz	*Theologiai Szemle*
ThV	*Theologisches Versuche*(Berlin)
TLZ	*Theologische Literaturzeitung*
TP	*Theologie und Philosophie*
TQ	*Theologische Quartalschrift*
TRev	*Theologische Revue*
TRu	*Theologische Rundschau*
TS	*Theological Studies*
TSK	*Theologische Studien und Kritiken*
TT	*Teologisk Tidsskrift*
TTKi	*Tidsskrift for Teologi og Kirke*

TToday	*Theology Today*
TTZ	*Trierer theologische Zeitschrift*
TU	Texte und Untersuchungen
TV	*Theologia Viatorum*
TWAT	G. J. Botterweck and H. Ringgren(eds.), *Theologisches Wörterbuch zum Alten Testament*
TWOT	R. L. Harris, et al.(eds.), *Theological Wordbook of the Old Testament* (Chicago:Moody Press, 1980)
TynBul	*Tyndale Bulletin*
TZ	*Theologische Zeitschrift(ThZ)*
UF	*Ugarit-Forschungen*
USQR	*Union Seminary Quarterly Review*
UT	C. H. Gordon, *Ugaritic Textbook*
UUÅ	Uppsala universitetsårsskrift
VC	*Vigilae christianae*
VD	*Verbum domini*
VF	*Verkündigung und Forschung*
VSpir	*Vie spirituelle*
VT	*Vetus Testamentum*
VTSup	Vetus Testamentum, Supplements
WBC	Word Biblical Commentary
WDB	*Westminster Dictionary of the Bible*
WHAB	*Westminster Historical Atlas of the Bible*
WMANT	Wissenschaftliche Monographien zum Alten und Neuen Testament
WO	*Die Welt des Orients*
WTJ	*Westminster Theological Journal*
WuD	*Wort und Dienst*
WUNT	Wissenschaftliche Untersuchungen zum Neuen Testament
WZKM	*Wiener Zeitschrift für die Kunde des Morgenlandes*
WZKSO	*Wiener Zeitschrift für die Kunde Süd- und Ostasiens*
ZA	*Zeitschrift für Assyriologie*
ZAW	*Zeitschrift für die alttestamentliche Wissenschaft*
ZDMG	*Zeitschrift der deutschen morgenländischen Gesellschaft*
ZDPV	*Zeitschrift der deutschen Palästina-Vereins*
ZEE	*Zeitschrift für evangelische Ethik*
ZKG	*Zeitschrift für Kirchengeschichte*

ZKT	*Zeitschrift für katholische Theologie*
ZNW	*Zeitschrift für die neutestamentliche Wissenschaft*
ZRGG	*Zeitschrift für Religions- und Geistesgeschichte*
ZTK	*Zeitschrift für Theologie und Kirche*
ZWT	*Zeitschrift für wissenschaftliche Theologie*

히브리어 문법서

abs	absolute	impf	imperfect
acc	accusative	impv	imperative
act	active	ind	indicative
adv	adverb/adverbial	inf	infinitive
aor	aorist	juss	jussive
apoc	apocopated	masc,m	masculine
c	common	niph	niphal
coh	cohortative	obj	object
conj	conjunction	pass	passive
consec	consecutive	pf	perfect
const	construct	pl	plural
conv	converted	poss	possessive
dittogr	dittography	prep	preposition
fem,f	feminine	pronom	pronominal
fut	future	ptcp	participle
gen	genitive	sg	singular
haplogr	haplography	stat	stative
hiph	hiphil	subj	subject/subjective
hithp	hithpael	suff	suffix
hoph	hophal	voc	vocative

주석: 히브리어 ש(*sin*)과 ש(*shin*)은 완전히 다른 결과를 낳을 수 있는 경우를 제외하고는 별도로 구별하지 않았다.

본문 주해

Akk.	Akkadian	C	Codex of the Prophets from Cairo
Arab.	Arabic		
Aram.	Aramaic	Eg.	Egyptian

Eng.	English
Eth.	Ethiopic
EVV	English versions
Gk.	Greek
Heb.	Hebrew
Hex.	Hexapla
K	Kethib(consonantal text)
L	Leningrad Codex
LXX	The Septuagint
LXXA(etc.)	Alexandrinus Codex of the Septuagint(etc.)
MT	Masoretic Text
OG	Old Greek
OL	Old Latin
Q	Qere(Masoretic suggested pronunciation)
2Q Jer	Jeremiah from Qumran Cave 2
4Q Jer	Jeremiah from Qumran Cave 4
Syr	Syriac Peshitta
Syrh	Syrohexapla
Tg	Targum
tiq. soph.	"*tiqune sopherim,*" corrections of the Scribes
Ug.	Ugaritic
Vg	Vulgate
α'	Aquila
θ'	Theodotion
σ'	Symmachus
>	mutated/transformed to
<	from
1	first person
2	second person
3	third person

성경과 외경

Gen	Genesis
Exod	Exodus
Lev	Leviticus
Num	Numbers
Deut	Deuteronomy
Josh	Joshua
Judg	Judges
Ruth	Ruth
1-2 Sam	1-2 Samuel
1-2 Kgs	1-2 Kings
1-2 Chr	1-2 Chronicles
Ezra	Ezra
Neh	Nehemiah
Esth	Esther
Job	Job
Ps(s)	Psalm(s)
Prov	Proverbs
Eccl	Ecclesiates
Cant	Canticles, Song of Solomon
Isa	Isaiah
Jer	Jeremiah
Lam	Lamentations
Ezek	Ezekiel
Dan	Daniel
Hos	Hosea
Joel	Joel
Amos	Amos
Obad	Obadiah
Jonah	Jonah
Mic	Micah

Nah	Nahum
Hab	Habakkuk
Zeph	Zephaniah
Hag	Haggai
Zech	Zechariah
Mal	Malachi
Sir	Ecclesiasticus of The Wisdom of Jesus Son of Sirach
Matt	Matthew
John	John
Acts	Acts
Rom	Romans
Phil	Philippians
Heb	Hebrews
Rev	Revelation

기타

ANE	Ancient Near East
AV	Authorized Version
b.	breve(metrically short poetic line)
B.C.	Before Christ
c.	circa
chap(s).	chapter(s)
cols.	columns
diss.	dissertation
E	Elohist(supposea biblical literary source)
ed(s).	edition; edited by; deitor(s)
esp.	especially
ET	English translation
FS	Festschrift
hap. leg.	*hapax legomenon* sole occurrence
J	Yahwist(supposed biblicl literary source)
JB	Jerusalem Bible
KJV	King James Version
l	*longum*(metrically long poetic line)
lit.	literally
MS(S)	manuscript(s)
n.	note
NAB	New American Bible
NEB	New English Bible
NIV	New International Version
NJV	New Jewish Version
n.s.	new series
NT	New Testament
obv.	obverse
OT	Old Testament
p.	page
Pers.	Persian
pl.	plate
rev.	reverse
RSV	Revised Standard Version
tr.	translated; translator
UP	University Press
v(v)	verse(s)
viz.	by alteration

일반 참고문헌

아래의 도서목록은 (i) 예레미야서에 관한 일반적인 주석과 전문적인 주석, (ii) 전체 예레미야서 혹은 이 책에 관련된 일반적인 문제들을 다룬 여타의 연구들, (iii) 근래 이루어진 연구들에 대한 비평에 관한 목록이다. 예레미야서에 관해서는 아주 많은 양의 이차적인 글들이 존재하기 때문에, 이 도서 목록은 이 책에 관해 최근에 이루어진 작업들에 국한되고 있다. 말하자면, 고전적이고 보다 오래된 작품들은 소수에 불과하다. 이 목록은 특별한 부분이나 구절에 관한 상세한 연구를 담고 있는 경우들은 배제했고, 이들은 별도로 주석의 각 단원 시작 부분에 실어 놓았다. 소위 예레미야의 고백록에 관한 연구들에 대해서는 후기("예레미야의 고백록")를 보라.

주석서

(본문에서는 저자의 이름만을 표기하였음)

교부 저술

Origen. *Homilias in Jeremiam.* Origenis opera omnia, III. *PG* 13. Paris: 1857. Col. 256-534.[Greek. Third century. Only covers Jer 1-20.] **Chrysostom.** *Commentarium in Jeremiam prophetam.* S. P. N. Joannis Chrysostomi opera omnia quae extant, xiii. *PG* 64. 1860. Col. 739-1038.[Greek. Fourth century.] **Ephraim of Syria.** *Commentarium in Jeremiam.* Opera Syriaca et Latina, 2. Rome: 1740. Col. 98-162.[Fourth century.] **Cyrill of Alexandria.** *Fragmenta ex Catenus in Jeremiam.* S. P. N. Cyrilli opera quae reperiri potuerunt omnia, III. *PG* 70. 1859. Col. 1451-58.[Greek. Fifth century. Very short and fragmented.] **Theodoret of Cyrene.** *Beati Theodoreti, in divini Jeremiae prophetam interpretatio.* Theodoreti opera omnia, III. *PG* 81. 1859. Col. 495-760.[Greek. Fifth century.] **Jerome.** *S. Eusebii Hieronymi, Commentarium in Jeremiam prophetam libri sex.* Sancti Eusebii Hieronymi opera omnia, IV. *PL* 24. Col. 706-936.[Latin. Fifth century. Only covers Jer 1-32.]

중세 성직자

Maurus. *Beati Rabani Mauri, Expositionis super Jeremiam prophetam libri viginti.* B. Rabani Mauri opera omnia, V. *PL* 111. 1852. Col. 793-1182.[Latin. Ninth century.] **Rupert of Deutz.** *In Jeremiam prophetam commentarium liber unus.* R. D. D. Ruperti opera omnia, I. *PL* 167. 1854. Col. 1363-1420.[Latin. Twelfth century.] **Thomas Aquinas.** *In Jeremiam prophetam, expositio.* Opera, 13. Rome: 1570. Venice: 1594. Antwerp: 1612. [Latin. Thirteenth century. Only covers Jer 1-42.]

중세 유대 주석서

Rashi(Solomon ben Isaac). *Commentary on the Latter Prophets.* Venice: 1608.[A Latin version edited by Johann Fr. Breihaupt, Gotha: 1713. Rashi lived 1040-1105.] **David Kimchi.** *Commentary on the Latter Prophets.* Pesaro: 1515. Paris: 1556.[Also included in Moses Frankfurter's larger Bible, Amsterdam: 1724-1727. Kimchi's dates: 1160?-1235?.] **Arama**(Meir ben Isaac). *Urim ve-Tummim.* Venice: 1603.[A commentary on Isaiah and Jeremiah. Included in Moses Frankfurter's larger Bible, Amsterdam, 1724-1727. Arama lived in Spain, 1460?-1545?]

종교개혁과 반 종교개혁

Calvin, J. *Commentaries on the Book of the Prophet Jeremiah and Lamentations.* Trans. and ed. J. Owen. 5 vols. Grand Rapids: Eerdmans, 1950.[Originally Latin. 1589. Can be found in Latin as vols. 37-39 of the Opera omnia, Corpus reformatorum, 65-67.] **Zwingli, U.** *D. Huldrichi Zwingli, annotationes in Genesim, Exodum, Esaiam & Jeremiam Prophetas.* Zurich: 1581.[Also in Opera omnia, 14. Corpus reformatorum, 101.] **Melanchthon, P.** *Argumentam in Jeremiam Prophetam.* Opera omnia, 13. Corpus reformatorum, 13. Col. 804-14.[Very short and fragmentary. Not really commentary.] **Capella, A.** *Commentaria in Jeremiam prophetam, in cartusia Scalae Dei.* Rome: 1586.[Latin. Roman Catholic.] **Christoph a Castro.** Paris: 1609.[Latin. Jeremiah, Lamentations, Baruch.] **Maldonatus, J.** Lyon: 1611. [Latin. Jeremiah, Baruch.] **Sanctius(Sanchez), G.** Antwerp: 1611. Lyon: 1618.[Latin.] **Ghislerius, M.** Lyon: 1623.[Latin.]

19세기 계몽주의

Lowth, W. *Commentary upon the Prophecy and Lamentations of Jeremiah.* London: 1718. **Michaelis, J. D.** *Observationes philologicae et criticae in Jeremiae vaticinia.* Güttingen: 1743. **Cheyne, J. K.** *Jeremiah.* The Pulpit Commentary. London: 1883. **Keil, C. F.** *Biblischer Commentar über den Propheten Jeremia.* Leipzig: 1872. ______. *Jeremiah.* Biblical Commentary. Edinborough, 1880. **Naegelsbach, C. W. E.** *The Book of the Prophet Jeremiah, Theologically and Homiletically Expounded.* New York: Scribner's, 1886.

20세기

Achtemeier, E. *Deuteronomy, Jeremiah.* Proclamation Commentaries. Philadelphia: Fortress, 1978. **Aeschimann, A.** *Le prophète Jérémie: Commentaire.* Neuchâtel: Delachaux and Niesthé, 1959. **Blackwood, A. W.** *Commentary on Jeremiah.* Waco: Word Books, 1977. **Boadt, L.** *Jeremiah 1-25.* Old Testament Message 9. Wilmington: Glazier, 1982. ______. *Jeremiah 26-52.* Old Testament Message, 10. Wilmington: Glazier, 1983. **Bright, J.** *Jeremiah.* AB Garden City, NY: Doubleday, 1965. **Brueggemann, W.** *A Commentary on the Book of Jeremiah 1-25: To Pluck Up, to Tear Down.* International Theological Commentary. Grand Rapids: Eerdmans, 1988. **Carroll, R. P.** *Jeremiah.* OTL. Philadelphia: Westminster, 1986. **Clements, R. E.** *Jeremiah.* Interpretation. Atlanta: John Knox, 1988. **Condamin, A.** *Le Livre de Jérémie.* Ebib. Paris: Gabalda, 1936. **Cornill, C. H.** *Das Buch Jeremia.* Leipzig: Tauchnitz, 1905. **Craigie, P. C.** *The Book of Deuteronomy.* The New International Commentary on the Old Testament. Grand Rapids, MI: Eerdmans, 1976. ______. *Psalms 1-50.* WBC 19. Waco, TX: Word Books, 1983. **Cunliffe-Jones, H.** *The Book of Jeremiah: Introduction and Commentary.* The Torch Bible Commentaries. London: SCM, 1960. **Dalglish, E. R.** *Jeremiah, Lamentations.* Layman's Bible Book Commentary 2. Nashville: Broadman, 1983. **Davidson, R.** *Jeremiah, Volume I.* The Daily Study Bible. Philadelphia: Westminster Press. 1983. ______. *Jeremiah, Volume II.* The Daily Study Bible. Philadelphia: Westminster, 1985. **Driver, S. R.** *The Book of the Prophet Jeremiah.* London: Hodder & Stoughton, 1906. **Duhm, B.** *Das Buch Jeremia.* Kurzer Hand-Commentar zum Alten Testament. Tübingen/Leipzig: Mohr(Siebeck), 1901. **Feinberg, C. L.** *Jeremiah: A Commentary.* Grand Rapids: Zondervan, 1982. **Fohrer, G.** *Die propheten des Alten Testament 3. Die Propheten des Fruhen 6 Jahrhunderts.* 1975. ______. *Die* *symbolische Handlungen der Propheten.* 2nd ed. ATANT 4. Zurich: Zwingli Verlag, 1968. **Freedman, H.** *Jeremiah: Hebrew Text and English Translation with an Introduction and Commentary.* London: Soncino, 1949. **Freehof, S. B.** *Book of Jeremiah: A Commentary.* The Jewish Commentary for Bible Readers. New York: Union of American Hebrew Congregations, 1977. **Giesebrecht, F.** *Das Buch Jeremia.* HKAT 3, 2. Göttingen: Vandenhoeck & Ruprecht, 1907. **Green, J. L.** "Jeremiah." In *The Broadman Bible Commentary.* Nashville: Broadman, 1971. *VI,* 1-202. **Haag, E.** *Das Buch Jeremia,* vols. 1 and 2. Geistliche Schriftlesung, 5/1 & 2. Düsseldorf: Patmos Verlag, 1971, 1977. **Harrison, R. K.** *Jeremiah and Lamentations: An Introduction and Commentary.* Tyndale Old Testament Commentaries. London: Tyndale, 1973. **Heschel, A. J.** *The Prophets.* New York: Harper, 1962. **Holladay, W. L.** *Jeremiah 1.* Hermeneia. Philadelphia/Minneapolis: Augsburg Fortress, 1986. ______. *Jeremiah 2.* Hermeneia. Philadelphia/Minneapolis: Augsburg Fortress, 1989. **Hyatt, J. P.** "Introduction and Exegesis, Jeremiah." In *IB.* Nashville: Abingdon, 1956. V, 775-1142. **Kuist, H. T.** *Jeremiah.* Layman's Bible Commentaries. London: SCM, 1961. **Lamparter, H.** *Prophet wider Willen: der Prophet Jeremia.* BAT 20. Stuttgart: Calwer Verlag, 1964. **Leslie, E. A.** *Jeremiah: Chronologically Arranged, Translated, and Interpreted.* New York: Abingdon Press, 1954. **Martens, E. A.** *Jeremiah.* Believers Church Bible Commentary. Scottdale, PA: Herald, 1986. **McKane, W. A.** *Critical and Exegetical Commentary on Jeremiah, I.* ICC Edinburgh: T. & T. Clark, 1986. **Neil, W.** *Prophets of Israel(2). Jeremiah and Ezekiel.* Bible Guides 8. Nashville: Abingdon, 1964. **Nicholson, E. W.** *The Book of the Prophet Jeremiah.* The Cambridge Bible Commentary on the New English Bible. Cambridge: Cambridge University, 1973, 1975. **Nötscher, F.** *Das Buch Jeremias.* Die Heilige Schrift des Alten Testaments 7, 2. Bonn: Hanstein, 1934. *Peake's Commentary on the Bible.* Ed. H. H. Rowley. London/New York: Nelson, 1962. **Rudolph, W.** *Jeremia.* HAT. Tübingen: Mohr(Siebeck), 1968. **Schreiner, J.** *Jeremia 1-25:14.* Die Neue Echter Bibel. Würzburg: Echter Verlag, 1981. **Sekine, M.** *Eremiya-sho chūkai Joū*(ET: "A Commentary on the Book of Jeremiah"). The Works of M. Sekine, vol. 14. 1962. Reprint. Tokyo: Sinchi-Shobo, 1981. **Selms, A. van.** *Jeremia.* Deel 1(Jer. 1-25). De Predeking van het Oude Testament. Nijkerk: G. F. Callenbach, 1972. *Starý zákon: překlad s výkladem:* 12. *Jeremjáš-Pláč.* Prague: Kalich, 1983.[A commentary in modern Czech on Jeremiah and Lamentations.] **Strobel, A.** *Trauer um Jerusalem: Jeremia-Klagelieder-Baruch.* Stuttgarter Kleiner Kommentar AT 11. Stuttgart: KBW Verlag, 1973.

Thompson, J. A. *The Book of Jeremiah. NICOT.* Grand Rapids: Eerdmans, 1980. **Volz, P.** *Der Prophet Jeremia. KAT.* Leipzig: Deichert, 1928. **Wambacq, B. N.** *Jeremias. Klaagliederen / Baruch, Brief van Jeremias vit de grondtekst vertaald en uitgelegd.* De Boeken van het Oude Testament. Roermond: Romen and Zonen, 1957. **Weiser, A.** *Das Buck des Propheten Jeremia.* Das Alte Testament Deutsche. Göttingen: Vandenhoeck & Ruprecht, 1969. **Woods, J.** *Jeremiah.* Epworth Preacher's Commentaries. London: Epworth, 1964.

단행본과 기타 저술

(본문에서는 저자의 이름과 축약된 제목만을 표기하였음)

Andersen, F. I., and **Forbes, A. D.** *A Linguistic Concordance of Jeremiah: Hebrew Vocabulary and Idiom.* 2 volumes. The Computer Bible, 14 and 14a. Wooster, OH: Biblical Research Associates, 1978. **Baumgartner, W.** *Die Klagegedichte de Jeremia.* BZAW 32. Giessen: Topelmann, 1917. ______. *Jeremiah's Poems of Lament.* Trans. D. E. Orton. Sheffield: Almond, 1988. **Berridge, J. M.** *Prophet, People and the Word of Yahweh: An Examination of From and Content in the Proclamation of the Prophet Jeremiah.* Zurich: EVZ-Verlag, 1970. **Blank, S. H.** *Jeremiah: Man and Prophet.* Cincinnati: HUC, 1961. **Bogaert, P. M.**, ed. *Le Livre de Jérémie. Le prophète et son milieu, les oracles et leur transmission.* BETL 54. Leuven: UP, 1981. **Bonnard, P. E.** *Le Psautier selon Jérémie.* LD 26. Paris: Les Éditions du Cerf, 1960. **La Bonnardière, A.-M.** *Le Livre de Jérémie.* Biblia Augustiniania. Paris: Études Augustiniennes, 1972. **Briend, J.** *Le Livre Jérémie.* Cahiers Evangile 40. Paris: Les Éditions du Cerf, 1982. **Bright, J.** *Covenant anti Promise: The Future in the Preaching of the Pre-exilic Prophets.* London: SCM, 1977. **Carroll, R. P.** *From Chaos to Covenant: Prophecy in the Book of Jeremiah.* New York: Crossroad, 1981. ______. *When Prophecy Failed: Cognitive Dissonance in the Prophetic Traditions of the Old Testament.* New York: Seabury, 1979. **Diamond, A. R.** *The Confessions of Jeremiah in Context: Scenes of Prophetic Drama. JSOTSup* 45. Sheffield: *JSOT* Press, 1986. **Durham, J. I.**, and **Porter, J. R.**, eds. *Proclamation and Presence: Old Testament Essays in Honour Gwynne Henton Davies.* Richmond: John Knox Press, 1970. **Efird, J. M.** *Jeremiah: Prophet under Siege.* Valley Forge: Judson, 1979. **Hillers, D. R.** *Treaty-Curses and the Old Testament Prophets.* BibOr 11. Rome: Pontifical Biblical Institute, 1964. **Holladay, W. L.** *Jeremiah: Spokesman Out of Time.* New York: Pilgrim, 1974. ______.

The Architecture of Jeremiah 1-20. London: Associated University Presses, 1976. **Hyatt, J. P.** *Jeremiah: Prophet of Courage and Hope.* Nashville: Abingdon, 1958. **Johnson, A. R.** *The Vitality of the Individual in the Thought of Ancient Israel.* Cardiff: University of Wales, 1949. **König, E.** *Historisch-Comparative Syntax der hebräischen Sprache.* Leipzig: Hinrichs, 1897. **Kraus, H.-J.** *Prophetie in der Krisis: Studien zu Texten aus dem Buche Jeremia.* Neukirchen-Vluyn: Erziehungsverein, 1964. **Lundbom, J. R.** *Jeremiah: A Study of Ancient Hebrew Rhetoric.* SBLDS 18. Missoula, MT: Scholars Press, 1975. **McKane, W.** *Prophets and Wise Men.* SBT 44. Naperville, IL: Allenson, 1965. **Melchert, J.** *Jeremia als Nachricht. Prophetische Texte im Religions-unterricht-Reflexionen und Unterrichtsplanungen.* Düsseldorf: Patmos Verlag, 1977. **Meyer, I.** *Jeremia und die falschen Propheten.* OBO 13. Göttingen: Vandenhoeck & Ruprecht; Fribourg: Universitatsverlag, 1977. **Miller, J. W.** *Das Verhältnis Jeremias und Hesekiels sprachlich und theologisch unterscht, mit besonderer Berücksichtigung der Prosareden Jeremias.* Assen: Van Gorcum, 1955. **Neher, A.** *Jérémie.* Paris: Librairie Plon, 1960. **Nicholson, E. W.** *Preaching to the Exiles: A Study of the Prose Tradition in the Book of Jeremiah.* New York: Schocken Books, 1970. **O'Connor, K. M.** *The Confessions of Jeremiah: Their Interpretation and Role in Chapters 1-25.* SBLDS 94. Atlanta: Scholars Press, 1988. **Overholt, T. W.** *The Threat of Falsehood: A Study in the Theology of the Book of Jeremiah.* SBT 2nd ser. 16. Naperville, IL: Allenson, 1970. **Perdue, L. G.**, and **Kovacs, B. W.**, eds. *A Prophet to the Nations: Essays in Jeremiah Studies.* Winona Lake, IN: Eisenbrauns, 1984. **Pohlmann, K.-F.** *Studien zum Jeremiabuch.* Göttingen: Vandenhoeck & Ruprecht, 1978. **Polk, T.** *The Prophetic Persona: Jeremiah and the Language of the Self. JSOTSup* 32. Sheffield, 1984. **Raitt, T. M.** *A Theology of Exile: Judgment/Deliverance in Jeremiah and Ezekiel.* Philadelphia: Fortress, 1977. **Reventlow, H. G.** *Liturgie und prophetisches Ich bei Jeremia.* Gütersloh: Gerd Mohn, 1963. **Ridouard, A.** *Jérémie, l épreuve de la foi.* Paris: Éditions du Cerf, 1983. **Schneider, D.** *Der Prophet Jeremia.* Wuppertaler Studienbibel. Wuppertal: Brockhaus Verlag, 1977. **Schultes, J. L.** *Umkehre ist immer moglich. Ein Arbeitsheft zum Buch Jeremia.* Gesprache zur Bibel 6. Klosterneuburg: Osterreichisches Katholisches Bibelwerk, 1978. **Seierstad, I. P.** *Die Offenbarungserlebnisse der Propheten Amos, Jesaja und Jeremia.* 2nd ed. Norwegian Research Council: Universitetsvorlaget, 1965. **Seitz, C. R.** *Teology in Conflict: Reactions to the Exile in the Book of Jeremiah.* New York: de Gruyter, 1989. **Skinner, J.** *Prophecy* *and Religion: Studies in the Life of Jeremiah.* Cambridge: Cambridge UP, 1922. **Smith, M. S.** *The Laments of Jeremiah and Their Contexts: A Literary and Redactional Study Jeremiah 11-20.* SBLMS 42. Atlanta: Scholars Press, 1990. **Stulman, L.** *The Other Text of Jeremiah.* New York: Lanham, 1985. **Thiel, W.** *Die deuteronomistische Redaktion von Jeremia 1-25.* WMANT 41. Neukirchen-Vluyn: Neukirchener Verlag, 1973. ______. *Die deuteronomistische Redaktion von Jeremia 26-45. Mit einer Gesamtbeurteilung der deuteronomistischen Redaktion des Buches Jeremias.* WMANT 52. Neukirchen-Vluyn: Neukirchener Verlag, 1981. **Thompson, J. G. S. S.** *The Word of the Lord in Jeremiah.* Tyndale Old Testament Lecture. London: Tyndale Press, 1959. **Wanke, G.** *Untersuchungen zur sogenannten Baruchschrift.* BZAW 122. Berlin: de Gruyter, 1971. **Weippert, H.** *Die Prosareden der Jeremiabuches.* BZAW 132. Berlin: de Gruyter, 1973. ______. *Schöpfer des Himmels und der Erds. Ein Beitrag zur Theologie des Jeremiabuches.* SBS 102. Stuttgart: Katholisches Bibelwerk, 1981. **Wisser, L.** *Jérémie, critique de la vie sociale: justice sociale et connaisance de Dieu darts la livre de Jérémie.* Geneva: Labor et Fides, 1982. **Wolff, C.** *Jeremia in Frühjudentum und Urchristentum.* Texte und Untersuchungen zur Geschichte der Altchristlichen Literatur, 118. Berlin: Akademie Verlag, 1976.

논문

(본문에서는 저자의 이름과 잡지명만을 표기하였음)

Ackroyd, P. R. "spects of the Jeremiah Tradition." *IndJTh* 20(1971) 1-12. ______. "Biblical Classics, I: John Skilruer: Prophecy and Religion." *ExpTim* 89(1978) 356-58. **Augustin, F.** "Baruch und das Jeremia." *ZAW* 67(1955) 50-56. **Avigad, N.** "Jerahmeel and Baruch: King's Son and Scribe." BA 42(1979) 114-18. **Barker, K. L.** "Jeremiah's Ministry and Ours." *BSac* 127(1970) 223-31. **Berger, K.** "Hartherzigkeit und Gottes Gesetz: die Vorgeschichte des antijudischen Vorwurfs in Mc 10:5." *ZNW* 61(1970) 1-47. **Berridge, J. M.** "Jeremia und die Prophetic des Amos." *TZ* 35(1979) 321-41. **Blank, S. H.** "The Confessions of Jeremiah, and the Meaning of Prayer." *HUCA* 21(1948) 331-54. **Briggs, C. R.** "Prophets and Traditions: the Relations between Jeremiah and the Traditions of Northern Israel." *AusBR* 20(1972) 1-15. **Bright, J.** "Book of Jeremiah: Its Structure, Its Problems, and Their Significance for the Interpreter." *Int* 9(1955) 259-78. ______. "The Date of the Prose Sermons in Jeremiah." *JBL* 70(1951) 15-35. ______. "The

Prophetic Reminiscence: Its Place and Function in the Book of Jeremiah." In *Biblical Essays, Proceedings: Die Ou Testamentiese Werkgemeenskap*(1966) 11-30. ______. "Jeremiah's Complaints." In *Proclamation and Presence.* FS G. H. Davies. Ed. J. I. Durham and J. R. Porter. Richmond: John Knox, 1970. 189-214. **Broughton, P. E.** "The Call of Jeremiah: The Relation of Dt. 18:9-22 to the Call and Life of Jeremiah." *AusBR* 6(1958) 39-46. **Brueggemann, W.** "Jeremiah's Use of Rhetorical Questions." *JBL* 92(1973) 358-74. **Buchanan, G. W.** "The Word of God and the Apocalyptic Vision." SBLASP 14(1978) 183-92. **Busch, R. J. Vanden** "Jeremiah: A Spiritual Metamorphosis." *BTB* 10(1980) 17-24. **Carlson, E. L.** "The World of Jeremiah." *SWJT* 4(1961) 57-68. **Cassuto, U.** "The Prophecies of Jeremiah Concerning the Gentiles." In *Biblical and Oriental Studies, I: The Bible.* Trans. I. Abrahams. Jerusalem: Magnes, 1973. 178-226. **Childs, B. S.** "The Enemy from the North and the Chaos Tradition." *JBL* 78(1959) 187-98. **Corré, A. D.** "ʿelle, hēmma=sic."[pronouns in Jeremiah] *Bib* 54(1973) 263-64. **Crenshaw, J. L.** "YHWH S^eba ʾot Sh^emo: a Form-critical Analysis." *ZAW* 81(1969) 156-75. **Cummins, P.** "Jeremias Orator." *CBQ* 11(1949) 191-201. **Dahood, M. J.** "Two Textual Notes on Jeremia." *CBQ* 23(1961) 462-64. **Davidson, R.** "Orthodoxy and the Prophetic Word: a Study in the Relationship Between Jeremiah and Deuteronomy." *VT* 14(1964) 407-16. **Dobbie, R.** "Jeremiah and the Preacher." *CJT* 4(1958) 37-45. **Driver, S. R.** "Linguistic and Textual Problems: Jeremiah." *JQR* 28(1937-38) 97-129. **Eichler, U.** "Der Klagende Jeremia. Eine Untersuchung zu den Klagen Jeremia und ihrer Bedeutung zum Verstehen seines Leidens." *TLZ* 103(1978) 918-19.[Summary of 1968 Heidelberg dissertation.] **Eissfeldt, O.** "Voraussage-Empfang, Offenbarungagewissheit und Gebetskraft-Erfahrung bei Jeremia." *NovT* 5 (1962) 77-81. Ellison, H. L. "Prophecy of Jeremiah." *EvQ* 31(1959) 143-51, 205-17; 32 (1960) 3-14, 107-13, 212-23; 33(1961) 27-35, 148-56 220-27; 34(1962) 16-28, 96-102, 154-162; 35(1963) 4-14, 160-67, 196-205; 36(1964) 3-11, 92-99, 148-56; 37(1965) 21-28, 100-109, 147-54, 232-41; 38(1966) 40-51, 158-68, 233-40; 39(1967) 40-47, 165-72, 216-24. **Elliot, R. H.** "Old Testament Prophecy." *RevExp* 58(1961) 407-16. **France, R. T.** "Herod and the Children of Bethlehem." *NovT* 21(1979) 98-120. **Frank, R. M.** "Jeremias of Pethion ibn Ayyub al-Sahhar."[with Arabic text of chaps. 1-6] *CBQ* 21(1959) 136-70. ______. "'Citation' from the Prophet Jeremias in Ibn Qutaiba and Tabari."[with Arabic texts and ET] *CBQ* 17(1955) 379-402. **Gerstenberger, E.** "Jeremiah's Complaints." *JBL* 82(1963) 393-408. **Gordon, T. C.** "A New Date for Jeremiah."

ExpTim 44(1932-33) 562-65. **Granild, S.** "Jeremia und das Deuteronomium." *ST* 16 (1962) 135-54. **Grelot, P.** "Soixante-dix Semaines d'Annees." *Bib* 50(1969) 186. **Habel, N. C.** "Appeal to Ancient Tradition as a Literary Form." *ZAW* 88(1976) 25-72. ______. "The Form and Significance of the Call Narratives." *ZAW* 77(1965) 297-323. **Herrmann, S.** "Forschung am Jeremiabuch. Probleme und Tendenzen ihrer neueren Entwicklung." *TLZ* 102(1977) 481-90. **Hobbs, T. R.** "Some Remarks on the Structure and Composition of the Book of Jeremiah." *CBQ* 34(1972) 257-75. ______. "Some Proverbial Reflections in the Book of Jeremiah." *ZAW* 91(1979) 62-72. **Hoffken, P.** "Zu den Heilszusatzen in der Volkerorakelsammlung des Jeremiabuches." *VT* 27(1977) 398-412. **Holladay, W. L.** "Prototype and Copies: A New Approach to the Poetry-Prose Problem in the Book of Jeremiah." *JBL* 79(1960) 351-67. ______. "The Background of Jeremiah's Self-Understanding." *JBL* 83(1964) 153-64. ______. "A Fresh Look at 'Source B' and 'Source C' in Jeremiah." *VT* 25(1975) 394-412. ______. "The Book of Jeremiah." *IDBSup*, 470-72. ______. "Jeremiah and Women's Liberation." *ANQ* 12(1972) 213-23. ______. "Jeremiah in Judah's Eyes and Ours: Musing on Some Issues in Old Testament Hermeneutics." *ANQ* 13(1972) 115-32. ______. "Jeremiah's Lawsuit with God: a Study in Suffering and Meaning." *Int* 17(1963) 280-87. ______. "Recovery of Poetic Passages of Jeremiah." *JBL* 85(1966) 401-35. ______. "Style, Irony, and Authenticity in the Book of Jeremiah." *JBL* 81(1962) 44-54. **Honeycutt, R. L.** "Jeremiah and the Cult." *RevExp* 58(1961) 464-73. **Horwitz, W. J.** "Audience Reaction to Jeremiah." *CBQ* 32(1970) 555-64. **Hyatt, J. P.** "The Beginnings of Jeremiah's Prophecy." *ZAW* 78(1966) 204-14. ______. "The Deuteronomic Edition of Jeremiah." *Vanderbilt Studies in the Humanities* 1(1951) 71-95. ______. "Jeremiah and Deuteronomy." *JNES* 1(1942) 156-73.______. "Torah in the Book of Jeremiah." *JBL* 60(1941) 381-96. **Janzen, J. G.** "Double Readings in the Text of Jeremiah." *HTR* 60(1967) 433-47. **Jeremias, J.** "Die Vollmacht des Propheten im Alten Testament." *EvT* 31(1971) 305-22. **Jobling, D. K.** "The Quest of the Historical Jeremiah: Hermeneutical Implications of Recent Literature." *USQR* 34(1978) 3-12. **Kapelrud, A. S.** "Jeremia - en landsskiver?" *Kirke og Kultur* 83(1978) 28-39. **Keller, B.** "Langage de Jérémie." *ETR*(1978) 53, 360-65. **Kelley, P. H.** "Jeremiah's Concept of Individual Religion." *RevExp* 58(1961) 452-63. **Klein, W. C.** "Commentary on Jeremiah." *ATR* 55(1963) 121-58, 284-309. **Kuist, H. T.** "Book of Jeremiah." *Int* 4(1950) 322-41. **Kurichianil, J.** "Jeremiah, the Prophet of Prayer." *ITS* 18(1981) 34-46. **Kutsch, E.** "Das Jahr der

Katastrophe: 587 V Chr. Kritische Erwagungen zu Neueren Chronologischen Versuchen." *Bib* 55(1974) 520-45. **Laberge, L.** "Le drame de la fidéité chez Jérémie." *ET* 11(1980) 9-31. **Long, B. O.** "Prophetic Authority as Social Reality." In *Canon and Authority*, ed. G. W. Coats anti B. O. Long. Philadelphia: Fortress, 1977. 3-20. **Lörcher, H.** "Das Verhältnis der Prosareden zu Erzahlungen im Jeremiabuch." *TLZ* 102(1977) 395-396. [Summary of 1974 Tübingen dissertation.] **Ludwig, T. M.** "Law-gospel Tension in Jeremiah." *CTM* 36(1965) 70-79. **Malamat, A.** "Jeremiah and the Last Two Kings of Judah." *PEQ* 83(1951) 81-87. **Manahan, R. E.** "A Theology of Pseudoprophets: A Study in Jeremiah." *GTJ* 1(1980) 77-96. ______. "An Interpretive Survey: Audience Reaction Quotations in Jeremiah." *GTJ* 1(1980) 163-83. **Marböck, J.** "Jeremia." *BLit* 50(1977) 85-95. **Martin-Achard, R.** "Esaie et Jérémie aux prises avec les problèmes politiques." *RHPR* 47(1967) 208-24. **May, H. G.** "Towards an Objective Approach to the Book Jeremiah: the Biographer." *JBL* 61(1942) 139-55. ______. "The Chronology of Jeremiah's Oracles." *JNES* 4(1945) 217-27. ______. "Jeremiah's Biographer." *JBR* 10(1942) 195-201. **Milgrom, J.** "Concerning Jeremiah's Repudiation of Sacritice." *ZAW* 89(1977) 273-75. **Muilenburg, J.** "The Terminology of Adversity in Jeremiah." In *Translating and Understanding the Old Testament*. Ed. H. T. Frank and W. L. Reed. Nashville: Abingdon Press, 1970. 42-63. **Orlinsky, H. M.** "Nationalism-Universalism in the Book of Jeremiah." In *Understanding the Sacred Text*. Ed. J. Reumann. Valley Forge: Judson, 1972. 61-84. **Overholt, T. W.** "Remarks on the Continuity of the Jeremiah Tradition." *JBL* 91(1972) 457-62. ______. "Jeremiah and the Nature of the Prophetic Process." In *Scripture in History; and Theology: Essays in Honor of J. Coert Rylaarsdam*. Ed. A. Merrill and T. Overholt.(1967) 129-50. ______. "Some Reflections on the Date of Jeremiah's Call." *CBQ* 33(1971) 165-84. **Pilch, J. J.** "Jeremiah and Symbolism." *TBT* 19(1981) 105-11. **Reid, D. P.** "Prophet Wanted - No Coward Need Apply." *TBT* 18(1980) 11-16. **Roche, M. de.** "Contra Creation, Covenant and Conquest(Jer. viii 13)." *VT* 30(1980) 280-90. **Rowley, H. H.** "The Early Prophecies of Jeremiah in Their Setting." *BJRL* 45(1962) 198-234. **Schehr, T.** "Jeremiah: the Power of God's Word." *TBT* 19(1981) 87-92. **Schreiner, J.** "Ja sagen zu Gott-Der Prophet Jeremia." *TLZ* 90(1981) 29-40. **Schutzinger, H.** "Die arabische Jeremia-Erzahlungen und ihre Beziehungen zur judischen religiosen Uberlieferung." *ZRGG* 25(1973) 1-19. **Sturdy, J. V. M.** "The Authorship of the 'Prose Sermons' of Jeremiah." In *Prophecy*. Ed. J. A. Emerton. BZAW 150. Berlin: de Gruyter, 1980.

143-50. **Tambasco, A.** "Jeremiah and the Law of the Heart." *TBT* 19(1981) 100-104. **Telcs, G.** "Jeremiah and Nebuchadnezzar, King of Justice." *CJT* 15(1969) 122-30. **Urbock, W. J.** "Jeremiah: A Man tot Our Seasoning." *CurTM* 5(1978) 144-57. **Vermeylen, J.** "Jérémie: le prophète et le livre." *ETL* 58(1982) 140-44. **Weinfeld, M.** "Jeremiah and the Spiritual Metamorphosis of Israel." *ZAW* 88(1976) 17-56. **Weisman, Z.** "Stylistic Parallels in Amos and Jeremiah: Their Implications for the Composition of Amos." *Shnaton* 1(1975) 129-49. **Weften, P.** "Leiden und Leidenserfahrung im Buch Jeremia." *ZTK* 74(1977) 123-50. **Whitley, C. F.** "The Date of Jeremiah's Call." *VT* 14(1964) 467-83.

서 론

이 책은 고대 이스라엘로부터 잔존하고 있는 십수 권을 넘는 선지서들 중의 하나에 불과하지만 다방면에서 훌륭한 선지서로 다른 책들보다 더 중요하다. 첫째로, 이 책은 선지서들 중에서 가장 큰 분량을 차지하고 있다. 비록 이사야서의 장 수가 더 많기는 하지만, 예레미야서는 어휘의 수나 절의 수에서 이사야보다 규모가 더 크다. 하지만 크기 자체가 책의 위대함에 필연적인 영향을 미치는 것은 아니다. 이 책의 내용도 이 책의 특성에 기여하고 있으며, 수세기 동안 이 책에 대한 흥미를 지속하도록 만들었다. 또한 각각의 선지서들은 저마다의 메시지를 가지고 있지만 그 기록자가 대개 비밀로 남거나 실질적으로 익명으로 나타나는 것이 일반적이다. 하지만 예레미야서에서 선지자 자신의 모습은 진정한 의미에서 한 인간의 인격으로 드러나고 있다. 이 점은 대부분의 현대 독자들에게는 약점으로 작용할 수 있다. 하지만 메시지 전달자의 인격이 우리에게 알려지는 경우, 이를 통해 우리는 이 메시지를 보다 쉽게 이해할 수 있는 계기가 되는 것도 사실이다. 최근 연구 경향의 변화 속에서 선지자의 이력이 실제로 이해하기 어려운 것으로 여겨지고 있는 것도 사실이다. 하지만 저자에 대해 회의적인 태도를 갖는다 하더라도, 한 비범한 인간의 모습이 예레미야라는 이름이 붙은 이 책 속에 드러나고 있음을 알아야 한다.

영어라는 언어는 고대의 이 선지자의 인격에 의해 일면 영향을 받아 왔다. jeremiad라는 단어는 『옥스포드 영어사전』(*Oxford English Dictionary*)에 의하면 "애가"(lamentation), "슬픈 푸념"(doleful complaint)을 의미한다. 이 단어는 예레미야서의 내용에 대한 오해에서 비롯된 것이기는 하지만 선지자의 이름에서 파생된 것이다. 실제로 이 선지자의 책 속에, 특히 소위 예레미야의 고백록이라고 불리는 곳에서는 애가의 주제가 담겨 있지만 이 책 전체의 메시지가 다채로우며, 그 슬픔의 성격은 구약 어디에서나 발견되는 모종의 가장 순수한 소망에 대한 표현으로 인해 상쇄되고 있다.

예레미야서의 위대함이 갖는 더 깊은 측면은 이것이 위치하는 역사적인 정황에서 드러난다. 주전 7세기 후반과 6세기 초반의 세계는 평범하지 않은 변화를 겪고 있었다. 옛 제국과 기존의 제국이 붕괴되기 시작했으며, 새롭고 위협적인 세계 권력이 역사의 지평으로 출현하고 있었고, 당대 세계의 일반인들은 공포에 휩싸여 있었고, 막 동트기 시작한 신 시대의 불확실한 파장에 내던져져 있었다. 예레미야가 살았던 작은 국가인 유다는 국제적인 변화의 추세를 거역할 수 없었다. 그 국가로서 존립할 수 있었던 시기, 즉 선지자의 젊은 시절 동안은 이미 그 남은 날을 세어 나가기 시작했던 것이다. 지금 예레미야는 환상을 보는 자로서 이 불확실한 세계의 시민들 속에 서 있었다. 이 불확실한 세계에서 모든 백성은 오로지 혼란과 불확실함만을 볼 수밖에 없었으나, 그에게만 부분적으로나마 그 시대의 혼란에 대한 이해가 계시되었던 것이다. 그는 크게는 열방들에 대해서 말했을 뿐만 아니라, 그가 속한 작은 민족에 대해서도 말했다. 그는 하나님의 손길이 그분의 세계의 혼란 속에서 일하고 계심을 인지했다. 또한 윤리적이면서도 영적인 메시지를 전했는데, 이 메시지는 그가 속한 시대의 진통을 말하면서 동시에 그의 당대 세계를 넘어서 후세대에 임할 위기에 대해 계속 이야기하고 있었다.

기독교적인 관점에서 예레미야서에는 간과할 수 없는 위대함의 또 다른 차원이 존재한다. 선지자는 새 언약, 곧 세계 내에서의 하나님의 새로운 사역에 대해 이야기했다. 그러나 그가 이것을 최초로 말한 선지자는 아니었다. 그의 메시지의 명백함과 말들의 힘은 후세대의 신앙과 상상력을 붙잡을 수 있었다. 훗날 초대 교회의 역사 가운데서 기독교인들은 자신들의 성서의 두 부분에 대해 각각 "옛 언약"과 "새 언약"이라는 이름을 붙여야만 했다(언약[covenant]은 일반적으로 영어로 유언[testament]이라고 번역되는 용어의 축자적인 번역이다). 이렇게 함으로써 그들은 자신들의 자기 이해를 표현했던 것이다. 즉, 그들은 스스로를 하나님의 새 언약의 백성이라고 믿었으며, 그 존재성은 예레미야의 말들 속에서 수세기 전에 이미 예시되었던 것이다(31:31).

이것만이 아닌 다른 많은 이유들로 인해 예레미야서는 특별한 인식과 신중한 연구의 대상이 되었다. 이 책은 우리에게 우선 히브리 백성들의 역사 가운데 매우 결정적인 전환점에서 유래된 메시지를 가져다 준다. 이 책은 유대의 정경서 가운데 민족적인 보화로 잔존하였다. 또한 이 책은 초대 기독교 교회 성경의 일부로 전래되었다. 이것은 시간의 파괴 작용 속에서 잔존한 것이며, 20세기 말에 이르러서도 계속해서 우리에게 말을 건네고 있는 책이다. 그리고 여전히 그 모든 위대함과 중요성으로 인해, 독자들로 하여금 이것이 읽기 쉬운 책이 아니라는 점을 그 시초부터 인식하도록 만들기에 충분한 책이 되고 있다. 예레미야서를 읽고 이해하는 일에 수반되는 어려움들 중의 일부는 우리가 먼저 이 책이 잔존하게 된 그 형식을 문제삼는다면 분명해질 것이다.

참고문헌

Augustin, F. "Baruch und das Buch Jeremia." *ZAW* 67(1955) 50-56. **Carroll, R. P.** *From Chaos to Covenant: Prophecy in the Book of Jeremiah.* New York: Crossroad, 1981. **Herrmann, S.** "Forschung am Jeremiabuch. Probleme und Tendenzen ihrer neueren Entwicklung." *TLZ* 102(1977) 481-90. **Hobbs, T. R.** "Some Remarks on the Structure and Composition of the Book of Jeremiah." *CBQ* 34(1972) 257-75. **Holladay, W. L.** "Prototype and Copies: A New Approach to the Poetry-Prose Problem in the Book of Jeremiah." *JBL* 79(1960) 351-67. ______. "A Fresh Look at 'Source B' and 'Source C' in Jeremiah." *VT* 25(1975) 394-412. ______. *The Architecture of Jeremiah 1-20.* London: Associated University Presses, 1976. **Lörcher, H.** "Das Verhältnis der Prosareden zu den Erzählungen im Jeremiabuch." *TLZ* 102(1977) 395-96. **Overholt, T. W.** "Remarks on the Continuity of the Jeremiah Tradition." *JBL* 91(1972) 457-62. **Pohlmann, K.-F.** *Studien zum Jeremiabuch. Ein Beitrag zur Frage nach der Entstehung des Jeremiabuches.* Göttingen: Vandenhoeck & Ruprecht, 1978. **Sturdy, J. V. M.** "The Authorship of the 'Prose Sermons' of Jeremiah." In *Prophecy,* ed. J. A. Emerton. BZAW 150. Berlin: de Gruyter, 1980. 143-50. **Thiel, W.** *Die deuteronomistische Redaktion von Jeremia 1-25.* WMANT 41. Neukirchen-Vluyn: Neukirchener Verlag, 1973. ______. *Die deuteronomistische Redaktion von Jeremia 26-45. Mit einer Gesamtbeurteilung der deuteronomistischen Redaktion des Buches Jeremias.* WMANT 52. Neukirchen-Vluyn: Neukircher Verlag, 1981. **Weippert, H.** *Die Prosareden des Jeremiabuches.* BZAW 132. Berlin: de Gruyter, 1973.

현대의 독자가 예레미야서를 읽으면 처음부터 어려운 일에 부딪히게 된다. 책이라는 말의 일반적인 느낌에서 보면, 지금 남아 있는 것은 책이라고 볼 수 없다. 예레미야서는 시작에서 끝으로 진행하는 그런 내용을 가지고 있지 않으며, 분명한 논리나 내적인 전개 과정을 담고 있는 것도 아니다. 실제로, 이 "책"의 주요 부분이 갖는 내용은 이 책이 잔존했던 문학적인 정황에 맞게 의도된 것도 아니다. 예레미야의 책이 저술된 자료는 공적인 선언에서 사적인 일기에 이르기까지 다양한 범위의 정황 속에서 출발하고 있다. 그러므로 우리가 이제 예레미야서에 대한 독서라는 작업 속에서 다루게 되는 대상은 본질적으로 하나의 선집(anthology), 보다 정확히 해두자면 선집들의 선집(anthology of anthologies)이라고 볼 수 있는 하나의 작품이다. 그리고 이런 선집의 모음은 하나로 모여 선지자와 관련된 다수의 어록과 저술들을 이루고, 그것이 한 권의 책으로 묶이게 된 것이다. 하지만 현대적인 선집이라는 것이 막대한 양의 제목과 주석 그리고 표제를 통해 독자들에게 참고자료를 제공해 주는 데 반하여, 예레미야서에는 이런 독서를 위한 보조자료가 거의 나타나지 않고 있는 형편이다. 더구나 이 선집의 모음이 하나로 편찬된 내적인 논리는 부분적으로만 재구성될 수 있는 성격으로, 이로써 독자는 그저 전체를 구성하고 있는 자료들의 순서와 배열이 갖는 타당한 이유를 매 경우마다 추론할 수는 없는 실정이다.

이 책의 성격에 대한 단서를 제공해 주는 자료는 본문 자체에 함유되어 있는데, 다음에 극히 소수의 예들이 제시되고 있다. (i) 25:1-14은 아직 책의 나머지 부분이 많은 부분을 더 진행해 나가야 한다는 사실이 분명함에도 불구하고, 이 부분이 신탁 수집의 결론이라는 점을 강하게 드러내는 내러티브를 담고 있다. (ii) 30:1-2은 그 형식에 있어서 또 하나의 "책"(아마도 30-33장)에 대한 서론을 이루고 있다. (iii) 46:1은 다른 또 하나의 선집, 소위 이방 민족들에게 선언된 신탁의 수집(46-51)의 서론으로 보인다. 이 세 가지 사항은 그저 보다 큰 선집 가운데 보다 작은 선집이 존재한다는 것에 대한 단서가 되고 있을 뿐이다. 이들 각각의 소단락들 속에서 그 이상의 선집적인 요소를 확인할 수 있다는 점이 분명해진다. 다시 말해서 예레미야의 책은 다른 선집들, 곧 어록과 다양한 양식의 기록물들의 수집을 포함하고 있는 보다 작은 단위들의 모음집이라는 것이다.

더욱이 전체를 구성하고 있는 이 책의 무수한 부분들이 갖는 문학적 형식에서 눈에 띄는 다양성이 나타나고 있다. 전통적으로 자료의 세 가지 원칙적인 유형을 구별해 왔으며, 이들은 각각 A, B와 C유형의 자료로 불리고 있다. (세 가지 유형들은 B. Duhm, *Das Buch Jeremia*, 1901에서 가장 처음 알려졌으며, 구체적으로 A, B와 C로 불리게 된 것은 S. Mowinckel, *Zur Komposition des Buches Jeremia*[Kristiania: J. Dybwad, 1914]에 의해서다.) (i) 선지자의 신탁으로서 시문 형식으로 기록된 것은 A자료로 불린다. (ii) 산문 내러티브로서 그 성격상 본질적으로 전기적이며 역사적인 것인데 특히 예레미야를 언급하는 경우 3인칭으로 기록한 것은 B자료로 불린다. (iii) 시문 형식보다 산문 양식에 나타나고 있으며, 분명한 문학적인 양식을 보이고 있는 담화(speech) 혹은 강화(discourse)는 C자료로 불린다. 예레미야의 원칙적인 문학 형식에 대한 이 삼중적인 분류는 그것이 이해하기 쉬운 것은 아닐지라도 유용한 것으로 보인다. 사실 일부 자료는 이들 분류의 어느 것에도 들어맞지 않는 경우가 있다(예를 들어 소위 고백록이 그런데, 이들은 일반적으로 A유형으로 분류된다).

이들 예레미야서의 성격에 대한 예비적인 지시 작업은 부분적으로는 이 책 자체의 내용에 의해서 확인된다. 36장은 선지자가 그의 서기관 바룩에게 구술한 내용, 곧 그의 초기 신탁의 내용을 담고 있다. 이러한 초기 편집을 담고 있는 두루마리가 파괴되었을 때 다른 두루마리가 편집되었는데, 이번에는 추가 작업이 이루어졌다(36:32). 이것이 1-25장 안에 포함되어 있다는 정당한 추정을 넘어서서 이들 두루마리들 중 하나의 내용을 확인하는 것은 가능한 작업이 아니다. 하지만 우리는 고려해 볼 만한 후대의 추가 작업이 이 초기의 수집에 가해졌다는 점을 알고 있다. 예레미야 36장의 스토리가 갖는 중요성은 이것이 자료 편집과정에 대한 부분적인 통찰력을 제공해 준다는 것이다. 처음에 구두로 전해진 예언들은 후에 기록으로 남겨지게 되었다. 이들이 기억에서 유래한 것인지 아니면 기록으로부터 나온 것인지는 알 수 없다.

예레미야서에 대한 주석서 제1권 서론을 시작하는 이 시점에서 예레미야서의 형식과 구조에 관한 모든 가설과 책이 만들어지게 된 과정에 대해 다루려는 것이 우리의 의도는 아니다. 이들 가설들에 관한 자료는 주석서를 통해서 **양식/구조/배경**이라는 제목의 부분에서 다루게 될 것이다. 이어질 내용들 속에서, 독자는 각각의 문학 단위의 형식과 그것이 보다 큰 범위의 문학적인 맥락과 갖는 관계성에 대한 상세한 주석을 발견하게 될 것이다. 하지만 독자들에게 몇 가지 일반적인 사항을 지적해 두어 책을 읽어 감에 있어서 전체적인 큰 이해의 틀을 세우게 하는 작업이 필요한 것으로 보인다.

이 책이 현재의 형태를 갖추게 된 것이 선지자의 생애에서 상당히 늦은 시기이거나 더 가능성이 있어 보이는 것은 아마도 그의 사후일 것으로 여겨진다는 것은 분명하다. 또한 이 책의 편집 작업이 수많은 편집적 수집과 배열의 단계를 거쳤다는 것도 분명하다. 예레미야 36장에 기술되고 있는 사건이 유일한 경우이기는 하나, 복합적인 과정 중에 있는 수많은 단계들 중에서 최초의 것일 필요는 없다. 이 책의 저작 및 편집 과정을 정확하게 재구성하는 일에서 자료가 충분하게 남아 있지 못하다는 사실을 시작부터 인지하는 것 또한 아마도 현명한 일일 것이다. 미리 마음에 이 같은 사전 준비를 거친 후에야 이 책이 어떻게 현재의 형태에 이르게 되었는지 이해하려는 시도를 신중하게 진행시키는 일이 확실히 가능해지는 것이다.

하지만 이 같은 의문의 출발점에서부터 우리는 바로 딜레마에 부딪히게 된다. 원칙적으로 우리는 지금 완결된 형태의 책으로부터 시작해서, 점차적으로 거슬러 올라가는 작업을 통해 선집의 각각의 단위가 선지자의 삶과 사역 가운데서 혹은 이 책을 만들어 가게 된 편집 및 재편집의 과정 가운데서 갖는 근원과 정황을 확인하는 일이 이루어지기를 바랄 것이다. 하지만 실제적으로 우리는 쉽사리 책의 정확히 완결된 형태로부터 출발하기가 어려운데, 그 이유는 우리가 현재의 완결된 형태의 정체성에 대해 확신하지 못하고 있기 때문이다. 현존하는 마소라 본문의 형태는 그것에 기초하고 있는 칠십인역과 몇 가지 근본적인 부분에서 차이를 보이고 있으며, 두 본문 전승이 모두 쿰란의 사본 증거들 속에서 나타나고 있다는 것이다. 이에 대해서는 "예레미야서의 히브리어 본문과 헬라어 본문"(다음)이라는 부분을 참조하기 바란다. 완성된 작품으로 출발할 수 없다면 우리는 초기 단계로부터 출발할 수도 없는데, 그 이유는 어떤 의미에서 그것들 모두가 탐구의 대상이기 때문이다. 그렇다면 우리는 특별히 우리가 알고 있는 요소들에 대한 평가로부터 출발해야 하며, 그러고 난 후에야 신중하게 가설을 세우는 단계로 이동하려는 시도를 해야 할 것이다.

탐구의 출발점은 예레미야가 선지자였다는 사실에 대해 주목하는 것에서부터다. 말하자면 그는 공적인 웅변의 일에 가담해서 유다의 백성들에게 하나님의 말씀을 선포했던 것이다. 예언적 말씀은 필연적으로 처음에는 구두로 전해졌다. 그렇게 볼 수밖에 없는 것은 그 메시지가 선지자의 동시대인들에게 공개적으로 전해졌기 때문이다. 우리가 확실히 알 수 없는 것은 이 메시지가 기록되기도 했는가의 여부이며, 만일 이것이 기록되었다면 그것이 메시지 전달의 이전에 기록되었는지 아니면 이후에 기록되었는지도 문제다. 일부의 경우에 비록 그 세부적인 내용들이 모호하기는 하지만 이것은 사건 이후, 그것도 꽤 시간이 흐른 후에 기록된 것이 분명하다(렘 36장). 더구나 서술의 과정이 메시지의 보존으로 접어들 때 우리는 예레미야의 서기관인 바룩이 기록자로 개입했다는 이야기를 듣게 된다. 하지만 우리는 예레미야 자신이 저술 행위에 어느 정도나 가담했는지는 알 수 없다.

메시지 그 자체는 다소 어려운 주제가 되고 있다. 본문을 액면 그대로 다루게 되면, 선지자의 어록은 두 가지 형태로 남겨진 것으로 이해된다. 일부는 시문체의 신탁이며, 또 다른 일부는 산문체의 내러티브 강화다. 선지자가 백성들에게 두 가지 양식 곧 시문체와 산문체로 말을 한 것인지, 아니면 이 책에서 드러나는 신탁의 상이한 양식 혹은 형식이 단순히 선지자의 메시지 기록 방식을 반영하는 것인지에 대한 불확실성이 부분적으로 나타나고 있다(두 유형의 메시지 중 하나 혹은 두 가지 모두가 선지자의 저작임을 확인해 주는 경우에). 다양한 가능성들이 열려 있다. 선지자가 공적인 선포에서 두 가지 서로 다른 유형의 언어를 구사했을 수도 있다. 이는 그가 받은 메시지의 본질 때문이거나, 아니면 메시지가 주어진 상황이 그 메시지의 전달에 있어서 서로 상이하고 저마다에 적절한 방식을 요구했기 때문일 수도 있다. 두 번째로 가능한 것은 선지자가 시문 신탁의 형식으로만 말했으나 그 신탁을 기록하거나 편집하는 과정에서 일부는 원래의 시문 형식으로 기록되었고, 반면에 다른 부분들은 산문체로 기록되었을 수도 있는 것이다. 산문체로 기록되는 경우는 메시지의 (원래의 형태가 아니라) 본질을 기록하려는 시도가 가해진 것이었을 수 있다. (반대의 가능성에 대해서도 열려 있다. 그렇게 보이지는 않지만, 쉽게 말해서 선지자가 산문 형식으로 말했으나 그 메시지가 후에 기억의 편리를 위해 시문 형식으로 개작되었을 가능성 말이다.) 이 두 번째 가능성을 다룸에 있어서는 수많은 어려움이 존재한다. 만일 바룩의 역할에 대해 예레미야 36장에 기술된 대로 어느 정도의 신뢰를 둔다면, 구술 과정이 선지자가 전한 메시지의 내용을 산문체로 남겨지게 만들었다는 것, 그리고 이보다 먼저 선지자 자신에게는(메시지 전달의 시간에 더 가까운 시점에) 시문 신탁이 기록되거나 암기되거나 쓰여졌다는 것을 가능하게 만들어 준다.

아직 제3의 가능성이 남아 있는데, 이는 우리가 그 형식에 기초하여 예언 발화들 중에서 진정한 것과 그렇지 못한 것을 가려낼 수 있다는 점이다. 이 같은 논증 노선을 따르는 사람들은 시문 신탁을 진정한 선지자의 선언으로 보려는 경향을 가진 반면에, 산문 내용에 대해서는 그 문학적인 양식이 갖는 차이점으로 미루어 후대의 작품일 것으로 여긴다. 즉, 선지자의 것이 아니며 선지자의 메시지를 다른 사람 혹은 후대의 사람들에게 적용하고자 했던 선지자의 전승 가운데 서 있는 사람일 것이다(예를 들어, 바벨론 추방 중에 있던 자들).

이들 가능성들과 연루되고 있는 다양한 상이점들에 대한 해결책은 쉬운 일이 아니다. 실제로 완전한 해결은 아마 불가능해 보이며, 증거가 부족하고, 기껏해야 논리적으로 설득력을 지닌 가설에 희망을 거는 수밖에 없다. 우리가 다시금 선지자의 초기 사역에서 시작해 본다면, 우리는 과연 그가 한 가지 방식의 언어(시문)만을 사용한 것인지, 아니면 두 가지(산문과 시문 모두)를 다 사용한 것인지를 물어야 할 것이다. 이 질문에 대해 어떤 확실한 해답도 없는 가운데 다른 예언서와 역사서들의 증거는 선지자에게는 두 가지 형태의 발화, 즉 시문과 산문이 모두 가능하다는 결론을 얻게 된다. 시문체의 강화에 관해서 우리는 이 형식이 이 강화가 기록으로 변하는 시점까지 잔존해 왔으리라는 점을 가정할 수 있으며, 이는 시문 형식이 메시지의 본질적인 부분이었기 때문이다. 우리는 또한 시문의 메시지가 초기에는 구전의 형식으로 암기되고 전달되었으리라는 가정을 하게 된다. 그 이유는 부분적으로 시문 언설의 목적은 오늘날의 현대 사회도 마찬가지겠지만 책이나 기록에 의존하지 않았던 그 사회 속에서 그 내용을 보다 암기하기 쉽게 바꾸는 것이었기 때문이다. 다른 한편으로 하나의 강화가 산문 형태로 전달되는 경우, 이 형식은 그 내용보다는 비평력이 훨씬 덜하게 되기도 한다. 그것이 기록으로 변하는 경우, 기록된 것이 발화된 언설의 효과를 정확히 재생시켜 주는 데는 여러 가지 요소에 의존하게 되는데, 전달과 기록의 사이에 흐르는 시간의 간격, 기록을 수행하는 사람의 정체 그리고 그 기록이 만들어지게 되는 목적이 그것이다.

예레미야서에서 시문 신탁이 본래 진정성을 지니고 있다는 점은 매우 확실한 출발점으로 여겨진다. 반면에 산문의 강화는 판단하기에 훨씬 더 어려운 부분이다. 누군가가 예레미야가 시문 형식에 추가하여 메시지의 전달에 있어서 산문 형식도 사용했을 수 있다고 논증해 낼지라도, 우리는 그가 그렇게 했으리라고 확신할 수 없기 때문이다. 우리는 또한 일부 신탁이 산문으로 전달되었다 할지라도, 전달의 형식과 기록의 형식 사이에 존재하는 상이점의 크기에 관해서는 아무런 확신도 가질 수 없다. 예를 들이 산문 강화가 바룩에게 구술된 것들 속에 있다면, 바룩의 손길이 어느 정도까지 그 부분들의 특별하고 독특한 성격을 드러냈는지 알 수 없는 일이다. 하지만 보다 심각한 문제는 산문 강화, 즉 C유형 자료가 선지자에게서 유래된 것이 아니라 후대 전승의 산물이라는 가설에서 제안하고 있는 바이다.

이 같은 노선의 해석을 제시하고 있는 사람들은 일반적으로 산문 강화의 언어는 후대에 발전된 전승을 반영한다고 논증한다. 한편, 후대의 발전된 전승 속에서 원래의 선지자의 어록이 발전하여 새로운 삶의 정황, 특히 추방 중에 있는 그들의 삶에 적용되었다. 그래서 니콜슨(E. W. Nicholson)이 설득력 있는 연구 작업인 *Preaching to Exiles*(1970)는 산문 강화의 흔적을 대부분 예레미야서의 발전 단계 속에서 이차적 단계로 잡고 있다. 산문 강화에서 예레미야의 설교의 침전물이 좀더 상세히 설명되고, 예배와 교훈을 위해 모인 추방 중에 있던 사람들의 삶에 적용되었던 것이다. 이러한 가설의 설득력에도 불구하고, 이 견해는 현존하고 있는 예레미야 본문이 충분한 자료를 담고 있다는 가정에 근거한 것이다. 그 자료라는 것은 편집적, 문체적 특성으로 보아 산문 강화가 이해될 수 있는 삶의 정황에 대한 이 같은 중요한 재구성을 가능하게 만들 수 있는 자료를 말한다. 스터디(J. V. M. Sturdy)는 다소 설득력 있게 니콜슨의 가설 대부분이 근거를 두고 있는 문학적인 척도가 전혀 다른 해석의 가능성도 가지고 있음을 논증한다("Authorship of the 'Prose Sermons,'" 143-50). 실제로 스터디 자신의 입장은 예레미야의 제자들 중의 일부가 산문 설교를 창출해 냈다는 것이었다.

산문 강화의 본질과 기원에 관한 이 같은 종류의 견해는 예레미야의 본문 속에 소위 신명기적인 언어의 난점을 소개하는 것이다. 니콜슨, 폴만(Pohlmann), 틸(Thiel)과 다른 많은 학자들의 견해는 이 책의 최종적 형태에 미친, 필경 신명기적인 영향일 것으로 보이는 것의 발견에 근거를 두고 있으며, 그들은 이러한 두드러진 문제를 설명해 내기 위해 다양한 가설을 감행했다. 그래서 틸의 두 권으로 이루어진 예레미야에 대한 신명기적 첨가에 관한 연구서는 원래의 예레미야적인 중심과 아마도 주전 550년 즈음에 유다에서 끝난 것으로 보이는 이 책에 대해 두 단계로 확장된 신명기적인 개정을 구별해 내려는 시도를 담고 있는 것이다([i] 1-25와 [ii] 26-45). 하지만 이러한 분석의 의도와 독창성에도 불구하고 예레미야서에서의 D언어의 존재와 [혹은] 그 규모 같은 것에 대해서는 학자들간에 어떠한 의견의 일치도 나타나지 않고 있다. 그래서 (위의) 스터디의 연구에 덧붙여서 브라이트(Bright, *Jeremiah,* lxxi- lxxiii, and "The Date of the Prose Sormons of Jeremiah," *JBL* 70 [1951] 15-35)는 강화 내러티브의 산문이 오로지 "신명기적인 것"으로 불리는 것만이 적절한 것이라는 말에 이끌리지는 않고 있다. 바이퍼트(H. Weippert)의 최근의 연구(*Die Prosareden des Jeremiahuches,* 1973)도 동일한 결론에 이르게 되었다. 그녀는 강화의 언어가 6세기 산문으로서, 이 언어의 특성은 예레미야의 시기에 전형적인 것이며 선지자가 그의 강화에 시문과 산문을 모두 사용했으리라고 가정한들 아무런 차이도 드러나지 않는다는 점을 논증하였다.

이러한 근본적인 견해의 차이가 다수의 학자들 사이에 존재하기 때문에, 최소한 분명한 것은 이 자료가 충분히 정확하지 못하며 기껏해야 가설만을 허용할 뿐이라는 점이다. 본 주석서에서 일반적인 관점으로 여겨지고 있는 것은 브라이트와 바이퍼트의 것이다. 그러나 브라이트와 바이퍼트 및 기타 다소 보수적인 전통의 견지와 더불어 작업을 한다는 것은 니콜슨의 견해와 더불어 주석 작업을 발전시키는 것 못지않게 가설적인 것에 불과하다는 점이 분명히 강조되어야 할 것이다. 그러니까 이런 특성을 가진 자료는 모종의 실제적인 가설을 요구하는 셈이다. 캐롤(R. P. Carroll, *From Chaos to Covenant,* 19)은 최근에 바이퍼트 등이 취한 접근법에 대해 비판적이었다.

> 이러한 접근에서 나타난 책들이 지닌 관점의 단조로움은 주제나 시대가 갖는 복잡성에 대한 이해에 충분한 도움이 되지 못한다. 그리고 예레미야를 카알라일(Carlyle)의 영웅으

로 만들려는 시도는 다소 역행적인 시각이 될 뿐이다. 하지만 이 같은 관점은 성서 학자들에게 어떤 태도를 요구하게 될 것이며, 비록 이에 동감하지는 않더라도 나는 이것을 이 책에 대한 분석에 있어서 또 하나의 접근법이라는 점만을 지적해 두고 싶다.

이 책에 대한 캐롤 자신의 해석은 니콜슨에 의해 제시된 관점을 훨씬 넘어서서 크게는 후대 전승의 발전이라는 용어로 표현되고 있다. 하지만 결정적인 문제는 새로운 접근법에 대해서 캐롤이 수행한 관찰은 모든 접근법들이 지니는 바 가설적인 특성을 분명히 표현해 주지 못했다는 점이다. 이 책에 대한 우리의 최종적인 관점이 단조로운지 아니면 그 반대(울퉁불퉁한가?)인지, 예레미야가 카알라일 식의 영웅으로 나타난 것인지 아니면 시간의 안개와 고대 상상력의 세계 속으로 완전히 사라져 버린 것인지 등 이러한 선택적 가능성들은 이들처럼 본질적으로 적절하지 못한 것일 수밖에 없다. 적절한 요인들은 자료이며, 그런 이유로 인해 가설들이 그 기초 위에서 합리적으로 세워질 수 있는 것이다. 바이퍼트의 경우와 같은 관점이 "성경학자들"에게 호소하게 될 다소 겸손한 관찰도 동등하게 부적절한 것이다. 바이퍼트가 했던 일은 내러티브 강화의 산문적 문학 특성들을 상세하게 탐구하는 것이었고, 그녀는 증거의 빛 안에서 강화의 본질에 대한 자신의 가실을 세워 놓았던 것이다. 물론 바이퍼트가 자신의 탐구에 있어서 특정의 가설 혹은 전제의 "영향을 받았을" 수도 있었으리라는 점은 사실이다. 하지만 캐롤의 자료에 대한 탐구와 그에 이은 그의 해석에서도 동일한 사실을 말할 수 있다. 결국, 캐롤의 정의에 의해 본다면 강화 설교에 대해 보다 보수적인 접근이 "단조로울" 수 있다는 것이 사실일 수도 있겠으나, 이러한 접근법이 예레미야를 구성하고 있는 내러티브의 현재 형태를 이해하려는 노력 속에서 상당한 숙고와 복잡성을 포함하고 있다는 것 역시 사실이다. 하지만 예레미야의 산문 강화에 대한 보수적인 접근이 다른 것들, 곧 해석에 대해 보다 전통에 얽매인 접근법들과 다르지 않게 그저 가설에만 머문다는 사실을 재차 확인해야 할 것이다.

현재 형태로서의 예레미야에 대한 이해를 다듬어 가는 데는 문제점이 더 남아 있다. 지금까지는 산문 강화에서 그리고 시문 신탁에서 우리가 아직은 본질적으로 예레미야에 기원하는 것이지만, 선지자의 사역에 관한 두 가지 상이한 전승을 가지고 있다는 것이 논증되어 왔다. 비록 다양한 가능성들이 지적되어 왔으나, 우리는 이 단계에서 이들 전승들을 축소시키는 일에 있어 예레미야, 바룩 및 다른 사람들의 저마다의 역할 같은 것에 대해서 어떤 형태로든 정확한 견해를 제시하는 일을 자제해 왔다. 마침내 세 번째 유형의 자료(즉, B유형, 다시 말해 전기적이고 역사적인 내러티브들)가 바룩과 [혹은] 바룩의 전승에 속하여 선지자의 생애와 유다의 역사 속에서 일어난 특정 사건을 저술할 책임이 있던 다른 후대의 서기관(혹은 서기관들)에 의해 편집되어 추가되었을 수도 있다는 가능성이 제시되었다. 이들 내러티브들은 대부분의 경우 선지자의 강화와 관련되어 있으며, 그들을 특정 정황 속에서 해석했던 것이다(강화와 그들에 수반하는 내러티브 사이의 관계성에 대한 복합적인 접근의 한 예를 보자면, H. Lörcher, *TLZ* 102 [1977] 395-96가 있다). 드디어 그리고 아마도 일련의 상이한 단계들 속에서 예레미야는 히브리어 본문 속에 보존되어 온 현재의 형태를 점차적으로 갖추게 되었다(본문의 다른 이형이 칠십인역에 의해서 영향을 받은 전승 속에서 보존되어 왔다). 수많은 장소에서 이 책의 편찬에 있어서 이들 최종적인 단계들이 관찰될 수 있었고, 경우에 따라서는 이 같은 자료의 배열과 편집 속에서 그리고 때로는 편집적이거나 개정적인 첨가 작업 속에서 이루어졌다. 이들 자료들은 본 주석서의 본문 가운데 "양식/구조/배경"이라는 항목에서 상세하게 논의되고 있다.

이들은 분명한 문제를 남겨두고 있는데, 비록 위에 개괄된 문제들보다 가설들의 불확실함으로부터 더 자유로울 수 없는 것들일지라도 이것들은 좀더 논의되어야 할 문제들이다. 특별히 어떤 질문들은 주의를 요한다. 왜 예레미야서가 편찬되었는가? 언제 예레미야서가 편찬되었는가? 그리고 어디서 예레미야서가 편찬되었는가? 이들 질문들에 대한 대답을 위해 한 가지 시도가 선지자 자신에 대한 이해에 도달하는데 수반하는 일부 난점들을 평가하고난 후에 이루어질 것이다.

선지자 예레미야

참고문헌

Blank, S. H. *Jeremiah: Man and Prophet.* Cincinnati: Hebrew Union College Press, 1961. **Carroll, R. P.** *From Chaos to Covenant: Prophecy in the Book of Jeremiah.* New York: Crossroad, 1981. 5-30. **Holladay, W.** *Jeremiah: Spokesman Out of Time.* Philadelphia: United Church Press, 1974. **Hyatt, J. P.** *Jeremiah: Prophet of Courage and Hope.* Nashville: Abingdon Press, 1958. **Jobling, D. K.** "The Quest of the Historical Jeremiah: Hermeneutical Implications of Recent Literature." *USQR* 34(1978) 3-12. **Muilenburg, J.** "Baruch the Scribe." In *Proclamation and Presence: Old Testament Essays in Honour of Gwynne Henton Davies.* Ed. J. I. Durham and J. R. Porter. Richmond: John Knox Press,

1970. 215-38. **Neher, A.** *Jérémie.* Paris: Librarie Plon, 1960. **Reventlow, H. G.** *Liturgie und prophetisches Ich bei Jeremia.* Güttersloh: Gerd Mohn, 1963. **Skinner, J.** *Prophecy and Religion: Studies in the Life of Jeremiah.* 3rd ed. Cambridge: Cambridge University Press, 1930.

그 안에 주제가 담긴 있는 그대로의 형식을 가지고 예레미야서를 그저 단순히 읽는다는 것이 쉬운 일이 아닐지라도, 논란의 여지를 거부하는 분명한 사실은 액면 그대로 드러나는 바와 같이 부분적으로라도 충격적인 선지자의 모습이 그의 이름이 달린 페이지마다 생겨나고 있다는 점이다. 역사의 그림자 가운데 영원한 형상으로 남고 있는 다른 많은 성경 속의 선지자들과는 달리, 예레미야는 독특하게 진정한 인간의 모습으로 나타나고 있다. 그는 믿음과 의심 사이에서 찢겨지고 있으며, 당대의 문제들에 깊이 관여하고 있고, 그의 책들 속에서 자신의 시대의 역사적 배경에 저항하느라 젊은 시절을 다 보내고 이제 노년기를 맞고 있다. 아직은 그 영웅적이며 비극적인 차원에서의 선지자의 형상은 예레미야라는 이름이 붙은 이 책에 드러나는 이 사람에 대한 해석에 전적으로 의존하고 있으며, 우리가 이미 관찰한 바와 같이 이 책을 구성하고 있는 다수의 근거 자료들은 막대한 난점에 휩싸여 있는 형편이다.

최근의 연구에서 근거 자료(특히 내러티브 강화와 이에 수반되는 이야기들)를 후대 전승의 산물로 보려는 경향은 자연스러운 귀결이 되고 있다. 말하자면, 예레미야에 대한 역사적 전기는 시야에서 점차 사라져 가고 먼 고대의 어두움 속으로 거의 사라지게 된다는 말이다. 예레미야의 모습을 역사적인 시각으로부터 사라지게 하는 것은 현대의 연구가 가진 사악함 때문이 아니라, 이 책에 대한 문학적인 분석에서 나타나게 되는 자연스러운 귀결점이다. 명백하게도, 역사적 예레미야가 확인될 수 있는 한계는 예레미야서에 수반되는 문학적인 문제점들에 대한 해결과 무관하게 결정될 수 없는 것이다. 그래도 예레미야 연구에서 이러한 경향이 갖는 몇 가지 특징들에 대해 어느 정도 관찰해 보는 일은 다음에 이어질 주석의 배경을 만들어 주는 일에 적절한 일이 될 것이다.

조블링(Jobling)은 다른 사람들 가운데서 역사적 예레미야에 대한 "탐구"와 "역사적 예수"에 대한 탐구 사이의 유사성을 제시해 왔다(*USQR* 34 [1978] 3-12). 스키너(Skinner)의 *Prophesy and Religion*(1920)이래로, 예레미야의 연구에서 드러나게 된 차이점들에 주목하면서 조블링이 제시하는 견해는 우리로서는 역사적으로 신뢰 가능한 내러티브를 얻기보다는 그저 예레미야라는 이름이 붙은 책 속에서 예레미야에

대한 신념만을 발견할 수 있을 뿐이라는 점이다. 역시 "역사적 예수에 대한 탐구"와의 연관성에 주목하면서 캐롤은 이 문제를 더 심화시킨다. "확언되고 있는 바는 (예레미야에 대한) 이 스토리가 추방 기간(제6세기) 동안과 아마도 그 후의 전승가들에 의한 구성을 보여 주고 있다는 점이다. 또한 이것이 우리에게 역사적 예레미야보다는 그 시기의 사고의 발전에 대해 더 많은 것을 시사해 준다는 점이다. 예수에 대한 교회의 신학적인 관점으로부터 역사적인 예수를 우리가 구성해 내는 것이 불가능한 것과 마찬가지로, 우리는 예레미야서(그것 만으로!)에서 고도로 발전된 신학적 표현으로부터 예레미야를 재구성하는 것은 불가능하다(*From Chaos to Covenant*, 25-26)." "역사적 예레미야"에 대한 이러한 견해가 가지는 급진적인 성격이 특별히 캐롤에게서 인용된 표현에 의해 드러나고 있다. 그리고 이러한 견해가 어느 정도는 가능성을 가지게 된다는 것이 용인되어야 한다고 할지라도, 이 책에서 드러나는 증거의 복잡한 성격으로 인해 역사적 (혹은 비역사적) 예레미야에 대한 이러한 견해의 개연성은 보다 넓은 맥락에서 평가되어야 할 필요가 있다.

첫째로, 예레미야 연구가 역사적 예수(그리고 특별히 공관복음서) 연구와 갖는 유사성이 아주 정확한 것도 아니며 큰 도움을 주는 것도 아니라는 점이 강조되어야 할 것이다. 무슨 방법을 써서라도 "역사적 예수에 대한 탐구"의 문제를 해결하려 한다면, 우리는 이 문제가 실제적인 것이라는 점을 확인해야 할 것이다. 정확히 예수, 즉 그리스도가 첫 기독교 공동체 속에서 경배의 대상이 되었기 때문에 신앙의 본질이 되고 있는 역사를 인지하는 일에 문제가 발생하고 있다. 또한 우리는 (복음서 바깥의) 초대 교회의 내러티브로부터 첫 기독교 공동체의 기초적인 신앙이 예수 그리스도의 인격에 초점을 두고 있었다는 것을 알고 있다. 그래서 예수 역사가들에게는 후대 신앙 공동체의 가능한 성장으로부터 예수에 관한 근원적이거나 확실한 내러티브를 구별하려는 시도에서 본질적인 난점, 그러나 다양한 방식으로 해결 가능한 난점이 존재한다. 하지만 이 모든 난점들은 예수의 인격이 신앙의 대상이라는 바로 그 이유로 인해 복음서 연구에 나타나고 있다. 이 중대한 위치에서 예레미야와의 연관성은 붕괴되고 만다. 의심할 바 없이 후세대들은 (옳건 그르건 간에) 예레미야에 관한 특정 사항들에 관해 "믿고 있었다." 그러나 예레미야의 인격은 신앙의 대상은 아니었다. 특정 신앙의 근거(예를 들어, 예루살렘의 멸망과 하나님의 심판에 관한)가 예레미야 같은 권위 있는(필히 알려지지는 않았더라도) 그런 선지자의 입에 놓이게 될 경우 긍정을 얻을 수 있다는 점은 생각할 필요도 없는 것이다.

실제로, 예레미야에 관한 역사적인 재편집 작업의 근거를 위한 가장 설득력 있는 논쟁들 중의 하나는 최후의 수단으로 이것들이 그의 메시지의 본질에 있어 결정적이거나 본질적인 것은 아니라는 점이다. 다시 말해서, 선지자라는 인물이 어떤 종류로든 신앙 혹은 숭배의 대상이 된 적이 있다는 것에 대해서는 예레미야서의 외부에서는 아무런 확고한 증거도 나타나지 않는다는 것이다. 또한 예레미야라는 인물이 후세대 전승가들이 그들 자신만의 신학적인 신념을 걸어두기 위해 찾았던 일종의 옷걸이로서 선택되었던 이유가 무엇인지도 불분명하다. 하지만 중요한 것은 쉽게 말해 다음과 같다. 즉, 전체 히브리 선지자에 대한 증거들의 중요성을 말하자면 그들의 메시지의 언어뿐만 아니라 선지자의 생애에 관한 기록이라면 어느 부분이건 불필요한 부분이 없다는 사실을 누구든 가정할 필요조차 없었다는 것과 마찬가지다. 그래서 8세기 선지자들 가운데 우리는 그의 메시지 말씀 외에 미가에 관해서는 어떠한 것도 실제적인 것을 알 수 없다. 하지만 호세아와 아모스의 생애에서의 간략한 사건들은 잔존하고 있으며, 이는 그들의 예언 말씀에 대한 우리의 지식의 폭을 좀더 보충해 주고 있다. 에스겔의 생애는 상세하게 알려진 바가 별로 없다. 이는 부분적으로는 그의 사역이 언어뿐만 아니라 행위도 포함하고 있기 때문이다. 하지만 우리의 판단으로는 "원래의" 선지자들을 따라 후대의 전승가들이 그들만의 가르침을 담아 내려는 의도에서 전기적이며 역사적인 내러티브를 창출해냈다는 그런 견해에 맞는 분명한 일치점은 존재하지 않는다. 실제로 예레미야가 지닌 충격적인 면모들 중 하나는 그의 책의 범위를 넘어서서 생각해 볼 때 구약 시대(대하 36:20-22과 단 9:2, 24-27을 참조할 것) 그리고 심지어는 성서 시대를 넘어서서 그에 대한 관심이 상대적으로 부족했다는 점이다(더 자세한 내용을 위해서는 C. Wolff, *Jeremia im Frühjudentum und Urchristentum*[Berlin: Akademie Verlag, 1976]을 보라).

고대 역사의 어떤 내용에 대한 탐구에서든 그러한 작업은 선변적으로 불확실성에 휩싸일 수밖에 없고, 수많은 가설들이 세워져야만 한다는 것은 분명히 인정되어야 하는 사실이다. 또한 예레미야의 책을 이해하는 일에 관여되는 복잡성이 예레미야의 삶을 재구성하려는 어떠한 노력도 어렵게 만들 수밖에 없다는 사실 역시 용인되어야 한다. 심지어 선지자의 생에 대한 내러티브가 비판적인 검토 끝에 그래도 합리적으로 인정될 만한 역사적인 자료를 가지고 있는 것으로 수용되는 경우일지라도, 아직도 선지자의 생애나 사역들 중에는 전혀 역사적 혹은 전기적인 정보를 얻을 길이 없는 부분이 많이 남아 있는 것도 사실이다. 그러나 잔존하는 예레미야의 모습을 "창조했던" 후대의 전승에 대한 의구에로 관심을 돌이켜 본다면, "역사적 예레미야"를 발견함에 있어 용인된 난점들은 훨씬 더 중요한 것으로 보인다. 이에 대해서는 아마도 이 책 속에서 발견될 수 있을지도 모르는 암시나 추측을 넘어서서는 어떠한 분명한 증거도 남아 있지 않다. 또한 그들의 존재에 대한 어떤 외적인 기록도, 그들의 추정해 볼 만한 행위에 대한 정확한 외적 유사도 존재하지 않는다. 이들 관찰은 그들의 실재를 부정하지는 않는다. 오히려, 그들은 만일 예레미야 자신이 역사의 안개 속으로 사라지게 된다면 전승들을 덮어 버리는 시간의 암운은 더없이 어두워질 수밖에 없다는 것을 일깨워 주는 역할만을 하고 있다.

역사와 전기의 요소들이 호세아, 아모스, 에스겔과 같은 그런 선지자들에 관해 잔존하고 있다는 사실에 대한 관찰은 예레미야서에서 동일한 요소가 잔존하리라는 이유를 제시해 준다. 때로 예언적 메시지는 그것이 전달된 시간과 정황을 우리가 알건 그렇지 못하건 간에 의미와 힘을 지속적으로 유지할 수 있게 된다. 하지만 때로 메시지의 명백함은 그 초기의 의미와 관련하여 특정한 삶의 정황과 보다 근본적으로 관련을 맺는 것이다. 그리고 예레미야에 관해서는, 정확하게는 전체로서의 메시지와 사역을 조명하기 위해 역사와 전기의 요소들이 잔존해 왔을 가능성이 있다. 이런 의미에서 이 책의 역사적이고 전기적인 요소는 중요하지만 보충적인 역할을 소유하는 것이다. 말하자면, 이들은 이 메시지에 대한 보다 개선된 이해를 위한 충분한 배경을 제공하는 기능을 하고 있다.

예레미야서를 현재의 형태로 조합한 사람이 누구이든 간에, 그가 우리에게 선지자의 생에 대한 정보를 제공하기 위해서 그렇게 하지는 않았다는 것은 분명한 사실이다. 전기로 보았을 때 예레미야서는 불충분하며, 부적절하고, 연대기적이지도 못하고, 전반적으로 불만족스럽다. 하지만 전지적이고 역사적인 내러티브가 보다 깊은 이해를 가능하게 만들기 위해 예언적 말씀을 보충하면서 적절한 위치에서 보여지게 된다면, 그때 우리는 고대 본문의 역사적 함축을 주의 깊게 수용함에 있어서 더 이상 비평적일 수 없게 된다.

우리는 선지자 자신에게서 극소수의 자전적인 언급을 보류하고서라도, 선지자의 말씀의 기록을 보충하고 있는 전승이 바룩에게서 시작되었다는 결론을 합리적으로 도출해낼 수 있을 것이다. 예레미야 36장에 포함된 내러티브는 이러한 견해의 근거가 된다. 캐롤은 바룩의 역할에 대한 내러티브가 역사적 기록으로 취급될 수 없다는 점과, 이것은 "예레미야 전승으로의 필사적인 영향을 포함시키기 위해 고안된 문학적인 창조"라는 점을 논증해 왔다(*From Chaos to Covenant*, 15). 하지만 이러한 견해는 필요 이상으로 회의적인 경향이 있다. 예레미야 36장에 기술된 바와 같이 바룩의 역할은 역사의 영역으로부터 소거될 필요도 없으며, 우리는 그가 계속해서 선지자의 생애와 그의 사역을 기록함에 있어서 선지자와 바룩 모두가 애굽으로 유배되었던 (43:6-7) 시기에 이르기까지 영향을 미치는 역할을 했었다는 점을 가정해 볼 수 있다. 현존하는 대로의 예레미야서에 대해 책임이 있는 사람이 바룩인지 아니면 후대의 필사자인지는 알 수 없다. 확실한 개연성을 지닌 사실은 바룩이 예레미야의 영향 아래서 이 책을 현재의 형태로 가져오는 데 중요한 역할을 수행했다는 점이다. 그러나 우리는 또한 기초적인 작업이 바룩에 의해 이루어진 것이라면 그보다는 후대에, 아마도 예레미야와 바룩의 사후에 모종의 최종적인 편집이나 배열의 작업이 수행되었으리라는 점도 추정해 보아야 한다.

선지자 예레미야의 역사적인 특성에 대한 이러한 관찰의 빛 아래서, 우리는 그의 이름을 붙인 책에 대한 소정의 질의로 돌아와야 한다. 그것이 왜 편찬되었는가? 언제 편찬되었는가? 어디서 편찬되었는가? 이들 질문들 중 어느 것도 확실하게 답변될 수는 없다. 하지만 몇몇 보편적인 가설은 가능하다.

이 책이 편찬된 이유에 관해서는 원칙적인 이유가 1세기보다 더 이전에 유다에서 성립되었던 전승 안에 있는 책 자체를 넘어서서 적용된다. 최소한 주전 8세기에 시작하여 특정의 영향력 있고 위대한 선지자들의 어록이 글로 남겨졌었다. 이 전승은 아마도 그것들이 선택된 백성의 계속되는 역사와 운명에 대해 선언하고 있다는 사실에 대한 인지와 더불어 그들의 예언적 신탁의 천성적 가치에 대한 인식으로 인해 시작되었던 것이다. 그리고 예레미야의 신탁은 그것의 타고난 종교적 가치와는 별도로 그 마지막 시기에 독립된 민족으로 있었던 유다의 역사를 말했던 것이다. 그래도 편찬 작업의 출발점은 선지자의 생애 중에 바룩의 협조로(렘 36장) 시작되었던 것으로 보인다. 또한 이 사건은 지속적인 문학 활동을 자극하면서 예언 사역을 보충함으로써 비정상적으로 포괄적인 관례를 따라 우리로 하여금 예레미야의 예언 사역에 관한 기록을 얻을 수 있게끔 만들었을 수 있다. 하지만 사역의 마지막에 접어들면서 신탁을 기록하고 책을 편찬하게 된 보다 깊은 이유가 나타났다. 그것은 특별히 그의 사역의 후반부에 선지자가 미래 세대에 대한 소망의 메시지를 선포하는 한 메시지가 보존되어야 한다는 것 때문이었다. 개괄하자면, 이 책의 편찬에 있어서 첫 출발점은 의심할 바 없이 선지자의 생애 중에 발생했으며, 그 작업은 그의 죽음 직후에야 결과물을 만들어 내게 되었다는 것이다. 이 같은 관찰로부터 편찬의 과정에 있어서 특정의 한정된 시기를 확인하는 것이 불가능하다는 점이 드러난다. 이 과정은 더 이른 시기가 아니라면 주전 605년경에 시작되었으며, 아마도 알려지지 않은 선지자가 죽은 직후의 어느 시점까지 지속되었을 것이다. 후속적인 사본 전승들(다음 단락에서 논의될 것이다)이 이 책의 정확한 형태와 형식에서 차이점들이 드러나고 있음을 지적함에도 불구하고, 이 책의 기초적인 내용은 주전 550년 어간에 완성된 것이 확실해 보인다. 그리고 마찬가지로 편찬 장소는 불확실하다. 다만, 이 과정은 유다에서 시작되어 의심할 바 없이 애굽에서(예레미야의 추방기간 동안) 지속되었고, 이 전승이 생존한 다른 장소에서 독자적으로 발전했던 것으로 보일 뿐이다. 말하자면, 유다, 애굽 그리고 바벨론이 그 장소가 된다. 이 책의 최종적인 형태가 무엇인지를 알아내는 일에 담긴 난점들을 이해하기 위해, 우리는 이제 마소라 본문과 칠십인역에 드러나고 있는 각각의 본문 전승 간의 차이점들에 대해 간략하게 평가를 해보아야 할 것이다.

(주: 상기에 언급된 바 보편적인 관점으로 본 선지자의 생애와 소명에 관한 상세한 내용, 그리고 그가 사역했던 역사적인 정황은 주석의 본문 가운데서 상세히 기술되고 있다. 일반적인 역사적 정황에 관해서는 별도로 "주석"과 "해설" 단락을 보라).

예레미야의 히브리어 본문과 헬라어 본문

참고문헌

(a) Texts: **Rudolph, W.**, ed. *Liber Jeremiae. BHS* 8, 1970. **Ziegler, J.** *Jeremias, Baruch, Threni, Epistula Jeremiae. Septuaginta. Vetus Testamentum Graecum*, vol. 15. Göttingen, 1976.

(b) *Studies:* **Althann, R.** *A Philological Analysis of Jeremiah 4-6 in the Light of Northwest Semitic*. BibOr 38. Rome: Biblical Institute Press, 1983. **Brockington, L. H.** *The Hebrew Text of the Old Testament*. Oxford: Oxford UP, 1973. **Cross, F. M.** *The Ancient Library of Qumran*. Garden City, NY: Doubleday, 1958. 186-94. **Dahood, M.** "The Metaphor in Jeremiah 17:13." *Bib* 48(1967) 109-10. ______. "Hebrew-Ugaritic Lexicography II." *Bib* 45(1964) 393-412. ______. "Philological Notes on Jer 18:14-15." *ZAW* 74(1962) 207-9. ______. *Ugaritic-Hebrew Philology*. BibOr 17. Rome: Pontifical Biblical Institute, 1965. **Ehrlich, A. B.** *Randglossen zur hebraischen Bibel*. Vol. 4. Leipzig: Hinrichs, 1912. **Janzen, J. G.** *Studies in the Text of Jeremiah*. HSM 6 Cambridge, MA: Harvard University Press, 1973. **Rossi, G. B. de.** *Variae Lectiones Veteris Testamenti*. Vol. 3. Parma: Bodoni, 1786. **Stulman, L.** *The Other Text of Jeremiah*. Lanham, MD: UP of America, 1985. ______. "Some Theological and Lexical Differences between the Old Greek and the MT of the Jeremiah Prose Discourses." HS 25(1984) 18-23. **Talmon, S.** and **Tov, E.** "A Commentary on the Text of Jeremiah. I. The LXX of Jer 1:1-7." *Textus* 9(1981) 1-15. **Tov, E.** *The Septuagint Translation of Jeremiah and Baruch: A Discussion of an Early Revision of the* LXX *of Jeremiah 29-52 and Baruch 1:1-3:8.* HSM 8. Missoula, MT: Scholars Press, 1976. ______. "L'incidence de la critique textuelle sur la critique littéraire dans le livre de Jérémie." *RB* 79(1972) 189-99. ______. "Exegetical Notes on the Hebrew Vorlage of the LXX of Jeremiah 27(34)." *ZAW* 91(1979) 73-93. ______. *The Text-Critical Use of the Septuagint in Biblical Research.* JBS 3. Tel Aviv: Simor, 1981. **Ziegler, J.** *Beiträge zur Jeremias-Septuaginta.* Göttingen: Vandenhoek & Ruprecht, 1958). **Zlotowitz, B. M.** *The Septuagint Translation of Hebrew Terms in Relation to God in the Book of Jeremiah.* New York: Ktav, 1981.

마소라 전승 가운데서 예레미야서의 히브리어 본문은 대부분이 매우 분명하고 솔직하다. 극소수의 부분에서 본문에 이루어진 모음 표기 혹은 경우에 따라서는 자음 문자 자체가 이해하기 어려운 경우가 있다. 또한 어느 정도 본문의 손상이 일어났던 것으로 보이는 부분도 있다. 이런 경우들은 본 주석서 매 단락의 번역 뒤에 이어지는 "원문주해" 부분에서 다루고 있다. 하지만 번역자에게 나타나는 원칙적인 난점의 경우들, 특히 예레미야서에서는 시문을 다룸에 있어서 드러나는 어려움들은 일반적으로 문학적 호소력과 시문이 가진 힘의 문제인 반면에, 동시에 본문의 근본적인 의미에는 충실하고 있다.

현재 수용된 형태로서의 히브리어 본문의 상대적인 분명함에도 불구하고, 표면적인 고요는 상당한 정도의 수정과 변화를 겪은 본문 전승이라는 길고도 복잡한 선역사를 거의 확실히 가려주는 듯하다. 본문의 선역사에 대한 단서는 일면 칠십인역의 헬라어 본문의 증거를 통해 드러나기도 하며, 다른 한편으로는 쿰란 근처에서 발견된 예레미야서의 히브리어 단편을 통해 드러나기도 한다. 예레미야서의 헬라어 본문이 히브리어 본문으로 접근할 때 문제를 야기시킨다는 점은 오랫동안 주지되어 온 바이다. 일반적으로 말해, 헬라어 본문은 대체로 히브리어 본문보다 약 1/8가량 더 짧다. 때로 마소라 본문에서 발견되고 있는 단어나 구절들을 생략하기도 하며, 때로는 부분적으로 구절 전체를 생략하는 경우도 있다(예를 들어, 33:14-26; 38:4-13). 게다가 자료의 순서나 배열이 두 본문 전승에 있어 차이를 보이고 있는데, 가장 주목할 만한 것은 소위 "이방 민족 신탁"이라는 부분으로 히브리어 본문에서는 46-51장에서 나타나는 것이 헬라어판에서는 25:13 이하에 위치하고 있다(이에 더하여, 이 신탁들은 각각의 본문 속에서 서로 상이한 순서로 나타나고 있다). 그래서 분명해진 것은 칠십인역으로 드러나고 있는 히브리어 전승은 대부분의 현대 영어 번역본 성서들이 근거로 삼고 있는 마소라 본문과는 다르다는 점이다. 하지만 그 차이점을 인지해 오면서도 이에 대한 이유를 논리적으로 해명하거나, 혹은 마소라 본문과 칠십인역이 번역의 모체로 삼았던 원본(Vorlage) 중 어느 것이 가장 고대성과 본문 전승상의 진정성을 드러내 주는지를 확실히 아는 것은 훨씬 더 어려운 문제로 남는다. 이 일은 헬라어 본문이 한결같지 않다는 사실로 인해 더 복잡해지는데, 이것은 과거에 학자들로 하여금 칠십인역의 두 부분(1-28장과 29-52장)이 서로 다른 번역자들에 의해 번역된 것으로 생각하게 만들 정도였다. 최근에 와서 헬라어 번역본의 후반부가 초기 번역, 즉 소위 구 헬라어 역본의 개정판이어서 후자는 칠십인역의 전반부만이 잔존할 수 있었다는 견해가 매우 설득력 있는 논증과 더불어 제시되어 왔다(보다 자세한 내용을 위해서는 E. Tov, *The Septuagint Translation of Jeremiah and Baruch*, 1976을 보라).

예레미야서의 히브리어 본문에 대한 쿰란의 증거는 상대적으로 빈약하며, 네 개의 사본으로 구성되어 있다. 이들 중 세 개(2Q Jer, 4Q Jer[a], 4Q Jer[c])는 마소라 본문에 잔존하고 있는 표준적인 히브리어 본문 전승을 드러내고 있다. 그러나 네 번째 단편(4Q Jer[b)])은 매우 특별한 관심을 얻고 있는데, 그 이유는 그 안에 칠십인역의 **번역 원본(Vorlage)** 혹은 예레미야서의 "구 헬라어" 본문을 구성하고 있는 본문의 일부를 담고 있기 때문이다. 4Q Jer[b]는 비록 본문 컬럼들 중에 빈약한 부분만이 잔존하고 있어서 그 행들 중의 시작 부분이 재구성되어야 하는 형편이지만 충분한 규모를 가진 단편으로서 예레미야 9:22-10:18을 담고 있다. 몇 가지 방법을 통해 4Q Jer[b]는 마소라 본문보다는 9:22-10:18의 칠십인역에 대응되고 있다. 그 내용을 보면, (i) 칠십인역에서 그러한 것처럼 마소라 본문의 10:6-8, 10이 생략되고 있다. (ii) 칠십인역에서 그러한 것처럼 마소라 본문의 5절이 9절 뒤에 나타나고 있다. (iii) 10:4의 어순이 마소라 본문보다는 칠십인역을 따르고 있다. 요약해 보자면, 4Q Jer[b]는 예레미야서의 칠십인역본 저변에 흐르는 히브리어에 대한 수정의 증거가 매우 미약하다는 것과, 마소라 본문과 칠십인역본 모두에서 드러나는, 본문 전승이 되는 양자 모두의 수정의 예들이 동일한 동굴에서 발견되고 있다는 것은 주목할 만한 흥미를 끌면서 예레미야서의 본문과 관련하여 지속적인 유동성을 지적해 준다는 점이다.

원칙적으로, 우리는 쿰란 주변 동굴에서의 예레미야서 단편의 발굴이 난점들을 해결하는 데 도움을 줄 것으로 생각하기가 쉽다. 실제적으로는 새로운 자료가 분명히 크로스(F. M. Cross)에 의해 수행되고, 일부 세목에 있어서는 얀젠(*Studies in the Text of Jeremiah*)에 의해 이루어진 바와 같이 히브리어 수정의 역사와 근거에 관련된 가설들의 진전을 이루는 기초를 제공해 온 것이 분명하다. 하지만 어떤 방법으로든 상세하고 꼼꼼한 얀젠의 작업을 비평하기를 원하지 않는 이상, 그의 재구성 가설은 필연적으로 불쾌함과 동시에 그 작업에서 손을 떼도록 만들 것이다. 그가 입안한 바와 같이 칠십인역의 히브리어 번역 원본이 보편적으로 마소라 본문에 우선한다면, 그래서 보다 적은 수정 과정을 통해 진전된다면, 그리고 실제로 마소라 본문이 상당히 많은 부분에서 이차적인 확장을 수행해 왔다면, 이런 경향은 히브리어 본문을 칠십인역에 내재하는 것으로 두게 만들기가 쉽다. 그렇다 하더라도 불쾌감은 여전히 남는데, 그 이유는 다음의 두 가지 때문이다. (i) 얀젠은 필연적으로 가설을 다루고 있는 셈이다. 그러므로 그는 자신의 경우에 있어서는 논증을 잘 해낸다. 하지만 그 자료는 대안적인 재구성, 혹은 아마도 보다 실제적으로는 예레미야서의 히브리어 본문의 재구성의 시종여일한 역사를 재구성하기에는 자료가 불충분하다는 사실에 대한 인식에 있어서는 미심쩍은 부분이 있다. (ii) 얀젠의 가설이 가진 설득력 있는 논지에도 불구하고, 칠십인역의 저변에 흐르는 히브리어 본문은 쿰란 단편의 미미한 부분을 제외하고는 잔존하는 바가 없다는 것이 사실로 정리되고 있다.

하지만 우리가 예레미야서의 히브리어 본문의 초기 수정의 역사에 관해서 증거 불충분을 이유로 들어 불가지론의 입장을 고수한다면 실제적인 문제에 봉착하게 된다. 그렇다면 어느 본문 전승이 번역과 주석의 기초가 되어야 한다는 것인가? 마소라 본문에 의해 대표되는 것인가? 아니면 칠십인역에 의해 추정되는 것인가? 이 딜레마의 해결에 있어서는 성경의 정경론적 접근은 완전한 도움이 되지 못한다. 원칙적으로, 우리는 정경의 기독교적인 이해에 근거하여 다음과 같은 질문을 제기할 수 있을 것이다. 즉, 히브리어 본문이나 헬라어 본문이 정경성에 관한 용인을 요구하고 있는가? 이 질문에 관해서는 어떤 간단한 해답도 존재하지 않는다. 한편으로, 최초 기독교의 구약성경이 칠십인역이었다는 것은 분명한 사실이다. 다른 한편으로 제5세기의 제롬의 영향을 따라, 그리고 마틴 루터 같은 개혁가들이 이룬 그의 관점에 대한 본질적인 긍정에 따라 현대 영어(및 다른 언어의) 성경의 기초가 되고 있는 히브리어 본문(마소라 본문)이라고 말할 수 있다. (이 같은 문제에 대해 보다 자세한 내용을 위해서는 B. Vawter, "Prophecy and the Redactional Question," in *No Famine in the Land: Studies in Honor of John L. McKenzie*, ed. J. W. Flanagan and A. W. Robinson [Missoula, MT: Scholars Press, 1975] 127-39를 보라) 실제로, 최초 교회의 전통에도 불구하고 우리는 히브리어 본문의 우선권을 수용하는 원칙에 동의할 수밖에 다른 도리가 없다. 많은 부분에서 칠십인역이 히브리어 원본에 완전히 부적절한 번역을 드러내고 있기 때문이다. 하지만 이런 견해가 일반적으로 진실을 견지하게 되는 와중에도, 이는 예레미야서에 관해서 특별한 문제를 남겨두고 있다. 그것은 칠십인역이 보다 우수한 본문성을 가질 수 있음에도 불구하고, 꼭 우선되지 않아야 할 만한 이유가 무엇인가의 문제다.

이번에는 마소라 본문과 칠십인역 사이의 상이점의 문제로 되돌아가 보자. 여러 증거들, 특별히 쿰란에서 유래한 증거들이 실제로 헬라어 본문의 우월성을 확립해 주고 있는가? 아니, 보다 정확히 표현해서 히브리어 본문보다 더 고대성을 지니고 있는 것인가? 일반적인 용어로 말하자면, 우리는 증거들이 잔존하고 있는 두 본문 전승 사이의 모순과 상이점에 대한 해명을 향한 몇 가지 서로 다른 방법을 취할 수 있다. (i) 보다 긴 히브리어 본문(마소라 본문)이 원본이다. 이는 헬라어 본문이 이 본문을 요약하고서, 보다 적절한 것으로 여기는 순서로 그 내용을 재배열한 결과다. (ii) 헬라어 본문(보다 정확히는 그 히브리어 *번역 원본 Vorlage*)은 원래의 히브리어 전승을 보여 주는데, 이것이 후에 현존하는 마소라 본문의 형태로 확장되고 재배열된 것이다. (iii) 처음부터 예레미야 본문의 서로 상이한 본문 전승이 존재했고, 최초에는 표준적이고 권위 있는 본문을 만들어 내기 위한 노력이 수행되지 않았다. 그래서 상이한 판본들이 공존하게 된 것이다(쿰란에서처럼).

그러나 이같이 세 가지로 분류된 가능한 해결책이 제시하는 것보다 문제는 훨씬 더 복잡하다. 첫 번째나 혹은 두 번째의 접근법이 증명될 수 있다면, 우리는 히브리어(마소라 본문)나 헬라어(칠십인역) 본문 중 하나를 예레미야의 원래의 책의 최선의 증거로 삼고 계속 작업을 수행할 수 있을 것이다. 세 번째 선택은 우리를 보다 큰 불확실성으로 인도한다. 왜냐하면 처음부터 여러 가지의 본문 판본이 존재해 온 것이고, 그들 중 두 개만이 살아 남을 수 있었던 것이라면, (한 본문 전승에만 우월성이나 고대성을 적용하지 않는 한) 우리는 **두 본문 전승 모두**를 본문의 최초의 발전 단계에 대한 증거의 일부로 수용하는 것이 최선의 방편이 될 수밖에 없을 것이다. 다시 말해서, 처음부터 여러 개의 "예레미야서"가 있을 수 있으며, 이들은 각자 서로 다르게 서로 다른 지역(바벨론, 팔레스타인, 애굽)에서 생산된 서로 다른 내용의 책들을 대변하는 셈이다. 그렇게 된다면 원래의 예레미야를 찾으려는 노력은 방향을 잃게 되는데, 이는 상대적으로 서로 독립하고 있는 여러 개의 "원본"이 존재할 수 있기 때문이다. 이와는 다르게 생각하여, 서로 다른 본문 전승이 "원 예레미야"의 수정 과정에서의 서로 다른 단계를 반영하는 것으로 생각할 수도 있다. 예를 들어, 토브(Tov)는 칠십인역에 드러나고 있는 본문 전승은 이 책의 첫 번째 주요 수정 단계를 반영하고 있으며, 반면에 마소라 본문에 드러나고 있는 본문 전승은 이 책의 두 번째이자 확장된 수정 단계를 반영하고 있는 것이라는 견해를 제시하고 있다(E. Tov, "L'incidence de la critique textuelle sur la critique littéraire dans le livre de Jérémie," *RB* 79[1972] 189-99).

이미 지적된 바와 같이 크로스와 얀젠의 작품은 칠십인역에서 드러나고 있는 히브리어 본문이 보다 오래되고 나은 본문 전승일 것이라는, 그래서 이것이 보다 후대의 확장을 담고 있는 것으로 보이는 마소라 본문보다 더 선호되어야 한다는 견해를 제시했을 때 절정에 달했다. 이 같은 입장이 견지되는 경우 이러한 접근의 실제적인 어려움은 이미 지적된 바 있다. 즉, 칠십인역본이 최선의 전승을 보여 주게 된다면, 주석가들은 원래의 그리고 최선의 본문을 "손에 닿는 거리 안에 두고" 작업하고 싶은 충동을 느끼게 되는데, 쿰란의 유일한(그리고 불완전한) 단편을 제외하고는 최선의 본문 전승으로 제시된 것은 번역본밖에 없는 것이 사실이다. 그럼에도 불구하고, 크로스와 얀젠의 입지는 마소라 본문의 히브리어 본문에 대한 최근의 연구 작업에서 지적된 바와 같이 의심할 바 없이 이론적인 근거를 토대로 확실성을 담고 있다.

로버트 알트한(Robert Althann)은 그로 하여금 북서 셈어 시문의 증거를 통해 마소라 본문의 시문적 성격에 특별한 주의를 기울이게 만든 예레미야 4-6장에 대한 상세한 연구를 수행한 바 있다(*A Philological Analysis of Jeremiah 4-6 in the Light of Northwest Semitic*, 1983). 알트한의 연구 중에서 한 가지 중요한 측면은 예레미야서의 마소라 본문은 확장적이지 않고, 또한 오히려 칠십인역 번역자들이 원래의 히브리어 본문의 보다 긴 (시문) 형식을 압축한 경향을 가지고 있다고 결론을 내린 점이다. 그래서 헬라어 번역자들이 히브리어(와 셈어) 시문의 정경성을 정당하게 평가하는 것에 대한 실패는 그들로 하여금 자신들의 원본에 반복적인 것으로 여겨지는 본문을 제거하게끔 만들었고, 그 같은 과정을 통해 히브리어 시문에서의 반복적인 평행법의 본질적인 성격을 깨닫는 데 실패하게 되었다는 점이다. 이 같은 간단한 논증을 통해 알트한은 서로 상이한 본문 전승이 마소라 본문과 칠십인역 사이의 상이성의 원인이 된다는 점을 부정하지 않고도 히브리어 본문(마소라 본문)의 우월성(혹은 최소한 권위)을 제시할 수 있었다.

알트한의 견해는 히브리어 본문에 대한 매우 제한적인 분석에 근거한 것이다(즉, 4-6장). 이 사실과 함께 인지되어야 하는 점은 예레미야서의 고대의 본문 역사에 대한 제반 견해들은 모두가 제한된 증거에 근거하고 있다는 사실이다. 예를 들어, 쿰란의 증거는 알트한의 가설에 대조되는 견해에 있어서 매우 중요한 역할을 수행하는 부분인데, 동일하게 빈약한 증거가 되고 있다. 예레미야서의 초기 본문 역사에 관한 포괄적이면서 적절한 내용을 제공하는 자료가 불충분하다는 견해를 쉽게 취하는 것이 그래도 가장 현명한 선택으로 보인다. 그래서 마소라 본문이 엄밀하게 역사적인 관점에서 볼 때는 "원 예레미야"에 대한 최선의 증거가 된다고는 볼 수 없으면서도, 동시에 단일한 "원 본문"이 존재한다는 가정과 더불어 칠십인역이 원 본문에 보다 우수한 증거를 담고 있다는 견해를 세우는 것도 확실히 불가능한 일로 보인다.

이 주석서에 채택된 문제들에 대한 해결은 본질적으로 실제적인 것이다. 이 주석서는 성경의 히브리어 본문에 대한 일련의 주석서들 중의 하나이며, 성경의 히브리어 본문은 또한 대부분의 현대 성경 번역본들의 기초가 되고 있다. 물론 우리가 이론적으로는 칠십인역의 번역에 제시된 본문을 더 선호할지라도, 이 본문은 쿰란의 극소수의 단편들을 제외한 채로 단지 번역본으로만 잔존해 온 것일 뿐이라는 사실이 남는다. 따라서 이 책에서의 번역과 이에 수반하는 주석은 마소라 본문에 근거한 것이다. "원문주해" 부분에서는 칠십인역에 나타나고 있는 마소라 본문의 중요한 이독들이 제시되었다. 하지만 이들 이독들 중에 극소수의 이독들만이 마소라 본문을 수정하는 근거로 사용되었을 뿐이다. 다시 말해서, 칠십인역의 번역원본이 상이한 개정의 전승을 드러내는 경우의 수정은 너무도 불확실한 작업일 뿐이어서 수행하지 않았으며, 히브리어 본문이 이해 불가능한 곳에서만 가능한 예외로서 보조적으로만 언급했을 뿐이다.

예레미야서의 역사적 배경

참고문헌

Aharoni, Y. *The Land of the Bible: A Historical Geography.* Philadelphia: Westminster, 1967. **Bright, J.** *A History of Israel.* 3rd ed. Philadelphia: Westminster, 1981. **Hayes, J. H.** and **Miller, J. M.,** ed(s). *Israelite and Judean History.* Philadelphia: Westminster, 1977. **Herrmann, S.** *A History of Israel in Old Testament Times.* 2nd ed. Philadelphia:

Fortress, 1981. **Malamat, A.** "The Last Kings of Judah and the Fall of Jerusalem." *IEJ* 18(1968) 137-56. **Noth, M.** *The History of Israel.* 2nd ed. New York: Harper and Row, 1960. **Pritchard, J. B.**, ed. *Ancient Near Eastern Texts Relating to the Old Testament.* 2nd ed. Princeton: Princeton UP, 1955. **Wiseman, D. J.** *Chronicles of Chaldean Kings(626-556 B. C.) in the British Museum.* London: The Trustees of the British Museum, 1956.

예레미야의 생애와 설교의 경력은 명확하게 주전 627-587년(혹은 그보다 약간 후의 시기)의 정황에 들어맞는다. 얻을 수 있는 자료들로는 당대 유다에서의 연쇄적인 사건들의 과정을 도표화하고, 그것들을 애굽, 앗수르나 바벨론 같은 열강들의 움직임과 관련하여 설명하기가 충분하다. 예레미야의 생애와 행위를 집대성하여 보다 큰 차원인 민족사에 적용하려는 시도는 이 주석의 여러 적절한 단락들 속에서 발견할 수 있을 것이다. 여기에 제공된 것은 주요 인물과 사건의 역사적인 개괄로서 이들을 통해 예레미야의 이력이 관찰될 수 있다.

요시아는 640년에 유다의 권좌에 오른다. 당시 그는 8세였다(왕상 22:1; 대하 34:1). 그의 31년 간의 통치는 중동의 국제적 세력 구조에 있어 급진적인 변화를 보였던 시기였다. 앗수르의 앗수르바니팔(주전 668-627년)은 부왕 엣살하돈(주전 680-669년)에게서 거대한 제국을 물려받았으나 통치 기간 중에 내외적인 압력으로 인해 그의 지배력은 약해지기 시작하여, 마침내 임종 때에 이르러서는 앗수르가 몰락 직전에까지 이르게 된다. 프사메티쿠스 1세(주전 664-610년)가 다스리던 애굽은 앗수르로부터 그 독립을 선언했는데, 이 때가 아마도 665년이었을 것이다(J. Bright, *A History*, 313). 앗수르의 북쪽 경계에서는 메대와 그 동맹 국가들인 리디아와 키메리오스가 지속적인 압박을 가해 왔다. 652년에 바벨론은 혁명을 일으켰으며, 4년 간의 전투 후에 평온을 찾게 되었다. 자신의 제국을 유지하려는 앗수르바니팔의 노력은 상당한 정도의 성공을 누렸으나, 수십 년 간의 노력은 앗수르의 모든 자원을 고갈시켰으며 필연적인 몰락을 가져오게 만들었던 것이다.

앗수르가 강대국과 문제를 일으킴으로써 요시야는 민족적인 르네상스를 추구하는 일이 가능할 수 있었다. 요시야는 자신의 종교적, 제의적 개혁으로 기억되는 인물이지만, 또한 기억되어야 할 것은 이 개혁이 정치적인 국면도 포함하고 있었다는 점이다. 요시야의 개혁에 관해서는 두 가지 전승이 존재한다. 역대기 저자에 따르면(대하 34:3-7) 개혁은 628년에 유다에서의 산당과 모든 이교 제의의 자취들을 제거하는 움직임으로부터 시작되었고, 이어서 므낫세, 에브라임, 시므온, 납달리에 이르기까지의 동일한 운동으로 계속되었다. 그 당시, 즉 예루살렘 성전 개혁이 이루어지던 622년의 율법책의 발견과 함께 이 개혁은 새로운 국면을 맞으면서, 유월절의 준수에 대한 강조와 더불어 예루살렘에서의 제의 개혁을 수행하게 된다(대하 34:8-35:19).

열왕기서의 평행본문(왕하 22:3-23:5)은 요시야의 종교적 개혁이 직접적으로는 주전 622년의 율법책의 발견과 관련을 맺는다는 사실과, 이 개혁은 전적으로 그것이 주는 교훈을 따라 수행되었다는 것에 대해 강조하고 있다. 요시야의 개혁에 대한 두 가지 기사는 모두 그가 이전 상황에서의 이스라엘의 경계를 회복하기를 원했던 대로 그렇게 할 수 있었다는 것을 지적해 주고 있다. 이것은 신-샤르-이쉬쿤(주전 629-612년) 치하의 앗수르의 입지가 점차로 불안정해짐에 따라 가능해졌던 일이다. 주전 626년에 나보폴라싸르는 앗수르로부터 바벨론을 빼앗고, 주전 612년에 니느웨는 바벨론과 메대의 연합군에 의해 함락되었다(*ANET*, 304-5). 앗수르의 군대에 남겨진 일은 하란으로 퇴각하는 것이었고, 하란에서 주전 610년에 그들은 완패하고 만다(*ANET*, 305).

이듬해(주전 605)에 급속도로 성장하는 바벨론의 세력에 겁을 먹은 나머지 느고 2세(주전 610-594)가 이끄는 애굽 군대는 하란을 되찾으려는 앗수르를 원조하기 위해 다시금 북으로 진군하였다. 요시야는 므깃도에서 애굽의 진격을 막아 보려는 속셈에 그의 군대를 그 사이에 위치시켰으나, 거기서 그는 자신의 목숨을 잃고 만다(왕하 23:29-30; 대하 35:20-24). 유다의 짧은 정치적 독립과 거짓 통일 왕국은 종말을 고하고 말았다. 비록 이 전투의 상세한 내용은 확실하게 전해지지 않지만, 애굽-앗수르 연합군은 바벨론인들을 막아내는 데 실패하고 말았다. 앗수르 제국은 마침내 파멸하게 된다.

그 후 4년 간(주전 609-605) 애굽은 팔레스타인과 시리아를 통제하게 된다. 유대인들은 여호아하스를 예루살렘의 권좌에 앉히나, 그가 권좌에 오른 지 3개월이 지나자 애굽인들은 그를 여호야김으로 교체해 버린다(주전 609-598, 왕하 23:30-37). 그가 다스리는 가운데 요시야의 개혁은 소멸해 버리고 이방 제의가 부흥하게 된다. 여호야김은 비굴한 예속국의 봉주에 불과했다. 그는 자신이 책임을 지고 있는 원칙보다는 개인적인 치부에 더욱 관심을 기울였다(렘 22:13-19).

주전 605년에 느부갓네살은 갈그미스에서 과감하게 애굽인들을 패퇴시켜(D. J. Wiseman, *Chronicles*, 25-26, 66-69; 렘 46) 시리아의 하맛까지 그들을 추격하였다.

바벨론에서 왕으로 임명된 후(주전 604년) 느부갓네살은 그의 수익을 통합시키고, 아스글론을 파멸하고, 여호야김을 포함하여(왕하 24:1) 하디 땅의 모든 왕들에게서 공물을 받았다(Syria-Palestine, D. J. Wiseman, *Chronicles*, 69). 그 다음의 두 해 동안 느부갓네살은 시리아-팔레스타인 지역 내에서 두 차례 더 전투를 치루어 냈으나 그 자세한 내용은 알려지지 않고 있다.

주전 601년에 느부갓네살과 느고는 애굽 국경 근처에서 처절했지만 쉽사리 결말이 나지 않는 싸움을 싸웠다. 아주 간결한 문체로 바벨론의 역대기는 바벨론의 군대가 바벨론으로 돌아왔다는 것과 느부갓네살이 다음 1년을 자신의 군사력을 보충하는 데 보냈음을 기록하고 있다(D. J. Wiseman, *Chronicles*, 29-30, 71). 이런 상황 속에서 주전 601년에 여호야김은 바벨론에 대해 반란을 일으킨다(왕하 24:1).

주전 598년에 느부갓네살은 재차 하디의 땅으로 진군해 갔고, 이번에는 예루살렘의 반란을 처리하려는 의도에서였다. 그는 이 도시를 포위했고, 아달월 제2일에 함락시켰으며(주전 597년 3월 15-16일[D. J. Wiseman, *Chronicles*, 33, 72-73] 왕하 24:10-17), 죽은 지 얼마 되지 않은 여호야김의 승계자 여호야긴 왕을 폐위시키고 새 왕으로 맛다디야(시드기야)를 세웠다. 여호야긴은 왕족들과 수천 명 가량의 지도자들, 그리고 특별한 기술을 지닌 백성들과 더불어 바벨론으로 포로로 끌려간다(왕하 24:10-16; 대하 36:9-10). 여호야긴은 지속적으로 유대인들과 바벨론인들에게 합법적인 통치자라는 인식을 얻게 된다(J. Bright, *A History*, 328). 바벨론에서 유래된 배급표는 여호야긴과 더불어 서방에서 축출된 다른 통치자들에게 공급된 식량 목록을 담고 있다(*ANET*, 308).

시드기야의 통치(주전 597-587년)는 유다에서의 친 애굽파, 친 바벨론파, 친 독립당이 입지를 굳히려는 움직임을 보였던 험란한 정치적 음모의 시기였다. 주전 595/594년에는 진압될 수밖에 없었던, 바벨론에서의 실패로 돌아간 내적인 폭동이 있었다(D. J. Wiseman, *Chronicles*, 36, 72-73). 분명히 반란의 소식은 에돔, 모압, 암몬, 두로, 시돈의 대표자들을 포함한 이방 각료들이 주전 594년에 예루살렘에서 모임을 갖는 계기가 되게 했다. 그들은 그 곳에서 바벨론의 멍에를 벗어 던지려는 시도를 했었다(렘 27:1-3). 무슨 이유에서건 폭동은 무위로 돌아갔다. 하지만 주전 589년경에 유다는 마침내 독립을 되찾으려는 움직임을 확실히 했다. 주전 588년에 느부갓네살은 다시금 예루살렘을 포위하였다(왕하 25:1). 그리고 유다의 강점에 체계적인 파괴 활동을 시작하였다. 라기스 편지는 유다의 군대에 임한 압박과 압력에 대한 통찰력을 보여 준다(*ANET*, 321-22). 애굽 군대가 바벨론에 대항하여 진군하고 있다는 소식이 예루살렘에 전해지면서 미약한 일말의 희망이 가능해졌다(렘 37:5). 그러나 이런 위협도 순식간에 사그러들었으며, 예루살렘의 포위 공격은 계속되었다. 주전 587년에 바벨론의 군대는 예루살렘의 성벽을 뚫었다. 시드기야는 간신히 요단강으로 피신했으나 여리고 근처에서 붙잡혀 시리아의 리블라에 있던 느부갓네살에게 압송된다. 거기서 시드기야의 아들은 시드기야가 보는 앞에서 살해당하고, 그는 눈이 뽑힌 채로 바벨론으로 끌려가게 된다(왕하 25:5-7). 그리고 예루살렘 성읍은 파괴되고 만다.

느부갓네살은 그달리야를 예루살렘 정북 방향의 미스바에 근거를 둔 채로 이 지역의 공민 행정관으로 지목한다(왕하 25:22-23; 렘 40:5). 그달리야는 시드기야의 궁정에서 시종장의 직무를 맡던 자였다. 그달리야는 더 이상의 비극을 피할 수 있도록 희망을 가지고 그 땅에 남은 자들에게 굴복할 것을 충고한다(왕하 25:24). 겨우 요단 건너편으로 피신할 수 있었던 다수의 유대인들은 그달리야에게 신뢰심을 가졌고, 그래서 돌아올 수 있었다(렘 40:11-12). 그러나 바벨론인들에게서 안전하게 피신할 수 있었던 일부 유대의 관리들은 그달리야의 지도력을 무시하고, 그와 함께 미스바에 남은 자들과 그 곳에 주둔했던 바벨론의 수비대를 모두 죽이고서 암몬으로 피신한다(왕하 25:23-25; 렘 40:7-41:15). 이 땅에 남은 자들 중 많은 수가 애굽으로 피난하게 되는데, 이는 분명히 바벨론의 보복이 두려웠기 때문이다. 그들은 예레미야와 바룩을 함께 데려간다(왕하 25:26; 렘 42:1-43:7). 예레미야 52:30은 주전 582년, 느부갓네살 제23년에 있었던 세 번째 추방에 대해 말하고 있다.

예레미야 1－25장

I. 예레미야 서론(1:1-3)

참고문헌

Levin, C. "Noch einmal: die Anfänge des Propheten Jeremia." *VT* 31(1981) 428-40. **Overholt, T. W.** "Some Reflections on the Date of Jeremiah's Call." *CBQ* 33(1971) 165-84. **Tucker, G. M.** "Prophetic Superscriptions and the Growth of the Canon." In *Canon and Authority*. Ed. G. M. Coats and B. O. Long. Philadelphia: Fortress, 1977. 56-70. **Vogt, E.** "Verba Jeremias Filii Helciae." *VD* 42(1964) 169-72.

본 문

1 베냐민 땅 아나돗의 제사장 중 힐기야의 아들 예레미야의 말이라 **2** 아몬의 아들 유다 왕 요시야의 다스린 지 십삼 년에 여호와의 말씀이 예레미야에게 임하였고	**1** The words of Jeremiah,[a] son of Hilkiah, one of the priests at Anathoth in the territory of Benjamin, **2** to whom the Lord's word came in the time of Josiah, son of Amon, the King of Judah, in the thirteenth year of his reign.
3 요시야의 아들 유다 왕 여호야김 시대부터 요시야의 아들 유다 왕 시드기야의 제십일년 말까지 임하니라 이 해 오 월에 예루살렘이 사로잡히니라	**3** And it continued in the time of Jehoiakim, Josiah's son, King of Judah, until the end[a] of the eleventh year of Zedekiah, son of Josiah, King of Judah; that is, until the deportation of the people of Jerusalem in the fifth month.

원문주해

1.a. 칠십인역이 마소라보다 더 길다. 마소라의 "예레미야의 예언"(말들)은 칠십인역에서 "예레미야에게 임한 하나님의 말씀"으로 번역되었다.

3.a. 히브리어 톰(תם; "[제 십일 년]말[까지]")은 칠십인역에서는 생략되고 있다. 이것은 아마도 "(이 해) 오월에"라는 표현과 모순된다고 여겨졌기 때문에 그러한 것 같다. 하지만 통치력은 본문에서 달에 대해 언급하면서 사용한 월력과는 그 체계가 다른 것으로 보인다.

양식/구조/배경

예레미야서의 처음 세 절은 일단 **서문**(*preface*)이라고 볼 수 있다. 근래에 나온 다수의 저술들을 통해서 보면, 그들은 이 부분을 속표지(title page)와 서문의 중간쯤

어딘가에 두려는 데서 합의점을 찾고 있는데, 이는 이 부분이 (제목을 포함하고 있기는 하지만) 속표지라고 보기에는 좀 길고, 대다수의 현대적인 의미에서 서문이라고 보기에는 좀 짧은 듯한 감이 있기 때문이다.

구약성경의 선지서들을 관찰해 보면, 그 모든 서문들 속에는 모종의 공유되는 요소가 존재하고 있기는 하지만 어느 정도는 다양함을 지니고 있는 것도 사실이다. 게다가 그들은 공유적인 구조를 엄격하게 따른 것은 아니며, 각각의 책이 지닌 독특한 성격에다 보편적인 구조의 틀을 수용한 것일 뿐이다. 일반적으로, 아래의 네 가지 요소들이 선지서 서문들 속에서 공통적인 요소로 발견되고 있다. (i) 여호와로부터 나오는 말씀이나 환상이 포함되는 서술(여기서는 이러한 내용을 예언으로 정의한다), (ii) 말씀 전달의 역할을 맡았던 전달자 혹은 선지자의 이름, (iii) 말씀이 주어졌던 시기와 장소 또는 선지자가 사역했던 시기, (iv) 예언 말씀의 대상이나 주제. 이러한 네 가지 사항 중에서 앞의 두 가지는 거의 예외 없이 모든 선지서들에서 공통적으로 드러나고 있다. 하지만 이 부분에 있어서도 각기 특정 부분에 대한 묘사를 보다 상세하게 하고 있다(유일한 예외로 볼 수 있는 것이 말라기인데, 여기서 제목은 나타나고 있으나 선지자의 이름은 나타나고 있지 않다). 또 다른 두 가지 요소, 즉 연대에 관한 문제와 주제에 관한 내용이 나타나는 부분은 선지서들마다 서로 심각한 차이를 보여 주고 있다. 예레미야서의 서문에는 이 네 가지 관습적으로 사용되던 요소들 중에 세 가지가 나타나고 있다. (i) 특별히 이 말씀이 그에게 임한 여호와의 말씀이라고 명시되고 있기는 하지만, 이 책은 "예레미야의 말씀"이라는 제목을 사용하고 있다(1:1). (ii) 말씀의 전달자는 다른 일부 선지서들의 경우보다 훨씬 더 상세하게 설명되고 있다. 즉, 우리는 그의 이름만이 아니라, 그의 아버지의 이름과 직업, 그리고 그의 가족이 살았던 지역에 대해 볼 수 있다. (iii) 역사 시기에 관해서는 세 가지 시점이 확인되고 있다. 즉, 선지자의 사역이 시작되었던 통치력의 해(1:2)와, 이 사역이 지속되는 동안 통치했던 왕들, 그리고 선지자의 사역이 대략 언제쯤 끝나는가에 관한 것(1:3)이 그것이다. (iv) 하나님의 말씀이 갖는 주제에 대해서는 그리 특별한 정보가 보이지 않고 있는데, 다른 일부 선지서의 서문에서도 유사한 경우를 볼 수 있다(예를 들어, 사 1:1; 암 1:1).

시대에 관한 대체적인 견해는 자료들을 모아 한 권의 책으로 엮는 주요 수집 활동이 일어난 후에 비로소 서문이 기록되어 신탁 수집에 추가되었을 것이라고 보는 것이다. 다시 말해, 본문에 명시된 가장 늦은 시기("추방")가 지난 후에야 서문이 기록되었을 것이라고 보는 것이다. 하지만 그 일이 일어나고 나서 얼마나 긴 시간이 지난 후에 서문이 기록된 것인지는 알려지지 않고 있다. 우리가 이제 알게 된 바대로 예레미야서 전체가 완성된 후에 서문이 기록된 것인지, 아니면 오늘날 이 책의 일부를 이루게 된 한두 권 정도의 보다 작은 단편 "책들"을 수집하고 난 이후에 기록된 것인지에 대해서는 어떠한 절대적 확실성도 부여할 수 없다.

주석

1 주제. 원칙적으로 이 책의 주제는 "말씀"으로 정의된다. 그리고 이 말씀은 예레미야의 말이다. 그러나 오히려 예레미야는 그가 선지자로서 부여받은 여호와의 말씀을 말할 뿐이었다. 따라서 이 책은 예언을 담고 있는 것이다. 왜냐하면 예언이라는 것은 여호와의 대언자인 선지자를 통해 하나님의 백성에게 선포되는 하나님의 말씀에 지나지 않기 때문이다. 이렇게 정의된 이상, 이 책의 내용이 갖는 권위는 분명해진다. 이 책에는 단순히 주전 6-7세기에 살았던 한 저명인사의 사회 종교적 비평이 담겨져 있는 것만이 아니다. 그의 메시지 자체가 비록 인간이라는 도구의 중재를 통해 이루어진 것일지라도 그 근원과 원천은 하나님께 있다. 예레미야는 한 선지자로서 부정할 수 없이 그의 인격과 개성에 의해 채색된 자신만의 언어 안에서 메시지를 표현함으로써 메시지에 독특한 형식을 부여하고 있다. 그러나 그 메시지는 하나님께로부터 온 것이며, 그 신적인 근원으로 인해 권위를 지니게 된다.

일부 다른 선지서들의 서문이 그러한 것처럼, 여기서는 이 말씀이 담고 있는 내용이나 겨냥하고 있는 독특한 관심사가 서문에서 개괄적인 형태로나마 진술되지는 않고 있다. 이는 아마도 그의 사역이 오랜 시간 동안 지속되었고 그의 메시지가 다양한 목표를 담고 있었기 때문에 이것을 하나의 요약적인 진술로 담아내기에는 너무도 큰 부담이어서 그런 것으로 여겨진다.

선지자. 선지자의 이름은 예레미야다. 이 이름은 그 정확한 의미가 불확실함에도 불구하고 히브리어에서 그리 드문 이름이 아니다. 이것은 "여호와께서 푸신다"로 볼 수도 있겠으나, 아마도 "여호와께서 높이신다"(V. Maag, "Jeremiah," *BHH* 2, 812-14를 보라)를 의미하는 것으로 보인다. 그의 아버지 힐기야는 베냐민 지경의 아나돗이라는 작은 마을에 살던 제사장 중의 하나로 묘사되고 있다. (예레미야의 제사장적 배경에 대한 암시들은 다음 단락, 즉 1:4-10의 "주석" 부분에서 더욱 상세하게 논의된다.)

예레미야의 고향 아나돗은 예루살렘 북동쪽 약 5킬로미터 정도 떨어진 곳에 위치하고 있다. 이 이름은 아직도 아나타('Anata)라는 이름의 마을에 남아 있는데, 아나돗의 원래 위치는 아나타의 남서쪽인 라스 엘-카루베(Ras el-Kharrubeh)일 것이라는 가능성만 남아 있다(C. E. DeVries, *ISBE* I, 121-22를 보라). 비록 아나돗이 예루살렘에 근접한 곳에 위치하고 있었다고 할지라도 이 곳은 광야의 끝인데, 이 광야는 아나돗의 동편으로부터 사해가 위치해 있는 대 협곡의 사막에까지 뻗어 있었다. 그리고 우리가 이 선지자의 언어를 가지고 판단해 본다면, 이 광야 지역은 선지자의 정신과 인격 형성에 그 영향을 미쳐 왔다고 볼 수 있을 것이다. "저 사막을 바라보면서 느끼게 되는 혼란스러움이 선지자의 심중에 불타오르고 있었으며, 그는 그것을 깨끗하게 잘 정돈된 하나님의 말씀과 대조시켰다."(Sir George Adam Smith, *The Historical Geography of the Holy Land*[1984, repr. London: Collins, 1966] 212-13). 이러한 관점에서 예레미야의 고향과 그의 선조인 아모스의 고향 사이에는 특별한 유사성이 있다. 아모스는 아나돗보다 더 남쪽으로, 대 광야 지역과 접하고 있는 드고아에서 살았다.

[2]-[3] 연대기적인 구조. 예레미야가 그의 선지자적 사역을 수행하고 있던 역사적 시기에 관해서는 세 가지 특별한 단편 지식이 나타나고 있다. (i) 그의 사역은 요시야 왕 제13년에 시작되었다. (ii) 이는 여호야김 왕 치세까지 계속되었다. 그리고 (iii) 시드기야 왕 제11년까지 이어졌다. 이러한 연대기적인 진술들은 좀더 상세히 다루어져야 한다.

요시야 왕의 집권이 주전 640년부터 609년까지 진행되는 것으로 미루어, 서문에서 밝힌 출발 시점은 주전 627년을 언급하는 셈인데, 이때 선지자의 사역이 시작되었다. 요시야의 죽음 이후에 여호아하스 왕이 3개월을 다스렸으나(주전 609년), 이는 아마도 그의 통치 기간이 짧았던 까닭에 통치력을 따라 일자를 산정함에 있어서 그에 관한 언급을 하지 않은 것으로 보인다.

여호야김 왕은 유다에서 주전 609년부터 598년까지 통치했고, 그의 치세 동안 선지자의 사역은 계속되었다. 여호야김은 주전 598년에 사망했고, 그의 18세였던 아들 여호야긴이 이를 계승하여 대략 3개월 간을 다스렸으나 예레미야 서문에는 그에 관한 기록이 전혀 없다.

여호야긴은 시드기야(맛다니야)가 왕이 되면서 물러났고, 시드기야는 주전 597년부터 587년까지 다스렸는데, 이때 유다의 마지막 왕은 주전 587년 바벨론의 군대에 의해 궁극적이고 전면적인 패배를 맞기까지 다스렸다.

예레미야 1:1-3에서의 연대기에 관한 언급은 이를 통해 선지자의 사역이 이해될 수 있는 역사의 넓은 틀을 세워 놓고 있다. 하지만 여기엔 연대기적인 틀이 가지는 의의와 관련되어 다수의 문제가 잔존하고 있다. 첫 번째 문제는 선지자의 사역이 출발되는 시점으로서의 주전 627년의 정확한 의의와 관련된다. 두 번째 문제는 서문에서 지적되고 있는 연대기적인 기간을 **따라** 선지자의 사역 기간을 추정해 내야 하는 난제와 관련된다.

주전 627년은 여호와의 말씀이 예레미야에게 임한 해로 기록되고 있다. 예레미야가 그 출생 전부터 이미 선지자로서의 사역을 위해 구별되었다는 진술의 관점에서 볼 때(1:4, 다음 단락의 "주석" 부분을 참조할 것), 주전 627년을 예레미야가 출생한 해로 설명하는 학자들은 거의 없었다. 이러한 관점에 대한 분석과 비평을 위해서는 J. A. Thompson, *Jeremiah*, 50-56를 보아야 한다. 우리가 지금 논의하고 있는 본문에서 이러한 견해는 그 가능성이 전혀 없어 보인다. 서문의 언어는 예레미야가 하나님의 부르심과 메시지에 대해 자각하게 된 시점을 의미한다고 보는 편이 훨씬 더 자연스럽다. 그러므로 우리가 가정할 수 있는 바는 주전 627년이 선지자로서의 소명 자각의 해였고, 아마도 그의 사역이 시작되었던 해이기도 하다는 점이다. 그가 소명을 받던 시기에 그의 나이가 정확히 얼마였는지를 알지 못하기 때문에, 우리가 해볼 수 있는 최선의 추측은 선지자가 주전 640년 이전에 태어났으리라는 것일 뿐이다.

비록 선지자의 사역이 추방이 일어난 해(주전 587년)까지 지속되었다고 지적하고 있을지라도, 분명한 것은 제한된 방식으로나마 선지자는 애굽에서도 그의 사역을 계속 실행하고 있었다는 사실이다(렘 42-44). 이 시기 선지자의 삶에 대해서는 서문에 어떠한 언급도 나타나지 않고 있다는 사실로 인해, 서문이 기록되어 책에 추가된 일이 애굽 체류와 관련된 단락이 추가되기 이전에 이루어진 일이라고 지적할 수 있을지도 모른다. 하지만 서문의 목적상 단순히 선지자의 **민족 내 사역 시기**를 더 강조하기 위한 의도를 지녔을지도 모른다는 가정도 이에 못지 않게 충분한 가능성을 지니고 있다. 추방 중에 있었던 그의 생애의 마지막 시기는 단순히 선지 사역의 중요 시기에 비해서는 단지 부수적인 것에 지나지 않는 것으로 여겨졌을 수도 있다.

그러므로 예레미야의 선지 사역은 40년이 넘는 기간으로 확정된다(주전 627-587년). 선지자의 이름이 붙게 된 이 책 속에는 이 사역에 대한 완전한 기록이 잔존하고 있지 않으며, 사역의 여러 시기들로부터 발췌된 기록은 있다. 이 책은 사역 중에 전달되었던 상당한 양의 신탁과 설교를 담고 있다. 하지만 개별 본문의 정확한 시기 추정은 불가능하다. 그래서 비록 선지자 예레미야에 대한 일반적인 역사적 배경은 잘 알려졌을지 모르나, 그의 책의 각각의 부분들에 대한 개별적인 배경을 모든 경우마다 정확히 확정할 수는 없다. 수집된 역사적, 전기적 내러티브 자료는 대부분 보다 정확한 시기에 대한 산출이 가능하다. 따라서 그 배경은 여타의 성경과 근동 문헌들의 도움을 얻어 보다 충분히 재구성할 수 있다.

해설

한 책의 서문은 단순히 무대를 구성하는 것이다. 이 부분이 극적인 성격을 갖기란 거의 불가능하며, 오히려 다음에 일어날 일들을 읽어 나가는 독서의 과정에 필수적인 기초 자료를 제공해 준다. 예레미야서의 서론은 분명히 이와 같은 기초 자료를 제공해 주고 있다. 이 책은 아나돗의 예레미야가 남긴 말을 담고 있으며, 그는 또한 여호와의 말씀을 말하는 선지자다. 하지만 이것이 그저 기초 자료만을 담고 있다고 해도, 이 서문 속에는 극적인 요소가 전혀 없는 것은 아닐진데, 그것은 우리의 이해력 너머에 숨어서 우리를 역사의 저 시기와 구별하게 만들 것이다. 말하자면, 이 희곡은 선지자가 사역하는 동안에 다스렸던 왕들에 대한 언급으로 제시되고 있는 것이다.

예레미야의 긴 사역의 기간은 급진적이고 격렬한 변화가 이루어졌던 인류사의 한 시기에 걸쳐 있다. 그가 사역을 시작했을 때는 요시야가 왕이었다. 겉으로는 히브리 백성에게 눈부신 역사의 시기였다. 후대 역사에서 그 폭력적인 군국주의적 정책으로 기억되고 있는 대 앗수르 제국은 내리막길을 걷고 있었다. 사실 이 나라는 수세기 동안 북편의 위협적인 세력이었다. 앗수르는 때로는 정복자였고, 때로는 편치 않은 이웃이었다. 주전 612년에 그 수도인 니느웨가 패전함으로써 완전히 끝나게 되었던 앗수르의 쇠퇴는 빈번하게 앗수르의 세력에 고통을 당하던 히브리인들에게는 용기를 낼 수 있는 근거가 되었다. 실제로, 그토록 많은 변화가 가능할 것으로 보였던 요시야 통치의 초기 시기는 앗수르의 쇠퇴에 정확히 들어맞고 있었다. 유다는 다시금 독립하게 되었고, 외래 종교의 영향으로부터 벗어났으며, 제사 의식을 개혁하였다. 유다는 그 땅을 넓혀 가면서 오래 전 북방 이스라엘의 소유였으나 이제는 더 이상 앗수르가 통제할 수 없게 된 일부 지역을 되찾았다. 예레미야는 그의 사역을 회복과 소망의 시기에 시작했던 것이다. 하지만 그는 이것이 잘못된 소망이라는 것을 다른 어느 누구보다도 더 잘 알았다.

제국적인 권력으로부터의 앗수르의 쇠퇴는 당대의 국제 정치에 비정상적인 진공 상태를 남겨놓지는 않았다. 요시야가 다스리던 초기 시절에 이루어졌던 유다의 단명한 번영은 권력의 진공 상태가 낳은 결과였다. 그러나 앗수르가 차지했던 패권을 얻기 위한 쟁투에 새로운 (그리고 갱신된) 초강대국이 출현하는 일은 시간 문제일 뿐이었다. 주전 7세기 초에 애굽은 단지 앗수르의 봉주국에 지나지 않았으나, 다시금 그 힘을 과시하기 시작하였다. 바로 프사메티쿠스(Psammetichus, 주전 663-609년)와 바로 느고(Necho, 주전 609-593년)의 때에, 애굽은 근동에서의 그 영향력을 거듭 천명하기 시작하였다. 그러나 동편에서는 두 개의 다른 제국 세력들이 각자 패권을 쥐려는 목표를 가지고 있었다. 하지만 그들은 초기에는 동맹국으로서 보조를 맞추고 있었다. 키아크세르크세스(Cyaxeres, 주전 625-585년경)가 다스리던 메대와 나보폴라싸르(Nabopolassar, 주전 626-605)가 지휘하다가 후에 느부갓네살(Nebuchadnezzar, 주전 605-562년)이 다스리게 된 신 바벨론 제국은 모두 권력과 영향력을 가지고 있었다. 남서부에서는 애굽이 힘을 키워 가고 있었고, 동편에서는 메대와 신바벨론인들이 성장하고 있던 와중에 작은 나라 유다는 근동 세계에서 제국적 통제력을 찾고자 했던 당대의 거대 권력들 틈에 붙들리고만 있는 상태였던 것이다. 요시야의 통치 출발에는 잠시 동안의 광명이 있을 뿐이었고, 보다 거시적인 관점에서는 유다라는 작은 나라는 수십 년 간에 걸친 예레미야의 사역 기간 내내 이루어졌던 권력 투쟁 상황에서 인질에 불과했다. 앗수르의 쇠퇴로 애굽은 통제력을 찾게 되었고, 애굽의 약화로 바벨론은 우세권을 얻게 되었다. 그리고 이 모든 과정을 통해, 유다의 시민들은 주전 587년 마침내 그들의 성스러운 성읍이 바벨론인들에 의해 파괴되고 수많은 시민들이 포로로 끌려가기까지 한때는 이편으로 또 저편으로 이리저리 쓸려다니는 신세가 되었다.

그러므로 일면 예레미야는 옛 권위들이 쇠퇴하고 새로운 세력들이 출현했던 중요한 국제적인 변화의 시기를 살았다. 이 모든 외적인 세력들은 유다 민족의 생활과 정책 속에 그들의 영향력을 각인해 놓았다. 하지만 예레미야는 선지자로서 당대의 즉각적인 역사적 사건을 넘어서 보는 시각을 가지고 있었다. 말하자면, 그는 자신의 민족사 속의 사건에서 하나님의 흔적을 읽어냈던 것이다. 신정한 위기는 그가 분명히 지각한 대로 외적인 문제에 있었던 것이 아니고, 그의 백성의 내적인 민족적, 종교적 생활 속에 있었던 것이다. 그가 느꼈고 선언했던 그의 민족의 중심에 있는 연약함은 외적인 적대 세력의 힘을 압도했다.

우리는 그가 속한 세계의 혼란스러운 면모에 대해 무언가 제대로 아는 바가 조금이라도 있다면 예레미야서의 진정한 힘을 이해하기 시작할 것이다. 국제 정세 속에서 급격한 변화가 이루어지고 권력이 거래되던 시기에 선지자는 하나님의 왕국이 겪었던 이 역사의 시점에 급진적인 변화가 이루어진 것과 하나님의 의도가 세계 안에서 역사되는 것을 죽기 전에 보았을 뿐만 아니라 경험했던 것이다.

II. 부르심과 임무(1:4-10)

참고문헌

Ahuviya, A. "I have set you for a prophet for the Gentiles." *BMik* 29, 98(1983) 249-54 (Heb). **Bach, R.** "Bauen und Pflanzen." *Studien zur Theologie der alttestamentlichen Ueberlieferungen.* Ed. R. Rendtorff and K. Koch. Neukirchen: Neukirchener Verlag, 1961. 7-32. **Balzer, K.** "Considerations Concerning the Office and Calling of the Prophet." *HTR* 61(1968) 567-81. **Berridge, J. M.** *Prophet, People.* 26-62. **Bewer, J. A.** "Historical Criticism of Jeremiah 1:4-19." *AJT* 6(1902) 510-18. **Boer, P. A. H. de.** *Jeremia's Twijfel.* Leiden: Brill, 1957. **Brodie, L.** "Creative Writing: Missing Link in Biblical Research." *BTB* 8(1978) 34-39. **Broughton, P. E.** "The Call of Jeremiah: The Relation of Deut. 18, 9-22 to the Call of Jeremiah." *AusBR* 6(1958) 37-46. **Clements, R. E.** *Prophecy and Tradition.* Atlanta: John Knox, 1975. **Cornill, C. H.** "*Die literarhistorische Methode und Jeremia Kap.* 1." *ZAW* 27(1907) 100-10. **Childs, B. S.** *The Book of Exodus.* OTL. Philadelphia: Westminster, 1974. 53-60[Comparison with call of Moses]. **Dahlberg, B. T.** "The Typological Use of Jeremiah 1:4-9 in Matthew 16:13-34." *JBL* 94(1975) 73-80. **Garcia Moreno, A.** "Vocación de Jeremiàs." *EstBib* 27(1968) 49-68. **Gilula, M.** "An Egyptian Parallel to Jeremiah 1:4-5." *VT* 17(1967) 114. **Gouders, K.** "Siehe, ich lege meine Worte in deinem Mund. Die Berufung des propheten Jeremias(Jer. 1:4-10)." *Bib* 12(1971) 162-86. ______. "Zu einer Theologia der prophetischen Berufung." *Bib* 12(1971) 79-93. ______. *Die prophetischen Berufungsberichte Moses, Isaias, Jeremias und Ezechiel. Auslegung, Form- und Gattungsgeschichte, zu Theologie der Berufung.* Ph.D. diss., Bonn, 1971. **Gunneweg, A. H. J.** "Ordinationsformular oder Berufsbericht in Jeremia 1." FS Ernst Benz, *Glaube, Geist, Geshichte.* Ed. G. Mueller and W. Zeller. Leiden: Brill, 1967. 91-98. **Habel, N. C.** "The Form and Significance of the Call Narratives." *ZAW* 77(1965) 297-323. **Henry, M.-L.** *Prophet und Tradition. Versuch einer Problemstellung.* BZAW 116. Berlin: de Gruyter, 1969. **Holladay, W. L.** "The Background of Jeremiah's Self-Understanding: Moses, Samuel, and Psalm 22." *JBL* 83(1964) 153-64. ______. "Jeremiah and Moses, Further Observations." *JBL* 85(1966) 17-27. ______. "Prototype and Copies: A New Approach to the Poetry-Prose Problem in the Book of Jeremiah." *JBL* 79(1960)

351-67. **Jong, C. de.** *De Volken bij Jeremia. Hun plaats in zijn prediking en in het boek Jeremia.* 2 vols. Ph.D. diss., Theological Academy, Kampen, 1978. **Kilian, R.** "Die prophetischen Berufungsberichte." *Theologie im Wandel.* FS zum 150-jährigen Bestehen der Katholisch-Theologischen Fakultät an die Universität Tübingen. Tubinger Theologische Reihi 1. Munich: Wewel, 1967. 356-76. **Kraus, H.-J.** *Worship in Israel.* Richmond: Knox, 1966. 108-11. **Lewin, E. D.** "Arguing for Authority: A Rhetorical Study of Jer. 1:4-19 and 20:7-18." *JSOT* 32(1985) 105-19. **Marks, J.** "The Imagery of Jeremiah's Call." *McCQ* 16(1963) 29-38. **Mehl, L.** "A Call to Prophetic Ministry: Reflections on Jeremiah 1:4-10." *CurTM* 8(1981) 151-55. **Michaud, H.** "La vocation du prophète des nations." In *Maqqél Shaqqédh, La Branche d'Amandier, Hommage à Wilhelm Vischer.* Montpellier: Causse, Graille, Castelnau, 1960. 157-64. **Mosis, R.** "Ich lege mein Wort in deinem Mund: Geistliche Impulse aus Jeremiah(1:4-10)." *FrancSt* 62(1980) 89. **Mottu, H.** "Aux sources de notre vocation: Jérémie." *RTP* 114(1982) 105-19. **Muilenburg, J.** "The 'Office' of the Prophet in Ancient Israel." In *The Bible in Modern Scholarship.* Papers Read at the 100th Meeting of the Society of Biblical Literature, Dec. 28-30, 1964. Ed. J. P. Hyatt. Nashville: Abingdon, 1965. 74-97. **Olmo Lete, G. del.** *La Vocación del lider en el antiguo Israel. Morfologia de los ralatos biblicos de vocación.* Ph.D. diss., Universidad Ponteficia Salamanca, 1973. **Overholt, T. W.** "Some Reflections on the Date of Jeremiah's Call." *CBQ* 33(1971) 165-84. **Plöger, J. G.** "Zum Propheten berufen. Jer. 1:4-10 in Auslegung u. Verkundigung." In *Dynamik in Wort.* Stuttgart: Katholisches Bibelwerk, 1983. 103-18. **Reventlow, H. G.** *Liturgie,* 24-77. **Richter, W.** *Die sogenannten vorprophetischen Berufsberichte.* FRLANT 101. Göttingen: Vandenhoeck & Ruprecht, 1970. **Ross, J. F.** "The Prophet as Yahweh's Messenger." In *Israel's Prophetic Heritage.* FS J. Muilenburg. Ed. B. W. Anderson and W. Harrelson. New York: Harper, 1962. 98-107. **Schreiner, J.** "Prophetsein im Untergang. Aus der Verkundigung des Propheten Jeremias: Jer. 1:4-19." *BibLeb* 7(1966) 15-28. **Schultes, J. L.** "Gott nimmt ganz in seinem Dienst. Bibel Meditation zu Jer. 1:4-10." *BLit* 48(1975) 180-83. **Stade, B.** "Emendationen - Jer. 1:4 (sic for 1:5)." *ZAW* 22(1902) 328. **Vermeylen, J.** "La redaction de Jeremie 1:4-19." *ETL* 58(1982) 252-78. **Vischer, W.** "Vocation of the Prophet of the Nations: An Exegesis of Jer. 1:4-10." *Int* 9(1955) 310-17. **Voeglin, E.** *Order and History I: Israel and Revelation.* Baton Rouge: Louisiana State UP, 1956. 467-70. **Vogels, W.** "Les recits de vocation des prophètes." *NRT* 95(1973) 3-24. **Vogt, E.** "Vocatio Jeremiae." *VD* 42(1964) 241-51.

Weippert, H. *Die Prosareden des Jeremiabuches*. BZAW 132. Berlin: de Gruyter, 1973. 193-99. **Zimmerli, W.** *Ezekiel I*. Hermeneia. Philadelphia: Fortress, 1979. 97-100.

본 문

4 여호와의 말씀이 내게 임하니라 이르시되	**4** And the Lord's word came to me:[a]
5 내가 너를 복중에 짓기 전에 너를 알았고 네가 태에서 나오기 전에 너를 구별하였고 너를 열방의 선지자로 세웠노라 하시기로	**5** "Before I formed[a] you in the belly, I knew you; before you came forth from the womb, I set you aside. I appointed you to be a prophet to the nations."
6 내가 가로되 슬프도소이다 주 여호와여 보소서 나는 아이라 말할 줄을 알지 못하나이다	**6** But I said, "Oh master, Lord! Look, I don't know how to speak, because I'm only a youth."[a]
7 여호와께서 내게 이르시되 너는 아이라 하지 말고 내가 너를 누구에게 보내든지 너는 가며 내가 네게 무엇을 명하든지 너는 말할지니라	**7** But the Lord said to me, "Don't say '[a]I'm only a youth,' because wherever[b] I send you, you will go, and whatever I command you, you will speak.
8 너는 그들을 인하여 두려워 말라 내가 너와 함께하여 너를 구원하리라 나 여호와의 말이니라 하시고	**8** Don't be afraid of them, because I am with you to look after you. It is the Lord's word!"
9 여호와께서 그 손을 내밀어 내 입에 대시며 내게 이르시되 보라 내가 내 말을 네 입에 두었노라	**9** And the Lord stretched out his hand[a] and touched[b] my mouth. Then the Lord said to me, "Look, I have put my words in your mouth.
10 보라 내가 오늘날 너를 열방 만국 위에 세우고 너를 뽑으며 파괴하며 파멸하며 넘어뜨리며 건설하며 심게 하였느니라	**10** See! This very day, I have given you authority over the nations and over the kingdoms, to pluck out and to pull down, [a]to destroy and to demolish,[a] to build and to plant."

원문주해

4.a. 칠십인역에서 "그에게"를 의미하는 프로스 아우톤(*πρὸς αὐτόν*)은 히브리어로는 엘라이브(אליו)를 표현한 것이다. 하지만 마소라는 3인칭이 아닌 1인칭 형태인 엘라이(אלי)를 취하고 있는데, 문맥이 지적하는 바(6, 7절)와 같이 마소라가 더 개연성이 있다.

5.a. 마소라의 케레는 어근 야차르(יצר)의 칼로서 "너를 지었다"를 의미하는 에차르카(אצרך)이며, 케팁은 어근 추르(צור)에서 나타난 형태로서 역시 "너를 지었다"를 의미하는 에초르카(אצורך)이다. 다후드(M. Dahood, *Psalms 51-100*, AB 17[Garden City, NY: Doubleday, 1966] 225-26)는 시 77:3에서의 "불러모으다"와 같은 의미일 것이라고 제안하고 있다. 아마도 여기서는 사 49:1, 5에서처럼 "짓다"와 "불러내다"의 의미에 대한 의도적인 유희 작용이 개입된 것으로 보인다. 이를 위해서는 이와 관련된 4:31의 명사 차라(צרה)도 보아야 한다. 이것을 할러데이(Holladay, I, 20)는 "유인하다"로 번역할 것을 제안

하고 있다.

6.a. 나아르(נער)는 "아이, 소년 혹은 젊은이"를 의미할 수도 있다.

7.a. 극소수의 사본들과 칠십인역 및 시리아역은 "~라고"를 추가시키고 있다.

7.b. (저자는 이 부분을 "어디로든지"로 사역하고 있다. 그래서) 이 부분은 아마도 "누구에게든지"로 볼 수도 있을 것이다(실제로 예레미야서에서는 엘[אל]과 알[על]이 빈번하게 서로 바뀌 가며 사용되고 있기 때문이다).

9.a. 칠십인역은 "나에게"를 의미하는 프로스 메(πρός με)를 추가시키고 있다.

9.b. 마소라 본문에는 히필로 "닿게 만들었다"로 기록되어 있으나, 필자는 칠십인역과 불가타역을 따라 칼형으로서 "닿았다"를 의미하는 와야가아(ויגע)로 읽는다.

10.a-a. 마소라 본문의 우르하아비드 웨라하로스(ולהאביד ולהרוס)는 "파괴하며 파멸하도록"을 의미하는데, 18:7, 9의 영향을 받아 본문에 첨가시킨 것으로 자주 생각되어 온 부분이다. 폴츠(Volz), 루돌프(Rudolph), 할러데이(I, 21)를 보라. 탈굼역, 시리아역과 불가타역은 마소라 본문을 따르고 있다. 칠십인역은 이 문장에서는 마소라 본문이 여섯 개의 동사를 사용한 것에 반해 다섯 개의 동사만을 사용하고 있다(마소라 본문은 18:7에 사용된 세 개의 동사 중에 2개를, 31:28에 사용된 동사 여섯 개 중에 네 개를 사용하고 있다). Janzen, *Text of Jeremiah*, 35를 보라. 이렇듯 드러나는 사본상의 이형들은 마소라 본문에 영향을 일으킬 만한 정도는 아니다.

양식/구조/배경

선지자의 소명이 이 짧은 내러티브 속에 기술되고 있다. 여기서 사용된 형식은 여호와와 예레미야 사이의 대화의 형식이며, 이는 일인칭이 겪는 경험의 형식으로 기술되고 있다. 이 구절은 여타 선지자들의 소명 내러티브와 상당한 정도의 유사성을 지니고 있으며(예를 들어, 사 6:1-13, 겔 1-3), 여기에 기술된 내모의 소명 경험은 다른 선지자들의 경험과 유사한 형태를 이루고 있다(눈에 띄는 것은 사무엘의 경우다). 결과적으로 이 구절에 대해서는 엄밀한 의미에서의 양식비평적 관점(예를 들어, 하벨[N. Habel]과 구더스[K. Gouders]를 보라)과 다양한 제반 문학적 관점들(예를 들어, 델 올모 레떼[G. del Olmo Lete], 가르시아 모레노[A. Garcia Moreno], 페르마일렌[J. Vermeylen]과 R. P. Carroll, *From Chaos to Covenant*, 31-58) 모두에서 광범위한 연구가 이루어져 왔다.

좁은 의미에서의 양식비평적인 접근은 소명 내러티브에 대해서는 완전히 만족스러운 접근법은 아니다. 비록 몇 가지 공통적인 특성으로 인해 소명 내러티브의 보편적인 **장르(Gattung)**가 상정될 수 있을지는 몰라도 선지서들 속에 나타나는 세 가지 가장 기초적인 소명 내러티브들(이사야, 예레미야, 에스겔) 사이에서 발생하는 실질적인 차이점들로 인해 명확히 정형화된 문학 유형이 존재할 것이라고 믿는 모든 신념의 토대가 허물어져 버리고 있다. 더 나아가 내러티브가 순수한 종교적 체험을 반영하는 것으로 여겨지는 한, 내러티브 속에 있는 주제에 있어서의 공통성은 특유의 문학 유형이 실재한다는 사실보다는 경험의 공통성을 더 반영하게 마련이다. (그러나 하벨의 분석[*ZAW* 77(1965) 297-323]에서 소명 내러티브는 자전적인 회상이라기보다는 신학적인 반성의 산물에 더 가까운 것으로 여겨지고 있다. 만일 이것이 사실이라면, 그리고 실제로 소명 내러티브라는 고착화된 **장르[Gattung]**가 실재한다면, 우리는 문학적 구조와 추이와 내용에 있어서 잔존하는 얼마 안 되는 소명 내러티브 속에서 나타나는 것보다 훨씬 많은 정도의 공통성을 기대할 수밖에 없다.)

그러므로 이 내러티브의 본질에 대해 이해하고 이 내러티브가 예레미야의 신탁 수집 가운데 굳이 이 부분에 위치해야만 하는 이유를 알기 위해서는 적절한 시각이 요구된다. 첫째로, 한 선지자의 신탁 수집이라면 어떤 경우라도 그 신탁을 전달할 임무를 맡게 된 한 개인의 소명에 대한 기사가 서문을 장식해야만 한다는 사실이 불합리한 것만은 아니라는 점이다. 이것은 필연적인 요소는 아닐지라도, 한 선지서의 내용을 열어 가는 자연스러운 방법은 된다. 또한 이어질 신탁을 읽어내는 한 관점을 제공하는 방식으로서도 자연스러운 것이다. 그럼에도 불구하고, 이것이 원칙적으로 필수 요소가 아닌 까닭은 그토록 많은 수의 선지서들이 소명에 대한 상세한 묘사를 전혀 제공하지 않고 있기 때문이다(예를 들어, 요엘, 오바댜, 미가). 둘째로, 예레미야의 소명 내러티브에서 특징적인(이사야와 에스겔과 비교해서) 것은 배경에 대한 묘사가 거의 없다는 사실이다. 이와는 대조적으로 이사야는 성전에 있었으며 에스겔은 그발 강가에 있었는 데 반해, 우리는 예레미야의 소명이 일어난 주변에 대해 알지 못한다. 다시 말해서, 기록 의도가 단순히 전기적인 것이 아니었다는 것이다. 저자 혹은 편집자가 선지자의 종교적 체험이나 환경에 대한 정보를 제공하는 것을 주요 의도로 삼았다면 더 상세한 내용이 기대되었을 것이다. 그러므로 가능한 것은 소명 내러티브를 신탁 수집의 시작 부분에 삽입시킨 것은 다른 의도를 가졌으리라는 점이다. 이것은 선지자의 권위를 성립시켰으며, 선지자는 단순히 그 자신만의 견해를 피력한 것이 아니라 신적인 말씀을 표명하고 있었다는 점이다. 이 두 가지는 그 파괴적인 차원과 건설적인 차원을 말한다. 첫 번째 의도와 밀접하게 관련하여 소명 내러티브는 예레미야의 신탁이 갖는 신뢰성을 성립시켜 주는데, 이어지는 선지자로서의 사역 속에서 그토록 빈번하게 고발당하고 있는 거짓 선지자의 그것은 이와는 대조적이라고 볼 수 있다.

소명 내러티브가 신탁 수집의 초두에 삽입되었으며, 이 책을 준비하는 마지막 단계에 가서 자료들과 관련성을 갖게 된 것인지, 아니면 전체를 구성하는 소단위의 수집들을 병합시키는 단계의 초기에 그렇게 된 것인지는 확실히 알아낼 수가 없다. 슈미트(Schmidt)는 이 내러티브가 추방 시기에 한 편집자로부터 나온 것이라는 논증을 하면서, 본질적으로 주전 586년의 재난이 전제된 것이라는 주장을 하고 있다(*ThV* 13[1975/76] 182-209). 하지만 소명 내러티브가 주전 605년에 두루마리가 엮어지던 시기에 그 뿌리를 두었을 것이라는 가정도 동등한 가능성을 지닌다(렘 36장을 보라). 이와 같은 신탁의 첫 번째 편찬 과정에서 소명의 내용을 신탁 수집의 서문에 적용시킴으로써 왕에게 질의당했던(36:29) 메시지(10절)의 성격을 성립시켰을 것이다. 그러므로 확실하지는 않더라도 소명 내러티브의 비평적인 시기 설정이 주전 605년을 반영했을 가능성도 있다. 또한 어떤 형태로든 1:1-25:13을 신탁의 초기 수집의 한 묶음으로 볼 만한 이점이 존재한다면, 서론적인 소명 내러티브(1:4-10)는 수집(25:1-13)에 부속되는 결론적이고 개략적인 진술과 함께 균형을 맞추는 것일 가능성이 있다.

소명 내러티브가 갖는 내용의 신뢰성을 의심할 만한 이유는 거의 없다. 소명이 이루어진 후 대략 20여 년이 지난 후에 기록되었기는 하지만(위에 정리된 가정에 근거한다면), 의심할 바 없이 이는 선지자의 생애를 바꿔 놓은 주요 영적 체험에 대한 선지자의 회상을 반영하는 것이 된다. 이것은 역사적인 사항에 있어서는 빈약하기가 이를 데 없다. 하지만 그것이 담아내는 영적인 쟁투에 대해서는 훌륭한 묘사가 아닐 수 없다. 본질적으로 산문체로 기록되었을지라도, 신적인 신탁의 시적 특성을 나타내는 요소들이 예레미야에게 임한 여호와의 말씀의 내용 속에 충분히 감지되고 있다(5, 7, 10절을 보라).

소명 내러티브가 현재의 모습을 갖추게 된 것은 신명기 저자 혹은 편집자의 손길에 의한 것이라는 주장이 일반적이다(E. W. Nicholson, *Preaching to the Exiles*, 114-15와 *Jeremiah 1-25*, 23-26, 그리고 R. P. Carroll, *From Chaos to Covenant*, 44-46를 보라). 이러한 가설의 증거로서 몇 가지 중에 하나만을 취해 본다면, 그의 말씀을 예레미야의 입에 넣으시는(9절) 하나님의 약속이 신명기 18:18에서의 도래할 선지자와 관련된 말씀과 충격적인 유사성을 갖는 것은 주목할 만한 사항이다. 하지만 이것과 함께 다른 신명기 전승과의 유사성을 보여 주는 사항들(예를 들어, 예레미야와 사무엘 선지자는 모두 나이가 어렸다는 사실, 삼상 2:18)은 신명기적인 저작성이나 편집상의 개정 사실을 보여 주기 위한 필연적인 증거는 아니다. 진정한 문제는 이스라엘에서의 선지 사역의 근본적인 개념 설정과 그 근원과 관련된다. 이스라엘에서의 선지 사역의 본성에 대한 명백한 진술 중의 하나는 신명기 18:15-22에 포함된 것인데, 우리는 이러한 진술이 근본적인 방식으로 선지 사역의 본성과 실행에 영향을 미쳐 왔다고 볼 수 있다. 게다가 신명기의 근원과 본성을 해명하게 되더라도, 이 책이 예레미야의 사역 초기에 유다에서의 소정의 문예부흥을 가져왔다는 사실은 분명하다(보다 자세한 내용을 위해서는 Craigie, *The Book of Deuteronomy*, 46-49를 보라). 우리가 추정할 수 있는 것은 예레미야가 이 책의 내용에 친숙해 있었으며, 나아가 선지자로서 그의 자기 이해가 신명기 18:15-22이나 34:10-12과 같은 구절에 의해 영향을 받았다고 충분히 가정할 수 있다는 것이다. 그러므로 1:4-10과 예레미야서의 여타 구절에서 신명기와 유사한 자료들이 발생하는 것은 그것이 부정될 수는 없더라도 해석자에게 몇 가지 가능성을 부여해 준다. 그것은 선지자가 신명기의 내용에 의해서 막대한 영향을 받았다는 점이다. 1:4-10과 관련해서, 이 구절이 신명기적인 근원이나 편집 과정을 겪었다는 것은 전혀 확실하지 않다(비록 예레미야서에서의 다른 부분들 속에 신명기적인 영향이 현재하고 있는 것이 결코 부인될 수는 없다고 할지라도).

주석

4 소명 내러티브는 친숙한 명제로 시작하고 있다. "여호와의 말씀이 내게 임하니라"(1:4). 이 책의 다른 곳에서 이 표현은 예언 신탁의 선언에 대한 도입을 이루고 있다(예를 들어, 2:1). 하지만 여기서는 신탁을 소개하는 것이 아니라 경험을 소개하고 있다. 그리고 신탁은 받은 즉시 대중 앞에서 선언되어야 했지만, 여기서 시작하고 있는 내러티브는 개인사에 대한 묘사일 뿐이다. 선지직무가 일반적으로 실행되는 경우에서처럼, 하나님과 직접 대면하는 자는 장차 일어날 것에 대한 선언을 듣게 된다. 하지만 대면자가 하나님의 백성에게 전달하기 위해 하나님의 말씀을 받는 일에 개입되는 것이 일반적인 것인 데 반해서, 본문의 경우에는 대화가 이루어지고 있다. 이와 같은 내러티브의 경우를 통해서 본다면, 예레미야는 메시지 전달자가 아니라 메시지를 듣는 자가 되는 것이다. 그리고 신탁들이 공통적으로 시문체인 것에 반해 이 내러티브는 본질상 산문체를 형성하고 있는데, 그 이유는 접견자에 대한 묘사와 대화가 제시되고 있기 때문이다. 비록 소명이라는 것이 하나님과 예레미야 사이의 솔직한 대화를 드러냄으로써 기술되고 있기는 하지만, 우리는 이 대화 형식이 단

순히 절실한 종교적 소명 체험을 표현하기 위한 도구에 지나지 않을 것이라는 가정을 할 수 있을 것이다.

소명의 내용은 극히 간결하다. 그럼에도 불구하고, 이것은 대화의 역동적 성격과 선지자의 쟁투를 유감없이 담아내고 있다. 예레미야는 무엇보다도 먼저 그가 태어나기 전에, 그리고 실제로 그가 배태되기도 전에 선지자의 직무를 위해 따로 구별되었다는 말을 듣게 된다. 여기서의 언어는 "지혜 찬가"(Hymn to Wisdom, 특별히 잠 8:22-30)에서의 그것과 유사하지만 그 유사성이라는 것도 우연한 경우일 수 있다. 브로디(Brodie)는 다소 빈약한 근거에서 그렇기는 하지만 상호 연관성에 대해 논한다(*BTB* 8[1978] 34-39). 이 구절이 모종의 신학적인 결정론이나 숙명론을 함축할지 모르나, 그것을 목적으로 삼았다고 보기는 어렵다. 일견 도입부에서 예레미야에게 말씀하시는 하나님의 말씀은 그가 태어나기도 전에 구별되었다는 것이 이미 **기정사실화된**(*fait accompli*) 것인 양 그에게 말하는 것으로 보인다. 게다가, 대화의 역학관계 속에서 도입부의 말들은 예레미야에게 하나님의 목적이 불가항력적인 것이라는 느낌을 갖게 만들고 있으면서도 예레미야로부터의 적절한 반응, 곧 이 말에 의한 순종의 행위를 필요로 하고 있다. 실제로 비록 도입부의 선언이 결정론적인 어조를 가지고 있기는 했지만, 내러티브 전체를 통해서 볼 때 기저에 흐르는 분위기는 인간의 자유와 신적인 부르심에 응답할 인간의 능력에 관한 것이다. 또한 그 응답은 그것이 일단 자유의사대로, 그리고 긍정적으로 이루어진 것이라면 대화의 도입 부분에 나타난 진술에 의해 상당히 강조될 것이다. 그러므로 선지자가 되라는 부르심은 단순히 하나님의 임의적인 판단의 결과로 치부될 것이 아니었고 확고한 의지의 표현이었던 것이다. 그리고 예레미야가 자유롭게 이 부르심에 저항했을 수도 있지만, 그는 부르심에 응답하면서 자신의 출생과 언젠가는 죽을 존재의 의미를 발견할 수 있었을 것임도 동등하게 분명해지고 있다.

6-8 우선 예레미야는 불합리하지 않은 방법으로 하나님의 불가항력적인 선언으로부터 조심스럽게 빠져 나가려 했다. 그는 두 가지 납득할 만한 핑계를 대면서 아마도 하나님의 부르심을 피해 갈 수 있는 충분한 근거를 제시했다고 생각했음에 틀림없다. 첫째로, 그는 말할 방법(아마도 무엇을 말해야 할지를)을 알지 못했다. 둘째로, 그는 그 직무를 수행하기에는 확실히 너무 어렸다. 그는 "열방의 선지자"(5, 10절도 보라)가 되어야 한다는 말을 들었기에, 그의 변명은 실제로 거절을 위한 좋은 이유가 되었다. 내용에 관해서도, 그는 자신의 생애의 바로 그 시점에 이방 민족들은 고사하고 그의 민족을 위한 어떤 특별한 메시지도 가지고 있지를 못했다. 그리

고 두 번째 변명도 이와 밀접하게 연관되어 있는데, 그렇게 어린 사람이 그토록 만만치 않은 일을 어떻게 수행할 수 있겠느냐는 것이다. (그 당시에 예레미야가 정확히 몇 살이었는지 우리는 알지 못한다. 1:6a의 "원문주해"를 보라. 우리는 그가 십대 후반이나 이십대 초반이었을 것이라고 무리없이 가정해 볼 수 있을 것이다.)

그가 부르심을 받게 된 직무의 정확한 본질, 말하자면 "열방의 선지자"가 되는 것은 수많은 논의의 대상이 되어 왔다. 한 가지 측면에서 볼 때(이 책의 다른 부분의 조명에서 볼 때), 그는 "유다의 선지자", 그리고 보다 시야를 넓혀서는 (비록 그의 시대에 북방 지파들은 더 이상 남아 있지 못했지만) 전체 이스라엘의 선지자가 되어야 할 사람이었다. 그러나 "열방의 선지자"라는 표현은 그처럼 이방 민족들만을 향해 직접적으로 예언 신탁을 전한다는 의미를 가진 것도 아니다. 오히려 예언 신탁의 본질은 유다 민족에게만 해당되는 것이 아니라, 모두가 하나님의 목적에 맞는 역할을 지니고 있다는 이유로 인해 다른 이방 민족들에게도 해당된다는 것으로 보인다. 그러므로 "열방"에 대한 언급은 이방 민족에게만 국한된 것이 아니라(예를 들어, 그의 책 *De Volken bij Jeremia* 제1권에서 드 용[de Jong]이 논증한 것처럼 북방의 민족들), 유다와 이스라엘도 포함하는 것이다(이스라엘의 일부 영토는 요시야 초기 시절에 앗수르로부터 되찾았다). 다시 말해서 이 소명은 국제적 정황에서 선지자가 된다는 것이었다. 그 주된 메시지가 유다를 향한 것이었음에도, 그 시사하는 바는 앗수르, 바벨론, 애굽과 다른 국가들을 포함하고 있다. 소명 내러티브의 이 같은 부분은 "이방 민족" 신탁(렘 46-51)을 포함한 예레미야서를 구성하는 모든 신탁들을 전제한 것으로 보인다. 하지만 이와 동시에 가능한 것은 주된 언급은 분명하게 국제적인 요소를 지니고 있는 최초 수집(1:1-25:13)에 대한 것일 수 있다는 사실이다(36:29 참조).

예레미야의 두 가지 반대 의사는 기각되었다. 만일 그가 경험 부족에 근거하여 그의 메시지의 내용에 대해 두려워하고 있었다면 그럴 필요가 없었는데, 그는 무엇을 말해야 할지에 대해 적절한 시기에 교육받도록 되어 있었기 때문이다(7절). 그리고 만일 그의 두려움이 자신이 어리다는 사실에 의한 것이라면, 그는 그 보증이라는 것이 어두운 전망을 가지고 있을지라도 하나님께서 보호해 주실 것임을 확신할 수 있었다(8절). 보증은 두려워할 근거가 전혀 없을 것이라고 말하지 않는다. 그저 보호가 있을 것이라고만 말하고 있다. 그러므로 예레미야의 핑계는 무시되었다. 마치 아주 옛적에 소명에 접한 상태에서 젊은 모세가 했던 핑계처럼(출 3:11 -4:12) 무시된 것이다.

9 그러고 나서 내러티브는 여호와께서 손을 뻗으셔서 예레미야의 입에 대셨다고 진술한다. 바로 이 시점까지 소명 내러티브는 엄밀히 말해서 대화의 형태로 제시되고 있다. 이러한 언어들은 소명의 체험에 대한 환상적인 성격을 지적해 주는 것으로 보인다. 이사야의 경우 그의 환상적 소명 체험에서 이사야의 입술이 정화의 상징으로 타는 숯불에 접촉된다(6:6-7). 그러나 본문의 맥락 속에서 하나님과의 접촉은 정화를 상징한다기보다는 하나님의 말씀에 참여함을 상징하는 것이다. "보라 내가 내 말을 네 입에 두었노라"(9절). 에스겔은 그의 환상 체험에서 두루마리를 먹었고(3:1-3), 이로써 하나님의 말씀을 자신의 참 존재의 일부로 만들었다. 이 역시 마찬가지로 하나님의 말씀이 예레미야의 존재의 일부가 된 것이다. 이러한 하나님의 행위, 곧 선지적 말씀을 심는 행위는 예레미야가 주장하는 대로 자신이 말할 만한 재능이 없다는 말을 쓸모없는 것으로 바꾸어 버린다.

10 마침내 민족을 향한 예레미야의 선지자로서 갖는 사역의 권위와 관련되어 진술이 이루어지게 된다. 이 권위는 부분적으로는 단순히 메시지의 신적인 근원의 결과이지만, 특히 중요한 것은 그 권위가 그가 전해야 할 메시지의 상당히 많은 부분에 부정적인 성격을 부여했음을 알아야 한다는 것이다. 10절 하반절에 사용된 여섯 개의 동사들 중에 네 개는 부정적이고 파괴적인 것이며, 단 두 개의 동사만이 긍정적이고 건설적인 성격을 가지고 있다. 즉각적으로 새로운 선지자의 직무가 유쾌하지 않은 성격을 가진 것이라는 사실이 분명해졌고, 그 직무라는 것은 단지 하나의 일 곧 선지 말씀을 선언하는 것일 뿐이다. 그런데 대부분의 말씀이 부정적이고 파괴적인 경우에 그것은 적대적인 반응을 불러낼 수밖에 없다. 이러한 파괴와 건설의 주제는 책의 나머지 부뷰에서 빈번하게 되풀이되고 있다(보다 자세한 내용을 위해서는 이 책의 주석 부분 내에서는 12:14-17, 18:7-9, 24:6을 보라). 여기 소명 속에서 그것들은 몇 줄에 걸쳐서 뒤이을 선지 사역의 성격을 기록하고 있다.

신기하게도 이사야서에서 그러했던 것처럼(6:8) 여기서도 하나님의 부르심에 대한 예레미야의 응답이나 순종에 관한 내용이 나타나지 않고 있다. 이에 대한 부분적인 이유는 소명 내러티브의 의도 속에서 발견된다. 말하자면, 이 내러티브는 모든 내용을 다 갖추려는 의도로 만들어진 것이 아니라, 단지 다음에 나타날 사역의 권위와 확실성을 두려는 데 있는 것이다. 다른 의미로는 예레미야의 응답에 대한 묘사가 불필요했을 것이라는 이유인데, 그의 책의 내용 전체가 바로 이 젊은이의 확신에 찬 반응을 훌륭하게 증거해 주고 있기 때문이다.

해설

예레미야의 소명에 대한 이렇듯 간단한 기록에서 우리는 기나긴 시간 속에서 계속되는 하나님의 부르심과 응답 가운데서 한 가지 분명한 사실을 보는 통찰력을 발견할 수 있다. 몇 가지 이름만을 대자면, 모세, 사무엘, 이사야, 에스겔, 호세아, 아모스 등을 댈 수 있을 것이다. 그리고 부르심과 응답의 전승은 구약 시대를 넘어간다. 실제로, 후에 바울이 그의 소명 체험에 관해 기록했을 때도, 그는 예레미야의 소명에 의해 직접적으로 영향받은 것으로 보이는 언어를 사용했다(갈 1:15-16). 그 다양성에도 불구하고, 이 모든 경우들 속에서 주도권은 하나님께 귀속된다. 그리고 그에 대한 응답은 인간으로부터 나온다. 또한 이러한 하나님의 주도적 행동과 인간 편에서의 응답의 연쇄 속에서 우리는 하나님께서 그의 세계 속에서 역사하시는 방식에 대한 통찰력을 발견할 수 있다.

전체 세계를 위한 그의 목적뿐만 아니라 그의 백성을 위한 하나님의 의지의 표현 속에서, 그는 자신의 백성에게 자신을 알리기 위해 인간 종과 선지자라는 도구를 기용하신다. 예레미야는 인간이라는 도구가 허약하고 무능력하다는 사실을 무엇보다도 더 잘 알았다. 비록 그가 자신의 사역이 마무리되기 전에 충분히 나이 들고 경험 많은 사람이 되리라는 것을 어렴풋이나마 알고 있었어도, 그의 생각에 그 자신은 그러한 일을 하기에는 너무 어렸다. 그래도 신적인 **일의 절차**(*modus operandi*)가 갖는 신비는 인간 종이라는 연약한 도구를 통해 하나님의 강한 힘이 드러난다는 사실이다. 인간 전달자를 통해 전달되는 하나님의 메시지는 듣도록 의도된 대상에게 강제적이지는 않았다. 그 메시지는 그것을 듣는 사람들에게 선택하고 응답할 기회를 주면서 제시되었던 것이다. 그리고 인간이 진리와 그에 수반되는 선택과 결심에 대한 요구의 상황에 맞닥뜨리게 되는 것을 별로 원하지 않는 존재라는 이유로 인해 하나님의 대언자의 직무는 유쾌한 일이 될 수 없었다.

하지만 소명 내러티브의 가장 중심적인 본질은 부르심에 대해 긍정적으로 응답한 사람에게 주어지는 권위에서 발견된다(10절). 후에 예수께서는 그의 제자들에게 권위를 주려 하셨는데(마 16:13-19), 이는 예레미야에게 상당히 영향을 받은 것으로 보이는 구절에 기술되고 있다(Dahlberg, *JBL* 94[1975] 73-80를 보라). 하나님의 대언자는 하나님의 권위를 가지고 말하는 것이지, 그저 그 자신의 인격의 힘으로 하는 것이 아니다. 물론 이 권위는 권위 있는 말씀을 듣게 되는 사람들에게는 거의 인지되지 않는다. 하지만 그렇다고 해서 다를 것은 없다. 권위는 그 속에 동일하게 존재한다. 그리고 권위의 말씀의 선언이 자주 대언자에게 실패와 좌절의 감정만을 남겨두게 된다고 할지라도, 이 대언자는 자신에게 정해진 임무에 충실한 것이다.

III. 두 개의 환상 기사(1:11-19)

참고문헌

Berridge, J. M. *Prophet, People.* 63-201. **Bode, E. L.** "The Seething Cauldron - Jer. 1:13." *TBT* 42(1969) 898-903. **Cazelles, H.** "Zephaniah, Jeremiah and the Scythians in Palestine." In *A Prophet to the Nations, Essays in Jeremiah Studies.* Ed. L. G. Perdue and B. Kovacs. Winona Lake, IN: Eisenbrauns, 1984. 129-49.[ET of "Sophonie, Jeremie, et les Sythes en Palestine." *RB* 74(1967) 24-44.] **Childs, B. S.** "The Enemy from the North and the Chaos Tradition." *JBL* 78(1959) 187-98. **Cogan, M.** "Sentencing at the Gate in Jeremiah 1:15-16." *Gratz College Annual* 1(1972) 3-6. **Harris, S. L.** "The Second Vision of Jeremiah: Jer. 1:13-15." *JBL* 102(1983) 281-82. **Horst, F.** "Die Visionsschilderungen der alttestamentlichen Propheten." *EvT* 20(1960) 193-205. **Irwin, W. A.** "The Face of the Pot, Jeremiah 1:13b." *AJSL* 47(1930-31) 288-89. **Jungling, J.-W.** "Ich mache dich zu einer ehernen Mauer. Literarkritische Ueberlegungen zum Verhaltnis von Jer. 1:18-19 zu Jer. 15:20-21." *Bib* 54(1973) 1-24. **Lauha, A.** *Zaphon: der Norden und die Nordvölker im Alten Testament.* AASF 49. Helsinki: Standerhuset, 1943. **Lindblom, J.** "Der Kessel in Jer i, 12f." *ZAW* 68(1956) 223-24. **Long, B. O.** "Reports of Visions among the Prophets." *JBL* 95(1976) 353-65. **Loretz, O.** "Die Spruche Jeremias in Jer. 1.17-9.25." *UF* 2(1970) 109-30. **Marx, A.** "A propos des doublets du livre Jérémie. Réflexions sur la formation d'un livre prophétique." In *Prophecy.* Ed. J. A. Emerton. BZAW 150. Berlin: de Gruyter, 1980. 106-20. **Niditch, S.** *The Symbolic Vision in Biblical Tradition.* HSM 30. Chico, CA: Scholars, 1983. 41-52. **Reventlow, H. G.** *Liturgie.* 77-87. **Sauer, G.** "Mandelzweig und Kessel in Jer. 1:11ff." *ZAW* 78(1966) 56-61. **Talmon, S.** "An Apparently Redundant MT Reading - Jeremiah 1:18." *Textus* 8(1973) 160-63.[Vaggione, R. P. "Over All Asia? The Extent of the Scythian Domination in Herodotus." *JBL* 92(1973) 523-30.] ______. "Scythians." *IDBSup.* 797-98. **Williams, W. G.** "Jeremiah's Vision of the Almond Rod." In *A Stubborn Faith:* FS W. A. Irwin. Ed. E. C. Hobbs. Dallas: Southern Methodist University, 1956. 90-99. **Wood, P. S.** "Jeremiah's Figure of the Almond Rod." *JBL* 61(1942) 99-103. **Zimmerli, W.** "Visionary Experience in Jeremiah." In *Israel's Prophetic Tradition:* FS P. R. Ackroyd. Ed. R. J. Coggins. Cambridge:

Cambridge UP, 1982. 95-118.

본 문

11 여호와의 말씀이 또 내게 임하니라 이르시되 예레미야야 네가 무엇을 보느냐 대답하되 내가 살구나무 가지를 보나이다

11 And the Lord's word came to me: "What do you see, Jeremiah?"[a] And I said, "I see a branch of an almond tree."

12 여호와께서 내게 이르시되 네가 잘 보았도다 이는 내가 내 말을 지켜 그대로 이루려 함이니라

12 And the Lord said to me, "You have seen correctly, for I am watching my word, to carry it out."

13 여호와의 말씀이 다시 내게 임하니라 이르시되 네가 무엇을 보느냐 대답하되 끓는 가마를 보나이다 그 면이 북에서부터 기울어졌나이다

13 And the Lord's word came to me a second time: "What do you see?"[a] And I said, "I see a pot[b] being boiled, with its top turned away from the north."

14 여호와께서 내게 이르시되 재앙이 북방에서 일어나 이 땅의 모든 거민에게 임하리라

14 And the Lord said to me, "Disaster shall blow down[a] from the north upon all the land's inhabitants.

15 나 여호와가 말하노라 내가 북방 모든 나라의 족속을 부를 것인즉 그들이 와서 예루살렘 성문 어귀에 각기 자리를 정하고 그 사면 성벽과 유다 모든 성읍을 치리라

15 For look, I am summoning all the clans[a] and kingdoms of the north – it is the Lord's word! 'They will come and each will set up his throne by the access to the gates of Jerusalem; and against all her walls round about, and against all the cities of Judah.'

16 무리가 나를 버리고 다른 신들에게 분향하며 자기 손으로 만든 것에 절하였은즉 내가 나의 심판을 베풀어 그들의 모든 죄악을 징계하리라

16 And I will declare my complaints against them,[a] concerning all their evil in forsaking me, in making burnt offerings to foreign gods, and in worshiping the products[b] of their own hands.

17 그러므로 너는 네 허리를 동이고 일어나 내가 네게 명한 바를 다 그들에게 고하라 그들을 인하여 두려워 말라 두렵건대 내가 너로 그들 앞에서 두려움을 당하게 할까 하노라

17 But as for you, brace yourself like a man![a] Stand up and tell them everything that I am commanding you.[b] Don't be terrified because of their presence, or else I may terrify you in their presence.

18 보라 내가 오늘날 너로 그 온 땅과 유다 왕들과 그 족장들과 그 제사장들과 그 땅 백성 앞에 견고한 성읍, 쇠기둥, 놋 성벽이 되게 하였은즉

18 But today I have made you a fortified city, an iron pillar,[a] a bronze wall[b] [c]against the whole land, against the kings of Judah[c] and[d] its princes, [e]against priests and the people of the land.

19 그들이 너를 치나 이기지 못하리니 이는 내가 너와 함께 하여 너를 구원할 것임이니라 여호와의 말이니라

19 And they will fight against you, but will not prevail over you, for I am with you to deliver you" – it is the Lord's word!

원문주해

11.a. 칠십인역에는 "예레미야"라는 표현이 생략되어 있다. 마소라 본문을 보라.

13.a. 칠십인역과 마소라 본문은 마소라 본문의 "예레미야"를 생략하는 데 동의하고 있다. 위의 11.a.에 대한 "원문주해"를 보라. 카이로 사본 하나는 11.a.에 맞추기 위해 "예레미야"를 삽입시키고 있다.

13.b. 마소라 본문의 시르(סיר)는 두 가지 의미를 가지고 있다(BDB, 696). 여성과 남성형 모두에 사용되는 "가마"라는 의미가 있고, 남성형으로만 사용되는 "불붙은 가시"(수풀)라는 의미가 있다(전 7:6 등을 보라). 해리스(S. L. Harris)의 책을 보라. 뒤따르는 대명접미에 의해 지적되는 대로 여기서의 이 단어는 분명히 남성이다. 칠십인역은 레베타(*λέβητα*)로 읽고 있으며, 그 의미는 "가마"다.

14.a. 마소라 본문은 "놓여나다"의 의미를 가진 티파타흐(תפתח; פתח의 니팔)다. 하지만 칠십인역의 번역은 본문을 타파흐(תפח, "강타하다")로 보이는 나파흐(נפח; 이것은 앞 절에서 사용된 것이다)에서 파생된 히브리어 단어로 가정하고 있다. 두 독법 모두 일리가 있다.

15.a. 마소라 본문은 미슈프호트 마믈르코트(משפחות ממלכות, "왕국의 족속들")이다. 칠십인역은 타스 바실레이아스(*τὰς βασιλείας*, "왕국들")로만 읽고 있다. 얀젠(Janzen, *Text of Jeremiah*, 10)은 두 히브리어 단어를 이형병치(parallel variants)로 부른다. 마소라 본문에 나타난 두 단어 사이의 "그리고"를 보라.

16.a. 마소라 본문에는 목적격 표식이 붙은 오탐(אותם, "그들을")으로 되어 있다. 다수의 사본들은 전치사와 대명사의 결합형인 이탐(אתם, "그들과 함께")으로 읽는다. 여기서는 이 경우가 39:5이나 52:19에서처럼 전치사가 필요한 경우인지 혹은 4:12이나 12:1에서처럼 목적격 표시만이 필요한 것인지가 문제시된다.

16.b. 마소라 본문에는 복수형으로 되어 있다. 다수의 사본들과 불가타역, 그리고 시리아역은 단수형을 선호한다.

17.a. 문자적으로는 "네 허리를 동여 매라"(Gird up your loins)이다(저자는 이 부분을 다르게 번역하고 있다. "네 정신을 가다듬어라" – 역자주).

17.b. 마소라 본문에서는 아노키 아차웨카(אנכי אצוך)이다. 마소라 본문은 이 동사를 피엘 미완료로 기록하고 있으며, 이럴 경우 대명사가 과잉되게 두 번이나 나타난 것이 보인다. 그래서 일부 사본들은 아노키 므추카(אנכי מצוך)로 읽고 있으며, 이는 "내가 네게 명령하노니"로 번역되는데, 이와 같이 분사형을 사용할 경우 별도로 대명사를 기록할 필요가 발생한다(시리아역, 탈굼역 그리고 불가타역 본문의 프라에키피오[*praecipio*] 등은 분사형을 번역한 것으로 보이는 현재형을 사용하고 있다).

18.a. 혹은 "철 빗장"일 수도 있다. 이 구절은 칠십인역에는 없다. 그러나 문맥에 훌륭하

게 들어맞는다. 그래서 본문 원본의 일부로 남겨두어야 할 것이다. Talmon, *Textus* 8(1973) 160-63를 보라.

18.b. 단수 연계형(חמת, 호마트)으로 읽히고 있다. 이것은 양질의 사본들의 지지로 그런 것이다(칠십인역을 참조할 것).

18.c-c. 마소라 본문은 알 콜 하아레츠 르말르케이 예후다(על כל הארץ למלכי יהודה)이며, "유다 왕들의 모든 땅 앞에서"로 번역된다. 칠십인역은 파시 토이스 바실류신 이오우다(*πασι τοῖς βασιλεῦσιν Ἰούδα*)로 번역하는데, 이는 "유다의 왕들에게"라는 의미다. 이 구절은 알(על, "~에 반대하여")이라는 말과 함께 두 개의 ל전치사구 사이에 나타나고 있는데, 후자가 애매하다. על이 포함된 구 앞의 것은 "~에게"나 "~으로"를 의미하거나, 전혀 번역하지 않아도 된다. 후에 이것은 "대항하여"의 의미를 계속 담게 된다. 마소라 본문을 읽어 보라.

18.d. 마소라 본문은 "그리고"를 생략하고 있다. 소수의 사본들과 칠십인역, 그리고 시리아역은 이를 사용하고 있다.

18.e. 일부 사본들과 시리아역은 "그리고"를 삽입시키고 있다. 칠십인역은 이 구절 전체를 생략시키고 있다. 마소라 본문을 제대로 번역해 내기 위해서는 구분자(여기서 저자는 콤마를 사용하고 있다)로 충분하다.

양식/구조/배경

이제 두 개의 환상이 기록되고 있는 내러티브와 소명에 대한 더 심화된 권고가 예레미야의 소명 기사(1:4-10)를 보충하게 된다. 책의 편집적인 형성 과정에서 전체 구절(4-19절)은 하나의 통일체를 형성하는데, 이 속에서는 소명의 다른 차원이 상세히 서술되고 있다. 하지만 이 장에서 특별히 11-19절의 구성 부분들은 그 모든 가능성으로 미루어 볼 때 선지자의 초기 사역 중에서 서로 상이한 시기에 발생한 것임이 분명하다.

이 구절은 두 가지 환상 기사로 시작되고 있으며, 첫 번째는 살구나무 가지와 관련되고(11-12절), 두 번째 것은 끓는 가마의 환상과 관련되고 있다(13-15절). 이사야와 에스겔서에서 기술되고 있는 소명 체험은 우리로 하여금 선지자적 소명과 관련되는 환상을 기대하게 만들고 있다. 그러나 예레미야의 소명과 관련해서 여기 기술되고 있는 두 환상이 굳이 첫 소명 체험과 같은 시기의 것이라고 가정할 만한 근거는 전혀 보이지 않는다. 환상 그 자체는 상당 수준 서로 독립적인 것들로 여겨지며, 시간적으로 서로 구별되는 선지자의 체험이었을 것으로 보인다(13절에서 "두 번째로"[본문에서는 다시로 나타나고 있다 – 역자주]로 표현된 것이 아마 이를 암시하는 듯하다). 그리고 실제로 두 환상은 1:4-10에 기록되고 있는 것보다는 어느 정도 시간적인 간격이 있은 후에 발생한 것일 수도 있다. 그럼에도 불구하고 그것들은 책의 편집적인 배열의 문제에 있어서는 1:4-10 내러티브의 뒤에 붙는 것이 적절하게 보인다. 소명 내러티브는 후에 유리한 시점에서 이루어진 소명에 대한 회상의 내용으로 연결되고 있다. 이렇듯 후기의 시점에서 두 환상 체험 기사가 추가되었으며, 이는 처음 체험을 적절하게 보충하고 있다. 편집적인 관점에서 볼 때 환상들은 소명에 대한 보충이 되며, 이어지는 장 전체를 이해하는 데 필요한 전체적인 조망을 제공하고 있는 것이다. 선지적 체험의 관점에서 볼 때 우리는 선지자의 첫 소명과 목표에 대한 깨달음이 이와 같이 후에 이루어진 환상 체험에 의해 얼마나 심화되고 연마된 것인지를 알 수 있다. 환상이 소명보다 늦은 시기의 것이라는 가설을 상정하면서, 이것이 전혀 불가능한 문제는 아니더라도 이 환상을 선지자의 생애 가운데서의 어느 특정한 시기에 위치시킨다는 것은 그리 쉽지 않은 문제다. 첫 번째 환상은 일부 학자들이 주장하는 대로 모종의 좌절 이후의 사역 시점에 이루어진 것으로 가정할 수 있다. 이 환상은 격려를 위한 방편이 되는 셈이다. 그리고 두 번째 환상은 북방 적의 실체가 분명히 파악된 시기로 정확히 확정할 수 있다. 하지만 이 모든 논의들이 확실한 결과를 낳지는 못한다. 이에 대한 보다 자세한 내용을 위해서는 다음의 "주석"을 보라. 소명의 출발점을 특정 체험이 이루어진 어느 시점인 것으로 볼 수 있기는 하지만, 소명은 사역 가운데서 지속적인 주제가 되고 있다는 사실을 확인한다는 것만으로도 안전한 결론으로 볼 수 있다. 말하자면, 첫 소명은 계속해서 하나님의 뜻에 대한 보다 깊은 이해와 보다 뚜렷한 명료화를 통해 사역이 진행되는 가운데 더욱 강조될 것이라는 점이다.

이 구절의 마지막 부분(16-19절)은 소명 내러티브의 주제를 되풀이하고 있다. 실제로 1:4-10과 1:16-19은 본래 단일한 소명 내러티브를 형성했던 것으로 여길 수 있는데, 이는 후에 환상 기사(1:11-15)의 삽입으로 인해 분리되어 버렸던 것이다. 만일 이것이 사실이라면 원 내러티브가 축약되었을 가능성도 있는데, 16절은 유다(이스라엘)에 대한 언급으로 가정해 볼 수 있는 반면에, 10절은 전체 열방에게 선언되는 것으로 볼 수 있다. 하지만 16-19절이 본래 1:4-10과 하나였든 그렇지 않든 간에, 이 구절은 분명히 초기 소명 내러티브를 보충하면서 선지자에 대한 하나님의 권고와 갱신된 보호 약속을 내용으로 담고 있다. 다수의 학자들은 1:18-19과 15:20 사이의 언어상의 유사성에 관심을 가져 왔다(특별히 H.W. Jungling, *Bib* 54[1973] 1-24와 A. Max, "A prose des doublets," 106-20를 보라). 그러나 언어의 유사성에 대한 해석은 명료성과는 거리가 멀다. 이것은 아마도 유사한 주제 혹은 유사한 정황이 반복되었기에 나타난 결과일지도 모르고(막스[Max]의 경우), 아니면 이 수집의 문학적 성격이 유사구절들의 문학적인 일치를 고정시킴으로써만 결정될 수 있는 것일 수도 있으며, 이로써 초기의 것을 가정한 채로 언어의 사용을 발전시켰을 수도 있는 것이다(정글링[Jungling]의 경우). 정글링이 지적한 대로가 맞다면, 소위 예레미야의 고백록으로 불리는 것들 중의 하나에서 언어의 반복이 나타나고 있으며, 이를 통해 1:4-19은 본래적으로 긴밀한 친화성을 가지고 있고, 예레미야의 첫 종교 체험과도 연관성을 갖게 된다는 사실은 확실히 충격적인 경우가 된다. 1:18-19과 15:20 사이의 관련성을 확실하게 결정짓는 일이 불가능한 가운데, 이에 대한 설명은 엄밀하게 문자적이라기보다는 경험적인 용어들 속에서 발견될 수 있는 것으로 보인다. 후에 일어난 선지자의 영적인 쟁투 속에서, 그리고 지속적으로 실재했던 소명에 저항하려는 그의 노력 속에서, 사역의 출발점에서 그에게 임한 하나님의 말씀은 그에게 다시금 나타나게 되었던 것이며, 여전히 그의 계속되는 직무 속에서 그를 독려하고 있는 것이다.

주석

11-12 **첫 번째 환상.** 살구나무 가지의 환상은 내용에 있어서는 소박하지만 그 의미에 있어서는 의미심장한 부분이다. 선지자가 보고 있는 것은 단순히 살구나무 가지일 뿐이다. 하지만 이 가지는 추측컨대 잘 자란 나무의 굵은 가지였던 것으로 보인다. 선지자는 그가 무엇을 보고 있는지 질문을 받고, 이에 대해 답한 후에 이내 다소 당황스러운 하나님의 말씀에 접하게 된다. "이는 내가 내 말을 지켜(부아) 그대로 이루려 함이니라." 환상과 이에 수반하는 신탁에 대한 해석에서 무엇보다도 필요한 것은 히브리어의 언어유희를 분간해 낼 줄 알아야 한다는 것이다. 이것은 번역본에서는 인지할 수 없는 것이다. 첫 번째 질문에 대한 대답에서, 예레미야는 그가 샤케드(*shaqed*, "살구나무")를 보고 있다고 말한다. 이에 대해 하나님께서는 자신이 쇼케드(*shoqed*, "지켜볼 것")할 것이라고 대답하신다. 다시 말해서, 언어유희는 나무와 하나님의 지켜보심이 긴밀한 상관관계를 맺고 있음을 보여 주는 것이다.

환상의 기록은 이렇게 축약된 모양을 가지고 있으며, 길이도 짧아서 환상이 갖는 중요성과 그에 수반되는 언어를 충분히 이해하기 위해서는 어느 정도의 상상력이 동원되어야 할 정도다. 우리는 선지자가 보았던 것이 막 싹이 돋은 나무 가지였고,

그래서 곧 아름다운 살구 꽃이 풍성하게 피어날 것으로 상상할 수 있다. 그렇지 않더라도 이 가지는 이미 꽃이 핀 상태였으며, 봄이 도래했음을 보여 주는 분명한 표식이라는 가능성을 지닐 수 있다. 첫 번째의 경우라면, 환상은 예레미야에게 그가 선포해야 할 하나님의 말씀이 싹에 숨은 꽃이라는 사실을 지적해 주고, 이것은 곧 피어날 것이라는 사실을 보여 주는 셈이다. 두 번째의 경우에는 그 말씀의 선포 그 자체는 예언 말씀의 본질을 전하는 데 있어 하나님의 말씀이 도래한다는 표식으로 볼 수 있다. 두 가지 경우는 모두 모종의 확실성과 필연성의 느낌을 가지고 있다. 말하자면, 예레미야에 의해 선언되는 예언 말씀은 필연적으로 성취될 것이라는 말이다.

환상과 이를 해석해 주는 언어의 본질은 선지자의 사역에서 특정 시점과 관련시키기에는 지나치게 보편적인 성격을 가지고 있다. 그 성취에 관한 어떤 보증도 얻지 못한 내용의 말씀을 선언해야 하는 임무에 대해 갖는 선지자의 선뜻 마음이 내키지 않아 주저하는 응답 속에서, 이러한 환상 체험은 선지자가 갖는 사역의 첫 순간에서부터 중요성을 갖지 않을 수 없다. 하지만 이 환상은 선지 사역이 시작된 후 수년의 시간이 흐른 후에 이루어진 것일 수도 있다. 즉, 예레미야가 그의 사역 초기에 자신이 선언해야 했던 말씀의 권위에 대해 이따금 의문을 품었을 수도 있기 때문에 그러했을 것이라는 말이다.

살구나무의 환상은 그런 류의 환상 체험에서 으레 그렇듯이, 의심할 바 없이 아나돗에서의 선지자의 삶에 그 뿌리를 두고 있다. 톰슨(Thompson, 153)이 지적하고 있듯이, 선지자의 시기에 항상 그랬던 것처럼 바로 그 날까지 살구나무가 아나타('Anata) 마을 주변에 무성했을 것이라는 말이다. 그리고 그 살구나무(*prunus dulcis*)는 이른 봄, 즉 1월의 어느 때쯤엔가 첫 개화를 해서 예레미야가 살던 시대에 유다 땅에서 자라고 꽃을 피웠던 수많은 종류의 나무들 사이에서 아주 특별히 인상적인 나무였을 것이다(이것에 대한 그림을 보기 위해서는 *IDB*, III, 1587를 보라).

13-15 두 번째 환상. 예레미야가 눈으로 보았던 두 번째 장면을 상상해 보려면, 우리는 타오르는 불꽃과 그 속에 담긴 숯이나 장작 위에 놓인 요리용 가마솥을 연상해야 한다. 아마도 그것이 놓인 바닥이 평평하지 않기 때문에 가마는 한쪽으로 기울어졌을 것이며, 그것은 남쪽을 향해 기울어진 모양을 하고 있었을 것이다. 북쪽에서 바람이 불어와 잦아들어가던 숯덩이에 확 불꽃이 피어나게 하여 가마를 끓어 넘치게 만든다. 그로 인해 그 속에 든 끓는 액체가 넘쳐서 남쪽 방향으로 흘러나오게 된다.

선지자가 환상 가운데 자신의 눈으로 보았던 장면을 묘사함에 있어서 동일하게 낯익은 장면이 재연된다. 그는 다시금 환상의 내용을 일일이 설명해 주시는 하나님의 말씀을 듣게 된다. 강한 북쪽의 바람처럼 재앙이 유다로 불어닥칠 것이며, 이 전쟁의 바람은 예루살렘 성문에 재난을 몰고와 거기서 그 거민을 몰아낼 것이다.

북쪽에서 오는 적이 누구인지는 하나님의 말씀 가운데서는 확인되지 않는다. 이 신탁이 선지자의 초기 사역의 것이라고 시기를 결정하려 할 때, 북방 적은 스키타이인과 관련 있는 것으로 추정되곤 했다. 그들 스키타이인들은 지금의 남부 러시아에 있는 험준한 지형에서 달려온 약탈을 일삼는 종족인데, 이렇게 특정 종족을 추정하는 것은 대부분 개연성이 없다(Vaggione, *JBL* 92[1973] 523-30 참조). 15절에서 복수형을 언급한 것("족속들"과 "왕국들")이 이를 뒷받한다. 만일 선지 말씀이 실제로 초기 사역의 때에 비롯된 것이라면 다양하고 많은 수의 적들이 가정될 수 있는데, 예레미야의 초기 사역 시기의 국제 정세는 다수의 군사 행동이 이루어지던 상황이었으며, 스키타이인들은 단지 그들 중의 하나에 불과한 세력이었다(M. Noth, *The History of Israel*, 270를 보라). 그럼에도 불구하고, 환상 기사가 이 책의 초두에 편입된 시기에는 북방의 적은 바벨론이라는 명확한 실체로 드러났을 것이다. 바벨론의 군대는 나중에 15절 하반절에서 예견되고 있는 재앙을 성취시키는 역할을 한다.

16-19 선지자에 대한 권고. 16절에 나타나는 **그들**이라는 말은 축자적인 맥락에서는 어떤 직접적인 (문법적인) 선행사도 가지고 있지 않은데, 이는 아마도 전체 유다 시민을 언급하는 것으로 보인다(실제 선행사는 아마 원본의 일부였을 텐데, 본문을 수집하여 편집하는 과정에서 생략된 것으로 보인다). 이 절의 내용은 뒤따르는 선지자의 설교에 나타난 주제의 일부를 지적하고 있다. 즉, 그 설교에서 그는 그들의 진리를 저버림과 이방 종교 관습의 수용, 그리고 가짐에서 만든 우상의 숭배를 근거로 하나님께서 선택된 백성에게 두셨던 불만을 선언해야 했다.

그런 후에 예레미야는 그의 책무를 얻게 되고, 그의 사역을 계속 수행해 나가라는 지시를 받게 된다. 아주 쉽게 표현하자면, 그것은 "내가 네게 명한 바를 다 그들에게 고하는"(17절) 것이었고, 이는 그 소명의 기초를 계속해서 반복하는 일이었다(1:7). 그런 후에 보다 심각한 반복이 뒤따른다. 즉, 더 길고 복잡한 형식으로 나타나 있기는 하지만(1:17-19), 두려워하지 말라는 명령과 보호해 주실 것이라는 약속(1:8)이 재차 언명되고 있다. 다양한 은유를 사용하면서 여호와께서는 예레미야에게 그가 견고한 성읍이나 쇠기둥 혹은 놋 성벽의 강력함을 소유하게 될 것이라고 일러 주신다. 추측컨대 공교롭게도 강력함과 보호에 대한 보증은 침략의 확실함을 수반하고 있다.

제반 사항으로 미루어 볼 때, 언어는 두 번째 환상에 수반되고 있는 말들과 대조를 이루고 있다. 그토록 오랜 수세기 동안을 난공불락의 요새로 서 있었던 예루살렘은 그 성문에 적들이 진을 치게 되고, 이내 굴복하게 될 운명이었던 것이다(15절). 그의 미래에 생존이 심각하게 위협받을 만한 경우가 임할지라도, 견고한 성읍처럼 될 운명인 예레미야는 모든 침략을 견뎌낼 것이었다. 결국 그가 선지자로서의 사역에 착수하는 것은 확고한 근거를 얻게 되었는데, "내가 너와 함께하여 너를 구원할 것임이니라"(19절)는 말씀 때문이었다.

해설

앞의 소명 기사(1:4-10)의 서술을 마치면서, 이 구절은 소명의 차원을 더욱 심화시켜 그려내고 있다. 첫째로, 소명은 예레미야가 저항할 수 없는 것이었다. 이제 우리는 두 개의 환상 기사를 접하게 되는데, 이는 선지자에게 그가 품을 수 있는 모든 의심에도 불구하고 그의 사역의 신빙성을 확증해 주고 있으며, 그의 메시지가 가진 무시무시하고 심판적인 성격을 확증해 주고 있다. 결론적으로 그는 그 직무를 계속 수행하라는 지시를 받게 된다. 곧 하나님의 말씀을 선언하고, 그의 메시지가 불러올 저항에 직면해서 두려워하지 말라는 지시를 받은 것이다.

이제 소명과 응답은 끝났으며, 예레미야는 사실상 불가능한 위치에 있는 자신을 발견하게 된다. 한편으로 그는 정신이 온전한 사람이라면 원하지 않을 그런 직무를 얻었으며, 그 직무는 상상할 수 없이 막대한 일이었고, 그것을 수행하면 필연적으로 부정적인 반응을 얻을 수밖에 없는 그런 성격의 것이었다. 반대로 그는 하나님의 선지자로서 영광스러울 뿐만 아니라 특별한 책임을 부여받게 될 그런 직무를 얻은 셈이었다. 20세기의 위대한 유대 학자인 모세 마이모니데스(Moses Maimonides)는 이 딜레마의 본질을 예리하게 파악했다.

> 그렇게 우리는 도망가지도 않고 살해당하는 순간까지 백성들에게 말하는 선지자들을 발견한다. 그들을 움직이는 힘은 하나님에게서 나온 것이다. 이 힘은 그들에게 어떻게든지 쉬는 것을 허락하지 않는다. 그러나 그들은 자신들의 사역을 통해 외롭게 저 거대한 악을 드러나게 만들어야 했다. 그렇게 예레미야는 당시의 다른 선생들이나 학자들처럼 경멸을 당하면서도, 자신은 그러고 싶었겠지만 그의 예언을 돌이킬 수 없었고 백성들이 거절한 진리를 일깨우게 하는 일을 그만둘 수도 없었다. (『혼란을 겪는 자들을 위하여』, *The Guide for the Perplexed*, chap. xxxvii)

우리가 이제 깨닫게 되는 것은 비록 소명이라는 것이 책의 처음에 기록된 대로 사역의 처음에 나타난 것일지라도, 이것은 사역 전체를 통해 지속적으로 영향을 미치는 그 무엇이라는 사실이다. 예레미야의 소명은 그를 그 길의 출발점에 위치하게 만들었을 뿐만 아니라, 그것은 그의 사역 속에서 지속적으로 그의 곁에 머물렀던 것이다. 고난을 겪게 되는 매 순간마다, 그는 자신을 이 길 위에 서게 만든 바로 그 순간을 회상할 것이다. 이것은 그에게 가져온 고뇌로 인해 일면 슬픈 기억이 될지도 모르지만, 이 새로운 생의 전환점이 막 시작되는 순간에 그에게 던져졌던 약속과 보호를 회상하는 순간에 이것은 또 다른 의미로서 그에게 용기를 북돋아주는 근원이 될 것이다.

예레미야 1장의 소명 기사는 이어질 책의 나머지 부분을 이해해 가기 위한 독서의 기초가 된다. 그러므로 이제 기초는 준비되었다. 독자는 이 소명 기사를 잊지 않도록 주의해야 한다. 이 기억이 훗날 선지자의 기억 속에 자주 나타나게 될 것이기 때문이다. 이 기억은 후에 재판의 결과로 나타날 "고백록" 속에서 솔직하게 개진될 것이지만, 소명을 받았던 땅에서 쫓겨나 애굽에서 망명의 신분에 있던 선지자의 마지막 시기에도 그 그림자는 여전히 드리워지고 있었다.

IV. 예레미야의 초기 신탁들(2:1-6:30)

참고문헌

Albertz, R. "Jer 2-6 und die Fruhzeitverkundigung Jeremias." *ZAW* 98(1982) 20-47. **Carroll, R. P.** *From Chaos to Covenant.* 59-83. **Hall, G. H.** *The Marriage of Imagery of Jeremiah 2 and 3: A Study of Antecedents and Innovations in a Prophetic Metaphor.* Ph.D diss., Union Theological Seminary, 1980. **Holladay, W. L.** "The Identification of the Two Scrolls of Jeremiah." *VT* 30(1980) 452-67. ______. *The Architecture of Jeremiah 1-20.* 30-101. **Paterson, R. M.** "Repentance or Judgment: The Construction and Purpose of Jer. 2-6." *ExpTim* 96(1984-85) 199-203. **Thiel, W.** *Die deuteronomistische Radaktion des Buches Jeremia.* Ph.D. diss., Humboldt-Universitat, Berlin, 1970.

2-6장은 예레미야서를 구성하고 있는 보다 큰 수집 자료들 속에서 비교적 일관성 있는 문학 단위를 형성하고 있다. 그런 점으로 미루어 볼 때 이 책의 발전 단계 속에서 초기의 단계에 이 예언 신탁의 수집이 선지자의 초기 사역에 대한 모종의 요약으로 한데 어우러져 발췌되었을 것이라고 가정할 수 있다.

문체를 고려해 본다면, 2-6장의 거의 대부분은 그 형식에 있어서 시문체이다. 그것들의 주된 소재는 A유형의 자료이고, 이것은 선지자 예레미야에게서 직접 유래되는 예언 신탁이라는 말이다. 이 문학 단위에서는 산문이라고는 거의 찾아볼 수 없으며, 있다고 해도 그들 중의 일부는 자전적인 성격을 가지고 있을 뿐이다. 또 다른 일부는 첨가의 과정이 진행되었음을 보여 주는 단서로서의 기능만을 수행하고 있을 뿐이다. 이들에 대한 상세한 논의는 다음에 이어질 "주석"에서 검토해 볼 것이다.

이 부분 전체를 놓고 볼 때 드러나는 해석상의 주요 난제들은 수집물을 형성하는 개인적인 신탁의 한계를 결정하는 문제에서 나타나고 있다. 어떤 경우에는 전형적인 신탁 형식(예를 들어, 2:1과 2:4) 속에서 단서가 드러나고 있으며, 다른 경우들에 예언적 신탁은 어떤 분명한 도입적인 형식화가 나타나지 않은 채로 단순히 서로 평행되기 위해 나타날 뿐이다. 이 부분들에 대한 분석과 구성되고 있는 신탁들에 대한 서술 속에서 예외 없이 소정의 주관성, 특별히 신탁들이 주제에서 공통성을 소유하고 있는 것은 어느 한 사람의 주관성에 근거했기 때문에 타당해진다는 증거로서의 주관성이 개입하게 된다. 동일한 주제를 발전시키고 있는 두세 가지의 신탁들이 나란히 있게 될 경우에는 필연적으로 그들 사이의 경계를 결정짓기 어려울 뿐만 아니라 그들에게서 실제보다 더 큰 정도의 통일성이 나타날 수도 있다.

몇몇 학자들은 예레미야 2-6장의 신탁 수집이 예레미야 36장에 주어지고 있는 두 개의 두루마리에 대한 묘사와 연관이 있다고 제안한다. 따라서 할러데이(Holladay, *VT* 30[1980] 452-67)는 후에 선지자에 의해 바룩에게 지시되고 있는 두 두루마리의 실체와 2-6장(과 뒤이은 장들)의 큰 부분을 동일시하려 하고 있다. 그의 분석의 세부 내용들(과 첫 번째 두루마리에 담긴 내용과 두 번째 두루마리에 더해진 것 사이에 대한 구분)은 증거의 성격, 즉 보편적인 전망이 의심할 바 없이 옳다는 증거의 속성상 필연적으로 불확실한 채로 남는다. 따라서 예레미야 36장은 2-6장이 이루어진 방식과 같은 집합이 이루어지고 있는 방식에 대한 어느 정도 심화된 통찰력을 제공하고 있다. 그 구성 부분들은 본래 개별적으로 주어졌으나, 후에 선지자 어록의 정렬된 집합으로 한데 모이게 되었다. 선지자의 신탁이 본래 개별적으로 전달되었던 특정한 경우와 정황은 어떠한 확실성으로도 좀처럼 확정될 수 없다. 자주 한 신탁의 형식과 실체는 단서를 주기도 하지만 기껏해야 애매한 것들뿐이다. 어느 정도의 한계에 이르기까지는 원래의 정황을 결정할 수 없다는 사실이 문제시되지 않을 수도 있다. 수집된 신탁이 포함된 두루마리를 읽는다는 것이 원래의 선포가 그랬던 것처럼 그 내적인 의미가 강력하게 전달된다는 사실은 예레미야 36장을 통해 볼 때 분명한 사실이다.

이 전체 문학 단위를 한데 묶는 다수의 공통적인 주제가 존재하는 반면에, 신탁의 수집은 세 가지 좀더 작은 수집들로 세분화될 수 있다. 각각의 작은 수집들(Mini-collection)은 점진적인 논리적, 내적 움직임에 의해 다음의 수집들로 연결된다. (i) 유다의 사악함에 대한 고발(2장), (ii) 선지자의 회개하라는 탄원(3:1-4:4), (iii) 하나님의 심판의 선언(4:5-6:30). 이들 각각의 세 단위들은 반대로 서로 평행되고 있으며, 각각의 상이한 관점으로부터 하위 단위의 중심적인 주제로 발전해 가는 더 작은 신탁의 수집물들이다.

2-6장을 예레미야의 초기 신탁으로 묘사하는 것은 신중을 기해서야만 사용될 수 있다. 이 상황에서 초기라는 말은 예레미야의 소명과 요시야 왕 치하의 초기 선지 사역 기간(주전 627년경)으로부터 주전 605년, 즉 두루마리가 읽혀진(렘 36) 여호야김 왕 치하 제4년까지의 기간을 말한다. 그러나 이 넓은 연대기적 틀잡기는 보편적으로는 옳다고 인정되는 반면에, 주전 605년보다 후기의 시기에 많은 수의 짧은 신

탁들이 나타났다는 것을 깨달은 만큼 충분히 유동성을 가지고 채택되어야 한다. 앨버츠(Albertz)는 2-6장이 두 단위로 나뉜다고 논증하고 있다. (i) 예레미야의 초기 사역(주전 627-609년)에 근거하여 2:4-4:2(3:6-18을 포함하여), (ii) 주전 609-605년의 기간에 근거하여 4:3-6:30. 이러한 분석은 매혹적이지만 전적인 설득력은 없다. 비록 앨버츠의 연구(*ZAW* 98[1982] 20-47)가 신탁의 역사적인 배경과 관련하여 교육적인 내용을 담고 있다는 사실이 더해질지라도, 신탁의 본질, 단지 개략적인 형태로만 잔존해 온 개연성 그리고 2-6장의 주제적인 배열은 이러한 연대기적인 분석이 불가능하다는 것을 보여 준다.

A. **유다의 사악함에 대한 신탁**(2:1-37)

양식/구조/배경

이 장은 전체적으로 이스라엘의 죄에 대한 날카로운 고발을 내용으로 하고 있다. 현재의 형태 속에서 일관성 있는 내러티브를 형성해 내기 위해 짜여진 일련의 신탁들(혹은 신탁의 부분들)로 구성되고 있다. 구성 부분들인 신탁의 정황과 구조를 확정한다는 것은 어려운데, 이는 잔존해 온 혹은 편집적인 재배열 과정 가운데 사용되어 온 신탁 전체가 원칙적으로 어떠한 확실성도 주지 못하기 때문이다. 이 문제는 장의 각 부분에 대한 번역에 뒤따르는 "양식/구조/배경" 항목에서 논의될 것이다.

각 장은 약간의 난점도 수반하지만 다음과 같은 기준, 즉 (i) 주체, (ii) 내적인 문학적 기준, (iii) 발화 형식의 수와 성과 같은 기준을 통해 다음과 같이 나뉠 수 있다.

2:1-3	(2인칭 여성 단수)
2:4-13	(2인칭 남성 복수)
2:14-19	(2인칭 여성 단수)
2:20-28	(2인칭 여성 단수)
2:29-32	(2인칭 남성 복수)
2:33-37	(2인칭 여성 단수)

원래의 독립적인 신탁들에서 수와 성이 차이나는 이유에 대해서는 깊이 숙고해 보는 수밖에 없다. 단수 형태는 민족 전체에 대한 발화 행위를 암시하고, 복수 형태

는 개별적으로 군중이나 회중에게 행한 발화 행위로 함의되고 있다. 다시 말해서, 단수 형태가 형식적이고 민족적 정황을 전제로 하고 있고, 복수 형태는 비형식적이고 대중적인 정황이라는 말이 가능해진다. 그러나 이런 논리는 위험할 수밖에 없는데, 이들 단락 내에서조차 심각한 변화가 이루어지고 있기 때문이다(예를 들어, 이스라엘은 14절에서 남성 단수인 "그"[he]였다. 그러나 18절에서는 여성 단수인 "너"[you]가 되고 있다).

이제 서로 독립적으로 성립되는 몇 개의 단락들은 원래는 동일한 신탁의 부분을 형성했을 것으로 보인다. 따라서 1-3절과 14-19절은 단일 신탁을 형성했을 것이고, 실제로 20-28절과 33-37절도 그 속에 포함되어 있었을 것이다. 비슷하게, 4-13절과 29-32절은 한때는 같은 부분에 속해 있었을 가능성이 있다. 그러나 이러한 재구성의 시도는 원칙적으로 담화의 수나 성의 형식에 근거를 두고 있는 것으로서 철저하게 이론적인 것일 뿐이다. 분명하게 인지되어야 하는 것은 이 장의 편집적인 배열은 대단히 신중하게 수행되었으며, 이로써 본래 독립적이었던 단락들 사이에 연결 고리가 가능해지고, 담화의 수나 성의 형식에 별다른 관심이 없이 단락 전체를 통해 공통적인 언어 용례를 만들어 놓게 되었다는 것이다.

이번에는 이 장을 복잡한 모자이크를 조립하는 과정을 통해 하나의 전체로 묶어주고 있는 언어와 주제에 대한 몇 가지 지시 사항을 열거해 본다. (i) 중심적인 표현인 할라크 아하레이(הלך אחרי, "뒤따르다")는 이스라엘의 배교를 그리면서 원래 분리된 단위들인 2, 5, 8, 23, 25절을 연결해 준다. (ii) 아마르(אמר, "말하다")라는 단어와 뒤이은 담화 인용을 자주 사용한 것은 원래의 말씀, 즉 6, 8, 20, 23, 25, 27, 31, 35절에서의 법적인 정황을 재현시켜 주고 있다. (iii) 다양한 의문사를 빈번히 사용한 것(예를 들어, 아예[איה], 마두아[מדוע])은 다시금 법적 정황 혹은 "소송"의 정황을 지시해 주고 있다. 예를 들자면, 6, 8, 14, 28, 31절이 그렇다. (iv) 덧붙여서 몇 가지 단위들은 중심어로 연결되고 있다. 예를 들어, 14절의 에베드(עבד, "종")는 20절의 에에보드(אעבד, "나는 섬기[지 않으]리라")라는 표현과 연관되고 있다. (v) 중심어를 사용한 다른 예들은 각 단락별로 본문 번역 뒤에 나오는 "양식/구조/배경"에서 더욱 상세하게 논의될 것이다.

계속되는 관찰을 통해 이 장이 문학적 통일성을 가지고 읽혀져야 한다는 것에 대한 강조가 중요한 요소로 드러난다. 이는 본문이 그 자료에 있어서 본래 상이한 근원을 가졌음에도 그러하다. 선지자의 원래의 메시지, 그 정황과 청중은 추측의 대상으로 남아 있어야 한다. 우리가 전수해 받은 것은 아주 신중하게 발전시킨 문학적 구조물이다. 그래서 이것을 그렇게 읽어 나가는 것이 중요하다. 가능성 있는 추정은 이 장(렘2-6장의 한 부분으로서)이 대체적으로 오늘날의 형태를 갖추게 된 것은 예레미야 36장에 기술된 대로의 저술과 확장 작업이 진행된 결과라는 것이다.

젊은 때의 사랑을 잃어버림(2:1-3)

참고문헌

Fox, M. V. "Jeremiah 2:2 and the 'Desert Ideal.'" *CBQ* 35(1973) 441-50. **Roche, M. de.** "Jeremiah 2:2-3 and Israel's Love for God during the Wilderness Wanderings." *CBQ* 45(1983) 364-76. **Schottroff, W.** "Jeremia 2:1-3. Erwägungen zur Methode der Prophetenexegese." *ZTK* 67(1970) 263-94. **Watson, W. G. E.** "Symmetry of Stanza in Jeremiah 2.2b-3." *JSOT* 19(1981) 107-10. **Wiener, C.** "Jeremie ii, 2: 'Fiancailles' ou 'Epousailles'?" *RSR* 44(1956) 403-7.

On Hesed:

Glueck, N. *Hesed in the Bible.* Cincinnati: Hebrew Union College, 1967. **Sakenfeld, K. D.** *The Meaning of H/esed in the Hebrew Bible.* HSM 17. Missoula, MT: Scholars, 1978. **Stoebe, H.-J.** "Die Bedeutung des Wortes *häsäd* im Alten Testament." *VT* 2(1952) 244-54. **Zobel, H.-J.** "חסד." *TWAT* 3, cols. 48-71.

본 문

1 여호와의 말씀이 내게 임하니라 이르시되
2 가서 예루살렘 거민의 귀에 외쳐 말할지니라 여호와께서 이같이 말씀하시기를 네 소년 때의 우의와 네 결혼 때의 사랑 곧 씨 뿌리지 못하는 땅, 광야에서 어떻게 나를 좇았음을 내가 너를 위하여 기억하노라

3 그 때에 이스라엘은 나 여호와의 성물 곧 나의 소산 중 처음 열매가 되었나니 그를 삼키는 자면 다 벌을 받아 재앙을 만났으리라 여호와의 말이니라

1 Then the Lord's word came to me:
2 "Go and proclaim in Jerusalem's hearing the following: 'Thus said the Lord:[a] What I remember about you is the devotion of your youth, 3+2 the love at the time of your betrothal, how you followed me [b]in the wilderness, 3+2 in an unsown land.[b]
3 Israel was holy for the Lord, 3+2 the first-fruit of his harvest.[a] All that eat it are guilty: 3+3 evil shall overtake them.'" The Lord's oracle!

원문주해

2.a. 칠십인역에서는 신탁의 서론이 짧다. "그리고 그가 말했다, '주께서 이렇게 말씀하셨다….'" 1-2절의 내용을 하나로 축약시킨 것으로 보인다.

2.b-b. 칠십인역은 "광야에서, 씨 뿌려지지 않는 땅에서"를 생략하고 그 대신 "이스라엘의 거룩한 자를 따라"를 넣고 있다.

3.a. 트부아토(תבואתה)는 마치 여성 접미 아흐(ָה)가 붙은 것처럼 기록되어 있다. de Rossi, III에 있는 사본상의 증거에 대한 논의를 보라. 여성 접미로 인해 그 선행사가 불확실한 것보다는 차라리 de Rossi의 지적대로 케레와 일부 히브리어 사본을 따라 트부아토(תבואתו, "그의 소산")로 읽는 편이 더 낫다. 게세니우스(GKC, § 7c, 91a)는 헤(ה)가 때로는 남성 접미로 나타나는 경우가 있다고 주장한다.

양식/구조/배경

1-3절은 처음부터 독립적인 신탁을 구성하면서 나타난다. 서론적인 형식구(1-2a절)로 시작하여 다음의 신탁(4절)을 소개하는 형식구가 그 뒤를 잇는다. 여전히 원 신탁이 (최소한) 1-3절과 14-19절로 형성되어 있다는 말은 그럴듯하다. 이 수집을 편찬함에 있어서 원래의 통일성은 추가적인 신탁(4-13절)의 삽입으로 인해 나뉜다. 문체에 있어서의 차이점은 영어보다는 히브리어에서 더 큰 증거를 보여 준다. 첫 번째 신탁(1-3절, 14-19절)이 2인칭 여성 단수 접미를 기용하고 있는 것에 반하여, 삽입된 본문(4-13절)은 2인칭 남성 복수형을 취하고 있다. 그럼에도 불구하고, 원래 본문의 구분을 깨닫는 가운데도 이 구절들(1-19절)은 현재의 순서대로 읽혀져야 할 것이다. 브라이트(Bright, 9-18)는 이들을 재배열(14-19절을 3절 바로 다음에 번역해 넣는다)함으로써 원래의 신탁의 통일성을 되살리려고 했다. 그러나 이렇게 하는 것은 처음의 위치에 있던 절을 재배열함에 있어서 편집적인 목적을 간과하는 것이 된다(이런 재배열이 순전히 우연적인 것이 아니고 가능한 경우에 한해서). 편집적인 배열의 성격은 의도적인 것으로 보인다. 첫 절들(2-3절)은 긍정적인 특징을 보여 주는데, 이는 다른 방식으로 장의 남은 부분들 속에서 이어지는 담화와 일부 담화에서 발전되고 대조되고 있다. 시작 절들의 다음 부분(3b절)은 장의 나머지 부분에서 발전되고 있는 부정적인 특징을 보여 주고 있다.

비록 칠십인역에서 장소에 대해 참조할 만한 내용이 발견되지는 않지만, 원 신탁의 지리적인 장소가 예루살렘이었다는 것에 대해서는 의심의 여지가 없다(2절). 그러나 특정한 정황이나 근거가 될 만한 것을 확정지을 수는 없다. 전체 메시지의 정치적인 함의(특별히 14-19절)는 보편적인 의미에서의 백성에 대한 공적인 선포, 곧 당대에 유행하던 대외 정책의 종교적인 함축과 관계를 가지고 있던 메시지를 연상시킨다. 만일 이 신탁이 바룩의 두루마리의 한 부분이었다는 것이 사실이라면, 후기의 정황과 근거가 예레미야 36장에서야 명백해진다. 반대로 예레미야 36장에 기술된 바와 같이 왕의 태도가 암시하는 바는 그 신탁이 초기에는 특정의 형식적 혹은 궁정적인 배경에서 전달된 것이 아니라, 일반 대중적 선포를 가지고 있었다는 것이다.

이 구절의 시기는 정확하게 정의될 수 없지만 요시야 왕 치하의 시기로 추정된다. 신탁의 내용이 일반적으로 요시야의 종교개혁과 관련되어 있는지, 아니면 특별히 그의 외교 정책과 관련되어 있는지(18-19절 참조)는 확실치 않다. 그럼에도 불구하고 분명한 것은 예레미야의 사역이 이 구절들에서 예증되는 바와 같이 분명히 요시야 시기의 종교적, 국제적 관계사의 실마리에 적절한 것이었다는 점이다.

왓슨(Watson, *JSOT* 19[1981] 107-10)은 2-3절의 시적인 구조와 관련지어서 다음과 같은 가정을 내세운다. 즉, 이 구절은 성일치(gender-matched)의 평행 용어에 의해 특징지어지는 동의어 평행 구조 유형을 포함하고 있다는 것인데, 이는 두 시연(poetic stazas)에 공통적인 요소를 제공한다고 한다. 가설이 근거로 삼고 있는 자료가 분명하지만 이것이 분명하게 시적 구조의 성격에 맞는지, 아니면 단어 배열상의 단순한 일치인지는 확실하지 않다.

주석

예레미야는 예루살렘으로 가서 하나님의 말씀을 선포하도록 부름받고 있다. 주요 의도는 이 메시지의 성격이 예루살렘 백성에게 선언되는 것이라는 점이었고, 2절에는 예레미야가 그의 고향 아나돗으로부터 하나님의 명령을 수행하기 위해 예루살렘으로 길을 떠나게 되었다는 사실이 또한 암시된 것처럼 보인다. 그는 "여호와께서 이르시되"(2절)라는 말과 함께 자신의 선언을 시작해야 했고, 이로써 청중들 앞에서 자신의 메시지와 선지자로서의 역할의 근거와 권위를 세우게 된다. 비록 뒤따르는 말들이 의심할 바 없이 그의 초기 사역에서 선지자의 설교의 주제에 관한 통찰력을 제공하고 있다고 할지라도, 이어지는 메시지가 실제로 그의 소명(1장) 직후에 따르는 그의 선지자로서의 최초의 언설이었는지는 분명하게 확인할 수 없다.

2-3절에 담겨진 신탁 부분은 세 가지 부분을 포함하고 있다. 그것은 젊은 시절의 사랑의 회상(2절), 추수의 은유 속에 있는 이스라엘(3절) 그리고 이스라엘의 거룩

함에 손상을 입히는 자의 운명에 대한 선포다.

2 **젊은 시절의 사랑.** 선지자는 여호와의 기억과 관련해서 시작한다. 특별히 (이 장이 결론나기 전에) 현재의 무시무시한 현실과 극명하게 대조를 이루게 될 좋았던 시절에 대한 긍정적인 기억이다. 호세아에게서(특히 1-3장) 영향을 받았음직한, 그리고 에스겔 16장과 확실히 유사성을 보이고 있는 언어를 통해 선지자는 옛 시절의 사랑과 기쁨에 대한 하나님의 아쉬운 회상을 묘사하고 있다. 언어의 초점은 이것이 시내 언약에 대한 상세한 설명인 것처럼 그렇게 사막 관념을 잘 재현시켜 주는 것은 아니다(Fox, *CBQ* 35[1973] 263-94에서의 논의를 보라). 은유적으로 말해서 이 언약은 이스라엘과 하나님 사이의 결혼이었고, 광야의 경험에 의해 손상을 입거나 약해질 수 없는 젊은 시절의 사랑에 의해 잉태되고 양분을 얻는 것이었다. 광야는 긍정적인 관념이 아니라 고난의 장소였으며, 이 옛 시절의 어려움은 사랑으로 쉽게 정복할 수 있는 것이었다. 사랑에 빠져 있는 젊은이들처럼, 이러한 관계의 아름다움은 가난과 역경을 하찮은 것으로 보이도록 만들 것이다. 하나님의 옛 결혼의 기억 속에는 이러한 것들이 있었다.

사랑이라는 주제의 이러한 발전은 이 장에서만이 아니라 예레미야서의 다른 부분에서도 사랑과 결혼은 2절에서의 은유 이상의 것이라는 점이 분명해질 것이다. 시내 언약의 본질은 하나님과 이스라엘 사이의 사랑의 관계였으나, 이런 관계성은 종교와 정치 양자 모두에 대한 함의를 가지고 있다. 종교에 관해서는 하나님을 사랑했던 민족은 다른 신들, 예를 들어 예배 중에 성행위가 허용되었던 풍요 제의 같은 것에 대한 사랑을 실천할 수 없다. 그리고 정치적인 면에서는 여호와와 계약을 맺은 민족은 또한 스스로를 다른 민족들과의 계약 관계에 속하게 만들어서 그들을 주인이나 섬길 대상으로 삼을 수는 없었다. 하나님이 기억하신 것은 순수한 사랑에 관한 것이었고, 후에 지속적인 관계를 망쳐 버리게 되는 종교적, 정치적 의미에서의 사랑의 타락이 아니었다.

3a **이스라엘, 그 추수.** 은유는 이제 시내 언약에서 보증된 사랑으로부터 약속된 땅에서의 민족으로서의 이스라엘의 탄생으로 변화된다. 시내산에서의 조약 체결의 선물은 이제 땅의 선물과 어울리게 되었다. 말하자면, 젊은 백성은 성숙한 민족이 되어야 했다. 그리고 하나의 민족으로서의 이스라엘은 "그의 추수의 첫 열매"로 기술되고 있다. 즉, 하나님의 수확이 되어야 했던 모든 민족들 중의 첫 민족이 되었던 것이다. 농업 세계에서처럼 첫 열매는 일반적인 용도로부터 구별되어야 했으며, 전적으로 하나님께 봉헌되어야 했고, 마찬가지로 이스라엘도 인류 제 민족들 가운데서

하나님의 특별한 소유로 구별되어야 했다.

선지자의 진술 중 처음 두 부분은 먼 과거의 좋았던 날들에 대한 하나님의 기억을 정교하게 묘사함으로써 하나님의 사랑에 대해, 그리고 이스라엘의 옛 역사에 대해 긍정적인 관점을 수립하고 있다. 이 부분들은 이 장의 나머지 부분을 주도하고 있는 애통스러운 죄책에 대한 배경을 형성하고 있다. 첫 만남은 선하게 시작되었으나, 한편으로 이스라엘은 실패했고 목가적인 사랑의 세계는 무너지게 되었다.

3b 이스라엘의 거룩함의 파멸. 도입된 심판적 어조는 추수의 은유를 계속 사용하고 있다. 추수의 첫 열매는 하나님을 위해 구별되어 일반적인 용도(예를 들어, 음식으로)로 사용될 수 없었는데, 그렇게 하는 것은 신성모독이었다. 그와 마찬가지로 이스라엘도 민족들이 모인 세계의 "첫 열매"로서 하나님을 위해 구별되어 하나님의 의도하에 바쳐져야만 했다. "그를 삼키는 자면 다"라는 표현은 계속되는 은유적인 표현인데, 누구든지 이 민족을 일반적인 목적하에 두어 다른 어느 민족과 동일하게 다루고, 이스라엘이 따로 구별되었던 특별한 하나님의 목적을 잊어버리는 자 모두를 가리키고 있다. 상황적으로는 이런 일에 관여할 사람은 이방인이 아니었고, 이 민족의 구성원 모두를 가리키는 것으로 보이는데, 민족적인 타락에 가담하는 자를 가리킨다. 이런 일을 하는 자는 누구든지 죄책을 지며 그들의 형벌은 언젠가는 수행될 것이다.

여기에 이스라엘의 실패와 다가올 심판이 아주 간결하게 표현되고 있다. 뒤따르는 신탁은 아주 정성껏 실패의 본질과 심판의 형태에 대해 상술하고 있다. 따라서 1-3절은 원래는 독립적인 신탁의 일부였을지라도 2-6장 전체의 서론으로 적합한 부분이라 여겨진다.

해설

2:33-37에 이어지는 "해설"을 보라.

백성과 선지자들에게 주어지는 고발(2:4-13)

참고문헌

Barstad, H. M. "HBL als Bezeichnung der fremden Götter im Alten Testament und der Gott Huba." *ST* 32(1978) 57-65. **Milgrom, J.** "The Date of Jeremiah, Chapter 2." *JNES* 14(1955) 65-69. **Naef, H.-D.** "Gottes Treue und Israels Untreue: Aufbau und Einheit von Jer 2:2-13." *ZAW* 99(1987) 37-57. **Overholt, T. W.** "Jeremiah 2 and the Problem of 'Audience Reaction.'" *CBQ* 41(1979) 262-73. **Roche, M. de.** "Israel's 'Two Evils' in Jeremiah II 13." *VT* 31(1981) 369-72. **Williams, P.** "The Fatal and Foolish Exchange; Living Waters for 'Nothing': A Study of Jeremiah 2:4-13." *Austin Seminary Bulletin.* Faculty Edition 81(1965) 3-59.

On Covenant Lawsuit (*riv*):

Gemser, B. "The *rîb*- or Controversy-Pattern in Hebrew Mentality." *Wisdom in Israel and in the Ancient Near East.* FS H. H. Rowley. Ed. M. Noth and D. W. Thomas. *VTSup* 3. Leiden: Brill, 1955. 120-37. **Harvey, J.** "Le Riv-Pattern: Requisitoire prophetique sur las rupture de l'Alliance." *Bib* 43(1962) 172-96. **Huffmon, H. B.** "The Covenant Law Suit in the Prophets." *JBL* 78(1959) 285-95. **Limburg, J.** "The Root ריב and the Prophetic Lawsuit Speeches." *JBL* 88(1969) 291-304. **Nielsen, K.** *Yahweh as Prosecutor and Judge: An Investigation of the Prophetic Lawsuit(Rib-Pattern). JSOTSup* 9. Sheffield: Sheffield University, 1978. **Ramsey, G. W.** "Speech Forms in Hebrew Law and Prophetic Oracles." *JBL* 96(1977) 45-58. **Roche, M. de.** "Yahweh's *rib* against Israel: A Reassessment of the So-Called 'Prophetic Lawsuit' in the Preexilic Prophets." *JBL* 102(1983) 563-74. **Suganuma, E.** "The Covenant Rib Form in Jeremiah 2: A Form Critical Study." *Journal of the College of Dairy Agriculture* 4(Nopporo, Hokkaido, Japan, 1972) 121-54.

본 문

4 야곱 집과 이스라엘 집 모든 가족아 나 여호와
의 말을 들으라
5 나 여호와가 이같이 말하노라 너희 열조가 내
게서 무슨 불의함을 보았관대 나를 멀리하고 허

4 Hear the Lord's word, House of Jacob, and all
families of the house of Israel.
5 Thus said the Lord: "What fault did your fathers
find in me, 4+3 that they became remote from me?

탄한 것을 따라 헛되이 행하였느냐

Then they pursued vanity, 3+1? becoming vain in the process.

6 그들이 우리를 애굽 땅에서 인도하여 내시고 광야 곧 사막과 구덩이 땅, 건조하고 사망의 음침한 땅, 사람이 다니지 아니하고 거주하지 아니하는 땅을 통과케 하시던 여호와께서 어디 계시냐 말하지 아니하였도다

6 And they did not say: 'Where is the Lord 4+4+3 who brought us up from the land of Egypt, who led us in the wilderness, in a land of desert and pit, 3+3 in a land of dryness and darkness,[a] in a land through which no man passed 4+3 and where humans did not dwell.'

7 내가 너희를 인도하여 기름진 땅에 들여 그 과실과 그 아름다운 것을 먹게 하였거늘 너희가 이리로 들어와서는 내 땅을 더럽히고 내 기업을 가증히 만들었으며

7 But I brought you to a garden land, 4+3 to eat its fruit and its good produce; yet you went in and defiled my land 3+3 and turned my inheritance into an abomination.

8 제사장들은 여호와께서 어디 계시냐 하지 아니하며 법 잡은 자들은 나를 알지 못하며 관리들도 나를 항거하며 선지자들은 바알의 이름으로 예언하고 무익한 것을 좇았느니라

8 The priests did not say: 'Where is the Lord?' 4+3 and those skilled in the Torah did not know me. And the pastors transgressed against me, 3+3+3 and the prophets prophesied by Baal and pursued what does not profit.

9 그러므로 내가 여전히 너희와 다투고 너희 후손과도 다투리라 여호와의 말이니라

9 Therefore I shall still contend with you," the Lord's oracle! "and I shall contend with your grandchildren.[a] 4+3

10 너희는 깃딤 섬들에 건너가 보며 게달에도 사람을 보내어 이 같은 일의 유무를 자세히 살펴보라

10 For cross to the coastlands of Cyprus[a] and see, 4+4+4 or send to Kedar and reflect with great care and see if there was ever anything like this!

11 어느 나라가 그 신을 신 아닌 것과 바꾼 일이 있느냐 그러나 나의 백성은 그 영광을 무익한 것과 바꾸었도다

11 Has a nation ever changed its gods? 3+3 And they are not even real gods! But my people have exchanged their glory[a] 3+2 for that which does not profit.

12 너 하늘아 이 일을 인하여 놀랄지어다 심히 떨지어다 두려워할지어다 여호와의 말이니라

12 Be horrified, O heavens, at this! 3+3+4 Let your hair bristle! Be absolutely amazed!"[a] The Lord's oracle.

13 내 백성이 두 가지 악을 행하였나니 곧 생수의 근원 되는 나를 버린 것과 스스로 웅덩이를 판 것인데 그것은 물을 저축지 못할 터진 웅덩이니라

13 "For my people have committed two crimes. They have rejected me, a fountain of living waters, 4?+3 to dig cisterns for themselves, broken cisterns 2?+3 that don t hold water!"[a]

원문주해

6.a. 히브리어 찰르마웨트(צלמות, "[깊은]" 어둠)에 대해서는 D.W. Thomas, "*slmwt* in the Old Testament," JSS 7(1962) 191-200; P.C. Craigie, *Psalms 1-50*, 207를 보라. 칠십인역의 아카르포이(ἀκάρπῳ, "불임의")는 히브리어를 갈르무다(גלמודה, "불임의")로 읽은 독

법을 암시한다. 두 히브리어의 유사성은 하나를 잘못 옮겨 적는 실수였을 수도 있다. 그러나 어느 것이 원본의 것인지는 불확실하다. 칠십인역을 따라 번역을 "불임의"라고 하는 것이 앞서의 단어 "마름"(dryness)에 더욱 적절하게 균형을 이루는 것으로 보인다. 그러나 "어두움"도 문맥에는 잘 들어맞는다. 칠십인역(예레미야)과 히브리어 본문 간에 주어지고 있는 차이점들을 놓고 볼 때 "어두움"이라는 번역을 그대로 유지하는 것이 가장 안전하다.

9.a. 몇 안 되는 히브리어 사본들(de Rossi, III, 65)과 불가타역에는 "~의 아들들"이라는 표현이 없고 단순하게 "너의 자녀들"이라고 옮겨 놓았다. 이것도 가능한 독법이라고 볼 수 있지만, 히브리어 본문(칠십인역도 이를 지지하고 있다)을 그대로 고수하는 것이 최선이다.

10.a. 킷티임(כתיים, "키프러스[깃딤]")의 의미에 대해서는 H. E. del Medico, "L'identification des Kittim avec les Romains," *VT* 10(1960) 448-53를 보라.

11.a. 1인칭 접미를 가진 원본 "나의 영광"은 "나"를 상소하고 있었으나 서기관들에 의해 변형되었다(*tiq. soph.*=서기관의 수정). 이는 하나님의 이름으로 드러나는 직접적인 표현으로 보이는 것을 우회적으로 표현한 것이다.

12.a. 하르부(חרבו, "놀라다")는 연속적으로 나타나는 명령들 가운데 세 번째의 것으로 하레브(חרב[II])라는 어근을 갖는다. 칠십인역은 반복을 함축하고 있는 의미의 하르베(הרבה)로 읽는 독법을 제시하고, 브라이트(11)와 톰슨(Thompson, 166)도 이를 따르고 있다. 그러나 하레브(חרב)의 비유적인 용례가 수긍 가능한 느낌을 주며, (칠십인역을 따라) 변화를 주는 것은 불필요한 작업 같아 보인다.

13.a. 13절 전체의 운율적인 분석은 다소 사변적인 것으로 보인다.

양식/구조/배경

선지자의 신탁이 성립되고 있는 좀더 큰 문학적 상황에서는 계속되는 예레미야 2-6장과 2:1-3에 대한 언급을 보게 된다. 4-13절 안에서는 2인칭 남성 복수(접미 등을 통해)가 사용되고 있는데, 이 문학적 통일성은 앞선 부분(1-3절)이나 뒤따르는 단락(14-19절)과도 분명하게 구별되고 있다. 그럼에도 불구하고 4-13절이 원래는 좀더 길었던 시적 단위였고, 이것에 덧붙여 29-32절이 포함되었을 것이라는 가정이 가능하다(아래를 보라).

선지자의 신탁은 이것과 소위 고소 형식으로 불리는 것의 문학적 연관성을 암시하는 다수의 요소들을 포함하고 있다(좀더 자세한 것을 위해서는 Limburg, *JBL* 99 [1969] 291-304; Huffmon, *JBL* 78[1959] 286-95; Thompson, 259-61를 보라). 확실하게 어느 정도의 관련성은 있다. 이러한 관련성은 동사 리브(ריב, "논쟁하다," "소송을 걸다")의 사용(9절), 들어야 할 민족을 부름(4-5절), 하나님의 과거에 대한 회상과 민족의 실패 그리고 증인으로서의 "하늘"의 소환(12절)을 통해 함축되고 있다. 그러나 지금 상태의 신탁에는 소송에 관한 유형이 모두 현재하고 있는 것은 아니며(예를 들면, 4-13절), 기대되고 있는 귀결 속에도 걸출한 요소가 드러나고 있는 것이 아니다. 따라서 현재 형식대로의 본문에 대해 해석할 때는 소송적인 배경의 가능성은 고려 대상이 되어야 하며 해석의 원칙적인 조건이 될 수는 없다.

신탁의 구조는 다음과 같이 설명될 수 있을 것이다.

(i) **질문**: "무슨 잘못…?"(5a-b절). 이 질문은 구절을 이끌고 있지만 또한 앞서의 내러티브(1-3절)를 암시하고 있다. 만사가 좋게 출발했었다. 그러나 무엇이 잘못되었는가?

(ii) **분석**(5c-8절): 변명의 여지가 없는 이 잘못은 하나님께 놓여진 것이 아니고 백성 전체에게 부과되고 있다. 이 구절은 신중한 구조를 가지고 있으며, 교차적인 포섭 구조를 형성하고 있다.

A 할라크 아하레이(הלך אחרי, "따라가다")(5b절)
　B 아예 야흐웨(איה יהוה, "여호와는 어디에 계신가?")(6절)
　B′ 아예 야흐웨(איה יהוה, "여호와는 어디에 계신가?")(8절)
A′ 할라크 아하레이(הלך אחרי, "따라가다")(8절)

(iii) **소송의 제기**(9절): "그러므로"로 시작된다. 따라서 뒤따르는 고발을 앞서의 죄와 결부시킨다.

(iv) **소송의 골자**(10-11절): 이스라엘은 그 하나님을 바꾸었다.

(v) **합법적 증인의 호출**(12-13절): 원 계약의 증인, "하늘"은 이스라엘의 "두 가지 죄"를 진술하기 위해 초대된다.

현재의 본문 형태로 개작되기 전의 원 설교는 의심할 바 없이 언약/조약 소송의 모범을 융통성 있게 사용했던 것으로 보인다. 조약-유사 형태의 경우에도 대왕(the great king)은 복속된 통치자에게 사자를 보내 조약 관계의 결렬을 지적했을 것이며, 이와 마찬가지로 선지자는 하나님께서 언약 백성에게 보내시는 사자였다. 그는 백성이 언약 하나님과 자신들과의 관계성에 있어서 실패했음을 지적했고 하나님의 고소를 공포했다. 그리고 이러한 잘못에 주어지는 책임에 대해서도 설명했다. 원 설교에서 선지자는 하나님께서 이스라엘에게 내리실 심판을 계속해서 공표했다. 그러나 4-13절에는 이 부분이 남아 있지 않다. 우리는 이 구절이 포함되어 있던 원 설교 혹은 신탁이 예레미야의 사역 초기에 전해졌을 것이라고 가정할 수 있다. 그래서 이것은 요시야의 개혁 전까지는 전해진 것이었을 수 있다. 그리고 부분적으로는 외국 세력(앗수르: 자세한 것을 위해 14-19절을 볼 것)에 대한 유다의 봉신 상태를 반영할 수 있을 것이다.

그러나 현재의 형태에서는 편집자는 이 구절을 1-3절 뒤에 위치시킴으로써 도대체 무엇이 언약 관계에서 "젊은 시절"의 신선한 사랑과 오늘날 유대에서의 슬픈 현실과 정세 사이에 두려운 변화를 야기했는지를 이 구절을 이용하여 증명했다. 말은 또한 이스라엘의 과거 상태에 대해 이야기하고 있다. 말하자면, 이 나라는 이제 더 이상 독립된 민족으로 존립할 수 없음에도 불구하고, 실제로 실패는 이 구절들 속에 정교하게 묘사된 퇴락의 결과인 것이다. 이 구절의 편집된 형태는 주전 605년부터 그 이후 언젠가로 추정된다.

주석

앞의 경우처럼, 선지자의 메시지는 그 본질이 하나님의 말씀인 선포로 시작하고 있다. 이 메시지는 이론적인 의미로는 전체 이스라엘, 즉 남과 북의 모든 지파를 향한 것이었다. 다시 말해서, 선지자는 전 이스라엘을 자신의 청중으로 대면하고 있는 것이다. 하지만 북국은 이미 100년 전에 전쟁에 패했고, 그는 예루살렘 즉 남국의 수도에서 설교하고 있다.

메시지는 수사적인 질문으로 시작한다. 일반적으로 근본적인 질문은 "무엇 때문에 옛적의 사랑을 망쳐 버리는 정도가 되었는가?"이다. 그러나 이것은 다른 방법으로, 아마도 반어적으로 표현되고 있다. "너희 열조가 내게서 무슨 불의함을 본 것이냐?" 분명히 하나님에게는 어떠한 잘못도 없으시다. 열조들에게 잘못이 있는 것이다. 그럼에도 불구하고, 이런 방식의 질문 표현 방식은 선지자로 하여금 백성의 잘못에 대하여 상술하게 할 뿐만 아니라, 하나님의 행동에 잘못이 없음을 제시하게 만들고 있다.

5c-8 선지자는 즉각적으로 계속하기를, 도대체 옛 언약 관계에서 진정한 잘못이 어느 편에 있는지에 대해 지적함으로써 자신의 질문에 대답한다. 언젠가부터 이 백성은 하나님과의 관계를 멀리하기 시작했고, "공허"와 "무가치한 목적"(הבל)에 매달리게 되었다. 이 구절의 문학적인 구조는 실패의 본질이 이러한 잘못된 추구, 즉 "공허"(5절)와 무가치함(8절)에 대한 추구에 있었다는 것을 지적해 준다. 바스태드(Barstad, *ST* 32[1978] 57-65)는 "공허"라는 단어는 실제로는 특별한 신이나 신의

전형을 일컫는 용어이며, 따라서 후발(Hubal)이라고 불리는 후기 이슬람 이전 시대의 아랍 신을 의미하는 것이라고 보았다. 그가 관찰한 견해가 옳더라도 특정 신에 대한 언급은 납득할 수가 없다. 히브리어 명사는 그저 보편적인 의미에서의 "공허"를 의미하는 것으로 이해되어야 할 것이다. 그럼에도 불구하고, 실제적으로는 열조들의 공허의 본질은 그들이 진정하신 하나님을 향한 믿음을 저버렸다는 것이었다. 이것은 잘못된 신앙으로 대체되었다. 즉, (이 상황에서는) 가나안의 바알신을 향한 제의에 대한 신앙(8절)이었다. 그리고 열조들의 실패는 포괄적이었다. 모든 백성이 6절에서의 "그들"로 함축되었으나, 여기에 더하여 제사장들과 학자들, 설교자들과 선지자들이 실패했던 것이다(8절).

부분적인 실패는 영적인 기억의 부족으로 초래되는 결과다(신 8장 참조). 그들은 약속된 풍요로운 땅에 있을 때 자신들을 애굽으로부터 구원하시고 황량하고 사람도 없는 광야를 통해 안전하게 이끄셨던 충실하신 하나님을 더 이상 회상하지 않았다. 그러나 "여호와가 어디 계시는가?"(6, 8절)라는 질문은 그 이상을 함축할 수 있다. 백성도 제사장도 예배나 기도 중에 여호와를 찾으려 하지 않았고, 모두가 신앙으로부터 타락으로 들어서는 공모자였던 것이다. 만일 하나님께서 그의 백성을 광야로부터 보호하셨다면(6절), 그들이 이 풍요로운 땅에서 하나님의 임재를 얼마나 깨달을 수 있었을까(7절)? 그러나 모든 것이 실패로 돌아갔다. 거룩하게 되리라던(3절 참조) 민족은 그 약속된 땅을 더럽혔던 것이다.

8절의 내용은 실패가 전체 백성에게만이 아니라 종교적·국가적인 지도자에게도 다가오게 된 것을 분명히 하고 있다. "제사장들"은 그들의 직무에서 실패했다. "토라 기술을 익힌 자들"은 아마도 레위인들이었을 것이고, 그들 중 몇몇은 종교 교육 사업에 위임되었다. 그들 또한 실패했다. 그들은 자신들의 "성경"을 알았다. 그러나 그들은 인격적이고도 본질적인 방식으로는 자신들의 하나님을 알지 못했다. "설교가들"(문자적으로는 "목자들")은 종교 지도자가 아니라 정치 지도자였고, 정부와 백성의 복지에 책임을 지고 있었다. 그들 자신이 위법에 가담하고 있었기 때문에, 그들은 모범을 보일 수도 없었고 고결함을 가지고 백성들을 다스릴 수도 없었다. 오직 하나님의 이름으로만 이야기할 의무가 있는 "선지자들"도 가나안의 풍요의 신 바알의 이름으로 예언을 했다. 따라서 하나님의 말씀은 그들의 사역을 통해 백성들에게 전해질 수가 없었다.

9 이러한 포괄적인 실패를 얻은 후에, 하나님은 그의 백성과 "논쟁"하시려는 그분의 의지를 표명하신다. "논쟁하다"라는 말은 "누군가에게 소송을 제기하다"나 혹

은 "누군가를 법정에 세우다"라는 의미를 가지고 있다. 특별한 고발이 다음 절들에서 진술되고, 앞선 절들에서 악과 실패에 대한 상술에 초점을 맞추고 있다. 그러나 고발이 적용될 법규는 다름 아니라 이스라엘이 하나님과 맺은 언약이었다. 첫 번째의 것은 시내산에서 형성되었고 계속되는 세대를 통해서 다른 형식으로 새롭게 된 것이다. 언약 중에 하나님께 잘못을 저지른 상태에 처한 이스라엘은 스스로 절대적인 충성을 맹세했고, 이 충성의 서약에서 실패할 경우 나타나게 될 결과를 받아들였다. 이제 그 실패가 이루어졌고, 이스라엘은 그 충성의 부족함에 대해 하나님께 응답해야만 한다. 예레미야는 하나님의 법정적인 고소가 수행되는 언표의 전달자다.

10-11 백성들이 고발당하는 죄목이 진술된다. "그들은 그들의 영광(즉, 하나님)을 바꾸어 버렸다." 그러나 고발은 일련의 미사여구를 통해 시작되고 있다. 이것은 죄의 무게를 강조하는 데 기여한다. 우리는 구브로로의 여행을 떠날 수 있다. 그 곳의 베니게 식민지를 방문할 수도 있으며, 동쪽으로 가서는 게달의 진영을 볼 수도 있다. 그 곳에 사막의 베두인이 살았으며, 우리는 그 이국인들을 관찰할 수도 있다. 그들의 이교적인 종교 관습을 볼 수도 있는 것이다. 그러나 이러한 어리석은 신앙 속에서도, 그 실질적인 본체가 없는 신들을 향한 헌신 속에서도, 우리는 구브로와 게달의 원주민이 적어도 자신들의 신들에게만은 충실하다는 것을 발견할 수 있다. 그러나 이스라엘은 그렇지가 않았다. 이스라엘은 전례없이 유일하신 진리의 하나님을 섬겼던 유일한 민족이었다. 그리고 진리의 하나님에 대한 신앙을 이방의 공허한 추구와 실체 없는 신들과 바꾸어 버린 유일무이한 민족이다.

12 신탁의 마지막 부분은 "하늘"을 향해 호소하고 있다. 하나님과 이스라엘의 최초의 언약 형성과 갱신 과정에서, 하늘과 땅은 "증인"으로서 언약 관계의 엄숙한 결의를 지켜보도록 요청되었다(신 4:26과 Craigie, *Deuteronomy*, 138를 참조할 것). 하나님을 향한 충성의 엄숙한 선언을 (과거에) 하늘이 지켜보았기 때문에, 하늘에 대한 공포가 인지될 것이다. 그러나 이제 이스라엘에게서는 참혹한 불신앙이 인지되고 있으며, 이 불신앙은 그들의 과거의 모든 언약을 조롱하고 있다.

13a 하늘에 호소되는 죄는 그 이중적인 측면에서 보여지고 있다. 백성은 하나님을 거절했으며 무용한 대체물을 기용했다. 드 로쉬(De Roche)의 관점에서는(*VT* 31 [1981] 369-72), 이러한 두 가지 범죄는 결혼의 은유로 설명되어야 하는 것으로 나타난다. 다시 말해서, 아내(여호와)를 거절한 것과 다른 연인(발람)과의 교제로 설명된다. 그러나 이러한 잠언 5:15-18과 같은 구절에 근거한 설명은 다소 인위적이다. 이러한 이미지의 언약적인 사용에서, 특별히 언약적 정황에서의 사용에서 여호와는

남편이고 이스라엘은 아내가 된다. 이는 예레미야 2장에서 암시되고 있는 바인데, 2:2과 그 밖의 구절에서 여성형 접미를 사용하기에 그렇다. 오히려 중심적인 은유는 물에 관한 것인데, 이는 삶의 주제 가운데 하나가 된다. 이스라엘은 하나님, 곧 그분으로부터 "물"이 항상 흘러나오는 분을 거절했다. 그리고 하나님 대신에 손상되고 새기 쉬운 그릇, 즉 항상 비어 있는 것으로 채우려고 했다.

해설

이어지는 2:33-37의 "해설"을 보라.

배신과 종살이(2:14-19)

본 문

14 이스라엘이 종이냐 씨종이냐 어찌하여 포로가 되었느냐

15 어린 사자들이 너를 향하여 부르짖으며 수리를 날려 네 땅을 황무케 하였으며 네 성읍들은 불타서 거민이 없게 되었으며

16 놉과 다바네스의 자손도 네 정수리를 상하였으니

17 네 하나님 여호와가 너를 길로 인도할 때에 네가 나를 떠남으로 이를 자취함이 아니냐

18 네가 시홀의 물을 마시려고 애굽 길에 있음은 어찜이며 또 그 하수를 마시려고 앗수르 길에 있음은 어찜이뇨

19 네 악이 너를 징계하겠고 네 패역이 너를 책할 것이라 그런즉 네 하나님 여호와를 버림과 네

14 Is Israel a slave? 2?+3 Or is he a household servant?[a] Why has he become an object of prey 3+3+2

15 over whom lion cubs roar[a] and squabble noisily? For they have made his land a wasteland, 3+3? his cities aflame,[b] devoid of inhabitants.

16 Even the people of Noph and Tahpanhes 2+2 will fracture[a] your forehead.

17 Have you not brought this upon yourself 3+3 by leaving the Lord your God (at the time he was leading you in the way)?[a]

18 So what is the point now in your going to Egypt 4+3 to drink the water of the Nile?[a] And what is the point in your going to Assyria 3+3 to drink the water of the Euphrates?

19 Your crime will cripple[a] you, 2+2 and your defections will rebuke you. So know and see how

속에 나를 경외함이 없는 것이 악이요 고통인 줄 알라 주 만군의 여호와의 말이니라

evil and bitter 4+3+3 is your leaving the Lord your God with no fear[b] of me in you." The Lord's oracle, the Lord of Hosts.[c]

원문주해

14.a. 문자적으로는 "집에서 태어난 자", 즉 노예나 종을 가리킨다. 사들인 것이 아니라 집에서 태어나고 자란 것이다.

15.a. 문법적인 상황으로 볼 때는 완료형인 샤아구(שָׁאֲגוּ, "부르짖다")가 맞겠지만, 본문을 이렇게 바꿀 만한 사본상의 증거가 없다.

15.b. 니츠투(נצתה, "태우다")는 자음 본문만을 놓고 보면 여성 단수가 된다. 그러나 선행사가 복수다. 그래서 이를 복수형인 느차텐(נצתן)으로 읽는 것이 좋다. 소수의 사본들(de Rossi, III, 65)은 이 동사의 어근이 나타츠(נתץ, "깨부수다")일 것이라고 주장한다. 그러나 이런 대체어는 (아마도 임의적인 자위전환의 결과로 보이는데) 가능할지는 몰라도 충분한 설득력이 없다.

16.a. 이르우크(ירעוך)는 어렵다. 모음부호를 붙인 대로라면 라아(רעה, "먹이다")의 파생형으로 보인다. 칠십인역은 동사 야다(ידע, "알다")를 함축하지만 동시에 뒤따르는 단어 "이마"를 "당신을 조롱하였다"로 대체하고 있다. 칠십인역은 이 상황에는 확실한 근거가 될 수 없을 것으로 보인다. 가장 만족스러운 해결은 몇몇 시리아역을 근거로 둔 것인데, 예로우크(יֹרעוּך)로 읽는 것이며(이는 라아[רעע]에서 파생된 것이다. BDB, 949), 의미는 "부수다," "부러뜨리다"이다.

17.a. 17절의 제3행은 아마도 전체적으로 삭제된 것으로 보인다. 이것은 의미상으로 큰 차이가 없어 보이며, 아마도 18절 제1행의 (미세하게 변화된) 중복오사인 것으로 보인다. 두 개의 행은 열두 개의 자음을 가졌고, 그들 중 여덟 개는 동일하며 같은 배열 순서를 지녔다(하지만 Holladay, I, 51-52를 보라).

18.a. 칠십인역은 "나일"보다는 "기온"으로 번역했으나, 이러한 독법에 대해 마소라 본문에서는 어떠한 증거도 발견되지 않는다.

19.a. 문자적으로는 "벌하다", "징계하다"라는 의미다.

19.b. 이 행은 칠십인역에서는 "나는 네게서 어떠한 즐거움도 얻지 못하였다"로 번역되고 있다. 그러나 이것은 도움이 되지 않는다. 문제는 파흐다티(פחדתי)의 모음 붙이기와 해석에 달려 있다. 현재 상태로 파흐다(פַּחְדָּה, 여성형 명사)는 성경에서 단 한 번만 사용된 단어(hapax legomenon)로서 "공포"(일상적으로는 남성형)라는 의미를 가지고 있다. 적절한 해결책은 시리아역의 주장대로 로 파하드트이 엘라이(לֹא פָּחַדְתְּ אֵלַי, de Rossi, III, 66), 즉 "너는 나를 두려워하지도 않았다"로 읽는 것이라고 보인다(이것은 단 하나의 히브

리어 사본의 지지를 얻고 있다). 그 대신 동사는 내적인 수동형 즉 푸흐다티(פֻּהֲדָתִי)로 모음 표기될 수 있는데, 이는 다후드(Dahood, Ugaritic-Hebrew Philology, 21)의 주장에 의한 것이다.

19.c. 결론적인 신탁 형식은 길고 다소 독특한 형태다. 칠십인역은 "너희 하나님 여호와의 신탁"이라고 주장하고 있으며, 이는 가능성이 있다.

양식/구조/배경

14-19절은 본 장에서 시작되었던 신탁을 계속해서 이어가고 있다. 2:1-3에서의 "양식/구조/배경" 부분의 언급을 좀더 자세히 보아야 한다. 이 구절은 하나의 연속이기에, 관례적인 신탁의 서론을 통해 시작하지는 않는다. 19절에서의 결론구 "여호와의 신탁"은 이 예언 구절의 끝을 알리는 표식이다(Thompson, 175에서 주장된 바와 같다). 그러나 이것은 불확실한데, 부분적으로는 이러한 구절이 선지자의 신탁 중간에 나타나기도 하며(예를 들어, 2:9에) 부분적으로는 이 장의 더 긴 단락이 14-19절에 속했을 수도 있기 때문이다. 2:33-37에서는 이 구절에서처럼 2인칭 여성 단수 접미가 다시 사용되고 있다. 따라서 현재의 편집 배열 상태 이전에 원 신탁은 1-3절, 14-19절 그리고 33-37절을 포함하고 있었다는 사실이 가능해진다. 2:33-37에 대한 "양식/구조/배경"에서의 언급을 보라.

14-19절의 내용은 신탁의 원래의 구조와 가능한 그 저작 시기와 관계된 좀더 자세한 정보를 제공한다. 그럼에도 불구하고, 역사적인 자료는 잘 찾기가 어렵다. 16절에서의 애굽에 관한 것은 가끔씩은 주전 609년에 유다가 애굽에 의해 패망된 사건과 연관된다(Bright, 14; Thompson, 173-74). "부러뜨리다"라는 동사는 영어로는 미래형으로 번역되었을 것이다. 그러나 (NEB를 참조하라) 이것은 그러한 역사적인 검증을 훼손시킬 뿐이다. 18절에서의 애굽과 앗수르에 대한 참조는 예레미야의 사역의 초기를 함축하는 것으로 이해될 수 있다. 앗수르의 쇠퇴는 예레미야가 선지자가 되기 시작할 무렵에는 이미 진행 중에 있었고, 그 멸망은 주전 612년에 오고 말았다. 따라서 주전 612년 이전으로 잡는 것이 적절하게 보인다. 그렇지만 진정한 난점은 이러한 싯구들 중의 하나가 시기를 결정할 만큼 엄밀한 증거를 제공할 수 있느냐의 문제다. (2-3절에서 시작하고 있는) 예언은 모든 이스라엘, 북왕국(이제는 존재하지 않는다)과 남왕국 모두에게 선포되고 있고, 역사의 비극적인 흐름을 반영하고 있는 것이다. 이러한 과거의 대부분의 역사에서 이스라엘은 애굽과 앗수르(그리고 후에는 바벨론)의 사이에서 작용하는 대외적인 정치 분야에서 흔들려 왔다. 따라서 증거가 부

족하다고 할지라도, (16절을 포함하는) 이 구절에 대한 시기 결정에 있어서 주전 612년보다 앞서는 시기를 잡는 것이 그럴듯하다. 하지만 시기에 대해서는 정확하게 하는 것이 불가능하다. 이렇듯 잠정적인 시기를 잡고 난 후에, 이 구절들은 (1-3절을 따라서) 요시야 왕 치하의 정황으로 이해되어야 한다.

더 큰 신탁에 포함되어 있는 이 부분의 내적인 구조는 다음과 같이 이야기될 수 있다. 이스라엘의 서글픈 상태에 관하여 한 가지 의문이 제기되고(14-15b절) 다듬어진다(15c-16절). 이스라엘의 재난은 스스로의 잘못 때문이라고 확정하는 응답이 주어진다(17절). 이 대답은 타인에게 도움을 요청해도 소용없는 그런 종류의 것이다(18-19절).

주석

14 이 구절은 "이스라엘이 종이냐?"는 질문으로 시작한다. 이 질문은 원래의 신탁 서론에서의 확언에 대조되어야 한다. "이스라엘은 여호와의 성물이었다"(3절). 이스라엘의 처음 상태는 하나님과의 언약, 특권적인 사랑의 연합 안에서의 특별한 관계를 갖고 있었다. 애굽의 "종"은 하나님에 대한 "섬김"으로 바뀌었다(두 경우에서 히브리어 에베드[עבד, "노예", "종"]가 사용되고 있다. 좀더 자세한 것을 위해서는 Craigie, *Deuteronomy*, 82-83를 보라). 그러나 이제는 하나님을 위한 자유로운 섬김이 한 번 더 속박으로 바뀌었다. 이것은 마치 질문에 이미 함축된 바와 같다. 14절에 사용된 두 가지 표현, 즉 "종"과 "씨종"(household servant)은 시적인 정황 내에서는 평행 용어다. 그럼에도 불구하고 이들은 어느 정도의 진전을 함축한다. 종은 일반적으로 거래되거나 전쟁 시에 습득되는 것이었다. 씨종은 이미 집안에 소속되어 있는 종들에 의해서 태어난다. 은유적으로 이스라엘은 종이 되었을 뿐만 아니라, 한두 세대가 지난 후에는 씨종이 되었고, 씨종은 자유에 대한 기억조차도 잃어버린 존재였다. 그러나 두 가지의 질문 형태에 있는 이스라엘의 종 생활에 대한 진술은 종 생활이 아직 도래되지는 않았다는 사실을 암시한다. 이스라엘은 언약 관계 속에서 자유를 얻었다.

은유의 언약적인 정황은 좀더 심도 깊은 언어의 차원을 해명해 준다. 에베드(עבד, "종")라는 단어는 그 가계적인 사용에 더하여, 계약에 의해 군주적인 권력에 속박당하는 종속적인 상태를 묘사할 수도 있다. 이스라엘의 하나님과의 "계약"은 이러한 협정 관계를 생략했을 수도 있다. 그러나 예레미야의 시기에 이스라엘의 역사는 그것이 크건 작건 간에 외국의 권력에 지속적인 예속의 상태에 있었다. 바꾸어 말하자면, 이스라엘의 예속의 문제는 단순히 은유가 아니었고, 국제 관계에서의 실제적인 역사적 경험에 근거한 언급이었다.

14b-15 은유가 변화에 이른다. 이제 이스라엘은 부상당한 짐승처럼 굶주려서 저녁 식사를 위해 다투는 젊은 사자들의 은혜를 기다릴 수밖에 없는 처지로 묘사되고 있다. 그 모습은 그래도 힘이 있었어야 함에도 불구하고, 그야말로 절망적인 허약한 모습이다. 그리고 유사한 단어들의 다른 용례와는 아주 충격적으로 대조적인 모습으로 이 은유가 사용되고 있다. 시편 34:11에서 젊은 사자는 점차적으로 굶주려 가는 모습으로 묘사되고 있다. 반면에, 신실한 여호와의 종은 더 잃을 것이 없는 모습이다 (좀더 자세한 것을 위해서는 Craigie, *Psalms 1-50*, 280를 보라). 그러나 이 선지자의 말 속에는 신실해 본 적인 없는 자들이 젊은 사자의 밥이 되고 있다. 은유로부터 벗어나(15c-d절) 이스라엘의 땅은 적들의 약탈로 인해 황폐케 되고 거민들이 사라지게 되었다. 하지만 이 말이 한때는 북왕국이었던 버려진 땅과 관련된 것인지, 아니면 좀더 보편적인 시적인 표현으로서 전체 언약 백성을 지칭하는 것인지는 확실하지 않다.

애굽인들이 16절과 갖는 관계는 간접적인데, 16절에서 두 개의 애굽 도시가 이스라엘에 슬픔을 가져다 줄 이방 적들 중에 언급되고 있다. 놉(Noph, 애굽어로 *mn-nfr-pypy*)은 그 후대 이름인 멤피스(Memphis)로 더 잘 알려져 있다. 이 도시는 나일강에 위치하고 있고(여기서 유래하여 테네시 주에는 같은 이름을 가진 현대 도시가 있다. 이 곳은 1819년에 미시시피 강의 동일한 장소에 있다는 근거로 이름붙여졌다), 고대 왕국의 시대에 애굽의 수도였다. 실제로, 현대 영어 단어인 *Egypt*는 멤피스를 지칭해서 사용되었던 이름들 중의 하나인 Hi-ku-ptah(문자적으로는 "Ptah의 영혼의 처소"라는 의미로 이 처소는 멤피스 안에 위치한 성소를 가리킨다)에서 유래된 것이다. 성경 시대에 그리고 후기 그리스 시대 동안에 멤피스는 애굽 대도시들 중 하나였고, 오늘날에는 카이로 남쪽으로 18킬로미터 정도 떨어진 이 곳에는 실제로 중요성을 띄는 것이라곤 하나도 남아 있지 않다. 그러나 성경 시대에 이 도시의 중요성은 놉이라는 지칭이 애굽 전체를 함축할 정도였다.

반면에, 다바네스(Tahpanhes)는 다른 종류의 난점을 가지고 있다. 그리스 시대의 다프네(Daphnae)와 관련되어 있으나, 오늘날의 그 위치는 텔 데페네(Tell Defenneh)로 알려지고 있다. 이 곳은 현대의 포트 사이드(Port Said) 남남서쪽 33킬로미터 부근에 위치하고 있다. 윌리엄 플린더스 페트리(William Flinders Petrie) 경은 1885년에서 1886년 사이에 텔 데페네를 발굴하면서 엄청난 양의 토양 아래서 과거에 군사

요새였던 흔적이 남아 있는 유적을 발견하였다(W.M.F. Petrie, A.S. Murray, and F.L. Griffith, *Tanis, Part II: Nebesheh [Am] and Defenneh [Tahpanhes]*, Egyptian Exploration Fund[London, 1888]). 군사 시설로서 다바네스는 동쪽으로 가자 지역의 사막까지 어림잡아 230킬로미터를 뻗어나간 길을 통해 애굽으로 접근하게 되는 북동쪽을 방어하기 위해 설계된 곳이었다(W.M.F. Petrie, *Egypt and Israel*[London: S.P.C.K., 1911] 86-90). 군사 주둔지 말고도 다바네스 지역에는 외국인 거주 지역도 있었다. 주전 16세기에는 그리스 대장꾼들이 그 곳에 터를 잡았고, 애굽에 철공을 소개했다(J.R. Harris, *The Legacy of Egypt*[Oxford: Clarendon Press, 1971] 90). 그러므로 우리는 이렇게 추측할 수 있을 것이다. 즉, 애굽인의 관점으로는 다브네스가 멤피스만큼이나 중요한 도시는 아니었을지라도, 의심할 바 없이 히브리인들의 관점으로는 애굽의 중요한 도시 혹은 마을이었던 것은 사실이라는 점이다. 유다에서 애굽으로 여행을 떠나는 길에 이 곳은 가장 먼저 만나게 되는 중요한 요지였을 것이다. (후에 예레미야와 다른 히브리 망명자들은 이 곳에서 살았다. 43:7-9.) 요약하자면, 놉과 다브네스는 히브리의 관점으로는 애굽의 힘을, 그리고 이스라엘의 머리를 "부순다"는 은유를 대표하는 두 개의 중요한 장소였던 것이다(2:16).

17 선지자는 이스라엘에 떨어지는 슬픔은 외적인 근거로 인한 것일 수 없다고 단언한다. 백성들이 스스로에게 이 슬픔을 가져왔던 것이다. 하나님과 언약에 대한 신앙을 저버림으로써 그들은 자신들의 머리에 떨어질 언약적인 저주를 암시적으로 불러들였던 것이다. 그리고 애굽이나 앗수르에게 도움을 요청하기 위해 돌아서는 것도 적절치 못한 행동이었다(이러한 내용들의 연대기적인 시사를 위해서는 앞의 "양식/구조/배경"을 보라). 하나님과의 조약이 파괴되었을 때는 애굽이나 앗수르와 어떤 조약을 체결해도 해결책이 될 수 없는 것이다.

18 즉각적인 정황으로 두 큰 강인 나일과 유프라테스의 "물"은 아마도 마시는 것의 은유로 이해되는 것처럼 보인다. 그들의 땅이 "황폐한 땅"으로 말라 버렸기에, 이스라엘은 자연스럽게 물을 마실 다른 근원을 찾아 돌아서기를 생각했던 것 같다. 그러나 2장 전체의 편집적인 재구성 과정에서 물의 은유는 좀더 심도 깊은 중요성을 가지게 된다. 이스라엘은 "생수의 샘"을 "새는 물통"으로 바꾸어 버렸다. 이제 빈 물통을 가지고서 애굽이나 앗수르로부터 물을 구하려는 것이다. 따라서 원 메시지의 편집적인 재배열은 기록된 형태로서의 선지자의 말의 힘과 효과를 더욱 강화시켜 버렸다.

19 다가올 이스라엘에 대한 심판은 하나님의 임의적인 행위가 아니라 민족의 죄

에 대한 직접적인 결과였다. 이스라엘 스스로의 범죄는 이 심판이 다시 나타나게 만들었던 것이다. 조약의 규정을 "불이행"한 것은 민족을 자동적인 심판으로 이끌게 될 것이다. 하나님을 저버린 것이 악과 쓴맛을 경험하도록 이끌었던 것이다. 언약의 하나님께로 회개하고 돌아오는 것 외에 어떤 것도 이 결과를 막아낼 수는 없는 것이다. 이 주제는 다음 장에서 발전되어 드러난다.

해설

나중에 나오는 2:33-37의 "해설"을 보라.

죄악에 대한 고발(2:20-28)

참고문헌

Bailey, K. E., and **Holladay, W. L.** "The 'Young Camel' and 'Wild Ass' in Jer. 2:23-25." *VT* 18(1968) 256-60. **Ceresko, A. R.** "The Function of Antanaclasis (ms') 'to find' /ms' 'to reach, overtake, grasp') in Hebrew Poetry, Especially in the Book of Qoheleth." *CBQ* 44(1982) 551-69. **Fishbane, M. A.** "Revelation and Tradition: Aspects of Inner-Biblical Exegesis." *JBL* 99(1980) 343-61, esp. 351-52. **Holladay, W. L.** "On Every High Hill and Under Every Green Tree." *VT* 11(1961) 170-76. **McKane, W.** "Jeremiah II 23-25: Observations on the Versions and History of Exegesis." OTS 17(1972) 73-88. **Nicholson, E. W.** "Blood-Spattered Altars?" *VT* 27(1977) 113-17. **Olyan, S. M.** "Cultic Confessions in Jer 2:27a." *ZAW* 99(1987) 254-59. **Soggin, J. A.** "A proposito di sacrifici di fanciulli e di culto dei morti nell Antico Testamento." *OrAnt* 8(1969) 215-17.

본 문

20 네가 옛적부터 네 멍에를 꺾고 네 결박을 끊으며 말하기를 나는 순복지 아니하리라 하고 모든 높은 산 위와 모든 푸른 나무 아래서 몸을 굽

20 "For long ago I[a] broke your yoke, 3+2+3 I shattered your shackles; but you said: 'I will not serve.'[b] So on every high hill 3+3+3 and under

혀 행음하도다

21 내가 너를 순전한 참 종자 곧 귀한 포도나무로 심었거늘 네게 대하여 이방 포도나무의 악한 가지가 됨은 어찜이뇨

22 주 여호와 내가 말하노라 네가 잿물로 스스로 씻으며 수다한 비누를 쓸지라도 네 죄악이 오히려 내 앞에 그저 있으리니

23 네가 어찌 말하기를 나는 더럽히지 아니하였다 바알들을 좇지 아니하였다 하겠느냐 골짜기 속에 있는 네 길을 보라 네 행한 바를 알 것이니라 너는 발이 빠른 젊은 암약대가 그 길에 어지러이 달림 같았으며

24 너는 광야에 익숙한 들 암나귀가 그 성욕이 동하므로 헐떡거림 같았도다 그 성욕의 때에 누가 그것을 막으리요 그것을 찾는 자들이 수고치 아니하고 그것의 달에 만나리라

25 내가 또 말하기를 네 발을 제어하여 벗은 발이 되게 말며 목을 갈하게 말라 하였으나 오직 너는 말하기를 아니라 이는 헛된 말이라 내가 이방 신을 사랑하였은즉 그를 따라 가겠노라 하도다

26 도적이 붙들리면 수치를 당함같이 이스라엘 집 곧 그 왕들과 족장들과 제사장들과 선지자들이 수치를 당하였느니라

27 그들이 나무를 향하여 너는 나의 아비라 하며 돌을 향하여 너는 나를 낳았다 하고 그 등을 내게로 향하고 그 얼굴은 내게로 향치 아니하다가 환난을 당할 때에는 이르기를 일어나 우리를 구원하소서 하리라

28 네가 만든 네 신들이 어디 있느뇨 그들이 너의 환난을 당할 때에 구원할 수 있으면 일어날 것이니라 유다여 너의 신들이 너의 성읍 수와 같도다

every flourishing tree, you lay prone, as a prostitute.

21 Yet I planted you as a fine domestic vine 3+3 of completely[a] pure stock. So how have you become alien to me, 3+3 warped as the tendrils[b] of a wild vine?

22 For if you should wash in detergent[a] and use great quantities of soap, your stain would remain ingrained[b] before me." – 3+3+3 The Lord God's oracle.[c]

23 "How can you say: 'I am not defiled, 4+4 I have not chased the Baals'? Look at your trail in the valley,[a] 3+3 know what you have done! A swift young camel, 2+2 crisscrossing her tracks!

24 A wild ass,[a] wise in the wilderness way, 3+3?+3 sniffing the wind in hot desire[b] – who can restrain her lust? None of her mates need stir themselves: 3+2 in her mouth,[c] they will find her.

25 Never let your foot be bare 3+2 or your throat[a] be parched. But you said: 'It's no good! No! 3+3+2 For I have loved strangers and I will pursue them.'

26 As the shame of a thief entrapped, 4+4 so have they shamed Israel's house.[a] They – their kings and their princes, 3+2 their priests and their prophets –

27 They say to the wood: 'You are my father!' 4+3 and to the stone: 'You gave me birth!' For they have turned their back to me, 3+2 not facing me, yet whenever they are in trouble they say: 3+2 'Rise up and save us!'

28 But where are the gods you made for yourself? 4+4 Let them rise up, if they can save you in your trouble. For as numerous as your cities[a] 3+3 were your gods, O Judah!"[b]

원문주해

20.a. 칠십인역은 20절의 첫 두 동사가 2인칭 남성 단수임을 지적하고 있다. 말하자면,

"네가 꺾고…네가 끊으며…." Bright, 11과 RSV 등을 참조하라. 이런 독법이 가능하기는 하다. 하지만 1인칭 형태가 문맥에 더 잘 어울린다(다음의 "해설"을 보라). 따라서 마소라 본문의 모음 표기가 유지된다.

20.b. 몇 가지 사본들은 에에보르(אעבר, "나는 넘어서지, 범죄하지 [않을] 것이다")라는 단어를 가지고 있다(de Rossi, III, 66). 그러나 이것은 마소라 본문를 오기한 것으로 보인다(그 반대는 아니다).

21.a. 케레는 분명히 여성형으로 보이는 마소라 본문(케팁) 대신에 쿨로(כלו, 남성형)로 보고 있다. 선행사는 "포도나무"(남성)이다. 아니면, 본문이 남성 접미의 고대 정자법(old orthographic) 형태를 반영했을 수도 있다(Thompson, 176).

21.b. 수레이(סורי)를 수르(סור, "휘어져 있다")의 분사형으로 생각해서 "덩굴"로 번역한 것은 위험하다. 다른 이들은 본문의 불확실한 의미의 문제를 해결하기 위해 자음 구분을 이렇게 바꾸어 놓기도 한다(르소리야 게펜, לסוריה גפן, "역겨운 냄새가 나는 포도나무"). 예를 들어, Bright, 11를 보라.

22.a. 히브리어 네테르(נתר)는 아마도 단순한 정화제 기능을 하는 탄산소다 용액으로 볼 수 있을 것이다.

22.b. 아니면 "기록된"일 것이다. Cragie, *Psalms 1-50*, 154(각주 1.a.)를 보라.

22.c. 문자적으로는 "주, 여호와의 신탁"이다.

23.a. 마소라 본문의 "골짜기 속에"를 칠십인역은 엔 토 폴뤼안드레이오(ἐν τῷ πολυανδρείῳ, "묘지 아래")로 읽고 있다.

24.a. 페레(פרה, "들암나귀")는 페레(פרא)로 표기되는 것이 더 일반적이다(왜냐하면 히브리어 사본들의 24절 본문이 이를 지적해 주고 있기 때문이다. De Rossi, III, 66). 비록 칠십인역의 번역자들이 어려움을 겪었을 것으로 보이기는 하지만, 이 부분의 본문이 손상을 입었으리라는 가정과 동시에 *BHS*의 비평주에서 제안되고 있는 다른 독법은 불필요한 것으로 보인다. 브라이트(12)는 "들 암나귀"가 본문의 형태를 왜곡시킨다고 생각한다. 하지만 다음의 "주석"을 보라.

24.b. 나프쇼(נפשו)를 케레는 나프샤흐(נַפְשָׁהּ, 여성)로 읽고 있는데, 이는 동사의 주어와 일치시키기 위해서다.

24.c. 칠십인역은 다른 히브리어 본문에 근거하여 "그 굴욕의 때에"로 이독하고 있다(이는 아마도 히브리어로 브우노타흐[בענתה]인 것 같다). 하지만 마소라 본문이 더 우선적이다.

25.a. 케레는 히브리어 가론(גָּרוֹן, "목", "목구멍")을 따라 케팁의 "탈곡장"이 아닌 "목구멍"으로 읽고 있다.

26.a. 칠십인역은 베이트(בית, "집")를 휘오이(υἱοί), 즉 브네이(בני, "[이스라엘]의 아들들")로 번역하고 있다.

28.a. NEB의 난외주는 아림(ערים)을 "피가 뿌려진 제단"으로 번역하고 있는데, 이는 칠십인역의 영향을 그대로 받은 것처럼 보인다. 드라이버(R. Driver, *CML*[1], 142)는 우가릿어 *g'r*을 이렇게 설명하고서, 예레미야 2:28의 아라(ערה)로 추정되는 히브리어와 관련시키고 있다. 그러나 이 번역은 확실히 받아들일 수 없다. 드라이버에 의해 인용된 두 본문 속에서(*CTA* 5.vi.17과 6.i.2에서의 *g'r*) 이 단어는 "피부"로 번역되어야 했다. Gibson, CML2, 155; A.Caquot et al., *Textes Ougaritiques*, I, 250-51; E.W. Nicholson, *Blood-spattered Altars?* VT 27(1977) 113-17를 보라.

28.b. 칠십인역에는 "예루살렘의 거리마다 바알을 섬겼다"가 첨가되어 있다.

양식/구조/배경

청중이 2인칭 여성 단수로 나타나고 있음에도 불구하고 선행 단락(2:14-19)과는 심한 차이를 보이고 있다. 그러나 2인칭 남성 복수의 청중을 가지고 있는 부분이지만 2:4-13과는 많은 정도의 문학적인 연관성을 가지고 있다. (i) 할라크 아하레이(הלך אחרי)라는 표현이 다시금 사용되고 있다(23, 25절 그리고 5, 8절을 보라). (ii) 앞의 구절(6, 8절)에서처럼 아마르(אמר) 다음에 인용된 강화가 나타나는 경우가 많다(20, 23, 25, 28절). (iii) 특정 핵심 단어가 반복 사용된 경우가 있다. 타메(טמא, 7, 23절), 바알(Baal, 8, 23절), 라아(רעה, 13, 27, 28절).

이 부분은 또한 편집적인 재구성 속에서는 앞 구절인 2:14-19과도 연관성을 가지고 있다. 그럼에도 불구하고 이 부분과 2:4-13의 모든 연관성은 원칙적으로는 어근 에베드(עבד)의 사용에 의한 것이다. 앞 단락은 "이스라엘이 종(עבד – 에베드)이냐?"라는 수사적인 질문으로 시작한다. 이 구절은 이스라엘의 입에서 나온 말과는 내조를 이루고 있다. "나는 순복치(אעבד – 에에보드) 아니하리라"(20절).

이 부분의 전체적인 구조는 선지자의 (하나님께서 하신) 응답에 뒤따르는, 이스라엘의 말들이 인용된 것에 의해 지배되고 있다(20, 22, 25, 27절). 이스라엘의 말은 문자적인 인용으로 의도된 것이 아니다. 그들의 행위를 예증하기 위해 선지자의 청중의 입에 담긴 말들이었다(좀더 자세한 것을 위해서는 Overholt, *CBQ* 41[1979] 262-73를 보라). 본래적인 그리고 완전한 형태로서 신탁은 그 메시지를 전달하기 위해 이스라엘에 반대되는 언약적인 고소의 언어를 사용하거나 적용했어야 했다. 그렇지만 이 본문에서는 메시지의 초점이 (2:14-19에서처럼) 언약에 대한 정치적인 파기가 아니라 오히려 종교적인 파기였다. 비판적인 언어를 통해 비옥 종교의 추구는 언약적인 불충실의 행위로 고발되었다. 따라서 이 부분은 이 장의 시작 부분에서 소개된 이스라엘의 언약의 시초를 거슬러 암시하고 있다. 그러나 이제는 가치가 떨어진 처음의 사랑(2:2)과는 대조적인 방식으로 발전되고 있다. 요시야 치하 초기의 한 시절로 생각해 볼 수 있다. 아마도 그의 종교개혁의 초기와 가까운 것으로 보인다.

24-25절에서는 비정상적인 문학적 기교가 사용되었다. 이는 안타나클라시스(antanaclasis)라고 불리는 것으로서 동일한 단어를 다른 의미를 가지고서 반복시키는 것이다. (i) 세레스코(Ceresko, *CBQ* 44[1982] 558-59)는 25절에서 미치므아(מצמאה, "갈함")에 대한 언어유희에 의해 더욱 심하게 강조되었던 24절에서의 마차(מצא, "찾다")와 26절에서의 마차(מצא, "붙잡다")의 사용에서 이 현상을 밝혀냈다. (ii) 26절에서 더 심화된 예가 나타난다는 사실은 가능성이 있다. 보셰트(בשת, "수치", 어원은 보쉬[בוש])는 호비슈(הבישו)와 대조되고 있는데, 호비슈(הבישו)는 "그들이 부끄러워했다"로 번역되어 왔으나 야베쉬(יבש, "시들다")로부터 파생되었을 수도 있는 말이다. 말하자면, 수수께끼 같은 25절과 더 밀접하게 행의 연결을 이루고 있는 것이다. 어찌되었든, 이 구절에서 분명한 것은 시인의 기교가 여러 측면으로 관찰될 수 있다는 것이다.

주석

이 구절은 "나는 순복지 아니하리라"(20c절)는 이스라엘의 선언으로 시작된다. 그러나 여기에는 선행하는 두 행의 적합한 번역과 해석에 있었던 것과 같은 모종의 불분명함이 있다. 대부분의 해석자들은 칠십인역을 따라 "너희가 너희 멍에를 부수고…너희가 너희 사슬을 끊었다…"로 번역한다. 그러나 이러한 번역에서는 이 행들이 이스라엘의 반역을 묘사하게 되는 셈이다. 들소처럼 묶고 있는 멍에를 부숴 버림을 통해 이스라엘은 하나님께로 향한 모든 책임을 벗어 버렸고, 대담하게도 하나님께 순복지 않겠다고 공언하였다. 그러나 본문은 다음과 같이 번역되는 것이 더 그럴듯해 보인다. "나는 너희들의 멍에를 끊었고, 나는 너희들의 족쇄를 흩었다"("원문주해" 20.a를 보라). 이렇게 번역될 경우, 이 구절은 충격적인 대조를 묘사하게 된다. 이스라엘은 애굽에서 "노예"(עבדים – 아바딤)였으나, 하나님은 그의 백성이 언약의 관계 속에서 여호와의 "종들"(עבדים – 아바딤)이 될 수 있도록 노예의 멍에를 부수셨던 것이다. 이러한 해방의 행위 속에서도 감사할 줄 모르는 이스라엘은 여전히 "나는 **순복지**(אעבד – 에에보드) 않겠다"고 선언한다. 그러므로 선지자의 책망의 선언은 반역에 대해서 뿐만 아니라 이러한 반역에 영향을 미치는 뿌리 깊은 망덕에 대한 강조의 의미도 있다.

20절 후반부에서 반역의 본성은 이스라엘의 진정한 신앙을 저버림과 가나안의 신 바알과 결합된 풍요의 종교에 대한 천박한 실행에의 의지라는 말로 표현되고 있다. "높은 산"은 의심할 바 없이 국가 규모의 바알 제단을 위한 전형적인 장소였고, 그 고도는 바알의 천상 처소를 지적하는데, 이 곳에서 땅을 풍요롭게 만드는 비가 내려왔다고 보는 것이다. 그리고 제단은 또한 특별한 "푸른 나무" 아래 위치했어야 했는데, 이 나무는 바알 종교의 중심적인 관심사였던 풍요의 상징이었다. 이러한 국가 제단과 결합된 행위들은 본질적으로 성적이었다. 땅의 풍요는 신들의 풍요에 의존되어 있다고 믿어졌으며, 바알이 여신을 임신케 하는 것에서 가장 강력하게 묘사되었다. 그리고 신들의 풍요는 반대로 모방적인 마술, 곧 숭배자들의 성행위에 의해 영향을 입는다고 믿어졌다. 따라서 풍요 종교의 중심적인 제의 행위는 남성과 여성의 성 결합이었다. 땅에서의 행위가 천기 현상에 영향을 미친다고 믿었기 때문이다. 그래서 예레미야가 "몸을 굽혀 행음하도다"(창녀처럼 몸을 납작 엎드렸다)라고 말할 때, 그는 은유적인 언어를 사용한 것이 아니었던 것이다. 예레미야는 "창녀"라는 용어를 도덕적인 그리고 영적인 관점을 통하여 그 행동을 묘사한 것이지만 이 말은 문자적인 의미였다. 이 행위는 거기에 참가하는 당사자 스스로에게 거룩한 것이었는데, 이 거룩한이라는 의미도 매음 행위일 뿐이었다.

이스라엘의 종교에 대한 타락은 포도나무라는 은유적 용어를 통해 정교하게 표현되고 있다. 이스라엘은 "극상품의 포도나무"로 심겨졌었다. 특별히 예루살렘 동부의 포도 재배 지역에서 자라고 훌륭한 붉은 열매를 생산해내는 소렉 포도(Sorek vine)였다. 순수한 혈통을 지니면서, 이 포도나무는 순수한 수확을 거두어내야 했다. 그러나 본성의 법을 거슬러, 포도나무는 조금씩 일그러지고 뒤틀리기 시작하여 가치 없는 야생 들포도만을 생산해내게 되었다. 예레미야의 은유 사용은 충격적이다. 본래의 긍정적인 의미에서의 은유 사용에서 이스라엘은 애굽에서 취해졌다가 생육하고 번성케 되기 위해(시 80:8-11) 약속의 땅에 심겨진 포도와 같았다. 예레미야는 이러한 은유의 부정적인 측면을 발전시킨다. 순수 혈통의 포도나무는 야생 포도나무가 되었고, 쓸모 없는 열매를 생산하게 된다. 그리고 후에 예루살렘이 파멸된 뒤에는 에스겔이 비유 가운데서 이 주제를 더욱 심화시킨다. 포도나무가 의도된 좋은 열매를 생산하지 못했으므로 그 나무는 땔감 외에는 쓸모 없게 된 것이다(겔 15:1-8).

22절에서는 은유가 더 심화되면서 변화를 겪게 된다. 이제는 위생에 대한 언어가 소개된다. 이스라엘의 죄는 풍요 종교를 실행함으로써 깊게 생긴 녹과 같이 되었다. 깊게 패인 외견이 연상시키는 것은 완전히 씻겨질 수 없다는 것이다. 제 아무리 놀라운 효과의 세제를 지속적으로 사용한다고 할지라도 이 흔적은 말끔히 지워질 수 없는 것이다. 혹은 이 은유는 신체에 오물이 될 수도 있다. 이 오물은 아무리 세게 문질러 댄다 해도 지워질 수 없는 것이다. 그러나 죄의 녹에 대한 강조는 하나님의 관점에서는 분명한 것이다.

다시 한 번 법정에 선 것처럼 이스라엘의 결백에 대한 항소는 23절에서의 인용문에 드러나고 있다. "나는 더럽히지 아니하였다. 바알들을 좇지 아니하였다." 이 언어는 앞서의 은유로부터 직접적으로 흘러나오고 있다. 누구에게나 그 깊게 박힌 오물을 보이게 된 사람이 위선적으로 공언한다. "나는 더럽히지 아니하였다." 자신을 위해 높은 산의 제단과 삼림의 집을 두 번째 가정으로 만들어 놓은 사람(20절)이 공언한다. "나는 바알들을 좇지 아니하였다." 바알들(Baals)이라는 단어는 복수로 사용되었다(8절에서 단수로 사용된 것과 대조적이다). 이것은 여러 신들을 의미하는 것이 아니라, 풍요의 신 바알에게 봉헌된 국가 제단이 여러 개였음을 의미한다.

이스라엘의 공언이 미련하고 위선적인 것은 23c-24절에서 좀더 심화되어 설명되고 있다. 확실하지는 않더라도 가능한 것은 "골짜기"(23절)라는 말이 예루살렘 남서쪽의 벤-힌논(ben-Hinnon) 골짜기를 의미하는 것으로, 이 곳에서 이교 제의가 이루어졌다는 것이다. 거기서는 이방 신들에게 이교적 제의가 수행되었다(왕하 23:10). 따라서 여기서 유아 희생에 대한 암시가 가능하다(Soggin, *OrAnt* 8[1969] 215-17 참조). 그러나 더 가능성 있는 것은 이 골짜기가 이 절의 후반부에 나타나고 있는 어린 약대에 관한 은유의 일부분으로서 더 보편적인 의미를 의도한 것이라는 점이다.

베일리(Bailey)와 할러데이가 분명하게 입증한 것처럼(*VT* 18[1968] 256-60), 약대의 은유는 신뢰할 수 없음을 묘사하고 있다. 마찬가지로, 들나귀는 욕구로 가득한 열정을 묘사하고 있다. 약대 은유는 어린 짐승에게 초점을 맞추고 있는데, 이는 민첩성과 사나움을 특성으로 가지고 있으며, 예측할 수 없고 전적으로 신뢰할 수 없다는 성격을 보여 준다. 이 놈은 한쪽 방향으로 진행하다가 분명한 어떤 규칙이나 이유도 없이 골짜기 바닥의 모래 위에다 이리저리 발자국을 남겨놓는다. 어린 약대는 지속적으로 빠른 움직임을 보인다. 그러나 어디로 간 것은 아니었다. 이스라엘도 역시 그 예측할 수 없는 움직임과 행동 속에서 방향이나 목적을 가지고 있지 않았다.

그러나 들나귀 은유는 이스라엘의 행위가 가진 심화된 차원을 보여 준다. 거친 언어로 표현되면서도 풍요 종교를 향한 굴복 속에서 그 어리석은 성격을 생생하게 보여 준다. 암나귀는 달아올라서 숫놈을 찾기에 필사적으로 변한다. 숫나귀를 찾는데 코를 먼지에 문질러대고, 바람에 코를 대고 킁킁거린다. 그러고 나서 이 암놈은 그 집요하고 동물적인 열정을 채울 짝을 찾기 위해 돌진한다. 이스라엘 역시 이렇게 음탕한 열정의 노예가 되어 호색적인 욕망을 채우려는 그러한 추구에 휩쓸리게 된다. 이것은 지루한 장면이 되고 있는데, 특히 달아오른 야생 나귀의 미쳐 버린 행동을 너무도 자주 접했던 사람에게는 더욱 그렇다. 하지만 이것은 이스라엘의 잘못된 종교성의 동물적인 본성을 너무도 강력하게 밝혀내고 있다. 이스라엘 종교의 동물적 본성은 선지자의 설교 가운데서 그토록 노골적으로 입증된 것들이다.

25절의 인용문에서 이스라엘의 언어는 고발된 자의 자기 이해에 대한 다른 관점을 제시해 주고 있다. 잘못된 것이기는 하지만(23절), 어느 정도의 결백이 선언되기 전인데도 불구하고, 지금 복종의 기분이 감돌고 있는 것이다. "아니라 이는 헛된 말이라 내가 이방 신을 사랑하였은즉 그를 따라가겠노라." 사랑받는 이방 신은 의심할 바 없이 나산의 신들로서 그 가증스런 제의는 그토록 이상스런 매력을 지니고 있었다. 마치 중독된 사람처럼, 하지만 이러한 중독성에 대한 자각 증세를 지닌 채로 이스라엘은 그 길의 어리석음에 복종하는 모습으로 묘사되는 것이다. 그러나 이러한 복종이 너무도 쉽게 이스라엘을 사로잡지 못하도록 선지자는 그 어리석음의 중요성을 밝혀 주고 있다.

이스라엘의 지도자들(왕과 방백들, 제사장과 선지자들, 26절, 2:8 참조)은 이스라엘에 수치심을 안겨주고 있다. 마치 좀도둑처럼 어둠을 사랑하며 발견이라는 빛에 사로잡혀 수치로 가득 차 있다. 이렇듯 이스라엘 민족 지도자들의 사악한 행동의 발견과 계시도 전체 이스라엘에 치욕과 수치심을 안겨주고 있다. 선지자의 언어 사용은 그들의 수치스런 행동에 대한 어리석음을 뚜렷하게 그려내고 있다. 무슨 어리석음으로 석상 조각에다 대고 말하겠는가! 다산의 신의 형상에다 "당신이 내게 출생을 허락하였다"라고 말하는가 하면, 목상 조각에 대고 "당신이 내 아버지로다!"라고 말하고 있다. 아직도 다산 제의의 돌 기둥과 목각 막대기는 정확히 출생과 부성의 상징이었다. 그것들은 남근의 상징으로 다산 종교에서 중심적인 존재로 여겨지는 창조력을 표현하고 있었다. 그러나 예레미야는 그의 조롱 섞인 질문 속에서 이러한 힘의 상징이 미약한 것임을 전해 주고 있다. 고통의 시간이 다가올 때 돌로 만들어진 입상과 배부른 나무 기둥에 대고 기도하는 것은 아무런 소용도 없는 짓이 된다. 그것들은 아무런 도움도 되지 않는다. 그것들의 상징성에도 불구하고, 그것들은 아무런 실제적인 생명력이 없기 때문이다. 이스라엘은 그 도시만큼이나 다양한 신들을 가지고 있었다. 하지만 모든 새로운 신들 때문에 이스라엘은 더 강해지지를 못하고 오히려 더 약해지기만 했다. 진정한 힘이 한 분 살아 계신 하나님께만 있고, 그토록 수많은 나무와 돌로 상징된 신성 속에 있지 않았기 때문이다.

해설

이어지는 2:33-37에 대한 "해설"을 보라.

이스라엘의 반역(2:29-32)

참고문헌

Bergman, J., Ringgren, H., and **Tsevat, T.** "B^{e}thulah." *TDOT* II(1975) 338-43. **Hoffmann, Y.** "Jeremiah 2:30." *ZAW* 89(1977) 418-20. **Kahler, L.** "Jeremiah 2:31." *ZAW* 44(1926) 62. **Loewenclau, I. von.** "Zu Jeremia ii 30." *VT* 16(1966) 117-23.

본 문

29 나 여호와가 말하노라 너희가 나와 다툼은 어찌이뇨 너희가 다 내게 범과하였느니라

29 "Why do you contend against me? Every one of you has rebelled against me."[a] 3+3 The Lord's oracle.

30 내가 너희 자녀를 때림도 무익함은 그들도 징책을 받지 아니함이라 너희 칼이 사나운 사자같이 너희 선지자들을 삼켰느니라

30 "I have stricken your sons to no avail; 3+3 they have not accepted correction.[a] Your sword has devoured your prophets 3+2 as would a rampaging lion.[b]

31 너희 이 세대여 여호와의 말을 들어 보라 내가 이스라엘에게 광야가 되었었느냐 흑암한 땅이 되었었느냐 무슨 연고로 내 백성이 말하기를 우리는 놓였으니 다시 주께로 가지 않겠다 하느냐

31 (You are the generation! Observe the Lord's word.)[a] 2+3 Have I become a wilderness to Israel, 3+3 or a land of total darkness? Why do my people say: 'We have taken control![b] 3+3 We will no longer come to you.'

32 처녀가 어찌 그 패물을 잊겠느냐 신부가 어찌 그 고운 옷을 잊겠느냐 오직 내 백성은 나를 잊었나니 그 날 수는 계수할 수 없거늘

32 Does a young woman[a] forget her jewelry, 3+2 a bride her sashes? But my people have forgotten me 2+2 for days beyond counting."

원문주해

29.a. 칠십인역은 더 긴 행을 가지고 있다. "너희가 나와 다툼은(마소라 본문의 타리부[תריבו] 대신에 트다브루[תדברו]가 함의되고 있다) 어찜이뇨? 너희가 다 불신앙하며 내게 범과하였느니라."

30.a. 수많은 사람들이 30절 초반부의 본문을 교정하려고 시도해 왔다. *BHS*의 비평주와 Hoffmann, *ZAW* 89(1977) 418-20의 제안을 보라. 아직도 이 구절의 문제는 본문의 해석(아래를 보라)에 달려 있다. 그리고 본문의 무결성을 의심해 볼 만한 정당한 이유가 발견되지 않는다. 그러므로 번역에 있어서 마소라 본문을 수정하지 않은 내용이 반영된다.

30.b. 칠십인역은 "그러나 너희는 두려워하지 않았다"를 첨가하고 있다.

31.a. 이 행은 편집상의 첨가를 보여 준다. 시적인 구조에다 첨가한 흔적이 분명히 보이며, 이는 30절로 역행하여 영향을 미칠 수도 있는데, 이 구절의 의미를 예레미야 본문의 후대 독자에게 적용시키려는 의도에서 이루어진 것으로 보인다. 칠십인역은 분명하게 다른 본문을 가졌으며 다음과 같이 이독하고 있다. "주의 말씀을 들으라. 주께서 말씀하시기를…."

31.b. 라드누(רדנו)는 라다(רדה, "다스리다", "통치하다", "통제하다")에서 유래한 것으로 이해된다. 그러나 이와는 다르게 본문은 마라드누(מָרַדְנוּ, "우리가 반역했다")로 읽혀져야 한다(중자탈락으로 추정해서).

32.a. 본문의 맥락에서 브툴라(בתולה)를 "처녀"보다는 "젊은 여인"으로 번역한 것은 적절한 것으로 보인다. *TDOT* 2 (1975) 338-43를 보라.

양식/구조/배경

2:4-13에서처럼 이 구절에서도 다시금 2인칭 남성 복수 접미가 사용되고 있는데, 두 단락이 함께 원본에 속한 것으로 보인다. 전 단락에서 여호와는 이스라엘과 "논쟁"(ריב – 리브)하려는 그의 의도를 표명하셨다(2:9). 이 본문에서는 이스라엘이 왜 하나님과 "논쟁하는가"와 같은 질문이 제기된다(2:29). 두 단락 사이의 깊은 관련성은 "광야"(מדבר – 미드바르)라는 단어의 사용에서 발견될 수 있다. 전 단락에서 백성은 하나님이 "광야"를 거쳐 어떻게 인도하셨는지를 기억했다(2:6). 반면에, 이제 하나님은 자신이 백성에게 "광야"가 되었던 것인지를 묻고 계신다(2:31). 요약해서 말하자면, 두 단락은 모두가 원래는 단일한 신탁에 속해 있었을 가능성이 있다. 원 신탁이 남은 두 본문을 합친 것보다는 더 컸겠지만 말이다. (신탁의 원래 모습에 대한 더 자세한 정보를 위해서는 2:4-13에서의 논의를 보라).

주석

"너희가 어찌하여 나와 논쟁하느냐?"(29절) "논쟁하다"(ריב – 리브)라는 동사의 사용은 이스라엘이 그 어리석음으로 인하여 언약 관계에서의 실패 때문에 하나님께 대항하는 소송을 원했다는 사실을 지적한다. 아마도 (선지자가 그 위치를 다시 표현하는 한) 이스라엘은 최선의 방어는 공격이라는 원칙에 근거하여 일을 수행하고 있었던 것으로 보인다. 하나님이 송사를 가져오려 했던 의도를 표명하셨을 때(2:9), 이스라엘은 항의의 의사를 가져왔던 것이다. 그러나 이렇듯 진행되는 행동은 어리석은 것이었다. 언약 관계의 중심이 되는 근간이 순종이었으나, 모든 이스라엘의 행동의 본질은 반항이었기 때문이다(29b절).

"내가 너희 자녀들을 때렸다"(30절)라는 말들의 정확한 의미는 불확실하게 남겨져 있다. 일반적인 근거로는 하나님의 징계 혹은 징벌의 행위임이 분명하다. 그럼에도 불구하고, 이는 백성을 그 반역적인 길로부터 돌이키지 못했다. "아들들"이라는 말은 아마도 문자적으로 이해되어서는 안 될 것이다. 일반적인 의미는 이스라엘 "백성"이다. 그럼에도 불구하고 아들들의 고통은 세대와 세대를 이어가는 하나님의 심판을 함축할 수 있다(신 5:9; 28:59 참조). 따라서 여기서 지시하는 것은 하나님의 징벌의 행위, 항상 이스라엘의 역사를 통해 그 백성을 그들의 진정한 신앙으로 되돌아오게 만들려는 의도가 담긴 징벌이다.

30a-b절에 대한 이러한 보편적인 해석을 놓고 보면, 30c-d절도 역시 보편적인 용어로 해석되어야 할 것으로 여겨진다. 하지만 이 절을 진정한 선지자들에 대항한 특별한 행동에 관한 구절로 해석할 가능성이 있다(26:20-23 참조). 보편적인 용어로 해석되면서, 이 절은 2:8과 대조를 형성하고 있다. 2:8에서는 바알의 거짓 선지자들이 확실히 자유롭게 예언을 행했다. 이와는 대조적으로, 진리의 선지자들은 하나님의 말씀을 전하면서 때때로 그들의 노력으로 인해 살해당하기도 했다(이는 예레미야도 그의 사역 후기에 거의 겪을 뻔한 일이었다).

"사나운 사자"(30절)가 지시하는 것은 아마도 단순하고 효과적인 직유(simile)로 이해될 수 있을 것이다. 반대로, 직유는 칼날 끝에 짐승의 머리 조각을 하는 고대의 관습을 암시할 수도 있다. 칼날은 반대로 야수의 탐식하는 혀로 이해된다(Thompson, 183).

31절 초반에 괄호로 묶여진 주석은 편집자의 추가일 수 있다(31.a.의 각주를 보라). 그것의 목적은, 부분적으로는 예레미야의 원본 설교의 메시지를 이 설교의 후세대 독자들에게 적용하려는 것으로 보인다. 그러나 덧붙여서 말하자면, 이렇듯 주석을 삽입시키게 된 최초의 동기는 30a절의 "아들들"이라는 말의 정체를 알 수가 없다는 사실 때문일 수도 있다(위를 보라). 아마도 편집자의 의도는 "아들들"이 다름 아닌 후세대라는 것과, 따라서 이 구절의 독자는 메시지의 함의에 특별한 주의를 기울여야 한다는 사실을 암시하는 일이었을 것이다.

수사적인 질문의 형식에 드러난 하나님의 진술(31b절에서 "내가 광야가 되었었느냐?")은 2:6과 고의적인 대조를 이루고 있다. 이스라엘의 논쟁 대상이 되시는 여호와께서는 광야와 흑암의 땅을 가로질러 그들을 인도하셨던 바로 그분이었다. 이제 그들은 그분을 구원이나 빛을 조금도 허락지 않는 "광야"와 "흑암한 땅"이었던 것처럼 대하고 있는 것이다. 대조는 백성으로부터 인용되는 말들로 인해 더욱 생생하게 전해지고 있다. "우리가 통제권을 가졌다." 광야 여행 중에 백성은 하나님을 안내자로서, 음식과 물의 공급자로서 의지했다. 이제 그들은 오만한 자족감에 차서 자신들이 하나님 없이 가능해졌다고 생각하여 그를 위대한 제공자로 여기지 않고 불모의 버려진 당이었던 것처럼 대한다.

이스라엘의 어리석음과 부조화되는 것이 32절에 묘사되고 있다. "젊은 여인"(아마도 결혼을 준비하는 여인인 듯하다)은 그녀의 보석을 잊어서는 안 되며, "신부"는 그녀의 결혼식 날 결혼 예복의 장식을 잊어서도 안 된다. 여전히 이스라엘은 기억할 수 있는 것보다 더 오랫 동안 하나님을 잊어 왔다. 절 초반의 은유는 예레미야 2장 초두의 언어를 암시하고 있다. "네 약혼 때의 사랑"(2절). 이 사랑은 오래도록 지속되어 영속적인 언약 관계의 각인이 되어야 했다. 사랑과 헌신은 오만과 불손과 자기만족의 오만한 감정으로 대체되었다. 이러한 것이 이스라엘의 반역이었다.

해설

2:33-37 다음에 나오는 "해설"을 보라.

사악한 길(2:33-37)

참고문헌

Fishbane, M. A. "Revelation and Tradition." *JBL* 99(1980) 351-52. **Holladay, W. L.** "Jeremiah II 34b." *VT* 25(1975) 221-25. **Soggin, J. A.** "Einige Bemerkungen über Jeremia ii 34." *VT* 8(1958) 433-35. **Srobel, A.** "Jeremia 2, 34 im Rahmen des Gedichtes 2, 29-37." In *Kirche und Bibel.* FS E. Shick. Paderborn: Schoningh, 1979. 449-58.

본 문

33 네가 어찌 사랑을 얻으려고 네 행위를 아름답게 꾸미느냐 그러므로 네 행위를 악한 여자들에게까지 가르쳤으며
34 또 네 옷단에 죄 없는 가난한 자를 죽인 피가 묻었나니 그들이 담 구멍을 뚫음을 인함이 아니라 오직 이 모든 일로 너를 책망함을 인함이니라

35 그러나 너는 말하기를 나는 무죄하니 그 진노가 참으로 내게서 떠났다 하거니와 보라 네 말이 나는 죄를 범치 아니하였다 함을 인하여 내가 너를 심판하리라
36 네가 어찌하여 네 길을 바꾸어 부지런히 돌아다니느뇨 네가 앗수르로 인하여 수치를 당함같이 애굽으로 인하여 수치를 당할 것이라
37 네가 두 손으로 네 머리를 싸고 거기서도 나가리니 이는 네가 의지하는 자들을 나 여호와가 버렸으므로 네가 그들을 인하여 형통치 못할 것임이니라

33 "How carefully you planned your way 2+2 of seeking love, so that even to the wicked women 2?+2 you have taught[a] your ways.
34 There was even found[a] on the hems of your robes[b] 3+3+2 the lifeblood of the innocent poor, not caught in an act of crime.[c] But in addition to all these things,[d] 3+3+3
35 still you said: 'I am innocent! surely his anger has turned from me.' I will certainly contend with you on that point, given your statement: 'I have not sinned.' 3+3
36 Why do you take so very lightly[a] 2+2 the changing of your way? You shall be disappointed even by Egypt, 3?+3 just as you were by Assyria
37 You will only get out of this 3?+3 with your hands upon your head, for the Lord has rejected those whom you trusted, 3+3 so that you will find no success with their help."[a]

원문주해

33.a. 동사는 1인칭 단수로 기록되어 "내가 가르쳤다"를 의미한다. 그러나 (케레를 따르자면) 앞서의 경우처럼 2인칭 단수 "너"로 번역되어야 할 것이다.

34.a. 동사의 복수형은 막연하게 번역된다. 기대되는 주어는 "피"인데, 이것은 문법적으로는 단수가 된다.

34.b. 크나피크(כנפיך, "단", "자락"). 칠십인역은 히브리어 카피크(כפיך)를 함축하면서 "네 손 안에"로 번역하고 있다. 이것도 가능성이 있는 독법이기는 하지만 마소라 본문이 더 정확해 보인다.

34.c. 마흐테레트(מחתרת)는 직역하자면 "강도", "주거 침입"이다(출 22:1을 히브리어로 보라).

34.d. 이 행은 다소 난해하다. 수많은 수정과 모음 교정이 이루어져 왔다. 자세한 내용을 위해서는 Holladay, *VT* 25(1975) 221-25를 보라. 할러데이는 자음을 재분할하고서 모음을 다시 기입하기를 제안한다. 그가 정리한 본문은 다음과 같다. 키 울렉크 르알라(לאָלָה כִּי עֻלֵּךְ, "참으로 너의 멍에는 증오로 변하였다"). 이것도 가능하다. 하지만 맥락 안에서는 설득력이 없다. 칠십인역도 분명히 이 행이 어려운 부분임을 알고 있었다. 그래서 엘레(אֵלֶּה)를 엘라(אֵלָה, "상수리나무")로 이해했던 것이다. 그러나 이것도 불가능한 경우다. 위의 번역 시도는 있는 그대로의 행에서 어떤 의미를 만들어 내려는 시도가 될 수밖에 없다. 하지만 이러한 시도는 전혀 불가능한 일이다. 그리고 뒤따르는 와우 접속법(35절에 있음)이 이러한 구문에 이어서 나타난다는 것도 가능성이 없어 보이는 형태다. 브라이트(13)는 단순히 이 행은 번역될 수 없는 것이며, 번역하지 않는 것이 차라리 가장 현명한 처리 방법일 것이라고 주장한다.

36.a. 이 동사는 잘랄(זלל II, "가벼이 여기다")의 미완료형으로 이해된다. 그럴 수밖에 없는 점은 (AV에 나타난 바와 같이) 아잘(אזל)로 가정하는 경우 너무도 불완전한 형태로 기록되어 있기 때문이다. 칠십인역을 좀더 자세히 관찰해 보는 것이 좋으며, L. H. Brockington, *The Hebrew Text of the Old Testament*, 199를 보라.

37.a. 마소라 본문에는 라헴(להם, "그들에게")이라고 되어 있다. 그러나 어떤 히브리어 사본(de Rossi, III, 67)은 바헴(בהם, "그들의 도움을 힘입어"로 번역됨)으로 읽어내는데, 시리아역도 이를 지지하고 있다.

양식/구조/배경

전체 장의 구조물 속에 삽입된 이 신탁 부분은 2:20-28(좀더 정확히는 23-26절)과 밀접한 문학적 연관성을 가지고 있다. 아마도 편집 이전 단계에 이미 이 부분에 속해 있었던 것으로 보인다. 두 본문은 모두 그 수신자를 2인칭 여성 단수로 두고 있는 강화이지만, 두 본문 간의 더 두드러지는 연관성은 다음의 내용으로 관찰될 수 있다. (i) 2:33-37에서의 중심어는 데레크(דרך, "길," 33절[두 번]과 36절에서 사용)이다. 그런데 23절에서도 이 단어를 두 번이나 사용하고 있다. (ii) 중심 주제는 "사랑"(אהבה – 아하바)에 관한 것이다. 25절과 33절을 보라. (iii) 바카쉬(בקשׁ, "찾다")라는 단어는 두 단락 모두에 사용되었다(24절, 33절을 보라). (iv) 마차(מצא, "발견하다")라는 단어는 34절에 두 번 사용되었는데, 앞서 24절과 26절에 사용된 용례에 대한 반향을 이루고 있다. (v) 보쉬(בוש, "실망시키다. 망신시키다")라는 어근은 36절에서 두 번 사용되고 있으며, 26절에서 두 번이나 사용된 경우의 반향이다. 그러므로 원래 29-32절의 편집상의 삽입 전 단계에 이미 33-37절은 28절 바로 다음에 이어지는 부분이었다는 것을 가정할 수 있다. (전체 구절의 가능한 정황에 대해서는 2:20-28 부분에 대한 "양식/구조/배경"을 보라.)

주석

이 민족에 대한 고발은 계속해서 그 "사랑"을 추구하는 것에 대한 통렬한 비난으로 이어진다(33절). 다시금 이 장의 초반(2:2)에 등장했던 "사랑"이라는 단어를 통한 대조가 이루어지고 있다. 2:2에서 이 단어는 이스라엘의 하나님을 향한 "약혼 시절"의 첫사랑을 묘사하는 데 사용되었다. 언약 관계 초기의 나날들의 순수한 감정은 음탕한 열정, 즉 이 민족의 바알의 풍요 종교에 대한 신앙과 종교 행위에서 표현되는 사랑의 근본적인 형태에 관한 헌신적인 추구로 변화되었다. 이스라엘의 사랑에 대한 잘못 지시된 삶의 계획은 그토록 지리멸렬한 것이어서, 선지자의 비꼬는 투의 언어 속에서 그 행동은 비천한 창녀("악한 여자들", 33절)에게 몇 가지 잔재주나 가르칠 수 있는 것일 뿐이었다. 그러나 그 고발의 힘은 또한 그 시작하는 표현 "어찌하여"라는 말로 강조되고 있다. 이스라엘의 충실함은 일시적인 실수가 아니었다. 이 백성은 스스로를 새로운 "길"로 의식적으로 헌신시키고 그에 대해 전문가가 되었다.

영성에서의 타락과 잘못된 사랑의 추구는 필연적으로 도덕적인 결과를 낳게 되었다. 첫째로 새로운 종교의 비도덕적인 종교 행위가 생겨났고, 이로부터 다른 모든 것들이 이를 따르게 되었다. 새로운 종류의 사랑에 대한 추구는 언약 관계에 속한 옛사랑만이 아니라 첫사랑이 그 발현의 근거로 삼았던 언약 관계의 율법마저도 포기하는 것을 의미했다. 따라서 새로운 종류의 사랑에 헌신하는 저들은 쉽게 그들의 옷에 결백한 피를 묻힌 채 발견되었다(34절). "죄 없는 가난한 사람들"을 위한 언약적 관심은 더 이상 풍요에 대한 사랑과 관련된 새로운 윤리에는 속할 수 없게 되었다. 가난한 자들은 개인적인 이익을 위해 착취될 수 있었다. 그들의 생명은 아무런 중요성도 가지질 못했다. 옛 언약의 율법 아래서는 가택침입 중에 붙잡힌 강도는 자기방어 때문에 집주인에 의해 살해될 수 있었다(출 22:2-3, EVV). 그러나 죽음이 일어날 가능성이 있는 이러한 통제된 상황은 이제 새로운 윤리 아래서는 더 이상 잔존할 수 없게 되었다. 옷에 묻게 되는 피는 죄 없는 자의 것이다. 그는 어떠한 죄악된 행위도 저지르지 않았다.

이러한 일괄적인 신앙의 전환과 그에 수반하는 도덕적인 타락에도 불구하고, 여전히 이 민족은 "나는 무죄하니"(35절)라고 요구할 수 있는 뻔뻔스러움을 가지고 있었다. 이 언어는 전체 장의 법적 (송사) 어조를 지속시키고 있다. 그렇지 않다는 것을 현시하고 있는 모든 증거에도 불구하고, 이 민족은 여전히 그 결백을 주장하고 있다. 죄를 지은 편에서의 무지의 깊이는 다음의 말들 속에 강조되면서 나타나고 있다. "그 진노가 참으로 내게서 떠났다." 많은 사람들은 정색을 하고서 "무죄요"라고 선언했던 법정에 선 죄인들이다. 그들은 자신들의 죄과에 대해서는 아주 잘 알고 있으나, 그럼에도 불구하고 유죄의 판결을 피할 방법만을 찾고 있다. 과거에는 진정한 믿음이 남아 있었으나 새로운 믿음이 그토록 뜨겁게 선택되었는데, 결국 양심의 목소리가 완전히 죽어 버렸고, 죄시은 무리는 어떤 일도 일어나지 않을 것이라고 믿고 있었다. 또한 그토록 순진하고 무지한 희망이 돌연 깨어나게 된 것이다. "그 점에 대해 나는 분명히 너와 논쟁할 것이다"(35절). 이 언어는 다시금 법적인 논쟁에 초점을 맞춘 것이다. 하나님은 초면에 쉽게 "나는 무죄하니"라는 진술에 긍정하지는 않으실 것이다. 오히려 이러한 언명의 충분한 잘못을 반박케 만드실 것이다.

부분적으로 반박은 36절에 포함되어 있다. "나는 무죄하니"라는 진술 바로 다음에 이스라엘의 행위가 제시되고 있는 것으로 미루어, 이 민족이 과거의 언약을 이행함에 대해 심각하게 고려하지 않았음이 분명하다. 따라서 언약의 길을 포기하고 풍요신앙의 길을 추구함으로써, 이 백성은 이 문제가 별로 심각한 결과를 초래하지 않는 것으로 여겼던 것이다. 그러나 이내 그 길의 어리석음이 증거되었다. 이스라엘이 의존했던 이방 동맹국들과 패권국들은 그들에게 실망만을 안겨줄 뿐이었다. 이방 국가와의 조약들은 하나님과의 언약처럼 조약의 상대자들에 대한 의무를 다루고 있다. 그러나 여전히 이스라엘은 그 언약적 의무에 있어서 불충실했고, 그래서 이스라엘이 계약 관계를 맺고 있는 저 이방인들도 불충실할 수 있음을 발견하게 되는 것이다. 그들이 과거에 앗수르에게 실망했듯이, 그들 자신도 애굽과의 미래의 어느 의무 관계 속에서 실망하게 될 수도 있었던 것이다. 이러한 국제적인 관심사가 특정 상황을 암시하는지는 확실하게 결정될 수 없다. 이 단어들이 대략 주전 605년을 반영한다는 사실이 제시될 수 있는데, 이 시기에 앗수르가 권력을 잃었고, 애굽은 유다의 정치적인 지평에 중요한 권력이었다. 그러나 동일하게 그 신탁이 예레미야의 사역 초기로부터 나온 것이었다면, 이 말들은 단순히 동요로 나아가는 민족의 전형적인 경향을 반영할 수 있다. 그래서 한때는 앗수르로, 또 한때는 애굽으로 흔들리게 되는 것이다. 그리고 역설적으로 이방 동맹으로부터의 쇠퇴는 하나님과의 언약 관계에서 이스라엘의 실패와는 원칙적으로 아무런 차이가 없는 조약의 침해가 될 것이다.

37절은 불확실한 의미를 가진 표현을 사용하고 있다. "네 손들을 네 머리 위에 두고." 톰슨(Thompson, 186)은 이 말들이 사무엘하 13:19에 드러나고 있는 슬픔의 표식을 암시한다고 본다. 비블로스의 아하림 왕의 말안장은 슬픔의 춤을 추고 있는 여인들의 모습을 그리고 있는데, 그들의 손은 머리 위에 놓여 있었다(J. Gray, *The Canaanites*[New York: Praeger, 1964] pl. 57 그리고 p. 255 참조). 그러나 동일하게 이 말들은 애굽을 향해 원조를 요청하고 있는 이 민족이 도움을 얻지 못하고 포로 신세가 되었다는 것을 암시할 수도 있다. 애굽의 부조는 전쟁을 묘사하고 있다. 애굽의 적들은 자주 손을 그 머리에 얹고 있는 모습으로 그려진다. 그들은 전쟁의 포로(이 경우 손이 묶인 채로 머리 위에 놓여진다)이거나, 살해당하기 직전의 모습이어서 자기를 방어하기 위한 자세로 손을 위에 두고 있는 모습일 경우도 있다. 머리 위로 손이 묶인 채로 있는 죄수들의 그림은 제5왕조 시기에 석회암 부조로 그려진 것으로 여겨진다. 손을 그저 위로 뻗고 있는 사람들은 아마도 살해 직전의 모습인 것으로 보이는데, 투트모시스 3세 시기(제18왕조)의 아몬(Amon) 성전에 그려진 그 유명한 카르낙(Karnak) 부조로 이해될 수 있다. 좀더 자세한 것을 위해서는 K. Michalowski, *Art of Ancient Egypt*(New York: Abrams, n.d.), 367(pl. 235)와 387(pl. 363)를 보라. 애굽의 원조는 다른 말로 하자면 속박과 죽음으로 귀결되었다. 그러나 하나님과의 언약은 거절된 것이긴 하지만 자유와 생명의 언약이었다. 진정한 언약이 거부되었을 때, 이것 외에는 어떠한 다른 성공의 소망도 불가능했다.

해설(2:1-37)

2-6장에서의 예레미야의 말들의 문학적인 형식은 우선 이스라엘의 죄악에 대한 고발을 보여 주며, 뒤이어 회개에 대한 요청(3:1-4:4)과 종결적인 심판의 선언(4:5-6:30)을 보여 준다. 이러한 커다란 관점의 인식으로부터 2장에서의 선지자의 메시지는 단지 부분적인 메시지에 지나지 않았다는 사실이 인지된다. 말하자면, 그는 회개의 초청을 하기 전에 먼저 그의 백성에게 돌아올 것을 요청하는 이유가 되는 악이 실재하고 있음을 모든 의심을 무릅쓰고 확신시켜야 했다. 그러므로 2장은 악의 해부학을 담고 있다. 과거와 현재의 죄에 대한 증거를 제공하는 것이었다. 하지만 그 목적은 단순히 실패의 기록을 제공하자는 데 있었던 것이 아니라, 어느 정도는 청중과 독자를 자극하여 회개의 필요성을 인식하는 단계로 나아가게 만들려는 의도를 가지

고 있는 것이었다. 오직 현재의 사악함에 대한 완전한 형태의 인식이 있어야만 전적이고 진심에서 우러나오는 회개가 가능한 것이다.

악의 고발이 이루어지는 관점은 언약이다. "언약"이라는 말이 사용되지 않았지만, 이 장에는 언약의 언어와 이스라엘과 하나님 사이의 이러한 근본적인 관계성에 대한 암시가 산재해 있다. 언약에 있어서 이스라엘의 실패는 두 가지 서로 다르지만 관련된 관점 속에서 입증되고 있는데, 각각은 장 전체를 통해 서로 교차되면서 전체를 하나의 조밀한 직물로 만들어 내고 있다. 하나의 관점은 종교적인 배교의 관점이다. 이스라엘은 한 언약의 하나님에 대한 배타적인 신앙을 저버렸다. 그리고 바알의 다산 제의의 혼합주의적인 유행에 가담해 버렸다. 두 번째로 다른 또 하나의 관점은 정치적, 국제적인 관점이다. 여호와의 단일한 종주권에 대한 인식 대신에, 이 민족은 이방 세력이면서 동시에 이교 세력인 앗수르와 애굽에 대한 의존 사이에서 동요되고 있었다.

이 두 관점은 서로 다른 방식으로 발전해 가고 있다. 그래도 분명한 것은 이스라엘 전체 역사 속에서의 근본적인 실패는 관계성 속에서의 실패라는 점이다. 여기서 날카로운 통찰력을 통해 분석되고 있는 악은 하나님과의 본질적인 관계성의 부족에서 발생하는 악이다. 종교적으로 가장 중요한 신뢰의 관계는 깨어졌고, 그러한 간음의 언어는 백성의 불신앙에 대한 선지자의 묘사 속에서 사용되고 있다. 민족적으로 이 독립된 국가는 그 신뢰를 잃고 돌이켜 이방 세력에 도움을 요청했고, 그러한 국제관계의 용어들이 민족적인 실패를 묘사하는 데 사용되고 있는 것이다.

이러한 관점들을 모두 묶어 주고 있는 것은 언약의 개념이다. 이스라엘은 언약으로 하나님과 연합하게 되었다. 그러나 그 모든 언약적 책임에서 실패하고 말았다. 이러한 실패는 나아가 잘못된 언약으로 그들을 이끌었는데, 그것은 바알의 다산 신앙에 대한 언약이었다. 이것은 진정한 신앙에 대한 간음으로 묘사되고 있다. 또한 이것은 진정한 신앙의 민족적인 거부와 동등한 것으로 이해되고 있는, 이방 민족과의 조약(이것도 히브리어로는 언약과 동일한 단어로 표현된다)으로 이끌고 있다.

이 장의 언어가 경우에 따라서는 심판에 대한 기대로 인해 중지되고 있지만, 선지자의 심중에서 가장 중요한 일은 관계성에서의 실패였다. 그리고 관계성에서 실패한 민족은 재판에 회부되었고, 그 신앙에 관한 반대 심문을 감수해야만 했다. 민족의 반응은 선지자의 설교 속에서 수사적으로 표현되고 있는데, 보고 듣기 위해 이 재판정에 참석한 가상의 구성원들에게 그 죄악상을 보여 주기에 충분했다. 그들은 한편으로는 실패의 부인과 결백에 대해 주장하는 항의를 하기도 하고, 또 다른 한편으로는 죄를 용인하고서 자족감에 거만하고 오만하게 확신에 찬 태도를 보이기도 하면서 이리저리 교차적으로 이루어졌다. 의심할 바 없이 이렇듯 재판정의 용어를 사용하는 선지자의 기술은 통찰력과 가치 인식을 생산해 낼 만한 것이었다. 그들이 단순히 고집을 부리고 있었다면 회개하기가 쉬웠을 것이다. 왜냐하면 진정한 회개는 오로지 관계성 속에서의 근본적인 실패의 본성과 그 한계에 대한 인식 위에서만 이루어지는 것이기 때문이다.

이러한 배경적인 시각의 도움을 힘입어, 우리는 선지자의 초기 설교로부터 이러한 주제들의 결정적인 중요성을 볼 수 있다. 언약 백성으로서의 이스라엘의 민족적인 실존은 그들의 하나님과의 사랑에 찬 신실한 관계성의 유지에 의존하고 있다. 이러한 관계성을 상실할 때 이스라엘은 한 민족으로서의 지속적인 존재에 대한 확연한 근거가 존재할 수 없게 된다. 그들의 존재 이유(raison d'être)는 사라져 버리게 되는 것이다. 그리고 근본적으로 그것은 선지자가 이스라엘의 죄에 대한 그의 고발에서 말하고 있는 것이다. 여전히 이 불길한 장에서 그의 유일한 목적은 그가 존재하는 것으로 인식한 정세의 상태를 바꿔놓는 것이다. 그는 이러한 회개에의 요구에 대한 한 사람의 선각자로서 그 실체로 나타난 죄를 드러냈던 것이다. 그는 자신의 가장 깊은 내면적 존재 안에서 철저하고도 근본적인 행동이 이루어지지 않는 한, 그의 민족의 최후가 매우 근접하게 다가왔음을 느꼈다. 관계에 대해 불충실한 상대를 다루고 있는 결혼 상담자처럼, 그는 즉각적이고 근본적인 조치가 취해지지 않는 한 그 관계가 철저하게 붕괴되리라는 것을 너무도 확실히 지각했다.

후기의 삶 속에서 그는 여전히 선지자로 있는 와중에도 그 민족의 최후가 왔다는 것 때문에 자신이 실패하는 것을 보게 된다. 아마도 그는 실패하지 않을 수 없었던 운명이었던 것 같지만, 여전히 그의 책의 정신은 그 메시지가 진리로 남는다는 점이었다. 회개에의 요구가 인지되기 전에 악의 전체 규모가 드러나야만 했고, 이스라엘에서의 악의 뿌리의 기저에는 그 하나님에 대한 고대의 언약적인 사랑에 대한 상실과 배교가 있었던 것이다.

B. 선지자의 회개에 대한 요청(3:1-4:4)

참고문헌

Holladay, W. L. *Architecture*. 45-54. **Jobling, D.** "Jeremiah's Poem in III.I.-IV.2." *VT* 28(1978) 45-55. **Muilenburg, J.** "A Study of Hebrew Rhetoric: Repetition and Style." *VTSup* I. Leiden: Brill, 1953. 97-111. **Raitt, T. M.** "The Prophetic Summons to Repentance." *ZAW* 83(1971) 30-49.

양식/구조/배경

이 부분은 2-6장에 담긴 예레미야의 초기 신탁 수집에서 두 번째의 원리적인 단위를 구성하고 있다. (앞서 보았듯이) 이 부분은 이스라엘의 죄에 대한 고발(렘 2장) 다음에 이어지고 있으며, 본 단락에서 회개에 대한 열렬한 간구를 진술하고(3:1-4:4), 다음 부분으로는 하나님의 심판이 임박했다는 공표를 하고 있는 이 수집의 세 번째 단락(4:5-6:30)으로 이어진다. 이러한 예언적 신탁 수집의 선행 단락에서처럼, 이 부분은 현재의 문학적 틀 속에서 원래의 독립적인 신탁(혹은 그 일부분)으로부터 구성되어 왔다. 그리고 앞서의 경우처럼, 새로운 전체의 부분들은 상호간에 신중하게 합쳐지게 된 것이다. 몇몇 본문의 접합이 증거로 드러나고 있음에도 불구하고(예를 들어, 산문 단락과 시 단락 사이에), 다른 곳에서 전체가 형성되었던 원본의 구성 부분이었던 것이 무엇인지를 결정하기는 간단하지가 않다. 앞서 개괄되었던 요점은 전체 장이 관점을 제공하려는 시도였다. 그래서 장의 개별 부분에 대한 논의에서 불확실한 논제가 대부분 다루어진 것이다.

서론 3:1. 1절은 공통적으로 시문으로서 그리고 서론 단락(1-5절)의 일부로서 해석되기는 하지만, 이를 장의 중요 주제인 "회개"(이에 대해 슈브[שוב]라는 어원의 다양한 변화형이 사용되고 있다)에 대한 서론적 주제로 기여하는 산문으로 이해하는 것이 더 나은 것으로 보인다. 이 구절은 또한 장의 중심 단어, 말하자면 결혼/불충실/음란에 대해 소개해 주고 있는데, 이 단어들로 주제가 장의 나머지 부분에서 발전을 이루고 있다. 구조적으로 이 부분은 앞선 단락 중에서 2:2-3과 평행을 이루고 있다. 2:2-3에서 근본적인 관심(말하자면 젊은 시설의 사랑)이 성립되고 있는데, 이 관점에 대한 반발로 이스라엘의 죄악의 고발이 제시되고 있다. 유사하게도 3:1에서는 근본적인 어리석음이 성립되는데, 이로부터 회개의 부르심이 문제시될 것이다.

시: 3:2-5. 백성의 불충실
산문: 3:6-11. 이스라엘과 유다의 실패
시: 3:12-13. 이스라엘에 대한 회개에의 초대
산문: 3:14-18. 유다에 대한 회개에의 초대
시: 3:19-4:2. 용서와 회개
요약(시): 4:3-4. 회개에의 부르심의 반복

전체 단락에 포함된 본문 자료에 대한 이러한 요약은 오직 그 현재 형태에서의 자료의 분석을 제공할 뿐이다. 그러나 여전히 부분들간의 관계성이나 전체의 통일에 대해 더 성가신 질문을 제기하지는 않는다. 이러한 문제들에 직면해서 수많은 문제들이 시적인 단락간의 내적 관계성, 또 가능하다 하더라도 좀더 넓은 정황 안에서의 산문 단락의 위치와 역할에 대한 문제와 함께 존재하게 된다.

대부분의 학자들은 주요한 시적 단락들이 원래는 단일의 시를 형성하고 있었다는 주장을 한다. 그래서 브라이트(25)는 3:1-5, 19-25, 그리고 4:1-4이 단일 부분이었다고 주장한다. 그리고 조블링은 수사학적 연구 속에서 원래의 시가 3:1-5, 19-20, 12b-13 그리고 3:21-4:2을 구성하고 있다는 의견을 제시했다. 이 사람들과 다른 학자들 사이에 그 시 속에 무엇이 있었는지, 그리고 각 부분들의 순서에 대해서 몇 가지 불일치가 보인다. 그럼에도 불구하고 의심할 바 없이 우리는 장에 내재적으로 단일의 시가 있었다는 결론을 내릴 수 있다. 그 이유는 몇 가지가 있다. (i) 다양한 시적 단위들 속에는 발화 형태상의 수와 성에 있어서의 불일치가 보인다(특히 2인칭 "너"에 대해서 그렇다). 2, 13, 19절에서는 2인칭 여성 단수가, 12, 19, 20, 22절에서는 2인칭 남성 복수가, 4:1에서는 2인칭 남성 단수가 사용되고 있다. (ii) 이 장이 첫 번째로 연합되는 기초에 근거한 주제의 공통성은 실제적인 사건으로 화할 수 있다기보다는 구성 부분들 사이의 좀더 큰 연합을 제안하고 있다. (iii) (2장에서 관찰된 것과 같이) 편집 과정은 아마도 문학적인 단위들의 구성에 있어서 신탁의 부분들만이 사용되었다는 점이다. 그리고 예레미야 3장의 한두 가지 시적인 단위들이 원래는 하나로 묶여져 있었다고 하더라도, 우리는 지금 이 모습대로의 장의 이면에 어떠한 단일의 혹은 완전한 형태의 시와 같은 것이 존재했다는 어떠한 확증도 발견할 수 없다.

이 단락에서의 산문 단위의 해석은 동일하게 어려운 문제다. 이것들은 원래 전체를 구성하면서 시문(12-13절)의 삽입으로 구분되었을 수도 있고, 시적인 단위들이 전체의 부분이었을 수도 있으며, 두 산문 단위가 서로 다른 근원으로부터 인용되었을 수도 있다.

그러므로 이 책의 본 단락을 전체로 구성하고 있는 단위들의 이전 역사와 관련해서는 엄청난 불확실성밖에는 없다. 세부적인 문제들이 각각의 구절에 대한 논의 속에서 "양식/구조/배경"의 단락 안에서 논의되고 있다. 아직은 어느 정도로 예레미야 2-6장의 이 단락이 구성된 고대적인 부분을 찾으려는 집념은 잘못일 수 있다. 그 이유는 이것이 우리로 전체 구절의 현재 문학적인 형식에서의 주제의 특별한 동일성을 보지 못하게 만들 수도 있기 때문이다. 전체적으로 두드러지는 중요 주제는 회개인데, 이는 슈브(שׁוב) 어근으로부터 파생된 다양한 어휘의 사용에서 드러나고 있다. 이 용례는 4:3-4(이 부분은 요약과 선이를 나타내는 구설이다)을 제외한 모든 단위들 속에서 발견되고 있는데, 그것은 다음과 같다. 3:1(두 번), 7(두 번), 8, 10, 11, 12(두 번), 14(두 번), 19, 22(세 번), 4:1(두 번). 하지만 시문과 산문 구절 모두에서 발견되는 다른 많은 중심 단어들도 있다. 다른 한편으로 이러한 공통 어휘들과 주제들은 전체의 구성 속에서 단위들의 선별을 위한 편집적인 기준을 제공하면서, 동시에 문학적으로는 단편의 집합적인 종류로서의 성격을 가짐에도 불구하고 전체 본문에 뛰어난 문학적 통일성을 제공하고 있다. 이러한 서로 맞물리는 어휘들과 주제들은 시적인 구성 부분에 어느 정도의 통일성을 제공할 뿐만 아니라, 산문 단위들도 하나의 전체의 부분으로서의 성격을 확고히 해주고 있다는 것도 강조되어야 한다. 마찬가지로 산문 단위들은 전체 장의 주제상의 발전과 그 위기로의 진전에 풍부한 기여를 하고 있다. 우리가 아무리 산문과 시 사이의 관계성에 대한 복잡한 문제들을 해결하려 해도, 분명한 사실은 이 단락 안에는 산문과 시가 완전한 전체를 구성하면서 서로 밀접하게 관련을 맺고 있다는 것이다. 산문은 확실히 원래의 시적 단위들에 엉성하게 부가된 부분은 아니었다. 오히려 편집자는 산문과 시를 모두 활용하여 문학적인 모자이크를 만들어 낸 것이다. 그리고 실제로 예레미야 2-6장에서의 자료의 편집은 선지자의 초기 신탁뿐만 아니라 신탁의 초기 수집(즉, 대략 주전 605년)을 보여 주고 있는 것이라면, 우리는 예레미야서의 편찬이 이루어지는 과정의 초기 단계에서부터 몇 가지 산문의 단위들은 예레미야서의 본질적인 부분을 형성했다는 가정을 할 수밖에 없다. 산문이 신명기적이라고 묘사될 수 있는지의 의문은 다음의 주석 속에서 인급하였다.

회개: 서론과 상술(3:1-5)

참고문헌

Fishbane, M. A. "Torah and Tradition." In *Tradition and Theology in the Old Testament.* Ed. D. Knight. Philadelphia: Fortress Press, 1977. 284-86.______. "Revelation and Tradition." *JBL* 99(1980) 351. **Hobbs, T. R.** "Jeremiah 3:1-5 and Deuteronomy 24:1-4." *ZAW* 86(1974) 23-29. **Jöuon, P.** "Le sens du mot Hebreu SPY." JA 7(1906) 137-39. **Long, B. O.** "The Stylistic Components of Jeremiah 3:1-5." *ZAW* 88(1976) 386-90. **Martin, J. D.** "The Forensic Background to Jeremiah III.1." *VT* 19(1969) 82-92. **McKane, W. A.** "SPY(Y)M with Special Reference to the Book of Jeremiah." In *Mélanges bibliques et orientaux en l honneur de M. Henri Conzelles.* Ed. A. Caquot and M. Delcor. *AOAT* 212. Neukirchen-Vluyn: Neukirchener Verlag, 1981. 319-35. **Wurz, H.** "Die Möglichtheit der Umkehr nach Jer 3, 1." *Erbe als Auftrag.* FS J. Pritz. Wiener Beitrag zur Theologie 40(1973) 259-73. **Zakowitch, Y.** "The Woman's Rights in the Biblical Law of Divorce." JLA 4(1981) 28-46.

본 문

1 세상에서 말하기를 가령 사람이 그 아내를 버리므로 그가 떠나 타인의 아내가 된다 하자 본부가 그를 다시 받겠느냐 그리하면 그 땅이 크게 더러워지지 않겠느냐 하느니라 나 여호와가 말하노라 네가 많은 무리와 행음하고도 내게로 돌아오려느냐

2 네 눈을 들어 자산을 보라 너의 행음치 아니한 곳이 어디 있느냐 네가 길가에 앉아 사람을 기다린 것이 광야에 있는 아라바 사람 같아서 음란과 행악으로 이 땅을 더럽혔도다

3 그러므로 단비가 그쳐졌고 늦은 비가 없어졌느니라 그럴지라도 네가 창녀의 낯을 가졌으므로 수치를 알지 못하느니라

1 A saying: "If a man should divorce his wife, and she should go from him and marry[a] another man, can the first man return to her[b] again? Would not that land[c] be defiled? But you have acted as a whore with a multitude of companions—yet you return to me?" The Lord's oracle.

2 "Raise your eyes to the open country[a] and look! 3+3 Where have you not been laid? By the highways you sat in wait for them, 3+2 like a Bedouin[b] in the wilderness, and you have defiled the land 2+2 by your prostitution and your perversity.

3 [a]So the showers were withheld, 2+2 and there was no springtime rain;[a] but you had the brazenness of a prostitute,[b] 4?+2 refusing to be humiliated.

4 네가 이제부터는 내게 부르짖기를 나의 아버지여 아버지는 나의 소시의 애호자시오니
5 노를 한없이 계속하시겠으며 끝까지 두시겠나이까 하지 않겠느냐 보라 네가 이같이 말하여도 악을 행하여 네 욕심을 이루었느니라 하시니라

4 Didn't you then call me, 'My father! 4+3 you are the close friend of my youth!
5 Will he hold a grudge for ever 2+2 or keep watch in perpetuity?' See how you spoke and acted, 3+2 doing all the evil you could!"

원문주해

1.a. 문자적으로는 "그리고 그녀가 다른 남자에게 속하게 되면"(혹은 다른 남자가 되면).

1.b. 문자적으로는 "그가 그녀에게 돌아갈 수 있겠는가?" 칠십인역은 개념을 반대로 전환시켜 버렸다. 번역하면, "그녀가 그에게로 돌아갈 수 있겠는가?" 홉즈(Hobbs, *ZAW* 86[1974] 23)와 다른 학자들은 본문의 경우에는 칠십인역이 원본일 수 있으며, 히브리어 본문은 보다 후대에 신 24:1-4의 구절과 맞추려는 노력이 반영된 것으로 생각한다. 하지만 이 가정은 확실성이 부족한데, 칠십인역과 마소라 본문의 차이점들은(이 차이점들은 다음 행에서도 계속된다) 다양한 본문 전승 사이의 차이를 반영한다고 보는 것이 더욱 개연성이 있기 때문이다.

1.c. 칠십인역은 "그 여인이 더러워지지 않겠느냐?"로 번역하는 반면에, 히브리어가 땅과 관련지은 것은 신 24:1-4의 율법에 잘 어울린다. 히브리어 본문이 더욱 확실한 것으로 보인다. 칠십인역이 선행하는 행에서의 표면적인 논리성을 지속시키려는 시도를 반영하는 것에 반하여, 히브리어 본문은 법적 전통을 잘 인지하고 있음을 반영하고 있다(더 자세한 내용을 위해서는 "주석" 부분을 보라).

2.a. 본문만이 아니라 예레미야서의 다른 부분(3:21, 4:11, 7:29, 12:12, 14:6)과 이사야서(41:18, 49:9)에서 사용되고 있는 히브리어 슈파임(שְׁפָיִם)의 정확한 의미는 불확실하다. 이 단어가 번역본들 속에서 다양하게 번역되고 있는 내용과 히브리어의 어휘적, 문헌학적인 배경이 맥케인(W. McKane, *Mélanges bibliques*, 319-35)에 의해 아주 상세하게 논의되고 있다. 비록 그는 어떤 긍정적인 결론에 이르고 있지는 못하지만 "높은 산", "산당" 같은 표현은 부적절한 번역이라는 사실을 명백하게 입증해 주었다. 우리가 가장 근접한 의미로 지적할 수 있는 것은 "넓은 땅", "시골"일 것이다. 유사한 어려움이 우가릿 문헌에서 나타나고 있다. 그 곳에서 *špm*이라는 단어가 두 번 나타나고 있는데, 한 번은 아주 분명하게(*CTA* 23.4) 그리고 한 번은 파손된 본문 가운데 드러나고 있다(*CTA* 1.ii.11). 이 본문들 가운데 첫 번째의 것은 "광야"(*bmdbr.špm*, 렘 4:11, 12:12과 유사한 유형으로)와 결합되어 나타나고 있으며, 일반적으로 "(모래) 언덕"으로 번역된다(Gibson, *CML*, 123; Caquot et al., *Textes Ougritiques* I, 369; G. del Olmo Lete, *Mitos y Leyendas de Canaan*[Madrid: Cristiandad, 1981] 631). 이러한 생각은 드라이버(Driver, *CML*, 149)까지 거슬러 올라가는

데, 그는 비로이오(Virolleaud, *Syria* 14[1933] 137)의 입장을 따르고 있으나, 아랍어(*safiyatu*, "모래 언덕")와 시리아어(š*apya*, "평원")에 근거한 어원 연구를 제의하고 있다. 우가릿어 *špm*의 가능한 의미에 대한 좀더 깊이 있는 논의를 위해서는 P. Xella, *Il Mito di ŠḤR e ŠLM*(Studi Semitici 44, University of Rome, 1973) 43-44를 보라. 그러나 드 모어(J. C. de Moor)는 이 단어를 *šwp*("장식하다")의 분사형으로 해석하고 있다(*New Year with Canaaintes and Israelites*, II[Kampen, 1972] 19, n. 67). 그러나 이러한 생각은 올바르지 않은 것으로 보인다. 하지만 이를 올바르게 고쳐 놓으려 한다면, 히브리어 단어는 이들과는 전혀 관련이 없는 것으로 보여야 할 것이다. 결국, 우가릿어 *špm*은 장소의 이름일 것이라는 가능성이 남게 된다. 애스토어(M. C. Astour)가 *RSP* II, 332-33(참조문헌도 함께 달아놓았다)에서 논의한 것을 보도록 한다. 정리하자면, 히브리어 슈파임(שפים)과 우가릿어 *špm*의 의미가 불명확한 채로 남겨질지라도, 두 용어를 "넓은 땅", "시골"로 번역하는 것은 어휘적인 배경과 맥락에서의 용례를 통해서 볼 때 가장 잘 어울리는 것으로 보인다.

2.b. "베두인"은 히브리어 아브디(ערבי)의 번역이다. 이 단어는 비록 이 용어의 현대적인 의미론적 범위가 이러한 번역을 부적당하게 만들지라도 "아랍"(Arab)으로 번역할 것을 보여 준다(NEB 참조). 이는 사막에 거주하는 사람에 대한 일반적인 의미를 담고 있고, 그래서 "베두인"으로 옮긴다. 직유적인 의미에 대해서는 아래의 "주석"을 보도록 하라. 칠십인역은 이를 코로네(κορώνη, "까마귀", "갈가마귀")로 번역함으로써 히브리어 오레브(עֹרֵב, "까마귀")를 함축하고 있다. 만일 첨가어 요드(י)가 마소라 본문의 자음 본문에서 생략되어야 할 것으로 가정한다면, 이것은 가능성 있는 번역이다.

3.a. 칠십인역은 3절의 처음 두 행에서 확실한 이독을 하고 있다. "그리고 네가 많은 목자들을 장애물로 여겼다." 이러한 현상은 불확실한 의미에 대해 완전히 서로 다른 본문 전승을 지녔음을 반영하는 것이다. 그러나 "목자"는 15절에서(마소라 본문와 칠십인역모두) 다시금 관련되고 있다.

3.b. 문자적으로는 "창녀의 이마"이다.

양식/구조/배경

이 구절들은 사실상 두 부분으로 구성되어 있다. 이 둘은 그래도 3:1-4:4에 대한 서론으로서 공동으로 기능하고 있다.

첫 부분은 1절로 구성된다. 이 부분은 평상적인 히브리어 산문으로 기록된 것으로 보이지만, *BHS*와 대부분의 현대 번역에서는 시문으로 표현되고 있다(예를 들어, RSV, NEB). 이 구절의 첫 부분은 신명기 24:1-4에서 알려지고 있는 율법의 내용을 본질적으로 재진술하고 있는 것이다. 두 번째 부분은 이어지는 단락에서 상술될 주제에 대한 재진술을 적용시키고 있다. 행별로 이루어지는 평행 형태는 보이지 않고 있으며, 단순히 율법의 내용과 그 적용을 개괄하고 있는 형태다. 재진술은 "말하기를…"로 도입되며, 아마도 친숙한 선지적 도입부(2:1 참조)의 축약된 형태로 보인다. 결론부에서는 "여호와의 신탁"으로 종결되는데, 이는 추정컨대 이 절의 원본의 상태와 그 독자성을 지적하고 있는 표현으로 보인다. 이 절은 홉즈(Hobbs, *ZAW* 86[1974], 23-29)에 의해 제기된 대로 교훈적 질문(혹은 그에 관한 일부분)은 아닌 것으로 보인다. 이 부분은 아마도 롱(Long, *ZAW* 88[1976], 386-90)이 "논쟁"으로 분류시킨 것이 더 정확해 보인다. 그럼에도 불구하고, 그 즉각적인 문학적 맥락 속에서는 이어질 회개에 관한 단락과 관련해서 이 부분의 서론적인 기능을 관찰하는 것이 다소 중요하게 보인다. 이 절에서의 몇 가지 중심 단어와 주제는 다음의 개체들 속에서 지속적으로 반복, 상술될 것이다. 샬라흐(שלח, 8절 참조), 슈브(שוב, 전체적으로), 하네프(חנף, 2, 9절 참조), 힌네(הנה, 5절) 등.

산문으로 된 서론에 바로 이어서 시문 구절이 나타나고 있는데, 이는 서론과 깊은 관련을 맺고 있으며 이 안에서 기초 주제가 상술되고 있다. 이 부분은 산문적 서론의 언어를 채용하고 있으나(예를 들어, 힌네[הנה]와 하네프[חנף]의 사용에 있어서), 역시 결국은 전체 장의 더 큰 범위에서의 모자이크로 진행해 갈 더 많은 단어와 주제를 만들어 놓고 있다(예를 들어, 2절과 21절에서의 슈파임[שפים]의 반복, 4절에서의 "내 아버지"의 언급[18절과 19절도 보라], 그리고 다른 다양한 주제들이 있다). 2-5절에서의 회개에 대한 더 이상의 언급은 없다. 이는 1절에서 수사적으로 소개되었던 것인데, 이 단계에서의 목적은 후에 회개는 가능할 뿐만 아니라 본질적인 것이라는 점을 확립하기 전에 회개의 필요성과 동시에 그것의 명백한 무가치성에 대한 인식을 창출해 내려는 것이었다.

주석

1 서론. 시작 절은 신명기 24:1-4에서 결혼, 이혼 그리고 재혼을 포함한 법 제정에 대한 상당히 요약된 재언급을 포함하고 있다. 실제로 한 남자가 이혼한 여인, 다시 말해 재혼했다가 이내 다시 이혼한 여인을 갖게 되는 경우 본 남편은 그녀와 재혼할 수 없었다(자세한 내용을 위해서는 Craigie, *Deuteronomy*, 304-6를 보라). 율법은 분명하게 결혼사와 관련되고 있으며 언약 신앙과 관련된 것이 아니다. 하지만 율법의 대의는 최초에는 두 가지 이유로 제공되고 있다. (i) 결혼(과 불신앙)에 대한 언어는 이미 예레미야 2장에서 풍부하게 사용된 하나님과 이스라엘 사이의 관계성의 은유를 지속시키고 있다. (ii) 여기서 율법은 (전 부인에게로 "돌아가는" 남편에

대해 사용된) 단어 슈브(שׁוב)를 사용하고 있는데, 이 단어는 역시 "회개"를 지시할 수도 있다. 이러한 일반적인 사항을 넘어서서 결혼 율법에 대한 비유로 출발하는 것은 현명하지 못한 처사일 수 있다. 그 이유는 선지자가 주제를 발전시킴에 따라, 그는 자유롭게 이를 자신의 즉각적인 목적에 적용시키기 때문이다. (그래서 법적 개괄이 본 남편이 본 부인에게로 돌아갈 수 없다는 것을 지적하더라도, 주제의 발전 단계 속에서의 관심사는 이스라엘-아내의 여호와-남편에게로의 회귀에 관련된다.) 이렇게 이스라엘의 하나님과의 관계성에 근거하여 결혼과 이혼에 관한 율법의 이러한 발전 속에서 예레미야는 호세아(1-3)의 전통에 서 있다. 그럼에도 불구하고, 예레미야는 이 주제가 호세아서에서 발전했던 양상과는 다르게 주제를 발전시키고 있다. 호세아가 기록했던 재혼(3:1-5)은 새로운 언약에 대한 예견이었다. 여기 예레미야서에서 율법은 회개의 가능성과 필연성에 대한 각별한 강조를 통해 적용되고 발전되고 있는 것이다. 그런데 이는 (민족의 실패를 놓고서 볼 때) 우선은 불가능하거나 "불법적인"것으로 보일 수도 있다. 결혼법이 발전하고 있는 현저히 상이한 방식은 이러한 맥락에서는 예레미야가 호세아의 초기 작품에 의존했을 것이라는 어떠한 가능성도 허용하지 않는다.

서론 절의 두 번째 부분은 법적 유비가 적용되고 있는 방식을 명확히 만들어 준다. 민족은 "수많은 상대를 가지고 있는 매춘부"처럼 행동했던 것이다. 다시 말해, 유일하신 하나님께 대한 언약 관계에 대한 충실성을 포기하고서 자유롭게 잘못된 신앙의 실행을 경험했던 것이다. 사실상, 이 민족의 행동을 통해 민족은 하나님을 저버렸다. 이 민족의 새로운 시기가 결혼이라는 단어로 미화될 수는 없었던 반면에, 이 상태는 결혼 형식을 가지고 있는 일련의 관계성의 연속이었고, 어느 하나도 영구적일 수 없거나 어느 정도라도 충실성의 정도로 성격지어질 수 없었던 것이다. 이러한 행실 속에서 이 민족이 이를 원할지라도 어떻게 그 처음 결혼 관계로 돌이킬 가능성을 얻게 되겠는가? 이러한 행동으로 인해 관계성의 회복이 불가능해졌다고 설명되지 않았는가? 이것이 딜레마인 것이다. 그러나 서론은 주목을 끄는 도구로서 강력한 힘을 지니고 있다. 회개의 가능성에 대해 생각조차 해보지 않은 독자에게 회개에 대해 말하고 있는 이 단락의 도입문은 이것이 가능할 수 없다고 말하지 않는가! 확실히, 이는 도입적인 유비를 통해 추정되는 법적인 시각이었다. 하지만 이 장이 끝나기 전에 율법의 필요성은 동정심이 담긴 은총으로 인해 압도되었을 것이다.

2-5 **상술.** 선지자는 이제 시문 형식을 담고 있는 행 속에서 그의 주제를 발전시킨다. 언어는 첫눈에는 공격적일 수도 있다. 그러나 실제적인 공격은 묘사되는 행

동에 대한 것이다. 선지자가 그의 메시지를 전하는 대상은 그들의 시선을 그들 주위의 경관으로 돌릴 필요만을 갖게 된다. 그들이 공격하지 않은 장소는 하나도 없었다. 묘사에 사용된 성적인 특성은 단순히 도입부에서 드러난 법률 제정을 발전시키는 것이 아니다. 오히려 그것은 특정 종류의 풍요 제의로 인지되는 성적인 유희에 시민들이 가담하고 있는 상황에서 시민들의 행위의 근본적인 성격으로 소급시키는 선지자의 방식이다. 그들은 그러한 행동을 하도록 유혹되었다거나 강제되었다고 주장할 수 없었다. 실제로, 그들은 기회를 찾아 큰 길이나 작은 골목으로 이리저리 바깥을 다녔던 것이다. 베두인에 대한 직유(2d절)는 사막에 거주하는 사람들에 대한 도덕적인 비평을 담고 있는 것이 아니다. 반대로, 베두인들이 광야 대로에 몇 가지 물건을 판매하기 위해 나와 있는 것처럼, 역시 선택된 백성은 사랑할 상대를 찾으러 공공장소에 자리잡고 있었던 것이다. 그들은 능동적으로 악행을 일삼는 자들이었지, 단지 수동적으로 가담한 것이 아니었다. 그들의 행위를 통해, 그들은 자신들의 거룩한 그리고 약속된 땅을 더럽혔던 것이다.

3절에서 비를 멈추는 내용은 우선은 다소 맥락과 조화되지 않는 것처럼 보인다. 하지만 백성이 가담하고 있었던 풍요 제의의 특성에서 그 의미가 발견된다. 풍요의 의식은 부분적으로는 바알 신, 즉 풍요의 위대한 신은 땅의 풍요가 의존되는 조건인 비를 지속적으로 보내 주는 것을 부분적으로 확증하기 위해 고안된 것이다. 하나님께서 비를 멈추신 것은 명백하게 백성들의 풍요 제의가 아무것도 보증할 수 없다는 것을 아주 충분하게 백성들에게 지적해 줄 수 있었던 것이다. 언약의 하나님은 역사의 사건에 관계하시는 한 자연 세계의 주로서 자리하시게 되는 셈이었다. 그러나 비의 멈춤과 결과적으로 일어나는 가뭄은 별 효과가 없었다. 특별한 고집을 지닌 백성은 그들의 더러운 의식을 계속하면서 최소한의 굴복이나 이해의 징후도 보이지를 않았던 것이다.

실제로, 예레미야 시대의 혼합주의 종교의 위선은 4-5절에서 분명하게 진술되고 있다. 백성은 이를 두 가지 방면에서 원했다. 옛 언약 신앙에서 나오는 보증은 새롭게 발견된 풍요 예배의 즐거움과 결합되었던 것이다. 그리고 이렇게 그들의 매음 행위로 땅을 더럽혔던 자들은 여전히 하나님을 "아버지"로 부를 수 있었고, 경박하게도 어린 시절의 우호심을 말할 수 있었던 것이다. 하나님께서는 어린 시절의 애정과 유감에 대한 전념을 기억하고 계셨다(2:2 참조). 하지만 5절에서의 경박한 진술은 사용된 단어에 대한 민족의 깊은 이해를 제시해 주지 못하고 있다. 5a-b절에서의 백성들의 말은 여담의 형식인 것처럼 보인다. 그들은 "나의 아버지"라고 말하기가 무섭게 하나님께서 원한을 품지 않으실 것이라고 (스스로를 재확신시키기 위해) 말하기 시작한다. 그들은 자신들의 말과 행동으로 하나님을 모욕했을 뿐만 아니라, 그들 스스로에게도 거짓을 말하였다. 이로써 잘못된 신념을 강화했고 거반 죽어 버린 양심의 가책으로 인해 궁지에 몰리게 된 것이다. 그러나 선지자의 말씀(5c-d절)은, 그들의 백성들이 알기를 원치 않았다는 그들의 명확한 진리를 다시금 정확하게 계시하고 있다.

해설

이어지는 4:3-4의 "해설"을 보라.

이스라엘과 유다의 실패(3:6-11)

참고문헌

Erlandson, S. "בגד." *TDOT.* I, 470-73. **Holladay, W. L.** *The Root šûbh in the Old Testament.* Leiden: Brill, 1958. ______. "The Recovery of Poetic Passages of Jeremiah." *JBL* 85(1966) 401-35. **McKane, W.** "Relations between Poetry and Prose in the Book of Jeremiah with Special Reference to Jeremiah 3:6-11." *VTSup* 32(1980) 220-37. **Rowley, H. H.** "The Early Prophecies of Jeremiah in Their Setting." *BJRL* 45(1962-63) 198-234.

본 문

6 요시야 왕 때에 여호와께서 또 내게 이르시되 네가 배역한 이스라엘의 행한 바를 보았느냐 그가 모든 높은 산에 오르며 모든 푸른 나무 아래로 가서 거기서 행음하였도다

6 And the Lord said to me during the reign of King Josiah, "Have you seen what apostate Israel has done? She went up every high hill and under every flourishing tree and there she behaved as a prostitute.[a]

7 그가 이 모든 일을 행한 후에 내가 말하기를 그가 내게로 돌아오리라 하였으나 오히려 내게로

7 But I said to myself: 'after she has done all these things, she will return to me.' But she did not

돌아오지 아니하였고 그 패역한 자매 유다는 그 것을 보았느니라	return, and Judah, her faithless sister, observed it.
8 내게 배역한 이스라엘이 간음을 행하였으므로 내가 그를 내어쫓고 이혼서까지 주었으되 그 패역한 자매 유다가 두려워 아니하고 자기도 가서 행음함을 내가 보았노라	8 And she[a] observed that, on the basis of all the occasions that apostate Israel committed adultery, I divorced her and gave to her the divorce document.[b] But her sister, faithless Judah, had no fear and she too went and acted like a prostitute.
9 그가 돌과 나무로 더불어 행음함을 가볍게 여기고 행음하여 이 땅을 더럽혔거늘	9 And by the very frivolity of her prostitution, she defiled the land[a] and committed adultery with standing stone and wooden pillar.[b]
10 이 모든 일이 있어도 그 패역한 자매 유다가 진심으로 내게 돌아오지 아니하고 거짓으로 할 뿐이니라 여호와의 말이니라	10 And even with all this happening, Judah, her faithless sister, has not returned to me wholeheartedly, but only deceitfully." The Lord's oracle.
11 여호와께서 내게 이르시되 배역한 이스라엘은 패역한 유다보다 오히려 의로움이 나타났나니	11 So the Lord said to me, "Apostate Israel has justified herself more than faithless Judah."

원문주해

6.a. 자음 본문이 함축하는 바와 같이 2인칭이 아닌, (*BHS*를 따라서) 3인칭 여성 단수 형태 동사로 읽힌다.

8.a. 마소라 본문의 1인칭 형태는 히브리어 사본들(de Rossi, III, 68), 시리아역 그리고 몇몇 헬라어 사본들의 지지를 따라 3인칭 여성 단수로 읽힌다.

8.b. 칠십인역은 근소한 차이로 더 긴 본문을 가지고 있다. 이는 이혼의 증서가 "그녀의 손 안에" 쥐어져 있다는 것을 지적하는 것이다(이를 법적 유비가 기초되고 있는 구절인 신 24:1과 비교하라).

9.a. "그녀가 그 땅을 더럽혔다"는 절이 칠십인역에는 생략되었다.

9.b. 문자적으로는 "돌과 나무를 가지고"이며, 이는 반대로 풍요 제의의 대상물이었다(2:27과 "주석" 참조).

양식/구조/배경

(이것이 사실은 유다 민족에게 공적으로 언설되는 의미라는 것을 지적할 만한 어떤 부수적인 단어도 발견되지 않고 있지만,) 이 산문 구절은 예레미야에게 언설되는 여호와의 말씀을 도입부로 두고 있다. 이것은 독백의 형식으로 이루어지고 있다. 언어는 일반적인 수준의 산문이면서 이를 둘러싸고 있는 시문과는 많은 유사성을 가지고 있다. 이 부분은 3:1-4:4의 문학적인 구조에서 필수적인 부분으로 보인다. 다

시 말해서, 좀더 큰 단락 내에서 시문과 함께 이 산문 구절은 편집적인 배열 과정 가운데 필수적인 "건축 재료"로 사용되었던 것이다. 이것은 단순한 편집적 부가물은 아니다. 니콜슨(E. W. Nicholson, 44)과 다른 많은 사람들은 이 구절이 "이 책 가운데서 독특한 산문 유형을 가지고 있으며, 신명기 편집자의 작품인 것으로 보인다"고 주장해 왔다. 그러나 이러한 관점을 위한 증거는 명백하지 못한 것들뿐이다. 그리고 본문의 맥락 가운데서 신명기적인 요소로 보일 수 있는 것들 중의 대다수가 전체 단락의 주제로부터 이루어지는 자연스러운 귀결이 되고 있다는 점이다. 다시 말해서, 이것은 3:1에서 제시된 신명기 24:1-4의 재진술을 발전시키고 있는 것이다.

이 구절이 왜 산문이고 시문이 아닌지의 이유는 알려져 있지 않다. 서론 부분의 일반적인 논의와 맥케인(McKane, *VTSup* 32[1980] 220-37)과 할러데이(Holladay, *JBL* 85[1966] 401-35)의 글에서 이 구절에 대한 상세한 연구를 보도록 하라. 한편으로, 강화는 원래 산문 형태일 수도 있다. 반면에, 원래 시적인 강화였던 것은 산문으로 환원될 수도 있다(예를 들어, 서기관으로서의 바룩의 행동에서). 그러나 이 산문 구절의 그 문학적인 구조와 또한 그 시적인 내러티브와의 친화력을 깨닫는 일은 더 중요한 일이다. 특별히 산문 구절은 계속해서 3:1의 주제와 3:2-5의 시를 발전시키고 있는데, 다음의 언어에서 중요성이 발견되고 있다. (i) 6, 7, 8, 10, 11절에서의 슈브(שוב, "회귀", 3:1에서의 용례를 발전시키고 있다). (ii) 6, 9절에서의 자나(זנה, "창녀처럼 행동하다", 3:1, 2, 3절 참조). (iii) 8절에서의 샬라흐(שלח, "이혼", 1절 참조). (iv) 9절에서의 하네프(חנף, "더럽힘", 1, 2절 참조). 그러므로 이 구절의 언어가 예레미야적인 산문이라는 것에 의심을 품을 이유는 거의 없는 셈이다.

이 신탁은 날짜, 즉 요시야의 시절에 발생했다는 사실에 대한 일반적인 진술로 시작하고 있다. 비록 이것이 묘사되고 있는 사건들에 대한 일반적인 상황으로 미루어 좀더 정확한 날짜의 확정이 어렵다고 할지라도, 일반적으로 날짜를 지적해 놓은 것에 대해 의심할 이유는 거의 없다고 보아야 한다. 이 신탁이 예레미야의 가장 초기의 시기(즉, 요시야의 개혁 이전에)에 있었을 것이라는 가정은 가능성은 있을지 몰라도 전혀 확실성을 부여받을 수 없다. 그러나 이것이 일반적인 회고, 즉 사마리아와 이스라엘의 멸망 이후의 민족의 역사에 대한 재고를 담고 있는 것일 수도 있다는 가정 안에서 이러한 정확한 연대 설정은 확신할 수 없다. 하지만 신탁이 요시야의 시대에 나타났다는 것은 의심할 필요가 없다(Rowley, *BJRL* 45[1962-1963] 198-234, 참조).

비록 확실한 것은 아닐지라도, 이 구절이 원래는 3:14-18이 소속된 좀더 큰 내러티브의 일부분을 형성했다는 가정은 가능성이 있다. 문제시되고 있는 본문의 독백적인 성격과 언명되어야 했던 특정 단어의 부재 현상은 3:14-18에 담긴 회개에의 요청과 아주 훌륭한 균형을 이루는 것으로 보인다.

주석

독백은 주전 722년에 앗수르의 침략을 받아 이제는 멸망해 버린 이스라엘이라는 나라의 사악한 행동을 묘사함으로써 시작하고 있다. 북왕국의 시민들은 수많은 국가 산당에서의 풍요 종교에 대한 엄청난 양의 예식에 넘쳐 있었다. 한 번 이러한 잘못된 종교 행위가 끝나게 된다면 이스라엘이 진정한 신앙으로 돌아오리라는 것이 하나님의 기대였다. 잘못된 신앙에 대한 종교 행위 자체는 이러한 제의의 가담자들에게는 그들이 잘못되었을 뿐만 아니라 땅의 풍요에 관계된 그들의 목적에 대해서도 헛된 일이었다는 것을 분명히 인식시켜 주었다. 그러나 여전히 이것은 사실이 아니었다. 이스라엘은 진정한 신앙으로 돌아오지 않았고, 남쪽의 이웃인 유다는 그 모든 시간 동안 무슨 일이 일어나는지를 지켜보고 있었다. 이스라엘이라는 민족의 어리석음의 결과는 그것이 파괴되는 것이었다. 신앙 생활에서의 실패는 언약의 최후를 이끌어냈고, 민족의 패망을 낳게 되었다. 독백의 언어 속에서 이스라엘의 민족적인 실존의 최후는 이혼 후에 이어지는 음란이라는 용어로 묘사되고 있다. 그러나 남쪽에서 시종일관 관찰을 하고 있던 유다는 역사 가운데서의 이스라엘의 운명으로부터 아무것도 배우지를 못했다. 말하자면, 유다는 그 이웃의 붕괴에서 최고도에 달한 것과 정확히 동일한 방식의 행위를 계속하게 되었던 것이다. 그리고 유다의 행위가 가진 바로 그 경솔함은 거룩한 나라의 결과적인 더럽힘과 더불어 유다 역시 이혼당해야 한다는 사실을 함축하는 것이었다. 이 나라의 잘못된 풍요(9절에서 "돌"과 "나무"에 대한, 2:27에 대한 "주석" 참조) 신앙과의 부정한 관계는 이러한 이혼의 근거를 제공하였다. 아마도 10절은 심중의 외면적인 변화, 즉 유다 민족 속에서 언약의 관계성에 대한 일시적인 회귀가 있었다는 것을 함축하는 것으로 보인다. 그렇다면 이 암시는 요시야 왕 치하에 수행되었던 개혁을 지적하는 것일 가능성이 있다. 그러나 선지자가 확고하게 지적한 바와 같이, 이러한 개혁에서조차도 어떠한 실효성도 없었다는 것이다. 그 성격은 순전한 것도 아니었고, 그들은 생의 전적인 변화를 반영한 것도 아니었다. 오히려 변화된 적이 없었던 근본적으로 불신앙적인 성격을 부정직하게 감추려 했을 뿐이다.

회개와 관련된 메시지에서 본 단락은 주제의 서론적인 제시의 단계(3:1-5)를 넘어선다. 하지만 이렇게 하면서도 보편적인 주제를 더욱 심화, 발전시키고 있다. 이 장의 개시적인 절들은 결혼과 언약의 유비를 세워놓고 있다. 유다가 그 하나님과의 결혼 혹은 언약에서 실패하고 이방 신들과의 새로운 언약을 진행시키면서 하나님께로 회귀할 자동적인 정당성을 기대할 수는 없었던 것이다. 그러나 여기 산문 내러티브 내에서 유다의 태만과 어리석음은 이스라엘과의 비교에서 더 증가된다. 그리고 그 둘은 자매로 묘사되고 있다. 유다는 그 충실성에 실패했으며, 무지나 미숙함을 들어 변명할 수 없었던 것이다. 유다는 그 자매 이스라엘이 실패의 길을 걸었던 것을 신중하게 지켜보았다. 그리고 이러한 실패의 결과를 분명하게 보았다. 하지만 유다는 너무도 어리석거나 사악해서 역사의 교훈을 배울 수 없었다. 여기서의 예레미야의 대조는 오홀라와 오홀리바(겔 23)의 음란한 이야기로 더욱 완전하게 발전되고 있다. 그러나 두 구절 사이의 상호 의존성을 확신할 만한 어떠한 이유도 발견되지 않는다. 문제삼고 있는 내러티브가 신명기적인 것이 아니라 예레미야적인 것으로 나타나기에, 우리는 이것이 에스겔의 영향으로 각인되었다고 추정할 필요가 없다. 에스겔의 두 자매에 관한 비유가 예레미야의 설교나 저술에서 영향을 받았다는 것이 가능하다고 보더라도(두 본문 사이의 상대적인 연대기로 미루어), 이러한 가능성은 기껏해야 아주 희박한 것일 뿐이다. 결혼의 불충실성의 개념이 일찍이 언약 관계, 특히 호세아에 의하여 이스라엘을 향해 적용되었던 상황에서 지금에 와서 동일한 개념을 유다에게 적용시키는 것은 자연스럽게 두 자매 사이의 유사성을 유발키기에 충분한 것이다.

이 산문 신탁에서의 중심 단어는 다양한 형태로 나타나고 있는 슈브(שׁוב)다. 여기서 주제는 3:1에서 이 단어가 처음으로 사용된 것을 발전시키고 있다. 할러데이가 보여 주었던 바와 같이(*The Root šûbh in the Old Testament*), 이 단어는 많은 상이한 뉘앙스를 지니고 있다. 본문에서는 이 단어의 상이한 국면들이 충격적인 효과를 위해 대조되고 있다. 이 단어의 기본적인 의미는 "돌아오(가)다"이다. 하지만 이 단어는 "~로 돌아가다", "~로부터 돌아오다"와 다른 많은 발전된 의미들을 지닐 수도 있다. 처음 사용된 경우(3:1)에서, 이 단어는 한 남자가 이혼과 재혼을 한 후 한 여인에게로 "돌아가는 것"에, 그리고 유다의 하나님께로 "돌아옴"(사실은, "회개")에 사용되었다. 내러티브 전체를 통해서 북왕국은 "**배교자**(משׁבה – 므슈바) 이스라엘", 즉 하나님으로부터 악으로 돌아가 버린 민족으로 불리고 있다. 하나님께서는 이스라엘의 어리석음을 따라 이 민족이 돌아와야(7절, 실은 "회개") 하지만 그렇게 하지 않았다(לא שׁבה – 로 샤바)고 생각하셨다. 비슷하게 유다는(10절) 심중의 분명한 변화에도 불구하고 하나님께로 돌아오지 않았다. 그 "~로"와 "~로부터"의 전환을 통한 대조와는 별도로, 이 단어의 힘은 결혼과 언약 같은 제반 관계성에 모두 사용될 수 있는 호환성을 보여 준다. 그러나 전체 주제의 절정은 4:1에 표현되는 하나님께로의 회귀를 위한 회개에의 열렬한 요청에서 발견되어야 한다.

"배교자 이스라엘"과 밀접히 관련되고 있는 표현이 바로 "불충실한 유다"다. 이 장의 뒷부분(3:20 참조)에 가서 다시 사용되고 있는 바고다(בגודה, "불충실한")라는 단어도 언약과 결혼의 두 경우 모두에 적용될 수 있다. 결혼의 맥락에서 이 단어는 다른 사람과 관계를 세우고 포기하는 행동을 지시한다. 반면에, 언약의 맥락에서 이 단어는 관계성에서의 책임을 유지하는 데 실패함을 지시한다. 그리고 본 구절에서의 유다에 대한 기초적인 묘사의 경우처럼, 이 단어는 민족의 근본적인 결함을 지적하고 있다. 이것은 하나님과의 관계성 안에서의 실패였던 것처럼, 이것으로 인해 다른 모든 재난이 흘러나오게 될 정도로 하나님의 율법에 대해 그렇게 많은 파기는 아니었다.

해설

4:3-4에 이어지는 "해설"을 보라.

이스라엘을 향한 회개로의 초대(3:12-13)

참고문헌

Cazelles, H. "Isräel du nord et arche d 'alliance(Jér. III 16)." *VT* 18(1968) 147-58.
Petersen, D. L. *Late Israelite Prophecy*. SBLMS 23. Missoula, MT: Scholars, 1977. 32.
Turner, P. D. M. "Two Septuagintalisms with *στηρίζειν*." *VT* 28(1978) 481-82.

본 문

12 너는 가서 북을 향하여 이 말을 선포하여 이
르라 여호와께서 가라사대 배역한 이스라엘아 돌

12 "Go and proclaim these words to the north,
saying, 'Repent, apostate Israel!' 3+3 The Lord's

아오라 나의 노한 얼굴을 너희에게로 향하지 아니하리라 나는 긍휼이 있는 자라 노를 한없이 품지 아니하느니라 여호와의 말이니라
13 너는 오직 네 죄를 자복하라 이는 네 하나님 여호와를 배반하고 네 길로 달려 모든 푸른 나무 아래서 이방 신에게 절하고 내 목소리를 듣지 아니하였음이니라 여호와의 말이니라

oracle. 'I will no longer frown[a] on you For I am perpetually loving!' 2+2 The Lord's oracle. 'I will not keep a grudge forever.
13 But you must acknowledge your iniquity, 3+3 that you have rebelled against the Lord your God, that you have scattered your tracks toward strangers 3+2? (under every flourishing tree)[a] and not obeyed[b] my voice.' The Lord's oracle."

원문주해

12.a. 문자적으로는 "내가 내 얼굴을 너에게 떨구겠다." 칠십인역에서는 스테리오(στηριῶ, "나는 [나의 얼굴을] 세우지 않겠다")로 표현되었다. 칠십인역에서 동사 스테리제인(στηρίζειν)의 사용(렘 21:10, 24:16 참조)에 대해서는 Turner, *VT* 28 (1978) 481-82를 참조하라.

13.a. 이 행은 원래의 본문에 대한 첨가일 수 있다(*BHS* 참조). 특별히 3:6에서의 동일한 표현의 중복이 그것인데, 이것은 사실 확실한 것은 아니다. 그리고 이 구절은 히브리어 사본들과 칠십인역 모두에서 발견된다.

13.b. 동사의 복수 형태는 예상치 못한 것이다(앞서의 단수 형태에 이어서 나타난 것). 아마도 2인칭 단수로 읽혀야 하는 본문인 것 같다(칠십인역에 맞추어서).

양식/구조/배경

이 짧은 단락과 근접해 있는 문학적 맥락과의 관계성을 가능케 하는 것에 관해서는 3:1-4:4의 "양식/구조/배경" 부분을 보아야 한다. 요약하자면, 이 구절들은 원래는 더 큰 시문 속에 포함되었을 수도 있고(Jobling, *VT* 28[1978] 45-55), 혹은 단순히 주변의 산문 내러티브의 필수적인 한 부분으로 여길 수도 있다. 반면에, 더 확실해 보이는 것은 이것들이 이스라엘에 언명되었던 더 큰 원 시문 신탁의 한 단편이었다는 추정이다.

이 짧은 구절의 언어는 선행하는 산문 단락뿐만 아니라 서론적인 시문 단락에도 연결되고 있다. (i) 서론적인 시문 단락과의 연관성은 르올람(לעולם, 12절, 그리고 5절을 참조하라)과의 연관성과 "길들"(드라카이크[דרכיך], 13절과 2절을 참조하라)의 개념에서 동사 나타르(נטר)의 공통된 용례에서 보여진다. (ii) 선행하는 산문 단락과의 연관성은 "배교자 이스라엘"(12절, 그리고 6, 8, 11절을 참조하라)의 사용에서 보여지는데, 아마도 이 본문이 올바른 것이라면(13.a. "원문주해"를 보라) "모든

꽃피우는 나무 아래서"(13절, 그리고 6절을 참조하라)라는 구의 반복적인 사용에서 도 이를 발견할 수 있을 것이다. 이 모든 세 가지의 단락들을 연관시켜 주는 것은 슈브(שׁוּב, "회귀", "회개")라는 단어의 주제다.

이 부분의 간결함으로 미루어, 이 절들의 원래의 정황과 그 시기는 확정할 수 없다. 하지만 서론적인 예언 형식(12a절)이 이 단어들이 북국을 향하여 언명되었다는 것을 확인시켜 주고 있으며, 이 절들의 내용이 이스라엘과 관계되어 있다는 것을 보여 준다. 이 두 가지 사항은 모두 강하게 선지자의 신탁이 특별히 북국에 언명된 것이지 유다를 향한 것은 아님을 그 첫 예증을 통해 제시하고 있다. 북쪽을 향한 초점은 필연적으로 북왕국으로부터 포로로 끌려간 자들을 향한 언급이라는 점을 함축하지는 않는다. 더욱 가능한 것은 누구나 예레미야 사역의 한 부분이 전에는 북쪽 국가에 속했으나 요시야의 시기에 앗수르 세력의 쇠퇴와 함께 유다의 통제 아래로 들어가게 되었던 지경에서 이루어졌다고 생각해 볼 수도 있다는 점이다. 따라서 이 단편이 속해 있는 원래의 신탁은 아마도 여전히 북쪽에 생존해 있는 잔존자들을 향해 전해진 것이라는 점이다. 그러나 이 절들이 배열되고 있는 새로운 문학적 배경 가운데서는 그들은 아주 미세하게 다른 목적을 품고 있다. 이 두 자매에 대한 비교(3:6-11)에 이어서, 우선 북방민들에 대한 회개로의 초대가 있었다. 그들은 그 남쪽에 사는 이웃들보다는 어떤 의미에서는 좀 덜 악한 자들이었다(3:11). 그리고 이어서 유다에 대한 초대가 언급된다(3:14-18).

주석

첫 번째 초대는 단어들을 통해 효과적인 언어유희를 하고 있다. 문자적으로는 "돌아(오)라, 오 돌아(갔)던 이스라엘이여"이다. 그리고 이 회개로의 초대는 "영원히 사랑하는"(חסיד – 하시드) 하나님의 언약의 성격으로 인해 가능해지고 있다. 모든 언약의 규정이 요구하는 바를 넘어서, 하나님께서는 오래 전부터 그를 사랑하기를 중단해 버린 자들에게 사랑하기를 지속하고 진정으로 그분에게로 돌아오기를 갈망하셨다. 이 단어들이 초기에는 선지자의 북방 사역의 배경에서 언명된 것이라는 생각이 옳은 것이라면, 이 단어들은 이 말을 듣는 이에게 엄청난 위로의 가능성을 지니고 있었던 것이다. 북왕국의 거주자들이 오랫동안 그들의 독립권을 상실해 왔기에, 또한 거의 1세기 가량을 그들과 그들의 후손들이 선대의 배교가 이끌어냈던 잔혹한 종말에 대해 반성할 시간을 많이 가졌기에 그렇다. 그리고 아직도 여전히 희망 없는 시절의 중간에서 하나님의 말씀이 다시 임했던 것이다. 이 말씀은 여전히 죄를 말하고 있으나, 또한 새로운 관계의 가능성을 정초하는 수준을 넘어서 회개에 대한 은혜스러운 초대도 하고 있다.

그러나 만일 회개의 응답이 있어야 한다면, 무엇이 이를 필연적인 것으로 만들었는지에 대한 인식도 있어야 할 것이다. 오직 죄악에 대한 충분한 인식과 깨달음이 이루어진 후에야 하나님께로의 진정한 회귀가 가능해지는 것이다(13절). 13절은 이상한 은유를 담고 있다. "너는 이방인들에게로 가는 너희 길들을 흩어놓았다." 일반적인 용어로는 이스라엘이 진정한 신앙의 "길"(דרך – 데레크)로부터 돌이켜 이방신들을 섬기도록 이끄는 "길들"(דרכים – 드라킴)을 따랐던 방식을 지적한다. 이 모든 길들은 언약 신앙으로부터 반대되는 방향으로 이끌었고, 그 길은 순종의 길이었다. 하나님의 음성에 대한 순종은 중대한 것이었다. 이는 그것이 충만한 삶의 길로 이끌기 때문이 아니라(시 1편 참조) 언약 관계의 중심에 위치하고 있는 사랑으로부터 발산하는 것이기 때문이다.

해설

4:3-4에 이어지는 "해설"을 보라.

유다를 향한 회개로의 초대(3:14-18)

참고문헌

Cazelles, H. "Israel du nord et Arche d'Alliance(Jer III 16)." *VT* 18(1968) 147-58. **Grech, P.** "Interprophetic Re-interpretation and Old Testament Eschatology." *Augustinianum* 9(1969) 235-65. **Haran, M.** "The Disappearance of the Ark." In *Israel Exploration Quarterly Reader 1*. New York: Ktav, 1981. 262-74; *IEJ* 13(1963) 46-58. **Soggin, J. A.** "The Ark of the Covenant, Jeremiah 3.16." In *Le Livre de Jérémie. Le prophete et son milieu, les oracles et leur transmission*. Ed. P. M. Bogaert. 215-21. **Spencer, A. B.** "שרירות as Self-reliance." *JBL* 100(1981), 247-48. **Weinfeld, M.** "Jeremiah and the Spiritual Metamorphosis of Israel." *ZAW* 88(1976) 17-56.

본 문

14 나 여호와가 말하노라 배역한 자식들아 돌아오라 나는 너희 남편임이니라 내가 너희를 성읍에서 하나와 족속 중에서 둘을 택하여 시온으로 데려오겠고

15 내가 또 내 마음에 합하는 목자를 너희에게 주리니 그들이 지식과 명철로 너희를 양육하리라

16 나 여호와가 말하노라 너희가 이 땅에서 번성하여 많아질 때에는 사람 사람이 여호와의 언약궤를 다시는 말하지 아니할 것이요 생각지 아니할 것이요 기억지 아니할 것이요 찾지 아니할 것이요 만들지 아니할 것이며

17 그 때에 예루살렘이 여호와의 보좌라 일컬음이 되며 열방이 그리로 모이리니 곧 여호와의 이름으로 인하여 예루살렘에 모이고 다시는 그들의 악한 마음의 강팍한 대로 행치 아니할 것이며

18 그 때에 유다 족속이 이스라엘 족속과 동행하여 북에서부터 나와서 내가 너희 열조에게 기업으로 준 땅에 함께 이르리라

14 "'Turn back, backsliding children'[a] – the Lord's oracle – 'for I am your master;[b] and I will take you, one from each city and two from each district,[c] and restore you to Zion.'

15 And I shall appoint for you rulers[a] who share my mind,[b] and they shall govern you with knowledge and understanding.

16 Then, when you increase and are fruitful in the land, in those days – the Lord's oracle – they will no longer say, 'The Ark of the Covenant of the Lord!' The thought will not arise,[a] for they won't remember it[b] and they won't miss it, and one will not be constructed again.

17 At that time, they will call Jerusalem 'The Lord's Throne.' And all the nations shall be gathered to it (to the Lord's name, to Jerusalem),[a] and they will no longer walk after the self-reliance[b] of their evil heart.

18 In those days, the House of Judah shall walk alongside the House of Israel, and from a northern country they shall enter into the land[a] together, which I have given to your[b] fathers as an inheritance."

원문주해

14.a. 어근 슈브(שׁוב)에 대한 언어유희를 포착하려고 시도했던 이 번역은 브라이트(Bright, 22)에 근거한 것이다.

14.b. 바알르티(בעלתי)는 "나는 (너의) 남편이었다"로 번역될 수도 있다. 자세한 것은 "주석"을 보라.

14.c. 다르게 미슈파하(משפחה)는 "가문"으로 번역될 수 있다. "지역"으로 번역한 것에 대해서는 선행하는 도시와 평행을 이루기 위해서다. Bright, 22를 보라.

15.a. 문자적으로는 "목자들"이다. 2:8(과 **"주석"**) 참조.

15.b. 문자적으로는 "내 마음을 따라"이다.

16.a. 문자적으로는 "그것이 (그) 마음에 일어나지 않을 것이다"이다.

16.b. 몇 가지의 사본들은 보(בו, "그것")를 오드(עוד, "다시")로 대체하고 있으며, 극소

수의 사본들은 보보(בו) 뒤에 오드(עוד)를 첨가하고 있다(de Rossi, III, 68).

17.a. 괄호 안에 구별시킨 구절은 칠십인역에서는 생략된 부분이며, 엘레이하(אליה, "그것에로") 뒤에서 설명적인 부분으로 나타나고 있다.

17.b. 슈리루트(שררות)는 전통적으로 "유발하는"으로 번역된다(NEB 참조). "자기 신뢰"(부정적인 함의를 지닌)라는 번역은 스펜서(Spencer, *JBL* 100[1981] 247-48)의 연구를 따른 것이다.

18.a. 이 표현은 알-하아레츠(על־הארץ)이다. 이러한 두 가지 전치사들의 전환이 예레미야서에서는 흔한 경우는 아니지만, 소수의 히브리어 사본들처럼 알(על) 대신에 엘(אל)로 읽는 편이 더 나은 것으로 여겨진다(de Rossi, III, 68).

18.b. 칠십인역과 시리아역은 3인칭 복수 접미 "그들의 아버지들"로 보고 있으나, 마소라 본문의 2인칭 접미가 긍정적인 의미를 준다.

양식/구조/배경

3:14-18의 형식과 배경에 대해 이해하려는 시도는 별로 쉬운 해결책이 엿보이지 않는, 많은 수의 복잡한 문제들을 식별하는 작업으로 인해 어려운 것으로 이해된다. (i) 3:14-18과 선행하는 두 부분, 즉 3:12-13, 6-11과의 불확실한 관련성은 이미 앞서 "원문주해"를 통해 확인하였다. (ii) 3:14-18은 산문으로 계획되었지만 본문의 문학적인 성격에 대해서는 아직도 논쟁중이다. 따라서 예증을 통해 RSV는 14절을 시문으로 번역했고, 톰슨(Thompson, 198)은 14-15절을 시문으로 취급하고 있다. (iii) 14-15절이 시문일 가능성은 이 구절들과 12-13절 사이의 관계를 더욱 복잡하게 만들어 놓는다. 과연 이 구절들은 산문 단락으로 시작한 것인가, 아니면 시문 단락으로 끝맺음을 한 것인가? 할러데이는 14a절을 선행하는 시문 단락에 속한 것으로 보았으나(*Architecture*, 46-48), 다른 사람들은 14a절을 산문 단락의 개시사 정도로 이해하려 들 것이다. (iv) 현재의 형태를 가진 이 단락은 두 가지 이상의 부분들로 구성되는 것이 거의 확실해 보인다. 14-15절은 산문이든 시문이든 간에 한 단위를 형성하고(이 부분에서 2인칭 대명사가 사용된다), 16-17절은 독립적인 단위를 형성하며, 18절은 편집상의 추가로 보인다(16-17절에서는 3인칭이 사용되었으나, 18절에 대해서는 불확실함이 있다. 18.b.의 "원문주해"를 보라). (v) 거대한 단락(3:1-4:4)을 구성하는 모든 단위들 중에서, 이 구절(14-18절)은 주변 내러티브들과의 사이에서 언어와 주제에 있어 가장 적은 공통성을 지니고 있다. 이 구절은 중심 단어로 시작하지만(슈부[שובו], 14절), 그 이후로는 3:1-4:4의 나머지 부분이 충분히 드러나고 있는 중심 단어와 주제가 본질적으로 부재하고 있다. (vi) 결국 여기 몇 개의 구절들의

의미를 해석하는 데는 상당한 어려움이 있고, 이 어려움은 반대로 문학적인 단위나 그 구성 부분들의 정황과 가능한 시기에 대한 이해의 불확실성만을 만들어 내고 있다. 이어지는 "주석" 부분에서 다듬어질 시각의 본질이 제공될 것이다.

본문은 현재의 형태로 도달하기 전에 이미 두 가지 발전 단계를 거친 것으로 보인다. 원래의 부분은 회개와 관련된 더 큰 문맥에 필수적인 성격을 띄면서 14-15절로 구성되고 있으며, 우선 여기에 16-17절이 첨가되었던 것이다. 그리고는 18절이 후에 추가되었다. 이렇듯 분명하게 보려는 시각은 가설일 뿐이지만, 이러한 가설의 세부 사항을 보도록 한다. (i) 14-15절은 회개를 다루는 원래의 단락(3:1-4:4)에 포함되어 있었다. 첫 행(14a절)은 회개에 대한 초대를 포함하면서 선행하는 시문 신탁(12b절)의 개시 행과 유사한 초대를 통해 균형을 이루고 있다. 원래 15절은 19절 이하에 뒤따르는 것이었을 수 있고, 그 속에서 중심 단어가 다시 사용되었던 것이다. 슈부(שׁובו, 14절), 타슈비브(תשׁובו, "돌아오다"), 바님(בנים, "아이들", 14, 19, 22절)과 쇼바빔(שׁובבים, "타락", 14, 22절)을 주목하라. 아마도 동사 나탄(נתן, 15, 19절)도 마찬가지일 것이다.

회개로의 초대는 추방으로부터의 돌아옴에 관한 것이 아니라, 훌륭한 정부의 회복에 관한 약속으로 이어진다("주석"을 보라). (ii) 16-17절은 예레미야적인 부분이다. 아마도 이는 또한 상대적으로 초기의 것으로 보인다(Weinfeld, *ZAW* 88[1976] 19-26를 보라). 그리고 훌륭한 정부 개념의 확장이 추가되었던 것이다. 이 절들의 내용은 근접한 문학적인 맥락과 거의 공통성을 가지지 않았다고 하더라도, 다른 예레미야적인 구절들과는 많은 양의 공통성을 지니고 있다(Weinfeld를 보라. 그리고 다른 문학적인 견해를 가진 경우는 P. Grech, *Augustinianum* 9[1969] 235-65이 있다). (iii) 마침내 18절이 추가되었다. 이는 아마도 추방시기를 반영하고 선행 구절들의 내용의 특정 국면을 증폭시키려는 편집상의 추가였을 것이다. 이러한 분석의 세부 내용은 이 절들의 내용과 관련해서 상술될 것이다.

주석

14-15 회개로의 초대. 이 단락이 시작되는 첫 두 절은 회개에 대한 큰 단락(3:1-4:4)에 필수적인 부분으로서, 근접한 두 개의 선행 구절들과 균형을 이루고 있다. 그래서 12-13절은 이스라엘에 회개를 제의하고, 14-15절은 유다에 회개를 제의하고 있는 것이다. 14-15절의 현재의 형태가 산문으로 여겨지기는 하지만, 실제로 여기에는 반시문적(半詩文的) 성격이 있다. 이는 아마도 이 부분이 원래는 시문이

었으나 현재 형태의 산문으로 변형되었다는 것을 지적하는 것으로 보인다.

회개에 대한 초대의 개시적인 부분은 정확하게 이스라엘에 주어졌던 것(12b절)과 균형을 이룬다. 그러나 선행 절에서는 이스라엘이 이름으로 언급되었던 반면에, 여기서는 간단하게 "타락한 자녀"로 언급된다. 이는 분명히 유다의 시민들을 언급한 것이다(아마도 2:30에서의 "자녀"를 회고하는 암시일 것이다. 그리고 3:19에서 다시 사용되는 것과 동일한 단어다). "나는 네 주인이다"라는 표현은 더 큰 맥락의 일반적인 성격과 잘 부합된다. 하지만 이런 표현은 여기서 유일하게 사용된 것이다. "나는 네 주인이다"로 번역된 것은 다음에 이어지는 훌륭한 정부의 주제에 적절한 뉘앙스를 제공한다. 그러나 이는 "나는 네 남편(בעלתי – 바알르티)이다"로도 번역될 수 있다. 그래서 조금 상이한 방향으로 발전하면서 이혼과 재혼의 주제가 3:1에서 성립되는 것이다. 다시 말해, 회개는 실제로 결혼 관계의 회복 이후에 가능해진다는 것이다. 이 뉘앙스는 더욱 진행된다. 그리하여 "나는 네 바알(*ba'al*)이다"라는 문장은 유다는 참 언약 신앙으로부터 그토록 쉽사리 타락하게 만들었던 풍요 신앙의 바알들에게 더 이상 구속될 수 없다는 것을 함축한다.

백성들이 성읍과 나라로부터 취해져 시온으로 복귀되어야 한다는 진술은 언뜻 보기에는 유다의 포로(나중의 경우라면)나 이스라엘의 포로(먼저의 경우라면)들을 거룩한 성읍으로 복귀시킨다는 것을 지적하는 것처럼 보인다. 그러나 이러한 설명은 본 의도가 아닐 것이다. 이 단어들은 15절과의 연관성에서 해석되어야 한다. 14b-15절은 회개가 예레미야가 신탁을 전달했던 시기에 그 땅에서 주권을 쥐고 있던 사악한 정부와는 대조적으로 시온(예루살렘)에 올바른 정부의 회복으로 이어져야 한다는 것을 지적하고 있다(2:8의 정부에 대한 고발을 좀더 보라. 그 부분은 사악한 "통치자들"이나 "목자"들에 관련되고 있으며, 동일한 단어가 여기 3:15에서도 사용되고 있다). 요약하자면, 회복은 약속되었다. 그러나 오직 이 백성이 회개하고, 또한 성읍들과 지방들을 올바르게 대표하는 정부를 포함하여 현명하고 신성한 사람들이 통치자들이라는 조건하에서 말이다. (문제삼고 있는 이 시기 동안의 통치 세력과 정부에 대한 자세한 내용은 잘 알려져 있지 않다. 개략적인 소개를 위해서는 R. de Vaux, *Ancient Israel*, 2nd ed.[London, 1965] 133-38를 보라.)

16-17 언약궤. 이 두 절은 훌륭하고 회복된 정부의 개념을 보충한다. 그것들은 세계적인 종류의 정부, 곧 예루살렘이라는 중심지에 위치하고 온 민족이 하나님을 깨닫게 되는 그런 정부를 기대하고 있다. 비록 이 절들은 현재 문맥에서 보충적인 성격을 가지고 있지만, 이 구절들이 예레미야적이라는 것을 부인할 만한 좋은 이유

는 발견되지 않는다. 실제로, 바인펠트(Weinfeld)는 이 절들의 신빙성에 대해서 뿐만 아니라, 이 절들의 시기가 요시야 왕 시기였다는 것에 대한 강한 논증을 제공하고 있다(*ZAW* 88[1976] 23). 이 절들은 분명하게 미래를 가지고 있으며, 실제적으로 종말론적인 초점을 가지고 있다. 아 점에서 이 절들은 주전 586년 이후의 시기를 반영하고 있는 것이 아니라, 이스라엘의 고대적 선지자 전승을 발전시키고 있다. 이 전승에서 여기 기술되고 있는 변화는 이미 예견된 것이다(사 2:2-4, 미 4:1-4, 참조). 이런 의미에서 예레미야가 일했던 요시야 시기의 언약궤의 실질적인 위치와 상태는 문제될 것이 없다(이 시기의 언약궤의 역사와 관련해서는 소긴[Soggin]과 하란[Haran]의 연구를 좀더 보라). 이 구절들은 주전 7세기 후반이나 6세기 초반의 언약궤의 실제 위치에 대해서는 아무것도 암시하지 않고 있으나, 미래에 언약궤가 더 이상 기능성을 지니지 못할 시기에 대한 예측을 하고 있는 것이다.

따라서 예레미야는 미래를 예견하고 있는 것이다. 16a절의 서론적이고 아마도 편집적인 진술에서, 이 일은 오히려 회개에 부수하는 훌륭한 정부의 회복에 뒤이어 나타나야 하는 번영과 증대 이후에 일어날 것이었다. "여호와의 언약의 궤"라는 표현은 아마도 제의적인 진술로서, 언약궤와 연계된 얼마간의 예전적 맥락에서 사용되는 것이다. 이러한 진술은 더 이상 사용되지 않고 있는데, 이는 언약궤가 이러한 미래 이스라엘의 신앙에서 어떤 중요한 역할도 감당하기를 그만두게 되기 때문이다. 17절에서 그 이유가 명확해진다. 하나님의 보좌였던 언약궤는 바로 예루살렘이 지상의 하나님의 보좌가 되기 때문에 그 중요성을 그만두게 되는 것이다. 그리고 이 언약궤가 이스라엘에서의 하나님의 현존을 상징해 왔던 반면에, 미래에는 예루살렘이 민족들의 세계라는 좀더 큰 정황 속에서 하나님의 현존을 상징하게 될 것이기 때문이다. 다시 말해서 예견되고 있는 변형은 선택된 백성의 한계를 넘어서 전체 세계의 민족들을 편입시키기 위해 확장될 것이며, 이 민족들의 자기 신뢰의 감정은 하나님을 향한 신뢰로 변화될 것이었다. 먼 미래에 대한 이와 같은 환영에서, 예레미야는 선택된 민족의 소명이 붕괴의 경계에 있던 당대의 재앙을 초월해서 제사장적인 민족으로서 봉사했던(출 19:5-6) 이스라엘에 대한 고대의 소명이 충족될 미래의 시기를 보았다. 이 구절들 속에서 소개되고 있는 일반적인 주제는 예레미야서의 뒷부분에서 더욱 상세하게 확장된다(특히 31:31-34을 보라).

18 **이스라엘과 유다의 회복.** 이 절은 편집적인 추가로 보인다. 이러한 추정이 가능한 것은 유다와 이스라엘 모두에 대한 앞서의 언급 때문이고, 또한 먼 미래에 대한 바로 앞 절의 언급 때문이다. 추방 이후의 관점으로부터 16-17절의 훌륭한 예견

의 조짐은 이스라엘과 유다의 약속된 땅, 곧 하나님의 심판 행위로 쫓겨난 적이 있는 그 땅으로의 복귀일 것이다. 기초 내러티브에 대한 첨가가 후대에 이루어졌다고 하더라도, 이 절의 내용은 예레미야의 사고와 일치한다(Thompson, 203-4를 보라). 이것이 예레미야에게서 온 것인지, 아니면 바룩에 의한 것인지, 몇몇 후대 서기관에 의한 것인지는 확정되고 있지 않다.

해설

4:3-4에 이어지는 "해설"을 보라.

회개와 용서(3:19-4:2)

참고문헌

Ellison, H. L. "The Prophecy of Jeremiah." *EvQ* 32(1960) 214-15. **Paul, S. M.** "אימוץ לשונות(Adoption Formula)." *Ereș Israel* 14(1978) 31-36.[Heb; English summary, 123.] **Seebass, H.** "בוש." *TDOT*, II, 50-60.

본 문

19 내가 스스로 말하기를 내가 어떻게 하든지 너
를 자녀 중에 두며 허다한 나라 중에 아름다운 산
업인 이 낙토를 네게 주리라 하였고 내가 다시 말
하기를 너희가 나를 나의 아버지라 하고 나를 떠
나지 말 것이니라 하였노라
20 그런데 이스라엘 족속아 마치 아내가 그 남편
을 속이고 떠남같이 너희가 정녕히 나를 속였느
니라 여호와의 말이니라
21 소리가 자산 위에서 들리니 곧 이스라엘 자손
의 애곡하며 간구하는 것이라 그들이 그 길을 굽
게 하며 자기 하나님 여호와를 잊어버렸음이로다

19 "I used to think 2+2? how I would like to
make you sons[a] and give you a pleasant land, 3+3
the most beautiful[b] inheritance of the nations. And
I used to think you[c] would call me 'My father' 3+3
and not turn[d] back from following me.
20 Yet as surely as a wife has been faithless to her
partner, so you have been faithless to me, O House
of Israel." 4+4 The Lord's oracle.
21 A sound is heard over the countryside,[a] 3+3
the weeping entreaties of Israel's children, for they
have perverted their path, 3+3 they have forgotten
the Lord their God.

22 배역한 자식들아 돌아오라 내가 너희의 배역함을 고치리라 보소서 우리가 주께 왔사오니 주는 우리 하나님 여호와이심이니이다

23 작은 산들과 큰 산 위의 떠드는 무리에게 바라는 것은 참으로 허사라 이스라엘의 구원은 진실로 우리 하나님 여호와께 있나이다

24 부끄러운 그것이 우리의 어렸을 때로부터 우리 열조의 산업인 양떼와 소떼와 아들들과 딸들을 삼켰사온즉

25 우리는 수치 중에 눕겠고 우리는 수욕에 덮이울 것이니 이는 우리와 우리 열조가 어렸을 때로부터 오늘까지 우리 하나님 여호와께 범죄하여 우리 하나님 여호와의 목소리를 청종치 아니하였음이니이다

4:1 여호와께서 가라사대 이스라엘아 네가 돌아오려거든 내게로 돌아오라 네가 만일 나의 목전에서 가증한 것을 버리고 마음이 요동치 아니하며

2 진실과 공평과 정의로 여호와의 삶을 가리켜 맹세하면 열방이 나로 인하여 스스로 복을 빌며 나로 인하여 자랑하리라

22 "Turn back, backsliding children: 3+3 let me heal[a] your backsliding!" "Here we are! We have come to you, 3+3 for you are the Lord our God.

23 Surely the hill-shrines[a] are a sham, 3+2 and the murmurings on the mountains. Surely in the Lord our God 3+2 is Israel's salvation!

24 But shame has devoured 2+3? our fathers' toil from the time of our youth, their flocks and their herbs, 2+2 their sons and their daughters.

25 Let our shame be our bed,[a] 2+2 and let our humiliation be our blanket,[b] for we have sinned against the Lord our God, 3+3 we and our fathers from the time of our youth; and up to this day we have not obeyed 3?+3 the voice of the Lord our God."

4:1 "If you turn, O Israel" 2+2 – the Lord's oracle – "turn to me! And if you put aside from me your sinful things 3+2 and[a] do not waver,

2 and take in integrity the oath The Lord lives 3+2 in justice and in righteousness, Then nations shall bless themselves by him 3+2 and in him shall they exult."

원문주해

19.a. 칠십인역은 조금 다른 본문을 가지고 있다. "아멘, 여호와여, 제가 …을 세울 것이니…." 이는 아멘 야흐웨 키(אמן יהוה כי)를 함축하고 있다. 이러한 이독 현상은 다른 본문 전승을 반영하는 것으로 보인다.

19.b. 츠비 치브오트(צבי צבאות)는 최상급 표현으로 해석된다. 칠십인역은 이 부분에서도 차이를 드러내는데, 엘로헤이 츠바오트(אלהי צבאות, "만군의 하나님")의 본문을 전제로 하고 있기 때문이다.

19.c. 두 경우 모두에서 자음 본문은 (칠십인역과 시리아역을 따라) 2인칭 복수를 함의하고 있다. 하지만 케레와 다수의 히브리어 사본들(de Rossi, III, 68d)은 이 동사를 단수로 해석한다. 이는 이 절의 앞부분에 단수 접미가 주어진 것으로 미루어 더욱 적절한 것으로 여겨진다. 그러나 20절에서 동사의 복수 형태가 다시 나타나고 있으며, 그 경우에는 히브리어 사본들이 단수에 대한 증거를 주지 않는다.

19.d. 칠십인역, 시리아역, 탈굼역으로 미루어 부(בו־, 복수형)를 "그리고 그들이 돌아

오지 않을 것이다"로 해석하였다. 케레는 비(־בי, 단수, "그리고 그것(she)은 돌아오지 않을 것이다")로 번역하였다.

21.a. 슈파임(שפיים)의 의미에 대해서는 3:2.a.의 "원문주해"를 보라.

22.a. 에르파(ארפה, "치료하다"). 누구든지 이 곳에서 에르파(ארפא)를 기대할 수밖에 없는 것은 히브리어 사본들에서 풍부한 증거가 드러나고 있기 때문이다(de Rossi, III, 69 참조). 그러나 여기서의 형태는 여러 이본들을 하나로 합치려는 노력에서 드러난 청유형(cohortative) 에르파(ארפאה)로 이해된다.

23.a. 문자적으로는 "언덕들"이다.

25.a. 문자적으로는 "우리가 우리의 부끄러움에 눕자"이다.

25.b. 문자적으로는 "우리의 부끄러움이 우리를 덮을 것이다"이다.

4:1.a. 아마도 접속사가 생략되었을 것이다(카이로 사본, 칠십인역, 시리아역으로 미루어 볼 때). 하지만 히브리어 사본 전승의 증거는 보존을 더 선호했다.

양식/구조/배경

여기 시문 단락은 다수의 뚜렷이 구별되는 요소들로 이루어졌지만 하나의 단일체로 드러나고 있다. 이는 원래의 좀더 긴 예언 신탁으로부터 인용되었거나, 아니면 초기에 더 큰 단락 안에서 다른 단일한 시문에 연결되었던 것으로 보인다(3:1-4:4 전체에 대한 "양식/구조/배경" 단락에 더 자세히 언급한 내용을 보라). 전체가 두루 시문으로 나타나고 있으나, 24-25절 부분에서는 시문 분석이 특히 어려움에 부딪히고 있다(NEB와는 다르게, 이 부분을 산문으로 번역한 RSV를 참조하라).

이 부분의 내적인 구조는 다음과 같이 분석될 수 있다.

하나님의 이스라엘에 대한 실망(19-20절)
마음의 변화와 회귀의 초대(21-22b절)
참회의 시편(22c-25절)
회개의 결과(4:1-2절)

전체 구절이 주제에 있어 상당한 통일성을 가지고 있지만 어떤 부분은 독립적인 근원을 가졌을 가능성이 있는데, 특히 참회의 시편(혹은 발췌 시편, 22c-25절)이 그렇다.

이 구절과 큰 규모의 단락(3:1-4:4) 사이의 내적 관계성은 특별히 다음에 열거되는 단어와 주제의 용례와 반복 속에서 확인될 수 있다. (a) 바님(בנים, 19, 22절, 그리고 14절 참조). (b) 나할(נחל, 19절, 그리고 18절 참조). (c) 카라 아비(קרא אבי,

19절, 그리고 4절 참조). (d) 바가드(בגד, 20절, 그리고 7, 8, 11절 참조). (e) 슈피(שפי, 21절, 그리고 2절 참조). (f) 데레크(דרך, 21절, 그리고 2, 13절 참조). (g) 샤카르(שקר, 23절, 그리고 10절 참조). (h) 나우르(נעור, 24, 25절, 그리고 4절; 2:2 참조). (i) 칼람(כלם, 25절, 그리고 3절 참조). (j) 샤마 브콜(שמע בקול, 25절, 그리고 13절 참조). (k) 전체적으로 드러나고 있는 슈브(שוב)의 다양한 형태들. 이러한 반복들 중에 소수가 우연한 경우인 반면에(그리고 이러한 목록은 지나치게 광범위하다), 3:19-4:2과 큰 문단 사이의 전반적인 주제의 통일성이 인상적이다.

정확히 해둘 수는 없더라도, 우리는 이 구절이 속하고 있는 원래의 신탁이 요시야왕 치하의 어느 시점에서 선포되었다는 정도는 가정할 수 있다.

주석

19-20 이스라엘에 대한 하나님의 실망. 이 곳의 동사들은 선택된 백성에 대한 하나님의 연민과 실망에 대한 통찰을 주고 있다. 시종일관 그의 백성에게 "아들"의 지위를 주려는 것이 하나님의 의도였다. 마찬가지로 그들은 훌륭한 땅의 유산을 받으려 했고, 하나님을 "내 아버지"라 부르려 했다. 그리고 그들은 그의 길을 걷는 일에서 돌아섰다. 연민의 감정은 하나님께서 진정으로 그의 백성을 아들로 삼았고, 그들에게 유산으로 땅을 주려 하셨다는 점에 있다. 실망은 이러한 아들됨에 대해 백성들이 응답하는 데 실패한 것에서 발견된다. 그 이유는 그들이 계속해서 하나님께 불신앙적이었기 때문이다.

충실함의 은유가 다시 한 번 결혼에 관한 어휘 속에서(20절) 나타나면서, 이 장(특히 3:1-5)의 중요한 주제를 회상시키고 있다. 아내로서 그 남편에게 불충실했으므로 "이스라엘의 집"은(여기서 분명하게 북왕국과 남왕국 모두가 포괄되고 있다) 전적으로 불충실했던 것이다. 이 두 가지 은유, 즉 아버지로서의 하나님과 남편으로서의 하나님은 언약 신앙의 서로 다른 차원을 계시해 준다. 아버지로서의 하나님의 개념은 신명기의 주도적인 주제였다. 이를 위해서는 신명기 1:31, 8:5과 Craigie, *Deuteronomy*, 41-42를 보라. 이것이 바로 19절에서 발전되고 있는 아버지와 아들의 개념이다. 하지만 슬픔이 모순과 혼합되고 있다. 하나님께서는 그의 백성에게 "내 아버지"라는 사랑에 가득 찬 호칭을 기대하셨던 것이다. 하지만 역사의 실체 속에서 이 표현은 일시적 심판의 시기(3:3 참조)에만 위선적으로 사용될 뿐이었다. 이 구절들의 반성적인 성격은 하나님의 마음 속에 영원히 자리잡은 온정과 사랑을 비춰 준다. 그는 실패에 대해 실망하면서도 여전히 사랑하고 계시며, 여전히 회개를 원하고 계신다(3:22). 우리가 선지자의 심판에 대한 선언(4:5 이하)을 읽을 때 가장 중요한 것은 이러한 깊은 동정심에 대한 기억을 유지해야 한다는 것이다. 심판 때도 동정심은 여전히 남아 있었으며, 사랑의 관계 회복을 위한 심판을 초월하는 소망이 남은 것이었다.

21-22b **이스라엘의 심적인 변화와 회개로의 초대.** 21절에서 선지자의 언어는 역사적인 사실이라기보다는 그가 갈망하는 생각이라는 점을 더 반영한다. 다시 말해서, 그는 발생한 사건을 기술하고 있는 것이 아니었다. 그는 자신이 일어나기를 바라는 일을 기술하면서 이를 통해 그의 청중과 더불어 자신의 환상을 나누기를 소망했다. 그래서 그들을 행동으로 옮겨가도록 촉발하고 싶었던 것이다. 그의 말은 애가의 소리를 방불케 하면서 최소한 그 길의 잘못을 감지했던 민족에게서 발생한 것이었다. 하나님을 잊어버린 채로 그들의 삶의 길은 그 실존의 진정한 근원으로부터 멀어진 채 사악한 뒷길에서 비틀거리게 되었던 것이다. 고통을 느끼며 자신들이 길을 잘못 들어섰음을 인지하면서, 그 백성은 탄원과 회개로써 하나님께로 돌아온다. 이것은 어쩌면 선지자의 바라는 바가 아니었는가?

그러나 만일 이러한 상황이 발생한다고 하더라도 그것이 헛된 일일까? 하나님께로 돌아오는 일이 그렇게 힘든 일이었을까? 이것이야말로 회개를 말하고 있는 이 강화가 처음부터(3:1) 제시했던 소름끼치는 질문이었던 것이다. 이제 선지자는 이 질문에 대해 확고하게 답하면서 회개를 위한 하나님의 권유(22a-b절)를 말한다. 그리고 선행하는 내러티브를 통해서 미루어 볼 때, 바로 이 권유는 하나님의 은총이 특별하게 드러난 행동으로 보인다. 이혼당한 여인이 재혼했다가 다시 이혼당하고서 원래의 남편에게로 돌아갈 수 있을까? 그것은 율법에 의하면 불가능한 일이다(3:1). 그리고 율법을 따라 이스라엘에게도 역시 이것은 유효하다. 언약을 저버리고 잘못된 언약을 취하고서, 과거의 언약 관계로 다시 되돌아가는 것이 가능하겠는가? 언약의 율법은 명확히 이의를 제기한다. 그럼에도 불구하고, 언약은 비록 율법에 의해 규정되었더라도 사랑으로부터 출발한 것이었다(신 7). 그리고 무엇보다도 여기에 묘사되고 있는 회개를 향한 초대는 사랑의 행위이며, 하나님의 사랑의 본성에 대한 조명이었던 것이다.

22c-25 **참회의 시편.** 이 참회에 대한 언어는 이것이 마치 백성의 것인 양 묘사된 선지자의 말이다. 즉, 선행 절들의 수사적인 장치가 아직도 지속되는 것이다. 선지자의 이상 속에 이 백성이 진정으로 그들의 입술에 이러한 말들을 담아야 하며, 그들

의 어리석음 따위는 그들의 뒷전에 남겨두고 회개를 통해 하나님께로 돌아와야 한다는 것이었다. 그러나 그것은 어디까지나 아직 성취되지 않은 이상이었다. 실제로, 이것은 선지자의 사역이 가진 유일한 목표였다. 그는 이를 말들을 사용함으로써 부분적으로는 성취하기를 기대했던 것이다.

근접한 문맥을 통해서 보자면, 언어적으로 참회 예전 중 일부 형식이 나타나고 있다. 첫째로, 하나님께서는 (대제사장[presiding priest]이나 제의-선지자[cult-prophet]를 통해) 회개로의 초대를 언명하셨다(22a-b절). 여기서 백성은 그 초대에 대한 응답으로 회개를 진술하게 된다(22c-25절). 그러나 다음 구절 속에서(4:1-2) 제사장/선지자를 통해 하나님으로부터 한 차례 더 응답이 이루어진다. 이렇게 드러나는 말들은 문맥 가운데서 예전을 형성하지는 않는다(이것들이 백성들에게는 친숙한 몇 가지 예전 속에서 인용된 것이지만). 예전적인 형태는 회개에 대한 하나님의 초대와 백성에게서 기대되는 이상적인 반응을 강조하기 위해 적용되었을 뿐이다.

만일 이 언어가 백성들에 의해 사용되고 이해되었다면 하나님께로 돌아오는 일에 적합한 국면을 반영했을 것이다. 첫째로, 하나님께로 돌아옴에서 백성들은 그들의 지각을 밝혔다. "당신은 여호와 우리의 하나님이십니다." 이 단순한 진술은 중요한 의미를 갖는 것인데, 과거의 잘못의 뿌리가 여호와를 자신들의 유일하시고 진정하신 하나님으로 깨닫는 일에 대한 실패와 그 결과로 그들이 풍요 제의의 거짓 신들을 의지한 것에 있었기 때문이다. 그들은 하나님에 대한 깨달음을 선언하면서 그들이 의지했던 거짓 신들에게 즉각적인 비난을 하려고 했다. 풍요 제의 산당은 그것이 가진 모든 유혹과 매력을 지녔음에도 불구하고 실상은 모조품들이었다. 거기서 이루어진 언어는 그 모든 풍요와 부의 약속으로 인해 본질적으로는 "속삭임", 곧 진정한 실체가 없는 언어 그 이상이 될 수는 없었다(23a-b절). 이스라엘에게 "구원"(승리, 구원)은 유일하고 진실하신 언약의 하나님에게서만 발견될 수 있었던 것이다.

구원의 진정한 근원을 깨달음은 잘못된 신앙의 시기에 잃어버렸던 모든 것에 대한 깨달음으로 특징지어진다. "부끄러움이 우리 선조들의 노력을 집어삼켜 버렸다…"(24절). 여기서 "부끄러움"이라는 말은 바알이라는 이름에 대한 완곡한 표현으로 볼 수 있는데, 이는 예레미야와 구약 성경 내의 다른 부분에서도 마찬가지다(11:3 참조). 여기서의 의미는 바알에게 바쳐진 세월이 선조 세대의 노역(勞役)과 분투를 놀림감으로 만들어 버렸다는 것이다(Thompson, 209-20 참조). 그러나 이러한 해석이 필연적인 것은 아니다(Seebass, *TDOT*, II, 55 참조). 또한 선지자의 언어는 단순히 어떻게 선조대의 어리석음이 이루어진 모든 일을 비웃음거리로 만들어 버렸는지를 지적하는 것일 수도 있다.

참회 진술의 마지막에 가서(25절) 죄에 대한 분명하고 모호하지 않은 고백이 나타난다. 만일 백성들이 예레미야의 설교에 응답해야 했다면, 그들은 자신들이 하나님께 대항하는 범죄를 저질렀다는 것과 이러한 행동이 그들에게 어떠한 결과를 낳았는지를 분명하게 깨닫는 일이 그것이었을 것이다. 죄가 그들의 침대가 되어야 했고, 굴욕은 그들의 이불이 되어야 했으나, 그들은 다른 누군가가 그들에게 이런 일을 저질렀다고 주장할 수가 없었다. 그들은 자신들의 침대를 만들어 놓은 상태였고, 이제 그 위에 누워야만 했던 것이다. 새로운 삶을 향한 유일한 가능성은 죄의 깨달음 속에 있었고, 여기 진술된 고백의 말들은 부끄러움의 침실에서의 탈출구를 열어 놓았다. 죄의 본성은 25절 마지막 부분에 명시되는 바와 같이 하나님의 음성에 순종하는 데 실패한 일이었다. 다시 말해서, 이스라엘의 신앙을 위한 언약의 조건에 순종하는 일에 대한 실패였다. 하나님의 음성에 순종하는 것은 언약의 하나님을 향한 사랑으로부터 솟아나는 것이었다. 사랑이 하나님에게서 빗겨 나가고 산당의 신들을 향하게 되었을 때, 진정한 순종은 더 이상 가능할 수 없었던 것이다. 이는 하나님의 음성의 촉발이 산에서의 속삭임과 섞여 더 이상 들리지 않게 되었기 때문이다.

1-2 회개의 결과들. 참회의 말들이 백성들에 의해 말해졌다면, 이 말들에 이어서 재차 하나님의 말씀이 나와야 할 것이다. "네가 **돌아오려거**든…내게로 **돌아오라**." 다시 한 번, 어근 슈브(שוב)에 대한 언어유희가 나타나며, 이것은 본 단락 전체(3:1-4:4)에 주도적인 현상이다. 실패의 본질은 "돌아섬"이었다. 이것은 백성들이 하나님으로부터 풍요신들을 향한 신앙으로 돌아섰을 때 시작되었다. 그리고 선으로부터 악행의 시행으로 옮겨갔던 것이다. 전체적으로 드러나고 있는 선지자의 요청은 돌아갔던 백성들이 돌아와야 한다는 것이었다. 그리고 이 언어(앞서의 참회의 말들에 대한 응답) 속에는 생이 발견될 수 있는 유일한 방향으로의 진실한 돌아옴, 즉 하나님께로 돌아옴을 목표로 하는 요청이 있었다. 진정한 하나님께로의 돌아옴, 그리고 동시적으로 과거와 관련된 죄행을 그만두는 일은 언약 공동체의 고결함이 다시금 가능해질 경우 새로운 생명을 가능하게 만들 것이다. "여호와께서 살아 계신다!" 이 말은 고결함과 공의와 정의로움이 믿어지는 경우 이것들과 더불어 사용될 수 있는 언어다. 그리고 그것들에 대한 믿음은 바알 제의를 포기함을 내포하고 있다. 바알 숭배자들 또한 제의적인 외침을 가지고 있다. "바알께서 살아 계신다." 이 말은 이제 영원히 중단되어야만 했다. 그리고 그 자리에 여호와의 살아 계심을 깨닫는 언어가 위치하는 것이다. 이 모든 일들이 이루어졌을 때, 즉 하나님께로 돌아오고, 죄

를 그만두게 되며, 살아 계신 하나님에 대한 새로운 깨달음이 이루어졌을 때야 비로소 하나님의 선택된 백성을 향하신 옛적의 목적이 충족되는 것이다. 다시 말해, 이스라엘의 사역을 통해 그들이 하나님을 깨닫게 되는 그러한 이유로 모든 민족에게 축복이 임하게 되는 것이다(4:2, 그리고 출 19:5-6 참조). 그래서 회개로의 부르심의 목표는 선택된 백성들만을 위한 것이 아니었으며, 세계 안에서의 하나님의 더 큰 목표 즉 이스라엘이라는 중재를 통해 모든 민족에게 주어질 축복을 위한 것이었다.

해설

4:3-4에 이어지는 "해설"을 보라.

회개에 대해 다시 부르심(4:3-4)

참고문헌

Althann, R. "*mwl*, 'Circumcise' with the *lamedh* of Agency." *Bib* 62(1981), 239-40. **Berridge, J. M.** *Prophet, People*. 77. **Déaut, R. le.** "Le Thème de la Circoncision du Coeur(Dt. xxx 6; Jer iv 4) dans les Versions anciennes(LXX et Targum) et à Qumrân." *VTSup* 32. Leiden: Brill, 1981. 178-205.

본 문

3 나 여호와가 유다와 예루살렘 사람에게 이같이 이르노라 너희 묵은 땅을 갈고 가시덤불 속에 파종하지 말라

4 유다인과 예루살렘 거민들아 너희는 스스로 할례를 행하여 너희 마음 가죽을 베고 나 여호와께 속하라 그렇지 아니하면 너희 행악을 인하여 나의 분노가 불같이 발하여 사르리니 그것을 끌 자가 없으리라

3 For thus has the Lord said to the citizens[a] of Judah and to Jerusalem:[b] "Till the untilled ground, but do not plant among thorns. 3+3?

4 Be circumcised by[a] the Lord 2+3 and set aside the foreskins[b] of your heart, citizens of Judah 2+2 and inhabitants of Jerusalem. Or else my fury will go forth like a fire: 3+3+3 it will burn with none to extinguish it, because of the evil of your actions."

원문주해

3.a. 문자적으로는 "인간". 그 의미는 집합적이다.

3.b. 이와 달리 "예루살렘의 거주민들에게"로 볼 수도 있다. 이는 소수의 히브리어 사본들, 칠십인역, 시리아역, 탈굼역의 지지를 얻고 있다(4절 참조).

4.a. 신명에 추가된 라멧(ל)은 작인(作人, agency)을 묘사한다. 이는 알트한(Althann, *Bib* 62[1981] 239-40)이 제안한 내용이며, 신 30:6의 경우와 평행을 이루는 개념을 제공하고 있다.

4.b. 다수의 사본들, 칠십인역, 시리아역은 단수 명사를 사용하고 있다.

양식/구조/배경

회개에 관한 단락에서 두 개의 결론 절은 본래 선행하는 문단으로부터 독립되어 있었던 것 같다. 그들의 현재 위치는 선행 내러티브의 결론으로서, 그리고 뒤이을 심판에 관한 긴 단락으로의 전이로서 기능하고 있다. (산문으로 이루어진) 짧은 신탁의 서론은 이 절들이 인용되었던 출처로서 별도의 신탁의 존재를 지적할 수도 있으며, 아니면 선행 절들이 가진 이스라엘과 유다 모두를 아우르는 초점을 더욱 좁혀가는 것일 수도 있다. 이제 결론적인 진술 속에서 초점은 특별히 유다와 예루살렘으로 정초되는데, 이는 이런 맥락 속에 전승이 남겨지고 있으며, 이 메시지가 (그 문학적 형식 속에서는) 유다에게 전해진 것이기 때문이다.

이 짧은 단위의 언어와 이미지는 대부분 3:1에서 4:2로 이어지는 회개의 주된 주제로부터 다양한 방식으로 상당히 구별되고 차별된 것이다. 이 부분은 동사 수르(סור, "저버리다", 4절, 그리고 4:1 참조)의 반복적인 사용으로 인해 즉각적으로 선행 단락과 연결되고 있으나, 여기에 선행 구절과 언어나 주제에 있어서 중요한 일치 현상이 없는 것은 아니다. 그러나 회개의 일반적 주제(3-4a절)와 심판의 위협(4b절)은 이 절들의 전이적인 역할과, 이에 따르는 예레미야 2-6장 전체의 배열 속에서 편집자의 의도를 지적해 주고 있는 셈이다.

주석

회개에 대한 개괄적인 진술 속에서 사용되어야 하는 첫 번째 은유는 농경 세계로부터 유추되고 있다. 훌륭한 산물이 심겨지고, 전에는 잡초뿐이었던 광야에서 자라나게 만들기 위해 "미경작지"(혹은 미개간지)는 부서져야 했다. 이러한 은유의 첫 부분의 본질은 단단함의 개념이다. 단단한 땅은 뿌려진 씨앗이 파고들 수 없는 곳이며, 그래서 씨앗 속에 담겨진 새로운 생명에게 허락할 공간을 줄 수 없다. 이 단단함이 부서질 때에야 씨앗은 그 자랄 자리를 발견할 수 있는 것이다. 그러나 은유는 확대된다. 즉, 어떤 씨앗들은 가시나무가 있는 광야의 미개간된 단단한 흙 속에서 자라난다. 새로운 생명이 담긴 씨앗은 부서진 흙 속에 심겨져야 하지만 성장을 막고 억제시키는 가시나무는 피해야 한다. 그래서 선지자의 첫 번째 은유에서 그는 오래된 주제, 선대의 선지자 호세아(10:12)에 의해 주전 8세기에 사용된 적이 있는 그 주제를 발전시키고 있다. 마음의 단단함은 미개간된 흙처럼 부서져서 의로움과 새 생명의 씨앗이 꽃피게 만들어야 하는 것이다. 그리고 이 말 속에서 예레미야가 호세아의 전승에 서 있듯이, 후에 우리는 동일한 주제를 사용하여 이를 "씨뿌리는 자와 씨앗의 비유"(막 4:1-9)로 너욱 심화 발전시키고 있는 또 하나의 선생을 만나게 된다.

두 번째 은유는 우선 전적으로 다른 것으로 보인다. 이는 여전히 단단함의 주제를 지속시키고 있다. 언약의 외적인 표식은 이스라엘의 종교 속에서는 할례, 즉 아브라함(창 17:10-14)의 대에까지 거슬러 올라가는 고대 관습의 표식이었다. 그러나 선지자는 여기서 이 관습을 은유적인 방식으로 사용한다. 즉, 할례 받아야 하는 것은 마음인 것이다. 그리고 언약의 문자적 표식이 인간 행위자(4a절)에 의해 만들어질지라도, 그 외적인 고백이 지닌 복잡한 성격에도 불구하고 기저에 있는 언약의 삶은 인간과 하나님 사이의 마음(여기서는 전체적인 내적 삶과 관계된다)이 갖는 관계성이었던 것이다. 단단한 마음을 가진 자들은 살아 계신 하나님과의 깊은 관계를 누릴 수가 없었다. 따라서 단단한 마음이 부서져야 하는 것과 마찬가지로, 회개 안에서 하나님을 향한 진정하고 지속적인 돌아섬이 있어야 한다면 마음의 지나친 단단함은 잘려져서 제거되어야 하는 것이다.

생명이 말라 버린 이전의 단단한 마음을 부수는 데 실패하는 것은 필연적으로 심판을 초래하게 된다. 간단히 말해서, 선지자는 심판의 양자택일을 지적하고 있다. 마치 시골의 화재가 말라 버린 그루터기와 가시덤불을 빠르게 태워 없앨 수 있는 것처럼(농경의 은유를 지속시키면서), 그렇게 하나님의 진노도 악에 처한 유다를 소멸시키리라는 것이다. 그러나 이 주제는 다음 단락에서 상당한 발전을 이룬다.

3:1-4:4에 대한 해설

선지자가 민족적인 죄악에 대한 하나님의 고발(렘 2장)을 선언한 후 이제 회개에 대한 열정적인 요청으로 이어진다. 회개라는 것이 돌아서는 행동이기에, 이 요청은 쉽게 말해 고발 이후에 나올 수 있는 것이다. 만일 이 일이 분명하게 의식적으로 수행되려면 그들이 돌아서게 된 일, 곧 지속적인 악행, 그들이 돌아가야 하는 언약의 하나님을 향해 회개하는 자들의 마음 속에는 깨달음이 있어야 한다.

회개의 본질은 예레미야의 이 부분이 그토록 분명히 해두듯이 돌아섬이다. 성 어거스틴의 고대 기도서 중 하나의 서문은 이 메시지의 정신을 담아내고 있다. "오 그대, 그대에게서 돌아섬은 타락이며, 그대에게로 돌아섬은 살아남입니다." 생명의 열쇠가 그가 맞닥뜨리게 되는 방향 속에서 발견되기 때문에, 그 길이 잘못된 것이라면 그는 이를 찾기 위해 올바른 방향으로 돌아서야 하고, 그 생명의 길로 돌아서야 한다. 그래서 선지자는 쉽지 않은 직무에 참여하게 된 것이다. 그는 그의 백성에게 그들이 삶의 길 가운데서 잘못된 방향으로 들어섰음을 증명해야 할 뿐만 아니라, 또한 그들을 하나님께로 이끄는 새로운 방향으로 의식적으로 돌아서도록 설득해야 하는 것이다.

하지만 회개가 인간의 행동이며 의식적인 전환임에도 불구하고 쉽고 간단하게 수행될 수는 없다. 그래서 선지자는 회개로의 요청을 전하기 전에 회개의 진정한 가능성에 대해 의문을 삼았던 것이다. 인간의 관점에서 볼 때 회개는 본질적인 것으로 보일지라도, 그토록 오랫동안 부끄럼 없이 무시해 왔던 하나님께로 다시금 돌아서는 것이 허용될 수 있을 것인가? 모든 율법의 유비는 그토록 기나긴 거절의 역사로부터의 회개가 불가능하다는 것을 암시해 줄 것이다. 당신은 긴 시간 동안 이루어진 사랑의 관계를 쉽게 거절할 수도 없고, 어떤 성향에 사로잡히는 경우에 무심코 그것으로 돌아가기도 어려울 것이다. 계속해서 선지자는 율법의 유비가 부적절함을 분명히 하고 있다. 그것은 율법이 항상 하나님의 사랑에 부수적인 것이며, 회개가 가능한 것이기 때문이다. 그러나 사랑이 거절당했기 때문에 회개는 간단한 일이 될 수 없으며, 이는 급진적인 변화이면서 동시에 전환의 상황에 걸맞는 참회의 태도여야 한다.

선지자의 언어 속에서 회개가 단순히 악행으로부터의 돌아섬은 아니라는 것이 또한 분명해진다. 악한 행위가 더욱 심오한 문제의 결과, 다시 말해 관계성에서의 근본적인 이탈이기 때문에 요구되는 그 이상의 일이다. 회개의 이러한 차원은 선지자의 결혼과 결혼에 있어서의 불충실에 관한 언어의 사용 속에서 분명하게 추출된다. 결혼의 상황에서 불충실의 행위는 그것이 묘사하는 것, 즉 관계성의 당사자에 의한 사랑의 서약에 대한 실패로 인해 중대한 성격을 갖는다. 그리고 선지자에 의해 그토록 길게 상술된 이스라엘의 범죄 목록은 그것이 표면하에 놓여진 깊은 잘못을 지적하고 있기 때문에 중대한 것이다. 그 뿌리로부터 이스라엘은 언약 관계 안에서 하나님을 향한 그 사랑과 충실성에 대한 통찰력을 상실해 버렸다. 그리고 사랑의 부재로 창출된 진공으로 인해 악의 모든 유형이 민족의 생활 속으로 주입되어 버렸다. 회개가 있어야 한다면 광범위한 규모의 청결 작업이 이루어져야 한다. 수많은 거짓 친구들이 제거되어야 하고, 무엇보다도 하나님과의 진정한 관계성이 회복되어야 한다.

비록 회개의 목표가 하나님과의 관계성의 회복일지라도, 이것이 그 적합한 시각을 유지하지 않는 한 이 역시 쉽게 이기적인 목표가 되기 쉽다. 간절한 회개에 대한 예레미야의 요청은 선택된 백성들에게 전해졌다. 여기서 그는 그들이 재앙에 이르는 몰락의 항로로부터 돌아서는 것을 보기를 갈망했던 것이다. 여전히 선지자의 환상은 이보다 더 폭넓은 시야를 지녔다. 발하자면, 그는 세계를 향한 하나님의 더 광범위한 목적을 잊지 않았던 것이고, 이 목표는 하나님의 백성이라는 도구를 통해 성취될 것이었다. 따라서 그 백성이 하나님께로 돌아가기를 간구했던 그의 열정의 일부분은 모든 민족이 이스라엘을 통해(4:2) 하나님께 축복을 얻게 되는 열망과 관계되었던 것이다. 그리고 이것이 회개에 관련된 모든 사고에서 견지해야 할 건전한 시각이었다. 초점은 회개를 요청받은 그들뿐만 아니라 하나님께서 회개와 용서의 삶의 변화를 통해 도달하기를 갈망하셨던 더 넓은 세계에도 정초되어야 했던 것이다.

C. 하나님의 심판 선언(4:5-6:30)

참고문헌

Althann, R. *A Philological Analysis of Jeremiah 4-6 in the Light of Northwest Semitic.* Ph.D. diss., University of Zimbabwe, 1980[BibOr 38. Rome: Biblical Institute, 1983]. **Castellino, G. R.** "Observations on the Literary Structure of Some Passages in Jeremiah." *VT* 30(1980) 398-408. **Gailey, J. G., Jr.** "The Sword and the Heart, Evil from the North - and Within, An Exposition of Jeremiah 4:5-6:30." *Int* 9(1955) 294-309. **Odajima, T.** "Prophetic Speeches of Jeremiah on the Foe from the North." *Shangaku-Ronshu* 12

(1977) 84-123[in Japanese]. **Reventlow, H. G.** *Liturgie und prophetisches Ich bei Jereia.* Gütersloh: Gerd Mohn, 1963. **Rizzi, G.** *Sermoni poetici Geremiani appartenenti al ciclo del pericolo dal nord: Uno studio sul genere letterario di Ger. 4:5-6:30 & Ger. 8:4-9:25.* Jerusalem: Franciscan Publishing House, 1980.

양식/구조/배경

이 혼합된 구절은 예레미야의 초기 신탁 수집의 세 번째이면서 마지막 부분이다. 이에 대해서는 2:1과 3:1에 나타나는 서론적인 설명을 좀더 읽어 보기 바란다. 유다의 죄악에 대한 고발(2장)과 회개에 대한 요청(3:1-4:4)은 이제 하나님의 심판, 그 근거 그리고 역할과 결과를 담지하고 있는 일련의 선포로 이어진다. 본 수집의 앞 단락의 경우와 마찬가지로, 이 구절은 혼합된 부분이며 다양한 출처로부터 인용된 것이지만, 여기서도 역시 최종 결과로서의 본문은 전체를 예술적으로 신중하게 구성한 것이다. 그래서 앞에서도 마찬가지였지만, 그 한계와 원본 간의 상호 관계성 그리고 구성 부분들의 근거를 확정짓는 일은 쉽지 않다.

부분적인 양식비평과 문학적 세부 사항들은 각각의 소단원에 이어지는 "양식/구조/배경"의 제목으로 주석을 달아놓은 부분에서 더욱 심도 있게 다루어졌다. 전체 단락은 원칙적으로 시문 형식으로서 단지 소수의 산문 부분이 조금 있을 뿐이다(알트한[Althann]이 논증한 바로는 이 부분은 시적 용어로 번역되고 해석될 수 있다). 형식적으로는 시문과 다양한 종류의 신탁, 그리고 대화 부분을 포함한 구성 부분들 간에 상당한 다양성이 존재한다. 이 부분들에 대해서는 정확하게 문학적이거나 양식비평적인 용어로 정의내리려는 시도가 그토록 다양하게 있어 왔다. "스탄자"(stanzas, Castellino)로부터 "시적 설교"(Rizzi)에 이르기까지 다양한 정의들이 있지만 이 부분을 좀더 큰 맥락, 즉 2-6장의 맥락에서 들여다보면 오히려 이 부분의 전체적인 문학적 통일성이 독자들에게 더 큰 인상을 준다. 본질적으로 다른 출처와 근거 그리고 혼합된 본문을 가졌음에도 불구하고, 우리는 무엇보다도 아주 정교하게 다듬어지고 마무리된 산물을 다루게 된다. 이것은 부분들에 대한 고찰에서 전체에 대한 시각을 잃지 않게 할 만큼 중요한 것이 된다.

(*N.B.* 6:22-30의 "주석"에 이어서 나오는 "해설"이라는 제목이 붙은 단원은 4:5-6:30 전체의 신학적, 종교적 문제를 포괄적으로 다루게 된다.)

재앙의 선언(4:5-10)

참고문헌

Berridge, J. M. *Prophet, People.* 91-113. **Boer, P. A. H. de.** *Jeremia's Twijfel.* Leiden: Brill, 1957. **Buffs, Y.** "His Majesty's Loyal Opposition: A Study in Prophetic Intercession." *Conservative Judaism* 33/3(1980) 25-37. **Christensen, D. L.** *Transformations of the War Oracle in Old Testament Prophecy.* HDR 3. Missoula, MT: Scholars, 1975. 188-90. **Reventlow, H. G.** *Liturgie.* 94-121. **Thomas, D. W.** "מלאו in Jeremiah iv.5: A Military Term." *JJS* 3(1952) 47-52.

본 문

5 너희는 유다에 선포하며 예루살렘에 공포하여 이르기를 이 땅에서 나팔을 불라 하며 또 크게 외쳐 이르기를 너희는 모이라 우리가 견고한 성으로 들어가자 하고

5 "Announce it in Judah 2+2 and in Jerusalem spread the word,[a] and sound the trumpet in the land; 3+2 proclaim it, confirm it, and say: 'Get together and let us enter 3+2 the fortified cities.'

6 시온을 향하여 기호를 세우라, 도피하라, 지체하지 말라 내가 북방에서 재앙과 큰 멸망으로 이르게 할 것임이니라

6 Hoist the signal: 'To Zion!' 2+2 Make for safety. Don't stand about! For I am about to bring disaster from the north 4?+2 and devastating destruction.

7 사자가 그 수풀에서 올라왔으며 열방을 멸하는 자가 나아왔으되 네 땅을 황폐케 하려고 이미 그 처소를 떠나 나왔은즉 네 성읍들이 황폐하여 거민이 없게 되리니

7 A lion has leaped forth from his lair, 3+3 a destroyer of nations has decamped. He has set out from his den[a] 2+3 to make your country a wasteland: your cities will be reduced to ruins, 2+2 devoid of inhabitants.

8 이를 인하여 너희는 굵은 베를 두르고 애곡하라 대저 여호와의 맹렬한 노가 아직 너희에게서 돌이키지 아니하였음이니라

8 So put on sackcloth, 3+2 wail and howl, for the Lord's fierce wrath 3+2? has not turned from us.[a]

9 나 여호와가 말하노라 그 날에 왕과 방백들은 실심할 것이며 제사장들은 놀랄 것이며 선지자들은 깜짝 놀라리라

9 And on that day"—the Lord's oracle—"the King's courage will fail, and that of the princes too, and the priests will be horrified, and the prophets will be speechless."

10 내가 가로되 슬프도소이다 주 여호와여 주께서 진실로 이 백성과 예루살렘을 크게 속이셨나이다 이르시기를 너희에게 평강이 있으리라 하시더니 칼이 생명에 미쳤나이다

10 So I said,[a] "Lord God, surely you have totally deceived this people, and Jerusalem too, in saying 'You shall have peace,' when a sword is pricking[b] their throat!"[c]

원문주해

5.a. 웨이므루(ויאמרו, "그리고 말하기를")가 이 행의 마지막 부분에서 생략되고 있다. 이는 아마도 절의 뒷부분에 동일한 단어로부터 분리되어 나온 중복문자인 것으로 보인다. 이와는 다르게, 첫 두 행은 선지자에게 말해진 부분으로 보인다. 그렇게 해서, 웨이므로(ויאמרו, 운율적 배치의 바깥에 위치하고 있다)가 이런 식으로 "나팔을 울려라!"고 함으로써 신탁의 서두를 도입시킬 수 있는 것이다.

7.a. 문자적으로는 "그의 거처로부터"이다.

8.a. 아마도 이 절에 어느 정도 단어의 어순 탈락이 있었던 것으로 보인다. 밈메누(ממנו)는 아마도 원래 샤브(שב) 뒤에 있었을 것이다. 하지만 이에 대해서는 어떠한 확실성도 확인할 수 없다(*BHS* 참조).

10.a. *BHS*는 그들이 생각하기에 이 동사의 현재 형태(1인칭 단수)가 나왔을 것으로 보이는 14:13을 지적하면서, 웨아므루(ויאמרו, "그리고 그들이 말할 것이다")로 읽을 것을 제안한다. 이는 칠십인역 알렉산드리아 사본에 약간의 지지가 있기 때문이다. 그러나 동사의 1인칭 형태는 히브리어 사본들의 적극적인 지지를 얻고 있다(칠십인역의 다른 번역도 마찬가지다). 따라서 이 상태로 유지되어야 한다. "주석" 부분을 읽어 보라.

10.b. 문자적으로는 "만지다"이다.

10.c. 네페쉬(נפש, "목구멍")에 대해서는 히브리어와 우가릿어에 나타나 있다. Craigie, *Psalms 1-50*, 97-98를 보라.

양식/구조/배경

예레미야의 초기 신탁(2:1-6:30) 수집의 세 번째 단락(4:5-6:30)은 임박한 심판의 주제가 발전되고 있는 부분인데, 주제를 성립시키는 구절로 시작하고 있다. 그런데 이 주제는 이어질 단락 내에서 다른 방식으로 묘사될 것이다. 시작하는 구절은 혼합된 문단으로서 다가올 치명적인 투쟁의 선언을 통해 주제를 선언하고 있다.

이 메시지는 대부분이 형식적으로 시문이다. 기초적인 선지자 신탁은 하나님의 말씀으로 표현되고 있는 5-7절의 시문을 구성하고, 여기에 선지자는 그 자신의 훈계의 말(8절)을 덧붙이고 있다. 또한 이것도 시문 형식을 이루며 선행 절에 필연적인 부분으로 나타나고 있다. (주목해야 할 것은 RSV에서처럼 가끔씩 산문으로 번역되고 있는 5절의 시작하는 말들조차 그 성격에 있어서는 시문이며, 그 안에 분명한 내적인 교차대칭 구조를 지니고 있다는 점이다) 마지막 두 절의 형식(9-10절)은 논쟁의 여지가 있다. 일부 번역자들이 두 절 속에서 시적 구조를 발견하려는 시도를 해왔기는 하지만(예를 들어, Bright, 29-29), 양자 모두 산문으로 번역되고 있으며(RSV

참조), 다른 학자들은 9절은 시문으로, 10절은 산문으로 번역하고 있다(NEB 참조).

현재 형태의 본문의 발전과 관련해서 5-8절은 기초 단위를 형성하고 있으며, 상이한 출처의 가능성을 지닌 채로 9절과 10절이 여기에 더해진 것이다. 그럼에도 불구하고 모든 절이 예레미야적인 것으로 보이며, 2-6장 전체가 엮어졌던 보다 큰 규모의 편집 과정의 일부분으로서 9절과 10절이 5-8절 부분에 추가되는 편집 과정이 있었을 것이라는 가정은 정당해 보인다. 시작 절(5-8절)은 일반적인 형식 안에서 "경고의 부름"(H. G. Reventlow, *Liturgie und prophetisches Ich bei Jeremia*)에 대한 것이다. 그럼에도 불구하고 양식비평적 분석에서 엄밀함을 기하는 것은 어렵다고 볼 수밖에 없는데, 그 이유는 모든 가능성 속에서 이 절들은 원래 좀더 큰 예언 신탁에 속해 있었기 때문이다. 신탁의 심판의 부분이 여기에 사용되면서 주변 문맥의 주제를 계속 견지하고 있다. 그러나 원래의 신탁은 죄의 고발과 회개에 대한 요청(2:1-4:4에 나타난 바와 같이)과 같은 특징을 더 추가한 내용을 지니고 있었을 것이다. 기초적 시문 신탁에 추가된 절들은 다른 관점으로부터 그 내용을 발전시키고 있는 것이다. "주석" 부분을 읽어 보라.

이 구절을 형성하고 있는 절의 연대는 확실하게 결정될 수는 없다. "북쪽"(6절)으로부터의 재난을 예견하는 것은 별로 도움이 되지 않는다. 이 신탁이 원래 요시야 치하의 초기 시기에 전달된 것이라면, 많은 수의 북방 적들이 가능하다(1:13-15의 "주석"을 좀더 보라). 하지만 그 시기는 이미 이 절들이 현재의 문학적 맥락 안에 포함된 이후다(대략 주전 605년). 북방의 적은 거의 확실하게 바벨론 제국으로 여겨진다. 이 절들 속에서 숨을 몰아쉬고 있는 긴급함과 급박함의 위협적인 느낌이 몇몇 주석가들에게는 보다 후대를 생각하게 만들었고, 이는 대체로 주전 597년이나 587년으로 여겨진다. 이러한 결론은 시문의 극적이고 다채로운 성격을 통해서 볼 때는 불충분한 결론으로 여겨진다. 이 말들은 평화의 시기나(적어도 10절에서 암시되는 바와 같이), 아니면 전쟁 전야의 시기에 전달된 것일 수 있다. 그들의 급박함이 필연적으로 위험의 근접함을 반영하지는 않고, 오히려 그것의 진정한 본성과 회개의 필연성을 반영하는 것이다. 선지자 자신의 말(8절)은 아마도 비밀의 잘못된 의미가 출현하게 된 시기를 반영할 수도 있으며, 이 잘못된 의미는 그가 자신의 선언을 통해 분쇄시키려고 했던 것이다.

주석

예레미야의 초기 신탁 수집 가운데 세 번째 부분은 심판과 관련되고 있다. 그러나 이것은 어떠한 종교적인 의미에서도 심판에 대한 분명한 언급을 하지 않은 채로 시작하고 있다. 오히려 강력하고 파괴적인 적의 전진에 대한 진술만을 하고 있는 것이다. 그 주제는 종교적일지라도, 언어는 민족의 전쟁과 침략에 대한 경험으로부터 직접적으로 인용되고 있다. 이방 세력의 군대가 접근했을 때, 나팔은 그 땅의 모든 성읍과 마을로 울려퍼져야 했다. 2차대전 때 그토록 친숙하게 들었던 슬픈 소리를 지닌 공중 폭격 사이렌처럼, 나팔 소리는 고대 유다 전역에서 시민들에게 공격에 대비해서 숨으라는 경고를 했다. 이 선지자를 통해 나타나는 하나님의 메시지는 이런 공격이 다가왔다는 것이다. 상상되는 장면은 더욱 진전해 나가고 있다. 시골과 외딴 벽촌의 사람들은 방비가 강화된 도시가 안전할 것으로 추정하여 그 곳으로 피난할 것을 간청하게 된다. 그 곳에서는 최소한 접근하는 적이 얻는 수준의 거처는 얻을 수 있을 것으로 생각하는 것이다. "기호"(6절)는 높은 산에 세워져서 일종의 깃발 역할을 할 수 있을 것이다. 그래서 모든 사람들이 그것을 보고 그것이 경고라는 것을 알아낼 수 있게 만드는 것이다. "시온으로!"라는 메시지는 백성들이 위기의 시기에 피할 곳을 찾기 위해 예루살렘 요새로 대피해야 한다는 말이다.

경고에 대한 정교한 선언은 그 이유에 대한 진술로 이어지는데, 그것은 두 가지 관점에서 볼 수 있다. (i) 본질적으로, 위험의 경고는 파괴적으로 강력한 적군의 군대가 북쪽으로부터 유다로 접근하고 있기 때문에 선포되는 것이다. 적군의 정체는 구별되어 있지 않으나, 지리적인 방향성이 의미를 갖는다. 북쪽은 그 곳으로부터 위험이 끊임없이 위협해 왔던 방향이다. 이스라엘은 주전 722년에 북으로부터 침략당했고, 예레미야가 살았던 수십 년 동안 계속해서 북방의 적이 위협을 가해 왔으며, 가장 중요한 것은 주전 7세기의 마지막 10여 년 간 있었던 바벨론 제국의 침입이었다. 그러나 북쪽으로부터 오게 되어 있는 문자적인 적에 덧붙여, 이 방향은 당시의 대중의식에 있어서 수많은 위협을 내포했던 것으로 보인다. 시리아-팔레스타인의 종교 개념들, 특별히 바알의 경우에 북쪽은 신들의 고향이었을 뿐만 아니라 아마도 파괴적인 힘을 연상시키는 장소였을 것이다(A. Lauha, *Zaphon. Der Norden und die Nordvolker im Alten Testament*. AASF[Helsinki: Vetenskakliga Samfundens Forlagsexpedition, 1943] 49-52 참조). 그리고 선지자의 메시지에 아이러니한 요소가 있었을 수도 있다. 이스라엘의 위대한 찬양시 중의 하나는 눈에 띄게 시온을 북쪽과 관련시키고 있다(시 48:2). 그러나 이제 그 백성은 적군이 북쪽으로부터 접근하고 있기에 시온으로 도망쳐야 했다(Craigie, *Psalms 1-50*, 353을 읽어 보라).

(ii) 경고의 선언이 관찰될 수 있는 두 번째 관점은 그 근거에 대한 것이다. 선지자는 단순히 적군이 오고 있다고 선언하지 않고 (하나님의 말씀을 인용하면서) 이렇게 말한다. "내가 지금 일으키려고 한다…." 위협의 근원은 하나님의 주도권 속에서 발견되고, 반대로 이 주도권은 선지자의 청중에게 그가 단순히 침략을 예고하고 있는 것이 아니라 심판을 주장하고 있다는 것을 통렬한 명백함으로 보여 주고 있다. 식욕이 왕성하고 파괴적이며 난폭한 사자와도 같은 이방 세력을 도구로 삼아, 전능하신 하나님께서 그의 백성에게 친히 심판을 행사하시려는 것이다.

선지자는 하나님의 말씀을 선포하면서 그 자신만의 훈계적이고 예증적인 말을 덧붙인다(8절). 그는 애가를 통해 시작하여 여호와의 의로운 진노가 아직 그들에게서 떠난 것이 아니라는 사실에 대한 인식으로 이끈다. 베옷 곧 애곡과 애가를 의미하는 상징적인 의복 입기를 금지시킨 것과 동시에 "울부짖고 신음하는 것"은 회개를 위한 최후의 요청에 함축되어 있다. 재난 이후에 그들은 실제로 애곡하려 했으나 아무런 소용이 없었다. 그 사건 이전에 적군의 물결이 민족적인 회개의 행위로 말미암아 빗겨 나가게 될 것이라는 소망의 빛이 항상 비추고 있었다. 그러나 이러한 사건이 발생함으로, 백성들은 먼저 외적인 위협의 근원이 이렇듯 이방의 적이 아니라 오히려 이 민족에 의해 거부되었던 그들의 하나님이라는 사실을 깨달아야 했다.

9절의 보충적인 진술은 멀지 않은 후대의 시각으로부터 표현된 것으로 보인다. 8절이 아직도 재난을 막을 가능성이 있다는 것을 함축하기 위해 취해졌을 수도 있는 반면에, 9절에서는 심판의 날이 피할 수 없는 일로 보이고 있다. 민족의 모든 지도자들은 마침내 심판의 날이 도래했을 때 두려움에 사로잡히고 무능력해져서 그들에게 정해진 직무를 수행할 수 없게 될 것이었다.

결론 절(10절)은 선지자의 선언이 아니었고 백성들에게 전해지는 말이었다. 말하자면, 선지자의 삶과 사역의 사적인 차원에 대한 간략한 일견을 보여 주는 곁가지가 되고 있는 것이다. 이 절이 선지자에게로 방향을 두려는 의도에서 편집 과정을 통해 추가된 것인지, 아니면 선지자의 저술들의 사적인 출처로부터 인용된 것인지는 알 수 없다. 그래도 정서는 순수히 예레미야의 것으로 여겨진다. 다시 말해, 이 선지자는 심판의 말을 언명하면서 개인적으로는 그가 말했던 것의 함축된 내용에 놀라고 있는 것이다. 금언(혹은 본문의 이 지점에서의 첨가)이 요구하는 바는 아마도 9절에서의 "선지자들"과 관계된 것으로 보인다. 일반적으로 선지자들, 특히 거짓 선지자들은(이 책의 뒷부분에서 아주 상세히 발전되고 있는 주제다. 6:13-14을 참조하라) 백성들 가운데서 평화에 대한 착각을 창출해 냈다. 예레미야는 이러한 위험한 착각이 직접적으로 하나님에게서 기인된 것으로 보면서, 이를 속임수로 묘사하고 있다. 그러므로 이것은 아마도 하나님께서 거짓 선지자들에게 직접 평화를 말할 것을 가르치셨다는 의미라기보다는 그들로 이렇게 예언하는 것을 허용하셨다는 의미에서 기인된 것일 수 있다. 다르게 보자면, 드 보어(de Boer)가 가정했듯이(*Jeremias Twijfel*) 예레미야는 그의 의혹을 표현하는 것일 수 있다. 한 상황에서의 하나님의 말씀은 다른 상황에서도 필연적으로 동일한 것은 아니다. 왜냐하면 시간의 진행은 사건을 앞지르며, 이러한 추이 속에서 백성은 속게 되었던 것이다.

10절의 언어가 표면적으로는 단순히 하나님께 말해진 진술로 나타나면서, 그 말의 표면 아래서는 탄원의 요소가 자리할 수도 있다(Muffs, *Conservative Judaism* 33 [1980] 25-37를 보라). 선지자는 확실히 독립적으로 중재자로 행동하면서 하나님의 진노의 무서움을 확언하고 동시에 현재의 정상 참작의 근거, 즉 그의 백성을 약탈한 속임수를 드러내려고 한 것이다. 그리고 중재적인 항의가 담긴 이 짧은 말들 속에서 우리는 선지자의 성격과 내적인 갈등을 조금이라도 더 보게 된다. 그의 임무는 하나님의 말씀을 백성들에게 전달하는 것이었고, 지금도 그는 그 말씀을 듣고 있으며, 그 결과를 분명하게 보았던 것이다. 그래서 심판을 선언한 선지자는 또한 심판을 막는 기도를 한다. 마지막 호소에서 그는 성공하지는 못했으나, 재앙의 선포가 성취되는 잔혹한 현실 속에서 그가 아직 사역하고 있는 백성들을 향한 열정이 증거되고 있다. 그리고 심판에 직면해서 선지자가 가진 정직함은 그의 직무가 악의가 담긴 기쁨 속에서 이루어진 것이 아니라 고통 섞인 동정심을 통해 수행되었다는 사실에 대한 지식으로부터 드러나고 있다.

해설

6:22-30에 이어지는 "해설"을 보라.

전쟁의 바람(4:11-18)

참고문헌

Althann, R. "Jeremiah IV 11-12: Stichometry, Parallelism, and Translation." *VT* 28(1978) 385-91. **Baly, D.** *The Geography of the Bible.* New York: Harper, 1974. 51-53. **Healey, J. F.** "Syriac *NṢR,* Ugaritic *NṢR* II, Hebrew *NṢR* II, Akkadian *NṢR* II." *VT* 26(1976) 429-37. **Holladay, W. L.** "Structure, Syntax and Meaning in Jeremiah IV 11-12a." *VT* 26(1976) 28-37. **Meyer, I.** *Jeremia und die falsche Propheten.* Göttingen: Vandenhoeck & Ruprecht, 1977. 81-85. **Rabin, C.** "Noṣerim." *Textus* 5(1965) 44-52. **Robinson, T. H.** "Note on the Text of Jer. iv 11." *JTS* 23(1922) 68. **Soggin, J. A.** "Zum wiederentdeckten altkanaanäischen Monat ṣḥ." *ZAW* 77(1965) 83-86. ______. "Nachtrag zu *ZAW* 77(1965) *S.* 83-86." *ZAW* 77(1965) 326.

본 문

11 그 때에 이 백성과 예루살렘에 이를 자 있어서 뜨거운 바람이 광야 자산에서 내 딸 백성에게 불어온다 하리라 이는 키질하기 위함도 아니요 정결케 하려 함도 아니며

12 이보다 더 강한 바람이 나를 위하여 오리니 이제 내가 그들에게 심판을 베풀 것이라

13 보라 그가 구름같이 올라오나니 그 병거는 회리바람 같고 그 말들은 독수리보다 빠르도다 우리에게 화 있도다 우리는 멸망하도다 하리라

14 예루살렘아 네 마음의 악을 씻어 버리라 그리하면 구원을 얻으리라 네 악한 생각이 네 속에 얼마나 오래 머물겠느냐

15 단에서 소리를 선포하며 에브라임 산에서 재앙을 공포하는도다

16 너희는 열방에 고하며 또 예루살렘에 알게 하기를 에워싸고 치는 자들이 먼 땅에서부터 와서 유다 성읍들을 향하여 소리를 지른다 하라

11 At that time it will be said to this people and to Jerusalem, "A withering wind from the desert's dunes[a] directly against the daughter of my people [b]—but not to winnow and not to purify!

12 A wind too full for this[a] blows[b] for me. Now it is I myself who shall declare judgment on them."

13 Look! Like clouds he rises, 3+2 and like the whirlwind his chariots. Swifter than eagles are his horses— 3+3 "Woe to us, for we are ruined!"

14 Wash out your heart of wickedness 3+3? so that you might be saved, O Jerusalem. How long will you harbor within you 3+2 your devilish designs?

15 For a voice is declaring from Dan, 4+4 and someone proclaims ill from Mount Ephraim:

16 "Remind the nations of those things,[a] 3+2 proclaim against[b] Jerusalem: Criers[c] are coming from a distant land 4+4 and raising their voice against Judah's cities.

17 그들이 밭을 지키는 자같이 예루살렘을 에워싸나니 이는 그가 나를 거역한 연고니라 여호와의 말이니라

17 Like estate guards, they are against her from every side, 4+2? for she rebelled against me." The Lord's oracle.

18 네 길과 행사가 이 일들을 부르게 하였나니 이는 너의 악함이라 그 고통이 네 마음에까지 미치느니라

18 Your way and your deeds 2+2 will have brought these things upon you. this is your own wickedness that is so bitter, 3+3? that has pierced your very heart.

원문주해

11.a. 슈파임(שפיים, "모래언덕") R. Althann, 388-89를 참조하라. 다르게는 "(사막의) 민둥산"으로 번역된다. K. Elliger, "Der Sinn des hebräischen Wortes sepi," *ZAW* 83(1971) 317-29.

11.b. 다르게는 히브리어 단어들이 대응 관계로 나타나는 것으로 해석될 수 있다. "(나의) 딸, 나의 백성"(Bright, 32)

12.a. 문자적으로는 "이것들"이다. 혹은 메엘레(מאלה)가 중복오사로 삭제되었을 수도 있다.

12.b. 문자적으로는 "오다"이다.

16.a. 힌네(הִנֵּה, "보라")를 헨나(הֵנָּה)로 읽는다. NEB와 L. H. Brockington, *The Hebrew Text of the Old Testament*, 199를 참조하라. 더 자세한 논의를 위해서는 Bright, 29 (각주)를 보라.

16.b. 알(על)은 "대하여"(against)로 해석되는데, 이는 다음 행들(16-17절)에서 이 전치사가 두 번이나 유사하게 사용된 것에 기인한다. 다르게는 "~로(to)"로 해석하기도 한다(RSV 참조).

16.c. 노츠림(נצרם, "울부짖는 자들")을 어근 나차르(נצר) II에 근거해서 번역하면(Healey, *VT* 26[1976] 429-37 참조) "포위자들"이라는 의미(이는 나차르[נצר] I의 예외적인 뉘앙스에 근거한 것이다)가 되지만 "적들"로 정정하는 것(칠십인역은 이 번역을 지지하고 있다)보다 더 좋은 번역이다.

양식/구조/배경

이러한 합성 구절에서 심판의 선언은 하나님의 징벌의 도구가 될 적군이 진격하는 모습까지 묘사하고 있다.

이 단락은 크게 두 부분으로 구성된다. (i) 산문 신탁(11-12절)에서 다가오는 적군은 사막으로부터 불어오는 마른 바람처럼 묘사되고 있다. (ii) 시문 신탁(13-17절)

은 여전히 접근하고 있는 적의 본성과 그 압도적인 힘을 더욱 자세하고 정교하게 묘사하고 있다. 모든 가능성 속에서 두 부분은 원래 하나의 큰 신탁에 포함되어 있었으며, 여기로부터 이 부분들이 4-6장의 중심인 다가올 심판의 주제를 발전시키기 위해 추출되었던 것으로 보인다. 이 두 부분 모두에 관련되고 있는 개념은 그 현재적인 문맥 구조에서 "바람"(11절)과 "회오리"(13절)의 은유나 유사로 나타난다. 여기에 세 번째 단락(18절)이 추가되는데, 여기서 선지자는 다가오는 재난의 원인에 관한 자신만의 해석적인 주석을 달아놓고 있다.

11-12절이 산문으로(RSV 참조) 번역될 것인지, 아니면 시문으로 출발하는 것인지는 고려해 볼 만한 논쟁점이다. 알트한(Althann, *VT* 28[1978] 385-91)과 할러데이(Holladay, *VT* 26[1976] 28-37)의 글들은 이 구절들을 시로 이해할 것에 대해 장문의 글로 서술한다. 이러한 글들의 전적인 가치를 놓고 보자면, 그 글들은 문제되고 있는 행들의 평행 관계에 대한 정의에서 완전한 설득력을 보이지는 않는다. 여러 곳에 평행 구조의 단편이 남아 있지만(예를 들어, 11절의 마지막 네 단어가 그렇다), 이 절들을 전체적으로 보면 그 성격상 모자이크적인 부분으로 보인다. 아마도 우리가 원래는 시문 신탁이었던 함축적인 산문을 다루고 있다고 가정해 보아야 할 것이다.

신탁의 배경은 의심할 바 없이 예루살렘이었다(11, 14, 16절). 그러나 그 시기는 확정할 수 없다. 한편으로 임박성과 절박함의 의미가 후대로 기울게 할 수도 있고, 또 다른 한편으로는 더 큰 맥락 안에서 두 번째 신탁이 회개와 청결의 요구를 담으면서도 심판으로 인한 종말이 오기까지는 아직도 시간이 조금 남았다는 것을 함축하는 것처럼 보이기도 한다.

주석

하나님의 심판에 대한 선언은 우선 바람을 하나님의 파괴 도구에 대한 은유로 사용하는 것에서 계속된다. 선지자가 말하고 있는 것은 **시로코**(sirocco, 북아프리카에서 남유럽으로 부는 열풍, 혹은 비를 몰고 오는 무더운 남[남동]풍, 후덥지근한 열풍 – 역자주)였다. 이것은 이따금씩 이 땅으로 불어오는 뜨겁고 마른 바람으로, 대개는 약속의 땅 남동 방향에 놓인 사막 지대에서 불어오는 바람이다. 조지 애덤 스미스 경(Sir George Adam Smith)은 1891년 4월 26일에 기록한 그의 일기에서 이 사막 바람에 대한 인상적인 묘사를 하고 있다.

> 대기가 무거워지고 있다. 오후 1시 45분에 바람이 불기 시작했다. 93; 2.30으로 세찬 바람이었는데, 대기에는 모래가 가득 차 있었고, 시야는 1.5 킬로미터 이내로 좁혀졌다. 태양은 보이지 않았고, 하늘은 잿빛이었다. 하지만 천막 곁에는 그림자가 엷게 드리우고 있었다. 천막 입구에서는 진회색 하늘 아래 연회색의 석회암질의 땅, 1.5킬로미터 바깥의 안개로 흐릿해진 연이은 언덕들, 그리고 낙타 한 마리가 보였는데…(*The Historical Geography of the Holy Land*, 25th ed.,[1931] 65).

이 뜨겁고 견디기 힘든 바람은 땅에도 농부에게도 전혀 쓸모가 없는 것이었다. 이것은 너무 세찬 바람이어서 추수한 작물을 키질하기에도 벅찬 것이다. 또한 이 바람은 너무 건조해서 땅을 비옥케 만드는 토양의 습기를 모조리 빨아들인다. 더구나 이런 심판의 바람이 "내게로" 불어올 것이다(12절, 즉 하나님의 목적에 봉사하기 위해). 시로코처럼 심판의 바람은 급속히 불어와서 그 위력을 저항할 수 없으며, 그 효과는 가혹한 것이고, 전 민족의 삶에서 모든 활기를 빼앗아 가고 그 자리에 담갈색의 잿빛 세상만을 남겨놓을 것이다. 그러나 여기서 이 바람이 선행 절들 속에서 이미 침략하는 적군을 묘사하듯이, 분명하게 이 바람은 오로지 하나님의 명령에 의해서만 불어올 것이다.

시문 신탁에서 메시지는 직유로 시작한다. 즉 구름이 빽빽이 쌓여 있으며, 바람이 휘도는 폭풍우의 직유로 시작하고 있다. 폭풍의 현상은 다가오는 적의 만만치 않은 규모와 힘을 표현하고 있으며, 그 군대나 말의 속도는 솟구치는 독수리와 비교된다. 이 심판의 군대가 공격해 오는 것의 효과는 13d절에 나타난 절규로 강조된다. 이 절규는 예루살렘 거민이 마치 그들이 이미 앞에 다가온 파멸의 운명을 보는 듯이 토해지고 있다. "우리에게 화가 미치도다. 우리가 멸망하게 되었으니." 이 백성이 자신들의 순결치 못함에 대해 회개하고 청결해지려는 탄원(14절)을 하는 것은 직접적으로 13절의 부르짖음에 이어지는 것이다. 그들은 이미 다가온 재난을 볼 수 있게 되었다. 그들은 과연 그 뿌리가 자신들에게 놓여 있음을, 그리고 이렇듯 저항할 수 없어 보이는 것을 죄로부터 돌아서는 것으로 막아낼 수 있다고 깨달을 수 있을 것인가?

그러나 선지자는 회개와 구원에 관한 요구의 차원에만 머무르지 않는다. 오히려 그는 15-16절에서 상황의 긴박함을 더욱 강조하고 있다. 단과 에브라임 산은 예루살렘 북방에 놓여 있었으며, 이 방향은 선지자가 심판이 올 것이라고 이미 지적했던 바로 그 방향이다(4:6). 단 성읍(현대에는 텔 엘-카디[Tell el-Qadi])은 긴네렛(갈릴리) 호수의 북쪽에 위치하며 요단강 발원지 근처에 있다. 이 곳은 한때 이스라엘의 소유였던 지역의 북방 한계였다. 그리고 북방의 적들이 다가올 것으로 예상되는 예상로에 직접적으로 위치하고 있다. "단으로부터의 소리"는 적이 오고 있다는 암시였다. 사마리아 산으로부터의 나쁜 소식과 예루살렘 북쪽 산악 지대는 다가오는 적군이 빠르게 근접한다는 것을 지적하고 있다. 먼저 먼 곳의 요란한 "부르짖는 자들"(16절)이 곧 유다 성읍들에 전쟁의 소리를 외칠 것이고, 그 다음에는 예루살렘 주변에 이 소리가 울릴 것이다. 그들은 마치 파수들이 집을 둘러싸고서 적으로부터 그 목초지를 보호하려는 것과 같이 수도를 크게 에워쌀 것이다. 그러나 북으로부터 온 적들은 오로지 이 도시를 파괴하려는 목적으로 에워쌀 것이다.

광대한 규모로 묘사되고 있는 이 다가오는 전쟁의 뿌리는 모종의 국제적인 계략에 근거한 것도 유다의 적이 갖고 있는 탐욕에 기인하는 것도 아니다. 그 뿌리는 전적으로 선택된 백성의 하나님을 거역하는 반역에 근거하고 있다(17절). 이것은 운명이나 불행도 아니었다. 심판이 도래했을 때 그것은 하나의 결과, 특별히 이 민족의 하나님이 주신 사명과 그 하나님을 향한 거부로 인해 생겨난 결과로서 성립되는 것이다. 이 결과는 예레미야가 신탁에 추가시킨(18절) 인격적이고 반성적인 언어로 정교하게 묘사된다. 두려운 일은 일어나기 직전이었으나, 그것은 단순히 예루살렘만의 역사의 결실이었다. 한 민족이 작은 바람의 씨를 뿌렸으나, 이제 거대한 회오리 바람을 거두게 된 것이다.

해설

6:22-30에 이어지는 "해설"을 보라.

선지자의 고통(4:19-22)

참고문헌

Berridge, J. M. *Prophet, People* 169-70. **Kumaki, F. K.** "A New Look at Jer 4:19-22 and 10:19-21." *Annual of the Japanese Biblical Institute* 8(1982) 113-22. **Malamat, A.** "A Mari Prophecy and Nathan's Dynastic Oracle." In *Prophecy. Essays presented to Georg Fohrer on his Sixty-fifth Birthday*. Ed. J. A. Emerton. Berlin: de Gruyter, 1980. 68-82.

McKane, W. *Prophets and Wise Men.* 88-89.

본 문

19 슬프고 아프다 내 마음속이 아프고 내 마음이 답답하여 잠잠할 수 없으니 이는 나의 심령 네가 나팔소리와 전쟁의 경보를 들음이로다	**19** O my anguish,[a] my anguish! I writhe![b] 3+2 O, the walls of my heart! My heart is palpitating within me, 3+2 I cannot keep silence! For you[c] have heard the trumpet-blast, 4+3 O my soul, the warning of war!
20 패망에 패망이 연속하여 온 땅이 탈취를 당하니 나의 천막은 홀연히 파멸되며 나의 휘장은 잠시간에 열파되도다	**20** Disaster upon disaster[a] is announced, 3+3 that the entire land is devastated. Suddenly my tents are devastated, 3+2 in an instant, my tent-flaps!
21 내가 저 기호를 보며 나팔소리 듣기를 어느 때까지 할꼬	**21** How long must I see the standard, must I hear the trumpet-blast? 3+3
22 내 백성은 나를 알지 못하는 우준한 자요 지각이 없는 미련한 자식이라 악을 행하기에는 지각이 있으나 선을 행하기에는 무지하도다	**22** "For my people are foolish, 3+3 they know me not. They are stupid children, 3+3 and they have no understanding. They are wise in the ways of wickedness 3+3 but know not how to do good."

원문주해

19.a. 문자적으로는 "내장, 창자"(감정의 좌소)이다.

19.b. 이 번역은 케팁으로 "내가 몸부림친다"라는 의미를 갖는 아훌라(אחולה)를 근거로 한 것이다. 대규모의 사본들이 이를 지지하기 때문이다(de Rossi, III, 70-71, 칠십인역 참조). 케레는 야할(יחל, "기다리다", "머무르다")의 히필형을 지적하고 있다.

19.c. 주어 나프쉬(נפשי)의 동사는 샤마아티(שמעתי)로서 2인칭 여성 단수형의 고대적 형태로 설명된다(케레 참조. Bright, 30를 보라).

20.a. "X에 X"(X upon X; 여기서는 재난에 재난[disaster upon disaster])라는 통사적 구조는 성경 외적 저술들 속에서도 아주 일반적인 현상이다. Malamat, "A Mari Prophecy," 72를 보라.

양식/구조/배경

(i) 19-21절은 예레미야서의 "고백적" 문체가 나타나고 있는 부분이다. 11:18-23의 예레미야의 "고백록"에 대한 논의를 좀더 보기를 바란다. (ii) 고백적인 단위는 하나님께서 그의 선택된 백성들의 어리석음을 탄식하고 계시는 신탁 부분(22절)과

밀접한 관련을 가지고 있다. 신탁 절은 선행하는 고백 절에 필수적인 부분이면서(혹은 필수적인 부분이 되어 왔으면서) 부분적으로 선지자의 고통 표현의 근거를 제시하고 있다.

이 절들은 이미 전에 대중 강연에서 사용된 바 있는 자료의 더 큰 맥락으로 편입되어 있지만, 의심할 바 없이 원래 선지자의 삶 가운데서 사적인 정황으로부터 인용된 것이다. 그리고 그의 이 사적인 정황 안에서 선지자는 자신의 공적인 메시지의 의미와 분명한 필연성을 반영시켰던 것이다. 선지자의 생애 가운데서 이 절들의 시기는 정확히 정해질 수 없다. 하지만 이 말들이 실제로 침공이 이루어지고 재난이 시작되는 시기에 유발되었다고 가정할 필요는 없다. 이들은 어느 정도는 선지자의 상상에서, 즉 그가 말했던 실제에 대한 심적인 재창조로부터 분기된 것처럼 보인다. 그래서 그는 자신의 "영혼", 즉 그의 가장 깊은 내면의 존재 속에서 "나팔 소리를 들었다"(19절)고 말하는 것이다. 청중들에게 예레미야의 공적인 선언은 미래의 재난과 심판에 관해 말해진 것이었고, 선지자 자신에게 그의 메시지의 실체는 미래의 본질을 현재의 고통으로 전환시켰던 것이다.

주석

예레미야 같은 사람의 공적인 외양은 두 가지 측면을 가지고 있다. 하나는 그가 일반 대중에 의해 보여지는 모습이고, 또 하나는 그의 사적인 삶이다. 그런데 예레미야의 공적인 얼굴은 단 하나로 굳어져 있다. 왜냐하면 그는 하나님의 다가올 심판과 미래의 그의 민족과 땅의 재난을 말하고 있기 때문이다. 그러나 한 인간의 사적인 사고는 공적인 얼굴로부터 읽혀질 수 없고, 더구나 그 내적인 고통도 겉으로 드러난 외양의 심각함으로부터 식별될 성격이 아니다. 선행하는 단락들은 하나님의 도구로서의 심판이 다가옴을 묘사하는데, 그것은 그 본질에 있어서는 엄격했고 거의 무자비한 형태로 드러나고 있다. 이 고백의 절들은 마음의 괴로움을 당한 사람의 내적인 고통을 조명하고 있다. 이는 정확하게 그 자신이 그의 공중 설교의 긴박함에 붙잡혀 있기 때문이었다. 그는 냉혹한 사람이었기 때문에 대중 앞에서 엄격하지는 않았다. 그는 자신의 민족과 백성을 그토록 애처롭게 사랑했기 때문에 준엄한 말을 할 수 있었으나, 그 자신의 감정적인 삶에 그것은 무시무시한 상처였다.

묘사 부분은 탄식의 형식을 지닌 언어로 시작하고 있다. 고통은 육체적인 것이었으나, 그 뿌리는 다가올 공포에 집착한 마음에 위치하고 있었다. "고통"으로 번역된 단어는 문자적으로는 "창자"다. 그는 민족의 심판에 직면했을 때 "애간장이 타버렸던 것"이다. 불안정한 심장병 환자처럼 그의 심장은 벌렁거리고 두근거렸으며, 급기야는 그 자신도 어찌할 수 없이 무언가 소리 같은 것을 냈다. 마음의 귀를 통해 그는 이미 그가 말한 바 나팔 소리를 들었다. 그는 이미 행진해 오고 있는 혼돈의 군대를 발견한 것이다. 그와 마주친 그 땅의 재난은 그가 경험한 주변의 세계를 꿰뚫고 지나갈 것 같아 보였다. 그의 "천막"은 재난으로 황폐케 되었는데, 그가 사역했던 백성들만큼이나 그가 많은 심판에 관여될 것이기 때문이었다.

하나님의 신탁의 말씀(22절)은 다가올 심판의 필연성을 강조하며, 동시에 선지자의 사적인 고통에 대한 대중의 불감증을 대조시키고 있다. 이것들은 그 민족이 자신들의 처지를 감지해내지 못할 정도로 무지와 어리석음이 그 성격상 그토록 근본적인 것이 되어 버렸다는 것이다. 임박한 심판을 초래하고 있는 동일한 어리석음이 그토록 깊이 자리잡고 있어서 갑작스럽게 지혜가 생겨난다는 소망도 전혀 없을 뿐더러, 백성을 회개로 이끌 만한 새벽의 여명과 같은 이해력에 대한 가능성도 전혀 없었다. 그러나 대중의 무관심은 또한 선지자의 고통과 대조되고 있다. 선지자는 그 메시지를 선포했고, 백성들은 그것을 들었다. 선지자는 그가 말한 것의 본질에 공포를 느꼈고, 백성들은 그것을 부주의하게 받아들이거나 아예 무시해 버렸다. 선지자는 외적으로 엄격해 보이는 것을 찾아 나섰고, 슬픔에 차서 내적으로 괴로움을 느꼈다. 이처럼 분명하게 엄한 선지자에 대해 어떠한 의구심이나 고려도 해보지 않은 채로 이 백성은 그들의 내적인 감정의 능력을 모두 상실해 버렸다.

해설

6:22-30에 이어지는 "해설"을 보라.

혼돈의 환상(4:23-28)

참고문헌

Berridge, J. M. *Prophet, People.* 191-93. **Eppstein, V.** "The Day of Yahweh in Jeremiah 4, 23-28." *JBL* 87(1968) 93-97. **Fishbane, M.** "Jeremiah *IV* 23-26 and Job *III* 3-13."

VT 21(1971) 151-67. **Holladay, W. L.** "The Recovery of the Poetic Passages of Jeremiah." *JBL* 85(1966) 404-6. ______. "Style, Irony and Authenticity in Jeremiah." *JBL* 81(1962) 44-54. **Lindblom, J.** *Prophecy.* 126-27. **Soggin, J. A.** "The 'Negation' in Jeremiah 4:27 and 5:10a, cf. 5:18b." In *Old Testament and Oriental Studies.* BibOr 29(1975) 179-83. **Weippert, H.** *Schöpfer des Himmels und der Erde.* 50-54.

본 문

23 내가 땅을 본즉 혼돈하고 공허하며 하늘들을 우러른즉 거기 빛이 없으며

23 I looked at the world – behold, emptiness and void – at the heavens, and their light was no more! 4+3

24 내가 산들을 본즉 다 진동하며 작은 산들도 요동하며

24 I looked at the mountains – behold, they are quaking, and all the hills rocked back and forth. 4+3

25 내가 본즉 사람이 없으며 공중의 새가 다 날아갔으며

25 I looked – behold, mankind was no more, and every bird of the heavens had fled. 4+3

26 내가 본즉 좋은 땅이 황무지가 되었으며 그 모든 성읍이 여호와의 앞 그 맹렬한 진노 앞에 무너졌으니

26 I looked – the garden land was wilderness, 4+3? with all its cities shattered,[a] because of the Lord, 2+3 because of his fierce wrath.

27 이는 여호와의 말씀에 이 온 땅이 황폐할 것이나 내가 진멸하지는 아니할 것이며

27 For thus said the Lord: "The entire world shall be wasteland, but I will not[a] yet have brought the end. 3+3

28 이로 인하여 땅이 슬퍼할 것이며 위의 하늘이 흑암할 것이라 내가 이미 말하였으며 작정하였고 후회하지 아니하였은즉 또한 돌이키지 아니하리라 하셨음이로다

28 For this, the world shall mourn, 3+3 and the heavens above grow black. For[a] I have spoken and have not relented;[b] 3+3 I have considered but will not turn back."

원문주해

26.a. 다수의 사본들(칠십인역 참조)은 니츠투(נִצְּתוּ, "태워졌다", 야차트[יצת]의 니팔)로 읽는 독법을 가지고 있다.

27.a. 마소라 본문은 분명하게 부정어(לא – 로)를 가지고 있다. 라흐(לָה)로 읽어야 한다는 견해(*BHS* 주석 참조)는 다방면에서 설득력이 있다. 그러나 히브리어 사본들와 번역본들의 지지를 얻지 못하고 있다.

28.a. 도입부의 알(על)은 비정상적이다. *BHS*에서는 이것이 중복오사로 보이기 때문에 삭제되어야 한다고 제안한다. 이와 다르게, 알 키(על כי)를 알 켄(על כן, "그러므로")으로 읽을 수도 있을 것이다. 이에 대해서는 히브리어 사본들에서 어느 정도의 지지가 있다(de

Rossi, III, 72).

28.b. 잠모티(זמתי, "내가 고려해 보았다")는 니하므티(נחמתי) 뒤로 위치를 변경하였다. 이는 칠십인역을 따른 것이며, 시문 구조에 의해 함의된 바이다.

양식/구조/배경

23-26절은 시문의 각별한 아름다움과 힘으로 강조되고 있는 혼돈의 환상이라는 중심 문제가 갖는 공포스러움을 담고 있다. 창세기 1:1-2:4a에 나타난 창조 스토리 언어와의 유사성이 나타나고 있는데, 그럼에도 불구하고 이 시는 반대로 질서로부터 혼돈의 출현을 묘사하고 있다(Fishbane, *VT* 21[1971] 151-67). 그러나 역시 제2창조 스토리(창 2:4b 이하)와의 유사성도 있다. 양자가 한편은 태고의 물이 부재하나, 다른 한편은 태고의 물과 관련되고 있는 와중에서도 모두 광야에 대한 암시를 이루고 있다(Weippert, *Schöpfer des Himmels und der Erde*, 51를 보라). 선지자는 혼돈의 두려운 예견에 대한 각인을 남기기 위해 고대의 창조 전승을 끌어들인 것이다.

23-26절은 선행 단락(4:19-21)의 경우처럼 선지자의 "고백" 형식이나 저술 수집으로부터 인용한 것일 가능성이 있다. 전에도 그랬지만, 고백적인 말들은 한 부분의 신탁으로 이어진다. 이로써 이들은 본질적으로 깊은 관련을 맺게 되는 것이다. 이러한 평행 구조의 근거하에 신탁의 단락(27-28절)은 필연적으로 선행 시문과 관련을 갖는 것으로 인지되어야 한다. 이것은 예를 들어 시문에서 이루어지는 무시무시한 최후통첩을 덜어 주려고 고안된 일종의 "완충제" 정도로(Nicholson, 56 참조) 인지되어서는 안 된다("주석"을 보라). 신탁과 시의 상호관련성은 시에 적용되었던 창조 내러티브(창 1장)의 중요 부분이었던 하나님의 "강화"(28절)와의 관련성으로 인해 강화되고 있다.

창세기 1장과 23-28절 사이의 문학적 상호 관련성은 두 구절 사이의 평행을 보여주는 다음의 도표에서 발견될 수 있다(여기에는 피쉬베인[Fishbane]이 지적한 바와 같이 욥 3:3-13과의 평행도 있다).

혼돈(예레미야)	**창조**(창세기)
"공허와 혼돈"(23절)	"공허와 혼돈"(1:2)
"빛"(23절)	"빛"(1:3)
"하늘"(23절)	"하늘"(1:8)
"땅"(23절)	"땅"(1:10)
"새"(25절)	"새"(1:20)

"인류"(25절) "인류"(1:26)

평행과 대조는 "강화"의 개념에서 더욱 심화되어 취해진다. 창조는 하나님이 말씀하심으로 시작되었고, 혼돈은 하나님이 말씀하셨기에(렘 4:28) 도래하였다. 그리고 아마도 더 깊이 있는 대조가 함의된 것으로 보인다. 피쉬베인이 제안하듯이 안식일은 하나님의 창조의 절정이었으나, 혼돈은 하나님의 "진노"의 결과였다(26절).

이 절의 원래의 정황은 확정지을 수 없다. 비록 대중을 향한 이 예견에 대한 상술과 수반되는 신탁이 가능했다고 하더라도, 환상이 갖는 "고백적인" 성격은 선지자의 생애 가운데서 사적이고 명상적인 측면을 더욱 심하게 제시하는 것으로 보인다. 시는 신탁의 내용에 대한 반성으로 창조된 것처럼 보이며, 반대로 이는 아마도 선지자의 공적인 사역의 한 부분으로서 원래 언명된 더 큰 신탁에 속했던 것으로 보인다.

주석

선지자의 환상은 그 시야에 있어서 우주적이다. 이는 심판의 즉각적인 상황인 민족적 경계를 피하고서 전체 우주를 포괄하고 있다. 환상 중에 이스라엘을 압도하게 될 다가올 혼돈은 하나님의 특별한 창조로서의 이 민족의 지위를 거부해 버리면서(신 5:15을 보라. 여기서 이스라엘의 "창조"는 안식일의 준수를 위한 근거로 명시되고 있다) 시적으로 태고의 혼돈이 되돌아오는 것처럼 묘사하고 있다. 그러나 언어는 시적이다. 다시 말해서, 이스라엘의 심판은 태고적 혼돈의 재현과 같을 것이지만, 언어는 단지 간접적으로 묵시적일 뿐이다. 그 이유는 신탁에서도 분명히 진술되고 있듯이(27b절) 우주의 종말이 아직 오지 않았기 때문이다.

시의 지류(底流)는 질서와 혼돈의 다양한 주제를 환기시킨다. 창조 시에 질서는 혼돈으로부터 출현했다. 마찬가지로, 이스라엘의 창조에서는 질서 잡힌 언약 백성이 애굽의 노예 생활의 혼돈으로부터 출현한 것이다. 하지만 선지자의 시각에서 혼돈은 창조 시에 소멸하지 않았다. 그것은 단지 언제고 돌아오려고 위협하면서 궁지에 몰려 있었을 뿐이다. 그리고 이스라엘의 행동은 심판을 부르면서 혼돈의 무시무시한 힘을 우주 안에서 다시 풀려나게 만들었다. 이것들은 오직 하나님에 의해서만 통제될 수 있는 힘들이다. 그리고 오직 하나님만이 이것들을 놓아 주실 수 있다. 따라서 선지자의 말 속에 그토록 자주 나타나듯이, 혼돈의 재현은 하나님의 허용에 의한 것이다. 그러나 이것은 한 민족의 사악함으로 선동되었다. 혼돈을 풀어 놓은 것은 하나님의 "진노"였다. 즉, 하나님으로 하여금 창조와 질서 잡힌 세계를 만들어 내시도록 했던 것이 하나님의 사랑이었듯이, 사랑의 다른 얼굴인 진노는 혼돈으로 하여금 다시 돌아오도록 해방을 주었던 것이다.

환상의 이 같은 내용 속에는 묵시적인 사고의 단초가 있고, 이는 심판의 메시지가 전달되는 과정에서 사용되는 창조의 이미지로 더욱 풍성해진다. 이 구절의 즉각적인 느낌과 근접한 맥락은 이교도인 적군의 손에 의해 다가올 유다의 심판에 대한 말의 충격을 가두고 있다. 그러나 창조, 즉 **원시**(*Urzeit*)의 영상은 태고의 혼돈이 돌아올 것이라는 말로 전환되면서 필연적으로 종말을 불러일으킨다. 문맥 속에서 종말은 이스라엘의 종말이며, 여전히 주기적인 패턴의 진행 과정은 선택된 민족이 창조로부터 진행하여 결국 혼돈으로 돌아가게 된다면, 이 또한 우주 전체에도 일어나게 될 일이라는 점을 암시하고 있다. 그리고 이 민족이 혼돈으로 되돌아오는 것이 악의 결과라면, 이 또한 창조 역사와 함께 도덕적인 결과로서 우주의 궁극적인 혼돈으로의 붕괴를 일으킬 것이다. 그래서 창세기 1장에서의 창조에 대해 계속해서 이루어졌던 "좋았더라"는 이제는 더 이상 말해질 수 없다. 그렇게 된다면 혼돈의 회귀는 시작되었으며, 종말의 시간이 동트기 시작한 것이다.

해설

6:22-30에 이어지는 "해설"을 보라.

시온의 애가(4:29-31)

참고문헌

Beer, G. "Miscellen: 4. Zu Jeremiah 4:31." *ZAW* 31(1911) 153-54. **Efros, I.** "An Emendation of Jer. 4:29." *JAOS* 41(1921) 75. **Levitan, I. S.** "Dr. Efros' Emendation of Jer. 4:29." *JAOS* 41(1921) 316.

본 문

29 기병과 활 쏘는 자의 훤화로 인하여 모든 성읍이 도망하여 수풀에 들어가고 바위에 기어오르며 각 성읍이 버림을 당하여 거기 거하는 사람이 없나니

29 At the sound of rider and archer, 4+3 the whole city[a] flees. They enter[b] the thicket[c] 2+2 and ascend the rocks; The whole city is forsaken, 3+3? none remaining within it.

30 멸망을 당한 자여 네가 어떻게 하려느냐 네가 붉은 옷을 입고 금장식으로 단장하고 눈을 그려 꾸밀지라도 너의 화장한 것이 헛된 일이라 연인들이 너를 멸시하여 네 생명을 찾느니라

30 But you, [a]what are you doing, 2?+2 dressing in scarlet, bedecking yourself with golden bangles, 3+3 highlighting your eyes with eyeliner?[b] You beautify yourself in vain, 2+2+2 your lovers despising you, seeking your life!

31 내가 소리를 들은즉 여인의 해산하는 소리 같고 초산하는 자의 고통하는 소리 같으니 이는 딸 시온의 소리라 그가 헐떡이며 그 손을 펴고 이르기를 내게 화 있도다 살륙하는 자를 인하여 나의 심령이 피곤하도다 하는도다

31 For I have heard a sound like a woman in labor, 3+2 distress like the birth of a firstborn, the sound of daughter Zion gasping, 3+2 her hands outstretched: "Ah, I'm fainting, 3+2 the killers have possessed my life."

원문주해

29.a. 칠십인역은 "온 **땅**"(즉, 하아레츠[הארץ])으로 번역한다. 이것이 함의하는 바는 여기서의 하이르(העיר)가 같은 절의 뒤에 나오는 하이르(העיר)의 우연한 중복일 것이기 때문이라는 점이다. 그러나 **성읍**을 그대로 유지하는 것이 최선인데, 이것이 전체 시문의 중심 주제인 것으로 보이기 때문이다.

29.b. 칠십인역은 본문이 더 길다. "그들이 동굴로 들어갔다. 그리고 그들은 숲속에 숨었다. 또 그들은 바위에 올랐다." NEB가 칠십인역을 따르고 있으나 히브리어 본문을 그대로 유지시키는 것이 최선이다.

29.c. 아브(עב, 일반적으로 "구름")는 여기서는 "덤불" 혹은 "관목"이다. 왕상 7:6과 G. Garbini, "Note linguistico-filologiche," *Hen* 4(1982) 163-73를 보라.

30.a. 샤두드(שדוד, "멸망당한 자")는 칠십인역을 따라 조심스럽게 삭제시켜 보았다(NEB 참조). 남성형은 문법적인 맥락에 모순되는 표현이다.

30.b. 푸크(פוך, 문자적으로는 "안티모니"[antimony, stibnite]). 이 금속 소재는 으깨어 잘 섞으면 검댕이가 되는데, 눈을 아름답고 빛나게 하기 위해 눈화장을 하는 데 사용되었다.

양식/구조/배경

이 예레미야의 시문은 예루살렘 시민들이 자신들의 곤경에 처한 처지가 종말에

이르렀다는 것을 감지하는 데 실패하고 항상 그들의 운명으로부터 종국적으로 회피할 것만을 찾아 헤매는 둔감함으로 인해 예루살렘의 심판이 갖는 필연성과 대조를 이루고 있다. (i) 이 부분의 시문이 원래 더 큰 신탁에 속해 있었는지, 아니면 (ii) 1인칭과 관련된 것이 선지자를 암시하고, 따라서 그 자신만의 곤경에 처한 시온에 대한 시적 반성을 담고 있는 것인지는 확실하지 않다. 이것의 배경은 예루살렘이며, 처음에는 백성을 향한 공적 사역 가운데서 전해진 것이다(30절에서 담화가 직접적인 형태로 드러난 것에서 암시된 대로). 시기는 이 시문이 지금 속해 있는 커다란 내러티브가 갖는 시대적 상황 이외의 경우로 확정지을 수 없다. 은유적인 언어는 선지자의 설교 중 이 부분이 처음에는 예루살렘이 수많은 이방 세력들(30절의 "연인들")과 맺은 협정과 동맹에 대한 비평의 일부분이었다는 것을 암시한다.

주석

선지자는 위기에 처한 성읍의 일반적인 반응이 어떤 것일지에 대한 묘사로 시작한다(29절). 그런 후에는 예루살렘이 드러낼 반응이 비정상적인 것이라는 묘사가 이어지는데, 여기서 간음의 은유가 시인에 의해 기술적으로 사용되고 있다(30-31절).

일반적으로 무방비의 성읍 시민들은 강력한 군대의 침략에 대해 들었다("기병과 활쏘는 자", 29절). 그들은 언덕에 달라붙거나 빽빽한 수풀의 은신처를 찾을 것이며, 적군의 길을 따라 버려진 성읍을 뒤로 남겨두게 될 것이다. 그들의 성읍은 파괴될 것이지만, 어떤 경우에도 그들은 그것을 방어하려 할 수 없을 것이다. 그들이 날 수만 있다면 그들의 목숨만은 구할 수 있을 것이다. 그들은 비겁자가 되려는 것이 아니라 현실주의자가 되려는 것이다. 말하자면, 방어하지도 않은 채 압도적으로 우위에 있는 적군을 맞으면서 집에 남는 것이 특별히 용기 있는 행동은 아닌 것이다.

그러나 예루살렘의 시민들은 하나님의 심판의 군대가 그 성벽에 쇄도해 왔을 때도 이러한 지혜를 가지지 못했다. 예레미야는 예루살렘의 미래에 있을 어리석음에 대한 그의 메시지를 전하면서 간음의 은유를 끌어들이고 있다. 예루살렘은 그 일을 위하여 스스로를 꾸며야 했다. 그는 엷은 주홍색 드레스를 입고, 금팔찌로 장식하며, 자신의 유혹적인 매력을 증가시키기 위해 눈을 강조해야 했다. 그러나 그 모든 일은 헛된 것이 될 판이었다. 옷과 팔찌는 아름다움을 대신할 수 없기 때문이다. 예루살렘은 이제 더 이상 자신의 아름다움이 도피 후에도 남을 수 없다는 것을 알지 못하고 있다. 그리고 그 아름다움은 창녀의 옷으로 가려진 초췌한 몰골이었을 뿐이다. 이스라엘은 자신이 기다리던 연인이 오로지 자신의 죽음만을 원하는 적대자라는 것을 알지 못했다.

출산의 언어가 31절에 소개되고 있다. 처음에 이것은 마치 은유가 전환된 것처럼 나타난다. 그러나 이것은 발전되었을 뿐이다. 30절의 간음은 또한 임신과 동일한 것이다. 말하자면, 예루살렘의 서거는 창녀가 첫 아이를 사생아로 낳는 것과 같을 것이다. 언어는 아름답지 않지만 주목을 끌기 위해 고안된 것이다. 그럼으로써 반응을 유발하고, 이에 따라서 아마도 이것을 듣게 될 사람들의 둔감한 마음을 파고들고자 했을 것이다. 선지자가 31절에서 암시하는 바는 아마도 유아 분만 과정 속에서의 단순한 죽음이 아니라(은유적인 용어상), 몰인정한 병사의 손에 의해 임신 중에 죽게 되는 것으로 보인다. 이런 종류의 일은 고대 근동에서는 흔한 일이 아니었다.

해설

6:22-30에 이어지는 "해설"을 보라.

심판에 관한 대화(5:1-9)

참고문헌

Berkovitz, E. "The Biblical Meaning of Justice." *Judaism* 18(1969) 188-209. **Berridge, J. M.** *Prophet, People*. 77-80, 83. **Carroll, R. P.** "Theodicy and Community: The Text and Subtext of Jeremiah 5:1-6." *OTS* 23(1984) 19-39. **Dahood, M.** *Ugaritic-Hebrew Philology*. 74. **Holladay, W. L.** *Architecture*, 85-86. **Jastrow, M.** "Jeremiah 5:8." *AJSL* 13(1986/7) 216-17. **Lundbom, J. R.** *Jeremiah*. 75-78. **May, H. C.** "Individual Responsibility and Retribution." *HUCA* 32(1961) 115-16. **Sutcliffe, E. F.** "A Note on Jer. 5:3." *JSS* 5(1960) 348-49. **Wisser, L.** *Jérémie, Critique de la vie sociale: justice sociale et connaissance de Dieu dans le livre de Jérémie*. Geneva: Labor et Fides, 1982. 31-33. **Wittstruck, T.** "The Influence of Treaty Curse Imagery on the Beast Imagery of Daniel 7." *JBL* 97(1978) 100-102.

본 문

1 너희는 예루살렘 거리로 빨리 왕래하며 그 넓은 거리에서 찾아보고 알라 너희가 만일 공의를 행하며 진리를 구하는 자를 한 사람이라도 찾으면 내가 이 성을 사하리라

2 그들이 여호와의 사심으로 맹세할지라도 실상은 거짓 맹세니라

3 여호와여 주의 눈이 성실을 돌아보지 아니하시나이까 주께서 그들을 치셨을지라도 그들이 아픈 줄을 알지 못하며 그들을 거진 멸하셨을지라도 그들이 징계를 받지 아니하고 그 얼굴을 반석보다 굳게 하여 돌아오기를 싫어하므로

4 내가 말하기를 이 무리는 비천하고 우준한 것 뿐이라 여호와의 길, 자기 하나님의 법을 알지 못하니

5 내가 귀인들에게 가서 그들에게 말하리라 그들은 여호와의 길, 자기 하나님의 법을 안다 하였더니 그들도 일제히 그 멍에를 꺾고 결박을 끊은지라

6 그러므로 수풀에서 나오는 사자가 그들을 죽이며 사막의 이리가 그들을 멸하며 표범이 성읍들을 엿보온즉 그리로 나오는 자마다 찢기오리니 이는 그들의 허물이 많고 패역이 심함이니이다

7 내가 어찌 너를 사하겠느냐 네 자녀가 나를 버리고 신이 아닌 것들로 맹세하였으며 내가 그들을 배불리 먹인즉 그들이 행음하며 창기의 집에 허다히 모이며

8 그들은 살지고 두루 다니는 수말같이 각기 이웃의 아내를 따라 부르짖는도다

9 나 여호와가 이르노라 내가 어찌 이 일들을 인하여 벌하지 아니 하겠으며 내 마음이 이런 나라에 보수하지 않겠느냐

1 "Stroll through the streets of Jerusalem 3+2 and observe and take notes! And search her public concourses 2+2 to see if a man can be found, if anyone is acting justly, 3+2+2 seeking truth – and I will forgive her!" The Lord's oracle.[a]

2 "Though they say, 'As the Lord lives,' surely[a] they swear falsely." 3+3

3 "Your eyes, O Lord, 2+2 do they not look for truth? You struck them, 2+2 but they were not weakened; you took them to the limits – they refused 2+2 to accept correction! They made their faces harder than rock; 3+2 they refused to repent!

4 Then I said, "They are only the poor! 3+2 They[a] behave as fools, for they don't know the Lord's way, 4?+2 the manner[b] of their God.

5 I will go to the noblemen 2+2 and will address them, for they know the Lord's way 4?+2 the manner of their God." But they too had broken the yoke, 4?+2 had ripped apart the reins,

6 Therefore a forest-lion will slaughter them, 4+3 a desert wolf will devastate them; a leopard stalks their cities – 3+3 all leaving them will be torn to shreds. For their sins have been many, 3+2 their backslidings numerous."

7 "Why should I forgive you this? 3+2+3 Your children have forsaken me and sworn by 'no-gods.' Though I provided[a] fully for them, they committed adultery; 3+3 they patronize[b] a prostitute's place!

8 They are stallions, hot[a] and lusty[b] 4+4 each one neighing for his neighbor's wife.

9 Should I not punish for these things?" 2+2 The Lord's oracle. "And with a nation like this, 3+3 should I not take vengeance?[a]"

원문주해

1.a. 느움 야흐웨(נאם יהוה)는 칠십인역에 근거하여 추가된 것이다. 이것은 아마도 2절 도입부의 단어들과 유사하다는 근거로 인해 우연히 생략된 것으로 보인다.

2.a. 마소라 본문의 라켄(לכן, "그러므로") 대신에 다수의 히브리어 사본들(de Rossi, III, 72)과 시리아역을 근거로 아켄(אכן, "확실히")으로 읽었다.

4.a. 헴(הם, "그들")은 이 절의 제2행을 도입하기 위해 사용되고 있다. 그리고 아트나(*athnah*)는 앞 단어로 이동하였다(*BHS* 참조).

4.b. 미슈파트(משפט, 일반적으로 "정의")를 "관례"로 번역한 것에 대해서는 Berkovitz, *Judaism* 18 (1969) 188-209를 보라.

7.a. "제공하다"는 어근 사바(שׂבע)로부터 나온 것이다. 소수의 사본들은 어근이 샤바(שׁבע, "맹세하다")라고 지적하고 있는데, 이는 이미 앞의 행에서 사용된 것이다(de Rossi, III, 72 참조). 마소라 본문의 구별을 유지하는 것이 최선이다. 유사한 어근은 시적인 대조를 더욱 증대시킨다.

7.b. 가다드(גדד)의 히트파엘이 갖는 일반적인 의미는 "스스로를 상하게 하다"일 것이다. 여기서도 이 의미로의 번역이 가능하다. 이것이 지적하는 바는 풍요 제의와 관련된 이교도의 종교 행위로 보인다. "거래하다"라는 번역은 기두드(גדוד, "무리, 군대")와 관련된 명사 유래적인 의미를 가정한 것이다. 이와는 다르게 이투고라루(יתגוררו, 구르[גור]의 히트파엘, "~의 환대를 구하다")로 읽을 수도 있다. 그러나 이것 또한 너무 희귀한 경우다.

8.a. 므유자님(מיזנים)이라는 단어의 의미가 불확실하다. 위의 번역은 문맥에 따라 추정한 것이다. 어근이 야잔(יזן, 여기서는 푸알 분사)이라면, 이것은 용례가 유일한 경우의 단어(hapax legomenon)가 된다. BDB는 준(זון, "먹이다")의 호팔 분사로 보고 있는데, 이 역시 용례가 유일한 단어다(하지만 명사 마존[מָזוֹן, "음식"]은 잘 알려진 단어다).

8.b. 마슈킴(משכים)이라는 단어의 의미도 불확실하다. 이것은 분명히 샤카(שׁכה)의 히필 분사다. 하지만 이 어근은 불확실한 의미를 가지고 있다. 다후드(Dahood, *Ugaritic-Hebrew Philology*, 74)는 우가릿어 *nṯk*(*UT* 54:14-15에서)에 근거하여 "음탕한"이라는 의미로 보려 한다. 그러나 우가릿어 *nṯk*의 일반적인 의미는 "물다"이다. 인용된 본문에서의 형태는 *nṯkp*(이것 자체로는 의미가 불확실하다)이다. 따라서 비록 다후드가 이 히브리어의 의미를 규정한 것이 정확해 보일지라도, 우가릿어에서는 아무런 근거도 얻을 수가 없다.

9.a. 문자적으로는 "내 영혼이 스스로 복수할 것인가?"이다.

양식/구조/배경

이 구절은 다가오는 심판에 대해 계속해서 모자이크식의 묘사를 통해 이루어지는 서술의 일부로서, 여호와와 그의 선지자 사이의 대화의 형태로 이루어져 있다. 문학적 구조는 이 대화가 필수적인 문학 단위로 이해되어야 한다는 것을 암시하고 있다.

이것이 본문에서 이 지점에 삽입되기 위해 다수의 신탁들로부터 구성되었는지, 아니면 선지자의 내적인 반성이라는 사적인 자료로부터 인용된 것인지는 불확실한 문제로 남아 있다. 오직 예루살렘(혹은 유다)에게 직접 말을 전하고 있는 7절만이 백성을 향한 직접 화법의 형태를 이루고 있으며, 선지자가 대중에게 전달한 신탁으로부터 인용되었던 것으로 보인다. 비록 이 대화가 빈틈없이 잘 짜여진 문학 단위라는 것을 보게 되겠지만, 7절은 실제로 이 대화가 형성되어 가고 있는 주변 부분의 핵심이 될 수 있다. 이 대화의 구조는 다음과 같이 구성될 수 있을 것이다.

(i) 예레미야에게 향한 여호와의 말씀(1-2절).
(ii) 선지자의 응답(3-6절).
(iii) 여호와의 말씀:
  (a) 대중 신탁으로부터의 인용(7절).
  (b) 예레미야를 향한 응답(8-9절).

대화의 부분들은 공통 단어와 어근의 반복으로 서로 결합되고 있다. 특별히 다음을 주목해 보아야 한다. (i) 1절에서의 "진리"(אמונה – 에무나)에 대한 언급은 선지자의 응답(3절) 속에서 확인되고 있다. (ii) 하나님의 말씀의 도입부에서의 용서(סלח – 살라흐, 1절)에 대한 가능성은 신적인 신탁(סלח – 살라흐, 7절)에서 다시 나타난다. 샤바(שׁבע, "맹세하다") 동사가 1절과 7절에서 반복 사용된 것을 주목해야 한다. (iii) 선지자의 진술(3-6절)과 함께 "가난한 자들"과 "부유한 자들" 간의 반복적인 대조와는 별도로, 동사 하카(הכה)와 슈브(שׁוב)의 파생형들이 반복(3절과 6절에서)되고 있다. 이로써 선지자의 강화에 대한 일종의 교차대조 구조를 형성하고 있다.

일면 대중적 신탁(7절)이면서 동시에 완전한 대화를 형성하고 있는 이 부분의 정황은 예루살렘이다. 부분들과 전체의 시기는 확정짓기가 더욱 어렵다. 이 합성물의 핵심(7절)을 형성하고 있는 것으로 보이는 신탁은 그것이 우상 숭배적인 종교 관행과 관련된 것으로 보아 선지자의 사역 중 가장 초기의 시기(요시야 왕의 치세 동안)에 나온 것 같다. 그럼에도 불구하고, 전체적인 대화는 후기의 시대를 반영하는 것으로 보인다. 여기서 우상 숭배적인 성격은 사회적 본질에 대한 좀더 보편화된 관심사로 대체되고 있다. 어떤 방식으로 이것은 아마도 제의로부터 사회적 속성으로 예루살렘의 사악함이 갖는 성격이 변화하는 것에 의해 재촉된 것으로 보이는 변신론(辯神論)의 왕국(Feinberg, 55-57 참조)이다. 따라서 대화의 시기는 요시야 왕 치하의 후기 시기이거나 여호야김 왕 치하의 초기 시기로 잡을 수 있다.

주석

대화는 아브라함이 소돔을 위해 기도하는 모습을 연상시킨다(창 18:23-33). 그러나 주도권은 전적으로 하나님께 놓여 있다(비록 이것이 다가올 심판의 가혹함과 관련된 예레미야로부터의 질문을 전제로 할지라도). 선지자는 예루살렘의 거리를 오가며 그 수도 성읍에서 무슨 일이 일어나는지를 관찰하라는 지시를 받는다. 그는 특별히 정의와 진리라는 신적 원리를 따라 살려고 하는 사람들을 찾으라는 요청을 받는다. 만일 그런 사람을 발견할 수 있다면, 그 때는 그들을 위하여 여호와께서 그 성읍의 죄를 용서하실 것이었다. 그러나 이를 찾으라는 초대는 경고로 이어진다. 그는 외면적으로 정통적인 사람들을 찾을 수는 있으리라. 그들은 맹세에 적당한 상투어구를 사용했으나("여호와의 사심으로", 2절) 그들의 언어는 거짓이었다. 위선적인 겉치레가 그 안에 숨겨진 거짓을 덮어 버렸던 것이다.

이것은 대화다. 그리고 그렇게 예레미야는 예루살렘과 (문자적으로 이 성읍의 거리를 걸었다기보다는) 그 곳에서의 그의 경험에 대해 숙고하고 있다. 근본적으로 그는 기준이 신적인 진리일 경우 정직한 사람은 한 사람도 남을 수 없다고 결론내리고 있었다. 신적인 책벌의 행위조차도 사람들에게 그들의 영적인 감각을 되돌려 주는데 실패했던 것이다. 그들은 단순히 자신들의 얼굴을 굳어지게 만들었으며, 강퍅하게도 회개하고 진정한 신앙으로 되돌아올 것을 거부했던 것이다.

그러나 예레미야는 하나님의 첫 번째 말씀 속에 있는 틈새를 포기하지 않으려 했다. 이 틈새란 다름아닌 이 성읍이 용서받을 수 있는 가능성이었다. 그는 아마도 스스로에게 말하는 것 같은데, 자신이 사악한 백성들을 지켜보았다고 한다. "가난한 자들"(5절)은 아마도 단순히 일반 시민, 즉 거리의 사람들을 지적하는 것으로 보인다. 그가 만일 상류의 시민들에게로 전환하고자 했다면, 분명히 그는 여호와의 길을 알고 그대로 살았던 사람들을 발견했을 것이다. (1, 4, 5절에서 미슈파트[*mispat*, "정의, 관습"]를 반복 사용한 것에 주목하라.) 그러나 이 선지자의 계획은 헛된 것이었다. 부유한 사람들은 보통의 사람들과 다를 것이 없었기 때문이다. 그들도 그들 자신의 사악한 길을 추구하기 위해 신적인 속박의 사슬을 끊어 버렸기 때문이다.

그래서 선지자는 신적인 틈새, 즉 몇 사람의 의로운 자들이 발견될 경우에 얻게 되는 용서가 없다면 현실은 심판을 받기에 충분한 상태가 될 것이라는 결론을 내렸다. 심판은 일련의 동물적 은유로 묘사되고 있다. 예루살렘과 그 시민들은 사자, 늑대 그리고 표범에 의해 약탈당할 것이었다(6절). 그럼에도 불구하고, 언어는 은유 그 이상이었고, 아마도 언약적인 순종을 조건으로 두고 있는 신적인 저주가 이제 현실화되었음을 암시하는 것으로 여겨진다. 주전 8세기에 세피르(Sefire) 조약은 조약 저주의 성취로 사자와 표범의 약탈에 대해 이야기하고 있다(Wittstruck, *JBL* 97 [1978] 100-102). 호세아 13:7-8도 유사한 언어를 사용하고 있다. 조약-저주의 배경은 신적인 심판의 본질을 분명히 해준다. 이것은 단순히 재난의 도래가 아니라 특별하게 예루살렘의 불순종과 사악한 행위에서 이끌어지는 재난인 것이다. "그들의 패역이 많고 허물이 심함이니이다"(6절).

예레미야에게 주어진 여호와의 응답에서, 시작 부분(7절)은 전에는 공적 신탁으로서 예루살렘/유다의 백성들에게 주어졌던 것으로부터 인용된 것으로 보인다(위의 "양식/구조/배경"을 보라). 여기서의 말은 백성들에게 주어진 것이지 선지자에게 주어진 것이 아니다. 백성들은 집단적으로 우상 숭배, 즉 다른 제의의 "비신(非神)들"을 받아들였으므로 용서가 있을 수 없었다. 간음과 매음의 언어는 특정한 형태의 우상 숭배가 풍요 제의, 특히 바알 숭배와 관련이 있다는 것을 지적한다.

8절에서도 (7절의 질문에 이어서) 대화가 지속된다. 백성들은 짝을 찾아 울어대는 숫말 같았다. 이 부분의 대화가 8절보다 시간적으로는 뒤의 것으로 보이기 때문에, 이러한 암시가 아직도 풍요 제의를 말하는 것인지 예루살렘의 사회 생활의 특징인 일반적인 간음에 대한 것인지는 확실하지 않다. 어느 경우이든 간에 결과는 동일하다. 다시 말해, 회개의 가능성을 담지한 채로 시작했던 대화는 부정적인 지시로 끝을 맺고 있다. 용서의 문은 굳게 닫힌 문으로 보인다. 예루살렘에서처럼 횡행하는 죄악은 긍정적으로 신적인 심판의 출발을 재촉했던 것이다.

그래서 대화의 진행은 그 종국적인 제거(9절)가 하나님에 의해 용서될 수 있는 일말의 가능성으로부터 나온다. 이것은 일종의 변신론(辯神論)으로서 대화와 질문의 탐구 과정을 통해 성읍의 죄악에 대한 응답으로서 심판의 신적인 권한을 세우려는 것이다. 대화가 요시야의 개혁 이후 어느 시기를 가리킬 것이라는 가능성을 상정해 본다면, 선지자의 질문의 출발점은 사회적으로 수행되어 온 (표면상의) 변화에서 발견될 수 있을 것이다. 표면적으로는 다수의 예루살렘에서의 예배의 형식적인 오용이 청결케 되었다. 그러니 이 선지자가 아직도 동일한 심판의 모진 메시지를 설교하는 것은 무슨 권리에서 가능한 일인가? 하나님과 자신의 대화의 과정 속에서 선지자는 표면 아래를 볼 것을 교육받는다. 즉, 진리와 정의가 그의 사회의 품질 증명이 될 것인지를 보는 것이다. 그가 이러한 변화가 실제로 일어났음을 스스로에게 설득할 수 없었을 때, 변신론에 대한 자신의 문제는 사라졌다. 예레미야는 심판이 반드시 올 것이라고 선언함에 있어서 그의 목소리를 하나님의 목소리와 결합시킨 것이다.

해설

6:22-30에 이어지는 "해설"을 보라.

심판의 주제로의 회귀(5:10-19)

참고문헌

Dahood, M. *Ugaritic-Hebrew Philology.* 50. **Fohrer, G.** *Die Propheten des Alten Testament 3. Die Propheten des Fruhen 6 Jahrhunderts.* **Grover, M.** "The Ten Commandments' Change of Names." *BMik* 27(1981) 16-21[in Heb.]. **Long, B. O.** "The Effect of Divination upon Israelite Literature." *JBL* 92(1973) 489-97. **Lundbom, J. R.** *Jeremiah.* 39-41. **Meyer, I.** *Jeremia und die falschen Propheten.* 85-93. **Schmuttermayr, G.** "Beobachtungen zu Jer 5,13." *BZ* n.s. 9(1965) 215-32. **Skweres, D. E.** "Das Motiv der Strafgrunderfragung in biblischen und neuassyrischen Texten." *BZ* 14(1970) 181-97. **Sutcliffe, E. F.** "A Note on לא הוא Jer 5:12." *Bib* 41(1960) 287-90. **Westermann, C.** *Basic Forms of Prophetic Speech.* Philadelphia: Westminster, 1967. 169-76.

본 문

10 너희는 그 성벽에 올라가 훼파하되 다 훼파하지 말고 그 가지만 꺾어 버리라 여호와의 것이 아님이니라

11 나 여호와가 말하노라 이스라엘 족속과 유다 족속이 내게 심히 패역하였느니라

10 "Go up into her vine-rows and destroy, but do not[a] yet make a full end. 3+2 Strip away her tendrils, for they do not belong to the Lord. 2+3

11 For they have acted in a totally faithless manner toward me, both the House of Israel and the House of Judah. 4+4

12 그들이 여호와를 인정치 아니하며 말하기를 여호와는 계신 것이 아닌즉 재앙이 우리에게 임하지 않을 것이요 우리가 칼과 기근을 보지 아니할 것이며	12 They have behaved deceitfully against the LORD, and said, 'He'll do nothing! 2+2 Nothing bad will happen to us, nor shall we see either sword or famine. 3+3
13 선지자들은 바람이라 말씀이 그들의 속에 있지 아니한즉 그같이 그들이 당하리라 하느니라	13 The prophets are windbags, and the prophetic word[a] is not in them!'"[b] 3+3
14 그러므로 만군의 하나님 여호와가 이같이 말하노라 그들이 이 말을 하였은즉 볼지어다 내가 네 입에 있는 나의 말로 불이 되게 하고 이 백성으로 나무가 되게 하리니 그 불이 그들을 사르리라	14 Therefore, thus said the Lord, the God of Hosts: "Thus shall it be done to them, because they[a] have spoken this word. 3+3? I'm going to make my word fire in your mouth, and this people are firewood, so it will consume them. 5+4
15 나 여호와가 말하노라 이스라엘 족속아 보라 내가 한 나라를 원방에서 너희에게로 오게 하리니 곧 강하고 오랜 나라이라 그 방언을 네가 알지 못하며 그 말을 네가 깨닫지 못하느니라	15 Lo, I am bringing against you a nation from far away, O House of Israel: 3+4 it is an enduring nation, it is a nation from ancient times, 3+3 a nation whose language you don't hnow, and whose speech you cannot comprehend. 3+3
16 그 전통은 열린 묘실이요 그 사람들은 다 용사라	16 Its quiver is like an open grave: all within it[a] are warriors. 3+2
17 그들이 네 자녀들의 먹을 추수 곡물과 양식을 먹으며 네 양떼와 소떼를 먹으며 네 포도나무와 무화과나무 열매를 먹으며 네가 의뢰하는 견고한 성들을 칼로 파멸하리라	17 And it shall consume your harvest and your food: it[a] shall consume your sons and your daughters. 3+3 It shall consume your sheep and your cattle: it shall consume your vines and your fig trees. 3+3 It will destroy[b] the sword[c] your fortified cities in which you place your trust." 4+4
18 나 여호와가 말하노라 그 때에도 내가 너희를 진멸치는 아니하리라	18 "But even in those days" – the Lord's oracle – "I will not bring about your complete end.
19 그들이 만일 이르기를 우리 하나님 여호와께서 어찌하여 이 모든 일을 우리에게 행하셨느뇨 하거든 너는 그들에게 이르기를 너희가 여호와를 버리고 너희 땅에서 이방 신들을 섬겼은즉 이와 같이 너희 것이 아닌 땅에서 이방인들을 섬기리라 하라	19 But when you (people)[a] say, 'For what reason has the Lord our God done all these things to us?' Then you (Jeremiah)[a] shall say to them: 'Just as you have rejected me and served foreign gods in your land, so shall you serve strangers in a land that is not your own.'"

원문주해

10.a. 알(אל, 이 곳에서, 그리고 18절의 동일한 구문에서 모두)은 부정어 "not"으로 번역된다. 그러나 두 경우 모두에서 이를 단언적 불변화사로서 "확실히"로 번역할 수도 있다. J.A. Soggin, *Bib* 46(1965) 57-58에 이어, Dahood, *Ugaritic Hebrew Philology*, 50를 보라. 번역의 차이에 따라 이 의미도 극단적으로 달라진다. 부정어는 문맥의 근거에 따라서 유

지되고 있다. (가지를) 꺾어 버림(10절)의 개념과 추방의 개념(19절)은 선지자의 심중에 있는 "종국적인 결말은 **아니기를**"이라는 개념을 밑받침해 주는 것으로 보인다. 그러나 오직 가혹한 심판의 행위만이 종국적인 것으로 보일 것이다.

13.a. 하디베르(הדבר). 이 말은 단순히 하다바르(הַדָּבָר, "그 말씀")로 모음 표기될 수 있을 것이다. 하지만 이에 대한 지지는 극소수의 사본들밖에 없다. 이와는 다르게, 마소라 본문의 모음 표기를 따라 디베르(דִּבֵּר)로 본다면 "선지적 계시(말씀)"로 번역될 수 있을 것이다(Grover, *Bmik* 27[1981] 16-21를 보라). 이는 칠십인역에서도 어느 정도의 지지를 얻는 것으로 보인다. 로고스 퀴리우(*λόγος κυρίου*, "여호와의 말씀").

13.b. 마소라 본문에서 13절의 마지막 구는 순서가 바뀌어서 14절의 제2행으로 나타나고 있는데, 이 새로운 위치가 문맥에는 더 자연스럽게 맞는다. 위치의 전이는 코(כה, "그러므로")의 반복의 결과로 보인다.

14.a. 마소라 본문은 2인칭 "너희들"을 사용하고 있다. 문맥은 강력하게 3인칭 접미(위에 번역된 것처럼)를 암시하고 있다. 하지만 이에 대해서는 히브리어 사본들에서 아무런 근거도 발견되지 않는다.

16.a. 문자적으로는 "그들 모두"이다. "그 곁에 있는 모두"로 번역하는 것은 전통(첫 행)의 직유를 이렇듯 확장을 통하여 명백하게 만들려는 시도다. 이것은 또한 전통에 담긴 "화살들"(병사들)에 대한 암시 속에서 더 지속된다.

17.a. 동사의 단수형은 요칼(יאכל)로 읽는다. 이에 대해서는 하나의 히브리어 사본, 시리아역과 불가타역의 지지가 있다(de Rossi, III, 73). 그리고 단수는 근접 문맥 속에서 동일한 동사가 세 번이나 단수형으로 사용된 경우로 함축될 수 있다.

17.b. 예로셰시(ירשש)는 라샤쉬(רשש)의 포엘인 "파괴하다"로 번역된다. 그러나 이 동사는 히브리어 성경에서는 드문 용례를 가지고 있고 그 의미도 불명확하다. 칠십인역은 "타작"(곡물)을 함축하고 있다.

17.c. 베하레브(בהרב, "칼로써")는 의미와 운율이 함축되는 대로, 임시적으로 첫 행으로 위치를 이동시켰다. NEB는 좋은 근거가 없지만 이 구를 생략하고 있다(Brockington, *The Hebrew Text of the Old Testament*, 200 참조).

19.a. "백성"과 "예레미야"가 (괄호로 묶인 채로) 첨가되었다. 이 동사에 나타나는 "너"라는 표현이 첫 번째 경우에는 복수로, 두번째 경우에는 단수로 나오고 있는데, 이 뜻을 분명히 해두기 위해서이다.

양식/구조/배경

시문 단편의 수집은 짧은 산문구와 함께 이 단락을 형성하기 위해 엮어지고 있다. 이 단락은 다가올 심판이 그 가혹함으로 인해 종국적인 최후가 될 것이라는 주제로 통일되고 있다. 이 단락의 구성 부분들은 다음과 같다.

(i) **10-13절**. 백성의 사악한 행동의 결과로서 심판의 도구인 적군의 다가옴을 암시하고 있는 시문 신탁의 한 부분이다. (이 구절이 (a) 10-11절과 (b) 12-13절로 더욱 세분화될 수 있다는 것은 가능한 일이다.) 단어들은 이방의 심판 대행자에게 시적으로 주어진 것이며, 심판의 정당화는 자기 비난을 하는 백성들의 말(12-13절)을 인용한 것으로 성립되고 있다.

(ii) **14절**. 예레미야에게 주어지는 이제는 "타오르는 말" 혹은 심판을 묘사하는 예언 신탁의 일부분이다.

(iii) **15-17절**. "이스라엘의 집"(이 맥락에서는 유다를 말하는가?)에 주어지는 시문 신탁의 일부분으로서 적군의 다가옴과 전적인 파괴를 묘사하고 있다.

(iv) **18-19절**. (i) 단락의 주제를 상기시키고 추방의 주제를 도입시키는 산문 신탁이다. 이 부분은 민족과 선지자 모두에게 주어지는 것으로서 양자 모두 2인칭으로 기술되고 있다(19a절과 19b절의 "원문주해"를 보라). (그러나 알트한[Althann, *Jeremiah 4-6*, 304-5]이 이 단락을 시문으로 해석해야 한다는 강한 주장을 펼치고 있는 것을 주목하라.)

신탁의 구성 부분들이 가지고 있는 모자이크적 속성이 우리에게 현재 상태에서 전체 부분의 문학적 통일성을 가려서는 안 된다. 부분들은 주제("주석"을 보라)를 고려하며 동시에 특별한 단어와 구를 사용함으로써 주제의 통일성을 형성하면서 하나로 잘 짜여져 있다. 전체의 구조는 상호 관련성과 내적인 발전을 지적하기 위하여 다음과 같이 성립될 수 있다.

A **심판**: 그러나 종국적인 최후는 아니다.(10-13절)
(10b절, 그리고 A의 18b절을 참조하라)
B **선지자에게 주어지는 말**(14절):
(i) 아샤(עשה, 14절, 13.b.의 "원문주해", 그리고 10절을 참조하라)와
(ii) 디베르(דבר, 14절, 13절은 참조하라)로 A와 연결되고 있다.
C **이스라엘에 주어지는 심판**(15-17절):
아칼(אכל, 17절, 그리고 14절을 참조하라)로 B와 연결되고 있다.
A′ **심판**: 그러나 종국적인 최후는 아니다.(18-19절)(18b절과 A의 10b절을 참조하라)

추방과 관련하여 산문 단락(18-19절)이 공통적으로 추방 시기의 익명의 선지자나(예를 들어, Fohrer, *Die Propheten des Alten Testaments*, 3) 혹은 신명기적 편집자

(Nicholson, 62)로부터 기인한다고 할지라도, 세 부분의 시문 단락의 예레미야적인 속성을 의심할 만한 그럴듯한 근거는 없다. 이 (위의) 구절에 대해 신중하게 문학적인 구조를 구성해 내고, 예레미야 4-6장 전체에서 그 정황을 주의 깊게 확인한다면, 이 산문 내러티브가 신명기적 편집자의 첨가로 인지되어야 한다는 견해에 반하는 결과를 낳기가 쉬울 것이다. 신명기 29:22-28과 열왕기상 9:8-9(니콜슨[Nicholson]의 견해를 인용한다면)의 평행 관계는 특별하다기보다는 일반적인 성격을 갖는다. 산문 단락의 배경은 본래 예언(divination)의 선지 활동에 근거를 두고 있으나, 그 자체가 스스로 그리고 형식에 있어서 시문이라기보다는 필연적으로 산문적으로 되어 있는 문학적 형식(혹은 아마도 동기)이 되면서 다소간 문답 형식의 구조로 발견되고 있다.(Long, *JBL* 92[1973] 489-97; Skweres, *BZ* 9[1965] 215-32를 더 보기를 권한다.) 그러므로 산문 단락이 시문 단락과 더불어 예레미야적이라는 결론은 합리적인 것으로 보인다.

이 단위들의 배경이 예루살렘과 유다로 한정된다고 할지라도, 정확한 시기를 잡기는 쉽지 않다. 12-13절은 비록 동등하게 이것들이 단순히 민족의 자기 신뢰를 반영할 수 있다고 할지라도 심판의 위협이 근접해 있음을 암시하는 것으로 여겨질 수 있다. 원방의 민족(15-17절)이 이따금씩 바벨론으로 확인되고(예를 들어, Thompson, 242), 그래서 여호야김 치하의 앞선 시기로 잡을 수 있다. 이러한 관점이 그 모든 가능성으로 미루어 볼 때 확실한 반면, 본문 자체는 적군의 정체를 확실히 밝히지 않고 있다.

주석

10-13 **다가오는 심판.** 심판은 여기서 포도원 가지치기의 은유로 묘사된다. 이는 가지치기가 심판의 행위인 반면에, 그럼에도 불구하고 발전적인 목적을 가지고 있다. 그래서 하나님의 종국적이고 최종적인 행동으로 여겨져서는 안 된다는 것을 분명히 하고 있다(10b절). 이 말이 전달되고 있는 이방 세력은 가지치기를 하도록 되어 있지만, 포도나무를 모두 베어 넘겨야 하는 것은 아니다. 이것은 조만간 일어날 심각한 잘라냄을 지적하고 있으며, 무용한 덩굴을 모아다 불태우는 것을 암시하면서 급진적인 은유를 형성하고 있다. 그러나 그 모든 심각성에도 종국성을 암시하는 은유는 아니다. 이것은 하나님과 선택된 백성의 관계성을 표상하기 위해(11절) 도래하는 불충실한 것들을 말끔히 쓸어내는 마지막을 위한 도구이지만, 그 근본적인 목적은 충실한 관계성을 회복시키는 것이다.

여기에 제시되고 있는 심판은 사실상 무엇이든 나쁜 일이 자신들에게 일어나지 않을 것이라고 믿을 정도로 신념에 찬 백성들에 의해 유발된 것이다. 그들의 영원한 비밀 속에 담겨진 자신감에는 선지자의 메시지에 대한 의외의 포기(13절)가 수반되고 있다. 문학적인 효과를 증대시키기 위해 여기에 언어유희가 사용되고 있다. 그들은 선지자를 "바람 주머니"(루아흐[רוח], 문자적으로는 "바람")라고 부르지만, 물론 단어 루아흐(רוח)는 "바람"으로 뿐만 아니라 "영"으로도 번역될 수 있다. 진정한 예언의 본질은 하나님의 영이지만, 이는 그들이 바람과 진정한 예언의 영을 분간할 수 없을 정도로 그들의 눈멀음이나 고의적인 무지를 말해 준다. 이러한 보증되지 못한 자기 신뢰는 선지자를 통한 하나님의 말씀에 대한 거부에 수반되어 10-11절에 묘사되고 있는 어리석음에 대한 심판의 근거가 될 것이다.

14 **선지자의 말**. 원래는 별도의 신탁의 일부분이었을지라도, 이 말들은 자연스럽게 선행 절들의 내용을 발전시키고 있다. 백성들은 선지자의 말들을 "바람"이라 부르며 거절했다. 그러므로 그들이 경험하고자 했던 것은 그들의 심판의 때에 "불"로서 이루어지는 선지자 예레미야의 말이었다. 그들은 신적인 말씀의 불에 쉽게 타올라 버리는 한 다발의 불이 되어 버릴 것이었다.

15-17 **이스라엘에 대한 심판**. 불의 말씀에 의해 **태워져 버린다**(이 동사는 아칼[אכל]이다)는 은유는 이제 다른 방향으로 발전되고 있다. 말하자면, 다가오는 적군은 유다의 양식과 그 시민들을 "먹어치워 버릴"(אכל – 아칼) 것이다(17절).

하나님의 심판의 도구가 될 적대 민족은 그 힘과 이방적인 성격이 강조되는 방식으로 묘사되고 있다. 이는 "견고"하고 "고대적인" 민족이 될 것인데(15절), 아마도 그 실존과 역사가 유다의 것보다는 훨씬 더 오래되고 인상적일 것으로 보인다. 그 사용하는 언어는 이해하기가 불가능하고, 예루살렘의 문화적인 배경에 대해서는 이질적인 성격을 가질 것이다. 그 힘은 압도적이며, 모든 시민은 용사일 것이다(16절). 그리고 최후의 일격으로 이 이교 세력은 유다 백성이 그들의 신뢰를 두게 될 잘못된 신념의 모든 근거를 파괴해 버릴 것이다(17절). 심판은 그 모든 지역에 이르기까지 황폐케 만들 것이다.

18-19 **최종적인-하지만 꼭 그렇지만은 않은**. 아마도 종말의 기운이 17절에서 생겨났기 때문에, 심판이 올 때가 절대적인 최후가 될 것이라는 점이 다시 강조되는 것으로 보인다. 언어는 심판 이후에 이루어질 특정의 대화를 예견하고 있다(실제로 이런 종류의 대화는 추방 시기의 선지자 에스겔에게서 나타나고 있다. 예를 들어, 겔 14:1-5). 백성은 이 모든 일이 일어나게 된 이유를 물을 것이다. 그리고 선지자는

하나님의 편에서 이에 대답할 것이다. 그들이 낯선 신들을 향하여 진정한 하나님을 거절한 것은 그들의 특별한 상황에 대한 하나님의 거절과 그들을 이방 땅에서 섬기도록 보내 버리는 결과를 낳게 되었다. (반복되어 주지되어야 할 것은 이러한 추방과 관련된 내용이 필연적으로 이것이 이미 추방이 일어난 상황을 전제로 하고 있는 것은 아니라는 점이다. 주전 722년의 이스라엘의 운명을 포함한 다수의 역사적 예증들은 추방이 신적인 심판에 의해 당연하게 가정될 수 있는 몇 가지 형태들 중 하나라는 것을 지적하고 있다.) 그러나 10절에서의 "어리석음"과 같이 추방에 대한 관련성은 가능성의 문을 열어 놓은 것이다. 그 땅에서의 민족의 종말은 여기에 예견되고 있는 심판 안에서 나타날 것이다. 그럼에도 불구하고 이것은 최종적인 종말은 아닌데, 그 이유는 아직도 그의 선지자에게 "이 모든 일이 왜 일어났는가?"라고 물을 하나님의 백성들이 남아 있기 때문이다. 그래서 우리는 예레미야서에서 비록 추방 이전일지라도 에스겔과 후대의 선지자들의 사고에 대한 예견, 즉 즉각적인 심판의 지평을 넘어서서 여전히 희망에 대한 더욱더 먼 기대가 남아 있다는 것을 감지하게 된다.

해설

6:22-30 이후에 이어지는 "해설"을 보라.

악과 심판에 대한 시(5:20-31)

참고문헌

Corré, A. D. "*ʾēlle, hēmma* = sic." *Bib* 54(1973) 263-64. **Dahood, M.** "Jer. 5:31 and *UT* 127.32." *Bib* 57(1976) 106-8. **Emerton, J. A.** "Notes on Some Problems in Jeremiah V 26." In *Mélanges Bibliques et orientaux en l'honneur de M. Henri Cazelles*. Ed. A. Caquot and M. Delcor. *AOAT* 212. Neukirchen-Vluyn: Neukirchener Verlag, 1981. 125-33. **Gaster, T. H.** "Jeremiah v. 28." *ExpTim* 56(1944/45) 54. **Holladay, W. L.** *Architecture*, 88-90. ______. "'The Priests scrape out on their Hands.' Jer. 5:31." *VT* 15(1965) 111-13.

Meyer, I. *Jeremia.* 93-99. **Overholt, T. W.** *Falsehood.* 73-74. **Rendsburg, G.** "Hebrew RHM - 'rain'." *VT* 33(1983) 357-62. **Tawil, H.** "Hebrew צלח/הצלח, Akkadian *ešēru/šūšuru*: A Lexicographical Note." *JBL* 95(1976) 405-13. **Thomas, D. W.** "Jeremiah v. 28." *ExpTim* 57(1945/46) 54-55.

본 문

20 너는 이를 야곱 집에 선포하며 유다에 공포하여 이르기를

20 "Declare this in the House of Jacob and proclaim it in Judah, saying: 4+3

21 우준하여 지각이 없으며 눈이 있어도 보지 못하며 귀가 있어도 듣지 못하는 백성이여 이를 들을지어다

21 'Now hear this, O foolish and heartless people. 2+2? You have eves, but don't see. 2+2 You have ears, but don't hear. 2+2

22 여호와께서 말씀하시되 너희가 나를 두려워 아니하느냐 내 앞에서 떨지 아니하겠느냐 내가 모래를 두어 바다의 계한을 삼되 그것으로 영원한 계한을 삼고 지나치지 못하게 하였으므로 파도가 흉용하나 그것을 이기지 못하며 뛰노나 그것을 넘지 못하느니라

22 Have you no reverence for me?' The Lord's oracle. 'Will you not tremble because of me? 2+2 It is I who set the sand as the sea's boundary, a perpetual limit which it cannot pass. 4+3 It tosses back and forth, but is powerless; and its waves roar, but cannot pass it. 3+3

23 그러나 너희 백성은 배반하며 패역하는 마음이 있어서 이미 배반하고 갔으며

23 But this nation has a stubborn and rebellious heart; they have turned outside and gone beyond. 3+3+2

24 또 너희 마음으로 우리에게 이른 비와 늦은 비를 때를 따라 주시며 우리를 위하여 추수 기한을 정하시는 우리 하나님 여호와를 경외하자 말하지도 아니하니

24 And they did not say in their heart "Let us revere the LORD our God, 3?+3 the One who provides rain, both fall and spring rain in season; 2+3 the weeks appointed for harvest he guarantees for us." 3+2

25 너희 허물이 이러한 일들을 물리쳤고 너희 죄가 너희에게 오는 좋은 것을 막았느니라

25 Your iniquities have turned these things[a] aside, and your sins have kept the rain[b] from you. 3+4

26 내 백성 너희 중에 악인이 있어서 새 사냥군의 매복함같이 지키며 덫을 놓아 사람을 잡으며

26 For wicked men are found among my people; they watch, as in a fowler's hide.[a] 3+3 They set a trap, they catch men. 2+2

27 조롱에 새들이 가득함같이 너희 집들에 속임이 가득하도다 그러므로 너희가 창대하고 거부가 되어

27 Like a basket full of birds, so are their households full of treachery; 3+3 and thus they became great and rich; 3+2

28 살지고 윤택하며 또 행위가 심히 악하여 자기 이익을 얻으려고 송사 곧 고아의 송사를 공정히 하지 아니하며 빈민의 송사를 공평히 판결치 아니하니

28 they grew fat and became smooth![a] They have even overlooked words of wickedness; they have not tried a case properly. 3+2 The orphan's case they do not deal with properly,[b] nor do they do justice in the judgment of the poor. 3+3

29 내가 이 일들을 인하여 벌하지 아니하겠으며 내 마음이 이 같은 나라에 보수하지 않겠느냐 여호와의 말이니라

29 Should I not punish for these things?' The Lord's oracle. 2+2 'And with a nation like this, should I not take vengeance?'[a] 3+3

30 이 땅에 기괴하고 놀라운 일이 있도다

30 An awful and horrible thing has happened in the land! 2+2

31 선지자들은 거짓을 예언하며 제사장들은 자기 권력으로 다스리며 내 백성은 그것을 좋게 여기니 그 결국에는 너희가 어찌 하려느냐

31 The prophets prophesy falsely, and the priests rule on their own authority,[a] 3+3 and my people love it so! But what will you do when it ends?" 3+3

원문주해

25.a. 엘레(אלה, "이것들"). 꼬레(Corré, *Bib* 54[1973] 263-64)는 이 말이 영어에서의 *sic*이 그러한 것처럼 기능하고 있다고 가정하는데, 선행 본문이 나타나는 것에도 불구하고 올바르게 옮겨졌다고 지적한다. 그러나 이 문맥에서는 이러한 제안은 가능성이 없어 보인다. 그리고 표준적인 번역(위에 나타난 대로)이 바람직하다.

25.b. 토브(טוב, RSV "좋은"). 문맥에서(24절) "비"의 의미가 바람직하다(Rendsburg, *VT* 33[1983] 357-62 참조).

26.a. 이 행은 오랫동안 난제로 여겨져 왔다. 위의 번역은 본문에 대한 에머튼(Emerton)의 주의 깊은 숙고에 근거한 것이다(*Mélanges bibliques,* 125-33). 키쇼크(כְּשֹׁךְ, "매복하여")로 읽는다(애 2:6 참조). 직유는 행악자들을 그들의 사냥감을 붙잡으려고 매복하여 기다리는 새 사냥꾼들과 비교하고 있다.

28.a. "그들이 윤기가 생겼다"로 번역되는 아슈투(עשתו)의 의미는 불확실하며, 문맥으로 미루어 아샤트(עשת)는 그 동사적 의미 중에서 유일한 용례일 것으로 보인다. 이 절은 칠십인역에서는 생략되어 있다.

28.b. 이 번역은 테윌(Tawil, *JBL* 95[1976] 405-13)의 연구에 근거한 것이고, 하슬라흐(הצלח)가 "정의가 실현되는 것을 보다"(악카드어 *ešēru šūšuru*의 용례에 근거하여)라는 의미를 가질 수 있다는 것을 제안한다.

29.a. 5:9.a.의 "원문주해"를 보라.

31.a. 문자적으로는 "제사장들이 그들의 손을 다스린다(?)"이다. 다후드(Dahood, *Bib* 57[1976] 106-8)는 이 행이 "제사장들이 그들의 손을 낮추어 손실을 보게 되었다"로 번역되어야 한다는 매력적인 제안을 하고 있다. 이는 우가릿어 *ġlt*("손실")에 근거하여(*UT* 127.32) 전치사 알(על)이 아니라 명사 올(על, "손실")로 이해되어야 한다는 것을 가정하는 것이다. 그러나 우가릿 용어의 의미가 잘 정의된 것은 아니다. 고든(Gordon)은 아랍어 동족어에 근거하여 "오산"으로 번역하고(*THE KRT Test in the Literature of Ras Shamra.* 2nd ed.[Leiden: Brill] 1964, 28), 케이컷(Caquot) 등은 "malhuer"로 번역한다(*Textes ou-*

garitiques, I, 596). 요약하자면, 우가릿어의 의미는 히브리어 본문에 대한 다후드(Dahood)의 번역을 강조하기에는 지나치게 위험하다. 문자적인 의미가 취해진다면 히브리어가 관용적이라고 가정하는 것이 최선이고, 이는 아마도 제사장들이 무위도식했음을 암시하는 것으로 보인다(영어 관용 표현에 "그들이 그들의 손에 앉아 있다"[they sit upon their hands]가 있다).

양식/구조/배경

세 가지 시문들이 "백성"이라는 주제로 통일되면서 구성되고 있다(암[עם]의 사용에 주의하라. [i] 21, 23절. [ii] 26절. [iii] 31절). 각각의 시문은 백성의 실패와 이에 따른 그들의 심판의 필연성의 서로 상이한 국면들로부터 다듬어지고 있다.

백성의 강팍함(20-25절). 시는 틀에 박힌 신탁적 상투구로 시작하고 있다(20절). 단어들은 직접적으로 전체 민족에게 이루어지는 신적인 강화(선지자를 통한)의 형식으로 이루어져 있고, 의심할 바 없이 본래 예레미야의 유다에서의 공적 사역 기간에 사용된 더 긴 신탁으로부터 인용된 것이다(20절). 만약 24-25절이 고갈에 대한 암시(3:3 참조)를 담고 있다면, 이 구절은 원래 선지자의 사역 중의 이른 시기에 사용되었다고 하더라도, 그 내용은 이 시문이 인용되고 있는 더 큰 신탁의 특정 시기를 확인하는 것을 불가능하게 한다.

백성의 불의(26-29절). 이 시문의 주요 단락(26-28절)에서의 언어는 비인칭적인 용어로 백성을 기술하고 있다. 29절은 일종의 후렴구로서 9절을 되풀이하고 있다. 여기서도 여전히 백성은 발화의 상대로서가 아니라 묘사의 대상으로 나타나고 있지만, 하나님에 대해서 1인칭을 사용하고 있다. 이 절들이 본래 5:1-9이 인용된 대화에 속하고 있었다고 이해하는 것은 가능한 일이다. 이런 경우에 후렴구(9, 29절)는 전체 대화에 대해 얼마간의 전반적인 구조를 제공하는 것일 수 있다. 배경에 대해서는 5:1-9의 "양식/구조/배경"을 더 읽어 보기 바란다.

백성의 지도자들(30-31절). 이 두 절은 선행 시문과는 별개로 독립적인 것으로 보인다. 예언에 대한 언급은 5:12-13에서의 시문 단편과의 연관성을 제시해 줄 수도 있다.

개괄하자면, 세 시문이 인용된 출처의 모든 다양성이 나타나고 있지만 이것들은 "백성"(עם – 암)이라는 주제를 정교하게 현재의 문학적인 정황 안으로 통일시켜 버렸다.

주석

20-25 **백성의 강퍅함.** 시문 신탁에서 이 부분은 백성들에게 주어지는 부름으로 시작하는데, 이 부름은 그들로 하여금 신적인 말씀을 들으라는 초대다. 그러나 이 언설의 도입부의 단어들은 고발과 자기 포기 모두에 대한 반향의 방식으로 조직되고 있다. "이를 들으라… 너희들 귀 있는 자들이여, 그러나 듣지 않는구나"(21절). 그러므로 백성들은 과거에 이루어진 신적 담화를 듣는 일에 지속적으로 실패했던 것이고, 여전히 그들이 귀기울이지 않는다는 기록에도 불구하고 그들은 다시 한 번 듣도록 애원당하고 있다. 그들은 동일하게 눈멀음을 겪었다. 그들은 하나님의 세계를 보면서도 그 운동과 구조 속에 담긴 신적 손길을 감지하는 데 실패했던 것이다. 따라서 백성들은 "어리석고 무정하다." 후자는 문맥 중에서 "무지함"을 내포하고 있다. 무지의 결과는 경외의 결여였다(22절). 그들은 신적인 음성을 듣지 않거나 신적인 세계를 바르게 보지 않으므로 하나님을 경외할 수 없었던 것이다. 사실 그들은 사물에 대한 신적인 질서를 거역했다. 성경적인 지혜 전승에서 "여호와에 대한 경외는 지혜의 시작이다"(잠 1:7). 바르게 보거나 듣는 것에 실패함으로써, 그들은 여호와를 두려워하지 않았다. 그래서 그들은 어리석은 자들인 것이다.

여기에 하나님의 세계의 두 가지 측면이 나타난다. 이해가 가능하다면 이는 백성들로부터의 경외를 이끌어낼 수 있는 것이며, 선지자가 이를 표명하고 있듯이 여전히 이러한 효과를 가질 수 있는 것이다. (i) 광대한 대양(특정 가나안 종교에서는 *Yam*, 즉 혼돈의 신으로 신격화되어 있다)은 폭풍 속에서 창조된 세계의 쉼 없는 혼돈을 상징하는 것으로 보인다. 그럼에도 불구하고, 그 모래 해변은 이 바다가 극복할 수 없는 한계를 설정하고 있다. 그 모든 힘으로 인해, 그 세찬 물결로 인해, 바다는 하나님에 의해 세워진 "영원한 한계", 즉 바닷가의 모래에 의해 통제되고 있는 것이다. 여전히 이스라엘은 언약의 조항에 의해 신적으로 규정된 그 "해변"에도 불구하고 지속적으로 이러한 한계를 넘어갔었다. 그 생명이었던 혼돈은 통제를 벗어난 것이다.

(ii) 더구나 이스라엘은 그들의 땅, 따라서 그들의 생명과 수확물이 의존하고 있는 비가 하나님의 예비의 일부라는 것을 인지하는 일에도 완전히 실패했다. 이 말들 속에 담긴 함축은 이스라엘이 바알, 즉 그토록 많은 수의 가나안인들이 비의 조달자요 수확의 공급자로 믿었던 이방 신앙에 의존해 왔다는 것이다.

전체로서의 이 단락은 일차적으로 이스라엘의 실패에 대한 기술이다. 즉, 이 부분은 백성이 지금이라도 신적인 말씀을 듣고 이해한다면 회개와 새로운 미래가 가능해지리라는 것을 함축하고 있다. 이는 또한 최근에 심판과 동시에 하늘로부터 보내지는 경고로 이해되는 가뭄을 경험한 일이 있었다는 것도 함축하고 있다. 그러나 이 단락은 신적 심판의 본질인 다가올 심판에 일조하는 특정의 어리석음과 불경스러움을 완전히 발전시키고 있지는 않다.

26-29 **백성들의 불의함.** 선행 단락이 전적으로 하나님의 손을 보는 일에 실패한 것에 초점을 맞추고 이방 신앙에 대한 그들의 참여를 시사했던 것에 반하여, 현재의 초점은 사회 정의의 영역에 맞추어지고 있다. 이미 지적된 바와 같이, 이 구절들은 원래 5:1-9에 담긴 일부분으로 읽혀진 대화에 속해 있었던 것으로 보인다. 말들은 하나님에 의해 발언되었고, 선지자에게 주어졌으며, 그들이 기술하는 바는 곧 심판을 맞을 수밖에 없는 백성들의 어리석음이었다.

백성들의 사악한 행동은 새 사냥꾼의 직유로 묘사되고 있다. 새 사냥에서 그물은 아마도 연못 물 속이나 나무와 덤불의 관목 같은 곳에 숨겨져 있을 것이다. (새 사냥의 두 가지 유형이 모두 애굽 미술에서 그려지고 있다. K. Michalowski, *Art of Ancient Egypt*[New York: Abrams, n. d.]의 제17판과 제19판을 보라.) 그러면 사냥꾼들은 숨어서 새들이 돌아올 때까지 자신의 몸을 구조된 은신처에 숨길 것이다. 감시자가 신호를 보내오면 그물은 풀어졌다가 단단히 당겨지고, 새들은 그물코에 걸리게 된다. 이 직유는 백성들의 사악함을 묘사하기에 효과적인 것이다. 그들은 고의적으로 자신들의 악행을 계획했고, 자신들을 숨겨놓은 채 이를 알 길 없는 결백하고 연약한 자들을 잡으려고 했다. 그리고 광주리 가득 새들을 가지고 집으로 돌아오는 새 사냥꾼처럼, 그들은 자신들의 집을 그들보다 약한 희생자들로부터 훔친 전리품으로 가득 채워 놓았다. 그들은 가난한 자들의 대가로 부유해졌고, 약한 자들의 대가로 강해졌다.

고결함이 준수되는 영역이 되어야 할 법정 역시 유다에서는 타락하였다. "사악한 말들"(28절)은 아마도 법정에서 말해진 거짓말이었을 것이다. 이 거짓말은 재판관들이 돈을 받고 눈감아 주는 것으로, 이를 통해 부유하고 힘 있는 자들은 그들만의 목적을 위해 가난한 자들의 손실을 통해 정의를 왜곡시켰던 것이다. 전통적으로 힘과 영향력을 상실한 자의 상징인 고아와 가난한 자들은 법정, 즉 그들의 송사가 정의롭게 심문되고 판결되어야 할 곳에서조차 취약한 상태로 있어야 했던 것이다.

그리고 마찬가지로 후렴구는 이 말들의 앞선 진술을 반영하면서(29절과 9절 참조) 여기서도 다시 반복되고 있다. 이러한 악함과 불의함은 여호와의 징벌을 자초했고, 이는 심판의 형태로 반드시 이루어져야 하는 것이었다. 예레미야는 여기서 아모스를 반영하고 있다.

30-31 **백성의 지도자들.** 백성의 영적인 지도자들조차 세대의 윤리에 오염되어 버렸다. 그 책무가 바로 하나님의 말씀을 백성들에게 선언하는 것이었던 선지자들은 잘못된 예언을 하고 있었다. 신적인 말씀을 말하는 것 대신 압제자들에게 위안을 주고, 억압받는 자들에게는 환멸을 주었던 것이다. 선지자들은 의심할 바 없이 그들의 허위 메시지로부터 재정적인 이익을 얻었는데, 이는 불편한 메시지 듣기를 전혀 원치 않던 행악자들에게 대가로 받은 것들이었다. 그러나 선지자들에게서 나오는 거짓된 선언은 더욱 심하게 지독한 죄악이었다. 예언의 말이 허위였을 때는 더 이상 누가 진리를 알 수 있겠는가? 실제로 예레미야 같은 사람의 직무는 허위 선지자들이 만연하는 시기에는 한없이 어려울 수밖에 없는 일일 것이다. 대다수의 동료들이 완전히 다른 이야기를 하는 동안 그는 자신의 말이 진실이었다는 것을 어떻게 입증해야 하겠는가?

선지자들뿐만 아니라 제사장들도 그들의 직무에 있어서 실패하고 말았다. 그들은 의심할 바 없이 예배에서 계속 그들의 형식적인 기능을 채웠으나 악을 묵인해 줌으로써 그들의 직무를 조소해 버리는 경우가 되었다. 그리고 그들의 진실한 신앙에 대한 교육의 역할은 무시되어야 했다. 왜냐하면 그들은 자신들의 삶 속에서 더 이상 진리를 알지 못했기 때문이다. 그러나 아마도 선지자와 제사장의 실패보다 더 악화된 것은 전체 백성이 그들 민족이 빠져 있는 가련한 상태를 사랑했다는 사실이었다. 악행을 밥먹듯이 일삼는 자들은 선지자에게 책망당하거나 제사장에게 비난당하지 않는 것에서 커다란 위로가 있었다. 그리고 여전히 메시지는 불길한 지적으로 끝맺고 있다. 이는 어떠한 내용으로도 빌진을 보이지 않고 있으며, 심판의 위협만으로 가득 차 있는 것이다. 종말의 때에 네가 무엇을 할 것이냐?(31절). 결국 악의 시대가 끝나고 심판이 올 때 전체 민족은 그들의 삶의 길이 어리석음에 있어 왔다는 것을 발견하게 될 것이다.

해설

6:22-30에 이어지는 "해설"을 보라.

경고에 대한 부르심(6:1-8)

참고문원

Berridge, J. M. "Jeremia und die Prophetie des Amos." *TZ* 35(1979) 321-41. **Christensen, D. L.** *Transformations of the War Oracles in Old Testament Prophecy.* HDR 3. Missoula, MT: Scholars Press, 1975. 190-92. **Holladay, W. L.** *Architecture.* 90-91. **Lundbom, J. R.** *Jeremiah,* 78-79. **Soggin, J. A.** "Der Prophetische Gedanke über den heiligen Krieg, als Gericht gagen Israel." *VT* 10(1960) 79-83="The Prophets on Holy War as Judgement against Israel." In *Old Testament and Oriental Studies.* BibOr 29. Rome: Biblical Institute, 1975. 67-71.

본 문

1 베냐민 자손들아 예루살렘 중에서 피난하라 드고아에서 나팔을 불고 벧학게렘에서 기호를 들라 재앙과 큰 파멸이 북방에서 엿보아 옴이니라	**1** "Seek safety, O people of Benjamin, from Jerusalem's center! 3+2 Toot the trumpet in Tekoa[a] and set a signal[b] on Beth-hacherem, 3+3? for evil glares from the north, and terrible destruction! 3+2
2 아름답고 묘한 딸 시온을 내가 멸절하리니	**2** I thought of Daughter Zion as pasture land, a thing of beauty,[a] to whom shepherds come with their flocks: 4+4
3 목자들이 그 무리 양을 몰고 와서 그 사면에 자기 장막을 치고 각기 처소에서 먹이리로다	**3** they pitch their tents around her, they graze, each in his own section. 4+3
4 너희는 그를 치기를 준비하라 일어나라 우리가 정오에 올라가자 아하 아깝다 날이 기울어 저녁 별 그늘이 길었구나	**4** 'Prepare for war against her! Up, and let's attack at noon! 3+3 Damn![a] The daylight declines, the evening shadows lengthen! 3+3
5 일어나라 우리가 밤으로 올라가서 그 전각들을 헐자 하도다	**5** Up, and let's attack at night and let's shatter her strongholds!'" 3+2
6 나 만군의 여호와가 이같이 말하노라 너희는 나무를 베어서 예루살렘을 향하여 흉벽을 쌓으라 이는 벌 받을 성이라 그 중에는 오직 포학한 것뿐이니라	**6** For thus said the Lord of hosts, "Cut down her trees and pour out soil for a siege-mound against Jerusalem. 3+2 Oh, city deception![a] All is oppression within her! 3+3
7 샘이 그 물을 솟쳐냄같이 그가 그 악을 발하니 강포와 탈취가 거기서 들리며 질병과 창상이 내 앞에 계속하느니라	**7** Just as a well[a] keeps fresh its water, so she keeps fresh her 3+3 'Violence! Destruction!' is heard within her: sickness and wounds are perpetually before me. 4+4

8 예루살렘아 너는 훈계를 받으라 그리하지 아니하면 내 마음이 너를 싫어하고 너로 황무케 하여 거민이 없는 땅을 만들리라	**8** Be warned, O Jerusalem, lest I should be entirety alienated from you, 2+3 lest I should make you a desolation, a land devoid of inhabitants." 2+2

원문주해

1.a. 번역은 히브리어 본문 우비트코아 티크우(ובתקוע תקעו)의 유사음을 잡아내기 위해 시도한 것이다.

1.b. 다시금("원문주해" 1.a를 보라) 히브리어 본문 스우 마스에트(שׂאו משׂאת)의 유사음을 잡아내기 위한 것이다. 단어 마스에트(משׂאת)는 라기스(Lachish) 편지(4:10)에서 "화재 경보"를 지시하기 위해 사용된 것이다(*ANET*, 322). 메소포타미아에서 화재 경보의 활용에 대해서는 G. Dossin, *Signaux lumineux au pays de Mari*, RA 35(1938) 174-86를 보라.

2.a. 마소라 본문에 모음 표기된 대로 2절을 번역하는 것은 어렵다. 칠십인역은 이독을 하고 있다. "그리고 너의 자랑, 오 시온의 딸은 사라져야 하리니." 나웨(נָוֶה)는 다음 행에서 "목자"와 관련하여 암시되는 바와 같이 "목초지"로 이해되어야 한다(BDB, 627). 다미티(דמיתי)는 다마(דמה I)의 피엘로 이해된다.

4.a. 문자적으로는 "화로다 우리여"이다. 이들을 적들의 말로 가정한다면(위에 강조된 대로) 그들은 낙담을 표현하고 있으나, 하루의 어느 때든 관계없이 공격하기를 결정하게 된다. 이와는 다르게, 이것과 이어지는 행은 공격자들의 결정 사항보다는 공격당하는 자들의 두려움을 표현하기 위해 인용부호로 강조될 수 있을 것이다.

6.a. RSV는 "이 곳은 응징되어야 할 도시다"로 번역하고 있다(AV 등을 참조하라). 그러나 이것이 바른 의미라면 호프카드(הפקד, "응징하다")의 여성형이 기대되어야 한다. 칠십인역은 "오, 거짓 도시여"(*ὦ πόλις ψευδής* – 오 폴리스 프슈데스)라고 번역하는데, 이는 히브리어 본문 호이 이르 하셰케르(הוי עיר השקר)를 내포하는 것이며, 위의 번역의 근거가 된다. 그러나 본문은 불확실한 채로 남아 있다.

7.a. 케레에서는 브에르(בְּאֵר)가 뒤따르고 있다(케팁의 바위르[בור]에 대하여).

양식/구조/배경

이러한 시적 경고의 신탁 구조는 다음과 같이 성립될 수 있다. (i) "경보의 부름" 부분(1절; 4:5-8 참조). (ii) 짧은 목가적 풍경(2-3절)은 전쟁 장면(4-5절)으로 바뀌는데, 이는 긴급성을 지적하는 성격을 가지고 있다. (iii) 신적인 신탁(6-8절). 여기서 적군은 예루살렘을 포위 공격하도록 지시된다. 그러나 예루살렘에 대한 최종적인 경고(8절)도 시행되고 있다. 전체적인 시문의 주제는 비록 새로운 방향으로 발전하고 있지만 4:5-10의 것과 유사하다. (1절과 4:6에서 공통적으로 하이주[העזו, "안전을 찾다"]를 사용한 용례를 주목하라.)

이 시문 부분은 원래는 서로 상이한 출처로부터 유래된 것으로 보인다 할지라도, 그 현재의 형태에서는 효과적인 시적 통일성을 가지고 있다. 전체의 구조는 유사음과 언어유희, 그리고 반복의 사용으로 함께 결속되어 있다. 특별히 다음 시문의 성격들을 주목해 보길 바란다. 이는 전체에 문학적인 통일성의 감각을 줄 것이다.

(i) 타카(תקע)에 대한 유사음과 언어유희:
- 1절 트코아(תקוע) 드고아(Tekoa)
- 1절 티크우(תקעו) 울리다, 불다(toot, blow)
- 3절 타크우(תקעו) (천막 말뚝을) 박다(pitch)
- 8절 테카(תקע) ~로부터 소외되다(be alienated from)

(ii) 라아(רעה)에 대한 유사음과 언어유희:
- 1절 라아(רעה) 악(evil)
- 3절 로임(רעים) 목자(shepherds)
- 3절 라우(רעו) 풀을 뜯어먹다(graze)
- 7절 라아타흐(רעתה) 그녀의 악(her evil)

(iii) 반복:
- (a) 케레브(קרב) (1, 6절)
- (b) 쿠무 웨나알레(קומו ונעלה)(4, 5절)

선지자의 말이 갖는 원래의 정황은 거의 확실하게 예루살렘이다(1, 2, 6절). 베냐민, 드고아, 벧학게렘에 대한 언급들은 예루살렘의 정황에서 이해되어야 한다(아래를 보라). 그 시기는 정확하게 결정지을 수 없다. 한편으로, 시는 긴급함과 절박함의 기운을 내쉬고 있으나, 마지막에서 경고하여 주지시키는 부분(8절)은 여전히 도시의 붕괴 이전에 얼마간의 시간이 있음을 암시한다.

주석

시문은 적군의 공격 목표로 예상되는 예루살렘 도시로부터의 안전을 위하여 도망하라는 부름으로 시작하고 있다. 그러므로 관점은 4:5-6에서 지속되고 있는 것과 다르며, 아마도 보다 후기의 것으로 여겨진다. 4:5-6에서는 예루살렘이 위험의 때에 은신처로 여겨지고 있다는 내용을 함축하고 있기 때문이다. 경고의 소리는 "베냐민의 백성들", 즉 예레미야가 속해 있는 지파에게 주어진 것이다. 하지만 이 문맥에서의 표현은 단순히 도성 예루살렘(이 곳은 베냐민과 유다의 경계에 위치해 있다)과 그 주변의 거민들을 묘사하는 것으로 보인다. 드고아에 대한 언급은 부분적으로는 문학적이며("원문주해" 1.a를 보라), 부분적으로는 지리적이다. 한때 아모스의 고향이었던 드고아는 예루살렘 남방 약 18킬로미터 떨어진 곳에 위치하면서 동쪽으로 뻗어 있는 대 광야 지역과 경계를 이루고 있으며 무척이나 낮게 함몰된 지반을 가진 채로 사해와 접하고 있다. 북으로부터 오는 적들과 맞닥뜨리며 예루살렘의 시민들은 남방 드고아까지 도망하기를 기대하게 될 것이다. 그리고 동시에 동편의 광야보다는 상대적으로 안전한 곳을 찾게 될 것이다.

벧학게렘에 대한 언급(1절)은 해석하기가 쉽지 않다. 어느 정도 이 고대 지명의 위치가 절대석으로 확실하게 확인될 수 없기 때문이다. 벧학게렘이 예루살렘 서편으로 약 4.5킬로미터 정도 떨어진 아인 카림(Ain Karim)일 것으로 보는 것이 가능하기는 하다. 만일 이러한 추측이 맞다면, 아인 카림의 촌락에 인접한 언덕 에벨 알리(Jebel Ali)의 정상에서 발견된 몇 가지 돌무더기가 예레미야와 관련된 신호불로 이해되어야 할 것이다(J. F. Prewitt, *ISBE*, I, 468을 보라). 그러나 벧학게렘의 위치로 더욱 가능성이 있어 보이는 것은 베들레헴 주 도로에 접한 동편의 예루살렘 남방 약 3킬로미터 정도 떨어진 라맛 라헬(Ramat Rahel)의 텔과 관련이 있다. 그 곳은 여호야김이 분명히 요새/성(아마도 렘 22:13-19에 암시되어 있는 바)을 건축해서 남은 자들이 파고들어가 있던 곳일 것이다(Y. Aharoni, *The Land of the Bible* [Philadelphia: Westminster, 1967] 341, 351를 참조하라). 이 시문 구절이 후기의 것이라면(이것은 거의 확실치 않은 것인데), 벧학게렘과 관련된 어느 정도의 아이러니가 있을 것이다. 왜나하면 여호야김의 시내로부터 새로운 요새의 성읍은 재난의 신호가 보여질 수 있는 곳이라야 했기 때문이다. 그러나 더욱 일반적인 해석은 안정된 것이다. 재난에 직면하여 백성들은 예루살렘으로부터 벧학게렘과 드고아를 통해 남쪽으로 이동하려 했던 것이다.

2-5절에는 두 가지 작은 광경이 나타나고 있는데, 여기서 시인은 예루살렘의 목가적인 장면을 곧 현실화될 전투를 위한 시끄러운 준비 광경과 극명하게 대조시키고 있다. 예루살렘은(딸 시온으로 언급되고 있다) 목자들, 즉 평화의 사람들이 그들의 양떼를 돌보는 목가적인 정황의 중심이 될 수도 있었다. 그러나 영상은 돌연 바뀐다. 목사들은 느닷없이 이 도시를 공격하기 위해 그들의 "양떼"(즉, 병사들)를 급히 준비시키는 군대 지휘자들로 돌변해 버린 것이다. 그들은 야간전투(일반적으로

실행 가능성이 없어 보이는 경우다)를 고려할 정도로 이 일을 그토록 갈망하여 열의에 차 있었다. 그들은 의심할 바 없이 예루살렘과 근처 드고아나 벧학게렘과 같은 곳들을 암시하는 "요새들"(5절)을 훼파하기를 원했던 것이다. 목가적인 장면과 군사적인 장면(2-5절) 사이의 극명한 대조는 경보에 대한 첫 울림(1절)에 담긴 긴박함의 의미를 강조하는 데 일조하고 있다.

시문이 끝을 맺고 있는 신적인 신탁 속에서(6-8절) 선행하는 것에 덧붙여 새로운 시각이 더해지고 있다. 적군은 실제로는 포위에 대한 준비에 착수하도록 하나님에 의해 명령을 받았다(6a절). 다시 말해서, 다가올 사건은 신적 명령으로 발생하는 것이지, 단지 역사의 환경으로서 발생하는 것은 아닐 것이다. 적군은 나뭇가지를 베고 "흙을 쌓아" 두도록 교육되었다(즉, 광주리에 흙을 퍼담아 더미를 형성하도록 퍼부으라는 것이다). 따라서 구성된 포위－언덕은 적군에게 도시의 성벽을 돌파하는 능력을 제공한다.

적군에게 예루살렘을 포위하도록 교육한 내용에 이어 탄식조의 구절이 이어진다(6b-7절). 여기에는 고발과 비탄이 담겨 있다. 고발은 예루살렘의 허위와 난폭함의 경향, 즉 그 신선한 생수를 잘 보존해 놓는 것처럼 악을 "신선한" 상태로 유지시키는 비범한 능력과 관련을 맺고 있다. 언어는 하나님과의 지속적인 긴장 관계를 조명해 준다. 여기서 그는 그 도시가 악하기 때문에 예루살렘의 파괴를 명령하면서도 여전히 이러한 명령을 필연적인 것으로 만든 그 악에 대해 탄식하시는 분으로 제시된다. 그리고 최종적인 경고(8절)는 탄식으로부터 발생하는 것으로 보인다. 파괴에 대한 명령이 발해졌으나, 경고는 여전히 회개할 시간이 남아 있을 수 있다는 가정을 하고 있다. 여전히 황폐화의 홍수가 돌이켜질 수 있는 기회는 아직도 가능한 것이다.

해설

6:22-30에 이어지는 "해설"을 보라.

대화: 전면적인 심판(6:9-15)

참고문헌

Berridge, J. M. *Prophet, People.* 78-79. **Holladay, W. L.** *Architecture,* 91-92. **Meyer, I.** *Jeremia.* 99-110. **Overholt, T. W.** *Falsehood,* 74-79.

본 문

9 만군의 여호와께서 이같이 말씀하시되 포도를 땀같이 그들이 이스라엘의 남은 자를 말갛게 주우리라 너는 포도 따는 자처럼 네 손을 광주리에 자주자주 놀리라 하시나니
10 내가 누구에게 말하며 누구에게 경책하여 듣게 할꼬 보라 그 귀가 할례를 받지 못하였으므로 듣지 못하는도다 보라 여호와의 말씀을 그들이 자기에게 욕으로 여기고 이를 즐겨 아니하니

11 그러므로 여호와의 분노가 내게 가득하여 참기 어렵도다 그것을 거리에 있는 아이들과 모인 청년들에게 부으리니 지아비와 지어미와 노인과 늙은이가 다 잡히리로다

12 여호와께서 말씀하시되 내가 그 땅 거민에게 내 손을 펼 것인즉 그들의 집과 전지와 아내가 타인의 소유로 이전되리니

13 이는 그들이 가장 작은 자로부터 큰 자까지 다 탐남하며 선지자로부터 제사장까지 다 거짓을 행함이라
14 그들이 내 백성의 상처를 심상히 고쳐 주며 말하기를 평강하다, 평강하다 하나 평강이 없도다

15 그들이 가증한 일을 행할 때에 부끄러워하였느냐 아니라 조금도 부끄러워 아니할 뿐 아니라 얼굴도 붉어지지 않았느니라 그러므로 그들이 엎

9 Thus said the Lord of Hosts, "Like the vine, they shall thoroughly glean[a] 3+2 Israel's remnant. Like a grape-cutter, pass your hand 3+2? over the tendrils."[b]
10 "Whom shall I address 2+2 or shall I warn, that they may hear? Ha! Their ear is uncircumcised, 3+3 and they are unable to pay attention! Ha! To them the Lord's word was 4+3 a reproach that they took no pleasure in!
11 But I am filled with the Lord's anger: 3+2 I am weary with holding it in." "Pour forth on the child in the street 3+3 and also on the gang of youths. For they will be taken, together with husband and wife, 3+3 the old along with the extremely ancient.
12 And their homes shall be turned over to others, 3+3 their fields and wives as well! For I will stretch out my hand 2+2 against the land's inhabitants." The Lord's oracle.
13 "For from the least of them to the greatest of them, 3+3 each is greedy for gain. And from prophet to priest, 2?+3 each engages in falsehood.
14 They have healed my people's wound 3+2 superficially, saying: 'Peace, peace,' 2+2 but there is no peace!
15 They should have been ashamed in acting abominably, 3+2+2 but were not in the least ashamed: they didn't know how to be humiliated![a]

드러지는 자와 함께 엎드러질 것이라 내가 그들을 벌 하리니 그 때에 그들이 거꾸러지리라 여호와의 말이니라	Therefore, they shall fall among the fallen; 3+3 they shall be overthrown in the time of their doom."[b] The Lord has spoken.

원문주해

9.a. 칠십인역 "주워라, 주워라…"는 마소라 본문의 복수 미완료형 대신 단수 명령형을 암시하고 있다(*BHS*, 비평주를 참조하라). 이러한 번역은 다음에 이어지는 명령형 "네 손을 움직여라…"와 어느 정도의 평행 구조를 자아내고 있다. 그러나 마소라 본문를 그대로 유지시키는 것이 더욱 바람직하다. 시문 구조의 기초인 비교는 대상("포도덩굴")에서 인격("포도 따는 자")으로 전이되고 있다. 마찬가지로 발화는 적군의 행동, 즉 "그들이 주울 것이다"에 대한 묘사적 언어에서 대화 중에 선지자에게 발화되는 언어인 "네 손을 움직여라"로 전이되고 있다.

9.b. "덩굴 손"(סלסלות – 살르실로트). 이 히브리 단어는 유일한 용례다. 의미는 문맥으로부터 추론된 것이다.

15.a. 12-15절은 8:10-13과 평행을 이루고 있다. 여기의 마소라 본문은 하클림(הכלים, 히필 부정사 연계형)으로 나타난다. 8:12에서의 니팔형(הכלם – 히칼렘)이 더 바람직해 보여서 위와 같이 번역하였다.

15.b. 다시금(6:1.a의 "원문주해"를 보라) 8:12의 독법, 즉 프쿠다탐(פקדתם, "그들의 악운, 천벌"[6:14의 요드를 제거해 버렸다])이 바람직하다.

양식/구조/배경

이 문단의 내적인 구조는 여호와와 그의 선지자 간에 이루어진 대화의 구조(혹은 그 일부분)다. (i) 여호와께서는 그의 선지자에게 교훈으로 말씀하신다(9절). (ii) 예레미야는 질문과 불평으로 대답한다(10-11a절). (iii) 여호와께서는 예레미야의 질문에 대답하시고(11b-12절), 민족의 죄와 다가올 심판에 대해 몇 가지를 덧붙여 언급하신다(13-15절).

이 구절은 5:1-9에서의 대화와 유사하다. 이 두 본문은 원래 더 포괄적인 대화 내용의 기록이 남겨져 있는 더 큰 본문에 속해 있었을 가능성이 있다. 다음에 주어질 6:9-15과 앞선 대화 부분(5:1-9) 간의 접합점은 주목해 볼 만한 것이다.

(i) 각각의 구절에서 대화의 추론 과정이 동일하다. (a) 여호와께서 말씀하신다. (b) 예레미야가 질문과 언급으로 대답한다. (c) 여호와께서 다시 말씀하신다.

(ii) 두 구절 모두에서 특정의 중심 단어나 주제가 반복되고 있다(혹은 지속되고

있다). 예를 들어, (a) "예루살렘의 거리들"(חוצות-후초트)은 6:11에 다시 언급된다고 볼 수 있다(חוץ-후츠). (b) 백성들의 "거짓"(5:2, שקר-셰케르)을 위한 능력은 6:13에서 다시 반복되고 있다(שקר-샤케르). (c) 두 구절 모두에 "위대한, 높은"에 대한 언급이 있다(גדול-가돌, 5:5과 6:13을 보라). (d) 두 구절 모두 "징벌"로 표현되고 있는 심판의 주제로 끝낸다(파카드[פקד]의 어근으로, 5:9과 6:15).

위에 정리된 자료는 현재 상태대로의 이 두 구절의 편집적인 배열 과정 이전에 이미 6:9-15과 5:1-9이 본래 연결되어 있었다고 가정하게 만드는 합리적인 근거를 제공한다. 두 대화를 구별하게 만드는 주제들 중 일부는 이 문단(6:9-15)에서 취해지고 발전되면서 아마도 전반적인 편집적 배열의 이유를 제시하는 것으로 보인다. 따라서 앞선 시문 단편(5:10)에 포함된 포도원의 영상은 대화를 시작하는 여호와의 말씀(6:9) 중에서 되살아나고 있는 것이다. 그리고 앞서의 선시자와 제사장들에 대한 비평(5:31)은 여호와의 선지자를 향한 응답(6:13-14) 속에서 더욱 심화 발전된다.

선행하는 대화에서처럼 이 구절의 정황은 의심할 바 없이 예루살렘, 즉 여기서 비록 추수라는 것이 심판의 은유이기는 하지만 추수할 준비가 되어 있는 포도원으로 그려지고 있다. 비록 요시야가 다스리던 후기 시기가 이 절이 반영하고 있는 바람직한 시기일 것으로 여겨지기는 하지만, 그 시기는 정확하게 파악되기가 어렵다. 이 대화는 선지자와 하나님 사이의 개인적인 조우(遭遇)를 제시하고 있는 것이다. 이것은 선지자의 사역이 여태까지는 잘 이루어지지는 않았다는 것과 그가 방향과 도움을 얻기 위해 여호와께로 돌아섰음을 암시하고 있다.

주석

개시하는 언설에 사용된 단어들은 다소 해석하기가 어려운데, 부분적으로는 9절을 해석하는 데 따르는 어려움 때문이다(6:9.a와 6:9.b의 "원문주해"를 보라). 직유는 포도원과 포도 추수에 관한 것이다. 다시 말해서, 이스라엘은 포도원의 포도 덩굴과도 같다. 그리고 그에게 다가올 심판은 포도 덩굴로부터 포도를 따내는 것과 같다. 이 절이 바르게 번역된다면, 다가올 심판의 이중 기능성이 표현된다. "그들은 주울 것이다." 여기서 언급하는 것은 적의 군대, 즉 이미 심판의 도구로 행동하기 위해(5:10) 포도원에 출두된 자들이다. 그러나 여기서 직유는 5:10에서보다 더욱 정확해진다. "줍다"라는 단어의 사용과 "남은 자"에 대한 언급은 심판의 포괄적인 속성을 전체적으로 암시해 준다. 이런 의미에서 6:9은 경고에 대한 주목이 표현되고 심판의 종결성이 부정되었던 5:10보다 훨씬 더 파괴적인 단어를 포함하고 있다. 그러나 적군이 줍는 일을 하려는 동안 예레미야는 포도원의 소유자로서의 역할, 즉 어떤 열매가 잘라내기에 알맞게 잘 익었는지를 보기 위해 포도 덩굴을 살펴보는 역할을 맡고 있는 것으로 보인다. 이는 선지자의 "포도 점검자"로서의 역할이 심판의 가까움을 암시하는 하나님의 개시적 선언에 대한 응답으로서의 그의 질문을 유발시킨다.

예레미야의 질문(10절)은 부분적으로는 선지자의 역할에 대한 그의 이해를 계시하고 있다. 그는 다가오는 추수의 심판에 대해 들어 왔으며, 재난을 피해 보려는 희망으로 필사적으로 그의 백성에게 경고하기를 원한다. 그러나 그가 누구에게 경고할 수 있겠는가? 더욱 정확하게는 어떤 사람이나 집단이 경고를 받아 그의 말에 실제적으로 주의를 기울이고 다가올 재난을 피하기 위하여 그러한 방식으로 행동할 수 있겠는가? 선지자는 이미 지칠 줄 모르는 열의로 설교해 왔으나, 그가 얻을 수 있는 모든 대답은 기껏해야 몽둥이와 돌세례 정도였다. 백성의 귀는 "할례받지 못했던"(10절) 것이다. 이 은유는 그들의 귀가 닫혀서 진리를 들을 수 없게 되었다는 것을 지적한다. 신적인 말씀은 오직 불편함과 불쾌함만을 유발시켰던 것이다. 이러한 의미에서 이것은 들려질 수 있었으나, 그 메시지의 본질은 이를 들은 자들의 마음에 침투하지 못했다. 그리고 이렇듯 아무런 응답도 얻지 못하게 된 그의 사역의 결과로 예레미야는 좌절했다. 그는 "여호와의 분노"(11절)로 가득찼었다. 이 의미는 그가 이스라엘의 죄에 대하여 신적인 분노에 사로잡혔다는 것, 아니면 그의 백성들이 심판의 경고를 들을 수도 없고 이에 대해 응답할 수도 없었던 무능력함에 대해 신적인 분노로 압도되었다는 것이다.

선지자의 질문에 대한 여호와의 대답은 예레미야의 불평의 본질에 대해 주어진 것으로서 필연적으로 그에게 용기를 북돋는 성격은 아닐지라도 포용력을 지니고 있다.

그는 자신의 메시지를 그의 모든 벗들인 시민들에게 전하기를 계속한다. 거리에서 놀고 있는 아이들에게, 떼지어 다니는 십대들에게, 남자나 여자들에게, 어른들에게 그리고 고령으로 인해 노인병에 든 사람들에게도(11절). 예레미야가 이 시점에서 대답을 할 수 있었다면, 그는 아마도 소득은 없었으나 이를 위해 이미 노력해 보았다고 불평했을 수도 있다. 그러나 그것이 중요한 것은 아니었다. 이 메시지는 백성들이 응답하든 안하든 간에 여전히 선언되어야 하는 것이었다. 그리고 주로 적군의 공격의 결과로서가 아니라 여호와의 손이 그의 백성을 향하여 심판으로 뻗어졌기 때문에 그들의 가정과 땅이 상실되었던 이러한 여러 부류의 사회 계층들에게 그는 말해야 했던 것이다.

예레미야에게 사회의 모든 부분에서 말할 것을 명령하고서, 여호와께서는 그 이유를 계속 다듬어 가신다. 모든 계층이 "그 가장 작은 자로부터 가장 큰 자에 이르기까지"(13절) 동등하게 죄책을 가지고 있었다. 성직자마저도("선지자와 제사장", 13절) 유다에서의 민족적 위기에 대한 책임을 지고 있었던 것이다. 민족의 "상처"(즉, 모두가 평안하지 않았다)를 보면서, 그들은 아무런 효력도 없는 입에 발린 말만을 늘어놓을 뿐이었다. 그들은 평화가 없는 때에 평화를 말했다. (민족이 마음속으로부터 병들었을 때 진정한 평화가 존재하지 않는다는 것을 보는 일에 실패한 채로, 국제 정세 속에 일시적인 고요의 시기를 놓고서 그들이 평화를 이야기하는 것은 가능한 일이다.) 실제로, 성직자들은 그들의 가증스러운 행위에 그토록 깊이 빠져들어서 더 이상 자신들이 무슨 일을 하고 있는지에 대해 부끄러움을 알지 못했다. 악이 추구되며 정규적, 헌신적으로 실행될 때는, 언젠가는 범죄자의 내부에 도덕적인 실명 상태가 발생하게 된다. 그리고 신적인 신탁이 결론내리는 바에 의하면, 온 민족의 사악함이 광범위하게 흡수되고 횡행해진 본성이 이렇게 생성되므로 모든 이는 다가올 심판의 날에 멸망하게 될 것이다.

해설

6:22-30에 이어지는 "해설"을 보라.

경고, 거부 그리고 심판(6:16-21)

참고문헌

Berridge, J. M. *Prophet, People.* 88-91. **Holladay, W. L.** *Architecture.* 75-83, 93-97.

본 문

16 여호와께서 이같이 말씀하시되 너희는 길에 서서 보며 옛적 길 곧 선한 길이 어디인지 알아보

16 Thus said the Lord, "Stand at the crossroads[a] and look, 3+3 and ask about the ways of antiquity,

고 그리로 행하라 너희 심령이 평강을 얻으리라 하나 그들의 대답이 우리는 그리로 행치 않겠노라 하였으며

about the path of the good: then walk in it 4+3 and find rest for your soul." But they said, "We will not walk in it!"

17 내가 또 너희 위에 파수꾼을 세웠으니 나팔 소리를 들으라 하나 그들의 대답이 우리는 듣지 않겠노라 하였도다

17 "I appointed watchmen for you: 'Pay attention to the trumpet blast!'" 3+3 But they said, "We will not pay attention."

18 그러므로 너희 열방아 들으라 회중아 그들의 당할 일을 알라

18 "Therefore listen, O nations, and know the evidence: 5+4

19 땅이여 들으라 내가 이 백성에게 재앙을 내리리니 이것이 그들의 생각의 결과라 그들이 내 말을 듣지 아니하며 내 법을 버렸음이니라

19 listen, O earth, to what is in them.[a] Look, I am going to bring evil 4+4 to this people, the fruit of their own plots; for they have not attended to my words, 3?+2 and as for my instruction, they have rejected it.

20 시바에서 유향과 원방에서 향품을 내게로 가져옴은 어찜이요 나는 그들의 번제를 받지 아니하며 그들의 희생을 달게 여기지 않노라

20 Why do you bring[a] me this, frankincense from Sheba, 5+4 and finely perfumed oil[b] from a distant land? Your burnt-offerings are unacceptable, 3+3 and your sacrifices do not please[c] me."

21 그러므로 나 여호와가 이같이 말하노라 보라 내가 이 백성 앞에 거침을 두리니 아비와 아들들이 한 가지로 거기 거치며 이웃과 그 친구가 함께 멸망하리라

21 Therefore, thus has the Lord spoken, "Look, I am about to place in front of this people 4+3 stumbling-blocks, and they shall stumble over them; both fathers and sons, 3+3 neighbor and friend shall perish!"

원문주해

16.a. 문자적으로는 "도로, 대로"이다.

19.a. 이 행과 선행하는 행은 번역하기가 어렵다. 브라이트(Bright, 45)는 체념하고서 이 행들을 번역되지 않은 채로 두기도 했다. 칠십인역은 이를 "그러므로 민족들이 듣고, 그들의 양떼를 먹인 자들이…"(우드이[ודעי]를 우르이[ורעי]로 읽어서)로 번역했다. 나는 마소라 본문의 단수형을 복수(ודעו-우드우)로 읽어냈는데, 이는 훌륭한 사본상의 증거가 있으며(de Rossi, III, 73를 보라) 에다(עדה)는 "증거, 증명"(BDB, 729)으로 이해되기 때문이다. 제2행의 두 부분이 우연히 역전되면서 위의 번역에 드러난 바와 같이 원래의 평행 구조가 이로 인해 불확실해져 버린 것이다. 그럼에도 불구하고, 여기에 제시된 번역은 시험적인 것으로 이해되어야 한다.

20.a. 이 번역은 칠십인역에서도 추정되고 있는 대로지만 타비우(תביאו)로 읽는 독법에 근거하고 있다.

20.b. 문자적으로는 "선한 자들의 대/갈대"다. 이 표현은 아마도 칼라무스(calamus)와 관련을 맺고 있는 듯하다. 칼라무스는 온화한 아열대 기후의 고습 지역에서 무성한 식물

의 아라키아(Araceae)과에 속하는 "창포"로부터 추출된 향기나는 기름이다.

20.c. 문자적으로는 "나를 지나가지 않는다"이다.

양식/구조/배경

이 구절이 산문인지 시문인지에 대해서는 약간의 논쟁이 있다. NEB는 이를 산문으로 번역했으나(21절의 마지막 네 행을 예외로 하고서), RSV와 다른 대부분의 현대 번역판들은 본문을 시문으로 이해하고 있다. 본문을 시문으로 분류하는 것이 최선이다. 그 이유를 들자면, 여러 곳에서 본문은 몇 가지 오염을 겪었는데(특히 18-19a절을 보라), 오히려 이것이 시문 구조를 애매하게 만들어 버렸기 때문이다. 그러나 전체적으로 놓고 보자면, 이 구절은 히브리 시문의 고전적인 평행어법으로 특징지어진다.

이 구절은 선지자가 구두로 선언했던 메시지의 일부를 담고 있는 더 긴 구절로부터 추출된 것으로 보인다. 현재의 정황으로 볼 때, 이 부분은 6:10의 대화에서 도입되고, 17절(2회)과 19절의 본 맥락에서 발전되고 있는 중심 단어 히크쉬브(הקשיב, "주의를 집중하다")에 의해 선행 대화에 연결되는 것으로 보인다. 유사하게, 이 부분은 "그 길을 걷는 것"(16절, 그리고 6:25과 비교할 것)이라는 공통되는 주제에 의해 다음 구절과 (편집적으로) 연결되고 있다.

이 구절의 구조는 이것이 "모방 예전"이나 혹은 아마도 언약 갱신 축제에 주어지는 담화의 패러디였던 한 담화에 속해 있었을 것이라고 보인다. "모방 예전"은 16-17절에 제시되고 있는데, 그 속에서 여호와의 초대가 엄숙한 유사 예전적인 "우리는 그러지 않을 것이다"와 조우하고 있다. 뒤따르는 이중적 신적 신탁(각각의 부분은 "그러므로"로 시작하고 있다. 18, 21절)은 이 패러디에 대한 언약적 배경, 즉 긍정적인 확언이 축복의 진술에 이어 나타나게 되는 배경에서처럼 두 가지의 거절을 뒤따르는 심판을 지적하고 있다.

따라서 정황과 시기에 관해서는, 이 구절이 그 본래적인 구두 선언 안에서 요시야 왕의 치세 동안 선지자의 한 사역 시점에 연결되어야 한다는 가정이 합리적이다. 그리고 예언을 초래했던 특정한 환경은 아마도 예루살렘에서 인도되었던 언약 갱신 축제였을 것이다. 신탁의 구조는 그 내용과 함께(20절) 예레미야서가 단순히 허위의 신앙을 덮어 버리는 위선적인 겉치장이 되는 것으로 보였던, 예전적 행위와 희생의 헌납으로 이루어지는 형식적 축전의 경우에 대해 선지자가 대응한 것임을 암시하고 있다.

주석

신탁은 여호와로부터의 초대로 시작하고 있다(16절). 백성들은 "네 거리에 서" 있도록 혹은 아마도 그들에게 열린 다양한 길을 고려해 보도록 초대받고 있다. 그들은 고려를 해보면서, 그 때는 바른 길을 선택해야 했다. 초대는 확실히 동일한 초대를 받은 군중과 언약 갱신 축제의 중심이었던 권고를 회고시켜 주고 있다(신 30:1-20 참조). 그들은 "고대의 길들" 즉 언약의 길, 말하자면 그들의 선조가 걸었던 삶과 신앙의 길에 대해 반성해야 했다. 그들은 또한 언약적인 삶의 길에 대한 본질적인 묘사인 "선한 자의 길"(시 1편 참조)에 대해 반성해야 했다. 그러나 언약 축제에서 백성들이 긍정적인 답으로 이 초대에 엄숙하게 응했어야 했는데, 여기서의 신탁에서는 존경과 경건의 겉치레가 벗겨지고 말았다. "우리는 그 길을 걷지 않을 것이다."

두 번째 초대는 동일한 유형으로 조직되고 있다(17절). 하나님께서는 그의 백성을 위해 "야경꾼"을 지목하셔서 그들에게 다가올 위험에 대해 나팔 소리로 경고하게 하셨다. 그러나 이 백성은 그들이 경고에 주의하지 않을 것임을 진술했다. "야경꾼"의 은유는 선지자들과 관련된 것이다. 이것은 후기에 에스겔의 사역에서 정교화되고 있다(3:16-21, 33:1-20을 보라).

민족들이 신적인 초대에 긍정적으로 응하기를 거부한 것은 이때 심판의 두 가지 진술로 이어진다. 그들은 심판의 선언(18-19a절)을 관찰하기 위해 증인들의 소환으로 도입된다. 그런데 이 심판의 선언은 언약 갱신 축제(신 30:19, 32:1-2을 보라)에 기인하는 증인들을 다시금 회상시키는 심판의 선언(18-19a절)을 관찰하도록 증인들의 소환으로 시작하고 있다. 첫 심판은 하나님께서 그의 백성에게 악을 가져오실 것이라는 내용인데(19절), 이는 그들이 그의 훈계를 거절했기 때문이다. 20절로부터 확실해진 것은 그들이 하나님의 훈계가 가진 외적인 차원을 거절한 것이 아니라는 점이다. 그들은 성전에 값비싼 수입 물품, 곧 셰바의 유향(남 아라비아의 지명으로 보이는데, 이 곳은 원래 유향의 원산지가 아니라 단지 이것이 거래된 지역으로 여겨진다)과 창포(아마 북동 아프리카에서 수입되었을 것이다)를 가지고 왔다. 게다가 그들은 언약 축제의 형식적인 예배를 유지해 왔는데, 이 축제는 선지자의 사역 중에 일어난 이 특별한 사건을 촉발시켰다. 그러나 종교의 모든 외적인 증거로 미루어 볼 때, 여기에는 어떠한 진리도 본심도 없었다. 그래서 심판이 올 수밖에 없었던 것이다. 두 번째 심판(21절)은 하나님께서 그의 백성의 "걸려 넘어짐"을 유발시킴에 직접적인 동인이셨다는 점이 완벽하게 확실하다는 것이다. 그러나 그 걸려 넘어짐과 타락은 하나님의 은혜로운 초대를 적절하게 듣기를 거부했던 백성들의 강팍하고 사악한 눈멀음으로만 나타날 수밖에 없었던 것이다(16-17절).

해설

6:22-30에 이어지는 "해설"을 보라.

신탁과 결론적인 대화(6:22-30)

참고문헌

Dahood, M. "Hebrew-Ugaritic Lexicography, I." *Bib* 44(1963) 289-303. ______. *Ugaritic-Hebrew Philology.* 14, 53. **Driver, G. R.** "Two Misunderstood Passages of the Old Testament: Jeremiah vi.27-30." *JTS* NS 6(1955) 84-87. **Emerton, J. A.** "A Problem in the Hebrew Text of Jer. 6:23 and 50:42." *JTS* 23(1972) 106-13. **Gelio, R.** "E possible un 'is relativo/demonstrativo in ebraico biblico?" *RivB* 31(1983) 411-34. **Holladay, W. L.** *Architecture.* 93-97. **Loretz, O.** "'Verworfenes Silber'(Jer. 6:27-30)." In *Wort, Lied und Gottesspruch 2.* FS J. Ziegler. Wurzburg: Echter, 1972. 231-32. **Robinson, T. H.** "The Text of Jeremiah vi. 27-30, in the Light of Ezekiel xxii. 17-22." *JTS* 16(1914/15) 482-90. **Soggin, J. A.** "Jeremias 6:27-30." *VT* 9(1959) 95-98. **Waldman, N.** "A Comparative Note on Exodus 15:14-16." *JQR* 66(1975/76) 189-92.

Holladay, W. L. has a full bibliography on ancient metallurgy, including:
Forbes, R. J. *Studies in Ancient Technology* 8. Leiden: Brill, 1964. **Gale, N. H.** and **Zofia, S.-G.** "Lead and Silver in the Ancient Aegean." *Scientific American* 244/6(June, 1981) 176-92. See also **Barrois, A.-G.** *Manuel d archéologie biblique* I. Paris: Picard, 1939. 372.

본 문

22 여호와께서 이같이 말씀하시되 보라 한 민족이 북방에서 오며 큰나라가 땅 끝에서부터 떨쳐 일어나나니
23 그들은 활과 창을 잡았고 잔인하여 자비가 없으며 그 목소리는 바다가 흉용함 같은 자라 그들이 말을 타고 전사같이 다 항오를 벌이고 딸 시온 너를 치려 하느니라 하시도다
24 우리가 그 소문을 들었으므로 손이 약하여졌고 고통이 우리를 잡았으므로 아픔이 해산하는 여인 같도다
25 너희는 밭에도 나가지 말라 길로도 행치 말라 대적의 칼이 있고 사방에 두려움이 있음이니라
26 딸 내 백성이 굵은 베를 두르고 재에서 굴며 독자를 잃음같이 슬퍼하며 통곡할지어다 멸망시킬 자가 홀연히 우리에게 올 것임이니라
27 주께서 가라사대 내가 이미 너로 내 백성 중에 살피는 자와 요새를 삼아 그들의 길을 알고 살피게 하였노라
28 그들은 다 심히 패역한 자며 다니며 비방하는 자며 그들은 놋과 철이며 다 사악한 자라
29 풀무를 맹렬히 불면 그 불에 납이 살라져서 단련하는 자의 일이 헛되게 되느니라 이와 같이 악한 자가 제하여지지 아니하나니
30 사람들이 그들을 내어버린 은이라 칭하게 될 것은 나 여호와가 그들을 버렸음이니라

22 Thus said the Lord, "Behold! A people comes from a northern land; a great nation is stirring from earth's remote realms! 4+4
23 They grasp bow and blade; 3+3+3 they[a] are cruel and without mercy, their sound, like the sea, roaring. And they ride upon horses, 3+3+3 each in position for battle[b] – against you, O Daughter of Zion!"
24 We heard the news – 2+2 our hands sagged, distress grasped us, 2+2 pain like that of a woman in labor!
25 Do not venture forth[a] into the countryside 2+2 and do not travel[a] on the highway, for the enemy has a sword, 2+2 and terror is all around.
26 O Daughter of my people, don sackcloth 2+2 and roll in ashes; mourn as for an only child, 3+2 the most bitter of lamentations! For he comes suddenly – 3+2 the destroyer[a] is upon us!
27 "I have appointed you a tester of my people, an assayer,[a] so that you may examine and test their mettle.[b] 4?+3
28 All of them are routinely rebellious,[a] perpetuating slander, all of them wreaking havoc. 3+2+3
29 The bellows[a] puff, 2+2+3? the fire is ready:[b] lead, copper, iron![c] But for naught the refining continues, 3+3 for the wicked are not removed.
30 They are named 'reject silver,' for the Lord has rejected them." 4+4

원문주해

23.a. 복수형 헴마(המה, "그들")로 읽었다. 이는 문맥에 암시된 대로이며, 평행구절(50:42)과 다수의 히브리어 사본들(de Rossi, III, 74), 그리고 시리아역과 불가타역의 지지를 얻고 있다.

23.b. 이 행은 몇 가지 난점의 근거가 되고 있다. 부분적으로는 변칙적인 형태로 보이는 크이쉬(כאיש, "남자처럼")에 의해 함축되는 비교로 인해 그렇다. 여기서 관계대명사의 가능성에 대해서는 Gelio, *RivB* 32(1983) 411-34를 보라. 그러나 이 문제에 대한 이런 식의

해결은 가능성이 없어 보인다. 바람직한 것은 에머튼(Emerton, *JTS* 23[1972] 106-13)에 따라 중복오사로 보이는 카프(כ)를 삭제하고서 비교 없이 (위의 경우처럼) 번역하는 것이다.

25.a. 비록 본문의 모음 표기(케레)가 이 동사를 복수형으로 혹은 좀더 보편적인 충고의 내용으로 읽게끔 만들기는 하지만, 자음 문자 본문은 두 동사 모두에 여성 단수형을 함의하고 있다(여기에 암시되고 있는 주어는 아마도 23절의 "시온의 딸"일 것으로 보인다).

26.a. 칠십인역은 히브리어 하쇼드(השד, "멸망", "파괴")를 함축하고 있다.

27.a. 히브리어 미브차르(מבצר)는 문자적으로는 "요새"를 의미하는데, 문맥 속에서 기이한 형태를 가지고 있다. 다후드(Dahood, *Hebrew-Ugaritic Philology*, 53)는 이를 *UT* 2067.3에 나오는 우가릿어 *bsr*에 근거하여 "조사관"으로 번역하기를 제안한다. 그러나 이 문매에서의 우가릿어의 증기는 불확실하다. 사실 *UT* 2067(*KTU* 4.270 / *PRU* V. 67) 본문은 이름들을 나열하고 있는 본문이며, 아마도 여기서의 *bsr*은 사람의 이름으로 이해되는 것이 최선일 것이다(M. Heltzer, *The Internal Organization of the Kingdom of Ugarit*[1982], 10). 히브리어 므바체르(מבצר, "조사하는 자")로부터(Bright, 49) 분석자라는 의미를 이끌어냈던 옛적의 방법은 가능성은 있으나, 이 단어는 단지 하나의 군더더기로 볼 수 있을 것이다.

27.b. 문자적으로는 "그들의 길"이다.

28.a. 사레이(סרי)는 확실히 칠십인역을 따르는 본문에 근거한 것이 아니다. 중복오사일 것이다.

29.a. 이를 마푸헴(מַפֻּחָם, "풀무")로 읽었다. 여기서의 멤(מ)은 뒷 단어에 잘못 붙여진 것이다("원문주해" 29.b를 보라). Dahood, *Bib* 44(1963) 298를 보라.

29.b. 톰슨(Thompson, 265[n. 5])에 따라 메에쉬탐(מֵאֵשְׁתַּם)을 에쉬 탐(אֵשׁ תַּם)으로 읽었다("원문주해" 29.a를 보라).

29.c. 여기에 "구리와 철"이 첨가되었다 이 구는 앞 절에서 이동되어 온 것인데, 앞 절에서의 위치가 잘못된 것으로 보인다. Thompson, 265와 Bright, 49(n. 27)에서의 논의를 좀더 보라.

양식/구조/배경

신적인 심판에 대한 긴 선언(4:5-6:30)은 원칙적인 주제들을 완성시키고 있는 두 구절을 통해 본 단락에서 결론에 이른다. (i) 북쪽으로부터 오는 적의 주제로 회귀되는 신탁(6:22-26)과 (ii) 짧은 단락, 아마도 대화의 일부로 보이는 것으로서 여기서 예레미야의 하나님의 사역자로서의 역할이 명기되고 있다(6:27-30).

(i) 북방으로부터의 적에 대해 언급하고 있는 신탁(6:22-26)은 같은 주제를 다루

고 있는 앞선 언급들을 심판의 더 큰 배경 속에서 발전시키고 결론짓고 있다. 4:5-18, 23-28; 6:1-8을 더 보기를 권한다. 앞서의 절들에서처럼, 이 절들이 원래 더 큰 신탁의 일부였다는 것은 가능성이 있다. 이 큰 신탁에서 아주 작은 일부만이 여기에 사용된 것이고, 이 안에서는 적의 다가옴과 그로써 결과적으로 일어날 공포가 유다에 만연하게 될 것임이 강조되고 있다. 북방의 적이 다가옴에 따라 이루어지는 백성들의 두려움을 묘사하기 위해 사용된 언어 속에 의도된 아이러니가 있을 수도 있다. 이는 이스라엘의 약속의 땅으로의 접근이 가나안 사람들의 마음속에 두려움의 타격을 가했던 옛 언어를 효과적으로 반전시키고 있기 때문이다. 출애굽기 15:14-16을 보라(N. Waldman, *JQR* 66[1975/76] 189-92 참조).

(ii) 27-30절은 독백으로 해석될 수 있다(위의 번역에서 부호를 붙인 바와 같이). 이 속에서 여호와께서는 예레미야에게 말씀하시면서 시험관 혹은 조사관으로서의 그의 역할을 지적하고 있다. 아니면, 이것은 대화로 보일 수도 있다(혹은, 더욱 그럴 듯하게 원래의 긴 대화의 일부로 볼 수 있다). 이 안에서 우선 여호와께서 말씀하시며(27절), 그러고 나서 예레미야가 그의 "조사관 보고"를 말했던 것이다(28-30절). 이 결론구에서의 "불"에 대한 언급은 문학적인 용어로 표현하자면 마찬가지로 "불"에 대한 언급(4:4)으로 결론을 맺고 있는 회개에 관한 선행 단락(3:1-4:4)의 결론부와 이 단락을 묶어 준다.

이러한 예레미야의 초기 신탁 수집의 결론 단락은 역시 책의 개시 단락의 반향을 담고 있다. "끓는 가마"의 환상은 북방으로부터의 위험에 대한 예고(1:13)와 함께, 여기서 북방으로부터의 적에 대한 신탁과 균형을 이루고 있다. 그리고 예레미야의 선지자적인 역할에 대한 초기의 성격 규명(1:10)은 조사관으로서의 역할을 다듬어 내면서 대화의 결론적인 언어(6:27-30) 속에서 증가되고 있다.

주석

22-26 **북방으로부터의 적**. 북방의 적을 확인하는 문제에 대해서는 1:13의 "주석"을 보라. 적은 "화살과 칼"로 무장한 모습으로 묘사되고 있다. 뒤의 것(כידון – 키돈)은 자주 "창"으로 번역되지만, 야딘(Y. Yadin, *The Scroll of the War of the sons of Light against the Sons of Darkness*[Jerusalem: Mosad Bialik, 1962] 124-31)에 따르면 좀더 적절하게는 "단검"(이는 보병과 기병 모두에 극히 다방면으로 사용되었던 무기)으로 묘사된다. 적군의 군대는 주전 12세기 정도에 발전되었던 것으로 보이며, 앗수르, 스구디아, 다른 이스라엘의 북방 적대 세력들이 매우 자주 사용한 것으로

보이는 군사 형태인 기병이었다(A. Buttery, *Armies and Enemies of Ancient Egypt and Assyria*[Goring by Sea: Wargames Research Group, 1974] 50-53; J. Harmand, *La guerre antique de Sumer a Rome*[Paris: Presses universitaires, 1973] 110-14를 보라). 비록 북방으로부터 약탈해 오는 적들이 영토 확장과 침략의 더 큰 목적을 가지고 있었더라도, 선지자는 여기서 그들을 "시온의 딸"을 공격하는(23절) 유일한 목적을 지닌 것으로 묘사하고 있다.

임박한 공격의 소식에 관한 유다의 반응에 대한 시적 묘사는 전쟁 시문의 상징적 형식인 스타카토적인(staccato) 행 배열(24-26절)로 짧게 기술되고 있다. 공격에 대한 방어를 준비하는 대신에, 선지자의 동포들(24절의 "우리")은 그 소식에 요새화된 지역 바깥으로 이동하는 것을 제한하는 명령을 내릴 정도로 망연자실해 있는 상태였다. 적군이 아직 타격을 가하지는 않았으나, 그들은 멈추지 않을 것 같아 보이는 재난에 통곡할 준비만을 하고 있었던 것이다. 그래서 예레미야는 전면적이고 참혹한 패배의 필연성을 인상적인 언어로 전해 주고 있다. 임신과 노동의 직유는 그 통제할 길 없는 고통을 담지한 채로(24절), 하나밖에 없는 아이의 죽음에 애곡하는 어머니의 직유(26절)로 전환되고 있다. 두 경우 모두 여성적인 영상이 23절과 26절에서 유다, 즉 "(시온의) 딸"에게로 사용되는 담화 형식으로 결정되고 있다.

27-30 조사관으로서의 선지자. 선지자의 역할이 재확인되고 있으며, 개시적인 신적 선언(27절) 속에서 더욱 정확하게 정의되고 있다. 그것은 조사관 즉 백성의 "기질", 다시 말해서 그 순도와 내용을 시험하는 자로서의 역할이었다. 이 영상은 단순히 순수하고 사용 가능한 금속을 생산하기 위해 원광을 정제하고 제련하는 과정에 대한 은유보다 더 정확한 것이다. 말하자면, 선지자는 특별히 조사관으로서의 역할을 하는 자로서 금속을 조사하여 그 내용과 순도를 판단하는 사람이었던 것이다. 따라서 풀무질음과 불(29절)을 언급한 것은 대개 땅으로부터 원석이 추출되고 있는 광산 근처에서 이루어지는 기초적인 정제 과정에 대한 암시도 아니며, 금속 세공자들에 의해 사용되는 도가니와 불에 대한 암시도 아닌 것이다. 선지자는 시험관이었다. 즉, 그는 금속의 표본을 채취하여(그러나 여기에 드러나는 본문적인 난점을 주목하라. "원문주해" 29.c) 이들을 녹여서 상대적으로 값어치가 적은 금속으로부터 은성분을 추출해 내기를 희망하는 것이다. 그러나 은유적인 용어들 속에서 이 과정은 성공적이지 않았다. 아마도 은 성분이 너무 적어서 추출이 불가능해져 정화가 어려웠거나(30절에 암시된 바와 같이), 아니면 전혀 존재하지 않았기 때문일 것이다. 그럼에도 불구하고 이 은유는 시적으로 사용되었고, 조사관의 직무에 대한 정확한

기술을 주려고 고안된 것은 아니었다. 이러한 과정의 결론은 계속되는 정화에도 불구하고 부정적으로 드러나고 있다. 혼합된 "금속", 즉 유다는 지속적이고 면밀한 조사 과정에도 불구하고 순수한 은을 생산해 낼 수 없었다. 단지 불순하고 "불량한 은"만을 만들었던 것이다(30절). 말하자면, 이미지는 심판이 정제 과정이 될 것이라는 점을 지적하는 것이 아니라, 그 최종적인 성격을 전달하려는 것이다. 그러므로 어떠한 순수한 것도 발견될 수가 없었으며, 어떠한 고형체의 은도 없었고, 이 혼합물은 찌꺼기로 내버려질 수밖에 없는 것이었다.

이러한 은유의 사용은 내러티브의 더 큰 문맥에 조화적으로 아주 잘 들어맞고 있다. 선지자는 조사관으로서 백성을 시험했으나, 불은 그 함축하는 바에 의하면 금속이나 혼합된 원석을 제거하는 것으로서 북방으로부터의 적을 지시하는 것이었다. 그리고 이 시험이 치러지는 것을 원하는 분은 하나님이셨다. 이 구절에서의 일반적인 은유의 사용은 문맥으로부터 특별하게 적용되기는 했지만, 선지자의 직무를 조명하기 위한 고대 야금학의 다양한 측면에서 인용된 선지적 언어와 이미지에서의 보편적인 전승과 조화되고 있다. 이사야 1:25, 에스겔 22:18-22, 스가랴 13:9, 말라기 3:3을 더 보기를 바란다.

4:5-6:30에 대한 해설

유다의 죄에 대한 선지자의 고발(2장)과 회개에 대한 요청(3:1-4:4)은 이 단락으로 이어지면서 심판의 선언을 이루고 있다. 초기 신탁 중에서 이 세 번째 단락은 선행하는 두 단락보다 상당히 길고 더욱 정교하게 다듬어졌기 때문에, 이것이 비록 나중에 온 것이기는 하지만 전체 수집에 그림자를 드리우는 것으로 보인다. 이로써 전체적으로 심판이 가진 필연성을 보여 준다. 그러나 우리가 예레미야의 초기 사역에 주도적이었던 것으로 보이는 이 심판의 주제를 이 안에 할당된 공간을 미루어 판단해서 어떻게 이해할 수 있겠는가?

(i) 심판의 목적과 성질. (a) 심판에 대한 광범위한 선언으로 제공되는 목적들 중 하나는 경고의 목적이다. 이 역할은 아마도 이 수집에서건(4-6장) 전체 책에서건 관계 없이 현재 기록된 최종 형태의 메시지보다는 메시지의 본래적인 구두 선포 형태에서 더욱 중심적인 것으로 여겨진다. 유다의 민족적인 삶 속에서 예언 기능의 일부는 "경고자"로서의 기능이다. 앞서의 회개에 대한 요청으로부터 흘러나오는 메시지는 회개 실패의 결과가 어떤 것인지에 대해 분명하게 지적해 주고 있다. 그리고 경

고의 차원 역시 선지자를 지목하신 하나님의 성격의 한 차원을 조명해 주고 있다. 유다의 하나님은 앉아서 그의 백성이 강팍하게 파멸로 향하는 길을 추구하는 모습을 지켜보기만 하는 것에 만족하지는 않으신다. 동정과 책임감에 대한 느낌 모두가 그로 하여금 그들의 행위의 결과에 대해 경고하도록 강요하는 것이다. (b) 심판의 선언에서 제공되는 또 다른 목적은 교훈의 목적이다. 특별히 선지자는 그의 청중에게 심판이 단순히 변덕스러운 신성의 진노의 발로가 아니라는 것을 분명히 했다. 오히려 심판은 앞선 행동의 결과다. 즉, 인간적 사악함, 부정함, 율법에 대한 불순종 그리고 유사한 행동들은 모두 선지자가 신적인 심판으로 그려내고 있는 운명으로 인도, 실제로는 초대하고 있는 것이다. 따라서 비록 심판이 일면 신적으로 운명지어진 것일지라도, 다른 측면으로 이것은 인간적으로 초대된 것이다. 선지적 문학의 다른 난락에서처럼 여기서도 우리는 심판에 대한 이해의 "부메랑"적인 성격을 감지하게 된다. 말하자면, 이것은 범죄자의 머리에 되돌아오는 악의 결과가 회귀하는 것이다. (c) 책 전체의 최종적인 배경에서 심판의 신탁은 근소하게 다른 의미를 가지고 있다. 그들의 첫 공언 속에서 그들이 경고라기보다는 예언이었던 것처럼, 그들은 다음에 이어지는 역사의 빛 속에서 필연성의 장엄한 감각을 유발시켰던 것이다. 실제로, 그들의 최종적 형태와 배경은 종교적 맥락에서는 교훈적인 것이었다. 말하자면, 선지자는 하나님의 편에서 유다에게 그의 죄를 지적하고 백성들에게는 회개를 요청했으며, 이러한 요청에 주의하는 데 실패할 경우에 주어지는 결과를 그들에게 경고했던 것이다. 후대에 심판이 나타나 게 될 때는 이것이 본래적인 메시지의 진리를 묘사하게 되었다. 말하자면, 경고에 주의하는 것에 대한 실패는 유다를 향한 참혹한 결과에서 궁극적으로 절정에 이르게 되는 것이다.

(ii) **심판의 신학**. 선지자의 메시지의 이 복합적인 단락에서 흐르는 다양한 맥락들도 신적인 심판에 대한 예레미야의 이해의 신학적인 차원을 조명해 준다. (a) 첫째로, 그는 근래의 사건들, 실제로는 인류사(人類史)의 전체적인 흐름을 신학적이면서 동시에 윤리적인 용어를 통해 이해하고 있다. 북방의 적(이 적이 스키티아인들이든 바벨론인들이든 간에)에 의해 야기되는 침략의 위협은 인류사의 흐름에서 일어나는 단순히 우발적인 전환은 아니었다. 북방으로부터 야기되는 위협은 특별히 남쪽, 즉 유다의 민족적인 삶에서 종교적, 도덕적 혼란과 관련되는 것으로 이해된다. 게다가, 역사의 움직임이 유다의 삶과 운명에 결속되어 있다는 관념은 교대로 인간사(人間事)에서 주권자로서의 하나님에 대한 이해를 상정하고 있는 것이다. 말하자면, 비록 인간의 악함이 스스로 이러한 결과를 초래했지만, 그 안에서 그들은 이방,

이교적 민족을 연루시킴으로써 역사 가운데서 하나님의 주권을 증명하게 된 것이다.

(b) 역사 가운데서 하나님의 주권에 덧붙여 예레미야는 또한 자연 세계에 대한 하나님의 주권에 관한 고대 신앙을 재확인해 주고 있다. 선지자가 창조된 세계의 태고적 혼돈의 상태로 되돌아옴을 마음에 그리고 있는 시문(4:23-28)은, 도덕성은 역사적인 질서뿐만 아니라 인간 존재가 살고 있는 세계의 자연적인 질서에도 영향을 미친다는 그의 인지(認知)를 지적해 주는 것이다. (c) 역사와 자연의 영역에 대한 하나님의 종합적인 주권은 인간 존재가 어떤 의미에서는 그들의 미래를 입안시킨다는 것에 대한 인지와 균형을 이룬다. 말하자면, 인간의 사악함은 그 자신이 만들어 놓은 재난 속에서 절정을 이루는 것이다. 따라서 그는 선지자로서 이를 보는데, 유다의 사악함은 그 자신만의 결과와 운명을 창출하고 형성하게 되는 것이다. 그러나 인간 행동의 결과에 대한 이러한 도덕적인 이해는 다시금 우주의 도덕적인 구조 내에서의 예레미야의 신앙을 가정해 준다.

(d) 결국, 심판에 관한 예언 메시지의 전체 구조는 열정적으로 인간사(人間事)에 개입하시는 하나님에 대한 신앙을 전제한다. 여호와께서는 인간적인 현장으로부터 스스로를 냉정하게 객관화시키거나 멀어지게 만듦으로써 그의 우주에 개입하시는 것이 아니다. 신적인 개입은 부분적으로는 그의 선지자의 파견에서, 그 길의 사악함으로부터 유다를 되돌리려고 노력하는 그의 경고적 임무로부터 보여지고 있다. 이것은 억제되지 않은 채로 우주가 창조 목적의 파괴와 그에 대한 귀결로서 태고적인 혼돈으로의 회귀로 인도하게 되는 사악함에 대한 신적 증오에서도 발견된다.

개괄하자면, 선지적 메시지에서 이렇듯 지배적인 주제인 심판은 우울한 것만은 아니라는 점이다. 이것은 실제로 인간 본성에 대한 우울한 이해와 특권을 가진 민족에게조차도 그 특별한 지위를 벗어 버리고 강퍅하게 그 파멸을 추구할 수 있다는 가능성을 제공하고 있다. 그러나 심판의 주제는 또한 인류사의 외면에 만연한 구조인 본래적인 도덕적 구조와 더불어 어떤 신비스러운 의미 속에서 창조되는 우주 안에 빛을 던져 준다. 그리고 더 나아가 이는 열정적인 하나님, 절실히 인류사와 선택된 백성의 운명을 돌보시는 분에 대한 예언 신앙을 조명해 준다. 그리고 이는 고대적인 책을 읽는 현대의 독자들에게도 여전히 도전하고 있는 예레미야의 신앙의 차원이다. 고대 세계로부터의 선지자의 이러한 예견은 어느 정도는 우리의 현대 세계에서도 취해지고 이해되어야 할 것이다.

V. 성전 설교(7:1-8:3)

참고문헌

Ballentine, S. E. "The Prophet as Intercessor: A Reassessment." *JBL* 103(1984) 161-73. **Boer, P. A. H. de.** *De Voorbede in het Oude Testament.* OTS 3. Leiden: Brill, 1943. 157-70. **Caspari, W.** "Jeremia und der Priesterkodex." *TBl* 3(1924) 66-67. **Cogan, M.** "A Note on Disinterment in Jeremiah." In *Gratz College, Anniversary Volume.* ed. I. D. Passow and S. T. Lachs. Philadelphia, 1971. 29-34. **Corré, A. D.** "ʿēlle, hēmma = sic." *Bib* 54(1973) 263-64. **Culican, W.** "A Votive Model from the Sea." *PEQ* 108(176) 119-23. **Dahood, M.** "La Regina del Cielo in Geremia." *RivB* 8(1960) 166-68. **Day, J.** "The Destruction of the Shiloh Sanctuary and Jeremiah vii 12, 14." In *Studies in the Historical Books of the Old Testament. VTSup* 30. Leiden: Brill, 1979. 87-94. **Delcor, M.** "Le culte de la 'Reine du Ciel' selon Jér 7:18; 44: 17-19, 25 et ses survivances." In *Von Kanaan bis Kerala.* FS van der Pleog. ed. W. C. Delsman et al. *AOAT* 211. Neukirchen-Vluyn: Neukirchener Verlag, 1982. 101-22. **Eichrodt, W.** "The Right Interpretation of the Old Testament: A Study of Jeremiah 7:1-15." *TToday* 7(1950) 15-25. **Fohrer, G.** "Jeremias Tempelwort 7:1-15." *TZ* 5(1949) 401-17[also in *Studien zur alttestamentlichen Prophetie,* BZAW 99(Berlin: deGruyter, 1967) 190-203]. **Görg, M.** "Das Tempelwort in Jer 7:4." *BN* 18(1982) 7-14. **Gray, J.** "Queen of Heaven." *IDB* III, 975. **Hadey, J.** "Jérémie et le temple. Le conflit de la parole prophetique et de la tradition religieuse, Jer 7:1-15; 26:1-19." *ETR* 54(1979) 438-43. **Herrmann, J.** "Zu Jer 22:29; 7:4." *ZAW* 62(1949-50) 321-22. **Hertzberg, H. W.** "Sind die Propheten Furbitter?" In *Tradition und Situation.* FS A. Weiser. ed. E. Wurthwein and O. Kaiser. Göttingen: Vandenhoeck & Ruprecht, 1963. 63-74. **Isbell, C. D.** and **Jackson, M.** "Rhetorical Criticism and Jeremiah 7:1-8:3." *VT* 30(1980) 20-26. **Kumaki, F. K.** *The Temple Sermon(Jer 7:3-15). Jeremiah's Polemic against the Deuteronomists.* Ph.D. diss. Union Theological Seminary, N. Y., 1981.[DissA 41(1980) 1103-A.] **König, E.** "On the Meaning and Scope of Jeremiah 7:22-23." *Exp* 6th ser. 6(1902) 135-54, 208-18, 366-77. **Kraus, H.-J.** *Worship in Israel.* Richmond: Knox, 1966. 117-18. **Lorenz, B.** "Bemerkungen zum Totenkult im Alten Testament." *VT* 32(1982) 229-34. **Macholz, G. C.** "Jeremia in der Kontinuitat der Prophetie." In *Probleme* *biblischer Theologie.* FS G. von Rad. ed. H. W. Wolff. Munich: Kaiser, 1971. 306-34. **Milgrom, J.** "Concerning Jeremiah's Repudiation of Sacrifice." *ZAW* 89(1977) 273-75. **Pàkozdy, L. M. von.** "Der Tempelspruch des Jeremia." *Zeichen der Zeit* 12(1958) 372-81. **Pearce, R. A.** "Shiloh and Jer. 7:12, 14-15." *VT* 23(1973) 105-8. **Plataroti, D.** "Zum Gebrauch des Wortes *mlk* im Alten Testament." *VT* 28(1978) 286-300. **Rast, W. E.** "Cakes for the Queen of Heaven." In *Scripture in History and Theology.* FS J. Coert Tylaarsdam. Ed. A. L. Merrill and T. W. Overholt. Pittsburg Theological Monograph Series 17. Pittsburg: Pickwick, 1977. 167-80. **Reymond, P.** "Sacrifice et 'spiritualité' ou sacrifice et alliance? Jér. 7, 22-24." *ThZ* 21(1965) 314-17. **Reventlow, H. G.** "Gattung und überlieferung in der 'Tempelrede Jeremias.' Jer. 7 und 26." *ZAW* 81(1969) 315-52. **Rhodes, A. B.** "Israel's Prophets as Intercessors." In *Scripture in History and Theology.* FS J. Coert Rylaarsdam. ed. A. R. Merrill and T. W. Overholt. Pittsburg Theological Monograph Series 17. Pittsburg: Pickwick, 1977. 107-28. **Robinson, G.** "The Prohibition of Strange Fire in Ancient Israel." *VT* 28(1978) 301-17. **Schreiner, J.** "Sicherheit oder Umkehr? Aus der Verkündigung des Propheten Jeremias, Jer 7:1-15; 26:1-6 (II. Teil)." *BibLeb* 7(1966) 98-111. **Schulz, H.** *Das Todesrecht im Alten Testament.* BZAW 114. Berlin: de Gruyter, 1969. 123-27. **Sekine, M.** "Das Problem der Kultpolemik bei den propheten." *EvT* 28(1968) 605-9. **Smith, E. J.** "The Decalogue in the Preaching of Jeremias." *CBQ* 4(1942) 197-209. **Soggin, J. A.** "Child Sacrifice and Cult of the Dead in the Old Testament." In *Old Testament and Oriental Studies.* BibOr 29. Rome: Biblical Institute Press, 1975. 84-87. **Stade, B.** "Miscellen: 13. Die vermeintliche 'Königen des Himmels.'" *ZAW* 6(1886) 123-32. ______. "Das vermeintliche aramäisch-assyrische Aequivalent der מלכת השמים Jer 7.44." *ZAW* 6(1886) 289-339. **Stager, L. E.** and **Wolff, S. R.** "Child Sacrifice at Carthage - Religious Rite or Population Control?" *BAR* 10/1(1984) 31-51. **Stoebe, H.-J.** "Jeremia, Prophet und Seelsorger." *TZ* 20(1964) 385-409. ______. "Seelsorge und Mitleid bei Jerekia. Ein Exegetischer Versuch." *Wort und Dienst* NF 4(1955) 116-34. **Strobel, A.** "Jeremias, Priester ohne Gottesdienst? Zu Jer 7, 21-23." *BZ* n.s. 1(1957) 214-24. **Sturdy, J. V. M.** "The Authority of the 'Prose Sermons' of Jeremiah." In *Prophecy.* FS G. Fohrer. ed. J. A. Emerton. Berlin: de Gruyter, 1980. 143-50. **Toll, C.** "Die Würzel PRS im Hebraischen." *Orientalia Suecana* 21(1972) 73-86. **Vaux, R. de.** *Ancient Israel, Its Life and Institutions.* New York: McGraw-Hill, 1961. 441-46. **Weinfield, M.** "The Worship of Molech and of the Queen of Heaven and Its Background." *UF* 4(1972) 133-54. ______. "Jeremiah and the Spiritual Metamorphosis of Israel." *ZAW* 88(1976) 17-56. ______. "Burning Babies in Israel: A Rejoinder to Morton Smith's Article in *JAOS* 95(1975), pp. 477-79." *UF* 10(1978) 411-13. **Weippert, H.** *Die Prosareden des Jeremiabuches.* BZAW 132. Berlin: de Gruyter, 1973. 26-48. **Whitley, C. F.** "A Note on Jeremia 7:4." *JTS* NS 5(1954) 57-59. **Wilcoxen, J. A.** "The Political Background of Jeremiah's Temple Sermon." In *Scripture in History and Theology.* FS J. Coert Tylaarsdam. ed. A. L. Merrill and T. W. Overholt. Pittsburg Theological Monograph Series 17. Pittsburg: Pickwick, 1977. 151-66. **Wright, G. E.** "Security and Faith: An Exposition of Jeremiah 7:1-15." *The Rule of God: Essays in Biblical Theology.* Garden City, NJ: Doubleday, 1960. 77-92. **Wyk, W. C.** "The Translation of MQWM('land') in the Temple Speech of Jeremiah." *OTWSA* 24(1981-82) 103-9. **Young, D. W.** "A Ghost Word in the Testament of Jacob(Gen. 49:4)?" *JBL* 100(1981) 335-42.

본 문

1 여호와께로서 예레미야에게 말씀이 임하니라 가라사대	**1** [a]The word that came to Jeremiah from the Lord:
2 너는 여호와의 집 문에 서서 이 말을 선포하여 이르기를 여호와께 경배하러 이 문으로 들어가는 유다인아 다 여호와의 말씀을 들으라	**2** "Stand in the gate of the Lord's house, and there you shall proclaim this word and you shall say, 'Hear the Lord's word, all you Judaeans going in through these gates to worship the Lord.'"
3 만군의 여호와 이스라엘의 하나님이 이같이 말씀하시되 너희 길과 행위를 바르게 하라 그리하면 내가 너희로 이 곳에 거하게 하리라	**3** Thus said the Lord of Hosts, the God of Israel, "Amend your ways and your works, and I will make you dwell in this place.
4 너희는 이것이 여호와의 전이라 여호와의 전이라 여호와의 전이라 하는 거짓말을 믿지 말라	**4** Do not put your trust in those deceptive words, 'This[a] is the temple of the Lord, the temple of the Lord, the temple of the Lord.'
5 너희가 만일 길과 행위를 참으로 바르게 하여 이웃들 사이에 공의를 행하며	**5** But if you really do amend your ways and your works, if you really do enact justice between one person and another,
6 이방인과 고아와 과부를 압제하지 말며 무죄한 자의 피를 이 곳에서 흘리지 아니하며 다른 신들을 좇아 스스로 해하지 아니하면	**6** you shall not[a] oppress a sojourner, an orphan, or a widow, and do not shed innocent blood in this place, and if you do not go after pagan gods to your own detriment,
7 내가 너희를 이 곳에 거하게 하리니 곧 너희 조상에게 영원 무궁히 준 이 땅에니라	**7** then I will make you dwell in this place, in the land which I gave to your forefathers, from of old and forever.

8 너희가 무익한 거짓말을 의뢰하는도다

9 너희가 도적질하며 살인하며 간음하며 거짓 맹세하며 바알에게 분향하며 너희의 알지 못하는 다른 신들을 좇으면서

10 내 이름으로 일컬음을 받는 이 집에 들어와서 내 앞에 서서 말하기를 우리가 구원을 얻었나이다 하느냐 이는 이 모든 가증한 일을 행하려 함이로다

11 내 이름으로 일컬음을 받는 이 집이 너희 눈에는 도적의 굴혈로 보이느냐 보라 나 곧 내가 그것을 보았노라 여호와의 말이니라

12 너희는 내가 처음으로 내 이름을 둔 처소 실로에 가서 내 백성 이스라엘의 악을 인하여 내가 어떻게 행한 것을 보라

13 나 여호와가 말하노라 이제 너희가 그 모든 일을 행하였으며 내가 너희에게 말하되 새벽부터 부지런히 말하여도 듣지 아니하였고 너희를 불러도 대답지 아니하였느니라

14 그러므로 내가 실로에 행함같이 너희가 의뢰하는 바 내 이름으로 일컬음을 받는 이 집 곧 너희와 너희 열조에게 준 이 곳에 행하겠고

15 내가 너희 모든 형제 곧 에브라임 온 자손을 쫓아냄같이 내 앞에서 너희를 쫓아내리라 하셨다 할지니라

16 그런즉 너는 이 백성을 위하여 기도하지 말라 그들을 위하여 부르짖어 구하지 말라 내게 간구하지 말라 내가 너를 듣지 아니하리라

17 너는 그들이 유다 성읍들과 예루살렘 거리에서 행하는 일을 보지 못하느냐

18 자식들은 나무를 줍고 아비들은 불을 피우며 부녀들은 가루를 반죽하여 하늘 황후를 위하여 과자를 만들며 그들이 또 다른 신들에게 전제를 부음으로 나의 노를 격동하느니라

19 나 여호와가 말하노라 그들이 나를 격노케 함이냐 어찌 자기 얼굴에 수욕을 자취함이 아니냐

8 "Look, you are trusting in those deceptive words to no avail!

9 Can you steal, murder, commit adultery, swear falsely, burn incense to Baal, and follow after pagan gods whom you have not known,

10 and then come in and stand before me in this house, which is called by my name, and say: 'We are delivered,' only to continue doing all these abominable deeds?

11 Has this house, which is called by my name, become a den of burglars[a] in your opinion? Behold, I myself have seen it," says the Lord.

12 "So go to my place that used to be in Shiloh, where I made my name dwell at first, and see what I have done to it because of the evil of my people, Israel.

13 And now, because you have done all these deeds," says the Lord, "and though I have spoken to you persistently,[a] but you did not listen, and I called you, but you did not answer,

14 therefore I will do to the house that is called by my name, in which you place your trust, and to the place which I have given to you and to your forefathers – precisely what I have done to Shiloh!

15 And I will cast you out from my presence, just as I cast out your brethren, all the progeny of Ephraim.

16 "As for you, don't offer prayers on behalf of this people, don't raise a cry and a prayer on their behalf, and don t intercede with me, for I will not hear you.

17 Can't you see what they are doing in the cities of Judah and in the streets of Jerusalem?

18 The children are gathering wood, and the fathers are kindling the fire, and the women are preparing dough to make sweet-cakes[a] for the 'Queen of Heaven'; and they are pouring out libations to pagan gods in order to provoke me.

19 But are they provoking me?" says the Lord. "Is it not themselves, to their own shame?"

20 그러므로 주 여호와 내가 이같이 말하노라 보라 나의 진노와 분한을 이 곳에 붓되 사람과 짐승과 들나무와 땅의 소산에 부으리니 불같이 살라지고 꺼지지 아니하리라 하시니라

20 Therefore, thus said the Lord,[a] "Behold, my anger and my wrath will be poured out upon this place, upon mankind, upon animals, upon the trees of the countryside, and upon the fruit of the earth; and it shall burn and it shall not be put out."

21 만군의 여호와 이스라엘의 하나님이 이같이 말씀하시되 너희 희생에 번제물을 아울러 그 고기를 먹으라

21 Thus said the Lord of Hosts, the God of Israel, "Combine your burnt-offerings with your sacrifices and eat meat.

22 대저 내가 너희 열조를 애굽 땅에서 인도하여 낸 날에 번제나 희생에 대하여 말하지 아니하며 명하지 아니하고

22 For at the time that I[a] brought them out from the land of Egypt, I did not speak to your forefathers or command them concerning matters of burnt-offering and sacrifice.

23 오직 내가 이것으로 그들에게 명하여 이르기를 너희는 내 목소리를 들으라 그리하면 나는 너희 하나님이 되겠고 너희는 내 백성이 되리라 너희는 나의 명한 모든 길로 행하라 그리하면 복을 받으리라 하였으나

23 But I did issue them specific orders on this matter: 'Obey my voice, and I will become your God and you will become my people, and you shall walk in the whole way that I command you, so that things may go well for you.'

24 그들이 청종치 아니하며 귀를 기울이지도 아니하고 자기의 악한 마음의 꾀와 강퍅한 대로 행하여 그 등을 내게로 향하고 그 얼굴을 향치 아니하였으며

24 But they did not obey, nor did they listen,[a] but rather walked according to their own counsels and their own evil self-reliance,[b] and thus went backwards and not forwards!

25 너희 열조가 애굽 땅에서 나온 날부터 오늘까지 내가 내 종 선지자들을 너희에게 보내었으되 부지런히 보내었으나

25 From the time that your forefathers came out from the land of Egypt up to this day, I have persistently[b] sent to you[c] all my servants, the prophets;[d]

26 너희가 나를 청종치 아니하며 귀를 기울이지 아니하고 목을 굳게 하여 너희 열조보다 악을 더 행하였느니라

26 but they[a] did not obey me and did not listen, but they became more stubborn.[b] They did more evil than their forefathers.

27 네가 그들에게 이 모든 말을 할지라도 그들이 너를 청종치 아니할 것이요 네가 그들을 불러도 그들이 네게 대답지 아니하리니

27 So you shall speak all these words to them, but they will not listen to you. And you shall call to them, but they will not answer you.

28 너는 그들에게 말하기를 너희는 너희 하나님 여호와의 목소리를 청종치 아니하며 교훈을 받지 아니하는 국민이라 진실이 없어져 너희 입에서 끊어졌다 할지니라

28 And you shall say to them, 'This is the nation that would not obey the Lord its God and would not accept instruction.' Truth has perished and is excised from their lips.

29 예루살렘아 너의 머리털을 베어 버리고 자산 위에서 호곡할지어다 여호와께서 그 노하신 바 이 세대를 끊어 버리셨음이니라

29 [a]"Cut off your hair and cast it away, and on the bare heights raise a song of lament; for the Lord has rejected and forsaken the generation of his wrath.[b]

30 여호와께서 말씀하시되 유다 자손이 나의 목

30 "For the Judaeans have done evil in my sight,"

전에 악을 행하여 내 이름으로 일컬음을 받는 집에 그들의 가증한 것을 두어 집을 더럽혔으며

says the Lord. "They have placed their abominable objects in the house that is called by my name, thus defiling it.

31 힌놈의 아들 골짜기에 도벳 사당을 건축하고 그 자녀를 불에 살랐나니 내가 명하지 아니하였고 내 마음에 생각지도 아니한 일이니라

31 And they have built high-places,[a] Topheth which is in the Valley of ben-Hinnom, to burn their sons and their daughters in the fire, a thing that I did not command and that never even crossed my mind.[b]

32 그러므로 나 여호와가 말하노라 날이 이르면 이곳을 도벳이라 하거나 힌놈의 아들의 골짜기라 칭하지 아니하고 살륙의 골짜기라 칭하리니 매장할 자리가 없도록 도벳에 장사함을 인함이니라

32 Therefore, behold, the days are coming," says the Lord, "when it will no longer be called Topheth and the Valley of ben-Hinnom, but rather the Valley of Slaughter, and they will bury (bodies) in Topheth, for there will be no other place to do it.

33 이 백성의 시체가 공중의 새와 땅 짐승의 밥이 될 것이나 그것을 쫓을 자가 없을 것이라

33 And the carcass of this people shall become food for the birds of the heaven and the beasts of the earth, and no one shall scare them away.

34 그 때에 내가 유다 성읍들과 예루살렘 거리에 기뻐하는 소리, 즐기는 소리, 신랑의 소리, 신부의 소리가 끊쳐지게 하리니 땅이 황폐하리라

34 And from the cities of Judah and the streets of Jerusalem, I will cause the cessation of the sound of laughter and the sound of joy, the voice of the bridegroom and that of the bride, for the land shall become a wasteland.

8:1 나 여호와가 말하노라 그 때에 사람들이 유다 왕들의 뼈와 그 방백들의 뼈와 제사장들의 뼈와 선지자들의 뼈와 예루살렘 거민의 뼈를 그 묘실에서 끌어내어

8:1 "At that time," says the Lord, "they shall bring forth the bones of the kings of Judah, the bones of its princes, the bones of the priests, the bones of the prophets, and the bones of the inhabitants of Jerusalem from their tombs.

2 그들의 사랑하며 섬기며 순종하며 구하며 경배하던 해와 달과 하늘의 뭇별 아래 쬐리니 그 뼈가 거두이거나 묻히지 못하여 지면에서 분토 같을 것이며

2 And they shall spread them out before the sun and the moon and the whole host of heaven, whom they loved and served, after whom they walked, to whom they brought inquiries, and whom they worshiped. They will not be gathered up or buried; they shall serve as dung[a] upon the surface of the ground.

3 이 악한 족속의 남아 있는 자, 무릇 내게 쫓겨나서 각처에 남아 있는 자가 사는 것보다 죽는 것을 원하리라 만군의 여호와의 말이니라

3 Death shall be preferred over life by all that remain, the remnant of this evil family, in all the remaining[a] places to which I have driven them," says the Lord of Hosts.

원문주해

1.a. 칠십인역에는 1-2a절이 없고, 2b절만이 나타난다.

4.a. "이것들"의 의미를 가진 헴마(המה)는 흥미 있는 부분이다. 사실, 이것은 단수형의 대명사가 있어야 하는 부분이다. *BHS*는 이것이 약어일 것이라고 설명한다. 즉, 헴(הם, 하마콤[המקום])과 헤(ה, 하제[הזה])로 구성되어 "이 곳"이라는 의미를 갖는 것으로 본다(3절). 괴르그(M. Görg, *BN* 18[1982] 7-14)는 이 단어가 하나의 접속사로서 사용되었다고 설명한다. 그래서 성전을 향하여 주의를 환기시키는 기능을 한다는 것이다. 그리고 이런 성전에 대한 삼중적 환기는 예레미야 문체의 일면으로 이해되고 있다고 본다(22:29 참조). 더 그럴듯한 설명은 꼬레(A.D. Corré, *Bib* 54[1973] 263-64)의 것이다. 즉, 헴마(המה)는 헴마하드바림(המההדברים, "이것들이 그 말씀이다")의 약어로 기능함으로써 선행하는 단어의 비정상적인 표기가 조금 특이한 경우임에도 불구하고 올바른 것임을 지적한다.

6.a. 마소라 본문은 로(לא), 다수의 사본들은 알(אַל)로 읽는다. 의미는 동일하다.

11.a. 파라츠(פרץ, "부수고 들어가다, 관통하다")의 의미에 대해서는 C. Toll, *Orientalia Suecana* 21(1972) 73-86를 보라.

13.a. 문자적으로는 "일찍 일어나 계속해서 말하기를"이다(칠십인역에는 생략되어 있다). 하슈켐(השכם, "일찍이 일어나서")은 예레미야서에서는 일반적으로 사용되는 것으로(BDB, 1014; Thompson, 272, n. 9) 이 선지자의 독특한 문체일 수 있다.

18.a. 카와님(כונים, "과자")은 악카드어 차용어이다. D.W. Young, *JBL* 100(1981) 335-42, 그리고 M. Held, *Eres-Israel* 16(1982) 76-85를 보라.

20.a. 히브리어 아도나이 야흐웨(אדני יהוה, "주 여호와")를 칠십인역은 단순히 "주"로 읽는다(야흐웨[יהוה]로만 추정한 것).

22.a. 케레는 1인칭 대명 접미를 지적하고 있다. 여기서는 번역되었다.

24.a. 문자적으로는 "귀기울이다."

24.b. 문자적으로는 "그들의 죄악된 마음에 대한 자기 신뢰"이다. 슈리루트(שררות)의 "자기 신뢰"라는 의미에 대해서는 A.B. Spencer, *JBL* 100(1981) 247-48를 보라. 마소라 본문에서는 이 용어가 10회 나타나는데, 8회가 예레미야에 의해 사용된 것은 아마도 이 단어가 예레미야의 독특한 문체와 어휘인 것으로 보인다.

25.a. 칠십인역, 시리아역 그리고 불가타역은 3인칭 접미를 사용하여 "그들의 선조"로 읽는다.

25.b. "지속적으로", 문자적으로는 "일찍 일어나서 보내기를"이다. 13.a.에서도 동일한 숙어가 발견되고 있는데, 역시 예레미야의 문체 특성이 보이는 직설법 문장이다.

25.c. 칠십인역과 시리아역은 다시금("원문주해" 25.a를 보라) 3인칭 접미를 사용하고 있다.

25.d. 히브리어 본문은 욤(יוֹם, "날")을 더하고 있는데, 이는 변칙적인 형태다. 그리고 아마도 중복오사로 인식되어 삭제된 것으로 보인다(선행하는 단어가).

26.a. 선행 절("원문주해" 25.a와 25.c)에서 대명접미에 존재하는 모호성은 동사의 내포된 주어에 대한 불확실성을 자아내고 있다(선조들인지, 아니면 현 세대인지?). 이 절의 결론적인 행을 비교할 때 현 세대로 의도되고 있음을 알 수 있다.

26.b. 문자적으로는 "그들이 그들의 목을 뻣뻣하게 만들었다."

29.a. 칠십인역은 29절에서 히브리어 본문과 근본적인 차이를 드러내고 있다.

29.b. 이 절이 형식에 있어서 시문일 가능성이 있다. 아니면, 적어도 시적인 인용구를 사용한 것으로 보인다. *BHS*, RSV 등을 참조하라.

31.a. 이와 다르게 칠십인역과 탈굼역을 따라 단수로 "도벳의 산당"으로 번역할 수도 있다.

31.b. 문자적으로는 "내 마음에 떠오르지 않았다."

8:2.a. 도멘(דֹּמֶן, "똥")은 예레미야에서는 4회 등장하고 있다(9:21[22]; 16:4; 25:33, 참조). 그리고 그 밖의 마소라 본문에서는 잘 나타나지 않는다(왕하 9:37; 시 83:11). 이는 예레미야 특유의 문체와 어휘를 아주 잘 반영하는 것으로 보인다. (예를 들어, 갈랄[גלל]과 파라쉬[פרשׁ]같이 "똥"으로 번역되는 히브리어가 몇 가지 더 있다는 점은 예레미야가 도멘[דמן]을 사용한 것이 독특한 경우임을 지적해 준다).

3.a. *BHS*(칠십인역과 시리아역을 따라서)는 하니슈아림(הנשׁארים, "남아 있는")을 중복오사로 보고 삭제할 것을 제안한다. 선행하는 행에서 이 단어의 두 가지 형태가 나타나고 있다. 그러나 중복적인 문체도 선지자의 산문체의 독특성을 보여 주는 일례가 될 수 있다.

양식/구조/배경

예레미야 7:1-8:3은 우리가 이 선지서를 접하면서 보게 되는 산문 자료(특별히 C유형의 산문 설교)의 첫 번째 주요 부분이기 때문에, 그 언어와 문체를 주의하면서 상세한 연구를 할 필요가 있다. 이 단락에 대한 상세한 연구는 이 책의 서론("예레미야서의 형식과 구조")에서 제기되었던 몇 가지 이론적인 질문들을 본문을 통해 검토해 볼 기회를 제공해 줄 것이다. 그리고 이는 또한 이어지는 산문(C유형) 자료의 연구에 기초를 제공해 줄 것이다. 비록 7:1-8:3이 혼합된 단락일지라도, 각각의 부분들의 근원(이하에 논의되겠지만)에 대한 모든 가능성을 놓고서 볼 때 전체적인 문학 단위는 공통된 산문 문체를 지니고 있는 것이 사실이고(가능한 대로 7:29을 제외하고서 보면), 이는 본문 주변에 위치한 시문들과는 대조를 이룬다.

검토를 요구하는 첫 번째 문제는 이 문학 단위의 언어에 대한 것이다. 여기서의 언어, 특별히 어휘와 문체는 그 독특성을 허용하는가? 예를 들어, 신명기 저자의 경우처럼 그러한가? (실제적인 목적을 위해 이하의 단락에서 나는 신명기적[Deuteronomic] 언어와 신명기 사가적[Deuteronomistic] 언어를 한꺼번에 수용하는 D-언어라는 표현을 사용하게 될 것이다.) 아니면, 증거는 산문 문체의 분류를 위한 어떤 다른 형식을 보여 주고 있는 것인가? 이러한 문제들을 논의하는 가운데 고려해야 할 세 가지 유형의 본질적인 증거들이 발견된다.

(i) 7:1-8:3에서의 D-언어. 다음의 표현들은 본문에서 발생하는, 보편적으로 "D"로 분류될 수 있는 것들이다.

(a) "다른 (이방) 신들" (6, 18절: 엘로힘 아헤림[אלהים אחרים]), 이 표현은 예레미야의 산문 내러티브와 D-언어 모두에 공통적인 것이다. (이 표현의 발생에 대한 통계와 몇 가지 다른 표현들에 대한 것이 아래에 나열되어 있는데, 이는 Bright, *JBL* 70[1951] 15-35에서 얻은 것이다.)

(b) "그리하면 네게 만사가 잘될 것이다"(7:23), 예레미야에는 3회 더 나타나고 있으며, D-언어에서는 9회 등장하고 있다.

(c) "내 종들, 선지자들"(7:25), 예레미야-산문체에는 6회, D-언어에는 4회 등장.

(d) "너에게 그리고 네 아비들에게"(7:14), 예레미야-산문체에 12회, D에는 6회.

(e) "선조들이 애굽 땅으로부터 나왔다"(7:25), 예레미야-산문체에 9회, D에는 매우 자주 등장.

(f) "내 눈 앞에서 악을 행하였다"(7:30), 예레미야-산문체에 몇 가지 이형이 8회, D에는 극도로 자주 등장.

(g) "내 이름으로 불리는 것"(7:10), 예레미야-산문체에 7회, D에는 2회.

이러한 것들은 7:1-8:3에서의 D-언어에 전형적인 유형의 구절이나 단어를 포괄적으로 나열해 놓은 것은 결코 아니다. 오히려 예레미야의 산문 설교에 몇 가지 유형의 신명기적인 성격이 있었다는 것을 가정해 주는 다양한 가설의 근거를 지적해 주기에 충분한 것들이다. (덧붙여서 말해져야 할 것은, 신명기적인 특성을 가정하는 일에 있어 언어와 문체가 유일한 근거만은 아니라는 것이다. 주제와 이데올로기의 문제도 이하의 논의에서 제기될 것이다.)

(ii) 7:1-8:3에서의 독특한 예레미야적(Jeremianic) 언어. (N.B. **예레미야적** [*Jeremianic*]이라는 말이 이 상황에서 이 책의 문체를 위해 사용되었다. 이는 언어가 선지자 본인의 특성이라는 점을 필연적으로 가정하는 것은 아니다.) 다음의 단어와 표현들은 분명히 예레미야적인 것이며, 이 책 외에는 거의 나타나지 않는 것들이다

(경우에 따라서는 전혀 나타나지 않는다).

(a) "일찍이 일어나" 그리고 무언가를 하면서(7:13, 25), 예레미야-산문체에 11회 등장하고 있으나, 외부적으로는 역대하 36:15에서만 나타나고 있다. "원문주해" 13.a를 보라.

(b) "자기 신뢰"(שררות – 슈리루트: 7:24), 비록 예레미야에서는 일반적이지만, 외부적으로는 2회만 나타나고 있다(그 중 하나가 신 29:18), "원문주해" 24.b.를 보라.

(c) "똥"(דמן – 도멘), 예레미야에서는 일반적으로 사용되지만, 이 단어는 외부적으로는 거의 사용되지 않는다. "원문주해" 8:2.a.를 보라.

(d) "유다의 성읍들과 예루살렘의 거리들"(7:17), 이 구절은 예레미야-산문체에서 8회 등장하고 있으나, 외부적으로는 나타나지 않는다.

(e) "이 문들을 통해 들어가는"(7:2), 이 구절은 예레미야-산문체에서 3회 등장하고 있으나, 외부적으로는 나타나지 않는다.

(f) "만군의 여호와, 이스라엘의 하나님"(7:3), 이 표현은 예레미야-산문체에서는 매우 일반적이다(대체로 30회 가량 등장). 외부적으로는 매우 희박한 표현이다.

(ii) **예레미야-산문과 예레미야-시문 사이의 중복**. 다음의 7:1-8:3에 나오는 독특한 예레미야-산문체의 표현은 예레미야-시문체에도 나타나고 있다. 그 문체적인 국면도 지적된다.

(a) 삼중적 반복("원문주해" 7:4을 보라). 22:29(와 "원문주해" 8:3a)도 보라.

(b) "자기 신뢰." 앞의 (ii) (c)를 보라. 23:17의 시문에 유일한 예가 나타나고 있다.

(c) "교훈을 받다"(7:28). 예레미야 산문체에서 4회, 예레미야 시문에 2회, 그 밖에는 잠언에서만 발견되고 있다.

(d) "인간에, 짐승에"(7:20). 예레미야 산문에 10회, 예레미야 시문에 2회.

(e) "너희 길과 너희 일을 바르게 하라"(7:3). 예레미야 산문에 5회의 예증, 예레미야 시문에 (오직) 동사의 용례로만 2회.

7:1-8:3의 언어와 문체에 있어서의 용례에 대한 이러한 고찰로부터 무슨 결론이 내려질 수 있겠는가? 첫째로, 이 구절에서만 이끌어지는 어떠한 예비적인 결론도 일단은 임시적인 성격을 가져야 하며, 뒤이은 C유형 자료에 대한 고찰에 중심을 두어야 한다는 것이다. 둘째로, 더 큰 문맥이 검토 내용에 들 때조차도 결론은 역시 임시적인 채로 남아야 한다는 것이다. 우리는 상대적으로 제한된 양의 자료를 가지고 예

레미야의 산문이나 신명기 작가의 양식과 언어적인 용례에 대한 결정적인 결론을 도출해 내고 있다. 그럼에도 불구하고, 위에 나열된 세 가지 범주의 증거들로부터 어느 정도의 예비적인 전망들이 드러나고 있다.

첫째로, 예레미야의 C유형 자료와 신명기적 자료의 언어 사이에는 어느 정도의 공통된 근거가 존재한다는 것이 분명하다. 이러한 공통 근거를 인지하면서도 우리는 또한 예레미야의 "신명기적" 측면이 분명하다는 것도 인지해야 한다. C유형 자료는 D로부터 확연히 구별될 뿐만 아니라, 더 넓은 범위로는 예레미야서에서 독특한 모양새를 하고 있는 어휘적, 문체적인 표현들을 가지고 있다(우리가 증거로서 얻을 수 있는 제한된 자료를 가지고 말할 수 있는 한도 내에서). 게다가, C유형의 몇 가지 특정 성격들은 A유형의 자료에서도 발견되고 있다(예언적 그리고 시문적 신탁). 이렇듯 7:1-8:3의 상이한 언어의 차원들은 다양한 해석을 허용할 여지를 남기고 있다. 당장은, 그러나 이들을 서론에서 제기된 예비적 가설의 빛 아래서 검토하는 것으로 충분하다. 임시적으로 C유형의 자료에 존재하는 소위 D언어는 부분적으로는 주전 7세기 후반과 6세기 초반에 존재했던 고전 히브리 산문 양식이라는 용어로 설명되어야 할 것이다. 이 양식은 이번에는 요시야의 종교개혁과 신명기의 현저한 역할에 의해 부분적으로 영향을 받았던 것으로 보인다. 그러나 덧붙여서 D언어와의 유사성은 예레미야와 신명기 전승 간의 관심사와 지배적 문제의 공통성을 반영한다고 볼 수 있다. 비록 이 두 전승은 관점과 강조에 있어서 서로 상이하다 할지라도, 성전, 땅, 율법, 다른 문제들에 있어서는 공통된 관심이 존재한다.

예레미야 산문이 갖는 독특성은 위에 주지된 증거의 두 번째 범주에서 드러나고 있다. 만일 저자(그가 예레미야든, 바룩이든, 익명의 서기관이든 간에)가 D와 모종의 유사성을 가진 문체로 저술했다면, 그의 독특한 성격도 인지되어야 한다. 그러나 증거의 세 번째 범주는 또한 특별한 중요성을 가지고 있다. C유형과 A유형 자료 간의 어느 정도의 공통 근거를 제시함에 있어서, 이는 연대기와 저작성 모두에 관해서 예레미야서에서의 자료의 주된 근원 사이에 지나치게 예리한 구분을 두는 것은 잘못된 일일 것이라는 점을 지적해 준다. A유형과 C유형 자료의 독립성에 관한 문제는 그들 자신이 가지고 있는 가치에 근거해서 고려되어야 한다. 그럼에도 불구하고, 이렇듯 예비적인 평가에 기초한 양식적이고도 문학적인 문제들은 해석에 대한 전적으로 상이한 접근을 요구하지는 않는다. 실제로, 바이페르트(Weippert)는 이 구절에 대한 연구로부터 이 내용은 선지자의 시문 신탁과 조화되며, 포로기나 포로 후기 신명기 작가의 편집 행위의 산물로 고려될 필요가 없다는 결론을 내리고 있다(*Die*

Prosareden des Jeremiabuches, 46-48).

긴 산문 단락은 다섯 가지의 구성 요소들을 가지고 있다. 각각이 상대적으로 자급적이지만, 이들은 공통 주제와 몇 가지 중심 단어들에 의해 모두가 긴밀한 연관성을 가진 전체로 연결되고 있다. 몇 안 되는 경우들 속에서, 이 부분들(혹은 이들이 인출된 좀더 큰 단락들)의 본래적 형식과 정황이 발견될 수 있다. 그러나 대부분의 경우 속에서 이 단락들의 최종 형태는 현재의 문학적인 통일성으로 접합된 채로 단지 그들의 전 역사에 대한 고찰만을 허용할 뿐이다.

(i) "성전 설교"(7:1-5). 이 단락은 개략적인 형태로서이지만, 26:1-6에 있는 관련 설교의 더 긴 형태로 나타나고 있다. 선포 장소, 즉 성전 문과 실로에 대한 공통된 언급은 구절들을 연결시키는 데 합리적인 근거를 세워 준다. 비록 다음 단락과 연결되고 있는 그 시기는 확정지을 수 없지만 이 구절의 시기, 즉 그 원래의 선포 시기는 대체적으로 여호야김 왕 치세 초기인 주전 609-608년일 것이다. 서론적인 말들(7:1)과 내용의 도덕적이고 법적인 측면에 근거하여, 이 구절은 소위 입장의 토라를 연상시킨다(H. G. Reventlow, *ZAW* 81[1969] 315-51를 보라). 본문의 내용은 여호와의 말씀의 선포(2-7절)로부터 민족적 배교의 선포(8-12절)로 전이되면서 심판의 공표(13-15절)로 결론을 내린다. 그러나 이러한 세분화가 전혀 어려움이 없는 것은 아니다. 만일 있다면, 이 구절은 더 긴 입장 토라의 한 부분으로서 현 문맥에서 사용되기 위해 축약된 것일 수 있다(성전 입장과 관련된 제의의 일부분, 이러한 본문의 개조는 시 15편과 24편에서 볼 수 있다). 그러나 형식적인 단서는 이 선포의 원 배경이 성전 문에서의 선지자의 선포였다는 것을 시사하고 있다. 이것이 정식 자격으로 선지자에 의해 전달되었던 것인지, 그가 아마도 단순히 중요한 축제로 보이는 성전 제의의 기회를 잡아 자신의 말을 전하려 했던 것인지는 확실히 알 수가 없다.

(ii) "하늘의 여왕"(16-20절). 예루살렘에서의 이교 예배의 한 측면에 관심을 두고 있는 두 번째 단락은 여호와로부터 선지자에게로 이루어지는 직접 화법의 형식으로 제시되면서, 신적인 진노의 도래를 언명하며 공적인 선언을 위한 신탁 안에서(20절) 절정을 이루고 있다. 이 단락이 원래 성전 설교의 한 부분이었는지, 아니면 성전 설교가 전달된 경우에 연관된 것인지는 불확실하다. 그럼에도 불구하고, 성전(20절)과 예루살렘의 주제는 두 단락을 함께 이어주고 있다.

(iii) 희생과 예배(21-28절). 이 절들은 희생제의와 예배에 부수적인 내용과 신적인 율법을 선언하는 신탁을 내용으로 하고 있다. 이 단락 역시 그 원래적인 전달의 상황에서는 처음에는 성전 설교(7:1-15)의 전달을 재촉했던 동일한 공적 상황과 관

련 있다는 것이 가능하다.

(iv) **학살의 골짜기**(29-34절). 이 단락의 개시절은 아마도 형식에 있어서는 시문이었을 것이며("원문주해" 29.a를 보라), 비탄의 소리를 반향하고 있다. 이번에 비탄은 도벳과 벤-힌놈에 연관되는 종교적인 악습에 따르는 "설교"를 위한 "본문"으로서 작용하고 있는 것으로 보인다.

(v) **성상 숭배**(8:1-3). 이 산문 단락은 여전히 잔존하는 종교적 예배의 또 다른 악습을 알리고 결과적인 심판을 시사하는 신탁으로 결론을 내고 있다.

개괄하자면, 산문 단락(7:1-8:3)은 완결된 전체로 신중하게 엮여진 몇 가지 부분들을 포함하고 있다. 부분들을 연결하고 있는 공통 주제는 예배(즉, 예배가 어떠해야 되는가와 어떻게 진행되어 왔는가에 대해)와 이로써 비롯되어 함의되는 바로서의 성선이다. 본문에서의 중심 단어는 "장소"(מקום – 마콤)이며, 이는 비록 여러 상이한 방식으로 사용되었을지라도 구절들을 전체로서 연결해 주는 문학적 맥락을 제공하고 있다. 4, 6, 12, 14, 20, 32절과 8:3(W. L. Holladay, *Architecture*, 102-3을 좀더 보라). "장소(들)"과 "만군의 여호와"(7:3과 8:3)의 결합은 전체 내러티브에 포섭 구조를 형성하는 것으로 보인다.

주석

[1]-[15] **성전 설교.** 성전 설교 혹은 이 구절들 속에 잔존하고 있는 그 일부는 신탁으로 도입되고 있다. 이는 선지자 예레미야에 의해 그리고 그를 통해 전달되고 있는 하나님으로부터 유다에게로 전해지는 직접적인 선언이다. 이 설교가 전달되고 있는 장소는 "여호와의 집의 문"(2절)으로 지적되고 있다. 이 곳을 통해 예배자들의 인파가 성전 안마당에서 치러야 할 행사를 위해 들어가게 되는 것이다. 이 장소가 단순히 선지자가 큰 군중에게 접근하려고 제공되었기에 선택된 장소일 것이라는 점이 가능할지라도, 아마도 더욱 가능성이 높아 보이는 이유는 예레미야가 성전 제의에서 공적인 직무를 가지고 있었든지, 아니면 스스로 비공식적으로 그러한 직무를 얻어냈다는 것이다. 성전의 순례 축제 동안에 순례자들은 성전 문에서 성전 하인의 인사를 받게 되는데, 그 하인은 그들에게 문을 통과해서 예배에 참석하기에 앞서 먼저 그들의 도덕적인 생활을 진단하도록 요구하게 된다(시 15,24; Craigie, *Psalms 1-50*, 150-51, 211-12를 보라). 만일 예레미야가 비공식적인 직무 속에서 "성전 문의 설교자"로서의 그의 역할을 얻었다면, 이 관습이 그 당시에는 소멸된 상태였고(설교의 내용으로 미루어 전적으로 가능성이 있어 보이는 바와 같이), 선지자에 의해 그의 도덕적

이고 영적인 목적을 위해 의도적으로 되살아난 것이었을 가능성이 있다. 이 구절의 시기는 평행 본문(렘 26)에 함축된 대로, 여호야김이 권좌를 계승한 지 한 달 후로 여겨진다. 만일 이 시기가 주전 609년의 가을로 정확히 지적될 수 있다면(비록 이러한 확정이 매우 가설적이긴 하지만), 이것은 설교를 위한 정황을 허락해 준 초막제였을 가능성이 있다. 이와는 다르게, 그리고 아마도 더욱 가능성이 있어 보이는 것은 순례자의 군중 행렬을 성전으로 향하게 만들었던 주전 608년의 칠칠절이었을 수 있다. 예레미야는 이 군중들에게 문 앞에서 계속 말을 전했던 것이다.

선지자의 메시지의 첫 부분은 성전 문에서 전달되는 연설에 적절한 것으로서 그 어조에 있어서 도덕적인 것이었다(시 15:2-5, 24:3-4). "너희 길과 행위를 바르게 하라 그리하면 내가 너희로 이 곳에 거하게 하리라"(3절). 도덕적인 삶을 개선하라는 권고는 도덕적인 순결의 장소에서 백성들에 의해 받아들여진 종교적 신앙의 외적인 형태를 거부하라는 간구로 즉각적으로 이어지고 있다. 그들은 예루살렘에서의 성전의 현존은 그들의 안전과 지속에 대한 보증이라는 생각에까지 이르게 되었다. 따라서 기대에 어긋나는 방식으로 유다의 시민들은 그들의 종교의 본질을 왜곡시켰다. 그들은 성전이 하나님의 눈에는 그토록 중요한 곳이어서 부득이하게 그들도 이를 통해 안전해질 수밖에 없다고 생각하게 되었다. 그들은 성전의 이차적인 역할을 감지하지 못했으며, 또한 그들의 도덕적인 순결이 단순히 건물의 외적인 현존보다 하나님의 보시기에는 훨씬 더 큰 중요성을 가지고 있다는 것을 이해하지 못했다. 예레미야가 잘 이해하고 있듯이, 하나님은 먼저 그의 백성과 관여하시는 것이지 그들에게 사용하라고 맡기신 성전에 관여하시는 것이 아니다. 그래서 성전에 대한 잘못된 신념에 대한 경고에 이어서 일련의 조건절들의 형태로 표현되는 또 하나의 간청이 나타나고 있다. 만일 백성이 실제로 그들의 길을 개선한다면(5-6절), 하나님께서는 그들로 성전과 땅에 거하게 하실 것이고(7절의 "장소"에 대한 정확한 언급에 관해서는 애매한 것이 하나 있다. 즉 그것이 성전을 지적하는지, 혹은 땅을 지적하는지에 대한 것이다), 이번에는 그 안에서 하나님의 현존이 성전으로 상징화되는 것이다. 도덕적인 요구는 이제 상세한 내용으로 정교히 기술되고 있다. 백성들에게 요구되는 것은 정의, 압제의 제거, 정직하고 약한 사람들에 대한 존중, 종교의 이교적 형태의 포기였다. 선지자가 지적하는 내용은 그가 기술한 관행들이 땅에 만연하다는 것이다. 요시야의 개혁, 즉 그 신명기에 대한 강조가 이러한 유형의 사회 종교적 악행을 정확히 제거하려고 시도했던 개혁이 이미 과거지사가 되어 버린 듯이 보여지고 있다는 것이다. 여호야김 치하에서 요시야의 때에 일시적으로 타올랐던 희망의 불꽃은 희미해지고 거의 꺼져 가고 있었던 것이다.

선지자의 설교를 통한 대중에 대한 공세는 마치 민족적인 악행의 일람표가 아주 상세하고도 정교하게 다듬어지는 듯이 8-11절에서 강력하게 지속되고 있다. 백성들은 십계명에 대한 전면공세(9절)로 그들의 지위를 침식시키면서도 영원히 그리고 경건하게 반복되는 "속이는 말들"(8절, 즉 "여호와의 성전", 4절)을 계속 믿었던 것이다. 도적질, 살인, 간음, 위증, 바알 숭배는 땅에 만연했으나, 대 축제의 때에 백성들은 성전으로 떼지어 몰려들어 그들의 신법에 대한 모독은 신성에 대해서는 잠깐에 지나지 않으며 소위 환상적인 성전이 그토록 많은 죄를 다 덮어 주리라는 것을 확신하고 있었다. 그들은 "우리가 구원을 얻었나이다"라고 말하고(10절), 자신들의 선언이 아이러니인 줄을 거의 깨닫지 못한 상태였는데, 이는 사실 하나님으로부터 구원을 얻고 난 후 악의 결과에 이르게 되었기 때문이다. 십계명 안에서 다수의 계명 위반에 대한 언급은 계명들이 낭독되고 백성들이 자신들의 복종을 선언해야 하는 이러한 축제의 몇 가지 순서에 관련되어야 한다. 선지자의 강화는 군중들로 하여금 축제의 그러한 부분에 참석하기에 앞서 그들의 순전히 부도덕한 삶을 회상시키며, 따라서 그들이 십계명의 선언에 응답할 만한 가치가 없음을 회상시키고 있다. 만일 그들이 순결함으로 인해 이에 응답할 수 있다면, 실로 그들은 신앙과 희망으로 제사장에게 대답할 수 있었을 것이다. "우리가 구원을 얻었나이다." 그러나 현실은 거룩한 성전이 "강도의 굴혈"(11절, 설명 부분을 더 읽어 보라)이 되었던 것이고, 그 안에서 사회의 죄인들이 축제 기간 중에 휴식과 쾌락을 위해 모여든 것이었다. 그러나 선지자의 강화 중 이 부분은 엄숙한 암시로 끝나고 있다. "내가 그것을 보았노라. 여호와의 말이니라." 인간의 죄와 위선은 어느 것도 신의 시야를 피할 수 없다는 진술에 산산이 부서지고 있으며, 하나님이 보시기에 필연적으로 반응이 뒤따를 수밖에 없는 것이었다.

백성들은 실로에서의 고대 북방 성소의 운명을 회상하고 있다. 사사들과 사무엘의 때에는 하나님이 예배를 받으시던 그 중요한 제단이 있었던 곳이 거기에 있었다(삼상 1-4). 실로는 한때 이스라엘의 북방 지역이었던 곳에 위치하고 있었다. 이 곳은 에브라임 지방에 위치하고 예루살렘에서 북방으로 약 45킬로미터 가량 떨어져 있다. 덴마크의 고고학 발굴 작업이 1926년에서 1929년 사이에 실로(현대의 세일룬[Seilun])에서 수행되었고, 그런 후에 가장 최근에는 1963년도에 발굴 작업이 새롭게 수행되었다. 분명히 실로는 주전 11세기 후반에 어느 정도 파괴를 겪었다(블레셋 시기). 그러나 이 곳은 회복되어 두 왕국 시기를 통해 지속적으로 하나의 도시로서 번성하기 시작했다(그러나 제단은 다시 회복되지 않은 것으로 보인다). 실로의 마지막 운명은 확실히 알려지지 않고 있다. 모든 가능성으로 미루어 볼 때, 이 곳은 대략 주전 722년에 최종적으로 몰락한 것으로 보인다. 이 때는 이스라엘의 북왕국이 앗수르의 침략 앞에서 무너진 때다. 수사적 형식 속에서 선지자는 순례자의 인파에게 예루살렘의 성전으로 실로를 향한 순례의 길을 가도록 초대했다. 그리고 거기서 무슨 일이 일어나는지를 보았다. 이 곳은 또한 하나님의 현존이 성립되는 곳이었으나, 이제는 폐허가 된 상태로 있는 곳이다. 황폐의 이유 역시 선지자에게는 분명했다. 그 파멸은 "내 백성의 사악함 때문"(12절)이었다. 성전 혹은 제단은 다른 말로 하자면 그의 백성들 가운데서 하나님의 현존의 상징적인 장소였으며, 어떠한 절대적인 신성함도 제공하지 않는다. 하나님은 악에 의해서 그의 성전 바깥으로 내몰릴 수도 있었고, 그런 일이 일어났을 때는 조만간 그 장소는 폐허로의 파멸을 겪어야만 했다. 따라서 예레미야는 그의 요점을 아주 잘 납득시키기 위하여 현대적인 "고고학"의 근거 자료를 이끌어 냈다. 실로의 돌과 폐허는 예루살렘에서 북쪽으로 단 몇 킬로미터 떨어지지 않은 장소에 있는 곳으로서 선지자의 청중에게 확실하게 잘 알려진 채로 하고 싶은 이야기를 간직하고 있는 것이다.

실로의 메시지는 선지자의 심판의 선언(13-15절)으로의 불가피성에 대한 암시를 도입시키는 것으로 보인다. 백성들의 사악함으로 인해, 그리고 그러한 사악함의 결과로서의 경고에 주의를 기울이는 데 대한 그들의 지속적인 거절로 인해 예루살렘 성전의 운명은 실로의 제단의 그것과 동일할 수밖에 없었다. 무시받고 있는 앞의 경고의 내용은 선지자의 발화 속에서 이렇듯 조금 다른 방식으로 우울한 내러티브 속으로 인내와 은혜에 대한 주지를 소개하고 있다. 하나님께서 심판의 종국적인 실행으로 옮겨가기 전에 그의 의지에 대한 충분한 경고를 주시지 않았다고는 말할 수 없는 것이 분명하다. 재차 반복해서 신적인 간청이 말해져 왔으나, 지속적으로 이것은 무시를 당해 온 것이다. 그리고 그렇게 예레미야의 성전 설교의 말은 장례식의 어조로 울리게 된다. "내가 너희를 내 앞에서 쫓아내겠다"(15절). 마치 그가 에브라임의 백성들, 곧 그 경계에 실로의 제단이 놓여져 있던 사람들 앞에서 그렇게 했던 것과 같다. 순례의 행렬이 찾고 있던 바로 그것, 곧 성전으로 상징되고 있는 신적인 현존은 이제 영원히 사라지게 될 것이다. 분명히 이런 종류의 설교로 예레미야는 친구를 한 명도 설득할 수 없을 것이다. 왜냐하면 이것이 당대의 종교 관습의 근간을 자기 만족과 안전에 대한 위선적인 의미로 인하여 허물어 버릴 것이기 때문이다. 선지자의 선언에 대한 군중의 반응은 예레미야 26장에 기술되어 있다.

16-20 하늘의 여왕. 비록 이 구절은 선지자의 사역에서 선행하는 구절과는 상이한 시기나 장소로부터 유래되었다고 볼 수 있을지라도, 현재의 문학적인 맥락에는 필수적인 부분이 되고 있다. 이것은 예루살렘에서의 예배의 악습에 대한 주제를 지속시키고 있으며, 이 주제는 이미 선행 단락에서 분명하게 드러난 바 있다. 주제적으로는, 이 부분은 "장소"(20절)에 대한 심화된 언급으로 연결되어 있다. 그리고 더욱 중요하게는, 이 내용은 성전 설교로부터 자연스럽게 이어지는 것으로 보인다. 설교의 마지막에 공적인 선언 가운데서 심판의 예견은 그렇게 확실하고 필연적인 어조를 가지고 있었기 때문에 누구나 선지자가 그의 백성의 편에서 중재를 위해 돌아설 것을 기대할 수밖에 없었을 것이다. 선지자에게 주어지는 이 사적인 말들 속에서 그는 백성을 위해 기도하는 것을 금지당하고 있다. 이 금지는 또한 이번에는 심판에 대해 먼저 이루어진 진술에서보다 훨씬 더 엄숙성을 창출해 내고 있다. 강화 형식, 즉 특별히 예레미야에게로 향한 진술은 이 부분이 공적인 정황에서 한 번이라도 사용되었을지 혹은 원래 예레미야의 사적인 종교 체험의 한 기록이었는지 알 수 없을 정도다. 그럼에도 불구하고 이것은 공적인 선언(20절)을 위해 고안된 신탁에서 절정을 이루고 있으며, 사적인 체험은 공적인 진술을 도입시키기 위해 사용된 것으로 보인다. 문학적인 용어를 통한 사적인 진술(16-19절)은 공적인 신탁에 있어서의 일반적인 어투를 위해 이해의 정황을 제공하기를 돕고 있다.

선지자의 중재에 대한 금지의 이유는 유다와 예루살렘 안에 현존하고 있던 종교사(宗教事)의 슬픈 상태다. 이교적인 종교 관습은 그토록 넓게 퍼졌기에 더 이상의 기도할 힘이 없어져 버린 것이다. 말하자면, 이 민족은 배교의 길로 너무 멀리 나아가 버렸던 것이다. 배교의 현장은 다채롭고 통속적인 용어들로 제시되면서, 거의 안락한 분위기를 유출하면서도 그것에 의하여 상대자들의 주된 종교적 무지를 강조하고 있다. 아이들은 바깥으로 나가 막대기를 모으고 있으며, 아버지들은 요리를 위해 불을 지피고 있고, 어머니들은 달콤한 케익을 위해 밀가루 반죽을 만들고 있다. 이런 모든 가정사의 목적이 진술될 때까지, 이 그림은 거의 여름 소풍과 바베큐 파티의 한 장면이다. 그들은 "하늘의 여왕"을 위한 제의와 다른 이교 신들을 위한 예배를 준비하고 있는 것이다. 케익은 천상의 여신들의 상징으로 모양을 형성하거나 각인되도록 되어 있다. 술은 다른 신들을 위한 제주(祭酒)로서 땅에 뿌려지게 되어 있다.

그들이 얽혀든 범죄는 이스라엘의 하나님이 아닌 다른 신들을 예배하는 범죄지만, 여기서는 가족적인 단계에서 실행되고 있는 것이지 성전의 마당에서 이루어지고 있는 것이 아니다. 따라서 단계적으로 이는 종교의 배교가 넓게 확산되어 가는 과정이 예레미야의 시대에 어떻게 이루어지는가를 분명히 보여 준다. 이것은 단순히 이미 오염된 성전에서의 예배가 아니었고, 민족의 가정 생활에서조차 종교적인 오염이 시작되었다는 것이다. 그리고 이런 예배의 가족적 형태의 의도가 무엇이었든 간에, 그 결과는 단순히 유다에서의 가정 생활의 타락과 수치였다는 것이다(19절).

"하늘의 여왕"의 정체성은 확정짓기가 쉽지 않다. 어떤 학자들은 이 여왕이 가나안 여신 아낫(Anat)이었다는 제안을 한다(F. F. Hvidberg, *Weeping and Laughter in the Old Testament*[Leiden: Brill, 1962] 115-17). 이 여신은 우가릿 문헌에서는 *b' lt.š mm.rmm*, 즉 "높은 하늘의 여왕"으로 불린다. 암시되고 있는 다른 가나안 제신들은 아스다롯(*Ashtaroth*, 이 신은 후기 전승에서 우라노스[*Ouranos*, "하늘"]와 샤파쉬[*Shapash*, 우가릿 문헌에서는 태양의 여신]의 딸로 지적되고 있다)을 포함하고 있다. 그렇지만 달콤한 케익(카와님 *kawwānîm*, 악카드 차용어를 사용하고 있다)의 언급은 아모스 5:26에서 언급되고 있는 앗수르의 성상신(星狀神[astral deities], 즉 사쿠트[*Sakkut*]와 케완[*Kewan*])을 연상시키고 있다. 그리고 여기서의 여왕에 대한 언급은 유다에 잔존하고 있는 앗수르 유형의 성상 제의의 잔존과 관계가 있는 것으로 보인다. 여기서의 언급 대상이 아스타르테(*Astarte*)라면, 최근 고고학적 증거가 이 회화적인 용어로 표현되고 있는 현 본문을 보완해 줄 수 있을 것이다(W. Culican, *PEQ* 108[1976] 119-23를 보라). 그러나 요약해서 말한다면, 몇몇 여신들은 하늘로 지시되고 있고, 이 맥락에서 여왕의 정확한 정체는 확정할 수 없다.

이 경우는 또한 이렇게 해석될 수 있다. 즉, 예레미야의 고발은 이와 같은 가정제의 관습에서 이교 제신들에 대한 예배만을 언급하는 것이 아니라, 첫 계명의 파기가 다른 부분의 침범으로 이끌게 되는 그러한 방식을 강조하기 위해 의도되었을 수도 있다는 것이다. 아이들이 막대기를 모으는 광경은 불법적인 안식일 행위에 대한 인지를 유발시키는데(민 15:32-35), 불을 지피는 것도 마찬가지다(출 35:3). 그리고 만일 이교 제의가 안식일에 실행되었다면, 이것은 십계명에 대한 복합 파기를 수반한다는 것이다(Robinson, *VT* 28[1978] 301-17를 좀더 보라). 따라서 하늘의 여왕에 대한 예배의 비평은 더욱더 밀접하게 성전 설교와 연계되고 있다. 이러한 정황에서는 역시 열 가지의 계명에 대한 파기가 확인되었던 것이다(7:9).

이러한 가족적 차원에서의 악행의 지속은 결론적인 신탁 부분(20절)에서 강력하게 표현된다. 만일 "이 장소"가 성전을 지시한다면, 그때 이것은 가정 예배의 실패에서 성전에 미치는 결과와 연계되지만, "장소"는 단순히 예루살렘 도시와 전체 민족을 지시하는 것으로 보인다. 이런 경우에 심판의 선언은 더욱 보편적인 응용을 갖게 된다. 가족에서의 이러한 배교가 사소한 문제가 아니라는 것은 심판 언설에서 더욱 분명해진다. 이 결과는 자연으로서의 세계까지도 포함되며 전적인 황폐화인 것이다.

21-28 희생과 예배. 이제 초점은 "하늘의 여왕"에 대한 잘못된 제의로부터 히브리 고유의 예배 형식의 악용, 특별히 "번제"와 "희생제"와 관련된 예배 형식으로 전이된다. 예레미야의 이 단락은 빈번하게 성전의 희생 제의에 대한 그 분명한 반응 안에서 소위 선지자의 제의 논쟁과 관련을 맺고 있다(암 5:25; 겔 20:25; 호 2:18-25; M. Sekine, *EvT* 28[1968] 605-9를 더 보라). 바인펠트는 이 부분을 예레미야가 이 안에서 윤리가 제의보다 우월하다고 고집하고 있는 선지자의 메시지 중에서 "영적 변이"이라고 불렀다(*ZAW* 88[1976] 18-56). 그러나 밀그롬(Milgrom)이 지적했듯이, 선지자의 비평은 일반적인 희생 제의에 대해 그렇게 많이 관심을 기울인 것이 아니고, 특별히 개인적인 자발적 희생에 관심을 두었다(레 17:8; 22:17-25; J. Milgrom, *ZAW* 89[1977] 273-75). 예레미야는 성전에 대한 전반적인 비평에 가담했던 것이 아니라, 특별히 백성들이 성전에 가져왔던 특정의 번제와 희생제에 대한 것이었다. 그런데 이것들은 이번에는 시내산에서 시작되었던 특별한 공공 제의의 일부분이 아니었다. 따라서 우리는 그 종국적이고 편집된 형태를 가진 구절들로서의 이 단락과 선행 단락 사이의 연계성을 보기 시작한다. 선지자는 가족의 이교성에 대한 비판으로부터(하늘의 여왕에 대한 제의에서 증거되었듯이) 성전 예배에서의 가족의 사적이고 자발적인 참여에 대한 비평으로 이동하고 있다. 그러므로 두 단락을 함께 연결시켜 주는 것은 가족의 주제이며, 사적이고 개인적인 종교 관행인 것이다.

이 구절은 하나님으로부터의 첫눈에 보기에 기이해 보이는 명령으로 시작하고 있다. 말하자면, 백성들은 그들의 번제를 희생제와 결합시키고, 마치 그들이 세속적인 혹은 보통의 고기를 내놓은 것마냥 그것들을 먹으라는 명령을 받고 있다. 일반적으로 "번제"는 모두가 불로 태워져야 했고, 예배자는 희생제의 일부만을 소비하는 데 참여하도록 되어 있었다. 그러나 신적인 명령에 의하면 모든 고기를 먹어야 했다. 이것이 함의하는 바는 두 가지 모두가 하나님에 의해 거절되었고, 이것들은 그분에게 외면적으로만 바쳐졌을 뿐 어리석은 인간들에 의해 제공되어 소비되어야 했다는 것이다. 그 이유는 다음 절들 속에서 분명해진다. 출애굽 이후에 히브리인들에게 주어졌던 원칙적인 명령은 하나님께 대한 순종이었다. 시내산에서 언약이 제정되었을 때, 사적인 번제와 희생제와 같은 문제들은 제1순위의 문제로 주어진 것이 아니었고, 확실히 하나님께 대한 기초적인 순종의 중요성을 대신하지는 않았다. 선지자는 히브리 백성의 행위 속에서 불순종의 기나긴 역사를 스케치하면서 그의 요점을 강조하고 있다. 신적인 음성에 대한 순종의 중심적인 중요성에도 불구하고, 백성들은 지속적으로 이를 무시해 왔다. 또 그들 스스로의 권고나 최고조에 달한 자기 신뢰만을 받아들이면서 여전히 실제적으로는 모든 전진해야 하는 것으로 확증된 일에서 후퇴하기를 좋아했다. 이러한 퇴보의 민족사는 전혀 고려되지 않은 상태로 계속 진전되지 않았다. 이제 선지자들이 이스라엘에 그 행위의 결과에 대해 경고하기 위해 보내졌다. 그러나 그들은 확고하게 각 세대 마다 이를 묵살해 버렸고, 마침내 민족의 퇴보적인 진전은 예레미야의 시대에 발생했던 모든 일들의 헤아릴 수 없는 상태로 촉진되었다.

따라서 예레미야는 모든 설교와 자극으로 귀먹은 귀들과 단단해진 마음을 만나게 되었다. 시간의 연속은 그 경직화시키는 작용을 다해서, 예레미야에게는 그가 구속의 범위를 벗어난 백성들에게 말을 하는 것으로 여겨지게 되었다. 어떠한 경우에도 28절에서 선지자에 의해 말해진 언어는 비문의 반향으로 울리고 있다. 유다의 백성은 불순종에 익숙해진 민족이 되었고, 가르침에 대해서는 완고한 거부를 드러냈으며, 어떠한 헌물이나 번제 그리고 희생제도 그들이 스스로를 그렇게 만들어 버린 심판의 가련한 미래를 바꿀 수 없었던 것이다.

29-34 **학살의 골짜기**. 선행 단락에서 기술된 종교적 악습은 이제 이 구절에서 새로운 깊이에 도달한다. 여기서는 유아 희생의 잔혹한 제의가 기술된다. 예루살렘 바로 남편, 힌놈이라는 이름의 경사가 가파른 골짜기에 도벳(Topeth, 문자적 의미는 "화로", "벽난로")이라고 불리는 곳에서 아이들이 희생 제물로 태워졌다. 이 곳은 아마도 원래 도시의 쓰레기가 소각되던 곳이었던 것으로 보인다. 그러나 유다 이교주의로의 서글픈 유산에서 이 곳은 아이들의 생명, 모든 신적인 선물들 중에서 가장 값진 것이 파괴되는 장소로 바뀐 것이다.

아마도 편집자로 하여금 여기에 애가(29절)를 머릿글로 넣게 만든 것은 이 내러티브의 비극적인 내용 때문인 것으로 보인다. 애가의 언어는 머리에서 머리카락을 잘라내는 전통과 관련을 가지면서, 다음에 이어질 것에 맞추어 그 어조를 시작하고 있다. 하나님께서는 이 사악한 세대를 버리신 것이다. 그리고 그것은 슬픔의 근원이 되어야 했던 그들의 소멸만큼이나 많았던 그들의 사악한 행동이었다.

선지자가 언급하고 있는 유아 희생이 그의 당대에 일어난 일인지, 아니면 그가 아하스와 므낫세 왕 시기(왕하 16:3; 21:6)에 있었던 전대의 관습을 언급하고 있는 것인지에 대해서는 몇 가지의 논쟁이 있어 왔다. 요시야 왕은 그의 종교개혁의 과정 속에서 도벳의 신성을 훼파시켰으며, 이 참혹한 의식을 종결시키려고 했다(왕하

23:10). 그러나 이 제의가 여호야김 치하에서 다시 부활했을 가능성이 있어 보이고, 에스겔서에 나오는 이것에 관한 언급(20:25-26)은 이런 관습이 얼마나 공공연하게 주전 586년의 예루살렘 멸망 직전의 마지막 해까지 계속 횡행했는지를 지적하고 있는 것으로 보인다. 그 "집"(즉, 성전)에 있는 "가증한 것"에 대한 언급(30절)은 맛세봇(masseboth)이나 성전에 세워졌으나, 도벳 골짜기에서의 희생 제의와 관련이 있는 기둥을 지적하는 것으로 보인다.

유아 희생은 근동에서는 다수의 지역에서 실행되었다(특별히 A. R. W. Green, *The Role of Human Sacrifice in the Ancient Near East*[Missoula, MT: Scholars Press. 1975] 여기서도 173-87를 보라). 북 아프리카에 있는 카르타고라는 페니키아 도시의 멸망에서는 타닛(Tanit) 여신과 바알함몬(Baal-Hammon) 신에게 헌납된 수백 명의 유아 희생의 자취가 발굴되었다(L. E. Stager and S. R. Wolff, *BAR* 10/1[1984] 31-51). 이 관습은 분명히 유다의 이웃 페니키아인들에 의해 카르타고로 소개되었던 것이다. 이 제의는 예레미야 시대에 실행된 바와 같이 분명히 바알 신과 관련을 가지고 있다(렘 19:5; 32:35을 보라). 그러나 형태적으로는 혼합주의적인 것으로 보이는데, 곡해된 여호와주의와 이교 신앙의 요소를 결합시킨 것으로 보인다. 에스겔 선지자는 유아 희생이 출애굽기 22:29의 고대 모세 율법에 근거하여 합리화되었다고 지적한다(Craigie, *Ezekiel*[Philadelphia: Westminster Press, 1983] 148-50를 보라). 그러나 왜곡된 여호와주의와 바알 숭배에 덧붙여 예레미야 시대의 제의는 하늘의 여왕에 대한 숭배와 관련을 맺는다(7:16-20). 페티키아와 카르타고에서의 타닛 여신은 아스타르테 여신, 즉 (위에 지적된 바와 같이) "하늘의 여왕"이라는 이름의 후보자 중의 하나인 이 여신과 동일시되고 있었다. 그리고 타닛/아스타르테의 결합은 페니기아 해변의 사렙다(Sarepta)에서 최근에 발견된 주전 7세기경, 일반적으로 말하자면 선지자의 초기 시기와 동시대의 것으로 보이는 비문 속에서 알려지고 있다(J. B. Pritchard, *Recovering sarepta, A Phoenician City*[Princeton, NJ: Princeton University Press, 1978] 104-7).

유아 희생에 대한 하나님의 태도에 관한 선지자의 언급("내가 명하지 아니하였고 내 마음에 생각지도 아니한 일", 31절)은 아마도 제의를 실행하려 했던 자들의 요구를 꺾으려는 의도에서 이루어진 것으로 보이는데, 말하자면 그들은 단순히 고대의 모세 율법(출 22:29)을 수행하려 했던 자들이었다. 그러나 문맥을 무시한 율법의 인용에 근거한 이러한 합리화는 신적인 선언에 의해 확고하게 짓이겨진 것이었다. 말하자면, 진실로 배교의 길에 들어선 마음만이 유아 희생이 신적인 관습이었음을 주장할 수 있었던 것이다. 그리고 이 말들에 이어 심판의 선포가 나타난다. 이런 잔학한 행동이 치러진 장소는 죄 없는 아이들의 몸이 아닌 범죄자들의 몸을 잔학하게 대참사시키기 위한 "학살의 골짜기"가 될 운명에 처해 있었다. 심판은 이를 초래한 범죄에 못지않게 무시무시한 용어들로 기술되고 있다. 범죄자들의 육신은 마치 썩은 고기를 먹는 새들의 먹이처럼 높게 쌓여질 것이지만, 그들의 그렇게 소름끼치는 식육의 잔칫상으로부터 이 새들을 쫓아 버릴 농부나 허수아비는 전혀 없을 것이다. 이 메시지의 결론 단락은 예루살렘의 거리에서 기쁨이 사라질 것을 묘사하면서 특별한 신랄함을 유지하고 있다. 이제는 더 이상 결혼식의 즐거운 소리가 들리지 않을 것이며, 예루살렘에서는 신랑과 신부의 목소리도 더 이상 들리지 않게 될 것이다. 결혼의 기쁨은 아이의 탄생에 대한 행복한 기대를 가져다 주지만, 그 유아들을 희생시킨 한 민족은 이러한 즐거운 일을 위한 모든 권리를 박탈당하게 된다. 결혼의 결합은 또 하나의 학살의 동반자를 약속할 뿐이고, 그래서 아직도 태어나지 않은 세대에 은혜의 행동을 지니고 계시는 하나님은 심판의 행동을 취하신다.

8:1-3 성상 숭배. 선지자가 종교적인 생활과 예배의 다양한 악습에 대해 비평하고 있는 긴 산문 단락은 이 황량하고 포괄적인 심판의 진술로 절정에 이른다. 시간의 흐름과 이 안에 기술된 행위들에 대한 결론은 선행하는 주제와 함께 결속되고 있다. 이것이 심판에 대한 진술인 반면에, 이 심판의 형태와 성격은 이를 인도했던 종교적 악습의 유형과 즉각적인 관련을 맺는다. 심판의 때는 이 메시지가 처음 전달된 시점(8:1의 "그 때에")으로부터는 여전히 미래로 되어 있다. 그러나 선지자의 전체 메시지가 갖는 긴박성은 이 미래가 그리 멀지 않다는 것을 암시한다.

다가올 심판의 근본적인 형태는 이 땅을 인계받을 침략자들의 손에 의해 (암암리에) 수행될, 죽은 이들에 대한 모욕이 될 것이다. 첫눈에 심판의 형태가 이미 죽은 사람들에게 이루어질 것이라고 묘사하는 것은 이상하게 보일지도 모른다. 그러나 메시지의 힘은 3절에서 분명해진다. 죽은 이들에 대한 모욕에도 불구하고, 살아 남는 것이 그렇게 불행할 수밖에 없기 때문에 차라리 살기보다는 죽는 편이 더 나을 것이다. 다가올 침략은 그토록 잔인할 것이기 때문이다. 히브리적인 사고에서는, 무덤은 죽은 이들을 위한 적절한 휴식처로 여겨진다. 반면에 묻히지 못한 이들은 저주받은 것으로 여겨진다(왕상 16:4). 이미 묻혀진 이들의 뼈를 다시 파내는 것은 죽은 후에 이루어지는 관대한 매장의 분명한 "보상"조차도 미래의 학대와 징벌에 대해 어떠한 보증도 되지 않는다는 것을 지적해 준다(R. Lorenz, *VT* 32[1982] 229-34를 보라). 뼈를 다시 파내는 것을 언급한 진술은 포괄적인 의도를 갖는다. 왕들, 방백들, 제사장들, 선지자들 그리고 일반 시민들의 해골은 그 심판의 날에 그들의 무덤에서 끌어내질 것이다.

적들이 뼈를 찾기 위해서 무덤을 샅샅이 파헤치는 것은 어느 정도는 관용적인 행동이요 의도적인 힘의 과시이고, 패배한 희생자들을 향한 지나친 경멸의 표시다. 그러나 선지자의 메시지에서 심판은 아이러니한 왜곡을 취한다. 맨 먼저 심판에 기여를 한 것은 유다의 태양과 달과 하늘의 별에 대한 숭배였다. 따라서 죽은 이들의 욕구를 충족시키려는 듯, 그들의 뼈가 땅 위로 나와 누이게 되고, 죽은 이들이 전에 숭배했던 바로 그 성상의 힘들에 노출되는 것이다. 그리고 죽은 이들에 대한 관용으로 그들의 옛 하늘의 주인들은 그들을 돌볼 마음도 없는 듯 무심하게 하늘에서 빛을 내며, 땅 표면에서 일어나는 인간의 운명에 대해 관치 않고 있다. 비록 유다의 시민들은 살아서는 이 성상 제신들을 섬기면서 그들에게 애착을 갖고 그들의 조언과 상담을 간원해 왔지만(현대의 숭배자들도 그들만큼이나 많이 점성술 표를 읽고 있을 것이다), 인간의 죽음에 그들의 행동이 무의미하다는 것이 마침내 확연해진다.

심판은 이에 대한 철저성과 종국성의 어조를 가지게 된다. 한때 파헤쳐졌던 뼈들은 그 영속적인 안식의 바람에도 불구하고 다시는 관대한 매장을 얻을 수 없게 되었다(8:2). 오히려 그들은 "지면에서 분토"와 같이 될 것이다. "분토"의 언급은 현대적인 화법에서는 "비료"로 번역하는 것이 좋을 것이다. 선지자는 아마도 뼈(대개는 동물의 뼈인데)를 일종의 비료로 사용하던 고대의 관습을 암시하는 듯하다. (뼛가루로) 갈아지거나 유골로 침투하는 태양광에 의해 산화된 채로, 파쇄된 유다의 귀족과 일반 백성의 뼈들은 인과 기타 땅을 위한 양분을 생산해 낼 것이다. 죽음이 어떠한 평화에 대한 기대도 주지 못하고 계속되는 생명을 견딜 길 없는 이 처절한 각본에 대항하여 예레미야의 메시지의 힘과 엄숙함은 강력하게 이해되고 있다.

해설

예레미야의 이 산문체 설교는 그의 시대와 관련된 사회 종교적인 조건과 동시대인들에 대한 그의 응답과 메시지를 실증해 준다. 그의 시대는 형식적인 종교 관습이 중지된 시대는 아니었다. 실제로, 증거에 의하면 성전 설교가 전달되던 순례 행렬의 존재에 의해 암시되는 바와 같이 종교 관습은 번성하고 있었다. 그러나 공식 종교의 형식적인 관행은 두 가지 방식으로 침해를 당하고 있었다. (i) 민족적인 도덕성의 몰락은 형식적인 종교의 지속에 대한 조롱을 가져왔다. 그리고 (ii) 고대 신앙을 이교 관행과 혼돈하는 혼합적인 사고는 성전에서 이루어져야 할 예배에서 무엇이든 순결의 가능성을 파괴해 버렸다. 그러나 성전이 이 산문 내러티브의 구성 부분들과 연계되는 맥락을 제공하는 반면에, 선지자의 주된 관심을 조성한 것은 백성들, 특히 일반 사람들과 민족의 가족 자신들이었다. 그들은 성전에서의 예배를 지속하면서 그로써 그들 가운데 안전의 보증으로서 맹목적으로 하나님의 현존을 수호하려고 소망했던 것이다. 그러나 그들은 근본적으로 민족 종교와 모순되는 이교 제의 관습을 그들의 형식적인 예배에 결합시킴으로써 생기는 모순을 전혀 발견하지 못했다. 개인적, 가족적인 도덕성의 거대한 쇠퇴가 그들의 다양한 종류의 예배를 거짓과 위선으로 만들어 버린다는 생각이 그들 가운데서 발생한 것으로는 보이지 않는다.

예레미야의 경우와 같은 폭로에 대해 현대적인 독자는 폭로당한 사람들의 생활을 연상해보는 것이 어려운 일이라는 사실에 부딪히게 된다. 예언 비평은 그토록 예리하고 분명해서 누구나 그처럼 강력하게 고발을 당한 사람들의 어리석음과 우둔함을 상상조차 할 수 없을 것이다. 그리고 여전히 주요한 것은 유다의 시민들이 서 있던 자리에 한 번 서 보려고 하는 것과 그들이 살았던 것처럼 사는 것과 그들이 믿은 대로 믿어 보려고 하는 것이다. 왜냐하면 이 방법 외에는 우리가 선지자의 비평의 힘을 이해하는 일을 놓치게 되며, 따라서 그 영속적인 타당성을 감지하는 일에 실패하게 될 것이기 때문이다. 우리는 "성전 설교"(7:1-5)의 중심적인 의미를 획득하기를 원한다면 위대한 종교 축제를 상상해 보아야 하며, 도덕적인 생활과 공적인 예배 사이에 동일한 격차가 존재하는지를 확인해 보아야 한다. 그리고 만일 힌놈 골짜기에서의 유아 희생에 대한 사고로 공포를 느끼고자 한다면, 우리는 현대 사회의 많은 지역에서 특징적인 일부 일상적인 형태의 낙태로부터 어린 생명을 앗아가는 일과 이것이 근본적으로 다른 성격을 가질 수 있는 것인지를 물어볼 필요가 있다. 중점은 이것이다. 즉, 많은 평범한 시민들이 나이를 막론하고 받아들여진 표준과 그 시대의 관습들에 쉽게 굴복당했다는 것이다. 선지자는 인간 종족 속에서 사회의 겉치레를 꿰뚫고 그 합리화와 편의적인 해석을 볼 줄 아는 진귀한 종이며, 그 안에서 일어나는 병폐와 오염을 폭로하는 자다.

신약성경에서 우리는 선지자의 고대적 메시지가 현대적인 적용을 받는 몇 가지 방식을 볼 수 있다. "성전 정화"에서 예수님은 하나님의 집을 "강도의 굴혈"로 만드는 자들에게 던진 그의 선언 속에서 예레미야를 인용하셨다(렘 7:11; 마 21:13). 그리고 "지옥", "게헨나"(Gehenna: "힌놈 골짜기로부터")의 관념은 그 의미와 본질을 유아들이 무시무시한 불 속에서 태워졌던 골짜기로부터 인용한 것으로, 모든 형태의 "심판"이 본질적으로 인간이 만든 것, 즉 악행의 산물이요 결과라는 것을 강력하게 그려내고 있는 것이다. 따라서 우리는 예레미야의 메시지가 주후 1세기에도 그 적절성을 거의 상실하지 않은 채로 남아 있었다는 것을 감지하게 된다. 또한 우리가 예레미야의 첫 청중들이 그의 가르침을 그토록 저항하게 만들었던 강퍅함과 눈멀음을 극복할 수 있다면, 이는 마찬가지로 20세기에도 관련성을 갖게 된다.

VI. 민족적인 죄악과 그 결과에 관한 금언집(8:4-10:25)

내용과 형식과 근원을 따져 보자면, 이 금언집은 성격상 다양성을 가지고 있다. 소단락들은 밀접한 긴밀성을 가지고 있는 것은 아니지만 모종의 공통되고 합치되는 주제를 함축하고 있는데, 여기엔 유다의 민족적인 죄에 대한 선지자의 세세한 나열, 즉 죄에 대한 심판이라는 의미에서의 결과물과 죄와 동시에 그 예견되는 결과에 의해 유발될 격렬한 애가가 있다. 대부분의 단락이 시문 형식을 이루고 있다. 하지만 그 속에는 두 개의 짧은 산문 단락(9:11-15[9:12-16]과 9:22-25[9:23-26])이 있고, 한 구절은 아람어로 되어 있다(10:11).

이 부분을 연관성이 유지되는 소단락들로 구분하는 것은 매우 어려운 일이다. 먼저 많은 주석가들 사이에서 나타나고 있는 다양한 해석들을 주목할 필요가 있다. 전체의 기초적인 통일성은 공통된 주제와 표제어에 의해 지적된다. 이 수집은 대개는 편의상 여덟 개의 소단락으로 다루어진다.

8:4-12	회개하지 않는 백성과 지혜롭지 못한 현자들
8:13-23 [8:13-9:1]	심판과 절망
9:1-10 [9:2-9]	하나님의 후회
9:11-15 [9:10-16]	심판의 궁극적 이유
9:16-21 [9:17-22]	애가를 위한 부름
9:22-25 [9:23-26]	모든 이에게 임하는 심판
10:1-16	우상과 진정한 하나님
10:17-25	대신해서 고통을 겪는 일

다양한 소단락의 공통적인 주제와 표제어에 관심을 갖는 것은 전체적인 의미를 산출하게 해준다. 첫 번째 소단락은 백성과 그 지도자들을 향한 일반적인 고발이다. 두 번째 소단락은 이 고발에 대한 응답으로서, 심판의 정도에 대한 백성의 비탄과 예레미야의 슬픔을 상세하게 설명하고 있다. 세 번째 소단락 역시 이 고발에 대한 응답인데, 이에 대응되는 하나님의 슬픔을 입증해 주고 있다. 네 번째 소단락은 심판의 언도가 정당하다는 것에 대해 간략하게 진술해 주고 있다. 다섯 번째 소단락은 백성의 죄와 그 결과로서의 심판을 놓고서 울어야 한다는 요구를 새롭게 하고 있다. 여섯 번째 부분은 하나님이 어떻게 심판을 유다의 지도자들뿐만 아니라 국가 전체

에 내리실 것인가를 설명하고 있다. 소단락 중의 일곱 번째 부분은 요시야의 개혁과 동일 주제인 우상 숭배의 어리석음에 대해 상술하고 있다. 마지막 단락은 다가올 심판에 대한 결론적인 애가로 나타난다. 전체 단락은 고발과 애가의 직조물인데, 이 두 가지가 한데 어울려 직조됨으로 엄청나게 비극적인 상황을 보여 준다.

소단락들의 연도는 다양하고 규정짓기가 어렵다. 그러나 아마도 대략 주전 609년에서 597년 사이, 혹은 그 이후로 잡는다. 시적인 소단락인 10:1-16(아람어가 포함되어)은 다른 근원을 가진 것으로서 현재의 본문에 각색된 것으로 보인다.

이러한 전체 단락은 4:5-6:30과 많은 부분에서 평행성을 보이는데, 이는 두 구절을 설명하는 데 도움이 될 수 있을 것이다. 공유되고 있는 수많은 주제와 관념들 외에도, 또한 많은 수의 공동 단어와 구 그리고 전체 절들을 발견할 수 있다. 평행법이 많이 발견되고 있는 것은 이 구절이 4:5-6:30과의 비교와 대조를 통해 분석되어야 한다는 사실을 제시한다. 몇 가지 예가 있다. 이 구절들에 대한 좀더 상세한 연구와 더 많은 평행구에 대해서는 각각의 단락을 찾아보는 것이 좋다. (i) 거의 축자적인 대응이 6:12-15과 8:10-12에 나타난다. (ii) 유사한 축자적인 대응이 5:9, 29과 9:8[9]에 나타난다. (iii) 5:3과 8:5에서는 "그들이 돌아오기를 거절하다"(מאנו לשוב – 메아누 라슈브)라는 구절이 발견된다(다른 곳에서는 호 11:5에서만 발견된다). (iv) 평화(שלום – 샬롬)라는 단어는 아마도 거짓 선지자에 의해 선포된 평화의 신탁과 관련이 있는 듯한데, 4:10, 6:14, 8:11, 15과 9:7[8]에서 발견되고 있다(이 경우에 대해서는 J. Sisson, "Jeremiah and the Jerusalem Conception of Peace," *JBL* 105[1986] 429-42). (v) 이스라엘에 대한 추수의 관념은 6:9과 9:6[7]에서 발견된다. (vii) 예레미야는 6:27과 9:6[7]에서 "검사관"과 "시험하는 자"로 불린다.

4:5-6:30과 8:4-10:25 사이의 어조와 강조에 있어서의 차이점들은 두 부분을 동일시하는 데 장애요소가 된다. 4:5-6:30에서의 강조점은 고발과 심판인 반면에, 8:4-10:25에서 넘쳐나고 있는 어조는 슬픔과 애가다. 유사성은 두 부분이 동일한 상황을 말해 준다는 것을 보여 주지만, 차이점들은 연대기적 서술을 통해 설명될 수 있다. 애가와 고통의 어조는 먼저의 고발과 심판에 대한 선포에 자연스럽게 뒤이어질 수 있는 것이다.

A. 회개치 않는 백성과 지혜롭지 못한 현자들(8:4-12)

참고문헌

Berridge, J. M. *Prophet, People.* 171-73. **Brueggemann, W.** "Jeremiah's Use of Rhetorical Questions." *JBL* 92(1973) 358-74. **Cazelles, H.** "Jeremiah and Deuteronomy." In *A Prophet to the Nations.* Ed. L. G. Perdue and B. W. Kovacs. Winona Lake, IN: Eisenbrauns, 1984. 89-112. **Held, M.** "Rhetorical Questions in Ugaritic and Biblical Hebrew." *W. F. Albright Volume.* Ed. A. Malamat. *Eres-Israel* 9. Jerusalem: Israel Exploration Society, 1969. 71-79. **Hyatt, J. P.** "Torah in the Book of Jeremiah." *JBL* 60(1941) 382-84. **Klopfenstein, M. A.** *Die Lüge nach dem Alten Testament.* Zurich: Gotthelf, 1964. **Lindblom, J.** "Wisdom in the Old Testament Prophets." In *Wisdom in Israel and in the Ancient Near East.* Ed. M. Noth and D. W. Thomas. *VTSup* 3. Leiden: Brill, 1955. **McKane, W.** *Prophets and Wise Men.* **Selms, A. van.** "Motivated Interrogative Sentences in Hebrew." *Semitics* 2(1971-72) 143-49. **Sisson, J. P.** "Jeremiah and the Jerusalem Conception of Peace." *JBL* 105(1986) 429-42.

본 문

4 너는 또 그들에게 말하기를 여호와의 말씀에 사람이 엎드러지면 어찌 일어나지 아니하겠으며 사람이 떠나갔으면 어찌 돌아오지 아니하겠느냐	**4** [a]"And you shall say to them,[a] the Lord has spoken thus, When people fall down, do they not rise up again? When one turns[b] away, does he not turn back[c] again? 3+3
5 이 예루살렘 백성이 항상 나를 떠나 물러감은 어찜이뇨 그들이 거짓을 고집하고 돌아오기를 거절하도다	**5** Why has this people turned away?[a] Why is Jerusalem[b] in perpetual apostasy? 4+3 They have grasped deceit firmly; they have refused to turn back. 2+2
6 내가 귀를 기울여 들은즉 그들이 정직을 말하지 아니하며 그 악을 뉘우쳐서 나의 행한 것이 무엇인고 말하는 자가 없고 전장을 향하여 달리는 말 같이 각각 그 길로 행하도다	**6** [a]I paid attention and I listened,[a] but they did not speak trustworthily; 2+2 no one repents of his evil, saying, 'What have I done?' 4+3 Every one turns[b] to his own course,[c] like a horse rushing into battle. 3+3
7 공중의 학은 그 정한 시기를 알고 반구와 제비와 두루미는 그 올때를 지키거늘 내 백성은 여호와의 규례를 알지 못하도다 하셨다 하라	**7** Even the stork in the sky knows its seasons;[a] 2+2 and the turtledove, swallow,[b] and crane[c] observe the time of their coming; 3+3 but my

8 너희가 어찌 우리는 지혜가 있고 우리에게는 여호와의 율법이 있다 말하겠느냐 참으로 서기관의 거짓 붓이 거짓되게 하였나니
9 지혜롭다 하는 자들은 수욕을 받으며 경황 중에 잡히리라 보라 그들이 나 여호와의 말을 버렸으니 그들에게 무슨 지혜가 있으랴
10 그러므로 내가 그들의 아내를 타인에게 주겠고 그들의 전지를 그 차지할 자들에게 주리니 그들은 가장 작은 자로부터 큰 자까지 다 탐남하며 선지자로부터 제사장까지 다 거짓을 행함이라

11 그들이 딸 내 백성의 상처를 심상히 고쳐 주며 말하기를 평강하다, 평강하다 하나 평강이 없도다
12 그들이 가증한 일을 행할 때에 부끄러워하였느냐 아니라 조금도 부끄러워 아니할 뿐 아니라 얼굴도 붉어지지 아니하였느니라 그러므로 그들이 엎드러질 자와 함께 엎드러질 것이라 내가 그들을 벌할 때에 그들이 거꾸러지리라 여호와의 말이니라

people do not know the fixed order of the Lord.[d] 3+3
8 How can you say, 'We are wise, the law of the Lord is with us'? 4+3 [a]Surely, it has been made into a lie,[b] by the lying pen of the scribes![a] 4+3
9 Wise men are put to shame: they are dismayed and captured. 2+2 Behold, they have rejected the Lord's word, [a]and so they have no wisdom.[a] 3+2
10 [a]Therefore, I shall give their wives to others, their fields to conquerors, 4+2 [b]for [c]from the least to the greatest of them[c] each one[d] is greedy for profit: 3+3 from prophet to priest, each is practicing falsehood. 2+3
11 And they have healed my people[a] superficially, saying, 'Peace, Peace,' but there is no peace! 4+3+2
12 Were they embarrassed when they acted abominably? They were not in the least embarrassed, nor have they experienced shame. 4+2+3 Therefore, they shall fall among the fallen: 3+3 [a]when I punish them,[a] they shall stumble." The Lord has spoken.

원문주해

4. a-a. 이 구절은 3절의 마지막 부분과 마찬가지로 칠십인역과 시리아역에서는 나타나지 않는 부분이다. 이것은 아마도 이 부분의 편집상의 특성을 지적하는 것으로 보인다. 4Qjer[b]를 포함한 디수의 히브리어 사본들이 이 부류에 속한다. 반면에, 마소라 본문은 이 부분을 유지하고 있다.

4.b. 칠십인역과 몇몇 동방 사본들의 케레는 복수형 야슈부(ישובו, "그들이 돌이키리라")를 가지고 있다. 이는 앞선 구절과 일치시키기 위함이다. 그러나 단수를 유지하는 것이 최선이다.

4.c. 드라이버(G. R. Driver, "Linguistic and Textual Problems: Jeremiah," *JQR* 28 [1937/38] 52-72)는 다른 어원, 즉 히브리어 음운론에는 보존되지 못한 슈브(שוב, "돌이키다", "돌아오다")의 두 가지 서로 대립되는 의미를 설명하고 있다고 말한다.

5.a. 쇼바브(שובב)로 읽는 것은 헤(ה)가 중복문자라는 이유 때문이다. Rudolph, 52 참조.

5.b. 칠십인역에는 예루살렘(ירושלם)이 없다. 평행법을 수행하기 위해 하암 하제(הזה

העם, "이 백성")와의 평행에서 이 부분을 그대로 잔존시키는 것이 최선이다.

6.a-a. 칠십인역에는 복수 명령형으로 나타나 있는데, 이는 자음 본문의 변화를 요구하는 것이다(칠십인역은 하크쉬부 웨쉬므우[הקשיבו ושמעו, "주목하여 보아라"]). 마소라 본문이 좋은 표현으로 보인다.

6.b. 다수의 사본들의 케레는 쿨로(כלו)이다. 변화가 필연적인 것은 아니다. GKC § 91e와 J.C.L. Gibson, *Syrian Semitic Inscriptions: Hebrew and Moabite Inscriptions*(Oxford: UP, 1971) 29, n. 1.를 보라.

6.c. 케팁의 비므루초탐(במרוצותם, "그들이 결정했을 때")을 따르고 있는 시리아역이나 탈굼역과는 대조적으로 케레로 읽었다. 비므루차탐(במרוצתם, "각각 그 길로")은 다음 콜론(colon: 단행연)의 말과 관련이 있다. 따라서 7절에서의 학의 "계절"(מועדיה – 모아데이하)과 평행되는 것이다. Holladay, II, 274.

7.a. 수많은 사본들과 역본들은 단수로 읽는다.

7.b. 케레를 따른 것이다. McKane, 185-86를 보라. 이는 새의 정체에 대한 글이다.

7.c. 웨아구르(ועגור). 이 유형의 새는 분명치 않으며 **두루미**로 보인다. 칠십인역에는 접속사가 없다. 이 단어와 앞서 나타난 또 하나의 단어가 나타나고 있는 사 38:14을 참조하라.

7.d. 문자적으로는 "여호와의 공의"다. "원문주해" 5:4.b를 보라.

8.a-a. 이 구절은 문자적으로는 "진실로 보소서, 이미 치러진 거짓 서기관들의 거짓의 붓을." 이 구절 처음 부분의 주어와 목적어가 애매해서 수많은 다양한 해석을 만들어 낸다. 루돌프(Rudolph, *BHS*)가 제안하는 바는 아사흐(עשה)를 여성 목적어로 보자는 것이다. 그래서 "여호와의 율법"이 된다. 이렇게 되면 다음과 같은 느낌을 준다. "서기관들의 거짓된 붓이 여호와의 율법을 거짓으로 만들어 놓는다." 더 자세한 내용을 위해서는 "주석"을 보라.

8.b. 세케르(שקר, "거짓")에 대해서는 M.A. Klopfenstein, *Die Lüge*를 보라.

9.a-a. 이 구절은 자주 "무슨 지혜가 그들에게 있는가?"로 읽혀진다. 루돌프(*BHS*)는 호크마탐(חכמתם)을 제안한다. 그에 의하면 멤(ם)이 중자탈락에 의해 생략되었다는 것이다. 그렇다면 이 구절은 "무슨 (선한) 것이 그들에게 자신들의 지혜가 되는가?"로 읽게 된다. 다후드(Dahood, "The Emphatic Double Negative mʿyn in Jer 10:6-7," *CBQ* 37[1975] 458-59)는 웨호크마트(וחכמת)를 여성 절대형으로서 타우(ת)로 끝을 맺고 나서 뒤에 부정어 마(מה)가 붙은 형태가 아닌가 생각한다. 이것이 여기에 적용되는 독법이다.

10.a. 여기서부터 12절까지가 6:12-15과 평행을 이루고 있다.

10.b. 이 곳부터 12절로 이르는 부분이 칠십인역에는 빠져 있다. 좀더 자세한 내용을 위해서는 "양식/구조/배경"을 보라.

10.c-c. 테오도션역과 시리아역을 보라.

10.d. "원문주해" 6.b를 보라.
11.a. 문자적으로는 "내 백성의 딸"이다.
12.a-a. 문자적으로는 "그들의 방문 시기에"이다.

양식/구조/배경

이 단락은 세 가지 구별된 부분들(4-7절, 8-9절, 10-12절)로 구성되어 있다. 이들은 동일 어휘와 동일 주제로 결합되어 있다. 중간의 소단락(8-9절)은 대부분의 주석가들에게 상이한 주제 문제로 인해 독립적인 부분으로 인지된다. 4-7절은 백성에 관한 부분이고, 8-9절은 현자에 대한 것이다(McKane, Rudolph, Carroll도 그렇게 본다). 마지막 소단락(10-12절)은 6:12-15과 거의 축어적인 평행을 이루고 있는데, 이를 통해 그 독립적인 성격을 지적하고 있다. 많은 사람들은 6장을 원 배경으로 고려한다(Duhm, McKane, Rudolph, Janzen, *Studies*, 95-96이 그렇다).

이 구절의 형식적, 구조적 분석은 화자의 정체에 달려 있다. 문제는 4절에서의 신탁 서론적인 형식 구문에 의해 복잡하게 엉켜 있다. 이 부분에서는 여호와가 화자로 나타나지만 9절에 가서는 3인칭의 형태로 여호와가 드러나고 있는데, 그것은 누군가 다른 사람이 화자라는 것을 전제하는 것이다. 그리고 10-12절에서는 심판에 대해 1인칭 신탁이 이루어지고 있다. 주석가들은 여호와를 화자로 이해할 것인지(McKane, Holladay, Carroll, Calvin), 아니면 예레미야를 화자로 규정할 것인지(Bright, Rudolph, Volz), 그도 아니라면 양측을 모두 화자로 이해할 것인지(Berridge, *Prophet, People*, 171-72를 보라)를 놓고서 삼분된다. 용인될 만한 가정은 4절의 신탁 서론을 무시하거나 삭제하는 것보다는 여호와께서 9절에서 스스로를 3인칭으로 다루셨을 것이라고 보는 것이다. 여호와를 화자로 이해함으로써 처음 두 개의 소단락(8:4-7, 8-9)은 고발 언설이고, 마지막 소단락(8:10-12)은 심판의 신탁이 된다.

두 고발 강화는 모두 수사적인 질문으로 시작하여 이러한 고발의 기초로부터 진행해 나간다. 이것들은 계속해서 7절의 미슈파트 야흐웨(משפט יהוה, "여호와의 정의")와 토라트 야흐웨(תורת יהוה, 8절의 "여호와의 율법")의 평행 구문으로 연결된다(Klopfenstein, *Die Lüge*, 133를 보라). 10-12절은 11절의 바트 암미(בת־עמי, "내 백성의 딸")와 같은 용례의 사용과 같은 근소한 편집상의 변화에 의해 그 문맥에 연결되고 있다. 6:12-15을 일차적인 근거로 보고 8:10-12을 이차적인 것으로 봄으로써 이 구절들을 삭제하기를 제의하는 주석가들조차도 대개는 6:12-15을 이 절들의 근거에 의해 수정하고 있는 것은 흥미 있는 일이다.

비록 5:1-9과 6:9-15에서 분명한 대화 형식이 8:4-12에서는 부재하고 있는 상황에서조차도, 이 구절은 두 본문 모두에 다수의 접촉점을 가지고 있다. 5:1-9과 6:9-15 사이에서의 유사성에 대해서는 6:9-15의 "양식/구조/배경"을 보기 바란다. 이미 지적했듯이 6:12-15과 8:10-12 사이에는 거의 축어적인 평행 구문이 이루어지고 있다. 주제와 내용에서의 유사성은 제쳐두고라도 5:1-9과의 주된 접합점은 (i) 5:3과 8:4에서의 메아누 라슈브(מאנו לשוב, "그들이 돌아오기를 거절한다")라는 구절과 (ii) 5:4, 5과 8:7에서의 미슈파트 엘로힘/야흐웨(משפט אלהים/יהוה, "하나님/여호와의 정의")라는 구다. 이 세 구절 사이에서의 유사성은 그들이 상호 연결 속에서 이해되어야 한다는 것을 암시한다.

평행 본문의 경우에서처럼 이 구절의 정황은 아마도 예루살렘인 것으로 보이며, 그 시기도 요시야 치하의 후기 시대로 보아야 한다.

주석

4-5 4-5절에서 발견되는 하…임…마두아(ה · אם · מדוע)라는 수사 형식은 예레미야의 독특한 문체다(2:14, 31; 8:4-5, 19, 22; 14:19; 22:28; 49:41). 하(ה)와 임(אם)에 의해서 도입되는 질문은 사실에 반대되는 상황을 가정하는 것이다. 마두아(מדוע) 구문은 선행하는 질문에 근거해서 질문되거나 단언되는 상황을 묘사하는 것이다(Held, "Rhetorical Questions"; van Selms, *Semitics* 2[1971-72] 143-49; Brueggemann, *JBL* 92[1973] 359-61를 보라). 이러한 수사적 형식은 백성에 대한 고발을 도입하기 위해 여기에 사용되고 있다. 첫 번째 질문에서의 복수의 사용과 두 번째 질문에서의 단수의 사용은 많은 사람들에 의해 지적되어 왔다. 버릿지(Berridge, *Prophet, People*, 171-72)는 백성들이 첫 번째 질문의 주어가 되고 두 번째 질문의 주어는 여호와라고 말함으로써 이 변화를 설명하였다(Rashi와 Kimhi의 주석을 참조하라). 그렇다면 여기에 담긴 의미는 "여호와께서 항상 백성들을 돌아보시는데, 왜 그들은 그를 돌아보지 않는가?"이다. 두 번째 질문에서의 단수의 사용은 또한 마두아(מדוע) 구문 후반에서의 예루살렘에 대한 평행으로 설명할 수 있을 것이다.

어근 슈브(שׁוב, "돌아서다", "돌아오다")의 반복적인 사용은 이 두 절 속에서 주목할 만한 사항이다.

> 사람이 떠나갔으면* 어찌 돌아오지* 아니하겠는가?
> 왜 이 백성이 떠나갔는가?

왜 예루살렘이 영원한 위선 속에 있는가?
그들은 거짓을 굳게 붙잡고 있어 왔도다.
그들은 돌아오기를* 거절해 왔도다.

*(W. L. Holladay, *The root Šûbh in the Old Testament*[Leiden: E. J. Brill, 1958] 1-2를 보라.)

6 이 절의 처음 부분의 의미는 본문상의 이독으로 인해 이해하기가 어렵다("원문주해"를 보라). 여기서 따르고 있는 해석은 여호아께서 의도적으로 들으셨으나 어느 누구도 회개함으로 이에 주목하여 "내가 무엇을 했었는가?"라고 말하지 않았다는 것이다. 6절의 후반부는 백성을 무슨 일이 일어나는지에 주의를 기울이지도 않고 전장으로 뛰어들어가는 말에 비유하고 있다.

7 이 절은 자연으로부터의 유비를 사용함으로써 새늘조차도 자연의 질서를 알아보지만, 여호와의 백성은 자신들의 생명과 관련된 그의 법을 이해하지 못한다는 것을 암시하고 있다(5:22-23 참조). 5:1-9의 평행 구문과 다음 절들과의 관련성에 근거하여 "확고해진 여호와의 질서"(משפט יהוה – 미슈파트 야흐웨)는 자연질서라기보다는 여호와의 윤리적, 도덕적 질서로 이해되어야 할 것이다.

8-9 이 두 절의 주된 해석상의 난점은 서기관들의 펜이 왜곡된 "여호와의 율법"의 정체다. 둠(Duhm, 88)은 이를 신명기와 동일시하고서 이 본문을 예레미야가 신명기적 개혁에 반대했다는 증거로 삼는다. 브라이트(64)는 예레미야가 신명기를 경건한 사기로 여겼다는 것과 이 본문이 요시야의 개혁에 대한 선지자의 태도를 폭로한 부분이라는 것을 부정하는 사람들의 대표자다. 그는 서기관의 기만이 율법 자체의 몇몇 단편에서 이루어진 것이 아니라, 이 율법의 소유가 이스라엘에게 지혜의 녹섬을 주었다는 관념에서 비롯되었나고 본나.

참으로 이상한 것은 예레미야가 신명기를 모세 율법의 위조로 여기고 있다는 가정이다. 아마도 여호와의 기록된 율법과 이 율법에 대한 서기관과 현자들에 의해 이루어진 구전적 왜곡 사이에 대조가 있었던 것으로 보인다. 맥케인(McKane, *Prophets and Wise Men*, 102-12)은 이것이 신명기와 관련을 맺고 있는 지혜 세력에 대한 공격이라고 제안한다. 폴츠(Volz)는 여기서의 현자를 2:8의 "토라에 유능한 자들"(התורה תפשי – 토프세이 하토라)과 연관시키면서, 이는 우리가 후기 유대주의에서 발견하는 서기관들의 전조가 되고 있다는 제안을 한다.

10-12 이 심판의 신탁은 6:12-15과 평행 구문을 이루면서 백성들로부터 현자와 선지자와 제사장에 이르기까지의 모든 사람들에게 이루어질 심판을 언명하고 있다.

현자의 지혜가 거짓으로 드러났던 바와 같이, 그렇게 만사가 잘될 것이라고 언명하고서 "평화, 평화"를 외쳐댔던 선지자들의 말도 그러했다. 평화의 관념은 예레미야서 전체에서 제의적 선지자들과 예레미야와의 논쟁과 관련된다. (Sisson, *JBL* 105 [1986] 429-42; Overholt, *The Threat of Falsehood*를 보라.) 예레미야는 백성들 사이에서 안전의 거짓 의미를 조장시킨 것으로 선지자들을 비판하였다. 선지자들은 하나님께서 백성들을 보호하실 것이고, 예루살렘으로 적에게 무너지지 않게 하실 것이라고 선언하고 있었다. 반면에, 예레미야는 다가올 파멸을 선언하고 있었던 것이다. 이는 예레미야가 백성들에게 그들의 죄와 죄책에 대해 확신케 만드는 일에 대해 실패한 이유를 설명할 수 있도록 도움이 된다. 백성들이 예레미야의 경고를 듣는 일에 실패했기 때문에, 이미 선지자와 제사장들에게 주어졌던(6:12-15) 침략의 위협과 동일한 것이 이제는 백성들과 현자들에게 적용되고 있는 것이다. 사회의 어떤 부분도 여호와의 방문에서 면제될 수 없었다.

해설

이 단락의 주제는 예루살렘 백성들의 지속적인 위선과 잘못된 가치관이다. 이는 그들의 회개에 대한 완고한 거부(4-6절), 그들의 종교적 우월감(8절), 그들의 과도한 탐욕(10절), 백성의 손실에 대한 그들의 피상적인 태도(11절) 그리고 그들의 수치스러워할 줄 모르는 발설(12절)에 의해 특징지어지는 종교 지도자들에게 특별한 적용을 가지고 있다.

그들의 행동은 저돌적으로 전장에 돌진해대는(6절) 전마(戰馬)의 부주의한 쇄도와는 비교되고, 황새, 멧비둘기, 제비와 두루미(7절)의 주기적인 이동과는 대조된다. 그의 백성에게 도덕적인 길잡이가 되기 위해 고안된 여호와의 "고정된 질서"(מִשְׁפָּט –미슈파트)가 존재하며, 철새들조차도 확실한 본능에 의해 그들의 비행의 인도를 받게 되는 것이다. 위선은 하나님의 목적뿐만 아니라 인간의 본성에도 대치되는 것이다. 선지자에 의해 사고된 지혜의 영향은 이 시점에서 분명히 증명된다. 이것 외에도 예레미야는 여호와의 이스라엘에 대한 지속적인 보존의 모범과 약속과 같은 태양과 달 그리고 별들의 운행과 낮과 밤의 주기적인 진행에서 드러나는 고정된 질서에 호소하고 있다(31:35-36; 33:20-21, 25-26).

이 구절은 백성의 지목된 영적 지도자들에 대한 통렬한 고발이다. 비록 그들의 공격의 정확한 본질이 정의되지는 않았지만, 서기관들은 그들의 필사하는 펜으로 여호와의 율법에 왜곡을 가한 죄목을 받고 있다(8절). 현자들은 진정한 지혜의 유일한 근원인 여호와의 말씀을 거절했기 때문에 진정한 지혜를 누리기를 그치게 되었다(9절). 선지자들과 제사장들은 그들의 직무에 대한 신성한 소명을 저버리고, 스스로를 이익의 추구에 내맡긴 것이다(10절).

이러한 상황으로 인해 지도자들과 이를 따르는 자들의 파멸은 확실해졌다. 현자들은 포로됨과 징벌을 피하기 위해 어떠한 지혜도 소유하지 않을 것이다. 이익에 굶주린 제사장들과 선지자들은 침략하는 정복자들에게 줄 자신들의 아내와 밭이 부족함을 경험하게 될 것이다. 모두가 동일한 운명을 나누며, 여호와의 방문하시는 날에 실패와 몰락을 겪게 될 것이다.

B. 심판과 절망(8:13-23)

참고문헌

Aberbach, D. "*w'tn lhm y'rwm*(Jeremiah VIII 13): The Problem and Its Solution." *VT* 27(1977) 99-101. **Avishur, Y.** "Should a Ugaritic Text be Corrected on the Basis of a Biblical Text?" *VT* 31(1981) 218-20. **Berridge, J. M.** *Prophet, People.* 170-76. **Ben-Corre, A. D.** *The Daughter of My People: Arabic and Hebrew Paraphrases of Jeremiah 8:13-9:23* Leiden: E. J. Brill, 1971. **Brueggemann, W.** "Jeremiah's Use of Rhetorical Questions." *JBL* 92(1973) 358-74. **Dahood, M.** "Hebrew-Ugaritic Lexicography II." *Bib* 45(1964) 393-412. **Gevirtz, S.** "'Should a Ugaritic Text be Corrected on the Basis of a Biblical Text?' A Response." *VT* 33(1983) 330-34. ______. "The Ugaritic Parallel to Jeremiah 8:23." *JNES* 20(1961) 41-46. **Hacohen, D. B.** "*lekā dūmiyyâ tehillâ.*" *BMik* 27 (1981/1982) 109-14. **Held, M.** "Rhetorical Questions in Ugaritic and Biblical Hebrew." *W. F. Albright Volume.* A. Malamat, ed. *Eres-Israel* 9. Jerusalem: Israel Exploration Society, 1969. 71-79. **Holladay, W. L.** "The So-called 'Deuteronomic Gloss' in Jer. VIII 19b." *VT* 12(1962) 494-98. **Jongeling, B.** "L'expression *my ytn* dans l'Ancien Testament." *VT* 24(1967) 32-40. **Lindblom, J.** "Wisdom in the Old Testament Prophets." In *Wisdom in Israel and in the Ancient Near East.* Ed. M. Noth and D. W. Thomas. *VTSup* 3. Leiden:

E. J. Brill, 1955. **Loretz, O.** "Jer 8, 23 und KTU 1.16 I 26-28." *Mélanges bibliques et orientaux en l'honneur de M. Henri Cazelles.* Ed. A. Caquot and M. Delcor. *AOAT* 212. Neukirchen-Vluyn: Neukirchener Verlag, 1981. **McKane, W.** "Poison Trial by Ordeal and the Cup of Wrath." *VT* 38(1980) 474-92. ______. *Prophets and Wise Men.* **Press, R.** "Das Ordal im Alten Israel I." *ZAW* 51(1933) 121-40. **Moot, J. C. de.** and **Sprank, K.** "Problematic Passages in the Legend of Kirtu(II)." *UF* 14(1982) 182. **Rad, G. von.** "The Confessions of Jeremiah." Repr. in *A Prophet to the Nations.* Ed. L. G. Perdue and B. W. Kovacs. Winona Lake, IN: Eisenbrauns, 1984. 339-48. **Reventlow, H. G.** *Liturgie.* 189-96. **Roche, M. de.** "Contra Creation, Covenant and Conquest(Jer. 8:13)." *VT* 30 (1980) 280-90. **Selms, A. van.** "Motivated Interrogative Sentences in Hebrew." *Semitics* 2(1971-72) 143-49.

본 문

13 여호와께서 말씀하시되 내가 그들을 진멸하리니 포도나무에 포도가 없을 것이며 무화과나무에 무화과가 없을 것이며 그 잎사귀가 마를 것이라 내가 그들에게 준 것이 없어지리라 하셨나니

14 우리가 어찌 가만히 앉았으랴 모일지어다 우리가 견고한 성읍들로나 들어가서 거기서 멸망하자 우리가 여호와께 범죄하였으므로 우리 하나님 여호와께서 우리를 멸하시며 우리에게 독한 물을 마시우심이니라

15 우리가 평강을 바라나 좋은 것이 없으며 고치심을 입을 때를 바라나 놀라움뿐이로다

16 그 말의 부르짖음이 단에서부터 들리고 그 준마들의 우는 소리에 온 땅이 진동하며 그들이 이르러 이 땅과 그 소유와 성읍과 그 중의 거민을 삼켰도다

17 여호와께서 말씀하시되 내가 술법으로도 제어할 수 없는 뱀과 독사를 너희 중에 보내리니 그것들이 너희를 물리라 하시도다

18 슬프다 나의 근심이여 어떻게 위로를 얻을 수 있을까 나의 중심이 번뇌하도다

19 딸 내 백성의 심히 먼 땅에서 부르짖는 소리

13(**Yahweh**) [a]"When I would have harvested them,"[a] 2+3+3 The Lord's oracle, "there were no grapes on the vine, nor figs on the tree, and the foliage was withered, [b]so I made them a forest stripped bare!"[b] 2+3

14(**People**) Why do we sit still? Gather together, let us go into the fortified cities and weep[a] there; 3+4+2 For the Lord our God has made us weep,[a] and given us tears to drink,[b] for we have sinned against the Lord.[c] 4+2+3

15 [a]We hoped for peace, but no good came; for a time of healing,[b] but saw terror.[a] 4+4

16 From Dan we can hear the snorting of his horses; 2+2 At the sound of the neighing of his stallions, all of the land shakes; 3+2 They are coming to devour the land and all it contains, the cities and those who dwell in them. 4+3

17(**Yahweh**) "For behold I am sending among you serpents, vipers; 4+2 Which cannot be charmed, and they shall bite you." 3+2 [a]Oracle of the Lord.[a]

18(**Jeremiah**) [a]Sorrow has overwhelmed me;[a] my heart is sick within. 3+3

19 Listen, the cry[a] of my people[b] from throughout

로다 이르기를 여호와께서 시온에 계시지 아니한가, 그 왕이 그 중에 계시지 아니한가 그러나 여호와께서는 이르시기를 그들이 어찌하여 그 조각한 신상과 이방의 헛된 것들로 나를 격노케 하였는고 하시니

20 추수할 때가 지나고 여름이 다하였으나 우리는 구원을 얻지 못한다 하는도다

21 딸 내 백성이 상하였으므로 나도 상하여 슬퍼하며 놀라움에 잡혔도다

22 길르앗에는 유향이 있지 아니한가 그 곳에는 의사가 있지 아니한가 딸 내 백성이 치료를 받지 못함은 어찜인고

9:1 어찌하면 내 머리는 물이 되고 내 눈은 눈물 근원이 될꼬 그렇게되면 살륙 당한 딸 내 백성을 위하여 주야로 곡읍하리로다

the land,[c] 3+2 Is the Lord not in Zion? Is her King not in her? 3+3 [d]Why have they angered me with their idols, with their foreign images?[d] 3+2

20 The harvest is past, summer has ended; but we have not been saved. 4+3

21 Because of the breaking of my people,[a] I am broken;[b] I mourn, I am gripped with dismay.[c] 3+3

22 Is there no balm in Gilead? Is there no healer there? 3+3 Why[a] then is there no restoration of the health of my people?[b] 4+2

23[9:1] [a]O that my head were waters and my eye[b] a fountain of tears, 3+3 So that I might weep day and night for[c] the slain of my people.[d] 3+3

원문주해

13.a-a. 이 구절의 정확한 번역은 불확실하다. 이 부분의 의미를 밝혀 내기 위해 수많은 수정이 제안되어 왔다. Bright, 61를 보라. 공통된 번역(RSV도 그러하다)은 아소프(אסף, "모으다")를 동사 수프(סוף, "종국으로 가져오다")를 강화하는 부정사 절대형으로 이해한다. 비록 이것은 상이한 어근에서 비롯된 것이지만 발음상의 유사함으로 인해 선택된 것으로 보인다. GKC, 113w, n.3과 BDB, 692를 보라. 여기서 취해지고 칠십인역의 지지를 얻고 있는 선택은 이 부분의 모음을 다시 표기하고 있다. 오세프 에에세프(אֹסֵף אֶאֱסֹף, "내가 모은다", GKC, 68b를 보라) 그리고 아시펨(אסיפם)을 "추수"의 의미를 갖는 명사로 이해한다. 습 1:2, 3과 비교하라.

13.b-b. 이 행은 현재의 형태 속에서 별 의미를 갖지 못하고 있다(문자적으로는 "내가 그들에게 주었고, 그들은 그들을 무시해 버릴 것이다"). 다른 사본의 독법은 좀더 나은 의미를 가지고 있다(예를 들어, 아바둠[עבדום], "그리고 그들이 그들을 섬길 것이다"; de rossi, III, 75). 칠십인역은 이를 모두 생략해 버렸다. 보편적으로 동의하고 있는 바는 이 절의 현재 형태는 손상되었다는 것이다. 드 로쉬(De Roche)의 논증은 창 12:6-7(와야아보르 아브람[ויעבר אברם])에 대한 언어유희가 있다는 것인데, 이는 특별히 설득력을 갖는 바는 아니다(*VT* 30[1980] 280-90). 이 문제에 대한 좀더 설득력이 있는 해결은 아버바흐(Aberbach, *VT* 27[1977] 99-101)에 의해 만들어진 것이다. 그에 의하면, 원래의 본문은 야아르 아롬(יער ערום, "완전히 불모화된 숲")이라는 것인데, 그는 본문의 구성이 이루어진 과정에 대하여 합리적인 근거를 제공하고 있다.

14.a. 다맘(דמם)을 "슬퍼하다" 혹은 "눈물을 흘리다"로 이해한 것이다. Dahood,

"Hebrew-Ugaritic Lexicography II," 402를 보라. 하코헨(Hacohen, *Bmik* 27[1981/82] 109-14)은 이것이 "기다리다" 혹은 "남다"를 의미하는 어근 둠(דום)과 관련이 있다고 제안한다("주석"을 보라).

14.b. 이와 같은 번역에 대해서는 Dahood, *Bib* 45(1964) 402를 보라.

14.c. 칠십인역은 아우투(αὐτοῦ, "그를")로 읽는다.

15.a-a. 이 구절은 14:19b와 평행 구문을 형성하고 있다.

15.b. 다수의 사본들은 14:19b와 마찬가지로 마르페(מרפא)에 대한 다양한 철자법을 가지고 있다.

17.a-a. 칠십인역에는 부재하는 부분이다.

18.a-a. 이 구절에서의 히브리어를 번역하기는 불가능하다. 모든 번역은 추론이나 수정에 근거하고 있다. 마소라 본문에서의 첫 단어 마블리기티(מבליגיתי)는 가장 어려운 부분이다. 카이로 사본과 다수의 다른 사본들에서 나온 본문은 이를 두 단어 마블리 기티(גיתי מבלי)로 읽는다. 이런 독법은 칠십인역의 지지를 얻고 있다. 그렇다면 이 구절은 (어근 가하[גהה]에 의하여) "치료 없이"로 번역될 것이다. 두 번째 난점은 알레이(עָלַי)의 형태에 관한 것이다.

가장 일반적인 수정은 모음을 다시 찍어 알라이(עָלַי, "내 위로")로 만드는 것이다. 이는 전치사 알(על, "위로")로 추정한 것이다. 그러나 일부는 알라(עלה, "올라가다")에서 유래한 동사 형태일 것으로 제안한다. *BHS*와 할러데이가 그렇다. 마지막 난점은 이 절의 분할과 관계된다. 칠십인역은 "여호와의 신탁"을 삭제하고 있다. 다수의 학자들이 마블리(מבלי)를 17절의 마지막 부분과 연결시키지만, 이 부분을 "그들이 너희를 물어 불구로 만들어 버릴 것이다"로 결론지을 만한 이유는 전혀 없다. 이러한 견해를 가진 경우는 폴츠, 루돌프, 브라이트, 맥케인에게서 찾아볼 수 있다. 대부분의 경우 18절이 애트나(*athnah*) 부분에서 파손되었다고 봄으로써 이 부분을 2행 구조로 이해한다. 하지만 할러데이는 이 절을 3행 구조로 이해한다. 여기에 적용된 번역과 대부분의 영역본은 마블리 기티(גיתי מבלי)로 단어를 구분하는 것에 동의하며, 이 절을 2행 구조로 이해한다.

19.a. 문자적으로는 "보라, 한 소리가"이다.

19.b. "원문주해" 11.a를 보라.

19.c. 마르하킴(מרחקים)은 이 곳 외에는 사 33:17에서만 나타난다. 이 경우도 동일한 의미를 가지고 있다. 일부는 추방을 염두에 두고서 이를 "먼 나라"로 번역한다. 아마도 이 때문에 메르하빔(מרחבים, "넓은 공간", 합 1:6을 보라)과 메르와힘(מרוחים, "광대한", 22:14을 보라)으로 수정하자는 제의가 생겼던 것 같다. 그러나 이렇게 할 필요는 없다.

19.d-d. 루돌프, 폴츠, 브라이트, 멕케인 등 일부 다른 학자들은 이를 삽입으로 보거나 적어도 첨가로 본다. 그 이유는 이 부분이 구절의 흐름을 중단시키고 있으며, 여호와가 화자로 추정되기 때문이다. 이 구절은 번역본들 속에서 입증이 되고 있으며, 예레미야서에

서만 독자적인(2:14, 31; 8:4-5, 19, 22; 14:19; 22:28; 49:1) 하…임…마두아(מדוע · אם · ה)의 수사 형식이 완성되고 있다. 그리고 이는 계속 유지되어야 한다. Baumgartner, *Klagegidichte*, 73; Reventlow, *Liturgie*, 195; Holladay, *VT* 12(1962) 494-98; Held, "Rhetorical Questions," 71-79를 보라. 그러나 대조되는 견해로는 McKane, 193-94와 Thiel, *Redaktion*, 135-36를 보라.

21.a. "원문주해" 11.a.와 19.b.를 보라.

21.b. 칠십인역과 시리아 페쉬타역은 이를 생략하고 있다. "원문주해" 21.c를 보라.

21.c. 칠십인역은 오디네스 호스 티크투세스(ὠδῖνες ὡς τικτούσης, 즉 힐 파욜레다 [חיל כיולדה], "산고를 겪는 여인과도 같은 고통")을 덧붙이고 있다. 6:24을 참조하라. 마소라 본문의 해석이 보다 나은 것으로 여겨진다.

22.a. 칠십인역과 시리아 페쉬타역은 키(כי)를 생략하고 있다. 이 형태는 키(כי)의 경우이든 마두아(מדוע)의 경우이든 그 의미는 동일하다. Held, "Rhetorical Questions," 71-79과 van Selms, *Semitics* 2(1971-72) 143-49를 보라.

22.b. "원문주해" 11.a., 19.b.와 21.b.를 보라.

23[9:1].a. 미-이텐(מי־יתן)의 형식을 통해 사실과는 대조되는 기원을 표현하는 것이다. Jongeling, "*my ytn*," *VT* 24(1967) 34를 보라.

23[9:1].b. 다수의 사본들과 번역본들은 여기서 공통적으로 쌍수로 읽어내고 있다. 마소라 본문이 해독하기가 더 어려우나 가능성이 높다.

23[9:1].c. 다수의 사본들은 시리아 페쉬타역과 탈굼역의 지지를 얻으면서 알(על, "~위로")로 읽고 있다. 의미는 있는 그대로이다.

23[9:1].d. "원문주해" 11.a. 등을 보라.

양식/구조/배경

이 단락의 혼합적인 특성은 구성 부분들의 한계와 이러한 각각의 단락 속에서의 화자가 누구인지에 대해 결정짓는 문제를 어렵게 만들고 있다. 두 가지 문제가 서로 얽혀 있고, 더 나아가서 번역과 해석의 문제를 더욱 복잡하게 만들고 있다. 이 모든 문제들에 서로 의견을 같이하는 주석가들은 아마 거의 없을 것이다. 여기 제시된 해결책은 다음과 같이 정리될 수 있다.

(i) 13절은 심판의 신적 신탁으로서 주로 다음 부분에 연결되고 있다.

(ii) 14-16절은 선행된 심판의 선언에 대한 반응으로서 백성의 애가를 표현하고 있다.

(iii) 17절은 또 하나의 신적 심판의 신탁으로서 다음의 예레미야의 애가를 시작

해 주고 있다.

(iv) 18-23절[9:1]은 다가올 심판에 대한 예레미야의 애가다.

번역의 문제들이 보태져서 13절을 이해하는 데 어려움을 낳고 있다("원문주해"를 보라). 다수의 주석가들은(예를 들어, Duhm; Reventlow, *Liturgie*, 190; Hyatt; Holladay) 13절을 선행 절들과 연결시키려 하면서, 이 신탁을 10-12절에서 선언된 심판의 연속으로 이해하려고 한다. 13절의 본래적인 독립적 성격은 부정하기가 어렵다. 선행 절들(10-12)의 독립성은 그들이 6:12-15과 평행 구문을 이루는 것을 통해 확립되고 있다. 다음 절들의 독립성은 분명한 화자의 전환과 14절을 시작하는 어조로 인해 드러나고 있다. 이러한 관찰은 많은 사람들로 하여금 이 절을 독립적이고 근접한 문맥과 무관한 것이라는 생각으로 이끌고 갔다(이러한 경우는 Volz, Carroll, McKane을 보라). 단순히 이 절의 독립적인 성격을 확인하는 것이 이 부분이 이 구절에 포함되어야 하는 이유를 설명해 주지는 않는다. 우리는 여기서 이 심판의 신탁이 이어지는 애가의 기초를 형성하고 있다는 결론을 내리게 된다(Bright와 비교하라).

"모으다"(אסף – 아사프)라는 단어는 14절을 13절과 연결시키고 있다. 16절에서의 화자는 니슈마(נשמע)라는 단어가 어떻게 분석되는지에 따라서 하나님일 수도 있고 백성으로 구성될 수도 있다. 다른 번역본들은 이러한 중의성을 반영하고 있다. 불가타역과 시리아역은 이를 니팔 완료 3인칭 남성 단수로 이해함으로써 번역에서는 "들리다"로 결론짓고 있다. 여기서도 이를 따랐고, 칠십인역도 그렇게 했다. 다른 가능성은 칼 미완료 1인칭 남성 복수로 읽는 것이다. 이는 "우리가 듣는다"라는 번역을 만들어 낸다. 이 동사를 1인칭으로 이해하는 것은 우리로 하여금 이를 선행 애가절과 연결짓게 만든다.

심판에 대한 신적 신탁인 17절을 주변 절들과 연관시키는 것은 주로 이해의 문제다. 매우 일찍부터 8:14의 애매한 표현인 메이-로쉬(מי־ראש, 문자적으로는 "나쁜 물" 혹은 "머리의 물"인데, 여기서는 "눈물"로 번역되었다)는 독사에 대한 언급으로 이해되었고, 이 절에서는 뱀이나 살무사와 관련을 가지고 있다. 탈굼역과 라쉬를 비교해 보기 바란다. 레벤틀로프(Reventlow, *Liturgie*, 139)는 차프오님(צפענים, "살무사")과 차폰(צפון, "북쪽")의 언어유희를 제안하고 있는데, 이는 선행 절이 "북쪽으로부터의 적"의 전통에 대한 암시를 이루고 있기 때문이다. 여기서 취해진 태도는 이 절이 앞뒤의 모든 애가에 배경을 부여하려는 심판의 신탁으로서 의도되었다는 점이다("주석"을 보라).

마지막 소단락(18-23[9:1])은 다가올 심판에 대한 예레미야의 애가다. 이 애가는 선행하는 신적 신탁과 백성들의 애가와 평행 구문을 이룬다. 추수의 관념은 13절과 20절에 나타나고 있다. 눈물 흘림의 관념은 14절과 23절[9:1]에서 발견될 수 있다. 두 가지 직접적인 평행 구문은 14절에서의 메이-로쉬(מי־ראש, "물의 머리")와 23절[9:1]에서의 로쉬 마임(ראשי מים, "나의 머리가 물이었다")과 15절 및 22절에서의 "치료하다"라는 단어다(Holladay, I, 288-89를 보라).

이 구절들은 접근하고 있는 침입을 반영하고 있다. 16절에서의 "북쪽으로부터의 적" 전승에 대한 연관은 주전 609년 직후 얼마 되지 않은 시간을 암시하고 있다. 13절과 19절은 모두 추수 때, 아마도 가을의 축제를 언급하는 것으로 보인다("주석"을 보라).

주석

13 드 로쉬(De Roche, *VT* 30[1980] 280-90)가 이 구절을 해석하면서 창조, 언약 그리고 정복의 약속에 전환이 일어났다고 주장하는 시도는 다른 구절들과의 불명확한 평행 구조를 지나치게 많이 이끌어 내려는 것이다. 이 절에 사용된 바와 같은 추수의 영상은 여호와를 그려내는데 자신의 포도밭에 와서 과일을 거두어들이려 하시만 아무것도 결실할 것을 발견할 수 없는 모습으로 나타나고 있다. 이스라엘의 영상이 포도원으로 나타나는 것은 구약의 다른 곳들과 마찬가지로 예레미야서에서도 자주 등장한다(2:21; 5:10; 6:9). 그리고 아마도 신약에서 사용된 영상 이면의 것이 될 수도 있다(특히 눅 13:6-9을 참조하라).

14 메이-로쉬(מי־ראש, "물의 머리")를 번역하는 데 따르는 어려움은 이 절에 대한 수많은 다양한 해석을 가능케 만들었다. 아마도 가장 초기의 것은 메이-로쉬(מי־ראש)를 17절과 관련지어서 독사로 이해한 것으로 보인다(탈굼역에 반영되어 있다). 루돌프를 따라서 둠(Duhm)은 이를 민수기 5:11-31에 기록되어 있는 시련으로 인한 시험과 연관시키고 있다. 맥케인은 이를 예레미야 25:15에 언급되고 있는 하나님의 진노의 잔과 연관시키고 있다(McKane, *VT* 38[1980] 474-92를 보라). 여기 제공되고 있는 해석은 다후드에 의해 제의된 번역을 따르고 있다("원문주해"를 보라). 눈물 흘림의 관념은 문맥에 잘 들어맞고, 특히 23절[9:1]의 로쉬 마임(ראשי מים, "내 머리는 물이었다")과 관련지어서 메이-로쉬(מי־ראש)를 "눈물"로 이해하도록 해준다. 그렇다면 이 절은 애곡을 위한 부름으로 이해될 수 있다.

15 이 절은 앞 절에서의 애곡을 위한 부름의 이유를 제공해 주고 있다. 백성들은

제의 선지자들로부터 평화의 약속을 들어 왔다(6:12-15의 "주석"을 보라). 그러나 그들은 거짓인 것으로 드러났다. 침략의 위협은 이제 묵살해 버리기에는 불가능한 일이 되어 버렸다.

16 "북쪽으로부터의 적"에 대한 암시(B. S. Childs, "The Enemy from the North and the Chaos Tradition," *JBL*[1978] 187-98를 참조하라)는 앞 절에서 제의 선지자로부터의 평화의 약속에 대한 암시와 함께 쌍을 이루어 애가를 위한 이유가 침략의 위협이라는 것을 분명히 해두고 있다.

17 이 신탁에서 뱀들은 실제의 뱀으로 이해되어야 하는가(이렇게 주장하는 경우는 Volz, Carroll), 아니면 다가오는 적에 대한 은유인가(이렇게 주장하는 바는 Kimchi, Duhm, Rudolph, McKane)? 두 가지 중에서 후자의 해석이 더 그럴듯해 보인다. 자주 뱀의 실제가 지지받는 것은 "독사"라는 의미에서 14절의 메이-로쉬(מֵי־רֹאשׁ)에 대한 이해에 의해서이며, 이는 거의 보편적으로 잘못된 견해라는 것이 인지된다(논쟁에 대해서는 Holladay를 보라). 게다가, 문맥은 침략의 영상을 선호하고 있다. 이는 은유적인 이해를 뒷받침할 것이다.

18 이 절은 다가올 침략에 대한 예레미야의 애가로 시작하고 있다. 일부 주석가들(Hyatt, Rudolph를 예로 들어)은 이 애가가 기근과 같은 몇 가지 다른 재난에 대한 응답이었다고 제의한다. 4장에서 "북쪽으로부터의 적"에 대한 신탁에 이어서 애가가 또한 어떻게 나타나는지를 비교해 보라.

19-20 그의 슬픔의 표현으로서 예레미야는 백성들로부터의 인용을 제시한다. "여호와께서 시온에 계시지 않는가? 그녀의 왕이 그녀 안에 있지 않는가?" 맥케인은 아마도 이 질문들과 이어질 절이 그들의 배경에서처럼 여호와께서 예루살렘의 왕으로 등극하실 때 가을 신년 축제를 치르고 있었다고 주장하는데, 이것이 아마도 올바른 것으로 여겨진다. 다가오는 침략은 시온의 신성불가침성을 의문시하고 있다. 이 질문에 대한 대답으로 인해 진정한 문제는 예루살렘에서의 하나님의 부재가 아니라 백성의 죄라는 것이 분명해진다.

21-23[9:1] 그의 백성에게 닥친 고통 때문에, 예레미야는 경악에 사로잡혔다. 다시 한 번 예레미야는 수사적인 질문을 사용하여 그가 묻는 상황의 아이러니와 비애감을 표현하려 한다. "길르앗에 위로가 없더냐? 그들에게 치료자가 있지 않더냐?" 이 질문들에 대한 자연스러운 대답은 긍정일 수밖에 없었을 것이다. 그러나 현실의 상황은 예레미야로 하여금 부정의 대답을 하게 만든다. 상황은 예레미야로부터의 눈물 흘림과 통렬한 슬픔을 이끌어 낸 것이다.

해설

예레미야 8:4-12은 지속적으로 배교적이었던 백성들의 거의 들어본 적이 없는 상황을 기술하고 있다. 이 절들 속에서 우리는 이 상황에 대해 백성들과 예레미야 모두에 대한 반응을 가지고 있다. 이 구절들은 바벨론 침략의 그림자 속에서 기록되었다. 백성들은 그들의 징벌의 이유를 감지하지 않았으며, 그들의 운명을 단념한 것으로 보인다. 그들은 요새화된 도시들로 철수하고서 자신들의 상실에 대해서 우는 데 만족해야 했다(8:14). 패배의 소리가 점점 가까워지자, 그들은 자신들이 하나님을 헛되이 신뢰해 왔다는 것을 느꼈다(8:19-21). 그들은 자신들의 죄를 기억하지 못하고서 모든 탓을 하나님께로 돌리려고 했던 것으로 보인다. 예레미야는 그들의 눈멀음이 왜 그토록 치료 불가능한 증세인지(8:22), 왜 그들이 자신들의 죄많음을 깨달을 수 없는지를 이해할 수 없었다. 상황의 절망적인 성격이 그를 압도해 버린 것이다. 그의 마음은 부서졌으며, 그는 비통하게 울 수밖에 없었다.

신약성경은 예수님과 예루살렘의 백성이 관련된 놀랍도록 동일한 상황을 기록하고 있다. 그의 공생애의 마지막에, 우리는 예수께서 마지막으로 예루살렘에 다가가심을 발견하게 된다. "가까이 오사 성을 보시고 우시며 가라사대 너도 오늘날 평화에 관한 일을 알았더면 좋을 뻔하였거니와 지금 네 눈에 숨기웠도다 날이 이를지라 네 원수들이 토성을 쌓고 너를 둘러 사면으로 가두고 또 너와 및 그 가운데 있는 네 자식들을 땅에 메어치며 돌 하나도 돌 위에 남기지 아니하리니 이는 권고 받는 날을 네가 알지 못함을 인함이니라 하시니라"(눅 29:41-44).

C. 하나님의 슬픔(9:1-10)

참고문헌

Ben-Corre, A. D. *The Daughter of my People: Arabic and Hebrew Paraphrases of Jeremiah 8:13-9:23.* Leiden: Brill, 1971. **Ben-Reuven, S.** "Buying Mandrakes as Retribution for Buying the Birthright." *BMik* 28(1982/83) 230-31. **Berridge, J. M.** *Prophet, People.* 173-76. **Brueggemann, W.** "Jeremiah's Use of Rhetorical Question." *JBL* 92(1973)

358-74. **Jongeling, B.** "L'expression *my ytn* dans l'Ancien Testament." *VT* 24(1967) 32-40. **Nötscher, F.** "Zum emphatischen Lamed." *VT* 3(1953) 372-80. **Overholt, T. W.** *The Threat of Falsehood.* 82-83. **Smith, M. A.** "Jeremiah ix 9 - A Divine Lament." *VT* 37 (1987) 97-99. **Snaith, H.** "The Verbs *zābaḥ* and *sāḥạt.*" *VT* 25(1975) 242-46. **Soggin, A.** "*Le'emûnāh*(Jeremiah 9, 2): Emphatic Lamed?" In *Old Testament and Oriental Studies.* BibOr 29. Rome: Biblical Institute Press, 1975.

본 문

2 어찌하면 내가 광야에서 나그네의 유할 곳을 얻을꼬 그렇게 되면 내 백성을 떠나가리니 그들은 다 행음하는 자요 패역한 자의 무리가 됨이로다

1[2] [a]"O that I had in the wilderness [b]a wanderer's dwelling,[b] 2+2 So that I could leave my people, and walk away from them: 2+2 For they are all adulterers, a band of traitors. 3+2

3 여호와께서 말씀하시되 그들이 활을 당김같이 그 혀를 놀려 거짓을 말하며 그들이 이 땅에서 강성하나 진실하지 아니하고 악에서 악으로 진행하며 또 나를 알지 아니하느니라

2[3] They bend[a] their tongue, their bow[b] is falsehood, 2+2 and not because of[c] truth have they prevailed[d] in the land: 2+2 for from evil to evil they proceed, and they do not know me."[e] 4+2 [f]The Lord's oracle.[f]

4 너희는 각기 이웃을 삼가며 아무 형제든지 믿지 말라 형제마다 온전히 속이며 이웃마다 다니며 비방함이니라

3[4] "Beware of your neighbor, and put no trust in any brother: 3+2 for every brother is a supplanter, and every neighbor goes about slandering. 4+3

5 그들은 각기 이웃을 속이며 진실을 말하지 아니하며 그 혀로 거짓말하기를 가르치며 악을 행하기에 수고하거늘

4[5] Every one deceives his neighbor, they do not speak the truth: 3+3 they have taught their tongues to speak lies: [a]being perverted, they are too weak to change.[a,b] 3+2

6 네 처소는 궤휼 가운데 있도다 그들은 궤휼로 인하여 나 알기를 싫어하느니라 나 여호와의 말이니라 하시니라

5[6] Oppression[a] upon oppression, deceit upon deceit: they refuse to know me.[b]" 2+2+2 [c]The Lord's oracle.[c]

7 만군의 여호와께서 이같이 말씀하시되 보라 내가 내 딸 백성을 어떻게 처치할꼬 그들을 녹이고 연단하리라

6[7] Therefore, thus says the Lord of Hosts: "Behold, I will refine them and assay them, [a]For what else can I do because of my[b] people?[a] 3+4

8 그들의 혀는 죽이는 살이라 거짓을 말하며 입으로는 그 이웃에게 평화를 말하나 중심에는 해를 도모하는도다

7[8] Their tongue is a deadly[a] arrow, Deceitful[b] are the words of their mouth;[b] 3+3 Each speaks peace with his neighbor, while planning an ambush in his heart. 3+3

9 내가 이 일들을 인하여 그들에게 벌하지 아니하겠으며 내 마음이 이런 나라에 보수하지 않겠느냐 여호와의 말이니라

8[9] Should I not punish such a nation?"[a] The Lord's oracle. "On[b] a nation such as this, Should I not avenge myself? 2+3+3

10 내가 산들을 위하여 곡하며 부르짖으며 광야 목장을 위하여 슬퍼하나니 이는 그것들이 불에 탔으므로 지나는 자가 없으며 거기서 가축의 소리가 들리지 아니하며 공중의 새도 짐승도 다 도망하여 없어졌음이니라

9[10] Over the mountains I will weep[a] [b]and wail,[b] over the pastures of the wilderness I will lament: 4+3 For they are laid waste[c] so no one passes through, nor do they hear the sound of cattle: 4+4 From the birds of heaven to the beasts, they have fled, have gone. 3+2

11 내가 예루살렘으로 무더기를 만들며 시랑의 굴혈이 되게 하겠고 유다 성읍들로 황폐케 하여 거민이 없게 하리라

10[11] I will make Jerusalem into ruins, a lair of jackals;[a] 3+2 And the cities of Judah, I will make a desolation, without[b] inhabitants." 4+2

원문주해

1.a. 괄호 안의 숫자들은 영역본 절 번호다(마소라 본문 9:1-25=영역본 9:2-26). 이 다음부터 우리는 히브리어의 절 구분을 따를 것이다.

1.b-b. 믈론 오르힘(מלון ארחים, "나그네의 유할 곳") 대신에 칠십인역은 스타쓰몬 에스카톤(*σταθμὸ ἔσχατον*=말론 아하론[מלון אהרון, "가장 먼 오두막"])으로 읽고 있다. 아무런 번역본의 지지도 없이 마소라 본문을 유지시켰다.

2.a. 이 절은 다수의 수정을 유발시켰다. 많은 부분이 예레미야를 화자로 이해한 것에 근거하였다(이어지는 "원문주해"를 보라). 할러데이(Holladay, II, 296-97)가 설득력 있게 논증하는 바는 여기서 필요한 유일한 수정은 이 동사를 히필에서 칼(즉, 와야드르쿠[וידרכו]에서 라이드케르쿠[ריִדְכְרכו]로)로 고쳐서 모음 표기를 해야 한다는 것이다. GKC § 53n.를 보라. 할러데이의 번역은 이를 따른 것이다.

2.b. 처음으로 나타나는 공통적인 수정 부분이다. 이는 칠십인역의 지지를 얻고 있으며, 접미를 무시하고서 이 단어를 앞 구절에 붙여 버리는 것이다. 그렇게 되면 다음과 같이 번역될 것이다. "그들이 자신들의 혀를 활처럼 구부렸다."

2.c. 두 번째 수정 부분으로서 칠십인역의 지지를 얻고 있다. 이는 전치사를 버리는 것이다. 하지만 Notscher, *VT* 3(1953) 380과 Soggin, "*Le'emû nāh*(Jeremiah 9, 2): Emphatic Lamed?" in *BibOr* 29를 보라. 번역을 위해서는 다음 "원문주해"를 보라.

2.d. 세 번째 수정 부분이다. 역시 칠십인역의 지지를 얻고 있다. 3인칭 복수 동사를 3인칭 단수 동사(즉, 가브루[גברו]에서 가브라[גברה]로)로 바꾸는 것인데, 이로써 주어를 백성들에서 "거짓과 비진리"로 바꾸게 되었다. 마지막 두 가지의 수정으로부터 귀결되는 번역은 "거짓 그리고 비진리가 온 땅에 만연되어 있다."

2.e. 다수가 웨오티(ואתי, "그리고 나를")를 웨에트 야흐웨(ואת יהוה, "그리고 여호와를")의 약자라고 가정한다.

2.f-f. 칠십인역에는 생략되어 있다.

4.a-a. 이 콜론은 히브리어에서 별 의미가 없다. 칠십인역에 의해 공통적으로 지지를 얻고 있는 가장 공통적인 수정이 여기서도 받아들여지고 있다. 다음 "원문주해"를 보라. GKC § 113d와는 대조적으로 하아웨(העוה, "타락함")는 목적어로 이해되어서는 안 될 것이다.

4.b. 다음 절의 첫 단어가 분리되어 이 절과 다음절로 나뉘어졌다. 슈브: 토크(שׁב: תך, "[타락하여, 그들은] 돌이키기에는 [너무 약하여졌다]:[압제 위에] 압제")로 된다.

5.a. 이는 앞 절의 "원문주해"에서의 수정을 가정한 경우다.

5.b. 다수의 학자들이 오티(אותי, "나를")를 마치 예레미야의 화자로서의 역할을 보존하려는 듯 에트 야호웨(את־יהוה, "여호와를")의 축소로 이해하고 있다. "원문주해" 2.e를 참조하라.

5.c-c. 칠십인역은 이를 생략하고 있다.

6.a-a. 번역본들에서 보여지는 바대로 마소라 본문은 의문의 여지를 남기고 있다. 시리아역만이 마소라 본문을 따르는 유일한 주 역본이다. 본문에 대해 이루어지는 가장 공통된 수정은 칠십인역과 탈굼역을 반영한 것으로서, "그들의 죄 때문에 내가 이것 외에 무슨 일을 할 수 있겠는가?"와 같은 번역이 되도록 바트 암미(בת־עמי, "내 백성")를 라아탐(רעתם, "그들의 죄악")으로 바꾸어 읽고 있다. 이러한 수정은 폴츠, 루돌프, 브라이트를 따른 것이다. 할러데이는 포괄적인 수정을 제안하고 있는데, 에이크(איד, "압제") 대신에 아웬(אין, "재난")을, 바트(בת, "~의 딸") 대신에 바타트(בתת, "격분")로 바꾸어 읽는다. 또한 미프네이(מפני, "내 앞에")의 모음 표기를 다시 하고 있다. 그러나 이러한 것들이 이 구절의 의미를 실제로 바꾸지는 않는다.

6.b. "원문주해" 8:11.a.를 보라.

7.a. 칠십인역과 시리아역 그리고 불가타역의 지지를 얻고 있는 케팁(שׁוחט - 쇼우헤트)을 따르고 있다. 케레(שׁחוט - 샤후트, "신랄한"])는 시리아역과 탈굼역뿐만 아니라 다수의 사본들(예를 들어, 4Q Jer[a])의 지지를 얻고 있다. Snaith, *VT* 25(1975) 242-46를 보라.

7.b-b. 문자적으로는 "그가 그의 입으로 말한다"이다. 단수가 이 절의 균형을 깨뜨리면서 이 구절의 위치가 잘못된 것이라는 시사를 유발시키고 있다. 여기에 이어지는 수정(디브레이 피헴[דִּבְרֵי פיהם]으로 읽는 것)은 본문의 분열을 거의 일으키지 않으면서 균형을 이루고 있다.

8.a. 5:9, 29을 참조하라.

8.b. 일부 사본들은 웨임(ואם, "그리고 만일")으로 읽는다.

9.a. 칠십인역과 시리아역은 복수 명령형 스우(שׂאו)로 읽는다. 마소라 본문이 더 좋다.

9.b-b. 칠십인역은 이 부분을 생략하고 있다.

9.c. 어근은 야차트(יצת)이다. 소수의 사본들은 니트추(נתצו, "파괴되었다", 어근은 나타츠[נתץ])로 읽는다. 칠십인역, 시리아역, 탈굼역은 나차(נצה, "유기, 황폐화되었다")로

부터 유래되는 형태를 제안한다. 모든 어근은 실질적으로 동의어적인 의미를 가지고 있다.

10.a. 51:37을 참조하라.

10.b. 다수의 사본들은 동의어 메에인(מאין)으로 읽는다.

양식/구조/배경

이 구절에서의 주된 해석의 문제는 누가 화자인가를 결정짓는 일이다. 최근의 주석가들은 대부분 적어도 처음 다섯 절에서의 화자는 예레미야인 것으로 이해해 왔다(예를 들어, Rudolph, Bright, McKane; Holladay는 놀랍게도 예외가 되고 있다). 이렇게 이해하기 위해서 대부분의 학자들은 다음 부분들을 삭제해 버렸다. 2, 6절에서의(칠십인역의 지지를 따라) "여호와의 신탁"을 삭제하고서, "나를 그들이 알지 못했다/나를 그들이 알기를 거부했다"의 구문에서 "나를" 대신에 "여호와를"로 읽었다("원문주해" 2.e.; 2.f-f.; 5.b.; 5.c-c.를 보라). 일부는 6절에서의 "그러므로 만군의 여호와께서 이렇게 말씀하셨다"를 생략하기도 했다. 이러한 주석가들에 따르면, 하나님을 화자로 두는 문제는 이 절들의 인간 중심적인 관점이다. 예를 들어, 왜 하나님께서는 그의 백성을 떠나기를 원하셨던가(1절)? 그러나 본문이 서 있는 입장으로서 본문은 분명히 하나님을 화자로 의도하고 있다. 예레미야서의 다른 부분, 즉 예레미야의 애가에 선행하면서도 하나님을 1인칭으로 두는 애가의 내용을 포함하고 있는 부분들(예를 들어, 12:7-13과 15:5-9)에 근거해서, 우리는 이 구절이 신탁들을 수반하는 신적인 애가라는 것을 이해할 수 있다(Smith, "Jeremiah IX 9-A Divine Lament," *VT* 37[1987] 97-99와 비교해 보라).

표제(superscription)와 방향의 변화에 근거해서, 이 구절은 네 부분으로 나누어지고 다음과 같이 분석될 수 있다.

1-2	신적인 애가
3-5	혀에 관한 신탁
6-8	혀에 관한 신탁
9-10	신적인 애가

1절에서는 하나님께서 그의 백성을 떠나기를 소망하심에 의해, 그리고 10절에서는 그들을 몰아내 버리겠다고 위협하심을 통해 이루어지는 1절과 10절에서의 "광야"(מדבר – 미드바르)라는 단어의 사용에 의해 교차 구조가 확인되고 있다. 이 교차 구조는 이 구절들을 하나로 묶어 주는 유일한 장치다. 할러데이(Holladay, I, 298)는

1-2절과 3-5절이 끝을 맺고 있는 동일한 방식에 주목하면서, 첫 번째 소단락과 두 번째 소단락을 연결시키고 있다. 두 가지는 모두 X-전치사-X의 형식(악에 악[evil to evil]; 거짓에 거짓[deceit upon deceit])과 이에 이어지는 "그들이 나를 알지 않았다/알기를 거부했다"와 표제 즉 "여호와의 신탁이니라"로 끝을 맺고 있다. 2절과 7절에서의 혀의 죄를 묘사하기 위해 군사 용어를 사용한 것은 첫 번째 소단락과 세 번째 소단락을 묶어 준다.

이 구절들의 그 배경과의 연결은 다양하다(더 자세한 예를 위해서는 "주석"을 보라). 첫 번째 절인 9:1은 미-이텐(מִי־יִתֵּן)에 의해 8:23에 연결된다. 많은 주석가들(예를 들어, McKane, Holladay)은 이를 단순히 난외적 표제어상의 연결로 생각하지만, 예레미야서의 다른 곳에서 발견되는 신적 애가에 바로 이어 나타나는 예레미야에 의한 애가의(위를 보라) 구조는 이 연결이 단순한 난외 표제어적인 것 이상임을 암시한다. 이 단락이 더 큰 문맥에 연결되는 두 번째의 것은 8절과 5:9, 29과의 밀접한 평행 구조에서 발견될 수 있다(**서론**을 보라). 이 단락 마지막의 두 절(9-10)과 16-21절의 연결은 많은 주석가들에 의해 지적된 바와 같이(예를 들어, Volz, Rudolph) 이 단락을 다음 절들과 연결시켜 준다.

이 구절의 배경은 내적인 증거로서는 분명하지 않다. 그러나 더 큰 맥락의 근거에서 우리는 이 신탁들이 요시야 치하의 후기나 여호야김 치하의 초기 중 어느 시기엔가에 전해진 것으로 가정할 수 있다.

주석

1 예레미야에 의한 애가가 사실에 반대되는 것에 대한 기원으로 결론되는 것처럼, 이 신적인 애가도 사실에 반대되는 것에 대한 기원으로 시작하고 있다. 하나님께서 그의 백성을 떠나 광야로 물러가셨다는 거의 생각조차 할 수 없는 관념은 충격적이며 상황의 중대성을 강조하고 있는 것이다. 그러나 이런 기원의 문법적인 형태는 하나님께서 항상 그의 백성을 떠날 준비를 하고 계신 것은 아니었다는 점을 분명히 해준다. Jongeling, *VT* 24[1967] 32-40를 보라. 이러한 기원은 8:19과의 비교에서 더욱 충격적으로 드러나는데, 이 부분은 하나님께서 그들을 떠나시는 것에 대한 백성들의 두려움을 표현하고 있다("여호와께서 시온에 계시지 않는가? 그 왕께서 그 곳에 계시지 않는가?"). 백성의 죄 때문에, 그들의 최악의 두려움이 하나님에 대한 몽상으로 화한 것이다.

2 2절에 대해 제기된 수많은 수정("원문주해"를 보라)은 이 절에 대한 다양한

이해 방법을 반영하고 있다. 어려운 점은 현대어로의 번역에서뿐만 아니라 칠십인역과 탈굼역, 그리고 랍비들의 주석(Kimchi를 보라)과 현대의 주석들(예를 들어, Rudolph)에서도 나타난다. 이러한 어려움들을 인식하면서, 여기 제시된 이 절에 대한 이해는 가능한 한 마소라 본문에 대한 최소한의 수정을 만들어 내고 있다. 이 절은 특별히 그들의 말들 속에서 증명되는 대로의 백성들의 죄에 대한 하나님의 혐오감을 비추어 준다. 혀는 치명적인 무기로 기술되고 있다. 이러한 군사적인 영상은 또한 "압도하였다"(גברו – 가브루)와, 아마도 "나가다"(יצאו – 야차우, Holladay)에서 드러난다. 기만(שקר – 셰케르)이라는 단어는 예레미야 전체를 통해 공통적으로 드러나고, 아마도 폭넓은 암시를 가진 듯하다(Overholt, *The Threat of Falsehood*, 82-83를 보라).

[3] 이 절은 시민들의 최악의 상태에 대한 불안을 보여 준다. 형제들 사이에까지 어떠한 신뢰감도 남지 않게 되었다. 모든 사회적인 만남은 덫이었다. 사회적인 분열은 전체 사회를 통해, 즉 공동 사회라는 넓은 영역뿐만 아니라 가족이라는 좁은 영역에 이르기까지의 모든 사회를 통해 나타나게 되었다(Calvin). "사기꾼 야곱"이라는 영상이 사회적인 부패를 묘사하는 데 인용되었나(창 27장을 보라). 6:28을 연상시키는 절의 마지막 부분에서 백성들은 "비방하기 위해 돌아다니는" 모습으로 기술되고 있다. 이 관념은(역시 6:28에서도 발견된다) 다음 소단락의 첫 번째 절(6절)에서뿐만 아니라 이 절에서도 사용되고 있다.

[4] 사회의 중심적 근본인 신뢰와 진실은 오염되어 버렸다. 백성들은 의도적으로 악행을 일삼았다. 그들은 자신들의 혀로 거짓을 말하도록 "가르쳤다." 백성들의 사악함이 갖는 고의성은 4:22과 6:7에서도 발견될 수 있다(Holladay). 백성들의 악에 대한 중독은 그들에게서 도덕적 혹은 영적인 변화의 힘을 강탈해 버렸다.

[5] 자신들의 죄로부터 돌아서는 대신에, 백성들은 죄에 죄를 더해 갔고, 거짓에 거짓으로 답하고 있었다. 할러데이는 "거짓"(מרמה – 미르마)이 3절에 암시된 야곱 전승을 반영할 수 있다는 제안을 하였다(창 27:35; 34:13을 보라). 하나님께서는 백성들이 악을 배우고 "나를 알기를 거부하기까지 했다"는 것에 비탄해 하셨다(5:3; 8:5을 참조하라).

[6] 백성들의 죄에 대한 응답으로, 하나님께서는 그들을 쇠처럼 제련하실 것이라고 언명하신다(6:27-30을 참조하라). 이 절의 마지막 절은 질문이나 혹은 감탄으로 이해되었다. 이것은 최소한의 하나님의 격분과 그의 백성에 대한 당혹감을 표현하는 것이다. 이러한 격분의 표현은 1절의 기대와 동종이다.

7 다시 한 번 백성들의 말의 치명적인 본성이 군사적인 이미지로 표현되고 있다. "그들의 혀는 치명적인 화살이다." 적의 공격이 근접해 왔을 때 선지자들이 백성들을 속여 평화를 선포했던 것처럼(8:11, 15을 보라), 백성들도 서로를 속이고 있었던 것이다.

8 브루거만(Brueggemann, *JBL* 92[1973] 358-74)은 8절이 6절에 대해 답하고 있다는 제안을 했다. 이 구절과 5:7-9과 5:20-29의 구조상의 평행 구문은 이를 확인해 준다. 세 구절 모두가 하나님의 백성에 대한 분노를 표현하는 질문으로 시작하고 있으며, 앞 절은 8절과 거의 동일한 절로써 끝을 내고 있다.

9 9절은 신적 애가의 마지막 단락을 시작한다. 드러나고 있는 영상은 침략과 포로에 대한 것으로 나타나면서, 많은 주석가들로 하여금 이 절과 다음 절이 포로기 이후에 나타난 것이 아닌지에 대한 의문을 품게 만들었다(예를 들어, Carroll). 스미스(Smith, *VT* 37[1987] 97-99)는 메소포타미아와 우가릿 문학 전승의 평행성에 근거하여, 하나님께서 "광야에서" 애곡하신다는 것과 이것이 그의 사랑하는 백성의 손실에 대한 것이라는 제안을 했다. 이는 1절의 기원에서 표현된 비애감과 6절의 괴로운 질문과 아주 잘 들어맞는다. 말하자면 하나님께서는 그의 백성을 사랑하시며, 그들의 상실을 애곡하기 위해 광야로 들어가셨다는 것이다.

10 백성들의 회개치 않는 속성 때문에, 하나님께 남겨진 유일한 대책은 백성들에게 멸망을 주는 것뿐이었다. 그들은 죄악에 중독되었고, 회개할 능력도 의지도 없었던 것이다. 그러나 하나님께서 예루살렘을 떠나 광야로 사라지는 대신에(1절), 그분은 예루살렘을 백성들이 없는 상태의 광야로 만들어 버리실 것이었다. 아마도 예루살렘에는 곧 침묵의 광야가 생겨날 것이며, 하나님께서는 그의 백성의 상실에 대해 애곡하실 것이다.

해설

고통스러워하시는 하나님의 개념은 많은 학자들에게 거부되어 왔다. 그 이유는, 그분의 연약성과 한계성을 암시한다는 것 때문이었다. 고통스러워하시는 하나님의 불가능성은 몇몇 거대한 세계 종교들의 중심적인 가르침이며, 몇몇 기독교 집단에서는 변호되고 있는 것이기도 하다. 그러나 고통을 겪을 수 없는 하나님의 관념은 신학을 더욱 간편하게 만들 수 있을지는 몰라도, 그것을 차분하며 생명 없는 것으로 만들기도 한다. 만일 하나님의 사랑이 공허한 은유 그 이상이라면, 하나님의 고통 또한 실제적인 것으로 인지되어야 한다.

이 구절은 전통적으로 고통을 받는 자를 하나님이 아닌 선지자인 것으로 만들기 위해 이러한 방식으로 수정되어 왔다. 그러나 본문을 현재 있는 그대로 두고서 이를 그의 백성의 단호한 고집에 대한 하나님의 대답으로 해석하는 것이 최선으로 보인다.

하나님의 슬픔은 백성들이 그분에게 행한 행동 때문만이 아니라, 더욱 특별히는 그들이 서로에게 행한 행동 때문이기도 했다. 그들은 자신들의 혀를 전쟁의 무기로 삼아 사용함으로써 진리를 희생시키고 신뢰, 즉 공동체가 세워지는 근간을 파괴해 버렸다. 그들은 그토록 깊이 죄악에 말려들어 있었기에 회개할 의지가 결핍되어 있었다. 그들의 죄악은 그들 주위의 자연 환경에까지 영향을 미쳤다(9[10]절; 4:24-26을 참조할 것). 그들의 반항은 에덴에서의 아담의 반항처럼 그들과 하나님 서로간의, 또한 그들 주위의 세계와의 관계성을 오염시켜 버렸다. 하나님께서는 자신의 근본적인 목적이 그들을 파괴하는 것이 아니라 그들을 제련하고 정화시키는 것임에도 불구하고 그들에게 복수를 갚으셔야만 한다는 것에 슬퍼하셨다.

D. 심판의 합리화(9:11-15)

참고문헌

Bronznick, N. M. "*kîriṣṣaṣ ʿāzab dallîm*(Job 20:19)." *BMik* 27(1981/82) 220-28. **Castellino, G. R.** "Observations on the Literary Structure of Some Passages in Jeremiah." *VT* 30(1980) 398-408. **Cazelles, H.** "Jeremiah and Deuteronomy." In *A Prophet to the Nations.* 89-112. **Long, B. O.** "Two Question and Answer Schemata in the Prophets." *JBL* 90(1971) 129-39. **McKane, W.** "Poison Trial by Ordeal and the Cup of Wrath." *VT* 30 (1980) 474-92. **Oosterhoff, B. J.** "Ein Detail aus der Weisheitslehre(Jer. 9, 11ff.)." In *Travels in the World of the Old Testament.* Ed. M. S. H. G. Herrma van Voos. Assen: Van Gorcum, 1974.

본 문

12 지혜가 있어서 이 일을 깨달을 만한 자가 누구며 여호와의 입의 말씀을 받아서 광포할 자가 누구인고 이 땅이 어찌하여 멸망하여 광야같이 타서 지나는 자가 없게 되었느뇨

11[12] Who is the man who is wise enough to explain[a] this? And to whom has the mouth of God spoken, that he should declare it? Why is the land ruined, and laid waste like a wilderness that no one passes through?

13 여호와께서 말씀하시되 이는 그들이 내가 그들의 앞에 세운 나의 법을 버리고 내 목소리를 청종치 아니하며 그대로 행치 아니하고

12[13] And the Lord said,[a] "Because they have abandoned my law which I set before them and have not listened to my voice, [b]nor walked in accordance with it,[b]

14 그 마음의 강퍅함을 따라 그 열조가 자기에게 가르친 바알들을 좇았음이라

13[14] but have walked after the stubbornness of their own hearts,[a] going after the Baals, as their fathers taught them."

15 그러므로 만군의 여호와 이스라엘의 하나님 내가 말하노라 보라 내가 그들 곧 이 백성에게 쑥을 먹이며 독한 물을 마시우고

14[15] Therefore, thus says the Lord of Hosts, the God of Israel, "Behold, I will feed[a] this people[a] wormwood and give them poisonous water to drink.

16 그들과 그들의 조상이 알지 못하던 열국 중에 그들을 헤치고 진멸되기까지 그 뒤로 칼을 보내리라 하셨느니라

15[16] I will scatter them among the nations whom neither they nor their fathers have known[a] and I will send the sword after them until I have consumed them."

원문주해

괄호 안의 숫자는 영어 번역본의 절 수다. 본문은 히브리어 절 구분을 따르고 있다.

11.a. 문맥의 근거에 의해 히필로 읽는다(Rudolph도 그러했다). 이것은 자주 칼(= "이해하다")로 읽힌다.

12.a. 칠십인역은 "나에게"($\pi\rho \acute{o} \varsigma$ $\mu\epsilon$ – 프로스 메)를 추가하고 있다.

12.b-b. 칠십인역에는 생략되어 있다. "그것"은 "율법"을 지적하는 것인가, 아니면 "목소리"를 지적하는 것인가? 얀센(Janzen, *Studies* 38)은 그것이 "율법"을 지적하는 것이라고 주장하고서, 이 구를 팽창주의자들이 부연한 것으로 분류한다.

13.a. 소수의 사본들과 칠십인역, 그리고 시리아역은 하라(הרע, "악")를 추가하고 있다. 이러한 추가는 의미에는 아무런 변화도 주지 않는다.

14.a-a. 칠십인역에는 생략되어 있다. 23:15과 비교하라.

15.a. 소수의 사본들이 예다움(ידעום, "그들을 알고")으로 읽는다. 이 접미는 꼭 필요한 것은 아니었으며 의미에 영향을 주지는 않는다.

양식/구조/배경

예레미야 9:11-15은 자주 신명기 편집자의 손에 의해 나타난 후기의 첨가로 구별되어 왔으며, 이에 관해서는 특별히 Thiel, *Die deuteronomistiche Redaktion*, 136-38를 보기 바란다. 이러한 구별의 근거는 대개 신명기적 언어가 드러난다는 사실과 12절에서의 강조 때문인 것으로 여겨진다. 율법에 대한 강조와 우상 숭배에 대한 반대는 가장 자주 언급되고 있는 주제다. 그럼에도 불구하고, 문제는 그렇게 쉽게 해결되지 않는다. 롱(Long, *JBL* 90[1971] 129-39)은 자신이 이를 신명기적인 것으로 의심은 하고 있었으나 이 부분을 전적으로 신명기적인 것으로 구별하고 싶지는 않았기에 혼합된 체계로 생각하려 했다. 신명기적 언어가 드러난다는 사실과 강조는 단순히 예레미야가 신명기적인 개혁에 동감하고 있었음을 확인시켜 주는 또 하나의 예증일 수 있었다. 이에 관해서는 Cazelles, "Jeremiah and Deuteronomy"를 참조하라. 카스텔리노(Castellino, *VT* 30[1980] 398-408)는 이 구절을 다른 몇몇 구절들과 함께 그가 정상적인 문학 유형으로 개괄하려 했던 것들 속에 포함시켰다. 그는 이 구절이 9:9로부터 9:21에까지 확장되는 더 큰 문학 단위의 중간 부분, 즉 "막간"(intermezzo)이라고 결론내리고 있다. 많은 주석가들(예를 들어, Rudolph, McKane)이 11-15절이 9-10절에 대한 후기의 확장이라는 사실(다음의 주석 부분을 보라)의 증거로 여겨 온 것을 카스텔리노는 그가 개괄한 정상적인 구조의 일부로 생각하였다. 할러데이는 호세아 14:10과 시편 107:43과 본문이 형식적인 평행구를 이루고 있다는 사실에 근거해서, 이 구절이 이차적이며 후대(포로후기)의 것이라는 결론을 내렸다. 그러나 그가 말하는 대로 평행구가 확실하게 이루어지지는 않고 있는데, 호세아 14:10과 시편 107:43은 서로 아주 밀접한 관계를 가지고 있지만 예레미야 9:11-13과는 거리가 멀다.

이 구절은 대개는 산문체로 이해된다(RSV, McKane도 마찬가지다). 위의 번역문은 11b와 14b를 시문으로 이해했다는 것을 반영하고 있다. 이 두 가지의 단편들은 시문체의 자료에서 인용된 것이다. 더 자세한 것을 위해서는 "주석" 부분을 보라.

이 구절의 정황은 이 절들이 이차적인 추가 부분인지 그렇지 않은지의 사실 여부에 의존하고 있다. 여기서 이 부분은 예레미야서에서는 없어서는 안 될 필수적인 부분으로 추정된다. 신명기적 개혁에 대해 언급한 것은 이 구절을 개혁 이후의 어느 때 즈음에 생겨난 것으로 가정한 것이다. 이 구절은 침략(11-13절)을 반영하고 있으나, 추방은 미래의 일로 계획된 것이었다(12-15절). 본문에서 추정되는 시기는 침략이 이미 일어난 일인지, 아니면 선지자에 의해 예견적으로 경험된 것인지에 의해 판단된다.

주석

11 이 절의 구문은 난해하면서도 다양한 해석의 가능성을 열어놓고 있다. 난점은 영어 번역본들에 다양하게 반영되고 있다. RSV, NEB, JB를 비교하라. 더 자세한 내용을 위해서는 Oosterhoff, "Ein Detail"을 보라. 위의 번역문은 두 번째 절을 종속 귀결절로 이해한 데서 기인한다. 따라서 "이 일을 깨닫기에 충분히 지혜가 있는 자가 누구인가?" 두 절은 상호간에 평행을 이루면서 각각 현자와 선지자를 언급하고 있다(McKane도 이렇게 본다). 이 절은 현자가 재난을 설명할 능력이 없었으며, 선지자는 이를 설명할 수 있는 하나님의 말씀을 하나도 받지 못했다는 것을 강조하고 있다. 결론적인 질문은 9절의 후반부를 반영하고 있다.

12 앞 절의 질문, "왜 그 땅이 그렇게 황폐케 되었고, 아무도 지나가는 이가 없는 광야처럼 버려졌는가"에 대한 대답은 신탁의 형식을 둔 채로 나타난다. 대답은 백성이 율법을 따르는 것에 실패했다는 것이다. 지혜와 율법에 대한 강조는 많은 사람들에게 신명기적인 영향에 대한 증거로 이해되어 왔으나(Thiel, *Die deuteronomistiche Redaktion*도 그렇다), 8:8에서도 지혜는 율법과 관련을 맺고 있다. 백성들은 율법을 "저버리는"(עזבם – 오즈밤)것으로 묘사되고 있다. 8:9을 참조하라. 더 자세한 것을 위해서는 Bronznick, *Bmik* 27(1981/82) 220-28를 보라. "저버림"은 우상 숭배와 관련하여 자주 사용된다. 5:19; 16:11; 22:9을 보라.

13 백성들은 하나님의 율법을 저버렸고, 그들의 마음 가운에서의 강퍅함으로 인해 바알을 따르는 길을 선택했다(12:16을 참조하라). 그들의 반항은 그들의 땅에 대한 묘사로 귀결되고 있다. 파괴는 율법을 따르는 데 실패한 자들에게 적대적이었던 신명기 속에서 공언되고 있는 저주의 맥락에서 이해되어야 한다. "강퍅함"(שררות – 슈리루트)은 거의 독점적으로 예레미야서에서만 발견되는데, 신명기 29:18에서도 나타나고 있다. 이 부분은 율법을 거절한 자들에게 내리는 저주를 묘사하고 있는 부분이다(시 81:13도 참조하라).

14 쓴 쑥과 독한 물을 언급한 것과 함께 저주의 속성은 많은 논쟁의 원인이 되고 있다(McKane, *VT* 30[1980] 474-92를 보라, 8:14과 23:15도 참조하라). "쓴 쑥"(לענה – 라아나)은 신명기 29:17을 포함하여 구약성경에서 8회 나타난다. 앞 절과

신명기 29장을 연관시켜 놓고서 보면, 아마도 쓴 쑥은 백성의 우상 숭배에 대한 결과일 것으로 보인다.

15 심판은 땅의 파괴로 끝을 내지 않는다. 심판은 백성들이 그들의 땅으로부터 축출당하고, 그들이 알지 못하는 땅으로 쫓겨 갈 때에만 끝이 날 것이다(5:15 참조). 13절에서 백성은 "그들의 아버지가 가르친 대로" 바알을 따랐다는 혐의를 받고 있으며, 이제 그들은 "그들의 아버지가 알지 못하던" 땅으로 추방당하게 될 것이다.

해설

왜 하나님의 백성들에게 심판이 내려져야만 하는가? 예레미야의 대답은 단 하나의 히브리어 슈리루트(שְׁרִירוּת)로 요약될 수 있는데, 이 단어는 대개 "강퍅함"으로 번역된다. 신명기 29:18과 시편 81:13에서의 두 번의 언급을 제외하고 이 단어의 용례는 예레미야서에 한정되어 있다(참조, 3:17, 7:24, 9:13, 11:8, 13:10, 16:12, 18:12, 23:17). 이 단어는 여호와에 대한 도전적인 태도, 즉 그의 율법에 대한 거부와 다른 신을 더 좋아하는 것, 그리고 회개의 거절을 함의하고 있다.

"강퍅함"의 위협은 오늘날도 여진히 잔존하고 있다. 이는 "의지의 퇴화"로 묘사되어 왔으며, 백성들이 올바른 행동을 할 것을 강퍅하게 거절할 경우, 그들이 올바른 행동을 할 수 없는 때가 오게 되는 것이다. 그때 심판은 여러분 자신을 위해 지어놓은 감옥 안에서 사는 형태로 오게 될 것이다.

E. 애곡에의 요청(9:16-21)

참고문헌

Cassuto, U. "The Palace of Baal in Tablet II ab of Ras Shamra." In *Biblical and Oriental Studies II.* Jerusalem: Hebrew University, 1975. 113-34. **Castellino, G. R.** "Observations on the Literary Structure of Some Passages in Jeremiah." *VT* 30(1980) 398-408. **Paul, S. M.** "Cuneiform Light on Jer. 9, 20." *Bib* 49(1968) 373-76. **Pohl, A.** "Miszellen, 3: Jeremias 9, 20." *Or* 22(1941) 36-37. **Pope, M. H.** "Mot." *IDBSup.* 607-8.

본 문

17 만군의 여호와께서 이같이 말씀하시되 너희는 잘 생각하고 곡하는 부녀를 불러오며 또 보내어 지혜로운 부녀를 불러오되

18 그들로 빨리 와서 우리를 위하여 애곡하게 하여 우리의 눈에서 눈물이 떨어지게 하며 우리 눈꺼풀에서 물이 쏟아지게 하라

19 이는 시온에서 호곡하는 소리가 들려 이르기를 우리가 아주 망하였구나 우리가 크게 수욕을 당하였구나 우리가 그 땅을 떠난 것은 그들이 우리 주택을 헐었음이로다 함이로다

20 부녀들이여 여호와의 말씀을 들으라 너희 귀에 그 입의 말씀을 받으라 너희 딸들에게 애곡을 가르치며 각기 이웃에게 애가를 가르치라

21 대저 사망이 우리 창문에 올라오며 우리 궁실에 들어오며 밖에서는 자녀와 거리에서는 청년들을 멸절하려 하느니라

22 너는 이같이 이르라 여호와의 말씀에 사람의 시체가 분토같이 들에 떨어질 것이며 추수하는 자의 뒤에 떨어지고 거두지 못한 뭇같이 되리라 하셨느니라

16[17] [a]Thus says the Lord of Hosts,[ab] "Consider this:[b] Call for the mourning women to come, send for the skilled women: 3+2

17[18] [a]Let them come and make haste,[a] and raise over us a wailing: 2+3 until our eyes run down with tears and our eyelids gush with water. 3+2

18[19] For a sound of wailing is heard from Zion:[a] 3+2 'How we are ruined: how utterly ashamed, 2+2 because we have abandoned our land, because[b] they have cast down[c] our dwellings.' 2+3

19[20] Hear, O women, the word of the Lord let your ear receive the word of his mouth. 3+3 And teach to your daughters a lament, and each to her neighbor a dirge. 3+3

20[21] 'Death has come up into our windows: it has entered our palaces,[a] 3+2 Cutting off the children from the street and the young men from the squares.' 3+2

21[22] Speak,[a] [b]'Thus says the Lord:[b] The dead bodies of men shall fall[c] like dung[d] on the open field,[e] 3+3 like sheaves behind the reaper, which none gather.'" 3+2

원문주해

괄호 안의 숫자는 영어 번역본의 절 수다(마소라 본문 9:16-21=영어 번역본 9:17-22). 본문은 히브리어 절 구분을 따르고 있다.

16.a-a. 다수의 주석가들이 이 구절을 생략시키고 있다. 칠십인역에는 레게이 퀴리오스(λέγει κύριος, "주께서 말씀하셨다")로 되어 있다.

16.b-b. 이 단어는 칠십인역과 시리아역에 부재하고 있다.

17.a-a. 이 구절은 칠십인역과 시리아역에 부재하고 있다. 마소라 본문에서 "그들로 오게 하라"는 16절의 일부다. 여기서 이 구절이 17절의 앞부분에 놓인 것은 운율 때문이다. 이를 *BHS*와 비교하라. 칠십인역은 카이 프쎙사스쏘산(καὶ φθεγξάσθωσαν, "그리고 그들로 말하게 하라")으로 읽는다. 여기서는 마소라 본문을 따랐으나, 칠십인역 전승도 동등하게 바람직한 의미를 지니고 있다.

18.a. 일부 사본들과 칠십인역은 브치욘(בציון, "시온에서")으로 읽는다. 이 의미는 변화

되지 않는다.

18.b. 다수의 사본들은 웨키(וכי, "그리고 왜냐하면")로 읽는다. 칠십인역과 시리아역은 간단히 웨(ו, "그리고")로 읽는다.

18.c. 불가타역과 탈굼역은 이를 비인칭 구문으로 이해한다. "우리의 거처가 상실되었도다." 칠십인역에는 1인칭 공통성 복수(השלכנו – 호슐라크누, "우리가 쫓겨났도다")로 표현되고 있다. 루돌프는 호팔(הָשְׁלַכְנוּ מִי – 호슐라크누 미, "우리가 우리의 거처로부터 쫓겨났도다")로 읽기를 제안한다. 하지만 어떠한 독법도 의미를 본질적으로 변화시키지는 않는다.

20.a. 칠십인역은 에이스 텐 겐 헤몬(εἰς τὴν γῆν ἡμῶν)=브아드마테누(באדמתנו, "우리의 땅으로")로 읽는다.

21.a. 다수의 칠십인역 및 사본들과 시리아역에서는 생략되고 있다. 오리겐, 루시앙, 테오도션의 헬라어역은 싸나토(θανάτῳ)=데베르(דבר, "역병")로 읽는다.

21.b-b. 칠십인역에는 생략되고 있다.

21.c. 칠십인역은 에손타이(ἔσονται, "~되게 되리라")로 읽는다.

21.d. 칠십인역은 에이스 파라데이그마(εἰς παράδειγμα, "예를 들어")로 읽는다(Duhm, Volz, Rudolph참조). 왕하 9:37 참조.

21.e. 다수의 사본들과 칠십인역은 하아다마(האדמה, "그 땅")로 읽는다. "원문주해" 20.a.를 참조하라.

양식/구조/배경

이 구절은 형식적으로는 애가와 유사하다. 실제로, 애가는 지배적으로 운율의 영향을 받는다. 난외주는 문맥 속에서 이 부분을 신탁으로 말하고 있다. 주된 해석적 문제는 구절 전체를 통해서 드러나고 있는 인용의 한계다. 대부분의 주석가들과 번역가들은 18a절의 후반부를 인용으로 보고 있으니, 여기서 의견의 일치는 보이지 않는다. 18, 19절과 20절에서의 키(כי)의 해석이 어려운 문제다. 18절에서 세 번 나타나고 있는 키(כי)는 접속사로 번역되어야 할 것이다. "…이기에, …때문에, …때문에." 19절 첫머리의 키(כי)는 16절의 두 번째 명령으로 회귀하고 있다. "애곡하는 여인들을 부르라"(וקראו – 웨이크루). 그러나 이는 번역에는 나타나지 않는다. 20절 첫머리의 키(כי)는 직접적인 내러티브를 도입시키고 있으며, 그래서 역시 번역에서는 드러나지 않는다. BDB, 471 I.1.b.를 보라.

이 구절은 쉽게 두 부분, 즉 16-18절과 19-21절로 구분된다(Condamin과 Holladay를 참조하라). 다수의 해석자들은 두 부분이 갖는 서로 상이한 청중에 대해 간과하고 있다. 첫 부분에서의 명령들은 남성형이며, 애곡하는 여인을 부르는 것에 관여하고 있다. 두 번째 부분에서의 명령들은 여성형이고, 애곡하는 여인들에게 주어지고 있다. 이것은 19절에서는 여성형으로만 확정되고 있다. "여호와의 말씀을 들으라." 마지막 절은 2인칭 남성 단수 명령으로 시작하는데 예레미야에게 말해지는 것이다. 이 구절은 다음과 같은 분석으로 개괄해 볼 수 있다.

16-17	애곡하는 여인들을 부르라는 하나님의 명령
18	여인들을 부르는 이유
19	애곡하는 여인들에게 주어지는 하나님의 명령
20	여인들에 의해 사용될 애가
21	예레미야에 의해 말해질 신탁

이러한 분석은 있는 그대로의 마소라 본문의 의미를 잘 파악하는 것이며, 수정이나 삭제에 의존할 필요도 없는 것이다. 특정 절에 대해서는 다음의 "주석"을 보라.

이 구절은 주변 구절들과 마찬가지로 아마도 주전 598/7년에 있었던 포위와 추방의 직전 시기에 기인하는 것으로 보인다. 침략 세력이 접근해 왔으며, 예레미야는 어떠한 소망도 바라볼 수 없었다. 이제는 애곡할 때가 된 것이다.

주석

16 앞선 심판의 선언에 대한 대응으로서 백성들은 애가를 부르기 위해 전문적으로 애곡하는 여인들을 불러올 것을 지시받는다. 회개에 대한 요청은 이제 과거지사가 되어 버렸다. 말하자면, 종말이 도래한 것이다. "애곡하는 여인들"(מקוננות – 므코느노트)이 구약에서 사용된 경우는 이번이 유일하다. 할러데이에 의하면, 구약에서 전문적으로 애곡하는 여인들에 대한 유일한 언급이라고 한다(더 자세한 것을 위해서는 E. Jacob, "Mourning," *IDB*, 3:453-54를 보라).

17 그 여인들은 와서 백성들이 슬픔을 모두 이겨낼 때까지 큰 애가를 부르도록 지시받는다. 슬픔을 묘사하는 언어는 8:23[9:1]에 사용된 언어를 연상시킨다. 아마도 여기에 언급된 바와 같이 전문적으로 애곡하는 자들은 예수의 말 속에서도 암시되는 것으로 보인다. "우리가 너희를 향하여 피리를 불어도 너희가 춤추지 않고 우리가 애곡하여도 너희가 가슴을 치지 아니하였다"(마 11:17).

18 애곡하는 여인들은 시온에서 온 자들과 그들의 목소리를 합세하도록 지시받는다. 예레미야서에서 시온은 주로 하나님의 거소로 나타난다(예를 들어, 8:19을 보라). 애가의 말이 도래한 것은 백성들이 그 땅을 "저버렸기"(עזב – 아자브) 때문이

다. 그들이 하나님의 율법을 "저버렸기" 때문에 하나님의 거소인 시온을 "저버린" 것인가(9:12을 보라)?

19 앞서 백성들은 애곡하는 여인들을 부르도록 지시받았고(16절), 이 절에서는 애곡하는 여인들로 하여금 애가를 부르게 하시는 하나님의 지시가 나타난다. 그 여인들에 대해 이루어지는 그들의 딸과 친구들로 하여금 애가에 함께 가담하도록 부르라는 지시는 상황의 심각성을 강조해 주고 있다.

20 이 절에 기록되고 있는 여인들의 애곡은 도시의 전 지역에 죽음이 어떻게 침투해 들어오고 있는지를 기술하고 있다. 죽음은 백성들의 집들로 침략해 왔으며, 궁전 안으로도 들어와서 어떠한 장소도 안전할 수 없게 된 것이다. 아이들은 거리에서 넘어지고, 청년들은 광장에서 그렇게 되어야 했다. 이 절은 바알 서사시와 죽음의 신 못드와의 연관성에 대한 가정으로 인해 많은 논쟁거리가 되어 왔다. 폴(Shalom M. Paul, *Bib* 49[1968] 373-76)은 연관성에 대한 가정은 올바르지 않다는 것을 설득력 있게 논증했다. 그 역시 연관성에 근거해서 본문에 어느 정도의 수정이 가해졌음을 부정한다. 그는 바벨론의 귀신 라마스투(Lamastu)와의 연관성이 더 깊다고 생각하는데, 이 귀신은 유아와 임산부를 잡아먹으며 창문이나 문틈을 통해 집안으로 들어간다고 한다. 이 영상의 공포성을 이해하기 위해서는 어떠한 유사성에 대한 가정도 필요하지 않다. 죽음이 도시를 덮었고, 거기 사는 모든 것을 채워 버렸다.

21 애곡에 대하여, 그리고 애곡을 보충하는 의미에서 예레미야는 신탁을 선포하라는 명령을 받는다. 회화적인 언어(이 언어는 너무도 회화적이어서 칠십인역이 이를 지속적으로 변화시켜 왔다-"원문주해" 21.d를 보라)를 가지고 신탁은 다가올 파멸을 묘사한다. 죽은 자들이 너무도 많아서 그들의 육신이 길거리에 그대로 노출된 채로 내던져져 악취를 풍기게 될 것이다. 그들의 육신은 마치 수확하는 자들이 쓸모없어 내던지는 볏단처럼 들에 버려져 부패하기 시작할 것이다.

해설

스키너(Skinner, *Prophecy and Religion*, 124)는 이를 "아마도 구약성경이 가지고 있는 예언적 애가의 가장 훌륭한 모범일 것"이라고 부른다. 그 언어의 힘으로 인해 이것은 31:15에서의 짧은 애가와 비견될 만하다. 31:15에서는 이스라엘의 어머니가 아이를 위해 울고 있으며, 그들이 더 이상 존재하지 않기에 위안 얻기를 거절하고 있다.

전쟁은 전쟁터에서 부상당한 자들에게만 잔인했던 것이 아니라, 그들의 상실을 슬퍼하는 남겨진 자들에게도 잔인했다. 대개는 여인들이었고, 이들은 어머니일 뿐 아니라 아내이기도 했다. 그 장면은 우리의 텔레비전 화면에서 계속 재연되고 있다. 검은 옷을 입은 여인들이 그렇게 좋아 보이지 않는 땅에 있는 열려진 무덤 곁에 서서 꽉 쥔 손을 하늘을 향해 높이 들거나 자신들의 가슴을 내리치고 있는 것이다. 사랑하던 남자들이 그들 앞에 죽어서 누워 있을 때 그들은 도대체 무엇을 할 수 있는가? 왜 여인들은 항상 불공평하게 세상의 슬픔을 얻어야 하는가? 왜 라헬은 그녀의 죽은 아이들을 위해 울어야만 하는가? 왜 마리아는 십자가 앞에서 홀로 울어야 하는가?

F. 모든 이에게 임하는 심판(9:22-25)

참고문헌

Brueggemann, W. A. "The Epistemological Crisis of Israel's Two Histories(Jer. 9:22-23)." In *Israelite Wisdom.* Ed. J. G. Gammie et al. Missoula, MT: Scholars Press, 1978. 85-105. **Kutsch, E.** "Weisheitsspruch und Prophetenwort: zur Traditionsgeschichte des Spruches Jer. 9, 22-23." *BZ* 25(1981) 161-79. **Rusche, H.** "Zum «jeremiahischen» Hintergrund der Korintherbriefe." *BZ* 31(1937) 116-19. **Schreiner, J.** "Jeremia 9, 22-23 als Hintergrund des paulinischen 'Sich-Ruhmen.'" In *Neues Testament und Kirche, Fur Rudolf Schnackenburg.* Ed. J. Gnilka. Freiburg: Herder, 1974. 530-42.

본 문

23 여호와께서 이같이 말씀하시되 지혜로운 자는 그 지혜를 자랑치 말라 용사는 그 용맹을 자랑치 말라 부자는 그 부함을 자랑치 말라	**22**[23] Thus says the Lord: "Let not the wise man glory in his wisdom, and let not the mighty man glory in his might, [a]let not the rich man glory in his riches. 3+3+3
24 자랑하는 자는 이것으로 자랑할지니 곧 명철하여 나를 아는 것과 나 여호와는 인애와 공평과	**23**[24] But let him who glories glory in this: that he has understanding and knows me, 4+3 that I

정직을 땅에 행하는 자인 줄 깨닫는 것이라 나는 이 일을 기뻐하노라 여호와의 말이니라	am the Lord who practices steadfast love, 3+2 [a]justice, and righteousness on the earth; for in these things I delight." 3+2 The Lord's oracle.
25 여호와께서 말씀하시되 날이 이르면 할례 받은 자와 할례 받지 못한 자를 내가 다 벌하리니	**24**[25] "Behold, the days are coming," says the Lord, "when I will punish all the circumcised who are uncircumcised –
26 곧 애굽과 유다와 에돔과 암몬 자손과 모압과 및 광야에 거하여 그 머리털을 모지게 깎은 자들에게라 대저 열방은 할례를 받지 못하였고 이스라엘은 마음에 할례를 받지 못하였느니라 하셨느니라	**25**[26] Egypt, Judah, Edom, the sons of Ammon, Moab, and all the inhabitants of the desert[a] who cut the corners of their hair;[a] for all the nations are uncircumcised,[b] and all the house of Israel is uncircumcised in heart."[c]

원문주해

괄호 안의 숫자는 영어 번역본의 절 수다(마소라 본문 9:22-25=영어 번역본 9:23-26). 본문은 히브리어 절 구분을 따르고 있다.

22.a. 다수의 사본들과 번역본들이 접속사를 선행 콜라(cola)에 포함시키고 있다. 이러한 독법은 아마도 운율 구조에 대한 오해의 결과인 것으로 보인다.

23.a. 칠십인역, 시리아역, 탈굼역은 접속사를 추가시키고 있다. "원문주해" 22.a.를 참조하라.

25.a-a. 이 구절에 대한 이역(KJV, NEB를 보라)은 주목할 만하다. 유대 주석가들인 라쉬(Rashi)와 킴히(Kimchi)의 해석으로부터 이 구절은 "사막 주변"(קצין – 카차츠=קצה – 카차)으로 번역되어 왔다. 25:23과 49:32을 참조하라.

25.b. 칠십인역, 시리아역, 탈굼역은 사르키(*σαρκί*, "육신의")를 추가하고 있는데, 이는 아마도 해석적인 추가로 보인다. 하지만 이 모든 민족이 할례를 행했기 때문에 이러한 첨기 이론을 따를 수는 없다. "주석"을 보라. 루돌프(*BHS*)는 "모든 민족들과 온 이스라엘의 집" 대신에 하엘레(האלה, "이것들")로 읽는다.

25.c. 칠십인역은 또 하나의 해석적인 확장으로 아우톤(*αὐτῶν*)=리밤(לבם, "그의")을 추가시키고 있다.

양식/구조/배경

이 두 가지의 근본적으로 개별적 신탁들(22-23절, 24-25절)은 별도로 분석되어야 한다.

옛 주석가들은 자주 첫 신탁(22-23절)을 지혜 전승과 연관지으려 했다(예를 들어, Duhm, Volz, Kutsch, *BZ* 25[1981] 161-79도 보라). 그러나 최근의 연구에서는 이것이 지혜 전승보다는 선지자 전승과 더욱 관련이 깊다는 사실을 깨닫는 경향을 보이고 있다(예를 들어, Rudolph, McKane, Holladay, Brueggemann, "The Epistemological Crisis," in *Israelite Wisdom*도 보라). 초기의 주석가들은 이 신탁을 후기의 것이며 별 중요성이 없는 것으로 이해하려는 경향을 지녔다. 그러나 이것의 선지적인 성격을 이해했던 사람들은 그 진정성을 확증해 왔다. 지혜, 권세 그리고 부요함의 삼중주는 지혜 문학에는 전혀 나타나지 않는다. 또한 부에 대한 부정적인 태도라는 것도 지혜 전승에는 낯선 요소다. 마소라와 헬라의 전승들은 분명히 이 구절을 메신저 형식구인 "그러므로 여호와께서 이르시되"와 표제 "여호와의 신탁"에서 드러나는 바와 같은 선지자 신탁으로 이해하였다. 그럼에도 불구하고, 이 구절은 후기의 첨가일 확률도 있다. 이 구절의 문제는 주변 문맥과 아무런 직접적 연관성도 가지고 있지 않기 때문에 조금 복잡하다. 이 구절이 여기에 위치하게 된 것은 아마도 표제어와 공통 주제에 근거한 것으로 보인다. "알다"(ידע – 야다)와 "현명한"(חכם – 하캄)이라는 두 단어가 독특하다. "알다"에 대해서는 8:7; 8:12; 9:2; 10:25을 보도록 하고, "현명한"에 대해서는 8:8-9; 9:11을 보도록 하라. 이 신탁 자체는 이것이 이해되어야 하는 정황에 대해서는 어떠한 암시도 허락하지 않는다. 이에 대조적인 강제력을 가진 증거도 없이, 이 신탁은 그 즉각적인 주변 맥락이라는 바로 그 배경에서만 이해되어야 한다. 그래서 요시야 치하의 후기 어느 해이거나 여호야김 치하의 초기 어느 때 중 하나일 것으로 보인다.

두 번째 신탁(24-25절)은 할례와 경건에 관한 별도의 신탁이다. 큰 의미에서 주변 문맥과의 유일한 연관성이라고 할 만한 것은 심판의 주제뿐이다. 루돌프는 25절에서 나열된 민족들에 근거해서 바벨론인들에게 대항한 민족들간의 제휴의 배경을 제안해 왔다. 이러한 제휴는 애굽에 의해 제기되었고, 모든 민족이 할례를 행했다는 것이다. 그들이 적대시했던 바벨론인들은 할례를 행치 않은 것이다(Bright, Holladay도 그렇게 본다). 이러한 맥락도 요시야 치하의 후기 어느 해나 여호야김 치하의 초기 어느 시기와 들어맞는다.

주석

22-23 이 짧은 신탁은 두 개의 삼중주를 동원하여 삶에 대한 두 가지 서로 다른 시각을 제공하고 있다. 지혜, 권세 그리고 부요함은 견실한 사랑(חסד – 헤세드), 정의 그리고 의로움과 대조된다. 23절의 해석은 이 구절의 이해에서 결정적인 역할을 한다. 이 구절에 대한 하나의 관점은 하나님을 아는 사람은 사랑, 정의 그리고 의로

움을 실행해야 한다는 것이다(예를 들어, Kimchi). 캐롤(Carroll)은 아마도 이 관점을 거부하는 면에서 옳았던 것으로 보인다. 이는 예레미야서에서 오직 하나님만이 견실한 사랑(חסד－헤세드)을 실천했으며, 하나님 외에는 오직 요시야(22:15-16)와 미래의 왕(23:5)만이 정의와 의로움을 실천할 뿐이었기에 그렇다. 신성한 가치, 즉 사랑과 정의와 의로움은 지혜와 권세와 부요함의 가치를 정당하게 관찰하도록 만든다. 신격에 대한 지식은 그 성격상 실천적이라기보다는 경건적 혹은 고백적이다. 브루거만(Brueggemann, "The Epistemological Crisis")은 이 구절을 아직 논쟁 중에 있는 삶에 대한 주된 두 가지 견해의 전형으로 분석했을 때 이 경우를 아마도 지나치게 과장한 것으로 여겨진다.

23절에서의 세 가지 애매한 장소는 이 절에 대한 우리의 이해에 크게 영향을 미칠 수 있다. (i) 하나님을 아는 것을 묘사하기 위해 사용된 두 개의 동사는 다양한 방식으로 번역될 수 있다. 이것들은 유사하다고 볼 수 있다(대부분의 영어 역본들이 그렇고, Rudolph, Carroll, McKane도 이에 동의한다). "그는 이해력을 가졌고, 나를 알고 있다"이거나, 아니면 "그는 나를 이해하고 있고 또한 알고 있다." (ii) "나는 여호와니라"는 구문 앞에 나타난 접속사 키(כי)는 여호와를 아는 것이 무엇을 의미하는지를 지적해 준다. 그래서 이것은 "~이기 때문에"보다는 "~라는 것"으로 번역되어야 할 것이다(Rudolph, RSV도 그러하다). "~이기 때문에"는 여호와를 아는 이유를 지적하는 것일 수도 있기 때문이다(McKane, NEB가 그렇다). (iii) 끝으로 의미가 모호한 "이것들 안에서"(באלה－브엘레)는 (여기에서처럼) 사랑, 정의, 의로움과 관련될 수 있거나, 사랑, 정의, 의로움을 실천하는 사람들을 지시할 수도 있다(아마도 Bright가 이런 견해인 듯하다). 이에 대한 해답은 이 구절에 대한 각각의 이해에 달려 있다.

이 절은 아마도 바울에 의해서 고린도전서 1:31과 고린도후서 10:17에서도 사용된 듯하다. 또한 야고보서 1:9과 클레멘트1서 13:1에도 영향을 미쳤던 것으로 보인다. 더 자세한 것을 위해서는 Kutsch, *BZ* 25(1981) 161-79; Rusche, *BZ* 31(1937) 116-19; Schreiner, "Jeremia 9,22-23"을 보라.

24-25 두 번째의 짧은 신탁은 쉽게 오해되고 있다. 이에 대해서는 "원문주해"에 열거된 해석을 위한 부연을 보라. 25절에 나열되고 있는 모든 민족이 할례를 행했다는 것을 먼저 염두에 두는 일이 필요하다. 할례에 대해서는 E. Schürer, *Geschichte des jüdischen Volkes*(Leipzig: Hinrichs, 1901) 1:675-76과 J. M. Sasson, "Circumcision in the Ancient Near East," *JBL* 85(1966) 473-76를 보라. 또한 유다와 타민족 간의

집단화에 대해서도 주목해야 한다. 유다를 포함한 모든 할례 받은 자들에게 임하는 심판은 모든 이들이 마음의 할례를 받았기 때문이다. 이 구절은 예레미야서에서의 두 유사 구절(4:4; 6:10)과 할례에 대해 이야기하는 신명기에서의 두 구절(10:16; 30:6)의 문맥 속에서 이해되어야 한다. 예레미야서도 신명기도 육신의 할례를 옹호한 것이 아니며, 오히려 마음의 할례(혹은 렘 6:10에서 이야기하고 있는 바와 같이 귀의 할례)를 이야기하고 있다. 분명히 할례의 상징적인 의미만이 중요하게 고려되고 있다. 할례는 특별한 지위를 보여 주거나, 혹은 아마도 하나님의 진노로부터 보호함을 의미하는 것 같다(출 5:24-26?). (마음의) 할례를 받지 않은 백성들을 부름은 그들이 어떤 특별한 지위나 보호를 입지 못했다는 것을 언명하고 있다. 심판은 모든 이들에게 임하게 될 것이다.

앞선 신탁의 경우에서처럼, 이 신탁 혹은 그 이면에 깔린 사고는 적어도 바울의 저술 속에서 반향되고 있다. 특별히 로마서 2:25-29을 보라.

해설

진정한 위대함의 척도는 무엇인가? 오늘날의 세계는 학자들, 특히 과학적인 분야에 있는 학자들, 군인들 또한 부유한 특권계층과 예능인에게 영예를 주고 있다. 예레미야는 이스라엘의 지혜, 권세, 부요함에 매료되는 현상을 장애 요소로서, 그리고 우상 숭배로서 이해했다. 이것들은 어떤 사람의 삶에 있어서 가장 중요한 목표가 되었을 때 진정한 위대함을 찾는 일에 장애가 되는 것이다.

선지자에 의하면, 진정한 위대함은 하나님을 자신의 삶에서 절대적으로 최우선에 두는 일, 그리고 그가 소유하고 있으며 그 안에서 기쁨을 누리는 그의 특성을 재생산하려고 노력하는 일에 달려 있다. 이러한 일들은 그 수에 있어서는 세 가지다. 즉, 견실한 사랑과 정의와 의로움인데, 이것들은 위대함에 대한 세 가지 잘못된 근원들, 즉 지혜와 권세와 부요함과 대립되고 있다.

두 번째 신탁(24-25절[25-26]) 역시 삶에 대한 급진적인 신 중심주의를 배격하고 있다. 하나님에 대한 지식이 지혜와 권세 혹은 힘보다 더 중요한 것과 마찬가지로, 마음으로부터 샘솟는 신앙은 종교의 어떠한 외적 과시보다 더욱 중요하다는 것이다. 육으로 할례를 받는다는 것은 전적으로 그 사람이 여전히 "마음의 할례"를 받지 않은 상태에서는 아무런 소용이 없는 일임을 의미한다. 이것은 누구나 구약성경에서 찾을 수 있는 만큼의 공허한 제의와 형식주의에 대한 강력한 배격이다. 예레미야의 문맥 속에서 이 신탁은 지혜도 권세도 어떠한 부나 할례도 사람을 하나님의 심판으로부터 구원하는 데 도움을 줄 수 없다는 것을 표명하고 있다.

G. 우상과 진정한 하나님(10:1-16)

참고문헌

Ackroyd, P. R. "Jeremiah X. 1-16." *JTS* 14(1963) 385-90. **Andrew, M. E.** "Post-Exilic Prophets and the Ministry of Creating Community." *ExpTim* 93(1982) 42 46. ______. "The Authorship of Jer. 10:1-16." *ZAW* 94(1982) 20-47. **Bogaert, P.-M.** "Les mécanismes rédactionnels en Jér. 10, 1-16(LXX et TM) et la signification des suppléments." *Le Livre de Jérémie.* Ed. P.-M. Bogaert. 228-38. **Carmignac, J.** "Le Texte de Jérémie 10:13 (ou 51, 16) et Celui de 2 Samuel 23:7; améliorés par Qumran." *RevQ* 7(1970) 287-90. **Dahood, M.** "Egyptian ʾIW, 'Island' in Jeremiah 10, 9 and Daniel 10, 5." In *Atti del Secondo Congresso Internazionale di Linguistica Camito-Semitica.* Ed. Pelio Fronzaroli. Quaderni Di Semitistica 5. Firenze: instituto di Linguistica e de Lingue Orientali, 1978. 101-3. ______. "The Emphatic Double Negative *m'yn* in Jeremiah 10:6-7." *CBQ* 37(1975) 458-59. **Davidson, R.** "Jeremiah X 1-16." *TGUOS* 25(1976) 41-58. **Deist, F. E.** "Zu *Ktmr Mqsh* in Jer. 10:5." *ZAW* 85(1973) 225-26. **Dick, M. B.** "Prophetic Poiēsis and the Verbal Icon." *CBQ* 46(1984) 226-46. **Kissane, E. J.** "Who Maketh Lightnings for the Rain." *JTS* n.s. 3(1952) 214-16. **Labuschagne, C. J.** *The Incomparability of Yahweh in the Old Testament.* Leiden: Brill, 1966. 68-69. **Margaliot, M.** "Jeremiah X 1-16: A Re-Examination." *VT* 30(1980) 295-308. **Overholt, T. W.** "The Falsehood of Idolatry: An Interpretation of Jer. X. 1-16." *JTS* 16(1965) 1-12. **Wambacq, B. N.** "Jérémie, X, 1-16." *RB* 81(1974) 57-62.

본 문

1 이스라엘 집이여 여호와께서 너희에게 이르시
는 말씀을 들을지어다
2 여호와께서 이같이 말씀하시되 열방의 길을 배

1 Hear the word which the Lord has spoken
concerning you, O House of Israel!
2 The Lord has spoken thus: "Do not learn[a] the

우지 말라 열방인은 하늘의 징조를 두려워하거니와 너희는 그것을 두려워 말라

way of the nations, and do not be dismayed at the signs of the heavens, because the nations are dismayed at them. 3+3+3

3 열방의 규례는 헛된 것이라 그 위하는 것은 삼림에서 벤 나무요 공장의 손이 도끼로 만든 것이라

3 For the customs[a] of the nations are false: a tree is cut down from the forest, and worked by the hands of a craftsman with an axe.[b] 4+3+3

4 그들이 은과 금으로 그것에 꾸미고 못과 장도리로 그것을 든든히 하여 요동치 않게 하나니

4 With silver and gold they adorn[a] it, 3+2+3 with [b]nails and hammers,[b] they strengthen it so it cannot move.[c]

5 그것이 갈린 기둥 같아서 말도 못하며 걸어 다니지도 못하므로 사람에게 메임을 입느니라 그것이 화를 주거나 복을 주지 못하나니 너희는 두려워 말라 하셨느니라

5 Like a scarecrow[a] in a cucumber field, they cannot speak: [b]they must be carried[c] because they cannot walk. 4+4 Do not be afraid of them because they cannot do evil: neither is it in them[d] to do good." 3+2+3

6 여호와여 주와 같은 자 없나이다 주는 크시니 주의 이름이 그 권능으로 인하여 크시니이다

6 [a]There is absolutely none[b] like you, O Lord: You are great, and your name is great with might. 3+2+3

7 열방의 왕이시여 주를 경외치 아니할 자가 누구리이까 이는 주께 당연한 일이라 열방의 지혜로운 자들과 왕족 중에 주와 같은 자 없음이니이다

7 Who would not fear you, O King of the nations, for this is your due:[a] 3+2+3 For among all the wise of the nations and in all their kingdoms[b] there is absolutely none like you.[c] 3+2+2

8 그들은 다 무지하고 어리석은 것이니 우상의 도는 나무뿐이라

8 They are both stupid and foolish: the instruction of idols is wood.[b] 3+4

9 다시스에서 가져온 은박과 우바스에서 가져온 금으로 꾸미되 공장과 장색의 손으로 만들었고 청색 자색 감으로 그 옷을 삼았나니 이는 공교한 사람의 만든 것이어니와

9 Beaten silver is brought from Tarshish 4+2 and gold from the coast of gold:[a] The work of the craftsman and the goldsmith's hands: violet and purple are their clothes, all the work of skilled men. 4+3+3

10 오직 여호와는 참 하나님이시요 사시는 하나님이시요 영원한 왕이시라 그 진노하심에 땅이 진동하며 그 분노하심을 열방이 능히 당치 못하느니라

10 But the Lord is the God of truth: he is the living God, the everlasting King: 3+4 At his wrath the earth shakes, and the nations cannot endure his indignation. 3+3

11 너희는 이같이 그들에게 이르기를 천지를 짓지 아니한 신들은 땅 위에서, 이 하늘 아래서 망하리라 하라

11 [a]Thus you shall say to them: "The gods that have not made the heavens and the earth, these shall perish from the earth and from under the heavens."[a] 5+5

12 여호와께서 그 권능으로 땅을 지으셨고 그 지혜로 세계를 세우셨고 그 명철로 하늘들을 펴셨으며

12 He[a] made the earth with his power: he established the world with his wisdom, and with his understanding stretched out the heavens. 3+3+3

13 그가 목소리를 발하신즉 하늘에 많은 물이 생기나니 그는 땅 끝에서 구름이 오르게 하시며 비를 위하여 번개하게 하시며 그 곳간에서 바람을 내시거늘

13 [a]At the sound of his voice[a] [b]the waters of heaven roar,[b] 2+3 and he makes clouds rise from the ends of the[c] eaeth 2+2 He makes lightnings[d] for the rain, and brings forth the wind[e] from his storehouse. 3+3

14 사람마다 우준하고 무식하도다 금장색마다 자기의 조각한 신상으로 인하여 수치를 당하나니 이는 그 부어 만든 우상은 거짓 것이요 그 속에 생기가 없음이라

14 Every man is stupid and without knowledge, and every goldsmith is put to shame by his idols. 3+3 For [a]his idol is[a] false, and there is no breath in them. 3+2

15 그것들은 헛 것이요 망령되이 만든 것인즉 징벌하실 때에 멸망할 것이나

15 They are worthless, a work of delusion: at the time [a]of their punishment,[a] they shall perish. 2+2+3

16 야곱의 분깃은 이 같지 아니하시니 그는 만물의 조성자요 이스라엘은 그 산업의 지파라 그 이름은 만군의 여호와시니라

16 Not like these is the portion of Jacob, for he is the one who formed all things: 3+3 [a]and Israel is the tribe[a] of his inheritance: 3+3 the Lord [b]of Hosts[b] is his name.

원문주해

2.a. 루돌프는 에트(את, 직접목적어 지시사)로 읽을 것을 제안한다. 이 부분은 유일하게 엘(אל, "~로")이 라마드(למד, "배우다")와 함께 사용된 경우다. 그럼에도 불구하고, 이 부분은 칠십인역의 동의를 얻고 있다. 마소라 본문을 따르면 가장 해독하기 어려운 경우다.

3.a. 후코트(הקות)는 대개 "법령"으로 번역된다. 루돌프는 창 35:5에 근거해서 히타트(חתת, "공포")로 읽기를 권한다. 수정이 반드시 필요한 것은 아니다.

3.b. 이 단어는 이 곳 이외에 사 44:12에서만 유일하게 사용되고 있다.

4.a. 시리아역과 탈굼역은 예차페후(יצפהו, "덮다")로 읽기를 제의한다.

4.b-b. 칠십인역과 4QJer[b]는 이 용어들을 바꾸고 있다. 4QJer[b]는 지속적으로 헬라어 전승을 지지하고 있는데, 이것이 9:22-10:18에 잔존한다. 다른 쿰란의 예레미야 사본들(2Q Jer, 4QJer[a], 4QJer[c])은 대개 마소라 전승을 따른다.

4.c. 칠십인역과 4QJer[b]에 근거해서 다수의 학자들은 야피쿠(יפיקו, "그리고 그들이 그것을 움직일 수 없었다")로 읽기를 제안한다(예를 들어, Rudolph). 마소라 본문이 만족스러운 형태를 가지고 있다. GKC§ 109g를 보라.

5.a. "허수아비"는 구약성경에서는 여기서만 나타난다. 번역본들은 이에 합의를 보지 못하고 있다. 칠십인역은 이를 생략하고, 불가타역과 시리아역은 타마르(תָּמָר, "종려나무")로 보았다. 다이스트(Deist, *ZAW* 85[1973] 225-26)도 이 부분을 "종려나무"로 읽으려 한다. 마소라 본문은 예레미야의 서신 69에 의해 확증된다.

5.b. 칠십인역과 4QJer[b]는 여기에서 5절 앞부분에 바로 이어 9절을 읽어 버리는데, 이는 6, 7, 8, 10절을 생략했기 때문이다.

5.c. 몇몇 사본을 따라 이나스우(ינשאו)로 읽은 것이다. 마소라 본문은 필사적인 오류의 결과인 것으로 보인다. GKC§ 23i, 47n을 보라.

5.d. 몇몇 사본을 따라 이탐(אתם)으로 읽은 것이다. 마소라 본문은 아마도 필사적인 오류의 결과인 것으로 보인다.

6.a. 칠십인역은 6-8절을 생략하고 있다.

6.b. 여기와 7절에서의 메에인(מאין)은 난해한 부분인데, 문자적으로는 "너를 좋아하지 않고"이다. 루돌프(*BHS*)는 두 곳 모두에서 멤(ם)을 삭제할 것을 제안했으며, 그러면 "아무도 너를 좋아하지 않는다"가 된다. BDB, 35는 메아이크(מֵאַיִךְ, "당신을 좋아하는 이가 어디 있느냐")로 읽기를 제안한다. 다후드(Dahood, *CBQ* 37[1975] 458-59)는 마에인(מָאַיִן)으로 읽기를 제안하는데, 그러면 마(מָה)에 대한 이중 부정이 되어 여기에 채택된 독법으로 표현된다. König, *Syntax*, 352x도 보도록 하라. 보는 제안하는 바가 의미하는 것은 결국 동일한 것이다.

7.a. 이 단어는 여기서만 유일하게 나타난다.

7.b. 테오도션역은 "왕들"로 읽는다.

7.c. "원문주해" 6.b.를 보라.

8.b. 이것이 의미하는 바는 무엇인가? 루돌프(*BHS*)는 메에차(מעצה, "권고가 부족하다")로 읽는다.

9.a. 다후드(M. Dahood, "Egyptian ʾIW")의 제안을 따라서 이 곳의 위치는 아프리카의 서부 해안일 것으로 보인다. 다른 대안은 알려지지 않고 있다. 시리아역과 탈굼역은 "오빌"로 읽으며, 칠십인역은 "모파즈"로 읽는다.

11.a-a. 전체 절은 아람어로 되어 있다. 대개 이 부분은 공식적(황실의) 아람어로 여겨진다. 즉, 주전 700-200년 사이의 문명화된 사회의 공통어(lingua franca)다.

12.a. 칠십인역과 시리아역은 "주"로 읽는다. 12-16절은 51:15-19과 유사하다(칠십인역 28:15-19).

13.a-a. 칠십인역은 이 구절을 생략하고 있으나 이를 51:16(칠십인역 28:16)에서 포함시키고 있다. 이 구절은 나타난 그대로는 큰 의미가 없다. 덤은 르콜로 니타크(לקולו נתך, "그의 목소리로 퍼부었다…")로 읽기를 제안한다. *BHS*도 그렇다. 여기서의 번역을 위해서는 NEB와 Driver, G.R., "Linguistic and Textual Problems: Jeremiah," *JQR* 28(1937-38) 106를 비교하라.

13.b-b. 까르미냐(Carmignac, *RevQ* 7[1970] 287-90)는 쿰란의 시편 두루마리를 근거로 하여 이 구절과 선행구를 서로 맞바꾸기를 제안했다.

13.c. 쿰란은 정관사를 포함시키고 있다.

13.d. 키세인(Kissane, *JTS* ns 3[1952] 214-16)은 하늘의 창과 관련시켜서 브다킴(בדקים, "비를 위한 틈을 낸 사람")으로 읽기를 제안한다.

13.e. 칠십인역은 여기뿐만 아니라 51:16(칠십인역=28:16)에서도 포스(*φῶς*, "빛")로 읽는다.

14.a-a. 칠십인역은 "그가 부었다"(= נסך – 나사크)로 읽는다. 루돌프는 느사카우(נסכו, "그의 영상")로 읽기를 제안한다.

15.a-a. 4QJer[b]는 프카드팀(פקדתים, "내가 그들을 징벌할 때")으로 읽는다. 6:15 참조.

16.a-a. 칠십인역에는 생략되어 있다.

16.b-b. 칠십인역에는 생략되어 있다.

양식/구조/배경

대단한 논쟁의 초점이 되고 있는 본문은 저작성과 편집에 관련된 문제점들을 드러내고 있다. 본문에서는 칠십인역과 마소라 본문이 크게 차이를 나타내고 있으며, 11절은 아람어로 되어 있고, 계속해서 해석상의 문제점들도 있다. 그라프(Graf, *Der Prophet Jeremia*[Leipzig, 1862])로부터 시작되는 대부분의 현대 주석가들은 예레미야가 본 구절의 저자라는 점을 부인해 왔으며, 본문에 대한 다수의 삭제와 재배열을 요구하고 있다(예를 들어, Duhm, Volz, Rudolph, Bright). 그럼에도 불구하고, 바이저(Weiser)로부터 시작하여 이러한 견해에 반대하는 목소리도 점차 커져 가고 있다. 바이저는 본 구절에 대한 예레미야의 저작성을 고수하면서도 여전히 본문에 대한 개정 작업을 시도하고 있다. 바이저의 저작에 기초하여 세워진 몇 가지 최근의 저술들도 본문에 대한 예레미야의 저작성과 마소라 본문의 무결성(無缺性)을 지켜내고 있다(예를 들어, Ackroyd, *JTS* 14[1963] 385-9; Overholt, *JTS* 16[1965] 1-12; Labuschagne, *The Incomparability of Yahweh*, 68-69; Margaliot, *VT* 30[1980] 295-308). 마소라 본문의 무결성에 대한 증거는 많은 주석가들에 의해 확인되어 왔다. 그러나 다수는 여전히 예레미야가 본 구절의 저자라는 사실을 부정하고 있다(예를 들어, Carroll, McKane).

이 구절의 저작성은 대개는 이사야 40-48장과의 어휘와 문체에 있어서의 유사성에 대한 비교를 통해 의문시되어 왔다. 어휘에 있어서의 유사성은 셀 수 없이 많다. 우상, 이미지, 거짓됨, 장인, 목재, 금세공, 금, 은, 도끼, 망치, 못, 단련하다, 옮기다. 이러한 유사성에 대한 서로 상이한 해석으로 서로 다른 입장을 만들어 놓았다. 예를 들어, Rudolph, Margaliot, *VT* 30(1980) 295-308.

편집에 대한 수많은 의견의 불일치는 본문이 난해하다는 점과 칠십인역과 마소라 본문 간의 상이성 때문이다("원문주해"를 보라). 다수의 주석가들은 이러한 난점에 집중해서 다양한 삭제와 본문상의 재배열을 제안해 왔다. 본문의 개정에 대한 다양한 제안점들은 의견의 일치를 보지 못하고 있다.

Duhm 1-3a, 5b, 10, 12-16.
Volz 3-5, 10, 12-16.
Rudolph 2-4a, 9, 4b-5, 8, 10, 12-16.
Bright 1-4a, 9, 4b-8, 10-16.

칠십인역의 본문과 동일한 형태를 보이고 있는 4QJer^{b}의 발견은 이 상황을 더 어렵게 만들어 놓았다. 칠십인역의 순서는 1-5a, 9, 5b, 11-12의 순이다. 본문의 개정에 대한 다양한 시도들이 있었으나 어느 것도 칠십인역과 마소라 본문, 혹은 그 주변 문서들 간의 상이성에 대한 적절한 설명을 내놓지 못했다.

아람어로 된 11절은 구약성경 가운데 순수하게 히브리어로만 이루어진 구문 속에 포함된 아람어로 된 단일절로서는 유일한 경우다. 이 절의 문제는 동일한 단어의 정서법상 두 가지 이형들(아라크[ארק], 에레츠[ארץ], "땅")을 보임으로써 문제를 더욱 악화시키고 있는데, 이 둘은 서로 다른 시대에 기인한 어휘들이라는 것이다. 본 구절 속에 이 절이 존재한다는 사실은 설명을 요하는 문제다. 이것과 관련되어 본문에 동의하거나 이견을 제시하는 다수의 논증이 나왔고, 이들은 대개 전체 구절에 대한 분석에 의한 결론을 내리고 있다. 예를 들어, 11절 마지막 부분에서의 교차구조를 주목해 보라.

기나긴 논증으로 들어가지는 않고서 다음과 같은 결론이 가정되어 왔다. (i) 예레미야가 이 구절의 저자다. (ii) 본 구절의 마소라 본문은 더 긴 수정을 할 필요가 없는 통일된 본문 형태를 보여 주고 있다. (iii) 아람어로 이루어진 11절은 본 구절에서는 필수적인 부분이 되고 있다. 흥미를 가진 독자는 아크로이드(Ackroyd), 오버홀트(Overholt), 마르갈리옷(Margaliot)의 논문들과 캐롤(Carroll), 할러데이(Holladay), 맥케인(McKane), 루돌프(Rudolph)의 주석서를 참조해야 한다.

처음에 나오는 서론격의 구에 이어 본 구절은 네 개의 깨끗한 조각으로 나누어진다. 각각의 단락은 우상에 대한 고발을 기술하고, 여호와의 우월성을 보여 주는 단락으로 이어지고 있다. 뒤이은 분석은 마르갈리옷의 견해에 의존한 것이다.

단락 I.

2-5	우상의 유약함
6-7	여호와의 권능

단락 II.

8-9	생명 없는 우상
10	살아 계신 여호와

단락 III.

11	창조할 수 없는 우상
12-13	창조주 하나님

단락 IV.

14-15	어리석은 우상 숭배자들
16	어리석지 않은 여호와 숭배자들

이러한 논리 구조로 이 구절은 의미가 통한다. 이 구절의 의도는 우상을 극복하는 여호와의 우월성을 보여 주는 것으로 분명하게 드러날 수 있는 것이다.

오버홀트는 이 구절에 제시되고 있는 모든 관념이 예레미야의 다른 부분들의 것과 상통한다는 사실을 설득력 있게 보여 준다. 그의 논증을 위해 특별히 중요성을 갖는 구절들은 2:8-13, 26-28; 3:1-5; 5:20-25; 14:22이다. 이 구절과 이사야 40-48장의 유사성은 이 구절의 신빙성을 부정하는 사람들에 의해 자주 지적되고 있다. 마르갈리옷은 이 구절과 이사야 40-48의 상사점과 상이점에 대한 기나긴 분석을 한 후에 상이점이 너무 커서 양자간의 상호 의존성을 지지하기가 어렵다고 결론을 내린다. 오버홀트와 마르갈리옷은 이 구절의 시기를 요시야 치하의 후기 시대나 여호야김 치하의 초기 시기 중 하나, 결국 신탁의 정황으로 여겨지는 바로 그 시기로 잡으려 한다. 이 논증에 따르면, 이 구절은 이미 포로로 잡혀간 바 있고, 우상 숭배의 압력에 시달리고 있는 것으로 보이는 북방 지파들에게 주어진 것으로 보인다.

주석

1 표준적인 도입 표제는 이 구절을 신적인 신탁의 골격에 위치시키고 있다.

2-5 앞서 나타난 이 네 절은 우상의 무기력함을 분명하게 드러내고 있다. 2절에서의 첫 번째 명령 "배우지 말라"는 독특한 가르침을 가지고 있는데("원문주해" 2.a.를 보라), 아마도 특별한 뉘앙스의 의미를 가진 것으로 여겨진다. 할러데이는 "가르침에 개입하게 되라"로 번역하기를 제안한다. 드라이버(Driver, "Linguistic and

Textual Problems: Jeremiah," *JQR* 28[1937/38] 106)는 이를 "~에 탐닉하다"로 번역하고 있다. 다후드(Dahood, "Hebrew Ugaritic Lexicography IV," *Bib* 47[1966] 410)는 엘(אל, "~에")을 야흐웨(יהוה)로 이해하고 있다. 2절에서의 "길"(דרך–데레크)과 "관례"(חקות–후코트)의 평행과 이 단락의 주요 문제는 이 두 단어가 민족들의 종교적인 관습과 관련 있는 것임을 보여 준다. 2절의 마지막 구절("민족들이 … 때문에")과 3절의 첫 구절("관례적으로…; 나무가 숲에서 잘려진다")은 무슨 관계를 가지고 있는가? 이들은 모두 키(כי)로 시작하고 있다. 이 세 가지 모두가 유사한 것인가? 대부분의 주석가들은 2절의 마지막 구절을 바로 앞서 나타난 명령에 대한 응답으로, 그리고 3절 초두의 두 구절을 처음의 명령("민족들의 길을 배우지 말라")에 대한 응답으로 이해한다.

이 구절들은 우상-신들을 인간의 작품일 뿐인 것으로 묘사하고 있다. 그들은 나무에서 출발했고, 값비싼 금속으로 씌워졌으며, 세워질 수 있도록 단단하게 붙들려 있다. 그럼에도 불구하고, 이 신들은 움직이거나 말할 수 없으며, 그것이 선행이든 악행이든 간에 아무 일도 할 수 없다. 신들은 만들어진 금속 그 이상이 될 수 없었다 (Carroll).

6-7 이 구절들은 우상의 무능력함과 여호와의 권능에 대한 대조를 분명히 하고 있다. 여호와의 비교 불가능함이 강조되고 있는 것이다. 그는 우상보다 더 위대할 뿐만 아니라, 그의 힘은 왕이나 현자의 힘보다 더 강하다.

8-9 우상-신들과 여호와 사이의 두 번째 비교는 "살아 계신" 하나님과 "생명 없는" 우상으로 대조되고 있다.

8절은 어렵다. 도입적인 단어인 브아하트(באחת, "그리고 둘 다")는 뒤따르는 동사와 쉽게 맞물리지 않는다. 두 번째 구절은 더욱더 이치에 맞지 않는다. 이 절은 우상을 바보로 그려내려는 의도를 가지고 있다. 여호와의 생명력을 묘사하고 있는 10절의 빛에 근거하여 우상을 바보나 어리석은 것으로 묘사하는 것은 그것들의 불완전함을 보여 주려는 의도를 가진 것이다. 9절은 3절과 4절에 나타난 것과 거의 동일한 용어를 사용해서 우상의 건조 과정을 묘사하고 있다.

다시스라는 지명과 "금 해변"은 불확실하다. 다시스는 대개 스페인의 지명으로 알려져 있다. C.H. Gordon, "Tarshish," *IDB* 4:517-18을 보라. "금 해변"("원문주해" 9.a.를 보라)은 문자적으로는 "우파즈"(Uphaz)인데 거의 미확인의 지명이다. "우파즈"를 시리아역과 탈굼역은 "오피르"(Ophir)로 읽고 있는데, 이 곳은 아프리카의 해안 지역이다. G.W. Van Beek, "Ophir," *IDB* 3:6-5-6을 보라. 그것들의 위치가 어디든 간에, 이 지명들은 그 금과 은으로 잘 알려진 곳들이었다. 금과 은으로 싸여지는 것 외에도 우상은 자주색과 보라색의 옷이 입혀졌다. 그러나 그 화려한 장식에도 불구하고 우상은 죽은 것이다. 그것들은 그것들이 만들어진 재료 이상이 될 수 없었다.

10 우상과 대조적으로 여호와는 "살아 계신" 하나님, 영원한 왕이다. 우상-신들은 그저 넘어지고서야 땅을 조금 울릴 뿐이지만, 단단하게 못을 박음으로써 넘어지지 않도록 방비되어야 하는 신세다. 그러나 땅은 하나님의 진노로 흔들리며, 민족들은 그의 분노로 떨게 된다.

11 이 아람어 구절이 굳이 히브리어 한가운데 있어야 하는 이유는 애초부터 주석가들을 괴롭혀 왔다. 라쉬와 킴히 두 사람은 탈굼역에 굳이 히브리어에서 아람어로 급작스레 바뀌어야 하는 이유가 설명된 것을 증거로 삼는다. 탈굼역은 다음과 같은 말을 11절의 서두로 두고 있다. "이것은 선지자 예레미야가 바벨론에 포로 되어 간 자들의 지도자들에게 보냈던 서한의 기록이다. 즉, '갈대아 사람들이 여러분에게 우리의 우상을 섬기라고 말하면 다음과 같이 대답하시오.'" 이것은 11절이 예레미야가 여호야김에게 보낸 서한의 축약본이었다는 것을 암시하고 있으며, 주전 598년에서 587년 사이에 또 한 번의 포로 사건이 있었다(29:1-32과 비교하라).

현대 주석가들은 이를 굳이 삭제하지는 않더라도 일종의 저주(Overholt, 5)나 보호적인 의미의 상투어구(Duhm)로 분류해 왔다. 이 절의 주동사는 이 동사가 어떻게 이해되느냐에 따라 (여기에서처럼) 직설법이나 간접명령법("그들로 죽게 하라")으로 볼 수 있다. 이것의 원래 의도가 무엇이었든지 간에, 여기서 그 현재 형태는 이 구절이 포로 된 자들에게 언설되는 것이라는 점을 확증해 준다. 그 이유는 아람어가 그들이 포로 되어 끌려간 지역의 언어였기 때문이다. 이 절은 우상-신들, 즉 창조 사역에 전혀 관여할 수 없었던 것들이 땅으로부터 축출될 것이며, 그래서 추방이 그들을 두려워 떨게 만들 수 없다는 것을 분명히 해주고 있다.

12-13 아무것도 창조해 내지 못한 우상-신들과 대조적으로 창조주-하나님의 창조 행위는 삼중적으로 묘사되고 있다. 즉, 그분은 땅을 만들었고, 세계를 창설했으며, 하늘을 펼쳐놓았다는 것이다(시 65:6-8; 77:18; 89:11 참조). 이것에 이어 창조에 대한 하나님의 권능에 관한 사중적인 묘사가 나타난다. 그는 비, 구름, 번개, 바람을 지배하는 권능을 가졌던 것이다.

14-15 여기 마지막 단락에서 우상-신의 숭배자들은 여호와를 섬기는 자들과 대조되고 있다. 우상이 전에는 바보로 묘사된 것(8절)과 같이, 여기서 우상을 숭배하는 백성들도 바보로 불린다. 14절의 첫 구절이 문제를 드러내 준다. 이를 8절과 비교

하라. 제롬은 이 구절을 "모든 사람이 하나님에 대한 지식이 없이는 어리석다"로 번역한다. 다수의 주석가들은 이를 "모든 사람이 어리석도다, 지식이 없으니"로 번역한다. 예를 들어, 루돌프가 그렇다. 할러데이는 이를 "모든 사람이 너무도 어리석어 알지 못한다"로 번역한다. 우상을 숭배하는 사람들은 어리석다. 그리고 우상을 만드는 자들은 자신들의 우상들로 인해 수치를 당하게 된다. 13절의 그의 "바람"(רוח – 루아흐)을 보내는 여호와와 대조적으로 우상은 "숨결"(רוח – 루아흐)조차도 끊어졌다.

16 여호와를 섬기는 자들은 모든 만물을 형성케 하신 분을 섬기는 것이다. 여호와는 야곱의 "분깃" 혹은 "소유"로 불린다. 민수기 18:20; 시편 16:5; 예레미야애가 3:24과 비교하라. 그리고 G. von Rad, *Old Testament Theology*, vol. 1, trans. D.M.G. Stalker (London: Oliver & Boyd Ltd., 1962) 403-5를 보라. 이스라엘은 전통적인 언어로 여호와의 "유산"으로 묘사된다. 12:7-9과 비교하라. 이 절과 전체 구절은 종결적인 찬송 후렴구로 끝을 맺고 있다.

해설

이 단락은 주변 문맥 속에서 임박한 심판의 메시지를 중단시키고, 백성에게 우상 숭배의 어리석은 행위에 대한 경고를 해주고 있다. 우상-제작에 대한 풍자는 제2이사야와 많은 유사성을 담고 있다(사 40:18-20; 41:6-7; 44:9-20; 46:5-7과 비교하라). 이방 제신에 대한 여호와의 우월성은 가장 강조적인 방식으로 기술되고 있다.

우상 숭배는 하나님의 백성에게 항상 상존하는 위협이다. 이것은 하나님으로부터 돌아섬과 하나님을 대신한 어떤 것을 향한 돌아섬을 모두 의미한다. 이것은 창조주로서의 하나님을 거부하고 하나님께만 속하는 권위를 피조된 사물에 부여하는 것을 의미한다. 이것은 항상 책임 회피적인 술책, 즉 교묘한 형태의 현실도피인 것이다. 우리가 가진 제의의 특정 체계, 우리의 전통, 우리가 예배하는 특정의 장소 혹은 무오한 책에서 우상을 만들어 내는 일은 그 얼마나 쉽고 간단한 것인가. 우리로 하여금 이러한 긴장과 전능하신 하나님과의 인격적인 만남에 대한 요구를 회피하도록 도와주는 것이라면 우리에게는 무엇이든 일종의 우상 숭배다. 이것은 단순히 예레미야가 책벌한 우상 숭배이기에 악한 것이 아니다. 우리로서는 더 많은 것을 알고 있기에 더 나쁜 짓이 되는 것이다.

H. 대리적인 수난(10:17-25)

참고문헌

Berridge, J. M. *Prophet, People.* 194-97. **Gelio, R.** "È possibile un 'îš relative/dimostrativo in ebraico biblico?" *RivB* 31(1983) 411-34. **Kumaki, F. K.** "A New Look at Jer. 4:19-22 and 10:19-21." *Annual of the Japanese Biblical Institute* 8(1982) 113-22. **McKane, W.** *Prophets and Wise Men.* 90-91. **Reventlow, H. G.** *Liturgie.* 196-204.

본 문

17 에워싸인 가운데 앉은 자여 네 꾸러미를 이
땅에서 수습하라
18 여호와께서 이같이 말씀하시되 보라 내가 이
땅에 거하는 자를 이번에는 내어던질 것이라 그
들을 괴롭게 하여 깨닫게 하리라 하셨느니라

19 슬프다 내 상처여 내가 중상을 당하였도다 그
러나 내가 말하노라 이는 참으로 나의 고난이라
내가 참아야 하리로다
20 내 장막이 훼파되고 나의 모든 줄이 끊어졌으
며 내 자녀가 나를 떠나가고 있지 아니하니 내 장
막을 세울 자와 내 장을 칠 자가 다시 없도다

21 목자들은 우준하여 여호와를 찾지 아니하므로
형통치 못하며 그 모든 양떼는 흩어졌도다

22 들을지어다 북방에서부터 크게 떠드는 풍성이
오니 유다 성읍들로 황폐케 하여 시랑의 거처가
되게 하리로다
23 여호와여 내가 알거니와 인생의 길이 자기에
게 있지 아니하니 걸음을 지도함이 걷는 자에게
있지 아니하니이다
24 여호와여 나를 징계하옵시되 너그러이 하시고
진노로 하지 마옵소서 주께서 나로 없어지게 하
실까 두려워하나이다
25 주를 알지 못하는 열방과 주의 이름으로 기도

17 Gather up[a] your bundle[b] from the ground, [c]you
who dwell[c] under siege.[d] 3+2
18 For the Lord has spoken thus: "Behold I am
casting out 3+2 the inhabitants of the land at this
time,[a] 2+2 [b]and I will bring distress to them[b] [c]so
that they will find it."[c] 2+2
19 Woe is me, because of my breaking: my wound
is grievous, 3+2 and I said, "Surely this is the
affliction[a] I must bear." 2+4
20 My tent is destroyed and all my cords are
broken: my children[a] are gone from me[a] and are no
more: 4+3 there is no one to spread[b] my tent
again, and to set up[b] my curtains. 3+2
21 Because the shepherds are foolish, and they do
not inquire of the Lord. 3+3 Therefore, they have
not prospered, and all their flock is scattered. 3+2
22 The sound of rumor, behold it comes, and a
great commotion out of the north 4+4 to make
cities of Judah a desolation, a lair of jackals. 3+3
23 I know,[a] O Lord, that a man's way is not his
2+4 and that it is not[b] for a man[c] to walk and to
discern[d] his steps. 2+2
24 Correct me,[a] O Lord, but with justice, not in
your anger, lest you destroy me.[a] 3+2
25 [a]Pour out your wrath upon the nations which

하지 아니하는 족속들에게 주의 분노를 부으소서 그들은 야곱을 씹어 삼켜 멸하고 그 거처를 황폐케 하였나이다

do not know you, 3+2 and upon the peoples[b] that do not call upon your name: 2+4 for they have devoured Jacob, [c]they have devoured and consumed him,[c] and laid waste his habitation. 2+2+2

원문주해

17.a. 칠십인역은 수네가겐 에조쎈(*συνήγαγεν ἔζωθεν*, "그가 바깥으로부터 모았다")으로 읽는다.

17.b. 이 단어는 여기에서만 유일하게 나온다. 칠십인역은 휘포스타신(*ὑπόστασιν*, "본질")으로 표현한다. 불가타역은 "혼란"으로, 시리아역은 "부끄러움"으로 읽는다.

17.c-c. 케레는 요셰베트(ישבת)로, 케팁은 로샤브티(רשבתי, "내가 거하다")로 읽는다. GKC § 90n.을 보라.

17.d. 칠십인역은 에클렉토이스(*ἐκλεκτοῖς*)=브미브하르(במבחר, "선택된 [사람들] 속에")로 읽는다. 22:7; 48:15 참조.

18.a. 칠십인역은 "시간"(בפעם – 바파암)을 생략시키고 대신에 "이 땅"으로 읽는다. 할러데이(Holladay, I, 338)는 합 3:12에 기초해서 "격노하여"(בזעם – 브차암)로 읽기를 권하고 있다.

18.b-b. 칠십인역은 엔 쓸립세이(*ἐν θλίψει*)=바차라(בצרה, "고통 중에")로 읽는다.

18.c-c. 칠십인역과 불가타역은 수동형 악셈프스 I(*αξεμὶψ* I, "그들이 발견될 것이다")로 읽는다. 드라이버(Driver, "Linguistic and Textual Problems: Jeremiah," *JQR* 28[1937/38] 107)는 "그들이 말라붙도록(יִמָּצוּ – 이마추) 짜내어질 것이다"로 읽기를 권하고 있다. 루돌프(*BHS*)는 "그들을 거절하여 내몰 것"(למנעם מצאת – 르마느암 미체트)으로 읽기를 제안하고 있다.

19.a. 번역본들은 1인칭 단수 접미를 추가시키고 있다. 그렇다면 마소라 본문에서는 중자탈락으로 생략된 것인가?

20.a-a. 칠십인역은 카이 타 프로바타(*και τα πρόβατά*)=웨초오니(וצאני, "그리고 내 무리들")로 읽는다.

20.b. 루돌프(*BHS*)는 이 두 동사를 서로 바꿀 것을 제안하고 있다.

23.a. 루돌프(*BHS*)는 야다으타(ידעת, "네가 알고 있다")로 읽기를 제안한다.

23.b. 다수의 사본들(예를 들어, Reuchlinianus)과 번역본들을 따라 웨로(ולא)로 읽는다.

23.c. 글리오(R. Gelio, "È possibile un ʾîš relative / dimostrativo in ebraico biblico?" *RivB* 31[1983] 411-34)는 "사람"(איש – 이쉬)이라는 말이 관계대명사(아셰르[אשר]와 동등하게)로 읽혀져야 한다는 점을 제안하고 있다. 이것이 의미를 심각하게 변화시키지는 않겠

지만, 앞선 콜론의 "사람"(אדם–아담)과 평행성을 이루는 것이 이에 대한 반증이 되고 있다.

23.d. 사본 하나는 "그리고"를 생략하고 있다. 하킨(הכין, "지도하다")에 대해서는 GKC § 72z.를 보라.

24.a. 칠십인역은 "우리"로 읽는다.

25.a. 이 절은 시 79:6-7과 유사하다.

25.b. 다수의 사본, 칠십인역과 탈굼역은 시 79:6과 마찬가지로 "왕국들"(ממלכות–마믈르코트)로 읽는다.

25.c-c. 칠십인역과 시 79:7이 이 부분을 생략하고 있다. M. Dahood, "The Word-pair ākal//kālāh in Jeremiah xxx 16," *VT* 27(1977) 482, n. 2.를 참조하라.

양식/구조/배경

이 구절의 해석자는 두 가지 주요한 난점에 직면하게 된다. 그 두 가지 난점은 이 절들을 적절하게 묶어내는 일과 서로 다른 소단락에서의 화자에 관한 것이다. 주요 주석가들은 이 문제들에 의견의 일치를 보지 못하고 일치된 견해를 보여 주지 못하는 상황에 처해 있다. 이 구절에 대해 다음에 이루어질 결론들은 루돌프, 레벤틀로프(Reventlow, *Liturgie*), 브라이트, 캐롤, 맥케인의 저술에서 드러난 것들이다.

이 구절이 갖고 있는 기본 형식을 확인해 내는 작업은 매우 쉬운 일이다. 첫 두 절(17-18절)은 예언 신탁의 형식으로 침략에 대한 언설을 이루고 있다. 나머지 절들(19-25절)은 개인적인 애가의 형식을 이루고 있다. 그러나 애가의 논지는 많은 사람들로 하여금 이를 1인칭으로 표현되는 공동체 애가로 여기게끔 만들 소지를 다분히 가지고 있다. 이에 대해서는 Reventlow, *Liturgie*, 196-204를 보라. 예레미야 자신은 그토록 그 공동체에 잘 동화되었기 때문에 그 자신이 그 공동체에 이루어질 고통에 대해서조차 애가를 부를 수 있을 정도였고, 이는 마치 그 자신의 고통처럼 느껴질 정도였다. 그 자신과 공동체의 동일시로 인해 그는 그 공동체를 위해 정의를 간원하게 된 것이다. 이 구절 속에서 우리는 예레미야를 제의 중재자로 보게 되는 것이다.

이 구절은 주제와 인칭의 변화에 근거해서 다시 세분화될 수 있다. 예를 들면, 19-20절과 23-24절에서 1인칭을 사용한 것이 그것이다. 첫 두 절(17-18절)은 예언 신탁의 형식으로 임박한 침략을 선언하고 있다. 많은 주석가들은 이 절들을 9:21과 연관짓는데, 그 이유는 "모으다"(אסן–아사프)라는 표제어 때문이다. 브라이트와 캐롤과 루돌프도 이에 의견을 같이하고 있다. 19-20절은 예레미야가 주체인 1인칭 애가로 시작하는데, 이는 다가오는 침략에 대해 공동체의 편에서 이루어지는 것이다. 침략에 대한 책임의 소재는 21절에서 공동체 지도자들에게 주어지고 있다. "북쪽으로부터의 적"이라는 모티프의 반향으로 22절은 다가올 심판을 표명하고 있다. 23-24절은 다시 1인칭으로 회귀하면서 정의를 위한 기도문이다. 마지막 절은 시편 79:6-7에서 반향되는 것처럼 야곱을 파멸시킨 민족들에게 하나님의 진노를 퍼부어 달라는 요구를 하고 있다.

이 구절은 다가올 침략과 추방을 그려내고 있다. 이것은 주전 598년이나 586/7년의 어느 한 시기에 일어난 추방 직전의 상황에 잘 들어맞는다.

주석

17 예레미야는 마치 침략이 지금 현재하고 있는 것처럼 백성에게 말함으로써 다가올 침략에 대해 전형적인 경고를 하고 있다. 여성 단수 동사는 예레미야가 예루살렘에게 말을 건네고 있음을 분명히 해준다. 이는 맥케인과 캐롤도 동의하는 바다.

18 자신의 말에 힘을 가하기 위해 예레미야는 다가올 심판을 신탁의 형식으로 언명하는데, 이는 아마도 이미 선재했던 신탁을 인용한 것으로 보인다. 버릿지(Berridge, *Prophet, People*, 176)가 이에 동의한다.

19 이 곳 이후로 예레미야는 공동체와 동일시되며, 그로 인해 스스로에게 예루살렘과 유다의 고통을 겪게 하고 있다. 이 절의 후반부는 다가올 심판을 피할 수 없다는 것을 기술하고 있다. 이에 대해서는 맥케인이 동의하고, 루돌프는 이에 반대하고 있다.

20 다가올 파멸이 베두인 일가의 삶의 정황을 연상시키는 용어로 기술되고 있다. 여기에는 캐롤이 동의한다. 천막의 영상은 다가올 파멸과 연관되어서 예레미야에게는 흔한 예가 되고 있다. 4:20을 보면 유사한 심판의 영상이 나타나며, 30:18에서는 천막의 회복에 대한 대응적인 영상이 나타나고 있다.

21 다가올 침략과 추방은 공동체 지도자들이 여호와를 만나는 일에 실패한 까닭에 그들의 책임으로 돌려지고 있다. 왕들은 공통적으로 양치기의 모습으로 묘사되고 있다(3:15 참조). 양치기(왕들)는 자신들의 통치를 위해 여호와로부터 신탁을 구하는 일에 실패했다는 혐의를 받고 있다. 그들의 실패의 결과로 양떼는 흩어지게 되었다(추방의 영상). 좀더 자세한 것을 위해서는 McKane, *Prophets and Wise Men*, 90를 보라.

22 침략이 있을 것에 대한 선지자의 예감은 너무도 강렬한 것이어서, 그는 이 일

이 이미 일어난 것으로 느끼고 있었다. 이 사건의 소식은 이미 전해지고 있었다. 말발굽 소리가 거의 들려오고 있었다. "북방으로부터의 적"이라는 모티프의 전형적인 언어를 통해서, 선지자는 다가올 심판을 기술하고 있다.

23 이 절의 "나"는 19-20절에 있었던 "나"의 재현이다. 그러므로 애가가 지속되는 셈이다. 공동체의 편에서 선지자는 인간이 스스로의 길을 지도할 수 없다고 탄원함으로써 오직 하나님만이 가능하다는 것을 암시한다(잠 16:9 참조). 이러한 전통적인 지혜에 근거해서, 선지자는 여호와에게 다가올 재앙을 돌려줄 것을 애원한다.

24 예레미야는 갑작스럽게 다가올 재앙 앞에서 하나님의 자비를 구하는 대신에 하나님의 정의를 구하고 있다. 선지자는 과연 자비를 포기한 것인가?

25 이 마지막 절은 시편 79:6-7과 유사하다. 우리는 이를 설명하려는 세 가지 견해를 만나게 된다. (i) 시편이 예레미야에 의존되어 있다. (ii) 예레미야가 시편에 의존하고 있다. (iii) 양자가 모두 동일한 전승에서 유래한 것이다. 이 문제에 대해서 확실히 결론을 내릴 만한 어떠한 직접적 증거도 없기 때문에, 우리는 예레미야의 편집에 대한 우리의 가설에 근거해서 결론을 내릴 수밖에 없다. 우리는 여기서 양자가 공동의 전승에서 유래했다고 가정히였다. 앞선 절에서 선지자는 하나님께 백성을 하나님의 정의로 다스려 달라고 간청했지 그의 진노로 다스려 달라고 한 것은 아니었다. 그러나 이 절에서 그는 하나님께 탄원하여 민족들을 하나님의 진노로 다스려 달라고 말한다. 민족들에 대한 여호와의 진노 역시 그의 정의의 예증이 되어야 하며, 이는 그 민족들이 야곱에게 행한 일에 따라서 이루어져야 하는 것이다. 정의라는 이 개념은 선지 문학과 지혜 문학에서도 지속적으로 나타나고 있는 개념이다.

해설

하나님은 일찍이 예레미야에게 충고하기를, 그의 백성을 위해 기도하는 일을 그만두라고 하셨다(7:16; 14:11-12 참조). 이는 그들이 스스로를 기도의 한계 바깥에 두었기 때문이다. 그는 여전히 그들의 편에서 계속 중재를 하고 있는 것으로 보인다. 그는 아마도 이 일을 그의 선지 사역에서 필연적인 부분으로 이해했던 것 같다. 그가 백성과 감정이입이 된 것은 그들의 고통이 그 자신의 것이 될 정도였다. 그 자신의 백성과의 동일시는 그가 그들을 위해 기도할 때 동시에 스스로를 기도하는 것으로 여길 정도였다. 예루살렘을 위협하는 재난 속에서 그는 그저 구경꾼이 아니었고, 스스로를 자신이 사랑하는 백성과 함께 고통당하게 만드는 사람이었다. 이런 의미에서 그의 고통은 대리적이라고 볼 수 있다.

또 한 명의 선지적인 대변인인 예수 그리스도도 스스로를 예루살렘과 동일시하고서 그 임박한 파멸을 놓고 울고 있었다. 그가 스스로를 백성과 동일시한 것은 자신을 엄청난 고통 속으로 데려가게 만들었고, 급기야는 죽음에 이르게까지 만들었다. 선지자들의 그리고 예수의 연민은 그들의 사역에서 가장 중요한 부분이었으며, 하나님 자신의 연민을 반영하는 것이다.

VII. 왜 심판받아야 하는가?(11:1-13:27)

참고문헌

Ahuis, F. *Der klagende Gerichtsprophet. Studien zur Klage in der Überlieferung von den alttestamentlichen Gerichtspropheten.* Calwer Theologische Monographien 12. Stuttgart: Calwer Verlag, 1982. **Baumgartner, W.** *Jeremiah's Poems of Lament.* Trans.: D. E. Orton. Sheffield: Almond, 1988. **Diamond, A. R.** *The Confessions of Jeremiah in Context: Scenes of Prophetic Drama. JSOTSup* 45. Sheffield: *JSOT* Press, 1986. **Hubmann, F. D.** *Untersuchungen zu den Konfessionen Jer. 11, 18-12, 2, und Jer. 15, 10-21.* Forschung zur Bible 30. Zurich: Echter Verlag, 1978. **Thiel, W.** *Die deuteronomistische Redaktion von Jeremia 1-25.* WMANT 41. Neukirchen-Vluyn: Neukirchener Verlag, 1973.

서론

이 편집 단위에 있는 몇 개의 소단락들은 하나로 결합된 채 하나님의 백성에게 임하는 그의 심판에 대해 설명해 주고 있다. 백성들이 여호와와 자신들이 맺은 언약을 파기했다는 다소 전통적인 설명 외에도, 이 단원은 상황의 비극성과 여호와가 본의 아니게 심판을 내려야 한다는 것을 사실적으로 그려내고 있는 두 개의 애가 단락을 담고 있다. 마지막 단락은 상징적인 행위와 여타의 도구들을 통해서 백성들의 죄악에 대한 공포를 그려낸다. 예레미야서에 있는 다른 큰 편집 단위들에서 그런 것처럼, 이 단원도 분명히 다른 근원과 형식과 시기를 담고 있는 다양한 부분들을 포함하고 있다. 이 부분의 편집이 이루어진 것으로 추정되는 시기는 예루살렘 멸망 후의 언젠가로 여겨지는데, 추방자들이 자신들의 운명에 대해 이해하려고 하는 것에서 알 수 있다.

11:1과 14:1에서의 표제는 이 편집 단위의 주요 구분을 형성시킨다(7:1과 18:1과도 비교하라). 이에 대해서는 루돌프와 후브만(Hubmann, *Untersuchungen*, 109), 그리고 틸(Thiel, *Redaktion*, 106-7)이 의견을 같이하고 있다. 이 단원은 내용과 형식의 변화에 따라 네 개의 주요 단락으로 구분된다. 이 단락들 중 일부는 좀더 세분화될 수 있다.

11:1-17	예레미야와 언약
11:18-12:6	예레미야와 아나돗의 사람들
12:7-17	하나님의 슬픔
13:1-27	상징주의와 죄

첫 번째 그리고 아마도 세 번째 단락도 그렇게 보이는데, 이들은 독립적인 성격을 가지고 있다. 반면에, 두 번째와 네 번째 단락은 분명하게 편집된 것이다. 각각의 소단락은 시와 산문의 혼합체이고, 경우에 따라서는 시가 주도적이며, 또 어떤 경우에는 산문이 주도적인 곳도 있다. 첫 번째 단락은 백성들이 어떻게 그들의 여호와와의 언약을 깨뜨리게 되었는지를 그 결과와 함께 묘사하면서 전체의 배경을 제시해 주고 있다. 두 번째 단락은 일반적으로 예레미야의 제1고백록으로 불리는 부분인데(보유의 "예레미야의 고백록"을 보라), 여기에서 예레미야는 설교의 결과로서 그의 삶에 지항하는 플롯, 아마도 앞선 소단락에 기록되었다고 여겨지는 것에 대한 애가를 이루고 있다. 이 애가는 다면적인 성격을 가지고 있음에도 불구하고, 하나님의 손에 의해 이루어질 백성들의 운명에 대한 그들의 슬픔을 잘 표현해 주는 것으로도 이해된다. 이 애가 속에서는 하나님의 정의에 관한 질문이 주도적이다. 즉, 예레미야는 어떻게 하나님이 그의 선택된 백성들에게 이런 악한 일이 일어나도록 허용하실 수 있는가 하는 의문을 품는다. 이 애가에 대한 응답인지는 몰라도, 세 번째 소단락은 그의 백성의 죄악과 그로 인해 하나님이 하실 수밖에 없는 일에 대한 여호와의 애가를 담고 있다. 이러한 신적인 애가 속에서 우리는 악이 하나님께 유발시키는 슬픔을 거의 발견할 수 없게 된다. 이러한 두 애가의 평행의 결과로 재미있는 현상이 발생하는데, 그것은 인간과 하나님 모두에게 이루어지는 죄악의 황폐화의 효과로 채색된 그림이다. 마지막 소단락은 상징적인 행위와 예언 신탁을 통해 평민에서 왕족에 이르기까지 그 모든 추한 형태의 백성들의 죄를 상세히 기술하고 있다. 이 단락은 전체적으로 바벨론의 침략과 그에 따르는 추방을 힘있게 정당화시키고 있다.

이 단원을 한데 묶는 넓은 의미의 주제 외에도 몇 가지 작은 주제와 표제어가 이 부분의 통일성을 확증시켜 준다. 서로 연관되어 통합된 표제어와 작은 주제들은 이 단원 전체에 흩어져 있으며, 백성들의 자만심의 손상과 그에 따르는 수치심을 계속 반복하고 있다. "자만심"(גאון – 가온)이라는 표제어는 두 번째와 네 번째 단락에서 발견된다. 12:5; 13:9을 보라. "손상"(שחת – 샤하트)은 두 번째, 세 번째 그리고 네 번째 단락에서 발견된다. 11:19, 12:10, 13:7, 9, 14을 보라. 두 번째와 네 번째 소단락은 "번성하다"(צלח – 찰라흐)라는 말로 더욱 깊이 연관된다. 12:1; 13:7, 10을 보

라. 우상 숭배와 연관된 수치라는 관념은 첫 번째와 마지막 소단락에서 발견된다. 11:13, 13:26을 보라.

A. 예레미야와 언약(11:1-17)

참고문헌

Cazelles, H. "Jeremiah and Deuteronomy." In *A Prophet to the Nations.* 89-112. **Granild, S.** "Jeremia und das Deuteronomium." *ST* 16(1962) 135-54. **Holladay, W. L.** "Jeremiah and Moses: Further Observations." *JBL* 85(1966) 17-27. **Hyatt, J. P.** "The Original Text of Jeremiah 11:15-16." *JBL* 60(1941) 57-60. **Levy, A. J.** "Biblical Note - Jeremiah 11:15." *JAOS* 49(1929) 363. **Rowley, H. H.** "The Prophet Jeremiah and the Book of Deuteronomy." In *Studies in Old Testament Prophecy.* Ed. H. H. Rowley. Edinburgh: T & T Clark, 1950. 157-74. **Wilhelmi, G.** "Weg Mit den Vielen Altären!(Jeremia XI 15)." *VT* 25(1975) 119-21.

본 문

1 여호와께로부터 예레미야에게 임한 말씀이라 가라사대	**1** The word that came to Jeremiah from the Lord:
2 너희는 이 언약의 말을 듣고 유다인과 예루살렘 거민에게 고하라	**2** "Listen[a] to the words of this covenant, and speak[b] to the men of Judah and to[c] the inhabitants of Jerusalem.
3 그들에게 이르기를 이스라엘의 하나님 여호와께서 이같이 말씀하시되 이 언약의 말을 좇지 않는 자는 저주를 받을 것이니라	**3** You shall say to them, 'Thus says the God of Israel: "Cursed is the man who ignores the words of this covenant
4 이 언약은 내가 너희 열조를 쇠풀무 애굽 땅에서 이끌어 내던 날에 그들에게 명한 것이라 곧 내가 이르기를 너희는 나의 목소리를 청종하고 나의 모든 명령을 좇아 행하라 그리하면 너희는 내 백성이 되겠고 나는 너희 하나님이 되리라	**4** which I commanded your fathers when I brought them out of the land of Egypt, from the iron furnace, saying, 'Listen to my voice and do all[a] that I command you, and you will be my people and I will be your God';
5 내가 또 너희 열조에게 한 맹세 곧 그들에게 젖	**5** that I may confirm the oath which I swore to

과 꿀이 흐르는 땅을 주리라 한 언약을 이루리라 한 것인데 오늘날이 그것을 증거하느니라 하라 하시기로 내가 대답하여 가로되 아멘 여호와여 하였노라

your fathers, to give to them a land flowing with milk and honey, as at this day".'" And I answered, "Amen, Lord."

6 여호와께서 내게 이르시되 너는 이 모든 말로 유다 성읍들과 예루살렘 거리에서 선포하여 이르기를 너희는 이 언약의 말을 듣고 준행하라

6 And the Lord said to me, "Proclaim all[a] these words in the cities of Judah and in the streets of Jerusalem and say, 'Listen to the words of this covenant and do them.

7 내가 너희 열조를 애굽 땅에서 인도하여 낸 날부터 오늘까지 간절히 경계하며 부지런히 경계하기를 너희는 내 목소리를 청종하라 하였으나

7 [a]For I solemnly admonished your fathers when I brought them up out of the land of Egypt [b]and even to this day,[b] admonishing them constantly, saying, "Listen to my voice."

8 그들이 청종치 아니하며 귀를 기울이지도 아니하고 각각 그 악한 마음의 강퍅한 대로 행하였으므로 내가 그들에게 행하라 명하였어도 그들이 행치 아니한 이 언약의 모든 말로 그들에게 응하게 하였느니라 하라

8 Yet they did not listen or pay attention, but every man walked in the stubbornness of his evil heart, and so I brought upon them all the words of this covenant which I commanded them to do[a] and they did not.'"

9 여호와께서 또 내게 이르시되 유다인과 예루살렘 거민 중에 반역이 있도다

9 Again the Lord said to me, "There is conspiracy among the men of Judah and the inhabitants of Jerusalem.

10 그들이 내 말 듣기를 거절한 자기들의 선조의 죄악에 돌아가서 다른 신들을 좇아 섬겼은즉 이스라엘 집과 유다 집이 내가 그 열조와 맺은 언약을 파하였도다

10 They have turned back to the sins of their forefathers who refused to listen to my words, and[a] they have gone after other gods to serve them. The house of Israel and the house of Judah have broken the covenant which I made with their fathers."

11 그러므로 나 여호와가 이같이 말하노라 보라 내가 재앙을 그들에게 내리리니 그들이 피할 수 없을 것이라 그들이 내게 부르짖을지라도 내가 듣지 아니할 것인즉

11 Therefore thus says the Lord, "Behold I am bringing evil[a] upon them from which they cannot escape, and when they cry to me I will not[b] listen.

12 유다 성읍들과 예루살렘 거민이 그 분향하는 신들에게 가서 부르짖을지라도 그 신들이 그 곤액 중에서 절대로 그들을 구원치 못하리라

12 Then the cities of Judah and the inhabitants of Jerusalem will go and they will cry to the gods to whom they are burning incense, but they will not save them at all in the time of their trouble.

13 유다야 네 신들이 네 성읍의 수효와 같도다 너희가 예루살렘 거리의 수효대로 그 수치되는 물건의 단 곧 바알에게 분향하는 단을 쌓았도다

13 For your gods have become as numerous as your cities, O Judah; and your [a]shameful altars,[a] O Jerusalem, altars to burn incense to Baal, have become as numerous as your streets.

14 그러므로 너는 이 백성을 위하여 기도하지 말라 그들을 위하여 부르짖거나 구하지 말라 그들이 그 곤액을 인하여 내게 부르짖을 때에 내가 그

14 [a]As for you, do not pray for this people or lift up a cry or prayer on their behalf, for I will not listen when they call[b] to me in the time[c] of their

들을 듣지 아니하리라
15 나의 사랑하는 자가 많이 행음하였으므로 거룩한 제육이 그에게서 떠났거늘 나의 집에서 무엇을 하는고 그가 악을 행하며 기뻐하도다

16 나 여호와가 그 이름을 일컬어 좋은 행실 맺는 아름다운 푸른 감람나무라 하였었으나 큰 소동 중에 그 위에 불을 피웠고 그 가지는 꺾였도다

17 바알에게 분향함으로 나의 노를 격동한 이스라엘 집과 유다 집의 악을 인하여 그를 심은 만군의 여호와 내가 그에게 재앙을 선언하였느니라

trouble.
15 What is my beloved[a] doing in my house when she had done[b] many vile things? 3+2 Can vows[c] and sacrificial flesh avert[d] [e]your doom?[e] [f]Can you then exult?[f] 4+4
16 'A green olive tree, beautiful with good fruit,'[a] the Lord called you, 4+3 but [b]with the roar of a great storm[b] he will set fire[c] to it and its branches will be burned.[d] 3+3+2
17 The Lord of Hosts, who planted you, has pronounced evil against you, because of the evil which the house of Israel and the house of Judah have done, provoking me to anger by burning incense to Baal."

원문주해

11:2.a. 이 절에서의 "듣다"(שמע – 샤마)와 "말하다"(דבר – 다바르)라는 동사는 어려운 부분이다. 레닌그라드 사본은 "듣다"를 복수로, "말하다"를 단수로 읽는다. 대부분의 다른 사본들은 "말하다"를 복수로 읽는다. Janzen, *Studies*, 133를 보라. 루돌프(*BHS*)는 이 절과 3절의 처음 두 단어를 확장으로 보고 삭제시킴으로써 이 문제를 피해 보려고 한다. 다음의 "원문주해"를 보라.

2.b. "말하다"(דברתָם – 디바르탐)는 마소라 본문에서는 복수 대명접미를 지닌 단수형이다. 이를 대부분의 사본들을 따라서 "듣다"(שמעו – 쉬므우)와 유사한 형태로 대명접미를 삭제하고 복수접미형(דברתֶם – 디바르템)으로 다시 표기하였다.

2.c. 칠십인역, 시리아역, 일부 탈굼역의 지지를 얻고 있는 다수의 사본들은 이형 웨엘(ואל)로 읽고 있는데, 이는 아마도 앞서 나온 엘(אל)과 어울리게 하려는 것 같다.

4.a. 칠십인역에 맞추어 오탐(אותם, "그들")을 생략했다. 이는 아마도 6절에서 추가된 것으로 보인다.

6.a. 일부의 사본들과 칠십인역에서는 생략된 부분이다. 이런 차이가 별로 큰 결과를 내지는 않는다.

7.a.-8.a. 칠십인역에서는 생략되었다. 일부는 이를 확장된 것으로 본다. Janzen, *Studies*, 29-40를 보라.

7.b-b. 다수의 사본들에서는 생략되었다. 의미상의 영향은 없다.

10.a. 칠십인역은 이두(ἰδού)=힌네(הנה, "보라")를 추가하고 있다.

11.a. 일부의 사본들은 이형 알레이헴(עליהם)으로 읽는다. 의미나 용례상에 있어서 어

떠한 심각한 차이도 나타나지 않는다.

11.b. 동방의 사본들은 이형 웨엘(ואל)로 읽는다. GKC§ 197p.를 보라.

13.a-a. 칠십인역에서는 생략되고 있다. 폴츠(Volz)와 루돌프는 이를 2:28로부터 오게 된 이차적인 군더더기로 여기고 생략한다.

14.a. 이 절의 전반부는 7:16a과 유사하다.

14.b. 루돌프(*BHS*)는 7:16과 탈굼역에 근거하여 코르아카(קראך, "네가 불렀다")로 읽기를 제안한다. 이러한 변화가 필연적인 것은 아니다.

14.c. 다수의 사본들과 번역본들에 맞추어 브에트(בעת)로 읽었다. 마소라 본문은 앞 절과 함께 중복오사로 이루어진 형태를 가지고 있다.

15.a. 15-16절의 마소라 본문은 손상되어 있다. 그리고 모든 번역본들은 추측으로 인한 수정본을 보이고 있다. Hyatt, *JBL* 60(1941) 57-60과 Wilhelmi, *VT* 25(1975) 119-21를 보라. 이 첫 구절에 대해서 루돌프(*BHS*)는 리 두다이크(לי דודיך, "내게 너의 바구니가 무엇이냐…?")로 읽기를 제안한다.

15.b. 루돌프(*BHS*)는 다수의 사본들과 칠십인역에 근거하여 아시타(עָשִׂית, "네가 행했다")로 읽기를 제안한다. 앞의 것이 받아들여진다면 이러한 수정은 불가피한 것이다.

15.c. 칠십인역($\mu\grave{\eta}$ $\epsilon\grave{\upsilon}\chi\alpha\acute{\iota}$ – 메 유카이)에 맞추어 하느다림(הנדרים)으로 읽었다. 마소라 본문은 하라빔(הרבים, "많은 수")으로 읽었다.

15.d. 칠십인역을 따라서 칼을 히필로 전환시켰다(야아브루[יַעַבְרוּ]〉야아비루[יַעֲבִירוּ]). GKC §53n.을 보라.

15.e-e. 문자적으로는 "너로부터 너의 죄악으로 인해"이다.

15.f-f. 마소라 본문에 맞추어 읽었다. 많은 수정이 제안된 바 있다. 루돌프(*BHS*)는 (하)아즈케 알-조트(אזכה על־זאת[ה], "네가 순수하다고 내가 선언하랴?")로 제안한다. *BHS*는 또한 16.b-b.를 여기로 이동시킬 것을 제안한다.

16.a. 칠십인역은 이를 생략하고 있다. *BHS*는 예페이페(יפיפה, "모양의 아름다움")로 읽기를 제안한다.

16.b-b. 15.f-f.를 보라.

16.c. 루돌프(*BHS*)는 브알레후(בעלהו, "그 잎사귀에서")로 읽기를 제안한다.

16.d. 문자적으로는 "부수다"이다. 루돌프(*BHS*)와 불가타역을 따라 바아루(בערו)로 읽었다.

양식/구조/배경

이 구절은 산문 자료의 두 번째 주요 부분이다(C유형, 즉 산문 설교). 7:1-8:3에서의 "양식/구조/배경"에 이러한 자료의 유형과 관련된 문제들에 대하여 좀더 세밀한 논의가 이루어지고 있다. C유형 자료에 있어서의 주된 해석적 문제는 이것의 "신명기적" 자료와의 관련성이다. 예레미야와 신명기 혹은 여타 성경 속의 신명기적 구절들 안에 있는 C유형의 자료 사이에는 다수의 직접적인 신명기적 혹은 신명기 사가적 언어와 문체상의 유사성이 존재한다. 이러한 유사성은 세 가지 기초적인 방법으로 설명될 수 있다. (i) 신명기가 예레미야에 의존하고 있다. (ii) 예레미야가 신명기에 의존하고 있다. (iii) 양자 모두가 동일한 문학적 환경에서 나온 것이다. 앞서의 산문 구절(7:1-8:3)에서처럼, 이 구절도 산문 문체와 공통된 어휘 및 주제의 사용으로 인해 제공되는 문학적 통일성으로 혼합적인 단위가 되고 있다. 아래를 보도록 하자. 다음의 예들은 이 구절의 신명기적 특성과 관련된 어떠한 종류의 확정의 근거를 제공하고 있는 것들이다.

몇 기지 표현들, 즉 일반적으로 신명기직 혹은 신명기 사가적인 것으로 분류된 것들이 예레미야 11:1-17에 나타난다.

(i) "이 언약의 말들"(렘 11:2, 3, 6)은 신 29:1[마소라 본문 28:69]에서도 발견된다.

(ii) "저주를 받을 것이니…"(렘 11:3)는 신 27:26에서도 발견된다.

(iii) "쇠풀무로부터"(렘 11:4)는 신 4:20과 왕상 8:51에서도 발견된다.

(iv) "내가 네 선조에게 행한 맹세"(렘 11:5)는 신 7:8; 8:18; 9:5에서도 발견된다.

(v) "젖과 꿀이 흐르는 땅"(렘 11:5; 32:22)은 신 6:3; 11:9; 26:9, 15; 27:3; 31:20에서도 발견된다. 출 13:5; 수 5:6도 보라.

(vi) "아멘, 주여"(렘 11:5)는 신 27:15에서도 발견된다.

(vii) "내가 그들에게 하도록 지시한 이 언약"(렘 11:8)은 신 4:13에서도 발견된다.

(viii) "다른 신들을 좇다"(렘 11:10)는 신 6:4; 8:19; 11:29; 13:2; 28:14에서도 발견된다.

이러한 예레미야 11:1-17에서 발견되는 신명기적 그리고 신명기 사가적 표현의 긴 나열은 이 구절이 신명기적 성격을 가졌다는 점을 제안하는 근거를 분명히 보여준다.

11:1-17에서 나오는 다음의 표현들은 예레미야 특유의 산문체적 표현이며, 신명기 (사가)적 문학에서는 거의 나타나지 않는 표현들이다.

(i) "영원히"(렘 11:7과 다른 곳에서 7회, 7:13, 25; 25:14; 25:15; 25:29; 29:19; 32:33도 보라).

(ii) "마음의 강퍅함"(렘 11:8과 다른 곳에서 7회 등장, 3:17; 7:24; 9:13; 13:10; 16:12; 18:12; 23:17도 보라). 이것은 신명기에서는 29:18에서만 나타나고, 다른 곳에서는 시 81:13에서만 유일하게 나타나고 있다.

(iii) "유다의 성읍들과 예루살렘의 거리"(렘 11:6)는 6회 등장하고 있으며, 예레미야서에서만 나타나고 있다. 7;17; 33:10; 44:6, 17, 21을 보라.

(iv) "그가 너희에게 재난을 선포하였다"(렘 11:17)는 구약에서 7회 등장하며, 예레미야서에서만 6회 나타나고 있다(16:10; 26:19; 35:17; 36:31; 40:2). 다른 곳에서 나타나는 경우는 왕상 22:23의 한 곳뿐이다.

다음의 구절들은 예레미야적 산문체와 운문체 모두에 공통되는 경우들이다.

(i) "보라 내가 가져오리니"(렘 11:11; 19:15; 39:16도 보라)는 신명기에는 나타나지 않는 표현이다. 그리고 열왕기상과 열왕기하에서는 오직 신명기 이전 부분들에서만 나타나고 있다(Gray, *I & II Kings*, 2nd ed.[Philadelphia: Westminster Press, 1970] 442-43를 보라).

(ii) "내 목소리를 청종하라"(렘 11:4, 7; 3:13; 7:23; 22:21 등도 보라)는 신명기와 예레미야서에 공통되는 경우다.

예레미야 11:1-17을 신명기적 자료와의 비교를 통해 이렇듯 언어와 문체에 대해 연구하는 것은 예레미야 7:1-8:3의 연구에서 얻게 되었던 C유형 자료에 대한 예비적 결론을 더욱 확증시켜 준다. 예레미야의 문학과 신명기적 문학 모두에서 C유형의 자료는 동일한 문학적 배경, 즉 소위 고전적 히브리 산문체에서 발생했던 것이다. C유형 자료와 신명기적 문학 사이의 유사성은 공통된 문학적 배경과 공통된 관심사 및 주제에 근거하는 것으로 설명될 수 있다. 더 자세한 것을 위해서는 7:1-8:3의 "양식/구조/배경"을 보라.

이 구절은 다양한 형태의 메신저 형식구(1, 6, 9, 11절)와 시문 삽입(15절)에 근거하여 다섯 개의 소단락으로 나누어질 수 있다.

11:1-5	언약의 저주
11:6-8	언약 이행의 실패
11:9-10	다른 신을 따름
11:11-14	심판의 도래
11:15-17	우상 숭배로 인한 심판

이러한 소단락들은 공통의 주제와 상당한 양의 언어 공유로 인해 서로 한데 묶여지고 있다.

백성에 대해 묘사하는 네 개의 유사한 구절들이 소단락들을 서로 연관시키고 있다. (i) "유다의 사람들과 예루살렘의 거민들"은 소단락 1과 3에서 나타난다(2절; 9절). (ii) "이스라엘의 집과 유다의 집"은 소단락 3과 5를 연결시켜 준다(10절; 17절). (iii) "유다의 성읍들과 예루살렘의 거리들"은 소단락 2와 4를 연결시켜 준다(6절; 13절). (iv) 소단락 4(12절)에 나타나는 "유다의 성읍들과 예루살렘의 거민들"은 (i)과 (iii)의 결합으로 보인다.

처음 네 개의 소단락은 수많은 공통 어휘와 주제로 연결되고 있다. 처음의 두 단락들은 애굽에서의 탈출에 대해 이야기한다(4절; 7절). "언약"은 처음 세 개의 단락들을 통해서 중요하게 나타난다(2, 3절; 6, 8절; 10절). "듣다"(שמע-샤마)는 처음 네 개의 단락 속에서 지배적으로 등장한다(2, 4절; 6, 7, 8절; 10절; 14절).

뒷부분의 세 개의 단락은 우상 숭배에 대한 힐책을 내용으로 담고 있다. "신들"이라는 단어가 소단락 3과 4에서 발견된다(9절; 12, 13절). 그리고 "바알에게 향을 피우다"라는 구절은 소단락 4와 5에서 발견된다(13절; 17절).

공통의 어휘와 구절의 사용이 처음 네 개의 소단락들을 서로 밀접하게 묶어 준다. 마지막 단락은 단지 앞의 것들과 헐겁게 연결되기만 할 뿐이다. 마지막 단락에 있는 15-16절의 시적인 속성은 이 구절들이 인용된 것임을 보여 주며, 바알 숭배라는 공통된 주제가 이 단락을 앞의 것들과 연결시켜 준다.

7-8절은 이 구절의 정황과 시기를 확정지어 줄 수 있는 시발점이 된다. 8절은 언약의 저주가 이 백성에게 임했다고 말한다. 많은 주석가들은 이 저주를 땅의 상실로 이해하고, 그래서 이 구절을 포로기나 포로 후기의 것으로 확성시게 만든나. 그럼에도 불구하고 다음의 절들은 심판을 아직 미래의 일인 것으로 이야기한다. 11-14절을 보라. 9-10절은 아마도 시드기야가 느부갓네살에 대항하여 음모를 꾸민 것을 반영하는 것으로 보인다(Bright, *A History of Israel*, 3rd ed.[Philadelphia: Westminster, 1981] 328-30). 그러므로 이 절은 종교적 위선이 이미 시작되었던 요시야 시기 이후에 구성되었을 수 있다.

주석

1-2 설교는 전통적인 형태의 신탁 서론으로 도입되고 있다. 2절은 이 구절 전반부에 걸쳐 주도적으로 나타나는 단어인 샤마(שמע)로 시작하고 있는데, 이 단어는

"듣다"와 "청종, 순종하다" 등으로 다양하게 번역되는 단어다. 백성들은 이 언약을 "듣거나" "순종"하도록 명령을 받고 있다. 그렇다면 "이 언약"은 요시야의 시기에 갱신되었던 그 언약과 관련되고 있는 것인가? 아니면, 더욱 보편적으로 모세의 언약을 지칭하고 있는 것인가? 브라이트(89)는 이 두 언약 사이에 너무 지나치게 예리한 차별을 두지 않을 것을 신중하게 경고했다. 신명기에 기록된 바 모세 언약은 요시야의 시기에 다시금 재확증된 것이다.

3-5 이 절들은 신명기 27:15-26을 모방하고 있다. 여기서는 언약을 경시한 사람들에게 임하는 저주가 내려지고 있다. "언약"(ברית – 브리트)은 구약 신앙, 특히 신명기적, 제사장적 전승에서는 중요한 개념이다. 더 상세한 내용을 위해서는 Dennis J. McCarthy, *Treaty and Covenant*, AnBib 21A(Rome: Biblical Institute Press, 1978)과 George Mendenhall, "Covenant," *IDB* I: 714-23를 보라. 예레미야서에서는 21개의 절이 "언약"을 사용하고 있는데, 이 중 다섯 절이 본문에 포함되고 있다(2, 3, 6, 8, 10절). 예레미야 31-34장 안에는 "언약"을 사용하는 구절이 열두 개나 된다.

이 구절은 언약의 영상을 회상시키는 많은 수의 구절들로 이루어져 있다. (i) "내가 그들을 애굽 땅에서 데려올 때"는 원래의 모세 언약을 회상시킨다. 7:22과 34:13을 보라. (ii) "(내) 목소리를 따르라"는 예레미야서와 신명기서에 공통된 언약적 문구다. 예레미야 3:13; 7:23; 9:12; 11:7; 18:12; 22:21과 출애굽기 7:22; 신명기 4:30을 보라. (iii) "내가 네게 명한 모든 것"도 신명기적이면서 동시에 제사장적인 전통을 담고 있다. 이는 1:7과 7:23에서도 발견된다. 출애굽기 25:22; 신명기 31:15을 보라. (iv) "너희는 내 백성이 되고 나는 너희 하나님이 될 것이다"는 공통적으로 나타나는 언약 형식구다. 예레미야 7:23; 30:22; 31:33; 출애굽기 6:7을 보라. (v) "젖과 꿀이 흐르는 땅"도 신명기적이면서 동시에 제사장적인 전통에 공통적으로 뿌리를 두고 있다. 신명기 6:3; 출애굽기 6:3; 여호수아 5:6을 보라.

이 어휘들은 언약의 관념과 언약에 의해 백성들에게 내려지는 의무 조항을 강한 어조로 전해 주고 있다. 예레미야는 "아멘"이라고 말함으로써 언약의 효력을 확증지었다. 동시에 그는 백성들이 그들의 의무를 이행하지 않았기 때문에 저주에 대해서도 확증해 주고 있다.

6-8 6절에 근거해서 많은 주석가들은 예레미야가 요시야의 개혁을 위한 순회 복음 전도자로서 여기저기에 보내진 것이 아닌가 하는 의구심을 가졌다. 이것은 "유다의 성읍들과 예루살렘의 거리에서"라는 장소에 대한 지나친 강조를 이룬 까닭이다. 앞서의 다양한 유사성들을 보라. 7절은 언약의 저주와 관련된 설득과 경고의 말

들을 새롭게 하고 있다. 다시 말해서, 그들의 선조가 경고를 받았던 것처럼 예레미야 시대의 백성들 역시 경고를 받는다는 말이다. 그러나 그들의 선조들도 현세대의 사람들도 여전히 하나님의 말씀을 듣지 않는다. 그 대신에 오히려 그들은 그들만의 강퍅함과 악한 마음을 따랐다(7:24 참조).

9-10 9절에 언급되고 있는 "반역"은 무엇인가? 다른 곳에서 "반역"(קֶשֶׁר – 케세르)은 정치적 의미를 갖는다(삼하 15:12; 왕상 16:20; 왕하 11:14을 보라). 그들의 선조가 그러했던 것처럼, 백성들은 여호와를 거부하고 다른 신들을 따랐다. 위선은 정치적 함의를 지녔다. 아마도 시드기야의 느부갓네살에 대한 반역은 이 구절의 배경이 되었을 것이다(렘 27장을 보라). 이 구절은 겨우 단명으로 그쳐 버리고 만 개선만을 가져올 수 있었던 개혁을 보여 준다. 개혁이 잠시뿐이었던 것은 요시야의 개혁이 바꾸어 보려고 노력했던 위선의 역사가 길었던 것과 대소된다. "이스라엘의 집"에 대한 암시는 초기의 위선과 북왕국의 몰락이 증거로 제시되고 있음을 보여 준다. 개혁의 실패는 유다에게 이스라엘처럼 동일한 운명을 겪을 것임을 보여 준다.

11-14 백성들이 하나님께 청종하는 일과 그의 말씀에 순종하는 일에 실패했다는 사실은 계속해서 그들을 좇아다니게 될 것이다. 이 백성들은 자신들이 섬겼던 우상을 소리쳐 부르게 될 것이지만, 그 우상들은 그들의 목소리를 들을 수 없을 것이다. 그들이 여호와께 부르짖을 때, 그분은 그들의 음성을 듣지 않을 것이다. 백성들, 즉 들으려 하지 않던 자들의 목소리를 아무도 들으려 하지 않게 될 것이다. 게다가 예레미야는 그들의 편에 서서 중재하는 일을 그만두라는 명령을 받고 있다. 이 백성들은 여호와를 섬기는 일에서 떠나 우상들에게로 돌이켰던 자들이고, 우상들은 그들의 목소리를 들을 수 없었던 것이다.

15-17 이 산문 단락은 두 개의 시문과 개괄을 이루는 결로 종결되고 있다. 첫 번째 시문(15절)은 백성들의 성전 안에 있을 권리를 묻고 있다. 백성들의 제물은 신성에 대해 어떠한 효과도 얻을 수 없게 될 것이다. 마찬가지로, 그들의 기도는 그에게 도달하지 못할 것이다. 성전 제의는 백성들의 죄로 인하여 그 효력을 상실하게 된다. 여호와께서 그의 사랑하시는 자들에게 심판을 주신다는 역설이 분명한 사실로 이루어지고 있다.

두 번째 시문(16절)은 백성들을 푸른 감람나무에 견주고 있다. 이 나무는 거대한 폭풍으로 파괴될 것이다. 그렇게 되면, 이것은 불에 타서 땅에 버려지는 셈이다. 전에는 아름다운 나무였던 것이 잿더미로 바뀌게 될 것이다.

마지막 절(17절)은 앞서의 시문들을 그 문맥에 연관시켜 준다. 이 절은 16절에서의 감람나무에 대하여 시작하고서 바알에게 향을 피우는 내용을 언급함으로써 끝을 맺는다. 많은 주석가들은 이 절이 시문을 앞서의 설교문과 어떻게 연관시켜 주는가를 주목하면서 이 절을 편집된 것으로 분류시킨다. 그러나 이 절의 언어는 이 부분을 문맥과 아주 잘 연결시켜 주고 있다. 특히 주목해야 할 것은 "너에게 재앙을 선언하였다"와 "이스라엘의 집과 유다의 집", "바알에게 향을 피움"이다. 이 절은 시문을 설교와 연관시키고는 있지만, 여기에 사용된 언어는 이 절이 원본이라는 사실을 암시하고 있다.

해설

예레미야는 백성들이 언약을 지키는 데 실패한 결과로 일어날 심판에 대한 이 설교문을 서로 잘 짜여지게 만들기 위해 전통적인 자료들을 사용했다. 백성들은 그들의 하나님을 저버리고 바알을 섬김으로 언약을 파기했다. 그의 언어가 신명기 27:15-26에 기인하는 것으로조차 여겨질 정도로 전통적인 언약적 언어를 사용하면서, 예레미야는 언약의 파기로 인한 결과로서 저주를 기술하였다. 이 설교는 예레미야 7장에 기록된 성전 설교의 후반부와 너무도 유사하다. 그는 이 설교를 끝맺으면서 상황의 역설과 비애감을 서술하기 위해 두 개의 짧은 시문을 사용하였다.

백성들은 요시야의 개혁 시기에 두 번째 기회를 얻었다. 그러나 그들은 기회를 이용하는 데 실패하였다. 그들은 자신들의 우상 숭배를 중지할 기회를 가졌으며, 아마도 개혁이 절정에 이른 시기에는 잠시 동안이나마 그렇게 했던 것으로 보인다. 그러나 이제 그들은 자신들의 선조가 걸었던 우상 숭배의 길로 다시 돌아선 것이다. 언약은 파기되었고, 백성들은 고통을 느끼면서도 자신들의 희생이 다가올 심판을 돌이킬 수 있을 것으로 생각하였다. 하나님의 실망과 슬픔은 그가 심판을 선언하실 정도의 강도로 예레미야의 언어 속에서 증거되고 있다. 하나님은 자신의 것으로 만들려고 시도했던 그의 백성(4절), 그의 사랑하는 자들(5절), 그가 심은 나무(16절)에 심판을 선언하셔야만 했다. 여호와는 심판을 연기했으나, 그의 백성의 지속적인 반역으로 인해 그분은 더 이상 연기할 수도 없게 되었다. 유일한 해결책은 그의 백성을 파멸하는 것뿐이었다.

보유: 예레미야의 고백록

참고문헌

Ahuis, F. *Der klagende Gerichtsprophet. Studien zur Klage in der Überlieferung von den alttestamentlichen Gerichtspropheten.* Calwer Theologische Monographien 12. Stuttgart: Calwer Verlag, 1982. **Baumgartner, W.** *Die Klagegedichte. Jeremiah's Poems of Lament.* **Behler, G. M.** *Les confessions de Jérémie.* Tournai Casterman: Maredsous, 1959. **Berridge, J. M.** *Prophet, People.* 114-83. **Blank, S. H.** "The Confessions of Jeremiah and the Meaning of Prayer." *HUCA* 21(1948) 331-54. ______. *Jeremiah: Man and Prophet.* **Bright, J.** "Jeremiah's Complaints: Liturgy, or Expressions of Personal Distress?" In *Proclamation and Presence.* Ed. J. I. Durham and J. R. Porter. London: SCM Press, 1970. 189-214. **Crenshaw, J. L.** "Seduction and Rape: The Confessions of Jeremiah." In *A Whirlpool of Torment: Israelite Traditions of God as an Oppressive Presence.* Overtures to Biblical Theology 12. Philadelphia: Fortress Press, 1984. 31-56. **Diamond, A. R.** *The Confessions of Jeremiah.* **Eichler, U.** "Die klagende Jeremia. Eine Untersuchung zu den Klagen Jeremia und ihrer Bedeutung zum Verstehen seines Leidens." *TLZ* 103(1978) 918-19. **Fretheim, T.** *The Suffering of God.* Philadelphia: Fortress, 1984. **Herrmann, S.** "Overcoming the Israelite Crisis: Remarks on the Interpretation of the Book of Jeremiah." In *A Prophet to the Nations: Essays in Jeremiah Studies.* Ed. L. G. Perdue and B. W. Kovacs. Winona Lake, IN: Eisenbrauns, 1984. 299-312. **Holladay, W. L.** "The Background of Jeremiah's Self-Understanding." *JBL* 83(1964) 153-64.[Repr. in *A Prophet to the Nations: Essays in Jeremiah Studies.* Ed. L. G. Perdue and B. W. Kovacs. Winona Lake, IN: Eisenbrauns, 1984. 313-24.] ______. *Jeremiah: Spokesman Out of Time.* Philadelphia: United Church Press, 1974. **Hubmann, F. D.** "Stationen einer Berufung: Die 'Konfessionen' Jeremias - eine Gesamtschau." *TPQ* 132(1984) 25-39. ______. *Untersuchungen zu den Konfessionen Jer. 11, 18-12, 2, und Jer. 15, 10-21.* Forschung zur Bible 30. Zurich: Echter Ver lag, 1978. **Hyatt, J. P.** *Jeremiah, Prophet of Courage and Hope.* New York: Abingdon, 1958. **Ittmann, N.** *Die Konfession Jeremias: ihre Bedeutung für die Verkündigung des Propheten.* WMANT 54. Neukirchen-Vluyn: Neukirchener Verlag, 1981. **Jobling, D. K.** "The Quest of the Historical Jeremiah: Hermeneutical Implications of Recent Literature." *USQR* 34(1978) 3-12.[Repr. in *A Prophet to the Nations: Essays* *in Jeremiah Studies*. Ed. L. G. Perdue and B. W. Kovacs. Winona Lake, IN: Eisenbrauns, 1984. 285-98.] **Mihelic, J. L.** "Dialogue with God: A Study of Some of Jeremiah's Confessions." *Int* 14(1960) 43-50. **Polk, T.** *The Prophetic Persona: Jeremiah and the Language of the Self. JSOTSup* 32. Sheffield, England: *JSOT* Press, 1984. **Rad, G. von.** "Die Konfessionen Jeremias." *EvT* 3(1936) 265-76.(Repr. and trans. in *A Prophet to the Nations: Essays in Jeremiah Studies*. Ed. L. G. Perdue and B. W. Kovacs. Winona Lake, IN: Eisenbrauns, 1984. 339-48.) **Reventlow, H. G.** *Liturgie*. **Skinner, J.** *Prophecy and Religion*. **Vermeylen, J.** "Essai de Redaktionsgeschichte des 'Confessions de Jérémie.'" In *Le Livre de Jérémie*. Ed. P.-M. Bogaert. BETL 54. Leuven: UP, 1981. 239-70. **Welten, P.** "Leiden un Leidenserfahrung im Buch Jeremia." *ZTK* 74(1977) 123-50.

11:18부터 예레미야서는 일련의 개인적인 불만을 기록하고 있다. 이 불만은 형식상으로는 개인적인 애가와 유사한데 자주 예레미야의 고백록으로 불려 왔다. 이 애가에 대한 연구는 애가의 한계에 대해 완전한 의견의 일치를 이루지 못했지만, 일반적으로 여섯 구절이 여기에 포함된다. 11:18-26; 15:10-21; 17:12-18; 18:18-23; 20:7-13과 20:14-18이 그것이다. 이들 불만 중의 일부는 대응되는 여호와의 응답을 가지고 있다. 이 애가들의 독특성은 그 속성과 의도에 대한 많은 논쟁을 유발시켰다. 적절한 중립적 용어가 없기 때문에 그들을 무엇이라고 불러야 할지에 대해 아직 의견의 일치도 보지 못하고 있는 실정이다. 부연하자면 그들을 "고백록"이라고 부르든지 "불만"이나 "애가"로 부르든지, 어느 것으로 부르든지 간에 어느 특정의 호칭으로 부르는 것 자체가 그들의 속성과 의도에 대한 서로 상이한 이해를 가정하는 셈이 되기 때문이다. 다음의 논의에서 볼 수 있는 것처럼 그들이 고백록으로 의도되었다고 보더라도, 이것은 단지 편의상 그렇게 한 것일 뿐이고, 이 구절에 대한 어떤 특정의 이해를 담지하려고 의도된 것은 아니다.

고백록에 대한 현대적인 논쟁은 바움가르트너(W. Baumgartner, *Die Klagegedichte des Jeremia*, 1917)로부터 시작되었다. 바움가르트너에 의하면 고백록은 시편의 개인적인 애가의 모델을 따른 개인적인 애가였다. 바움가르트너는 고백록이 예레미야의 내적 갈등이 반영된 것이라고 믿었고, 그는 계속해서 고백록의 저술에서 예레미야가 크게 영향을 미쳤다고 보았다. 바움가르트너의 이론으로 인해 고백록은 단순히 선지자의 내적 갈등을 반영하는 것으로 자주 인지되어 왔고, 이에 따라 그의 예언 메시지의 중요한 부분은 아닌 것으로 여겨졌다. 유사한 이해를 가지고 있는 John Skinner

(*Prophecy and Religion*, 1922)도 보라.

부분적으로 바움가르트너에 대한 대응으로, 그러나 크게는 양식비평적인 전제의 영향으로 인해 레벤틀로프(H. G. Reventlow, *Liturgie*, 1963)는 고백록이 예레미야의 내적 갈등을 표현하는 것이 전혀 아니라고 결론지었다. 고백록은 공동체의 관심사를 반영하는 공동체적인 애가였다는 것이다. 선지자는 제의 중재자로서 그의 직무의 측면에서 스스로를 공동체와 동일시했고, 선지자의 "나"는 공동체의 관심사에 대한 선지자의 인격화였던 것이다. 레벤틀로프는 바움가르트너의 관찰을 통해 시작하면서 고백록의 양식이 시편의 개인적인 애가와 닮았음을 주목하였다. 고대 근동에서의 모든 발화의 양식은 특정의 삶의 정황(*Sitz im Leben*)에 기초한다는 양식비평적인 가정에 근거해서, 레벤틀로프는 고백록이 시편의 애가와 유사한 제의적 정황에 기인한다고 결론지었다. 레벤틀로프의 결론에 근거해서, 고백록은 선지자의 내적 생애에 대해서는 아무것도 말해 줄 수 없으나 그의 예언 메시지와 사역의 본질적인 부분이 되고 있다고 말한다.

고백록에 대한 최근의 연구는 그에 대한 이 두 가지 관점을 하나로 통합시키려는 경향을 가지고 있다. 후브만(F. D. Hubmann, *Untersuchungen zu den Konfessionen*, 1978)은 고백록이 실제로 예레미야의 내적 갈등을 반영하고 있다는 바움가르트너의 견해로 회귀하였다. 그는 고백록에 대한 여호와의 응답이 예레미야의 소명에 대한 감각을 새롭게 했다는 것과, 그래서 그의 메시지에 직접적인 충격을 주게 되었다는 점을 감지했다. 이트만(N. Ittmann, *Die Konfession Jeremias*, 1981)도 고백록이 선지자의 내적 갈등을 기록하고 있다는 결론을 내렸다. 그는 애가와 고백록을 구별했는데, 고백록은 예레미야와 여호와 간의 대면 상황을 기록하는 구절이라고 말한다. 그는 고백록의 저술이 예레미야에 기인한다는 것을 강조하고서, 고백록이 예레미야의 선포에 중심적인 역할을 한다고 결론지었다. 아후이스(F. Ahuis, *Der klagende Gerichtsprophet*, 1982)는 고백록을 분석하고서 이것이 예레미야의 "최후의 신탁"(oracle of doom)과의 관련하에서 생겨난 것이고, 그래서 그의 메시지와 이질적인 것은 아니라는 가정을 세운다. 이러한 세 명의 학자들이 내린 결론은 고백록이 선지자의 내적 갈등을 기록하고 있으며, 동시에 그의 메시지에 있어서 필수적인 부분이 되고 있다는 것이다.

다음의 연구가 근거로 삼고 있는 이 고백록에 대한 가정들은 위에 개괄한 모든 연구들에 의해 이루어진 것이다. 바움가르트너와 그의 추종자들과 일치하여 고백록은 선지자의 내적 삶의 반영으로 인지되고 있다. 그리고 레벤틀로프와 같은 견해로 제의 중재자로서의 선지자의 직무도 인지되고 있다. 일면 선지자의 고통도 그의 고백록에서 나타난 바 있는 것인데, 역시 공동체의 상황과 하나님의 고통을 반영하고 있다. 예레미야는 스스로를 공동체와 동일시했고 그들의 고통에 참여했다. 그는 그것이 다가올 심판을 선포해야 하는 그의 회피할 수 없는 의무였기에 아주 특별한 고통을 겪었다. 그의 고통은 실제적인 것이었고, 그것은 그 혼자만의 개인적인 고통에서 기인하는 것이 아니라 그의 백성의 고통과 하나님의 고통에 대한 반영이었기에 더욱 심각한 것이었다.

B. 첫 번째 고백록: 예레미야와 아나돗 사람들(11:18-12:6)

참고문헌

Burkitt, F. C. "Justin Martyr and Jeremiah xi 19." *JTS* 33(1932) 371-373. **Dahood, M.** "Hebrew-Ugaritic Lexicography II." *Bib* 45(1964) 409. **Diamond, A. R.** *The Confessions of Jeremiah.* **Driver, G. R.** "Difficult Words in the Hebrew Prophets." In *Studies in Old Testament Prophecy.* Ed. H. H. Rowley. Edinburgh: T & T Clark, 1950. 59-61. ______. "Jeremiah xii 6." *JJS* 5(1954) 177-78. **Ehrman, A.** "Note on בושׁת in Jer. XII. 5." *JSS* 5(1960) 153. **Gerstenberger, E.** "The Woe-Oracles of the Prophets." *JBL* 81(1962) 249-63. **Gunneweg, A. H. J.** "Konfession oder Interpretation im Jeremiabuch(Ch. 11, 15, 17, 18, 20)." *ZTK* 67(1970) 395-416. **Houberg, R.** "Note Sur Jérémie XI 19." *VT* 25(1975) 676-77. **Hubmann, F. D.** *Untersuchungen zu den Konfessionen Jer. 11, 18-12, 2, und Jer. 15, 10-21.* Forschung zur Bible 30. Zurich: Echter Verlag, 1978. **Kirk, H. E.** "The Hammer and the Anvil: A Subjective Approach to a Pivotal Moment in the Life of a Prophet(Jer. 12:5)." *Int* 1(1947) 33-40. **McKane, W.** "The Interpretation of Jeremiah xii 1-5." *TGUOS* 20(1971) 38-48. **Rad, G. von.** "The Confessions of Jeremiah." Repr. and tr. in *A Prophet to the Nations.* Ed. L. G. Perdue and B. W. Kovacs. Winona Lake, IN: Eisenbrauns, 1984. 339-48. **Rowley, H. H.** "The Text and Interpretation of Jer. 11:18-12:6." *AJSL* 42(1926) 217-27. **Schreiner, J.** *Von Gottes Wort Gefordert; Aus der Verkündigung des Propheten Jeremias.* Düsseldorf: Patmos Verlag, 1967.

본 문

18 여호와께서 내게 알게 하셨으므로 내가 그것을 알았나이다 그 때에 주께서 그들의 행위를 내게 보이셨나이다

19 나는 끌려서 잡히러 가는 순한 어린 양과 같으므로 그들이 나를 해하려고 꾀하기를 우리가 그 나무와 과실을 함께 박멸하자 그를 산 자의 땅에서 끊어서 그 이름으로 다시 기억되지 못하게 하자 함을 내가 알지 못하였나이다

20 공의로 판단하시며 사람의 심장을 감찰하시는 만군의 여호와여 나의 원정을 주께 아뢰었사오니 그들에게 대한 주의 보수를 내가 보리이다 하였더니

21 여호와께서 아나돗 사람들에 대하여 이같이 말씀하시되 그들이 네 생명을 취하려고 찾아 이르기를 너는 여호와의 이름으로 예언하지 말라 두렵건대 우리 손에 죽을까 하노라 하도다

22 그러므로 만군의 여호와가 이같이 말하노라 보라 내가 그들을 벌하리니 청년들은 칼에 죽으며 자녀들은 기근에 죽고

23 남는 자가 없으리라 내가 아나돗 사람에게 재앙을 내리리니 곧 그들을 벌할 해에니라

12:1 여호와여 내가 주와 쟁변할 때에는 주는 의로우시니이다 그러나 내가 주께 질문하옵나니 악한자의 길이 형통하며 패역한 자가 다 안락함은 무슨 연고니이까

2 주께서 그들을 심으시므로 그들이 뿌리가 박히고 장성하여 열매를 맺었거늘 그들의 입은 주께 가까우나 그 마음은 머니이다

3 여호와여 주께서 나를 아시고 나를 보시며 내 마음이 주를 향하여 어떠함을 감찰하시오니 양을 잡으려고 끌어 냄과 같이 그들을 끌어 내시되 죽일 날을 위하여 그들을 예비하옵소서

4 언제까지 이 땅이 슬퍼하며 온 지방의 채소가 마르리이까 짐승과 새들도 멸절하게 되었사오니 이는 이 땅 거민이 악하여 스스로 말하기를 그가

18(Jeremiah) [a]The Lord made it known to me,[b] and so I knew;[c] then You showed[d] me their evil deeds.[e] 3+3

19 But I was like a gentle lamb led to slaughter; I had not known that they devised plots against me: 5+4 [a]"Let us destroy the tree with its sap,[a,b] and let us cut him off from the land of the living, that his name be remembered no more." 3+3+3

20 O Lord of Hosts, who judges righteously, who tries the heart and mind,[a] 4+3 let me see your vengeance upon them, for to you I have committed[b] my cause. 3+4

21(The Lord) Therefore thus said the Lord concerning the men of Anathoth, who seek your[a] life, and say, "Do not prophesy in the name of the Lord or[b] you will die by our hand,"

22 [a]Therefore thus says the Lord of Hosts,[a] "Behold, I will punish them; the young men shall die by the sword; their sons and their daughters shall die by famine;

23 and none of them shall be left, for I will bring evil upon the men of Anathoth, the year of their punishment."

12:1(**Jeremiah**) Righteous are you, O Lord, even when I contend with you, nevertheless I would present my case to you. 3+3+4 Why does the way of the wicked prosper? Why do all who are treacherous thrive? 4+3

2 You plant them and they take root; they grow[a] and bring forth fruit; 2+3 You are near in their mouth but far from their heart. 3+2

3 [a]But you, O Lord,[a] have known me; [b]you see me;[b] and you try my heart toward you. 4+3 [c]Pull them out like sheep for slaughter; and[c] set them apart for the day of slaughter. 3+3

4 [a]How long will the land mourn? And the grass and every field wither? 3+3 Because of those who dwell in it, the beasts[b] and birds are swept away.[a]

우리의 결국을 보지 못하리라 함이니이다

2+3 Because they said, "He[c] will not see our latter end." 2+3

5 네가 보행자와 함께 달려도 피곤하면 어찌 능히 말과 경주하겠느냐 네가 평안한 땅에서는 무사하려니와 요단의 창일한 중에서는 어찌하겠느냐

5(The Lord) "If you have raced on foot and they have wearied you, How will you compete with horses? 4+3 And if you trust in a safe land, How will you do in the jungle of Jordan? 4+4

6 네 형제와 아비의 집이라도 너를 속이며 네 뒤에서 크게 외치나니 그들이 네게 좋은 말을 할지라도 너는 믿지 말지니라

6 For even your brothers and the house of your father, even they have dealt treacherously with you. 3+3 [a]They are in full cry[b] after you:[a] do not believe them, even though they speak good words to you." 4+2+3

원문주해

11:18.a. 칠십인역과 시리아역에서는 접속사가 생략되고 있다. 아마도 이를 앞 절과 연결시키기 위해 그런 것으로 보인다. 여기서는 아래의 20절에서 그런 것처럼 호격으로 이해되고 있다.

18.b. 시리아역과 칠십인역을 따라 그노리손(*γνώρισόν*)으로 읽었다.

18.c. 루돌프(*BHS*)를 따라서 와에다아(ואדעָה)=와에다에하(ואדעֶהָ)로 읽었다.

18.d. 칠십인역은 에이돈(*εἶδον*)=라이티(ראיתי, "내가 보았다")로 읽는다. 아마도 이 부분과 위의 "원문주해"에서의 마소라 본문의 모음 표기는 앞 절의 영향에 근거한 것으로 여겨진다.

18.e. 루돌프는 12:6을 이 부분에 옮겨놓음으로써 하나님이 예레미야에게 무엇을 보여 주셨는가를 설명하기를 제안한다. 브라이트와 코닐(Cornill)과 피크(Peake)는 12:1-6을 11:18 앞부분에 옮겨놓고 있다. 레벤틀로프(Reventlow, *Liturgie*, 240-42)는 12:1-4을 11:18 앞에 옮겨놓고 있다.

19.a-a. 칠십인역은 이 구절을 "와서 우리가 그의 빵에 나무를 박아 놓자"로 읽기를 제안한다.

19.b. 대부분의 주석가들의 견해를 따라 블레호(בלחו)로 읽는다. 마소라 본문은 블라흐모(בלחמו, "그 빵과 함께")로 읽는다. 다후드(M. Dahood, "Ugaritic Studies and the Bible," *Gregorianum* 43[1962] 66)는 거의 동일한 결론에 이르렀으나, 마소라 본문의 멤(מ)을 접두로 보고 있다.

20.a. 루돌프(*BHS*)는 12:3을 여기로 옮기기를 제안한다.

20.b. 마소라 본문의 길리티(גִּלִּיתִי, "계시하였다")는 대부분 주석가들의 견해를 따라 갈로티(גלותי)로 읽는다.

21.a. 칠십인역은 1인칭 단수 형태다.

21.b. 칠십인역은 에이 데 메(ϵἰ δὲ μή)=웨임 로(ואם לא)로 읽는다.

22.a-a. 칠십인역에서는 생략되었다. 여기서는 불필요한 부분으로 보인다.

12:2.a. 마소라 본문의 옐르쿠(ילכו)를 야르두(ירדו)로 읽는다. 이는 칠십인역의 지지를 얻고 있다.

3.a-a. 루돌프는 주로 운율의 근거에 따라 단순히 아타(אתה,="너")로 읽기를 제안한다. 그러나 이에 대해서는 어떤 사본적 지지도 없다.

3.b-b. 칠십인역에서는 생략되었다.

3.c-c. 칠십인역에서는 생략되었다.

4.a-a. 대부분의 주석가들은 본 절에서의 이 부분을 생략하고 있다. 폴츠, 루돌프, 하야트(Hyatt) 등이 그렇다.

4.b. 시리아역, 탈굼역, 불가타역의 지지를 얻고 있는 다수의 사본들은 단수 브헤마(בהמה, "짐승")로 읽는다. 이는 아마도 "새"와 (수에 있어) 일치시키려는 것으로 보인다. 마소라 본문을 따르는 경우 가장 난해한 독법이 된다.

4.c. 칠십인역은 호 쎄오스(ὁ θϵὸς, "하나님")을 추가시키고 있다.

6.a-a. 루돌프는 폴츠의 견해를 따라 카슈루 아하레이카 쿨람(קשרו אחריך כלם, "그들이 네게 대항하여 음모를 꾸몄다")으로 읽는다. 에피쉬넥쎄산(ἐπισυνήχθησαν, "그들이 ~에 대항하여 음모를 꾸몄다")으로 읽고 있는 칠십인역은 얼마간은 이런 변화를 지지해 주는 것으로 보인다. 마소라 본문을 따라 읽는 것이 가장 난해한 독법이다.

6.b. 이 단어의 의미는 불확실하다. 모든 번역본들은 추론적인 번역을 하고 있다. 이에 대한 충분한 논의를 위해서는 Hubmann, *Untersuchungen*, 97-106를 보라.

양식/구조/배경

예레미야서에서의 많은 구절들과 마찬가지로, 이 구절은 해석자들에게 여러 가지 관련된 문제점들을 안겨주고 있다. 이 문제들의 해결은 아마도 서로 다른 논증들의 타당성보다는 해석자의 선입견에 더욱 많이 달려 있는 것으로 보인다.

이 구절 내에 존재하는 몇 가지 문제점들과 불일치성은 일부 주석가들에게 이러한 난점을 극복하기 위해 본문에 대한 재구성을 제의하게 만들기도 했다. 이러한 문제점들은 다음과 같은 것을 포함한다. 즉, 다소 돌연스러운 방식으로 18절이 시작하고 있다는 것, 18절에서 기대와는 달리 3인칭에서 2인칭으로의 전환이 이루어지고 있다는 것, 위험이라는 것이 규칙 없이 이루어지고 있다는 것이다. 다음에 본문을 재배열해 놓은 것이 대표적인 것이다.

Bright, *Peake*, Reventlow(6절에 대해서는 의견이 엇갈린다): 12:1-6; 11:18-23.

Rowley(*AJSL* 42[1926] 217-27): 11:18; 12:6; 11:19-20; 12:1-3; 11:21-23; (12:4-5).
Rudolph, Volz: 11:18; 12:6; 11:19-20a; 12:3; 11:20b-23; 12:1-2; 12:4b-5.
Thiel, *Die deuteronomistische Redaktion*, 159: 11:18; 12:6; 11:19-23; 12:1-4a: 12:5.

이러한 본문에 대한 재배열을 제시하고 있는 사람들은 스스로의 정당화를 위해 본문에 대한 좀더 개선된 감각을 지니려고 노력하고 있다. 그럼에도 불구하고, 여전히 쟁점으로 남는 것은 의미에 대한 현대적 관념에 기초해서 본문을 재배열하려는 어떠한 노력도 공허할 수밖에 없지 않느냐는 점 때문이다. 자주 현대적인 주석들은 본문의 논리적, 시간적 진행이라는 것이 의미의 기초를 이룬다고 가정한다. 그리고 이를 놓쳤을 경우에는 이를 확보해야 한다고 말한다. 자신들의 의도에 맞게 본문을 수정하는 일을 싫어하지는 않았던 원래의 편집자들은 분명히 현재의 배열에서 적절한 의미를 얻었음에 틀림없다. 현대의 성경 해석자들은 마소라 본문과 충분한 일치를 보이고 있는 빈역본들을 가지고 받아들여진 본문에서 의미를 찾아야 할 것이지 이를 모종의 현대적인 틀에 강압적으로 맞추려 해서는 안 될 것이다.

이 구절에서 주석가들을 괴롭혀 왔던 또 다른 문제는 어느 절이 산문이고 어느 절이 시문인지를 구별해 내는 일이다. 예레미야서에서는 이 부분이 자주 시문(A자료 유형)으로 인식되기도 하고 산문(B자료 유형)으로 인식되어 분석되기도 한다. 따라서 특정 구절에 대해 누군가가 그것을 무엇이라 확정한다면, 이는 그 시기와 정황에까지 영향을 미치는 결과를 낳게 된다. 할러데이는 후브만(Hubmann)의 영향 아래 전체 구절을 시문으로 분류했고, 그로 인해 그 신빙성에 대한 그의 주장이 지지를 얻게 되었다. 맥케인은 C자료 유형에 대한 틸(Thiel)의 분석을 따라(*Die deuteronomistische Redaktion*, 159) 11:20과 12:1-5을 시문으로 분류했고, 나머지를 산문으로 분류해 놓았다. 대폭적으로 이런 분류에 근거해서, 맥케인은 11:21-23을 11:18-19에 대한 주석으로 생각했으며, 11:20에 있는 시문적인 단편도 이차적인 자료로 여겼다. 마찬가지로, 그는 12:6을 12:1-5에 대한 주석으로 생각하였다. 이런 가정은 대표적인 주석가들에 의해 수용되고 채택되어, 그들은 11:21-23을 제외한 모든 부분을 시문으로 생각했다. 루돌프, 캐롤, RSV를 비교해 보라.

이 구절에서 사용된 기초적인 형식은 시편에서 발견되고 있는 바와 같이 애가다. 시편에서의 애가 형식에 관해서는 S. Mowinckel, *The Psalms in Israel's Worship*, trans. D. R. Ap-Thomas(Nashville: Abingdon, 1962), I, 229-39, II, 9-11를 보라. 이러한 애가에 대해 유사하지만 보다 상세한 분석을 이루고 있는 자료로는 A. R.

Diamond, *The Confessions of Jeremiah in Context*, 22-46, 37-40를 보라. 이 구절은 두 개의 독립된 애가를 포함하고 있는데, 11:18-23과 12:1-6이 그것이다. 애가의 기초 요소는 이 구절에 반영된 바와 같이 다음과 같이 개괄될 수 있을 것이다.

형식적 요소	제1애가	제2애가
기원	11:18	12:1a
불만	11:19	12:1b, 2
기도	11:20	12:3-4
신적 응답	11:21-23	12:5-6

이러한 형식 분석은 이것이 공동체 애가인지 개인 애가인지를 구별하는 데 아무런 도움이 되지 못한다. 이는 공동체 애가와 개인 애가의 주된 차이가 내용에 관한 것이기 때문이다. 이에 대해서는 Mowinckel, *Psalms*, I, 11를 보라. 레벤틀로프(Reventlow, *Liturgie*, 244)는 애가를 공동체 애가로 보는 그의 의도를 가뭄의 모티프가 나타난다는 것(4절)에 그 근거를 두고 있다. 캐롤(275-79) 역시 이 애가를 공동체적인 것으로 보았는데, 그는 민족의 멸망이라는 배경 속에서(16절) 일찍이 사용된 바 있는 나무 모티프(11:19; 12:2)가 있다는 사실에 부분적으로 그의 결론의 근거를 두고 있다. 그들의 원리가 확실해지기 위해서는 이 두 주석가들은 11:21과 11:23에서의 아나돗의 언급과 12:6이 이차적이라는 사실을 고려해 보아야 한다. 그래야만 되는 이유는 이 절들이 개인적 애가과 관련된 부분들이기 때문이다.

이 애가는 선행 부분과 와야흐웨(ויהוה, 문자적으로는 "그리고 여호와께서")라는 표제어로 연결되고 있으며, 이 단어는 17절과 18절 모두의 초두에 나타나고 있다. 16-17절과 19절에서 공유되고 있는 나무 모티프는 보다 밀접한 연관성을 만들어 준다. 좀더 큰 주제상의 통일성에 대해서는 이 단원의 서론 부분을 보라.

전통적인 형식을 사용한 것과 역사적인 단서가 부족하다는 사실로 인해 이 애가의 정황을 확정하기는 어렵다. 공동체적인 관심사로부터 볼 때의 정황은 파멸 신탁 주변의 어느 시기로 보이는 마지막 추방이 일어나기 전의 어느 시기에 맞추어진다. 아마도 시드기야 왕 치하에 하나냐의 계략(37장을 보라)이 이 구절의 배경인 것으로 보이지만, 우리는 이에 대해 어떤 확실한 결정도 내릴 수 없다.

주석

이 애가는 확실히 돌연스럽게 시작하고 있다. 18절의 정황은 불분명하다. 선지자가 지금 모르고 있는 것은 무엇인가? 하지만 다른 시적 애가의 기원과 비교해 볼 때 돌연성은 비교적 덜 중요해 보인다. 시편 13:1을 예로 비교해 보자. "여호와여 어느 때까지니이까? 나를 영영히 잊으시나이까? 주의 얼굴을 나에게서 언제까지 숨기시겠나이까?" 시편 28편도 보라. 이 절의 돌연성은 계략에 대해 선지자가 초기에는 알지 못했다는 것을 반영할 수도 있다. 다음 구절에 대해서는 "주석"을 보라. 마소라 전승은 이 구절을 단순한 사실의 진술로 보고 있으나, 칠십인역과 시리아역은 이를 호격으로 이해한다.

19 19절은 애가의 불평 단락을 담고 있다. 선지자는 스스로를 도축장으로 끌려간 양과 비교하고 있다(12:3도 보라). 도살장으로 끌려가는 양처럼, 선지자는 그의 생명에 가해지는 위협에 대해 알지 못하고 있었다. 선지자는 또한 스스로를 한창 때(활력이 가득한 나무?)에 잘려나가게 된 나무로 묘사하고 있다. 이 나무는 여기와 뒤따르는 애가에 나타나고 있는 많은 원예학적 은유 중 첫 번째의 것이다(예를 들어, 다음 애가의 12:2, 4, 5에서 사용되고 있는 이미지들을 보라). 나무의 은유를 사용한 것은 이것이 공동체 애가라는 사실의 증거가 된다고 몇몇 학자들에 의해 인용되었다. 그 이유는 이것이 민족의 파멸을 기술하기 위해 일찍이 사용된 적이 있기 때문이다(11:16). 우리는 이를 불평의 의도가 보다 확대되었다는 증거라고 이해한다. 그래서 이것은 예레미야에게도 민족에게도 적용될 수 있으며, 여호와의 고통에 대한 반영이 될 수도 있다(12:7-17에 나오는 하나님의 애가를 보라). 예레미야는 그의 선지자의 직무로 인하여 말해야 했던 것을 그들이 듣기를 원치 않았기에 그를 죽일 계략을 꾸몄다는 사실에 대해 불평할 수 있었다. 마찬가지로, 그의 앞에 선 백성들의 특수한 상황 때문에 그들이 하나님께 심판받도록 되었다는 것에 대해 백성들의 편에서 불평할 수 있었다. 이 구절의 애매성은 선지자 스스로 발견한 상황 자체가 갖는 애매성을 반영한다. 그는 백성 때문에 그리고 그들을 향한 그의 사역 때문에 고통을 당했다. 백성에게 심판이 임하리라는 그의 선언은 백성의 손에 의해 그 자신이 고통을 당하는 결과를 낳았다. 전엔 여호와의 "푸른 감람나무"였던 백성들이 이제 잘려나가게 될 것이라고(11:16) 일찍이 백성들에게 선언했던 그가, 이제는 같은 백성들이 푸른 나무 같은 그 자신을 잘라내려 위협하고 있음을 발견하게 된다. 백성들의 운명과 하나님의 손을 계시했던 선지자(11:1-17)는 하나님이 그에게 계시하신 대로 자신의 운명을 백성의 손에 두게 된 것이다. 선지자의 운명과 백성의 운명이 서로 얽혀 있다.

20 이 절은 애가의 기도 부분을 구성하고 있다. 선지자는 그의 적들에 대한 복수

를 탄원하고 있다. 이 절의 전반부와 후반부 모두 탄원을 위한 이중적 기초를 세워 놓고 있다. 이 절의 전반부는 영광스럽게 여호와를 사람을 심판하시는 분이나 의로운 심판관으로 기술하고 있다. 이 절의 후반부는 그의 적들에 대한 복수를 원하는 예레미야의 실제적인 탄원을 담고 있다. 여호와를 의의 심판관으로 묘사하는 영광스러운 묘사에도 불구하고, 예레미야는 여호와께서 예레미야를 시험해 보신다면 그가 의롭다는 것을 발견하실 것이라는 점을 함축하고 있다(12:3과 비교해 보라). 의로운 사람은 본능적으로 여호와께서 그의 편에서 행동하실 것을 기대할 수 있다. 이 절의 후반부에서, 예레미야는 그가 자신의 명분을 여호와께 두었음을 주장한다. 그래서 그는 여호와께서 그의 적들을 벌하실 것을 기대한다.

21 21절은 예레미야의 불평에 대한 여호와의 응답으로 시작한다. 많은 주석가들은 이 절을 실세로 전체적으로 개작한 것으로 생각한다. 그래서 단시 이차적인 중요성만을 갖는다고 본다. 이러한 결론의 이면에 보이는 이유는 선행 절들과의 사이에서 가정되는 모순 때문이다. 선행 절들은 이들 주석가들에 의해 예레미야에게는 숨겨진 계략을 묘사하고 있는 것으로 이해된다(예를 들어, Holladay, 374; Hubmann, *Untersuchungen*, 65-72; Thiel, *Die deuteronomistische Redaktion*, 159를 보라). 그럼에도 불구하고, 18-20절을 검토해 보면 이들이 과거에는 숨겨졌으나 지금은 밝혀진 계략을 묘사하고 있음을 시사한다는 것을 알 수 있다. "그 때에 주께서 그들의 행위를 내게 보이셨나이다"(렘 11:18b). 그것은 선행 절이 아직 예레미야에게 적대적인 플롯을 서술하지 않았다는 것이 그에게 계시된 바 없다는 것을 의미하지는 않기 때문이다. 자주 대응되는 시편 애가는 애가를 촉구시키는 악을 구체화시키지 않는다(참조 시 28). 예레미야의 애가를 촉구하게 만든 정황이 갖는 함축은 그것을 훨씬 더 특수하고 개인적인 것으로 만들고 있다. 예레미야의 고향인 아나돗(1:1을 보라)에 대한 언급은 애가가 지금 드러나는 바와 같이 예레미야의 개인적인 삶의 정황에서 비롯된 것임을 상당히 분명하게 만들어 준다. 하지만 여호와의 선지자로서 그의 개인적인 삶의 운명이 그가 봉사했던 백성들의 운명과 깊이 관여되어 있다는 것을 우리는 기억해야 한다.

이 절은 또한 예레미야를 향한 대적들의 불만이 가진 수수께끼를 계시해 준다. 그들은 그가 예언 사역을 지속하기를 원하지 않았던 것이다. 확실히 대적들의 불만의 배경은 예레미야의 그토록 많은 파멸 예언이었다(예를 들어, 11:1-17).

22-23 예레미야의 대적들에 대한 징벌은 22-23절에서 전통적인 용어로 서술되고 있다. 대적들은 칼과 기근에 의한 파멸의 위협을 받고 있다. 칼과 기근의 위협은

(침략에 대한 상징인가?) 특히 그것이 "염병"(דֶּבֶר – 데베르)과 연관되는 경우는 예레미야의 예언에서 흔한 일이다(14, 21, 24, 27, 29, 32, 34장 등). 예레미야의 대적들을 향한 심판은 "그들의 징벌의 해"에 일어나게 될 것이다. 이 구절은 두 차례 더 나타나고 있는데, 예레미야 23:12과 48:44이 그것이며 두 경우 모두 시문 단락이다. 첫 번째 경우에 그것은 선지자들을 향한 신탁에서 사용되었다. 두 번째 경우에 그것은 민족들, 즉 모압을 향한 신탁에서 발견되고 있다. 그 죄로 인해 백성들에게 내려질 여호와의 심판에 대한 묘사에서 사용된 것과 동일한 어휘가 예레미야의 대적들에게 심판이 임할 것이라는 말 속에서도 사용되고 있다. 백성과 그 후손들의 칼과 기근으로 인한 완전한 파멸은 비록 그 사람이 선지자일지라도 한 사람에게 일어나는 일로서는 좀 부적절한 심판인 것으로 보인다. 다시 한 번 이 애가가 한 사람의 운명 그 이상을 다루고 있다는 결론을 피하기가 어려울 것으로 보인다.

아나돗 사람들의 파멸에 대한 사항으로, 에스라-느헤미야에 기록된 포로로부터의 귀환 기사는 포로로 끌려갔던 사람 중에 128명의 아나돗 사람이 돌아왔다고 기록하고 있다(스 2:23; 느 7:27). 말하자면, 파멸은 완전한 것은 아니었다는 말이다. 13:19의 "주석"과 비교하라.

12 1 12장은 이 연속되는 애가 중에 두 번째의 것을 시작해 주고 있다. 이 애가는 그 화자나 배경에 대해서도 전혀 알려주지 않는다. 이 점 때문에 이것은 부분적으로 폭넓게 해석되어 왔다. 그 현재의 위치 속에서 선행 애가는 화자와 배경을 지적해 주고 있지만, 우리는 이에 대해 너무 쉽게 결론내리는 일을 주의해야 할 것이다. 두 애가는 계약의 속성을 가지고 있다. 12:1에서의 탄원, "주는 의로우시다"는 선행 애가의 기도(11:20)를 반영하고 있다. "공의로 판단하시는 만군의 여호와여." 시험의 주제는 11:20("사람의 심장을 감찰하시는")과 12:3("내 마음이 주를 향하여 어떠함을 감찰하시오니")에 나타나고 있다. 두 애가는 모두가 양의 은유(11:19; 12:3)와 다양한 원예학적 은유(11:19; 12:2, 4)를 사용하고 있다. 12:6에서의 예레미야의 가족에 대한 언급은 선행 애가(11:21-23)에서의 "아나돗 사람들"에 대한 언급을 반영하고 있다. 이 애가와 선행 애가 사이의 수많은 유사점들과 접합점들은 두 애가가 동일한 정황에서 이루어진 것임을 지적해 준다.

이 애가의 첫 절은 법률 용어인 "의로운(승리의)"(צדיק – 차디크), "쟁론하다"(ריב – 리브), "재판건"(משפט – 미슈파트), "악한"(רשע – 라샤)으로 점철되어 있다. 첫 콜론은 아마도 의도적으로 모호하게 만든 것 같다. "주는 의로우시니이다. 오 여호와여…." 이것은 여호와가 의로우시다는 것(의로운 재판관)을 선언하는 것인가?

아니면 여호와께서 과오에 대해 정직하시다는 말인가? 그는 항상 법정에서 호의적인 판단을 하시는 분인가? 문맥을 통해서 보면, 후자가 실질적인 가능성을 갖는 것으로 보인다. 예레미야의 경우가 어떠하든지 간에, 여호와께서는 항상 승리자로 나타나신다. 다른 법률 용어들이 나타난 것으로 말미암아 두 번째 콜론에서 "쟁론하다"(ריב – 리브)는 법정에서의 법률적인 경우로 이해되어야 할 것이다. 할러데이(375)는 2:29에서 이스라엘이 여호와를 상대로 두고 재판한 것이 아님을 선언하기 위해 예레미야가 유사한 용어를 사용하고 있음에 주목한다. 여기서 예레미야는 자신이 여호와를 상대로 재판건을 열었음에도 근소한 차로도 평결에서 승리할 기회를 얻지 못했음을 주장한다. 그는 여전히 그의 날을 법정에서 머물러야 했다. 이 점에서 그는 우리로 하여금 욥과 비슷한 무언가를 회상케 해준다. 세 번째 콜론은 조금이나마 법률 문장을 분명히 함축하고 있는 언어를 사용한다. "내 사건을 제시하오니"(משפטים אדבר – 미슈파팀 아다베르). 이것은 예레미야에게서만 발견되는 경우다. 1:16; 4:12; 39:5//52:9도 보라. 선지자는 대담하게도 하나님을 상대로 두고 자신의 재판건을 열었던 것이다.

예레미야의 불평은 1절의 네 번째 콜론에서 시작한다. 문제에 대한 그의 진술은 형식상 거의 고전적이다. "악한 자의 길이 형통하며 패역한 자가 다 안락함은 무슨 연고니이까?" 그는 일반적인 응보의 원리에 직면하고 있다. 이는 하나님의 손길로 의로운 자는 선한 것을 받아야 하며 악한 자는 악한 것을 받아야 한다고 진술하는 것이다. 응보의 원리에 대해서는 J. L. Crenshaw, ed., *Theodicy in the Old Testament*, Issues in Religion and Theology 4(Philadelphia: Fortress Press, 1983)를 보라. 예레미야는 거꾸로 악한 자가 번영하고 있음에 대해 불평한다. 그 불평은 전통적인 범주 속에서 진술되고 있으며, 예레미야의 개인적인 상황이나 민족의 운명에 아주 적합하게 적용될 수 있다.

2 불평은 2절에서도 나무 은유를 통해 지속된다. 11:19에서 예레미야의 생명에 대한 위협은 푸른 나무를 베어내는 이미지를 통해 묘사되고 있다. 이 절에서 예레미야는 그 대적들의 번영을 열매가 많은 나무의 은유로 서술하고 있다. 나무의 은유를 통해 예레미야는 삶의 불공평함에 대해서 불평만 한 것이 아니라, 하나님을 그 문제에 연루된 것으로 협의를 두고 있다. 대적들은 계속해서 그들의 입으로는 하나님께 영광을 돌리지만, 동시에 그 마음에는 불신앙을 가진 것으로 서술되고 있다. 이것은 9:7[9:8]에서 그 입으로는 평화를 말하면서 그 마음에는 매복 계획을 세우고 있는 자들에 대한 고발과 유사하다.

3 이 두 번째 애가에서 기도 부분은 여호와께 자신을 시험해 달라는 촉구와 더불어 예레미야 자신의 결백에 대한 주장으로 시작하고 있다. 이것은 선행 애가의 기도 부분(11:20)과 상당히 유사하다. 예레미야가 하나님의 결백을 의문시한 후에 자신의 결백을 주장하는 것은 충격적이다. 앞서 자신이 죽임을 당하기 위해 끌려가는 순한 양과 같다고 주장한 바 있는(11:19) 예레미야는 지금은 자신의 대적들을 죽을 운명에 처해진 양처럼 되게 해달라고 간청한다.

4 예레미야의 문제를 지속하는 대신에 4절의 처음 네 개의 콜론은 방향을 바꾸어 백성의 사악함으로 인해 땅에 만연하게 된 악에 대해 말하고 있다. 이것은 말하자면 식물과 동물 모두를 파괴하는 가뭄이다. 아마도 이 같은 변화로 인해 마소라와 칠십인역 전승은 이 절의 화자가 누구인지에 대한 엇갈린 가정을 하고 있는 것 같다. 마소라 본문은 주변 문맥에 맞추어 예레미야를 화자로 보고 있다. 반면에, 칠십인역은 하나님을 화자로 보고 있다. 이들 문제점들로 인해 많은 주석가들은 이 절에서 이 부분을 삭제해 버린다. "원문주해" 4.a-a를 보라. 절의 첫 부분을 삭제하는 경우는 적합하지 않은 다른 곳에 강조를 둘 필요를 느낀다. 레벤틀로프(*Liturgie*, 244-51)는 완전히 다른 결론에 이르게 되었다. 그는 결론내리기를, 가뭄에 대한 언급은 이것이 공동 애가임을 지적한다고 본다. 가뭄이라는 것은 자주 공동 애가의 주제로 등장해 왔기 때문이다.

이 애가와 앞의 애가가 단순히 예레미야의 운명에 대해서만 관심을 두고 있는 것이라면, 아마도 이 절의 첫 부분을 삭제한 것은 정당한 경우가 될 것이다. 하지만 증거는 예레미야와 백성 사이의 운명의 연관성에 대해 논증하고 있다. 만일 우리가 마소라 본문을 수용한다면, 즉 예레미야를 화자로 본다면, 이 절은 예레미야의 운명과 민족의 운명을 연결시키는 셈이 된다. 백성들은 자신들이 하나님께 대적하기 때문에 예레미야를 향해 계략을 꾸몄던 것이다. 예레미야는 자신을 향한 계략 때문만이 아니라, 그 음모를 통해 드러나는 백성들의 죄 때문에 슬퍼했던 것이다.

5 예레미야의 불평에 대한 여호와의 응답은 별로 독특할 것이 없다. 여호와는 예레미야의 대적들을 이겨낼 것이라고 그에게 보증을 주는 대신에, 두 개의 평행구와 아마도 아이러니한 이미지들을 통해 이제 그에게 큰 일이 닥칠 것이라고 말씀하신다. 예레미야의 현재와 미래의 고통은 다른 사람과 말의 경주에 비교된다. 미래의 고통과 비슷하게 말은 북쪽에서의 대적에 대한 완곡한 지시가 될 수 있다. 두 번째 이미지는 현재를 안전한 땅에 사는 것으로, 그리고 미래를 요단의 광야에 사는 것으로, 즉 아마도 추방의 이미지로 대조되고 있다. 이것은 예레미야에게 어떠한 재보증

도 해주지 않으며, 그를 위안시킬 수도 없다. 바움가르트너(Baumgartner, 59)는 응답이 가진 독특하지 못한 성격이 그 신뢰성을 확증시켜 주는 경우라고 본다. 예레미야와 백성의 운명이 서로 복잡하게 얽혀 있다는 것에 대한 깨달음은 또한 이 독특하지 못한 응답을 설명해 줄 수 있는 것이다.

6 이 절은 그 주제로서 예레미야를 평이하게 서술하고 있다. 예레미야의 가족은 앞서 11:18-23에서 언급된 계략에 가담한 것으로 서술되고 있다. 이 절이 가진 이 같은 특성은 많은 주석가들로 하여금 다양한 방식으로의 위치 이동을 가정하게 만들었다("원문주해"를 보라). 앞 절에서처럼 이 절은 불평에 대한 일반적인 신탁으로서의 응답은 아니었다. 이것은 예레미야에게 어떤 형태로든 거의 재보증을 해주지 않는다. 만일 이 절이 11:21-23의 평행구로 이해된다면, 예레미야 가계의 공모자들도 다른 공모자들과 동일한 운명을 겪게 될 것이라는 점을 생각해 볼 수 있다. 말하자면, 전면적인 멸망이 되는 셈이다. 하지만 다시 한 번 이것이 선지자에게 위안이 될 수 있다. 앞 절에서처럼 이것은 예레미야와 그의 백성의 운명 사이에 연관성을 제시하기 때문이다.

해설

선지자 예레미야에게 고통은 그의 예언 직무의 일부가 되었다. 그는 자신의 생명을 위협하는 계략을 깨닫게 되었을 때 여호와께 이렇게 울부짖었다. "나의 원정을 주께 아뢰었사오니"(11:20). 그의 생명을 위협하는 계략을 두고 토로하는 불평에 대한 응답 속에서, 우선 그는 여호와께로부터 다소 전통적인 말씀을 듣는다. "보라 내가 그들을 벌하리니…"(1:21). 이 같은 응답의 배경 속에서, 우리는 그의 고통이 그의 예언 사역의 결과였다는 것을 발견한다(11:21). 상황의 부당함에 대해 계속해서 불평할 때, 그가 받은 응답은 위로와는 거리가 먼 것이었다. 실질적으로, 그가 들은 말은 더 심한 고통을 겪으리라는 것이었다(12:5-6). 그를 향한 계략과 이것이 드러내는 부당성은 백성들의 고통과 죄와 복잡하게 얽혀 있었다. 그는 백성들에게 가서 심판을 선언하라는 지시를 받는다. 그들 가운데 있음으로 말미암아, 그는 그들과 더불어 여호와의 심판으로 인한 고통을 겪게 되었다. 하나님의 사자로서, 그는 그의 예언 사역의 결과로 고통을 겪었던 것이다.

C. 하나님의 고통(12:7-17)

참고문헌

Driver, G. R. "1. Ben Sira, xxxiii.4; 2. Jeremiah 12:6." *JJS* 5(1955) 177-8. **Emerton, J. A.** "Notes on Jeremiah 12:9 and on Some Suggestions of J. D. Michaelis about the Hebrew Words *nahā*, *ʿaebrā*, and *jadăʿ*." *ZAW* 81(1969) 182-91. **McKane, W.** "Relations between Prose and Poetry in the Book of Jeremiah with Special Reference to Jeremiah iii 6-11 and xii 14-17." In *A Prophet to the Nations: Essays in Jeremiah Studies*. Ed. L. G. Perdue and B. W. Kovacs. Winona Lake, IN: Eisenbrauns, 1984. 269-85. **Müller, H.-P.** "«Der bunte Vogel» von Jer XII 9." *ZAW* 79(1967) 225-6. **Seybold, K.** "Der 'Löwe' von Jeremia xii 8. Bermerkungen zu einem prophetischen Gedicht." *VT* 36(1986) 93-104. **Soggin, J. A.** "Jeremias xii 10a: Eine Parallelstelle zu Deut. xxxii 8/LXX?" *VT* 8(1958) 304-5.

본 문

7 내가 내 집을 버리며 내 산업을 내어던져 내 마음의 사랑하는 것을 그 대적의 손에 붙였노니

7 "I have forsaken my house, I have abandoned my heritage; 2+2 I have given the beloved of my soul into the hands of her enemies. 3+2

8 내 산업이 삼림 중의 사자 같이 되어서 나를 향하여 그 소리를 발하는고로 내가 그를 미워하였음이로다

8 My heritage has become to me like a lion in the forest; 2+2 she has lifted her voice against me, therefore I hate her. 3+2

9 내 산업이 내게 대하여는 무늬 있는 매가 아니냐 매들이 그를 에워싸지 아니하느냐 너희는 가서 들짐승들을 모아다가 그것을 삼키게 하라

9 Has my heritage become a hyena's[a] lair[b] to[c] me? Do the birds of prey[b] surround her? 4+3 Go gather[d] all the wild beasts; bring them[e] to devour. 4+2

10 많은 목자가 내 포도원을 훼파하며 내 분깃을 유린하여 나의 낙토로 황무지를 만들었도다

10 Many shepherds have destroyed my vineyard, they have trampled my portion,[a] 4+2 they have made my pleasant portion a desolate wilderness. 3+2

11 그들이 이를 황무케 하였으므로 그 황무지가 나를 향하여 슬퍼하는도다 온 땅이 황무함은 이를 개의하는 자가 없음이로다

11 They[a] have made it a desolation;[b] desolate, it mourns before me.[b] 2+3 The whole land is made desolate, [c]but no one lays it to heart. 2+5

12 훼멸하는 자들이 광야 모든 자산 위에 이르렀고 여호와의 칼이 땅 이 끝에서 저 끝까지 삼키니 무릇 혈육 있는 자가 평안치 못하도다

12 Upon all the plains[a] in the wilderness 2+2 destroyers have come; [b]for the sword of the Lord devours[b] [c]from one end of the land to the other;[c]

13 우리가 밀을 심어도 가시를 거두며 수고하여도 소득이 없은즉 그 소산으로 인하여 스스로 수치를 당하리니 이는 여호와의 분노를 인함이니라

14 내가 내 백성 이스라엘에게 산업으로 준 산업을 다치는 나의 모든 악한 이웃에게 대하여 나 여호와가 이같이 말하노라 보라 내가 그들을 그 땅에서 뽑아 버리겠고 유다 집은 그들 중에서 뽑아 내리라

15 내가 그들을 뽑아낸 후에 내가 돌이켜 그들을 긍휼히 여겨서 각 사람을 그 산업으로, 각 사람을 그 땅으로 다시 인도하리니

16 그들이 내 백성의 도를 부지런히 배우며 사는 여호와 내 이름으로 맹세하기를 자기들이 내 백성을 가리켜 바알로 맹세하게 한 것같이 하면 그들이 내 백성 중에 세움을 입으려니와

17 그들이 그리하지 아니하면 내가 반드시 그 나라를 뽑으리라 뽑아 멸하리라 여호와의 말이니라

there is no peace for any flesh. 4+3+3

13 They sowed[a] wheat and reaped[a] thorns: they have sifted[b] [c]to no avail. 4+3 They will be ashamed of [d]their harvests because of the anger of the Lord."[d] 2+2

14 Thus says the Lord concerning all[a] my evil neighbors[b] who touch the heritage which I have made my people Israel inherit: "Behold I will pluck them from their land, but the house of Judah I will pluck from their midst.

15 And after I have plucked them, I will again have compassion on them, and I will bring them again each to his heritage and each to his land.

16 And if they diligently learn the way[a] of my people, to swear by my name, 'As the Lord lives,' as they have taught my people to swear by Baal, then they shall be built up in the midst of my people.

17 But if they will not listen,[a] then I will pluck up that nation, plucking it and destroying it," says the Lord.

원문주해

9.a. 이 단어의 의미는 불확실하며, 이것은 여기에서만 나타나는 단어다. BDB, 840과 KB, 741과 비교하라. 여기서는 칠십인역대로 휘아이네스(ὑαίνης, "하이에나")로 읽었다. J. A. Emerton, *ZAW*(1969) 182-91를 보라.

9.b. 칠십인역은 두 곳 모두 스펠라이온(σπήλαιον, "동굴")으로 읽는다. 마소라 본문은 하아이트(הַעַיִט, "육식조류")로 읽는다. 루돌프(*BHS*)는 두 번째 경우는 의문사 대신에 관사를 두고 읽어야 한다고 주장한다. 말하자면, 하아이트(הַעַיִט)와 하아이트(הָעַיִט)다. 두 경우 모두 별 차이가 없다. 할러데이는 하야이트(הֲיָעִיט, "탐욕스럽게 바라보다")로 읽는다.

9.c. 루돌프(*BHS*)는 키(כִּי, "~이기 때문에")로 읽기를 제안한다.

9.d. 불가타역을 따라 니팔로 읽었다. 헤아스피우(האספו). 같은 견해로는 폴츠, 루돌프, 할러데이를 보라.

9.e. 일부 사본들과 불가타역은 칼로 읽는다. 에타이우(אֵתָיו, "오라"). 같은 견해로는 폴츠, 루돌프, 할러데이. 문체를 위해서는 *GKC* § 68i를 보라.

10.a. 소수의 사본들은 나할라티(נחלתי, "나의 유산")로 읽는다. 번역본들로부터는 아무런 지지가 없다. 마소라 본문을 유지한다. 소긴(Soggin, *VT*[1958] 304-5)을 보라. 그는 마소라 본문이 가장 어려운 독법이라는 것과 사본상의 증거로 이 독법이 유지되어야 한다고 주장했다.

11.a. 마소라 본문의 단수(שְׁמָמָה – 샤마흐)를 시리아역과 탈굼역, 불가타역 그리고 모든 주요 주석서들을 따라 복수(שַׁמְמָה – 샤무하)로 읽었다.

11.b-b. 할러데이는 루돌프의 인도를 따라 두 단어의 모음을 다시 표기했다. 아블라(אָבְלָה)를 아벨라(אֻבְלָה, "말려졌다")로, 슈메마(שְׁמָמָה)를 샤므마(שָׁמְמָה, "그녀는 비참해졌다")로. 번역본들상의 증거는 전혀 없으며, 마소라 본문을 유지했다.

11.c. 둠(Duhm)과 루돌프에 반하여 키(כי)를 유지했다. 맥케인을 보라.

12.a. 이 단어의 의미는 불확실하다. 논의를 위해서는 "원문주해" 3:2.a와 **문헌목록**을 보라.

12.b-b. 루돌프는 둠을 따라 이것이 종말론적인 부분이라고 제안한다. 그 이유는 크게는 하나님을 3인칭으로 묘사하기 때문이다.

12.c-c. 브라이트(Bright)는 이것이 추가 부분이었다고 제안한다.

13.a. 일부 칠십인역은 명령형으로 읽는다.

13.b. 드라이버(G. R. Driver, "Linguistic and Textual Problems: Jeremiah," *JQR* ns 28[1937/8] 112)를 따라 네흘루(נֶחְלוּ)를 나할루(נָחֲלוּ)로 다시 모음 표기했다. NEB와 비교하라.

13.c. 다수의 사본들은 여기에 접속사를 추가한다. 웨로(ולא). 마소라 본문을 그대로 두었다.

13.d-d. 마소라 본문의 미트부오테이켐(מתבואתיכם)을 미트부오테이헴(מתבואתיהם)으로 읽었다. 칠십인역은 이 절의 잔여 부분을 아포 카우케세오스 휘몬, 아포 오네이디스무에난티 퀴리우(*ἀπὸ καυχήσεως ὑμῶν, ἀπό ὀνειδισμοῦ ἔναντι κυρίου*, "여호와의 질책으로 너의 자랑을")로 읽는다.

14.a. 루돌프(*BHS*)는 이 단어를 생략할 것을 제안한다.

14.b. 칠십인역과 탈굼역은 접미를 생략하여 하슈케님(השכנים, "이웃들")으로 읽는다.

16.a. 칠십인역을 따라 단수 데레크(דֶּרֶךְ)로 읽었다. 10:2 참조.

17.a. 칠십인역은 에피스트렙소시(*ἐπιστρέψωσι*)=야슈부(ישובו, "회개하다")로 읽는다.

양식/구조/배경

예레미야 12:7-13은 형식상 애가의 불평 부분과 유사하다. Westermann, *Basic Forms of Prophetic Speech*(Philadelphia: Westminster Press, 1967) 202-3를 보라.

12:14-17에서의 신탁은 애가에서의 신적 응답 부분과 대응된다. 대부분의 주석가들은 불평에서의 화자가 하나님이라는 것에 동의한다. 7-13절에서의 불평은 시문이며, 14-17절의 응답은 산문체다.

14-17절의 저작성은 자주 의심받아 왔다. 덤, 폴츠, 맥케인이 그렇다. 다른 한편으로 그 저작성은 자주 확인되었다. 바이저(Weiser)와 할러데이와 루돌프가 그렇다(14절). 14-17절이 산문체라는 바로 그 이유 때문에 그것들이 선행 애가에 대한 이차적인 확장 부분이라고 추정되어서는 안 될 것이다. 예레미야의 첫 번째 애가는 시문과 산문체의 유사한 패턴을 두고 있다. 신적인 응답(11:21-23)은 산문체인 반면에 잔여 부분은 시문체다. 일부 주석가들은 또한 두 번째 애가에서의 신적 응답 부분(12:6)을 산문체로 보려 한다. 이 부분은 그 문체를 더 진전시키고 있다. 루돌프와 맥케인이 그렇다. 이 시문과 산문체의 패턴에 덧붙여 다른 증거는 14-17절의 저작성을 지지하는 근거가 된다. "유산"(נחלה – 나할라)이라는 단어에 근거를 두고 있는 7-13절과 14절의 본질적인 연관성은 많은 학자들에 의해 주목되어 온 것이 사실이다. 특별히 루돌프를 보라. 15-17절의 사고와 언어는 다른 순수 예레미야의 신탁들과 대응된다. 1:10; 18:1-12을 보라. 이 절들이 포로와 귀환과 관련되어 있다는 사실은 이들을 포로기(Thiel, *Die deuteronomistische Redaktion*, 162-68가 그렇다)나 포로기 이후(덤과 폴츠가 그렇다)로 분류할 충분한 이유가 되지는 못한다. 개괄해 보자면 14-17절의 저작성을 부인할 만한 강제적인 이유는 없다.

12:7-17의 위치는 이들 절들이 앞선 애가에서 표현된 예레미야의 슬픔과 평행되는 여호와의 슬픔을 묘사한다는 사실을 제시한다. 이들은 여호와가 백성의 죄악을 직면하고서 느꼈던 고통, 즉 앞서 예레미야에 의해 서술된(11:18-12:6) 악에 대해 느낀 그의 고통만큼이나 심했던 고통을 표현해 준다. 바이저(Weiser)와 비교하라. 앞서 예레미야의 애가는 특징적이지도 못할 뿐더러 불완전한 채로 남겨졌다. 신적 응답이 부적절한 것으로 보였기 때문이다. 이들 절들은 이러한 상황을 잘 설명해 준다. 하나님은 백성들의 죄악과 그의 대변자인 예레미야가 겪었던 박해로 인해 고통스러워하셨다. 예레미야의 애가에 대한 이 신적 애가의 연관성은 "슬퍼하거나" "황무해진"(אבל – 아발) 땅의 공통 이미지에 의해 확언된다. 12:4, 11을 보라.

이 구절의 불평 부분(7-13절)은 침략 시기를 그려내고 있다. 16절에서의 바알에 대한 언급은 팔레스타인 배경을 보여 준다. 이런 사실들은 598/7년 바벨론의 침략 직전의 시기인, 유다가 갈대아, 아람, 모압, 암몬의 약탈하는 무리들에 의해 황폐화되었던 때와 잘 들어맞는다. 이렇게 보는 경우는 예를 들어, 루돌프, 브라이트, 세이

볼드(*VT* 36[1986] 103-4)의 경우다.

주석

7 백성들의 죄악에 대하여 여호와께서는 그들을 버리고 단념하신다. 우리가 "집"(בית – 베이트)을 성전(예를 들어, Kimchi, Carroll)이나 땅(예를 들어, Duhm, Rudolph), 혹은 백성(예를 들어, McKane, Holladay) 중 어느 것으로 보든지 간에 별반 차이가 없다. 이미지는 동일하다. 여호와께서는 그의 임재와 축복을 거두어가셨다. 그의 거두어가심에 대한 묘사는 위협이나 심판이라기보다는 감정의 이미지다. 여호와께서는 그의 "사랑하시는" 백성들을 포기하는 것이 필연적임을 발견하셨다.

8 사자의 이미지는 구약성경에서 유다의 우월성을 묘사하면서 자주 사용된 것이다(예를 들어, 창 49:8-10). 이 절에서는 유다가 다시금 사자로 서술되지만, 이번에는 그 유추가 그를 돋보이게 하는 것이 아니다. 유다는 숲속의 사자처럼 그 하나님을 향하여 포효한다. 이 포효는 저항의 표시인가? 아니면 공격의 표시인가? 앞의 절에 서술된 예레미야를 향한 계략으로 미루어 그 포효는 그 사냥감을 딛고 선 사자의 포효로 보는 편이 나을 것이다. 아마도 이 전체 구절에서 가장 충격적인 진술은 여호와께서 그의 백성, 곧 과거에 그의 "사랑하는 자"로 서술된 바 있는 백성을 "미워"하신다고 진술하실 때일 것이다. 다시 한 번 우리는 하나님의 감정의 일면을 보게 된다(참조 9:1-10).

9 이 절은 일부 무척이나 골치아픈 번역의 문제에 직면하게 된다. H. P. Müller, *ZAW* 79(1967) 225-28과 J. A. Emerton, *ZAW* 81(1969) 182-91를 보라.

번역자에게는 두 가지 문제가 나타난다. 차부아(צבוע)라는 단어는 여기서 "하이에나"로 번역되었는데, 이것은 구약성경에서는 이 곳에서만 나타나는 것이다. 아이트(עיט, "육식 조류")라는 단어는 칠십인역에 의해 스펠라이온(σπήλαιον, "동굴" 혹은 "굴")으로 번역되었다. 하아이트(העיט)의 전통적인 번역은 RSV에 반영된 대로 "식육 조류"다. 여기서의 번역(우선은 "동굴" 그리고 "육식 조류")은 수정에 의지하지 않고 마소라 본문을 잘 이해한 것이다. 드라이버(Driver)를 따라 에머튼(Emerton)은 하아이트(העיט)의 번역을 우선은 "동굴"로 그리고 "육식 조류"로 번역한 것이 언어유희의 의도에서였을 것이라고 제안한다. 제시된 이미지는 그 희생물들의 시체로 지저분해진 하이에나의 굴로서 굶주린 육식 조류에 의해 둘러싸인 형상이다. 이 절은 유다를 하이에나의 동굴처럼 오염된 것으로, 그리고 이제는 그를 맹렬히 공격할 준비가 다 된 그 대적들에게 둘러싸인 것으로 그려내고 있다.

10 10절은 침략자들에 의해 농업에 있어서의 번영이 파멸될 것을 상상하고 있다. 이 절에서 양치기들은 이방 통치자들이다(6:3을 참조하라). 이 절의 구조는 7절의 그것과 밀접하게 평행을 이루고 있다. 양쪽 모두 처음 두 콜론이 유다에 대한 중복적 서술을 이루어 내고 있다. 마지막 두 개의 콜론을 보면 7절에서는 하나님께서 그의 백성을 적들에게 넘기시는 모습을, 그리고 이 절에서는 그 대적에 의한 유다의 파괴를 서술하고 있다.

11 땅의 황폐화는 11절에서도 서술되는 내용이다. 루돌프는 이 절 전반부의 어휘들을 다르게 구분할 것을 제안한다. 그렇게 하면 다음과 같은 번역이 된다. "그들은 그 나라를 슬픈 광야로 만들었다. 나를 위해 그 나라는 황폐케 되었다." 하지만 번역본의 지지가 전혀 없기에 이 같은 변화는 옳지 못하다(할러데이도 보라).

12 침략자들은 광야를 가로질러 달려오는 것으로 그려지고 있다. 그 이미지는 땅을 가로질러 오는 군대의 이동이다. 땅 전체에 평안이 없다는 말은 거짓 선지자들이 했던 평화의 약속을 기억나게 할 것이다(8:10-12의 "주석"을 보라. 또한 12:2을 참조하라).

첫 번째 콜론의 "평원"(שְׁפָיִם – 슈파임)이라는 말의 의미는 불확실하다("원문주해" 12.a를 보라). 일부 주석가들은 이 절과 다음 절에서 큰 문맥 속에서 분명히 화자인 여호와가 3인칭으로 서술된 것에 주목하면서 이 같은 난점을 해결하기 위해 여러 가지 삭제가 있어야 한다고 주장해 왔다(예를 들어, "원문주해" 12.b와 12.c를 보라). 하지만 구약성경에서 인칭의 변화는 동일 문맥에서도 빈번하게 발생하는 경우다.

13 이 절은 약탈하는 군대에 의한 곡식의 파괴를 서술하고 있다. 백성들이 다시 씨를 뿌리지만, 그 곡식의 파괴로 가시만 거둘 수 있을 뿐이다. 그들이 기대한들 추수에 얻을 것이 하나도 남지 않을 뿐이다. 두 번째 콜론에서의 네흘루(נחלו)의 번역은 전통적인 번역인 "스스로 괴롭게 하다"("원문주해" 13.b를 보라)보다는 "씨뿌리다"가 좀더 문맥에 맞는다. 여호와께서는 백성의 곡식의 파괴를 통해 자신의 분노를 표현하셨다.

14-17 침략해 오고 유다를 약탈한 이들 민족들을 향한 심판의 선포는 기대된 바이지만, 아모스 1-2장의 경우처럼 그 선포는 기대 밖의 결과를 얻게 된다. 유다는 곧 포로로 끌려가게 될 것이다(루돌프도 그러하다). 아마도 더 충격적인 일은 유다와 더불어 다른 민족들도 그들이 하나님의 백성의 "길"을 배울 경우 회복시키실 것이라는 약속이다(10:2 참조).

해설

하나님의 공의를 향한 예레미야의 불평(11:18-26)은 예레미야를 자신의 운명을 두고서 하나님에게 도덕적으로 격분한 모습으로 제시한다. 그의 격분은 하나님의 응답으로 더욱 고조된다. 하나님의 응답은 위안이 되지 못했고, 그저 그가 고통을 당하게 될 것이라고만 알려줄 뿐이었다(12:5-6). 여호와는 그래서 그 순간 예레미야에게 냉담한 모습으로, 그의 종의 운명을 살피지도 않고 그에게 무감각한 것으로 그려지고 있다. 만일 예레미야가 겪은 부당함의 스토리가 여기서 그쳤다면, 그는 거의 도덕적으로는 하나님께 우월한 모습으로 인지되었을 수도 있다. 일반적으로 하나님의 공의에 대한 비난은 악의 문제에 직면했을 때 고통을 겪는 자에 대한 묘사로 끝을 맺게 마련이다(시 73편을 보라). 그러나 이 기사는 예레미야의 애가로 끝내지 않았다. 하나님의 애가가 응답으로 제시된 것이다. 신적 애가는 하나님 역시 악으로 인해 고통을 겪으시는 것으로 묘사되고 있으며, 그 악은 자신의 백성의 손에서 비롯된 것이었다. 이 구절은 우리에게 악이 하나님께 유발한 경악과 고통에 대한 약간의 견해를 보여 주고 있다. 그 고통은 자신의 백성이 그것에 책임이 있었으므로 그분에게는 특별히 격심한 것이었다. 이 구절 속에서 여호와는 그의 백성을 향한 사랑과 증오, 즉 일반적으로 우리가 적어도 하나님에 대해서는 용납되지 않는 것으로 여기는 감정을 나타내신다. 여호와께서 자신을 사랑으로 그의 백성에게 열어놓으실 때, 그는 또한 스스로가 상처입을 수 있는 가능성으로도 열어놓으신다.

이 구절들은 하나님의 이미지를 그의 세계와 백성에게 열정적으로 관여하시는 모습으로 그려 준다. 악이 인간에게 유발시키는 동일한 슬픔을 하나님께도 유발시킬 수 있다는 것을 생각해 보면 놀라울 뿐이다. 이 같은 구절은 하나님을 냉정하다거나 그의 세계와 격리된 분으로 생각하는 일을 영원히 의심하게 만든다.

D. 상징과 죄(13:1-27)

참고문헌

Andreasen, M.-E. "The Role of the Queen Mother in Israelite Society." *CBQ* 45(1983) 179-94. **Baumann, E.** "Der Linnene Schurz Jer. 13:1-11." *ZAW* 65(1953) 77-81. **Bourguet, D.** "La métaphore de la ceinture: Jérémie 13:1-11." *ETR* 62(1987) 165-84. **Dahood, M.** "Two Textual Notes on Jeremiah." *CBQ* 23(1961) 462-64. **Hermisson, H.-J.** "Jeremias Wort über Jojachin." In *Werden und Wirken des Alten Testaments, Festschrift für Claus Westermann zum 70 Geburtstag.* Ed. R. Albertz, et al. Göttingen: Vandenhoeck & Ruprecht, 1980. 266-68. **Long, B. O.** "The Effect of Divination upon Israelite Literature." *JBL* 92(1973) 489-96. ______. "Two Question and Answer Schemata in the Prophets." *JBL* 90(1971) 129-39. **McKane, W.** "Jeremiah 13:12-14: A Problematic Proverb." In *Israelite Wisdom: Theological and Literary Essays in Honor of Samuel Terrien.* Missoula, MT: Scholars Press, 1978. **Southwood, C. H.** "The Spoiling of Jeremiah's Girdle(Jer. xiii 1-11)." *VT* 29(1979) 231-37. **Williamson, H. A.** "Jeremiah 13:21." *ET* 36(1924/25) 45.

본 문

	The Linen Waistcloth
1 여호와께서 이같이 내게 이르시되 너는 가서 베띠를 사서 네 허리에 띠고 물에 두지 말라 하시기로	**1** Thus said the Lord to me: "Go and buy a linen waistcloth for yourself, and put it upon your loins, but do not dip it in water."
2 내가 여호와의 말씀대로 띠를 사서 내 허리에 띠니라	**2** And so I bought a waistcloth according to the word of the Lord, and put it on my loins.
3 여호와의 말씀이 다시 내게 임하니라 가라사대	**3** And the word of the Lord came to me a second time,[a]
4 너는 사서 네 허리에 띤 띠를 가지고 일어나 유브라데로 가서 거기서 그것을 바위 틈에 감추라 하시기로	**4** "Take the waistcloth which you bought, which is upon your loins, and arise, go to the Euphrates,[a] and hide it there in the cleft of the rock."
5 내가 여호와께서 내게 명하신 대로 가서 그것을 유브라데 물가에 감추니라	**5** And so I [a]went and[a] hid it by the Euphrates, as the Lord had commanded me.
6 여러날 후에 여호와께서 내게 이르시되 일어나 유브라데로 가서 내가 네게 명하여 거기 감추게 한 띠를 취하라 하시기로	**6** And after many days the Lord said to me: "Arise, go to the Euphrates, and take from there the waistcloth which I commanded you to hide there."

7 내가 유브라데로 가서 그 감추었던 곳을 파고 띠를 취하니 띠가 썩어서 쓸데없이 되었더라

7 Then I went to the Euphrates, and I dug, and I took the waistcloth from the place where I had hidden it. And behold [a]the waistcloth[a] was spoiled; [b]it was good for nothing.

8 여호와의 말씀이 내게 임하니라 가라사대

8 And the word of the Lord came to me:

9 나 여호와가 말하노라 내가 유다의 교만과 예루살렘의 큰 교만을 이같이 썩게 하리라

9 Thus says the Lord, "Even so will I spoil[a] the pride of Judah and the great pride of Jerusalem.

10 이 악한 백성이 내 말 듣기를 거절하고 그 마음의 강퍅한 대로 행하며 다른 신들을 좇아 그를 섬기며 그에게 절하니 그들이 이 띠의 쓸데없음 같이 되리라

10 This evil people who refuse to listen to my words, [a]who stubbornly follow their own heart[a] and go after other gods to serve them and worship them, [b]let them be like this waistcloth, which is good for nothing.

11 나 여호와가 말하노라 띠가 사람의 허리에 속함같이 내가 이스라엘 온 집과 유다 온 집으로 내게 속하게 하여 그들로 내 백성이 되게 하며 내 이름과 칭예와 영광이 되게 하려 하였으나 그들이 듣지 아니하였느니라

11 For as the waistcloth clings to the loins of a man, thus I made[a] the whole house of Israel and[a] the whole house of Judah cling to me," says the Lord, "that they might be to me a people, a name, a praise and a glory, but they would not listen.

12 그러므로 너는 이 말로 그들에게 이르기를 이스라엘의 하나님 여호와의 말씀에 모든 병이 포도주로 차리라 하셨다 하라 그리하면 그들이 네게 이르기를 모든 병이 포도주로 찰 줄을 우리가 어찌 알지 못하리요 하리니

12 You shall speak[a] to them this word."

The Wine Jars

Thus says the Lord, the God of Israel,[a] "Every jar[b] shall be filled with wine. And if[c] they say to you, 'Do we not know that every jar shall be filled with wine?'

13 너는 다시 그들에게 이르기를 여호와의 말씀에 보라 내가 이 땅의 모든 거민과 다윗의 위에 앉은 왕들과 제사장들과 선지자들과 예루살렘 모든 거민으로 잔뜩 취하게 하고

13 Then you shall say to them: 'Thus says the Lord, behold I will fill with drunkenness all the inhabitants of this land, [a]the kings who sit upon the throne of David, the priests, the prophets, [b]and all the inhabitants of Jerusalem.

14 또 그들로 피차 충돌하여 상하게 하되 부자간에도 그러하게 할 것이라 내가 그들을 불쌍히 여기지 아니하며 관용치 아니하며 아끼지 아니하고 멸하리라 하셨다 하라 여호와의 말이니라

14 And I will dash them one against another, the fathers and sons together, says the Lord, I will not spare or pity or have compassion, that I should not destroy them.'

A Final Warning

15 너희는 들을 지어다, 귀를 기울일지어다, 교만하지 말지어다, 여호와께서 이같이 말씀하시느니라

15 Hear and give ear and do not be proud, for the Lord has spoken. 3+3

16 그가 흑암을 일으키시기 전, 너희 발이 흑암한 산에 거치기 전, 너희 바라는 빛이 사망의 그늘로 변하여 침침한 흑암이 되게 하시기 전에 너희 하나님 여호와께 영광을 돌리라

16 Give glory to the Lord your God before he brings darkness, 4+2 and before your feet stumble on the twilight mountains, 3+2 and you look for the light and he makes it into gloom[a] and makes[b] it deep darkness. 2+2+2

17 너희가 이를 듣지 아니하면 나의 심령이 너희 교만을 인하여 은근히 곡할 것이며 여호와의 양 무리가 사로잡힘을 인하여 눈물을 흘려 통곡하리라

17 But if you will not listen, [a]in secret[a] my[b] soul will weep for [c]your pride;[c] 3+4 my eyes will weep bitterly[d] and run down with tears, because the Lord's flock has been [e]taken captive.[e] 4+4

A Royal Warning

18 너는 왕과 왕후에게 고하기를 스스로 낮추어 앉으라 관 곧 영광의 면류관이 내려졌다 하라

18 Say[a] to the King and Queen mother:[b] "Take a lowly seat, 3+2 for [c]from your head[c] has come down, your beautiful crown." 3+2

19 남방의 성읍들이 봉쇄되고 열 자가 없고 유다가 다 잡혀가되 온전히 잡혀가도다

19 The store cities[a] are shut up, with no one to open; 3+2 All of Judah is exiled, [b]exiled completely.[b] 3+2

The People's Lot

20 너는 눈을 들어 북방에서 오는 자들을 보라 네가 받았던 떼, 네 아름다운 양떼는 어디 있느뇨

20 "Lift up[a] your eyes[b] and see[c] those coming from the north. 3+2 Where is the flock that was given to you, your beautiful flock? 3+2

21 너의 친구 삼았던 자를 그가 네 위에 수령으로 세우실 때에 네가 무슨 말을 하겠느냐 너의 고통에 잡힘이 구로하는 여인 같지 않겠느냐

21 What will you say when they[a] set[b] as head[b] over you, those whom you have taught to be your friends? 3+3+3 Will not pangs take hold of you, like a woman in travail?[c] 3+3

22 네가 심중에 이르기를 어찌하여 이런 일이 내게 임하였는고 하겠으나 네 죄악이 크므로 네 치마가 들리고 네 발뒤꿈치가 상함이니라

22 And if you say in your heart, 'Why have these things come upon me?' 3+3 Because of the greatness of your iniquity your skirts are lifted up, and your heels suffer violence. 2+2+2

23 구스인이 그 피부를, 표범이 그 반점을 변할 수 있느뇨 할 수 있을진대 악에 익숙한 너희도 선을 행할 수 있으리라

23 Can the Ethiopian[a] change his skin, or the leopard his spots? 3+2 Then neither can you do good who are trained to do evil. 3+2

24 그러므로 내가 그들을 사막 바람에 불려가는 초개같이 흩으리로다

24 I will scatter you[a] like chaff driven by the wind of the desert. 2+2

25 여호와께서 가라사대 이는 네 응득이요 내가 헤아려 정하여 네게 준 분깃이니 네가 나를 잊어버리고 거짓을 신뢰하는 연고라

25 This is your lot, your measured portion[a] from me," says the Lord, 2+2 "because you have forgotten me and trusted in the lie. 3+2

26 그러므로 내가 네 치마를 네 얼굴에까지 들춰서 네 수치를 드러내리라

26 I myself will lift up your skirts over your face, and your shame will be seen. 4+2

27 내가 너의 간음과 사특한 소리와 들의 작은 산 위에서 행한 네 음행의 비루하고 가증한 것을 보았노라 화 있을진저 예루살렘이여 네가 얼마나 오랜 후에야 정결하게 되겠느뇨

27 Your adulteries and your neighings, your lewd harlotries, 2+2 on the hills[a] in the field I have seen your abominations. 2+2 Woe to you, Jerusalem,[b] you are not clean. How much longer yet?" 3+2+3

원문주해

3.a. 칠십인역에는 "다시"가 없다.

4.a. 아퀼라역은 에이스 파란(εἰς Φαραν, "바란으로")으로 읽는다.

5.a-a. 칠십인역에는 생략되어 있다. 얀젠(Janzen, *Studies*, 40)은 이를 확장으로 구분한다.

7.a-a. 칠십인역은 단순히 "그것"으로 읽는다. Janzen, *Studies*, 40를 보라.

7.b. 다수의 사본들은 접속사를 추가한다. 칠십인역과 시리아역을 참조하라.

9.a. 루돌프(*BHS*)는 7절처럼 니슈하트(נשחת, "썩었다")로 읽는다.

10.a-a. 칠십인역에는 없다.

10.b. 루돌프(*BHS*)는 이 형태를 와우-접속법으로 읽기를 제안한다. 와예히(וַיְהִי).

11.a-a. 이 구절은 아마도 후대의 추가로 보이는데, 그것은 유다와 예루살렘에 대해 말하고 있기 때문이다. 하지만 칠십인역에서 나타난 것은 그 저작성을 지지해 준다.

12.a-a. 칠십인역은 이 구절을 프로스 톤 라온 투톤(πρὸς τὸν λαὸν τοῦτον=엘-하암 하제[אל־העם הזה, "이 백성에게"])으로 읽는다. 맥케인은 칠십인역이 원본이고 마소라 본문은 이 절을 앞 절과 연결시키려는 시도로 이 같은 결과를 낸 것이라고 주장한다.

12.b. 이것은 "피부"로도 번역될 수 있다. A. M. Honeyman, "The Pottery Vessels of the Old Testament," *PEQ*(1939) 76-90; J. L. Kelso, *The Ceramic Vocabulary of the Old Testament* (BASORup 5-6, New Haven: American School of Oriental Research, 1948) 25-26를 보라.

12.c. 루돌프(*BHS*)를 따라 그리고 칠십인역의 지지를 얻어 웨임 요므루(ואם יאמרו)로 읽었다. 임(אם)은 중자탈락으로 생략했다.

13.a. 루돌프(*BHS*)를 따라 웨(וְ, "그리고")를 생략했다.

13.b. 칠십인역은 카이 톤 이유단(καὶ τὸν Ἰουδαν, "그리고 유다가")을 추가했다.

16.a. 칠십인역은 카이 엑케이 스키아 싸나투(καὶ ἐκεῖ σκιὰ θανάτου=웨샴 찰르마웨트[ושם צלמות, "그리고 그 곳에 죽음의 그림자가"])로 읽는다. 드라이버(G. R. Driver, "Linguistic and Textual Problems: Jeremiah," *JQR* ns 28[1937/38] 112)는 마지막의 헤(ה)를 남성 접미로 이해했다.

16.b. 웨쉬트(ושית)로 읽었다.

17.a-a. 루돌프(*BHS*)는 마소라 본문의 브미스타림(במסתרים, "은근히")을 브미스라림(במסררים, "확고히")이나 브미스라빔(במסרבים, "거역하여") 중 어느 것으로든 읽기를 권한다.

17.b. 칠십인역과 아퀼라역은 2인칭 복수로 읽는다.

17.c-c. 루돌프와 폴츠는 골라(גלה, "포로")로 읽기를 제안한다. 절의 후반부를 참조하라. 시리아역은 차라(צרה, "질고")의 동의어로 읽었다.

17.d. 칠십인역에는 없으며 다수의 학자들에 의해 삭제의 주장이 제기되고 있다. 마소라 본문을 따라 유지시켰다.

17.e-e. 칠십인역은 쉬네트리베(*συνετρίβη*=니슈바르[נִשְׁבַּר, "깨어진"])로 읽는다.

18.a. 마소라 본문은 단수형이다. 칠십인역과 일부 시리아 사본들은 복수로 읽는다.

18.b. 칠십인역과 시리아역은 카이 토이스 뒤나스튜우시(*καὶ τοῖς δυναστεύουσι*=웨라기보림[ולגבורים, "그리고 군주들에게"])로 읽는다.

18.c-c. 마소라 본문은 특이하다. 대부분은 칠십인역, 시리아역, 불가타역을 따라 메라셰이켐(מראשׁיכם, "네 손으로부터")으로 읽는다. 다후드(Dahood, *CBQ* 23[1961] 462)는 마소라 본문의 문자 변화 없이 유사한 번역에 이르렀다.

19.a. 이 단어는 자주 "네게브"라는 지명으로 번역된다. 이 번역에 대해서는 Dahood, *Hebrew-Ugaritic Philology*, 66를 보라.

19.b-b. "온전히"(שלומים 슐로밈)는 남성 복수인데, "잡혀간"(הגלת – 호글라트)은 여성 단수다. *GKC* § 75m, 118g, 124d를 보라. 번역본들과 암 1:6, 9은 갈루트 슐레마(שְׁלֵמָה גָּלוּת)로 읽는다.

20.a. 케팁대로 단수로 읽었다. *GKC* §145m을 보라. 다수의 사본들과 시리아역, 탈굼역, 불가타역은 단수로 읽는다. 칠십인역은 단수로 읽고서 "예루살렘"을 추가시킨다. 같은 의견을 가진 경우로 폴츠, 브라이츠, 루돌프가 있으며, 할러데이도 이 견해를 따르지만 "시온"을 추가시킨다.

20.b. 마소라 본문은 복수로 읽는다. 루돌프(*BHS*)는 위의 "원문주해"의 경우에 맞추기 위해 케팁대로 단수로 읽는다. 다후드(Dahood, *Hebrew-Ugaritic Philology*, 50)는 마소라 본문을 유지시킨다. 하지만 마지막 문자 멤(ם)을 전접어로 보아 접미를 단수로 여긴다.

20.c. 케레는 복수로 읽는다. 케팁은 단수다.

21.a. 칠십인역을 따라 복수 이프크두(יפקדו)로 읽었다. 마소라 본문에는 단수로 되어 있다(יפקד – 이프코드).

21.b-b. 이 절의 전반부는 난해하다. 문자적으로는 "그가 너를 뽑고 너는 그들을 가르쳤으며, 너를 네 친구들의 우두머리로 뽑을 때 너는 뭐라고 말할 것이냐?"이다. 마소라 본문에서 b-b 다음에는 "친구들"이 나타난다. 루돌프(*BHS*)는 b-b의 위치를 이동시키면서도 그것을 "예루살렘"(ירושׁ)의 약칭으로 읽기를 주장한다. Williamson, *ET* 36(1924/25) 45도 보라.

21.c. 이러한 형식에 대해서는 *GKC* §128t.를 보라.

23.a. 문자적으로는 "구스"다.

24.a. 마소라 본문의 와아피쳄(ואפיצם, "내가 그들을 흩을 것이다")을 와아피츠켐(ואפיצכם)으로 읽었다.

25.a. 칠십인역은 투 아페이쎄인 휘마스(*τοῦ ἀπειθεῖν ὑμᾶς*=메르예크[מריך, "너의 반

란"])이다. NEB를 참조하라.

27.a. 칠십인역은 "그리고"를 추가시켰다.

27.b. 칠십인역과 아퀼라 역본은 호티(ὅτι=키[כִּי, "~때문에"])를 추가시켰다.

양식/구조/배경

13장은 원래는 적어도 다섯 개의 개별적인 구절들이 모여 죄와 심판이라는 공통 주제로 묶여서 표제어들로 연결된 것으로 구성된 편집 부분이다. 이 장에서 각각의 상이한 단락들은 양식비평적인 원리에 근거해서 서로 구별될 수 있으며, 주제에 있어 변화를 겪고 있다. 본 장은 동일하게 시문과 산문으로 구분된다(1-14절은 산문이며, 15-27절은 시문이다). 본 장에서 상이한 단락들은 다음과 같이 개괄될 수 있다.

베 허리띠(13:1-12a)
포도주 병(13:12b-14)
마지막 경고(13:15-17)
왕실에 대한 경고(13:18-19)
백성들의 분깃(13:20-27)

첫 번째(1-12a절)와 세 번째(15-17절)와 네 번째(18-19절) 소단락은 심판(9, 17, 19절을 보라)과 오만(9, 15, 17, 18절)의 관념을 공유하고 있다. 이에 대해서는 바이저(Weiser)와 비교하라. "부패"(שׁחת -샤하트)라는 표제어는 처음 두 소단락 사이를 연결해 준다(7, 9, 14절을 보라). "듣다"(שׁמע -샤마)는 첫 번째 소단락과 세 번째 소단락 사이를 연결해 준다(10-11, 15절을 보라). 세 번째와 네 번째 소단락은 "내려오다"(ירד -야라드)라는 표제어를 공유하고 있다(17, 18절). 마지막 두 개의 소단락은 "아름다운"(תפארה -티프아라, 18, 20절, 11절도 마찬가지다)과 "무리"(עדר -에데르, 17, 20절)라는 표제어를 가지고 있다. 전체 소단락들은 부패되고 수치를 당한 백성들의 오만과 영광의 관념을 공유하고 있다. "채우다"(מלא -말레)라는 표제어는 이 장을 예레미야의 애가와 연결시켜 준다. 12:6; 13:12, 13을 보라. 이 장이 이 단락에 연결되는 보다 광범위한 주제상의 연결점을 위해서는 11-13장 서론 부분을 보라.

1-12a 예레미야의 허리띠가 썩는 것을 묘사하고 있는 첫 번째 소단락은 예레미야의 이 책에서 나타나고 있는 수많은 상징 행위들 중 첫 번째 것을 기록하고 있다. 16:1-4; 18:1-12; 19:1-2, 10-11; 27:1-28:17; 32:1-15; 43:8-13; 51:59-64도 보라

(J. Lindblom, *Prophecy in Ancient Israel*[London: Basil Blackwell, 1962] 137-48, 165-73; G. Fohrer, *Die symbolische Handlungen der Propheten*, 2nd ed., ATANT 54 [Zurich: Zwingli Verlag, 1968] 33-55, 78-80를 보라). 이 상징 행위의 정확한 본성에 대해서는 주석가들의 의견이 엇갈리고 있다. 이 구절은 단순한 상징 행위(브라이트)나 꿈(바이저), 환상(루돌프), 비유 이야기(폴츠) 그리고 거리극처럼 공연된 비유(캐롤) 등의 다양한 방식으로 분석되어 왔다. 이 구절을 하나의 실제적인 상징 행위로 이해하는 데 가장 큰 장애 요인은 유브라데 강을 언급한 것 때문이다. 구절에서 지적하는 대로 만일 예레미야가 유브라데 강에 두 번 갔던 것이 사실이라면, 1,000-1,200킬로미터에 이르는 먼 거리를 두 번 씩이나 여행하는 일이 있어야 한다. 존 브라이트(John Bright)는 예레미야가 실제로는 유브라데에 간 일이 없으며, 아나돗에서 그리 멀지 않은 파라(Parah)로 간 것이라고 주장한다(요 18:23을 보라). 그는 "파라"가 "유브라데"를 상징적으로 대신하는 것으로 의도되었다고 믿는다. 이는 "유브라데"(פְּרָת – 프라트)와 "파라"(פָּרָה – 파라) 사이에 문자나 발음이 유사한 것에 근거를 둔 것이다. 그는 현재의 본문이 "유브라데"로 읽게 된 것은 후대의 독자들이 "유브라데"로 이해하고 그렇게 읽은 결과라고 본다. Thiel, *Die deuteronomistische Redaktion*, 170 74와 비교하라. 아퀼라역은 "유브라데" 대신에 "파라"로 읽은 것으로 여겨진다. "원문주해" 4.a를 보라.

유브라데로의 긴 여행의 문제는 이 구절이 포로를 언급하는 것으로 이해될 경우에만 발생한다. 하지만 만일 우리가 "유브라데" 대신 "파라"로 읽는다면, 포로에 대한 모든 언급이나 제안은 없어지게 된다. 허리띠의 부패(8-12a절)를 언급하고 있는 구절의 해설은 백성의 우상 숭배다. 루돌프가 아마도 이 구절을 예레미야 사역의 초기로 둔 것은 올바른 것으로 보인다.

히브리의 단 구분을 따라 우리는 이 구절을 12절의 첫 구절로 끝낸다. 할러데이는 12a절에서 발견되는 구문인 "그러므로 너는 이 말로 그들에게 이르기를"이 예레미야의 다른 곳에서 14:17에서만 발견된다는 것에 주목한다. 거기서도 비슷하게 그것이 언급하고 있는 구절에 이어지고 있다. 이는 수많은 주석가들에게 주목된 바 있는 이중 표제의 난점을 해결한다(예를 들어, 루돌프와 브라이트).

12b-14 이 구절의 기초는 대중적이거나 흔하기까지 한 격언인 "모든 병이 포도주로 차리라"를 인용한다. 이 격언의 기원은 아마도 이교 제의 행위와 연관된 음주 시합이었을 것이다. 롱(B. O. Long, *JBL* 90[1971] 134-39)은 이 구절을 백성들이 선지자에게 신탁을 구하는 행위에 근거를 둔 질문-대-대답의 도식의 예증으로 분석했

다. 에스겔 21:1-10과 37:15-19과 비교하라. 이 구절의 형식은 우리가 예레미야서에서 발견할 수 있는 바와 같이 심판 신탁이다(할러데이를 참조하라). 13절과 14절에서 사용된 상이한 이미지(술취함과 충돌)는 이 절들이 원래는 별도의 것이었음을 제시한다. 하지만 이것은 14절이 후대의 첨가이거나 원래 예레미야의 것이 아니었음을 필연적으로 지시하는 것은 아니다.

이 구절은 공동체가 분해되었던 시기를 지적하며, 시드기야의 시기에 사회적 반목을 언급하는 것일 수도 있다. 루돌프와 바이저, 바이페르트(Weippert, *Die Prosareden*, 83)도 그렇다.

15-17 15-17절은 예레미야가 회개를 촉구하는 짧은 시문이다. 15절과 16절의 첫 번째 콜론은 백성들로 하여금 여호와를 따르도록 경고한다. 16절의 나머지 부분은 그를 따르지 않을 경우 일어나는 결과를 보여 준다. 마지막 절은 백성들의 운명에 대한 예레미야의 슬픔을 반영한다. 이 구절은 미래의 포로, 아마도 주전 597년 직전의 시기를 반영하는 것으로 이해될 수 있다. 루돌프와 바이저가 그렇다.

18-19 백성들에 대한 경고에 이어 지도자들에 대한 경고가 나온다. 대부분의 주석가들은 이 경고가 597년 항복 직전에 여호야긴과 왕의 모친 느후스다(왕하 24:8-17을 보라)에게 주어진 것이었다고 느낀다(예를 들어, 브라이트가 그렇다). 여호야긴이 통치할 당시 그는 18세에 불과했기 때문에, 많은 사람들은 그의 모친이 섭정했을 것으로 추정한다. 하지만 이를 뒷받침할 만한 확고한 증거가 전혀 없다(Andreasen, *CBQ* 45[1983] 192를 보라). 이 경고는 여호야김과 그의 모친 스비다에게 주어진 것이었을 수도 있다(덤이 그렇다).

앞 절과 유사하게 이 구절은 현재 형태로는 심판 강화다. 이것은 애가처럼 구성되어 있으며, 일반적인 애가의 운율인 키나(*qī nā h*)를 반영한다.

20-27 많은 주석가들은 이 구절의 통일성에 의문을 품어 왔다. 폴츠, 루돌프, 맥케인이 그렇다. 이 구절의 주된 난점은 호칭의 변화다. 20-22절, 25-27절은 2인칭 여성 단수며, 23-24절은 2인칭 남성 복수다. 루돌프는 23-24절을 이차적인 것으로 보았는데, 호칭의 변화 외에도 23-24절에서만 추방이 언급되기 때문이다. 더구나 22절의 수치당한 여인의 이미지가 25-27절에서 사용되고 있다는 것을 많은 학자들이 인식해 왔다. 다른 논증들은 구절의 통일성을 지지해 주는 것으로 정리될 수 있다. 루돌프에 반하여, 추방은 20절에서 북으로부터의 대적에 의해 양떼가 흩어지는 것에서 함축되고 있다. 바이저는 어떻게 25절의 "너희 무리"(גורלך – 고랄레크)가 24절에서의 추방의 위협을 이어가는 것인지에를 주목한다. 그 구절의 형식은 통일된 것은 아

니지만, 형식적인 다양성이 23-24절의 독립적인 성격을 지지해 주지는 않는다. 이 구절은 양자 사이의 분명한 서술 없이 고발(22, 23, 25b, 27절)과 심판 언도(20-21, 24, 25a, 26절)의 혼합을 이루고 있다. 이 구절의 통일성을 지지하거나 반증해 주는 증거는 확정적이지 못하며, 그 통일성은 유지되고 있다.

이 구절은 일반적으로 예레미야의 초기 사역 시기로 여겨진다. 루돌프와 할러데이가 그렇게 본다.

주석

1-7 예레미야 13장의 처음 일곱 개의 절은 베 허리띠가 포함된 상징 행위를 서술한다. 이 상징 행위에는 예레미야에게 내려진 세 가지 신의 명령이 포함되어 있다. 첫 번째 명령(1-2절)은 그로 하여금 가서 베 허리띠를 사서 입을 것을, 그러나 그것을 세탁해서는 안 된다는 것을 지시한다. 다른 많은 현대 주석가들을 따라서 라쉬(Rashi)는 그 베를 세탁하지 말라는 이유는 그것이 땀으로 가득 찼기에 보다 쉽게 부패하도록 하기 위한 것이었다고 말한다. 그러나 이 구절이 베를 세탁하지 말라고 한 이유는(아래의 8-12a절을 보라) 이에 부합되지 않는다. 베를 허리띠로 사용하는 가능한 의미는 많은 사람들에게 주목되어 온 바다(예를 들어 할러데이, 397를 보라). 하지만 8-12a절에서의 상징 행위에 대한 설명은 사용된 의복에 별로 중요성을 부여하지 않는다. 아마도 우리는 이 구절이 스스로 말하도록 두어야 할 것 같다. 예레미야에게 내려진 두 번째 명령(3-5절)은 그로 하여금 유브라데로 가서 허리띠를 벗고 바위틈에 숨으라고 지시한다(유브라데에 대해서는 "양식/구조/배경"을 보라). 마지막 명령에서(6-7절) 예레미야는 허리띠를 되찾으라는 지시를 받는다. 하지만 그가 그것을 발견했을 때 그것은 부패해 있었고, 사용할 수가 없게 되었다.

8-12a 8-12a절은 이 상징 행위의 의의에 대해 설명한다. 대부분의 주석가들은 이 구절을 추방과 관련지어 이해한다. 하지만 구절 자체는 그 같은 해석을 지지하지 않는다. 상징 행위의 해석은 백성을 허리띠에 비유한다. 백성들이 여호와께 더 오래 매달리고 그의 말씀을 들을수록 그들은 번영케 될 것이지만, 그들이 그를 저버리는 경우 그들은 부패하게 된다(루돌프 참조). 허리띠를 숨기는 것은 백성들의 위선을 상징한다. 10절은 우상 숭배로 인하여 하나님에게서 멀어지는 백성들을 서술하고 있다. 이 절이 신명기의 언어와 주제를 반영하는 바람에 일부 학자들은 이 절을 신명기 사가적인 구절이라고 명명하기도 했다(Nicholson과 Thiel, *Die deuteronomistische Redaktion*, 170-74가 그렇다. 하지만 동일한 구절에 대한 상이한 평가로 11:1-17에

대한 "양식/구조/배경"을 보라. 또한 11:3-5에 대한 "주석"도 보라). 10절과 신명기 26:17-19의 유사성은 예레미야가 이 구절을 두고 신명기를 염두에 두었을 것이라는 가정을 하게 만들었다.

12b-14 이 간단한 심판 신탁은 대중적인, 아마도 익숙히 알려진 것으로 보이는 격언에 근거를 둔 것이다. 이 구절은 심판의 위협과 서술이 더 필요했을 것이라는 느낌으로 인해 선행 단락 이후에 삽입되었던 것으로 보인다(참조, Thiel, *Die deuteronomistische Redaktion*, 176-77). 예레미야는 아마도 그 청중에게 충격을 주기 위해 이 대중적인 경구를 인용했을 것이다. 우리는 이것이 이교 제의에 기원을 둔 것이라면 어떻게 이 선지자가 이 음주 경구를 알았던 것인지에 대해 알 수가 없다. 이 구절에 대한 이해는 선행 절, 특히 백성들의 우상 숭배 행위에 대해 말하고 있는 10절과 잘 연결된다. 예레미야는 이 대중적인 이미지를 구성하고서 여호와께서 병이 포도주로 채워지듯이 술취함으로 그 백성을 채우실 것이라고 언명하고 있다. 또한 술취함의 모티프는 예레미야 25:15-29과 48:26에서도 볼 수 있다. W. McKane, "Poison, Trial by Ordeal and the Cup of Wrath," *VT* 38(1980) 474-92를 보라. 이 구절은 계속해서 포도주 병을 깨뜨림의 이미지를 가지고 백성에 대한 심판을 서술한다. 술취한 백성(가득 찬 포도주 병)은 비틀거리며 돌아다니고, 서로 부딪히며, 서로를 때리게 된다. 14절은 대부분의 학자들에게 공동체간의 반목을 반영하는 것으로 여겨진다.

15-17 여호와의 말씀을 듣지 않으려는 백성(10-11절)은 이제 그로부터 심판의 말씀을 들으라는 명령을 듣는다. 니콜슨(Nicholson)은 16절이 새벽 빛을 보면서 언덕 위에서 그들의 양떼(17절을 보라)를 지키는 목동들의 이미지라고 말한다. 예레미야는 백성들에게 만일 그들이 여호와의 말씀을 듣지 않는다면 어두움이 결코 끝나지 않을 것이고 새벽은 다시 오지 않을 것이라고 경고한다. 15-16절은 예레미야가 말하는 신탁으로 보인다. 반면에 17절은 신탁에 대한 예레미야의 개인적인 응답이다. 17절은 8:21-23[9:1]의 경우와 유사하게 그의 백성의 강요된 포로행에 대한 선지자의 슬픔을 표현하고 있다.

18-19 이 통치자들에 대한 심판의 말씀은 앞서 백성들에게 전해진 심판의 말씀(15-17절)과 평행을 이루고 있다. 대부분의 주석가들과 더불어(예를 들어, 바이저, 맥케인, 할러데이) 우리는 마소라 본문이 올바르다는 것과 예레미야가 왕과 그 왕의 모친에게 심판을 선언하라고 지시받으면서 이 말씀을 받았다는 것으로 추정한다. 칠십인역과 시리아역은 그 백성이 이 메시지의 수신자일 것으로 추정한다. 어린 여호야긴 왕(19세)과 그 모친은 이 심판 강화의 대상으로 가장 가능성이 높은 인물들이

다(왕의 모친의 역할에 대해 보다 자세한 것을 위해서는 "양식/구조/배경"을 보라). 권좌의 포기는 민족의 패망을 상징한다(여호야긴과 관련된 다른 말들에 대해서는 22:24-30을 참조하라). 19절에서 아레이 하네게브(ערי הנגב)의 전통적인 번역은 "네게브의 성읍들"이었다. 이 번역은 갈대아 군대나 그 동맹군이 이미 남부의 성읍들을 공격했음을 가정하는 것이다. 루돌프를 보라. 이 구절의 일반적인 배경은 열왕기하 24:1-17에서 발견된다. "군수 도시"와 같은 구절의 번역은 배경에 더 잘 맞는 것 같다. 군수 도시들은 왕의 군대가 지원을 받지 못하도록 봉쇄되었다. 패배는 피할 수 없는 일이었다. 루돌프는 19절에 언급된 "완전한" 추방을 주목하고, 예레미야가 시적 과장을 사용한 것일 수도 추방이 그가 기대한 것만큼 나쁜 상황은 아니었을 수도 있다고 언급한다(참조, 렘 52:28; 왕하 24:12-16).

20-27 예루살렘은 고발과 심판의 선포가 이루어지는 이 구절의 주제가 된다. 현재의 위치에서 이 구절은 비록 직접적인 연관성은 별로 없어 보이지만 앞 절에서 위협되었던 추방의 이유를 제시해 주고 있는 것으로 보인다. 이 구절의 처음 두 절(20-21절)은 북방으로부터의 적의 위협을 선포하고, 예루살렘이 그 양떼를 보호하지 못한 것을 꾸짖고 있다. 21절은 난해하다. 이 절에 대한 전통적인 이해는 아마도 아직은 최선인 것 같다(킴히를 참조하라). 이 절은 아하스가 앗수르에 원조를 요청하는 때를 암시한다(사 7장). 그러면서 아하스는 이방 세력으로 하여금 와서 구원자로서 행동하도록 하여, 이 세력이 후에 잔혹한 침략자로 올 수 있는 길을 열어놓음으로써 그 땅에 재난을 불러일으켰다. 스스로에게 악을 "가르쳤던"(למד – 리무드) 백성들은(23절) 이방 세력들에게 자신들의 벗이 되도록 "가르쳤으며" 그로써 자신들의 최후를 분명히 했다(참조, 9:1-5[9:2-6]). 예레미야는 그 외에도 출산의 고통의 이미지를 사용했다. 4:31; 6:24; 22:23을 보라. 22절은 심판의 이유와 결과적인 예루살렘의 굴욕에 대해 말한다. 많은 주석가들은 치마와 발뒤꿈치에 대한 완곡한 사용에 주목하면서 이 굴욕이 예루살렘이나 왕의 모친이 침략이 일어나는 동안 당하게 될 강간으로 인지한다(27절도 참조하라). 27절이 이교 제의의 비윤리적인 실행에 대해 말하기 때문에, 보다 가능성이 높은 이미지는 간음에 대한 공공연한 굴욕이다. 백성들은 확실하게 자신들의 악에 머물러 있었다(23절). 그들이 자신들의 악한 길에서 돌이키는 일은 구스인들이 자신들의 피부색을 변하게 하거나 표범이 그 몸에 난 반점을 변하게 하는 것보다 더 어려운 일이었다. 예루살렘은 "거짓" 즉 바알을 신뢰했으며(25절), 여호와를 잊어버렸다. 예루살렘의 죄로 인해 여호와께서는 그 수치를 깨닫게 만드실 것이다(26절). 백성은 마치 교미하는 말처럼 소리를 지르며(5:8

참조) 쉽게 이교 제의의 비윤리적 행위에 가담했다. 예루살렘의 간음은 여호와께는 분명한 일이었으며, 그것으로 인하여 그분은 침략과 포로를 일으키시는 것이다. 선지자는 울부짖는다. "화 있을진저 예루살렘이여 네가 얼마나 오랜 후에야 정결하게 되겠느뇨?"

해설

이 장은 죄와 그 영향에 대해 도식적으로 그려내고 있다. 예루살렘의 죄악은 우선 베로 된 허리띠의 이미지로 묘사된다. 백성은 허리띠로 그려진다(1-12a절). 백성들이 여호와께 붙어 있는 한, 그들은 보호를 받을 것이다. 여호와를 저버리고 다른 신을 섬기는 죄를 범했을 때, 그들은 허리띠처럼 부패하게 되었다. 예레미야는 비웃음과 더불어 죄악된 백성들에게 음주에 관한 경구를 인용한다. "모든 병은 포도주로 가득 차게 될 것이다"(12b-14절). 이것은 아마도 백성들이 이교 축제에서 불렀던 것으로 보인다. 그들은 포도주로 가득 차게 될 것이며 스스로를 그 술취함으로 파괴하게 될 것이다. 죄와 그 영향에 대한 이 같은 묘사를 끝낸 후에 예레미야는 백성들로 하여금 때가 너무 늦어지기 전에 회개할 것을 요청한다(15-17절). 그들이 깨닫게 되었을 때는 이미 모든 것이 너무 늦어진 셈이다. 추방은 피할 수 없는 일이었다. 심판과 추방은 곧 닥칠 일이었고, 통치자들은 그들의 마지막 통치 행위로 자신들의 권좌에서 물러나게 될 것이다(18-19절). 이 장은 백성들의 죄에 대한 마지막 묘사로 끝을 맺는다. 예루살렘은 이교 신들과 간음을 했으며, 간음한 여자가 받는 굴욕을 당하게 될 것이다(20-27절). 죄의 영향은 피할 수 없는 일이었으며, 징벌은 범죄에 적절하게 이루어진다.

죄를 부인하는 것은 죄인의 본성이다. 그들의 죄에 대한 예레미야의 도식적인 서술이 이루어진 후 그 백성들은 자신들의 죄를 어떻게 부정할 수 있겠는가? 예레미야의 심판에 대한 서술은 이것이 죄의 당연하고 피할 수 없는 결과임을 보여 준다. 백성들이 더 이상 여호와께 매달리지 않기 때문에, 그들은 허리띠처럼 부패하게 되었다. 그들이 이교 제의로 술취했기 때문에, 그들의 술취함은 자신들을 파괴하였다. 그들이 스스로를 이교 제의에 가담함으로써 오염시켰으므로, 그들의 수치는 만천하에 드러나게 되었다.

VIII. 심판과 추방(14:1-16:21)

서론

이 편집 단원에서는 예레미야의 애가가 주를 이루고 있다. 다소 긴 첫 번째 단락(14:1-15:9)은 백성에 대한 하나님의 심판을 효과적으로 선포하고 있는 두 개의 평행 애가를 포함하고 있다. 두 번째 단락(15:10-21)은 그의 예언 사역의 결과로 예레미야가 경험했던 사회적 추방을 묘사하는 데 두 개의 평행 애가를 사용하고 있다. 마지막 단락은 예레미야의 수난이 어떻게 그의 예언 사역의 결과가 된 것인지를 좀 더 자세히 기술하고 있다. 말하자면, 그의 메시지의 심각성을 묘사하기 위해 여호와께서 그에게 결혼하는 것과 장례식 및 결혼식에 참석하는 것을 자제하도록 명령하셨던 것이다. 각각의 단락은 서로 다른 시기와 일자, 그리고 정황에 기인한 것이다. 이것들은 아마도 예루살렘이 몰락한 이후의 어느 시기에 예레미야에 의해 하나의 단원으로 묶여졌을 것이다.

이 편집 단원의 주 구분자는 14:1에 있는 표제다(7:1, 11:1, 18:1과 비교하라). 이 내용에 대해서는 Rudolph; Hubmann, *Untersuchungen*, 109; Thiel, *Die deuteronomistische Redaktion*, 106-7를 보라. 이 단원은 가뭄이라는 주제에 의해 선행 단원과 연결되고 있다(14:2-6, 12:4을 보라). 이 단원은 세 가지 주단락으로 구분될 수 있으며, 이것들은 모두 소단락들로 구성되어 있다.

14:1-15:9	가뭄과 파멸
15:10-21	예레미야의 추방
16:1-21	예레미야의 생애와 관련된 이야기들

처음 두 단락은 모두 두 개의 평행되는 애가로 구성되어 있으며, 상호 통일되고 응집된 단락이다. 마지막 단락은 몇 가지 소단락들을 포함하고 있지만, 그것들은 서로 다소 느슨하게 결합되어 있다.

첫 단락은 시와 산문이 모두 들어 있으며 반-예전적인 성격을 가지고 구성되어 있다. 보편적 애가 형식은 첫 단락에서는 하나님의 심판을 공표하는 도구로 변형되고 있다. 두 번째 단락은 전체가 시문으로 구성되어 있으며, 첫 단락과 유사한 형식을 지닌 두 개의 평행 애가를 가지고 있다. 예레미야는 예언 사역의 결과로 그가 경험하게 된 사회적 추방을 슬퍼하고 있다. 첫 단락은 아마도 돌연 그의 수난을 몰고 온 그의 말을 실례로서 보여 주는 듯하다. 마지막 단락은 예레미야의 수난을 그의 예언 사역과 더욱 밀접하게 연관시키고 있다. 이것은 예레미야가 자신이 선포했던 심판의 메시지를 상징적으로 그려내기 위해 여호와가 그로 하여금 장례식이나 결혼식에 참석하거나 직접 결혼하지 못하도록 어떻게 명령을 내리셨는지와 관련을 맺고 있다. 처음 두 소단락의 평행적 형식과 세 개의 단락 전체를 통해서 흐르는 주제의 발전에 덧붙여, 세 단락 전체에 있는 어머니의 주제(15:8-9, 15:10, 16:1-4을 보라, Rudolph; Hubmann, *Untersuchungen*, 302-4 참조)는 이 부분의 통일성을 확증시켜 준다. 단락들간의 결합에 대해 보다 자세한 내용을 알기 위해서는 각각의 단락에 대한 "양식/구조/배경"을 보라.

A. 가뭄과 파멸(14:1-15:9)

참고문헌

Beuken, W. A. M., and **Grol, H. W. M. van.** "Jeremiah 14, 1-15, 9: A Situation of Distress and its Hermeneutics, Unity and Diversity of Form-Dramatic Development." In *Le Livre de Jérémie: le Prophète et son milieu, les oracles et leur transmission.* Ed. P.-M. Bogaert. BETL 54. Leuven: UP, 1981. 297-342. **Brueggemann, W.** "Jeremiah's Use of Rhetorical Questions." *JBL* 92(1973) 358-74. **Castellino, G. R.** "Observations on the Literary Structure of Some Passages in Jeremiah." *VT* 30(1980) 398-708. **Dahood, M.** "Emphatic Lamedh in Jer 14:21 and Ezek 34:29." *CBQ* 37(1975) 341-2. **Fohrer, G.** "Abgewiesene Klage und untersagte Fürbitte in Jer 14, 2-15, 2." In *Künder des Wortes: Beiträge zur Theologie der Propheten.* Ed. L. Ruppert, P. Weimer, and E. Zenger. Würzburg: Echter Verlag, 1982. **Geus, C. H. J. de.** "The Importance of Archaelogical Research into Palestinian Agricultural Terraces with an Excursus on the Hebrew Word *gbī*." *PEQ* 107 (1975) 65-74. **Kessler, M.** "From Drought to Exile: A Morphological Study of Jer. 14:1-15:4." SBLASP(1972) 501-25. **Marenof, S. A.** "A Note on Jer. 14:4." *AJSL* 55(1938) 198-200. **Meyer, I.** *Jeremia und die falschen Propheten.* OBO 13. Göttingen: Vandenhoeck & Ruprecht, 1977. **Polk, T.** *The Prophetic Persona: Jeremiah and the Language of the*

Self. JSOTSup 32. Sheffield: *JSOT* Press, 1984. **Sisson, J. P.** "Jeremiah and the Jerusalem Conception of Peace." *JBL* 105(1986) 429-42. **Thomas, D. W.** "A Note on וְלֹא יָדָעוּ in Jeremiah xiv 18." *JTS* 39(1938) 273-74.

본 문

1 가뭄에 대하여 예레미야에게 임한 여호와의 말
씀이라
2 유다가 슬퍼하며 성문의 무리가 곤비하여 땅에
앉아 애통하니 예루살렘의 부르짖음이 위에 오르
도다
3 귀인들은 자기 사환들을 보내어 물을 길으라
하나 그들이 우물에 갔어도 물을 얻지 못하여 빈
그릇으로 돌아오니 부끄럽고 근심하여 그 머리를
가리우며

1 The word of the Lord [a]which came[a] to Jeremiah
concerning the droughts:[b]
2 Judah mourns[a] and her gates languish; 2+2 they
mourn on the ground and the cry of Jerusalem goes
up. 2+3
3 And her[a] nobles send their servants[b] for water;
they go to the cisterns,[c] 4+2 [d]they do not find water,
they return with their vessels empty; 2+3 [e]they are
ashamed and confounded and cover their heads.[e]
2+2

4 땅에 비가 없어 지면이 갈라지니 밭 가는 자가
부끄러워서 그 머리를 가리는도다

4 Because the ground is dismayed,[a] since there is
no rain [b]in the land,[b] 3+3 the farmers are
ashamed,[c] [d]they cover their heads. 2+2

5 들의 암사슴은 새끼를 낳아도 풀이 없으므로
내어버리며
6 들 나귀들은 자산 위에 서서 시랑같이 헐떡이
며 풀이 없으므로 눈이 아득하여 하는도다

5 Even a hind in the field gives birth and
forsakes,[a] because there is no grass. 3+2+3
6 And the wild asses[a] stand on the heights, they
pant for air like jackals;[b] 3+3 their eyes fail for
there is no herbage. 2+2

7 여호와여 우리의 죄악이 우리에게 대하여 증거
할지라도 주는 주의 이름을 위하여 일하소서 우
리의 타락함이 많으니이다 우리가 주께 범죄하였
나이다

7 Though our iniquities testify against us, O Lord,
act for your name's sake; 3+4 For our backslidings
are many, against you we have sinned. 2+2

8 이스라엘의 소망이시요 곤란한 때의 구원자시
여 어찌하여 이 땅에서 거류하는 자같이, 하룻밤
을 유숙하는 행인같이 하시나이까

8 O hope of Israel,[a] its savior in time of trouble,
2+3 Why should you be like a stranger in the land,
and like a wayfarer[b] who turns aside to spend the
night? 4+3

9 어찌하여 놀라 벙벙하는 자 같으시며 구원치
못하는 용사 같으시니이까 여호와여 주는 오히려
우리 중에 계시고 우리는 주의 이름으로 일컬음
을 받는 자이오니 우리를 버리지 마옵소서
10 여호와께서 이 백성에 대하여 말씀하시되 그
들이 어그러진 길을 사랑하여 그 발을 금하지 아
니하므로 나 여호와가 그들을 받지 아니하고 이

9 Why should you be like a helpless[a] man, like a
mighty man[b] who is unable to save? 4+3 But you
are in our midst, O Lord, and your name is called
over us; Do not leave us!(3+3+1?)
10 Thus says the Lord concerning this people:
"Thus[a] they have loved to wander, they have not
restrained their feet; [b]therefore the Lord does not

제 그들의 죄를 기억하고 그 죄를 벌하리라 하시고

accept them, now he will remember their iniquity[c] and punish their sins."[b,c]

11 여호와께서 또 내게 이르시되 너는 이 백성을 위하여 복을 구하지 말라

11 And the Lord said to me: "Do not pray again for the welfare of this people.

12 그들이 금식할지라도 내가 그 부르짖음을 듣지 아니하겠고 번제와 소제를 드릴지라도 내가 그것을 받지 아니할 뿐 아니라 칼과 기근과 염병으로 그들을 멸하리라

12 When they fast, I will not hear their cry; and when they offer burnt offering and cereal offering, I will not accept them; for by the sword, and by famine, and by pestilence I will consume them."

13 이에 내가 가로되 슬프도소이다 주 여호와여 보시옵소서 선지자들이 그들에게 이르기를 너희가 칼을 보지 아니하겠고 기근은 너희에게 이르지 아니할 것이라 여호와께서 이 곳에서 너희에게 확실한 평강을 주시리라 하나이다

13 Then I said: "Ah, Lord God, behold the prophets are saying to them, 'You shall not see the sword, nor shall there be famine, but[a] enduring peace[a] I will give you in this place.'"

14 여호와께서 내게 이르시되 선지자들이 내 이름으로 거짓 예언을 하도다 나는 그들을 보내지 아니하였고 그들에게 명하거나 이르지 아니하였거늘 그들이 거짓 계시와 복술과 허탄한 것과 자기 마음의 속임으로 너희에게 예언하도다

14 And the Lord said to me: "The prophets are prophesying falsehood in my name; I did not send them, and I did not command them, and I did not speak to them. A lying vision and divination, and worthlessness[a] and the deceit[b] of their own minds, they are prophesying to you."[c]

15 그러므로 내가 보내지 아니하였어도 내 이름으로 예언하여 이르기를 칼과 기근이 이 땅에 이르지 아니하리라 하는 선지자들에 대하여 나 여호와가 이같이 이르노라 그 선지자들은 칼과 기근에 멸망할 것이요

15 Therefore thus says the Lord concerning the prophets who prophesy in my name[a] although I did not send them and who are saying, 'Sword and famine shall not come on this land': "By sword and famine those very prophets shall be consumed.

16 그들의 예언을 받은 백성은 기근과 칼로 인하여 예루살렘거리에 던짐을 입을 것인즉 그들을 장사할 자가 없을 것이요 그 아내와 그 아들과 그 딸도 그렇게 되리니 이는 내가 그들의 악을 그 위에 부음이니라

16 And the people to whom they are prophesying will be cast out into the streets of Jerusalem because of famine and sword; and there shall be none to bury them, neither them, their wives, their sons nor their daughters, for I will pour out upon them their wickedness."

17 너는 이 말로 그들에게 이르라 내 눈이 밤낮으로 끊치지 아니하고 눈물을 흘리리니 이는 처녀 딸 내 백성이 큰 파멸, 중한 창상을 인하여 망함이라

17 And you shall speak to them this word: Let my eyes run down with tears, night and day without ceasing.[a] 3+3 For with a great[b] wound the virgin[c] daughter of my people[d] has been smitten, struck by a fatal blow. 3+2+3

18 내가 들에 나간즉 칼에 죽은 자요 내가 성에 들어간즉 기근으로 병든 자며 선지자나 제사장이나 다 땅에 두루 다니며 어찌할 바를 알지 못하는도다

18 When[a] I go out into the field,[a] I see those slain by the sword. 2+2 And when[a] I enter the city,[a] I see the ravages of famine. 3+3 Yet both prophet and priest ply their trade[b] in the land, [c]and have no knowledge. 3+3

19 주께서 유다를 온전히 버리시나이까 주의 심
령이 시온을 싫어하시나이까 어찌하여 우리를 치
시고 치료하지 아니하시나이까 우리가 평강을 바
라도 좋은 것이 없고 치료 받기를 기다려도 놀람
을 보나이다
20 여호와여 우리가 우리의 악과 우리 조상의 죄
악을 인정하나이다 우리가 주께 범죄하였나이다

21 주의 이름을 위하여 우리를 미워하지 마옵소
서 주의 영광의 위를 욕되게 마옵소서 우리와 세
우신 주의 언약을 기억하시고 폐하지 마옵소서
22 열방의 허무한 것 중에 능히 비를 내리게 할
자가 있나이까 하늘이 능히 소나기를 내릴 수 있
으리이까 우리 하나님 여호와여 그리하는 자가
주가 아니시니이까 그러므로 우리가 주를 앙망하
옵는 것은 주께서 이 모든 것을 만드셨음이니이
다
15:1 여호와께서 내게 이르시되 모세와 사무엘이
내 앞에 섰다 할지라도 내 마음은 이 백성을 향할
수 없나니 그들을 내 앞에서 쫓아 내치라

2 그들이 만일 네게 말하기를 우리가 어디로 나
아가리요 하거든 너는 그들에게 이르기를 여호와
의 말씀에 사망할 자는 사망으로 나아가고 칼을
받을 자는 칼로 나아가고 기근을 당할 자는 기근
으로 나아가고 포로 될 자는 포로 됨으로 나아갈
지니라 하셨다 하라
3 나 여호와가 말하노라 내가 그들을 네 가지로
벌하리니 곧 죽이는 칼과 찢는 개와 삼켜 멸하는
공중의 새와 땅의 짐승으로 할 것이며

4 유다 왕 히스기야의 아들 므낫세가 예루살렘에
행한 바를 인하여 내가 그들을 세계 열방 중에 흩
으리라

5 예루살렘아 너를 불쌍히 여길 자 누구며 너를
곡할 자 누구며 돌이켜 네 평안을 물을 자 누구뇨

6 여호와께서 가라사대 네가 나를 버렸고 내게서
물러갔으므로 네게로 내 손을 펴서 너를 멸하였

19 Have you completely rejected Judah, or does
your soul loathe Zion? 3+3 Why have you smitten
us, so there is no healing for us? 2+3 [a]We looked
for peace and there was no good, and[b] for a time
of healing, but behold terror.[a] 4+4
20 We acknowledge our wickedness, O Lord, the
iniquity of our fathers, for we have sinned against
you. 3+2+3
21 Do not spurn us,[a] [b]or your name's sake;[b] do
not[c] dishonor[d] your glorious throne, remember, do
not break your covenant with us. 3+3+4
22 Are there among the false gods of the nations
any that can cause rain? Or can the heavens
themselves send showers? 4+3 Is it not rather you,
[a]O Lord our God,[a] [b]in whom we set our hope? For
it is you who have done all these things. 3+2+3

15:1 Then the Lord said to me: "Though Moses
and Samuel[a] stood before me, I would not be
favorably disposed toward this people; send them[b]
out of my presence and let them go.
2 And if they ask you, 'Where are we to go?' you
shall say to them, 'Thus says the Lord: Those who
are for death, to death; and those who are for the
sword, to the sword; 3+3 and those who are for
famine, to famine; and those who are for captivity,
to captivity.' 3+3
3 "And I will appoint over them four destroyers,"
says the Lord: "the sword to slay, and the dogs to
tear, and the birds of the heavens and the beasts of
the earth to devour and to destroy.
4 And I will make them a terror[a] to all the
kingdoms of the earth, because of what[b] Manasseh,
the son of Hezekiah, king of Judah, did in
Jerusalem.
5 "For[a] who will pity you, O Jerusalem? Or who
will bemoan you? 4+3 And who will turn aside to
inquire[b] about your welfare? 3+2
6 You have rejected me," says the Lord, "you keep
going backward: 3+2 so I stretched out my hand

노니 이는 내가 뜻을 돌이키기에 염증이 났음이로다
7 내가 그들을 그 땅의 여러 성문에서 키로 까불러 그 자식을 끊어서 내 백성을 멸하였나니 이는 그들이 그 길에서 돌이키지 아니하였음이라

8 그들의 과부가 내 앞에 바다 모래보다 더 많아졌느니라 내가 대낮에 훼멸할 자를 그들에게로 데려다가 그들과 청년들의 어미를 쳐서 놀람과 두려움을 그들에게 졸지에 임하게 하였으며

9 일곱 자식을 생산한 여인으로는 쇠약하여 기절하게 하며 오히려 백주에 그의 해로 떨어져서 그로 수치와 근심을 당케 하였느니라 그 남은 자는 그 대적의 칼에 붙이리라 여호와의 말이니라

against you and destroyed you, [a]and I have grown weary of relenting.[a] 4+2
7 And I have winnowed them with a winnowing fork, in the gates of the land. 2+2 I have made them childless, I have destroyed my people: [a]they did not turn from their ways.[a] 3+2
8 [a]I have made their widows[b] more in number than the sand of the seas.[a] 2+2 I have brought [c]against the mothers of the young men[c] a destroyer at noonday. 4+2 I have made fall upon them,[d] suddenly, anguish and terror. 3+2
9 She who bore seven has languished: her life has swooned away. 3+2 Her sun went[a] down while it was still day: she was shamed and disgraced. 4+2 And the rest of them I will give to the sword before their enemies," 3+2 says the Lord.

원문주해

1.a-a. 칠십인역은 카이 에게네토(*καὶ ἐγένετο*)로 읽으며, 이는 "그리고 …였다"를 의미하는 보다 규칙적인 형태인 와예히(ויהי)로 읽으려는 독법이다. GKC § 138e 각주 2를 보라. 이렇듯 비정상적인 어두는 46:1, 47:1과 49:34에도 나타난다.

1.b. 칠십인역은 여기에 단수를 사용하고 있다. 이렇듯 비정상적인 복수형에 대해서는 GKC § 124e와 König, *Syntax*, 259c를 보라. 과연 이것은 추상적 단수인가? 아니면 확장의 복수인가?

2.a. 루돌프는 알하바초레트(על־הבצרת, "가뭄에 대하여")가 중자탈락 현상으로 생략되었다고 본다. 이로써 이 절의 운율이 더욱 규칙적인 모양을 갖게 된다. 즉, 3+2, 2+3이다. 사본들이나 기타 번역본들의 지지를 전혀 얻지 못하는 견해이기 때문에 마소라 본문을 그대로 따른다.

3.a. 칠십인역을 따라 웨아디레이하(ואדריה, "그녀[유다]의 귀인들")로 읽었다. 마소라 본문은 "그들의"로 읽는다. 아마 마소라 본문은 다음에 이어지는 츠이우레이헴(צעוריהם, "그들의 종들")과 평행을 맞추려 했던 것으로 보인다. 두 단어는 잘 사용되지 않는 경우들이며, 아무래도 유음을 맞추기 위해 사용된 것으로 보인다.

3.b. 케레는 보다 일반적인 형태인 츠이레이헴(צעיריהם)으로 읽으라고 지시한다. 48:4과 비교해 보라. 이 부분도 동일한 케팁-케레의 용례를 가지고 있다.

3.c. 이 단어에 대해서는 C. H. J. de Geus, *PEQ* 107(1975) 65-74를 보라.

3.d. 다수의 사본들과 번역본들은 "그리고"를 넣고 있다.

3.e-e. 칠십인역에는 없는 부분이다. 덤과 루돌프와 바이저, 그리고 NEB도 이를 생략하고 있다. Janzen, *Studies*, 12를 보라. 아마도 4절 때문에 첨가된 것으로 보인다.

4.a. 이 전체 구절은 불합리하게 보인다. 루돌프는 헤하라(החרה, "바싹 마르다")로 읽는 독법을 제시하고 있다. 그 이유는 이 단어가 하라르(חרר)의 형용사형이기 때문이다. 17:6을 참조하라. 브라이트는 칠십인역을 따라 이를 "땅 가는 일이 끝났다"로 번역한다. 폴츠는 "농부들"을 여기에다 옮기고서 "흙 때문에 농부들이 당황해 했다"로 읽는다. 보다 자세한 내용을 위해서는 S. Marenof, *AJSL* 55(1938), 198-200를 보라.

4.b-b. 칠십인역에는 생략되어 있다. 얀젠(Janzen, *Studies*, 40)은 이것이 왕상 17:7에서부터 첨가된 것이라는 의견을 내놓고 있다.

4.c. 루돌프는 웨호클르무(והכלמו, "근심하며")를 삽입시켜야 한다는 의견을 내놓고 있다. 3b절을 보라.

4.d. 다수의 사본들, 시리아역, 탈굼역은 접속사를 첨가시켜 웨하푸(וחפו)로 읽고 있다. 3절을 참조하라.

5.a. 부정사 절대형이 정형동사로 사용된 예이다. GKC § 113y,z를 보라.

6.a. "얼룩말"로도 번역 가능하다.

6.b. 칠십인역에는 생략되고 있다.

8.a. 칠십인역과 일부 사본들은 야흐웨(יהוה, "여호와")를 삽입시키고 있다. 17:13을 참조하라.

8.b. 칠십인역은 카이 호스 아우토크쏜(*καὶ ὡς αὐτόχθων*=우크에즈라흐([וכאזרח, "민족"])로 읽는다. 이는 아마도 포로 이후에는 "민족"이 게르(גר, "이방인")와 같은 의미의 단어였기 때문인 것으로 보인다. 이 부분은 마소라 본문이 가장 정확하다고 볼 수 있다.

9.a. 칠십인역은 휘프논(*ὑπνῶν*=니르담[נרדם, "잠들었다"])으로 읽는다. 더 자세한 내용을 위해서는 J. Naveh, "A hebrew Letter from the Seventh Century B.C.," *IEJ*(1960) 131-35를 보라.

9.b. 칠십인역은 호스 아네르(*ὡς ἀνήρ*=크게베르[כגבר, "사람"])로 읽는다.

10.a. 칠십인역에서는 생략되고 있다.

10.b-b. 이 구절은 호 8:13과 정확히 일치한다. 이는 아마도 인용문일 수도 있으며, 보다 가능성이 있는 견해는 이것이 예전 형식일 것이라는 이론이다.

10.c-c. 칠십인역에서는 생략되고 있다. 얀젠(*Studies*, 40)은 이것이 호 8:13에서 추가된 것이라고 주장한다.

13.a-a. 일부 사본들과 번역본들은 한결같이 샬롬 웨에메트(שלום ואמת, "평화와 확신") 로 읽는다. 33:6을 참조하라.

14.a. 케레를 따라서 일반적인 형태인 웨엘릴(ואיל, "우상?")로 읽는다.

14.b. 케레를 따라서 일반적인 형태인 웨타르미트(ותרמית)로 읽는다.

14.c. 맛소라 사본과 탈굼역은 לָהֶם("그들")으로 읽는다.

15.a. 칠십인역은 프슈대(*ψευδῆ*, "거짓된")를 첨가하고 있다. 14절과 23:25을 참조하라.

17.a. 웨(ו, "그리고")가 생략되어 있다. 이는 필사자의 오류로 보인다.

17.b. 칠십인역에는 생략되어 있다. 4:6, 6:1을 참조하라.

17.c. 칠십인역에는 생략되어 있다. 아마도 여기서는 삭제되는 편이 나을 듯 싶다.

17.d. 문자적으로는 "내 백성의 딸"이다. 8:11을 참조하라.

18.a-a. 이 두 절은 모두 임(אִם)으로 시작되는 조건절이다. 그렇지만 완료 시제는 이 정황이 이미 실현된 것임을 지적해 주는 것으로 보인다. GKC § 159b를 보라.

18.b. 스페이서(E. A. Speiser, "The Word SHR in Genesis and Early Hebrew Movements," *BASOR* 164[1962] 23-28)에 의하면 "다니다"라는 의미다. 이에 대한 반론으로는 C. H. Gordon, "Abraham and the Merchants of Ura," *JNES* 17(1958) 29; W. F. Albright, "Abraham the Hebrew, A New Archaeological Interpretation," *BASOR* 163(1961) 44를 보라. 루돌프(Condamin을 따라)는 니스하부(נסחבו, "축출당하다" 혹은 "포로로 잡히다")로 읽거나, 뒤따르는 엘(אל)을 에트(את)로 읽을 것을 제안한다. 기제브레히트(Giesebrecht)는 샤하루(שחרו, "그들은 아침에 검은 옷을 입었다")나 샤하후(שחחו, "그들은 절을 했다")로 읽을 것을 제안한다.

18.c. 다수의 사본들과 칠십인역, 탈굼역, 불가타역을 따라 접속사를 생략하였다. GKC § 155h. D.를 보라. 윈턴 토머스(Winton Thomas, *JTS* 39[1938] 273-74)는 와우(ו)를 그대로 유지시키고 뒤따르는 단어(ידעו – 야다우)를 어원에 담긴 의미 중에서 "잠자코 있다, 조용히 있다, 휴식중이다"의 의미로 이해해서 "선지자와 제사장은 그 땅을 돌아다녔으며, 쉬지 못했다"로 번역할 것을 제안한다.

19.a-a. 다수의 사본들과 칠십인역, 그리고 탈굼역은 8:15에서처럼 "그리고"를 생략하고 있다.

21.a. 칠십인역은 코파손(*κόπασον*, "삼가다, 그만두다")으로 읽는다.

21.b-b. 다후드(M. Dahood, *CBQ* 37[1975] 341-42)는 이 구절을 "당신 이름의 진정한 안식처"로 읽을 것을 제안한다.

21.c. 다수의 사본들, 칠십인역, 탈굼역은 "그리고"를 추가시켜 웨알(ואל)로 읽는다.

21.d. 칠십인역은 아폴레세스(*ἀνὰπολέσῃς*=트하벨[תחבל, "파괴하다"])로 읽는다.

22.a-a. 칠십인역에서는 생략되고 있다.

22.b. 칠십인역과 보하이리카(Bohairica)를 따라 와우(ו, "그리고")를 생략했다. 폴츠와 루돌프와 할러데이도 마찬가지 견해를 가지고 있다.

15:1.a. 알렉산드리아 칠십인역과 아랍역은 "아론"으로 읽는다.

1.b. 마소라 본문의 샬라흐(שלח, "보냈다") 대신에 샬르헴(שלחם, "그들을 보냈다")으로 읽었다. 동이반복 때문에 멤(ם)이 생략된 것이다. 루돌프(*BHS*)와 다수의 영어 번역본

도 같은 견해를 가지고 있다.

4.a. 케팁으로 읽었다. 케레인 리즈와아(לזעה)는 위치가 이동된 것이다. 24:9, 19:18, 34:17을 참조하라. BDB, 266를 보라.

4.b. 일부의 사본들, 칠십인역, 시리아역, 불가타역은 콜(כל־, "그 모든 것")을 추가시키고 있다.

5.a. 칠십인역과 시리아역은 이를 생략하고 있다. 폴츠와 루돌프를 참조하라.

5.b. 칠십인역은 이를 생략하고 있다. 뒷 단어와 동어반복인 것으로 여긴 것은 아닌가?

6.a-a. 칠십인역(시리아역과 비교해 보라)은 카이 우케티 아네소 아우투스(*καὶ οὐκέτι ἀνήσω αὐτούς*=닐르에이티 하니함([נלאיתי הִנָּחֵם, "그리고 나는 더 이상 그들을 용서하지 않을 것이다"])로 읽는다.

7.a-a. 칠십인역은 디아 타스 카키아스 아우톤(*διὰ τάς κακίας αὐτῶν*, "그들의 사악함으로 인하여")으로 읽는다.

8.a-a. 루돌프(*BHS*)는 이 구절을 절의 마지막 부분과 서로 전위시킬 것을 제안한다.

8.b. 루돌프(*BHS*)를 따라 알르므노탐(אלמנתם)으로 읽었다. 칠십인역, 시리아역, 탈굼역을 참조하라. 멤(ם)은 동어반복으로 사라졌다. GKC§ 91n.을 보라.

8.c-c. 칠십인역을 따라 라헴(לחם)을 삭제했다. 이 구절은 몇 가지 문제를 만들어 낸다. 마소라 본문은 이렇게 읽는다. "나는 그들에게로 데려갔다. 그리고 청년의 어미들에게." 칠십인역에는 "그들에게"가 생략되고 있다. 루돌프(*BHS*)는 "청년의 어미들에게" 대신에 "파괴하는 백성"(לאם מחריב – 르홈 마하리브)으로 읽어낸다. 시리아역은 "어미들에게, 그리고 청년들에게."

8.d. 소수의 사본들, 시리아역, 탈굼역을 따라 알레헴(עליהם, "그들에게")으로 읽었다. 마소라 본문은 할러데이와 브라이트에 의해 선호되고 있다.

9.a. 케레인 바(בא)로 읽었다. 케팁인 바아(באה)는 3인칭 여성 단수다. 둘 중 한 형태는 올바른 것이다.

양식/구조/배경

대부분의 주석가들은 이 긴 단락을 하나의 편집 단위로 생각한다. 이 구절의 한계에 대해서 유일하게 의견의 불일치를 보고 있는 주요 부분은 15:5-9을 포함시키는 일에 관한 것이다. 신탁의 서론(14:1)과는 별개로 이 구절은 두 개의 서로 유사한 애가(14:2-17a; 14:17b-15:4)를 포함하고 있으며, 뒤이어 신적인 애가(15:5-9)의 부분이 나타나고 있다. 이는 다음과 같이 개괄될 수 있다.

A 14:2-6 가뭄 A′ 14:17b-18 실패

B	14:7-9	탄원	B′	14:19-22	탄원
C	14:10-17a	신적인 응답	C′	15:1-4	신적인 응답
		D 15:5-9	신적인 애가		

첫 번째 애가가 대체로 가뭄을 다루고 있는 반면에, 두 번째 애가는 대부분이 전쟁의 참상을 다루고 있다. 그럼에도 불구하고, 이 두 애가는 주제를 근거로 해서 쉽사리 구별될 수는 없는 성격의 것들이다. 전쟁의 주제는 첫 번째 애가(예를 들어, 14:12-13)에서도 발견되며, 가뭄의 애가 역시 마찬가지로 두 번째 애가(예를 들어, 14:22)에서 발견된다. 이 단락이 고도로 구조화되었다는 점이 논의되지는 않았지만, 그래도 그 구조의 엄밀한 본질은 문제시되어 온 것이 사실이다. 브라이트는 이 구절의 편집상의 통일성을 인식하기는 했지만, 마지막 단계에 이르러서는 본래 독립적인 단위들이 (아마도 예레미야에 의해) 정리된 것이라는 결론을 내렸다. 다른 주석가들은 두 애가 사이의 밀접한 유사성을 인지하기 시작했으며, 전체 구절이 특정 목적에 의해서 저작되었다는 느낌을 얻기 시작했다. 루돌프와 할러데이가 그렇다. 이 구절의 형식은 상당한 연구의 대상이 되었는데, 대부분의 주석가들에 의해 보편적 애가 구조로 이해되었다. 곤궁에 대한 묘사(A 14:2-6, A′ 14:17b-18)는 공동체 애가의 특징이다. 이 두 구절은 모두 분명히 예레미야를 화자로 드러내고 있다. 탄원(B 14:7-9, B′ 14:19-22)은 확실히 공동체적인 성격을 가지고 있다. 하지만 개인적 애가의 특성을 지닌 죄에 대한 고백도 담고 있다. 신의 응답(C 14:10-17a, C′ 15:1-4)은 흔히 기대했던 대로 성스러운 신탁(Heilsorakal)이라기보다는 심판의 선언이 된다. 이는 공동체 애가에 걸맞지 않은 형식을 만들어 내게 된 셈이다. 말하자면, A-제의 중재자에 의한 곤궁의 묘사, B-탄원으로서 여호와께 도움을 요청, 여기에 죄의 자백이 포함된다. C-심판에 대한 신의 응답. 보편적인 공동체 애가와의 이러한 차이점들을 확인한 상태에서 많은 학자들은 이 구절이 하나님의 축복보다는 심판을 표현하려는 모사적 제의 혹은 반-제의라는 견해를 제시해 왔다. 예를 들어, 루돌프, 할러데이, 보이켄(W. A. M. Beuken), 판 그롤(H. W. M. van Grol, "Jeremiah 14, 1-15, 9," in *Le livre de Jérémie*, 297-342). 그러므로 예레미야가 백성의 편에서 중재를 할 때는 기대되는 반대의 결과가 발생한 것이다. 말하자면, 축복 대신에 여호와께서는 심판을 선언하신 것이다. 예레미야의 중재는 백성의 편에서 중재를 하고, 자신들의 중재를 통한 결과로 신적 축복을 장담하던 거짓 선지자들의 중재와 약속을 조롱한 것이다. 15:5-9에서의 신적 애가는 그 심판의 필연성에 대해 느끼시는 하나님의 슬픔을 표현한 것이다.

이 단락은 유사한 구절인 8:4-9:10[9:11]과 평행 구문을 형성하고 있다. 그 수사 형식은 예레미야가 가진 고유의 특성을 가지고 있다. 하(ה)와 임(אם)과 마두아(מדוע)가 14:19a과 8:18, 22에서 발견되고 있다. 14:19의 후반부는 8:15과 거의 축어적으로 평행 구문을 형성하고 있다. 14:17에서의 눈물을 흘리라는 명령은 8:23의 그것과 유사하다. 선지자와 제사장의 오염은 14:13-16, 18과 8:10-12 두 구절 모두에서 주요 관심사가 되고 있다. 선행되는 심판의 언명에 대한 응답으로서 신적인 애가(15:5-9과 9:1-10[9:2-11])도 역시 유사하다. 예를 들어 비교해 보자. 9:5[6]은 "그들은 나 여호와의 신탁을 알기를 싫어하노라. 그러므로 …." 그리고 15:6은 이렇다. "네가 나 여호와의 신탁을 버렸고 내게서 물러갔다. 그러므로 …." 이 두 구절은 연대기적인 순서로 기술된 것으로 보인다. 9:1-10에서의 신적인 애가는 미래의 심판을 예견하고 있다. "내가 그들을 녹이고 연단하리라"(9:6[7]). 반면에, 15:5-9에서의 신적인 애가는 심판을 과거로 보고 있다. "내가 그들을 까불렸고, …끊었으며, …내 백성을 멸하였나니"(15:7).

이 구절은 과거에 이루어졌던 칼과 기근의 심판을 묘사하고(예를 들어, 15:7), 앞으로 남은 죽음과 파멸을 예견하고 있다(15:9). 개연성 있는 일자와 정황은 제1차 포로기이거나 그 이후일 것으로 보이며, 제2차 추방기 이전인 것으로 보인다. 그렇게 본다면, 여호야긴이나 아마도 시드기야 치하의 주전 597년 어간일 것이다(바이저와 루돌프 참조).

주석

1 이 절에서의 비정상적인 표제는 새로운 단락이 시작된다는 것을 알려 준다. 46:1, 47:1, 49:34도 보라. 표제가 직접적으로 언급하고 있는 것은 바로 이어서 나오는 가뭄과 파멸에 관한 단락이다. 이 같은 비정상적인 형태의 표제 때문에 틸(Thiel, *Die deuteronomistische Redaktion*, 180-93)은 이 절을 후대의 첨가로 분류하게 되었다. 다른 유사한 표제들이 존재한다는 사실이 이를 반증하고 있기는 하다. 사용되는 경우가 거의 없는 단어인 "가뭄"(הבצרות – 하바차롯트)은 문법학자들을 혼란스럽게 만들었다. 41:1b의 "주석"을 보라.

2 2절은 가뭄에 대한 슬픈 묘사로 시작하고 있다. 가뭄은 성읍을 괴롭혔던 것이다. "슬퍼하다"(אבל – 아발)와 "곤비해지다"(אמל – 아말)라는 두 단어 또한 가뭄을 그려내면서(사 24:4, 욜 1:10과 비교할 것), 본문 가운데서는 특별히 통렬한 의미로

사용되고 있다. 가뭄과 애통함의 신비론적 관계성에 대해서는 레벤틀로프(Reventlow, *Liturgie*, 156-59)를 보라. "그 성문"에 대한 언급은 성읍을 의인화한 표현이다. 이와 함께 가뭄 때문에 땅이 울부짖는 것으로 표현된 12:4을 비교해 보라. 두 번째 바이콜론(bicolon: 2행연)의 "그들"은 "그 문들"을 소급하여 지적하는 것이다. "애통하다"(קדר – 카다르)로 사용된 단어는 "장례복을 입다"라는 의미를 갖는다. "부르짖음"(צוחת – 치웨하트)은 고난에 대한 부르짖음이지 도움을 구하는 간청(צעקה – 츠아카)이 아니다.

[3] 가뭄의 결과로 귀인들마저 물을 얻지 못한다. 가뭄과 더불어 이 가뭄이 말해주고 있는 여호와의 축복 중지에 맞닥뜨리게 된 그들의 연약함으로 인해 귀인들은 수치를 당하게 된 것이다. 그들의 수치를 그려내고 있는 이 절의 마지막 바이콜론은 칠십인역에서는 나타나지 않으며, 많은 주석가들에게서 삭제되고 있는 부분이다("원문주해" 3.e-e를 보라). 그 머리를 가리우는 귀인들에 대한 이와 같은 묘사는 다음 절에서 농부가 그러는 것처럼 훌륭한 평행 형식을 보여 주며, 그대로 유지되는 것이 좋을 것으로 보인다(할러데이도 그렇게 본다).

[4] 농부들(אכרים – 이카림)은 사회적 계층 구조 안에서 가장 낮은 단계의 사람들이다. 그들은 귀인들이 그러는 것처럼 가뭄으로 고통을 당한다. 귀인들에서 농부에 이르기까지 모든 사람들이 가뭄으로 인해 고난을 당한다.

[5] 지금 그 어린 새끼에게 신경을 쓰고 있는 "암사슴"은 새끼를 낳고서도 풀이 없으므로 그 어린 새끼를 내버린다.

[6] 킴히는 들나귀들이 이미 2:24에서도 산소로 인해 헐떡거리고 있는 것으로 묘사되었다는 점을 지적한다. 하지만 거기서 그것들은 성욕으로 인해 헐떡거렸을 뿐이다. 여기서 그것들은 열과 가뭄으로 인해 헐떡거리고 있다. 먹을 만한 풀이 없다는 사실로 인해 들짐승들은 눈이 아득해지는데, 그 이유는 풀이 필요한 양분을 제공해 주기 때문이다. J. V. K. Wilson, "Medicine in the Land and Times of the Old Testament," in *Studies in the Period of David and Solomon and Other Essays*, ed. T. Ishida,(Yamakawa-Shuppansha, 1982) 362를 보라.

[7] 7절은 첫 번째 애가에서 구조에 대한 간청으로 시작하고 있다. 공동체의 편에서 있는 제의 중재자는 백성의 죄악을 고백하고 여호와께 도움을 요청한다. 이 구절을 단순히 죄의 고백과 도움의 요청으로 이해하기 어렵다는 점은 오래도록 인지되어 왔다. 이것에 대한 예로는 Baumgartner, *Die Klagegedichte*, 77-79를 보라. 전체 구절이 반제의적인 것으로 이해되는 경우, 이 구절의 역설과 비애감이 구체화된다. 예

레미야는 백성을 위해 간구하면서도 계속해서 하나님의 응답은 구원이 아닌 심판이 될 것이라는 점을 알고 있었다. 아마 이 구절도 앞 단락과 유사하게(이것에 대한 예로는 11:18-12:6을 보라) 예레미야의 선지적 직무와 관련된 그의 이중성을 반영하는 것으로 보인다. 자신의 백성에게 임할 심판을 선언한다는 것이 그를 얼마나 슬프게 만들었을까? 개인적인 애가에서 종종 발견되는 죄에 대한 변칙적인 고백 역시 이것이 범상한 공동체 애가가 아니라는 것을 여실히 보여 주는 셈이다.

8-9 8-9절에서의 도움을 구하는 요청은 이상을 현실과 대조시켜 준다. 말하자면, 여호와께서 그 백성에게 무슨 존재로 받아들여지고 있는가와 여호와께서 실제로 어떤 분인가를 대조시켜 주고 있는 것이다. 케슬러(Kessler, "From Drought to Exile," 506)는 이 짧은 싯구에서 a-b-b′-a′의 구조를 지적해 준다.

a　이스라엘의 소망이시요
　　곤란한 때의 구원자시여
b　어찌하여 이 땅에서 거류하는 자같이
　　하룻밤을 유숙하는 행인같이 하시나이까
b′　어찌하여 놀라 벙벙하는 자 같으시며
　　구원치 못하는 용사 같으시니이까
a′　여호와여 주는 오히려 우리 중에 계시고
　　우리는 주의 이름으로 일컬음을 받는 자이오니
　우리를 버리지 마옵소서

여호와의 백성과 갖는 관계성에 대한 관념의 이미지가 시를 열고 다시 닫고 있다(a, a′). 중간의 두 바이콜론은 상황의 현실을 묘사하고 있다(b, b′). 더 나아가, a단락은 b′단락에 내응되고 있으며(구원자가 구원에 무능하다), a′단락은 b단락에 내응되고 있다(그가 그들 중에 계시지만 낯선자와도 같다). 첫 번째 바이콜론의 "소망"(מקוה – 미크웨)이라는 단어 역시 "물 웅덩이"로 번역될 수 있기 때문에 가뭄을 겪는 때 특별히 적절한 표현이 된다(22절을 참조하라. 그리고 M. Dahood, "The Metaphor in Jeremiah 17, 13," *Bib* 48[1967] 430를 보라). 마지막 바이콜론에서 "우리는 주의 이름으로 일컬음을 받는 자이오니"는 "우리는 당신의 것입니다"를 의미한다.

10 앞의 애가에 대한 하나님의 응답이 10절에서 시작되고 있다. 심판의 선언은 기대했던 거룩한 신탁(Heilsorakal) 혹은 구원의 선언을 대체하면서 앞서 나타난 죄의 고백과 도움을 구하는 요청을 부정하고 있다. 백성들을 방황하는 자들로 묘사한 것은 8절에서 여호와를 그 길을 벗어난 분으로 묘사하는 것을 부정하고 있다. 7절에

서 이루어진 죄의 고백에 대한 응답으로 백성들의 죄가 용서받았다고 선언하는 대신, 여호와께서 자신이 죄를 잊을 수 없다고 선언하시는 것은 도움에 대한 요청을 더욱 심각하게 부정하는 것이다. 할러데이는 전치사 알(על)이 사용될 것으로 기대되었던 자리에 르(ל)가 사용되었음을 지적한다. 전치사 르(ל)는 일반적으로 직접화법을 도입시키는 데 사용된다. 그러나 백성들은 제3자에게서 이야기를 듣고 있는 것이며, 이는 마치 여호와께서는 이제 더 이상 그들과 직접 대면하실 수 없다는 것을 보여 주는 듯하다.

11-12 앞서의 죄 고백과 도움에 대한 요청(7-9절)에서 예레미야는 제의 대변인처럼 행동을 취하고 있었다. 이와 같은 제의적 역할이 갖는 역설적 특성은 11-12절에서 이루어지고 있는 중재에 대한 금지에 의해 강조된다. 이와 같은 금지는 예레미야와 언약과 관계하여 11:9-17과 많은 부분에서 친화성을 가지고 있다. 두 구절 모두 예레미야로 하여금 백성의 편에서 중재하는 일을 금지시키고 있으며(11:14; 14:11), 두 구절 모두 여호와께서 백성의 기도를 듣지 않으시려 한다는 것, 혹은 그들의 요청을 받아들이지 않으시려 한다는 것을 기술하고 있다(11:11; 14:12). 11:10이 14:10과 갖는 유사성도 주목해 보아야 한다. 백성에게 내려진 심판은 예레미야서에 공통적으로 나타나고 있는 세 가지 요소를 통해 기술되고 있다. 그것은 "칼과 기근과 사망"이다(이 단어들에 대한 상세한 연구를 위해서는 Weippert, *Die Prosareden*, 148-91를 보라). 예레미야서와 에스겔서에서 반복해서 이 단어들을 동시에 사용하는 것(13번)은 충격적인 현상이다. 밀러(J. W. Miller, *Das Verhältnis Jeremias und Hesekiels*, 86)는 이 단어들이 이 시기에 일어난 슬로건을 세우고 있다는 것을 지적한다("거짓" 선지자들과 관련하여 그런 것인가?). 15-16절과 비교하라.

13-16 앞선 구절은 민족과 관련되었다. 이제 관심은 거짓 선지자들에게로 돌려지고 있다(6:13-15 // 8:10-12 참조). 중재 금지에 대하여 예레미야는 거짓 선지자들이 전쟁으로부터의 자유와 평화를 백성들에게 약속해 주고 있었다고 불만을 털어놓는다(더 자세한 내용을 위해서는 T. W. Overholt, *The Threat of Falsehood*[London: SCM Press, 1970] 86-104를 보라). 앞선 간구(7-9절)는 분명히 백성들에게 소망을 키우지 않으려는 것이었다. 예레미야가 백성의 편에서 중재한 결과는 구원이 아니라 심판이었다(10절). 중재 금지도 동일한 결과를 만들어 내는데, 이는 거짓 선지자들의 소망의 말들과는 대조되고 있다. 바이저는 거짓 선지자들의 말(13) 속에서 "이 곳"(מקום - 마콤)이 어떻게 "성전"으로 보이는 의미를 갖는지를 지적하고 있다. 여호와께서는 두 가지의 삼 요소를 통해서 선지자의 말의 타당성을 부정하셨다. "나

는…보내지도…명하거나 이르지도 아니하였거늘"과 "거짓 계시와 복술과 허탄한 것과 속임으로…"가 그것이다. 선지자들은 "칼과 기근"이 오지 않을 것이라고(12절 참조) 약속했다. 이제 그들과 그들의 말을 들은 백성들은 기근과 칼과 그들 자신의 사악함으로 인해 소멸할 것이다. 이 "사악함"은 도덕적인 악이거나, 아니면 재앙일 수도 있다. 17a절의 표제는 이 단락을 결론짓기에 적절한 것으로 보인다(13:12 참조).

17-18 두 번째 애가는 17절로부터 시작된다. 애가의 말들을 통해서, 17절과 18절은 전쟁에서의 패배의 공포를 기술하고 있다. 이 구절은 8장에서의 예레미야의 애가가 결론을 이루는 것과 유사한 눈물 흘림으로 시작하고 있다(8:23[9:1]을 보라). 앞서의 애가에서처럼, 예레미야는 화자로 나타나고 있다. 전투에서의 패배로 인해 민족은 심각한 상해를 입었다. 전장은 주검으로 어지럽혀져 있었다. 성읍들은 기근의 희생자들로 가득 찬 채로 포위되어 있다. 마지막 콜론은 번역이 불가능하지는 않을지라도 난해한 구절이다. 문제는 선지자와 제사장이 알지 못하는 무엇과 관련된다. 그들이 그 땅을 알지 못한다면, 이 구절은 추방과 관련된 것으로 보인다. 그들이 아무것도 아는 바가 없고 당황하여 이리저리 왔다갔다 하는 것이라면, 이 구절은 침략의 결과와 패배를 염두에 두고 있는 것일 수도 있다. 이 구절은 전체적으로 침략 이후의 때를 그려내는 것으로 보이지만, 최후의 추방이 일어나기 이전인 것으로 보인다.

19 앞서의 애가에서처럼, 질고에 대한 묘사에 이어서 죄 고백과 도움에 대한 요청이 나타나고 있다. 이 단락은 예레미야 특유의 수사 형식으로 시작되고 있다. 말하자면, 마두아(מדוע)와 임(אם)과 하(ה)가 그것이다(더 자세한 것을 위해서는 2:14, 19; 8:19, 22; 22:28; 49:1을 보라. 22절을 참조하라). 이 형식은 질문에 대한 부정적인 응답을 암시하고 있다. 그러므로 여호와께서는 유다를 완전히 거부하신 것도 아니고, 그의 영이 시온을 혐오하시는 것도 아니다. 이것이 사실이라면, 예레미야는 제의 대변인으로서 이 민족이 왜 그토록 고통을 겪어야 하는지를 물어보았을 것이다. 19절의 첫 부분은 다른 부분과 평행을 이루는 관념들을 담아내고 있다. 말하자면, 무언가를 혐오하거나 증오하는 영의 관념에 대해서는 예레미야 26장; 이사야 6:10과 비교해 보라. 예레미야 3:22도 마찬가지로 회개의 목적으로서의 치유를 보여준다. 이 절의 마지막 부분과 병행을 이루는 8:15에서처럼, 여기서의 언급은 "평화"를 설교하고 있는 거짓 선지자들에게 이루어지고 있는 것이다(13-16 참조).

20 죄 고백에 암시되고 있는 것은 여호와께 용서해 달라고 간청하는 것이다(7,

10 참조). 제의 대변인으로서 예레미야는 일찍이 중재하지 말라는 명령을 받은 후에 (11-12절) 어떻게 백성의 편에서 중재할 수 있었을까? 우리는 이 구절이 일반적으로 예견되고 있는 것과 반대되는 결과를 가지고 있다는 사실을 염두에 두어야 할 필요가 있다. 구원의 메시지 대신에 이 용서에 대한 간구는 심판의 메시지로 결론을 맺고 있다. 상황의 심각성은 고통스럽지만 확실한 것이었다.

21 도움에 대한 간구는 이제 방향을 달리하고 있다. 여호와 대신에 백성의 편에서 행동해 달라는 요청을 받으면서, 그는 자신을 위해 행동하라는 요구를 받고 있다. 그가 성전과 제의로 고통을 당하도록 허용해야 했다면, 이는 그에게 악한 영향을 미치게 되는 셈이다. "영광의 위"는 예루살렘의 성전과 제의를 의미한다(17:12 참조). 여호와께서는 그의 보좌를 기억하셔야 했으며, 언약(보호의 언약을 말인가?)을 깨뜨리지 마셔야 했다. 여호와는 언약을 깨뜨리시는 분이 아니기 때문이다. 하지만 백성은 깨뜨렸다.

22 도움에 대한 간구는 이를 시작한 것(19절 참조)과 유사한 수사 형식(אם הלא, ה – 하임 할로)으로 끝맺음을 하고 있다. 다시 한 번 부정적인 응답이 예견되고 있다. 어떤 거짓 신들도 비를 내리게 할 수 없고, 오직 여호와만이 하실 수 있는 일이기 때문이다. 물과 "소망"이 갖는 관련성에 대해서는 8절을 보라.

15 1 또다시 예레미야의 중재에 대한 하나님의 응답이 부정적으로 이루어지고 있다. 이제 우리는 여호와께서 제의 중재자로서 행동하고 있는 예레미야의 간구를 듣지 않으시리라는 것뿐만 아니라, 모세와 사무엘이 백성을 위해 중재에 나선다 할지라도 듣지 않으시리라는 것을 알 수 있다. 모세와 사무엘은 전설적인 중재자들이다. 출애굽기 32:11-32; 민수기 14:13-19; 사무엘상 7:8ff.; 12:19-23을 보라. 거짓 선지자들이 약속한 "평화"는 거짓이라는 것이 선언되었다(11-16절). 예레미야의 중재는 심판이라는 결과를 낳고 있으며, 과거의 위대한 중재자들조차도 심판을 돌릴 수 없었다.

2 백성들이 어디로 돌아갈 수 있을까? 그들이 물었을 때, 예레미야는 이미 준비된 답변을 가지고 있었다(이와 같은 질문-대-답변의 구조에 대해서는 B. O. Long, *JBL* 90[1971] 129-39를 보라). 많은 주석가들이 마지막 콜론의 진정성에 대해 의문을 품어 왔다. 하지만 이 부분을 삭제할 만한 어떤 마소라 본문상의 지지 근거도 존재하지 않는다. "사망"과 "칼"과 "기근"의 사용에 대해서는 14:15-16을 보라.

3-4 심판의 말은 네 가지 파괴자들의 위협으로 이어지고 있다. "파괴자"(משפחות – 미슈파호트)로 번역된 말은 일반적으로 "종족"으로 번역되는 말이다. 기

제브레히트(Giesebrecht)와 폴츠는 땅의 "종족들"이 유다를 멸하기 위해 부름 받고 있는 부분인 1:5에 대한 유희일 것이라는 견해를 보이고 있다. 므낫세는 사악한 왕의 본보기로 여겨진다. 열왕기하 21:10-15, 23:26, 24:3을 보라.

5 키나 운율을 가진, 예레미야에 의해 기록된 이렇듯 짧은 애가는 세 가지의 질문을 통해 하나로 묶이고 있다. 세 가지의 모든 질문에 대해서는 "아무도 그러지는 않을 것"이라는 답만이 가능할 뿐이다. 누구도 예루살렘을 가엾이 여길 수 없고, 누구도 그 성읍을 두고 슬퍼하지 않을 것이며, 누구도 그 평안에 대해 궁금해하지 않을 것이다. "예루살렘"이라는 말과 "평화"(שָׁלוֹם – 샬롬, 여기서는 "부유함"으로 번역되었다)라는 말이 같은 절에 나타난 것 때문에 일부 주석가들은 시편 122:6-8과의 연관성에 대해 생각하기도 했다. Berridge, *Prophet, People*, 177-78와 비교해 보라.

6 앞서의 신적 애가와 유사한(9:1-10과 12:7-17과 비교해 보라) 이 신적 애가는 심판의 필연성을 놓고서 이루어지는 하나님의 슬픔을 표현해 준다. 애가의 운율인 키나는 이 절들 속에 주된 요소로 나타나고 있다. 자신들을 버렸다는 죄목으로(21절) 하나님을 기소한 백성들이 오히려 하나님을 버렸다는 혐의를 받고 있다. 이로써 심판이 확정된다. 6-7절과 9:7, 12:7-8과 비교해 보라. 여호와께서 그분에게 자신들을 "떠나시" 말아 달라고 애원한(14:9) 백성들에게로 "돌이키기"(הנחם – 히나헴)에 염증이 났음을 표명하신 것은 역설적인 표현으로 보인다. 회개에 대한 "염증"(לאיתי – 르에이티)을 키워 온(9:4) 백성들에게서 그분의 심판을 감소시키거나 돌이키는 일에 여호와께서는 "염증"(לאיתי – 르에이티)이 나셨던 것이다.

7 7절에서의 "그 땅의 여러 성문"은 "성읍 외곽"을 의미한다. 칠십인역은 "내 백성의 문들"로 읽는다. 마지막 구문은 다양한 해석의 가능성들로 열려 있다. 여기와 그 밖의 다른 대부분의 최신 번역본들 속에서 채택된 번역은 예레미야의 산문구 전체를 통해서 나타나는 동일 구문의 지지를 얻고 있다("각각 그 사악한 길에서 돌이키다"). Weippert, *Prosareden*, 137-39를 보라.

8 7-8절은 아브라함에게 하신 약속, 곧 그의 후손을 하늘의 별들이나(창 15:5) 바닷가의 모래(창 22:17)보다 더 많게 하시리라는 약속을 부정하고 있다. 여호와께서는 그 백성을 무자하게 만드셨으며(7절), 그들의 과부를 바다의 모래보다 더 많아지게 만드셨다.

9 "일곱 자식의 어미"라는 표현은 충족되거나 완전한 어머니의 모습을 묘사하는 격언구의 표현이다. 사무엘상 2:5; 룻기 4:15과 비교해 보라. 여인의 수치는 14:3-4에서의 귀인과 농부의 수치와 비견되고 있다.

해설

여호와의 선지자가 일어나서 하나님께 그의 백성에 대한 은총을 간구할 때, 우리는 일반적으로 여호와께서 그의 용서와 소망의 말씀으로 응답하심을 기대하게 마련이다. 이 구절에서 예레미야는 일반적으로 소망을 담지하게 마련인 공동체 애가를 사용하고 있으면서도, 백성에게 임하는 하나님의 심판의 비극적인 표현을 하고 있다. 공동체 애가는 일반적으로 백성의 편에서 제의 중재자, 곧 선지자나 제사장 같은 사람에 의해 발언되었다. 애가를 통해 백성들은 삶의 불확실성에 대한 자신들의 슬픔과 좌절을 표현하였다. 예레미야가 살던 시기의 제의 선지자들은 하나님의 응답도 전달하는 사람들이었다. 이 선지자들에 의하면, 하나님께서는 백성들을 구원하려는 뜻을 품고 계셨으며, 그래서 그들은 "평화"와 회복을 약속했다. 그러나 예레미야는 이런 약속을 부정한다. 그는 그 자신만의 공동체 애가를 말하고, 그것을 백성의 죄에 대한 고백을 포함시키는 정도까지 확장시키기도 한다. 예레미야의 간구에 대한 하나님의 구원 신탁으로서의 응답 대신에 심판의 말씀이 임하였다. 그리고 그것은 강력한 심판의 말씀일 뿐이었다. 일반적으로 축복의 담지자였던 것마저 심판의 담지자가 된 경우에는 도대체 어디에서 축복이 나타날 수 있겠는가? 그것이 예레미야와 여호와 모두를 이와 같은 필연으로 내몰게 할 수밖에 없었다니 이 얼마나 슬픈 일인가? 기나긴 심판의 선언을 통해 여호와께서는 그 백성들의 행위로 인해 그분이 이룰 수밖에 없었던 무시무시한 일에 대해 말씀하셨다. 백성들은 마지막으로 그분을 저버렸으며, 심판의 때가 도래했던 것이다.

중재자로서의 예레미야의 역할은 책 전체를 통해 강조되고 있다(7:16, 11:14, 14:11, 37:3, 42:2, 4, 20을 보라). 놀라운 점은 그가 그토록 죄 많은 백성의 편에서 중재하는 일을 지속할 필요가 없다는 말을 계속해서 들었다는 것이다. 이것은 중보 기도가 그의 사역의 필수적이고 본래적인 부분이라는 점과 여호와로부터의 중재의 말씀만이 그를 단념시킬 수 있다는 점을 강조할 뿐이었다. 하나님의 사역자들은 항상 타인을 위한 기도에 이렇듯 집요해야만 했던 것이다!

B. 두 번째 고백: 예레미야의 추방(15:10-21)

참고문헌

Bracke, J. M. "Jeremia 15:15-21(Expository Article)." *Int* 37(1983) 174-78. **Bright, J.** "A Prophet's Lament and Its Answer: Jeremiah 15:10-21." *Int* 28(1974) 59-74.[Repr. in *A Prophet to the Nations: Essays in Jeremiah Studies.* Ed. L. G. Perdue and B. W. Kovacs. Winona Lake, IN: Eisenbrauns, 1984. 325-38]. **Diamond, A. R.** *The Confessions of Jeremiah.* 52-78. **Gerstenberger, E.** "Jeremiah's Complaints: Observations on Jer 15:10-21." *JBL* 82(1963) 393-408. **Holladay, W. L.** "The Background of Jeremiah's Self-Understanding: Moses, Samuel, and Psalm 22." In *A Prophet to the Nations: Essays in Jeremiah Studies.* Ed. L. G. Perdue and B. W. Kovacs. Winona Lake, IN: Eisenbrauns, 1984. 313-24. ______. "Jeremiah and Moses: Further Observations." *JBL* 85(1966) 17-27. **Hubmann, F. D.** *Untersuchungen zu den Konfessionen Jer. 11, 18-12, und Jer. 15, 10-21.* Forschung zur Bible 30. Zurich: Echter Verlag, 1978. **Jungling, H. W.** "Ich mache dich zu einer Mauer: Literarkritische Uberlengungen zum Verhaltnis von Jer. 1, 18-19 zu Jer. 15, 20-21." *Bib* 54(1973) 1-24. **Muilenburg, J.** "A Confession of Jeremiah(Jer. 15:10-12, 15-21)." *USQR* 4(1949) 15-18. **Patterson, R. M.** "Reinterpretation in the Book of Jeremiah." *JSOT* 28(1984) 37-46. **Rad, G. von.** "The Confessions of Jeremiah." [Repr. in *A Prophet to the Nations: Essays in Jeremiah Studies.* Ed. L. G. Perdue and B. W. Kovacs. Winona Lake, IN: Eisenbrauns, 1984. 339-48.] **Schreiner, J.** *Von Gottes Wort Gefordert: Aus der Verkündigung des Propheten Jeremias.* Düsseldorf: Patmos Verlag, 1967. ______. "Ja sagen zu Gott - Der Prophet Jeremia." *TLZ* 90(1981) 29-40. **Smith, G. V.** "The Use of Quotations in Jer. xv 11-14." *VT* 29(1979) 229-31.

본 문

10 내게 재앙이로다 나의 모친이여 모친이 나를
온 세계에게 다툼과 침을 당할 자로 낳으셨도다
내가 꿔어 주지도 아니하였고 사람이 내게 꿔이
지도 아니하였건마는 다 나를 저주하는도다
11 여호와께서 가라사대 내가 진실로 너를 강하
게 할 것이요 너로 복을 얻게 할 것이며 내가 진

10 Woe is me, my mother, that[a] you bore me, a
man of strife and contention[b] to the whole land.
4+5 I have not lent and they have not lent to me,
[c]all of them curse me.[c] 2+2
11 The Lord answered,[a] "Have I not strengthened[b]
you for good, have I not intervened for you, 3+3

실로 네 대적으로 재앙과 환난의 때에 간구하게 하리라

in the time of trouble[c] and the time of distress,[c] because[d] of the enemy? 3+1

12 누가 능히 철 곧 북방의 철과 놋을 꺾으리요

12 [a]Can one break iron, iron from the north and bronze?[a]

13 그러나 네 모든 죄로 인하여 네 사경의 모든 재산과 보물로 값 없이 탈취를 당하게 할 것이며

13 Your wealth and your treasures I will give as spoil, 2+2 as[a] the price, [b]for all your sins [b]throughout all your territory. 2+2

14 너로 네 대적과 함께 네가 알지 못하는 땅에 이르게 하리니 이는 나의 진노의 맹렬한 불이 너희를 사르려 함이니라

14 [a]I will make you serve[a] your enemies, in a land [b]you do not know, 2+3 for in my anger a fire is kindled, which shall burn forever."[c] 3+2

15 여호와여 주께서 아시오니 원컨대 주는 나를 기억하시며 권고하사 나를 박해하는 자에게 보복하시고 주의 오래 참으심을 인하여 나로 멸망치 말게 하옵시며 주를 위하여 내가 치욕당하는 줄을 아시옵소서

15 [a]You know,[a] O Lord remember me and come to me, and take vengeance for me on my persecutors. 2+3+3 [b]In your forbearance[c] do not take me away;[b] know that for your sake I bear reproach. 3+4

16 만군의 하나님 여호와시여 나는 주의 이름으로 일컬음을 받는 자라 내가 주의 말씀을 얻어 먹었사오니 주의 말씀은 내게 기쁨과 내 마음의 즐거움이오나

16 [a]Your words were found, and I ate them, and your words[b] became to me the joy and delight of my heart.[a] 3+4+2 For your name is called over me, O Lord God of Hosts. 3+3

17 내가 기뻐하는 자의 회에 앉지 아니하며 즐거워하지도 아니하고 주의 손을 인하여 홀로 앉았사오니 이는 주께서 분노로 내게 채우셨음이니이다

17 I did not sit in the company of merrymakers nor rejoice,[a] because of thy hand on me, I sat alone, for you have filled me with indignation.[b] 3+4+2

18 나의 고통이 계속하며 상처가 중하여 낫지 아니함은 어찜이니이까 주께서는 내게 대하여 물이 말라서 속이는 시내 같으시리이까

18 [a]Why is my pain unceasing,[a] and my wound incurable, [b]refusing to be healed?[b] 4+4 You are[c] to me like a dry wadi,[d] whose waters have failed. 3+2+3

19 여호와께서 이같이 말씀하시되 네가 만일 돌아오면 내가 너를 다시 이끌어서 내 앞에 세울 것이며 네가 만일 천한 것에서 귀한 것을 취할 것 같으면 너는 내 입같이 될 것이라 그들은 네게로 돌아오려니와 너는 그들에게로 돌아가지 말지니라

19 Therefore thus says the Lord "If you return, I will restore you, so that you may stand before me. 2+2 And if you will utter what is precious rather than what is worthless, you will be as my mouth. 3+2 They shall turn to you, but you shall not turn to them. 3+3

20 내가 너로 이 백성 앞에 견고한 놋 성벽이 되게 하리니 그들이 너를 칠지라도 이기지 못할 것은 내가 저와 함께하여 너를 구하여 건짐이니라 여호와의 말이니라

20 And I will make you to this people, a fortified bronze wall; 3+3 They will fight against you, but they will not prevail over you. 2+2 For I am with you, to save you and to deliver you," 2+2 [a]says the Lord

21 내가 너를 악한 자의 손에서 건지며 무서운 자의 손에서 구속하리라

21 And I will deliver you[a] from the hand of the wicked, and redeem you from the grasp of the ruthless. 3+3

원문주해

10.a. 칠십인역은 호스 티나(*ὡς τίνα*, 이는 "누구"를 의미하는 히브리어 미[מי]와 같다)로 읽는다.

10.b. 일부 사본들과 심마쿠스 역본과 칠십인역을 따라 이쉬(איש, "사람")를 생략하였다. 할러데이를 참조하라. 아마도 이것은 다음 절에서 "때"(עת, 에트)라는 말이 두 번 나타나는 것에 맞추기 위해 삽입된 것으로 보인다.

10.c-c. 마소라 본문의 쿨로 므칼르라우니(כלה מקללוני) 대신에 쿨르헴 므칼르루니(כלהם מקללוני)로 읽었다. GKC § 61h.와 덤, 루돌프, 바이저, 브라이트, 레벤틀로프도 이렇게 본다. 칠십인역은 헤 이스퀴스 무 엑셀리펜(*ἡ ἰσχύς μου ἐξέλιπεν*, "내 힘이 쇠하였다")으로 읽는다. 루돌프(*BHS*)는 중자탈락으로 상실된 키(כי, "아직")를 추가하고 있다.

11.a. (루돌프와 다수의 영어 번역본들이 그렇듯이) 칠십인역에 근거를 두고서 마소라 본문의 아마르(אמר, "말하였다")를 아멘(אמן, "진실로")으로 읽을 것이 제안되었다. 이 같은 수정은 예레미야가 화자였다는 것을 전제로 한 것이다.

11.b. 이 단어에 대해서는 많은 종류의 수정이 제안되어 왔다(*BHS*와 캐롤을 보라). 여기서는 마소라 본문을 따랐다. 이와는 다른 독법을 보이고 있는 영어 번역본들을 참조하라.

11.c. 루돌프(*BHS*)는 라아토(רעתו, "그 재앙")와 차라토(צרתו, "그 환난")로 읽을 것을 제안한다. 칠십인역에서 "그들의 재앙"과 "그들의 환난"으로 번역한 것을 비교해 보라.

11.d. 루돌프(*BHS*)는 마소라 본문의 에트(את)를 엘(אל, "~로")로 읽을 것을 제안한다. 칠십인역과 불가타역을 비교하라. 루돌프는 또한 이렇게 전치사를 엘(אל)로 바꾼 상태인 엘 하오예브(אל־האיב)를 앞의 브카(בך)의 뒤에 둠으로써 새로운 번역을 시도하고 있는데, 이는 시리아 역본을 따른 것이다. "내가 네 대적들 때문에 너를 위해 중재하지 않았느냐?" 시리아역은 (12절의) 미차폰(מצפון, "북으로부터")을 여기에 추가시키고 있다.

12.a-a. 칠십인역은 "철이 알려질 수 있겠느냐? 하지만 네 상함은 놋으로 포장한 것이다"로 읽는다.

13.a. 칠십인역, 시리아역과 17:3에 근거하여 로(לא, "~없이")를 삭제했다(루돌프[*BHS*]와 맥케인도 그렇다). 하지만 동일한 의미로 인해 이것을 그대로 둘 수도 있다. 많은 번역가들은 13, 14절이 17:3-4로부터 지나치게 간섭당하고 있는 것으로 본다. 브라이트와 폴츠, 바이저, 루돌프(*BHS*)가 그렇게 본다. NEB를 보라.

13.b. 마소라 본문은 우브콜(ובכל, "그리고…")을 두 번이나 기록하고 있다. 루돌프(*BHS*)는 사본들의 증거와 17:4에 근거하여 두 경우 모두에서 접속사 "그리고"를 생략시키고 있다.

14.a-a. 다수의 사본들과 칠십인역, 그리고 시리아역과 17:4을 따라서 마소라 본문의 웨

하아바르티(והעברתי, "내가 옮겨 버리겠다") 대신에 웨하아바드테카(והעבדתיך)로 읽었다. 루돌프(*BHS*), 맥케인과 캐롤, 그리고 RSV도 이렇게 본다.

14.b. 다수의 사본들과 17:4은 아셰르(אשר, "~것")를 첨가시키고 있다.

14.c. 소수의 사본들과 17:4을 따라 마소라 본문의 알레이켐(עליכם, "너희들 위에") 대신에 아드 올람(עד־עולם)으로 읽었다. 루돌프(*BHS*), 맥케인, 캐롤, RSV도 이렇게 본다.

15.a-a. 칠십인역에서는 생략된 부분이다. 루돌프(*BHS*)는 이 어구를 11절 마지막 부분으로 옮겨놓을 것을 제안한다.

15.b-b. 칠십인역은 메 에이스 마크로쒸미안(*μὴ εἰς μακροθυμίαν*, "그들을 오래 참지 마십시오")으로 읽는다.

15.c. 루돌프(*BHS*)를 따라 르오레크(לארך)로 읽었다.

16.a-a. 칠십인역은 "당신의 말씀을 경멸하는 자들, 그들을 소멸시키소서. 그리고 당신의 말씀은 내 마음의 기쁨과 즐거움이 될 것이오니…"로 읽는다.

16.b. 다수의 사본들과 번역본들을 따라 케팁으로 읽었다. 케레는 단수로 읽고 있으며, 이것도 가능성은 있다. 덤과 브라이트는 이 단어가 앞서의 콜론과 중복오사 되는 것으로 판단하여 생략시키고 있다.

17.a. 칠십인역은 율라부멘(*εὐλαβούμην*, "내가 두려웠다")으로 읽는다.

17.b. 칠십인역은 피크리아스(*πικρίας*, "쓴맛")로 읽는다.

18.a-a. 칠십인역은 "왜 나를 괴롭히는 자들이 나보다 더 잘 되어 가는 겁니까?"로 읽는다. 루돌프(*BHS*)는 칠십인역이 네차흐(נצח)를 아람어의 의미로 이해했을 것이라는 의견을 제시하고 있다.

18.b-b. 칠십인역은 포쎈 이아쎄소마이(*πόθεν ἰαθήσομαι*, 이 말은 히브리어로는 메아인 에라페[מאין ארפא]이다)로 읽고 있는데(*BHS*도 그러하다), 이는 "어디에서 내가 고침을 받을 수 있겠는가?"를 의미한다.

18.c. 경우에 따라 하요(הוי) 대신에 호이(היו, "화로다")로 읽기도 한다. 폴츠와 루돌프도 그렇다.

18.d. 이 단어는 마소라 본문에는 없는 것이다. 하지만 다음 절에서 빠져나온 것이다.

20.a.-21.a. 일부 칠십인역과 사본들에는 없는 부분이다. 얀젠(Janzen, *Studies*, 117)은 이를 중자탈락에 근거하여 설명하려 한다.

양식/구조/배경

이 단락의 위치가 이 부분으로 정해진 데는 몇 가지 이유가 있는 것 같다. 어머니의 모티프는 이 단락(10절을 보라)과 선행 단락(8-9절을 보라) 사이에 직접적인 연관성을 제공하고 있다. 가뭄의 관념(18절을 보라)은 아마도 선행 단락(14:1-6을 보라)에서의 관심사를 반향하는 것으로 보인다. 두 단락은 근본적인 구조에 있어서도 평행 구조를 보이고 있다. 말하자면, 둘 다 두 개의 애가로 구성되고 있는데, 각각 하나님의 응답을 포함하고 있다.

몇 가지 상호 관련적인 주제들이 이 구절의 구조에 대한 이해를 조절해 주고 있다. 일부 학자들은 13-14절이 17:3-4절과 평행되고 있다는 것을 지적해 왔으며, 이에 따라서 13-14절을 이차적인 자료로 구별하거나 아예 삭제해 버리기도 했다. 그 예로서는 NEB, 기제브레히트, 루돌프, 캐롤 등을 보라. 초기의 주석가들을 따라 루돌프는 12절이 17:1을 반영하고 있다고 보고, 마찬가지로 12절을 삭제시키고 있다. 이를 브라이트와 비교해 보라. 13-14절이 초기 사본들과 번역본들에 포함되어 있고 17:3-4과 단순한 평행을 이루지는 않는다는 점으로 인해 이 부분은 본문 속에 그대로 유지되고 있다. 마찬가지의 견해를 가진 경우는 바이서, 레벤틀로프(*Liturgie*, 210-29), 후브만(*Untersuchungen*, 233), 할러데이 등이 있다. 11-14절에서의 화자를 결정지으려 할 때도 어려움이 생겨난다. 13-14절에서는 하나님께서 화자로 나타나는 것처럼 보인다. 하지만 11-12절에서는 명료하지가 않다. 마소라 본문과 칠십인역이 가지고 있는 차이점이 너무도 크기 때문이다. "주석"을 보라. 혼란을 가장 잘 드러내는 부분은 바로 11절의 첫 단어에서 나타난다. 마소라 본문은 "여호와께서 말씀하셨다"(אמר)로 말하는 반면에, 칠십인역에는 "아멘(אמן), 여호와여"로 나타나기 때문이다. 여기서 마소라 본문의 표현이 유지될 수 있는 이유는 11-14절에서의 화자를 여호와로 인식했기 때문이다. 같은 견해를 가진 경우를 예로 들어보자면, 루돌프에 반대하여 캐롤 같은 경우가 있다.

12-14절을 포함시킬 것이냐, 배제시킬 것이냐 그리고 화자가 누구인지를 결정하는 문제는 이 구절에서 보여지고 있는 구조를 결정지어 준다. 이 구절을 하나의 애가로 이해하는 사람들은 10-18절을 하나의 항의 부분으로, 19-21절을 신적인 응답으로 다루면서, 대개는 12-14절을 생략하기가 일쑤고, 11-14절의 화자를 예레미야로 둔다(루돌프와 브라이트도 마찬가지다). 하지만 하나님께서 화자로 이해되는 경우라면, 이 구절은 두 개의 평행적인 애가로 분석될 수 있으며, 각각의 애가가 항의와 하나님의 응답을 포함하게 된다(특별히 Baumgartner, *Klagegedichte*를 따르고 있는 J. Vermeylen, "Essai de redactionsgeschichte des 《Confessions des Jérémie》," in *Le Livre de Jérémie*, Ed. P.-M. Bogaert, 239-70를 보라). 이 구절은 그 구조에 있어서는 예레미야의 첫 애가(11:18-12:6)와 유사하면서, 두 평행 애가를 만들어 놓는다. 이 구절의 구조는 아래와 같이 정리될 수 있을 것이다.

항의	10절	15-18절
응답	11-14절	19-21절

첫 번째 애가에서 항의의 내용을 담고 있는 부분(10절)과 마지막 애가의 그에 대한 응답의 부분(19-21절)에서 발견되는 예레미야의 소명 내러티브에 대한 암시는 평행 구조를 더욱 강화시켜 준다. 첫 번째 항변(10절)과 두 번째 응답(19-21절)이 갖는 관련성은 두 번째 항변(15-18절)과 그에 대한 응답(19-21절)이 갖는 관련성보다 훨씬 더 심한 긴밀성을 가지고 있다. 그래서 이 점은 많은 주석가들로 하여금 15-8절과 19-21절을 별도로 구분해서 다루게 만들 정도였다. 후브만(Hubmann, *Untersuchungen*, 254-57)은 각각의 하나님의 응답들이 갖는 가능한 평행성에 대해 지적해 준다. 첫 번째 응답은 11절에서 임-로…임-로(אם־לא··אם־לא)의 형식으로 시작하고 있으며, 두 번째 응답은 19절에서 웨임…임(ואם··אם)의 구조로 시작하고 있다.

앞선 "고백록"(11:18-12:6)의 경우에서처럼, 주석가들은 이것들이 개인적인 애가인지 공동체 애가인지에 대해 의견의 일치를 보지 못하고 있다(이에 대한 일반적인 논의를 위해서는 **보유: "고백록"** 부분을 볼 것이고, 이 구절이 갖는 특별한 주제를 위해서는 다음에 나올 "주석"을 보라). 이 구절로는 첫 "고백록"(11:18-12:6)의 경우에서처럼, 이 애가를 개인 애가로 결정할 것인지 공동체 애가로 결정할 것인지를 확인하기 위한 설득력 있은 논증이 가능할 것으로 보인다. 덧붙여서, 본문의 그러한 특성을 확인하기 위해 지나치게 집착하지 않는 것이 최선의 방법일 것이다. 예레미야는 백성들로부터 박해와 버림을 당했고, 이는 그의 선지자로서의 소명 때문이었다. 하지만 그는 동시에 백성들의 선지적 대표자로서 그들과 함께 고통을 당하기도 했다. 이를 통해 보자면, 이 고백록은 개인적 애가로서도 공동체 애가로서도 동등하게 이해될 수 있다. 따라서 우리는 이 부분을 해석하는 데 있어서 지나치게 엄격한 태도를 가지지 않도록 주의할 필요가 있다.

이 구절들 속에서 나타나고 있는 예레미야의 모습은 아첨을 좋아하지 않는, 그러므로 추측컨대 본래적인 모습이다. 보다 후기의 신명기 편집자는 예레미야에게서 하나님이 임명하신 선지자의 모습을 보여 주려고 노력했다. 그는 예레미야를 미화시키려는 경향을 가지고 있었고, 예레미야를 자신의 숙명에 대해 불평하고 하나님이 실패하신 일에 대해 기소하는 그런 모습을 그리지 않으려 했다. 이 구절들은 역사적인 내용이 거의 없기 때문에, 우리로서는 이것의 시기를 좀처럼 확실하게 추정할 수가 없다. 그저 예레미야가 사역하던 한창 때의 시기를 그려내는 것으로 보일 뿐이다.

요시야 개혁 이후 마지막 추방이 발생하기 전의 어느 시기, 아마도 여호야김 치하의 어느 때를 지적하는 것으로 보인다(브라이트와 할러데이를 보라).

주석

10 이 단락의 두 애가 중에 첫 번째 것은 애가에서 전통적으로 나타나는 절규, "내게 재앙이로다"(אוי־לי – 오이 리)로 시작하고 있다. 그러고 나서야 애가의 화자는 그의 모친에게 말을 건다. 만일 애가가 공동체 애가로 이해되었다면, 여기서의 "모친"은 예루살렘이 되어야 한다(캐롤을 참조하라). 하지만 마찬가지로 만일 화자가 예레미야라면, 이 애가는 하나님의 소명을 거절하는 것으로 시작하는 것이고, 마지막 애가에 가서야 그의 소명을 재확인하는 것으로 끝을 맺게 되는 셈이다(20절을 보라). 예레미야는 스스로를 "다툼"(ריב – 리브)과 "충돌"(מדון – 마돈)의 사람이라고 기술한다. "다툼"(ריב – 리브)이라는 말은 자주 법적 정황에서 사용된다. 예레미야서에서는 인간과 하나님 사이의 쟁론의 상황을 기술하는 데 가장 많이 사용되고 있다. 그런 경우들을 보자면, 여호와가 그의 백성을 기소하는 경우(2:9을 보라), 백성들이 여호와를 기소하는 경우(12:1을 예로 보라) 그리고 여호와께서 열방들을 기소하는 경우(예를 들어 25:31을 보라)가 있다. "충돌"(מדון – 마돈)은 지혜 문헌에서 가장 자주 발견된다(잠 15:18, 28; 17:14; 22:10; 26:20; 28:25; 29:22). 이 구절들과 가장 밀접하게 평행 관계를 가지고 있는 두 구절은 시편 80:7에서의 "우리 이웃에게 다툼거리"라는 표현과 하박국 1:3에서의 "변론과 분쟁"이다. 이 두 구절은 모두 여호와의 축복을 받는 일에 대한 실패를 슬퍼하고 있다. 여기서 예레미야는 그의 사역이 자신에게도 그리고 그의 백성에게도 다툼과 충돌만을 낳게 된 것에 대해 불만을 드러내고 있다. 그는 대개 충돌을 일으키게 마련인 상거래에 개입된 적이 없는데도, 백성들은 여전히 그를 저주하고 있는 것이다(맥케인, 칼빈, 라쉬[Rashi], 루돌프, 바이저도 의견을 같이 한다).

11 마소라와 칠십인역의 전통은 11절을 서로 다르게 이해했다. 마소라 본문의 첫 단어는 "그가 말했다"(אמר – 아마르)인 데 반해, 칠십인역의 첫 단어는 "아멘"(게노이토[γένοιτο]=아멘[אמן])이다. 이렇게 된 이유는 마소라 본문(이 책에서는 이것을 따랐다)에서는 여호와가 화자이고, 칠십인역에서는(RSV가 이를 따랐다) 예레미야가 화자이기 때문이다. 선행 절에서 예레미야는 백성이 자신을 저주하고 있다고 불만을 토로하고 있었다. 그래서 여호와께서는 이 불평에 대한 응답으로서 자신의

맹세를 드러내고 계신 것이다. 이 부분에 나타나고 있는 로 임(לא אם)의 맹세 형식에 대해서는 M. R. Lehmann, "Biblical Oaths," *ZAW* 81(1969) 74-92를 보라. 사실상 여호와께서는 이렇게 말씀하신 것과 다를 바 없다. "만일 내가 네게 충실하지 못했다면 나로 저주당하게 하라."

12 12절에서의 질문은 언뜻 보기에는 부적절한 것으로 보인다. 이 때문에 많은 주석가들은 이 절을 삭제하려 했다(이 같은 경우로는 폴츠, 바이저, 루돌프, 브라이트가 있다). 경우에 따라서는 내용이 전반적으로 다른 칠십인 역본도 존재하고 있기 때문이다("원문주해"를 보라). 그러나 첫 번째 고백록에 나타나고 있는 유사한 질문(12:5)은 본 절의 신뢰성을 지지해 준다. 본 절을 이해함에 있어서 나타나는 어려움은 이 절에 대해 통사론적인 분석을 할 경우 주어가 불확실하다는 사실에서 비롯된다. 말하자면, 본문의 주어는 비인칭일 수도 있고(이 책은 그렇게 보았다. 루돌프, 캐롤, RSV를 참조하라), 철이 주어일 수도 있다. 그래서 "철이 북방의 철과 놋을 부술 수 있을 것인가?"(맥케인과 KJV, NEB를 참조하라)로 번역될 수도 있는 것이다. "북방의 철"이라는 말은 고대로부터 북방의 적을 지적하는 것으로 이해되어 왔다(마찬가지의 견해를 가진 경우로는 탈굼역, 불가타역, 랍비들의 주석을 예로 들 수 있다). 그렇지만 일부 주석가들은 이 구를 고도로 정련된 순철 혹은 강철을 언급하는 것으로 생각하기도 했다(이런 견해를 가진 경우를 예로 들자면, 미카엘리스[Michaelis]와 바움가르트너[Baumgartner, *Klagegedichte*]가 있다). 이 구절을 이해하는 것이 무척이나 어렵다는 것을 깨닫게 되면서 다음과 같은 해석이 이루어지게 된다. 선행 절에서 여호와께서는 예레미야에게 신적 보호를 보증하셨던 반면에, 이 절과 다음 절에서는 그의 적대 세력들의 패배와 추방을 기술하고 있다. 그렇다면 이 절은 북방 적들의 압도적인 위협에 대해 말하는 것이다. 다음의 두 절은 북방 적들의 손에 의해 다가올 위협과 추방을 상세히 기술하게 된다.

13-14 13-14절의 본문이 17:3-4의 본문과 밀접한 유사성을 보이고 있기 때문에, 힛찌히(Hitzig)로부터 대부분의 주석가들은 13-14절을 이차적인 자료로 분류해 왔다. 이에 대해서는 루돌프와 비교해 보라. 그럼에도 불구하고, 두 본문 사이의 차이점들은 그들이 각각의 위치에 있어야만 하는 이유를 입증해 준다. 그들이 가진 차이점들의 근본적인 성격은 이와 같은 문맥 속에서라면 13-14절이 17:3-4을 의도적으로 개작한 것이라는 사실을 암시해 준다(Hubmann, *Untersuchungen*, 256-57). 이 구절들은 북방 적들의 손에 의해 이루어질 백성들의 패배와 추방이 다가오고 있음을 언명해 주고 있다. 이 구절들은 이중적인 목적을 내포하고 있는 것이다. 말하자면,

이들은 예레미야에게는 그를 박해하는 자들이 징벌을 받게 될 것이라는 점을 확증해 주고, 또한 예레미야가 선포해 온 심판의 메시지를 재확인하는 작업을 이루고 있는 것이다. 예레미야는 이 구절들이 가진 메시지에 대해 확실히 애매한 태도를 가질 수밖에 없었다. 그는 그의 적들이 징벌당할 것이라는 점에 충분히 기뻐했어야 했다. 동시에, 그는 그의 백성이 그토록 고통당해야 하며, 자신이 그들 곁에 있어야 한다는 점에 슬퍼했어야 했다.

15 이 두 애가 중 두 번째 것은 적들에 대해 복수해 달라는 외침으로 시작하고 있다(루돌프와 멕케인도 의견을 같이 한다). 복수에 대한 외침은 "여호와여 주께서 아시오니"(12:3을 참조하라)라는 결백을 확신하는 친근한 구절로 시작되고 있다. 수수께끼 같은 세 번째 콜론, 즉 "주의 오래 참으심을 인하여 나로 멸망치 말게 하옵시며"라는 구절은 아마도 "내 적들에게 그렇게 인내심을 베풀지 마소서. 그들이 나를 파괴할 시간이 되었나이다"라는 의미를 갖는 것 같다(브라이트도 이에 동의한다).

16 결백의 확언과 복수에 대한 외침(15절)은 예레미야의 소명에 대한 애가로 인도된다(10절을 참조하라). 에스겔의 소명에 관한 기록과 동일한 언어를 가지고서(겔 2:8-3:3을 보라, 신 8:3도 보라), 예레미야는 여호와의 말씀을 그가 어떻게 기쁨으로 자신의 삶의 일부분으로 만들었는지를 기술하고 있다(1:9을 참조하라). 이와 같은 묘사의 목적은 분명히 그의 소명의 결과로 그에게 드러나게 된 사악함을 막아내기 위함이었다. 하지만 이는 결백의 항변도 세우게 되었다. 버릿지(Berridge, *Prophet, People*, 119-20)는 이 선지자가 먹었던 말씀은 아마도 계시받은 예언 말씀만이 아니었고, 기록된 말씀(신명기가 아닌가)이기도 했다는 논증을 한다. 할러데이도 보라. 이 구절은 신직 소유싱을 지직해 주는 구절로 끝을 맺는다. 즉, "나는 주의 이름으로 일컬음을 받는 자라." 많은 학자들(예를 들어, Baumgartner, *Klagegedichte*; Reventlow, *Liturgie*, 220-21; Carroll)은 만일 예레미야가 말하는 것이 그 자신이 여호와께 속한 것이라는 말이었다면, 이 부분은 개인에 관해 사용된 유일한 구절이 된다는 점을 지적한다. 예레미야서에서의 용례는 전형적인 경우다. 예레미야 14:9에서는 백성을 언급하고 있으며, 예레미야 7:10, 11, 14, 30; 32:34; 34:15은 이를 성전에 적용시키고 있다. 그리고 예레미야 25:29은 예루살렘에 대해 이야기하고 있다. 하지만 이것은 예레미야가 이 구절을 자기 자신에게, 특히 민족을 향한 그의 선지자적 직무에 관해서 적용시키지 말아야 했다는 것을 의미하지는 않는다. 해석자들이 이 어구에 대해 매우 개인적인 해석을 적용시키려 하는 경우에 주의하도록 만들어 주

어야 할 것이다. 이 단어들이 갖는 모호성이 다시 한 번 강조되고 있다. 이것들은 예레미야의 소명도 잘 기술할 뿐만 아니라, 동등하게 민족의 소명에 대해서도 기술할 수 있는 것이다. 사실 예레미야의 운명을 그의 백성의 운명과 구별해서 말하기란 여간 어려운 일이 아니다. 아마도 이와 같은 모호성은 의도적인 것으로 보인다.

17 17절은 예레미야 자신의 소명에 대한 그의 애가의 연속으로서, 아니면 15절로부터의 그의 결백에 대한 항변의 연속으로서 이해될 수 있을 것이다. 몇몇 학자들(예를 들어, Reventlow, *Liturgie*, 221-24; Carroll)은 사악함에 대한 무효 주장이 어떻게 이루어지는가가 종종 의로움의 표징이 된다는 점을 지적해 왔다(시 1:1; 26:4-5을 보라). 다른 학자들(예를 들어, Baumgartner, *Klagegedichte*, 36; McKane)은 선지적 소명은 자연스럽지 못한 삶의 방식을 필요로 한다는 점을 언급한다. 말하자면, 예레미야는 선지자로서의 그의 직무를 충족시킬 수도 없었으며, 또한 사람들 가운데 한 사람으로 사는 정상적인 삶을 소유할 수도 없었던 것이다. 이 두 가지 해석이 반드시 서로 배타적이라고만 볼 수는 없다. 예레미야는 그의 선지자로서의 소명이 자신을 보통 사람이 되지 못하게 만들었고, 실제로 그의 백성에게 배척당하게 만들었다는 사실을 발견할 수 있었다. 그는 자신의 소명이 가져온 이와 같은 결과가 그의 결백을 그대로 드러내 준다는 사실을 깨달을 수 있었던 것이다.

"내가 홀로 앉았사오니"라는 예레미야의 불평은 나병 환자는 진 바깥에 홀로 앉아(살아)야 한다는 것(레 13:46)을 마음 속에 떠올리게 만든다. 예레미야는 사회적 나병 환자가 되었던 것이며, 그 자신의 백성들 가운데서 버림받은 사람이었던 것이다. 그가 그 백성들에게서 떨어져 살았던 것은 그가 그것을 즐겨서가 아니라 그들이 자신들의 회에서 그를 쫓아냈기 때문이다.

18 이제 불만은 결백의 항변과 예레미야 자신의 소명에 대한 애가로부터 옮겨서, 여호와께서 그를 다루어 오신 방식에 대한 애가로 직접적으로 방향을 돌리고 있다. 의학적인 용어를 사용해 가면서, 예레미야는 치료될 수 없는 자신의 상처받은 상황을 기술한다. 애가의 절정에 이르러서, 예레미야는 여호와를 여름에 말라 버려서 물을 낼 것을 기대할 수 없는 상황에 이른 시냇물에 비유한다. 이와는 다르게 여호와가 생명수의 샘으로 불리고 있는 2:13과 비교해 보라. 이는 과연 선행되는 불만의 부분에 나타난 가뭄과 관련지을 수 있는 것인가(14:1-15:9을 보라)?

19 18절에서의 고발에 대한 응답으로 여호와께서는 예레미야로 하여금 그의 선지 직무를 회복할 수 있기 전에 그가 했던 불평과 비난에 대해 회개할 것을 요구하고 계신다. 그는 하나님의 말씀을 말할 수 있기 전에 자신의 말 속에서 쓸모없고 쓴

맛을 내는 부분을 제거해야 했다(Rashi, Kimchi, Bright도 그렇게 본다). 예레미야는 굳건히 서 있어야 했으며, 백성들에게 전해야 할 그의 메시지를 바꾸어서는 안 되었다. 말하자면, 그는 그들이 자신에게로 돌아오도록 기다려야만 했던 것이다. 예레미야의 소명에 대한 앞서의 묘사에서 그러했던 것처럼, 이와 같은 꾸짖음의 의도는 그에게만 해당될 수 있는 것이 아니었고, 그가 대표로 하고 있던 공동체에게도 해당될 수 있는 것이었다. 여호와께서 예레미야를 그의 선지 직무로 새롭게 하시려 하는 것처럼, 그는 백성들을 그들의 특권을 입은 상태로 새롭게 해야 했던 것이다. 만일 백성들이 여호와께로 돌아오고 그들의 적들이 행한 방식을 따르지 않는다면, 그는 그들을 회복시키게 될 것이다.

20-21 그의 첫 번째 소명을 연상시키는 언어를 통해서(20절을 1:8, 18-19과 비교해 보라), 여호와께서는 예레미야와 함께 하실 것이며 그의 적들의 모든 공격으로부터 그를 구원하실 것임을 확증하셨다. 이 구절들은 예레미야의 소명 내러티브에 대한 암시를 계속하고 있다. 이 암시는 선행 절들 속에서 지배적인 요소였는데, 그것이 선행 구절에 나타난 조건적인 확증을 더욱 확장시키고 있다. 12절에서는 구원의 약속을 주는 데 전통적인 언어가 사용되고 있다.

해설

선지자 예레미야는 대립의 상황에 처한 자신을 발견하였다. 그 대립의 상황이란 자신의 백성과의 대립이었으며, 자신의 하나님과의 대립이었다. 그가 백성들과 대립하게 된 이유는 그들에게 선언한 메시지가 심판의 메시지였기 때문이다. 그가 자신의 하나님과 대립하게 된 이유는 그가 하나님의 메시지를 선포한 결과 고통당해야 한다는 사실이 부당하다고 여겼기 때문이다. 그는 결과적으로 자신이 처한 상황에 대해 여호와께 불만을 털어놓은 것이다.

그는 자신이 일찍이 그러한 삶을 살아오게 된 것에 대한 한탄으로 시작하고 있다(10절). 예레미야는 소명에 대한 그토록 강한 느낌을 얻었기에 자신의 삶이 출생 시부터 이미 운명지어진 것이었다고 믿었다(1:4-5을 보라). 결론적으로 자신의 출생에 대해 비탄하고 있을 때, 그는 역시 선지자로서의 그의 소명에 대해서도 비탄하고 있었던 것이다. 그는 또한 고통의 이유였던 것이 바로 자신의 선지 직무였으며, 그가 해놓은 것이라곤 아무것도 없다는 것을 깨달았다. 이와 같은 불만에 대한 응답에서 여호와께서는 우선 예레미야에게 선한 의도를 품고 계신다는 것을 확인하셨다. 그리고 질고의 때에 그에 도우셨다는 것을 다시금 기억케 하셨다(11절). 여호와께서는 예레미야의 적들이 징벌을 당할 것임을 언명하셨다. 말하자면, 그들은 패망과 추방의 희생자들이 될 것이라는 말이었다(12-14절).

이와 같은 첫 번째 애가에 이어 첫 번째 주제의 토대 위에 두 번째 건조물이 생성된다. 예레미야는 그의 불만을 자신의 적들에 대한 보복의 외침으로 시작하고 있다(15절). 이는 바로 그의 소명에 대한 확장된 애가와(16절) 그의 고통의 이유가 되고 있는 소명을 주게 된 결백에의 항변으로 이어진다(17절). 그의 불만은 여호와께서 그를 다스리심에 있어 마치 여름에 말라붙어 버린 시내와도 같이 실패하셨다는 고발로 끝을 맺는다(18절). 여호와께서는 이 애가와 고발에 대하여 응답하실 때 예레미야로 하여금 그의 불평과 쓰디쓴 말들에 대해 회개할 것을 요구하신다. 왜냐하면 그때 그를 회복시킬 수 있는 분은 오직 여호와이셨기 때문이다(19절). 예레미야의 소명에 대한 분명한 언급 속에서(1:9, 18-19을 보라), 여호와께서는 예레미야를 보호하실 것이고, 그를 적들로부터 구원하실 것임을 재확인하셨다(20-21절).

예레미야는 그의 선지 사역의 결과로 이루어지게 된 박해에 대하여 혼란과 쓰라림과 반대 소송의 방식으로 대응했다. 여호와께서는 예레미야의 혼란과 쓰라림과 반대 소송에 대하여 회개에 대한 요구와 그의 소명에 대한 재확인이라는 방법으로 대응하셨다. 이 구절은 선지자와 그의 하나님 사이의 심각한 마찰, 곧 그 관계성을 끊어놓을 만한 정도의 분쟁을 그려내고 있다. 어느 정도 이와 같은 분쟁의 양상은 예레미야의 시대에 그의 메시지에 없어서는 안 될 요소였다. 아마도 이것은 예레미야의 시대에 있었던 경건자들에게서 이루어졌던 분쟁의 양상을 반향하는 것으로 보인다. 확실히 여호와를 향한 독실한 신앙을 가진 자들은 혼란스러웠고, 쓰디쓴 경험을 했으며, 역감정에 사로잡혔을 텐데, 그것은 그들이 전체적인 민족의 고통으로부터 구원을 얻지 못했기 때문일 것이다. 그들에게 주어졌던 메시지는 예레미야에게 전해진 것과 동일한 것이었을 수 있다. 그들은 여호와의 면전에서 선택받은 자리로 회복되기 위하여 그들의 항거하는 태도를 접어 두어야만 했던 것이다.

이 구절은 아마도 예레미야가 그의 사역 속에서 경험했던 엄청난 절망의 깊이를 반영하는 것으로 보인다. 그는 타인에게 하나님의 실재하심을 설교했으나, 지금은 이것이 그 자신의 경험 속에서도 아무런 감각을 느끼지 못하게 하고 있다. 그는 하나님이 자신에게 마치 물이 끊어져 버린 와디와도 같이 믿을 수 없는 힘의 근원이 되었다는 사실로 고발하고 있다. 하나님의 응답은 이렇다. 곧, 실패한 자는 선지자 자신이라는 것이다. 그는 회개해야만 했고, 그러지 않는다면 그의 선지자로서의 소명은 무효화될 수밖에 없는 상황이었다.

C. 예레미야의 삶과 관련된 말씀들(16:1-21)

참고문헌

Aalders, G. C. "Fishers and the Hunters(Jer. 16:16)." *EvQ* 30(1958) 133-39. **Goldman, M. D.** "Was Jeremiah Married?" *AusBR* 2(1952) 42-47. **Weinfield, M.** "Jeremiah and the Spiritual Metamorphosis of Israel." *ZAW* 88(1976) 17-56.

본 문

1 여호와의 말씀이 또 내게 임하니라 가라사대

2 너는 이 땅에서 아내를 취하지 말며 사녀를 누지 말지니라

3 이 곳에서 생산한 자녀와 이 땅에서 그들을 해산한 어미와 그들을 낳은 아비에 대하여 나 여호와가 이같이 말하노라

4 그들은 독한 병으로 죽고 슬퍼함을 입지 못하며 매장함을 얻지 못하여 지면의 분토와 같을 것이며 칼과 기근에 망하고 그 시체는 공중의 새와 땅 짐승의 밥이 되리라

5 여호와께서 이같이 말씀하시되 상가에 들어가지 말라 가서 통곡하지 말며 그들을 위하여 애곡하지 말라 내가 이 백성에게서 나의 평강을 빼앗으며 인자와 긍휼을 제함이니라 여호와의 말이니라

6 큰 자든지 작은 자든지 이 땅에서 죽으리니 그들이 매장되지 못할 것이며 그들을 위하여 애곡하는 자도 없겠고 자기 몸을 베거나 대머리 되게 하는 자도 없을 것이며

1 [a]The word of the Lord came to me saying:[a]

2 "You shall not take a wife,[b] nor shall you have sons or daughters in this place."

3 For thus says the Lord concerning the sons and daughters in this place and concerning their mothers who bore them and concerning their fathers who begot them in this land:

4 "When they die of deadly diseases, they shall not be mourned and they shall not be buried: they shall be like dung on the face of the ground. When they perish by the sword or by famine, their corpses shall become food for birds of the heavens and for beasts of the earth."

5 For thus says the Lord: "Do not enter the house of mourning nor go to lament or bemoan them, for I have taken away my peace from this people," [a]says the Lord, "even my[b] steadfast love and mercy.

6 Both great and small shall die in this land, but they shall not be buried:[a] no one shall lament for them, or cut himself,[b] or make himself[b] bald for them.

7 슬플 때에 떡을 떼며 그 죽은 자를 인하여 그들을 위로하는 자가 없을 것이며 그들의 아비나 어미의 상사를 위하여 위로의 잔을 그들에게 마시울 자가 없으리라

7 No one shall break bread[a] for the mourner[b] to console him for the dead, nor shall any give him[c] the cup of consolation for his father or his mother.

8 너는 잔치집에 들어가서 그들과 함께 앉아 먹거나 마시지 말라

8 You shall not enter a house where there is feasting, to sit eating and drinking with them."[a]

9 만군의 여호와 이스라엘의 하나님이 이같이 말하노라 보라 기뻐하는 소리와 즐거워하는 소리와 신랑의 소리와 신부의 소리를 내가 네 목전, 네 시대에 이 곳에서 끊어지게 하리라

9 For thus says the Lord [a]of Hosts,[a] the God of Israel: "Behold I will cause to cease from this place, before your eyes and in your days, the voice of mirth and the voice of gladness, the voice of the bridegroom and the voice of the bride.

10 네가 이 모든 말로 백성에게 고할 때에 그들이 네게 묻기를 여호와께서 우리에게 이 모든 큰 재앙을 광포하심은 어찜이며 우리의 죄악은 무엇이며 우리가 우리 하나님 여호와께 범한 죄는 무엇이뇨 하거든

10 "And it shall be when you tell this people all these things and they ask you, 'Why has the Lord spoken against us all this great evil? What is our iniquity, and what is our sin that we have sinned against the Lord our God?'

11 너는 그들에게 대답하기를 여호와께서 말씀하시되 너희 열조가 나를 버리고 다른 신들을 좇아서 그들을 섬기며 그들에게 절하고 나를 버려 내 법을 지키지 아니하였음이라

11 then you shall say to them: 'Because your fathers forsook me, says the Lord, and went after other gods and served and worshiped them, but forsook me and did not keep my law,

12 너희가 너희 열조보다 더욱 악을 행하였도다 보라 너희가 각기 악한 마음의 강퍅함을 따라 행하고 나를 청종치 아니하였으므로

12 and because you have done worse than your fathers, for behold, every one of you follows his stubborn evil heart, refusing to listen to me;

13 내가 너희를 이 땅에서 쫓아내어 너희와 너희 열조의 알지 못하던 땅에 이르게 할 것이라 너희가 거기서 주야로 다른 신들을 섬기리니 이는 내가 너희에게 은혜를 베풀지 아니함이라 하셨다 하라

13 therefore I will hurl you out of this land into a land which neither you nor your fathers have known, and there you shall serve other gods [a]day and night,[a] for I[b] will not show you favor.'

14 여호와께서 가라사대 그러나 보라 날이 이르리니 다시는 이스라엘 자손을 애굽 땅에서 인도하여 내신 여호와의 사심으로 맹세하지 아니하고

14 [a]"Therefore behold the days are coming," says the Lord, "when it[b] shall no longer be said, 'As the Lord lives, who brought up the people of Israel out of the land of Egypt,'

15 이스라엘 자손을 북방 땅과 그 모든 쫓겨났던 나라에서 인도하여 내신 여호와의 사심으로 맹세하리라 내가 그들을 그 열조에게 준 그들의 땅으로 인도하여 들이리라

15 but, 'As the Lord lives, who brought up the people[a] of Israel out of the north country and from all the countries where he had driven them.'[b] For I will bring them back to their own land which I gave to their fathers.

16 여호와께서 가라사대 보라 내가 많은 어부를 불러다가 그들을 낚게 하며 그 후에 많은 포수를 불러다가 그들을 모든 산과 모든 작은 산과 암혈에서 사냥하게 하리니

16 "Behold I am sending for many fishers,"[a] says the Lord, "and they shall catch them;[b] and afterwards I will send for many hunters and they shall hunt them out from every mountain and every hill and from the crevices of the rocks.

17 내 눈이 그들의 행위를 감찰하므로 그들이 내 얼굴 앞에서 숨김을 얻지 못하며 그들의 죄악이 내 목전에서 은폐되지 못함이라

17 For my eyes are upon all their ways; [a]they are not hid from me,[a] nor is their iniquity concealed from eyes.

18 내가 위선 그들의 악과 죄를 배나 갚을 것은 그들이 그 미운 물건의 시체로 내 땅을 더럽히며 그들의 가증한 것으로 내 산업에 가득하게 하였음이니라

18 And I will first[a] recompense them double for their iniquity and their sin, because [b]they have polluted my land, and have filled my inheritance with the carcasses of their detestable idols and abominations."[b]

19 여호와 나의 힘, 나의 보장, 환난날의 피난처시여 열방이 땅 끝에서 주께 이르러 말하기를 우리 열조의 계승한 바는 허무하고 망탄하고 무익한 것뿐이라

19 O Lord, my strength and my stronghold, my refuge in the day of trouble, 3+3 to you shall the nations come from the ends of the earth and say: 3+3 "Surely our fathers have inherited lies, worthless things in which there is no profit. 3+3

20 인생이 어찌 신 아닌 것을 자기의 신으로 삼겠나이까 하리이다

20 Can man make for himself gods? such are no gods! 3+3

21 여호와께서 가라사대 보라 이번에 그들에게 내 손과 내 능을 알려서 그들로 내 이름이 여호와인 줄 알게 하리라

21 "Therefore, behold, I will make them know, this once I will make them know 3+3 my power and my might, and they shall know that my name is the Lord." 2+3

원문주해

1.a-a. 칠십인역에서는 생략되고 있다.

2.b. 칠십인역은 레게이 퀴리오스 호 쎄오스 이스라엘(*λέγει κύριος ὁ θεὸς Ἰσραηλ*, "이스라엘의 하나님 여호와께서 말씀하셨다")을 첨가하고 있다.

5/6.a-a. 칠십인역에서는 생략되고 있다. 얀젠(Janzen, *Studies*, 98)은 마소라 본문이 원본이라고 말한다.

5.b. 이 곳의 소유격은 "나의 평강"에 의해 영향을 받은 것이다. 영어 번역본과 비교해 보라.

6.b. 번역본들은 선행 동사 이스프두(יספדו)와 일치를 이루기 위해 복수를 사용하고 있다.

7.a. 마소라 본문의 라헴(לָהֶם, "그들을 위해") 대신 일부 사본들과 칠십인역, 그리고 불가타역을 따라 레헴(לֶחֶם)으로 읽었다.

7.b. 마소라 본문의 에벨(אֵבֶל, "애곡함") 대신 아벨(אָבֵל)로 읽었다. 루돌프(*BHS*)를 참조하라.

7.c. 마소라 본문의 오탐(אותם, "그들을") 대신 칠십인역을 따라 오토(אותו)로 읽었다.

8.a. 마소라 본문의 오탐(אותם, "그들을") 대신 일부 사본들과 칠십인역을 따라 이탐(אתם)으로 읽었다. 위의 "원문주해"를 참조하라.

9.a-a. 칠십인역과 시리아역은 이를 생략하고 있다.

13.a-a. 칠십인역은 이를 생략하고 있다.

13.b. 칠십인역과 불가타역은 3인칭 복수형인 이트누(יתנו, "그들이")로 읽고 있는데, 이것은 다른 신들은 은혜를 베풀지 않을 것이라는 의도에서 그러한 것이다.

14.a. 14-15절은 23:7-8과 평행 관계를 이루고 있다.

14.b. 칠십인역은 에루신(ἐροῦσιν=요므루[יאמרו, "그들이"])으로 읽는다. 불가타역 및 23:7과 비교해 보라.

15.a. 칠십인역과 시리아역은 "집"(בית – 베이트)으로 읽는다. 23:8과 비교해 보라.

15.b. 소수의 사본들과 시리아역, 그리고 불가타역과 일부 탈굼역들은 23:8에 맞춰서 히다흐팀(הדחתים, "내가 그들을 이끌었다")으로 읽는다.

16.a. 케레는 르다야김(לדיגים)으로 읽는다. 이는 아마도 차야딤(צידים, "사냥꾼들")의 영향 때문인 것 같다. 두 가지 형태가 모두 마소라 본문에서 발견되고 있다.

16.b. 동사형이 논쟁거리가 된다. GKC §73b는 피엘이라고 본다. BDB, 185는 칼로 보고 있으며, 히필로 보는 견해도 있다.

17.a. 칠십인역에서는 나타나지 않는다.

18.a. 칠십인역에서는 나타나지 않는다.

18.b-b. 이 부분을 조금 다르게 끊어 읽으면 미묘한 의미의 차이가 나타난다(RSV, NEB가 그렇다). 그래서 "그들이 그들의 가증스러운 우상의 시체로 내 땅을 더럽혔으며, 그들의 혐오스러운 것들로 내 유산을 채웠도다"로도 읽힐 수 있다.

양식/구조/배경

16장은 몇 가지 독립적인 소단락들로 구성되어 있으며, 일부는 다른 것들보다 더 밀접한 상호 연관성을 지니고 있다. 첫 번째 단락(1-9절)이 일차적인 것으로 보이며, 여기에 다른 소단락들이 부차적으로 덧붙여진 것으로 여겨진다. 이 장을 분석하게 되면 다음과 같은 소단락들로 구분된다는 것에 일반적인 합의가 이루어진다(Bright, Carroll, Holladay, McKane, Rudolph, Weiser 등이 그렇다).

1-9절	결혼에 대한 금지와 기타
10-13절	백성들에게 말할 바
14-15절	회복
16-18절	어부와 사냥꾼

19-21절 열방의 돌아섬

처음 두 개의 소단락들은 서로 밀접하게 연관되고 있으며, 일부 학자들은 이 두 단락을 한꺼번에 다루기도 한다(Bright와 Rudolph가 그렇다). 다른 대부분의 해석적인 결정 사항들이 근거로 삼고 있는 주된 해석적 문제는 1-9절의 본질과 관련되어 있다. 전통적인 해석의 측면에서 이 부분은 예레미야의 경험에 대한 기술로 이해된다. 말하자면, 일종의 상징적인 행동으로 보고 있는 것이다(G. Fohrer, *Die symbolischen Handlungen der Propheten*, 2nd ed., ATANT 54[1968] 66를 참조하라; Rudolph, Weiser도 그렇다; Thiel, *Die deuteronmistische Redaktion*, 196도 같은 견해를 가지고 있으며, Bright, Holladay도 그렇다). 일부 최근의 주석가들은 이와 같은 해석에 의문을 품어 왔으며, 이 구절을 오히려 백성들에 관한 것으로 연관짓는다(Carroll이 그렇다; McKane을 참조하라). 그럼에도 불구하고, 전통적인 해석은 이 구절을 가장 잘 설명해 내고 있으며, 여전히 대부분의 주석가들의 공인을 얻고 있다.

1-9절을 선행 본문과 연관짓는 것, 특히 15:8-9과 연관짓는 것에는 거의 모든 주석가들이 합의를 보고 있는데, 심지어 완전히 다른 해석으로 연관짓는 경우도 있다. 두 가지 분명한 연관점은 어미의 모티프(15:8-10과 16:3을 보라)와 예레미야의 선지 직무로 인해 그가 당하게 되었던 외로움(15:8-9)과 결혼을 하지 말고 제례에 참석하지 말라는 금지(16:1-9)에 대한 예레미야의 불만이다. 다양한 소단락들 사이에 이루어지는 내적 연관성은 주제상의 발전의 결과와 소재의 증가다. 첫 번째 소단락은 호세아의 경우에 나타난 창녀와 결혼하라는 명령(호 1:2-9을 보라)과 유사한 상징 행위에 대한 매우 직접적인 묘사를 이루고 있다. 두 번째 소단락(10-13절)은 아마도 첫 번째의 것에 첨가된 것으로 보이는데, 상징 행위가 백성들에게 심판의 언어로 신인된 때에 그러했던 것으로 보인다. 세 번째 소단락(14-15절)은 23:7-8로부터 여기로 부차적으로 삽입된 심판 언어의 어조를 낮추려는 의도에서 주어진 긍정적인 신탁이다. 네 번째 소단락(16-18절)은 심판의 주제를 계속 이어가고 있으며, 우상의 주제는 마지막 소단락(19-21절)을 선행 소단락과 연결시켜 주고 있다.

여러 소단락의 형식이 갖는 상이점은 매우 폭넓게 나타나고 있다. 1-9절의 시문적인 성격은 몇몇 주석가들에 의해 주지되어 온 바다. 폴츠와 톰슨(Thompson)은 이 부분을 시문으로 분석해 놓았다. 바이페르트(Weippert, *Die Prosareden*, 166-69)와 할러데이는 이를 쿤스트프로자(Kuntsprosa: 운율이 담긴 산문)로 분류한다. 브라이트는 1-9절의 시문적인 배경에 대해 이야기한다. 그럼에도 불구하고 이 소단락의 시문적인 성격은 비현실적인 것이며, 정의하기가 어렵다. 그래서 이 구절은 산문으로 분석되는 것이 바람직하다. 첫 번째 소단락의 형식에 대한 의견의 불일치는 보다 일찍부터 언급되어 온 내용이다. 1-9절이 선지자의 편에서는 상징 행위를 그려내고 있다는 사실을 부정하는 사람들은 대개가 그들의 부정의 근거를 9절에 기록된 백성에 대한 심판의 언어에 두곤 한다. 그렇지만 이렇듯 공동체에 대한 분명한 언급은 10-13절처럼 아마도 상징 행위가 백성들에게 임한 심판의 말로서 선포되었을 때에야 추가되었던 것으로 보인다. 할러데이는 이 구절이 예레미야에 대한 보충적인 소명을 반영한다는 견해를 제시해 왔다. 두 번째 소단락(10-13절)은 롱(B. O. Long, *JBL* 90 [1971] 134-38)에 의해 분석된 질문-대-대답 형식 구조의 한 표본인데, 특별히 그의 B유형의 표본이 되고 있다. 이에 대해서는 5:13; 13:12-14; 15:1-4; 23:33과 비교해 보라. 세 번째 소단락(14-15절)은 예레미야 내에서 보다 고대의 전통을 재해석하는 무수한 본문들 가운데 하나의 예가 되는데, 이 경우는 출애굽 전통을 재해석하는 것이다(Weinfeld, *ZAW* 88[1976] 17-56를 보라). 네 번째 소단락(16-18절)은 선행 부분의 심판 선언을 기초로 이루어진 심판의 신탁이다. 마지막 소단락(19-21절)은 찬양이며, 애가의 요소를 지니고 있고, 민족이 여호와께로 돌아선다는 것을 언급하고 있다.

대부분의 주석가들은 1-9절을 예레미야가 직접 기술한 것으로 여긴다(Rudolph, Weiser, Weippert[*Die Prosareden*, 166-69], Bright, Holladay가 그렇다). 결혼을 금지한 것의 비현실성은 그 근거를 뒷받침해 준다. 독신 생활은 그 당시에는 거의 알려지지 않은 풍습이었다. 이 금지는 예레미야의 경력에 있어서 초기에 이루어졌어야 한다. 남자들은 거의 어린 시절에 결혼하기 마련이기 때문이다. 두 번째 소단락(10-13절)은 그 질문-대-대답의 형식을 근거로(Carroll을 참조하라) 틸(Thiel, *Die deuteronomistische Redaktion*, 195-98)에 의해 신명기적인 요소로 인식되어 왔다. 그러나 바이저는 동일한 형식과 언어를 근거로 그 진위성을 옹호하고 있다. 10-13절에서의 신명기적인 언어로 가정되는 것과 1-9절과의 본질적인 연관성의 모호한 성격은 10-13절이 예레미야의 직접적인 저술이라는 가정을 가능하게 만든다. 이와 같은 입장에서는 세 번째 소단락(14-15절)은 부차적인 성격을 갖게 되지만, 그래도 여전히 예레미야의 저술로 여겨진다(23:7-8에 대해 보라). 루돌프와 바이저는 16-17절을 예레미야의 것으로 보며, 18절을 앞 절에 대한 부차적인 언급으로 본다. 두 배가 되는 징벌의 전승(18절)은 고대의 것이며, 그래서 아마도 원자료일 것이다(사 40:2을 보라; Holladay를 참조하라). 마지막 소단락(19-21절)은 예레미야적인 언어(Weiser도 그렇게 본다)와 열방의 회개에 대한 대화의 고대 전승을 근거로(Bright와 Holladay가 그렇게 본다) 역시 원자료로 분류된다.

주석

[1] 첫 번째 소단락은 1:4과 유사한 형식구로 시작되고 있다. 그 곳의 비평 부분을 보라.

[2] 어느 누구와도 결혼하지 말고 자식도 낳지 말라는 명령은 약 1세기 전에 이루어졌던 호세아에게 주어진 명령, 곧 아내를 얻어 자식을 낳으라는 명령과 대조되고 있다. 호세아는 백성과 여호와 사이의 관계성의 타락을 그려내면서 음탕한 여인과 결혼하였다. 그리고 그 자녀는 관계성의 붕괴를 더 심도 있게 그려내고 있다. 예레미야는 어느 누구와도 결혼해서는 안 되었는데, 이는 백성과 여호와 사이의 관계성이 끝났음을 시사하는 것이다. 그리고 자녀를 낳지 말라는 것은 결론으로서의 상실을 말해 준다. 호세아가 창녀와 결혼한 것은 충격적이다. 하지만 전대미문의 사실만은 아니다. 그러나 예레미야의 독신은 상당히 비정상적인 경우여서, 구약성경에는 독신을 지적할 만한 어휘가 존재하지 않을 정도다(Ludwig Köhler, *Hebrew Man*[London: SCM Press, 1956] 89를 참조하라).

[3] 결혼에 대한 억제의 명령은 백성에게 임할 심판의 언도를 상징적으로 그려내고 있다. 모든 사람들(어미나 아비나 자녀들은)은 심판의 수납자가 되어야 했다. "곳"(장소; 마콤, מקום)이라는 말의 제의적인 관련성은 예루살렘이 "이 곳"이라는 어구를 통해서 강조되고 있음을 보여 준다(7:3-20을 참조하라). 자녀의 죽음의 개념에 대해서는 9:21과 비교해 보라.

[4] 백성들은 "독한 병"으로 죽을 운명이었다. "병"(תחלאים – 타할루임)이라는 단어는 14:18에서 기근과 침략과 더불어 이루어진 질병들을 묘사하는 데 사용되고 있다. 사체들이 땅에 분토처럼 널려 있거나 들짐승들의 먹이가 되는 영상은 7:33-8:3에서도 발견되고 있다. 매장되지 못한 채로 남겨진다는 것은 혹독한 저주였던 것이다. R. de Vaux, *Ancient Israel*; vol. 1(New York: McGraw Hill, 1961) 56-59를 보라.

[5] "통곡"(מרזח – 마르제아흐)이라는 말이 "상가"(통곡의 집)를 묘사하는 데 사용된 경우는 본문을 제외하고는 아모스 6:7뿐이다. 이것은 아마도 경야함과 유사한 제례를 묘사하는 것으로 보인다. 이 단어와 그 용례에 관한 자료는 다음과 같다. O. Eissfeldt, "מַר זֵחַ und מַרְקְהָא 'Kultgenossenschaft' im spätjüdischen Schriftum," *Kleine*

Schriften V(Tübingen: J. C. B. Mohr[Paul Siebeck], 1973) 136-42; O. Loretz, "ugaritisch-biblisch *mrzh* ≪ Kultmahl, Kultverein ≫ in Jer 16,5 und Am 6,7," *Künder des Wortes: Beiträge zur Theologie der Propheten*, ed. L. Ruppert, P. Weimer, E. Zenger(Würzburg: Echter Verlag, 1982); P. D. Miller, Jr., "The *Marzh* Text," *The Claremont Ras Shamra Tablets*, ed. L. R. Fisher, AnOr 48(Rome: Pontifical Biblical Institute, 1971) 37-48; M. H. Pope, "A Divine Banquet at Ugarit," in *The Use of the Old Testament in the New and Other Essays*, ed. J. M. Efird,(Durham, NC: Duke University Press, 1972) 170-203; B. Porten, *Archives from Elephantine: The Life of an Ancient Jewish Military Colony*(Berkeley and Log Angeles: University of California Press, 1968) 179-86. 통곡하지 말라는 명령은 에스겔에게 주어진 명령과 유사한 것으로, 그는 자신의 아내를 위해 통곡하지 말라는 명령을 받고 있다(겔 24:15-27 참조). 곡하는 것을 중지해야 하는 이유로 주어진 것은 여호와께서 그의 "평화"(שלום - 샬롬)을 가져가 버리신 상태이며, 그의 "평화"를 약속하는 거짓 선지자들에 대한 배격이 진행중에 있기 때문인 것으로 보인다. 14:13을 보라.

6-7 다시 한 번 백성들이 매장되지 못할 것이라는 위협이 언급되고 있으며, 그에 더하여 애곡하는 자가 없을 것이라는 언급이 추가되고 있다. 몸에 상처를 내거나 머리를 미는 관습이 여기에 언급되고 있으며, 이미 레위기 19:27-28; 21:5과 신명기 14:1에서 금지된 바 있는 것임에도 불구하고 본문에서는 이에 대한 거부 의사를 드러내지 않는다(41:5; 48:37; 암 8:10; 사 15:2-3; 22:12; 겔 7:18도 참조하라). 7절에 언급되고 있는 음식은 애곡하는 자들에게 전해지거나(Rudolph, Weiser) 제례의 중간에 휴식을 위한(Weiser) 음식으로서 다양하게 기술되어 온 것들이다. 제례 풍습에 대한 보다 자세한 내용을 위해서는 R. de Vaux, *Ancient israel*, vol. 1(New York: McGraw-Hill, 1961) 59-61를 보라.

8 예레미야는 장례식이나 애곡하는 자리에 참여하는 것도 금지당했을 뿐만 아니라, 여기서는 결혼식에 참여하는 것도 금지되고 있다. "잔치집"을 기술하는 데 사용된 단어 "잔치"(משתה - 미슈테)는 전도서 7:2에서도 볼 수 있는 것이다. 그 곳에서도 이 단어는 "상가"와 대조되는 역할을 하고 있다.

9 앞부분에서처럼 결혼식에 참여하지 말라는 명령은 다가올 심판을 지적해 주고 있다. "네 목전, 네 시대에"라는 말은 분명히 공동체 청중을 암시하고 있는 것으로, 에레미야가 백성들에게 자신의 행위를 설명하는 것을 반영한다. 이 소단락의 초두(2-3절)에서와 같이, "이 곳"은 아마도 예루살렘을 언급하는 것으로 보인다.

10 두 번째 소단락은 그 질문 대 대답의 형식 속에서 선행 부분의 심판 선언에서 암시되고 있다(그 형식과 유사성에 관해서는 "양식/구조/배경"을 보라). "이 모든 말"은 그저 선행된 것만을 지적하는 것일 수밖에 없다. 이 구절은 예레미야가 결혼하는 일을 거절한 것이나 결혼식이나 장례식에 참석하기를 거부한 것에 대한 그 자신의 해명의 결과로서 후일에 나타나게 된다. 이것이 앞 구절과 연관되는 것은 또한 "이 백성"이라는 용어를 사용함으로써도 그렇다(2-3절과 비교하라).

11 다가올 심판의 이유로 주어진 것은 첫째로 백성의 아비들이 그들의 하나님을 "저버렸기"(עזב – 아자브) 때문이다. 그리고 예레미야서에서 유일하게 이 곳에서만 이러한 고발이 이루어지고 있는 반면에, 예레미야서의 전반부 전체에 걸쳐서 백성들은 종종 여호와를 저버린 것에 대한 혐의를 얻고 있기는 하다(1:16; 2:13, 17, 19; 5:7, 19; 17:13; 19:4; 22:9을 참조하라). 그럼에도 불구하고, 아비의 죄에 대한 언급은 일상적인 내용은 아니다(2:5; 7:26; 11:7-8 등을 참조하라). 백성들이 여호와를 저버림은 다가올 심판의 두 번째 이유가 된다.

12 아비들만 죄를 범한 것이 아니었다. 백성들은 더 사악하다(7:26 참조).

13 백성에게 임하는 심판은 그들이 자신들의 땅에서 "쫓겨나리라는"(טול – 툴) 것이다. 이 단어는 예레미야서에서는 이 곳 외에 22:26에서만 사용된 단어다. 할러데이는 이 점을 이 부분이 원자료임을 드러내는 증거로 사용하였다. 이 두 번째 소단락에서 사용된 언어는 평행하는 부분에서 발견할 수 있는 바와 같이 예레미야 특유의 상투적인 표현이다.

14-15 이 소단락은 23:7-8과 평행을 이루고 있으며 아주 경미한 차이만이 나타날 뿐인데, 그 부분의 자료가 사용된 것으로 보는 것이 더욱 적절한 판단일 것 같다(Duhm, Rudolph, Weiser, Thiel[*Die deuteronomistische Redaktion*, 201], Bright, Carroll, McKane, Holladay 등도 그렇게 본다). 이것이 여기에 삽입된 것은 그 위협을 순화시키기 위함이다. 23:7-8의 "주석"을 보라. 바인펠트(Weinfeld, *ZAW* 88[1976] 17-56)는 이 자료가 원 예레미야 자료라는 결론을 내리고 있다.

16 네 번째 소단락은 심판의 신탁이다. 16절은 심판을 선언하고 있다. 이 구절은 전통적으로 추방과 포로를 언급하는 것으로 이해되어 왔다(예를 들자면, Duhm, Volz, Rudolph, Thiel[*Die deuteronomistische Redaktion*, 200]이 그렇다). 어부와 사냥꾼들은 주전 597년과 586년의 바벨론 추방을 말한다. 할러데이가 다소 모호하게 어부와 사냥꾼을 애굽과 바벨론과 동일시하고 있는 것은 의심할 바 없이 이사야 19:8과의 "이차적인" 연관성에 근거를 두고 있는 것이다.

17 여호와께서 백성들과 그들의 사악한 길이 갖는 모든 죄악을 마음에 두고 계셨기 때문에, 그분은 그들에게 심판을 내리실 것이었다. 그 "길"은 아마도 이방 종교의 관행일 것이다(10:2에 대한 "주석"을 참조하라).

18 이 절은 과거의 심판을 개괄하고서 더 심화될 심판을 선언하고 있다. 부분적인 이유로 많은 주석가들은 이를 신명기적인 첨가 부분으로 구분해 왔다(예를 들어, Rudolph, Weiser가 그렇다). 하지만 분명히 신명기적 언어로 보이는 것이 존재하지 않기 때문에 이 부분은 선행하는 신탁에 대한 예레미야적 요소로 볼 수 있다는 가정이 가능케 된다(Holladay와 McKane이 그렇게 본다). "두 배"(משנה – 미슈네) 징벌의 개념은 비정상적인 것이긴 하지만 구약성경에서 유일한 경우만은 아니다. 이사야 40:2과 비교해 보라. 체바(M. Tsevat, "Alalakhiana," *HUCA* 29[1958] 125-30)는 미슈네(משנה)가 "두 배"라기보다는 "같은 정도"를 의미한다는 논증을 해 왔다(17:18과 비교하라). 그럼에도 불구하고 이 절의 의미는 바뀌지 않으며, 변화가 있을지라도 하나님이 조금 덜 잔인해 보이는 정도일 뿐이다. "중과" 징벌은 16절의 사냥꾼들과 어부들에게 연관되어야 할 것이다.

19-20 이 단락은 짧은 시문 단편으로 끝내고 있는데, 이 단편은 우상에 대한 언급을 통해서 선행 절과 연관성을 지니고 있다. 19절의 처음 두 개의 바이콜론에서 화자는 열방들이 한날에 여호와께로 돌아올 것이라고 탄원하고 있다. 19절의 마지막 바이콜론과 20절의 유일한 바이콜론은 열방을 묘사하기를, 우상을 숭배함으로 자신들의 어리석음을 드러내는 자들로 말한다. 문맥으로 보아서 이 소단락은 이방인들의 돌아섬을 이스라엘의 귀환과 연관시키고 있는 셈이다(Rudolph, Carroll, Weiser가 그렇게 본다).

21 19-20절의 요청에 대한 응답에서 여호와는 자신이 스스로를 이방인들에게 드러낼 것이라고 확증하신다. 아래에서 "알다"를 삼중적으로 사용한 것을 주목해 보라.

> 그러므로 보라, 내가 그들로 알게 할 것이니
> 　이번 한 번만 내가 그들로 알게 할 것이다.
> 내 권능과 능력을
> 　그리고 그들은 내 이름이 여호와인 줄을 알게 되리라.

해설

하나님의 선지자가 되어야 하는 예레미야의 소명은 여호와의 이름으로 말해야 한다는 것이었을 뿐만 아니라, 그의 생애를 통해 하나님의 의지를 선언해야 하는 소명이었다. 앞 장에서 예레미야는 그의 소명의 결과로 자신의 삶이 쟁투와 불화의 삶이었다는 것에 대해 불만을 드러내놓고 있다(15:10-12을 보라). 16장은 우리에게 예레미야가 어떻게 결혼을 금지당하고 결혼식이나 장례식에 참석하는 것마저 금지당했는지를 말해 줌으로써 백성을 향한 여호와의 메시지를 묘사하고 있다(16:1-13). 이러한 금지들은 예레미야의 사회적 삶의 중심에 부딛힘으로써 이루 말할 수 없는 심적 고통과 외로움을 불러일으켰다. 그의 시대에는 전무후무했던 독신 생활을 해나간다는 사실은 그로 하여금 조롱과 경멸의 대상이 되게 만들기에 충분했을 것이다. 사회적 책임, 곧 결혼이나 장례식에 참석하는 등의 의무를 이행하지 못한다는 것은 항상 사회적 불명예를 낳았던 것이다. 이렇듯 금지의 심각성은 그가 선포하도록 위임된 심판의 메시지가 얼마나 심각한 것이었는지를 보여 주는 셈이었다. 사도 바울도 자신의 사역을 위해 유사한 고통을 심하게 겪었으며, 그로서도 예레미야처럼 그의 하나님께 그 일에 대하여 불평을 늘어놓을 수밖에 없었다(고후 12:7-10을 보라).

예레미야의 삶을 통해 선포된 심판의 말씀은 "어부"와 "사냥꾼"의 이미지로 더욱 강조되고 있다. 그들은 모든 백성들을 추방시키기 위해 땅 여기저기를 돌아다니며 백성들을 모아들였다(16:16-18). 예수께서는 어부의 은유를 사용하여 그의 제자들의 사명을 묘사하셨을 때(막 1:17; 마 4:19을 보라), 그것의 의미를 예레미야에 의해 의도된 것에서 전환시키셨다. 예레미야의 어부는 심판을 위해 사람들을 잡아들였던 것이지만, 예수의 어부는 그들을 구원을 위해 잡아들였던 것이다.

이 장은 이스라엘의 포로로부터의 귀환과 너불어 열방의 하나님께로 돌아섬과 관련된 간단한 신탁으로 끝을 맺는다. 이 주제는 다른 선지서들 속에서도 언급되고 있는 것이지만(사 2:2-4; 18:7; 19:19-25; 슥 8:20-23; 14:16; 말 1:11을 보라), 예레미야서에서는 흔하지 않은 주제다.

IX. 죄와 그 결과(17:1-13)

17:1-13의 자료는 독립적인 격언들을 큰 구속력이 없는 상태로 수집해 놓은 것이라고 여겨진다. 이들이 묶여진 이유는 관련된 주제 때문이다. 이 부분의 자료는 일반적으로 모빙켈(Mowinckel)의 "A"자료로 구별되는 것으로서, 예레미야의 원자료를 말한다. 격언구들은 아래와 같이 확인될 수 있을 것이다.

(1) 1-4절 유다를 고발하는 심판 신탁과 판결
(2) 5-8절 두 가지 길에 대한 시편 혹은 지혜의 말
(3) 9-10절 마음의 본성에 대한 잠언 혹은 지혜의 말
그리고 개인의 행위에 따라 여호와가 개인에게 주시는 것
(4) 11절 불의한 소득에 대한 잠언 혹은 지혜의 말
(5) 12-13절 여호와에 대한 찬송시 그리고 그를 저버리는 자들에게 임하는 심판

대부분의 주석가들이 이 신탁과 어록들은 상호 연관성이 없다고 결론을 내려 온 와중에도 각각의 어록을 연관짓는 요소들이 존재한다. 그것들은 다음과 같은 것들을 반복적으로 언급한 것들이다. (i) 마음이라는 뜻의 레브(לב, 1, 5, 9, 10절)는 1절, 2절, 3절을 연결해 주고 있다. (ii) 주다라는 의미를 가진 나탄(נתן, 4, 10절)은 1절과 3절을 연결해 주고 있다. (iii) 돌아서다라는 의미를 가진 수르(סור, 5, 13절)는 2절과 5절을 연결해 주고 있다. (iv) 저버리다라는 의미를 가진 아자브(עזב, 11, 13절)는 4절과 5절을 연결해 주고 있다. (v) 기록하다라는 의미를 가진 카타브(כתב, 1, 13절)는 1절과 5절을 연결해 주고 있다. 실제로 "기록"이라는 것이 두 번 언급된 것은 전체 단락을 포섭 구조(inclusio)로 만들어 준다. 유다의 죄는 그 마음판에 기록되었고(1절), 그것은 여호와로부터 돌아선 자들의 무리에 속했고, 그런 자들의 이름은 흙에 기록되었다(13절). 여호와를 언급하는 데 사용된 몇 가지 진술은 거의 일반화되다시피한 것으로서 전체 단락을 강조하는 데 사용되고 있다. 그것들을 보면, (i) 그는 복 받은 사람들의 신뢰의 대상이며(7절), (ii) 심장을 살피고 폐부를 시험하는 자이고(10절), (iii) 이스라엘의 소망이자 샘이다(13절). 그리고 (iv) 생수의 근원이다(13절). 각각의 독립된 하위 단위들을 수사적으로 개괄하면 다음과 같은 연결성을 보여 준다.

A 유다의 죄에 대한 고발 – 마음에 기록됨 – 유다의 죄에 대한 심판(1-4절)
B 저주받은 사람(5절)
C 저주받은 사람의 거처(6절)
D 축복받은 사람(7절)
E 축복받은 사람의 열매(8절)
F 만물보다 거짓된 마음(9절)
F′ 심장과 폐부를 보시는 여호와(10a절)
E′ 여호와는 각인에게 그 열매대로 주신다(10b절)
D′ 부정하게 부를 얻은 자는 그것을 잃고 어리석은 자가 된다(11절)
C′ 여호와의 거처(12절)
B′ 여호와, 이스라엘의 소망(13a절)
A′ 여호와를 저버린 자들에 대한 고발 – 흙에 기록됨 – 여호와를 저버림에 대한 심판 (13b-d절)

AA′과 EE′, 그리고 FF′는 분명한 평행 관계를 보여 준다. AA′은 실제적인 포섭 구조를 보여 주며, FF′은 이 장의 수사적인 중심이 되고 있다. BB′, CC′, DD′는 동의적인 평행이라기보다는 대조를 보여 준다.

이 단락의 중심은 마음을 들여다보시는(9-10a절) 여호와에 대한 부정한 마음을 비교/대조하고 있다. 이 구절은 거룩한 여호와와 죄악된 인간성의 대조를 보여 줌으로써 보다 큰 단위의 초점으로서의 기능을 이루어내고 있지만, 좀더 깊이 초점을 두는 것은 죄악된 유다와 그것을 밝혀내고 시험하시는 여호와 사이의 관계다. 여호와는 유다의 열매가 불러일으키는 결과를 유다에게 주시게 될 것이다. 독립적인 어록으로 구성되어 있는 전체 단위는 죄와 그 결과에 초점을 두고서 하나로 묶여 있다. 이 같은 어록의 화자에 근거를 두고 이루어지는 보다 밀접한 연관 관계에 대해서는 이어질 내용 중에서 17:1-13에 관한 후기를 보라.

A. 유다의 죄와 그 결과(17:1-4)

참고문헌

Allen, L. C. "More Cuckoos in the Textual Nest: At 2 Kings xxiii.5; Jeremiah xvii.3,

4; Micah iii.3; vi.16 (LXX); 2 Chronicles xx.25: (LXX)." *JTS* n.s. 24(1973) 70-71. **Couroyer, B.** "La tablette du coeur." *RB* 90(1983) 416-34. **Holladay, W. L.** "On Every High Hill and under Every Green Tree." *VT* 11(1961) 170-76. **Hubmann, F. D.** "Textgraphik und Textkritik am Beispiel von Jer 17, 1-2." *BN* 14(1981) 30-36. **Lattey, C.** "The Text of Jeremiah 17:1-2." *ExpTim* 60(1948-49) 52-53. **Propp, W. H.** "On Hebrew SADE(H) 'Highland'." *VT* 37(1987) 230-33. **Westermann, C.** *Basic Forms of Prophetic Speech.* Trans. H. C. White. Philadelphia: Westminster Press, 1967.

본 문

1 유다의 죄는 금강석 끝 철필로 기록되되 그들의 마음 판과 그들의 단 뿔에 새겨졌거늘	**1** [a]The sin[b] of Judah is written with an iron stylus, 3+2 engraved with a stylus point of hard stone upon the tablet[c] of their heart and at the horns of their[d] altars. 3+2+2
2 그들의 자녀가 높은 메 위 푸른 나무 곁에 있는 그 단들과 아세라들을 생각하도다	**2** [a]When their sons remember[a,b] it is their altars and their Asherahs, beside[c] green tree(s) 2+2+2 upon[d] high hills 2+2
3 들에 있는 나의 산아 네 온 지경의 죄로 인하여 내가 네 재산과 네 모든 보물과 산당들로 노략을 당하게 하리니	**3** (or upon) my mountain[a] in the highland.[b] Your wealth, all[c] your treasures I will give for plunder, 3+2 Your high places[d] for sin[e] in all your borders. 2+2
4 내가 네게 준 네 기업에서 네 손을 뗄 것이며 또 내가 너로 너의 알지 못하는 땅에서 네 대적을 섬기게 하리니 이는 너희가 내 노로 맹렬케 하여 영영히 타는 불을 일으켰음이니라	**4** You have remitted it, now your inheritance [speaks] against you,[a] which I gave to you. 3+3 So, I will cause you to serve[b] your enemies in the land which[c] you have not known, 2+2 For in my anger fire has been kindled:[d] it will burn forever! 3+2

원문주해

1.a. 1-4절은 칠십인역에는 나타나지 않는다. 하지만 이 구절의 이형이 렘 15:12-14에서 발견되고 있다. 많은 주석가들은 이 부분을 일차적인 자료로 보며, 15:12-14을 첨가된 부분으로 본다(Weiser, Volz, NEB가 그렇다).

1.b. 탈굼 요나단은 "유다 집안의 죄악"으로 읽는다.

1.c. 테오도션 역본과 오리겐의 헥사플라, 그리고 루시안 역본과 고대 라틴역본은 "그들 마음의 가슴"으로 읽는다.

1.d. 마소라 본문은 미즈브호테이켐(מזבחותיכם, "너희들의 제단")으로 읽는다. 이것은

대부분의 영어 번역본들뿐만 아니라 다수의 사본들(de Rossi, III, 84)과 시리아역, 그리고 불가타역을 따라 "그들의"로 읽은 결과다.

2.a-a. 시리아역에서는 생략되고 있다.

2.b. 루돌프(*BHS*)가 제안한 새로운 독법은 르지카론 바헴(לזכרון בהם, "그들에 반대되는 기억으로")으로 읽는 것이다. 게다가 *BHS*는 1절의 소프 파숙을 운율상의 이유로 인해 이 교정구의 뒤로 옮기려 한다. 이 번역은 마소라 본문을 따른 것이다.

2.c. 일부 사본들(de Rossi, III, 84)은 콜(כל, "모든")을 첨가하고 있다. 시리아역과 탈굼역은 "모든…아래"로 읽고 있으며, 이는 분명히 일반적으로 이보다는 긴 신명기적 경구인 "모든 산 위에와 모든 푸른 나무 아래"를 따른 것이다.

2.d. 다수의 사본들(de Rossi, III, 84-85), 테오도션 역본, 아랍어역, 탈굼역과 불가타역은 "그리고…위에"로 읽는다. 반면에, 시리아역은 "그리고 모든…위에"로 읽는다.

3.a. 테오도션역과 탈굼역은 복수형 "신들"로 읽는다. *BHS*는 하하레이(הַהֲרֵי)로 읽을 것을 제안한다. 하지만 이러한 수정이 반드시 필요한 것은 아니며, 전치사 뒤에 절대형이 아닌 연계형을 쓴다는 것 자체가 문제를 어렵게 하고 있다.

3.b. 본서의 번역문에서는 *BHS*가 제안한 대로 소프 파숙을 이동시킴에 따라 "고지대에 있는 나의 산"이라는 구절이 2절의 마지막 부분으로 추가되었다. 사데(שָׂדֶה)를 "고지대"로 번역한 것은 Propp, *VT* 37(1987) 231에서 제안한 대로이다.

3.c. 다수의 사본들(de Rossi, III, 85), 테오도션역, 시리아역, 탈굼역, 불가타역은 "그리고 모든"으로 번역하고 있다.

3.d. 이 구절은 시리아역과 탈굼역에는 없는 부분이다. 루돌프(*BHS*)는 15:13에서 그랬던 것처럼 비므히르(במחיר, "대가를 치루고서")로 읽을 것을 제안한다.

3.e. 소수의 사본들(de Rossi, III, 85)은 "네 죄로 인하여"로 읽는다. 심마쿠스역은 관련 구절인 렘 15:13에서처럼 "네 모든 죄로 인하여"로 읽는다.

4.a. 마소라 본문을 문자적으로 읽으면 "그리고 네 안에"이다. 칠십인역과 루시안역, 그리고 불가타역은 "너 홀로"로 읽는다. 다수의 주석들이 그렇게 보고 있듯이 본문의 동일한 동사가 "네 손"이라는 말과 함께 사용된 신 15:3을 참조해 보라.

4.b. 소수의 사본들(de Rossi, V, 65)은 "나는 네 적들로 붙게 하였다"로 읽는다. 렘 15:14을 참조하라.

4.c. 15:14에 근거해서, 그리고 운율상의 이유로 "것"(which)이라는 표현은 자주 생략된다.

4.d. 히브리어를 문자적으로 보면 "너희가 불살라졌다"이다. 본서의 번역은 오리겐의 헥사플라의 사본들과 루시안역, 탈굼역과 15:14에 근거한 수정본을 따른 것이다.

양식/구조/배경

비록 본문 자체가 상당 부분 손상되어 있지만, 이 단락의 의미는 충분히 명확하게 드러나 있다. 이 구절은 유다의 죄악과 그 결과에 대한 시적 심판 신탁이다. 이 구절은 시적인 부분으로, 그 운율은 주로 3+2와 2+2의 형식으로 이루어져 있다. 칠십인역은 중자탈락으로 인해 이 구절에 결핍되었을 수도 있는데, 아마도 이는 16:21의 마지막 부분과 17:5의 마지막 부분에 여호와라는 이름이 존재하기 때문일 것이다.

이 구절은 심판 신탁의 요소들을 가지고 있다. 베스터만(Westermann, *Basic Forms*, 169-76)은 다음과 같이 "열방에 대한 심판의 선언"의 구성 요소들을 나열하고 있다. (i) 서론, (ii) 고발, (iii) 전개, (iv) 대언자 경구, (v) 하나님의 중재, (vi) 중재의 결과. 1-3a절에서의 기소 혹은 고발에 이어 3b-4절에서는 여호와에 의한 심판의 선언이 나타나고 있다. 보다 명확하게는 베스터만을 따라 고발 부분은 1절이며, 전개는 2-3a절이고, 하나님의 중재는 3b-4a절이며, 중재의 결과는 4b-c절이다. 이 번역은 가능한 한 히브리어 본문을 유지했다. 이것은 2-3a절에서 일반적으로 1절에서 언급된 기소의 상술 혹은 전개를 보여 준다.

인물 속에서 드러나는 극적인 전이는 심판-신탁의 패턴을 수사적으로 잘 보여 준다. 기소는 3인칭으로 이루어지고 있으나 모든 사람이 듣도록 선포되고 있다(피고측만 듣도록 된 것이 아니었다). 기소의 마지막 행은 1인칭으로 전환되고 있으며("내 산"), 이는 분명히 화자가 여호와임을 보여 준다. 여호와는 유다에 대해 혐의를 두는 자다. 유다가 저지른 죄의 결과인 선고는 1인칭과 2인칭형으로 이루어지고 있다. 여호와가 여전히 화자이며, 이 선고는 유다에게 개인적으로 이루어지고 있는 것이다.

이 신탁의 시기나 정황에 대해서는 어떤 암시도 나타나지 않는다. 심판은 예레미야의 사역 중의 어느 시기에나 이루어질 수 있는 것이었다. 이 자료는 자주 유다의 초기 설교의 일부분으로 이해되어 왔는데, 아마도 36장에서의 첫 번째 두루마리 속에 포함되었을 것으로 보인다. 이 자료에 관해서는 이와 같은 이해를 불가능하게 할 만한 요소가 전혀 나타나지 않는다.

주석

1 선고는 유다의 죄에 대한 언급으로 시작되고 있다. 이 죄는 제단의 뿔만이 아니라 백성들의 마음판에도 기록되고 새겨졌다. 그것이 기록된 판에 대한 언급은 유다의 여호와와의 언약적 관계성을 생각하도록 요구하려는 의도가 있었음이 분명하

다. 시내산에서 여호와는 친히 돌판에 언약 조건을 기록하셨다(출 24:12; 31:18; 신 4:13; 9:9; 9:10 등). 잠언서는 "마음판"이라는 것을 두 차례나 언급한다. 거기서는 마음판에 헤세드(חסד, "사랑의 친절")와 에메트(אמת, "충절")가 기록되었다(3:3). 그리고 여호와의 말씀, 계명과 토라(תורה, "율법")는 마음에 기록되어야 한다(7:3). 두 가지 잠언적인 경구는 강한 언약적 어조를 가지고 있다. 예레미야와 잠언 사이의 대조는 충격적으로 역설적이다. 여기에는 유다의 언약 사랑과 충절이 있는 것이 아니라 죄악이 있어 그 마음판에 새겨져 왔다! "제단의 뿔"이라는 것 또한 언약적인 관계성을 심중에 가져다 준다. 제단의 뿔은 지성소의 한 자리에 배치되었다(왕상 1:50, 51). 제단 자체는 희생의 장소이고, 죄가 고백될 수 있었으며, 희생제물이 바쳐졌고, 구속이 효력을 발휘할 수 있는 장소였다. 하지만 그 대신 유다에게 제단의 뿔은 죄악이 기록되는 곳이며, 거기서는 어떠한 구속도 이루어지지 않은 곳이 되었다. 여러 가지 강한 대조에 관해서는 예레미야 31:31ff.와 비교해 보라. 이 곳에서는 새로운/갱신된 언약의 조항으로, 여호와께서는 그의 "율법"(תורה – 토라)을 그들 가운데 "두실"(נתן-나탄) 것이며, 그것을 그들의 마음에 "기록"(כתב – 카타브)하실 것이다(33a절). 그런 여호와의 행동의 결과로 그분은 그들의 하나님이 되실 것이며, 그들은 그의 백성이 될 것이다. 더구나 그분은 그들의 "죄"(חטאתם – 하타탐)를 더 이상 기억지 않으실 것이다(33b-34절).

2 백성들이 기억하기 위해서 지성소로 왔을 때(이 역시 강한 언약적 어휘다. 신 8:18; 민 15:39; 출 20:8), 그들의 기억("관습" 혹은 "기념")은 여호와와 그들의 언약이 아니었다. 대신에 그들은 자신들의 제단과 아세라를 섬겼고, 그들의 푸른 나무와 산당을 섬겼는데, 이 모든 것들은 바알 숭배와 혼합된 것을 암시하는 것들이다(신 12:2; 렘 2:20; 3:6, 13). 기소의 마지막 구절인 3절의 처음 두 단어는 다시 1인칭으로 돌아오고 있다. 이들 나무들 혹은 숲, 높은 메와 바알 숭배의 산당은 모두가 바알에게 속한 것이 아니라 여호와의 것들이다! 호세아서에서 그토록 일반적으로 드러나듯이, 예레미야서는 결혼과 풍요의 이미지를 여호와와 그의 백성이 맺은 그의 언약을 묘사하는 데 배정하였다. 더구나 이 구절은 다시금 혼합 숭배를 그의 "거룩한 산"(הר קדוש – 하르 카도쉬), 즉 시온/예루살렘(시 15:1; 48:2 등)에서 여호와께 드려져야 할 예배와 대조시키고 있다.

3 언어는 유다의 죄악에 대한 심판으로 전환되고 있다. 이미지들은 적 군대에 의해 이루어지는 전쟁, 침략, 약탈의 것들이다. 사용된 용어는 저주 조약을 회상하는 언어다. 여호와께서 약탈하도록 포기하실 부와 재물은(3절) 예루살렘에 저장된 왕

실 보물 이상의 수준이다. 여기에는 유다가 바알에게서 받은 것으로 여기고 있는 풍요로부터 나온 것들도 포함된다. 호세아서에서처럼 이 구절에서도 여호와께서는 땅의 풍요를 제하여 버리겠다고 위협하신다. 여호와의 선택받은 자들로서 유다가 받은 기업은 바로 그 땅인데, 이는 백성들로부터 빼앗김을 당하게 된다. 그것은 그 땅이 여호와를 향한 언약적 사랑이 아닌 "죄를 위한 산당들"로 가득 차게 되었기 때문이다.

4 유다는 여호와가 주셨던 이 기업을 돌려주거나 빼앗기게 되었다. 동사 샤마트(שמט)는 기초적으로 무엇인가를 떨군다는 의미를 가지고 있다. 말하자면, 이 말은 그 땅을 제칠년에 쉬게 둔다는 의미로 사용되었으며(출 23:11), 여기서 이는 나타쉬(נטש, "두다, 버리다, 휴경하다")와 평행 관계를 이룬다. 이 동사는 또한 제칠년에 빚을 면하게 해주거나 탕감해 주는 경우에도 사용되었다(신 15:2). 이들의 다른 용법 속에서 이 동사는 언약에 있어서 긍정적인 어조를 가지고 있지만, 여기서의 함의는 부정적이다. 역설은 분명하다. 유다는 그 언약적 기업을 저버리거나 포기하였다. 그러므로 여호와는 유다를 포기하고 그 적들의 손에 넘기실 것이다. 그리고 유다는 스스로가 자신의 기업을 떠나 알지 못했던 땅으로 추방되는 것을 발견하게 될 것이다. 여호와의 심판은 유다를 향해 타오를 영원히 꺼지지 않는 불길이 될 것이다(암 1-2 참조).

해설

유다는 언약의 조건에서 하나님과의 관계성을 근거로 두었다. 언약은 돌에 새겨졌으며, 동시에 백성들의 마음판에 숨겨졌다. 제단에서의 그들의 희생 제의는 그들의 죄에 대한 속죄를 함으로써 그 언약을 유지하기 위해 의도된 것이었다. 그들의 마음판에는 언약에 대한 충절 대신에 그들의 죄악이 기록되었다는 고발이 이루어졌다. 죄에서 구속되기 위해 하나님께 희생이 이루어지는 대신에, 백성들의 제의는 이교의 풍요 제신들에게 헌납되었다. 그 결과 하나님께서는 언약의 축복 대신 언약을 깨뜨린 것에 대한 저주를 가져오셨다. 유다의 부와 재물은 약탈자들에게 넘겨지게 될 것이다. 유다는 언약을 깨뜨렸기 때문에 그 기업에 대한 권리를 포기하게 되었다. 이제 그 기업, 그 땅은 유다에게서 빼앗겨지게 되었고, 유다는 이방 땅에서 그 정복자들을 섬기게 될 것이다. 그 죄악으로 인해 유다가 초래하게 된 결과는 얼마나 잔혹한 것인가!

B. 두 가지 길(17:5-8)

참고문헌

Alonso Schökel, L. "'Tu eres la esperanza de Israel'(Jer 17:5-13)." In *Künder des Wortes, Beiträge zur Theologie der Propheten* Ed. L. Ruppert et al. Würzburg: Echter, 1982. 95-104. **Davidson, R.** "The Interpretation of Jeremiah xvii 5-8." *VT* 9(1959) 202-5. **Holladay, W. L.** *Architecture.* 132, 151-58. ______. "Style, Irony, and Authenticity in Jeremiah." *JBL* 81(1962) 44-54. **Lindblom, J.** "Wisdom in the OT Prophets." In *Wisdom in Israel and in the Ancient Near East Presented to Professor Harold Henry Rowley.* Ed. M. Noth and D. W. Thomas. *VTSup* 3. Leiden: Brill, 1955. 192-204.

본 문

5 나 여호와가 이같이 말하노라 무릇 사람을 믿으며 혈육으로 그 권력을 삼고 마음이 여호와에게서 떠난 그 사람은 저주를 받을 것이라

6 그는 사막의 떨기나무 같아서 좋은 일의 오는 것을 보지 못하고 광야 건조한 곳, 건건한 땅, 사람이 거하지 않는 땅에 거하리라

7 그러나 무릇 여호와를 의지하며 여호와를 의뢰하는 그 사람은 복을 받을 것이라

8 그는 물가에 심기운 나무가 그 뿌리를 강변에 뻗치고 더위가 올지라도 두려워 아니하며 그 잎이 청청하며 가무는 해에도 걱정이 없고 결실이 그치지 아니함 같으리라

5 [a]Thus says the Lord:[a] Cursed is the strong man who trusts in humankind, and makes flesh his strength; and from the Lord he turns aside his heart. 4+3+3

6 He will be like a scrub bush[a] in the Arabah, he will not see when anything good comes; 3+4 he will settle in the scorching wilderness, [in] an uninhabited salt land. 3+4

7 Blessed is the strong man who trusts in the Lord: The Lord will be his [object of] trust. 4+3

8 He will be like a tree planted near water which sends its roots unto the stream. 4+3 He will not fear[a] when scorching heat comes, for his leaves will be luxuriant green over him. 4+3 Nor will he be anxious in the year of severe drought, for he will not cease producing fruit. 4+4

원문주해

5.a-a. 이 구절은 칠십인역에는 없다.

6.a. 다르게는 "(발가)벗겨진 것처럼"으로도 읽는다. 이런 이미지는 물이나 보호할 도

구 없이 아라바의 뜨거운 열기 속에서 살아 남으려 노력하는 자에게 주어지는 죽음과도 같은 위협을 보여 주려 하고 있다. 본문의 번역은 8절과 더 나은 평행 관계를 보여 주며, 물 곧 생명이 부족한 상태의 동일한 이미지를 보여 준다.

8.a. 케팁, 칠십인역, 시리아역은 여기에 번역된 대로 "두려움"으로 읽는다. 쿰란, 카이렌시스 사본, 탈굼역은 "보다"로 읽는데, 이 경우 6절과 직접적인 평행 관계가 형성된다.

양식/구조/배경

새로운 단락의 시작이 5절에서의 서론적 대언자 경구에 의해 지시되고 있다. 칠십인역에는 빠져 있지만, 이 경구는 전환을 보여 주는 기능을 하고 있다. 그럼에도 불구하고 이 부분은 단락의 운율 바깥으로 밀려나고 있다. 그리고 후속되는 본문은 예언 신탁도 아니다. 하지만 그 대신에 시편 1편과 다소 유사한 "두 길"에 대한 해명을 이루고 있다. 그러므로 맥케인은 이 구절을 삭제해 버렸고, 브라이트와 할러데이는 여기에 삽입이라는 표시로 괄호를 넣고 있다. 많은 주석가들은 시편 1편과의 평행 관계를 지적하고 있으며, 이 구절이 시편 1편에 의존적이고 일종의 지혜 시편이며, 따라서 더 늦은 시기의 것이라고 본다. 반면에, 시편 1편이 이 구절에 의존적일 수도 있고, 양자가 서로 독립적일 수도 있다. 최근의 연구는 시편 1편이 시기적으로 늦지 않을 수도 있다는 논증을 하고 있다.

다른 학자들(예를 들어, Lindblom, "Wisdom," 200)은 이 구절이 갖고 있는 지혜 내용으로 인해 이 구절이 후기의 것이어야 한다는 논증을 하고 있다. 이것도 역시 사실일 필요가 없다. 분명히 고대 근동의 전 영역과 이스라엘의 지혜 전승은 꽤나 고대의 것이었다.

5-8절의 내용은 축복받은 자와 저주받은 자 사이의 대조적인 평행를 이루고 있다. 비록 이 구절에서는 은유가 좀더 밀도 있게 표명되고 있지만 7-8절은 강하게 시편 1편을 회상시키고 있다.

이 단락은 시적인 부분으로서 주로 4+3과 3+3의 운율을 형성하고 있다. 5-6절은 세 개의 행에서 저주의 부분을 드러내고 있는 반면, 7-8절은 네 개의 행을 통해 축복의 부분을 나타내 주고 있다.

주석

1-4절의 바로 뒤에서 이루어지고 있는 이 단락의 배치는 특별한 효과를 생산하고

있다. 유다는 인간성에 신뢰를 두고 있는, 여호와보다는 그 자신의 힘에 의지하고 있는 사람처럼 보인다. 그의 종국은 5-6절이 말하는 저주받은 자의 운명이 될 것이다. 7-8절에서 보여지고 있는 무언 중의 응답에 대한 부르심은 축복받은 자, 곧 고난의 시기에조차 여호와의 축복의 열매를 누릴 사람처럼 될 것이라는 말이다.

아마도 이 페리코프가 저주로 시작하는 것은 유다에게 선포된 심판 때문일 것이다. 유다는 저주받은 자같이 되었다. 간조한 곳(חררים – 하레림; 6절)에 대한 언급은 분명히 여호와의 영원한 분노에 대한 암시를 불러일으킨다(4절). 또한 "아라바"와 "사람이 거하지 않는 땅"도 마찬가지의 기능을 하고 있다. 페리코프의 후반부에서조차 "말라붙는 열기"(חם – 홈)와 "가무는 해"(בצרת – 바초레트)에 대한 언급(둘 다 8절)이 이 이미지를 가져다 주고 있다. 이들 뜨거운 이미지는 아마도 여호와의 뜨거운 분노를 은유적으로 그려내는 것으로 보인다. 이 이미지들은 또한 저주 협성과 관련이 있는 것으로 보이는데, 이는 소금 땅이 풍요와 생명의 결핍을 암시하기 때문이다.

저주받은 자는 "강한 자"(גבר – 게베르)이며 "사람"(אדם – 아담)을 의지하는데, 정치적인 조약과 동맹 혹은 여호와보다는 그 자신의 개인적인 권력에 의지하는 사람이다. 실제로 이 사람은 고의적으로 여호와에게서 돌아선다(5b). 이것은 정확히 유다가 범한 죄이다. 이러한 행동의 결과는 황폐케 되는 일이다. 관목 수풀은 계속해서 태양과 아라바의 열기에 노출된다. 그 자신의 생명을 유지할 것이 있다 해도, 성장을 지속하기 위한 물은 거의 없거나 아예 없는 상황이다. 이 이미지는 불모성과 비생산성의 것이 되고 있다. 언어 자체는 주목할 만한 유운을 가지고 있다. 크아르아르(כערער, *kar'ār*, "수풀 관목 처럼"), 바아라바(בערבה, *b'arābā*, "아라바에서"). 주석에 제시된 다른 번역은 발가벗은 한 사람, 지속적인 태양과 말라붙는 아라바의 열기에 노출된 채로 아무런 보호도 없는 그런 사람을 지시한다. 여기에 함축된 의미는 그 사람은 생존할 수 없으리라는 것이다. 그래서 그는 무언가 선한 일이 생기기까지는 살아 남을 수 없을 것이다. 그가 선택한 장소는 광야의 한 곳이며, 사람이 살지 않는 곳, 말하자면 생명이 없는 곳이다.

이와는 대조적으로 축복받은 사람은 여호와를 신뢰하며, 여호와는 그의 신뢰의 대상이 된다. 여기에서 바타흐(בטח, "신뢰하다")가 그렇듯이 한 어근이 이렇듯 중복되어 나타나는 것은 예레미야서에서 보여 주는 전형적인 양식의 한 실례다(Holladay, *JBL* 81[1962] 46). 그는 여호와를 신뢰하기 때문에 축복을 받을 것이다. 그는 물이 풍부한 나무와도 같이 무성할 것이다. 그 땅에 가뭄이 몰아칠지라도, 그는 바로 곁에 물길을 가지고 있으므로 계속 무성할 것이다.

이 구절들은 히브리어 라아(ראה–"보다")와 야레(ירא–"두려워하다")라는 두 단어를 가지고 언어유희를 하고 있다. 저주받은 사람은 선함이 올지라도(말하자면, 저주의 끝이) 그것을 보지 못할 텐데, 이는 분명히 그가 죽을 것이기 때문이다. 축복받은 사람은 가뭄(저주)을 두려워하지 않는다. 가뭄이 올지라도 그는 바로 곁에 물길을 가지고 있기 때문이다. 이 두 상황의 대조는 히브리어의 유사음을 지닌 단어들로 더욱 강조되고 있다. 8절의 케레는 뒷부분에서 "보다"를 갖게 된다. 그렇다면 이 구절은 그 나무가 그 물의 공급과 풍부한 잎들의 그늘로 인해 타는 듯한 열기를 보지 않게 되리라는 것이다. 이러한 언어유희는 예레미야서에서는 일상적인 경우다 (Holladay, *JBL* 81[1962] 45-46).

해설

구약성경은 자주 두 가지 길, 곧 축복의 길과 저주의 길을 보여 준다. 여기 두 길이 나타나고 있으며, 두 가지 길에 대한 일상적인 지혜의 정황 곧 이러한 말들을 대개는 현자가 언설해 온 것과는 달리 여호와가 연설하신 것으로 제시되고 있다. 이 단락은 마치 하나님께서 친숙한 지혜의 주제를 골라내신 것처럼 나타나고 있으며, 이를 1-4절에서 주어지고 있는 기소와 선고에 대한 응답으로서 말하고 있다. 유다는 이제 하나님의 저주 아래 있게 되었으며, 하나님의 진노의 열매를 기대하게 되었다. 아마도 일말의 소망은 7-8절에서 보이는 듯하다. 유다가 하나님을 신뢰하려 한다면 하나님의 축복의 열매를 즐길 수 있게 되리라고 하는 듯하다.

C. 거짓된 마음(17:9-10)

본 문

9 만물보다 거짓되고 심히 부패한 것은 마음이라
누가 능히 이를 알리요마는
10 나 여호와는 심장을 살피며 폐부를 시험하고

9 More deceitful[a] is the heart than all, it is incurable;[b] who can know it? 3+2+2
10 I am the Lord, the one searching the heart, [a]the

각각 그 행위와 그 행실대로 보응하나니

one testing the inner parts, 4+2 and[b] thus giving to each person according to his way,[c] [d]according to the fruit of his deeds. 3+2

원문주해

9.a. 칠십인역은 바쎄이아(βαθεῖα, "깊은")를 가지고 있는 반면에, 루시안역과 고대 라틴어역은 "무거운, 묵직한"이란 의미의 단어를 사용하고 있다. 시리아역은 "어려운, 난해한"이라는 의미를 가진 단어를 사용하고 있다.

9.b. 칠십인역은 시리아역이 그런 것처럼 "사람"(말하자면, 아노슈[אֲנֻשׁ] 대신에 에노쉬[אֱנֹשׁ])으로 읽는다. 탈굼역은 "강한"을 사용하고 있다. 아나쉬(אנשׁ)에서는 이중적인 의미가 가능하며, 하나는 마소라 본문이, 또 하나는 칠십인역이 사용하고 있다. 이것은 예레미야서에서의 전형저인 언어유희다.

10.a. 다수의 사본들(de Rossi, III, 86-87)과 번역본들은 이 행의 초두에 접속사를 추가시키고 있다.

10.b. 다수의 사본들(de Rossi, III, 87)과 번역본들은 접속사를 생략하고 있다. 예레미야 32:19을 참조하라.

10.c. 4QJer[a](Janzen, *Studies*, 178)의 지지를 언고 있는 바와 같이 게텝으로 읽었나. 카이렌시스 사본과 다수의 사본들(de Rossi, III, 87), 역본들 그리고 케레는 32:19에서처럼 복수형 "그의 길들"로 읽는다.

10.d. 다수의 사본들(de Rossi, III, 87)과 역본들은 32:19처럼 접속사를 추가시키고 있다.

양식/구조/배경

이 누 절은 비록 서로 다른 개념을 표현하고 있지만 서로 결합되어 있다. 이 두 절은 하나로 결합되어 1절에서 13절에까지 이르는 전체 단원의 중심을 형성하고 있다. 이 두 절이 말하고 있는 대조는 전체 단원의 바로 그 대조다. 거짓되고 죄악된 인간성은 거룩하고 공정한 하나님과 대조되는 것이다. 9절은 아마도 잠언적인 경구이거나, 아니면 선행 단원 곧 5절에까지 거슬러 올라가서 여호와로부터 그의 마음을 돌이킨 저주받은 자를 보게 되는 수수께끼일 것으로 보인다. 이것은 다시 1절에까지 거슬러 올라가는데, 여기서 유다의 죄는 그 마음에 새겨져 있다. 실제로, 그 마음은 거짓되고 불치의 병을 앓고 있다. (병든 마음에 대해서는 렘 8:18을 참조하라. 이곳에서는 유다의 죄에 대한 슬픔으로부터의 상심에 대해 언급한다.) 이것이 그토록 거짓된 것이었기에, 시인은 누가 그것을 알 수 있겠는가 하는 의구심을 갖는다. 인간적인 관점에서 보면 이는 고의적으로 거짓된 사람의 불가사의한 마음을 어느 누구도 알 수 없다는 사실로 보인다. 하지만 그 답은 신속하게 나타난다. 여호와는 아신다! 여호와는 마음을 살피시고 인간성의 내면을 시험하시는 분이다(렘 12:3의 우바하느타 리비[ובחנת לבי]를 참조하라). 그분은 마음을 아시고, 각자에게 그(녀)의 행위의 열매에 따라 주시는 분이다. 이와 같은 열매에 대한 언급은 다시금 이 구절을 선행 구절(8절)과 연결시킨다. 이 단원의 첫 단락과의 또 하나의 연관성은 "주다"라는 동사의 반복에서 보여질 수 있다. 이 백성에게 기업을 주셨던(4절) 여호와께서는 이제 그(녀)의 행위의 열매에 따라, 그의 방식대로 주시게 된다(10절). 이 구절이 14-18절의 고백에 대하여 갖게 되는 연관성도 역시 나타나고 있다. 비록 그 마음은 치유 불가능하지만(9절) 치료의 근원은 얻을 수 있으며, 그것은 바로 여호와 자신이다(14절). 한 가지 의미로, 여호와께서 마음을 들여다보심(10절)이 그 알 길 없는 성품에 대해 답해 주고 있듯이(9절), 14절에서의 치료의 소망은 마음의 병이 갖는 치유 불가능의 본성에 대해 정확한 해답을 준다.

D. 자고새와 불의로 치부하는 자(17:11)

참고문헌

Driver, G. R. "Birds in the Old Testament: II. Birds in Life." *PEQ* 87(1955) 132-33.
Sawyer, J. F. A. "A Note on the Brooding Partridge in Jeremiah xvii 11." *VT* 28(1978) 324-29.

본 문

11 불의로 치부하는 자는 자고새가 낳지 아니한 알을 품음 같아서 그 중년에 그것이 떠나겠고 필경은 어리석은 자가 되리라

11 A partridge[a] broods but he will not hatch, one making wealth but not by justice: 4+4 in half his days[b] it forsakes him and at his end he will be a fool/carcass. 3+3

원문주해

11.a. 칠십인역은 카라(קרא)를 두 번이나 반복해서 읽는다. 한 번은 "자고새"로, 그리고 또 한 번은 "울음"으로.

11.b. 케팁은 "그의 날"(단수)로 읽는다. 본서의 번역은 케레와 카이렌시스 사본을 따른 것이다.

양식/구조/배경

이 단순한 절은 또 하나의 잠언적 경구가 된다. 그 형식은 잠언서에 매우 일상적인 단순 비교다(예를 들어, 잠 25:11-14). 영어 문장은 그 자체가 조금 어색해 보인다. 하지만 히브리어의 평행법은 매우 충격적이다. 그 의미는 분명하다. 채택된 번역을 따라 자고새는 알을 품지만, 그 알은 부화되지 못할 것이다. 이 잠언은 어떤 비극이 그 알을 깨뜨릴 것임을 제시하려 한다. 말하자면, 약탈자가 오거나 그 알 자체가 부화 불가능한 상태일 것이다. (많은 영어 번역본들을 따른 본문의 다른 번역에서는 자고새가 새끼들을 불러 모으지만 그 자신의 것이 아니다. 일부의 주장대로 그 알은 훔쳐온 알일지도 모른다. 혹은 대명사를 따라 수컷은 둥지에 앉아서 어린 것들을 품는다. 어떠한 경우에도 자고새는 어린 것들을 지킬 수가 없다. 시간이 경과함에 따라 어린 것들은 떠나게 될 것이다.) 비슷하게 부정한 방법으로 부를 얻은 사람은 그 재산도 역시 잃어버리게(그를 떠나게) 될 것이다. 마지막 행은 아마도 그토록 예레미야서에 자주 나오는 강한 언어유희를 숨기려는 듯이 보인다. 명백한 의도는 이 부정한 사람은 "바보"(נבל – 나발)가 될 것이라는 점이다. 하지만 이 말과 밀접한 관련을 갖는 "시체"나 "주검"을 의미하는 느벨라(נבלה)라는 단어는 예레미야서에서 여러 번 사용된 적이 있다(예를 들어, 렘 19:7). 암시된 언어유희는 무엇보다도 강한 것이 될 것이다. 모든 일의 마지막에는 인간과 새가 같아지고, 그것은 바로 죽음이요 주검이 될 것이다. 잠언은 출생의 기록이지만 아이를 낳으려는 좌절된 시도로 시작하여 죽음에 대한 암시적인 언급으로 끝을 맺는다. 자고새와 부정한 사람은 다같이 시체로서의 끝을 맞이하게 될 것이다. 부는 죽음 너머로 가져갈 수 없는 것이며, 부정한 자가 주검/바보가 되었을 때도 그를 도울 수가 없을 것이다. 그렇게, 부정한 방법으로 부를 좇는 자는 두 배로 바보가 될 것이다!

E. 하나님을 떠나는 자들에게 임하는 심판(17:12-13)

참고문헌

Baumgartner, W. *Jeremiah's Poems of Lament.* **Berridge, J. M.** *Prophet. People.* **Dahood, M.** "The Metaphor in Jeremiah 17, 13." *Bib* 48(1967) 109-10. **Reventlow, H. G.** *Liturgie.*

본 문

12 영화로우신 보좌여 원시부터 높이 계시며 우리의 성소이시며	**12** A throne, glorious, exalted[a] [b]from the first is the place of[b] his[c] sanctuary. 2+2+2
13 이스라엘의 소망이신 여호와여 무릇 주를 버리는 자는 다 수치를 당할 것이라 무릇 여호와를 떠나는 자는 흙에 기록이 되오리니 이는 생수의 근원이신 여호와를 버림이니이다	**13** The hope/spring[a] of Israel is the Lord: all those forsaking you will be shamed. 3+2 The ones turning me aside[b] will be written in the earth[c] for they have forsaken the source of living water, [d]the Lord.[d] 3+3

원문주해

12.a. 칠십인역은 휩소메노스(ὑψωμένος, "들어올려진")로 읽는다.

12.b-b. 이 구절은 칠십인역에는 생략되어 있다.

12.c. 이 접미는 "우리의"로도 번역될 수 있다.

13.a. "소망"과 "모인 물, 샘"의 의미를 모두 가지고 있는 미크웨(מקוה)의 사용에서 또 하나의 언어유희의 증거가 되고 있다.

13.b. 케레인 예수라이(וסורי)를 따랐다. 케팁은 이소라이(וסורי)다.

13.c. 바움가르트너와 다후드, 그리고 다른 학자들은 에레츠(ארץ)가 "지하 세계, 스올"로 번역되어야 한다는 견해를 가지고 있다(BDB, 76a를 보라).

13.d-d. 루돌프(*BHS*)에 의하면, 이 구절은 아마도 첨가일 것이다. 이 부분은 절의 운율 구조 바깥으로 나와 있다. 게다가, 직접목적어 표시사인 에트(את)는 시문 구절에서는 흔하지 않은 표현이다. 이 구절이 고의로 강조를 위해 운율 구조를 파괴하여 여호와 강화(아래를 보라)의 마지막을 알리려 했다고 볼 수 있을 것이다. 덧붙여서, 이 구절은 RSV와 다른 번역본들에 반대하여 "내게서 돌아선 자들"이라는 구에 대한 번역을 수정하려는 의도를 가지고 있다.

양식/구조/배경

바움가르트너(Baumgartner, *Jeremiah's Poems*), 버릿지(Berridge, *Prophet, People*), 레벤틀로프(Reventlow, *Liturgie*)는 이 단원이 뒤이어 14-18절에 나타나는 고백의 도입부를 형성하고 있다는 견해를 보인다. 그들은 증거를 제시하기를, 개인적 애가는 자주 도입적인 기도로 시작한다고 본다. 할러데이는 1인칭 복수로부터(12절은 "우리의 성소"로 읽는다) 1인칭 단수(14절의 "나를 구원하소서")로의 변화는 이러한 입장을 받아들이는 데 문제를 야기시킨다는 점에 주의한다. 그럼에도 불구하고, 만일 12절이 본서가 번역한 경우처럼 "그의 성소"로 읽힌다면 문제를 피할 수 있다. 더욱더 문제시되는 것은 이 절의 화자를 결정짓는 일이다. 다음에 제시되는 재구성을 따르게 될 경우, 이 단원은 다음에 이어질 것보다는 선행되었던 것에 묶여지게 된다. 그럼에도 불구하고, 이 단락이 개인적 애가의 한 부분일 것이라는 가능성에 주목해 보는 일은 이것이 전이 단락으로서 기능하고 있다는 점을 지적해 준다. 원래 이 부분은 뒤이어 나오게 될 고백/애가의 도입부로서의 기능을 하고 있었을 것이다. 이제 이것은 선행 단락 1-13절의 종결부로서 기능하고 있다.

단원(1-13절) 전체에 대한 서론에서 이미 언급된 바와 같이, 이 마지막 단락과 전체 단원 사이에는 무수한 연관성이 존재하고 있다. 이 단락과 5-8절 사이의 관계성에 대해 보다 많은 언급이 이루어져야 하겠다. 두 본문 모두에서 축복 받은 자와 저주/수치당하는 자 사이의 대조가 이루어지고 있다. 두 단락 모두에서 축복 받은 자를 위한 물이라는 기초 위에 평행이 형성되고 있다. 여기에 2:13부터 나오는 생수의 근원의 이미지가 반복되고 있는 것이다. 할러데이는 예레미야가 빈번하게 유음을 사용하고 있다는 점에 주목해 왔다(*JBL* 81[1962] 46). 몇 가지 유음 단어가 이 구절의 열쇠가 되고 있다. 마롬(מרום, "높여지다"), 마콤(מקום, "장소"), 미크웨(מקוה, "소망/샘"), 므코르(מקור, "근원").

어근 아자브(עזב)는 13절에 두 번이나 나타나고, 11절에서의 그 용례를 지속적으로 사용하고 있다. 거기서 이 단어는 불의한 자를 저버리게 될 부에 대해 언급하고 있었던 것이다. 이 절에서 언급하는 것은 여호와를 저버리는 자에 대해서이며, 이와 같은 경우가 분명히 드러나는 곳이 2:13이다. 이러한 하나의 어근에 대한 이중적인 사용은 예레미야서에서 꽤나 일반적인 경우다(Holladay, *JBL* 81[1962] 46).

주석

12-13a절은 회중의 언어이며, 찬양의 언어다. 하지만 운율적 구조는 키나(qinah) 운율의 한 행을 보여 주고 있는데, 이 운율은 장례 시의 장송곡이나 찬송에 붙여진 애가의 운율을 말한다. 키나 운율은 문장의 어조가 찬양에서 여호와를 저버리는 자에게 임하는 심판의 언어로 전환되는 곳에 정확히 나타나고 있다.

바움가르트너와 다후드는 13절에서의 "땅"은 지하 세계, 스올로 이해되어야 할 것이라는 견해를 제시한다. 이 같은 견해는 매력적이며, 이 곳의 세 개의 행에 충격적인 대조의 평행법을 둘 수도 있다.

A 성소, 드높여진(들려진) 보좌
  B 소망/샘, 여호와, 누구든지 그를 저버리는 자는 수치를 당하리라
A′ 내(여호와)게서 돌아선 자는 지하세계에 기록될 것이다
  B′ 그들은 여호와, 생수의 근원을 저버렸다

다후드는 또한 예보슈(יֵבֹשׁוּ)라는 단어가 이바슈(יִבָשׁוּ)로 고쳐져야 한다고 제의했는데, 이렇게 되면 "수치를 당하게 될 것이다" 대신에 "시들어 버릴 것이다"로 바뀐다. 이러한 의견은 흥미 있는 경우지만, 14-18절에서 보쉬(בושׁ)라는 어근이 발생하는 것으로 보아 이런 견해가 강제성을 가진 것은 아니다. 두 어근이 유발하는 이미지상의 모호성 때문에 예레미야가 고의로 이 용어를 선택했을 가능성이 있다.

이 두 절에서는 의미 깊은 화자의 변화가 있었다. 12-13a절은 분명하게 회중적 찬양 진술이다. 여호와는 3인칭으로 언급되고 있다(13a와 12b). 13b절은 여호와에 대한 언급을 2인칭으로 바꾸고 있다. 이러한 변화는 여호와에게 보내지는 찬양 속에서는 특이한 경우는 아니다. 그리고 찬양의 흐름에 있어서 중요한 단절을 보여 주는 것도 아니다. 오히려, 13절의 후반부는 화자에 있어서의 변화를 가지고 있다. 여기서는 여호와가 찬양을 받아 심판 신탁으로 바꾸어 놓고 있는 것이다.

17:1-13의 후기, 여호와 강화에 대하여

이 구절들의 흐름 속에 있는 화자(들)에 대한 언급이 필요한 것으로 보인다. 위에서 이 구절은 대부분의 주석가들이 가진 견해를 넘어서는 연속성을 보여 준다는 것이 논증되었다. 수사적인 개요가 그 연속성을 지적해 주었다. 이 시점에서

화자(들)가 분명히 확인되어야 할 필요가 있다. 위에서 논증된 바와 같이, 이 장은 1-3a절에서의 기소로 시작하고 있다. 3a절까지 화자는 지적되지 않는다. 거기 "들에 있는 나의 산"이라는 언급은 여호와가 화자임을 지적해 준다. 비록 선지자가 그의 대변인이라고 추정할 수도 있겠으나, 이것은 여호와의 기소문이다. 3b-4절에서 언도가 내려지고 있다. 여기서도 다시금 여호와가 화자로 나오는데, 이번에는 더욱 분명하게 드러내고 있다. "네 재산…내가 노략자들에게 넘길 것이니…내가 너로 네 대적들의 종이 되게 할 것이고…." 5-8절은 명백한 단락이다. 축복과 저주가 서로 잘 균형을 이루고 있다. 화자는 이 단락의 초두에서 확인되고 있다. "나 여호와가 이렇게 말하노라." 분명히 이 구절은 누군가 다른 사람, 아마도 선지자 자신이 서론구를 말했음을 지적한다. 하지만 이 단락의 화자는 여호와로 이해된다. 이 단락은 두 길에 대한 지혜적인 상조를 가지고 있다. 비록 여호와께 말해지는 것일지라도, 이 구절들이 여호와에 의해 말해진 그런 문맥 속에 있다는 것을 말하는 것이 모순되지는 않는다. 여호와는 친숙한 찬양의 주제를 이어받아서 그에게서 돌아선 자들과 이와 반대로 신실한 자들에 대해 백성들 자신이 이야기(노래)하는 보응을 대조시켜 주는 언어를 말하고 있다. 이 단락 전체를 통해서 여호와는 백성들에게 그의 메시지를 말하기 위해 노래와 잠언을 받고 있다. 9-10절도 역시 하나의 단락인데, 9절에서는 아무런 화자도 특별히 지시되지 않는다. 하지만 9절과 10절을 하나로 묶어 놓고 보면, 두 절은 같이 하나의 화자를 소유하는 것을 볼 수 있다. 9절에서 여호와는 아마도 백성들에게 잘 알려진 것으로 보이는 잠언-수수께끼를 말한다. 10절에서 그는 잠언-수수께끼에 대해 답하고, 확실하게 자신을 화자로 확인한다. 11절은 전체 단원에서 유일하게도 분명한 화자가 나타나지 않고 있는 부분이다. 이 부분은 9절처럼 잠언이다. 이것이 12-13절과 어휘에 있어서 결합되고 있기 때문에, 이 절은 동일한 화자를 보여 준다고 추정할 수 있을 것이다. 12-13a절은 여호와께 드려지는 짧은 찬양시다. 13b절에서 여호와는 "나"에게서 돌아서는 자들이라는 표현에서의 "나"이다. 12-13a절의 화자가 백성들이라고 보는 것도 가능하다. 하지만 단원 전체의 흐름을 유지하다 보면 여호와가 화자일 가능성이 더 높다. 그는 다시금 익숙히 잘 알려져 백성들에게 종종 불려지던 찬양을 이어받아 그에 대해 응답한다. 이러한 이해를 통해 여호와는 11절에 나타난 잠언의 화자가 되기도 한다. 그는 9절에서의 잠언을 받아 그에 응답했듯이, 여기 11-13a절에서도 잠언과 찬양을 이어받는다. 그리고 그에 응답한다. 11절의 잠언과 12-13a절의 찬양 단편 사이의 연결고리는 아자브(עזב, "저버리다")라는 동사다.

그렇듯 여호와는 때때로 백성들의 찬양과 잠언 속에서 백성들이 사용한 말을 이어받으면서도, 그들의 죄로 인해 백성들에게 임할 광범위한 심판을 말함으로써 전체 단락의 화자로 이해될 수 있을 것이다.

X. 신탁들(17:14-20:20)

A. 예레미야의 세 번째 고백: 나를 구원하소서, 그들을 멸하소서(17:14-18)

서론

만일 1-13절이 일련의 어호와 강화로 보여진다면, 예레미야의 또 하나의 "고백록"으로서의 14-18절은 이제 적합한 문학적 맥락을 지니게 되는 셈이다. 이 고백록의 첫 절은 선행 강화에 대해 분명하게 응답하고 있다. 이것은 백성들의 기도로 보여질 수도 있기 때문에 "나"라는 말을 사용한 것이 집단적으로 전체 공동체를 언급하는 것일 수도 있다는 모호함을 가지고 있다. 하지만 절들을 순서대로 읽다 보면 화자가 예레미야라는 것이 확인된다. 아마도 그는 이 고백록을 백성들을 위한 중재로서 시작했던 것으로 보인다. 하지만 이 고백록과 개인적인 애가 시편이 갖는 관계성을 생각해 보면, 이 구절은 단순히 개인적인 애가의 요소를 담고 있다고 보기가 더 쉽다.

참고문헌

Baumgartner, W. *Jeremiah's Poems.* **Berridge, J. M.** *Prophet, People.* **Diamond, A. R.** *The Confessions of Jeremiah.* **Kelly, F. T.** "The Imperfect with Simple *Waw* in Hebrew." *JBL* 29(1920) 1-23. **Lundbom, J. R.** *Jeremiah: A Study in Ancient Hebrew Rhetoric.* SBLDS 18. Missoula, MT: Scholars Press, 1975. **O'Connor, K. M.** *The Confessions of Jeremiah.* **Orlinsky, H. M.** "On the Cohortative and Jussive after an Imperative and Interjection in Biblical Hebrew." *JQR* n.s. 31(1940-41) 371-82; 32(1941-42) 191-205, 273-77. **Polk, T.** *The Prophetic Persona.* Sheffield: *JSOT* Press, 1984. **Smith, M. S.** *The Laments of Jeremiah and Their Contexts: A Literary and Redactional Study of Jeremiah 11-20.* SBLMS 42. Atlanta: Scholars Press, 1990.

본 문

14 여호와여 주는 나의 찬송이시오니 나를 고치소서 그리하시면 내가 낫겠나이다 나를 구원하소서 그리하시면 내가 구원을 얻으리이다
15 그들이 내게 이르기를 여호와의 말씀이 어디 있느뇨 이제 임하게 할지어다 하나이다

16 나는 목자의 직분에서 물러가지 아니하고 주를 좇았사오며 재앙의 날도 내가 원치 아니하였음을 주께서 아시는 바라 내 입술에서 나온 것이 주의 목전에 있나이다

17 주는 내게 두려움이 되지 마옵소서 재앙의 날에 주는 나의 피난처시니이다
18 나를 박해하는 자로 수욕을 당케 하시고 나로 수욕을 당케 마옵소서 그들로 놀라게 하시고 나로 놀라게 마시옵소서 재앙의 날을 그들에게 임하게 하시며 배나 되는 멸망으로 그들을 멸하소서

14 Heal me, O Lord, let me be healed, Deliver me, let me be delivered, For you are my (object of) praise![a] 3+2+2
15 Behold, they for their part are the ones saying to me, "Where is the word of the Lord? Pray, let it come!" 3+2+2
16 But I for my part, did I not press after you away from evil?[a] 2+2 The day of incurable sickness I did not desire.[b] You for your part know that which came forth from my lips: it was before your presence. 4+3
17 Do not be to me as a terror, A shelter/refuge are you in an evil day. 2+3
18 Let the ones pursuing me be shamed, but do not let me for my part be shamed. 2+2 Let them for their part be terrorized, but do not let me for my part be terrorized. 2+2 Bring upon them an evil day, and with double destruction destroy them! 4+3

원문주해

14.a. 루돌프(100)는 덤(148)을 따라 토할르티(תִּחַלְתִּי, "신뢰하다")로 읽을 것을 제안한다. 하지만 본문을 수정하지 않고도 마소라 본문의 독법이 문맥에 동일하게 잘 맞는다.

16.a. 히브리어로는 메로에(מרעה)인데, 이는 문자적으로는 "양치는 일에서"를 의미한다. 여기서의 번역은 탈굼역을 따른 것이다. 이러한 어휘 사용은 예레미야가 여호와를 위해 양치는 일(선지자의 사역)을 급하게 또는 억지로 그만두지는 않았다는 의미로 이해될 수 있다. "주석"을 보라. 칠십인역은 에고 데 욱크 에코피아사 카타콜루쏜 오피소 수(*ἐγω δὲ οὐκ ἐκοπίασα κατακολουθῶν ὀπίσω σου*, "나는 당신을 좇는 일에 지치지 않았습니다")로 읽는다. 브라이트(116)는 스키너(Skinner)를 따라 다음 행의 욤 아누쉬(יום אנוש)와 평행 관계를 이루어, 17-18절에서의 욤 라아(יום רעה)가 두 번 발생하는 것과 잘 어울리게 해줄 로 아츠티 (르) 욤 라아(לא אצתי [ל]יום רעה)로 읽을 것을 제안한다. 여기서 채택된 독법은 아퀼라역과 심마쿠스역을 따른 것이고, 이들 역본들은 히브리어의 모음 표기를 분명하게 메라아(מֵרָעָה)로 수정하여 아포 카키아스(*ἀπὸ κακίας*, "악으로부터")로 기록하고 있다. 만일 이 구절이 하나의 진술이 아니라 질문으로 이해된다면, (예를 들어 *BHS*에서처럼) 종종 제기되어 온 르라아(לְרָעָה)로의 수정이 필연적이었을 것이다.

16.b. *BHS*, 바움가르트너, 기타 다른 견해들을 따라 아트나흐가 단어 야다으타(ידעת)에서 히트아웨티(התאויתי)로 옮겨갔다.

양식/구조/배경

바움가르트너는 12-18절을 고백록의 세 번째 부분으로 생각했다. 그는 12-13절을 "즐거운 찬송적 서론"이라고 불렀다(52). 이는 많은 사람들이 불확실하다고 보았음에도 불구하고, 바움가르트너는 실제로 확실하다는 느낌을 얻었다(53). 14-18절은 시편에서도 그렇게 일반적인 동일한 구성 요소를 통해 개인적인 애가를 형성하고 있다. 이들 구성 요소들은 탄원(14절), 애가(15절), 결백의 항의(16절), 추가적인 탄원(17a절), 신뢰의 고백(17b절), 심화된 탄원(18절)이다(55페이지에서 바움가르트너가 개괄한 것을 참조하라). 선행 단락에서 지적된 바와 같이, 12-13절은 이 단락의 서론으로서보다는 그 부분에 더 잘 어울린다. 이 고백의 자료는 대체로 다른 애가들과 마찬가지로 모빙켈(Mowinckel)이 말하는 "A"자료, 즉 확실한 예레미야의 자료로 이해된다.

주석

14절에서 동사 라파(רפא, "치료하다")는 야샤(ישע, "구조하다, 구원하다")와 평행을 이룬다. 치료는 보다 특별한 용어다. 이것은 병으로부터의 치료를 의미할 수도 있으나, 단순히 병을 치료하는 것 그 이상의 의미도 가질 수 있다. 때로 라파(רפא)는 "완전하게 만들다" 혹은 "수리하다"라는 의미를 갖기도 한다(능동적인 의미[모두 피엘]를 위해서는 왕상 18:30; 왕하 2:21을 보라. 그리고 수동적인 의미[니팔]를 위해서는 렘 19:11을 보라). 야샤(ישע)는 "구원하다", 혹은 "자유롭게 하다", 혹은 "승리를 안겨주다", 혹은 누군가를 "구하다" 등으로 기술된다. 이 두 단어가 평행 관계 속에서 나타나는 것은 각각의 단어가 개별적으로 사용된 경우보다 더 강한 회화적 이미지를 만들어 준다. 구조가 보다 외면적인 것임에 반하여, 치료는 보다 내면적인 개념이다. 14절의 탄원은 내적으로 완전해짐과 외적인 고난으로부터의 해방을 위한 것이다. 화자는 이 절 안에서는 확인되지 않는다. 이스라엘 백성, 여호와를 저버린 그들(13절)은 이 탄원을 고백과 애원으로서 말했을 수도 있고, 이와는 다르게 예레미야가 중재자로서 이 기도를 했을 수도 있다. 아니면, 그가 자신의 입장에서 기도했을 수도 있다. 오직 이 단락의 추가적인 절들만이 화자가 예레미야라는 것을 확실히 해줄 수 있다.

14절의 처음 두 행의 후반부는 직설법으로는 다음과 같이 신앙의 단언으로 번역될 수 있다.

"나를 고치소서, 오 여호와여, 내가 나을 것입니다(and I will be healed)."

목적절일 경우

"나를 고치소서, 오 여호와여, 그래서 내가 나을 수 있게(so that I may be healed)."

혹은 심화된 탄원일 경우

"나를 고치소서, 오 여호와여, 나로 낫게 만드소서(let me be healed)."

첫 번째 경우는 전통적인 번역이며, 최근에 많은 지지를 얻고 있다(Bright, Carroll, McKane). 두 번째 경우는 할러데이의 선택이다. 그래도 역시 예레미야의 기도와 탄원의 정황은 후자의 경우에 더 우선권을 주는 것으로 보인다. 각 행마다 접속사에 이어 명령법을 취하고 있는 문법 구조는 명령법과 밀접한 관련을 가지고 있는 화법의 지속을 더 선호하게 마련이다. 웨이와셰아(ואושעה)에 나타나는 것으로 보이는 청유형(cohortative) 어미 헤(ה)는 세 번째 경우의 의지태를 더 확실히 지적해 주는 것처럼 보인다.

14절의 미지막 구는 많은 사람들에 의해 "당신은 내 소망입니다"로 수정되어 왔다(위의 "주석"을 보라). 이 독법이나 혹은 이 책에서 수용한 마소라 본문 중 어느 것을 따르든지 이 구는 여호와의 또 다른 칭호가 된다(7절에서 "여호와는 그의 의지[의 대상]이 될 것입니다"; 10절에서 "나는 여호와, 심장을 살피며 폐부를 시험하는 자"; 13a절에서 "이스라엘의 소망/샘은 여호와"; 13b절에서 "생수의 근원이신 여호와" 등과 비교하라). 이 별칭은 2인칭 남성 단수 독립 인칭대명사인 아타(אתה, "당신")를 사용한 것으로 인해 보다 개인적인 것으로 보인다.

15절과 16절은 독립 인칭대명사를 강조 용법으로 사용한 것으로 성격지을 수 있다. 이 대명사들은 "내/그들/네 편에서"라는 구의 추가로 인해 그 강조의 성격을 보여 주기 위해 번역되고 있다. 두 절은 분명하게 이와 같은 수사적인 특징으로 인해 하나로 묶여 있음에 틀림없다. 더구나 이들 두 절은 애가/고백의 중심부를 형성하고 있으며, 그들만이 탄원과 관련된 요소가 결여되어 있는 것이다. 수사적으로 우리는 전체 단락을 다음과 같은 구조로 이해할 수 있을 것이다.

A 탄원(14a-b절)

B 별칭(2인칭 남성 단수 대명사를 사용; 14c절)

C 애가, 선언(15-16절; 각각 하나의 3인칭 남성 복수, 1인칭 공통 단수와 2인칭 남성 단수 대명사를 사용)

A′ 탄원(17a절)

B′ 별칭(2인칭 남성 단수 대명사를 사용; 17b절)

A″ 탄원(18절; 두 개의 1인칭 공통 단수 대명사와 하나의 3인칭 남성 복수 대명사를 사용)

런범(Lundbom, *Jeremiah*, 88-89)은 14-16a절에서 다른 교차대칭 구조를 제시한다. 하지만 그의 교차대칭 구조는 전체 애가를 모두 포함하는 것이 아니며, 12절을 13절로부터 분리시키고 있다. 지금의 교차대칭 구조가 단락에 충실한 경우다.

15-16에서의 애가는 지시사 힌네(הנה, "보라")로 시작하고, 세 가지 강조적인 요소들을 가지고 있다. 첫 번째는 문제를 일으키는 자 곧 "그들"과 관련이 있는데, 이것은 이 단락 안에서는 달리 규정된 바가 없는 집단이다. 두 번째로 강조되고 있는 요소는 화자, 즉 "나"이다. 그리고 마지막 강조 요소는 여호와, 곧 "당신"을 가리킨다. 애가가 생기게 만든 문제거리는 문제를 일으키는 자들의 조롱의 말에서 지적되고 있다. "여호와의 말씀이 어디 있느뇨? 이제 임하게 기도할지어나!" 이 기사는 아마도 문제를 일으키는 자들의 경멸을 지적하는 것 같다. 그리고 그 경멸이라는 것은 예레미야가 항상 강한 심판의 메시지를 가져다 주지만, 그것이 한 번도 일어난 적이 없는 것이라는 말이다. 그래서 애가는 예레미야의 개인적인 좌절, 즉 그의 메시지가 한 번도 회개를 불러일으킨 적도 없고, 지적된 바와 같은 심판이 한 번도 일어난 적이 없다는 것에 대한 좌절을 반영하고 있다.

16절은 몇 가지 다른 방식으로 이해될 수 있다. 위에 채택된 번역은 주석에서 지적된 바와 같이 마소라 본문의 구두점에서의 변화를 반영하고 있다. 제1행의 주요 부분은 진술문이라기보다는 질문으로 취해질 수 있다. "저로 말할 것 같으면, 제가 악에서부터 돌아서기 위해 당신을 좇지 아니하였습니까?" 백성들의 조롱의 말에 대한 대답 속에서 예레미야는 자신이 그의 백성들을 위한 중재자였음을 재차 확인하고 있다. 그들이 회개하기를 거절할지라도, 여전히 그는 그들의 편에서 중재를 해온 것이다. 그는 자기 백성의 파멸을 원한 적이 없다. 그는 그저 일찍이 여호와께서 듣거나 말하신 것을 선언했을 뿐이다. 강조대명사의 세 번째 것은 무엇이 말해졌는지를 아시는 여호와에 대하여 말하고 있는데, 이는 그것을 그분이 최초로 들었던 것이거나 그것이 그분의 임재로부터 나온 것이기 때문이다. 아타 야다으타(אתה ידעת,

"당신은 아십니다")와 웨아타 야흐웨 예다으타니(ואתה יהוה ידעתני, "그리고 당신, 여호와께서는 나를 아십니다")의 구절에 대해서는 예레미야 12:3과 비교하라.

16절도 역시 결백의 항의다. 예레미야는 아무런 잘못을 한 것이 없다. 실제로 그는 자기 백성을 위해 중재에 나섰을 뿐이고, 그들에게 여호와의 말씀을 선포했을 뿐이다. 그러나 여전히 그의 결백은 입증되지 않았다.

17절은 탄원과 신앙의 고백을 모두 가지고 있다. 신앙의 고백은 또 하나의 여호와의 별칭을 만들어 주고 있다. 예레미야는 므히타(מחתה, "공포")와 마하시(מחסי, "은신처/피난처")를 가지고 언어유희를 하고 있다. "공포"는 타인이 그에게 가하는 행동을 언급하는 것일 수도 있고 그 사람들의 죄에 대해 하나님께서 내리시는 심판을 말하는 것일 수도 있다. 이것은 예레미야의 책에서 꽤나 선호되는 단어다. "피난처/은신처"는 시편에서 가장 자주 발견되고, 애가와 신뢰 시편에서도 매우 자주 발견된다.

18절은 17절의 이면으로 돌아선다. 17절이 예레미야에게서 공포를 없애 달라고 여호와께 탄원하는 것인 반면에, 18절은 예레미야가 아닌 그를 박해하는 자들에게 수치와 공포가 임하게 해달라고 요구한다. 17절에서 나온 핵심 단어가 발췌되어 18절에서도 사용된 것이다. "공포"는 18절에서 동사로 두 번 사용되고 있으며, "그리고 재앙의 날"도 나타나고 있다. 18절의 마지막 구는 이중 파멸이나 혹은 두 번째 파멸을 언급하는 것일 수도 있다. 각각의 이미지에서, 파멸의 철저함이 강조되고 있다. 16절에서 자신이 여호와께 재앙을 보내 달라고 한 적이 없었다고 항변하는 예레미야는 여기서 바로 그 행동을 하고 있다. 15-18절에서 "그들"이 행한 일과 예레미야가 행한 일(15-16절) 사이의 대조, 그리고 예레미야가 스스로를 위해 기도한 것(17, 18b, 18d 절)과 그들을 위해서 기도한 것(18a, c, e-f절) 사이의 대조가 분명히 드러나고 있다.

해설

14-18절은 1-13절을 받아 그와 반대되는 내용을 담고 있다. 앞 단락에서는 유다의 죄가 강조되었다. 그런데 이 단락에서는 예레미야의 결백이 지적되고 있다. 예레미야는 일면 치료와 구원을 위해, 또 다른 편으로는 변호를 위해 기도하고 있다. 이것은 그들로부터의, 적들로부터의, 예레미야의/여호와의 말에 조롱하는 자들로부터의 치료와 구원인가? 만일 그렇다면 변호는 14절의 탄원과 평행 관계를 가지고 있다.

시편에서 애가는 자주 보증을 담은 신탁으로 응답되곤 한다(Brueggemann, *Jere-*

miah 1-25, 157). 여기서는 어떠한 보증도 나타나지 않는다. 실제로, 하나님으로부터는 아무런 응답도 없다. 단지 침묵뿐이다. 예레미야의 기도에 대한 하나님의 침묵은 그의 백성에 대한 하나님의 침묵과 조화되고 있다. 우리는 예레미야의 불평과 그의 고통을 듣지만, 그러고 나서는…아무것도 들을 수가 없다.

B. 안식일의 준수(17:19-27)

참고문헌

Andreasen, N.-E. A. *The Old Testament Sabbath*. SBLDS 7. Missoula, MT: Scholars Press, 1972. **Barnes, W. E.** "Prophecy and the Sabbath(A Note on the Teaching of Jeremiah)." *JTS* 29(1927-28) 386-90. **Nicholson, E. W.** *Preaching to the Exiles*. Oxford: Basil Blackwell, 1970. **Stuhlman, L.** *The Prose Sermons of the Book of Jeremiah*. SBLDS 83. Atlanta: Scholars Press, 1986. **Thiel, W.** *Die deuteronomische Redaktion von Jeremia 1-25*. WMANT 41. Neukirchen-Vluyn: Neukirchener Verlag, 1973.

본 문

19 여호와께서 내게 이같이 말씀하시되 너는 가서 유다 왕들의 출입하는 평민의 문과 예루살렘 모든 문에 서서

19 Thus has the Lord said [a]to me,[a] "Go, stand in the gate of the people[b] through which the kings of Judah come in and go out, (stand) in all the gates of Jerusalem,

20 무리에게 이르기를 이 문으로 들어오는 유다 왕들과 유다 모든 백성과 예루살렘 모든 거민 너희는 여호와의 말씀을 들을지어다

20 and say unto them 'Hear the word of the Lord, O kings of Judah, and all Judah and all inhabitants of Jerusalem who come in these gates.

21 여호와께서 이같이 말씀하시되 너희는 스스로 삼가서 안식일에 짐을 지고 예루살렘 문으로 들어오지 말며

21 "Thus has the Lord said, 'Watch out for the sake of your lives, and do not carry a burden on the Sabbath day, nor bring one within the gates of Jerusalem.

22 안식일에 너희 집에서 짐을 내지 말며 아무 일이든지 하지 말아서 내가 너희 열조에게 명함 같이 안식일을 거룩히 할지어다

22 Furthermore, do not carry out any burden from your houses on the Sabbath day, nor do any work, but instead, sanctify the Sabbath day just as I commanded your fathers.

23 그들은 청종치 아니하며 귀를 기울이지 아니하며 그 목을 곧게 하여 듣지 아니하며 교훈을 받지 아니하였느니라

23 Nevertheless, they did not listen nor incline their ear; instead, they stiffened their neck/back[a] so as not to hear[b] and so as not to accept correction.

24 나 여호와가 말하노라 너희가 만일 삼가 나를 청종하여 안식일에 짐을 지고 이 성문으로 들어오지 아니하며 안식일을 거룩히 하여 아무 일이든지 하지 아니하면

24 Now it will happen if you will really listen to me,' an oracle of the Lord, 'so as not to bring a burden within the gates of this city on the Sabbath day, and to sanctify the Sabbath day so as not to do any work [a]on it,[a]

25 다윗의 위에 앉는 왕들과 방백들이 병거와 말을 타고 이 성문으로 들어오되 그들과 유다 모든 백성과 예루살렘 거민들이 함께 그리할 것이요 이 성은 영영히 있을 것이며

25 then they will continue to come into the gates of this city, kings [a]and officials,[a] the ones who sit on the throne of David, the ones who ride on the chariot and on the horses, they and their officials, the men[b] of Judah and inhabitants of Jerusalem; and this city will endure forever.

26 사람들이 유다 성읍들과 예루살렘에 둘린 곳들과 베냐민 땅과 평지와 산지와 남방에서 이르러서 번제와 희생과 소제와 유향과 감사의 희생을 가지고 여호와의 집으로 오려니와

26 They will come from the cities of Judah and from the environs of Jerusalem, from the land of Benjamin and from the Shephelah, from the hill country and from the Negev, ones bringing a burnt offering and a sacrifice, a grain offering and incense, [a]ones bringing a thank offering[a] (to) the house of the Lord.

27 너희가 나를 청종치 아니하고 안식일을 거룩케 아니하여 안식일에 짐을 지고 예루살렘 문으로 들어 오면 내가 성문에 불을 놓아 예루살렘 궁전을 삼키게 하리니 그 불이 꺼지지 아니하리라 하셨다 할지니라

27 But if you will not listen to me to sanctify the Sabbath day so as not to lift a burden on the Sabbath day and enter within the gates of Jerusalem on the Sabbath day, then I will kindle a fire in her gates and I will devour the fortifications of Jerusalem and it will not be extinguished.'"

원문주해

19.a-a. 이 구절은 칠십인역과 일부 탈굼역의 사본들에는 나타나지 않는다.

19.b. 여기서 따르고 있는 독법은 케레다. 케팁에는 정관사가 빠져 있다. 게다가 브네이-하암(בני־העם)이라는 구는 백성들을 하나의 집단으로 취급하여 지적하고 있다. 이것은 하나의 특별한 문이라기보다는 백성들이 이를 통해 성전으로 들어갈 수 있는 것이면 어떤 문이나 지칭할 수 있다.

23.a. 칠십인역은 이 부분에다 "그들의 아비들보다 더 큰"이라는 구를 추가시키고 있다. 칠십인역의 독법은 23절이 조상의 것보다는 현세대의 죄를 말하고 있다는 것을 함축하려

한다.

23.b. 번역이 불가능한 케팁보다는 케레를 따랐다.

24.a-a. 케팁인 보(בה)는 포로 시대 이전에는 일상적인 형태로 이해될 수 있는 것으로, 3인칭 남성 단수 접미가 전치사에 붙은 것이며, 이는 마소라 본문에는 가끔씩 나타나는 경우다(예를 들어, 창 12:8). 그러므로 케레 수정은 필연적인 것은 아니다. 이 단어는 칠십인역에서는 생략되고 있다.

25.a-a. 많은 주석가들은 이 단어들을 다음 행으로부터의 중복오사로 보고 생략하면서, 관리들이 다윗의 권좌에 앉지 않았을 것이라고 논증한다. 이것이 정말로 사실인 한, 그 왕들은 다윗의 권좌에 앉았을 것이고, 관리들은 다음 구절이 진술하듯이 마차를 타고 있어야 한다. 그러므로 이 히브리어는 지금 있는 그대로 이해가 가능하다.

25.b. 마소라 본문에 나타나 있는 그대로 문자적으로는 단수 "사람"이다.

26.a-a. 많은 주석가들은 이 구절을 삽입으로 보고 생략한다. 아마도 33:11에 기인한 것 같다.

양식/구조/배경

17장의 마지막 단락은 같은 장의 선행 단락과 단절된 것으로 보인다. 이 단락은 분명하게 하나의 단위를 형성하고, 안식일 준수를 다루고 있다. 1-18절의 시문-신탁의 자료로부터 산문체로의 전이도 나타나고 있다.

19절은 표면적으로는 전형적인 메신저 형식구인 코-아마르 야흐웨(כה־אמר יהוה, "여호와께서 이같이 말씀하시되")로 시작되고 있다. 하지만 이 경구는 여기서는 엘리(אלי, "내게")라는 첨가어를 가지고 있다. 예레미야의 애가/고백에 대한 여호와의 응답으로 달리 기대되는 것은 새롭고 단절된 단락의 시작으로서의 현실 속에 보인다. 실제로 이 단락을 선행 단위와 연관시키려 했던 몇 안 되는 시도들이 있어 왔다. 할러데이(509)는 14-18절에서 욤(יום, "날")이 세 번 나타나는 것이 여기서 "(안식)일"이 일곱 번 나타나는 것을 재촉했을 것이라고 본다. 또 하나의 가능성은 안식일 준수를 어긴 것이 예레미야가 1-13절에서 여호와를 저버린 것들에 포함시킨 유다의 죄악들 가운데 하나였으리라는 것이다. 이 구절은 분명히 산문이며, 자주 "산문 설교"로 이야기된다(Nicholson, Stuhlman).

이 구절에는 강한 언약적 어조가 나타난다. 안식일을 지킬 것과 함께 언약을 파기하는 것에 관한 조항이 특징적이다. 명령과 부정 명령(20-22, 27절)은 설교의 훈계적 요소를 증대시키고 있다.

이 단위는 대개 모빙켈의 "C"자료의 일부로 여겨지고, 그래서 포로기 이후의 것으로 간주된다. 하지만 다음 단원인 "주석"에서 지적되는 바와 같이, 이 단원에 관하여 예레미야의 시기로부터 벗어나게 만드는 요인은 아무것도 없다.

주석

이 단원은 단일한 주제, 즉 안식일 준수법을 지킬 것에 관한 주제를 가지고 있다. 특히 안식일에는 성문으로 들어가거나 집을 나설 때 아무런 짐도 지지 말라는 것에 관한 것이다. 이 신탁은 일면 왕들과 관리들에게, 그리고 다른 편으로는 전체 백성들에게 주어지고 있다. 만일 백성이 충실하게 안식일 준수법을 지킨다면, 그 성읍과 지도자들 그리고 정기적인 제사는 영원히 지속될 것이다. 하지만 만일 백성들이 그들의 조상들이 그러했던 것처럼 안식일 준수법을 계속해서 어긴다면, 여호와 스스로가 예루살렘을 파멸시키실 것이다. 예레미야가 예루살렘의 멸망을 기술하는 데 사용했던 용어들은 아모스가 1-2절에 이스라엘과 유다 주변 민족들의 멸망에 관해 기술할 때 사용했던 것들과 정확히 일치한다(암 1:4, 7, 10, 12, 14, 2:2; 2:5; "불"에 관해서는 암 1:14을 참조하라). 유일한 차이점은 예레미야가 성문에 놓을 불에 관해 이야기하는 것인 데 반해, 아모스는 성벽에 놓을 불에 대해 이야기하고 있다는 것이다. 이 이미지는 수도, 더 나아가서는 왕국을 파멸로 몰고 갈 포위 공격에 관한 것이다. 불은 성문과 성문의 탑 주위의 방어 세력을 제거하기 위해 포위 공격 시에 자주 사용되었다. 이러한 불은 자주 자주 성읍 전체로 퍼져서 커다란 재난을 불러일으키기도 했다.

이 단락은 역설적인 언어유희를 숨기고 있을 가능성도 있다. 마사(מַשָּׂא)는 "짐"을 의미하면서 "신탁"도 의미한다. 예레미야는 이 단어를 중의적으로 23:33(두 번), 34, 36, 38절(세 번)에서 "신탁"의 의미로 사용하였다. 백성들이 안식일 준수법을 어기고 성으로 들어갈 때나 그들의 집을 나설 때 짐을 지고 다니면서도 동시에 여호와의 신탁을 들거나 옮기기를(혹은 듣기를) 거부했다는 사실 속에 쓰디쓴 역설이 내재할 수도 있는 것이다. 이러한 언어유희는 예레미야의 문체에서 전형적인 경우일 수 있다.

일부 주석가들은 이 구절이 예레미야 시기의 것이 아니라 포로기 이후 공동체의 산물이라고 논증하면서, 아마도 느헤미야나 에스라 시기의 것일 거라고 말한다(예를 들어, Carroll). 안식일에 대한 강조는 마치 이 구절의 율법주의가 그렇듯이 포로기 이후의 관심사에 가장 잘 들어맞는다는 것이다. 하지만 성전과 왕들에 대한 언급은 포로기 이전에 더 잘 어울리며, 이 구절 속에서는 예레미야의 것이라는 가능성을 방해하는 것이라곤 아무것도 없다.

23절에서 "목을 곧게 하는 것"에 대한 언급은 19:15과의 연관성을 보여 준다. 두 구절 모두 등을 곧게 펴고 하나님의 말씀을 듣기를 거부한 것이 심판의 이유가 된다는 언급을 하고 있다.

25절에서 많은 주석가들은 마차와 말을 타는 것에 대한 언급이 실제로 말을 "타는 것"을 의미하지는 않는다는 논증을 하면서, 말 등에 타는 것은 예레미야의 시기에 그 지역에서는 알려지지 않은 것이라고 말한다. 하지만 중기 주전 600년대의 것으로 보이는 앗수르의 부조물은 기마병의 모습을 보여 준다. 게다가, 당나귀(삼상 25:20; 25:40)와 노새(삼하 13:29; 18:9)를 타는 것에 관한 언급은 분명히 기마병에 대해 언급하는 것이다. 덧붙여서, 열왕기하 18:23=이사야 36:8은 분명히 기마병에 관해 언급한다. 이 구절에는 말을 타는 일에 대해서 의심할 만한 어떠한 이유도 존재하지 않는 것이다.

해설

안식일 준수는 유일하게 예레미야에 의해 표현된 언약적 관심사를 제시한 것들 중의 하나다. 안식일을 지키는 것이 왜 그렇게 예레미야에게 중요한 관심사가 되었는지는 분명하지 않다. 아마도 예레미야는 안식일 준수를 이스라엘 종교의 독특한 일들 중의 하나로 보았던 것 같다. 전체 장이 여호와에 대한 충성-대-여호와를 저버림에 대해 관심을 가지고 있기 때문에, 안식일 준수는 충성의 유일한 징표였을 것이다. 여기에 함의된 것은 언약의 이러한 측면에 관해서조차 이스라엘은 그 조상들이 그러했던 것처럼 지금 불충실하다는 것이다. 이 구절에서 안식일을 어기는 자들에 대한 강한 심판의 선언은 여호와를 저버린 자들에 대한 이 장의 나머지 부분 속에 나타나는 심판과 조화를 이룬다.

C. 토기장이의 집(18:1-12)

서론: 몇 가지 문학적 연결사들

몇 가지 방식으로 18장에서 20장까지는 문학적으로 연결되고 있다. 주제의 측면에서 18장이 갖는 메시지의 기초로서 토기장이의 주제는 19장의 중심 주제로서 기능하고 있는 토기장이의 오지병과 밀접하게 관련되고 있다. 18장에서는 토기장이의 소망에 따라 다시 그릇이 만들어지고 있다. 하지만 19장에서 그 그릇은 파괴된다. 아직은 유연하지만 진흙은 쉽게 다시 뭉쳐져 모양을 낼 수 있다. 하지만 그것은 한 번 불에 구워지면 굳어지고 깨어지기가 쉽다. 그래서 토기장이가 원하더라도 그것은 이제 더 이상 다시 모양을 낼 수가 없다. 하지만 그것은 그 주인의 손에 의해 파괴될 수는 있는 것이다!

그렇다면 성전에서 선언된 예레미야의 메시지를 담고 있는 19장의 마지막 두 절은 20장과의 직접적인 연결을 갖게 되는 셈이다. 또 20장은 성전의 유사장인 바스훌이 예레미야의 말에 대해 응답하는 내용을 담고 있다.

이와 같은 주제상의 연결에 덧붙여서, 18, 19, 20장 사이에는 구조적인 연결이 나타난다. 세 장은 여호와의 말씀과 그에 따른 응답으로 개괄될 수 있다.

18장 여호와의 말씀: 지시(1-2절)
  행동: 예레미야의 응답과 결과(3-4절)
 여호와의 말씀: 해설(5-11절)
  유다/예루살렘의 응답(12절)
 여호와의 말씀: 심판(13-17절)
  예레미야의 응답: 고백(18-23절)
  (유다의 심판에 대한 그의 수용)
19장 여호와의 말씀: 지시, 심판(1-13절)
  1-13절에는 요구된 행동과 여호와의 지시/심판이 모두 나타난다
   행동을 요구하는 지시의 말씀(1-2절)
   장소에 관한 심판의 말씀(3-9절)
   행동을 요구하는 지시의 말씀(10절)
   심판의 말씀: 행동에 대한 해석(11-13절)
  예레미야의 행동(14절)

20장 행동/응답: 바스훌(1-3절)
여호와의 말씀: 바스훌에 대한 응답과 심판(4-6절)
예레미야의 응답: 고백(7-12절)
예레미야의 응답 II: 애가(13-18절)
(심판을 말할 사람이 되어야 한다는 사실에 대한 애가)

이와 같은 개요를 따라, 우리는 여호와의 말씀과 그에 대한 응답의 패턴을 알아 볼 수 있다. 여호와의 말씀은 모두 각각의 응답을 가지고 있다. 일부는 문자 그대로의 응답을, 그리고 다른 것들은 행위로서의 응답을 가지고 있다. 20장 끝부분에 나오는 예레미야의 이중적인 응답은 대단위의 종결을 이루는 기능을 하고 있다.

이와 같은 개괄에서 또한 대단락은 두 부분으로 나뉜다. 즉, 18장과 19-20장이다. 전・후반부는 모두 예레미야에게 상징적인 행위를 요구하는 여호와의 말로 시작된다. 각각은 심판 신탁이라는 용어를 통한 상징적 행위의 해석을 담고 있다. 또한 각각은 모두 예레미야에 대항하는 음모나 행동을 포함하는 반응을 담고 있다. 그리고 각각은 예레미야의 고백으로 끝을 맺고 있다.

참고문헌

Blank, S. *Jeremiah, Man and Prophet.* Cincinnati: HUC, 1961. **Brekelmans, C.** "Jeremiah 18,1-12 and Its Redaction." In *Le Livre de Jérémie Le prophète et son milieu. les oracles et leur transmission.* Ed. P.M. Bogaert. BETL 54. Leuven: Leuven UP, 1981. 343-50. **Fretheim, T. E.** "The Repentance of God: A Study in Jeremiah 18:7-10." *HAR* 11(1987) 81-92. **Johnston, R. H.** "The Biblical Potter." BA 37(1974) 86-106. **Mize, R.** "The Patient God." *Lexington Theological Quarterly* 7(1972) 86-92. **Stinespring, W. F.** "The Participle of the Immediate Future and Other Matters Pertaining to Correct Translation of the Old Testament." In *Translating and Understanding the Old Testament.* Ed. H.T. Frank and W. L. Reed. Nashville: Abingdon, 1970. 64-70. **Wanke, G.** "Jeremias Besuch beim Töpfer, Eine motivkritische Untersuchung zu Jer 18." In *Prophecy, Essays presented to Georg Fohrer*…Ed. J. A. Emerton. BZAW 150. Berlin: de Gruyter, 1980. 151-62. **Weippert, H.** *Die Prosareden.* 48-62, 191-209.

본 문

1 여호와께로부터 예레미야에게 임한 말씀에 가라사대

2 너는 일어나 토기장이의 집으로 내려가라 내가 거기서 내 말을 네게 들리리라 하시기로

3 내가 토기장이의 집으로 내려가서 본즉 그가 녹로로 일을 하는데

4 진흙으로 만든 그릇이 토기장이의 손에서 파상하매 그가 그것으로 자기 의견에 선한 대로 다른 그릇을 만들더라

5 때에 여호와의 말씀이 내게 임하니라 가라사대

6 나 여호와가 이르노라 이스라엘 족속아 이 토기장이의 하는 것같이 내가 능히 너희에게 행하지 못하겠느냐 이스라엘 족속아 진흙이 토기장이의 손에 있음같이 너희가 내 손에 있느니라

7 내가 언제든지 어느 민족이나 국가를 뽑거나 파하거나 멸하리라 한다고 하자

8 만일 나의 말한 그 민족이 그 악에서 돌이키면 내가 그에게 내리기로 생각하였던 재앙에 대하여 뜻을 돌이키겠고

9 내가 언제든지 어느 민족이나 국가를 건설하거나 심으리라 한다고 하자

10 만일 그들이 나 보기에 악한 것을 행하여 내 목소리를 청종치 아니하면 내가 그에게 유익케 하리라 한 선에 대하여 뜻을 돌이키리라

11 그러므로 이제 너는 유다 사람들과 예루살렘 거민들에게 말하여 이르기를 여호와의 말씀에 보라 내가 너희에게 재앙을 내리며 계책을 베풀어 너희를 치려 하노니 너희는 각기 악한 길에서 돌이키며 너희 길과 행위를 선하게 하라 하셨다 하라

12 그러나 그들이 말하기를 이는 헛된 말이라 우리는 우리의 도모대로 행하며 우리는 각기 악한 마음의 강퍅한 대로 행하리라 하느니라

1 The word which came to Jeremiah from the Lord, saying,

2 "Get up, go down to the potter's house, and there I will cause you to hear my words."

3 So I went down to the potter's house, and, [a]behold, he[a] was making a work upon the potter's wheel.[b]

4 But the vessel which he was making was blemished in the clay[a] at the potter's[b] hand; so he remade[c] it[d] another vessel just as it was pleasing in the potter's eyes to do.

5 Then the word of the Lord came to me, saying,

6 "Like the potter, am I not able to do to you, O house of Israel?" [a]An oracle of the Lord.[a] "Behold like the clay in the potter's hand, thus are you in my hand, O house of Israel.

7 If at any moment I speak against a nation and against a kingdom to pluck up, to break down and to destroy,

8 and then that nation turns from its evil [a]which I have spoken against it,[a] then I will repent concerning the evil which I had proposed to do to it.

9 Furthermore, if at another moment I speak concerning a nation and concerning a kingdom to build and to plant,

10 and it does the evil[a] in my sight so as not to listen to my voice, then I will repent concerning the good which I had spoken to do good to it.

11 So now, pray, say to the men of Judah and concerning the inhabitants of Jerusalem, [a]saying, 'Thus says the Lord,[a] "Behold, I am about to form (out of clay) against you evil and about to propose against you a plan. Pray, turn, each from his evil way, and make good your ways and your deeds"'"

12 [a]Then they said,[a] "It's hopeless![b] because we continue to go after our thoughts, and we continue to do each the stubbornness of his/her own evil heart."

원문주해

3.a-a. 케팁은 이와 다르게 증명되지 않은 형태인 웨힌네후(וְהִנֵּהוּ, 이와 같은 모음 표기는 두 경우 모두에 동일하다고 가정한다)를 가지고 있으며, 케레는 보다 일반적인 형태인 웨인네 후(והנה הוא)로 나타나고 있다.

3.b. 히브리어 알-하아브나임(על־האבנים)은 문자적으로는 "두 바퀴 혹은 돌 위에"를 의미한다. 이 표현은 토기장이의 바퀴를 이루는 두 돌을 언급하는 것이다. 아래의 "주석"을 보라.

4.a. 마소라 본문의 바호메르(בחמר) 대신에 일부 사본들(de Rossi, III, 88)은 카호메르(כחמר)로 읽는다. 이것은 칠십인역에서는 생략되어 있다.

4.b. 칠십인역은 "토기장이의"를 생략하고 "그의 손에"라고 읽는다.

4.c. 히브리어는 문자적으로 "그가 돌아왔고 만들었다"로 읽는다. 슈브(שׁוב) 동사와 다른 동사가 이렇게 함께 사용된 경우는 종종 그 행위를 다시 한다는 의미를 갖는다(BDB, 998a).

4.d. 히브리어는 "그가 직접 다른 그릇을 (다시) 만들었다"로도 번역될 수 있다.

6.a-a. 칠십인역에는 생략되어 있다.

8.a-a. 칠십인역과 시리아역에는 없다.

10.a. 케팁은 하라아(הרעה)이고, 케레는 하라(הרע)다. 두 경우의 의미는 모두 실제로는 같다. 라아(רעה)는 이 단락의 다른 곳에 네 번 나타나고 있으며(8절[두 번]; 11절[두 번, 한 번은 형용사로]), 한 번은 라(רע)로 나타나고 있다(12절[형용사로]).

11.a-a. 칠십인역에는 없다.

12.a-a. 탈굼역, 시리아역, 칠십인역을 따른 것이다. 이것은 와우 접속법과 미완료형의 결합인 와요므루(ויאמרו)로 보인다.

12.b. 니팔 분사인 노아쉬(נואשׁ)의 뜻은 "아무런 소망이 없다, 그것은 소망이 없다!"이다(BDB, 384b).

양식/구조/배경

18장에서 이 단락은 분명히 산문이다. 이것은 소위 산문 설교로 불리는 부분들 중의 하나로서, 일반적으로 "C"자료의 일부로 분류된다. 이것은 우리가 예레미야서의 다른 부분에서 발견하는 상징적 행위들과 관련된다(13, 19장 등). 이 부분이 상징 행위들과 구별되는 주된 요인은 여기서는 예레미야가 행동하기보다는 관조하는 입장에 있기 때문이다. 타인의 행동은 예레미야가 받고 나누게 될 메시지의 기초로서 기능하게 된다.

이 단락을 세부적으로 분류해 보면 여기에는 모종의 전이가 있음을 알 수 있다.

1-2절 여호와의 말씀-지시
3-4절 예레미야의 응답과 결과
5-11절 여호와의 말씀-해설
12절 유다/예루살렘의 응답

이와 같은 개괄 속에서도 5-11절은 다시금 더 세분화될 수 있다.

5절 서론
6절 여호와는 이스라엘에게는 토기장이와 같다.
7-10절 대립적인 가능성의 원리: 악으로부터의 돌아섬은 선을 초래하지만, 선으로부터의 돌아섬은 악을 초래한다.
11절 유다/예루살렘에 대한 이 원리의 적용

6절은 일종의 이중적 교차대칭 구조를 가지고 있으며, 각각 이 절의 전반부와 후반부에 각각 나타난다.

A 토기장이와 같아, 나는(할 수 없겠느냐)
B 너에게
B′ 오 이스라엘의 집아
A′ 여호와의 신탁

A 진흙과도 같아
B 토기장이의 손에 놓인
A′ 그렇게 너는
B′ 내 손에 있어
A″ 오, 이스라엘의 집아

7-10절은 가능한 가정의 시나리오를 제시하고 있으며, 이는 요나서 3장에 제시된 것과 다르지 않다. 7-8절은 정확하게 9-10절과 균형을 이룬다. 각각이 담아내고 있는 패턴은 (i) 뒤에 붙는 미완료형 아다베르(אדבר)와 더불어 레가(רגע)가 이끄는 조건절, (ii) 와우와 완료형이 이끄는 또 다른 조건절, (iii) 와우와 완료형으로 된 웨니하므티(ונחמתי)가 이끄는 결과절이다. 각각의 경우에 여호와의 원래의 계획이 갖는 반전은 이 말을 듣고 있는 민족에서 이루어지는 변화를 불러온다. 하지만 7-10절에서 주로 적용이 발견되는 것은 아니다. 이 구절은 단지 가능성들만을 제시할 뿐

이다. 적용은 11절에서 발견되며, 거기서 웨아타(ועתה, "그래서 이제")라는 단어는 특정의 적용으로의 전이를 지적한다.

12절은 메시지에 대한 유다/예루살렘의 응답으로 이루어져 있다. 일반적으로 주석가들은 이 응답을 반항적인 성격으로 이해해 왔다. "우리는 우리의 도모대로 행하며, 우리는 각기 악한 마음의 강퍅한 대로 행하리라." 대신에 이것의 분위기는 절망과 자포자기적인 것일 수도 있다. "소용없도다! (우리는 어쩔 수가 없으니!) 우리는 그저 계속해서 우리의 생각대로 할 수 있을 뿐…."

전체 단원(Carroll, Duhm, Mowinckel)이나 7-10절과 11b-12절의 둘 중 하나는 자주 원래의 예레미야 자료에 대한 후대의 첨가로 이해되곤 한다(Nicholson, 155 그리고 *Preaching*, 80-81; Thiel, 210-17를 참조하라). 하지만 브라이트와 할러데이(Weippert도 참조하라)는 이 단원이 기초적으로 예레미야의 것임을 논증한다. 전체 단원이 예레미야의 것이 아니라면, 저자는 분명히 메시지를 만들어 내는 데 있어 예레미야의 언어를 사용했을 것이다(보다 자세한 내용을 위해서는 다음의 "주석"을 보라). 비록 7절과 다시 12절에서 뚜렷한 수사적 전환이 나타나고는 있지만, 토기장이의 은유는 전체 단원을 통해 지속되고 있다. 1-4절에서는 네 번 나타나고 있으며, 6절에서도 같은 형태가 나타나는 것에 이어 11절에서도 분사형 요체르(יוצר, "형성하다")가 나타나고 있다. 비록 이 단어가 11절에서는 분사적 의미로 사용되고, 다른 곳에서는 일상적인 의미로 사용되었지만, 이렇듯이 동일한 어원을 가지고 용례의 변화를 만들어 내는 것은 예레미야의 전형적인 문체가 되고 있다(Holladay, *Style*). 또한 7절에서의 웨리느토츠(ולנתוץ, "파하다"), 리느토쉬(לנתוש, "뽑다"), 우르하아비드(ולהאביד, "멸하다")와 9절에서의 리브노트 웨리느토아(לבנת ולנטע, "건설하고 심기")는 예레미야에게 있어서 전형적인 어휘디(1:6 등을 참조하라). 또한 예레미야에게 있어서 전형적인 문체가 되고 있는 것은 분사에 이어 동일 어원에서 파생된 한두 가지 경우의 명사를 사용하는 경우다. 11-12절에서의 웨호셰브(וחשב, "계획하다"), 마하샤바(מחשבה, "계책"), 마흐슈보테이누(מחשבותינו, "우리의 도모")가 그것이다.

이 단원의 정황은 B.C.E. 587/6년에 이루어진 예루살렘의 몰락 이전으로 보인다. 이 정황은 임박한 심판을 가리키고 있으나, 이 심판은 아직은 돌이킬 수 있어 보인다(7-8, 11절). 이 상황에서 예레미야와 여호와는 아직도 회개(שוב – 슈브)가 말해지고 있는 심판을 막을 수 있다는 소망을 준다. 이 구절 속에서 두 역할자는 심판이 피할 수 없는 것임을 지적한다. 4절은 또 하나의 그릇을(혹은 그 그릇을 다시금) 만드는 일에 대해 말하고 있으며, 이는 회복의 소망을 가지고 민족의 추방이라는 참상에 관해 다루는 것으로 보인다. 12절은 절망적인 상황에 대해 말하고 있다. 이 절망의 원인은 완고한 백성들이 그 길을 변화시키는 것을 거부하거나, 이것이 아닐지라도 그 길을 바꿀 수 없는 상태가 되었기 때문이다. 전체적으로 보아 포로기 이전의 상황이 보다 적합해 보이며, 미래의 민족적 붕괴에 대한 메시지가 시드기야 왕이 다스리기 전의 때와 같아 보이는 것은 확실하다.

주석

1 1절은 전체가 도입적이다. 이 부분은 뒤이어 나오게 될 장면의 정황을 설정하고 있다. 여기서의 공식과도 같은 어법은 7:1과 11:1과 동일하다. 그리고 21:1도 참조하라.

2 명령법 다음에 와우와 결합한 완료형의 구문(קוּם וירדת – 쿰 웨야라드타)이 그리 적지 않은 가운데서, 우리는 명령의 힘을 좀더 실어 주기 위해 명령형 다음에 미완료형을 더 잘 기대하게 마련이다. 하지만 의미는 뚜렷하다. "일어나서 내려가라…."

"토기장이"(היוצר – 하요체르)에다 정관사를 사용한 것은 이것이 무언가 특정 대상을 지시한다는 것이지만, 확실히 예루살렘은 하나만의 토기장이를 가진 것은 아니었다. "토기장이"라는 의미로 사용된 단어 요체르(יוצר)는 분사형이다. 그 어원이 갖는 주된 의미는 "형성하다, 모양을 만들다" 등이다. 이 어원은 여호와의 사역, 특히 창조 시에 이루어졌던 그의 사역에 광범위하게 사용되고 있으며, 자주 바라(ברא, "창조하다")와 평행을 이루며 나타나기도 한다. 여호와는 진흙 덩어리로부터 인류(אדם)를 만든 것이다(Speiser의 용어를 빌리자면, 그는 특별히 "흙에서 한 덩이"를 말한다, 창 2:7-8[*Genesis*, AB, 14-16]). 아파르(עפר) 대신에 진흙 덩이를 사용한 것은 토기 작업의 정황에 잘 어울린다. 유사하게 여호와께서는 들의 모든 짐승들과 새들(창 2:19) 그리고 레비아탄(시 104:26)까지도, 또한 땅(사 45:18)과 마른 땅(시 95:5) 그리고 산(암 4:13)과 빛(사 45:7)도 만드셨다. 실로 여호와께서는 모든 만물(הַכֹּל – 하콜, 렘 10:16; 51:19)을 만드신 것이다. 그래서 여호와의 토기장이로서의 이미지는 예레미야가 사용한 것으로 잘 알려진 은유가 되고 있다.

3 예레미야는 여호와의 지시를 따른다. 그리고 토기장이의 집으로 간다. 거기서 그는 토기장이가 그릇을 만드는 것을 보게 된다. 특히 "두 바퀴/돌" 위에서의 "작업"(מלאכה – 믈라카)을 보았다. 고대 근동에서 토기장이들은 느린 바퀴나 빠른 바

퀴를 사용하였다. 느린 바퀴는 두 개의 돌로 이루어졌으며, 아랫바퀴는 오목한 부분이 있고, 윗바퀴는 볼록한 돌출부를 가지고 있어서 그것이 오목한 부분과 맞아 선회축을 갖게 해주었다. 윤활제로 기름이 사용될 때 윗바퀴가 회전할 수 있어 그 위에 놓인 물질이 여러 번 천천히 돌 수 있게 해준다. 이러는 동안 토기장이는 바퀴 위에 놓인 그릇에 모양을 만들어 낼 수 있다. 빠른 바퀴 위에서 두 돌은 하나의 축으로 연결되는 상태로, 토기장이는 아랫바퀴를 돌리기 위해 그의 발을 사용하게 된다. 이렇게 함으로써 바퀴의 회전은 계속 이루어질 수 있고, 이는 그로 하여금 두 손을 모두 사용할 수 있게 해주어 그릇을 훨씬 더 잘 만들 수 있다. 존스턴(Johnston)은 예레미야가 빠른 바퀴를 언급하는 것으로 보았다.

4 "토기장이의 손에 있는" 결점은 모호하다. 진흙 자체에 결함이 있다는 것인가? 다른 물질이 있어 너무 많은 함유물이나 이물질이 있다는 것인가? 진흙이 적절하게 작업하기에는 너무 물이 많다는 것인가, 아니면 적다는 것인가? 모양을 만들어 가는 과정에서 진흙이 너무 무거워져서 그 무게에 의해 축 늘어지기 시작했다는 것인가? 아니면 모양에서 혹은 모양을 갖추어 가는 중에 결점이 생기게 된 것인가? 토기장이가 마음속에 어떤 특별한 모양의 그릇을 가지고 있었는데, 그가 바라던 바로 그 그릇이 만들어지지 않는 바람에 그릇을 다시 만들어야 했다는 것인가? 본문은 어떤 것을 꼭 집어서 말하지는 않는다. 그저 무슨 이유로든 토기장이는 자신의 눈을 기쁘게 할 만한 그릇으로 다시 만들었다는 것을 진술할 뿐이다.

6 6절에 제시되고 있는 설명도 일반적인 것이다. 심판에 대한 해석은 7-11절에서 발견되고 있는 보다 심화된 발전으로부터 나온 것이다. 실제로 이것은 그토록 많은 주석가들이 7-11절을 원래는 모호하고 애매한 메시지의 확장으로 여겨 온 이유가 된다. 여호와가 이스라엘을 자신이 기뻐하는 대로 만드실 수 있다고 보이더라도, 6절은 이스라엘이 토기장이의 손에 있는 진흙과도 같다고만 말할 뿐이다. 5절로부터의 다시 만든다는 개념조차도 이스라엘에 대한 변화를 암시하고만 있을 뿐이다. 그리고 예레미야의 메시지를 안다는 것은 일반적으로 죄에 대한 심판도 포함하는 것이며, 7-11절에서의 발전은 그의 선언과 잘 부합된다.

7-10 소명 내러티브(1:10)로부터 예레미야의 아름다운 유음구의 반복이 7절에(לנתוש ולנתוץ – 리느토쉬 웨리느토츠, "뽑아내거나 부수거나") 나타나고 있다(31:28도 참조하라). 이 유음 현상은 소명 내러티브에서 웨리느토아(ולנטוע, "심기"; 1:10)라는 단어로 지속되며, 이는 또한 9절의 이 구절에서도 나타나고 있다. 실제로, 소명 내러티브에 있는 다섯 개의 동사는 여기 7절과 9절에서도 나타나고 있다.

토기장이의 집 장면에 대한 해석이 이제 가능성으로 상정되고 있는 두 개의 보편적 원리라는 용어로 주어지고 있다. 문맥은 조건 문장의 구조를 보여 준다. 만일 하나님이 민족의 악한 길로 인해 민족에게 불행을 선언하고 이 민족이 그 악에서 돌아서게 된다면, 하나님께서는 그분이 선언한 불행에서 돌이키실 것이다. 이 반대도 사실이다. 즉, 만일 하나님이 이 민족의 선한 길로 인해 민족에게 선을 선언하시고 이 민족이 그 선한 길에서 돌이키게 된다면, 하나님께서는 자신이 계획하셨던 선에서 돌이키실 것이다. 원리는 단순히 언약 규정의 수행일 뿐이다. 조약과 언약은 원칙적으로 언약의 조건을 포함한다. 언약의 준수에 대하여 주인은 그 예속자에게 축복을 약속한다. 하지만 언약의 파기에 대해서는 주인은 그 예속자에게 징벌을 약속한다. 정치 무대에서 진리인 것은 하나님에게도 진리이며, 그의 피조물과의 관계성도 마찬가지다. 이 원칙의 수행과 가장 가까운 성경적인 실례는 요나서에 나오는니느웨인들의 경우다.

[11] 7-10절에서의 보편 원리는 11절에서 유다/예루살렘에 특별히 적용된다. 그리고 그 특징은 심판이라는 용어로 주어진다. 이스라엘은 하나님께서 선하게 대하기로 선언하신 그런 민족이었다. 그들은 그의 언약 백성이었고, 시내 언약뿐만 아니라 아브라함과 기타 조상들의 언약의 유익을 얻게 되어 있었다. 하지만 지금 이스라엘이 언약을 깨뜨렸기 때문에, 하나님께서는 그들에게 심판을 가져오려 하신다. 아직도 11절에서는 소망을 제시하고 있다. 만일 이스라엘이 그 악한 길에서 "돌아선다면", "돌아온다면", "회개한다면"(모두 슈브[שׁוב]의 번역어이다) 아마도 하나님께서는 자신이 선언하셨던 악에서 돌이키실 것이다.

슈브(שׁוב)는 회개를 뜻하는 용어로 선지서들 속에서 꽤나 자주 등장하는 말이다. 예레미야는 이 어원을 이용하여 다양한 의미로 특별히 즐겨 사용하였다(3장을 참조하라. 여기서 그는 이 어원을 23개의 절에서 16번이나 사용하고 있다).

11절은 토기장이의 은유로 회귀하고 있다. 동일한 분사형인 요체르(יוצר)가 사용되고 있다. 하지만 여기서 예레미야는 이 단어를 명목상의 비난으로서보다는 글자 그대로의 비난으로 사용한 것이다. 스타인스프링(Stinespring)을 따라, 이 분사와 후치되는 단어는 여호와가 이제 바로 행동하시려 한다는 것을 지시하는 임박한 미래의 의미로 번역되고 있다.

[12] 12절은 백성들의 반응을 보여 준다. 여기 수용된 수정과 번역은 이 말들이 자신들의 변화의 불가능함에 대해 실망하고 있음을 보여 주는 백성들의 반응임을 알게 한다. "그것은 절망적이오!"라는 말은 회개에 대한 완고한 거절을 지적하는 것이

아니다. 오히려 그들이 변화할 힘이 없다는 것을 지적하는 것이다. 아마도 백성들은 운명론이나 결정론을 반영하여, "나는 하나님의 손에 있는 진흙이고, 그는 나를 만드시며, 나는 무엇이 나올지에 대해 아무런 조절력도 없다"라고 사실상 말하는 것이다. 1-6절에 대한 이러한 독법은 가능한 것이기는 하다. 하지만 7-10절은 이러한 해석에 대한 가능성을 용납하지 않는다. 그들의 반응은 적절하지 않다. 결과는 그들이 회개하기를 거절한 것으로 보일 뿐이다.

해설

예레미야는 토기장이의 집에서 행해지는 비유를 본다. 그때 그는 비유의 해석을 얻는다. 비유는 일반적인 것이다. 토기장이는 그릇을 만들다가 그 안에 있는 결함을 발견한다. 그래서 그는 그것을 자신이 좋아하는 다른 그릇으로 만들려고 한다. 첫 번째 해석은 이 비유를 열방과 왕국들의 보다 넓은 범주에 적용한다. 말하자면, 열방과 왕국들은 여호와의 손에 있는 진흙과도 같다는 것이다. 그래서 그들은 그분에 의해서 그분이 원하시는 대로 모양을 갖추고 형성되는 그분의 창조의 일부일 뿐이다. 하지만 보다 특별히 창조주로서 여호와는 부분적으로 열방과 왕국들의 반응에 의해 인도되신다. 그들이 그분에게 응답하는 대로, 그분은 그들에게 응답하신다(맞다. 토기장이가 진흙에 반응하듯이, 여기서는 다른 진흙의 혼합은 다른 그릇에 필수적이다).

그렇게 적용이 이루어진다. 유다와 예루살렘은 여호와의 손에 있는 진흙이다. 그들이 그에게 취한 부정적인 반응으로 인해, 여호와는 그들에게 불행을 만드신다. 하지만 그 진흙은 여전히 가소성이 있는 상태이며, 변화는 아직 가능하다. 그렇게 백성들은 그들의 악한 길에서 돌이키고 회개하며 선을 행하라는 부르심을 받고 있다.

백성들은 응답으로 그들이 변화될 수 없다(변화되지 않겠다)고 절망한다. 그래서 그들은 자신들의 고집과 악한 길을 지속할 것이다.

D. 무서운 것(18:13-17)

참고문헌

Albright, W. F. "A Catalogue of Early Hebrew Lyric Poems(Psalm LXVIII)." *HUCA* 23(1950/51) 23-24. **Brueggemann, W.** "Jeremiah's Use of Rhetorical Questions." *JBL* 92 (1973) 358-74. **Dahood, M.** "Philological Notes on Jer 18,14-15." *ZAW* 74(1962) 207-209. **Driver, G. R.** "Things Old and New in the Old Testament." *MUSJ* 45(1969) 467-69. **Fitzgerald, A.** "BTWLT and *BT* as Titles for Capital Cities." *CBQ* 37(1975) 167-83. **Gordis, R.** "The Biblical Root SDY-SD: Notes on 2 Sam. i.21; Jer. xviii.14; Ps. xci.6; Job v.21; Isa. xiii.6." *JTS* 41(1940) 37-39. **Loretz, O.** "Jeremia 18,14: Stichometrie und Parallelismus Membrorum." *UF* 4(1972) 170-71. **Propp, W. H.** "On Hebrew SADE(H) 'Highland.'" *VT* 37(1987) 230-33.

본 문

13 그러므로 나 여호와가 이같이 말하노라 너희는 누가 이러한 일을 들었는가 열방 중에 물어보라 처녀 이스라엘이 심히 가증한 일을 행하였도다	**13** Therefore, thus says the Lord: "Pray ask among the nations, who has heard (words) like these?[a] 2+2 An exceedingly [b]horrible thing[b] she has done, 3+2 the virgin, Israel.[c]
14 레바논의 눈이 어찌 들의 반석을 떠나겠으며 원방에서 흘러 내리는 찬물이 어찌 마르겠느냐	**14** Has rock departed[a] from[b] [the] highland[c] or snow from Lebanon? 3+2 Do gushing[d] waters dry up,[e] cool[f] flowing (waters)? 3+2
15 대저 내 백성은 나를 잊고 허무한 것에게 분향하거니와 이러한 것들은 그들로 그 길 곧 그 옛 길에서 넘어지게 하며 곁길 곧 닦지 아니한 길로 행케 하여	**15** Yet[a] my people have forgotten me, to the No-thing[b] they burn incense. 2+2 They stumbled[c] on their ways, on their old paths, 2+2 (and) to go (on) pathways,[d] a way that was not a highway; 2+3
16 그들의 땅으로 놀랍고 영영한 치소가 되게 하리니 그리로 지나는 자마다 놀라서 그 머리를 흔들리라	**16** so as to[a] make their land a horror, (a place of) shrieks[b] forever. 3+2 Everyone passing by opposite her will be horrified[c] and will shake his/her head. 4+2
17 내가 그들을 그 원수 앞에서 흩기를 동풍으로 함같이 할 것이며 그들의 재난의 날에는 내가 그들에게 등을 보이고 얼굴을 보이지 아니하리라	**17** Like[a] an east wind[b] I will scatter them before an enemy;[c] 2+2 back and not face I will show[d] them on the day of their calamity." 3+2

원문주해

이 단락의 히브리어는 심하게 손상되어 있다. 본문의 의미를 만들어 내기 위해 많은 수정이 필요했다. 이때 이루어진 작업은 자음 본문을 가능한 한 그대로 유지하려는 것이었고, 또한 가능한 한 최소한의 수정을 가했을 뿐이다. 수정이 이루어지는 경우, 가능하다면 번역본들의 증거를 참조해서 따랐다.

13.a. 할러데이는 엘레(אֵלֶּה, "이것들") 대신에 알라(אָלָה, "저주")로 읽을 것을 제안한다.

13.b-b. 탈굼역은 "당황케 하는 것"으로 읽는다.

13.c. 소수의 사본들(de Rossi, III, 88)은 "예루살렘"으로 읽는다.

14.a. *BHS*는 하야아조브(היעזב, "떠났는가…") 대신에 하야아보르(היעבר, "건넜는가…")로 읽을 것을 제안한다. 하지만 이런 수정은 불필요하다.

14.b. 이 번역은 전치사 민(מ)을 추르(צור, "바위")에서 사다이(שׂדי)로 옮긴 것이다. 그리고 이는 다음 구를 더 잘 지배하는 것으로 보인다.

14.c. 칠십인역은 마스토이(*μαστοί*, "가슴"; 이는 히브리어로 사데[שׂדה]가 아니라 슈드[שׁוד]다)로 읽는다. *BHS*는 시르욘(שׂריון)으로 읽을 것을 제안하는데, 이는 헐몬 산의 또 다른 이름이다. 이 번역은 마소라 본문을 따른 것이며, 사데(שׂדה)가 여기서는 "고지대"로 번역되어야 할 것이라는 프롭(Propp)의 견해를 수용한 것이다.

14.d. 마소라 본문의 자림(זרים, "이방") 대신에 자빔(זבים)으로 읽은 것이다.

14.e. 마소라 본문의 이나트슈(ינתשו, "그들이 뽑히다") 대신에 두 자음의 위치를 서로 바꾸어 이나슈투(ינשתו, "그들이 말라 버리다")로 읽었다.

14.f. *BHS*는 카림(קרים, "차가운") 대신에 므코림(מקרים, "샘")으로 읽을 것을 제안하고 있으나 마소라 본문을 따랐다.

15.a. 키(כי)를 반의접속사로 읽었다, GKC § 163.

15.b. 샤웨(שׁוא, "비어 있음, 공허함")를 우상을 지적하는 것으로 번역하였다. 우상은 무(無)이다.

15.c. *BHS*가 제안하는 대로 마소라 본문의 와야크쉴룸(וַיַּכְשִׁלוּם, "그들이 그들로 넘어지게 하였다") 대신에 웨이카슐루(וַיִּכָּשְׁלוּ)로 바꾸어 읽었다. 칠십인역은 카이 아스쎄네수신(*καὶ ασθενήσουσιν*, "그리고 그들이 약해졌다")으로 읽는다.

15.d. *BHS*가 토후(תהו)를 삽입시켜야 한다고 제안하고 있는데, 이는 아마도 중자탈락 현상으로 인해 빠져 버린 것으로 이해했기 때문인 것으로 보인다.

16.a. 전치사 르(ל)는 결과를 지적하는 것으로 번역하였다.

16.b. 슈리코트(שְׁרִיקֹת, 이것은 케팁 슈루카트[שׁרוקת]의 케레)에 대한 번역은 이 단어가 의성적인 표현임을 지적해 준다. 그래서 나는 이것을 "비명을 지르다"로 번역하였다.

16.c. 탈굼역은 "소리칠 것이다"를 가지고 있다.

17.a. 다수의 사본들(de Rossi, III, 88)에는 브루아흐(ברוח, "[동]풍을 가지고")로 되어 있다.

17.b. 탈굼역은 "그래서"를 추가시키고 있다.

17.c. 탈굼역과 칠십인역은 "그들의 적들"로 읽는다.

17.d. 칠십인역, 불가타역, 탈굼역, 시리아역을 따라 마소라 본문의 칼인 에르엠(אֶרְאֵם, "내가 그들을 볼 것이다") 대신에 히필인 아르엠(אַרְאֵם)으로 읽었다.

양식/구조/배경

라켄(לכן)이라는 단어는 전이를 나타내는 단어로 작용한다. 이것은 이 단원을 선행 단원과 연결시켜 주면서도, 동시에 새로운 단위로의 이동을 지시하는 것이다. 선행 단원은 여호와가 유다에게 슈브(שוב), 즉 "돌아서고" "회개하라"는 부르심과 유다가 변화에 대해 불가능성을 보이고 있음을 제시하면서 끝맺었다. 여호와는 이제 유다에게 응답하시는 것이다.

이 단원은 코 아마르 야흐웨(כה אמר יהוה)라는 메신저 형식구로 시작하면서, 다시금 새로운 단락이 시작됨을 재차 알려 주고 있다. 이 단원은 시문이며, 주로 3+2와 2+2의 운율을 사용하고 있다. 키나 운율이 다섯 차례나 재등장하는 것은 이 단원이 모종의 애가적 구조와 내용을 담고 있음을 시사한다.

이 단원은 수사적으로 아래와 같이 개괄될 수 있을 것이다.

A 공포: 이스라엘이 끔찍한 일을 저질렀다(13절)
  B 세 개의 수사적 질문들: 정상적인 상황 속에서 괴이한 일이 발생한 것인가?(함축된 답은 아니다)(14절)
  B' 하지만 이스라엘은 끔찍하고 괴이한(unnatural) 일을 범하였다(15-16절)
A' 공포: 여호와는 끔찍한 일을 범하려고 한다 – 재앙의 날에 이스라엘에게 그의 등을 보이실 것이다(17절)

이 단락은 많은 어휘를 가지고 있으며 2장, 특히 10-13절과 평행적인 의미를 가지고 있다. 소수의 보다 중요한 것들이 아래 제시되고 있다.

예레미야 2장	**예레미야 18장**
너희는 깃딤 섬들에 건너가 보며 게달에도	열방 중에 물어보라(13b절)
사람을 보내어 이 같은 일의 유무를 자세히	누가 이러한 일을 들었는가?(13b절)

살펴보라(10절)

어느 나라가 그 신을 신 아닌 것과 바꾼 일이 있느냐?(11a절)	허무한 것에게 그들이 분향하였다(15b절)
놀랄지어다…심히 떨지어다 두려워할지어다(12a절)	그리로 지나는 자마다 놀랄 것이다(16b절)
내 백성이 두 가지 악을 행하였나니 곧 생수의 근원 되는 나를 버린 것과,…(13a절)	너희들이 행한 심히 가증한 일(13c절) 아직도 내 백성들은…(15a절) 나를 잊고 있다(15a절) 쏟아지는 물이 마르겠느냐, 차갑게 흐르는 (물)이 그러겠느냐?(14b절)
오직 내 백성은 나를 잊었나니…(32절)	아직도 내 백성은 나를 잊고 있다(15a절)

이 단원은 심판 신탁이다. 13절에서 기소가 이루어지고 있으며, 이의 전개가 14-16절에 나타나고 있다. 판결은 17절에서 선고되고 있다. 기소는 3인칭 단수("이스라엘")로 시작되었다가, 15-16절에서는 3인칭 복수("내 백성…그들")로 전환되고 있다. 판결은 1인칭으로 선고되고 있다.

13절은 대명사 미(מי, "누구")로 도입되는 수사적인 질문을 가지고 있다. 이 질문은 부정적인 답을 기대하는 것이다. 그러고 나서 이는 14절, 곧 브루거만(Brueggemann)이 이중 수사적 질문으로 부르는 것으로 이어진다. 하지만 이것은 재구성된 본문에서는 3중 수사적 질문으로 나타나고 있다. 13절의 질문은 14절의 세 개의 질문과는 수사적인 것이라는 점과 부정적인 답을 기대하는 것이라는 점 외에는 관련성이 없다. 13절은 일면 14절에 나타나는 세 개의 질문을 준비하는 것이다. 14절의 3중 수사적 질문의 형식은 하…임(ה·אם)의 패턴을 가지고 있다(Brueggemann, 358). 두 번째 질문의 하(ה)는 문맥으로부터 이해될 수 있다. 세 개의 질문에 이어 반의접속사인 키(כי)로 도입되는 발전부가 나온다. 이 질문에 기대되었던 부정적인 대답은 우리로 하여금 반의접속사가 이어서 나오는 것을 더 기대하게끔 만든다.

15c절과 16a절에서의 두 개의 부정사는 구조의 일부를 이루고 있다. 하지만 두 번째 부정사는 결과로 이해된다. "만들도록, 만들기 위해, 그 결과 만들도록."

이 단원은 예레미야의 것으로 보인다. 이 단원의 어떤 것도 특정 시기를 지적하고 있지는 않지만, 회개의 요청이 없다는 것과 은혜의 베풂에 대한 내용도 없다는 것은 주목할 만하다. 이 같은 현상은 그 시기가 주전 597년 직전이나 주전 597년에서 587년 사이의 어느 때라는 것을 지적하는 것일 수 있다.

주석

13 13절에서 이스라엘/유다에 대한 기소는 매우 일반적이다. 상세한 내용이 다음 절에 보존되고 있다. 기소자인 여호와는 사건을 제시하신다. "고임(גּוֹיִם), 즉 열방, 이교를 믿는 이방인들 가운데 물어보라. 누가 이러한 일을 들었는가?" 내재된 대답은 "아무도 듣지 못했다"이다. 아직 그 세부적인 내용은 주어지지 않고 있다. 어떤 끔찍한 일도 아직 기술된 바가 없다. 문체는 어떤 기대를 자아내려는 의도를 가지고 있다. 공동체의 언약적인 이름 이스라엘이 이 구절에 사용됨으로써 다시금 스스로를 언약적인 정황 가운데 있다는 것을 상기시킨다. 이스라엘은 더 나아가 처녀로 언급되는데, 이는 땅과 성읍들에 대한 일상적인 인격화다. 덧붙여서, 은유는 순결함과 결백함과 무력함을 지적하려 한다. 이제 이스라엘은 결코 순결하거나 결백하지 않다.

샤아루릿트(שַׁעֲרֻרִת, "두려운 일")는 12절의 슈리루트(שְׁרִרוּת, "완고함")와 유사음이다. 이는 두 단락을 연결시키는 기능을 하는 것일 수도 있다.

14 여기에 재구성된 대로 14절의 수사적 질문들은 자연 현상을 다루고 있다. 누가 고지대의 바위들을 모두 없앴던 적이 있는가? 눈이 레바논을 떠나겠는가? 쏟아지는 샘의 물, 차갑게 흘러내리는 물이 마르겠는가? 이 같은 질문들은 부정적인 답이 예상되는 것들이다. 자연은 예측할 수 있으며 불변하는 현상이다. 물에 대한 언급은 생수의 근원에 대한 2:13에서의 은유와, 한여름에 말라 버린 와디와도 같이 "주께서는 내게 대하여 물이 말라서 속이는 시내 같으시리이까"라고 하는 15:18에서의 예레미야의 불평을 회상케 해주고 있다. 브루거만은 이들 수사적 질문들의 배경에 있는 지혜에 대해 지적해 준다. 그리고 실제로 그는 그들 속에서 교훈적인 목적을 발견한다. 이스라엘의 행위가 얼마나 비자연적인지를 자연에 호소하고 있는 것이다.

15 자연이 변화하지 않으면서도 그 창조주에게 충성스럽듯이, 우리도 여호와의 언약 백성인 이스라엘에게서 마찬가지를 기대할 수 있을 것이다. 이것이 정확히 예레미야가 말하고자 하는 요점이다! 백성들은 그들의 창조주에게 불성실해 왔다. 불변화사 키(כִּי)는 수사적 질문이 갖는 설득력을 내세우고서, 반의접속사라는 형식을 통해 해결책을 제공한다. 동일한 패턴을 따르지는 않는다고 하더라도, 2장은 수사적인 질문을 사용하면서 키(כִּי)로 도입되는 절 속에서 해결책을 가지고 있다. 하지만 여기서의 키(כִּי)는 인과적 불변화사다.

2장에 있는 관련 구절에서 백성들은 여호와를 저버렸다(עזב – 아자브)고 나타난다. 동일한 어원이 위의 14절에서도 나타나고 있다. 여기서 사용된 동사는 샤카흐(שכח, "잊다")다. 2장에서 샤카흐(שכח)는 32절에서만 두 번 나타난다. 그리고 한 번은 실제로 같은 구에서 나타나고 있다.

히브리어 샤웨(שוא)는 대개 "텅빔, 공허함" 등으로 번역된다. 본 절과 같은 경우, 즉 그 지시 대상이 우상 등을 가리키는 경우 이것은 자주 헛된 것으로 번역된다. "아무것도 아닌 것"(No-thing)이라는 단어는 우상이 실질적인 존재성을 결여하고 있다는 비난만큼이나 히브리어 특유의 충격을 잘 유지한 표현이다. 그것들은 살아 있는 존재가 아니며 무이다. 백성들이 이러한 대상들에게 향을 피웠다는 사실은 그것들이 우상이나 혹은 이교 제신들의 상징이라는 것을 더욱 분명하게 확인해 준다.

그들의 행위의 결과로 백성들은 그들의 길에서 넘어지게 되며(참조, 렘 12:5, "네가 평안한 땅에서도 넘어지려니와 요단의 창일한 중에서는 어찌하겠느냐") 잘못된 길, 대로가 아닌 샛길에서 끝을 맺게 된다. "대로"에 사용된 단어는 포장 도로, 즉 어느 정도는 오늘날의 고속도로의 이미지와 비교할 만한 그런 길이다.

16 16절 초두에 나타나는 부정사 라솜(לשום)은 결과를 지시한다. 15절부터 넘어지는 자를 일으키고, 샛길을 계속해서 간다. 그러나 또한 그 지시 대상을 위해 15절의 초두로 다시금 되돌아온다. 왜냐하면 그들은 여호와를 잊었고, 그래서 그들은 자신들의 땅을 참혹하게 만들었기 때문이다. 슈루카트(שרוקת)가 음성어라는 사실에 대한 언급은 주석에 나타나고 있다. 어원 샤라크(שרק)를 사용하는 모든 경우가 큰 부르짖음을 지시한다. 또한 자주 샤마(שמה, "공포")라는 말과 더불어 소리지름을 뜻하기도 한다. "비명"이라는 단어는 공포와 놀람의 의미를 적절히 담아내는 말이다.

17 동풍은 사막의 바람으로 뜨거운 열풍인데, 인간에게도 식물에게도 동일한 파괴력을 지닌 바람이다. 여호와는, 그렇게 차갑게 쏟아지는 물(14절)이나 혹은 생수의 샘(2:13)이 되고자 했던 여호와는 이제 뜨겁고 불같이 태워 버리는 사막의 바람처럼 되려고 하신다(17:6을 참조하라). 하지만 이 은유가 여기서 주로 의미하는 바는 열이 아니다. 그 대신에 바람의 강하게 흩어 버리는 능력이다. 그렇게 그 백성은 그들의 적 앞에서 흩어지게 될 것이다.

최악의 사태는 아직 오지 않았다. 재앙의 날이 임하게 될 때, 그 백성이 도움과 구원을 위해 여호와에게 울부짖을 때, 그분은 그들에게서 등을 돌려 버리실 것이다. 그분의 얼굴, 대개는 축복의 표시가 되는 그분의 얼굴이 아닌 그분의 등을 그들은 보게 될 것이다. 아무런 축복도 용서도 이 질고에 빠진 백성을 위해서는 남겨진 것이 없다.

해설

이제 심판의 신탁이 백성들에게 언도되고 있다. 만일 한 비유와 그 해석이 실패하게 된다면(1-12절), 아마도 직접적인 고발은 효과를 거두게 될 것이다. 이 기소는 자연으로부터의 관찰의 결과를 언급한다. 자연이 변하는가? 아니라는 답이 나오게 된다. 자연은 불변한다. 하지만 하나님의 언약 백성인 이스라엘은 확실히 변한다. 그들은 언약의 신실성에서 영원하지 않다. 그들은 여호와를 잊었으며 우상 즉 아무것도 아닌 것에게 재물을 바치고, 여호와를 따르는 길에서 떠나 버렸다. 그 결과는 그것을 볼 수 있는 모든 자에게 참혹하게 나타난다. 그 백성은 그들의 적 앞에서 흩어지게 될 것이며, 무엇보다도 참담한 일은 여호와께서 재앙의 날에 그들에게서 등을 돌리시리라는 것이다.

E. **예레미야의 네 번째 고백**(18:18-23)

참고문헌

Baumgartner, W. *Jeremiah's Poems.* 56-59. **Berridge, J. M.** *Prophet, People.* **Diamond, A. R.** *The Confessions of Jeremiah.* **Hubmann, F. D.** "Jer 18,18-23 im Zusammenhang der Konfessionen." In *Le Livre de Jérémie.* Ed. P.-M. Bogaert. BETL 54. Leuven: Leuven UP, 1981. 271-96. **Kelly, F. T.** "The Imperfect with Simple *Waw* in Hebrew." *JBL* 29(1920) 1-23. **Lundbom, J. R.** *Jeremiah: A Study in Ancient Hebrew Rhetoric.* SBLDS 18. Missoula, MT: Scholars Press, 1975. **O'Connor, K. M.** *The Confessions of Jeremiah.* **Orlinsky, H. M.** "On the Cohortative and Jussive after an Imperative or Interjection in Biblical Hebrew." *JQR* n.s. 31(1940-41) 371-82; 32(1941-42) 191-205, 273-77. **Polk, T.** *The Prophetic Persona. JSOTSup* 32. Sheffield: *JSOT* Press, 1984. **Seitz, C. R.** "The Prophet Moses and the Canonical Shape of Jeremiah." *ZAW* 101(1989) 3-27. **Smith, M.**

S. *The Laments of Jeremiah and Their Contexts: A Literary and Redactional Study of Jeremiah 11-20.* SBLMS 42. Atlanta: Scholars Press, 1990.

본 문

18 그들이 말하기를 오라 우리가 꾀를 내어 예레미야를 치자 제사장에게서 율법이, 지혜로운 자에게서 모략이, 선지자에게서 말씀이 끊어지지 아니할 것이니 오라 우리가 혀로 그를 치고 그의 아무 말에도 주의치 말자 하나이다

18 Now they said, "Come, let us [a]plot against Jeremiah plots,[a] for 'it cannot vanish: Torah from priest, nor counsel from sage, [b]nor word from prophet.'[b] 4+4+4 Come, let us smite him [c]with the tongue,[c] let us not[d] pay attention to any of his words." 3+2

19 여호와여 나를 돌아보사 나로 더불어 다투는 그들의 목소리를 들어보옵소서

19 Pray, pay attention to me, Lord, listen to the voice of my adversaries.[a] 3+3

20 어찌 악으로 선을 갚으리이까마는 그들이 나의 생명을 해하려고 구덩이를 팠나이다 내가 주의 분노를 그들에게서 돌이키려 하고 주의 앞에 서서 그들을 위하여 선한 말씀한 것을 기억하옵소서

20 Is evil being repaid instead of good? [a]Yet they have dug a pit[b] for me.[a] 3+3 Remember my standing in your presence to speak good about them and to cause your anger to turn from them. 3+3+3

21 그러하온즉 그들의 자녀를 기근에 내어주시며 그들을 칼의 세력에 붙이시며 그들의 아내들은 자녀를 잃고 과부가 되며 그 장정은 사망을 당하며 그 청년은 전장에서 칼을 맞게 하시며

21 Therefore, give their children to famine and deliver them over to the hand of the sword: 4+2 let their wives become childless and widows, and let their men be slain dead, their youths smitten by sword in the battle. 4+4+3

22 주께서 군대로 졸지에 그들에게 임하게 하사 그들의 집에서 부르짖음이 들리게 하옵소서 이는 그들이 나를 취하려고 구덩이를 팠고 내 발을 빠치려고 올무를 베풀었음이니이다

22 Let a cry be heard from their houses indeed,[a] bring against them suddenly a marauding band. 3+4 For they have dug a pit[b] to capture me and they have hidden snares for my feet. 3+3

23 여호와여 그들이 나를 죽이려 하는 계략을 주께서 다 아시오니 그 악을 사하지 마시며 그 죄를 주의 목전에서 도말치 마시고 그들로 주의 앞에 넘어지게 하시되 주의 노하시는 때에 이같이 그들에게 행하옵소서

23 But you, O Lord, you know all their counsel against me to the death. 3+3 Do not [a]continue to[a] cover over their iniquity: do not [a]continue to[a] [b]wipe away[b] their sin from your presence. 2+3 Let them be[c] [d]ones who have stumbled[d] in your presence: in the time of your anger act against

원문주해

18.a-a. 이 적절해 보이지 않는 영어 표현은 예레미야가 어원 하샤브(חשׁב)를 명사와 동사로서 이중적인 용도로 사용한 것을 보여 주기 위한 시도일 뿐이다. RSV의 "계획을 만들다"나 NASV의 "계획을 고안하다"는 훌륭한 영어식 표현이다. "음모를 꾸미다"는 히브리

어의 의미를 더 잘 이해한 표현이다. 하지만 이것들 중 어느 것도 강조적인 용법으로서의 언어유희로 어원을 반복적으로 사용하는 식의 예레미야적 문체를 보여 줄 수는 없다.

18.b-b. 탈굼역은 "서기관에게서 교훈이"로 읽는다.

18.c-c. *BHS*는 비르쇼노(בלשׁונו, "그의 혀를 가지고")로 읽을 것을 제안한다. 단어 끝의 와우(ו)는 다음 단어 머릿글자의 자리에서 여기로 옮겨져야 할 것이다. 아니면, 중복오사로 이해되어 빠졌을 수도 있다.

18.d. 칠십인역은 마소라 본문의 웨알-(ואל־, "not")을 생략하고 있다. 그렇다면 칠십인역이 담고 있는 함축 의미는 "우리가 그의 말에 깊이 주의를 기울이자. 그래서 그가 말하는 것으로 우리가 함정을 팔 수 있게"로 볼 수 있다.

19.a. 탈굼역, 시리아역, 칠십인역은 "나의 탄원"으로 읽는다. 이는 분명히 히브리어 리비(ריבי)로 이해한 것이다.

20.a-a. 여기서 칠십인역은 호티 쉬네랄레산 레마타 카타 테스 프쉬케스 무 카이 텐 콜라신 아우톤 에크립산 무(*ὅτι συνελάλησαν ῥήματα κατὰ τῆς ψυχῆς μου καὶ τὴν κόλασιν αὐτῶν ἔκρυψάν μου*, "그들이 나에게 대적하는 말을 하였고, 내게서 그들의 징벌을 숨겼기 때문에")로 나타난다.

20.b. 하나의 탈굼 사본에는 "덫"으로 나타난다. 22절을 참조하라.

22.a. 키(כי)를 강조적인 불변화사로 읽었다.

22.b. 다수의 사본들(de Rossi, V, 66)과 케레는 20절에서 그런 것처럼 슈하(שׁוחה)로 나타난다. 케팁은 "구멍"의 이형인 쉬하(שׁיחה)로 나타난다(BDB, 1001b). 칠십인역의 로곤(*λόγον*)은 본문을 히브리어 시하(שִׂיחה, "불평")로 이해한 것이 분명하다. 하나의 탈굼 사본에는 "덫"으로 나타난다. 20절을 참조하라.

23.a-a. "…하기를 지속하다"라는 구가 첨가된 것에 대해서는 "주석"을 보라.

23.b-b. 마소라 본문의 테므히(תֶּמְחִי)는 히필 미완료의 흔하지 않은 형태다. GKC § 75ii는 테므히(תֶּמַח)가 올바른 형태라고 말한다. *BHS*는 이 형태이거나 아니면 칼인 테마흐(תֶּמַח) 둘 중의 하나일 것이라고 말한다. 마소라 본문의 철자법은 라멘 헤/요드 어원을 지시하는 고대적인 형태일 수도 있다.

23.c. 케팁은 웨하유(והיו)다. 여기서의 번역이 따르고 있는 케레는 웨이흐유(ויהיו)다.

23.d-d. 한 사본은 무슐라킴(מֻשְׁלָכִים, "토해 버려진 것들")으로 읽는다. 시리아역을 참조하라. 칠십인역은 헤 아스쎄네이아 아우톤(*ἡ ἀσθένεια αὐτῶν*, "그들의 연약함")으로 읽는다. *BHS*는 미크숄람(מִכְשֹׁלָם, "그들의 넘어짐")으로 읽을 것을 제안한다. 마소라 본문은 수정을 가할 필요가 없는 합리적인 번역을 제공하고 있다.

양식/구조/배경

이 단락은 예레미야의 또 하나의 "고백"이다. 이것은 개인적 애가 형식의 전형적인 요소들을 다분히 가지고 있으며, 다음과 같이 개괄될 수 있다.

애가(불신의 계획)(18절; Baumgartner, *Jeremiah's Poems*, 59를 따른 것임)
탄원(19절)
애가(20a-b절)
결백의 고백(20c-e절)
탄원, 저주(21-22b절)
애가(22c-d절)
신뢰의 고백, 애가(23a-b절)
탄원, 저주(23c-f절)

18절은 대개 산문으로 다루어지며, 자주 첨가된 부분으로 이해된다(Hubmann, O'Connor, Diamond를 보라). 캐롤조차 이 부분을 구분된 단락으로 만들고 있다. 그래도 이 단락과 고백록의 다양한 결속은 이런 이해에 의문을 갖게 만든다. 여기 18절은 시문으로, 그리고 고백록에서 없이서는 안 될 부분으로 이해된다. 도입구인 "이제 그들이 말하였다"라는 부분만이 이 절의 운율 바깥에 위치할 뿐이다.

18절은 빈틈없는 구조를 보여 준다.

명령형 르쿠(לכו)에 이어 예레미야에게 적대적인 행동을 담은 청유형이 나타난다(제1행)
키(כי)로 도입되는 잠언 형식의 경구(제2행-제3행)
명령형 르쿠(לכו)에 이어 예레미야에게 적대적인 행동을 담은 청유형이 나타난다(제4행)

게다가 18절은 이 장의 선행 부분들과 밀접한 관련성을 가지고 있다. 이들 관련성은 세 단원을 서로 연결시켜 주는 기능을 하고 있는데, 후브만은 다음과 같은 패턴을 제시하였다.

예언적 산문 설교(1-11절)
웨아므루(ואמרו)로 시작하는 백성들의 반응(12절)
예언적 강화(13-17절)
와요므루(ויאמרו)로 시작하는 백성들의 반응(18절)

메시지와 전달자는 모두 거부당했다. 그래서 본 고백/강화에서는 가장 참혹한 심판을 야기할 수 있게 되었다.

히브리어 어원 하샤브(חשב, "음모")는 본 장의 첫 번째와 마지막 단락에서 몇 차례 나타나고 있으며(8, 11, 12, 18절), 이들 자료들을 연결하는 기능을 하고 있다. 유음과 언어유희도 어원 하샤브(חשב)와 18절의 카샤브(קשב, "주의를 기울이다"), 그리고 18절과 19절에서의 어원 카샤브(קשב) 사이에 발생하는 것으로 보인다. 이것들은 18절과 19절을 연결시켜 주는 기능을 한다.

18-23절은 두 개의 연으로 나뉘는데, 18-20절과 21-23절이 그것이다. 18절과 21절은 서로 훌륭한 평행 관계를 유지하고 있다. 상술하자면, 18절은 예레미야에 대적하는 음모와 그의 말(말하자면, 여호와의 말씀)에 주의를 기울일 것에 대한 거부를 보여 준다. 21절은 여호와의 말씀에 주의를 기울일 것을 거절한 결과를 보여 준다. 오코너(O'Connor)는 19-20절과 22-23절 사이의 구조적인 평행성에 주목하였다(*Confessions*, 55-56). 아래의 표는 그녀가 작성한 것보다 더 완전한 것이다.

우슈마(ושמע, 19)	"듣다"	티샤마(תשמע, 22)
키-카루 슈하 (כי־כרו שוחה, 20)	"그들이 구멍을 팠으므로"	키-카루 슈하 (כי־כרו שיחה, 22)
르나프쉬(לנפשי, 20)	"나를 위해" "나를 잡기 위해"	르라크데니(ללכדני, 22)
르파네이카(לפניך, 20)	"당신 앞에서"	르파네이카(לפניך, 23)
	"당신 앞으로부터"	미르파네이카(מלפניך, 23)

르다베르 알레이헴 토바 (לדבר עליהם טובה, 20)	아차탐 알라이 라마웨트 (עצתם עלי למות, 23)
"그들에 관해 선한 말을 하기 위해"	"나를 죽음에 이르게 하려는 그들의 계획"
르하쉬브 에트-하마트카 메헴 (להשיב את־חמתך מהם, 20)	브에트 아프카 아세 바헴 (בעת אפך עשה בהם, 23)
"그들에게서 당신의 분노를 돌이키게 만들기 위해"	"당신의 분노의 때에 그들에게 행하소서"

예레미야서에서는 이 구절과 다른 구절들, 특히 6:11-12, 14:12-18, 15:2 같은 구절들과의 사이에 무수한 평행 관계가 성립되고 있다.

이 고백(이나 혹은 다른 것들)에 사역의 특정 역사적인 정황을 연관시킬 수는 없더라도, 이것은 그의 사역 기간 중에 나온 것이라고 추정된다. 또한 36장에 언급되고 있는 두루마리의 자료 속에 포함되고도 남았으리라는 점은 충분한 가능성을 가지고 있다.

주석

18 "그들"의 정체성은 이 구절을 통해서는 전혀 확인할 수가 없다. 가능한 것은 "그들"이 예레미야를 공격했던 어떤 적대 세력이었다는 점이다. 이러한 견해는 그들을 19절의 적들과 동일시해 볼 수 있다. 하지만 좀더 가능성이 있어 보이는 것은 전체 단원을 통해서 볼 때 "그들"이 전체 백성을 지칭하는 것이라는 점이다. 이런 방식으로 본문의 와요므루(ויאמרו)는 12절에 나타난 형식과 정확한 평행 관계를 보인다.
백성들은 자신들이 예레미야를 공격하는 것의 이론적인 근거로서 잠언적인 경구를 인용하였다. 제사장들에게서 토라를, 현자에게서 분별력을, 또한 선지자에게서 말을 배제시킬 수 없기 때문에, 백성들로서 유일하게 가능한 행동은 부드러운 방식으로 예레미야를 저지하는 것, 즉 그에게 언어로 타격을 입히는 것이었다. 잠언은 아무것도 선지자의 입을 막을 수 없다고 말한다. 그는 항상 말(마지막 말을?)을 준비하고 있는 것이다. 그들은 예레미야를 말로써 공격하지 않았다. 그들은 쉽사리 그의 말에 주의를 기울이지 않았다. 흥미 있게도, 칠십인역의 번역문은 정반대의 상황을 말한다. 말하자면, 백성들이 그의 모든 말을 신중하게 검토해 봄으로써 그의 말을 이용하여 그에게 덫을 놓고자 할 것이라는 말이다(22d절 참조).

19 예레미야는 백성들이 하고 있는 말에서 그의 불만을 적절히 끄집어낸다. "여호와여, 나를 돌아보사 나로 더불어 다투는 그들의 목소리를 들어 보옵소서." 예리바이(יריבי, "나의 대적들")를 리비(ריבי, "나의 불평, 탄식")로 수정한 것은 문맥에 잘 들어맞으며, 19절로서는 훌륭한 동의어적 평행 관계를 갖게 만들어 줄 것이다. 하지만 마소라 본문 자체도 수정을 거치지 않은 상태에서 잘 어울린다. 또한 이는 18절과 19절을 잘 묶어 준다. 히필 명령 하크쉬바(הַקְשִׁיבָה)의 효과는 청유형 하(הָ)의 추가로 약화되고 있다.

20 20절 초두에 나타나고 있는 수사적인 질문은 주석서들 사이에서 흥미 있는 논의를 야기시켜 왔다. 우선 대체로 수용되고 있는 것처럼, 예레미야가 이 말들을 말한 것인지 아니면 그와는 다르게 백성들이 말한 것인지가 문제시된다(Holladay).

만일 우리가 이 말들이 백성들의 것이라고 가정한다면, 이 말들은 19절에서 예레미야의 적들의 목소리가 될 것이다. 나는 18절을 19b절에서 언급되고 있는 백성들의 말로 다루고 싶다. 그러면 이 말들은 예레미야의 것이 되며, 이 절의 나머지 부분에 있는 그의 불평의 서두를 이루게 된다. 그렇다면 불평은 예레미야에 대해 취하는 여호와의 행동에 대한 불평이 아니라 백성들의 태도에 대한 불평이 되는 셈이다. 더구나 불평은 단순히 예레미야가 자신이 받은 대우에 대해 하는 말이 아니라, 여호와가 받은 대우에 대한 것이 된다. 백성들이 예레미야의 말에 주의를 기울일 것에 대해 거절한 가운데, 그들은 여호와의 말에 대해서도 거절을 한 셈이 되는 것이다. 그러므로 21-23절에 나타나게 될 죄에 대한 선고도 단순히 예레미야의 복수를 원하는 울부짖음으로 보일 수 있을 뿐만 아니라, 백성들이 스스로에게 초래한 보응과 갚음(동사로서의 샬렘[שלם])으로서도 나타나게 된다.

21-22 이 말들 속에서 예레미야에게는 아무런 기쁨이나 위안도 없다. 이것은 백성들의 행동이지 예레미야의 말이 아니며, 이것들은 필연적인 행위를 유발하는 것이다. 이미 여호와는 이 같은 행위들이 임하게 될 것임을 지적했으며(14:10ff), 예레미야에게는 그들의 편에서 중재하지 말라고 하셨던 것이다. 하지만 예레미야는 어찌되었든 간에 중재에 나선다(18:19). 이제 예레미야도 이 백성들이 주의하지 않고 회개도 하지 않을 것이라는 사실을 이해하게 된다. 라켄(לכן, "그러므로")이라는 단어는 심판으로의 전이를 표시한다. 쓰라린 위협이라기보다 이 말은 예레미야의 슬픈 깨달음, 곧 그 백성이 변하지 않을 것이며, 심판은 피할 수 없는 것이라는 점에 대한 깨달음인 것이다.

23 23절의 처음 두 행은 22절 마지막 부분에 나오는 불평의 연속이다. 심판의 마지막 말들은 이 절의 마지막 네 개의 행에서 드러난다. 이 구절들의 번역은 예레미야가 다시금 심판의 정확함과 필연성에 대해 깨닫는다는 것을 보여 준다. 그는 백성들을 위한 중재가 더 이상 필요치 않다는 것을 인식하게 된다. 그는 그들을 여호와의 손에 맡긴다. "계속하지 않는다"라는 번역은 중재에서 심판에 대한 수용으로 전환했음을 강조하는 말이다. 무크샬림(מכשלים, "쓰러졌던 자들")이라는 말은 마소라 본문의 독법을 지킨 것이다. 이것은 15절에 있는 동일한 동사를 발췌하여 백성들의 멸망이 그들 자신의 행위임을 강조한다.

해설

예레미야의 고백은 악을 선으로 갚는 일에 역점을 두고 있다(20절). 그는 오로지 여호와의 메시지를 선포하는 데 주력했다. 그러나 그렇게 했기에 공격을 당한다. 이보다 더한 일은 예레미야가 깨달은 깨달음인데, 그것은 여호와께서 오로지 그의 백성을 위해 선을 베풀고자 노력하셨다는 점이다. 하지만 그들은 그분의 선에 대해 악으로 응한다. 예레미야가 그들의 편에 섰을 때조차도, 여전히 백성들은 응답하지 않았다. 다시 말해서, 그들은 그와 여호와에 대해 추가적인 공격으로 응답했을 뿐이다. 이제 예레미야는 심판이 도래해야 함을 깨닫는다. 그리고 여호와께서 예레미야에게 백성들을 위해 중재하지 말라고 말씀하신 것이 옳았다는 것을 깨닫는다. 지금도 예레미야는 백성들에게 그들의 죄를 선언함에 있어서 아무런 위안도 기쁨도 얻지 못하고 있다.

F. 깨어진 오지병(19:1-13)

참고문헌

Crawford, T. G. *Blessing and Curse in Syro-Palestinian Inscriptions of the Iron Age.* PhD diss., The Southern Baptist Theological Seminary, 1990. **Hillers, D. R.** *Treaty-Curses and the Old Testament Prophets.* BibOr 16. Rome: Pontifical Biblical Institute, 1964. **Janzen, J. G.** *Studies.* **Kelly, F. T.** "The Imperfect with Simple *Waw* in Hebrew." *JBL* 29(1920) 1-23. **Kelso, J. L.** *The Ceramic Vocabulary of the Old Testament.* BASORSup 5-6. New Haven: ASOR, 1948. **March, W. E.** "Prophecy." In *Old Testament Form Criticism.* Ed. J. Hayes. San Antonio: Trinity University Press, 1974. 141-77. **Stinespring, W. F.** "The Participle of the Immediate Future and Other Matters Pertaining to Correct Translation of the Old Testament." In *Translating and Understanding the Old Testament.* Ed. H. T. Frank and W. L. Reed. Nashville: Abingdon Press, 1970. **Thiel W.** *Die deuteronomistische Redaktion.* 219-26. **Wanke, G.** *Untersuchungen zur sogenannten Baruchschrift.* BZAW 122. Berlin: de Gruyter, 1971.

본 문

1 여호와께서 이같이 말씀하시되 가서 토기장이의 오지병을 사고 백성의 어른들과 제사장의 어른 몇 사람을 데리고
2 하시드 문 어귀 곁에 있는 힌놈의 아들의 골짜기로 가서 거기서 내가 네게 이른 말을 선포하여

3 이르기를 너희 유다 왕들과 예루살렘 거민아 여호와의 말씀을 들으라 만군의 여호와 이스라엘의 하나님이 이같이 말씀하시되 보라 내가 이 곳에 재앙을 내릴 것이라 무릇 그것을 듣는 자의 귀가 진동하리니
4 이는 그들이 나를 버리고 이 곳을 불결케 하며 이 곳에서 자기와 자기 열조와 유다 왕들의 알지 못하던 다른 신들에게 분향하며 무죄한 자의 피로 이곳에 채웠음이며

5 또 그들이 바알을 위하여 산당을 건축하고 자기 아들들을 바알에게 번제로 불살라 드렸나니 이는 내가 명하거나 뜻한 바가 아니니라

6 그러므로 나 여호와가 말하노라 보라 다시는 이 곳을 도벳이나 힌놈의 아들의 골짜기라 칭하지 아니하고 살륙의 골짜기라 칭하는 날이 이를 것이라
7 내가 이 곳에서 유다와 예루살렘의 모계를 무효케 하여 그들로 그 대적 앞과 생명을 찾는 자의 손의 칼에 엎드러지게 하고 그 시체를 공중의 새와 땅 짐승의 밥이 되게 하며

8 이 성으로 놀람과 모욕거리가 되게 하리니 그 모든 재앙을 인하여 지나는 자마다 놀라며 모욕할 것이며
9 그들이 그 대적과 그들의 생명을 찾는 자에게 둘러싸여 곤핍을 당할 때에 내가 그들로 그 아들의 고기, 딸의 고기를 먹게 하고 또 각기 친구의

1 Thus said the Lord,[a] "Go, buy a potter's[b] earthenware[c] decanter,[d] [e]and [gather] from the elders of[e] the people [f]and from the elders of the priests,[f]
2 and go out[a] to the valley of the son of Hinnom[a] which is (at) the entrance of the gate of potsherds,[b] and there proclaim the words[c] which I speak to you.

3 Say, 'Hear the word of the Lord, O kings of Judah[a] and inhabitants of Jerusalem. Thus says the Lord of armies, the God of Israel, "Behold, I am about to bring evil upon this place such that the ears of everyone hearing it will tingle:
4 because they have forsaken me, they have treated as foreign this place, they have burned in it incense to other gods which they had not known, they and their fathers and the kings of Judah, [a]and they have filled[a] this place (with) innocent blood.

5 They have built[a] the high places[b] of the Baal to burn their sons in the fire, [c]burnt offerings for the Baal,[c] which I had not commanded[d] and I had not spoken[d] and it (the fire?) did not come up unto my heart.

6 "Therefore, behold, days are coming," an oracle of the Lord, "when this place will no longer be called(the) Topheth and the valley of (the son of) Hinnom, but instead the valley of slaughter.[a]
7 I will empty[a] the counsel of Judah and Jerusalem in this place; I will make them fall by the sword before their enemies and by the hand of the ones seeking their life; I will give their corpses for food to the birds of the heavens and to the beasts of the earth.

8 I will make this city a horror and a shriek: everyone passing by her will be horrified and will shriek at all her wounds.[a]
9 I will make them eat the flesh of their sons and the flesh of their daughters. Everyone will eat the flesh of their fellows in the siege and in the distress

고기를 먹게 하리라 하셨다 하고

10 너는 함께 가는 자의 목전에서 그 오지병을 깨뜨리고

11 그들에게 이르기를 만군의 여호와께서 이같이 말씀하시되 사람이 토기장이의 그릇을 한 번 깨뜨리면 다시 완전하게 할 수 없나니 이와 같이 내가 이 백성과 이 성을 파하리니 그들을 매장할 자리가 없도록 도벳에 장사하리라

12 나 여호와가 말하노라 내가 이 곳과 그 중 거민에게 이같이 행하여 이 성으로 도벳 같게 할 것이라

13 예루살렘 집들과 유다 왕들의 집들 곧 그 집들이 그 집 위에서 하늘의 만상에 분향하고 다른 신들에게 전제를 부음으로 더러워졌은즉 도벳 땅처럼 되리라 하셨다 하라

with which their enemies, [a]the ones seeking their lives,[a] cause them distress."'

10 Then break in pieces the decanter in the sight of the men who went with you,

11 and say to them, 'Thus says the Lord of armies, like this I will break in pieces this people and this city, just as he broke in pieces the potter's vessel and cannot [a]restore it[a] again; [b]and they will bury in Topheth from absence of a place to bury.[b]

12 Thus I will do to this place,' an oracle of the Lord, '[a]and to its inhabitants,[a] and[b] make this city like Topheth.[c]

13 Then the houses of Jerusalem and the houses of the kings of Judah will be like the place of Topheth, defiled,[a] namely[b] all the houses where they burned upon their roofs to all the host of heaven and poured out drink offerings to other gods.'"

원문주해

1.a. 소수의 사본들(de Rossi, III, 89), 칠십인역, 시리아역, 탈굼역 편집자들은 "나에게"를 추가시킨다. *BHS*는 "예레미야에게"라는 말의 추가가 있었을 것이라고 추정한다. 14절을 참조하라.

1.b. 칠십인역은 명사 "토기장이"의 자리에 형용사 "형성된"을 넣어 읽는다.

1.c. 시리아역에는 나타나지 않는다.

1.d. 히브리어 바크부크(בַּקְבֻּק)는 의심할 바 없이 의성어이며, 오지병에서 오일이 나오는 것처럼 다소 걸쭉한 액체를 붓는 소리를 묘사하고 있다. 현대 어휘로서 물 같은 묽은 액체를 목이 좁고 긴 병에서 붓는 소리를 나타내는 빌빌(בִּלְבֵּל)과 비교해 보라.

1.e-e. 극소수의 사본들(de Rossi, III, 89)은 와우(ו)를 생략하고 있다. 시리아역, 탈굼역, 칠십인역은 "그리고 백성들의 장로들로부터"로 읽는다.

1.f-f. 칠십인역은 "…의 장로들"을 생략하고 있다. 히브리어로 된 완전한 구절을 보려거든 왕하 19:2을 보라.

2.a-a. 칠십인역에는 "그들의 자녀들의 아들들의 매장지에"로 나타나고 있다.

2.b. 케레는 하하르시트(החרסית)이며(칠십인역의 카르시쓰[$\chi\alpha\rho\sigma\iota\theta$]를 참조하라), 케팁은 하하라수트(החרסות)다. 비록 여기서는 "질그릇 조각"으로 번역될지라도, "질그릇 조각의 문"으로 번역될 수도 있다. 이 문에 대해서는 아래 "주석"에서 더 자세한 내용을 보라.

2.c. 극소수의 사본들(de Rossi, III, 89)은 하엘레(האלה, "이들")를 추가시키고 있다. 칠십인역은 "모든 말들"로 읽는다.

3.a. 칠십인역은 여기에다 "그리고 유다의 남자들"을 추가시키고 있다.

4.a-a. *BHS*는 와우(ו)를 생략할 것과 아트나를 앞 행에 있는 "아버지들"이라는 단어로 이동시킬 것을 제안한다. 그러므로 *BHS*는 이 문장을 거주민들과 그들의 조상이 여기서 다른 신들에게 향을 피워 왔으나, 유다의 왕들은 여기에다 무죄한 피(다음 절에 나오는 사람들의 희생)로 가득 채웠다는 의미로 이해하려는 경향을 보인다.

5.a. *BHS*는 미완료형으로 수정할 것을 제안한다.

5.b. 칠십인역과 탈굼역은 단수형이다.

5.c-c. 칠십인역은 이렇지 않다. 7:31의 평행 구절일 수도 있다.

5.d-d. 칠십인역 시내산 사본과 바티칸 사본은 이렇지 않다.

6.a. 탈굼역과 시리아역은 "피살자"로 읽는다. 이것은 7:32에서 이들 역본과 칠십인역이 그러했던 경우와 동일하다.

7.a. 히브리어 우바코티(ובקתי)는 1절(과 아래의 11절)에 있는 바크부크(בקבק)와 동일한 어원에서 유래한 것인데, 분명한 언어유희가 되고 있다.

8.a. 하나의 사본(de Rossi, III, 89)과 칠십인역과 불가타역은 단수를 지니고 있다.

9.a-a. 칠십인역에는 나타나지 않는다.

11.a-a. 카이로 사본 자료들과 다수의 사본들(de Rossi, III, 89)은 마소라 본문의 르헤라페(להרפה) 대신 르헤라페(להרפא)의 형태를 지니고 있다. 이들 둘은 동일한 히브리어 어원에서 파생한 이형으로 이해된다.

11.b-b. 칠십인역에는 나타나지 않는다.

12.a-a. *BHS*는 이것을 첨가로 본다. 이 구절은 확실히 "여호와의 신탁"이라는 구절에 부드럽게 연결되어 뒤를 이어주지는 않는다.

12.b. 하나의 사본(de Rossi, III, 89)과 칠십인역은 접속사 "그리고"를 생략하고 있다.

12.c. 칠십인역은 "넘어진 자, 멸망한 자같이"로 읽는다.

13.a. 칠십인역은 더 긴 구절의 형태로 읽는다. "부정함[칠십인역 바티칸 사본과 칠십인역 알렉산드리아 사본은 여기에 "~으로 인해"를 추가시키고 있다] 몰락/멸망/황폐된 장소 같을 것이다." *BHS*는 전치사 "~으로 인해"(from)를 생략하거나 이 형태를 시리아역처럼 푸알 분사 복수로 읽을 것을 제안한다.

13.b. 이와 같은 전치사 르(ל)의 용법에 대해서는 BDB, 514b 5.e.(d)와 2 *GKC*, 458, 3 §143e를 보라.

양식/구조/배경

19장에 관한 주된 문제는 그 성격이다. 대부분의 주석가들은 이 장의 상당 부분이 이차적인 자료이거나 추가된 것으로 본다. 일반적인 논증은 1-2a절과 10-11a절만이 원본이며(특별한 행동을 요구하는 구절들), 심판 강화(2b-9절과 11b-13절)는 후기의 것으로 예레미야에 대한 신명기적 첨가를 반영하는 것이라는 점이다(이 특정 논증과 구절들의 제시는 Nicholson[138], Nicholson, *Jer 1-25*[163]에서 얻어진 것들이다. 이와 유사한 논증을 하면서도 반드시 동일한 구절을 정확하게 제시하거나 신명기적인 첨가에 대해 논증해 내지 않는 경우는 초기의 학자로는 Cornill, Giesebrecht, Volz, Rudolph[109], Nötscher[152]가 있고, 보다 최근에는 Bright[131], Carroll[386]이 있다). 그러므로 이 자료는 대개는 모빙켈이 말하는 "C"유형의 자료에 속하는 산문 설교로 분류된다.

이와 같은 편집상의 분류로, 10절은 2a절에 바로 붙게 된다. 그 결과는 구조적으로 13:1-11, 즉 베 허리띠 단편과 유사한 성격을 가진 구절이 된다. 이 경우에 예레미야는 여호와에게서 여러 차례 무엇인가를 행하라는 명령을 받는다. 즉, 허리띠를 사서 그것을 매고, 그것을 유브라데 근처에 감추고, 가서 그것을 찾아내라는 명령을 받은 것이다. 각각의 경우에 예레미야는 지시받은 대로 행동한다. 결국, 그의 행동과 그 결과에 대한 해석이 얻어진다. 여기서 예레미야는 오지 그릇을 사서 힌놈 골짜기로 가서 그것을 부수라는 지시를 받는다. 그는 그렇게 하고, 그에 대한 해석이 나타난다.

2b-9절의 단락이 추가 편집된 것이라면, 편집자는 1-2a절과 10-11절의 자료들 그리고 18장 사이에 신중한 연결점을 몇 가지 만들어 냈을 것이다. 첫 번째 그리고 주된 연결점은 1절의 바크부크(בקבק, "오지 그릇")라는 단어와 그것이 11절에서 재차 나타난 것, 그리고 7절에서 동일한 어원이 사용된 것에 의해 인지될 수 있다. 예레미야는 특별히 이런 종류의 언어유희를 즐겼다(Holladay, *JBL* 81[1962] 44-54). 두드러진 점은 비록 바크부크(בקבק)가 모두 예레미야의 것으로 보이는 자료 안에서 두 번 나타나고 있음에도 불구하고, 어원 바카크(בקק, "텅빈")가 7절의 동사로서 확장 혹은 추가로 보이는 자료 속에 나타나고 있다는 것이다. (토기장이의 이미지가 2-9절의 심판 신탁의 전체를 관통하고 있는 방식에 대해서는 "주석"을 보라.) 또 하나의 연결점은 8절에서 어원 샤멤(שמם, "공포")과 샤라크(שרק, "비명")가 다시금 등장하는 것에서 찾을 수 있는데, 이것들은 18:16에서 다시 나타나고 있다. 이 같은

연결은 1절에서, 그리고 18장에서 나타나는 단어 요체르(יוצר, "토기장이")를 통해 드러나고 있는 분명한 성격의 것과 부합된다. 동일한 단어가 19:11에서도 다시금 나타나고 있다. 그러므로 그것이 초기 구어나 문어의 단계(Wanke, *Baruchschrift*) 혹은 후기의 편집 단계(Nicholson 등)들 중 어디에서 온 것이라고 여겨지든지 간에, 명백하고 계획적인 연결성이 이 단락 내에서 발생하며, 이것이 이 단락을 18장에도 연결시키고 있다는 것에 대한 증명이 된 셈이다.

퀴넨(Kuenen)은 이 장과 7:30-34의 평행 관계에 주목해 왔다. 그는 그것들이 26장과 7:1-15(성전 설교)이 그렇듯이 동일한 관계성을 가지고 있다는 논증을 펼친다. 19장과 26장은 모두 그의 견해에서는 두 가지 사건에 대한 확장된 내러티브라는 것이다. 즉, 7:1-15과 7:30-34은 이들 사건에 대해 구전된 언어만을 제공할 뿐이라는 점이다. 그의 평행법은 19:14-15이 또 하나의 성전 설교를 기록하고 있는 것임을 발견할 때 훨씬 더 흥미를 끄는 내용이 된다!(이들 구절이 20:1-6과 함께 다루어지고 있는 다음 단원을 보라.)

19:1-13은 다음과 같이 개괄될 수 있을 것이다.

- 여호와 어록: 예언적 행위를 명령함(1-2절)
- 여호와 어록: 심판 신탁(3-9절)
    - 심판에 대한 일반적 선언(3절)
    - 기소 내용(4-5절)
        - (야안 아셰르[יען אשר]가 심판의 이유를 시작)
    - 판결의 선고(6-9절)
        - (라켄[לכן]이 판결문을 시작)
        - 판결문의 일반적인 선고(6절)
        - 일련의 1인칭 공통성에 의한 판결문의 설명
            - 단수 완료 동사들:
            - 우바코티(ובקתי), "내가 비워낼 것이다"(7절)
            - 웨히팔르팀(והפלתים), "내가 그들로 엎드러지게 할 것이다"(7절)
            - 웨나타티(ונתתי), "내가 줄 것이다"(7절)
            - 웨사므티(ושמתי), "내가 만들 것이다"(8절)
            - 웨하아칼르팀(והאכלתים), "내가 그들로 먹게 할 것이다"(9절)
- 여호와 어록: 예인적 행위를 명령함(10절)

여호와 어록: 심판 신탁(11-13절)
  판결의 선고(11-13a절)
    판결의 전제(11절)
      (카아셰르[כאשׁר]로 시작)
    판결의 언도(12절)
      (켄[כֵּן]으로 시작)
    결과(13a절)
      (와우[ו]가 결과를 시작)
  기소의 이유(13b절)
      (전치사 르[ל, "…에 관해서"]로 시작)

이 단락의 자료는 산문이다. 위의 개요로부터 전체 단락이 일련의 여호와 강화, 즉 상징적 행동에 대한 요구와 심판 신탁의 수여로 이루어지고 있음을 볼 수 있다. 첫 번째 단락(1-9절)에는 네 개의 메신저 형식구가, 두 번째 단락(10-13절)에는 두 개의 메신저 형식구가 나타나고 있다.

이 단락은 상징적 행동에 대한 요구(13장, 17장과 비교해 보라)와 그 행동과 관련된 메시지(소위 산문 설교)를 모두 포함하고 있다. 3-9절과 11-13전의 산문 설교는 심판 신탁의 형식이다. 3-9절에서의 첫 산문 설교는 다가올 심판에 대한 선언(3절)으로 시작하는 보다 완전한 형식을 가지고 있다. 동사는 힌느니(הנני, "보라")로 시작하여 분사가 뒤따르는 형식이다. 스타인스프링(Stinespring)의 견해를 따르자면, 이 패턴은 임박한 미래로 번역된다. 도입구를 따라서 4절에는 기소가 나타나고, 이는 야안 아셰르(יען אשׁר, "왜냐하면")로 시작된다. 고발은 5절에서 발전한다. 6절에는 메신저 형식구와 여호와의 중재의 결과가 모두 나타난다. 심판 신탁의 언도 부분으로의 전이는 라켄(לכן, "그러므로")이라는 말에 의해 지시된다. 여호와의 중재의 결과는 중재가 언급되기 전에도 나타나며, 이는 극도로 가혹한 중재에 대한 기대(7-9절)를 가중시키기 위함이다. 자료들 사이에는 분명한 연관성이 있다. 특히 5-6절과 7:30-32이 그렇다.

두 번째 심판 신탁인 11-13절은 길이가 보다 짧을 뿐만 아니라, 일부 요소들은 생략되고 있으며 다른 것들은 전도된 상태로 있다. 신탁은 명령된 상징 행위와 밀접한 관련을 맺고 있으며, 그 행위로부터 발전해 간다. 예레미야는 오지 그릇을 깨뜨려야 했으며, 그 후에 자신의 행동의 해석으로서 심판의 신탁을 말해야 했다. 이 신탁의 시작은 상징 행위와는 별개로 이해될 수 없는 것이다. 이 신탁은 메신저 형식구

(11a절)로 시작하고 있으며, 뒤이어 여호와의 중재에 대한 묘사가 나온다(11b절). 카아셰르(כאשר, "마치…처럼")라는 말을 중재를 시작하기 위해 사용한 것으로 인해 이는 선행 절의 상징 행위와 직접적으로 연관된다. 이와 같은 중재의 일부 간단한 결과들 역시 나타나고 있다(11c절). 12절은 또 하나의 메신저 형식구와 여호와의 중재에 대한 묘사를 담고 있다. 그런데 이번에는 켄(כן, "그래서")이 중재를 시작한다. 13a절은 다시 한 번 여호와의 중재의 결과를 보고한다. 결국, 13b절은 고발 혹은 기소를 담고 있는데, 이는 심판을 야기시킨 것으로서 여기서는 "즉"을 의미하는 전치사 르(ל)로 시작하고 있다(전치사의 사용에 대해 보다 자세한 내용을 위해서는 위의 "원문주해"를 보라).

단락 전체를 통해 1인칭형이 강조되고 있다. 비록 예레미야가 이따금씩 2인칭으로 불리고 백성들이 3인칭으로 불리고 있지만, 1인칭형은 규모 있는 발전을 가져온다. 2인칭 완료형(여기서는 문맥으로 인해 명령형으로 번역되기는 했다)으로 나타나고 있는 예레미야의 행위들은 단지 여호와께서 1인칭으로 표현했던 행위의 배경을 제공하고 있을 뿐이다. 첫 번째 신탁에는 기껏해야 열한 개의 1인칭 표현만이 나타나고, 두 번째 신탁에는 두 개뿐이다. 여호와는 친히 그 선고를 실행에 옮기실 것이고, 그 결과는 겪어내기에 가장 참혹한 일이 될 것이다. 예레미야가 상징 행위를 실행하라는 명령을 받았을지라도, 그것은 상징적인 것일 뿐이다. 여호와의 행동은 예레미야가 상징으로 했던 것을 완수하게 될 것이다.

이 단원에서는 어떤 것도 그것이 예레미야의 시기에 속한 일이라는 점을 배제시키지는 않는다. 그 정황이나 시기에 대해서는 어떤 암시도 나타나지 않는다. 일말의 은혜도 나타나지 않고 있는 잔인한 심판의 말은 주전 597년 직전 여호야김 치하의 시기나 주전 587년 직전의 어느 시기를 지적하는 것으로 보인다.

주석

1 본 장을 시작하고 있는 메신저 형식구는 바로 뒤이어 나타나는 것이 신탁이 아니라 선지자에 대한 지시이기 때문에 많은 번역본들을 참조하여 수정되어 왔다. 그러므로 "나에게" 혹은 "예레미야에게"와 같은 표현들이 자주 삽입되었다. 전형적인 경구들이 13:1, 16:1과 18:1에서 발견되고 있다. 이 모든 것들은 어느 정도 선지자에 대한 언급을 담고 있다. 첫 번째 동사 형태는 할라크(הלך)의 부정사 절대형이다. 그리고 이것에 이어 2인칭 남성 단수 완료 동사가 나타난다. 이런 구조는 예레미야가 선호하는 것인데, 그 사이에 아무런 중계 단어 없이 바로 붙어 있는 형태로 아

홉 번 나타나고 있으며, 한 번은 그 사이에 삽입구가 나타나고 있다. GKC § 113bb는 이런 용례를 강조적 명령형으로 본다.

절들은 "백성들 중의 장로들로부터"라는 표현 앞에 동사를 필요로 한다. 이에 가능한 동사에는 아사프타(אספת, "모으다"), 혹은 헤베이타(הביאת, "가져오다"), 혹은 라카흐타(לקחת, "취하다") 등이 포함된다.

"제사장들 중의 장로들"이라는 구는 확장으로 인정되어 자주 칠십인역에 근거하여 삭제되었다. 하지만 이 구절들은 열왕기하 19:2과 이사야 37:2에 나타나고 있으며, 이 부분은 RSV에서는 "선임 제사장들"로 번역되고 있다.

2 "힌놈의 아들의 골짜기"의 위치는 주석서들 속에서 다양한 논쟁거리가 되고 있다. 대부분은 댈먼(Dalman)을 따르고서 이를 예루살렘 성벽 바로 남쪽의 골짜기로 생각하는데, 이 골짜기는 예루살렘의 서편에서 형성되어 이 도시의 남쪽 경계를 이루면서 남편으로 돌아가고 있다(그리고 이 곳은 베냐민과 유다 지파의 경계가 되기도 한다). 또한 이 곳은 예루살렘의 바로 동남편에 있는 기드론 계곡과 합쳐져서 사해로 연결되고 있다. 동일한 장소를 신약에서 언급하고 있는 게헨나로 여기기도 하는데, 남쪽에 위치하고 있다는 말은 가장 개연성이 높은 견해로 보인다. 이 계곡은 그 이교 제의와 제의의 실행으로 악명이 높았다.

마찬가지로 질그릇 조각의 문의 위치도 불확실하다. 탈굼은 이 문을 느헤미야 2:13; 3:13-14 등에 언급되고 있는 거름문이라고 말한다. 만일 힌놈 골짜기의 정체가 쓰레기 더미라는 암시가 신약의 것이라면, 이 문이 이렇게 불렸을 가능성도 있는 것이다. 그렇다면 이 문은 성전의 남편에 위치한 문이었을 것이며, 계곡을 향하여 남으로 돌출된 것이었을 것이다. (문으로 가서 메시지를 선포하라는 부르심에 관해서는 7:2; 17:19; 36:10을 참조하라.)

3 NEB의 "I will bring" 그리고 RSV의 "I am going to bring"은 모두 힌네(הִנֵּה)의 뒤에 있는 분사가 나타나지 않는다. 스타인스프링(Stinespring)이 보여 준 바와 같이, 이 구절은 즉각적인 미래를 지시하고 있다. 여기서는 "내가 초래할 것"이라고 한 거의 불길할 것으로 보이는 미래를 지시하고 있다.

"이 장소"라는 구는 예루살렘 성읍 전체를 지칭한 것일 수도 있고, 혹은 특별히 아래에 기술되고 있는 이교 제의의 장소인 도벳을 지칭한 것일 수도 있다. 6절이 "이 장소"를 도벳으로 지적하고 있기 때문에, 여기서도 아마 동일한 정체성을 그대로 유지하고 있는 것으로 보인다.

4 "그들이 나를 저버렸기 때문에"라는 구절은 이 백성들에 대한 기소를 시작하

고 있으며, 이는 그들이 행한 바 때문이었다. 이것은 2:13, 32; 17:13; 18:15에서도 동일하며, 여기서는 도벳에서의 제의의 실행과 관련이 있는 것으로 설명된다. 다음의 5절과 7:31-32을 보라.

나카르(נכר)의 피엘에 대해서 BDB(649b)는 불경과 부정의 의미를 말한다. 확실히 이 장소는 불경스럽고 부정했는데, 그것은 이방 제의가 있었기 때문이다. 더욱 요점에 가까운 것은 여호와의 선택된 땅의 일부로서 이 장소가 이방 제의 실행의 도입 부분으로부터 이방의 것으로 취급되었다는 것이다. 동일한 어원이 5:19("이방 신들")과 8:19("이방의 헛된 것들"[헤벨, הבל], 즉 "우상들")에서 나타나고 있다.

기소의 세부 사항은 다른 신들에게 향을 피운 일과 죄 없는 피로 그 장소를 채운 일을 포함한다. 향을 피운 일을 묘사하는 단어(카타르[קטר]의 피엘형)는 자주 다른 신들을 숭배하거나 불법적인 예배에 사용되고 있다. 마찬가지로 동일한 어근이 18:15에 나타나고 있다. 이 동사가 재등장하는 것은 두 장에 대한 또 하나의 연결을 확인시켜 주는 것으로도 나타난다. 죄 없는 피에 대한 언급은 다음 절에서 보다 자세하게 설명되고 있다. *BHS*에서 제안하고 있는 수정은 우말르우(ומלאו)에 있는 머릿부분의 와우를 생략하고 아트나를 "그들의 아버지들"로 이동시키는 것이다. 이는 이 절에 보다 나은 균형을 제시해 준다. 하지만 이러한 수정이 필요한 것은 아니다. 이 수정은 이 백성들로 다른 신들에게 향을 피운 죄와, 왕들에게는 그들의 아들들을 불태운 죄(6절)의 혐의를 두게 한다. 하지만 7:30-32에서의 보다 긴밀한 평행 관계에서 그것은 그들의 아들과 딸들을 불태운 죄(31절)의 혐의를 받고 있는 유다의 백성들(30절)이다.

5 이 절은 7:31과 매우 유사하다. 그 곳에서 이루어지고 있는 언급은 이 구절을 포함한다. 본 절에는 아주 미묘한 차이점들이 나타난다. 즉, 여기서는 아들들만이 언급되고 있다(7:31에서는 아들과 딸들이 모두 나온다). 게다가, 이 절은 "불"이라는 단어 뒤에 "바알을 위한 번제"(עלות – 올로트)라는 구절을 추가시키고 있다. 이 희생 제의가 여호와에 의해 명해진 것도 아니며, 그분이 그것을 갈망하지도 않았다는 설명은 그 일들이 여호와의 이름으로 수행되었는지의 문제를 야기시킨다. 이것은 제의 장소였는가? 그리고 그 제의가 여호와에게, 아니면 혼합적인 방식으로 바알-여호와에게 헌납되어 실행된 것인가? 본문의 어휘는 확실한 답변을 지시하는 것으로 보인다. 여호와는 이런 실행과는 어떠한 종류의 제휴도 거부하는 것으로 보이며, 이 백성이 이러한 제휴를 수행한 것으로 여겨진다.

6 7:32과 그 부분에 대한 "주석"을 비교해 보라. 만일 도벳이 불을 지피는 곳을

지적하는 형태로 이해된다면(이런 경우가 가능하다는 것이 BDB, 1075, KB, 1038에 나타나고 있다), 힌놈의 골짜기와 쓰레기장의 정체는 모두 유사한 것을 지칭하는 셈이 된다. 열왕기하 23:10에서, 도벳(정관사와 함께 사용되어)은 요시야가 자신의 개혁의 일환으로 부정한 곳으로 지적한 바 있다. 아동들에게 "불을 뚫고 지나가게 만든" 몰렉-희생 제의의 장소로 이해되었던 곳이 있다. 이를 카르타고에서 실행되었던 몰륵-희생 제의나 비문과 비교해 보라.

이름을 새로 지어 주는 행위도 예레미야서 전체에 걸쳐 나타나는 또 하나의 상징 행위에 속한다. 이름을 새로 짓는 것이 "여호와의 보좌"(3:17)라고 일컬어진 예루살렘의 경우가 그랬듯이 희망적인 것인지, 아니면 바스훌의 경우(20:3)와 본문에서처럼 심판적인 것인지를 이 새로운 이름은 그 개인이나 장소의 얼마간의 상징적인 성격을 통해 표현하게 마련이다. 힌놈의 골짜기는 살상의 골짜기로 알려지게 될 상황이었다. 유아 희생이 이미 이 곳을 그렇게 만들었기는 하지만, 이제는 여호와의 심판이 이 곳을 모든 이에게 살상의 골짜기로 만드는 상황에까지 이른 것이다.

7 "비어 있는"이라는 단어는 바카크(בקק)라는 어원에서 유래한 것이며, 1절과 10절의 "오지병"(בקבק)과 동일한 어원을 가지고 있다. 이 단어는 확실히 의성어이며, 그릇을 의미하는 단어가 그런 것과 동일하다. 이것이 묘사해 내는 소리는 그릇에서 액체가 빠져 나가는 소리다. 여호와는 여기 유다와 예루살렘에게서 충고를 "빼내어" 버리려 하신다. 상징 행위는 이미 시작되었다. 이것은 그저 상징으로서 오지병이 깨어지는 것이 아니다. 이미 여기서 오지병은 유다와 예루살렘과 동일시되고 있으며, 하나의 행위가 기술되고 있다. 만일 그 장소가 쓰레기장이라면 백성의 충고 혹은 계획은 쓰러기처럼 보여서 그 더미 위에 부어질 것이다.

"충고"는 18:23에서 발견되는 것과 동일한 단어다. 거기서 이 단어는 백성들이 예레미야를 대적하여 세우는 계획을 언급하는 것이었다. 이제 여기서 이것은 민족의 계획을 지적하는 것으로 보인다. 18:11의 이미지를 들여다보면, 여호와는 이제 실행에 옮기게 될 그 자신의 계획을 가지고 계신 것이다.

여호와의 선고는 죽음이다. 그 백성은 적들에게 쓰러질 것이다. 보다 더 악한 것은 그들을 묻어 줄 자가 단 한 명도 남지 않게 된다는 심판이다. 그들의 육신은 썩은 고기를 먹는 것들에 의해 도륙당하게 될 것이다. 정상적인 매장은 히브리인들에게는 주된 관심사였고, 사체의 노출이나 유골을 파헤쳐 놓는 일은 극단적인 치욕이었다(삼상 31:8-13; 왕상 14:10-11 등). 힐러스(Hillers, *Treaty-Curses*, 68-69)는 이것이 조약을 파기한 자들에게 내려지는 저주로 명기되는 경우가 자주 있었다는 것을 보여 주었다. 게다가, 유골의 노출은 그 장소를 불결한 상태로 만들었다. 그들의 사체는 이제 그들의 "성스러운" 제의 장소를 더럽히게 될 것이다. 이것은 마치 여호와가 그들의 이교 제의 수행이 이미 그 곳을 더럽혔다고 말한 것에 대응된다(4절). 한 지역을 불결케 만들기 위해 유골이 사용되는 것에 대해서는 요시야의 개혁과 사람의 뼈로 제의 장소를 불결하게 만든 일에 대해서 보라(왕하 23:13-16, 19-20).

8 그 성읍을 공포와 비명의 장소로 만든 것에 대한 언급은 18:16의 그것과 매우 유사하다. 더구나 같은 절에서 동일한 어원을 가진 히브리어를 명사와 동사로 반복시키는 것은 예레미야가 즐겨 사용하던 문체상의 장치다(Holladay, *JBL* 81[1962] 44-54). 샤맘(שׁמם, "공포를 느끼다")과 샤라크(שׁרק, "비명을 지르다")의 두 어원이 여기서 두 번씩 나타난 것이다. 이 언어는 조약 저주에 나오는 것과 유사하다.

9 식인 행위는 포위 공격의 전쟁 상황이 갖는 공포와도 같은 상황을 회화적으로 그려내고 있다. 힐러스(Hillers, 62-63)는 이것 역시 고대 근동의 조약에서 종종 발견되는 저주라는 것을 보여 주었다. 이와 같은 전형적인 조약 저주에 대한 언급은 위의 7절에서 나타나는 것과 함께 이 심판 신탁의 언약적 정황을 강하게 제시하고 있다. 백성들이 여호와를 저버림으로(4절) 언약을 파기했기 때문에, 그분은 이제 그들에게 저주 파기자에게 전형적으로 내리는 저주를 내리실 것이다.

이 절의 후반부는 예레미야가 즐겨 사용하는 문체적인 특징을 두 가지나 보여 준다. (i) 마초르(מָצוֹר, "포위 공격")와 마초크(מָצוֹק, "고통") 사이의 유음과 (ii) 추크(צוק)라는 동일한 어원을 두 번이나 사용한 것, 즉 한 번은 명사 "고통"과 다른 한 번은 동사 "고통스럽게 하다"로 사용한 것이다.

10 10절은 다시금 행동에 대한 지시로 이동한다. 심판 신탁이 말해진 후, 심판은 상징적으로 그려지고 있다. 즉, 예레미야는 그와 함께 했던 자들이 모두 지켜보는 가운데 오지병을 깨뜨리라는 지시를 받았다. 만일 7절에서 그릇(=유다)에서 그 계획을 비워내는 것이 상징 행위로 여겨진다면, 이 행위는 그 영상을 보다 심화시켜 전달해 준다. 그 그릇은 토기장이의 뜻대로 만들어졌던 것이다(18장). 그것은 주인의 바람대로 그 내용물을 비우게 되었다(19:1, 7). 이제 이것은 그 주인의 소원대로 깨뜨려지게 될 것이다. (이것을 일부 조약에서 언급되고 있는 조약의 저주를 실행하기 위해 밀랍 형상을 불태우는 저주 행위와 비교해 보라[Hillers, 20-21].)

카나(קנה, "획득하다, 사다") 동사도 창조에 대해 사용될 수 있기 때문에(창 14:19, 22; 신 32:6), 주인의 모티프는 18장의 토기장이 모티프를 보완해 주며, 여호와를 근본적으로 이 백성을 만들고 소유한 분으로 서술해 준다.

11 10절과 11절 사이의 연결은 혼돈할 수가 없이 명백한 것이다. 동사 샤바르(שׁבר, "깨뜨리다")는 10절에서 예레미야에게 지시된 행위와 관련하여 11절에서 여호와가 행하시게 될 행동으로 반복되고 있으며, 그로써 부정사의 형태로 예레미야의 행위로 소급하여 언급함으로써 반복되고 있다. 두 단어 카카(ככה, "이것처럼")와 카아셰르(כאשׁר, "마치…처럼")도 선행 절과의 연관성을 제공하고 있다.

깨뜨려져서 다시 고쳐 놓을 수 없는 그릇의 이미지는 충격적이다. 이는 토기장이의 이미지를 또 하나의 다른 차원에서 가져다 준다. 진흙이 가소성을 가진 만큼, 토기장이는 자신이 원하는 대로 그릇을 다시 만들어 낼 수 있다. 하지만 한 번 그릇이 구워지고 나면, 그것은 다시 만들어질 수 없다. 18장의 그릇인 유다가 여전히 회개의 기회를 가지고 있고 토기장이의 손에 의해 다시 만들어질 수 있음에도, 유다는 지금 돌이킬 수 없는 파멸에 직면해 있는 것이다. 부서진 그릇의 파편을 하나하나 모조리 찾아낸다 한들, 그 그릇은 고쳐질(רפא – 라파, "고치다, 수리하다") 수 없다. 깨어진 조각은 그것들이 떨어진 곳, 질그릇 조각 문 바깥의 쓰레기 더미에 그대로 있어야만 한다. 라파(רפא)라는 어원과 그 파생형 라페(רפה)는 치료나 회복의 의미로 예레미야서에 자주 등장한다(3:22; 8:22; 17:14[2회]; 30:17 등).

이 절에서 매장은 위의 7절에서 언급되고 있는 노출과 대조를 이루고 있다. 두 경우 모두 결과는 동일하다. 즉, 백성의 죽음과 사체, 뼈, 매장이 있음으로 인한 지역의 더러워짐이다. 이 지역을 공동묘지로 바꾼다는 것은 마치 뼈를 발굴해 내는 것과도 같이 이 지역을 더럽힌다는 말이다.

12 12절은 켄 에에세(כן־אעשׂה, "그래서 나는 행할 것이다")로 시작하면서 이 절을 10절의 행위와 연관시키고 있다. 하지만 발언된 심판은 오지병의 파괴뿐만 아니라 도벳의 오염에까지 소급시키고 있다(6, 11절). 분명하게 이 두 가지 심판은 서로 밀접하게 연관되고 있다. 이 성읍을 도벳처럼 만드는 것은 그 곳의 매장(11절)을 실시하여 성읍 전체를 거대한 묘지로 만든다는 것이거나, 혹은 도벳으로 쓰레기 더미가 되게 하고, 성읍 전체로 쓰레기 구멍이 되게 한다는 것일 수도 있다(2절에 대한 "주석"을 보라).

13 혼합 제의의 실행이 갖는 보다 특별한 점이 이 절에 제시되고 있다. 이러한 실행들은 "하늘의 주"에게 향을 피우는 것을 포함했으며, 이것은 성신 숭배와 관련되는 것이다. 이러한 제의를 옥상에서 실시하는 것은 숭배의 대상과 가능한 한 좀더 가까워지려는 시도로 여겨질 수 있다. 언급된 다른 관습들은 다른 신들에게 술을 부어 헌납하는 것이다(역시 동일한 어원인 나사크[נסך, "붓다"]에서 유래한 동사와 명

사가 모두 사용되고 있다). 7:18과 비교하라.

이러한 관습이 발생하던 모든 집들 역시 도벳같이 될 것이다. 도벳은 또 다른 심판의 중심 초점으로 나타나는 것이다. 첫째로, 이 성읍은 도벳처럼 될 것이다(12절). 이제 백성들과 왕의 집들은 도벳처럼 되어 더럽혀질 것이다. 도벳과 여기 더러워짐에 대해 다중적인 유희가 나타나고 있다. 사체로부터의 오염, 이교 제의의 관습으로부터의 오염, 그리고 추측컨대 쓰레기 더미로부터의 오염이 존재한다.

이 단락은 이 점에서 끝을 낸다. 다음 단락을 여는 내러티브는 예레미야가 이 절들 속에서 지시받은 대로 실제로 행했다고 말하지는 않는다. 13장과 18장의 상징 행위들로 그가 행위를 수행했음이 기록되고 있다. 하지만 7장도, 26장도 예레미야가 실제로 이런 상징 행위를 실행했다고 별다르게 기록하고 있지는 않다. 아래에서는 20:1-3에서의 바스훌의 반응이 아마도 이 단락의 말들을 포함하여 19:15에서의 예레미야의 말보다 더 중요했다는 것을 논증해낼 것이다.

해설

이 단락에서 예레미야는 수동적이다. 그는 지시와 해석의 수납자가 되면서도, 그로서는 아무런 실제적인 행동이 언급되지 않는다. 그럼에도 불구하고, 이 구절은 또한 선지자에게서 기대되고 있는 상징 행위에 대해 언급한다. 실제로, 이 구절의 초점은 토기장이의 오지병을 포함하여 상징 행위에 대해 이루어지고 있다. 18장은 이미 백성들을 토기장이의 그릇으로, 그리고 여호와를 토기장이 즉 자신의 원하는 대로 만들거나 다시 만들어 낼 수 있는 분으로 확인해 놓은 상태다.

이러한 정체성을 파악하면서, 이 장은 오지병을 포함한 다른 이미지들로 이어지고 있다. 첫째로, 온전하며, 유용하고, 아마도 무언가로 가득 찬 오지병과 그 문의 이름으로 함축되고 있는 바로의 부서진 파편들의 대조다. 이 이미지는 이 지역이 쓰레기 더미와 같은 경우 더욱 충격적인 그림을 그려내게 된다.

첫 번째 심판 신탁은 이 지역에서 행해진 이교 제의의 행위를 비난하고 있다. 이 신탁과 연관되고 있는 상징 행위는 오지병을 비움으로써(7절) 여호와께서 유다의 음모를 비워내실 것이라는 점을 지적하고 있다. 그분은 자신만의 계획, 즉 심판과 죽음의 계획을 가지고 계셨던 것이다. 시체가 여기저기 널려 있는, 유다와 예루살렘의 파멸을 그려내고 있는 가장 공포스러운 그림은 여호와에 의해 선포된 저주다.

그래서 오지병의 상징 행위가 기술되고 있다. 이러한 흐트러뜨림은 첫 번째 신탁의 파괴/죽음을 보여 준다. 이 장소는 부서진 조각의 장소며, 백성들이 그들의 혼합적 이교 숭배로 여호와를 저버렸기 때문에 부서진 언약의 장소다. 이로써 여호와는 백성들에게 언약 저주를 가져오려고 하시는 것이다. 그들은 부서진 조각처럼 될 것이다. 백성들이 회개한다면 아직 치료/회복이 가능했던 예레미야의 일부 전반부(예를 들어, 3:22)와는 달리, 이 신탁은 이런 소망을 전혀 내비치지 않는다. 참으로 이 파괴된 그릇은 다시는 고쳐질 수 없다(11절). 이 구절은 순전히 심판만을 보여 주고 있는 것이다.

G. 또 하나의 성전 설교와 그 결과(19:14-20:6)

참고문헌

Ahituv, S. "Pashhur." *IEJ* 20(1970) 95-96. **Christensen, D. L.** "Terror on Every Side." *JBL* 92(1973) 498-502. **Clines, D. J. A.** and **Gunn, D. M.** "Form, Occasion and Redaction in Jeremiah 20." *ZAW* 88(1976) 390-409. **Görg, M.** "Pashur and Pisanhuru." *BN* 20(1983) 29-33. **Holladay, W. L.** "The Covenant with the Patriarchs Overturned: Jeremiah's Intention in 'Terror on Every Side'(Jer 20:1-6)." *JBL* 91(1972) 305-20. **Honeyman, A. M.** "*Magor mis-sabib* and Jeremiah's Pun." *VT* 4(1954) 424-26. **Martin, D. C.** "Pashhur." *Mercer Dictionary of the Bible*. 647. **Nicholson, E. W.** "Blood-spattered Altars?" *VT* 27(1977) 113-16. **Stinespring, W. F.** "The Participle of the Immediate Future and Other Matters Pertaining to Correct Translation of the Old Testament." In *Translating and Understanding the Old Testament*. Ed. H. T. Frank and W. L. Reed. Nashville: Abingdon, 1970. 64-70. **Wächter, L.** "Überlegungen zur Umnennung von Pašhūr in Māgôr Missābīb in Jeremia 20,3." *ZAW* 74(1962) 57-62. **Wanke, G.** *Untersuchungen zur sogenannten Baruchschrift*. BZAW 122. Berlin: de Gruyter, 1971.

본 문

14 예레미야가 여호와께서 자기를 보내사 예언하게 하신 도벳에서 돌아와 여호와의 집 뜰에 서서 모든 백성에게 말하되

14 Then Jeremiah came from Topheth[a] where the Lord had sent him to prophesy, and stood in the court of the house of the Lord, and said to all the

15 만군의 여호와 이스라엘의 하나님이 말씀하시되 보라 내가 이 성에 대하여 선언한 모든 재앙을 이 성과 그 모든 촌락에 내리리니 이는 그 목을 곧게 하여 내 말을 듣지 아니함이라 하셨다 하라

20:1 제사장 임멜의 아들 바스훌은 여호와의 집 유사장이라 그가 예레미야의 이 일 예언함을 들은지라

2 이에 바스훌이 선지자 예레미야를 때리고 여호와의 집 베냐민의 윗문에 있는 착고에 채웠더니

3 다음날 바스훌이 예레미야를 착고에서 놓아 주매 예레미야가 그에게 이르되 여호와께서 네 이름을 바스훌이라 아니하시고 마골 밋사빕이라 하시느니라

4 대저 여호와께서 이같이 말씀하시되 보라 내가 너로 너와 네 모든 친구에게 두려움이 되게 하리니 그들이 그 원수의 칼에 엎드러질 것이요 네 눈은 그것을 볼 것이며 내가 온 유다를 바벨론 왕의 손에 붙이리니 그가 그들을 사로잡아 바벨론으로 옮겨 칼로 죽이리라

5 내가 또 이 성의 모든 부와 그 모든 소득과 그 모든 귀물과 유다 왕들의 모든 보물을 그 원수의 손에 붙이리니 그들이 그것을 탈취하여 바벨론으로 가져가리라

6 바스훌아 너와 네 집에 거하는 모든 자가 포로되어 옮기우리니 네가 바벨론에 이르러 거기서 죽어 거기 묻힐 것이라 너와 네가 거짓 예언을 하여 들린 네 모든 친구도 일반이리라 하셨느니라

people,

15 "Thus says the Lord of armies, the God of Israel, [a]'Behold I am about to bring[a] unto this city and [b]upon all its towns[b] all the evil which I have spoken against her because they have stiffened their back so as not to hear[c] my words.'"

20:1 Now when Pashhur, the son of Immer,[a] the priest[b] heard (he was [c]overseer-leader[c] in the house of the Lord) Jeremiah had prophesied these words,

2 [a]Pashhur struck Jeremiah the prophet[a] and put him in the stocks[b] which were in the [c]upper Benjamin Gate[c] which was at the house of the Lord.

3 [a]The next morning[a] Pashhur brought Jeremiah out from the stocks; Jeremiah said to him, "The Lord has not named you Pashhur, but 'Terror[b] [c]on every side.'[c]

4 For thus says the Lord, 'Behold, I am about to make you a terror[a] [b]to yourself and[b] to all your loved ones: they will fall by the sword of their enemies and your eyes will see it; [c]and all[d] Judah I will give into the hand of the king of Babylon and he will take them into exile to Babylon and strike them with the sword.

5 And I will give all the wealth of this city[a] and all her produce [b]and all her precious things,[b] and all the treasures of the kings of Judah [c]I will [also] give,[c] into the hand of their enemies [d]and they will plunder them and they will take them[d] and they will bring them to Babylon.

6 But you, Pashhur,[a] and all the inhabitants of your house, will go into captivity; [b]you will go[b] to Babylon, [b]and there[b] you will die, and there you will be buried, you and all your loved ones to whom you prophesied with a lie.'"

원문주해

14.a. *BHS*는 2절과 더 잘 어울리게 하기 위해 "출입구로부터" 혹은 "문의 출입구로부터"로 읽을 것을 제안한다.

15.a-a. 케레는 메비(מביא)로 읽고, 케팁은 중자탈락으로 인해 알렙(א)이 빠져 있다. 이 번역은 스타인스프링의 제의를 따른 것인데, 그에 의하면 분사형은 자주 임박한 미래로 이해되기도 한다는 이유에서였다.

15.b-b. 히브리어 표현은 문자적으로는 "이 성읍과 그 성읍들"이다. 칠십인역은 "그리고 그 마을들"로 읽는다.

15.c. 탈굼역은 "받았다"로 읽는다.

20:1.a. 시리아역에는 "아마리아"로 나타나고 있다.

1.b. 칠십인역 소문자본은 "제사장" 대신에 "거짓 선지자"로 읽는다. 6절을 참조하라.

1.c-c. 탈굼역은 "제사장들 중의 우두머리"로 읽는다. "감독관"의 복수형인 프키딤(פקדים)은 29:26에 나타나고 있다.

2.a-a. 칠십인역은 단순히 "그가 그를 쳤다"로 읽는다.

2.b. 탈굼역은 "감옥"으로 읽는다.

2.c-c. 칠십인역은 "따로이 떨어진 윗집"으로 읽는다.

3.a-a. 칠십인역에는 생략되어 있다.

3.b. 칠십인역과 테오도션역에는 "추방"으로 되어 있다.

3.c-c. 칠십인역에는 나타나지 않는다. 탈굼역은 이름을 풀어서 "칼로 죽이는 자들이 너를 둘러 모여들게 될 것이다"로 읽는다.

4.a. 칠십인역은 "추방"으로 읽고 있으나, 탈굼역은 "불행"으로 읽는다.

4.b-b. 칠십인역에는 생략되고 있다.

4.c. 칠십인역은 "그리고 너를"을 추가시키고 있다.

4.d. 탈굼역은 "…의 집의 남자들"을 추가시키고 있다.

5.a. 일부 탈굼역 사본들은 "이 땅"으로 읽는다.

5.b-b. 칠십인역에는 빠져 있다.

5.c-c. 칠십인역에는 빠져 있다.

5.d-d. 칠십인역에는 빠져 있다.

6.a. 칠십인역에는 나타나지 않는다.

6.b-b. 칠십인역에는 나타나지 않는다.

양식/구조/배경

이 단락은 또 하나의 성전 설교(19:14-15)와 이 선언의 결과(20:1-6)에 대한 산문체의 기사다(7:1-12과 26장을 참조하라). 하지만 성전에서 선포된 메시지가 단순히 하나의 싯구라기보다는 19:3-9과 11-13장에 나타나는 완전한 형태의 심판 신탁에 대한 반복 혹은 요약일 가능성이 더 크다는 점이 확실해 보인다. 선행 단락으로부터 "이 장소"(3, 4[2회], 6, 7, 12절)와 "이 성읍"(8, 11, 12절)의 구절이 반복되어 나타나는 것이 본 단락과의 연관성을 만들어 준다. 더구나 14절에서의 도벳에 대한 언급은 시간적으로만이 아니라 문학적으로도 선행 단락과의 연결점을 만들어 준다. 15절의 "내가 말한 악"은 가장 자연스럽게 선행 단락의 심판 신탁으로 소급되어 관련된다.

아마도 유일하게 가장 중요한 연결점은 바스훌의 사랑하는 자에 대한 언급에서 20:4의 "그들이 적들의 칼날에 엎드러질 것이다"라는 구절일 것이다. 이 구절은 선행 단락의 첫 심판 신탁에 나오는 19:7의 "내가 그들로 그들의 적들 앞에서 칼에 엎드러지게 할 것이다"라는 구절과 꽤나 유사하다. 19:3, 4, 13과 20:5의 "유다의 왕들"이라는 구절의 반복도 단락들 사이를 연결시켜 준다.

덧붙여서, 바스훌이 "예레미야가 이 말들을 예언했음을…들었다"(20:1)라는 언급은 19:15 한 절만이 아닌 19장 전체의 심판 신탁을 가장 자연스럽게 포함시킨다.

그래서 14-15절의 기능은 우선 소수에게만 말해진 심판 신탁을 전체 백성에게로 전달하는 것이었다. 장로들에게서 선발된 사람들 그 이상으로, 이제 제사장들과 사법적, 종교적 지도자들도 이 말을 듣는다. 바스훌의 행위는 이 신탁과 관련된 모든 백성에 대한 선포와 특별히 관련을 가지게 된다.

20:1-6에서도 내러티브는 지속된다. 바스훌은 예레미야를 때리고, 그를 밤새도록 차꼬(공개적인 굴욕인가?)로 묶어 두었다. 풀리게 됨에 있어서 예레미야는 바스훌과 그 가족에 대한 심판 신탁을 선언한다. 가능한 모든 역설이 동원되어 관리의 책임을 지닌 사람 바스훌은 이제 더 이상 책임을 지니지 않게 되었다는 말을 듣게 된다. 그는 예레미야를 때리고 굴욕을 줄 수 있었으나, 본질적으로 그와 그의 가족이 굴욕을 당하게 될 것이다! 바스훌에 대한 심판 신탁은 상징적으로 이름을 다시 짓는 일(이것은 노예와도 같은 일을 당한 것으로 보인다, 3절의 후반부), 메신저 형식구(4a절), 선고를 시작하는 감탄사(4b절), 여호와의 중재(4c절)와 중재의 결과(4d-6절)를 포함하고 있다. 중재는 이중적이다. 즉, 개인적(바스훌과 그의 사랑하는 자들)이면서 민족적이다.

이 심판 신탁은 15:13-14과 17:3-4의 신탁에 대한 몇 가지 평행구를 가지고 있다. 이 세 개의 본문은 모두 동사형 에텐(אתן, "내가 줄 것이다"), 명사형 오츠로트(אוצרות, "보물") 그리고 어원 바자즈(בזז, "약탈하다")의 파생형들을 담고 있다. 유사하게도 세 가지는 모두 "적들"(איבי – 오예베이)에 대해 이야기하고 있다.

비슷하게도, 19:15의 오레프(ערף, "등")에 대한 오해를 가지고 언어유희가 나타나고 있다. 즉, 그 백성은 자신들의 등을 꼿꼿하게 펴서 여호와의 말씀을 듣지 않으려 했으나, 18:17에서 여호와는 재앙의 날에 그 백성에게 자신의 등을 보이고 그 얼굴을 보이지 않으실 것이라는 말이다.

내용을 정리해서 보면, 이 단락은 다음과 같은 부분들로 나뉠 수 있다.

예레미야의 행위: 그는 성전으로 가서 메시지를 선포한다(14절)
여호와의 메시지(15절)
바스훌의 행위: 그는 예레미야를 때리고 착고에 묶는다(20:1-2)
여호와의 메시지(3-6절)
　　이름을 다시 짓기(3절)
　　메신저 형식구(4a절)
　　바스훌의 이름에 대한 언어유희에 근거한 심판
　　(=여호와의 중재)(4b-d절)
　　　　바스훌과 그 사랑하는 자들에 대한 심판(4c절)
　　　　민족에 대한 심판(4d절)
　　심판의 발전
　　(=여호와의 중재의 결과)(5-6절)
　　　　민족에게(5절)
　　　　바스훌과 그 가족에게(6절)

이 같은 요약으로부터 두 가지 사항이 증명된다. 행위로부터 메시지로, 그리고 인간-행위자로부터 신-행위자로의 균형과 이동이 나타난다. 앞서 주지된 바와 같이(**서론**: "몇 가지 문학적인 연결사들", 18:1-12), 이러한 균형은 18-20장 전체에 걸쳐 주목되고 있는 완전한 패턴의 일부가 된다. 두 번째 패턴은 바스훌에게 직접적으로 이루어지고 있는 심판 신탁에서의 교차대칭 구조다.

A 바스훌과 그 사랑하는 자들에 대한 부정적인 말(4c절)
　B 전 유다에 대한 부정적인 말(4d절)
　B′ 예루살렘과 유다에 대한 부정적인 말(5절)
A′ 바스훌과 사랑하는 자들에 대한 부정적인 말(6절)

이 단원의 자료는 자주 전기적인 산문으로 불린다. 말하자면, 예레미야가 3인칭으로 언급되고 있는 것이다. 이것은 모빙켈의 "B"자료이며, 그래서 자주 바룩의 손에 의해 나타나게 되었다고 이야기된다(Wanke).

주석

[14] 14절은 성문 바깥에서 말해진 두 심판 신탁과 이 단락 사이의 전이를 형성해 주고 있다. 이 부분은 예레미야를 지리적으로 성읍 바깥으로부터 성읍 안으로, 그리고 성전 안으로 이동시켜 주고 있다. 또한 메시지에 대해서는 선별된 지도자의 그룹을 향한 것이었다가 모든 백성을 향한 것으로 변화를 주고 있다. 도벳에 대한 언급은 이 단락을 두 신탁의 산문체 메시지와 연결시켜 준다(6, 11, 12, 13절).

예레미야가 성전으로 이동한 것은 중요해 보인다. 이는 예레미야가 아직(혹은 다시금) 성전 출입권을 가지고 있었음을 보여 준다. 36장은 본문에 의하면 여호야김 즉위 제4년으로 시기를 잡을 수 있다(= 주전 605/4년; 1절). 그때 예레미야는 바룩을 성전으로 보내 두루마리를 읽게 했는데, 이렇게 한 것은 그가 "여호와의 집에 들어가는 것이 금지되었기(עָצוּר – 아추르) 때문이다"(5절). 브라이트(174-75)는 이 단락이 주전 605-604년의 성전 설교에 선행한다는 논증을 한다. 그는 이 사건을 주전 609년과 주전 605년 사이의 시기로 잡는다. 그러나 19장의 신탁의 내용에는 회개에 대한 요청도 용서의 희망도 전혀 나타나지 않는다. 심판은 돌이킬 수 없는 일이었으며, 이는 7장과 26장의 성전 설교와도 달랐고, 심지어는 얼마간의 회개에 대한 소망이 일부 남아 있었던 36장과도 달랐다(3, 7절). 그러므로 이 사건의 시기는 주전 605-604년 이후이지만, 주전 597년 이전의 시기로 보는 것이 최선일 것 같다. 할러데이(539)는 이 사건에 대해서는 주전 601-600년의 시기를 선호한다.

[15] 성전에서 선포된 메시지는 의심할 바 없이 여기서 지시되는 하나의 절 그 이상이다. 위에서 논증된 바와 같이, 적어도 3-9절과 11-13절의 심판 신탁의 내용만큼은 선언된 것으로 보인다. 26장이 다소 완전한 형태로 7장에서도 발견되는 성전 설교의 개략적인 내용만을 포함하는 것과 마찬가지로, 여기서도 우리는 19:3-13에서 발견되는 보다 긴 메시지의 요약된 부분만을 발견할 수 있을 뿐이다. 그리고 완전한 형태를 받아들이는 경우라도, 백성들에게 선포된 전체 메시지가 이토록 짧았다고 생각할 수는 없는 노릇이다.

"이 성읍으로 그리고 그 모든 동리로"라는 구절은 고려해 볼 만한 논쟁점을 가지고 있다. 분명히 이 구절은 예루살렘 및 그 주변 성읍과 마을을 지적하고 있다. 자주 "딸들[즉, 딸-성읍들]"이라는 구절이 이와 같은 연관점에서 사용되게 마련이다(예를 들어, 수 17:11[6회]; 17:16, 렘 49:2). "예루살렘과 그 모든 성읍들에"라는 특정 구절도 예레미야 34:1에 나타나고 있다. 칠십인역은 "이 성읍과 그 마을들"이라는 번역에서 이와 같은 이해를 분명히 하고 있었다. NEB는 드라이버(Driver)와 게스터(Gaster)의 제안을 따라 우가릿어에 기초하여 아림(ערים)을 "피가 뿌려진 제단"으로 번역하였다. 니콜슨(Nicholson)은 확신에 차서 히브리어에는 피가 뿌려진 제단이라는 의미를 가진 단어가 있었음을 말하는 어떤 증거도 없으며, 우가릿 단어조차도 무언가 다른 것을 의미하는 것이 분명하다는 점을 보여 주었다.

20 1 바스훌이라는 이름은 적어도 세 명의 서로 다른 인물에 대한 이름으로 성서 히브리어에 나타나고 있으며, 그들 중 둘은 예레미야서에 나온다. 그들 둘은 본 장의 바스훌 벤 임멜과 21장 및 38장의 바스훌 벤 말기야다(느 10:4[3]의 바스훌이 세 번째 인물이며, 상기된 본문 이외의 본문에서 나타나는 경우는 위의 셋 중의 하나이거나 전혀 다른 인물일 수도 있다). 이 이름은 아랏에서 나온 두 개의 히브리 인장과 도편에서도 발견되었다. 이 이름은 아마도 애굽어에서 파생된 것으로 보이는데, 그 의미는 "호루스의 아들 혹은 파편"을 의미한다. 바스훌에게 주어진 변화된 이름에서 발견되는 언어유희에 대해서는 아래의 3절 이하를 보라.

바스훌은 파키드 나기드(פקיד נגיד)였으며, 여기서는 "감독자-지도자"로 번역되었다. 카일(Keil)은 나기드(נגיד)가 자주 관리에 대한 용어였으며, 파키드(פקיד)는 여기에 하나의 해석으로 덧붙여진 것이었다고 논증한다(743). 반면에 코닐(Cornill)은 파키드(פקיד)가 우선적이며, 나기드(נגיד)는 첨가 부분이라고 논증한다. 그가 내세운 증거는 예레미야 29:26인데, 여기엔 파키드 베이트 야흐웨(פקיד בית יהוה)가 나타나고 있다(233). 두 구절 모두에서 이 직책의 기능은 성전 안에서 질서를 유지하거나 사고를 다루는 일이다. 코닐(Cornill)과 루돌프와 다른 사람들은 이 직무를 성전 규찰(糾察)로 본다. 아마도 우리의 상황에서는 이를 경비대장 정도로 볼 수 있을 것이다. 두 단어의 유음 현상은 그 어원을 보여 줄 수도 있다. 아마도 이 이중적인 용어로써 약간의 빈정거림이 드러나는 것처럼 보인다. 여기서 제사장과 감독-지도자는 이 선견자(הפקדתיך – 히프카드티카, 1:10)를, 즉 그 소명으로 인해 여호와의 감독관으로 지목된 사람을 때리고 착고에 매어 놓았던 것이다. 29:26의 문맥에서 보면, 예레미야가 현 상태에 저항하는 그의 행위와 말로 인해 두 가지 상황 모두에서 미친 사람으로 쉽게 비춰졌음을 보게 될 것이다.

니바(נבא)라는 말은 완료형일 수도 분사형일 수도 있다. 그 번역에 있어서 이것은 완료형으로 이해되었다. 문제는 바스훌이 필연적으로 예레미야의 신탁의 선포를 들었다는 것이 아니라, 그가 실행에 옮겨진 사건을 들었다는 점이다.

하마흐페케트(המהפכת)라는 단어의 의미는 불확실하다. 이것은 착고이거나 다른 유사한 결속 도구로도 보이며, 아마도 고문 도구였을 것이다. 이 단어는 탈굼역에서 "감옥" 혹은 "결박" 등으로 이해될 수 있는 히브리어를 번역하는 데 사용되었다. 칠십인역은 "함정-문"으로 번역했는데, 아마도 지하 감옥으로 이해한 것으로 보인다. 위에 제시된 바와 같이 아마도 그 개념은 공개적인 굴욕과 함께 결속시킨다는 뜻이다. 흥미를 끄는 것은 이 단어가 성경 히브리어에서 세 번이나 나타나고 있다는 것이며, 선지자의 말에 대한 불쾌감으로 인해 선지자/선각자에 대한 적대적인 행위에 사용되었다는 것이다. "여호와의 집 곁의 베냐민 문 상단에"라는 감금 장소의 위치는 복합문에서 종종 발견되는 경비실을 포함하는 감금 장소를 지적하는 것이거나 문 같은 공적인 장소에서 발견되는 착고를 의미할 수도 있다. 이 문은 "여호와의 집 곁"에 위치하는 것으로 확인되며, 이러한 문은 성전이나 혹은 성읍으로 출입할 수 있는 그런 곳으로 보인다. 버로우즈(Burrows)는 "위"라는 말이 성전 문, 즉 보다 높은 곳에 위치하고 있는 곳을 지적함으로써 상대적으로 "낮은" 베냐민 문은 37:13과 38:7에서 베냐민 문으로 간단히 언급되는 성읍 문과 대조되고 있음을 말했다.

3 3절은 예레미야가 바스훌에게 이름을 바꾸어 주는 것을 기록하고 있다. 예레미야가 그 이름에 언어유희를 의도했다는 사실은 분명하다(Keil, 744-45와 대조적으로). 모든 유사성들 속에서 이 이름의 갱신이 심판 신탁을 시작하기 때문에, 이 변화는 긍정적인 이름에서 부정적인 성격으로의 전환이 되는 셈이다. 하지만 언어유희가 이름의 실제적인 어원학에 근거할 필요는 없다. 성서 히브리어는 유음 현상이나 동의어에 기초한 언어유희의 실례들을 수없이 많이 가지고 있다. 할러데이(*JBL* 91 [1972] 305-20)는 언어유희의 가장 확신할 만한 설명을 가지고 있다. 그는 바스훌이 두 개의 아람어 단어인 "비옥한"이라는 의미를 갖는 푸쉬(פוש)의 분사형 파쉬(פש)와 스후르(סחור, "주위를 둘러서")라는 말의 유사음일 것이라고 말한다. 그래서 이 언어유희는 "주위에 비옥한"에서 "사면에 공포/파괴"라는 말로 역전의 의미가 되는 셈이다.

새로운 이름인 마고르 미사비브(מגור מסביב)가 "사면에 공포" 혹은 무언가 비슷한 것을 의미한다는 사실은 거의 보편적으로 이해되는 사실이다. 마고르(מגור)는 구르 III(גור III; BDB, 159-60)에서 파생된 단어로 공포 그 자체 혹은 공포의 원인을 의미한다. 칠십인역이 분명하게 마구르(מגור)만을 번역해냈다는 사실은 일부 주석가로 하여금 미사비브(מסביב)가 첨가된 부분인 것으로 보게 만들었다. 게다가, 칠십인역이 번역한 마구르(מגור, "추방, 이방인")는 구르 III(גור III)이 아닌 구르 I(גור I; BDB, 157)을 어원으로 이해한 것이었다. 할러데이는 예레미야가 바스훌에 대한 신탁에서 고의적으로 구르(גור)의 세 가지 어원의 의미를 모두 사용하여 언어유희를 실행한 것이라고 논증하였다. 비록 할러데이의 삼중 의미가 더 가능성이 있어 보일지라도, 확실히 구르(גור)의 이중적인 의미는 4절과 칠십인역에서의 추방에 대한 언급으로 미루어 더 개연성이 있어 보인다. 완전한 형태의 이름은 예레미야서에서는 다섯 번 나타나며(여기 이외에도 6:25; 20:10; 46:5; 49:25), 다른 곳에서는 두 번(약간은 다른 형태로 시 31:14; 애 2:22) 나타나는데, 마소라 본문이 보여 주는 완전한 이름은 여기서는 정황에 잘 어울린다.

4-5 이 절들은 앞 절의 이름 갱신을 설명하고 있다. 실제로 이 절들은 특별히 미사비브(מסביב)라는 단어를 설명하고 있다. 바스훌은 그 자신만이 아니라 주위의 모든 사람들, 곧 그의 사랑하는 자들에서 "모든 유다"에 이르기까지의 사람들에게 공포 혹은 공포의 상징이 될 것이다. 이 공포는 바스훌 주위의 모든 사람들에게 발생하게 될 것이다. 바스훌은 그의 사랑하는 자들에게 발생할 공포를 상징할 뿐만 아니라, 그에 대해 스스로가 증거해야만 하는 상황에 처하게 될 것이다. 비슷하게, 모든 유다는 이 공포를 상징하면서 경험하게 될 것이다.

가장 중요한 것은 4절에서의 바벨론 왕에 대한 언급이다. 이것은 이 책에서 추방의 장소에 내해 최초로 설명한 언급 부분이 된다. 이것에 앞서, 위협은 북방으로부터의 이름을 알 길이 없는 적(1:13)이거나 그들이 알지 못했던 나라(15:14)가 되었다. 이제 심판은 구체성과 사실성을 가지고 한 단어, 실체 속에서 나타났던 것이다.

6 6절은 명확하게 바스훌에게로 돌아오고 있다. 그의 주위에 있는 자들에게뿐만 아니라 바스훌에게도 공포가 있게 될 것이다. 특별히 그와 그의 가계는 바벨론으로 추방당하게 될 것이고, 거기서 죽어 묻히게 될 것이다. 예레미야가 선포한 메시지 때문에 그를 탄압했던 바스훌이 탄압을 당하고 온 유다뿐만 아니라 모든 증인에게도 공포가 될 것이다(4-5절). 예루살렘과 유다의 백성들이 그들의 적들의 손에 죽어야 하듯이(19:7), 바스훌도 죽게 될 것이다. 그는 죽을 뿐만 아니라 이방 땅에 묻히게 될 것이다.

해설

오지로 만들어진 병이 깨뜨려진 후에(19:10), 예레미야는 성전 뜰로 가서 다시금 심판과 파멸의 메시지를 선포하였다. 성전 관리였던 바스훌은 예레미야를 체포해서 폭행한 후 그를 밤새도록 감금한다. 다음날 바스훌이 예레미야를 풀어 줄 때, 예레미야는 바스훌의 이름에 대한 언어유희를 근거로 그와 그의 사랑하는 자들에 대한 심판을 선언한다. 그의 새 이름은 "사면에 공포"가 될 것이다. 일면 바스훌은 그를 아는 사람들에게 "사면의 공포"가 될 것인데, 이는 그들 모두에게 악한 일이 일어날 것이기 때문이다. 다른 의미로, 바스훌은 가족과 사랑하는 자들에게 일어날 손실과 스스로는 추방당하기까지의 "사면의 공포"를 몸소 경험하게 될 것이다. 바스훌뿐만 아니라 모든 이가 유다로부터 추방당하게 될 것이며, 바벨론인들의 손에 의해 이러한 공포를 겪게 될 것이다.

H. 마지막 고백(20:7-13)

참고문헌

Baumgartner, W. *Jeremiah's Poems.* 59-62, 73-78. **Berridge, P. E.** *Prophet, People.* 151-55. **Clines, D. J. A.** and **Gunn, D. M.** "Form, Occasion and Redaction in Jeremiah 20." *ZAW* 88(1976) 390-409. ______. "'You Tried to Persuade Me' and 'Violence! Outrage!' in Jeremiah XX 7-8." *VT* 28(1978) 20-27. **Diamond, A. R.** *Confessions.* 101-13. **Fishbane, M. A.** *Text and Texture.* New York: Schocken, 1979. 91-102. **Held, M.** "The Action-Result(Factitive-Passive) Sequence of Identical Verbs in Biblical Hebrew and Ugaritic." *JBL* 84(1965) 272-82. **Holladay, W. L.** *Architecture.* **Hubmann, F. D.** "Anders als er wollte: Jer 20, 7-13." *BLit* 54(1981) 179-88. **Janzen, J. G.** "Jeremiah 20:7-18." *Int* 37(1983) 179-83. **Kelly, F. T.** "The Imperfect with Simple *Waw* in Hebrew." *JBL* 29(1920) 1-23. **Levenson, J. D.** "Some Unnoticed Connotations in Jeremiah 20:9." *CBQ* 46(1984) 223-26. **Lewin, E. D.** "Arguing for Authority: A Rhetorical Study of Jeremiah 1.4-19 and 20.7-18." *JSOT* 32(1985) 105-19. **Marrow, S.** "Hamas ("violentia") in Jer 20, 8." *VD* 43(1965) 241-55. **O'Connor, K. M.** *Confessions.* 66-80, 130-46. **Pitard, W. T.** "Amarna *ekemu* and Hebrew *naqam.*" *MAARAV* 3(1982) 5-25. **Seitz, C. R.** "The Prophet Moses and the Canonical Shape of Jeremiah." *ZAW* 101(1989) 3-27. **Smith, M. S.** *The Laments of Jeremiah.*

본 문

7 여호와여 주께서 나를 권유하시므로 내가 그 권유를 받았사오며 주께서 나보다 강하사 이기셨으므로 내가 조롱거리가 되니 사람마다 종일토록 나를 조롱하나이다
8 대저 내가 말할 때마다 외치며 강포와 멸망을 부르짖으오니 여호와의 말씀으로 하여 내가 종일토록 치욕과 모욕거리가 됨이니이다

9 내가 다시는 여호와를 선포하지 아니하며 그 이름으로 말하지 아니하리라 하면 나의 중심이 불붙는 것 같아서 골수에 사무치니 답답하여 견딜 수 없나이다

10 나는 무리의 비방과 사방의 두려움을 들었나이다 그들이 이르기를 고소하라 우리도 고소하리라 하오며 나의 친한 벗도 다 나의 타락하기를 기다리며 피차 이르기를 그가 혹시 유혹을 받으리니 우리가 그를 이기어 우리 원수를 갚자 하나이다
11 그러하오나 여호와는 두려운 용사 같으시며 나와 함께하시는고로 나를 박해하는 자가 넘어지고 이기지 못할 것이오며 그들은 지혜롭게 행치 못하므로 큰 수욕을 당하오리니 그 수욕은 영영히 잊지 못할 것이니이다
12 의인을 시험하사 그 폐부와 심장을 보시는 만군의 여호와여 나의 사정을 주께 아뢰었사온즉 주께서 그들에게 보수하심을 나로 보게 하옵소서

13 여호와께 노래하라 너희는 여호와를 찬양하라 가난한 자의 생명을 행악자의 손에서 구원하셨음이니라

7 You persuaded[a] me, O Lord, and I was persuaded; You overpowered me, and you overcame. 3+2 I have become (an object of) derision [b]all the time,[b] everyone mocking me. 3+3
8 [a]For as often as I speak,[b] I utter outcries;[a] violence and devastation I proclaim. 3+3 For the word of the Lord is to me a reproach and a derision all the time. 3+3
9 I have said, "I refuse to mention him, I refuse to speak in his name"; 2+3 but it is [a]in my heart[a] like a burning fire [b]being shut up[b] in my bones, 4+2 I am exhausted from holding it in, I cannot overcome. 2+2
10 Indeed, I have heard many slanders: "'Terror[a] on every side!' [b]Inform! Let us inform on him!" 4+2+2 Everyone who wishes me well is watching for my stumbling. 3+2 "Perhaps he can be persuaded and we can overcome him, then let us take our vengeance on him." 4+3
11 But[a] the Lord is with me like an awe-inspiring hero. 2+2 [b]Therefore, the ones pursuing me will stumble, they will not overcome.[b] 3+2 They will be shamed greatly; surely they will not succeed. 2+2 [c]Eternal ignominy, it will never be forgotten.[c] 2+2
12 [a]O Lord of armies, the one testing the righteous,[b] the one seeing inner parts and heart, 4+3 let me see your vengeance on them for unto you I have revealed[c] my case/complaint.[d] 3+4
13 Sing to the Lord! Praise the Lord! 2+2 For he has delivered the poor person from the hand of evil ones. 4+2

원문주해

7.a. 파타(פתה)라는 동사는 "유혹하다", "부추기다" 혹은 "설득하다" 등의 함의를 가질 수도 있다. "주석"을 보라.

7.b-b. 칠십인역은 "계속해서"로 읽는다.

8.a-a. 칠십인역에는 "나의 통렬한 연설로 인해 내가 웃을 것이기 때문이다"라고 되어 있다.

8.b. 탈굼역은 "울면서"를 삽입해 놓았다.

9.a-a. 칠십인역에는 나타나지 않는다.

9.b-b. 칠십인역은 앞 행과 평행하여 "타오르는"으로 읽는다. 탈굼역에는 "내 뼈를 깨끗하게 씻는"으로 되어 있다.

10.a. 탈굼역과 칠십인역에는 "모여드는"으로 되어 있는데, 이는 마구르(מגור)를 구르 I(גור I, "집합하다, 모으다, 체류하다")에서 파생된 것으로 이해했기 때문이다. 위의 20:3에 대한 "주석"을 보라. 히브리어는 20:3과 정확히 동일한 구절을 유지하고 있다.

10.b-b. 칠십인역은 이 단락에 대해 다른 이해를 가지고서 "계략을 꾸미자. 우리가 그에 대해 계략을 꾸미자. 그의 친구들 모두가 그의 의도를 주시한다"로 읽는다.

11.a. 와우를 반의접속사로 번역하였다.

11.b-b. 칠십인역에는 "그들이 박해하였으나 견디지 못할 것이다"로 되어 있다.

11.c-c. 탈굼역에는 "영원한 굴욕이 그들을 덮을 것이나, 그것이 끝나지 않을 것이다"로 되어 있다.

12.a. *BHS*는 절 전체가 11:20로부터의 삽입이라는 견해를 제시한다. 본 절은 11:20과 매우 유사하다.

12.b. 소수의 사본들(de Rossi, V, 66)은 11:20처럼 차디크(צדיק) 대신에 체데크(צדק)를 사용하고 있다.

12.c. *BHS*는 피엘 완료 대신에 피엘 부정사로 읽을 것을 제안한다.

12.d. 탈굼역에는 "내 굴욕"으로 되어 있다.

양식/구조/배경

이 구절에 대한 논의 중 주된 부분은 그 한계에 관한 문제에 포함되어 있다. 루돌프와 얀젠은 전체 구절을 하나의 단위로 다루었다. 하지만 대부분의 학자들(Baumgartner, Berridge, Hyatt, Weiser, Bright, Cornill, Carroll, Clements, McKane, Holladay, Ewald, Keil 등)은 20:7-18을 최소한 두 개의 단위, 즉 7-13절과 14-18절로 나눈다. 이들 학자들 중 꽤 많은 사람들이 이 단락을 좀더 세분하는데, 7-13절을 두 개의 단위로 나누어 7-9절과 10-13절로 나누거나(Baumgartner, Berridge, Condamin, Cornill, Carroll, Nötscher, McKane 등) 7-10절과 11-13절로 나누기도 한다(Laetsch, Condamin, Lundbom). 다른 사람들은 11:20에 기초해서 12절이 추가된 부분일 것이라고 추정하거나(Baumgartner, Duhm, Rudolph, Hyatt 등), 13절이 이차적인 자료라고 가정한다

(Duhm, Cornill, Giesebrecht, Holladay, Lewin, Fishbane[아마도] 등). 코닐은 11-13절 전체가 추가된 부분이라고까지 추정한다.

런범은 포섭(Condamin을 따라) 구조, 즉 7절과 10절에서의 두 히브리어 어원 파타(פתה)와 야콜(יכל)의 반복에 기초해서 10절 이하의 부분을 더 나누려고 한다. 확실히 11절에서는 어떤 전이, 즉 애가에서부터 신뢰의 고백으로의 전이가 시작되고 있음이 분명하다. 하지만 이 전이와 포섭 구조는 단락의 끝을 알리는 것은 아니다.

7-13절의 양식비평적(아래의 개인적인 애가 형식을 보라) 문학적(아래의 교차대칭 구조) 통일성에 대한 클라인스(Clines)와 건(Gunn, *ZAW* 88[1976] 390-409), 오코너와 다른 학자들의 논증은 부정할 수 없이 확실한 것들이다. 이 단락은 하나의 단위로 처리될 것이며, 소위 예레미야의 고백록이라고 불리는 것의 마지막 경우가 된다.

이 단원은 시문이다. 하지만 지배적인 운율이 결여되어 있다. 18개의 행(stichs)들 중에 8개는 키나형의 운율을 가지고 있고(행의 전반부가 후반부보다 긴 형식-3+2, 4+3, 4+2, 4+2+2), 8개는 전·후반부가 각기 동일한 운율을 가지고 있다(3+3, 2+2).

형식에 대해 보자면, 이 단원은 비록 그 구성 요소를 다 가지고 있는 것은 아니지만 개인적 애가의 형식이다(Polk, 152).

여호와의 기원(7절)
애가(7-10절)
들으심의 확실함/신뢰의 고백(11절)
탄원(12절)
찬양(13절)

베스터만(Wetsermann, *Praise and Lament*, 182)은 개인적 애가는 이들 애가의 세 가지 주제에 근거하여 3중적인 구조로 확인될 수 있다는 견해를 내세웠다. 즉, 주제 I=당신, 하나님; 주제 II=나(화자); 주제 III=적. 이와 관련해서 보자면, 예레미야 20:7-11은 다음과 같이 세분될 수 있을 것이다. 주제 I=7a절; 주제 II=7b-9절; 주제 III=7f, 10절.

피쉬베인(Fishbane, 93)은 7-12절에서 다섯 개의 연(stanza)이 가지는 교차대칭 구조를 발견했다.

A 제1연: 하나님께 대한 직접화법, "당신"(7절)
　B 제2연: 자기-반성, 하나님께 대한 간접적 언급, "그"(8-9절)

C 제3연: "그"에 대한 적들의 음모를 회상함(10절)
B′ 제4연: 자기-반성, 하나님께 대한 간접적 언급, "그"(11절)
A′ 제5연: 하나님께 대한 직접화법, "당신"(12절)

그는 제2, 3연은 제1연의 주장을 발전시키고, 제4, 5연는 풍성한 소망을 표현하면서도 그 분위기, 주제 및 긴장에 있어서 제1연부터 제3연까지의 것과는 눈에 띄게 다르다는 점에도 주목한다. 이 같은 개요는 13절을 이 단원의 나머지 부분과 명확히 구별시켜 준다. 피쉬베인은 이 절을 찬송시로 부르고, 예레미야에 의해 추가되었거나 아니면 다른 사람의 말일 것으로 본다(102).

그럼에도 불구하고, 13절은 문학적으로 이 단원의 일부로 이해하는 것이 가능하다. 7-8절에서 여호와를 이중적으로 언급한 것은 13절에서의 이중적 언급과 포섭 구조를 형성한다. 그래서 이 단원의 중심은 문학적으로 11a절과 12a절에서의 여호와에 대한 추가적인 두 번의 언급이 되며, 이들 둘은 모두 강한 신뢰의 진술을 담아낸다. 이러한 이해로, 우리는 7절에서의 여호와에 대한 불평과 13절에서의 여호와에 대한 찬양이 갖는 대조를 발견하게 된다. 11a절과 12a절에서의 신뢰의 진술은 이 단원의 중심 초점을 제공해 주는데, 이는 3절에서의 찬양으로의 전환을 설명해 주게 된다. 이들 여호와에 대한 언급들 사이에 끼여 있는 부분에는 "적들"에 대한 세 차례의 언급이 존재한다. 즉, 그들의 음모(10절), 그들의 확실한 몰락(11b-d절) 그리고 그들에 대한 여호와의 보복의 요청(12b절)이 그것이다. 다음의 교차대칭 구조는 이 전체의 고백을 수사적인 감각으로부터 그 양식비평적인 한계와 부합할 수 있는 한에서 이해할 수 있는 방법을 제공하고 있다.

A 여호와에 대한 불평(7-9절)
B "적들"에 대한 불평(10절)
C 보증: 여호와가 나와 함께하신다(11a절)
B′ "적들"의 몰락(11b-d절)
C″ 보증: 여호와가 마음을 보신다(12a절)
B″ "적들"에 대한 보복(12b절)
A′ 구원에 대해 여호와께 찬송(13절)

덧붙여, 이 단원에서 다시 나타나고 있는 단어가 몇 가지가 있다. 동사 파타(פתה)는 7절에서 피엘/니팔의 쌍, 즉 소위 행위-결과 혹은 작위-수동의 연쇄(Held)로 두 번 나타나고, 10절에서 다시 한 번 나타나고 있다. 이것이 첫 번째로 나타난 경우는 여호와에 대한 불평으로 나타난 것이었다(여호와는 예레미야를 설득하는 능동인이며, 그는 설득당한다). 그러고 나서 이것은 "적들"에 대한 불평에서도 나타나며, 여기서는 그들로서는 예레미야가 설득당할 수 있으리라는 소망대로 수동형으로 나타난 것이다.

파타(פתה)와 밀접한 관련을 가지고 쌍을 이루는 것은 동사 야콜(יכל, "극복하다")이다. 이 동사는 7절과 10절에 나타난다. 여호와는 설득하며, 이겨내며(חזק – 하자크), 극복하신다. 적들은 예레미야가 설득당해서 자신들이 극복할 수 있게 될 것을 소망한다. 하지만 이 동사는 9절과 11절에서도 두 번 더 나타난다. 9절에서 예레미야, 곧 여호와의 말씀을 선포하려 했던 사람 자신이 (여호와를) 극복할 수 없음을 인정한다. 11절에서 예레미야는 그의 적들도 (그를 혹은 여호와를) 극복할 수 없다는 확신에 찬 말을 한다. 클라인스(Clines)와 건(Gunn, *VT* 28[1978] 23)은 야콜(יכל)이 이 구절의 중심 단어임을 논증해 낸다.

이 단락에서 또 하나의 반복된 단어를 언급해야겠다. 명사 느카마(נקמה, "보복")는 처음으로 적들에 의해 말해졌으며, 10절에서 예레미야에 대해 적대적으로 언급되었다. 12절에서는 그들 적들에 대해 적대적으로 예레미야에 의해 여호와에게 말해졌다. 두 경우 모두 그 화법은 청유형으로 나타난다.

이 단원에서 키(כי)가 여섯 번이나 반복된 것은 중요하다. 하지만 다소 놀랍게도 키(כי)는 종종 그렇듯이 이 단원의 중심에서 수사적인 힘을 담아내지는 않는다. 8절에서 두 행의 시작 부분에 두 번 나타난 것은 8절을 7절과 9절과는 구별시켜 주는 기능을 한다. 그래서 8절은 두 개의 키(כי)가 인과적인 성격이 됨으로써 7절에서 9절로의 전이가 된다. 10절의 도입부에서 키(כי)는 여호와에 대한 불평에서 적들에 대한 불평으로의 전이를 보여 주며, 그렇기 때문에 상조적이다. 유사하게, 11절의 세 번째 행에서 이것이 나타난 것은 강조 용법이다. 12절의 마지막 행에서 키(כי)는 동인적인 절을 시작하는데, 이는 13절에서 그랬던 것과 동일하다.

이 구절의 수사적인 중심에서 "여호와"라는 단어가 두 번 나타나며, 두 번 다 와우를 동반한다. 11절에서 와우-반의 접속사는 불평에서 신념으로의 전이를 보여 주며, 고백록에서의 전환점이 된다. 12절을 시작하는 와우는 11a절과 12a절을 연결시켜 주며, 11절의 보증을 가져다 준다. 11a절의 보증에 근거한 적들의 확실한 몰락을 묘사하는 11절 후반부는 강력한 연결구절인 알-켄(על־כן, "그러므로")으로 시작한다.

다른 단원과의 연결사에 관해서 보면, 가장 충격적인 것은 10절에 선행 단락

(20:3)의 마고르 미사비브(מגור מסביב)가 반복되고 있다는 것이다. "적들"은 "사면에 공포"라는 구절을 골라내어 그의 행위를 비웃거나 언급하는 일에 사용한 것으로 묘사되고 있다(즉, 예레미야가 "사면에 공포"였던 것이다). 브라이트(134)는 이 표제어의 반복이 여기에 이 고백을 위치시킨 이유가 될 것이라는 의견을 제시하였다. 하지만 대부분의 학자들이 시문 자료가 산문 자료보다는 더 오래된 것으로 추정하고 있기 때문에, 그렇게 본다면 이것은 보다 오래된 부분이 되는 셈이다. 그럼에도 불구하고, 반복된 구절은 현재의 위치로 추가적으로 연결된 것으로 보인다.

추가적인 연결은 이 단락과 다른 고백들 사이에서 분명해진다. 12절은 11:20과 매우 유사하며, 고백록에서도 그렇다. 하지만 여기에 나타난 12절을 그 구절에서 들어온 부분이나 첨가로 보고 제거하려는 사람(*BHS*, Rudolph, Hyatt 등)은 11:20과의 차이점들을 설명해야 한다. 그래서 이 부분은 양식비평적이고 수사적인 분석이 보여 주는 것과 같이 이 문맥에 아주 잘 어울린다(Hyatt와는 대립된다). 이 절은 또한 17:10과 몇 가지 평행 관계를 보여 주는데("시험하는 자", "마음", "심중"), 이는 그것 자체가 고백의 일부는 아닐지라도 고백에 우선하는 여호와 언설 속에 포함되고 있다. 고백 자체에는 보쉬(בוש, "부끄러움"; 17:18[2회]; 20:11), 로데프(רדף, "나를 쫓는 자들"; 15:15; 17:18; 20:11), 자카르(זכר, "기억하다"; 11:19; 15:15; 18:20; 20:9)의 반복이 나타나고 있으며, 아주 대조적으로 아리츠(עריץ, "경외심을 일으키는/무자비한"; 20:11; 15:21; 여호와와 사악한 자들을 각각 언급하는 경우에)가 반복되었다. 마지막 연관성을 언급해야겠는데, 이것은 고백과 소명 체험에 모두 관련되는 것이다. 소명에서 "내가 너와 함께할 것이다"(1:8, 19)라는 약속이 이루어졌고, 이것이 보증의 말로 고백 속에서 반복된다(15:20; 20:11)는 점이다.

주석

7 동사 파타(פתה)는 다양하게 번역되는데, 그것은 "속이다, 부추기다, 설득하다" 등이다. 헤셸(Heschel, I, 113)은 속임의 성적인 함의를 강조하면서, 파타(פתה)와 하자크(חזק)가 함께 속임과 강간을 모두 함축하면서 사용된다는 논증을 했다. 이 두 단어가 특별히 함께 사용되는 경우 이러한 내포를 가진다는 것이 가능하다고 할지라도, 가장 일반적인 경우에 성적인 함축으로 사용된 적은 전혀 없다. 게다가, 파타(פתה)에 대한 일상적인 영어의 번역이 속임(KJV, RSV)일지라도, 문맥은 여호와가 어떤 방식으로든, 즉 여호와가 예레미야가 맞닥뜨리게 될 반대에 대해 경고했던 그의 소명 체험에서 시작하여 계속해서 그를 속였다는 것이 지적되고 있지는 않다.

문맥은 오히려 설득의 의미를 제시하고 있다(Clines와 Gunn, *VT* 28 [1978] 20-27). 클라인스와 건은 파타(פתה)라는 단어가 특별히 설득하는 일에 대한 시도를(반드시 성공하는 것은 아니다) 다루고 있다는 점을 보여 준다. 그래서 그들의 논제도 "당신이 나를 설득하려 하셨…"이다. 하지만 이 구절에서 문맥은 여호와가 완전히 성공적이었다는 것을 분명히 밝힌다. 여호와는 설득하셨으며, 예레미야는 완전히 설득당했다. 여호와의 설득은 예레미야를 압도(חזק – 하자크)했고, 여호와는 극복했다(יכל – 야콜).

여기서 예레미야의 불평은 여호와에 대해 이루어지고 있는 것이다. 여호와는 그를 선지자로 부른 바로 그분이었고, 그를 이 직무를 위해 태에서부터 형성시킨 분이다(1:5). 아마도 그분이 여기서 말하는 설득은 이 소명과 관련된 것으로 보인다. 예레미야가 항변할 때(1:6), 여호와는 설득하셨고, 압도하셨으며, 그를 극복하셨다. 그 결과는 예레미야가 비웃음과 조롱의 대상이 되는 것이었다.

8 예레미야가 말한 자아크(זעק, "소리내다")는 절망에서 도움을 요청하여 울부짖는 의미로 자주 사용되는 것이지만, 이 경우에는 평행을 이루고 있는 반행(半行)으로부터 공포의 외침을 지시하고 있는 것이다. 메시지는 폭력과 황폐에 대한 것이며, 예레미야가 선포해야 했던 공포에 관한 것이다. 학자들은 폭력과 황폐의 언급에 있어 의견이 나뉜다. 이것은 예레미야가 가져오는 메시지를 언급하는 것일 수 있다. 즉, 폭력과 황폐는 유다와 예루살렘에 이미 촉박한 것이며(Blank,[*Jeremiah*], Hyatt, Thompson), 백성들의 죄악에 대해 이루어지는 것이거나(Keil, Nötscher), 그의 적들에 의해 예레미야에게 임하는 공격일 수도 있고(Baumgartner, Rudolph), 혹은 여호와가 그에게 내리셨던 문책일 수도 있다(Marrow[*VD* 43(1965) 241-55], Berridge [*Prophet, People*], Clines and Gunn,[*VT* 28(1978) 20-27], Carroll). 비록 본문이 다소 모호하고 그 모호함이 네 가지 해석을 고의적으로 허용하는 것일 수 있다고 하더라도(Holladay가 그런 것처럼), 증거의 우세로 인해 첫 번째 해석이 더 선호된다. 예레미야가 선포하는 메시지는 주로 백성들의 죄로 인해 유다에게 임할 폭력과 황폐에 관한 것이다.

그가 그것을 선포해야만 했던 유일한 사람이었기 때문에, 여호와의 말은 예레미야에게는 책망과 조소의 대상이 되었다. 이 절의 전반부는 여호와의 말의 내용을 다루고 있다. 반면에, 후반부는 이 말을 선포함으로 인해 예레미야에게 나타날 결과를 설명하고 있다.

9 비웃음과 조롱(7절), 그리고 책망과 조롱(7절과는 어휘가 다르다; 8절)의 결

과로 예레미야는 더 이상 말씀을 선포할 결심을 내리지 않는다. "내가 말했다"는 "내가 결심했다. 내가 마음에 두었다"도 의미할 수 있는 히브리어 구절이다. 여기서 "언급하다"로 번역된 자카르(זכר)라는 단어는 종종 "기억하다", "회상하다" 혹은 "기념하다"로까지 번역된다(17:4). 확실히 예레미야는 백성들이 그러했던 것처럼 여호와를 생각하지 않거나 잊으라고 말하는 것이 아니다. 이 경우, 동사는 언급의 함의를 갖는 것으로 보인다. 이 함의는 평행을 이루고 있는 반행에 아주 잘 어울리면서, 여호와의 이름으로 말하는 것을 거부하고 있다.

8절과 9절은 어원 다바르(דבר)를 세 번 반복하고 있는데, 한 번은 명사로서 여호와의 "말씀"을, 그리고 두 번은 동사로 사용되었다. 예레미야가 말할 때, 이것은 폭력의 메시지다. 그러므로 그는 말하지 않기로 결심한 것이다.

이 일이 예레미야로서는 효력을 내지 않게까지 될 것인데, 이것은 9절의 후반부가 설명하는 대로다. "마음"은 9절의 제2행에서 "뼈들"과 평행을 이룬다. 두 단어는 모두 예레미야의 내부를 지적하고 있다. 비록 일부 학자들(Holladay, Kutsch를 따라)이 아추르(עָצֻר, "가두어지다")를 오체르(עֹצֵר, "압박하다")로 수정하려고 해도, 마소라 본문은 꽤나 수긍 가능한 모양을 가지고 있으며 보다 생생한 이미지를 전달해준다. 9절의 마지막 행은 예레미야가 여호와의 말씀을 잡으려 했던 일에서 지쳐 버린 상태를 말하고 있다. 이 일은 불가능하다. 여호와가 예레미야를 극복한 것에 반하여(7절), 예레미야는 여호와의 말씀이나 의도를 극복할 수 없었다. 다시금 예레미야는 여호와에 의해 압도당하고 있는 것이다!

10 10절은 주로 여호와에 대한 불평(7-9절)으로부터 "적들"에 대한 불평으로 이동하고 있다. 불변화사 키(כי)는 이 전이를 지적하는 강조적인 방식으로 사용되고 있다. 예레미야가 들었던 비방은 7-8절로 소급되어 관련성을 갖는다. 이 비방들은 예레미야를 향한 것이거나 하나님을 향한 것일 수도 있다. 이에 이어 비방자들에 관한 기사가 뒤따른다. 적들이나 비방자들은 "사면에 공포"를 끄집어내는데, 이것은 바스훌에게 임할 여호와의 심판을 말하는 것이다(3ff절). 그들의 응답은 예레미야에게 정보를 제공하려는 어떤 방법을 찾으려는 노력이었다. 또한 일부 말이나 행동은 그에 대한 비난을 동반하고 있다.

에노쉬 슐로미(אנוש שלומי, "내 안녕을 기원하는 자들")라는 구절은 그의 친구들조차도 그에게서 돌아섰음을 지적하는 것으로 보인다. 이와는 다르게, 예레미야는 이 구절을 그의 적들에 대해 비꼬는 투로 말하는 것일 수도 있다. 후자가 보다 확실해 보인다.

이 절의 마지막 행에서, 적들은 예레미야가 7절에서 여호와에 대해 언급하면서 사용한 어휘를 정확히 동일하게 사용한다. 이제 적들은 예레미야를 설득하고 극복하려고 하는 것이다. 그들의 의도는 그에게 복수를 하려는 것이다.

11 와우 – 반의 접속사는 이 단원의 수사적인 중심과 동시에 전이를 표시한다. 애가에서 불평으로, 고백은 신뢰와 확신의 강한 어휘들로 변화되고 있다. 여호와가 그를 극복했다는 사실과 적들이 동일한 일을 시도하고 있다는 사실에도 불구하고, 예레미야는 그들이 실패할 것이라는 보증을 소유하고 있다. 더구나 그는 여호와가 그의 적이 아니라는 보증 또한 가지고 있다! 여호와의 약속, 곧 소명 체험으로부터 (1:8, 9), 그리고 다른 애가들로부터(15:20) 영원히 계시겠다는 여호와의 약속이 그에게 다시 확증된다. "하지만 여호와는 내 곁에 (계실 것이다)!"

다음 구절, 깁보르 아리츠(גבור עריץ)는 전통적으로 "무서운 진사, 무서운 투사"로 번역되어 온 말이다. 특별히 주목해야 할 것은 다른 곳에서 아리츠(עריץ)는 적들이나 사악한 자들에 대해 사용되었다는 사실이다. 이것이 구약에서 이 단어가 여호와에 대해 언급하는 가운데 사용된 유일한 경우다. 아마도 예레미야는 고의적으로 이 모호한 단어를 사용한 것으로 보이며, 그 이유는 자신만의 중의성이 여기에 사용된 까닭일 것으로 보인다. 여호와는 그에게 거의 적과도 같았던 것이다. 아직도 예레미야는 이 힘이 지금 그를 향한 것이 아니라 그의 적들을 향한 것으로 분명히 보고 있는 것이다. 와우 반의 접속사와 신념의 말로 인해 일련의 역전이 시작되었다.

이 절의 나머지 부분에서 더 많은 증거가 모아지고 있다. 이 부분은 적들에게 임하는 결과, 특히 그들의 몰락을 기술하고 있다. 알-켄(על־כן)이라는 구는 또 하나의 전환을 지시한다. 이번에는 강한 신뢰의 진술에서 결과로 소망되는 바로의 전환이다. 적들은 예레미야의 "넘어심"(צלע – 칠라; 10절)을 기다려 왔으나, 오히려 그들 자신이 "넘어진다"(כשל – 카샬). 그들은 예레미야를 극복하기를 소망해 왔으나 극복하지 못하게 될 것이다. 그들은 오로지 수치와 모욕만을 당하는 일에서만 성공할 수 있을 것이다.

12 12절은 다시금 여호와에 대한 복합적 묘사구로 표현되는 신뢰의 말로 시작하고 있다. 여호와는 일반적인 묘사구로 "만군의 여호와"이며, 매우 유사한 표현으로 "두려운 용사"시다. 추가적인 묘사구는 위에 언급된 바와 같이("양식/구조/배경"), 11:20과 연결되고 있으며, 보다 협의적인 의미로는 17:10과 연관되고 있다.

이 절의 두 번째 행은 탄원으로 이동한다. 적들이 예레미야에 대한 보복을 찾았으나, 그는 지금 그들에 대한 여호와의 보복을 보고 싶다는 요구를 하고 있다. 역전은 그들에게 임하는 적들의 말들처럼 계속 진행된다.

13 11a절과 12a절의 신념은 이 절의 찬송시적인 결말에서도 지속되고 있다. 복수 명령형인 쉬루(שירו)와 할를루(הללו, "노래하라! 찬송하라!")는 상이점을 보이지 않으면서도 전형적인 찬송 언어가 아니다. 아마도 예레미야는 이 찬송을 표현하기 위해 잘 알려진 찬송의 구절을 인용한 것으로 보인다. "가난한 자", 즉 "악한 자들"로부터의 구원을 확신하고 있는 사람을 예레미야 자신과 동일시하는 것은 필연적인 것은 아닐지라도 가능한 일이다. 예레미야가 구원에 대해 여호와를 찬송하기 위해 전형적인 찬송을 사용했다는 것이 더욱 가능성이 있어 보인다.

해설

이 고백에서 예레미야는 하나님께 대한 불평으로 시작한다. 하나님은 예레미야를 설득했고, 동시에 압도하셨다. 그는 부분적으로는 기꺼이(하지만 설득으로 인해), 또한 부분적으로는 강요로(압도되어) 하나님의 선지자가 되었다. 결과적으로 예레미야는 질책과 조롱의 대상이 되었던 것이다. 그의 메시지는 항상 "폭력과 황폐"였는데, 이는 의미가 애매하다. 왜냐하면 그것이 심판의 위협인지, 백성의 조롱의 내용인지, 백성의 죄에 대한 기사인지, 아니면 그가 그들의 손으로(아니면 하나님의 손으로) 당하게 되었던 일들에 대한 기사인지가 분명치 않기 때문이다.

그는 더 이상 자신의 메시지를 말하지 않겠다고 결심했을 때 그것을 붙잡을 수가 없었다. 이 메시지로도 예레미야는 상황을 극복하고 그의 길을 갈 수 없었다. 오히려 그는 다시금 극복당했던 것이다. 그는 백성들 중에 비방하는 소리를 들었고, 그가 했던 "사면에 공포"라는 말을 비웃는 것을 들었다. 아마도 그들은 예레미야가 사면에 공포를 당하고 있었던 것으로 생각했던 것 같다. 그가 설교할 수 있었던 전부는 대 재난과 암흑뿐이었다. 그들은 그의 몰락을 보려 했고, 역설적인 왜곡이 일어났다. 그들은 예레미야의 말을 하나님이 어떻게 그를 압도하셨는지를 묘사하는 말로 사용했던 것이다. "그가 혹시 유혹을 받으리니 우리가 그를 이기어."

하지만 예레미야는 이들 적들에게 정복당하지 않을 것이다. 하나님께서 그를 압도하셨으나, 그는 하나님이 적이 되지 않으시리라는 보증을 가지고 있다. 하나님은 그의 영웅적인 전사로서 그를 방어해 주고 모든 대적들과 상대하실 용사시다. 그러므로 적들이야말로 넘어지는 자들이 될 것이고, 예레미야는 그렇지 않을 것이다. 그들은 정복될 것이며, 수치를 당할 것이다.

예레미야는 이 고백을 찬양시로 끝맺는다. 아마도 그는 스스로를 악한 자들의 손에서 여호와께서 구원하실 사람, 곧 이 시에 나오는 가난한 자로 묘사한 것 같다. 여기에 나타나는 변화를 주목해 보라. 그는 하나님께 대한 불평으로 시작하였다. 하지만 그의 적들에 대한 불평으로 전환했을 때, 그는 하나님이 아닌 그들이 진정한 적이라는 확증을 갖게 되었다. 하나님은 그의 강한 용사요 보호자셨던 것이다.

I. 저주받은 날(20:14-18)

참고문헌

Baumgartner, W. *Jeremiah's Poems.* **Blank, S.** "The Curse, Blasphemy, the Spell, and the Oath." *HUCA* 23/1(1950-51) 73-95. **Bright, J.** "Jeremiah's Complaints: Liturgy, or Expressions of Personal Distress?" In *Proclamation and Presence.* ed. J. I. Durham and J. R. Porter. London: SCM Press, 1970, 189-214. **Clines, D. J. A.,** and **Gunn, D. M.** "Form, Occasion and Redaction in Jeremiah 20." *ZAW* 88(1976) 390-409. **Condamin, A.** *Le Livre de Jérémie.* 3rd ed. Paris: J. Gabalda, 1936. **Dahood, M. J.** "Denominative *rihham,* 'to conceive, enwomb.'" Bibl. 44(1963) 204-5. **Diamond, A. R.** *Confessions.* **Hillers, D. R.** "A Convention in Hebrew Literature: The Reaction to Bad News." *ZAW* 77(1965) 86-90. **Holladay, W. L.** *Jeremiah: A Fresh Reading.* New York: Pilgrim Press, 1990. **Hubmann, F. D.** "Anders als er wollte: Jer 20, 7-13." *BLit* 54(1981) 179-88. **Ittmann, N.** *Die Konfessionen Jeremias.* WMANT 54. Neukirchen-Vluyn: Neukirchener Verlag, 1981. **Janzen, J. G.** "Jeremiah 20:7-18." *Int* 37(1983) 178-83. **O'Connor, K. M.** *Confessions.* **Polk, T.** *The Prophetic Persona.* **Prijs, L.** "Jeremia xx 14ff.: Versuch einer neuen Deutung." *VT* 14(1964) 104-8. **Schottroff, W.** *Der altisraelitische Fluchsprüch.* WMANT 30. Neukirchen-Vluyn: Neukirchener Verlag, 1969. **Smith, M. S.** *The Laments of Jeremiah.* **Westermann, C.** *Jeremia.* Stuttgart: Calwer, 1967.

본 문

14 내 생일이 저주를 받았더면, 나의 어미가 나를 생산하던 날이 복이 없었더면,

15 나의 아비에게 소식을 전하여 이르기를 네가 생남하였다 하여 아비를 즐겁게 하던 자가 저주를 받았더면,

16 그 사람은 여호와께서 훼파하시고 후회치 아니하신 성읍같이 되었더면, 그로 아침에는 부르짖는 소리, 낮에는 떠드는 소리를 듣게 하였더면,

17 이는 그가 나를 태에서 죽이지 아니하셨으며 나의 어미로 내 무덤이 되게 하지 아니하셨으며 그 배로 항상 부르게 하지 아니하신 연고로다

18 어찌하여 내가 태에서 나와서 고생과 슬픔을 보며 나의 날을 수욕으로 보내는고

14 Cursed was the day 2+3 on which I was born, the day on which my mother gave birth to me 3+2 it could never be blessed.

15 Cursed was the man who brought news 4+2 to my father, saying: "A son has been born to you, a boy!" 3+2 who caused him to rejoice greatly.

16 Surely that man[a] was[b] 3+3+2 like cities which the Lord overthrew[c] without pity; he heard[d] a distress call in the morning, 3+2 a battle alarm at noon-time,

17 because[a] he did not kill me in[b] the womb and let my mother be for me my grave, her womb forever pregnant. 3+3+3

18 Why did I come forth from the womb to see trouble and sorrow and my days end in shame? 4+3+3

원문주해

16.a. *BHS*는 하이쉬(האיש, "그 사람") 대신에 하욤(היום, "그 날")으로 읽을 것을 제안한다. 하지만 이러한 수정을 지지하는 사본들이나 번역본이 전혀 없다.

16.b. *BHS*는 번역본들을 따라 예히(יהי)로 읽을 것을 제안한다. 본서의 번역은 마소라 본문의 웨하야(והיה)를 따라 번역하였다.

16.c. 칠십인역은 "화가 나서"를 추가시키고 있다.

16.d. *BHS*는 이슈마(יִשְׁמַע)로 읽을 것을 제안한다. 본서는 마소라 본문의 웨샤마(וְשָׁמַע)를 따라 번역하였다.

17.a. 아셰르(אשׁר)를 인과형으로 다루었다.

17.b. 마소라 본문의 메라헴(מֵרָחֶם)을 시간의 의미로 보아 "내가 태 속에 있을 때로부터"="태에서"로 읽었다. *BHS*는 브라헴(ברחם)으로 읽을 것을 제안한다. 다후드는 명사유래 동사일 것이라는 의견을 제시한다. 그래서 므루함(מְרֻחָם, "[태 속에] 배다")으로 읽을 것을 제안한다.

양식/구조/배경

20장의 이 마지막 단락은 13절의 찬양시로부터 예레미야의 출생의 날에 있었던

저주가 갖는 깊은 절망으로의 갑작스럽고 극적인 휴지로 인해 상당한 논쟁을 불러 일으켰다. 한 가지 가능한 해결책은 일부 소수의 학자들에게만 수용되는 것이기는 하지만, 7-13절 앞으로 14-18절을 이동시키는 것이다(Ewald).

보다 일반적으로 이 단락은 별도로 구별된 단락으로 이해되어 왔다. 즉, 애가나 혹은 자기 저주 둘 중의 하나로서(Baumgartner, *Jeremiah's Poems*; Blank, *HUCA* 23/1 [1950-51] 73-95; Bright, "Complaints") 원래는 예레미야의 생애 가운데서 전혀 다른 상황을 반영하는 것으로 이해되고 있다(Keil). 보다 정확하게 이 단락은 선지자와 자신의 출생을 선언하고 있는 메시지 전달자의 생일에 대한 저주다. 이 단락이 여기에 위치하게 된 것은 첨가로 이해되며, 그 용도는 이 주요 부분을 끝맺는 것이거나(이 부분의 한계에 대한 논의를 보려면 아래의 *후기* 부분을 보라), 아니면 다음 부분 즉 21-24장을 시작하는 것으로 보인다(Clines and Gunn, *ZAW* 88[1976] 390-409; Lewin, *JSOT* 32[1985] 105-19). 그렇다면 비록 이런 해결책이 고의적인 평행을 간과할 수 있고 아주 완전히 만족스럽지는 않을지라도, 분위기와 어조상의 변화에 대해 그리 강조할 필요가 있지는 않을 것으로 보인다.

분명하게 이 단락은 저주시다. 키나 운율 형식이 우세적이다(8개의 행 중에 6개가 후반부[혹은 세 번째 부분]보다는 전반부에 강조를 두고 있다). 많은 학자들은 예레미야가 관습적이거나 판에 박힌 언어를 사용하고 있다는 사실을 강조해 왔다(Schottroff, *Fluchsprüch*; Hubmann, *BLit* 54[1981] 179-88; Ittmann, *Die Konfessionen*; Clines and Gunn, *ZAW* 88[1976] 390-409). 여기엔 욥기 3장과 무수히 많은 평행구가 나타난다.

욥 3:1, 3, 3, 8 출생의 날에 대한 언급 렘 20:14
저주에 대한 특정 용어의 사용
욥 3:8 아라르(ארר) 렘 20:14, 15
욥 3:1 칼랄(קלל)
욥 3:8 카바브(קבב)
욥 3:3 출생의 선언, 특히 남성에 대해 렘 20:15
욥 3:10 태에 머무는 것에 대한 언급 렘 20:17, 18
욥 3:11 태"로부터" 죽는 것에 대한 언급 렘 20:17
욥 3:20 이하. 이유에 대한 질문 렘 20:18

욥기에서의 이와 같은 평행구로부터, 이것이 개인적인 재난에 부딪히게 된 선지자의 감정의 표현이라기보다는 심판 신탁에 수반되는 관습적인 언어일 것이라는 의견이 제시되어 왔다(Clines and Gunn). 하지만 이들 언어의 강도로부터 선지자의 감정을 완전히 별도로 분리해 내는 일은 불가능해 보인다(Polk, *Prophetic Persona*).

프레이(Prijs, *VT* 14[1964] 104-8)에 의해서 아주 매력적인 의견이 제시되었는데, 그는 적어도 15절에 대해서는 우리가 전형적인 기원이나 소원의 구문을 찾아낼 수 없고(Blank, *HUCA* 23/1[1950-51] 76), 사실의 진술로서의 직설법적인 진술을 발견해 낼 수 있다고 말한다(이 구절에 관한 것은 아닐지라도, Pedersen, *Der Eid bei den Semiten*, 86과 Blank, 77, n. 17에 의해 이미 몇 가지 단서가 드러난 바 있다). 만일 할러데이가 말한 대로 이 진술이 14절도 포함한다면, 이 시문은 아주 미세하게 차이를 가지는 균열을 가지게 된다. 저주를 말하기보다 예레미야는 사실을 진술하고 있다. 말하자면 그 날은 그의 출생으로 인해 저주를 받았으며, 그 사람은 그의 출생의 소식에 접하면서 저주를 받았던 것이다.

이 단락과 다른 고백들, 특히 15장과의 평행 관계는 주목할 만하다. 그의 어머니에 대한 언급, 예레미야에게 임하는 저주의 현재함, 질고와 고통, "왜?"라는 질문이 그렇다. 그래서 비록 이 단락의 언어가 매우 충격적일지라도, 그 사고는 예레미야에게 낯선 것이 아니다.

이 단원의 자료는 다음과 같이 개괄될 수 있다.

출생의 날에 대한 저주(14절)
출생의 소식을 알리는 자에 대한 저주(15절)
발전과 소식을 전하는 자에게 임하는 더 진전된 저주(16절)
저주의 동기: 그가 나를 죽이지 않았기에(17절)
애가: 내가 왜 태어났던가?(18절)

수사적으로 이 자료는 교차대칭 구조로 다루어질 수 있다.

A 출생의 날에 대한 저주(14a절)
  B 내가 태어난 때에(14b절)
  B′ 내 어머니가 나를 낳던 날(14c절)
A′ 그것은 결코 축복받을 수 없었다(14d절)

만일 이 부분이 이 책의 정황(*Sitz im Buch*)으로부터 따로 분리되어 다루어진다면, 이 단락의 정황은 모호할 것이다. 런범(Lundbom)은 이것을 여호야김이 예레미야의 목숨을 위협한 때, 곧 성전 설교가 끝난 후인 주전 605-4년의 상황과 관련지으려 한다. 이것은 소돔과 고모라, 평원의 도시(창 19; Carroll)의 파멸을 암시하는 "몰인정하게 정복당한 성읍들"(16절)이라는 언급으로 인해 주전 587년 있었던 예루살렘/유다의 멸망의 여파와 종종 관련되곤 한다. 이 단락은 예레미야의 생애에서 마지막 시기에 있었던 애굽으로의 강제적인 추방의 때와도 관련되고 있다(18절, "나의 날을 수욕으로"). 물론 그의 굴욕에 대한 선지자의 반응으로 인해 이 단락을 바스훌 사건의 일부로 이해하는 것도 꽤나 가능성이 있어 보인다. 이것도 분명히 이 부분이 여기에 위치하게 된 의도가 되기도 한다. 그럼에도 불구하고, 그 시기가 언급되지 않은 자료를 선지자의 생애의 특정 사건과 결부시키려는 시도는 기껏해야 가설이 될 수밖에 없다.

주석

14 사실의 진술이 갖는 함축("저수받은 날…")은 예레미야가 그 날에 태어났기 때문에 그 날이 저주받았다는 것이다. 그는 소급적으로 저주나 소명에 대해 바라고 있는 것이 아니라, 그 진실을 진술해 내고 있을 뿐이다.

이 시문에서 저주받지 않고 있는 것(혹은 사람)은 저주받는 것만큼이나 두드러진다. 예레미야는 그의 출생의 날과 그 출생의 소식을 알리는 자가 저주받았다고 말한다. 하지만 예레미야는 그의 부모도 저주받지 않았으며, 하나님도 그 자신이 저주받았다고 직접 말씀하시지는 않는다. 소식을 전하는 사람이 저주받은 것으로 보면, 틀림없이 자기 저주의 함의가 존재하는 것이 사실이다("그가 나를 태에서 죽이지 아니하셨으므로", 17절).

15 소식을 전하는 자는 주석가들이 주목하는 바와 같이 일상적이지 않은 잔혹한 대우를 당한 것으로 보인다(Thompson, Brueggemann, Laetsch 등). 할러데이는 본문을 그 소식 전하는 자를 삭제해 버리고, 15-16절의 "그 사람"이 예레미야 자신이 되게 만들기 위해 본문을 수정한다. 하지만 그의 제안은 부자연스럽다. 프레이(Prijs, *VT* 14[1964] 104-8)는 소식 전하는 자가 저주받은 것은 그가 예레미야의 출생을 선언했기 때문이며, 예레미야는 대 재앙의 선지자이기 때문이라고 말한다. 소식 전하는 자는 온 유다의 운명을 나누게 되었던 것이다. 그가 겪게 된 저주는 전체 백성의 저주이며, 소식 전하는 자는 그들 모두의 무명의 대표가 되었던 것이다. 예레미야는 그 자신을 그 소식 전하는 자와 동일하게 이해했음이 분명하며, 그것은 그의 메시지가 하나님의 구원의 선한 소식을 전하기보다 오로지 질고와 전쟁의 울부짖음이 되었기 때문이다(16절).

16 정복당한 성읍에 대한 언급은 창세기 19장의 소돔과 고모라에 대한 암시다. 동일한 어원 하파크(הפך)는 조약을 파기하거나 비명을 훼손한 사람들(혹은 그들의 관례)을 정복하는 일에 대해 언급하는 저주의 일부가 담긴 여러 비문(Sefire, Zakir, Ahiram) 속에서 사용되었다.

17 마소라 본문에는 메라헴(מרחם), 즉 문자적으로는 "태로부터"라는 표현이 나온다. 마소라 본문의 논리적인 난점은, 만일 예레미야가 태에서 나온 후에 죽었다면 그 태는 그의 무덤이 되지 못하거나 그의 어머니는 영원히 임신할 수 없는 상태가 되었을 것이라는 점이다. 칠십인역의 엔 메트라(ἐν μήτρα)는 이런 궁지를 잘 해결해 준다. 그래서 본문을 브라헴(בְּרָחֶם)으로 수정하여 읽자는 견해가 종종 나타난다. 하지만 시문에서 이 정도의 정확성을 기대하는 것이 필요하지는 않을 것이다. 게다가 전치사 민(מן)이 시제의 의미를 가질 수도 있기 때문에, "태로 부터"는 "내가 태에 있을 때로부터"="태에 있을 때"로 볼 수 있다. 흥미 있는 저주 속에 Deir Alla Combination II, 13행은 아직 태에 있는 아기를 제거하는 죽음에 대해 말하고 있다. 바움가르트너는 민담 가운데서 영원한 임신의 예에 대해 이야기한다.

18 "왜?"라는 질문은 예레미야의 출생으로 거슬러 올라가는 진술로부터 현재로 이동한다. 태에서 나오는 것에 대한 언급은 이 절을 선행 절들과 관련지어 주지만 그 사고를 진전시켜 준다. 14-17절이 출생과 죽음을 평행시킨 것과 같이 이 절도 그러한데, 기껏해야 암시적일 뿐이다("내 날이 끝났다").

이 단락에서의 절망은 이에 대한 이해가 보여 주는 것처럼 그리 통렬하거나 쓰라린 것은 아니다. 이것 자체를 놓고 보면, 이 절은 예를 들어 15:18보다 더 쓰라린 것은 아니다. 이 질문은 저주 진술의 강도를 어느 정도 약화시킨다. 이 단원은 애가 이상의 것이 되었다. 실제로, "왜?"라는 질문은 개인적 애가에 일반적이다(Baumgartner). 만일 예레미야가 16절에서 유다와 예루살렘에 대한 저주를 말한 것이라면, 여기서의 근심과 슬픔과 수치는 개인적인 근심만큼이나 민족적인 재난의 부산물이 되는 셈이다. 개인적인 애가에 전형적인 질문처럼, 이것은 답해지지 않은 채로 남겨진다. 실제로 이 단락과 더 큰 단원은 답해지지 않은 질문으로 끝을 맺는다(아래 **후기**를 보라).

이 단락의 공동체적인 혹은 민족적인 측면은 뒤따르는 21-24장으로의 전이를 만들어 준다(Clines and Gunn, *ZAW* 88[1976] 390-409; Lewin). 이 장들은 유다에 대한 심판 신탁의 모음이다.

누구에게 질문이 제시된 것인가? 이것은 그저 어떤 해답의 기대도 없이 일반적으로 제기된 질문일 뿐인가? 아니면, 마치 앞부분의 고백이 그러했던 것처럼 이 질문과 전체 단원은 하나님께 드려지는 발언인가? 확실히 책의 정황(*Sitz im Buch*)은 이런 상황을 허용해 준다. 만일 이 시가 하나님께 바쳐지는 것이라면, 우리는 예레미야의 절망이 통렬한 것이 아니라는 점을 주목하게 된다. 이것이 답해지지 않게 될지라도, 위의 11-13절의 신념과 확증이 없을지라도, 예레미야는 여전히 하나님을 바라보며 하나님께 말하고 있는 것이다. 하지만 여전히 대답, 혹은 해결, 혹은 해명의 유일하며 가능한 근원으로서 하나님께 말하고 있는 것이다.

해설

예레미야는 사실의 진술을 해주고 있다. 그의 출생의 날은 저주받은 날이었다. 그 저주받은 원인은 그가 민족의 대재앙과 파멸을 선포해야 하는 하나님의 말씀의 전달자였기 때문이다. 또한 그가 몸소 그것을 경험해야 했기 때문이다. 아직 이 단락의 어조는 일차적으로 자기 저주적이거나 자기 연민적이지는 않다. 여기엔 확실시되어야 할 절망, 고통과 슬픔의 절망, 개인적이며 민족적인 절망이 존재한다. 그러나 답해지지 않는 질문, 답해지지는 않으나 하나님께 던져지는 질문으로 끝을 맺는다. 아직 예레미야는 어렴풋한 소망/신뢰를 가지고 있는 것이다.

11:1-20:18에 대한 후기

이 단락이 속한 보다 큰 단원에 대해 몇 가지 개략적인 언급이 필요할 것 같다. 위에서는(18:1-12, "서론: 몇 가지 문학적인 연결사들") 적어도 18-20장이 그 내용에 근거해서 보다 큰 단원을 형성한다는 것이 논증되었다. 여기에 덧붙여, 18장과 21장의 도입부는 새로운 단위를 시작한다는 사실을 표시하면서["여호와께로부터 예레미야에게 말씀이 임하니라"](Thiel, Diamond), 18-20장이 하나의 단위를 형성한다는 것을 의미했다. 확실히 주제상의 연관성이 나타나고 있다. 18장과 19장에서의 토기장이/토기의 이미지, 19장과 20장을 연결하는 부서진 토기의 분명한 부산물로서의 바스홀 사건이 그렇다.

하지만 다른 단원들에는 무엇이 있는가? 하나의 보다 큰 저작 단위로서의 11-20장에 대해서는 몇 가지 제안들이 만들어졌다. 틸, 베스터만, 할러데이(*Architecture*)와 스미쓰는 모두 이를 보다 큰 단위로 상정한다. 그러나 가장 만족할 만한 대책은 오코너(*Confessions*, 130-31)의 것인데, 그는 이 단원을 다음과 같이 개괄한다.

예언 언어의 거부와 승리

1. 11-12장
    저주
        여호와의 선택이라는 주제에 대한 자료 모음
                고백
2. 13장
    상징 행위
        회개에 대한 요청
        자만하는 자들의 파멸을 다루는 자료 모음
3. 14-16장
    그 땅에서의 생명의 종말에 대한 자료 모음
        14장: 육체적인 생명의 종말
        15-16장: 사회적인 생명의 종말
                고백
4. 17장
    여호와께서 심판하실 마음에 대한 자료 모음
                고백
5. 18-20장
    절정과 종결
    회개에 대한 요청
                고백
    상징 행위
    선지자의 감금
    저주 **고백**

이 장들은 명확히 구조적인 연결점을 가지고 있다. 11:1-14과 20:14-18의 저주에 의해 구성되는 포섭 구조 외에도, 이 단원은 관습적으로 기획된 것과 같은 전체적인 고백의 부분을 담고 있다. 보다 특별한 것은 11장의 저주, 즉 언약 파기자들에 대한 저주가 백성들이 언약을 파기했기 때문에 그들에게 이루어질 것이라는 점이다. 종국적인 저주 진술은 이 심판을 겨냥한 것이다.

보다 큰 단위가 11-20장으로 구성되어야 하는 것인지, 아니면 좀더 큰 단위를 형성해야 하는지의 문제가 여전히 남아 있다. 루돌프는 1-20장이 21-25장이 추가되는 하나의 주요 단위를 형성한다는 논증을 했다(xvii). 많은 현대 학자들은 이 제안을 따른다. 런범은 1:5의 "네가 태에서 나오기 전에 너를 구별하였고"라는 구절과 20:18의 "어찌하여 내가 태에서 나와서"라는 구절이 주요 포섭 구조를 갖는다고 지적한다. 그는 또한 이들 두 구절과 15:10이 예레미야가 그의 출생에 관해 언급하는 유일한 구절들이라는 점에 주목한다. 20장도 역시 그의 날들의 마지막(18절)에 대해 언급함으로써 끝을 맺는데, 이 부분은 1:5에서의 그의 출생에 대한 언급과 더불어 일종의 포섭 구조로 대조되고 있는 것이다. 그러므로 그는 (비록 일부 삽입 부분은 보다 후기에 일어난 것으로 생각하면서도) 이들 표식자들이 1-20장의 저술상의 통일성을 지적해 준다는 논증을 편다. 1-20장과 같은 큰 단위에 대한 대부분의 논증은 36장의 원-두루마리(*Urrolle*)의 저작성 주위를 중심으로 나타나고 있다. 이 질문은 확실히 11-20장을 포함하는 보다 큰 단위에 대한 논증을 별도로 제쳐놓는다. 그리고 아마도 1-20장의 대부분을 포함하는 것이 설득력이 있어 보인다.

XI. 시드기야와 예루살렘에 대한 신탁(21:1-10)

참고문헌

Balentine, S. E. "The Prophet as Intercessor: A Reassessment." *JBL* 103(1984) 161-73. **Berridge, J. M.** *Prophet, People.* **Boecker, H. J.** *Law and the Administration of Justice in the Old Testament and Ancient Near East.* London: SPCK, 1980. **Driver, G. R.** "Hebrew Notes." *VT* 1(1951) 241-50. **Malamat, A.** "The Twilight of Judah." In *Congess Volume Edinburgh 1974. VTSup* 28. Leiden: Brill, 1975. 123-45. **McKane, W.** "The Construction of Jeremiah Chapter xxi." *VT* 32(1982) 59-73. **Overholt, T. W.** "King Nebuchadnezzar in the Jeremia Tradition." *CBQ* 30(1968) 39-48. **Pohlmann, K. F.** *Studien zum Jeremiabuch.* 31-47. **Reventlow, H. G.** *Liturgie.* 143-49. **Selms, A. van.** "The Name Nebuchadnezzar." In *Travels in the World of the Old Testament.* Ed. M. S. H. G. Heerma van Voss et al. Assen: Van Gorcum, 1974. 223-29. **Smith, M. S.** *The Laments of Jeremiah.* **Stade, B.** "Bemerkungen zum Buche Jeremia." *ZAW* 12(1892) 276-308. **Wanke. G.** *Baruchschrift.* **Weippert, H.** "Jahwekrieg und Bundesfluch in Jer 21,1-7." *ZAW* 82(1970) 396-409. ______. *Die Prosareden.*

본 문

1 시드기야 왕이 말기야의 아들 바스훌과 제사장 마아세야의 아들 스바냐를 보내어 예레미야에게 말하기를 바벨론 왕 느부갓네살이 우리를 치니 청컨대 너는 우리를 위하여 여호와께 간구하라 여호와께서 혹시 그 모든 기사로 우리를 도와 행하시면 그가 우리를 떠나리라 하던 그 때에 여호와께로부터 예레미야에게 말씀이 임하니라	**1** The word which came to Jeremiah from the Lord when King Zedekiah sent to him Pashhur ben Malchiah and Zephaniah ben Maʿ aseaiah, the priest, saying,
2 (1절과 동일)	**2** "Pray, seek[a] on our behalf the Lord, for Nebuchadrezzar,[b] the king of Babylon, is about to wage war against us; perhaps the Lord will do [c]with us[c] according to all his wondrous deeds, [d]and he will go up[d] from against us."
3 예레미야가 그들에게 대답하되 너희는 시드기야에게 이같이 말하라	**3** Then Jeremiah said unto them, "Thus say to Zedekiah:[a]
4 이스라엘의 하나님 여호와께서 이같이 말씀하	**4** 'Thus says the Lord, [a]the God of Israel,[a] "Behold

시되 보라 너희가 성 밖에서 바벨론 왕과 또 너희를 에운 갈대아인과 싸우는 바 너희 손에 가진 병기를 내가 돌이킬 것이요 그들을 이 성중에 모아들이리라

I am about to turn back the weapons of warfare [b]which are in your hands,[b] with which you are about to fight [c]the king of Babylon and[c] the Chaldeans, the ones who are about to besiege you from outside the wall. [d]I will gather them[d] to the midst of this city.

5 내가 든 손과 강한 팔 곧 노와 분과 대노로 친히 너희를 칠 것이며

5 Now I myself will fight with you, with an outstretched hand and a strong arm, in anger and in rage and in great wrath.

6 내가 또 이 성에 거주하는 자를 사람이나 짐승이나 다 치리니 그 들이 큰 염병에 죽으리라 하셨다 하라

6 I will smite the inhabitants of this city, both human and beast; in a great pestilence [a]they will die.

7 여호와께서 또 말씀하시되 그 후에 내가 유다 왕 시드기야와 그 신하들과 백성과 및 이 성읍에서 염병과 칼과 기근에서 남은 자를 바벨론 왕 느부갓네살의 손과 그 대적의 손과 그 생명을 찾는 자들의 손에 붙이리니 그가 칼날로 그들을 치되 아끼지 아니하며 긍휼히 여기지 아니하며 불쌍히 여기지 아니하리라 하셨느니라

7 Afterwards," an oracle of the Lord, "I will give Zedekiah, the king of Judah, and his servants, and the people [a]who remain[a] in this city from the pestilence, [b]from the sword, and from the famine, [c]into the hand of Nebuchadrezzar, the king of Babylon,[c] and into the hand of their enemies, [d]and into the hand of[d] the ones seeking their life; and he[e] will smite them with the edge of the sword; he[f] will not have pity on them, [g]nor spare,[g] nor[h] have compassion."'

8 여호와께서 가라사대 너는 또 백성에게 여호와께서 이같이 말씀하신다 하라 보라 내가 너희 앞에 생명의 길과 사망의 길을 두었노니

8 "To this people say, 'Thus says the Lord, "Behold I am about to put before you the way of life and the way of death.

9 이 성에 거주하는 자는 칼과 기근과 염병에 죽으려니와 너희를 에운 갈대아인에게 나가서 항복하는 자는 살리니 그의 생명은 노략한 것같이 얻으리라

9 The one staying in this city will die by the sword and[a] by famine [b]and by pestilence;[b] the one who goes forth [c]and falls down[c] unto the Chaldeans who are about to besiege you will live,[d] his life will be his for the spoil of war[e]

10 나 여호와가 말하노라 내가 나의 얼굴을 이 성으로 향함은 복을 위함이 아니요 화를 위함이라 이 성이 바벨론 왕의 손에 붙임이 될 것이요 그는 그것을 불로 사르리라

10 Surely I have put my face against this city for evil and not for good," an oracle of the Lord; "into the hand of the king of Babylon it has been given and he will burn it with fire."'"

원문주해

2.a. 탈굼역은 "우리 편에서 기도하다"로 읽는다.

2.b. 칠십인역에는 없다. 여기 느부가드렛살(Nebuchadrezzar)이라는 이름의 철자법에

대해서는 "주석"을 보라.

2.c-c. 칠십인역에는 없다.

2.d-d. 탈굼역은 "그리고 그가 우리에게서 축출될 것이다"로 읽는다.

3.a. 칠십인역은 "유다의 왕"을 추가시키고 있다.

4.a-a. 칠십인역에는 없다.

4.b-b. 칠십인역에는 없다.

4.c-c. 칠십인역에는 없다.

4.d-d. 칠십인역에는 없다. 탈굼역은 "내가 너희들을 모을 것이다"로 읽는다.

6.a. 칠십인역은 "그리고 그들이 죽을 것이다"로 읽는다(다시 말해서, "내가 큰 역병으로…그 거민들을 칠 것이며, 그들은 죽게 될 것이다.").

7.a-a. 이 번역은 소수의 사본들(de Rossi, III, 90), 칠십인역, 시리아역, 탈굼역을 따른 것이다. 이들 본문은 접속사와 직접목적어 표시사가 결합된 형태인 웨에트(ואת)를 생략하고 있다. 그래서 마소라 본문의 경우와 같이 "그리고 그 백성들과 남은 자들"이 아닌, "그리고 남겨진 그 백성들…"로 읽은 것이다(뒤의 "주석"을 보라).

7.b. 많은 수의 사본들(de Rossi, III, 90)과 번역본들은 접속사 와우(ו)를 추가시켰다. 그래서 "그리고 칼로부터."

7.c-c. 칠십인역에는 없다.

7.d-d. 칠십인역에는 없다.

7.e. 칠십인역은 복수형을 사용하고 있다. "그리고 그들이 그들을 칠 것이다."

7.f. 칠십인역은 1인칭 공통성 단수를 사용하고 있다. "내가 동정심을 갖지 않을 것이다."

7.g-g. 칠십인역에는 없다.

7.h. 칠십인역은 1인칭 공통성 단수를 사용하고 있다. "내가 연민을 품지 않을 것이다."

9.a. 다수의 사본들(de Rossi, III, 90)은 38:2의 평행구와 마찬가지로 접속사 와우를 생략하고 있다.

9.b-b. 칠십인역에는 없다.

9.c-c. 평행구인 38:2에서와 마찬가지로 시리아역에는 없다.

9.d. 케팁은 이흐예(יִחְיֶה), 케레는 웨하야(וְחָיָה).

9.e. 극히 소수의 사본들(de Rossi, III, 90)과 칠십인역은 "그리고 (그는) 살 것이다."

양식/구조/배경

21-24(25)장은 대개 구별된 단위로서 1-20장의 부록 정도로 이해된다(Holladay, *Architecture*; O'Connor, *Confessions*; etc.). 특히 오코너는 21-25장을 민족 멸망의 결

과를 반영한 것으로 본다. 비록 21장에서의 멸망을 예고하는 것으로 보이기는 하지만, 오코너는 멸망이 단락 전체를 통해서 기정 사실화된 것(146)으로 받아들여지고 있다는 주장을 한다.

우리가 그녀의 입장을 수용하건 하지 않건 간에, 분명한 것은 21장이 새로운 단락을 시작하고 있다는 점이다. 또한 이 단락을 시작하는 표현, "여호와로부터 예레미야에게 말씀이 임하여"는 7:1; 11:1; 18:1; 30:1; 34:1; 35:1에서 새로운 단락의 시작임을 알리면서 사용된 표현과 동일하다는 것에 주목해야 한다.

이 단락은 하나 혹은 두 개로도 볼 수 있는 산문체 설교인 "C"자료로 이루어져 있는데, 예레미야와 시드기야 왕의 대리인들과의 만남과 더불어 이 만남에서 이루어지고 있는 신탁을 기술하고 있다. 이는 이 책에서 최초로 날짜가 언급되고 있는 부분이다(비록 여기서의 날짜 표시 방식이 왕의 통치 년도와 같은 표현은 아니지만). 이것의 시간적인 배경은 2절에서 드러나고 있는 바와 같이 예루살렘이 바벨론의 포위 공격을 당하던 시기로 드러난다. 본 번역을 통해서 볼 것 같으면, 이제 막 포위 공격이 일어나려는 때로 이해된다. 그렇다면 이 신탁의 시기는 대략 주전 588년 정도가 될 수 있을 것이다. 결과적으로 드러난 것은 이 성읍과 왕에 대한 심판의 신탁이었다.

보다 작은 단위들의 한계 설정에 관해서는 큰 단락의 경우와 마찬가지로 많은 쟁점이 되고 있다. 1-7절은 쉽게 강화 유형으로 이해된다. 하지만 8절은 새로운 신탁을 시작하는 것으로 보이며, 왕의 대리자들에게 발화되는 것으로 보이지는 않는다("너희는[복수] 시드기야에게 이같이 말하라", 3절). 오히려 예레미야가 백성에게 전해야 할 메시지를 받는 것으로 보인다("너는[단수] 이 백성에게 말하라", 8절). 이 두 신탁이 내용이 아주 유사하다는 것은 부인할 수가 없다.

미카엘리스(Michaelis, *Observationes*)로 인해 최소한 21장이 바스훌이라는 이름이 서로 다른 두 사람을 지시한다는 것을 용인한다 할지라도(20장의 경우는 임메르의 아들 바스훌[Pashhur ben Immer]로, 그리고 21장의 경우는 말기야의 아들 바스훌[Pashhur ben Malchiah]로) 이 이름의 출현으로 인해 20장과 평행 구조를 보인다는 것은 쟁점이 되어 왔다. 루돌프는 둘 사이의 연관성에 주목하면서도 두 단원 구절에서 선지자의 위치가 강한 대조를 보이고 있음에 주목해 왔다. 즉, 한 경우에서는 제사장에 의해 괴롭힘을 당하는 것이고, 또 한 경우에서는 왕과 제사장이 찾는 대상이 되고 있다. 그는 이 같은 대조가 21장이 이 위치에 있게 된 이유들 중의 일부가 될 수도 있다는 것을 감지하고 있다. 스미쓰는 예레미야가 11-20장에서 백성의 편에서 중재하지 않는 가운데 여호와가 계속해서 직접적인 관련을 갖는 것과 21장에 와서 지도자들에 의해 중재의 요청이 이루어지고 있는 것 사이의 대조에 주목해 왔다. 그는 더 나아가 11-20장에서는 먼저 신원을 확인할 길이 없었던 적들을 21-25장에 와서는 그 정체성을 확인하고 있음에 주목한다.

다른 몇몇 구절들이 자주 21장의 내용과 비교되는 가운데 언급되고 있는데, 특히 34:1-7과 37:3-10뿐만 아니라, 52:4-16, 39:1-10, 열왕기하 25:1-12이 그렇다. 에발트(Ewald)는 37장이 21:1-7의 후속편이라고 주장했다. 스테이드(Stade, *ZAW* 12 [1892] 276-308)는 현재의 구절과 37:3-10이 동일한 사건을 언급하는 것이라고 생각했으며, 적절하게 결합될 경우 그 사건에 대한 보다 완전한 내용을 보여 줄 수 있을 것으로 기대했다. 덤과 에업트(Erbt)는 37장이 원본 기사이며, 21장은 후대에 37장을 편집하여 재진술한 것으로 이해했다. 하얏트(Hyatt, 977)는 21:1-10은 37:3-10의 사건을 신명기 편집자(Deuteronomic editor)가 재진술한 것이라고 말하는데, 이 구절은 역사적인 가치를 결여하고 있기 때문이라고 본다. 코닐, 기제브레히트, 폴츠는 두 장이 두 개의 상이한 사건을 기술하는 것이며, 여기서는 하나의 관점으로 수용되었다고 본다. 21장은 예루살렘 포위 공격의 시작보다 앞선 시간적 정황을 지시하는 것이며, 37장은 포위 공격의 시기로부터 애굽 군대가 유다의 국경에 접근하고, 바벨론 군대가 애굽 군대와 마주치기 위해 떠났을 때까지의 사건을 간략하게 정리하여 언급한 것이다.

맥케인(McKane, *VT* 32[1982] 59-73)은 현재의 이 구절이 다음의 삼중적인 기술에 대한 간략한 개괄을 주기 위해 편집된 것이라고 주장해 왔다. (i) 포위 공격과 기근과 염병, (ii) 시드기야의 탈출 시도와 붙잡힘, (iii) 성읍의 포위와 파괴. 이 모든 구절들이 예루살렘의 최종적 포위를 둘러싼 동일한 사건을 언급하는 것이 분명하다. 하지만 다른 구절을 근거로 하여 21:1-10에 대해 어떤 식으로든 역사적으로 재구성을 한다는 것은 고도의 논리가 요구되는 작업으로 이해된다. 브라이트가 제시한 바와 같이, 이 구절은 포위 공격이 실제로 실행되지 않았던 시기, 즉 군대가 아직은 들에 머물고 있었던 시기를 지시하는 것으로 보인다. 그리고 다른 구절들의 배경은 포위 공격이 진행중이거나 막 시작되었던 때를 지시한다.

21:1-10은 다음과 같이 정리될 수 있을 것이다.

서론(1절)
신탁/중재에 대한 요청(2절)

시드기야에게 전해진 신탁 보고(3-7절)
백성에게 전해진 신탁(8-10절)

주석

[1] 20:1-2과 21:1-2의 대조는 루돌프와 다른 학자들이 지적한 바와 같이 충격적이다. 한 구절에서 선지자는 제사장이며 유사장인 자에게 체포되고, 맞으며, 굴욕을 당하고 있다. 반면에 또 한 구절에서 왕의 두 관리가 예레미야에게 왕의 청을 들고 나타난다. 그들 중 하나는 제사장이었으며, 그들이 가져온 왕의 청은 그에게 중재를 구하는 것이었다. 아마 이것의 역사적인 배경이 이 같은 대조를 만들었을지도 모른다. 궁지에 빠진 사람은 도움을 받을 수만 있다면 어둡고 음울한 선지자라 할지라도 그에게 매달리는 것이다. 카일(Keil)은 이 구절과 후속되는 부분을 이어실 예고를 위해 특정 상황을 만들어 내는 도입부로 묘사한다.

말기야의 아들 바스훌은 38:1에 다시 나타나고 있으며, 그의 후손은 느헤미야 11:12과 역대하 9:12에 기술되고 있다. 38:1ff.에서 바스훌은 예레미야를 구덩이에 던지고 죽도록 내버려둔 사람들 가운데 들어 있다. 스바냐는 29:25, 29; 37:3; 52:24; 열왕기하 25:18에 다시 언급되고 있다. 연대기적으로 이 장보다 앞선 것으로 이해되는 29장에서 스바냐는 주전 597년 바벨론의 포로들 가운데 있었던 스마야라는 사람의 편지를 받는다. 그 편지에서 스마야는 예레미야를 고발하지 않는 것에 대해 그를 비난하고 있다. 37장에서 스바냐는 다시금 예레미야에게 시드기야를 위해 중재를 구하는 무리들 가운데 포함되고 있다. 52장(=왕하 25장)은 스바냐와 다른 사람들이 바벨론인들에 의해 죽임을 당하는 것을 기록하고 있다.

[2] 이들 왕의 관리들이 온 이유는 예레미야에게 여호와에 대한 중재를 요청하기 위해서다. 선지자의 중재자로서의 역할이 큰 의미에서 주된 역할로 보인다고 하더라도, 발렌타인(Balentine, *JBL* 103[1984] 161-73)은 구약성서에서, 그리고 특히 주로 예레미야서에서 이것에 관해 특별히 참조할 만한 것들이 거의 없다는 것을 보여 준다. 드라쉬-나(דרשׁ־נא, "기도하라, 간구하라")라는 말이 중재보다는 신탁을 함축하는 것일 수 있을지라도, 다음에 이어지는 설명구는 분명히 중재를 지적하고 있다. "아마도 여호와께서 우리와 함께(=우리를 위해) 그의 모든 놀라운 일들을 행하실 것이오." 왕이 소원했던 그 일들은 광야 방랑 시기나 정복 시기에 하나님께서 행하셨던 권능의 일들을 지시하는 것일 수도 있으나, 아마도 바로 100년 전 산헤립의 침

공 시기에 있었던 여호와의 중재(왕하 19장; 사 37장)와 관련이 있을 것으로 보인다.

이 절에서 느부가드렛살을 언급한 것은 예레미야서에서 이 바벨론 왕의 이름을 처음으로 언급한 경우다. 본 절에서 이 이름의 철자법은 이 이름의 바벨론식 표기를 따른 것이며, 대개는 나부-쿠두루-우수르(Nabu-kudurru-usur)로 일반화된 것이다. 이 이름이 의미하는 바는 "나부(신)께서 지계석을 보호하시리라"이거나, 혹은 "나부께서 왕권을 보호하시리라"이다(van Selms, *Travels*에서). 반 셀름즈(van Selms)는 그의 아주 흥미 있는 논문에서 매우 잘 알려진 형태인 느부갓네살(Nebuchadnezzar)이라는 이름은 별명에서 유래된 것인데, 아마도 부정적인 함의를 담고 있는 것 같다는 주장을 했다. 즉, "나부께서 그 노새를 지키시리라"이다. 느부가드렛살이라는 이름은 구약성서에서 33회 나타나고 있다. 그 중 29회는 예레미야에서, 4회는 에스겔에서 사용되고 있다. 예레미야서에서는 모두 27장과 29장에서만 느부갓네살이 나타나고 있는데, 예레미야서에서 이렇듯 이형이 나타나고 있는 현상에 대해서는 아직 만족할 만한 해답이 없다.

이 책에서 본 절을 번역한 것은 신탁의 시간적 배경을 아직 예루살렘 포위 공격이 시작되기 전의 상황으로 이해한 결과다(Bright가 그렇게 본다). 그래서 "느부가드렛살이…우리에게 전쟁을 걸어오려 하고 있으니…"로 번역한 것이다. 전쟁이 이미 시작되었다고 가정해 볼 수도 있으며, 그것이 확실한 사실일 수도 있다. 하지만 중요한 것은 예루살렘이 아직 포위당한 상태는 아니라는 점이다. 느부가드렛살은 이 성읍과 그 거민에 대한 전쟁을 막 일으키려 하고 있는 상태다.

이 부분의 마지막 구절인 "그리고 그가 우리로부터 올라갈 것이니"는 느부가드렛살을 두고 한 말이다. 여기서의 단어 사용은 확실한 역설의 기교를 보여 준다. 흔히 히브리어 표현인 알라 알(עלה על)은 전투 시에 "~에 대항하여 올라가는" 경우를 함의하는 때에 사용되는 말이기 때문이다. 여기에 사용된 알라 메알(עלה מעל)은 "~로부터 올라가다" 혹은 "떠나가 버리다"를 의미한다. 또 이 히브리어 표현은 실제적인 인과 관계를 지적하여 "그(여호와)가 떠나게 만드실 것이다"로 이해될 수도 있다.

아마도 에스겔서와 비교해 보는 것도 중요한 일이 될 수 있을 것이다. 에스겔서에서는 성읍이 멸망하기 전에 "하나님의 영광"(כבוד יהוה – 카보드 야흐웨)이 그 성읍을 "떠나셨다"(עלה מעל – 알라 메알)고 기록되고 있다(겔 11:23). 여기에서 유사한 어휘를 사용한 것은 의도적인 것일 수도 있다. 하지만 분명한 것은 이들 관리들이 여호와께서 떠나가시기를 원하는 것은 아니라는 것이다. 그들이 소망했던 바는 그분이 나가셔서 바벨론 사람들과 싸우시는 것이었다. 그리고 저자가 마음속에 중의적인 의도를 품은 것일 수도 있다. 말하자면, 실제 여호와는 백성들의 죄로 인해 그들 곁을 떠나기로 작정하셨던 것이다. 백성들의 행동에 대해 사용된 단어들을 확인해 본다면 이 같은 가능성이 더욱 확실해 보일 것이다. 그들의 행동에 대해 사용된 단어는 마알랄(מעלל)인데, 이 단어는 12절과 14절에서 사용되고 있으며 "~로부터 떠나다"라는 말과 동일한 자음 본문을 만들어 내고 있다.

3-4 계속되는 신탁은 특별히 시드기야를 그 대상으로 삼고 있다(뒤에 나오는 11-12절과는 대조적이다. 11-12절의 신탁은 익명의 왕을 대상으로 삼고 있다). "시드기야에게 이렇게 말하라"(3절)는 표현은 2인칭 남성 복수 형태를 가지고서 두 명의 전달자로 하여금 왕에게 전하도록 지시되고 있다. 전치사 엘(אֶל)은 가장 일반적으로 "~에게, ~를 향하여"를 함의하고 있는 단어지만, 여기서는 이 말씀이 의도되고 있는 대상을 지시하고 있다(1, 8, 13절을 참조하라. 전치사 르[ל]에 대해서는 11절을 참조하라). 하지만 이 전치사는 또한 "~에 대항하여"라는 의미를 지닐 수도 있다. 그리고 이들 신탁은 그 사람들을 향하여 전달되었을 뿐만 아니라, 그들에게 적대적인 의미를 지닐 수도 있는 것이다. 이것은 나음의 13절의 경우에서 분명해진다.

시드기야에게 전해진 신탁의 도입부가 의도적인 중의성을 지니고 있다는 것은 충분히 가능한 이야기이다. 그럼으로써 이것은 긍정적으로도 부정적으로도 이해될 수 있는데, 정확하게는 전치사 엘(אֶל)이 시드기야 "에게"를 의미할 수도 그에게 "적대적으로"를 의미할 수도 있기 때문이다. 신탁을 구하는 상황에서 시드기야는 여호와께서 그의 백성을 방어하시기 위해 신적인 전사(Divine Warrior)로서 일어나시기를 기대하고 있었다. 이 신탁은 여호와께서 참으로 신적인 전사임을 말하고 있다. 하지만 애매하게도 먼저는 그에게로 와서 싸우는 자가 그의 백성들을 상대로 싸우고 있는 것이 분명하게 드러난다.

이 신탁의 첫 구절은 시드기야의 병사들이 사용하고 있는 무기에 대해 여호와께서 어떤 일을 행하려 하신다는 사실을 지적해 주고 있다. 브라이트는 이 구절에 관해 군대 자체에 대해 환유가 사용된 것으로 이해하고자 한다. 확실히 브라이트의 견해가 타당성이 있다. 그 자신의 무기가 자신에게 적대적인 것으로 돌변한다는 영상의 생생한 성격은 좀더 강력한 인상을 남기게 되는 것이다. 사바브(סבב)라는 어원에서 유래된 메세브(מסב)라는 단어는 "돌아서다, 변하다, 주위를 돌다, 회전하다,

둘러싸다, 에워싸다" 등의 의미를 가질 수 있다. 문맥을 통해 이 같은 단어를 가지고 표현되는 관념은 대개는 삼중적이다. (i) 적을 둘러싸는 것(혹은 둘러싸인 것), (ii) 전투를 피하거나, 돌아서거나, 혹은 배회하는 것, 그리고 (iii) 돌아서거나 전도된 무기들. 이 어원의 다른 어간은 보호의 차원에서 주위를 둘러싸는 개념을 지니고 있다. 그러므로 중의성은 여호와께서 무기를 "둘러싸셔서" 무기와 병사들을 보호하신다는 의미를 지니면서, 그것들을 무디게 만드는 의미를 지니게도 되는 것이다. 다시 말해서, 여호와께서는 적들이 패배했기 때문에 무기들을 "돌리시는 것"일 수도 적들 자신의 무기를 그들을 향해 돌리시는 것일 수도 있는 것이다.

이 절의 마지막 구절에서도 중의성은 지속적으로 나타난다. 성읍의 한가운데로 누가 혹은 무엇이 모여지고 있는가? 그것은 무기들인가(불가타역과 Rashi, Rudolph 등이 그렇다)? 만일 그렇다면 이것이 의미하는 바는 포위 공격이 수행중이며, 모든 병사들은 성안으로 후퇴해야 한다는 것인가? 아니면, 병사들의 무기가 성을 향하여 사용되고 있다는 것인가(그들이 너무도 혼란스러운 가운데 도망하는 바람에 자신들의 무기를 떨어뜨린 것인가?)? 아니면, 전쟁에서 이미 승리했고, 병사들은 돌아오는 중에 있으며, 그들에게는 이제 더 이상 무기가 필요치 않다는 것인가? 성읍 안으로 모여든 것은 병사들인가? 그래서 무기들이 성읍 안으로 모여든 것과 동일한 가능성들을 생각해 볼 수 있는가? 아니면, 성읍 한가운데로 모여들고 있는 것은 바벨론 사람들인가(Kimchi, Volz 등이 그렇다)? 그리고 바벨론 사람들이 마치 정복자인 양 약탈하면서 들어오고 있는 것인가, 아니면 그들이 패배하여 여호와에 의해 모아져 공개된 것인가? 분명히 신적인 전사의 이미지가 풍부하게 드러나고 있다. 그러나 이 절의 나머지 부분이 갖는 중의성은 더욱 아슬아슬하게 엿보인다. 이것이 심판의 신탁이라는 점에 대해서는 예레미야가 이미 잘 알려진 것과 같이 증거가 월등히 많이 드러난다. 하지만 궁지에 빠져 풀 한 포기라도 잡아보려는 왕의 입장에서, 이 말들이 지닌 중의성은 일견 그가 소망하던 구원의 신탁으로 착각하게끔 만들 수도 있는 것이었다.

5 5절은 신적인 전사의 이미지를 이어가고 있다. 사실, 5절에서 이 이미지는 더욱 강화되고 있는 것으로 보인다. 이제 여호와는 전장의 한가운데 위치하고서, 그의 강한 권능으로 싸움에 임하고 계신다. "뻗은 손과 강한 팔로"라는 서술구는 여호와의 거룩한 전쟁을 묘사하는 가운데 자주 발견되는 어휘를 사용하고 있다. 거룩한 전쟁에서 여호와는 그의 백성의 편에서 적에 대항하여 싸우신다. 흥미롭게도, 이 구절은 일상적으로 드러나는 형태인 "강한 손과 뻗은 팔"에서 몇몇 어휘가 서로 자리를

바꾼 형태로 나타나고 있다. 일부 주석가들(Holladay; Berridge, *Prophet, People*)은 이 같은 자리바꿈의 의도는 여호와께서 그의 백성의 편에서가 아니라 그들에 대항하여 싸우고 계심을 지적하기 위한 것이라고 본다.

이 구절을 위에서 제시해 본 경우처럼 동일하게 중의적인 방식으로 해석할 수 있을까? 일반적으로 "함께"로 해석되는 두 개의 전치사 임(עם)과 에트(את)는 라함(לחם, "싸우다")이라는 동사와 함께 사용될 경우에는 "~와 함께 싸우다", 즉 "~에 대항하여 싸우다"라는 함의를 갖는다. 유사하게 전치사 브(ב)와 알(על), 그리고 엘(אל)이 라함(לחם)과 함께 사용될 경우에는 모두 "~에 대항하여 싸우다"라는 의미를 일관적으로 갖는다. 히브리 작가들이 "~를 위하여(즉, ~의 편에서) 싸우다"라는 표현을 사용하고자 할 경우에는 전치사 르(ל)를 사용했다. 하지만 전치사 알(על)도 동일한 의미로 사용될 수 있었다(삿 9:17; 왕하 10:3). 역대하 32:8은 전치사 임(עם)을 긍정적인 의미로 사용했으나, 이 구절의 경우 미묘한 차이를 보이고 있다("우리와 함께하는 자는 우리의 하나님 여호와시라. 반드시 우리를 도우시고 우리를 대신하여 싸우시리라[Yahweh our God is with us to help us and to fight our battles]"). 더구나 이 절에서는 전치사 브(ב)가 동사 라함(לחם)과 함께 사용될 경우에 갖게 되는 일상적인 함의대로 사용되지 않고 있다. 다시 말해서, "대항하여"로 사용되지 않고, "~와 함께"를 의미하여 도구적인 의미를 지시하고 있다. 그래서 여기에 나타난 또 하나의 단어인 에트(את)는 도움이나 원조를 의미하는 것으로서 억지로 불필요하게 가져다 붙인 것으로 볼 수는 없을 것이다. 이것이 갖는 중의성의 뉘앙스는 영어로 정확히 표현해 볼 수 있다. "I am going to fight with you"(내가 너와 싸우려 한다). 그리고 이것이 신적인 전사의 어휘에 속하는 것이기 때문에, 우리는 여기서 쉽게 긍정적인 의미를 기대할 수밖에 없다.

여호와가 개입한 것이 강조되었음을 확인할 수 있는 것은 "뻗은 손과 강한 팔로"라는 구절 때문만이 아니라, 1인칭 대명사인 아니(אני)가 강조 용법으로 사용되었기 때문이기도 하다.

6 모든 가능한 중의적 표현들이 이 절에서 모두 해결된다. 줄곧 신탁이 강조를 하고 있는 것은 시드기야에게 심판의 메시지를 전하는 것이다. 4-5절이 갖는 중의성은 그로 하여금 듣는 일을 중단하지 않게 만들었으며, 아마도 그에게 심판이 언도될 때까지 그를 낚아채고 있었던 것으로 보인다. 이제 애매한 것들은 모두 "이 성읍"(분명히 예루살렘이다)이라는 언급으로 분명해졌다. 여호와께서는 진정 신적인 전사시지만, 그분이 싸우시는 싸움은 그의 백성들을 위한 것이 아니라 그들에 대항한

것이었다.

이 절에서 언급되고 있는 심판은 "염병"(דֶּבֶר – 데베르)을 통해 내려지고 있다. 이것은 포위 공격이라는 제한된 상황의 동일한 경우로 애굽이 당한 것과 같다(출 5:3; 9:15; 민 14:12 참조). 주의할 것은 출애굽과 마찬가지로 염병이 인간과 동물 모두에게 덮쳤다는 점이다. 칠십인역은 이 절을 "내가 이 성읍의 거민들, 사람과 짐승을 엄청난 염병으로 칠 것이고, 그것들은 죽게 될 것이다"라고 번역하고 있다. 염병의 언어는 저주 조약을 회상시켜 준다.

이 절을 처음 읽어보면, 심판은 분명하고 전면적인 것으로 보인다. 즉, 사람과 짐승은 모두 염병으로 죽게 될 것이다. 이같이 읽어보면, 7절은 모순되고 불필요하게 장황해 보인다. 이 같은 독법은 신탁의 형식에서 지나친 경직성을 두고 있다. 죽음의 전체성이 의도적인 것은 아니다. 심판은 염병과 죽음이며 의심할 바 없이 대폭적인 것이지만, 그렇다고 결코 전체적인 것은 아니었다. 그래서 7절은 심판을 설명, 전개하면서 거의 평행법의 한 실례로서 처음에는 불완전한 그림으로 드러난 것을 완결시켜 주고 있다.

7 전이를 위해 사용된 단어인 "후에"와 메신저 형식구("여호와의 신탁")의 반복은 많은 사람으로 하여금 이 절이 후기의 추가로서 6절의 심판을 확장하고 있는 것으로 생각하게 만들었다. 맥케인은 이 절이 52:4-16에 의존적인 것일 수 있다고 생각해 왔다. 그래서 편집자가 이 신탁이 52장과 밀접한 조화를 이루게 만들려 했다고 보는 것이다. 그렇게 본다면, 편집자는 서투른 작업을 수행한 것으로 보이며, 여전히 두 본문을 조화시키는 데 있어서는 많은 난점들이 남겨지게 된다. 어디에서도 이 구절은 52장에서 그랬던 것처럼 시드기야가 시도했던 싸움을 지시하지는 않는다. 오히려 이 절은 앞 절과 평행 관계를 가지고 있으며, 앞 절을 해설하는 것으로 보게 만드는 가능성이 더 커 보인다.

분명히 이 절은 장황하며, 군데군데 성가신 부분을 많이 가지고 있다. 마소라 본문의 평행구인 "그리고 그 백성, 그리고 남은 자들"이라는 구절은 불필요해 보인다. 여기서의 번역은 "그리고 그 남은 백성들…"로 읽어냄으로써 이 같은 난점을 소거해 버린 역본들을 따른 것이다. 일부 주석가들은 다음의 구절도 마찬가지로 불필요한 부분일 것으로 느꼈다. "느부가드렛살의 손에…그리고 그들의 적과 그들의 목숨을 노리는 자들의 손에." 다시금 칠십인역은 이 같은 불필요한 길이를 조정하여 느부가드렛살에 대한 언급을 삭제해서 읽는다. "그들의 적들, 그들의 목숨을 노리는 자들의 손에." 그럼에도 불구하고, 마소라 본문은 신탁의 중대성에 대한 지시를 강조하기 위해 심판과 적들의 충돌을 잘 표현한 것일 수도 있다. 그러므로 이 절은 유다에 대한 변화무쌍한 심판이 기대될 수 있다는 것을 분명히 해준다.

심판의 충돌은 삼자관계의 사용으로 강조되고 있다. 6절이 심판의 수단으로서의 염병에 대해서만 말한 반면에, 7절은 삼자를 열거하고 있다. 즉, 염병, 칼 그리고 기근이 그것이다. 유사하게 이 같은 심판을 야기한 인간적 요인에 대해 말할 때 삼자관계가 형성되고 있다. 즉, 느부가드렛살, 그들의 적들 그리고 그들의 목숨을 찾는 자들이 그것이다. 또한 마지막 구절은 삼자 중 한 편인 느부가드렛살이 자비심이 결여되어 있음을 기술하고 있다. 다시 말해, 그는 자비를 갖지 않을 것이며, 인정을 베풀지도 동정심을 갖지도 않을 것이다. 이 삼자는 각각 심판의 범위를 총체적인 규모로 확대시키는 일에 기여하고 있다. 삼자관계를 이렇듯 반복해서 사용한 것은 이 절의 시작에 이루어진 수정에 대한 정당화의 일환이다. 수정을 통해, 우리는 또 하나의 삼자관계를 갖게 된다. 시드기야와 그의 종, 그리고 남은 백성들이 그것이다. 이 삼자관계의 요지도 심판의 한계에 대한 것으로 보인다. 심판은 온 백성에게 미치는 것이다.

이 절에서 칠십인역은 마소라 본문과는 또 다른 중요한 차이점을 가지고 있다. 칠십인역의 마지막 두 구절은 1인칭 공통성 단수 동사 형식을 취하고 있다. "내가 연민을 품지 않을 것이며, …동정심도 갖지 않을 것이다." 마소라 본문을 보면, 동일한 동사가 13:14에서도 1인칭 공통성 단수 형식으로 나타나고 있다. 차이점은 여호와가 은혜를 보이시기를 거부한 것인가, 아니면 느부가드렛살인가의 문제다. 이 신탁에서의 모든 신적인 전사의 영상과 13:14과의 분명한 평행 관계를 두고 보면, 칠십인역의 독법이 신탁의 가장 적절한 절정을 표현하는 것으로 보인다. 하지만 결론적으로 백성에게 일어난 일은 어느 경우에나 동일할 것이다. 여기에서의 번역은 또 하나의 삼자관계를 충족시키기 위해 마소라 본문을 따른 것이다.

8 이 절은 이 단락의 두 번째 신탁을 시작하고 있다. 이 신탁은 백성들을 대상으로 한 것이다. 2인칭 남성 단수 형태의 동사([당신이] 말한다)는 선행 신탁의 2인칭 남성 복수 형식과 대조를 이룬다. 이 신탁을 전달하는 자는 선행 신탁의 전달자였던 두 명의 왕족 관리와는 분명히 다르다. 아마도 예레미야는 여호와에게서 신탁을 듣고 전달하게 되었을 것이다. 신탁은 두 개의 길에 대한 표현으로 시작된다. 그것은 생명의 길과 사망의 길이다(렘 17:5-8; 18:7-10을 참조하라). 신탁은 분명한 선택으로 시작된다. 그리고 누구나 명쾌한 긍정적 혹은 부정적 결과를 기대할 수밖에 없었다. 그러나 이 같은 기대는 9절에서 좌절된다.

9 부정적인 결과가 먼저 주어진다. 이것은 기초적으로 6-7절을 개괄해 준다. 칼과 기근, 그리고 염병의 삼자관계가 다시 나타난다. 긍정적인 결과는 상대적으로만 긍정적일 뿐이다. 그는 나아가 갈대아인들 앞에서 엎드리게(= 복종) 된다. 그가 약속 받은 전부는 그의 목숨이다. 하지만 그는 최종적으로 죽지는 않을 것이다.

10 10절은 신탁에서 제시된 가혹한 양자택일의 이유를 설명해 준다. 신적인 전사로서의 여호와와 인간 편에서의 그의 사역자인 바벨론 왕이 이 절에서 언급되고 있다.

이 신탁의 추가적인 특징은 불로 도시를 태우는 일에 대한 언급이다.

해설

임박한 느부가드렛살의 포위 공격에 직면한 시드기야는 예레미야에게 특사들을 보내 하나님과의 사이에서의 중재를 요청한다. 예레미야는 이에 대해 신적인 전사라는 친숙한 용어를 사용함으로써 신탁으로 응한다. 그러나 하나님, 신적인 전사가 역사적으로 볼 때 항상 그의 언약 백성들의 편에서 싸워 왔던 것에 반해, 예레미야는 하나님께서 신적인 전사로서 그의 백성을 상대로 싸우실 것임을 선언한다. 이 신탁은 중의적으로 시작된다. 하지만 하나님께서 왕과 백성에게 가져오실 명백한 심판으로 신속히 전이된다. 온 백성이 극한의 고통을 치르게 되고, 그들의 적들에 의해 죽음에까지 이르게 될 것임을 보여 주는 묘사가 등장한다. 이 신탁에서는 어떤 여지도 나타나지 않는다. 아무런 연민도 관대함도 동정심도 없을 것이다.

두 번째 신탁은 백성들을 향한 것이고, 최소한의 여지로 "나가는 것"을 남겨두고 있다. 만일 이 백성이 성읍 안에 머무른다면, 그들은 죽게 될 것이다. 하지만 그 백성들이 나가서 바벨론인들에게 항복한다면, 그들은 살 것이다. 그들은 포로가 될 것이다. 하지만 그들은 자신들의 목숨을 구할 것이다.

XII. **유다 왕들에 대한 신탁**(21:11-23:8)

이 단원은 여러 개의 신탁으로 구성되어 있는데, 대부분 독립적인 성격을 띤 것들이며 유다의 마지막 왕들에게 전해진 신탁들이다. 이 신탁들 중 일부는 이름 모를 왕에게 전해지고 있으며, 다른 것들은 살룸(여호아하스), 여호야김, 고니야(여호야긴)라는 이름 앞에 전해진 것이다. 이 신탁은 모두 상대적으로 짧다. 다섯 절들은 가장 길고 각각 독립적이지만, 독립적인 신탁들 중 일부에는 연관성이 나타나고 있으며 일부는 동일한 왕을 대상으로 하고 있다.

11절은 "유다 왕의 집에 대해/집으로"(ולבית מלך יהודה – 우르베이트 멜렉 예후다)라는 구절을 통해 이 단락으로의 전이를 표현해 주고 있다. 이 같은 도입구는 23:9의 "선지자에 대해/선지자에게"(לנבאים – 라느비임)라는 유사한 전이구와 평행 관계를 이루고 있는데, 23:9의 경우는 23:9-40에서 선지자들을 대상으로 한 발화 단락을 시작하는 부분이다.

처음 일곱 개의 신탁은 8-13절에서의 신탁들이 그랬듯이 시문과 산문을 교차로 보여 준다. 7번과 8번 신탁들만이 시문 신탁을 나란히 병행시켜 놓았을 뿐이다. 신탁들은 이 단원에서 별도로 구분되어 다루어질 것이다.

A. **왕과 예루살렘에 대한 신탁**(21:11-14)

참고문헌

Boecker, H. J. *Law and the Administration of Justice in the Old Testament and Ancient East.* London: SPCK, 1980. **Dahood, M.** "The Value of Ugaritic for Textual Criticism." *Bib* 40(1959) 164-68. **Davies, G. H.** "Psalm 95." *ZAW* 85(1973) 183-95. **Humbert, P.** "Die Herausforderungsformel 'hinneni eleka.'" *ZAW* 51(1933) 101-8. **McKane, W.** "The Construction of Jeremiah Chapter xxi." *VT* 32(1982) 59-73. **Weiser, A.** *Das Buch Jeremia.*

본 문

11 유다 왕의 집에 대한 여호와의 말을 들으라

12 나 여호와가 이같이 말하노라 다윗의 집이여 너는 아침마다 공평히 판결하여 탈취당한 자를 압박자의 손에서 건지라 그리하지 아니하면 너희는 악행을 인하여 내 노가 불같이 일어나서 사르리니 능히 끌 자가 없으리라

13 나 여호와가 이르노라 골짜기와 평원 반석의 거민아 보라 너희가 말하기를 누가 내려와서 우리를 치리요 누가 우리의 거처에 들어오리요 하거니와 나는 네 대적이라

14 내가 너희 행위대로 벌할 것이요 내가 또 수풀에 불을 놓아 그 사경을 사르리라 여호와의 말이니라

11 [a]Now, to the house of[a] the king of Judah, Hear the word of the Lord 3+2

12 O house of David, thus says the Lord: 2+3 "Execute justice [a]every morning,[a] deliver the one robbed from the hand [b]of the extortioner,[b] 3+4 lest my rage go out like the fire and burn and no [c]one extinguishing it[c] [d]because of the evil of their[e] deeds.[d] 3+3+3

13 Behold I am against you, O [a]one enthroned above[a] the valley,[b] O rock[c] of the plain,"[d] an oracle of the Lord, 4+3 "the ones saying, 'Who will descend[e] against us and who will come into our dwelling places?' 3+3

14a [a]I will visit against you according to the fruit of your deeds, an utterance of the Lord:[a] 2+2+2 I will kindle a fire [b]in her forest[b] and it will consume everything [c]around her."[c] 3+3

원문주해

11.a-a. 칠십인역은 접속사와 전치사를 생략함으로써 이 구절을 12a절과 더 근접한 평행관계를 가지는 것으로 만들어 버렸다. "오 유다 왕의 집이여."

12.a-a. *BHS*는 라브카림(לבקרים, 복수로서 "계속해서"를 의미한다)으로 읽을 것을 제안한다. 하지만 마소라 본문이 여기에서 "매일 아침에[=날마다] 제사를 드리는 것"이라는 유사한 의미로 둔 것처럼 암 4:4도 동일한 구절을 사용하고 있다.

12.b-b. *BHS*는 칠십인역, 시리아역, 탈굼역을 따라 "그의 약탈자"로 읽을 것을 제안한다.

12.c-c. 탈굼역본(들)은 "보호"로 읽는다.

12.d-d. 칠십인역에는 없다.

12.e. 케팁은 -이헴(-יהם, "그들의 행위"), 케레는 -이켐(-יכם, "너희들의 행위").

13.a-a. 여성 단수 칼 능동분사인 히브리어 요셰베트(ישבת)는 문자적으로는 "앉은 사람"을 의미한다. 이 단어는 넓은 의미로 많은 영어 번역본들처럼 "거주자가 있는"으로 번역된다. 여기서의 이 같은 표현은 권좌에 앉는다는 함의를 지녀야 한다고 바이저(Weiser)는 논증한다. 이것은 여호와에 관하여 언급하면서 "그룹들 위에 정좌하신"이라는 구절로 설명한 것과 유사한 경우다. 보다 자세한 것을 위해서는 "주석"을 보라.

13.b. *BHS*는 가능한 독법인 오펠(עפל, "언덕, 오펠")로 읽을 것을 제안하지만 이 같은 수정이 필요하지는 않다.

13.c. 칠십인역은 이를 소르(Sor, "두로")로 음역하였다.

13.d. *BHS*는 하미스가브(המשגב, "높은 곳, 은거")로 읽어야 하는 것이 아닌가 하는 제안을 한다.

13.e. 칠십인역은 "경계하다, 두려워하게 만들다"로 읽는다. 이것은 확실히 히브리어 어원을 하타트(חתת)로 이해한 결과다. 히브리어 야하트(יחת)는 실제로는 나하트(נחת)에서 유래된 것이다.

14.a-a. 칠십인역에는 없다.

14.b-b. *BHS*는 보아라(בערה, "타오르는")로 읽어야 한다는 제안에 주목하면서도 마소라 본문을 선호하고 있다.

14.c-c. 마소라 본문의 스비베이하(סביביה)를 놓고 *BHS*는 가능한 독법인 수브카흐(סבכה, "그 숲의 관목")로 읽을 것을 제안한다.

양식/구조/배경

11절은 단원 전체의 시작을 알리면서 "유다 왕의 집에 대하여/관하여"(ולבית מלך יהודה – 우르베이트 멜렉 예후다)라는 구절을 사용하고 있다. 이 같은 도입부는 23:9의 "선지자에 대하여/관하여"(לנבאים – 르니비임)라는 구절과 평행 관계를 이루고 있다. 후자는 본 단원에 바로 이어 나오는 주요 단원, 즉 23:9-40의 선지자에게 전해지는 단원의 도입부를 이루는 표현이다. 이 부분은 유다 왕의 집에 관하여 혹은 직접 이 집안을 향한 시문 신탁을 그 내용으로 삼고 있다. 이는 일반적으로 "A"자료라고 불리는 것이다. 비록 13-14절이 11-12절과는 자주 구별되기도 하고, 또한 13-14절이 왕의 가계가 아닌 다른 것 즉 예루살렘을 그 대상으로 삼고 있기 때문에 전혀 다른 또 하나의 신탁으로 취급되기도 하지만, 이 책에서는 이 절을 11-12절과 한꺼번에 다루게 될 것이다. 이 절들 사이에 나타나는 평행은 무시하고 지나치기에는 너무도 강한 성격을 가지고 있다. 서술하자면, 궁정 언어(왕[11절]과 다윗의 집[12절], 군림하다[13절]), 불과 타오르는 이미지(12d-e절과 14d-e절) 그리고 12f절과 14b절에서의 악행에 대한 언급(마알랄[מעלל], 이 말은 여기서 각각 "사악한" 혹은 "~의 열매"라는 말로 수식되어 나타났다)이 그것이다.

이 신탁의 배경과 문맥에 대하여 확실해 보이는 것은 1-10절의 주제가 11-14절의 그것과 유사하다는 사실이다. 아직 11-14절은 고착화된 문맥을 드러내지 않는다. 이 구절들의 문맥은 그 책의 정황(Sitz im Buch), 곧 1-10절과 갖는 평행 관계에서만

드러나게 된다. 그럼에도 불구하고, 두 단원 사이에는 분명한 연관성이 존재한다. 13-14절에서 이야기되는 대상은 10절에서 "저 성"이라고 언급된 예루살렘이다. 요세베트(ישבת, "군림하다")라는 여성 단수 분사는 "성읍"(עיר – 이르)을 선행사로 두고 있다. 게다가 12절과 14절에서 불타오르는 것을 언급한 것은 10절에 있었던 불타는 성에 대한 언급을 다시 속개시켜 주는 역할을 한다. 이 신탁의 원래의 문맥과 배경은 확정지을 수가 없다. 단지 할 수 있는 일은 21:1-10을 따라서 수정 작업이 이루어졌다는 것이 그 배경을 암시해 준다는 것뿐이다.

이 자료는 다음과 같이 개괄될 수 있을 것이다.

(이름 없는) 유다의 왕에게 주는 신탁(11-12절)

(이름 없는) 예루살렘에 주는 신탁(13-14절)

주석

11-12 11절은 새로운 신탁으로의 전이를 표시하고 있다. 즉, 산문에서 시문으로의 이행을 보여 준다. 도입구인 "유다 왕의 집에"라는 표현은 이 단락 전체가 누구를 향한 것인지를 보여 준다. 이미 위에서 지적한 바와 같이, 이 도입구는 23:9의 "선지자들에게"라는 표현과 평행 관계를 이루고 있다. 대부분의 주석가들은 이러한 이유로 21:11-23:8이 하나의 거대한 단위로 고려되어야 할 것이라고 생각한다. 주지되어야 할 것은 이 짧은 신탁(11-12절)이 특정의 왕에게 전해지는 것은 아니라는 점이다. 이 부분이 1-10절과 갖는 평행적인 성격을 통해서만 시드기야와 연관지을 수 있다. 실제로, 이 신탁의 분위기와 방향은 1-10절에서 발견되는 바와 같이 철저한 심판의 그것과 동일한 것은 아니다.

11절은 전적으로 도입부의 구실을 하고 있다. 이 절은 12절의 처음 두 행과 정확하게 평행을 이루고 있다. 11절과 12절에 나오는 세 가지 명령들("들으라", "판결하라", "구원하라")은 모두 남성 복수로 나타나고 있는 것으로, 특별히 왕에게만 주어진 명령이 아니었고, 궁중 관료를 향한 명령이었다. 지금 보고 있는 명령형들의 경우에서와 같이 삼중태를 사용하고 있는 것은 예레미야 특유의 문체다(21:5-7을 예로 보라).

12절의 관심사는 공의의 분배와 관련되고 있는데, 첫 번째는 보편적인 표현으로서 "아침마다 공평히 판결하라", 그 후에는 특정의 예를 든 표현으로서 "탈취당한 자를 압박자의 손에서 건지라"가 나타난다. 이 같은 사회적 관심사는 아모스와 이사야를 연상시켜 준다. 라보케르(לבקר)라는 단어는 문자적으로는 "아침에"라는 의미를 갖는데, 정확한 의미는 "매일, 아침마다"이며, 때로는 "지속적으로"라는 의미를 갖는 경우도 있다. 아모스 4:4은 이 단어가 유사하게 사용된 용례를 보여 주는데, 거기서는 매일 수행된 희생 제사를 언급한 것이다. 이사야 10:2은 이 절에 사용된 단어들 중 상당수를 유사한 의미로 사용하고 있다.

이들 관심사는 법적 체계와만 관련을 갖는 것이 아니라 언약적인 것이기도 하다. 상당수의 언약은 법과 관련되어 있다. 정의를 유지하는 것은 언약 유지의 일환이었다. 왕과 정의 체계의 관계성이 상당히 논의되었음에도 불구하고(특히 Boecker, *Law*를 보라), 왕이 궁극적으로는 모든 백성을 위해 정의를 유지시켜야 했다는 것은 의심할 수 없는 사실로 보인다.

위협 혹은 심판으로의 전이가 이루어지는 부분에서는 난어 펜(פן, "~하지 않으면")이 사용되고 있다. 이 신탁의 위협은 여호와의 진노가 불처럼 퍼지고, 전혀 사그라들지 않은 채로 태워 버린다는 것이다. 10절에서부터 "불"이라는 단어와 불태우는 이미지를 반복적으로 사용한 것은(비록 다른 어휘를 사용하고 있지만) 이 신탁과 선행 신탁의 연관성을 제시해 준다. 이 신탁은 21:1-10의 심판의 이유들 중의 하나로 제시된 것처럼 보인다. 이 신탁과 더불어 이것과 유사한 신탁을 경계하지 않았기 때문에, 이 신탁에서 말해지고 있는 심판은 21:1-10에서 그러했던 것처럼 분명히 일어날 수밖에 없었던 것이다.

또한 12절의 "행위"라는 말은 "불"이라는 말과 태운다는 이미지와 더불어 13-14절의 신탁과의 연관성을 제시해 준다.

12절의 마지막 세 행은 4:4의 마지막 세 행과 동일하다.

13-14 이 질들은 이름이 일려지지 않은 성읍을 향한 짧은 신탁을 형성하고 있다. 하지만 문맥은 분명하게 예루살렘을 지시해 주고 있다. 시작 절인 "보라 나는 네 대적이라"는 훔버트(Humbert)에 의해서 "결전 선포의 형식"(challenge formula; herausforderungsformel)으로 불려 왔다. 이것은 한 사람이 상대에 대해 개인적인 전투를 신청하는 경우에 사용되는 형식이다. 약간의 형식적 차이를 보이고는 있으나 사무엘상 17:44-45에는 다윗이 골리앗에게 도전하면서(혹은 도전을 받아들이면서) 했던 표현이 나온다("블레셋 사람이 이르되, '내게로 오라….' 다윗이 이르되, '너는 칼과…로 내게 오거니와, 나는 만군의 여호와의 이름 곧 이스라엘 군대의 하나님의 이름으로 네게 가노라'"). 이 언어는 분명하게 전투의 이미지를 담고 있으며, 신적인 전사의 이미지와 관련이 있다. 선행 신탁에서 그러했던 것처럼, 여호와는 스스로를

그의 백성을 대적하여 싸우는 자로 언명하고 있다. 그 공격은 이름이 알려지지 않은 여성 대상("너", 2인칭 여성 단수)을 향하고 있다. 그것은 다음 구절에서 "(권좌에) 앉은 자"로서의 여성 단수와 관련된 대명사를 예견한 것이다.

이름이 알려지지 않은 성읍은 "골짜기에 앉은 자"로 불리고 있다. 이 같은 번역은 바이저가 제안한 것(*Das Buch*, 182)으로, 여기서는 궁중 용어로서 자신의 권좌에 "앉은"(ישב – 요셰브) 왕, 그리고 그 자리에 위치하여 "앉은" 왕의 수도에 대한 지칭과 평행 관계를 이루고 있다. 비슷하게 이 구절은 여호와께서 "권좌에 앉으신 것"에 대한 묘사와 평행 관계를 이룬다(즉, "그룹들 사이에 좌정하신 만군의 여호와"). 이 도성은 또한 "평원의 반석"으로도 불린다. 적어도 칠십인역의 시대에 이 성읍은 두로로 여겨졌을 것인데, 이는 아마도 마소라 본문의 추르(צוּר)를 초르(צוֹר)로 읽었기 때문에 나타난 현상으로 보인다. 캐롤은 이 신탁의 구성 요소들 중 일부는 모압에게 내려진 신탁에서도 발견되며, 이방 성읍-국가를 힐난하기 위해 고의적으로 사용된 용어인 것으로 보인다는 점을 지적한다. 만일 그렇다면 이 부분은 그 내용이 역전되어 여호와께서 그의 백성에게 대적하신 것이 아니라 그들의 편에 서서 싸우신 것으로 바뀐다.

예루살렘 성이 삼면으로 계곡으로 둘러싸인 것으로 인해 "계곡에 내려앉은"이라는 표현이 이 도시에 대한 설명으로는 꽤나 적절할 것으로 이해된다. 게다가, 예루살렘 성벽 바로 바깥에 있는 힌놈의 골짜기에서 이교 제의가 실행된 것에 대한 언급과 관련하여 이 구절과 19장 사이에 고의적인 저술 의도가 있었을 가능성이 충분하다.

추가적인 이중 의미가 이 구절에 수반된 것으로 보일 수도 있다. 다후드는 우가릿어의 동족어인 *'mq*가 가진 의미를 따라 에메크(עמק) 동사가 "힘"을 의미하는 부분을 다수 제시해 준다. 그렇게 이 구절은 "권능에 정좌한" 정도의 의미를 보이는 것으로, 또한 "평원의 반석"이 지시하는 힘과 평행을 이루는 것일 수 있다.

"반석"은 특별히 시편에서 여호와를 묘사하는 경우에 자주 사용된다. 데이비스(Davies, *ZAW* 85[1973] 189)는 이들 예들 중 최소한 대여섯 가지 정도는 "반석"이 성전 기초를 지시하는 것일 수 있다고 논증한다. 만일 그의 견해가 맞다면, 반석-여호와-시온과 예루살렘 사이의 연계성은 자주 드러나는 모티프로서 기능하는 셈이 된다.

이 절의 마지막 두 행은 이 도시의 거주민들의 언어를 제시해 준다. 그들은 가히 상대할 것이 없다고 볼 수 있을 정도로 안전하며, "누가 내려와서 우리를 치리요 누가 우리의 거처에 들어오리요"라는 수사적 질문을 던진다. 물론 이것이 함의하는 바는 아무도 그럴 수 없다는 말이다. 계곡과 평원 위에 있는 그들의 위치는 그들 스스로 완전한 안전과 난공불락의 위치를 가지고 있다는 느낌을 갖게 만든다. 산헤립이 이끄는 앗수르 군대에게서 구원된 이후부터 생겨나기 시작한 이 같은 "시온 불가침"의 전승이 이들 두 절 속에서 드러나는 암시의 저변에 깔려 있는 것이다. 다음 절이 명확히 해주는 바와 마찬가지로, 이 도시에 적대적인 태도를 가진 여호와는 아직도 그들 위에 황폐화를 가져오시려 하고 있다.

마온(מעון)과 마아네(מענה, "거처")라는 두 단어는 마소라 본문에서 세 가지 함의를 가지고 있다. (i) 들짐승(특별히 자칼)이 거하는 동굴, (ii) 여호와의 거소(하늘일 수도 그의 성전일 수도 있다), (iii) 그의 백성의 거처로서 비유적인 의미에서의 여호와. 예레미야는 적대적인 차원에서 백성들을 두고 제의적인 은유를 한 가지 더 사용하는 것으로 보인다. 신적인 진사는 그들에 대하여 싸울 뿐만 아니라, 그들의 거처를 파괴하게 될 것이다! 또 한 가지의 영상은 사냥꾼, 곧 그의 백성이 마치 들짐승인 것처럼 그 동굴까지 뒤쫓는 사냥꾼으로서의 여호와에 대한 영상일 수도 있다.

14절은 13절에 있었던 수사적 질문에 대한 답을 준다. 누가 내려가서 그들을 치리요? 누가 그들의 거처에 들리요? 여호와가 그 일을 할 수 있고, 실행에 옮기게 될 것이다. 여호와가 그들을 "만날" 것이지만, 호의적인 태도는 아닐 것이다(렘 15:15을 보라). 그분은 그들의 행위에 따라 그들을 심판하기 위해 만날 것이다(12절 참조). 심판은 주변의 모든 것을 "삼키는"(יצת – 야차트) "타오르는"(אכל – 아칼) 불길로 묘사되고 있다. 태워질 것은 그 "수풀"(יער – 야아르)인데, 예루살렘 성에 대한 언급으로는 다소 특이하다. 만일 13절의 왕실적 이미지가 여전히 잔존하고 있는 것이라면, 이 언급은 궁정을 지칭하는 것일 수 있다. 솔로몬의 궁(혹은 그 일부)은 "레바논 숲으로 된 집"이라고 불렸다(왕상 7:2).

이 절의 마지막 단어인 스비베이하(סביביה, "그 사경을")는 추가적으로 20장과의 연결을 허락해 주는 것으로 볼 수 있다. 거기서 바스훌에게는 새 이름이 주어졌는데, 그것은 "사방으로 두려움"이었다. 성읍 주변의 모든 것을 태워 없애는 불에 대해 묘사한 것은 바스훌에게 주어진 저주를 매우 적절하게 반영해 주는 것으로 보인다.

해설

11-12절의 신탁은 앞선 문맥에 종속적인 것으로 보인다. 거기서는 만일 왕이 피압제자들에게조차 공의를 행한다면 하나님의 진노는 바뀌었을 것이라는 암시가 있

었다. 그러나 13-14절은 지나칠 정도로 스스로에 대해 안위를 두고 있는 이 성읍에 대한 하나님의 심판을 말하고 있으며, 그 행위의 열매가 되갚아질 것임을 말하고 있다.

B. 익명의 왕에 대한 저주 신탁(22:1-5)

참고문헌

Blank, S. "The Curse, Blasphemy, the Spell and the Oath." *HUCA* 23/1(1950-51) 73-95. **Krapf, T.** "Traditionsgeschichtliches zum deuteronomischen Fremdling-Waise-Witwe-Gebot." *VT* 34(1984) 87-91. **Michaelis, J. D.** *Observationes Philologicae et Criticae in Jeremiae Vaticinia et Therenos.* **Mowinckel, S.** *Zur Komposition des Buches Jeremia.* **Muilenburg, J.** "The Form and Structure of Covenantal Formulations." *VT* 9(1959) 347-65. **Nicholson, E. W.** *Preaching to the Exiles.*

본 문

1 여호와께서 이같이 말씀하시되 너는 유다 왕의 집에 내려가서 거기서 이를 선언하여
2 이르기를 다윗의 위에 앉은 유다 왕이여 너와 네 신하와 이 문들로 들어오는 네 백성은 여호와의 말씀을 들을지니라

3 여호와께서 이같이 말씀하시되 너희가 공평과 정의를 행하여 탈취당한 자를 압박하는 자의 손에서 건지고 이방인과 고아와 과부를 압박하거나 학대하지 말며 이 곳에서 무죄한 피를 흘리지 말라
4 너희가 참으로 이 말을 준행하면 다윗의 위에 앉을 왕들과 신하들과 백성이 병거와 말을 타고 이 집 문으로 들어오게 되리라마는

1 Thus says the Lord, "Go down to the house of the king of Judah and speak[a] there this word.
2 Say, 'Hear[a] the word of the Lord, O king of Judah, who sits on the throne of David, you and [b]your servants[b] and your people who enter these gates.
3 "Thus says the Lord, 'Do justice and righteousness, and deliver the one robbed from the hand of the extortioner.[a] Also sojourner,[b] [c]orphan and widow do not oppress, [d]do not treat violently: nor innocent blood shed in this place.
4 For if you will surely do this word then kings sitting on the throne of David will enter the gates of this house, ones riding on the chariot and on the horses, [a]he[b] and [c]his servants,[a,c] and [d]his people.[d]

5 너희가 이 말을 듣지 아니하면 내가 나로 맹세하노니 이 집이 황무하리라 나 여호와의 말이니라	5 But if you will not hear[a] these words, by myself I have sworn,' an oracle of the Lord, 'that this house will become a desolate waste.'""

원문주해

1.a. 탈굼역은 "예언하다"로 번역한다.

2.a. 탈굼역은 "받으라"로 번역한다.

2.b-b. 칠십인역은 "네 집"으로 번역한다.

3.a. *BHS*는 "그의 강탈자"로 읽을 것을 제안한다. 칠십인역, 탈굼역, 수리아역과 21:12의 "**원문주해**"를 참조하라.

3.b. 칠십인역과 탈굼역은 "개종자"로 읽는다.

3.c. 소수의 사본들(de Rossi, III, 90)과 역본들은 접속사 "그리고"를 추가시키고 있다.

3.d. 다수의 사본들(de Rossi, III, 90-91)과 역본들은 접속사 "그리고"를 추가시키고 있다.

4.a-a. *BHS*는 이 부분을 추가로 본다. 아마도 2절 후반부에서 나온 것으로 보인다.

4.b. 칠십인역과 불가타역은 "그들"로 번역하고 있다.

4.c-c. 케레와 카이로 사본의 단편들을 따른 것이다. 케팁에는 "그의 종"으로 나타나고 있으며, 칠십인역은 "그들의 종들"로 번역하고 있다.

4.d-d. 칠십인역과 불가타역은 "그들의 백성"으로 번역한다.

5.a. 칠십인역은 "듣다"로 번역하지만, 탈굼역은 "주의하다"로 번역한다.

양식/구조/배경

이 연설의 양식은 산문 신탁으로서 익명의 한 왕과 언약적 책임을 지고 있는 백성들을 향한 것이다. 이 왕의 이름이 말해지지 않고 있기 때문에 신탁의 시기를 정확히 확정할 수는 없다. 많은 주석가들은 이 신탁을 "C"자료에서 기인한 것으로 보며(Mowinckel), 신명기 사학파의 편집이 일부 이루어진 것으로 보기도 한다(Rudolph; Nocholson, *Preaching*, 87).

1절과 2절은 도입 부분이다. 즉, 메신저 형식구로서 선지자로 하여금 가서 신탁을 말하게 하고 있다(1절). 그러고 나서 선지자에게 한 가지 지시가 더 내려지는데("말하라"), 그의 청중은 왕과 그의 곁에서 그를 향하고 있는 그의 종들과 백성들이다("여호와의 말씀을 들을지니라"). 신탁은 3절에 와서야 또 하나의 메신저 형식구를 통해 시작되고 있다. 뮐렌버그(Muilenburg)는 이 같은 유형의 신탁을 언약 강화라고 부른다. 그는 이 양식에 포함되는 구성 요소로 다음과 같은 것을 든다. 언약 중재자, 증거 모티프, 나-너 양식, 권능 있는 행동에 대한 기술, 순종에 대한 단호한 요구, 정언적 요구의 함축, 조건문 구조, 전환적인 기능의 "그리고 이제" 구절이 그것이다(*VT* 9[1959] 355). 이 신탁은 이 모든 요소들을 다 갖추지는 못했어도, 언약 강화 양식과의 유사성을 보여 줄 수 있을 만큼 충분한 상태다. 여기서 선지자는 언약 중재자로서의 역할을 맡고 있다. 나-너 양식은 순종에 대한 단호한 요구(3절)가 그렇듯이 매우 명확하게 드러나고 있다. 순종에 대한 요구는 긍정적이고 부정적인(3절) 정언적 명령의 형태로 드러나고 있다. 결론적으로 언약 명령에 대한 순종이나 불순종에 근거하여(4-5절) 긍정적인 조건만이 아니라 부정적인 명령도 주어지고 있다.

이 구절의 배경은 확정짓기가 어렵다. 이 구절은 기껫해야 덤의 시대 이래로 주목되어 온 바와 같이 21:11-12과 매우 많은 공통성을 보인다. 이 구절의 본문에서 적어도 네 개의 위치가 지시된 것으로 보인다. 즉, 성전, 궁정, 성문/공판장 혹은 보다 큰 규모에서의 예루살렘이 그것이다. "내려가다"(1절)라는 단어는 예레미야가 신탁과 지시를 받을 때 성전에 있었음을 함의하고 있다(참조. 36:5-12; 26:10; Michaelis는 이미 18세기 말엽에 이에 대해 주목한 바 있다). 그래서 "이 곳"(3절), "이 집"(4, 5절), "이 문들"(2, 4절) 등에 대한 언급으로 미루어 성전의 배경을 고려해 볼 만하다. 하지만 예레미야는 왕의 집으로 가라는 지시를 받는다(2절). 또한 언급된 모든 것들이 왕의 궁궐에 대한 것들이라고 볼 수도 있다. 더구나 언약 명령이 정의의 집행(3절)을 다루면서 문들에 대한 두 번의 언급이 있는 것으로 인해(2, 4절) 법정 혹은 재판정의 배경이 추정된다. 21:11-12에 대한 논의에서, 정의의 지배에서의 왕실의 책임이 주지된 바 있다. 결국, "이 곳"은 다분히 예루살렘을 언급한 것으로 보인다. 19장에서 "이 곳"이라는 구절은 예루살렘 성벽 바로 바깥에 위치한 힌놈 골짜기의 유아 희생이 이루어진 도벳에 대해 수차례 사용되었다. 거기서도(19:4) 순결한 피가 흘려진 것이 언급되고 있다. 도벳은 그 구절에서(19:10 -12) 온 예루살렘이 장차 당하게 될 파괴의 영상이 되고 있다. 그렇게 모든 네 장소가 이들 용어가 지시하는 것일 가능성이 있다. 실제로, 모든 장소에 대해 언급된 것이 모두 동일한 장소를 의미할 필요는 없는 것이다.

이 구절과 21:11-12에 있는 진술들을 통해 내가 논증하려는 것은 그것들이 지시하는 것이 성전이라는 점이다. 나는 "이 곳"이나 "집"이 심판이나 축복을 지시하는 맥락에서 사용되는 많은 경우에 성전이 그 모티프의 전경 혹은 배경이 될 수 있다는 점을 말하고 싶다. 성전은 그 집이며, 동시에 그 곳으로서 매우 확실한 곳이다. 그래서 성전이 축복이나 심판의 가장 중요한 상징이 되리라는 것만이 유일하게 자연스러운 일이다.

그러므로 언급된 문들은 왕궁 지역을 성전과 연결하는 부분일 것이다. 바로 여기를 통해서 왕과 그의 관리들이 성전으로 들어갈 수 있었다. 그리고 포로기 이전 예루살렘에 대한 현대의 재구성이 올바르다면, 이 재구성으로 인해 오벨은 저지대를 왕궁과 성전 지역으로부터 분리시키는 공공건물들로 가득 찬 행정 지역이었다고 볼 수 있다. 그렇다면 이들 동일한 문들은 대부분은 아닐지라도 많은 수의 백성들이 사용하는 것이었을 것이다. (성전 산의 남쪽 끝에 위치한, 헤롯 성전으로 들어가는 건축학적으로 그리고 고고학적으로 동일한 광장과 주 출입구를 주목하라.)

또한 동일한 성전 장소가 예레미야가 "내려가라"는 말을 들었던 다른 구절에서 지시된 것인지 의아해하게 될 것이다. 예를 들어, 18:1에서 그가 토기장이의 집으로 내려갈 때 말이다. 만일 그렇다면 함축하는 바는, 예레미야가 성전에서 여러 가지의 신탁을 받았으며 생각할 수 있는 것보다 성전과 훨씬 더 가까웠다는 것이다. 게다가, 그가 성전에 머무는 일을 거부당한 것(36장)은 그가 신탁을 받았음을 함의하는 것이었을 수 있다. 제사상들과 다른 성전 관리들은 그를 내쫓아 그가 더 이상 신탁을 받지 못하게 하려 했을 수 있다. 그럼에도 불구하고, 그들의 시도는 성공적이지 못해서, 그는 내어쫓긴 후에도 그 당시(36:1-8)까지 받아 온 모든 신탁을 써 내려가라는 또 하나의 신탁을 받기조차 했다.

신탁이 이 책에서 여기에 위치하게 된 것은 의심할 바 없이 21:11-12과 그것이 가진 근접성의 영향을 받은 것이어서, 양자 사이에는 겨우 두 개의 절밖에 없다. 신탁들 사이의 유사성은 충격적이다. 양자 모두 "유다의 왕의 집"에 대해 언급함으로써 시작하며(21:11a; 22:1b), "여호와의 말을 들으라"는 명령이 나온다(21:11b; 22:2a). 양자 모두 완전한 형태의 메신저 형식구인 "여호와께서 이렇게 말씀하셨다"라는 표현을 가지고 있다(21:12a; 22:3a). 양자 모두 정의를 베풀라는 명령을 내린다(משפט – 미슈파트, 21:12b; 22:3b). 양자 모두 독특한 구절인 "그리고 탈취당한 자를 압박하는 자의 손에서 건지고"라는 구절을 포함한다(21:12c; 22:3c). 그럼에도 불구하고, 몇 가지 차이점도 존재한다. 21:11-12의 "집"은 가계 즉 왕과 그의 가족들을 언급하는 것으로 보이는데, 22:1에서 "집"은 분명히 왕궁을 지시한다. 22장의 신탁의 다른 부분에서 "집"은 아마도 위에서 지적한 바와 같이 성전을 언급하는 것으로 보인다. 또한 두 신탁들에서 심판도 다르다. 21장에서의 불은 22장에서는 황무한 잿더미로 변했다. 그럼에도 불구하고 아직도 왕에-대한-심판 모티프의 다양성을 반영해 주는 것으로 보이는 차이점들과 다양성들보다 더 충격적인 것은 유사성이다. 이 산문 신탁을 관련된 시문 신탁 사이에 위치시킨 것은(다음에 이어질 22:6-7의 "양식/구조/배경"을 보라) 아마도 이들 유사성 때문인 것으로 보인다.

이 단원은 다음과 같이 개괄될 수 있다.

서론 : 예레미야를 향한 명령과 지시(1절)
왕과 백성에 대한 명령(2절)
신탁 : 언약 강화(3-5절)
　　정언 명령, 긍정적인 것과 부정적인 것(3절)
　　하나님의 말씀을 실행한 결과로 인한 지속적인 축복(4절)
　　불순종의 결과로서의 심판(5절)

19장에서 그러했던 것처럼, 예레미야가 실제로 가서 이 신탁을 전달한 행위에 대해서는 아무런 언급이 없다. 확실히 이 같은 신탁 전달 행위가 있었을 것으로 기대되지만, 본문에서는 이에 대해 전혀 기록하는 바가 없다. 한 가지 가장 자연스러운 가정은 저자/편집자가 메시지의 수용 다음에 이루어지는 행위에 대해 기록할 필요를 느끼지 못했을 것이라는 점이다. 더구나 다중적인 서두는 원래의 정황과는 다른 현재의 정황을 줄 수 있는 전승의 다중적인 편집 혹은 삽입을 지시하는 것으로 보인다. 이것은 신탁에서의 "집"과 "이 곳"의 모호함을 설명해 줄 수 있다.

이 신탁이 7장에서의 성전 설교와 갖는 유사성들도 매우 충격적이다. 7장은 특별히 왕이 아닌 백성 전체를 향한 것이었으나, 수신자들은 수많은 유사 표현들을 가지고 있다. (i) "거기서 이 말을 선포하여"(7:2)와 "거기서 이를 선언하여"(22:1), (ii) "이르기를, '여호와의 말씀을 들을지니라'"(7:2=22:2), (iii) "너희가 만일 공의를 행하며"(7:5)와 "정의를 행하여"(22:3), (iv) "이방인과 고아와 과부를 압제하지 말며"(7:6, 22:3, "압제하다"에 대해서는 다른 동사가 사용되고 부정적 금지의 명령 표현에도 다른 표현이 사용되고 있으나, 그 의미는 실제로 동일하다), (v) "이 곳에서 무죄한 피를 흘리지 말라"(7:6=22:3). 덧붙여서, 두 신탁 모두가 순종과 불순종으로 인한 긍정적 결과와 부정적 결과를 주고 있다.

이들 유사성들 중 일부가 쉽사리 예레미야의 통속적인 표현을 사용한 때문이라고 여겨질 수도 있으나 다른 해석도 가능하다. 아마도 22:1-5의 이 신탁을 성전 설교 바로 이전이나 혹은 바로 이후의 왕에게 전해진 성전 설교의 이형이라고 볼 수도 있다. 만일 그것이 사실이라면, 그 왕은 여호야김이 되어야 할 것이고, 그 시기는 주전 609년경으로 확인될 것이다. 또한 이 신탁에서 증거되는 대로 회개하여 심판을 피했을 가능성은 예레미야의 사역 초기와 가장 잘 맞는다.

주석

1-2 이 두 절의 내용은 서론적이다. 다중적인 층을 이루고 있는 명령에 주목해 보자(3절에까지 이어지고 있다). 적어도 다섯 개의 차원이 드러나고 있다.

1 "여호와께서 이같이 말씀하시되"
2 "내려가서…거기서 이를 선언하여"
"이르기를"
3 "여호와의 말씀을 들을지니라"
4 "여호와께서 이같이 말씀하시되"
5 "공평과 정의를 행하여"

예레미야는 왕의 집, 즉 왕궁으로 가서 메시지를 전하라는 말을 듣는다. 위에서 주지한 바와 같이, 왕궁으로 내려간 사실은 예레미야가 이 신탁을 성전에서 받았음을 암시한다.

그럼에도 불구하고, 왕궁 안의 한 장소는 "너와 네 신하와 이 문들로 들어오는 네 백성"이라는 말과 완전히 어울리지는 않는다. 1절이 21:11과 좀더 가까운 평행 관계를 이루기 위해 신탁에 새로운 서론으로서 추가되었다고 보아야 할 것이다. 17장의 안식일 신탁이 문에서 말해지며 왕들과 백성들을 향한 것이었고(17:19-20), 깨어진 오지병의 행위-메시지가 문에서 말해지며 왕들과 백성들을 향한 것이었던 것(19:2-3)과 마찬가지로, 이 신탁도 마찬가지의 경우다. 문들은 왕궁과 성전을 연결하는 것들이었고, 왕이 그의 측근들과 더불어, 또한 백성들 중 다수가 이용했던 것으로 보인다.

3 메시지는 분명히 사법적인 분야에서의 언약적 책임에 관한 것이며, 그 권리가 그토록 쉽사리 무시당하는 자들, 곧 탈취당한 빈자들, 고아들, 과부들, 이방인들에게 진정한 정의를 집행하는 일을 강조하고 있다. 이들은 바로 자신들의 경우를 두고 탄원할 사람이 없는 자들이며, 아마도 이 같은 도움을 얻을 만한 방편을 전혀 가지지 못한 자들일 것이다. 또한 이들은 정의를 얻을 방도를 거의 알지 못하는 그런 자들일 것이다.

3절의 마지막 구절은 다른 정언적인 명령들의 취지와 정확히 들어맞지는 않는다. 다른 것들은 부당함을 다루고 있는 반면에, 이것만은 죽음을 다루고 있다. 이것은 그렇다면 잘못된 판단으로 인해 왕실-재판 체제로부터 사형을 언도 받은 경우를 의미하는가(왕상 21에서의 나봇과 같이)? 아니면, 이것이 관여하는 바는 도벳과 순결한 아이들의 학살(렘 19)의 경우와 같은 제의 행위인가? 그것도 아니라면, 여호와가 제사를 원하지 않고 바른 삶을 원한다는 것을 말하려는 것인가(암 5:21-24; 호 6:6; 사 1:12-17 등)? 이들 모두가 가능성이 있는 가정들이며, 어느 하나를 확정할 수 없는 애매함은 아마도 예레미야의 문체상의 특징이며, 예레미야 고유의 어법일 것이다.

4-5 4절에서 표현되고 있는 긍정적인 조건은 17:24-25과 평행을 이룬다. 거기서 안식일 법을 준수한다면 다윗의 위에 앉은 왕들과 관리들, 그리고 백성들은 계속해서 성문으로 들어올 수 있게 될 것이라는, 곧 그 도시에서 계속 살 수 있게 될 것이라는 말이다. 여기서 언급하는 것은 성전으로 들어서는 것이다. 즉, 성전이 남게 될 것이라는 말이다. "다윗의 위에 앉은 자"라는 구절은 예레미야 특유의 어법으로 보인다. 신명기 사학파는 "이스라엘의 위에 앉은 자"라는 구절을 더 즐겨 사용했다. 전자의 경우는 단 두 번만 사용했는데, 모두 열왕기하 2장에서 솔로몬에 대해 사용되었던 것일 뿐이다.

5절의 부정적인 조건은 17:27에서의 부정적인 표현과 평행을 이룬다. 거기서 이미지는 심판으로 도시를 파괴하는 불이었다. 여기서 성전은 알 수 없는 원인으로 인해 황무해질 것이다. 하지만 21:11-12과 비교해 보자. 거기서는 유사한 심판적 의미 속에서 분명하게 불-모티프를 사용하고 있으며, 비슷하게 현재의 신탁과 유사성을 가지고 있다.

5절에서, 부정적인 조건은 여호와가 스스로 맹세하는 것을 언급한다. 인간이 맹세하는 경우 가장 중요한 것을 통해 이루어지며, 자주 여호와(수 2:12; 삿 21:7; 삼상 24:22 등) 혹은 여호와의 이름(사 48:1; 렘 12:16; 슥 5:4)으로 이루어지는 경우도 있다. 매우 일반적인 맹세 형식은 "여호와의 사심으로"(삿 8:19; 삼상 14:39; 뿐만 아니라 매우 흔하게)라는 구절을 포함한다. 그러나 여호와는 무엇으로 맹세하시는가? 그는 스스로(בי – 비, 5회), 그의 사심으로(נפש – 네페쉬, 2회), 그의 거룩함으로(קדש – 코데쉬, 2회), 그의 이름으로(שם – 셈, 1회) 그리고 그의 오른손으로(ימין – 야민, 1회) 맹세하신다. 덧붙여서, 여호와는 자주 맹세 형식 "내가 사는 한"(חי אני – 하이 아니)을 사용하고 있다. 이들 예들 중 다수가 나타나지 않고 있지만, "여호와의 신탁"(נאם יהוה –느움 야흐웨)이라는 구절은 자주 신탁이나 맹세를 수반한다. (더 자세한 내용을 위해서는 Blank, *HUCA* 23/1[1950-51] 73-95를 보라.)

해설

익명의 왕에게 이루어지는 부름은 정의를 실행하라는 것이다. 함축된 의미는, 모든 이들 곧 의지할 바 없는 이들에게도 진정한 정의를 실행하는 것은 하나님의 지속적인 축복과 그들의 생명을 지속시키게 되는 결과를 낳게 될 것이라는 말이다. 하지만 정의를 실행하는 데 실패할 경우 하나님의 심판과 성전/왕궁으로 대표되는 집단의 황폐화를 낳게 될 것이다. 심판이 어떻게 일어날지에 대한 보다 상세한 의미는 왕들, 관리들, 백성들이 하나님이 기대하시는 방식 속에서 정의를 실행하지 않는 경우이고, 그렇지 않다면 심판의 위협이 필요 없게 될 것이라는 말이다.

오늘날 우리의 경우에 누가 강탈하는 자들에 의해 탈취당하는 자들, 이방인, 고아, 과부 등으로 대표될 수 있는가? 그들은 가난한 자들, 떠도는 자들, 이방인들인가? 그들은 우리의 식탁에 음식이나 시장에 싸구려 생산품을 제공해 주면서 겨우 자신과 가족의 생존을 채워 가는 제3세계의 노동자들인가? 정의에 대한 우리의 관심사는 오로지 우리 자신과 우리와 처지가 비슷한 자들에게만 국한된 것인가? 아니면, 우리는 아무런 대변자도 없는 자들을 향해서도 정의를 실행하고 있는가?

C. 익명의 왕에 대한 또 하나의 신탁(22:6-7)

참고문헌

Fleming, D. "Lebanon, Mount." In *Mercer Dictionary of the Bible*. Ed. W. E. Mills. Macon, GA: Mercer UP, 1990. **Lindström, F.** *God and the Origin of Evil*. Coniectanea Biblica, OT ser. 21. C. W. K. Gleerup, 1983. **Mattingly, G. L.** "Gilead." In *Mercer Dictionary of the Bible*. Ed. W. E. Mills. Macon, GA: Mercer UP, 1990. **Soggin, J. A.** "The Prophets on Holy War as Judgment against Israel." In *Old Testament and Oriental Studies*. BibOr 29. Rome: Biblical Institute Press, 1975. 67-71. **Weippert, H.** "Jahwekrieg und

Bundesfluch in Jer 21:1-7." *ZAW* 83(1971) 396-409. **Weiser, A.** *Das Buch des Propheten Jeremia.*

본 문

6 나 여호와가 유다 왕의 집에 대하여 이같이 말하노라 네가 내게 길르앗 같고 레바논의 꼭대기 같으나 내가 정녕히 너로 광야와 거민이 없는 성을 만들 것이라

7 내가 너 파멸할 자를 준비하리니 그들이 각기 손에 병기를 가지고 네 아름다운 백향목을 찍어 불에 던지리라

6 For thus says the Lord concerning the house of [a]the king of[a] Judah: 3+3 [b]"Gilead are you to me the head of the Lebanon. 3+2 [I swear] if I do not make you a wilderness,[b] cities not [c]being inhabited.[c] 3+3

7 Surely I have consecrated[a] against you destroyers,[b] a man and his weapons;[c] 3+2 they will cut from the choicest of your cedars[d] and throw them upon the fire." 3+2

원문주해

6.a-a. 카이로 사본에서 나온 사본 단편들에는 없다.

6.b-b. 탈굼역에는 주석이 담겨져 있다. "산들 꼭대기에 높이 있는 성소의 집으로 네가 내 앞에서 사랑받지 않으려느냐. 그렇다면 내가 너를 광야로 만들지 않으리라…."

6.c-c. 케팁은 단수형이나, 케레는 복수형이다. 단수형은 2인칭 남성 단수 대명사와 어울리며, 단수 명사 "광야"가 더 낫다. 복수형은 복수 명사 "도시들"과 더 잘 어울린다.

7.a. 히브리어 동사 키다슈티(קִדַּשְׁתִּי)는 문자적으로는 "신성시하다, 구별하다"라는 의미를 갖는다. 이것은 성전(Holy War)에 대한 준비 과정에서 자주 사용되었다("주석"을 보라). 탈굼역과 칠십인역 모두 명목상의 의미인 "지명하다"로 번역하였다.

7.b. 탈굼역은 "장애물"로 번역하였다.

7.c. 칠십인역은 단수형 "도끼, 무기"로 번역하였다.

7.d. 탈굼역은 "강한 사람들"로 번역하였다.

양식/구조/배경

이 짧은 신탁은 시문이다. "유다 왕의 집에 대하여"라는 구절은 21:11에서의 "이제 유다 왕의 집에 대하여"라는 구절과 거의 흡사하다. 유사하게 본 단락에서의 불과 백향목에 대한 언급이 21:11-14에서의 불과 수풀 이미지와 평행을 이룬다. 그렇게 이 단락은 21:11-14과 명백한 연관성을 지니고 있다. 아마도 22:1-5에서의 산문 단락이 21:14과 이 단락 사이에 후대의 편집 단계에서 삽입되었을 것이다.

형식에 있어서 이 짧은 단락은 특별히 어느 왕의 이름에 대해 말하지 않고 있지만 왕실을 향한 심판 신탁이다. 할러데이는 이 단원에서 교차대조의 구조를 지적한다. 서론 행인 6a절(이 부분을 시문 신탁의 일부라고 볼 수도 그렇지 않다고 볼 수도 있다)을 넘어 이 단락은 네 개의 행 혹은 바이콜론을 가지고 있다. 제1행과 제4행은 레바논과 백향목을 언급하면서 분명한 평행 관계를 형성한다. 제2행과 제3행은 1인칭 단수 형식으로 "너"에 대한 여호와의 행동에 대해 말하고 있다.

신탁은 다음과 같이 개괄될 수 있다.

서론 : 메신저 형식구, 왕실에 대한 부정적 언급(6a절)
여호와의 선택의 긍정적인 말씀(6b절)
여호와가 하려는 일에 대한 맹세(6c-7절)

신탁의 언어는 알레고리적이며 백향목과 레바논의 이미지를 사용하여 왕실을 표현하려고 한다. 성전(Holy War)의 언어를 사용함으로써 이 알레고리는 백향목이 베어지며 태워질 것을 진술하는데, 왕실은 광야와 같아질 것이며 거민이 없게 될 것이다.

주석

6 이 신탁의 서론은 21:11의 서론과 매우 유사하다. 나무와 숲의 이미지는 이 단락의 최선두 부분에 위치하는 반면에, 21:14에서 특별히 수풀이 언급되고 있다. 길르앗과 레바논 모두가 그 숲으로 인해 고대에 주목받던 지역이었다. 레바논의 백향목은 그 강인함과 아름다움으로 특별히 잘 알려지고 칭송되던 것이었다. 또한 길르앗도 참나무와 소나무 숲으로 잘 알려진 곳이다(Mattingly, "Gilead"). 이 절의 다른 이미지는 산의 이미지다. 레바논과 길르앗 모두가 산악 지역이었다. 이들은 나무로 뒤덮인 산악 지역으로, 강인함과 장엄한 아름다움의 이미지를 보여 준다. 여호와는 유다의 왕실을 바로 이런 이미지로 묘사한다. 자주 그렇지만 심판 신탁은 매우 긍정적인 이미지로 시작된다. 그러나 이는 신속하게 전환된다.

21:14에서 주목한 바와 같이, 예루살렘의 왕궁 일부는 레바논의 수풀로 알려져 있는데, 아마도 이것들이 건축과 판지 제작에 목재로 사용되었기 때문일 것이다. 그렇게 왕실 가계를 묘사하는 데 산의 수풀 이미지를 사용한 것에는 어느 정도의 논리적인 관련성이 있다.

이 심판 신탁에서는 특별한 고발이나 죄가 밝혀지지 않는다. 신탁은 긍정적인 이미지로부터 직접적으로 심판을 그려내는 맹세로 이동한다.

맹세는 임-로(אם־לא)의 형식으로 시작된다. 맹세의 일반적인 설명은 화자가 그 맹세의 조건이 이루어지지 않는 경우 자신에게 내려질 저주를 맹세하는 것이다. 실제로, 인간 화자의 경우 "하나님께서 내게 그렇게 하시기를, 내가 그렇게 하지 않는다면"이라는 말은 "나는 확실히 그렇게 하리라"는 의미다. 여호와가 화자일 경우 한 가지 난점이 발생한다. 블랭크(Blank)와 게세니우스(Gesenius, GKC § 149)는 모두 여호와가 자기-저주를 하시지는 않을 것이라고 주장한다. 그러나 그것은 오해였다. 여호와는 이 심판의 심각성을 강조하기 위해 인간들이 그러는 것처럼 동일하게 강한 맹세 언어를 쉽게 사용해 버리고 만다. 이 번역은 "내가 맹세하노니"라는 말을 괄호 속에 추가시킴으로써 맹세의 관념을 추가시켰다. 히브리어에서의 부정사(否定詞)와 이 번역은 여호와가 확실히 왕실의 집을 거민 없는 광야로 만들 것임을 함축한다.

광야로 변하는 이 심판은 구약성경의 공통적인 은유다(호 2:5). 나무로 가득한 산으로 이루어진 수풀과는 다르게, 광야는 자주 인간이 살지 않는 곳으로 서술되며(욥 38:26), 자주 사막으로 그려진다(신 32:10; 삿 1:22). 일차적으로 그 곳은 식물이 거의 없고, 일시적으로 초목이 발생하지만 나무는 거의 없고, 야생동물이 사는 곳이다. 산 속에 많은 나무와는 너무도 대조적이고 부정적인 모습을 보여 준다.

"거민이 없는 성"이라는 구절은 광야 지역을 언급하는 것으로 보인다. 광야에서조차 일부 도시들은 주요 무역로와 수원 가까이에서 잔존할 수 있었다. 심판은 이들 도시도 파괴될 것임을 암시하는 것처럼 보인다. 이와는 다르게, 이 구절은 유다의 도시들을 언급하는 것일 수도 있다. 수풀로 가득 찬 산들이 광야가 되어야 했던 것처럼, 유다의 도시들도 거민 없는 상태로 화하게 될 것이다.

7 7절은 파괴와 황폐화의 은유를 지속하고 있다. 성전("내가 거룩하게 했다" – קִדַּשְׁתִּי, 키다슈티)의 언어를 골라 사용하면서, 신탁은 다시 한 번 긍정적인 이미지로부터 왕실 집안에 적대적인 방향으로 돌아선다. 성전은 여호와께서 이스라엘의 편에서 그 적들과 대항하여 싸우시는 전쟁이었다. 이스라엘이 군대를 막아내야 했겠지만, 싸우고 승리하시는 분은 여호와였던 것이다. 병사들은 임무의 수행이 가지는 성스러운 성격을 알기 때문에 성전을 치르기 전에 성별되어야 했다. 그러나 이 경우에 여호와는 유다에 대항한 성전을 싸워내도록 하기 위해 침략자들을 성별하셨다. 유다가 그토록 잘 알고 있던 또 하나의 은유는 이 신탁을 통해서 유다에 적대적인 것으로 변하였다. 각각의 사람은 자신의 무기를 가지고 있으나, 무기와 군인들은 유다를 향하고 있다. 유다의 편에 선 것이 아니다. (21장에 대하여 성전 이데올로기의 역전

에 관한 내용을 알기 위해서는 바이페르트[Weippert]의 글[*ZAW* 83(1971) 396-409]을 참조하라. 여기에 동일한 역전이 나타나고 있다.)

그러고 나서 수풀 지역의 이미지로 돌아온다. (칠십인역이 7a절의 마지막 구절도 수풀을 언급하는 것으로 이해했다는 것은 그것이 "한 사람과 그의 도끼"라고 번역한 것을 보면 알 수 있다. 그러나 성전 이미지는 "무기"에 더 많은 가능성을 둔다.) 여호와가 성별하셨던 파괴자들은 백향목의 가장 좋은 것들을 베어낼 것이며, 그토록 많은 것들을 불에 태워 버릴 것이다. 일반적으로 훌륭한 목재는 건축에서 특별한 곳에만 사용되었다. 그러나 여기서 그 땅은 간단히 황폐화된다. 나무들은 베어져서 초토화 정책 속에 태워진다. 심판은 성전의 조건에서 허용되는 것보다 훨씬 더 혹독하게 이루어진다(신 20). 성전의 조건에서 나무들은 포위 작업을 위해 사용되는 것 외에는 잔존할 수 있었다. 그러나 여기서 그것들은 베어지며 태워진다. 전체적인 황폐화가 유다에 대한 심판에서 이루어진다. 그리고 확실하게 왕궁의 일부가 레바논의 수풀 집으로 불렸다는 사실은 잊혀지지 않았다. 왕궁의 불에 의한 파괴는 아마도 이 이미지의 배경에 있는 것으로 보인다. 하지만 전경은 왕실 가계, 즉 황폐화의 고통을 겪게 될 왕과 그의 가족이다.

해설

이 신탁은 하나님께서 대개는 이방 민족들을 향하던 것이 유다를 향하여 그의 심판을 돌이키셨음을 지시하기 위해 맹세 양식과 성전의 언어를 기용한다. 유다는 이제 성전과 타오르는 불의 용어로 묘사된 하나님의 진노의 결과를 경험하게 될 것이다.

D. **이 도시가 왜 파괴되었는가?**(22:8-9)

참고문헌

Hillers, D. R. *Treaty-Curses and the Old Testament Prophets.* BibOr 16. Rome: Pontifical Biblical Institute, 1964. **Long, B. O.** "Two Question and Answer Schemata in the Prophets." *JBL* 90(1971) 129-39. **Skweres, D.** "Das Motiv der Strafgrunderfragung in biblischen und neuassyrischen Texten." *BZ* 14(1970) 181-97.

본 문

8 여러 나라 사람이 이 성으로 지나며 피차 말하기를 여호와가 이 큰 성에 이같이 행함은 어찜인고 하겠고
9 대답하기는 이는 그들이 자기 하나님 여호와의 언약을 버리고 다른 신들에게 절하고 그를 섬긴 연고라 하리라 하셨다 할지니라

8 Great[a] nations will cross over against this city, and they will say, each to his fellow, "For what reason has the Lord done thus to this great city?"
9 And they will say, "Because they have forsaken the covenant of the Lord [a]their God,[a] and they have worshiped other gods and they have served them."

원문주해

8.a. 칠십인역에는 없다.
9.a-a. 일부 사본들(de Rossi, III, 91)은 "그들의 아버지들의 하나님"으로 읽는다.

양식/구조/배경

이 짧은 단락은 산문이며 선행 단락이 시문인데도 불구하고 언뜻 보기에 선행 단락의 연속으로 보인다. 하지만 면밀히 검토해 보면 차이점들이 드러난다. 주요한 것은 앞 단락은 왕의 집과 그것이 황폐화될 것임을 말하는 반면에, 이 단락은 그것이 분명히 예루살렘을 의도한 것이지만 이름이 나타나지 않은 도시의 파괴에 대해 말하고 있다는 점이다. 또한 이 단락은 심판의 원인을 밝히고 있으나, 선행 단락에서는 이에 대해서는 아무것도 나타나지 않고 있다. 그럼에도 불구하고 두 단락은 서로 꽤 유연한 흐름을 보이고 있으며, 그것은 아마도 그 병렬 관계 때문인 것으로 보인다.

이 단락의 양식은 질문과 대답의 형식이다. 롱(Long)은 이 특별한 양식과 구절에 주목했고, 양식의 세 가지 요소를 구별해 냈다. (i) 질문의 배경, 질문하는 자를 포함하여 (ii) 질문 자체, 직접 화법으로 전달, (iii) 대답, 마찬가지로 직접 화법. 롱은 논증하기를, 이 양식은 화법의 한 양식이라기보다는 문학적인 장치이며, 신명기 사학파적 역사가와 같은 포로기 이후의 시기에 속한다고 한다. 이 세 요소들은 모두 이 구절에 나타나고 있다. 배경과 질문을 하는 자(8a절), 질문 자체(8b절), 대답(9절).

눈에 띄는 것은 유사한 평행이 앗수르바니팔의 앗수르 연대기에서 보여지고 있다는 점이다.

> "아라비아의 거민들이 서로 물어볼 때마다 '이 재난들이 무엇 때문에 아라비아에 발생했던 것인가?'라고 한다. (그들은 스스로 물어본 것이다.) '그것은 앗수르(Ashur)가 세운 신성한 맹세를 우리가 지키지 못했기 때문이다. 그것은 엔릴이 사랑하는 왕 앗수르바니팔의 호의를 거부했기 때문이다!"(Pritchard, *ANET* 3[1969] 300).

이 기록의 연대기적 성격은 이것이 앗수르의 역사 기록 가운데 문학적 장치임을 제시해 준다. 양식은 분명히 조약 저주와 관련이 있다. 앗수르의 예문에서, 백성들은 스스로에게 이 재난이 그들에게 내려진 이유를 묻고 스스로 그 질문에 답한다. 그 답은 앗수르바니팔과의 조약을 깨뜨린 것에 대해 던져지고, 그래서 앗수르바니팔이 침략해 와 그들을 쳤음을 말한다. 예레미야의 예에서 질문을 하는 이들은 이방인들이며, 답은 여호와와의 언약 파기에 대해 말한다.

주석

8 이 구절이 주어진 만큼, 그것도 위의 앗수르의 예증과 비교해 볼 때 주목할 만한 것은 이방인들이 이 도시가 그토록 황폐화되어야 했던 이유에 대해 질문하고 있다는 것이다. 지나가는 사람들에 대한 언급은 19:8에서의 언급과 유사하다. 거기서의 정황은 분명히 포위였으며, 그로 인해 도시 안에서는 기근이 생겼다는 것이다. 하지만 지나가는 자들은 특별히 이방인으로 묘사되지는 않았다. 그들의 대응은 황폐화에 대한 공포와 비명을 지름이다.

뚜렷이 진술되지는 않았으니, 여기서 질문을 하고 있는 이방인들이 파괴를 일으키고 있는 바로 그 병사들이라는 점을 추정할 수 있다. 그 같은 추정은 "대하여 지나가다"라는 용어에 의해 재확인된다. 동사 아바르(עבר)는 적에 대항하거나 적을 가로지르는 군사적인 의미로 사용된 것이다(삼상 14:1, 4, 6, 8을 보라). 전치사 알(על)의 추가는 그에 대항하여 이루어지는 침공의 관념을 재차 강조한다(삼상 14:4 참조).

그것이 맞다면, 이교도로 추정될 만한 이방인들 자신이 답을 가지고 있다는 것은 상당히 아이러니하다. 그 답은 이중적이다. 첫째로, 그들은 그 도시를 황폐화시켰던 것이 침략하는 군대가 아니라 여호와시라는 것을 알고 있다. 둘째로(9절), 여호와는 그 도시의 백성이 그의 언약을 저버렸기 때문에 그렇게 행동하셨던 것이다. 분명하게, 그러한 언어는 문학적 장치로서이지 일부 병사들 사이의 실제 대화로서 의도된 것이 아니다.

황폐화되고 있는 도시는 이 단락에서는 그 이름이 언급되지 않는다. 그럼에도 불구하고 분명한 것은 문맥을 통해서 보면 예루살렘으로 의도되었다는 점이다. 이것은 마치 성전이 그 집인 것처럼 그 도시인 것이다.

9 도시의 황폐화에 대한 특별한 이유가 주어지고 있다. 그것은 그들이 여호와의 언약을 저버렸기 때문이다. 예레미야서의 다른 곳에서, 백성들은 자주 여호와를 저버리고 있다(그 구절은 예레미야만의 전형적인 표현이다). 한 번은 그의 토라-교훈(9:12)을 저버린 것이며, 여기에서만 그의 언약을 저버린 것으로 드러나고 있다.

자주 그렇지만 일반적인 고소, 즉 언약을 저버린 것에 대한 고소가 만들어지고, 그러고 나서 특별한 것들이 추가된다. 즉, 다른 신들을 경배하고 섬긴 것에 대해서이다. 다른 신들에 대한 언급은 다시금 19:4-8을 회상시킨다. 두 구절 모두에서 여호와가 내쳐지며, 다른 신에 대한 예배가 언급되고, 지나가는 자들이 황폐화에 대해 대답한다.

해설

이 간략한 대화는 질문-대-대답의 형식으로 19:4-8에서의 이미지를 반복한다. 예루살렘의 파괴가 추정된다. 질문이 던져진다. "왜?" 그 대답은 언약적 용어로 던져진다. "백성들이 그들의 하나님과의 언약을 파기했기 때문이다." 그 황폐화가 적의 침공과 포위에 의해 이루어졌을지라도 그 궁극적 원인은 하나님이며, 백성들의 죄 때문에 그분이 이를 가져온 것이다.

E. 죽은 자들을 위해 우는가, 산 자들을 위해 우는가?(22:10)

참고문헌

Roach, C. C. "Notes and Comments." *ATR* 23(1941) 347-48.

본 문

10 너희는 죽은 자를 위하여 울지 말며 그를 위하여 애통하지 말고 잡혀간 자를 위하여 슬피 울라 그는 다시 돌아와서 그 고국을 보지 못할 것임이니라

10 Do not weep [a]for the one who is dead,[a] do not lament for him; 3+2 weep indeed for the one about to go [into exile][b] for he will not return again nor see the land of his birth [again].[c] 3+4+3

원문주해

10.a-a. 칠십인역, 탈굼역, 시리아역은 "죽은 자들을 위해"로 번역한다.

10.b. 괄호 안의 구절은 히브리어 본문에는 없는 부분이다. 하지만 동사 할라크(הלך)는 실제로 그 자신과 더불어 포로가 되었다는 함의를 가지고 있다(BDB, 230, I1b).

10.c. "다시"라는 용어가 이 행에는 없지만, 그 관념은 신행으로부터의 평행으로 인해 담겨져 있다.

양식/구조/배경

한 절로 이루어진 이 시문은 살룸-여호아하스에 대한 언급으로 이어지는 단락과 자주 연관된다(11절을 보라). 하지만 이 절은 독립적으로 존재하면서 특정의 왕에 대해 언급하지 않는데, 왕조에 대한 언급조차 나타나지 않는다(Roach, *ATR* 23 [1941] 347-48).

로우취(Roach)는 이 애가의 원 배경을 장례식으로 본다. 사실 이것은 유다의 마지막 때에 있었던 어떤 장례식에도 어울린다고 볼 수 있다. 그 의미는 다음과 같을 것이다. 이 사람, 곧 이미 죽어 버린 사람을 위해서 울지 말라. 대신에 포로로 끌려가 다시는 고향 땅을 보지도 못할 남은 사람들을 위해서 울라. 여기에 담겨진 또 다른 함의는 포로로 끌려간 자들은 죽을 때도 이방 땅에 묻힐 것이라는 점인데, 그것은 아마 가장 잔혹한 비극이 아닐 수 없을 것이다. 죽음 그 자체보다도 더 악한 일이다.

이 애가에는 부정적인 명령과 긍정적인 명령이 모두 담겨 있다. "울지 말며, 슬피 울라." "울다"와 "애가"라는 단어는 장례식의 분위기를 더욱 고조시킨다.

대부분의 학자들은 이 절의 배경이 요시야의 죽음과 살룸-여호아하스의 짧은 기간의 통치, 그리고 포로로 끌려간 것과 관련이 있을 것이라고 주장한다. 이 신탁을 여호아하스와 관련시키고 있는 할러데이는 여호야긴이 여호야김을 계승했을 때 이 신탁이 반어적으로 재사용되었을 것이라는 점을 주지한다. 하지만 그는 이 절이 암시하는 대로 예레미야는 여호야김의 죽음에 대해 하나도 슬퍼하지 않았을 것이라고

주장한다. 나는 할러데이가 이 부분에서의 슬픔에 대해 지나치게 과장하고 있다는 느낌을 받는다. 울지 말라는 명령이나 애가는 아래 18절의 언어와 정확하게 평행을 이룬다. 그래서 애가는 요시야나 여호야김 둘 중 한 사람에 대해 말해진 것일 수 있다. 특정한 개인의 죽음이 아닌 불특정의 죽음을 주장하는 로우취의 논쟁이 원래의 정황에 가장 잘 들어맞는 것으로 보인다. 책의 정황은 왕실 장례식과 관련이 있으며, 특별히 아래 11절에 근거하여 여호아하스와 관련이 있다. 슈브(שׁוב, "돌아서다")의 반복과 할라크(הלך)에 평행하는 어휘, 특히 여기서 야차(יצא, "나가다")는 11-12절과의 연관성을 더 강화시켜 준다. 게다가 12절은 이 장소를 다시 보지 못할 것에 대해 말하고 있으며, 이는 그 태어난 땅을 다시는 보지 못한다는 것에서 평행을 이룬다.

구조에 있어 이 절은 다섯 개의 행, 즉 하나의 바이콜론과 하나의 트라이콜론(tricolon: 3행연)으로 이루어져 있다. 제1행과 제5행은 역시 포섭 구조를 이루고 있는 죽음과 출생이 대조적 평행을 이루고 있다. 또한 제3행과 제4행은 포로로 들어감과 다시 돌아오지 못함이 대조/동의적 평행을 이루고 있다. 결국 제1행으로부터 제3행에 이르기까지 "울지 말라/애곡하지 말라"와 "슬피 울라"는 명령은 대조적 평행을 이루는 셈이 된다. 죽은 자와 포로로 끌려가는 자 사이에도 동의적 평행이 나타나고 있다. 양자 모두 제거된 셈이다. 하나는 죽게 되고, 다른 자들은 죽음보다 더 악한 상황을 겪게 된다. 즉, 죽음에 이르러서도 그 고향에 묻히지 못하게 될 것이기 때문이다.

주석

10 분사 라홀레크(להלך)를 임박한 미래로 사용한 것은 이 애가의 비통한 성격을 강화시켜 준다. 한 사람은 죽었다. 그리고 그것이 가능성이 없어 보일지라도, 다른 이들은 곧 포로로 끌려가게 될 것이다. 예레미야는 우는 것과 애곡함이 포로로 끌려가고, 떠나가며, 낯선 이방 땅에서 죽게 될 자들을 위한 몫으로 남겨져야 한다고 말한다.

F. 살룸에 대한 신탁(22:11-12)

참고문헌

Honeyman, A. M. "The Evidence for Regnal Names among the Hebrews." *JBL* 67(1948) 13-25. **Wildberger, H.** "Die Thronnamen des Messias, Jes. 9, 5b." *TZ* 6(1960) 314-32.

본 문

11 나 여호와가 유다 왕 요시야의 아들 곧 그 아비 요시야를 이어 왕이 되었다가 이 곳에서 나간 살룸에 대하여 말하노라 그가 이 곳으로 다시 돌아오지 못하고
12 잡혀간 곳에서 죽으리니 이 땅을 다시 보지 못하리라

11 For thus says the Lord to Shallum,[a] the son of Josiah, [b]the king of Judah,[b] the one reigning after Josiah his father, who [c]went out[c] from this place: he will not return there again.
12 For[a] in the[b] place where they[c] took him captive, there he will die, and this land he will not see again.

원문주해

11.a. 칠십인역의 루시안 개정판은 마소라 본문의 "살룸" 대신에 "여호아하스"로 표기하고 있으며, 칠십인역은 "셀렘"으로 표기한다.

11.b-b. 칠십인역과 시리아역에는 빠져 있다.

11.c-c. 탈굼역에는 "포로로 들어가다"로 나타나 있다.

12.a. 카이로 사본에서 구한 단편들과 몇몇 일부 다른 사본들(de Rossi, III, 91), 그리고 역본들은 키-임(כי־אם, "그러나…")으로 읽는다.

12.b. 마소라 본문에는 정관사가 생략되고 있다. 칠십인역은 "그 장소에서"로 읽는다. *GKC* § 130c를 따라 마콤(מקום)은 연계형이며, 아셰르(אשר)는 절대형으로 본다. 그래서 관사가 필요하지 않았던 것이다(좀더 정확하게는 아셰르[אשר]가 이끄는 절이 절대형이다).

12.c. 칠십인역과 불가타역은 1인칭 공통성 단수로 읽는다. "내가 취한 곳."

양식/구조/배경

이 짧은 산문 신탁은 이 장 안에서는 첫 번째 것이며, 21:11부터 시작된 왕실을

향한 신탁들 중에 특정 왕에게 이름과 더불어 주어진 것으로서도 첫 번째 경우가 된다. 이것은 10절과 동급의 혹은 10절에 대한 설명으로 자주 이해되어 왔다. 하지만 10절은 익명의 개인에게 주어진 것으로 그 수신자가 반드시 왕실의 한 인물일 필요는 없다. 두 단락을 병치시켜 놓은 상황에서야 이 단락이 동급의 혹은 10절에 대한 설명인지를 확인할 수 있을 뿐이다. 그리고 이것이 사실로 추정된다면, 이 두 절은 10절보다 후대의 것이어야 한다. 더구나 이 두 절에 의해 가정되는 문맥은 10절에서 원래의 발화가 이루어져야 할 필요성을 주지는 않는다. 하지만 두 가지가 원래 하나의 근원에서 기인된 것이라면, 10절은 살룸의 포로행 이전에 있어야 하며, 11-12절은 그의 포로행 이후에 이루어진 것으로 포로의 영속성을 확언하는 것이어야 말이 들어맞는다.

11절의 메신저 형식구에 이어 왕이 요시야의 아들 살룸이라는 것이 밝혀진다. 신탁에서 이루어지고 있는 심판은 그가 나갔으며(완료형, 10절의 분사형을 참조하라), 다시는 돌아오지 않으리라는 것을 말한다. 그는 포로 생활 중에 죽을 것이며, 그의 땅을 다시는 보지 못하게 될 것이다. 심판의 이유가 밝혀지지 않고, 그 조건도 언급되지 않고 있다.

주석

11-12 여호아하스와 관련하여 살룸의 정체성은 분명해 보인다. 하니맨(Honeyman)은 여호아하스가 통치명이며 살룸은 그의 개인적인 이름이었다고 주장했는데, 이를 루돌프, 브라이트와 대부분의 다른 주석서들에서 수용하고 있다. 역대상 3:15에 근거하여 여호아하스가 통치명이며 살룸이 출생명인 것으로 볼 수도 있다. 여호와가 예레미야를 통하여 이미 포로로 끌려가 있는 여호아하스에게 신탁을 준다는 것은 이상하게 보일지도 모른다. 한 가지 해결책은 이 신탁이 "여호아하스에게" 주는 것이라기보다는 "여호아하스에 관하여" 주는 것이라고 보는 것이다. 하지만 보다 큰 문맥 속에서 다른 신탁들이 왕들에게 주어지면서 동시에 그들에 "관하여"도 말하는 것을 보면, 여기서도 마찬가지의 경우라고 볼 수 있을 것이다. 역사적 관점 속에서 애굽에 포로로 끌려가 있는 자들과 유다에 있는 자들 사이에 아무런 서신 왕래가 없었다고 추정할 필요는 없는 것 같다. 우리는 바로 몇 년 되지 않아 바벨론에 포로로 끌려간 자들과도 연락이 이루어지고 있었음을 안다. 그리고 우리가 아는 바로는, 바로 다음 세기에 애굽의 식민지와 유다 사이에 연락이 이루어지고 있었다(엘레판틴 문헌). 그래서 그러한 연락 정도는 충분히 가능했으며, 예루살렘에 전해진 신탁

은 애굽으로 보내졌을 수 있을 것이다.

예레미야는 아마도 여호아하스의 포로행에 대해 말하면서 어휘의 선택에서 신중하게 아이러니를 사용한 것 같다. 야차(יצא) 동사는 보통 나가는 것이나 전진하는 의미를 지닌다. 이것은 여기에서처럼 포로행에 대해 별로 사용된 적이 없지만, 애굽으로의 포로행에 대해 사용된 경우를 다른 어느 구절에서도 발견한 적이 없다. 대개는 야라드(ירד)나 보(בוא)가 애굽행과 관련해서 사용되고 있다. 하지만 야차(יצא)는 애굽**으로부터**의 탈출에 우선적으로 사용된 단어다. 그렇다면 아이러니하게도 이스라엘의 애굽으로부터의 출발에 가장 자주 사용된 단어가 여기서는 왕이 애굽으로 포로로 끌려간 일에 사용된 셈이다.

이 신탁이 주어진 특정 위치에 관해서는 본문에서는 드러나지 않는다. 아마 왕위계승 때문에 그 장소로 왕궁이나 궁정에서 이것이 이루어졌으리라고 생각할 수도 있다. 아니면 신탁이 예루살렘 백성들의 회집 가운데 이루어졌을 가능성도 있다. 다른 한편으로, 마콤(מקום)이 두 번이나 등장하는 것은 성전 배경에 가능성을 두게 만들 수도 있다. 마콤(מקום)은 성전과 관련된 상황에서 자주 사용되었고, 성전 자체도 신탁을 받거나 전하는 일에 상당히 적절한 곳이라는 것도 분명하다. 그 곳에는 왕실의 인물들이 청중으로 있었을 가능성도 충분하며, 청중의 범위를 보다 넓게 볼 수도 있다.

해설

이 신탁은 특별히 애굽에 포로로 끌려갔던 왕인 살룸에게 전해진 것으로, 익명의 한 인물에게 전해졌던 앞서의 신탁의 주제를 반복하고 있다. 이미 포로로 잡혀간 살룸은 돌아오지 않을 것이며 이방 땅에서 죽게 될 것이다.

G. 여호야김에 대한 신탁(22:13-19)

참고문헌

Dahood, M. "Two Textual Problems in Jeremiah." *CBQ* 23(1961) 462-64. **Joüon, P.** "Un Parallèle à la 'Sépulture d'un Ane' de Jérémie." *RSR* 27(1937) 335-36. **Köhler, L.** "Archäologisches." *ZAW* 34(1914) 146-49. **Westermann, C.** *Basic Forms of Prophetic Speech.*

본 문

13 불의로 그 집을 세우며 불공평으로 그 다락방을 지으며 그 이웃을 고용하고 그 고가를 주지 아니하는 자에게 화 있을진저	**13** "Woe to the one building his house without righteousness and his upper rooms without justice; 4+3 he causes his neighbor to work for nothing and does not give him his wage. 3+3
14 그가 이르기를 내가 나를 위하여 광대한 집과 광활한 다락방을 지으리라 하고 자기를 위하여 창을 만들고 그것에 백향목으로 입히고 붉은 빛으로 칠하도다	**14** [a]The one saying, 'I will build for myself[a] a house of stature with spacious[b] upper rooms.' 2+2+2 He cut[c] for it its windows,[d] paneling[e] with cedar, painting with scarlet. 3+2+2
15 네가 백향목으로 집 짓기를 경쟁하므로 왕이 될 수 있겠느냐 네 아비가 먹으며 마시지 아니하였으며 공평과 의리를 행치 아니하였느냐 그 때에 그가 형통하였었느니라	**15** [a]Do you reign,[a] even you, contending [b]in cedar?[b] 3+2 Your father, did he not eat and drink and do justice and righteousness? [c]That being so good came to him.[c] 4+3+3
16 그는 가난한 자와 궁핍한 자를 신원하고 형통하였나니 이것이 나를 앎이 아니냐 여호와의 말이니라	**16** He pled the cause of the afflicted and the needy; [a]that being so, it was good.[a] 3+2 Is not this the knowledge [b]of me?"[b] an oracle of the Lord. 3+2
17 그러나 네 눈과 마음은 탐람과 무죄한 피를 흘림과 압박과 강포를 행하려 할 뿐이니라	**17** "But you have no eyes nor heart except upon your unjust gain 4+2 and upon pouring out the[a] innocent blood and upon extorting and upon doing oppression."[b] 3+3
18 그러므로 나 여호와가 유다 왕 요시야의 아들 여호야김에게 대하여 이같이 말하노라 무리가 그를 위하여 슬프다 내 형제여 슬프다 내 자매여 하며 통곡하지 아니할 것이며 그를 위하여 슬프다 주여 슬프다 그 영광이여 하며 통곡하지도 아니할 것이라	**18** Therefore, thus says the Lord to Jehoiakim, the son of Josiah, the king of Judah: 3+2+2 [a]"They will not lament over him, 'alas, [b]my brother,'[b] [c]'alas, (my)[d] sister';[c,e] 3+2+2 they will not lament[f] over him, 'alas, lord,' [g]'alas, [h]his majesty.'[g,h] 3+2+2
19 그가 끌려 예루살렘 문 밖에 던지우고 나귀같	**19** The burial of an ass, he will be buried, dragged

이 매장함을 당하리라

and thrown down outside the gates of Jerusalem."
3+2+3

원문주해

14.a-a. 칠십인역에는 "네가 직접 세웠다"로 나온다.

14.b. 마소라 본문은 특이한 형태로 푸알 분사 남성 복수를 사용하고 있다. 하지만 바로 앞에 나오는 세 개의 명사는 여성 복수("다락방들"과 여기서는 "높이"로 번역된 "크기")와 남성 단수("집")뿐이다. 루돌프는 모음 표기를 고쳐서 가공의 피엘 분사를 만들었다. 여기서는 마소라 본문의 형태로 번역했으며, 그 선행사를 "다락방"으로 보았다. 문자적으로는 "다락방들을 가지고 그 넓은 것들을", 말하자면 "넓은 다락방들을 가지고"이다.

14.c. 탈굼역은 "그가 창틀을 만들었다"로 읽는다.

14.d. 마소라 본문에는 "내 창들"로 나온다. *BHS*는 단수로 읽을 것을 제안한다. GKC § 87g는 다음 단어 시작 부분의 와우(ו)를 이동시킬 것을 제안한다. 말하자면, 할로나이우 사푼(חלוניו ספון, "그[것]의 창들, 틀이 달린 것들")이다.

14.e. 이 번역은 *BHS*에서 제안한 수정을 따른 것이다. 마소라 본문의 수동형인 사푼(סָפוּן, "틀이 달린")을 능동형인 사폰(סָפוֹן, "틀을 달고 있는")으로 바꾼 것이다. 마소라 본문이 불가능한 형태는 아니지만 능동형으로 두면 다음 구절과 훌륭한 평행 관계를 만들어 낼 수 있다.

15.a-a. 마소라 본문과 덤 대신에 *BHS*를 따라 히트파엘(תִתְמַלֵּךְ – 하티트말렉크, "네가 왕처럼 행동하느냐")로 읽었다. 히트파엘이 갖는 의미 중에 한 역할처럼 행동하거나 연기하는 뉘앙스에 대한 내용을 위해서는 GKC§ 54e를 보라. 탈굼역은 "네가 네 아비 선왕처럼 되는 상상을 하는 거냐…?"로 읽는다.

15.b-b. 칠십인역은 이 구절을 다르게 번역하고서 문장의 흐름을 재구성한다. "네가 네 아비 아하스를 자극했던 것." 칠십인역 알렉산드리아 사본은 "아하스" 대신에 "아합"으로 기록하고 있다.

15.c-c. 칠십인역은 "공평을 행하다"라는 단어 앞의 것들을 위치를 바꾸어 놓는다. 그리고 그것들을 공평을 행하는 일과 연관시킨다. "너로서는 공평을 항하며 의리를…하는 편이 낫다."

16.a-a. *BHS*는 이 구절을 15절로부터 추가된 것으로 보고 삭제하기를 제안한다. 이 구절은 칠십인역에도 빠져 있는데, 칠십인역은 16절도 다르게 이해한다. "그들은 그들이 비천한 자들의 재판과 가난한 자들의 재판을 판단하지 아니한 것을 알지 못하는도다. 이것이 너희가 나를 알지 못함이 아니냐?"

16.b-b. 탈굼역은 "내가 기쁨을 얻는 지식"으로 읽는다.

17.a. 카이로 사본에서 나온 단편들에는 정관사가 빠져 있다.

17.b. 마소라 본문은 어근 라차츠(רצץ)에서 유래된 것을 사용한다. 탈굼역은 어근을 루츠(רוץ)로 두고 있으며, 그래서 "그리고 너희 영혼의 행할 선한 기쁨이 무엇인가"로 번역한다.

18.a. 칠십인역은 이 행 앞에다 "슬프다 이 사람이여"를 추가하고 있다.

18.b-b. 오리겐의 칠십인역 개정본은 "나의"라는 대명접미를 생략한 채 단순히 "형제"라고 기록하고 있다. 불가타역도 마찬가지다. 루시안 개정본은 "주"로 기록하고 있다.

18.c-c. 칠십인역에는 빠져 있다.

18.d. "형제"에 있는 1인칭 공통 단수 접미는 아마도 이 행에 그 힘을 실어 주는 것으로 보인다.

18.e. 칠십인역의 오리겐 개정본과 루시안 개정본은 앞 행의 반복으로 "형제"를 두고 있다. 시리아역도 마찬가지의 반복으로 "내 형제"로 읽는다. *BHS*는 "그의 자매"로 읽을 것을 제안하는 것 같다.

18.f. 칠십인역은 "울다"를 가지고 있다. 할러데이는 34:5에 근거하여 마소라 본문의 사파드(ספד, "애곡하다") 대신에 사라프(שׂרף, "태우다")로 읽을 것을 제안한다. 하지만 다음의 두 행은 그의 수정 제안과 대립된다.

18.g-g. 칠십인역에는 빠져 있다.

18.h-h. 칠십인역의 오리겐 개정본과 루시안 개정본은 선행으로부터 "형제"로 읽는다. 시리아역은 "주"로 읽는다. *BHS*는 아마도 "여인"이나 "사랑하는"으로 읽을 것을 제안하는 것으로 보인다. 탈굼역은 "그의 왕국"으로 읽는다. 다후드는 여기의 쌍이 "그의 아비"와 "그의 어미"가 되어야 한다고 제안한다(더 자세한 내용을 위해서는 "주석"을 보라).

양식/구조/배경

이 시문 신탁은 우선 애가의 키나 운율을 다양한 이형을 통해 보여 준다(3+2, 3+2+2, 4+3+3, 4+2). 각각은 히브리어 호이(הוי, "슬프다")로 시작하고 있다. 재앙-신탁은 비록 예언 자료들, 특히 이사야서와 아모스서의 경우 꽤나 흔한 경우지만 예레미야서에서도 자주 등장하고 있다.

형식상 이 신탁은 한 개인에 대한 저주 강화다. 그 기초 형태를 보면, 개인들에게 전해지는 심판 강화는 청취를 위한 소환, 기소, 메신저 형식구를 통한 심판 선언의 소개 그리고 심판의 선포로 이루어진다. 이 구절의 경우 청취를 위한 소환 부분만 빼고 모든 요소가 다 갖추어진 상태다. 13-17절은 기소를 보여 주고, 18a-c절은 심판 선언으로의 전이를 나타내고 있는데, 양 부분 모두 그 전이에 라켄(לכן, "그러므로")

과 메신저 형식구인 "나 여호와가 이렇게 말하노라"를 사용하고 있다. 18d-19절은 심판의 선언을 해주고 있다.

베스터만은 개인에 대한 심판 강화와 재앙의 통곡이 갖는 유사성에 주목해 왔다. 그래서 기소의 일부를 형성하는 것으로 이 심판 강화에서 재앙의 통곡을 발견한다고 해서 놀랄 일이 아니다. "재앙의 통곡"은 호이(הוי, "슬프다")로 시작하며 대개는 그 말을 듣는 자의 특정 행동과 관련된 분사형(여기에서처럼)이 뒤따르게 된다. 일반적으로 재앙 통곡에서 수신자는 익명이지만 비난을 받는 행동을 한 사람이다. 재앙 통곡은 저주 형식구인 "저주로다…한 자여"와 밀접한 관련을 갖는다. 재앙 통곡과 평행을 이루는 것은 "슬프다…한 자여"에 있다. 호이(הוי)라는 단어는 히브리어에서 두 가지 주요한 기능을 하는 것으로 보인다. 하나는 재앙 통곡을 시작하는 것이고, 다른 하나는 상례 애곡이나 통곡을 시작하는 것이다. 이 단락에서는 호이(הוי)의 두 가지 기능이 모두 발견된다.

이 신탁의 수신자는 단락 초두에서는 밝혀지지 않지만 심판 선언으로의 전이 시점에서 밝혀진다. 아마도 시작 부분에서 이름이 생략된 것은 고의적인 것으로 보이는데, 긴장을 고조시키고 수신자의 이름이 밝혀질 때의 절정에 초점을 두기 위해 고의적으로 의도된 모호성으로 보인다. (다윗에게 주는 나단의 비유[삼하 12]도 다윗이 처음부터 많은 양과 소떼를 가진 부자가 누구인지를 알았다면 별로 충격적이지 못했을 것이다. 긴장과 절정은 그 인물의 정체가 밝혀지지 않음으로써 형성되었던 것이다.)

강화의 각 부분을 통해 이루어지는 이동이 분명하게 드러난다. 기소의 전반부(13-14절)에서는 3인칭 형식이 지배적이다. 기소의 제2부(15-17절)에서는 2인칭으로의 변화가 이루어지고 있으며, 왕실의 한 인물로의 정체가 드러나고 있다. 이 단락에서는 현재의 불의한 통치자(2인칭 남성 단수 형식으로 말해지고 있음)와 공평한 그의 부친에 대한 비교가 이루어지고 있다. 그리고 심판의 선언(18-19절)은 여호야김의 정체를 드러내면서 3인칭으로 회귀하고 있다.

이 신탁에서는 적어도 두 개의 교차대칭 구조가 드러날 수 있다. 기소 부분에서 전체적으로 하나의 교차대칭 패턴이 나타난다.

A 여호야김의 불의함(13-15a절)
    B 그의 부친의 의리(15b-16절)
A′ 여호야김의 불의(17절)

보다 복잡한 교차대칭 패턴이 기소의 두 번째 부분, 즉 "너" 단락에서 발견될 수 있다.

A 여호야김의 경쟁 통치(15a절)
B 그의 부친의 의리(15b절)
C 결과: 부친의 형통(15c절)
B′ 부친의 또 다른 의리(16a절)
C′ 결과: 모두의 형통(16b절)
D 올바른 행동 = 하나님을 앎(16c절)
B″ 대조: 여호야김은 눈과 마음이 없다(17a절)
A′ 여호야김의 불의(17b절)

이 단락의 각 부분의 연결은 두 개의 기소 부분에서 공평과 의리의 반복적인 대조로써(이것이 대조적인 것은 여호야김은 공평과 의리가 없다는 사실 때문이다) 이루어지고 있다. 13절에서의 이중적인 블로(בלא, "without")는 15절과 16절에서의 이중적인 할로(הלוא, "Is not?"), 그리고 18절에서 두 번 사용된 로(לא)로 연결된다. 이로써 기소의 두 부분과 판결 선언 사이에 연결을 가능하게 해준다. 추가적으로, 14절과 15절에서의 백향목에 대한 언급은 호이(הוי)의 이중적 기능인 재앙 통곡과 애곡을 지시해 줄 뿐만 아니라 전체 단락에 일종의 포섭 구조를 형성해 준다.

주석

13 재앙 통곡에 전형적인 형태로 이 신탁은 "슬프다…한 자여"라는 식의 익명성으로 시작된다. 더구나 처음부터 심각한 모호성이 나타나고 있다. 왕실의 어떤 건물인지에 대해서도 아무런 언급이 없으며, 재앙 통곡은 불의로 그 집을 짓는 어떤 사람에게 던져지고 있다. "집"이라는 말조차 모호하다. 작가는 그의 집을 말하는 것인가? 아니면 그의 가족인가? 그도 아니면 왕가의 인물, 그 왕조를 지적하는 것인가? 일부 모호성은 신속하게 해결된다. 다락방에 대한 언급은 분명히 그 주된 이미지가 한 건물의 것임을 지적해 준다.

특정 불의가 이 첫 절에서 언급되고 있다. 그 이웃/친구에게 대가 없이 일을 시키는 것이다. 그 이웃이 어떤 이유로 그 일을 하는 것에 동의하는지가 분명하지 않으며, 이 모호성은 이 순간에만 나타난다.

14 그 집에 대한 그 이상의 묘사가 이 절에서 주어지고 있다. 그 집은 높은 것인

데, 큰 다락방과 창이 있는 집이다. 건물의 이미지도 나타나고 있다. 이것은 평범한 집이 아니며, 단순히 부유한 사람의 집도 아니다. 이 집은 그 크기나 장식에 있어서도 상당히 정교한 집이다. 백향목을 사용한 것이나 붉은 칠이 그것을 말해 준다.

이 익명의 사람이 말하는 것과 이미 기술된 진실 사이에 이루어지는 대조에 주목하라. 그는 "내가 나를 위하여…을 지었다"라고 말한다. 현실은 그가 이웃/친구의 노동력을 사용하고서 그 대가를 주지 않았던 것이다.

"그가 이르기를"이라는 구절은 한 사람의 내면의 사고를 표현하는 히브리어의 전형적인 방식이다. 히브리어에는 "생각"이나 생각하는 행위를 직접적으로 지시하는 단어가 없다. 그래서 사고가 말하는 것처럼 표현되는 것이다.

15 마침내 모호성에 대한 해결이 좀더 이루어지고 있다. 경쟁에 대한 질문이 우리에게 한 왕이 개입되어 있음을 알려 준다. 그 건물은 왕궁으로 이해되어야 할 것이다. 대가가 지불되지 않은 노동은 부역 노동자들과 관련될 것이다. 그들은 왕실 건물 축조 계획에 무보수로 자신들의 시간을 헌납하도록 강요당했던 것이다.

캐롤은 이 구절, 즉 수사적 질문인 "네가 백향목으로 경쟁하므로 왕이 될 수 있겠느냐?"가 왕실 건물 축조 계획에 관한 것이 아니라고 설명한다. 그의 견해에 의하면, 집 짓는 자는 왕이 아니지만 왕처럼 짓고 있다는 것이다. 그의 견해는 어느 정도는 매력이 있지만, 이 사람의 불의한 방식에 의해 제기되는 문제는 다루지 않는다. 그가 이런 부정한 행위를 어떻게 피해 갈 수 있겠는가? 왕만이 법적인 반격을 당하지 않고 그런 일을 할 수 있을 뿐이다.

이미 15절에서 재앙 통곡이 3인칭에서 2인칭으로의 갑작스런 변화를 만들었다. 그것은 이제 또 하나의 극적인 변화를 만들고 있다. 이제 기소에 대한 강조가 이 한 왕의 행위와 그의 부친의 행위 사이의 대조로 전환되고 있다. 그의 부친은 특별히 먹거나 마시지 않았으며 오로지 공평과 의리를 행했을 뿐이다. 그 결과는 그의 형통이었다.

16 이제 부친의 공평과 의리 중에 일부 특별한 것들이 열거되고 있다. 언어는 명확하게 언약 용어를 사용하고 있다. 부친은 충실하게 언약을 수행했으며, 자주 도움받을 길 없는 자들도 위하는 인물이었다. 특정 어휘가 다르긴 하지만 그 충격도는 가까운 본문의 22:3과 21:12, 그리고 예레미야의 수많은 다른 구절들의 경우와 상당히 유사하다. 그럼에도 불구하고, 여기에 사용된 용어들은 학대받는 자들과 가난한 자들을 신원하는 것으로서 예레미야서에서 일반적으로 사용되는 것들이다. 아니(עני)는 예레미야서에서는 이 곳에서만 사용되었으며, 에브욘(אביון)은 이 책의 다른

곳에서 세 번만 사용되었다.

다시 그 결과는 형통이었다. "형통"이라는 말에 이어 "그에게"라는 전치사구가 없는 것이 "형통"이 갖는 더 넓은 범위를 지시하는 것처럼 보인다. 아마도 이 같은 지시는 온 민족이 즐겼던 형통은 왕의 공평과 의리로 인해 생기게 된 것이라는 말일 것이다.

기소 후반부의 교차대칭 구조는 앞서의 지시를 서술한다. 그 중심은 "'이것이 나를 앎이 아니냐?' 여호와의 말이니라"는 구절에 위치한다. 수사적 질문은 위의 것과 마찬가지로 단언적인 대답을 함축하는 것이다. "그렇습니다. 의롭게 행하고 가난한 자들을 돕는 것은 여호와를 앎입니다." 동사 야다(ידע, "알다")는 정보의 의미에서의 지식 그 이상을 전하는 것이다. 그것이 함의하는 바는 관계성이다. 즉, 여호와를 아는 것은 그와 관계를 갖는 것이고, 이 구절에서 지시하는 것처럼 관계성은 언약에 기초를 둔 것이며 언약을 지키는 것이다. 이 익명의 왕의 경우 기소의 중심은 그가 언약을 지키지 않았다는 것이다. 그러므로 그는 여호와를 전혀 알지 못한 것이며, 그와 관계성을 가지지도 못한 것이다. 그의 부친은 긍정적인 관계성을 만끽했으며, 그 결과는 재차 반복된 형통이었다.

확실히 예레미야는 요시야가 죽은 것, 그가 아직 젊은 나이인 39세나 40세에 전투 중에 살해당한 것을 알고 있었음이 분명하다. 예레미야가 요시야의 삶의 결과가 형통이었다는 것을 어떻게 단언할 수 있었을까? 신명기 사가적 역사가는 이 문제를 두고 씨름해 왔었다. 하지만 예레미야는 그 심중에 무언가 긍정적인 영향을 가지고 있었음이 분명하다. 유다는 요시야 치하에 앗수르에게 빼앗겼던 영토의 일부를 다시 회복했다. 제의는 개혁되었고, 상당수의 혼합주의 종교 행위가 사라졌다. 여호와에게만 바쳐지는 예배가 적어도 성전에서는 실행되었다. 이 구절에서 예레미야는 또한 요시야가 언약을 지켰음에 대해 찬사를 보낸다. 그렇다. 죽음은 비극이었다. 하지만 요시야가 살았던 삶은 형통했으며, 그의 여호와와의 관계성도 형통했다. 그는 형통한 왕이었고, 자신의 백성에게 형통을 가져다 주었다.

17 불변화사 키(כי)는 이중적인 할로(הלוא) 뒤에서 반의적 의미인 "그러나"를 가지고 있다(BDB, 474, כי 3e; *GKC* § 163a). 눈과 마음에 대한 언급은 내적 · 외적 현실 모두에 대해 말하는 것이다. 눈으로 이 사람은 그가 원하는 것을 보며, 마음으로 그는 자신이 무엇을 원하는지를 안다. 이 조합은 한 개인의 모든 힘이 하나의 목적을 향하고 있음을 보여 준다. 자신의 힘을 공평에 집중시켰던 그의 부친과는 달리 이 사람의 욕망은 부당한 이득을 향하고 있으며, 무죄한 피를 흘리고, 압박과 강포를

행한다. 한마디로, 그는 자신이 목적을 성취하려고 하는 동안 상처를 입는 자에 대해서는 아무런 관심도 없는 것이다.

무죄한 피를 흘림과 압박은 22:3로 거슬러 올라가 관련된다. 마치 공평과 의리가 15절과 관련을 맺는 것과 마찬가지다. 하지만 여기서의 대조는 분명하다. 22:3의 메시지는 공평과 의리를 부르는 것이며, 무죄한 피를 흘리지 않고 압박도 하지 않는 것이다. 이 왕은 바로 이 일들을 그대로 행하고 있다. 22:1-5에서의 신탁과 관련해서 분명해지는 것은 여기서의 기소가 22:5에서 서술된 것과 동일한 유형의 심판을 불러오고 있다는 것이다. 이 왕이 순종하지도 않고 언약을 지키지도 않았기 때문에, 여호와께서 스스로 맹세하셨던 22:5의 심판이 이루어지게 된다.

18 심판 선언으로의 변화가 전환을 위한 단어인 라켄(לכן, "그러므로")으로 지시되고 있다. 이 단어는 심판과 기소를 연결시켜 주며, 기소의 진실이 심판의 이유가 된다는 것을 함의한다. 전환어에 이어 즉각적으로 메신저 형식구가 나타난다. 전형적으로 심판은 메신저 형식구로 시작되며, 심판이 단순히 한 전달자에게서 말해지는 것이 아니라 전달자를 보낸 분에 의해서 말해지는 것이라는 점에 대한 인식이 확증된다. 여호와가 이 심판의 근원인 셈이다. 18절에서 또 다른 전환이 이루어지는데, 대명사들이 3인칭 형식으로 다시 돌아온 것이다.

메신저 형식구에 이어 기소당하고 이제 심판당하는 자가 누구인지, 즉 그가 요시야의 아들 여호야김이라는 것이 밝혀진다. 앞서 제시된 대로 왕의 이름이 지금껏 고의적으로 빠져 있었던 것이라면, 여기서는 실수 없이 이 가혹한 심판이 전해질 사람이 나타나게 되는 것이다. 긴장의 고조와 그 대상의 익명성 및 기소의 제시에 의해 유발된 관심은 심판의 선언에서 그 절정을 맞는다. 심판 선언의 시작 부분에서 그 이름이 포함되는 것은 석설하며 양식비평직 관점에서도 충분히 기대되는 사항이다.

심판은 여호야김의 죽음에 대해서 말하고 있으며 이중적으로 나타난다. 이 절의 잔여 부분은 죽음의 일면에 대해 관여하고 있다. 여호야김은 죽어서도 애곡을 얻지 못할 것이다. 다음 절은 다른 측면으로 전환된다. 즉, 그의 매장이 짐승처럼 이루어질 것이라는 점이다. 그의 주검은 끌려나가게 될 것이고, 성문 바깥에 던져지며, 적절한 매장도 없을 것이다.

이 절의 나머지 부분은 애곡에 대해 말하는데, 그것은 이 왕의 죽음에 대한 것이 아니다. 애곡의 언어는 아마도 인습적인 것으로 보인다. "슬프다 내 형제여, 슬프다 (내) 자매여"는 애곡자를 위한 슬픔/위로의 언어가 될 것이다. 이는 애곡자들이 서로를 위해 말하는 언어가 될 것이다. 아마도 "형제"에 붙은 1인칭 공통 단수 접미는

"자매"에도 붙었을 것으로 보인다.

"그들이 그를 위하여 애곡하지 않을 것이다"라는 구절의 반복은 수정이 필요치 않다. 반복은 자주 강조의 목적으로 사용되며, 여기서도 마찬가지 경우가 된다. 더구나 다른 애가도 나타난다. "슬프다 주여, 슬프다 그 영광이여." 다후드는 아돈(אדון)을 "아버지"로 이해하고 호도(הדה)를 호라(הָרָה)로 수정할 것을 제안한다. "임신한 여인, 어머니." 이 같은 수정으로 이 애가에는 네 가지 가족 용어가 모두 나타난다. 그래서 할러데이는 이 네 가지 용어들이 모두 여호야김에게 적용될 수 있음을 논증한다. 몇몇 고대 근동 비문에서 왕은 그의 백성들 중 일부에게는 아버지이면서 어머니라고 말해지기 때문이다. 이 같은 제안은 매력적이긴 하지만 강제적이지는 않다. 그 대신에, 애가의 처음 두 어휘는 애곡자들을 지시하는 것으로 보는 편이 더 바람직하다. 이들 두 용어, "주"와 "그의 영광"은 왕을 언급하는 것이다.

19 여호야김은 그의 죽음에 애곡도 얻지 못할 뿐만 아니라, 적절하게 매장을 당하지도 못할 것이라고 심판 선언은 계속해서 말한다. 여기서의 묘사는 큰 짐승의 폐기 과정에 대한 것이다. 왕의 시신은 나귀처럼 성 바깥으로 끌려나가 격식도 갖추지 못한 채 던져질 것이다. 이 왕의 대규모 건축 계획과의 대조를 주목해 보라. 적절한 매장은 히브리인들에게는 매우 중요한 관심사였다. 적절한 매장을 당하지 못한다는 것은 가장 심각한 종류의 저주였다. 19:7에 대해 좀더 보라.

해설

이 심판 강화에서 여호야김은 그의 부친과 비교되고 있다. 그 결과는 여호야김에게는 가장 참혹한 것이었다. 요시야가 공평하게 살고 의리를 행한 반면에, 여호야김과 관련된 모든 것은 그의 개인적인 건축 계획과 그에 의해 압박당한 자들에 대한 무관심이었다. 하지만 여호야김은 하나님으로부터 징벌을 받을 것이다. 그는 죽을 때 애곡을 얻지 못할 것이며, 적절한 매장도 얻지 못하고 비참한 저주 심판을 받게 될 것이다.

H. 예루살렘에 대한 신탁(22:20-23)

참고문헌

Dahood, M. *Ugaritic-Hebrew Philology*. BibOr 17. Rome: Pontifical Biblical Institute, 1965. **Daiches, S.** "Exegetical Notes." *PEFQS* 59(1927) 162-63.

본 문

20 너는 레바논에 올라 외치며 바산에서 네 소리
를 높이며 아바림에서 외치라 이는 너를 사랑하
는 자가 다 멸망하였음이니라
21 네가 평안할 때에 내가 네게 말하였으나 네
말이 나는 듣지 아니하리라 하였나니 네가 어려
서부터 내 목소리를 청종치 아니함이 네 습관이
라
22 네 목자들은 다 바람에 삼키울 것이요 너를
사랑하는 자들은 사로잡혀 가리니 그 때에 네가
반드시 네 모든 악을 인하여 수치와 욕을 당하리
라
23 레바논에 거하여 백향목에 깃들이는 자여 여
인의 해산하는 고통 같은 고통이 네게 임할 때에
너의 가련함이 얼마나 심하랴

20 "Go up the Lebanon[a] and cry out, on Bashan[b]
give your voice: 3+3 cry out from Abarim[c] for
they have been broken, all your lovers. 2+3
21 [a]I spoke against you in your (time of)
security;[a,b] you said, 'I will not listen.'[c] 3+3 This
is your way from your youth because[d] you would
not listen to my voice. 3+3
22 All your shepherds, [a]the wind will shepherd,[a]
and your lovers, into the captivity they will go.
2+3 For at that time you will be ashamed and
humiliated from all your evil.[b] 4+2
23 [a]O one enthroned[a] in the Lebanon,[b] [c,d]one being
nested[c] in the cedars,[d] 2+2 how you will bellow[e]
when birth-pangs come upon you, anguish like one
giving birth." 3+2

원문주해

20.a. 탈굼역은 "지성소의 집"으로 읽는다.

20.b. 탈굼역은 "집의 산의 문에서"로 읽는다.

20.c. 시리아역은 "바다 건너로부터"로 읽으며, 탈굼역은 "개울에서"로 읽는다. 칠십인역의 "바다 건너편으로"를 참조하라.

21.a-a. 탈굼역은 "너희가 평안할 때에 내가 너희에게 내 모든 종들 선지자들을 보내었다"로 읽는다.

21.b. 칠십인역은 "회개"로 읽는다.

21.c. 탈굼역은 "내가 교훈을 받지 않겠노라"로 읽는다.

21.d. 칠십인역에는 없다.

22.a-a. 탈굼역은 "모든 바람으로 흩어질 것이다"로 읽는다.

22.b. 칠십인역은 "네 모든 사랑하는 자들"로 읽는다.

23.a-a. 케팁은 GKC § 90.3a에 의해 고대 종결부로 이해된다. 10:17에 동일한 형태가 나타난다. 케레는 정상적인 형태인 요샤브트(ישבת)다.

23.b. 탈굼역은 "지성소의 집에서"로 읽는다.

23.c-c. "원문주해" 23.a.를 보라. 이것은 케팁에서는 유사한 고대의 종결부 형태다. 케레는 므쿠나느트(מקננת)다.

23.d-d. 탈굼역은 "왕들 중에 그녀의 아이들을 키웠다"로 읽는다.

23.e. 마소라 본문의 네하느트(נחנת)는 분명히 어근 하난(חנן, "불쌍히 여겨지다")에서 유래된 것이다. 칠십인역, 시리아역, 불가타역은 마소라 본문의 형태가 자위전환된 결과로 인식하고 이 단어가 아나(אנח, "신음, 탄식하다")에서 유래된 것처럼 읽는다. 하지만 다후드는 우가릿어의 대응어에 근거해서 히브리어 어원 나한(נחן, "신음하다")을 입증했다. 한 우가릿 문헌에서는 한 암소가 그 새끼를 위해 우는 데 이 단어가 사용되고 있다. 이 번역은 우가릿의 평행 구문에서 발췌한 것이고, "울부짖다"라는 번역을 적절한 것으로 제시한다.

양식/구조/배경

20절의 시작 부분에 있는 이 두 개의 명령은 모두 여성 단수형이다. 여성 단수형은 이 단락을 앞뒤의 단락과 구별시켜 준다. 수신자는 인격화된 도시나 한 장소다. 요샤브티 바르바논(ישבתי בלבנון, "레바논에 거한 자여")이라는 구절은 두로나 시돈 혹은 비블로스 같은 도시국가를 지적하는 것으로 보일 수 있다. 그래서 일부 주석서들은 이 같은 형태를 이방 국가들을 향한 신탁으로 본다(캐롤).

하지만 유다 왕의 집에 대해 언급하면서 6-7절에서 유사한 이미지가 사용된 것과 21-24장의 단락 안에 있는 다른 모든 신탁들이 유다와 예루살렘과 그 지도자들을 향한 것들인 점으로 미루어, 이 신탁은 21:13-14의 배경과 마찬가지로 인격화된 예루살렘에 관한 것으로 이해하는 것이 더 바람직해 보인다. 21:13-14과의 강한 연관성이 호격 요샤브티(ישבתי בלבנון, "거한 자여", 22:23)와 요셰베트(ישבת, 21:13)에서 발견된다. "거한 자"에 이어 나오는 장소에 대한 묘사는 대조적인 평행을 보여준다. 21:13에서는 골짜기에 거한 자이지만, 22:23에서는 레바논(산맥)에 거한 자이다. 비슷하게 두 부분을 연결짓는 것은 여호와가 그 도시에 대해 갖는 반 감정의 관념이다. 21:13에서 그것은 직접 화법이었다. 힌느니 엘라이크(הנני אליך, "보라 나는 네 대적이라"). 여기서는 디바르티 엘라이크(דברתי אליך, "내가 네게 대하여 말하였다…")로 나타난다. 마지막 연관성은 명확하지는 않지만, 21:14에서의 숲에 대한 언급과 여기서의 레바논과 백향목에 대한 언급이다.

레바논과 백향목에 대한 특별한 언급은 22:6-7과의 연관성을 보여 준다. 그 곳에서는 신탁이 도시보다는 왕의 집안에 주어진 것이지만, 그래도 22:6은 거민이 없는 성에 대해 말하고 있다. 그것은 이 단락과의 또 다른 연관성으로 보인다.

목자들을 치는 바람에 대한 언급(22절)은 23:1-4과의 연관성을 보여 주는데, 그 곳에서는 자신들의 책임을 제대로 이행하지 않는 목자들(지도자들)에 대해 언급한다.

주변 문맥과의 다른 연관성은 20절이 죽은 자를 위한 애가로 시작하는 것이나 18-19절이 죽은 여호야김에 대해 말하는 것에서 발견된다. 22절도 12절과 앞서 10절에서 그랬던 것처럼 포로로 잡혀감에 대해 말한다(10절에서는 "포로"라는 말이 나타나지 않지만).

이 단락은 앞서의 것과 마찬가지로 시문이다. 이 부분을 구성하고 있는 바이콜론은 운율이 혼란스러운데, 그래도 3+3이 가장 일반적인 운율이다.

이 단락의 형식은 심판 신탁이다. 이것은 전형적인 애가처럼 보이는 것, 즉 명령형 차아키(צעקי, "외치라")와 트니 콜레크(תני קולך, "네 소리를 높이라")를 가진 도입부로 시작한다. 그래서 22절은 심판의 선언을 주기는 하지만 일상적으로 나타나는 전이어나 메신저 형식구가 보이지 않는다. 23절은 결론을 내려주고 있는데, 부분적으로는 도입부와 평행을 이루지만 도시가 그 심판을 겪게 될 고통에 대해 말함으로써 심판을 불러들이고 있기도 하다.

단락 자체는 포섭 구조로 기능하는 한 쌍의 요소들을 가지고 있다. 20절 첫 행의 "레바논"이 23절에서 반복된다. 20절과 23절에서 나타나는 절규를 표현하는 단어들도 일종의 포섭 구조를 형성한다. 20절에서 울부짖음은 애가 언어에서 나온 것이며, 23절에서 울부짖음은 출산의 고통에서 나온 것이다. 이 단락이 죽음의 이미지로 시작해서 출생 이미지로 끝나는 것은 아이러니한데, 특히 심판이 도시의 파괴와 관련되어 있기 때문에 더욱 그렇다.

이 단락은 다음과 같이 개괄될 수 있다.

멸망에 대한 애가(20절)
기소, 멸망의 이유(21절)

선고, 멸망의 서술(22절)
결과: 출산과 같은 고통(23절)

주석

20 이 절에서 명령형의 대상이 되고 있는 여성의 정체는 앞에서 논의한 바 있다. 비록 원래의 대상이 예루살렘이 아닌 다른 것이었을 수도 있겠지만, 현재의 문맥에서는 분명히 예루살렘이 그 대상이 되고 있다.

세 가지 장소, 즉 레바논과 바산과 아바림에 대한 언급은 6절에서 길르앗과 레바논에 대해 언급한 것과 비교될 수 있다. 세 곳은 모두 산맥 지형으로 인지되는데, 레바논은 북쪽, 바산은 북동쪽, 아바림은 남동쪽이다.

이들 산맥으로 올라가라는 부름(명령형 알리[עלי]가 계속해서 세 장소 모두에 영향을 미치고 있다고 가정해서)은 이사야 40:9에서의 아름다운 소식을 전하기 위해 높은 산에 오르라는 부름과 비교될 수 있다. 여기서 그 소식은 비극과 애곡에 대한 것이다.

이 모든 애곡의 이유가 20절의 마지막 행에서 나타난다. 온 도시의 사랑하는 자들이 멸망당했다. 그 사랑하는 자들은 누구인가? 언약 용어에서 이스라엘-유다는 여호와의 아내였다. 분명히 여호와는 그 유일한 사랑하는 자다. 호세아와 예레미야는 결혼의 은유를 사용하여 자주 이스라엘/유다의 불충실함을 서술했다. 이스라엘/유다는 여호와를 저버리고 다른 신들, 특히 바알림을 좇았다. 두 구절에서 사랑하는 자들은 이스라엘-유다가 동맹을 맺은 이방 민족들이다. 하지만 이제 이들 사랑하는 자들은 멸망당했다. 그 지시하는 바가 이방 민족일 경우 이것은 그들의 파괴를 말하는 셈이며, 그 지시하는 바가 다른 신들일 경우 이들 신들(신상들과 아마도 신전들도 마찬가지일 것이다)이 멸망당한 것이다.

21 전치사 엘(אל)은 여호와께서 그 도시"에" 말하는 것일 수도 그 도시"를 대적해서" 말하는 것일 수도 있다. 신탁의 분명한 심판적 어조로 인해 그리고 21:13과의 평행 관계로 미루어 엘(אֶל)은 여기서 "대적해서"로 이해된다.

샬르와(שלוה)라는 단어는 다양하게 이해된다. 일부는 그 의미를 "번영"(KJV, RSV)으로 보려고 하고, 다른 이들은 "만족"(Holladay)으로 보려고 한다. BDB는 일차적인 의미를 "고요, 안락함"에 둔다(1017). 하지만 "안전"이라는 의미도 있다. 마지막 의미가 이 문맥에는 맞는 것으로 보인다. 여호와는 그 안전한 날에 유다에 경고하셨으나 그는 듣지 않으려 했고, 이제 안전은 사라지고 심판이 다가온 것이다.

"젊음"이라는 언급은 2:2ff.의 구절을 회상케 한다. 거기서는 이스라엘의 젊을 때의 "언약-사랑"(חסד – 헤세드)에 대해 말하며 3장과 대조되고 있다. 3장에서는 그들의 어린 때부터 그들이 여호와를 거스려 죄를 범했다고 나타난다(3:24-25). 여기의 구절은 3:24-25의 언어 즉 고백의 말들을 채용했으며, 이제 그것은 여기서 기소로 바뀌고 있다. 이 도시는 듣지 않았고, 고백하지 않았으며, 그 행위를 돌이키지 않았다.

22 목자들은 양떼를 치는 것으로 기대된다. 하지만 이 심판에서는 그 반대의 경우가 이루어지고, 바람이 목자들을 치게 된다. 여기에는 반전의 이미지가 있으며, 목자라는 것이 대개는 지도자와 동일시되기 때문에 그 강도는 더욱 심하다(23:1-4을 보라). 지도자들이 이끌림을 당하게 될 것이다. 더욱 심각한 것은 이들 목자들, 양떼를 보호할 정도로 강한 자들이 바람에 의해 이끌려 다니고, 그들은 너무도 나약해서 바람에 이리저리 휩쓸려 다닌다는 것이다.

이 절에는 적어도 두 개의 언어유희가 있다. "목자"를 지시하는 단어는 명사이면서 동사인데, 히브리어 어근 라아(רעה)에서 기원한 것이다. 이는 루아흐(רוּחַ, "바람")와 유음을 통해 언어유희를 형성한다. 두 번째 언어유희는 이 절의 마지막 행에 나타나는 라아(רָעָה, "악한", 이것의 어근은 라아[רעע]이다)다. 언어유희는 더 나타나고 있다고 볼 수도 있다. 칠십인역은 마지막 구절을 "너의 사랑하는 자들"로 번역했는데, 그것을 레아(רֵעַ, 어근 라아 II[רעה II, "벗, 동료, 사랑하는 자"]에서 유래된 것)로 이해해서 그렇게 한 것일 수 있다. 이 같은 번역이 칠십인역에 맞는 것이 아니라고 하더라도, 그것은 고의적인 이중 의미일 수도 있다. 특히 "사랑하는 자들"(어근 아하브[אהב])이 이 절의 두 번째 행에서 나타나기 때문에 그렇다.

23 "레바논에 거한"과 "백향목에 깃들이는"이라는 이중적인 서술은 확실히 산 위에 세워진 도시의 이미지를 보여 준다. 그렇게 이 이미지는 도시의 안전에 대해서 21절의 보충적인 표현이 될 수도 있다. 이 이미지는 예루살렘에서의 건축 계획에 사용되었던 레바논의 백향목에서 나온 목재에 대해 말하는 것일 수도 있다. 하지만 이 절의 마지막 두 행은 상당히 다른 이미지를 보여 준다. 그렇게 우뚝 솟아 있으며 안전한 이 도시는 여호와의 심판으로 인해 낮은 곳으로 옮겨질 것이다. 그 도시는 출산하는 여인처럼 고통을 겪게 될 것이다(출산의 고통만이 아니다. 심판이 그녀의 죽음의 고통에 대해 더 정확하게 서술한 것은 아이러니이다).

이 신탁은 애가로 시작되고 출산의 고통으로 끝을 맺는다. 하지만 또 하나의 역전으로서 새로운 생명이 출산의 고통으로 약속되는 것이 아니다. 오로지 통증과 고통만이 서술되고 있을 뿐이다. 애가는 고통이 죽음 직전의 마지막 순간에 더욱 가깝다는 것을 함축하고 있다.

해설

왕실의 도시이며 민족의 상징인 예루살렘은 기소되고 심판된다. 시작 절에서 이 도시는 그 사랑하는 자들의 멸망에 대해 애곡하는 것으로 서술된다. 그리고 그 도시는 심판 받고 선고당한다. 종결 절에서 그 도시는 필사적인 고통을 겪는다. 그 고통은 출산의 고통으로 서술되지만, 보다 정확하게는 죽음의 고통으로 의도된 것으로 보인다.

I. 고니야에 대한 신탁(22:24-27)

참고문헌

Hermisson, H.-J. "Jeremias Wort über Jojachin." In *Werden und Wirken des Alten Testaments.* Ed. R. Albertz et al. Göttingen: Vandenhoeck & Ruprecht, 1980, 252-70. **Honeyman, A. M.** "The Evidence for Regnal Names among the Hebrews." *JBL* 67(1948) 13-25. **Malamat, A.** "Twilight of Judah." *Congress Volume, Edinburgh 1974. VTSup* 28. Leiden: Brill, 1975, 123-45.

본 문

24 나 여호와가 말하노라 나의 삶으로 맹세하노
니 유다 왕 여호야김의 아들 너 고니야가 나의 오
른손의 인장반지라 할지라도 내가 빼어

25 네 생명을 찾는 자의 손과 너의 두려워하는
자의 손 곧 바벨론 왕 느부갓네살의 손과 갈대아

24 "As I myself live," an oracle of the Lord,
"eventhough Coniah, the son of Jehoiakim, the king
of Judah, was a signet ring on my right hand,
surely from there[a] I have torn you away.[a]

25 Furthermore, I have given you into the hand of
the ones seeking your life, [a]and into the hand of[a]

인의 손에 줄 것이라

ones whom you yourself feared from their presence, [b]even into the hand of Nebuchadrezzar, the king of Babylon,[b] and into the hand of the Chaldeans.

26 내가 너와 너를 낳은 어미를 너희가 나지 아니한 다른 지방에 쫓아내리니 너희가 거기서 죽고

26 I have hurled you and your mother who gave you birth to another[a] land,[b] where you were not born, and there you will die.

27 너희 마음에 돌아오기를 사모하는 땅에 돌아오지 못하리라

27 But unto the land which they are [a]desiring with their beings[a] to return [b]there, surely there[b] they will never return."

원문주해

24.a-a. 불가타역은 "내가 그를 찢을 것이다." 탈굼역은 "내가 너를 쫓아낼 것이다."

25.a-a. 칠십인역에는 없다.

25.b-b. 칠십인역에는 없다.

26.a. 칠십인역에는 없다.

26.b. *BHS*는 하아레츠(הארץ)에서 관사를 생략할 것을 제안한다.

27.a-a. 마소라 본문은 므나스임 에트-나프샴(מנשׂאים את־נפשׁם, 문자적으로는 "그들의 삶을 들어올리는")이다. 탈굼역은 "스스로를 속이다"로 읽는다.

27.b-b. 마소라 본문은 샴 샤마(שׁם שׁמה)다. 이 번역은 마소라 본문을 따른 것이고, 두 번째로 나타난 단어는 강조로 번역했다. *BHS*는 첫 번째 단어(아트나를 가지고 있다)를 생략하고 아트나를 두 번째 단어로 옮기기를 제안한다.

양식/구조/배경

이 산문 신탁은 고니야에 대한 것이다. 이것은 실제로는 맹세이거나 저주다. 시작하는 말인 "나의 삶으로"는 맹세의 어조를 이룬다. 그 함의하는 바는 고니야가 여호와와의 언약을 깨뜨렸고, 그래서 여호와는 이제 그에 대해 불순종의 맹세나 저주를 말하고자 하신다는 것이다. 할러데이는 베스터만의 범주를 따라 이를 이유 없는 심판 강화로 부른다. 그렇게 보는 것이 가능한 반면에, 이 특별한 심판 신탁은 맹세나 저주 형식으로 이해하는 것이 더 바람직해 보인다.

2인칭 형식은 이 신탁을 뒤따르는 것과 구별시키는데, 양자 모두 고니야를 향하고 있다. 맹세 형식은 위의 6절에서도 나타난다. 여기서의 맹세는 더 완전한 형태로서 "나의 삶으로"라는 구절이 포함되어 있고, "여호와의 신탁"이라는 메신저 형식구도 나타난다.

여기서 번역된 바와 같이 이 신탁은 우선은 성취된 행동들에 대해 말하고 있다. 그 시각은 27절에서 설정되고 있는 것으로 보인다. 그 함의하는 바는 이렇다. 그들은 이미 포로로 끌려가 있는 상태이며, 그들의 고향으로 돌아오기를 바라고 있다. 그래서 이 단락은 과거 시제로 번역되고 있으며, 왕의 죽음에 대한 언급만 예외적이다. 이 같은 번역은 맹세 형식을 강화시킨다. 고니야에 대한 여호와의 저주는 이미 시작되었다. 이런 결과가 일시적이기만을 바라고 포로 생활로부터 빠르게 돌아오기만을 소망하는 자들은 낙심하게 될 것이다. 고니야와 그 가족은 포로 생활 중에 죽을 것이기 때문이다.

이 구절과 다른 구절 사이에는 연관점이 있다. 고니야를 그의 목숨을 노리는 자들에게, 그가 두려워하는 자들의 손에, 바벨론의 왕 느부가드렛살의 손에, 갈대아인들의 손에 넘긴다는 언급(25절)은 21:7과 매우 흡사하다. 그가 태어나지 않은 땅으로 보내질 것이라는 언급(26절)도 이방 땅에서 죽을 것이라는 언급(26절; 22:10, 12절 참조)과 마찬가지로 22:10에서 그 태어난 땅에 대한 언급과 평행을 이룬다. 동일한 이미지를 따르는 것이 그가 태어난 땅을 다시 보지 못한다거나 그 곳으로 다시 돌아가지 못한다는 언급과 평행을 이룬다(27절; 22:10, 12절 참조).

이어지는 단락과의 연관성은 수없이 많다. 실제로 두 신탁은 거의 동일한 것으로 보일 정도다. 아마도 이어지는 단락은 시문 신탁으로 여겨지는데, 산문 신탁인 본 단락과 평행을 이루는 것처럼 보인다. 두 부분 모두 고니야의 이름을 언급한 것(24, 28절)뿐만 아니라 동사 툴(טול, "팽개치다")을 사용한 것도 그런 성격을 보여 준다. 이 동사는 예레미야서에서는 이 두 단락(26절과 28절)과 백성들에 대한 신탁에서만(16:13) 나타난다. 두 단락 모두 또한 두 땅을 언급하면서 에레츠(ארץ)라는 단어를 사용하여 유다 땅(27절과 29절)과 포로로 끌려간 땅(26절과 28절)을 말하고 있다. 또 다른 연관성은 다소 대조적인 성격을 가지고 있는데, 각각의 단락에서 두 세대를 말하고 있다는 점이다. 이 단락에서는 포로로 내던져진 고니야와 그 어미에 대해 말하고(26절), 다음 단락에서는 포로로 내던져진 고니야와 그의 후손(씨)에 대해 말하고 있다(28절).

이 신탁의 배경은 여호야김-고니야 직후로부터 주전 597년 포로 사건에 이르는 시간으로 볼 수 있다. 아마도 이 신탁은 시드기야가 집권한 이후 낙관적인 시대 동안에 말해진 것으로 보이는데, 그때 일부는 포로 생활의 기간이 짧을 것이며(27-28장의 하나냐의 말을 보라), 끌려간 자들이 유다로, 그 원래의 위치로 돌아올 것이라고 생각했다. 예레미야는 일관적으로 포로 생활이 길 것이라고 말하고 있다(본 단락만이 아니다. 27-29장도 비교해 보라). 여호야긴이 포로 생활 중에 오랜 삶을 살았고 마침내 감금 생활로부터 풀려났다는 것이 열왕기하 25:27-30에 진술되고 있다. 이 후대의 구절의 어조는 일부가(신명기 사가인가?) 여전히 여호야긴을 유다의 적법한 통치자로 여기고 있었음을 보여 주는 것일 수도 있다.

이 단락의 내용은 이미 고니야에게 일어난 심판을 서술하는 단언이며 그의 포로 생활 중의 죽음에 대한 진술이다.

주석

24 고니야는 여호야김의 아들이라고 서술되고 있다. 이는 분명히 여호야긴, 즉 주전 597년에 단 3개월 동안 여호야김의 왕위를 계승한 그의 아들을 말하는 것이다. 당시에 예루살렘은 느부가드렛살의 포위 공격을 받고 있었고, 여호야긴은 바벨론인들에 의해 권좌에 오르게 되었다. 허니맨에 의하면 고니야는 출생명이고, 여호야긴은 이 사람의 왕명이었다. 두 이름은 실제로 동일한 의미를 갖는데, 그 이름을 구성하고 있는 요소들의 순서가 바뀐 상태다. 전자는 여호와는 확고하고 인내하신다는 의미를 가지고, 후자는 여호와가 세우셨다는 의미다.

이 단락의 이해의 핵심은 신탁의 시기 설정과 관련이 있다. 이것은 여호야긴의 포로 생활 이전인가, 아니면 그것이 시작된 이후인가? 대부분의 번역은 이것이 여호야긴이 바벨론으로 끌려가기 전에 전달된 것이라고 본다. 하지만 내가 보기에 이 단락은 11-12절의 살룸-여호아하스에 대한 신탁과 평행을 이룬다. 신탁의 주제는 여호와가 여호야긴을 어떤 명확하지 않은 이유로 제거하려 하신다는 것이 아니다. 오히려 신탁은 여호와가 그를 이미 제거하셨다고 보고하고 있다. 이 신탁의 중점은 포로 기간의 길이다. 포로 생활은 짧지 않을 것이며, 만사가 원래의 자리로 돌아오지 않을 것이다. 이 왕과 그 어미는 그들의 삶을 포로 생활 속에서 마치게 될 것이며, 그 갇힌 중에 이방 땅에서 죽게 될 것이다.

이 같은 이해를 따라 여호야긴이 여호와의 인장반지가 된다는 의미에 대해서는 어떤 논쟁도 필요하지 않다. 대부분의 영어 번역본들은 "고니야가 인장반지라 할지라도…"로 번역한다. 이것이 함의하는 바는 그가 인장반지가 **아니라**는 말이다. 이는 인장반지가 여호와에 의해 수여된 권위를 함의한다는 이유로 일부 난점을 유발시킨다(학 2:23). 비록 짧은 기간이나마 여호야긴이 왕이었기 때문에, 그는 인장반지가 함의하는 권위의 자리에 있었던 것이다. 확실히 신탁은 여호야긴이 왕이 되기에 부적절한 인물이었다고 말하지는 않는다. 여기 제시된 번역은 인장반지로서의 여호야긴에 대한 모든 의문을 제거해 버렸다. 그것이 확언하는 바는 그가 인장이었다는 것, 그러나 여호와는 그를 조각내 버리셨다는 것이다(이것이 지시하는 것은 여호와께 매우 값진 무언가를 조각내 버리셨다는 것이다).

25 이 절에서 자주 드러나는 것은 포로 생활에 대한 4중적인 묘사인데, 이것을 군더더기로 볼 이유는 없다. 하지만 상황의 불운한 성격을 강조하는 일환으로 평행법이나 반복법이 사용되었다.

26 툴(טוּל, "내던지다")이라는 단어는 세게 내던지는 것을 말한다. 즉, 창을 던지거나(삼상 18:11; 20:33), 요나서(1:4)에서 여호와께서 광풍을 배에 던지시는 것 같은 개념이다. 추방은 난폭한 경험으로, 사람들을 잡아다 이방 땅으로 옮겨놓는 것을 말한다.

이 절은 또한 출생과 죽음의 이미지를 모두 불러들여 사용하고 있다. 출생은 여호야긴의 어미와 관련하여 그려지고 있으며, 강조를 위한 반복이 이루어지고 있다. 추방당한 땅에 대해 "다른 땅, 네가 태어나지 않은 땅"이라고 서술한 것뿐만 아니라, "너를 낳은." 이들 세 가지의 출생 이미지는 "거기서 너가 죽게 될 것이다"라는 표현과 더불어 명쾌하게 균형을 이루고 있다. 이렇듯 아직 이루어져야 할 심판에 대한 언어는 추방 그 자체보다 더 가혹한 것이었다. 이방 땅에서 죽어 묻히게 될 것이라는 말은 잔혹한 저주였다. 선한 죽음과 적절한 매장은 히브리인들에게는 그 조상에게로 돌아가는 것을 의미한다. 즉, 그들이 묻힌 곳에 묻힌다는 말이다.

27 이 절은 26절의 저주를 반복하고 있다. 왕과 그 어미는 고향 땅으로 되돌아가지 못할 것이다. 이 단락에서는 출생과 죽음의 이미지가 효과적으로 사용된 것과 마찬가지로, 그렇게 땅의 이미지도 사용되고 있다. 26절은 왕이 추방된 땅의 낯설음을 강조한다("다른 땅"과 "네가 태어나지 않은 곳"). 이 절은 고향을 "그들이 마음에 돌아오기를 사모하는 땅"이라고 서술하고 나서 간결하게 진술한다. "그들은 돌아오지 못할 것이다." 다시금 심판의 심각성과 포로 생활의 길이가 장조되고 있다.

해설

이 단락은 예루살렘이 포위 중에 있을 때 그 아버지 여호야김을 계승한 어린 아들 여호야긴에 대한 것이다. 여호야긴은 곧 붙잡혀서 바벨론으로 추방당한다. 이 신탁은 필연적인 일이긴 했지만 어린 왕이 추방당할 때 여호와께서 느끼셨던 고통을 그려낸다(여호와의 인장반지가 부서진 것이다). 같은 때에 신속한 복귀에 대한 소망은 이 신탁에서 거부당한다. 여호야긴은 그 포로 생활 중에 죽어 그 땅에 묻히게 될 것이다. 그는 그 고향으로 돌아오지 못할 것이다.

J. 고니야에 대한 또 하나의 신탁(22:28-30)

참고문헌

Herrmann, J. "Jer 22, 29; 7, 4." *ZAW* 62(1949-50) 321-22. **Tawil, H.** "Hebrew הצלח/צלח, Akkadian *eseru/susuru*: A Lexicographical Note." *JBL* 95(1976) 405-13.

본 문

28 이 사람 고니야는 천한 파기냐 좋아하지 아니하는 그릇이냐 어찌하여 그와 그 자손이 쫓겨나서 알지 못하는 땅에 들어갔는고	**28** [a]"Was he a vessel[a] despised, shattered,[b] [c]this man[c] Coniah, or a utensil no one desired? 3+3+4 Why were they[d] hurled, [e]he and his descendants,[e] 2+2 and thrown[f] unto the[g] land which they[h] had not known? 3+2
29 땅이여 땅이여 땅이여 여호와의 말을 들을지니라	**29** [a]O land, land, land,[a] hear the word of the Lord. 3+3
30 나 여호와가 이같이 말하노라 너희는 이 사람이 무자하겠고 그 평생에 형통치 못할 자라 기록하라 이는 그 자손 중 형통하여 다윗의 위에 앉아 유다를 다스릴 사람이 다시는 없을 것임이니라	**30** [a]Thus says the Lord,[a] 'Write this man, "Childless."[b] 3+4+3 [c]No man will succeed in his days.[c] 3+4+3 Indeed, no one will succeed, none sitting upon the throne of David nor[d] ruling again in Judah.'" 3+4+3

원문주해

28.a-a. 칠십인역에는 없다.

28.b. 칠십인역에는 없다. *BHS*는 이 부분이 다음 행에 있는 에인 헤페츠(אין חפץ)로부터 오염되었을 가능성이 있다고 본다. 하지만 마소라 본문은 수정 없이 이해될 수 있다. "그릇"은 간단히 도자기 그릇으로서 무시당하고 깨어진 것을 지시하는 것으로 볼 수 있다. 이 그릇을 내던지는 것(다음 행)으로 깨어지게 만들 수 있다.

28.c-c. 칠십인역에는 없다. *BHS*는 30절로부터 옮겨온 군더더기로 삭제할 것을 제안한다.

28.d. 칠십인역은 단수 동사를 사용하고 있다. 시리아역도 마찬가지다. *BHS*는 단수로 읽을 것을 제안한다. 이 번역은 마소라 본문을 따른 것이다.

28.e-e. 칠십인역에는 없다. *BHS*는 삭제할 것을 제안한다.

28.f. 칠십인역은 단수를 사용하고 있다. 시리아역도 마찬가지다. "그가 던져졌다."

28.g. *BHS*는 정관사를 삭제할 것을 제안한다. 칠십인역을 참조하라.

28.h. 칠십인역은 단수 동사를 사용하고 있다. 시리아역도 마찬가지다.

29.a-a. 탈굼역은 "그의 땅으로부터 나는 그를 다른 땅으로 추방할 것이다. 오, 이스라엘의 땅이여. 들으라…."

30.a-a. 칠십인역에는 없다. *BHS*는 이 구절을 생략할 것을 제안한다.

30.b. 마소라 본문은 문자적으로는 "벗겨진"을 의미한다. 하지만 "아이들이 제거된, 무자한"을 의미하는 것으로 이해되었다(*BHS*, 792). 칠십인역은 "전령으로부터 선언되었다", 즉 추방되었다는 것이 선언되었음을 의미한다.

30.c-c. 칠십인역에는 없다. *BHS*는 삭제할 것을 제안한다.

30.d. 칠십인역에는 접속사가 없다.

양식/구조/배경

이 시문으로 된 심판 신탁은 앞서의 산문 신탁과 마찬가지로 고니야에게 전해진 것이다. 거기서 주지된 바와 같이 많은 수의 유사성이 두 신탁을 연결시킨다. 그들은 아마도 여호야긴에 대한 산문-시문의 이중 신탁으로 고안되어 병치된 것으로 여겨진다. 하지만 두 가지는 그 강조하는 바에 있어 다소간의 차이를 보이고 있다. 선행 신탁은 추방의 규모와 더 관여되고 있는 데 반하여, 이 신탁은 여호야긴의 후손에게 관심을 두고 있다. 그의 후손 중 어느 누구도 다윗의 권좌를 얻을 수 없을 것이라고 말하고 있다.

이 단락은 세 개의 트라이콜론과 세 개의 바이콜론으로 이루어져 있다. 여기에는 작은 교차대칭 구조가 28절 전반부에 나타나고 있다.

A 그릇이 무시당하고 깨어지다
    B 이 사람 고니야
A′ 어느 누구도 원하지 않는 도구

28절은 하(הֲ)와 임(אִם)으로 시작되는 두 개의 수사적 질문을 갖고 있다. 대개 이 같은 양식은 양자택일적인 경향을 지닌다(BDB, 50, 2a[b]). 이 절에서 함의되고 있는 바는 양자 모두가 부정적인 대답을 기대하고 있다는 것이다. 그리고 이 절은 다른 질문도 하는데, 그것은 마두아(מדוע)로 시작한다. 마지막 질문은 대답이 나타나지 않는다.

29절은 의인화된 땅에게 전해지는 것으로, 이 땅은 이 곳과 앞선 신탁 모두에서 중심 초점이 되고 있다. 그러고 나서 30절은 여호와의 심판 강화를 말하고 있으며, 여호야긴이 유다를 다스릴 후손을 얻지 못할 것이라고 선언한다.

시문은 심판 신탁의 구성 요소를 거의 대부분 가지고 있으며, 그래서 그 형식에 잘 맞는다. 빠진 부분이 있다면 기소가 나타나지 않는데, 선고를 시작하면서 질문으로 그것을 대신하고 있다. 메신저 형식구로 선고를 시작하고 있다. 심판 선고는 분명하며 엄중하다. 고니야-여호야긴은 유다를 다스릴 후손을 전혀 얻지 못할 것이다.

28절에서의 질문들은 여호야긴의 추방에 대한 반응으로 백성들에 의해 제기된 질문들을 반영하는 것처럼 보인다. 바벨론에 반역한 것이 그의 부친임에도 불구하고 왜 여호야긴이 끌려가야 했던 것인가? 그 질문은 답해지지 않으며, 그에 대한 어떤 반응도 얻지 못한다. 하지만 여호야긴의 추방에 대한 이해는 부정적인 반응을 함의한다. 아니다. 고니야는 다른 통치자들에게 무시당하지 않았다. 또한 그는 어느 누구도 갖고 싶어하지 않는 그런 도구도 아니었다(말하자면, 그렇다. 어떤 이들은 그를 원했다). 그럼에도 불구하고, 심판은 피할 수 없는 성격의 것이 되었다. 일부가 이 사람을 살폈음에도 불구하고, 그가 붙잡혀갈 때 어린 나이였음에도 불구하고, 심판은 도래했으며 그것은 그에게 계속해서 이루어질 일이었다. 그는 고향 땅으로 돌아오지도 못할 것이며, 그 권좌를 승계받을 후손도 없을 것이다.

이 신탁의 배경은 아마도 여호야긴의 추방 직후인 것으로 보인다. 그것은 앞의 신탁의 시기와 동일한 때를 말한다. 심판의 강력한 메시지는 추방으로부터의 빠른 회귀와 과거로 되돌아가는 일에 대한 어떤 소망도 가라앉히도록 의도되었다.

주석

28 이 절의 이미지는 누군가가 쓰레기 더미에다 던져 버린 것처럼 쓸모 없고, 아마도 부서져 내던져진 도자기 그릇의 이미지다. 질문이 제시된다. 고니야는 그렇게 천하고 좋아하지 않는 도구인가? 함의된 대답은 아니다. 그는 아니다였다. 그러고 나서 다음 질문이 나타난다. 그러면 왜 그가 포로 생활로 내던져진 것인가? 이에 대

해서는 아무런 대답도 없다.

이 절에서 추방당하는 자들은 여호야긴과 그의 후손들이라는 것에 주목하라. 이를 여호야긴과 그의 어미가 추방당하는 선행 단락과 비교해 보라. 함의하는 바는 여호야긴과 그의 모든 가족들이 추방당한다는 점이다.

누가 이런 질문을 주는 것인가? 그것은 땅에 남아 여호야긴을 지지하는 자들인가? 아니면 질문을 던지는 자가 예레미야라는 말인가? 이것도 모호한 채로 남는다. 그럼에도 불구하고 다음의 두 절, 특히 30절은 여호야긴에 대한 심판을 확장시킨다.

29 에레츠(ארץ)의 삼중적인 반복으로 이 부분을 첨가 부분으로 생각할 필요는 없다. 다른 삼중적 구절들과 비교하라. 7:4에서 예레미야의 "여호와의 전이라, 여호와의 전이라, 여호와의 전이라", 6:3에서 이사야의 "거룩하다, 거룩하다, 거룩하다", 그리고 21:32[27]에서 에스겔의 "엎드러뜨리고, 엎드러뜨리고, 엎드러뜨리려니와." 반복은 마소라 본문에서는 좀 흔한 편이다. 하지만 삼중적 반복은 그리 흔한 것은 아니며, 아마도 충격적인 강조를 위해 사용되었던 것으로 보인다.

땅은 삼중적인 호격으로 불리고 이어지는 명령의 대상이 되고 있다. 전환된 어순조차도 문장을 더욱 강조해 준다.

30 30절에서의 이미지는 서기관의 그것으로 변한다. 인구 조사관이거나(할러데이의 제안), 토지 등록관이거나(캐롤), 바벨론으로 끌려갈 전쟁 포로들을 집계하는 서기관일 수도 있다. 담당 관리는 여호야긴에게 말한다. "이 자를 기록(등록)하라. '제거됨'(혹은 아마도 치욕당함, 불명예스러움) 혹은 '무자한.'" 포로로 끌려가는 자들의 등록은 논리적으로 가장과 그에 부속된 그 후손들의 목록이 있었을 것이다. 거기에는 아마 치욕적이라거나 추방되었다거나(칠십인역이 함의하는 바와 같이) (권력을) 상실했다는 등으로 기록하는 내용도 있었을 것이다. 여호야긴도 마찬가지였다. 분명히 자녀들이 있었다는 사실은 28절에 포함되어 있으며, 역대상 3:17-18에 열거되고 있는 아들의 이름이 신탁의 주제를 약화시키지는 않을 것이다. "무자함"이나 "제거됨" 같은 말이 갖는 의미는 여호야긴이 다윗의 권좌를 이을 후손을 얻지 못할 것이라는 말이다.

찰라흐(צלח)라는 단어는 이 절에서 두 번 나타난다. 이 단어는 자주 "번영하다"라는 의미로 번역된다. 하지만 여기서는 "성공하다"라는 의미가 더 잘 어울린다. 어느 누구도 여호야긴의 시대에는 성공하지 못할 것이다. 실제로 어느 누구도 성공하지 못했다. 그 함의하는 바는 번영의 의미와도 유사하다. 그의 시대에는 어느 누구도 번영하지 못할 것이다. 하지만 이 구절의 전체적인 의도는 평행을 이루고 있는 두 행에서 볼 수 있다. "어느 누구도 다윗의 권좌에 앉지 않을 것이며, 어느 누구도 다시는 유다를 다스리지 못할 것이다." 여호야긴은 그 권좌를 획득하거나 계승받을 후손을 얻지 못할 것이다.

캐롤은 이 단락이 원래는 추방 중에 있던 여호야긴 왕을 지지하는 자들에 대하여 시드기야의 통치를 정당화하기 위해 사용되었을 것이라는 제안을 길게 내놓았다. 후에는 이것이 포로기 이후에 반-스룹바벨 신탁으로서 사용되었을 수도 있다는 것이다. 이것이 확실히 가능성은 있지만, 그 원래의 기능은 아니었을 것이다.

해설

이 단락은 여호야긴을 서술하면서 그가 깨어지고 경멸당하는 그릇인지에 대한 질문을 던진다. 그리고 그가 지금 현새하지 않고 있음을 암시한나. 그렇게 여호야긴은 가치 있는 인물이었다. 그런데 왜 그가 추방의 상황으로 그토록 잔인하게 내던져졌던 것인가? 그 질문은 답해지지 않는다.

심판은 반복된다. 여호야긴은 다윗의 권좌를 획득할 후손이 없을 것이다. 추방은 길 것이며, 직무는 끝났다.

그저 왕좌를 이어받기만 했을 뿐인 이 어린 왕에게 임한 심각한 심판에 대해 우리는 아직도 의문을 갖는다. 아마도 이 시문(詩文)은 시드기야의 운명에 대해 알고 있었을 것이다. 그것이 예언되기만 했던 것인지, 아니면 실제로 이루어진 일인지를 말이다. 주전 586년 예루살렘의 몰락에 대한 역사적 서술에는 시드기야와 그 일가가 탈출을 시도했으며, 붙잡히고, 그가 보는 앞에서 아들들이 학살되고, 그가 홀로 눈이 먼 채 포로로 끌려갔다고 나타나고 있다(왕하 25:1-7). 만일 이 시문이 시드기야의 운명을 알았다면, 심판의 심각함을 왕족 중에 남은 인물에게 부여하는 셈이 된다. 유다의 죄악은 그 대표자인 왕 여호야긴에게 덮어진다. 그의 고통은 모든 백성의 고통을 상징한다. 일면 시드기야는 마지막 왕으로서 대표적으로 고통을 겪었다. 하지만 다른 차원에서 여호야긴은 시드기야의 죽음을 겪어냈으며 살아 있는 아들들이 있기 때문에 대표로서 고통을 겪는 자였던 것이다. 이 단락은 왕권이 상실되었고, 여호야긴의 후손의 손으로 재건되지 않을 것이라고 말한다. 유다는 그 자주권과 왕실을 완전히 상실한 상태로 그 죄악의 결과를 완전히 겪게 될 것이다. 다윗과의 영원한 언약은 깨어졌으나, 그것은 여호와의 손에 의한 것이 아니라 왕들과 그 백성으로 인한 결과였다. 심판은 여호와께서 그 오른손에서 인장반지를 깨뜨리실 것이라고 서술된 것처럼 가장 엄격한 성격이 될 것이다(앞 단락의 24절).

K. 현재와 미래의 양 목자들에게 임할 심판과 축복(23:1-4)

참고문헌

Holladay, W. L. "The Recovery of Poetic Passages of Jeremiah." *JBL* 85(1966) 401-35.
Klein, R. W. "Jeremiah 23:1-8." *Int* 34(1980) 167-72.

본 문

1 나 여호와가 말하노라 내 목장의 양무리를 멸하며 흩는 목자에게 화 있으리라	**1** "Woe shepherds destroying and scattering the flock of my[a] pasture," [b]an oracle of the Lord.[b]
2 그러므로 이스라엘 하나님 나 여호와가 내 백성을 기르는 목자에게 이같이 말하노라 너희가 내 양무리를 흩으며 그것을 몰아내고 돌아보지 아니하였도다 보라 내가 너희의 악행을 인하여 너희에게 보응하리라 여호와의 말이니라	**2** Therefore thus says the Lord, the God of Israel against the shepherds, the ones shepherding my people, "You yourselves have scattered my flock and thrust them out and you have not taken care of them. Behold, I am about to take care of you with the evil of your deeds," [a]an oracle of the Lord.[a]
3 내가 내 양무리의 남은 자를 그 몰려갔던 모든 지방에서 모아내어 다시 그 우리로 돌아오게 하리니 그들의 생육이 번성할 것이며	**3** [a]"Furthermore, I myself will gather together the remnant of my flock from all the lands[b] where I thrust them. Then I will cause them to return unto their abode/meadow/habitation, and they will be fruitful and multiply.
4 내가 그들을 기르는 목자들을 그들 위에 세우리니 그들이 다시는 두려워하거나 놀라거나 축이 나지 아니하리라 여호와의 말이니라	**4** Further, I will raise up over them shepherds, and they will shepherd them. They will no longer fear, nor be dismayed, [a]nor be visited/lacking,"[a] an oracle of the Lord.

원문주해

1.a. 칠십인역은 "그들의 목장"으로 읽는다. 10:21("그들의[목자들의] 양떼")과 13:17("여호와의 양떼")을 참조하라. 두 독법이 모두 가능하다. 하지만 마소라 본문을 수정할 이유는 없다.

1.b-b. 칠십인역에는 없다.

2.a-a. 칠십인역에는 없다.

3.a. *BHS*는 절 전체가 군더더기일 것으로 본다. 루돌프(125)를 보라.

3.b. 칠십인역은 단수로 읽는다. "모든 나라로부터" 혹은 더 바람직하게는 "모든 땅으로부터"(루돌프[124]도 마찬가지다).

4.a-a. 칠십인역에는 없다. 그랫츠(Grätz)를 따라 기제브레히트(127)는 파카드(פקד, "방문하지도 않다/없다") 대신에 파하드(פחד, "두려워하지도 않다")로 읽는다.

양식/구조/배경

이 단락의 한계와 형식 모두에 대해 질문들이 있었다. 카일(347), 루돌프(125), 뇟쳐(Nötscher, 174), 톰슨(485-86)은 이 단락이 8절까지 확장되어야 한다고 제안한다. 코닐(Cornill, 262)은 이 단락이 1-6절까지만이라고 보고, 브라이트(145), 캐롤(443), 할러데이(613)는 이 번역에서 구분한 것처럼 이 단락이 1-4절만을 포함해야 한다고 주장한다.

이 단락이 시문인지 산문인지에 대한 질문도 있다. 할러데이(*JBL* 85[1966] 420-24)는 톰슨(Thompson, 485-86)을 따라 원래 이 구절을 시문으로 보았다. 그러나 할러데이는 입장을 바꾸어 이제는 이 구절이 "정교하게 고안된 순서로 구조를 이룬 산문"이라고 본다(613). 대부분의 다른 주석가들은 이 구절이 일부 시문적인 요소가 있음에도 불구하고 산문이라고 주장해 왔다. 여기서도 산문으로 이해되고 있다.

이 단락의 정확한 형식은 결정짓기가 어렵다. 이는 "화로다"라는 말로 시작하여 재앙 강화일 수도 있다. 하지만 이 형식은 1절에만 나타난다. 2절은 심판 강화의 요소를 몇 가지 가지고 있다. 전이어인 라켄(לכן, "그러므로")과 메신저 형식구(여기서는 확대된 형태로 나타나고 있다. "이스라엘 하나님 나 여호와가 이렇게 말하노라"), 기소된 자(내 양떼를 치는 목자들), 기소 내용("너희가 내 양떼를 흩으며…") 그리고 하나님에 의한 심판 선언의 1인칭 강화("보라, 내가 너희를 보응하리라…")가 그것이다. 우리는 자연스럽게 다음 절에서 심판이 속행될 것을 기대하게 마련이다. 하지만 3절과 4절은 심판 신탁을 넘어 구원 선포로 이동한다. 추가적인 메신저 형식구(2절 마지막 부분)가 이루어진 후, 어조는 여호와가 그 백성들 중 남은 자들을 위해 무엇을 하려 하시는지에 대한 내용으로 이어진다. 어조는 전체적으로 긍정적이다. 양떼-목자의 이미지가 일선으로 배치되어 여호와께서 그 양떼를 위해 어떻게 예비하실 것인지를 서술하고, 여호와께서 그 양떼를 돌보게 될 선한 목자들을 일으키시리라는 말로 이어진다. 전형적인 형식구인 "두려워 말라"가 내러티브의 일부가 되고 있다. "그들은 더 이상 두려워하지 않을 것이며, 놀라지도 않을 것이다…"(4절).

이 단락은 전체적으로 다음과 같이 교차대조 구조를 이루고 있다.

A 화로다 양떼를 멸하는 목자들이여(1절)
B 너희가 내 양떼를 흩어 버렸고, 몰아냈으며, 돌보지 않았다(2절)
C 보라 내가 너희에게 보응하리라(3a절)
B′ 내가 직접 내 양떼를 모으고 돌아오게 하리라(3b절)
A′ 내가 양떼를 칠 목자들을 세울 것이다(4절)

단락 전체가 악한 목자가 행한 것과 여호와께서 행하실 일 사이의 구별을 보여 준다.

이 단락은 앞 장, 특히 22:22과 그 목자에 대한 언급에 있어 연결점들을 가지고 있다. 22장은 첫 번째로는 유다의 왕들을 일부는 익명으로, 또 다른 이들은 밝혀진 채로 다루고 있으며, 두 번째로 예루살렘과 유다의 백성을 다루고 있다. 22:22에서 언급되고 있는 목자는 유다의 지도자들, 특히 그 왕들을 말하는 것이라고 가정할 수도 있다. 여기서도 목자의 이미지는 마찬가지라는 점이 분명하다. 이 특별한 언급을 넘어 양-목자의 이미지는 구약성경에서 흔한 경우다. 겔 34; 시 23; 95:7; 100: 3; 사 40:10-11 등.

앞 장과의 연결점이 더 있는데 1절의 첫 단어인 호이(הוי, "화로다")가 그것이다. 동일한 단어가 22:13-19의 신탁을 시작하고 있으며, 19절에서도 나타남으로써 포섭 구조를 형성한다. 흥미롭게도 두 신탁은 다른 몇 가지 문체상의 특성에 있어서 공통적인 성격을 보여 준다. (i) "화로다"에 이어 그 대상을 서술하는 분사가 나오는 것(22:13; 23:1), (ii) 심판 선언으로의 전이가 라켄(לכן, "그러므로")으로 지시된다는 것(22:18; 23:2), (iii) 심판 자체는 메신저 형식구로 시작된다는 것. 코 아마르 야흐웨(כה אמר יהוה, "여호와께서 이렇게 말씀하신다"; 22:18; 23:2).

이 단락에는 파카드(פקד)라는 어근을 가지고 삼중적인 언어유희가 나타나고 있다. 목자들은 양떼를 "보살피지 않았다"(파카드[פקד]의 칼). 그래서 여호와께서는 목자들을 "보응하실"(파카드[פקד]의 칼) 것이다(모두 2절). 그리고 여호와께서는 선한 목자들을 일으키셔서 어떤 양떼도 축나지 않을 것이다(파카드[פקד]의 니팔). 마지막에 나타난 것은 선한 지도자들로 인해 여호와께서는 이제 더 이상 그 양떼나 목자들을 방문하거나 보살피지(부정적인 의미다) 않으실 것임을 함의한다. 그 의미하는 바는 선한 목자들로 인해 어떤 양도 축나거나 상실되지 않을 것이라는 말이다. 이 같은 중의적인 언어유희는 예레미야서에서 상당히 흔한 경우다.

주석

1 목자들의 책임은 양떼를 지키는 것이었다. 양떼를 멸하거나 흩는 것은 들짐승들이었다. 하지만 여기서 목자들은 들짐승들같이 되어 보호되어야 할 것을 멸했다는 혐의를 받는다. "목자"라는 말은 유다의 어느 지도자를 의미할 수도 있겠지만, 문맥으로 보아서는 특별히 왕들을 지칭하는 것으로 보인다. 특히 다음 단락을 통해 보면 확실하다.

양떼가 여기서는 "내(여호와의) 목장의 양떼"로 서술되고 있다는 것에 주목하라. 이는 시편에서 여러 차례 발견되는 표현이다(74:1; 79:13; 95:7; 100:3).

2 "화로다"라는 말은 일종의 기소를 의미한다. 이것에 이어 개인에 대한 심판 선고에서 발견되는 심판 선언으로의 전형적인 전이가 나타난다. (형식적으로 이것은 기대되는 바는 아니다. 왜냐하면 "화로다"가 "양떼를 치는 자들"에게 집단적으로 말해졌기 때문이다.) 또한 전형적인 심판 선고 형식으로 혼란이 드러난다. 심판은 즉각적으로 선언되지 않는다. 그 대신 기소가 반복되고 확장되면서 예레미야의 전형적인 언어유희가 나타나 일종의 전환을 이루고 있다. 목자들은 긍정적인 의미에서 양떼를 "돌보지" 않았다. 그러므로 심판으로 여호와께서는 아주 부정적인 의미에서 목자들을 "돌보실" 것이다. 한 가지 해석은 여호와께서 그들의 악한 행위로 그들을 방문하실 것이라는 말이다. 그분은 그들의 행위를 그들에게로 돌이키실 것이다. 또는 이와는 다르게, 여호와께서는 그들의 악한 행위 때문에 그들을 대적하여 방문하시거나 그들을 돌아보실 것이다.

2절은 또한 3절에 가서 끝나는, 대조를 이루는 쌍의 전반부를 가지고 있다. 그것은 2인칭 남성 복수 강의형으로 불리는 목자들 "너희 자신/너희 편에 선 너희"와 1인칭 공통 단수 강의형으로 말씀하시는 여호와 "내 자신/내가 내 편에서" 사이의 대조다. 유사한 대조 패턴에 대해서는 17:15-16을 보라.

3 심판 신탁은 갑자기 2절 마지막에서 메신저 형식구로 끝난다. 3절은 구원 신탁으로 시작된다. 와우 접속사는 양자간의 연결을 이루는 역할을 한다. 여기서는 "게다가"로 번역되었다. 이것은 완전한 의미에서의 반의 접속사인 "그러나"로도 시간부사인 "그때"로도 보이지 않는다. 접속사는 시간적인 성격과 대조적인 성격 모두를 가지고 있다. 시간적으로는 목자들이 **했던** 행동과 여호와께서 **하실** 일 사이의 변화를 보여 주고(과거-현재 대 미래), 대조는 목자들과 여호와 사이의 대조다. "게다가"는 두 가지 성격을 모두 갖춘 것으로서 최선의 선택으로 여겨진다.

또 하나의 변화가 이 절에서 발생한다. 2절에서 여호와께서 목자들이 양떼를 몰아낸 혐의를 두신 것에 반하여, 여기서 여호와께서는 여러 나라에서 양떼를 몰아오시리라고 주장한다. 하지만 양자가 반드시 대조적인 것은 아니다. 여호와께서는 백성들을 그들의 죄와 지도자들의 죄 때문에 추방시키셨다. 선지자는 백성을 몰아내시는 행위자로서의 여호와에 대해, 그리고 자신들의 죄가 추방을 야기시켰다고 말함을 통해 진실을 드러낼 수 있었다. 이 절에서 표현되고 있는 진정한 대조는 이중적이다. 첫째로 목자들과 여호와 사이에 대조가 있다. 그리고 동사 속에서 대조가 드러나고 있다. 목자들의 행위는 양떼가 몰아내어지는 결과를 낳았다. 하지만 여호와의 행동은 흩어진 그들을 모으고 있다. 그의 행동은 "내가 그들로 돌아오게 하리라"는 구절 속에서 표현되고 있다. 대조적인 평행은 시문에서 발견되는 것과 유사하다.

A 너희들(목자들)은 내 양떼를 흩었다.
　　B 그리고 그들을 몰아내었다.
　　　　C 그리고 그들을 돌아보지 아니하였다.
　　　　C′ 내(여호와)가 너희를 돌아볼 것이다.
A′ 내가 내 양떼의 남은 자들을 모을 것이다.
　　B′ 내가 그들로 돌아오게 할 것이다.

그들이 돌아올 때, 그 곳은 그들의 나웨(נוה, "거할 처소, 거주지, 거처")가 될 것이다. 양들의 공통적인 거주지는 양우리다. 그래서 영어 번역본들은 "우리"로 번역했다(KJV, RSV, NRSV).

3절의 마지막 두 단어인 우파루 웨라부(ופרו ורבו, "그리고 그들이 생육하고 번성할 것이다")는 창세기와 창조의 언어로 거슬러 올라간다. 이 단어들은 바다 생물들과 새들에게 주어졌던 일종의 축복/명령이다(창 1:22). 하지만 더 정확하게는 인류를 향한 축복/명령이다(창 1:28). 홍수가 있고 난 후에 축복/명령은 다시 확인되었다(창 9:1). 어떤 의미에서 이러한 회귀는 창조가 그러했던 것처럼, 그리고 홍수 이후 시대가 그러했던 것처럼 새로운 시작을 표징할 것이다. 흥미롭게도 출애굽기는 히브리인들에 대한 동일한 표현으로 시작한다. 그들은 생육이 중다하고 번식하고 창성하고 심히 강대하여 온 땅에 가득하게 되었더라(출 1:7). 출애굽과 창조의 용어가 섞여 있고, 이 새로운 출애굽/회귀는 또한 두 가지 유형의 언어를 모두 사용하게 될 것이다.

4 여호와의 양떼를 흩고 몰아낸 목자들 대신에, 여호와께서는 그들을 보살필

(רעים ורעום – 로임 웨라움) 목자들을 세우실 것이다. 이 묘사 속에서 여호와께서는 우선 양떼를 모으고 돌아오게 하심으로써 목자로서 일하시고(3절), 그러고 나서 양떼를 적절하게 보살필 목자들(지도자들, 왕들)을 그들을 위해 세우신다.

많은 구원 신탁들처럼, 이 단락은 두려워하지 말라는 진술을 포함하고 있다. "두려워 말라"는 진술에 있어 흔히 이루어지는 명령/청유형과는 다르게, 여기서의 진술은 내러티브 문장을 이루고 있다. 상황이 바뀌었고 여호와께서 구원을 가져오실 것이기 때문에, 그들은 두려워하지 않을 것이며, 놀라거나 축이 나지 않을 것이다. "두려워하지 않음"과 "놀라지 않음"의 조합은 구약성경에서는 적어도 15회 나타난다. 그들 중 세 가지가 예레미야서에 나온다. 그들 중 여섯 가지는 여호와께서 그 말을 듣는 자와 함께하시기 때문에(임[עם]이 다섯 번, 에트[את]가 두 번) 두려워하지 말아야 한다는 이유를 제시한다. 다른 경우의 대부분은 여기도 마찬가지지만 여호와의 임재가 진술되지는 않더라도 추정되고 있다. 이 구절은 여호와의 임재에 근거한 구원 약속의 전형적인 형태다.

추가적인 구절인 웨로 이파케두(ולא יפקדו, "그리고 축이 나지 아니하리라")는 두 가지 방식으로 이해될 수 있다. 파카드(פקד)는 2절에서 두 번째 나타났을 때는 부정적인 의미로 이해될 수 있다. 여호와께서는 심판을 위해 "방문하실" 것이다. 그분은 목자들을 "돌아보실" 것이다. 그러한 부정적인 의미는 이 구절에서는 부정되고 있다. 여호와께서는 심판으로 방문하지 **않으실**(לא) 것이다. 또한 이렇듯 파카드(פקד)가 갖는 니팔형은 "부족, 결핍"을 의미할 수도 있다. 이런 경우, 마지막 구절은 양떼 중 어느 누구도 상실되지 않을 것이라는 말이다. 여호와께서 양떼를 모으시고 그들의 우리로 돌아오게 하시고 새로운 목자들을 세우실 때, 그들은 두려워할 것이 없을 것이다. 여호와께서는 양떼 중 한 마리도 잃어버리지 않으실 것이다.

해설

이 단락은 재앙 강화로 시작되고 목자/지도자들을 향한 심판 신탁을 이루고 있을지라도, 어조와 내용에 있어서 변화를 이룬 후에 백성들을 향한 구원 신탁이 되었다. 심판은 올 것이며, 이미 목자들뿐만 아니라 양떼에게도 도래한 상태다. 하지만 미래를 위한 소망이 있다. 여호와께서는 그 목자들을 돌아보실 것이다. 그 후에 그분은 그의 양떼를 그들의 집으로 불러모아 데려오실 것이다. 새로운 목자들의 인도 속에서, 그 양떼는 더 이상 두려워할 것이 없게 될 것이다. 양떼 중 한 마리도 잃어버리지 않을 것이다.

L. 미래의 왕(23:5-6)

참고문헌

Baldwin, J. G. "*Semah* as a Technical Term in the Prophets." *VT* 16(1964) 93-97. **Gibson, J. C. L.** *Textbook of Syrian Semitic Inscriptions: Volume III Phoenician Inscriptions.* Oxford: Clarendon Press, 1982. 134-41. **Honeyman, A. M.** "Observations on a Phoenician Inscription of Ptolemaic Date." *JEA* 26(1940) 57-67. **Lipinski, E.** "Études sur des textes «messianiques» de l'Ancien Testament." *Sem.* 20(1970) 41-57. **Swetnam, J.** "Some Observations on the Background of צדיק in Jeremias 23, 5a." *Bib* 46(1965) 29-40.

본 문

5 나 여호와가 말하노라 보라 때가 이르리니 내가 다윗에게 한 의로운 가지를 일으킬 것이라 그가 왕이 되어 지혜롭게 행사하며 세상에서 공평과 정의를 행할 것이며

6 그의 날에 유다는 구원을 얻겠고 이스라엘은 평안히 거할 것이며 그 이름은 여호와 우리의 의라 일컬음을 받으리라

5 "Behold days are about to come," [a]an oracle of the Lord,[a] "when I will raise up for David a rightful/righteous[b] sprout;[c] 3+2+2 then a king will rule and act prudently/have success and he will bring about justice and righteousness in the land. 3+2+2

6 In his days Judah will be delivered/liberated and Israel[a] will dwell securely; 3+3 and this is his name which [b]he will call him[b] 'The Lord is [c]our righteousness.'"[c] 2+2

원문주해

5.a-a. 여기에 놓은 것은 이 구절이 추정되는 운율 구조 바깥에 있다는 것을 지시한다. 하지만 이 구절을 삭제할 사본상이나 역본상의 증거가 전혀 없다. 마소라 본문이 수용되었다.

5.b. 시리아역과 탈굼역은 "의로움"으로 읽는다. 그래서 시리아역에는 "의로움의 막대기/빛나는 것"으로, 탈굼역에는 "의로움의 기름부음 받은 자/메시아"로 나타난다.

5.c. 5.b절에 나오는 체마흐(צמח)의 의미를 알기 위해서는 시리아역과 탈굼역을 보라. 칠십인역의 아나톨렌(ἀνατολήν)은 "성장하는"과 "떠오르는"(해가 뜨듯이)의 의미를 모두 가지고 있다.

6.a. 칠십인역 시내산 사본은 "예루살렘"으로 읽는다.

6.b-b. 마소라 본문의 비정상적인 형태에 대해 소수의 사본들(de Rossi, III, 92; *V*, 66)에는 이크르우(יִקְרְאוּ, "그들이 부를 것이다")로 나타나 있다. 시리아역, 탈굼역, 불가타역은 모두 "그들이 그를 부를 것이다"로 읽는다.

6.c-c. 칠십인역은 이 이름을 이오세데크(*Ἰωσεδὲκ*)으로 음역하였다. 그리고 여호와의 이름을 중복시켰다. "여호와께서는 그의 이름을 이오세데[즉, 여호와는 의로우시다]으로 부르실 것이다." 탈굼역은 그 이름을 "그의 날에 여호와 앞에서 의로운 행위들이 우리를 위해 이루어질 것이다"로 두었다. 심마쿠스역과 불가타역은 "우리의 의로운 분"으로 읽는다.

양식/구조/배경

이 구절은 시문이며 두 개의 바이콜론에 이어 두 개의 트라이콜론으로 이루어져 있다. 이 구절은 앞 단락의 마지막 두 절과 마찬가지로 구원 신탁이다. 백성들의 구원에 더하여, 또한 여호와께서 일으키실 인물 곧 앞 단락에서 목자들과 비견될 만한 왕족의 인물에 대한 선언이 이루어지고 있다. 33:14-16에 이 단락과 평행을 이루는 산문이 나타난다.

이 구절과 앞 단락 사이에 있는 주된 대조는 그 강조점에 있다. 이 단락은 왕실의 한 인물에 강조를 두는 반면, 선행 단락은 백싱/양떼가 구원받을 깃임에 강조를 두고 있다. 이 구절은 이사야 11:1-9과 유사하다. 양자 모두 다윗 가계로부터의 한 출현에 대해 이야기하고 있으며(사 11:1; 렘 23:5), 양자 모두 여호와께서 통치자를 세우실 것임을 말한다(사 11:2-5; 렘 23:5). 양자 모두 백성의 구원/귀환을 말하고(사 11:11; 렘 23:6), 양자 모두 그의 통치 기간 동안 백성들의 안위에 대해 말한다(사 11:6-9; 렘 23:6). 이 단락에 추가된 또 하나의 양상은 이 왕의 이름인데, 이는 이사야 9:5에서 이름 붙이는 것과 유사하다.

이 단락은 다음과 같은 교차대조 구조로 이해될 수 있다.

A 여호와께서 적법한/의로운 통치자를 세우실 것이다(5a-c절)
B 이 왕은 분별 있게/성공적으로 통치할 것이다(5d절)
C 그는 공평과 정의를 가져올 것이다(5e-f절)
B′ 그의 날에 유다가 구원받고 안전할 것이다(6a-b절)
A′ 여호와께서 그의 이름을 "여호와 우리의 의로우심"으로 지으실 것이다(6c-d절)

이 단락의 몇 가지 요소가 이 개괄에서 눈에 띈다. 이 단락의 중심은 왕의 공평과 정의의 통치를 다루고 있다. 어근 체데크(צדק, "의로운")는 중심인 5f절뿐만 아니라

5c절과 6d절에서 포섭 구조를 형성한다. 여호와께서는 A/A′의 주체로 일하시는 반면, 왕은 B/B′와 C의 주체가 되고 있다.

체데크(צדק, "의로운[의로움]")에 대한 명확한 관심과 왕의 이름지음에서 드러나는 언어유희는 모두 시드기야와의 비교에 초점을 두고 있다. 이 단락은 분명히 시드기야의 통치와 운명에 대한 역전을 제공해 주는 데 의도가 있다. 시드기야가 여호와로부터 신비로운 중재를 구하려 했으나 오직 패배만 선고되고 죽음만이 뒤따랐던 반면에(21:1-10; 참조 34장), 이 새로운 왕은 성공할 것이며 그 포로 된 상태로부터 백성의 구원을 보게 될 것이다. 이 새로운 왕의 이름은 시드기야의 이름을 뒤집어 놓은 형태다(치드키야후[צדקיהו, "시드기야"]와 야흐웨 치드케누[יהוה צדקנו, "여호와가 우리의 의로움이시다"]). 이것이 지시하는 바는 아마도 시드기야의 모든 측면이 여기서 역전되고 있다는 말일 것이다. 그 함의하는 바는 이 새로운 왕의 의로움은 시드기야와 대조된다는 것이다. 시드기야의 이름은 "여호와는 (나의) 의로움이시다"이지만, 그는 정작 의롭지 못했다.

이 단락의 시기와 배경은 상당히 크게 논쟁이 되어 왔다. 둠, 폴츠, 에업트(Erbt), 스키너(Skinner, *Prophecy and Religion*), 니콜슨, 캐롤(비록 그는 이 신탁이 시드기야와 관련이 있을 것이라는 말을 하기는 했지만)은 이 구절이 후대의 것이라고 느낀다. 카일은 이 구절에 분명한 메시아 해석을 적용시키면서 이 "가지"가 스룹바벨(그 역시 가지로 불린다, 슥 3:8; 6:12)을 지시할 수도 있다고 말하지만, 탈굼이 이해하는 바로 그 메시아일 뿐이다. 코닐, 기제브레히트, 피크(Peake), 루돌프, 하얏트, 브라이트, 할러데이는 모두 이 구절이 예레미야의 것이라고 확언한다.

이 특별한 왕에 대해서는 또 다른 의문이 있다. 이 신탁은 시드기야를 의로운/적법한 통치자로 말하는가? 그래서 그의 통치 초기에 기인하는 것인가? 만일 그렇다면 이 신탁은 끌려가서 포로가 된 여호야긴 대신에 바벨론 시기 이전의 통치자를 합법화하는 기능을 하는 셈이다(Swetnam, *Bib* 46[1965] 29-40). 리핀스키(Lipiński, *Sem.* 20[1970] 41-57)는 이 단락이 주전 597년에 새롭게 왕이 된 시드기야에게 새 이름이 주어진 공식적 선포 의식에 읽혀/전달되었다고 주장하기까지 한다. 그리고 브라이트는 그 시기를 시드기야의 즉위식이 아니라면 그 통치 초기의 시기였을 것이라고 보려 한다. 하지만 할러데이는 그 시기를 예루살렘이 멸망하기 직전인 시드기야 통치의 마지막으로 보려 한다. 나는 할러데이에 의해 제안된 시기에 동의하거나, 아니면 예루살렘 멸망 이후의 시기로도 볼 수 있다고 생각한다. 왕권에 대한 희망과 긍정적인 시각의 언어는 분명히 유다의 마지막 왕의 통치와는 대조적이다. "보라 날이 이르리니"라는 구절은 아마도 현재의 시기와는 대조적인 것으로 보이며, 이미 이루어진 멸망을 지시하는 것일 수도 있다. 하지만 나는 이 언어를 예레미야적인 것으로 보고 포로 말기나 포로 후기로 여기고 싶지는 않다.

주석

5 체마흐 차디크(צמח צדיק)에 대해서는 몇 가지 연구가 이루어져 왔다. 구브로에서 발견된 주전 3세기의 한 페니키아 비문이 동일한 구절을 담고 있으며(Gibson, *Textbook*, 134-41), 그 곳의 문맥은 "올바른 가지"를 지시한다(Swetnam, *Bib* 46 [1965] 29-40). 이처럼 동일한 어근(체데크[צדק]=여기서는 이 절의 끝과 다음 절에서 "의로운"과 "의로움")에서 유래된 단어들이 갖는 이중적인 의미는 예레미야에게는 극히 전형적인 경우다. 그럼에도 불구하고 "의로운"이라는 의미는 그럴듯하며, 예레미야는 이렇게 절정을 이루기 위해 동일한 의미를 가지고 동일한 어근을 반복해서 사용한다. 두 가지 의미가 모두 고의적인 모호성을 위해 예레미야의 심중에 의도되었을 것이다.

히스킬(השכיל)이라는 단어도 마찬가지로 두 가지 가능한 의미를 가지고 있다. 그것은 성공을 지시할 수도 있으며, 그래서 이 왕은 패배와 실패를 맛보았던 목자들/왕들과는 대조적이다. 이와 달리, 이 단어는 선왕들과는 대조적으로 이 왕의 통치가 갖는 긍정적인 측면으로서의 신중함을 말할 수도 있다. 다음 두 행의 긍정적인 인물묘사(그는 공평과 정의를 가져올 것이다)는 두 가지 해석에 보충적이다.

에레츠(ארץ, "땅")는 돌아옴과 관련하여 중요한 의미를 지닌다. 이것은 초기 신학에서 억제되어 오던 것들 중 하나다. 땅의 약속은 창세기에서 조상/족장들의 설화 전체를 통해 반복되고 있다. 이것은 출애굽의 목표였으며, 마침내 여호수아-사사기를 통해 성취되었다. 선지자들의 큰 심판들 중 하나가 땅의 상실이었다. 여기 이 왕을 위한 미래에 대한 예레미야의 약속은 땅에 대한 특별한 언급을 포함하고 있다.

6 유다는 해방 혹은 구원을 약속 받는다. 하지만 그 해방을 이 왕이 가져올 것인지 여호와께서 가져오실 것인지가 진술되지 않고 있다. 평행구에서 이스라엘은 안전하게 구원될 것이라고 진술된다. 아마도 이스라엘과 유다가 동의어로 사용된 것으로 보인다. 해방은 백성들이 그때 안전하게 살 수 있음을 의미한다.

이크르우(יקראו)라는 단어는 다소 모호하다. 이것은 비인칭적인 주어를 가져서 "누군가가 그를 부를 것이다"인가? 가능성이 높아 보이는 것은 칠십인역이 이해한 대로 여호와가 그 주어가 되는 것이다. "여호와께서 그를 부를 것이며…." 여기서의 형식은 누군가를 이름짓거나 새 이름을 주는 형식이다. 몇몇 왕들은 그 즉위식에서 왕명을 수여 받았다고 알려진다. 맛다니야는 시드기야(왕명)라는 이름을 얻었다. 비슷하게 고니야는 여호야긴을, 살룸은 여호아하스를 받았다. 일부 학자들이 시드기야로 추정하려 하지만, 이 왕의 이름은 언급되지 않는다. 여기서 언급하는 것이 미래이기 때문에, 시드기야로 보기는 어렵지만 후대의 어떤 왕이 의도되었을 가능성이 높아 보인다. 시드기야의 이름에 대한 언어유희는 위의 "양식/구조/배경"에서 논의되었다. "여호와"라는 이름의 완전한 형태를 이름의 한 요소로 사용한 것은 그것이 흔치 않은 경우이기 때문에 충격적이다(다른 경우는 모두 지명에서 사용된 것뿐이다).

해설

여호와는 새로운 왕을 세우실 것이며, 그는 다윗의 **의로운**(=적법한) 후손이거나 **의로운** 한 사람일 것이다. 이 왕은 백성들에게 언약 조건을 가져올 것이며, 그것은 공평과 정의다. 해방이 이루어질 것이며, 백성들은 그들의 땅에서 안전하게 거할 것이다. 이 왕은 "여호와는 우리의 의로움이시다"라는 이름을 얻게 될 것이다.

M. 복귀(23:7-8)

참고문헌

Greenberg, M. "Hebrew Oath Principle *Ḥay-Ḥē*." *JBL* 76(1957) 34-39. **Weinfeld, M.** "Jeremiah and the Spiritual Metamorphosis of Israel." *ZAW* 88(1976) 17-56.

본 문

7 그러므로 나 여호와가 말하노라 보라 날이 이르리니 그들이 다시는 이스라엘 자손을 애굽 땅에서 인도하여 내신 여호와의 사심으로 맹세하지

7 [a]"Therefore, behold days are about to come," an oracle of the Lord, "when they will no longer say, 'As the Lord lives who brought up the children[b] of

아니하고
8 이스라엘 집 자손을 북방 땅 그 모든 쫓겨났던 나라에서 인도하여 내신 여호와의 사심으로 맹세할 것이며 그들이 자기 땅에 거하리라 하시니라

Israel from the land of Egypt!'
8 Instead, 'As the Lord lives who [a]brought up and who[a] brought back [b]the descendants[c] of the house[d] of Israel from a north land and from all the lands where [e]he thrust them.'[e] [f]Then they will dwell[f] in their land."

원문주해

7.a. 칠십인역에는 7절과 8절이 23:40 뒤에서 발견된다.

7.b. 칠십인역은 "집"으로 읽는다. 이는 브네이(בני) 대신에 베이트(בית)로 읽은 것이다.

8.a-a. 칠십인역에는 빠져 있다.

8.b. 칠십인역은 "모든"을 추가시킨다.

8.c. 시리아역과 일부 탈굼역 판본에는 빠져 있다.

8.d. 칠십인역에는 빠져 있다. 월튼(Walton)의 다국어본(Polyglot)에 있는 시리아역과 탈굼역의 한 판본에는 브네이(בני, "아이들")로 되어 있다.

8.e-e. 마소라 본문은 "내[즉, 여호와]가 그들을 몰아낸다"로 읽는다. 이 번역은 칠십인역을 따른 것이다. "그가 그들을 몰아낸다." 이것은 16:15의 평행구를 읽은 것이기도 하다.

8.f-f. 칠십인역은 "그리고 그가 그들을 회복시켰다"로 읽는다. 16:15에는 웨호샤브팀(והשבתים, "그리고 내가 그들을 데려올 것이다")으로 나타나고 있다.

양식/구조/배경

이 짧은 단락은 앞의 것과 비슷하게 시작된다. "그러므로"가 두 단락을 연결시켜 준다. 하지만 각각은 원래 독립적인 것들이다. 선행 단락은 미래의 왕을 강조하는 반면에, 이 단락은 포로로부터의 돌아옴을 강조한다.

이 단락은 앞의 단락과 마찬가지로 산문이며 심판/포로 이후 일어날 일에 대한 긍정적인 메시지를 담고 있다. 아마도 유사한 시작인 "보라 때가 이르리니"가 양자 모두의 표어가 되는 것으로 보인다. 아니면 아마도 그들의 유사한 내용, 즉 심판 이후의 왕들과 백성들을 다룬 것이 이들을 병치시킨 이유가 되는 것으로 보인다.

형식상 이 신탁은 또 하나의 구원 신탁으로서 그들의 땅으로의 복귀를 약속하고 있다. 신탁에는 맹세 형식구의 두 가지 예가 포함되고 있는데, 각각은 표준적인 맹세 형식구인 하이 야흐웨(חי יהוה, "여호와의 사심으로")를 통해 시작한다. 앞서 논의된

바와 같이(22:5 이하) 히브리인들은 자주 여호와의 생명을 두고 자신들의 맹세를 한다. 이 신탁에서 선지자는 변화된 상황을 보여 주기 위해 두 개의 확장된 맹세 형식구를 사용한다. 이 신탁에서 지금 사용되는 맹세는 "이스라엘 자손을 애굽 땅에서 인도하여 내신 여호와의 사심으로"이다. 이 맹세는 구약성경에서 여호와의 위대한 구원 행위, 즉 출애굽을 두고 이루어졌다. 하지만 이 맹세는 더 이상 이루어지지 않을 것이다. 그 대신 새로운 맹세 형식구인 "그 모든 쫓겨났던 나라에서 이끌어 내어 데려오신 여호와의 사심으로"가 선언될 것이다. 이 새로운 맹세 형식구는 출애굽(אשר העלה – 아셰르 헤엘라, "이끌어낸")을 포함하며, 또한 새로운 출애굽인 포로로부터의 귀환(ואשר הביא – 와아셰르 헤비, "그리고 데려오신")도 포함할 것이다.

앞의 두 신탁들과의 즉각적인 연관성을 넘어, 이 단락은 16:14-16의 평행 단락과 밀접한 관련성을 맺는다.

바인펠트(Weinfeld, *ZAW*[1976] 18)는 이 단락을 시작하는 구절(앞서의 단락도 마찬가지다)인 힌네-야밈 바임(הנה־ימים באים)은 특별히 예레미야적인 것임을 보여준다. 이것은 예레미야서에서 15회 나타나고 있으며, 예레미야서 이외에는 6회만 나타나고 있다(사무엘서에서 1회, 열왕기에서 1회, 이사야서에서 1회, 아모스서에서 3회). 그는 이들 발생한 경우들 중 대부분이 포로로부터의 귀환이나 예루살렘의 재건, 다윗의 "씨"나 이스라엘의 대적에게 임할 보복을 다루는 신탁을 시작하고 있음을 지적한다. 분명히 이 형식구는 미래의 희망과 관련하여 긍정적인 말들을 시작하는 일에서 예레미야가 선호했던 것이다.

이 단락은 다음과 같이 개괄될 수 있다.

> 더 이상 인용되지 않을 맹세: 여호와가 애굽으로부터 이끌어 내셨다(7절)
> 새로운 맹세: 여호와가 포로로부터 이끌어 내어 데려오셨다(8a절)
> 다시 그들이 자신들의 땅에 거한다(8b절)

주석

7-**8** 이 절들에 대한 특별한 언급을 위해서는 16:14-15의 "주석"을 보라. 두 부분이 갖는 주된 차이점은 마지막 부분에 있다. 16:15은 "그때 내가 그들을 그 열조에게 준 그들의 땅으로 돌아오게(어근 שוב) 하리라"로 끝을 내고 있으며, 여기서는 야샤브(ישב)가 나타나고("그들이 거하게 될 것이다"), 마지막 구절은 나타나지 않는다.

해설

웨로-야므루…키 임(ולא־יאמרו עוד · כי אם, "그들이 더 이상…라 말하지 않을 것이다. 대신에")이라는 표현은 달라진 환경에서 관습이 변화될 것임을 보여 준다. 예레미야는 출애굽만큼이나 중요한 새로운 희망에 대해 말한다. 미래에 돌아온 후에 살게 될 히브리인들은 이를 여호와의 위대한 행동의 표시로 출애굽에 못지 않게 여길 것이다.

21:11-23:8에 대한 후기

21:11부터 23:8까지의 긴 단락은 우선 왕들에 대한 신탁을 다루고 있다. 마지막 세 신탁들인 23:1-8은 어조의 변화를 보여 주는데, 23:1-4에서는 한 개인에 대한 심판을 향한 재앙의 울부짖음에서 출발하여 구원의 신탁으로 전환된다. 마지막 두 신탁들인 23:5-6과 7-8절은 모두가 구원의 신탁이다. 그 위치는 심판 강화의 결론으로 작용하면서 예레미야가 희망의 메시지도 가지고 있음을 보여 준다. 하지만 그 희망은 이 단락의 앞부분에서 제시된 심판이 끝난 후 미래에 이루어질 것이다.

XIII. 선지자들과 예언에 대한 신탁(23:9-23:40)

A. 선지자들에 대한 신탁(23:9-12)

참고문헌

DeVries, S. J. *Prophet against Prophet.* Grand Rapids, MI: Eerdmans, 1978. **Meyer, I.** *Jeremia und die falschen Propheten.* Freiburg: Universitätsverlag, 1977. **Overholt, T. W.** *The Threat of Falsehood.* SBT, 2nd ser. 16. Naperville, IL: Allenson, 1970.

본　문

9 선지자들에 대한 말씀이라 내 중심이 상하며 내 모든 뼈가 떨리며 내가 취한 사람 같으며 포도주에 잡힌 사람 같으니 이는 여호와와 그 거룩한 말씀을 인함이라

10 이 땅에 행음하는 자가 가득하도다 저주로 인하여 땅이 슬퍼하며 광야의 초장들이 마르나니 그들의 행위가 악하고 힘쓰는 것이 정직하지 못함이로다

11 여호와께서 말씀하시되 선지자와 제사장이 다 사특한지라 내가 내 집에서도 그들의 악을 발견하였노라

12 그러므로 그들의 길이 그들에게 흑암 중에 미끄러운 곳과 같이 되고 그들이 밀침을 받아 그 길에 엎드러질 것이라 그들을 벌하는 해에 내가 그들에게 재앙을 내리리라 여호와의 말이니라

9 [a]To the prophets:[a] Broken is my heart within me, shaking are all my bones: 3+2 I have become like a drunk[b] man, like a male passed out/overcome from wine, 3+3 from the presence of the Lord and from the presence of [c]his holy words.[c] 2+3

10 [a]"Indeed,[b] the land is full of adulterers,[a] [c]indeed, from the presence of curse[d] the land dries up;[c] pastures of (the) wilderness wither. 4+4+3 [e]Their course (of life) is evil, their strength is not right.[e] 3+2

11 Indeed, both prophet[a] and priest are profane,[b] even in my house I have found their evil," 3+3 an oracle of the Lord.

12 "Therefore, their way will be to them like slipperiness in the darkness: [a]they stumble[a] and they fall in it. 4+3+2 Indeed, I will bring against them evil, the year of their visitation," 3+2 an oracle of the Lord.

원문주해

9.a-a. 이 구절은 이어지는 단락의 표제다. 유사한 형태로는 21:11을 보라. 칠십인역은

7절과 8절을 장의 끝 부분인 40절 뒤로 옮겨놓았다. 이 구절은 6절의 결론으로 볼 수도 있고(괴팅엔 칠십인역이 그렇듯이), 9절의 시작 부분으로 볼 수도 있다(랄프판 칠십인역). 탈굼역은 "내 마음이 거짓 선지자들 앞에서 내 속에서 상하였다"로 읽는다. 이는 표제를 절의 흐름 속으로 가져간 것이며, 선지자들을 "거짓 선지자들"로 해석한 것이다.

9.b. 칠십인역은 "상하였다"로 읽는다. 아마도 샤부르(שָׁבוּר)로 이해한 것으로 보인다.

9.c-c. 칠십인역은 "그의 영광의 아름다움"으로 읽는다. 아마도 하다르 크보도(כבודו הדר)로 읽은 것으로 보인다.

10.a-a. 칠십인역에는 없다.

10.b. *BHS*는 므레임 우(מרעים ו)를 삽입할 것을 제안한다. 그렇게 되면, 키(כי)는 여호와의 말씀의 시작을 지시한다. "그의 말씀, '그 땅이 악행자와 행음자로 가득하다….'"

10.c-c. *BHS*는 이 구절이 아마도 추가일 것이라고 본다.

10.d. 소수의 사본들(de Rossi, *V*, 66), 칠십인역과 시리아역은 알라(אָלָה, "저주") 대신에 엘레(אֵלֶּה, "이것들")로 읽는다. 탈굼역은 "거짓 맹세들"로 읽는다.

10.e-e. 탈굼역은 "그리고 그들이 그들의 영혼의 소망으로 가득하여 악이 그들을 덮칠 것이며, 그들의 힘센 자들은 번성하지 않을 것이다"로 읽는다.

11.a. 탈굼역은 "서기관"으로 읽는다.

11.b. 탈굼역은 "그들의 길을 훔쳤다"로 읽는다.

12.a-a. 마소라 본문은 분명히 어근 다하흐(דחח)에서 기인한 단어다. 소수의 사본들과 편집본들은 어근 다하(דחה)에 근거해서 이다후(ידחו)로 읽는다. 어근 나다흐(נדח)도 동일하다. 이것은 이 장에서 이미 세 번이나 나타난 어휘다. 이 세 어근 모두가 공통적으로 내던져진다는 의미를 가지고 있다. 쾰러-바움가르트너의 히브리어 사전은 다하흐(דחח)의 파생형으로 "비틀거림"을 의미하는 것에 대해 말한다. 여기서는 이 의미를 적용하여 번역하였다. 탈굼역도 "그들이 비틀거릴 것이다"로 읽는다.

양식/구조/배경

새로운 자료를 가진 단락이 표제를 통해 분명히 드러나고 있다. 이 표제는 단락의 다른 부분이 가진 시문 운율로부터 별도로 구별되어 나타난다. 이 표제는 21:11에서 발견되는 것과 유사하다. 나바(נבא, "예언하다, 선지자") 어근이 9-40절 속에서 약 23회 가량 출현한 것으로 미루어 "선지자들에게"라는 표현은 이 단락에는 적절한 표제로 여겨진다. 이 어근이 나타나지 않는 유일한 단락은 23-24절뿐이다.

할러데이(624)는 이 자료 수집(9-40절)이 원래는 "고백록" 뒤에 붙어 있었을 것으로 본다. 그럴 경우 21:11-23:8의 자료에서 이 곳으로 후대에 삽입되었을 것이다. 그는 르비(לבי, "내 마음")와 아츠모타이(עצמותי, "내 뼈") 모두가 마지막 고백록 시작 부분 근처인 20:9에 나타나고 이 단락으로의 연결 개념으로 작용할 수 있다는 점에 주목한다.

하지만 근접 문맥과의 밀접한 연관성도 나타나고 있다. 12절에서 잘 나타나지 않는 어근인 다하흐(דחח, "몰아내다, 비틀거리다")가 나타나고 있는데, 이것은 나다흐(נדח, "몰아내다")와 유사음이고 형태와 의미에 있어서도 거의 흡사한 것이다. 나다흐(נדח)는 이 장의 앞부분에서 2, 3절과 8절에서만 세 번 나타나는 단어다. 또한 10절에는 느오트(נאות, "목장")라는 단어가 나타난다. 이 단어는 어근 나웨(נוה)에서 파생된 것으로 3절의 느웨헨(נוהן, "그들의 목장")이라는 단어와 형태와 의미에 있어 거의 동일하다. 느웨헨(נוהן)도 동일한 어근에서 파생된 단어다. 더구나 어근 파카드(פקד)는 여기서 "방문"을 의미하는데, 12절에서는 1-4절에서의 삼중적인 발생을 회상시켜 준다. 이 같은 유음과 유사 혹은 동일 어근의 사용은 예레미야에게 상당히 일반적인 현상이며, 여기가 이 단락의 원래의 위치였음을 지시해 주는 것으로 보인다.

이 구절은 9절에서 거의 애가에 가까운 예레미야의 말들로 시작한다. 그리고 이어서 10-12절에는 심판 신탁이 나타난다. 실제적인 의미에서 9절의 마지막 말들인 "그의 거룩한 말씀 앞에서"라는 표현은 10절의 여호와 강화를 시작하는 기능을 한다. 심판 신탁의 첫 부분은 10-11절의 기소다. 마지막 절은 그 바로 앞에 메신저 형식구를 보여 준다. 그 절은 전이어인 라켄(לכן, "그러므로")으로 시작하고, 이어서 심판 선언이 나온다. 심판의 선언과 기소는 모두 여호와 자신이 직접화법으로 말하는 1인칭 요소를 가지고 있으며, 덧붙여서 이중적인 메신저 형식구인 "여호와의 신탁이니라"라는 표현이 11절과 12절 마지막에 나온다.

주석

9 첫 구절은 보다 큰 단락인 9-40절을 시작하는 표제 역할을 한다. 나비(נביא, "선지자") 혹은 느비임(נביאים, "선지자들")이라는 단어나 동일 어근에서 파생된 동사 형태는 9-40절 사이에 23회나 나타나고 있다. 이 표제는 이 단락의 나머지 부분의 시문 구조와는 별도로 구별되어 있다.

뼈가 "떨린다"(어근 라하프[רחף])라는 의미는 쾰러-바움가르트너 사전에서 얻은 것이다. BDB는 "연하여지다"라는 의미를 제안하지만, 이 단어가 유일하게 사용된 것이기 때문에 그 의미를 확실히 알 수는 없다. 쾰러-바움가르트너는 칼과 니팔을 하나의 어근에 연관지어 설명하는 장점이 있지만, BDB는 그렇지 못하다. 이 의미는 확실히 칠십인역과 불가타역에서 이해한 것이다.

앞 구절 "내 마음이 상하여"라는 표현은 단순한 의미와 복잡한 의미 모두를 가진다. 이 단어들은 충분이 잘 알려진 것들이다. 샤바르(שבר)는 니팔로는 "부러지다, 깨어지다, 흩어지다"를 의미하며, 레브(לב)는 "마음, 정신"을 의미한다. 대부분의 영어 주석서들은 여기서 선지자가 그 마음에 고통을 겪는 정도로 마음이 상한 것이 아니라는 데 초점을 둔다. 브라이트는 "내 이성이 동요한다"로, 톰슨은 "내 마음이 깊이 혼란을 겪는다"로 본다. 이것은 히브리어와 영어 모두에서 "상심"이 의미하는 바는 정신적/감정적 상해인 것으로 이해된다. 그의 이성 그 이상이 개입되어 있으며, 그의 전 존재가 여기에 기술된 그의 경험으로 흔들리고 흩어지게 된 것이다.

이 절의 두 번째 바이콜론은 선지자를 술 취한 것으로 서술한다. 그 의미는 취한 상태의 물리적 현상과 관계되는 것일 수 있으며, 첫 번째 바이콜론의 흔들림과 잘 들어맞는다. 혹은 술 취한 자가 포도주에 압도당한 것처럼 여호와의 말씀에 압도당했다고 말하는 세 번째 바이콜론과 연관하여 "압도하다"를 의미할 수도 있다. 최선의 해석은 아마도 두 의미를 모두 허용하는 것으로 보인다.

이 절은 전체적으로 여호와의 임재와 말씀에 대한 선지자의 반응을 서술하고 있다. 그 언어는 일부 예레미야의 고백록과 유사하다(15:16-18; 20:8-9).

10 이 절은 선지자의 반응으로부터 여호와께서 말씀하시는 심판 강화로 이동한다. 시작 부분의 키(כי)는 여호와의 말씀의 시작을 지시할 수도 있고, 강조의 의미를 지닐 수도 있다. 이 절은 있는 그대로는 난해하다. 그리고 대부분의 현대 주석가들은 본문을 수정한다. 가장 일반적인 제안은 덤의 것인데, 어느 정도는 기제브레히트, 코닐, 폴츠, 꽁다멩(Condamin), 브라이트, 할러데이에 의해 수용된 것으로 이 절의 제1행을 제3행 뒤로 옮기자는 것이다. 그렇게 되면, 절의 전반부에서 후반부로의 사고의 흐름이 개선되긴 할 것이다. 그렇다면 수정된 절은 9절로부터 이렇게 읽힐 것이다. "그의 거룩한 말씀 앞에서-/이것들 앞에서 땅이 말라 버리기에/광야의 목초지가 말라붙어 버리기에" 이 같은 이해는 또 다른 수정을 요구하게 되는데, 마소라 본문의 알라(אָלָה, "저주")를 엘레(אֵלֶּה, "이것들")로 수정하는 것이 불가피해진다. 수정이 이루어지되면, 아모스 1:2과 평행되는 것을 볼 수 있다.

하지만 현재의 본문은 그 같은 과감한 수정이나 재배열에 의지하지 않고도 이해가 가능하다. 첫 번째 행에는 기소가 나온다. "그 땅이 행음자들로 가득하다." 다음의 두 행은 그 죄의 결과를 서술한다. "저주로 인해 땅/목장이 말라붙어 버린다." 그러고 나서 이 절은 마지막 두 행에서 행음자들로 돌아온다. 처음 세 개의 행과 유사한 구절이 12:4에서도 발견된다.

마지막 두 행은 분명히 행음자들에게로 돌아온다. 그들의 삶의 과정, 그들의 길은 악하다. 그리고 그들의 힘은 올바른 것이 아니다. 그것도 악한 것이다. 행음자가 누구인가? 실제로 행음하는 자들을 말하는 것인가? 아니면 여기서 예레미야가 다른 본문에서 그랬듯이 다른 신을 우상으로 섬기는 것에 대한 은유를 사용한 것인가? 둘 중 하나가 가능한 것이며, 내 기대로는 은유적인 사용이 선지자로서는 최선의 것으로 보인다. 특히 다음 절에서 제사장과 선지자의 부정하거나 부정한 방식에 대해 말하기 때문에 그렇다.

11 쾰러-바움가르트너는 하네프(חנף)가 의미하는 바를 "하나님과의 올바른 관계로부터 벗어나려 한다"로 본다. (이 단어는 앞 절의 나아프[נאף, "행음자들"]와 유음어다.) 제사장과 선지자가 백성들의 죄악된 행동과 연관되어 있음에 주의하라. 10절과 11절로부터의 이미지는 점차적으로 한 곳에 집중된다. 기소는 매우 광범위하게 시작했다. 즉, 그 땅에 행음자들이 가득했다고 한다. 그러고 나서 그것은 좁혀 간다. 선지자와 제사장이 부정하다. 결국 그 초점은 절정을 맞는다. 내 집에서도 내가 그들의 악을 발견했다. 여호와께로 초점이 맞추어진 1인칭 형식은 절정에 달한 기소 부분에만 나타나며, 곧이어 메신저 형식구가 나와 그 중요성을 재강조한다.

12 비록 악의 결과로 10절에서 부분적인 심판이 지적되고 있지만, 12절은 심판 선언으로 옮겨간다. 기소의 패턴에 이어 심판 선언이 3인칭으로 시작되고, 절정에서만 1인칭으로 전환된다. 처음 세 개의 행을 구성하는 트라이콜론은 미끄러운 길에서 어둠 가운데 비틀거리다 넘어지는 이미지다. 다르캄(דרכם, "그들의 길")이라는 단어는 10절의 므루차탐(מרוצתם, "그들의 진로")과 밀접하게 평행을 이루면서 심판이 11절의 제사장이나 선지자가 아닌 온 백성에게 선언되고 있음을 보여 준다. 비슷하게 10, 11, 12절에서 라아(רעה, "악한")의 삼중적인 반복은 심판이 모두에게 임할 것임을 지적하려는 성향을 보인다.

12절 마지막의 바이콜론(마지막 끝 부분의 메신저 형식구는 운율 구조 바깥에 위치하고 있으나 단락의 마지막을 지시하는 기능으로서는 적절하다)은 1인칭 형식으로 심판에 대한 직접적인 말을 전해 준다. 10절과 11절에 서술된 그들의 악행으로 인해 여호와께서는 그들에게 악을 가져오실 것이다. 특별히 언급되고 있는 심판은 그 해=그들의 방문의 때=그들의 방문받는 때=그들의 징벌이다. 그 의도는 여호와께서 그들의 징벌의 해에 그들에게 악을 가져오신다는 말을 하려는 것이 아니다. 그들의 징벌의 때가 바로 심판이라는 말이다.

해설

선지자 자신은 여호와의 말씀으로 상심하였다. 백성들과 지도자들(특별히 이 단락에서는 선지자들)을 향해 선언되었기 때문이다. 그럼에도 불구하고, 그는 말씀을 전해야 했다. 이 단락의 심판은 여호와의 해가 곧 방문의 때이며 심판이라는 것이 선언되고 있다는 점이다. 그분은 백성들의 악으로 인해 그들에게 악을 가져오실 것이다.

B. 사마리아의 선지자들과 예루살렘의 선지자들(23:13-15)

참고문헌

McKane, W. "Poison, Trial by Ordeal and the Cup or Wrath." *VT* 30(1980), 474-92.

본 문

13 내가 사마리아 선지자들 중에 우매함이 있음을 보았나니 그들은 바알을 의탁하고 예언하여 내 백성 이스라엘을 그릇되게 하였고
14 내가 예루살렘 선지자들 중에도 가증한 일이 있음을 보았나니 그들은 간음을 행하며 행악자의 손을 굳게 하여 사람으로 그 악에서 돌이킴이 없게 하였은즉 그들은 다 내 앞에서 소돔 사람과 다름이 없고 그 거민은 고모라 사람과 다름이 없느니라
15 그러므로 만군의 여호와 내가 선지자에 대하여 이같이 말하노라 보라 내가 그들에게 쑥을 먹이며 독한 물을 마시우리니 이는 사악이 예루살렘 선지자들에게로서 나와서 온 땅에 퍼짐이라 하시니라

13 "Now among the prophets of Samaria I have seen an immoral thing; 2+2 they prophesied by Baal and misled my people, Israel. 2+3
14 But among the prophets of Jerusalem I have seen a horrifying thing: 2+2 adultery and walking in falsehood, they strengthen the hands of evil doers 3+3 so that they do not turn,[a] a man from his evil. 2+2 They are to me, all of them, like Sodom, [b]her inhabitants,[b] like Gomorrah." 3+2
15 [Therefore, thus says the Lord of armies against the prophets] "Behold I am about to feed them with wormwood and make them drink poison water, 3+2 For from the prophets of Jerusalem has gone out profaneness to all the land." 4+3

원문주해

14.a. 마소라 본문의 3인칭 남성 복수 완료형 샤부(שׁבו)가 르비르티(לבלתי) 다음에 나온 것은 적절치 못하다. GKC § 152x를 보라. *BHS*는 부정사 슈브(שׁוּב)나 미완료형 야슈부(ישׁבו)를 제안한다. 여기서의 번역은 3인칭 남성 복수 미완료형으로 가정한 것이다.

14.b-b. 마소라 본문의 웨요슈베이하(וישׁביה)는 절 안에서는 마땅한 선행사가 없다. *BHS*는 웨야흐다(이)브(ו [י] יחד, "모두가 함께, 모두가 동일하게")로 읽을 것을 제안한다. 하지만 절의 제1행에서 예루살렘에 대한 언급으로 미루어 이 형태가 올바른 것으로 보이며, 13절의 "내 백성 이스라엘"과 평행되게 예루살렘의 거민을 언급한 것으로 보인다.

양식/구조/배경

12절은 단락의 끝을 알리면서 메신저 형식구로 끝난다. 16절은 또 하나의 새로운 단락의 시작을 지시하는 메신저 형식구로 시작된다. 그래서 13-15절은 앞뒤 문맥과 구별된다.

13-15절은 선지자들, 특히 예루살렘의 선지자들을 향한 별도의 심판 강화를 형성한다. 13-14절은 기소를 이루고 사마리아 선지자들의 죄와 예루살렘 선지자들의 죄 사이의 흥미로운 평행을 보여 준다. 그 함의하는 바는 사마리아 선지자들이 이미 북왕국 이스라엘의 상실을 가져왔다는 것으로 보인다. 그리고 이제 예루살렘 선지자들이 더욱 악한 일을 행하고 있다. 15절은 라켄(לכן)이라는 단어와 메신저 형식구로 지시되는 심판 선언으로의 전이를 보여 준다. 선고 자체는 15절 전반부에 나타나는 반면, 절의 후반부는 다시금 기소로 돌아간다.

이 구절과 선행 구절 사이에는 몇 가지 연관점들이 나타난다. (i) 선지자들에 대한 언급(위에서 주지된 바와 같이 이 부분에서는 한 단락만을 제외하고 모든 단락에 연관된다), (ii) 어근 나아프(נאף, "행음"), 이것은 위의 10절과 14절에서 나타난다. (iii) 어근 하누파(חנפה, "부정"), 이것은 위의 11절과 15절에서 나타난다. 어떤 의미로는 이 단락은 선행 단락에 대한 해설로 보일 수도 있다. 보다 특별하게 여기서는 기소와 심판과 관련되고 있다.

이 단락은 다음과 같이 개괄될 수 있다. 여기서는 평행 구조가 우세하다.

A 사마리아의 선지자들: 부도덕(13a-b절)

B 바알 예언: 행위(13c절)

C 이스라엘을 타락으로 인도: 결과(13d절)

A′ 예루살렘의 선지자들: 더욱 혐오스러움(14a-b절)
B′ 행음, 가증함, 행악자를 부추김: 행위(14c-d절)
C′ 어느 누구도 악에서 돌이키지 않음: 결과(14e-f절)
D 그들 모두가 소돔과 고모라와 같다(14g-h절)
A″ 여호와께서 말씀하신다(메신저 형식구)(15a절)
B″ 내가 그들에게 독을 먹일 것이다: 행위(15b-c절)
C″ 사악함이 온 땅에 퍼진다: 동기(15d-e절)

주석

13 우비느비에이(ובנביאי)의 와우(ו)는 불필요해 보인다. 그것은 이 단락을 선행 단락과 연결시키는 것일 수 있다. 그러나 루돌프를 따라 네겔스바흐(Naegelsbach)는 와우가 14절의 시작 부분과 완벽하게 평행을 이룬다는 점에 주목한다. 그리고 두 절이 그토록 깊은 평행을 이루기 때문에, 와우는 매우 적절한 것이다.

티플라(תפלה)라는 단어는 다양하게 이해되어 왔다. 칼빈과 보다 최근에 와서는 할러데이가 따르고 있는 입장으로 불가타역은 이 단어를 "어리석은"으로 이해해 왔다. RSV는 이를 "불미스러운"으로 번역한다. 브라이트와 톰슨과 NRSV는 그 함의하는 바를 "구역질나는"으로 본다. 본 절을 비롯하여 예레미야애가 2:14과 욥기 1:22에서 그 용례를 유추해 보면 그 함의가 "비도덕적"에 더 가까움을 알 수 있다. 악하거나 잘못된 것이 이 세 구절 속에서 지시되고 있음은 분명하다. 본문의 중점은 사마리아 선지자들의 죄성을 드러내려는 것이 아니다. 오히려 예루살렘 선지자들을 더 질책하려는 것이다. 사마리아가 악했다면, 예루살렘은 더 악하다.

사마리아 선지자들의 죄는 바알을 통해 예언한 것이다. 그 밖에도 예레미야는 행음이나 여호와를 저버림, 언약 파기와 바알로 돌아섬으로 인해 야기되는 모든 가공할 결과들에 대한 언어를 사용할 것이다. 확실히 바알을 통해 **예언한 것**은 그리 악한 것은 아니었다.

히나브우(הנבאו, "그들이 예언했다")라는 단어는 히트파엘 완료 3인칭 남성 복수형이다. 여기서 타우(ת)는 눈(נ)에 동화되었다(*GKC* § 54c; BDB는 이를 명령형으로 보려고 했으나 이는 옳지 않다).

와야트우(ויתעו)라는 단어는 타아(תעה)의 히필이며, "떠돌게 만들다, 길을 잃게 만들다, 잘못 인도하다"를 의미한다. 이것은 양떼를 잘못 인도한 것(사 53:6)이나 길을 잃은 것(렘 50:6)에 여러 차례 사용되었다. 후자의 의미가 이 곳의 문맥에 어울리며, 1-4절의 목자-양의 이미지가 다시금 마음에 소급된다.

14 예루살렘 선지자들의 죄는 사마리아의 경우를 능가하였다. 모두가 사마리아와 그 거민들의 운명을 알고 있었을 것이다. 그래서 이 진술은 예루살렘의 가능한 결말의 전조가 된다.

언급되고 있는 죄는 칼 부정사 절대형 나오프(נאוף, "행음"), 칼 부정사 절대형 할로크 바셰케르(הלך בשקר, "걷다"+"거짓 가운데") 그리고 "행악자들의 손을 굳게 하다"이다. 선지자들이 행음의 성적 범죄를 저지른 것인지 음란한 의식을 치렀는지는 분명하지 않다. 어느 경우든 부도덕한 행위임에는 틀림없다. 사마리아의 선지자들을 다루고 있는 앞 절과의 평행 속에서 죄는 이방 신들을 섬기는 것으로 이해되는 것이 좋을 것이다.

비슷하게, "거짓 가운데 걷는 것"은 쉽게 거짓을 지시할 수도 있으나, 예레미야가 셰케르(שקר)를 사용한 것으로 보아 그토록 빈번하게 거짓 예언이 이루어져서 여기서는 그것이 넘쳐 났음을 생각해 볼 수 있다. 선지자들은 자신들이 예언하는 거짓으로 살고 있었다.

또한 이 선지자들은 언약 공동체에 속해 있는 자들을 돕지 않고 행악자들을 도왔다. 이것은 선지자들이 실제로 사악한 자들을 도왔다는 혐의를 갖는 것인가? 아니면 거짓 예언으로 그들이 사악자들에게 동기를 부여한 것이라는 말인가? 어느 경우이든 상관없이 그 결과는 행악자들이 그들의 악으로부터 슈브(שוב), 즉 "돌아서지"(회개하지) 않았다는 것이다. 여호와께는 그들 모두가 소돔과 고모라와 같아서 사악했으며 그들의 파멸이 무르익었던 것이다. "그들 모두"는 선지자들만이 아니라 심판을 겪게 될 모든 백성을 지시하는 것으로 생각할 수 있다. 이런 해석은 "그 거민"이라는 표현으로 지지된다. 이 표현은 분명히 예루살렘의 거주자들을 지시한다(브라이트도 그렇게 이해한다).

15 선고는 전이어 라켄(לכן)과 메신저 형식구 두 가지를 모두 동원하여 지시된다. 선고는 여호와가 초대한 연회의 이미지를 개입시킨다(Rudolph; McKane, *VT* 30 [1980] 474-92). 아마도 성전에서 예배자들과 제사장들에 의해 나눠졌던 공동체 식사로 상징화된 것으로 보인다. 하지만 여기서 음식과 음료는 독이 들어 있으며, 이런 형식은 예레미야가 그토록 즐겨 사용하는 역전 형식의 또 다른 예로 볼 수 있다. 여기에는 므레임(מרעים, "행악자들"; 14d절)과 메라아토(מרעתו, "그의 사악"; 14f절)와 메이-로쉬(מרעתו, "독이 든 물"; 15c절) 사이에 이루어지는 유음 현상을 통한 언어유희가 있는 것으로 보인다.

심판은 선지자들에게만 이루어지는가? 15절의 첫 번째 행은 심판이 특별히 선지자들을 향한 것임을 진술한다. 하지만 같은 절의 마지막 행은 온 땅에 가득해진 부정과 사악함에 대해 말한다. 그러므로 14절에서와 같이 심판이 인구 전체에 임할 것으로 보인다.

해설

예루살렘의 선지자들은 사마리아의 선지자들과 비교되고 있다. 사마리아의 선지자들은 심각한 부도덕을 행했으나, 예루살렘의 선지자들은 그것을 능가하는 자들이었다. 행음, 가증함, 행악자들을 부추김이 그 죄목 가운데 들어 있다(앞의 두 가지는 아마도 거짓 신들을 향한 예배와 그들 자신의 거짓 예언으로 살아가는 것을 지시하는 것 같다). 이 죄악의 결과는 모든 백성이 여호와 보시기에 소돔과 고모라의 거민과 같아지는 것이었다. 그래서 그분은 반-연회의 형식 속에서 그들에게 심판을 내리려 작정하신다. 그 속에서 초대된 자들은 음식으로 배부르는 것이 아니라 독을 먹게 된다.

C. 거짓 선지자들을 향한 말씀(23:16-22)

참고문헌

Fleming, D. *The Divine Council as Type Scene in the Hebrew Bible*. Ph.D. diss., Southern Baptist Theological Seminary, 1989. **Lipin ski, E.** "באחרית הימים dans les textes preexiliques." *VT* 20(1970) 445-450.

본 문

16 만군의 여호와께서 이같이 말씀하시되 너희에게 예언하는 선지자들의 말을 듣지 말라 그들은 너희에게 헛된 것을 가르치나니 그들의 말한 묵시는 자기 마음으로 말미암은 것이요 여호와의

16 Thus says the Lord of armies: "Do not listen to the words of the prophets, [a]the ones prophcsying to you;[a] they fill you[b] with empty hopes. 3+2+3 The vision of their heart they speak, not from the mouth

입에서 나온 것이 아니니라

of the Lord. 3+2

17 항상 그들이 나를 멸시하는 자에게 이르기를
너희가 평안하리라 여호와의 말씀이니라 하며 또
자기 마음의 강퍅한 대로 행하는 모든 사람에게
이르기를 재앙이 너희에게 임하지 아니하리라 하
였느니라

17 They [a]keep on[a] saying [b]to the ones spurning the
word of[b] the Lord, 'Peace/well-being will come to
you.' 2+3+3 [c]To[d] everyone going in the
stubbornness of his own heart[c] [e]they say,[e] 'Evil will
not come against you.' 2+3+3

18 누가 여호와의 회의에 참여하여 그 말을 알아
들었으며 누가 귀를 기울여 그 말을 들었느뇨

18 For Who[a] has stood in the council of the Lord
[b]that he might see[b] [c]and hear[c] his word? Who has
paid attention to [d]his word[d] [e]that he might hear?[e]
4+3+3

19 보라 나 여호와의 노가 발하여 폭풍과 회리바
람처럼 악인의 머리를 칠 것이라

19 Behold the storm-wind of the Lord, wrath[a] has
gone forth: 3+2 a tempest[b] whirling, upon the
head of the wicked it whirls. 2+4

20 나 여호와의 노는 내 마음의 뜻하는 바를 행
하여 이루기까지는 쉬지 아니하나니 너희가 말일
에 그것을 완전히 깨달으리라

20 The anger of the Lord will not turn aside until
he has done and until he has carried out the
purposes of his heart. 3+2+2 [a]In the days
afterwards[a] you will fully[b] understand it. 2+3

21 이 선지자들은 내가 보내지 아니하였어도 달
음질하며 내가 그들에게 이르지 아니하였어도 예
언하였은즉

21 I did not send the prophets, yet they ran: 2+2
I did not speak to them, yet they prophesied. 2+2

22 그들이 만일 나의 회의에 참예하였더면 내 백
성에게 내 말을 들려서 그들로 악한 길과 악한 행
위에서 돌이키게 하였으리라

22 But if they had stood in my council, [a]then they
would have made [b]my people[b] listen to[a] my word,
2+3 [c]and they would have made them turn[c] [d]from
their evil way and[d] from the evil of their deeds."
3+2

원문주해

16.a-a. 칠십인역에는 없다.

16.b. 칠십인역에는 없다. 칠십인역은 약간 다르게 이해한다. "그들이 자신들을 헛되게(헛된 환상으로) 보았기 때문이다."

17.a-a. 번역본들에는 부정사 절대형인 아모르(אמור, "계속해서[말하기를]")가 없다. *BHS*는 이를 삭제하기를 제안한다.

17.b-b. 마소라 본문의 리므나아차이 디베르(למנאצי דבר, "나를 멸시하는 자에게, [여호와께서] 이르시기를, '…'") 대신에 *BHS*는 리므나아체이 드바르(למנאצי דְּבַר, "나를 멸시하는 자에게 여호와의 말씀이")로 바꾸기를 제안한다. 이 수정이 이 책의 번역에 반영되었다.

17.c-c. 칠십인역은 이 구절을 두 번 반복한다. "그들의 뜻을 따라 걷는 자들, 그들의

마음의 잘못 속에서 걷는 모든 자들, 그들이 말하기를…."

17.d. 마소라 본문의 웨콜(וכל) 대신에 *BHS*는 우르콜(ולכל, "그리고 모두에게")로 읽기를 제안한다. 칠십인역과 불가타역이 이렇게 이해한다. 여기서도 이렇게 번역하였다.

17.e-e. 일부 칠십인역 사본들(알렉산드리아와 시내산 사본)에는 없다. 고대 라틴역이나 아랍역 등에도 없다.

18.a. *BHS*는 메헴(מהם, "그들로부터")을 추가할 것을 제안하는 것처럼 보인다. RSV와 NEB는 이 추가를 수용하였다. 하지만 이 같은 추가는 운율에 있어 행에 부담을 줄 수가 있다.

18.b-b. 이 번역이 따르고 있는 마소라 본문은 청유형으로 나온다. 번역본들은 분명히 와야르(וַיַּרְא, "그리고 보였다")로 가정하고 있다. *BHS*는 가능성이 있는 웨이르에후(ויראהו, "그리고 그가 그를 보았을 것이다")로 읽기를 제안한다.

18.c-c. 칠십인역에는 없다. 시리아역과 불가타역과 탈굼역은 분명히 웨야슈미아(וישמע, "그리고 들었다")로 추정한다.

18.d-d. 칠십인역에는 없다. 다수의 사본들(de Rossi, III, 92)과 케레뿐만 아니라 편집본들도 드바로(דברו, "그의 말")로 읽는다. 이 독법을 따라 이 책에서 번역했다. 케팁은 드바리(דברי, "나의 말")다.

18.e-e. *BHS*는 마소라 본문의 칼을 히필 웨야슈미아(וַיַּשְׁמִעַ, "그것이 듣게 만들 것이다")로 고쳐 읽을 것을 제안한다. 이 동사의 히필이 22절에 나타난다.

19.a. *BHS*는 이 단어를 군더더기로 보기를 제안한다. 그럼에도 불구하고, 운율 구조가 잘 맞지 않는다. 이 번역에서는 마소라 본문이 수용되었다.

19.b. *BHS*는 접속사를 삭제한다. 평행 구절인 30:23에서도 나타나지 않는다. 구문론적인 위치상 마소라 본문이나 수정은 번역에 하등의 차이도 보이지 않는다.

20.a-a. 마소라 본문이 여기에 번역된 것과 같이 미래적 의미를 갖는 데 반하여("나중의 날들", 즉 언급되고 있는 심판 이후), 탈굼역은 그 의미에 있어 종말론적인 성격이 분명하다. "날들의 마지막에."

20.b. 마소라 본문에는 비나(בינה, "이해")로 되어 있다. 여기서는 동사 빈(בין)에 강조를 덧붙인 것이다. 그래서 "완전히 이해했다"가 된다. 이 단어는 칠십인역, 시리아역과 평행구인 30:24에는 빠져 있다.

22.a-a. 칠십인역은 "그리고 만일 그들이 들었더라면"으로 읽는다.

22.b-b. 칠십인역은 접속사를 추가시키고 이 구절을 다음 문장으로 가져간다. "그리고 내 백성 그들이 돌이키게 될 것이다."

22.c-c. 칠십인역에는 접속사가 빠져 있고 앞의 구절이 이 문장에 추가되어 있다(위의 "원문주해" 22.b-b를 보라).

22.d-d. 칠십인역에는 없다.

양식/구조/배경

이 단락의 한계에 대해서는 일부 논쟁이 있다. 일부 주석가들과 번역본들은 이를 20절로 끝내며, 21-22절을 별도의 단락으로 나눈다. 하지만 많은 경우는 21-22절과 16-20절 사이의 연결이 하나의 단락으로 다루어질 경우 최선인 것으로 이해한다.

또한 이 구절이 산문인지 시문인지에 대해서도 번역본들 가운데 다양한 견해가 있다. 예를 들어, RSV는 16-17절을 산문으로 보고 나머지를 시문으로 처리한다. 이 번역은 전체를 시문으로 본 것이며, 단 두 가지 요소만이 시적 운율의 바깥에 남게 된다.

이 구절은 교훈적이고, 대부분이 거짓 건지자들에 대한 공격이다. 하지만 우선적으로는 선지자들을 향한 신탁이라기보다는 백성들로 하여금 거짓 선지자들에게 개의치 말라는 간청이다. 16절 시작 부분에서는 화자가 여호와로 지적되고, 이어지는 21-22절에서는 1인칭 형태로 나타난다. 하지만 17-20절에서 여호와를 3인칭으로 언급한 것은 그 절에서 인물이 선지자로 전환되었다는 것과, 그것이 비록 여호와의 말씀일지라도 선지자가 직접 말하고 있다는 것을 보여 준다. 인물에 있어서의 변화는 21-22절이 별도의 단락이라는 것을 지적하는 데 충분한 것은 아니다.

이 단락의 배경은 낙관주의 시대로 보인다. 유일하게 가능성이 있어 보이는 시기는 여호야김의 통치 기간인데, 이는 아마도 성전 설교가 이루어지던 시기인 것 같다(7, 26장). 죄와 낙관주의에 대한 유사한 시각이 그 시대적 특성으로 보인다. 또 하나의 다른 가능성은 27-29장의 배경과 동일한 시기인 시드기야의 통치 기간일 것이다. 이 시기는 하나냐와의 대면과 포로 중에 있는 자들에게서(또한 그들에게로) 편지가 온 때이다. 다시금 이 포로 생활이 일시적일 것이라는, 그리고 여호와의 심판이 이미 끝났을 것이라는 낙관론이 있었다. 19절은 어느 정도 심판을 경험했으며 이제는 여호와의 진노가 누그러졌을 것이라고 생각했던 자들에게 적합한 내용이다.

단락 전체는 평행 구조로 특징지어질 수 있으며, 선지자들에 대한 언급과 이어서 그들의 행위와 말에 대한 언급이 나타난다. 그 중심에는 여호와의 행위/말씀에 대한 두 가지의 언급이 있다.

A 선지자들의 말을 듣지 말라(16b-d절)
  B 그들은 여호와의 것이 아닌 자기들의 환상을 말한다(16e-f절)
A′ 그들은 계속해서 말한다(17a-b절)
  B′ "평화로다, 악한 일은 일어나지 않을 것이다"(17c-f절)

A″ 누가 여호와의 회의에 참여하였느냐?(18a절)
B″ 그의 말씀을 보고 듣기 위하여(18b-d절)
C 여호와의 폭풍이 불며, 분노가 발하여진다(19절)
C′ 여호와의 진노가 빗나가지 않을 것이다(20a-c절)
D 결국 너희들이 깨닫게 될 것이다(20d-e절)
A‴ 그들이 여호와의 회의에 참여하였더라면(21a절)
B‴ 그들이 백성들로 듣고 돌아서게 했을 것이다(21b-d절)

주석

16 첫 구절은 비록 2 + 2의 운율을 가진다고 볼 가능성이 있더라도, 아마도 시문 구조의 바깥에 위치하는 것으로 보인다.

이렇게 말씀하시니라
만군의 여호와께서

하발(הבל)이라는 어근에서 나온 마흐빌림(מהבלים)이라는 단어는 기초적으로 "비어지게(헛되게) 만들다"라는 의미를 가진다. 선지자들의 말이 "공허"했기 때문에, 그들은 그것을 듣는 백성들에게 헛된 소망을 주었던 것이며, 그래서 여기서 이렇게 번역한 것이다(BDB도 그렇게 본다).

선지자들이 예언한 것은 "그들 자신의 마음의 환상"이었다. 그것은 **그들의** 환상과 말씀이었지 여호와의 것이 아니었다는 말이다. 브라이트는 이를 "자기 유도적인 환상"이라고 번역한다. 이 말은 자기 유도적인 상태, 즉 일종의 환각 상태로서 그 속에서 환상을 보게 되는 그런 개념으로 보인다. 선지자들의 메시지는 샬롬(שלום, "평화, 모두의 안녕"; 6:14; 8:11 참소)이었다. 모든 정황으로 미루어 볼 때, 분명히 여호와를 무시하고 그들 자신의 마음을 따랐던 자들에게도 그 메시지는 여전히 "걱정하지 말라, 너의 길에 어떤 악한 일도 생기지 않으리니"로 들렸던 것이다.

나아츠(נאץ, "무시하다")라는 어근은 여호와를 부정하는 의미가 강한 말이다. 여기서 파생된 말들 중 하나에 "신성모독"이라는 단어가 있을 정도다. 여기서 사용된 것은 아마도 10절과 14절에서 사용된 나아프(נאף, "행음")라는 말과의 유음을 이용한 언어유희로 보인다. 이 죄악이 중대하다는 것을, 가장 빈번하게 무시당하는 대상이 여호와와 그의 이름과 그의 말씀이라는 사실에서 깨달을 수 있다.

18 18절에서 제기되는 질문은 부정적인 대답을 기대하는 수사적 질문일 것이다.

"누가 여호와의 회의에 참여하였느냐? 아무도 없다." 하지만 22절은 선지자들이 거기에 있었다는 것을 암시하는 것처럼 보인다. 구약성경의 다른 구절, 특히 열왕기상 22장(Micaiah ben Imlah)은 진정한 선지자는 실제로 여호와의 회의에 참석했다고 기록하고 있다(또한 렘 28:20; 15:19 참조). 역시 이 구절에서도 대조가 이루어지고 있다. 즉, 여호와의 회의에 참석한 진정한 선지자 예레미야와 그 자신의 말 외에는 어느 것도 말하지 않는 거짓 선지자 사이에 이루어지고 있다.

이 절은 "여호와의 회의에 참여함"과 "그의 말씀에 참여함" 사이에 평행 구조를 이룬다. 그 함의하는 바는 아무리 여호와의 말씀/환상이 받아들여졌더라도, 그것은 그에게서 직접적으로 온 것이었다는 것이다. 선지자 자신의 마음으로부터 취해진 말과의 대조(16절)는 모호하다.

19 19-20절은 거짓 선지자들의 메시지(17절)에 대립되는 것으로서 여호와의 말씀에 근거한 일반적인 심판의 선언이다. 실재는 여호와가 사악한 자들에게로 향하는 위협적인 폭풍우와도 같다는 것이다. 그분은 자신의 목적을 다 성취하기까지는 결코 멈추지 않으실 것이다. 한편으로 여호와의 마음의 목적들(מזמות לבו – 므지모트 리보)과 다른 한편으로 거짓 선지자들의 마음의 환상(חזון לבם – 하존 리밤, 16절)과 그들의 마음의 강퍅함을 따른 사악함(הלך בשררות לבו – 홀레크 비슈리루트 리보, 17절) 사이의 대조는 분명하며 충격적으로 예레미야적인 것이다.

히브리어 어근 사아르(סער, 동사로 "몰아치다, 쇄도하다"/명사로 "폭풍, 대혼란")는 여기서 여호와의 진노에 대해 사용되고 있다. 동일한 어근이 요나가 피신해 있던 배에 불어닥친 여호와의 폭풍우를 묘사하느라 요나서 1장에서 네 차례 사용된 것이 보인다. 이는 대부분의 경우 여호와의 진노의 상징으로 사용되고 있다.

브아하리트 하야밈(באחרית הימים, "후의 날에"; 20절)이라는 구절은 여기서는 단순히 미래의 때를 지시한다. 이는 여호와께서 그 백성들에게 완전한 심판을 가져오실 날과 관련된다(아마도 이미 부분적인 심판이 도래했음을 의미하는 것 같다). 그 날이 이를 때, 백성들은 여호와의 진노의 심각함을 깨닫게 될 것이다. 이 구절을 이렇게 사용한 것은 나중에 이르게 될 종말론적인 의미는 아니다(예를 들어, 단 10:14, 이 구절에서는 마지막 때를 말한다).

21 선지자는 21-22절에서 여호와를 위해 말하면서 1인칭으로 전환한다. 일부 주석가들은 이 두 절을 별도의 단락으로 두려 하지만 분명히 이 구절은 결론으로 작용한다.

이 절은 선지자의 여호와의 사자로서의 두 가지 기능을 보여 준다. 여호와께서 그 사자를 보내실 때, 그 사자는 메시지를 갖고 가야 했다. 이 선지자들은 갔다. 실제로 그들은 달려갔다. **하지만** 여호와께서는 그들을 보내지 않으셨다. 그들은 또한 예언했고, 자신들의 메시지를 전했다. 하지만 여호와께서는 그들에게 메시지를 주지 않으셨다. 분명히 이 절은 16절의 메시지를 가져다 반복하고 있다.

22 22절은 대조적인 관점을 가지고 18절을 반복한다. 18절에서는 거짓 선지자들이 여호와의 회의에 참석하지 않았음을 분명히 말한다. 이 절은 그들이 그 곳에 참석했으며, 그래서 그들이 듣고 백성들로 회개하도록 했다고 진술한다. 이 절의 함의는 거짓 선지자들이 여호와의 메시지를 선포했다면, 아마도 다가올 심판은(19-20절) 돌이켜졌을 것이라는 말이다.

해설

어떻게 선지자가 자기의 말과 하나님의 말씀을 혼동할 수 있을까? 어떻게 선지자가 죄악되고 언약을 파기하는 상황에서 질책을 던지는 일을 실패할 수 있을까? 아마도 응답하는 입장은 정치적이고 경제적이었을 것이다. 선지자들은 자주 체제의 편에서 있었다. 그래서 그들은 그들 자신의 안전과 번영을 위해 체제의 존속에 관심을 두었던 것이다. 문제의 다른 한편은 순수하게 합리주의적인 것이었을 것이다. 그렇다. 우리 동족들의 일부는 죄악되었다. 하지만 우리 주변의 이교도들을 보라. 그들은 하나님을 경배하지도 않는다. 그들은 가장 악한 죄를 범한다. 이렇게 비교해 보면, 우리는 그래도 선한 종족이며 분명히 하나님께서는 그것을 염두에 두고 계실 것이다. "우리의" 죄는 그래도 용인 가능한 것이다. 하지만 "그들의" 죄는 어림도 없다. 게다가 온종일 떠드는 심판을 누가 듣고 싶겠는가? 하나님의 사랑만 전하면 된다.

이 난락을 따라, 신성한 선지자는 먼저 여호와의 회의에 참석했던 자이고, 그래서 그(녀)는 여호와의 말씀을 보고 들을 수 있었을 것이다. 그리고 그 선지자는 듣는 자들이 그 악한 길에서 돌아서게 하기 위해 그 말씀을 선포한다. 또 하나의 함의는 적어도 이 특별한 상황에서는 하나님의 말씀은 칭찬이나 번영이 아니라 심판이라는 점이다.

D. 하나님의 초월성(23:23-24)

참고문헌

Herrmann, W. "Jeremia 23,23f als Zeugnis der Gotteserfahrung im babylonischen Zeitalter." *BZ* 27(1983) 155-66. **Lemke, W. E.** "The Near and Distant God: A Study of Jer 23:23-24 in Its Biblical Theological Context." *JBL* 100(1981) 541-55.

본 문

23 나 여호와가 말하노라 나는 가까운데 하나님이요 먼데 하나님은 아니냐 **24** 나 여호와가 말하노라 사람이 내게 보이지 아니하려고 누가 자기를 은밀한 곳에 숨길 수 있겠느냐 나 여호와가 말하노라 나는 천지에 충만하지 아니하냐	**23** "[a]Am I a God of nearness,"[a] an oracle of the Lord, "and not a God of distance? 3+3 **24** If a man is hidden in the hiding-places, will I not see him?" 3+2 [a]an oracle of the Lord.[a] "The heavens and the earth, do I not fill them?" 3+2 an oracle of the Lord.

원문주해

23.a-a. 칠십인역은 마소라 본문의 질문 형식이 아닌 서술 형식으로 나타난다. "나는 가까운데 계신 하나님이다. 여호와가 말씀하시니라. 그리고 나는…."

24.a-a. 칠십인역에는 없다.

양식/구조/배경

세 가지 수사적 질문들은 쉽게 번역된다. 이들은 상대적으로 본문 비평적인 문제가 적다. 칠십인역에는 큰 이독이 나타나는데, 거기서 첫 번째 질문을 서술문으로 바꿔 읽었다. 이는 그 충격을 전환시킨 것이다.

세 가지 질문들은 이 번역에서는 시문으로 처리했다. 하지만 세 번 나타나는 "여호와의 신탁이니라"는 구절은 시문 구조에서 벗어난 느낌이다.

가장 최근의 예레미야 주석서 세 권(할러데이, 캐롤, 맥케인)은 모두 이 단락을 선후 문맥과 아무런 연관성이 없는 독립 단락으로 이해한다. 할러데이와 캐롤 그리고 렘케(Lemke, *JBL* 100[1981] 541-55)는 세 질문들이 그 큰 문맥 속, 즉 현재의 본문 배경 속에서만 이해될 수 있다고 본다.

우리는 이 단락을 별도의 독립된 단락으로 이해할 것이다. 그리고 두 가지 독법을 제안한다. 하나는 독립적 독법이고, 다른 하나는 그 **책의 정황**과 관련지어 읽는 독법이다.

이 단락 자체로는 배경에 대해 아무것도 알 수 없다. 단지 현재 문맥 속에서 그 배경을 알아낼 수 있을 뿐이다.

주석

23 첫 번째 수사적 질문은 적어도 두 가지 점에서 다른 두 질문과 다르다. 첫째로, 질문의 전반부와 후반부 모두 메신저 형식구로 중단을 이루고 있는데, 메신저 형식구는 시문 구조를 벗어나 있다. 둘째로, 이 질문은 대조를 이루는 두 부분으로 구성된다. "내가 가까이 있는 하나님이고 멀리 있는 하나님이 아니냐?" 이 질문에 대해서는 단순한 대답이 불가능하다. 그렇다. 여호와는 가까이 계시는 하나님이시다. 그분은 일반적으로 그의 백성 가까이 계신다고 서술된다(적어도 공간적, 시간적, 제의적, 구원적 의미에서, Lemke, *JBL* 100[1981] 541-55). 하지만 그 반대도 사실이다. 여호와는 또한 멀리 계신 하나님이시다. 그는 멀리 시내산으로부터 오시며, 멀리서 바라보신다. 그리고 옛적부터의 하나님이시다. 이 질문에는 긍정과 부정 모두의 답이 이루어질 수 있다. 이 수사적 질문은 여호와의 내재성과 초월성을 모두 확언한다. 양측을 모두 동등하게 확언해 준다.

24 이 절에서는 두 개의 수사적 질문이 각각 메신저 형식구로 끝맺음을 하고 있다. 양자 모두 부정적 질문에 대해 긍정적 대답이 기대되는 형식이다. 그렇다. 여호와께서는 숨은 것도 보실 것이다. 또한 여호와께서는 하늘과 땅을 채우신다. 이 두 질문은 비슷하게 여호와의 내재성과 초월성을 확언해 준다. 고의로 숨은 모든 것들은 그에게서 숨을 수 없다. 그의 초월성의 측면에서 그는 자신의 모든 피조물을 채우신다.

이 두 절에 대한 해석은 이렇게 그 **책의 정황**과는 상당히 독립적으로 다루어질 수 있다. 이 절들을 현재 문맥 속에서 이해하는 것은 그 해석에 있어 몇 가지 추가적인 가능성들을 가져다 준다.

거짓 선지자들(앞 절과 다음 단락에서 나온다)은 분명히 여호와를 멀리 계신 하나님으로 생각했다. 그래서 여호와는 백성들(혹은 선지자들의)의 행동을 보지 못하신다는 것이다. 그분은 그들의 제의를 받기 위해, 그리고 그들을 적들로부터 보호하실 때만 가까이 오신다. 하지만 예레미야는 그렇지 않다고 말한다. 모든 숨을 곳은 여호와의 시야에 있으며, 모든 비밀스러운 죄도 그분은 알고 계신다. 우주를 채우시며 초월하신 분은 모든 행위와 모든 사람을 보시며 아신다. 또한 여호와께서는 선지자들을 보신다. 그들은 그의 회의에 참여하지 않았고 그를 전하지도 않았으나, 여호와는 그들이 어디에 있으며 무엇을 말하는지 알고 계신다. 이러한 이해를 따라 이 두 절은 백성들과(혹은) 선지자들에 대한 심판의 근거가 된다.

E. 꿈꾸는 자들과 여호와의 말씀(23:25-32)

참고문헌

Werblowsky, R. J. Z. "Stealing the Word." *VT* 6(1956) 105-6.

본 문

25 내 이름으로 거짓을 예언하는 선지자들의 말에 내가 몽사를 얻었다 함을 내가 들었노라

25 "I have heard what the prophets said, the ones prophesying in my name falsehood, saying, 'I have dreamed, I have dreamed.'

26 거짓을 예언하는 선지자들이 언제까지 이 마음을 품겠느냐 그들은 그 마음의 간교한 것을 예언하느니라

26 [a]How long?[a] [b]Will the heart of the prophets turn,[b] the ones prophesying the falsehood [c]and the ones prophesying[c] the deceitfulness of their heart?

27 그들이 서로 몽사를 말하니 그 생각인즉 그들의 열조가 바알로 인하여 내 이름을 잊어버린 것 같이 내 백성으로 내 이름을 잊게 하려 함이로다

27 The ones planning [a]to make my people forget my name[a] in their dreams which they recount each to his fellow, just as their fathers forgot my name for Baal.

28 나 여호와가 말하노라 몽사를 얻은 선지자는 몽사를 말할 것이요 내 말을 받은 자는 성실함으로 내 말을 말할 것이라 겨와 밀을 어찌 비교하겠느냐

28 The prophet who has a dream, let him recount a dream,[a] 3+2 and (the one) who has my word, let him speak my word faithfully. [b]What (value) has the straw in comparison with the grain?[b] 3+3+2 an oracle of the Lord.

29 나 여호와가 말하노라 내 말이 불같지 아니하

29 "Is not my word thus[a] like fire," an oracle of

냐 반석을 쳐서 부스러뜨리는 방망이 같지 아니하냐

the Lord, "and like a forge-hammer it shatters rock? 4+3

30 나 여호와가 말하노라 그러므로 보라 서로 내 말을 도적질하는 선지자들을 내가 치리라

30 Therefore, behold, I am against the prophets," an oracle of the Lord, "the ones stealing away my words, each from his fellow.

31 나 여호와가 말하노라 보라 그들이 혀를 놀려 그가 말씀하셨다 하는 선지자들을 내가 치리라

31 Behold, I am against the prophets," an oracle of the Lord, [a]"the ones taking their tongue[a] [b]and uttering an oracle.[b]

32 나 여호와가 말하노라 보라 거짓 몽사를 예언하며 이르며 거짓과 헛된 자만으로 내 백성을 미혹하게 하는 자를 내가 치리라 내가 그들을 보내지 아니하였으며 명하지 아니하였나니 그들이 이 백성에게 아무 유익이 없느니라 여호와의 말이니라

32 Behold, I am against [a]the ones prophesying[a] false dreams," an oracle of the Lord. "They recount them and cause my people to err in their falsehoods and in their recklessness. But I for my part have not sent them, nor have I commanded them; they have surely been of no benefit to this people," an oracle of the Lord.

원문주해

26.a-a. *BHS*는 아마도 마소라 본문의 아드-마타이(עד־מתי) 대신에 할라므티(חלמתי)로 읽고 이를 25절의 끝 부분에 넣기를 제안하는 것으로 보인다.

26.b-b. 이 책의 번역은 마소라 본문의 주어가 없는 형태인 하예쉬 블레브(היש בלב)에 대해서는 기제브레히트(비록 나중에는 이 견해를 수정했지만)가 주장하고 덤과 코닐과 최근에는 할러데이가 따르는 제안을 수용하여 브(ב)를 앞 단어로 옮기고 슈브(שוב) 동사의 미완료형으로 만들었다.

26.c-c. *BHS*는 아마도 마소라 본문의 연계형 명사인 우느비에이(ונביאי, "그리고 ~의 선지자들") 대신에 니팔 분사인 웨니브에이(ונבאי, "그리고 예언하는 자들")로 읽기를 제안하는 것처럼 보인다. 이 번역은 *BHS*가 제시하는 수정안을 따랐다.

27.a-a. 칠십인역은 "백성"을 삭제하고 "내 이름을 잊게"로 읽으면서 동사를 사역형이 아닌 단순형으로 읽는다. 시리아역은 "내 백성으로 내 이름에 실수하게 하기 위해"로 읽는다.

28.a. *BHS*는 칠십인역처럼 "그의 꿈"으로 읽기를 제안한다.

28.b-b. 탈굼역은 "보라, 사람들이 겨와 밀을 구분하는 것처럼 의인과 악인을 구별하리라. 여호와의 말이니라"로 읽는다.

29.a. 시리아역과 불가타역에는 없다. 칠십인역은 한 단어의 이중 기능을 두고 있다. "이것은 내 말이니라. 여호와가 말하노라. 내 말이 타는 불이 아니냐?" 탈굼역은 "모든"으로 읽는다. *BHS*는 코웨(כוה, "타는")로 읽기를 제안한다.

31.a-a. 칠십인역은 "혀의 예언을 던지는 자"로 읽는다. 탈굼역은 "그들의 마음의 선한 기쁨을 따라 예언하는 자"로 읽는다.

31.b-b. 마소라 본문의 와이느아무 느움(וינאמו נאם) 대신에 소수의 사본들(de Rossi, III, 92-93)은 시리아역과 불가타역이 보여 주는 대로 느움 야흐웨(נאם יהוה)로 읽는다. 칠십인역은 "그리고 그들의 잠을 자다"로 읽는데, 이는 분명히 히브리어 어근을 눔(נום, "졸다")으로 이해한 것이다.

32.a-a. 마소라 본문의 니브에이(נבאי)는 문자적으로는 "~의 예언 행위들"이거나 "~을 예언하는 자들"이다. 다수의 사본들(de Rossi, III, 93)은 느비에이(נביאי, "~의 선지자들")이다. 칠십인역에서는 "~을 예언하는 선지자들"이며, *BHS*는 하느비임(הנביאים, "[꿈을 예언하는] 선지자들")을 추가할 것을 제안한다.

양식/구조/배경

이 단락은 산문과 시문을 모두 가지고 있다. 시문은 28절과 29절로 한정된다. 이 단락은 25절과 32절에서 "예언", "거짓", "꿈"이라는 말들로 일종의 포섭 구조를 형성한다. 꿈에 대한 언급은 단락에 전체적으로 드러나면서 27절과 28절에서 다시 언급된다.

단락 전체는 1인칭의 심판 강화다. 25-27절에서 기소로 시작한다. 시문 단락인 28-29절은 거의 단락의 흐름을 끊어놓는 것 같다. 이들 두 절은 선지자에 대한 여호와의 기대, 즉 이들 거짓 선지자들이 받지 못한 기대들을 서술한다. 여호와의 기대의 문맥 속에서 이들 두 절은 그래서 선지자와 거짓 선지자 사이의 대조를 보여 준다. 이 대조는 30-32절에서 심판 선언을 위한 부분적인 기초로 작용한다. 이렇게 보면, 시문 단락은 전체 단락의 양식비평적 구조와 잘 어울린다.

30-32절은 심판의 선포를 보여 주는데, 전형적인 전이어인 라켄(לכן, "그러므로")으로 시작해서 심판이 전해지는 대상에 대한 규정이 메신저 형식구로 이어진다. 심판 자체는 세 부분으로 이루어져 있다. 각각은 실제로 동일한 말들로 시작한다. "'보라…하는 선지자들을(예언하는 자들을) 내가 치리라…. 여호와의 신탁이니라." 이 심판 중에 마지막 것은 가장 완전한 형태를 지니고서, 첫 절의 기소와 더불어 포섭 구조를 이룬다.

주석

25 꿈들이 적법한 신의 계시의 주요 수단이었다는 점은 구약성경에서 잘 형성되

어 있는 바다. 일부 성경 자료들은 꿈과 그 해석에 대해 큰 관심을 표한다(창 28, 야곱; 창 37, 41, 요셉; 왕상 3, 솔로몬; 단 2, 4, 7). 민수기 12:6-8은 꿈이 여호와께서 자기 자신과 그 말씀을 선지자들에게 알게 하시는 수단이라고 언명한다. 본문의 경우 기소 내용은 이들 거짓 선지자들이 그들의 꿈을 잘못 해석하거나 잘못되게 여호와의 꿈으로 오도한 것이다.

26 이 절은 두 개의 수사적 질문을 담고 있다. 첫 번째의 "얼마나 오랫동안"은 간투사 이상의 기능을 갖고 있으며 애가에서 자주 나타나는 것이다.

이 절에서 제기되는 두 번째 질문은("원문주해"에서 제안된 수정이 받아들여질 경우) 부정적인 응답을 함의하는 것이다. "거짓 선지자들의 마음이 돌이켜지고 회개될 것인가? 그렇지 않을 것이다." 응답의 한 부분은 이 절의 마지막 진술에 나온다. 이는 예레미야가 각각의 이어지는 단계마다 기소를 강조하기 위해 그의 수사적 질문을 고의적으로 세워 놓은 것처럼 보인다. "돌아설 것인가?" 이 질문은 상당히 모호하다. 그리고 그 응답은 확실하지 않다. "그것이 돌아설 것인가. 선지자들의 마음이?" 모호성은 감소되며, 이제 주제가 제시되지만 그 응답은 아직도 불확실하다. "그것이 돌아설 것인가. 선지자들의 마음, 거짓을 예언한 자들?" 주제와 기소의 일부가 이제 분명해진다. 선지자들은 거짓을 예언했었다. 그러나 그것은 고의적인 거짓인가? 그들은 돌아설 수 있는가? "그것이 돌아서겠는가. 선지자들의 마음, 거짓을 예언하고, 그들의 마음의 부정함을 예언하는 자들?" 이제 모든 모호함은 소거된다. 이들은 거짓 예언자들일 뿐만 아니라, 고의적으로 거짓을 예언한 자들이었던 것이다. 기소는 강화되고 있으며, 분명하게 부정적인 응답이 이 기술적으로 고안된 수사적 질문 속에서 모호해진 것이다.

27 기소는 지속되며, 또한 다시 강화된다. 이들 거짓 선지자들이 여호와의 이름으로 거짓을 말했을 뿐만 아니라, 그 백성들로 하여금 여호와의 이름을 잊게(샤카흐[שכח]의 히필) **만들도록** 계획했던(하샤브[חשב], "생각하다, 계획하다, 궁리하다") 것이다. 거짓 선지자들의 행위의 고의적인 속성은 충격적이다. 여호와의 대변인으로 여겨졌던 선지자들은 언약으로부터 얼마나 멀어진 것이겠는가.

28 28절은 단락 속에서 짧은 시문 부분을 시작한다. 이 절과 다음 절은 이어지는 심판의 선포로의 전이로서 기능한다. 이 단락은 기소보다는 선지자들이 순종해야 할 교훈을 제시해 준다. 그것은 토라였다. 처음의 네 행은 "꿈"과 "내 말"과 동의어적 평행을 이룬다. 꿈과 여호와의 말씀은 계시에 있어 별도의 형식으로 혹은 여호와의 계시를 표현하는 유사한 방법으로 이해될 수 있다. 에메트(אמת, "진정으로")라는 단

어는 각각의 평행되는 부분과 더불어 다루어져야 할 것이다. 그래서 선지자에게 주는 교훈은, 그대가 꿈을 꾸었다면 그 꿈을 충실하게 설명하라는 것과 말씀을 받았다면 그 말씀을 충실하게 전하라는 것이다. 덧붙여서, 두 평행 부분을 연결하는 접속사는 접속사 "그리고"나 반의 접속사인 "그러나"로 이해될 것이다. 후자의 경우 여호와의 말씀을 전하는 것은 꿈을 꾸는 것과는 구별될 것이다. 예레미야는 이 용어를 항상 거짓 선지자에 대해 사용하면서 꿈꾸는 자들을 질책하려는 듯하다. 이런 의미에서 예레미야에게 꿈은 신의 계시의 적법한 수단으로 이해되는 반면에, 그의 개인적인 경험은 그로 하여금 당대의 "꿈꾸는 자들"이 그들 자신의 의사를 지지하는 기능으로 계시의 이 형태를 오용했다고 보게 만들었다(BDB[321]는 꿈을 가장 저급한 예언 계시의 수단으로 이해하려 하지만, 구약성경은 전체적으로 꿈을 그렇게 부정적으로 다루지 않는다. 예를 들어 욜 3:1).

이 절의 끝 부분에 있는 수사적 질문은 아마도 잘 알려진 금언을 반영하는 것 같다. "겨가 밀과 무엇으로 비교될 수 있겠느냐? 그럴 수 없다." 밀은 음식이다. 겨는 찌꺼기로서 벽돌 만드는 일에 진흙과 섞여서 사용될 수는 있으나, 그 근본은 쓰레기에 불과하다. 금언의 의미는 확실히 단어 에메트(אמת)와 묶여 있다. 꿈을 충실하게 해설하거나 여호와의 말씀을 전하는 것은 밀과 동급이다. 겨는 쓰레기 외에 아무것도 비교할 것이 없다. 이는 비록 동일한 언어가 사용되지는 않았지만, 15:19에서 여호와께서 예레미야에게 하신 말씀과 연관성이 있어 보인다. 그 구절에서는 가치 없는 것과 값진 것 사이의 비교가 이루어지고 있다. 엄밀하게 보면 이 곳에서의 비교와 동일한 경우다. 여호와의 말씀의 힘을 말하는 다음 절과 관련지어 볼 때, 이 금언은 꿈에 대해 부정적으로 말하는 것으로 보일 수도 있다. 그 자체로 그리 많은 것은 아니지만 거짓 예언자들은 그것을 사용(오용)했다.

이 절 끝 부분의 메신저 형식구는 이 시문 단락을 이어지는 부분과 구별시킨다. 양자는 독립적인 신탁으로서 더불어 기소로부터 심판으로의 전이를 형성한다.

29 28절과 마찬가지로 이 절은 동의어적 평행을 보여 준다. 메신저 형식구가 두 개의 평행되는 행들 사이를 구분시킨다. 앞 절과의 관련성은 분명하다. 앞 절은 신적 계시의 수단으로서 꿈과 여호와의 말씀 사이의 비교를 말한다. 이 절은 여호와의 말씀의 힘을 다룸으로써 그 비교를 강화시킨다. 이 절의 두 행은 모두 직유를 사용하면서 여호와의 말씀의 위대한 힘을 말한다. 그것은 불과 같으며, 방망이와도 같다. 불은 파괴의 이미지를 담고 있으나 정련의 이미지도 가지고 있다. 비슷하게 방망이는 부수고, 조각내거나, 연마하는 것을 자르는 데 사용된다. 그러니까 날카롭게 하고

예리하게 만드는 것이다. 방망이는 기초 재료를 때림으로써 정련시키는 데 사용된다. 이와 달리 방망이는 석공의 작업과 연관지어서 벽돌을 자르거나 다듬는 일에 사용된다고 말할 수도 있다.

두 이미지(불과 방망이) 모두 파괴와 정련 사이의 관계성을 보여 준다. 그들은 분명히 심판의 이미지다. 여호와의 말씀은 정련하면서 겨를 태워 없앤다. 그것은 부수고 쳐내면서 돌을 건축 재료로 사용할 수 있도록 다듬는다.

30 심판 강화 자체는 세 개의 구분된 1인칭 문장들로 구성된다. 위의 기소처럼 심판 강화는 상당한 정도의 반복을 이루고, 거짓 선지자들의 성격 묘사를 강조한다. 어떤 심판도 선고의 특징을 주지는 않는다. 첫 번째 심판은 단순히 여호와가 선지자들에게 적대적이라는 것을 진술할 뿐이고 여기에 선지자들에 대한 묘사가 담겨 있다. 그들은 여호와의 말씀을 다른 이들에게서 훔치는 자들이다. 이 혐의는 이들 거짓 선지자들이 다른 선지자들의 신탁을 자기들의 것인 양 취해서 사용하거나(Johnson, 47-49가 그렇다), 옛 선지자들의 말씀을 취하거나(Berridge, *Prophet, People*, 32ff.가 그렇다), 다른 거짓 선지자들의 말씀을 훔치는 것을 의미할 수 있다. 어느 경우든 그들은 다른 이들의 계시였던 것(혹은 전혀 계시가 아니었던 것)을 자기들의 것으로 주장한다는 것이다.

31 이 심판의 두 번째 부분은 여호와께서 심판의 특성 없이 선지자들을 거부하심을 서술하고 있다. 다시금 추가적으로 선지자들에 대한 묘사가 나타난다. 그들은 자신들의 혀를 취한다. 그것은 그들이 여호와의 말씀보다는 자기 자신의 말을 전한다는 것이다. 그리고 그들은 신탁을 전한다. 분명히 이 마지막 구절은 "여호와의 신탁"이라는 말에 대한 언어유희가 담긴 것이다. 와이느아무(וינאמו)라는 동사는 구약성경에서 나암(נאם)의 동사형이 나온 유일한 경우다. 이 구절이 함의하는 바는 이들 선지자들이 신탁을 전할지라도 그것은 여호와의 신탁이 아니라는 말이다.

32 심판의 마지막 부분은 극히 조금만 다른 형식으로 시작된다. "보라, 내가…게 예언하는 자들을 치리라…." 이 선지자들은 거짓 꿈을 예언하는 자들로 서술된다. 앞의 절들에서 이루어진 기소가 여기서는 보다 정확해진다. 꿈이 거짓 꿈으로 불리고 있다. 더구나 선지자들은 이들 거짓 꿈을 설명하면서 백성들로 하여금 선지자들의 거짓과 그들의 무모함 때문에 잘못을 범하게 만든다. 여기에 목자가 양떼로 하여금 길을 잃게 만드는 경우가 하나 더 제시되고 있다(23:1-4을 참조하라).

반의 접속사와 함께 강조적인 용법의 인칭대명사가 성격 묘사의 다음 부분을 시작한다. 웨아노키(ואנכי, "하지만 나로서는…"). 여호와께서는 자신이 이들 선지자들을 보낸 것도 이들에게 명령을 내린 것도 아니라고 단언하신다. 이는 그들의 말이 그들 자신의 것이지 여호와의 것은 아니라는 점을 말하는 또 다른 방식이다. 또한 여호와께서는 이들 선지자들이 분명히(동사의 부정사 절대형) 백성들에게 유익이 되지(야알[יעל]의 히필) 못한다고 단언하신다. 이 동사의 히필이 2:8에서 발람에 대한 언급에서도 나타난다.

해설

이 단락은 일차적으로는 거짓 선지자들과 신적 계시의 수단에 대해 그들이 오용한 것에 대한 공격이다. 선지자들은 그들 자신의 말을 전한 것과 꿈으로 계시를 조작한 혐의로 기소된다. 선지자들에 대한 여호와의 훈계는 단순하다. 꿈을 설명하는 일과 그분의 말씀을 전하는 일에 충실하라는 것이다. 여호와의 말씀은 그 권능으로 인해 평안을 주게 될 것이다.

하지만 여호와께서는 그들이 그들 자신의 말을 전했던 것으로 인해 그들을 공격하신다. 세 번씩이나 여호와께서는 그들을 대적한다고 말씀하시면서, 25-26절에서 "예언하는 자들"에 대해 세 번 언급하신다. 가장 강력한 비난은 여호와께서 거짓 선지자들을 보내지도(위임) 명령하지도(말하심) 않으셨다는 것이며, 그들이 백성에게 아무 유익도 되지 못했다는 것이다.

F. 여호와의 "짐"(23:33-40)

참고문헌

Boer, P. A. H. de. "An Inquiry into the Meaning of the Term משא." *OTS* 5(1948) 209-13. **Gehman, H. S.** "The 'Burden' of the Prophets." *JQR* n.s. 31(1940-41) 107-21. **McKane, W.** "משא in Jeremiah 23. 33-40." In *Prophecy: Essays Presented to Georg Fohrer.* Ed. J A. Emerton. BZAW 150. Berlin: de Gruyter, 1980. 35-54. **Walker, N.** "The Masoretic Pointing of Jeremiah's Pun." *VT* 7(1957) 413. **Weil, H. M.** "Exégèse de Jérémie 23, 33-40 et de Job 34,28-33(Jérémie 44, 9)." *RHR* 118(1938) 201-8. **Wernberg-**

Møller, P. "The Pronoun אתמה and Jeremiah's Pun." *VT* 6(1956) 315-16.

본 문

33 이 백성이나 선지자나 제사장이 네게 물어 이르기를 여호와의 엄중한 말씀이 무엇이뇨 하거든 너는 그들에게 대답하기를 엄중한 말씀이 무엇이냐 하느냐 여호와의 말씀에 내가 너희를 버리리라 하셨고
34 또 여호와의 엄중한 말씀이라 하는 선지자에게나 제사장에게나 백성에게는 내가 그 사람과 그 집에 벌하리라 하셨다 하고
35 너는 또 말하기를 너희는 서로 이웃과 형제에게 묻기를 여호와께서 무엇이라 응답하셨으며 무엇이라 말씀하셨느뇨 하고
36 다시는 여호와의 엄중한 말씀이라 말하지 말라 각 사람의 말이 자기에게 중벌이 되리니 이는 너희가 사시는 하나님 만군의 여호와 우리 하나님의 말씀을 망령되이 씀이니라 하고
37 너는 또 선지자에게 말하기를 여호와께서 네게 무엇이라 대답하셨으며 여호와께서 무엇이라 말씀하셨느뇨
38 너희는 여호와의 엄중한 말씀이라 말하도다 그러므로 여호와께서 가라사대 내가 너희에게 보내어 여호와의 엄중한 말씀이라 하지 말라 하였어도 너희가 여호와의 엄중한 말씀이라 하였은즉
39 내가 너희를 온전히 잊어버리며 내가 너희와 너희 열조에게 준 이 성읍을 내 앞에서 내어버려
40 너희로 영원한 치욕과 잊지 못할 영구한 수치를 당케 하리라 하셨다 할지니라

33 "Now when this people, [a]or the prophet or a priest,[a] will ask you, saying, 'What is the "oracle/burden" of the Lord?' then you will say unto them, [b]'You are the "burden."'[b] And I will abandon you,'" an oracle of the Lord.
34 "The prophet, and the priest and the people who say 'the "burden/oracle" of the Lord,' I will take care of that man and his house.
35 Thus you will say, each to his fellow and each to his brothers, 'What has the Lord answered and what has the Lord spoken?'
36 But 'the "burden/oracle" of the Lord' you will not remember/mention[a] again, because the[b] 'burden/oracle' will be for each his (own) word, [c]but you have overturned/perverted the words of the living God, the Lord of armies, our God.
37 Thus you will say to the prophet, 'What has the Lord answered you[c] or what has the Lord spoken?'
38 [a]"But if you say 'The "burden/oracle" of the Lord,'" [a]therefore thus says the Lord, "Because you say this word 'the burden/oracle of the Lord' and I sent to you saying, 'do not say "the burden/oracle of the Lord,"'
39 therefore, behold, [a]I will forget[a] [b]you surely[b,c] and I will abandon you and the city which I gave to you and to your fathers out of my presence.
40 I have placed against/upon you an everlasting reproach and an everlasting ignominy which never [a]will be forgotten."[a]

원문주해

33.a-a. *BHS*는 이 단어들이 34절로부터 옮겨온 것일 수 있다고 제안한다.

33.b-b. 마소라 본문의 에트-마-마세(את־מה־משא, "그 짐/신탁이 무엇이냐?")를 두고

*BHS*는 칠십인역과 불가타역을 따라 아템 하마세(אתם המשא, "너희들이 짐/신탁이다")로 읽기를 제안한다. 이 번역에서는 이 수정을 수용하였다. 마세(משא)를 "짐"이나 "신탁"으로 번역한 것에 대해서는 "주석"을 보라.

36.a. 칠십인역은 "너희가 이름을 지을 것이다"로 읽는데, 이는 분명히 자카르(זכר, "언급하다")의 히필로 이해한 결과다. 하지만 BDB는 칼에서도 동일한 의미를 말한다.

36.b. *BHS*는 마소라 본문의 하마세(הַמַּשָּׂא, "그 짐")를 의문문인 하마사(הֲמַשָּׂא, "그의 말씀이 짐인가?")로 읽기를 제안한다.

36-37.c-c. 칠십인역에는 없다.

38.a-a. 칠십인역에는 없다.

39.a-a. *BHS*는 마소라 본문의 웨나쉬티(ונשיתי, "내가 잊어버릴 것이다")를 소수의 사본들(de Rossi, III, 93)과 번역본들을 따라 웨나시티(ונשיתי)=웨나사티(ונשאתי, "내가 들어올릴/견디어낼/운반할 것이다")로 읽기를 제안한다. 마사(משא)의 다양한 뉘앙스와 더불어 어근 나사(נשא)를 두고 언어유희를 한 것으로 이해하는 것이 매력적인 제안이기는 하지만, 사실 나샤(נשה)도 유음 현상이 가능한 경우다.

39.b-b. 칠십인역에는 없다.

39.c. *BHS*는 마소라 본문의 나샤(נשא, 부정사 절대형으로 동사의 행위를 강조)를 나사(נשׂא, 동일하게 부정사 절대형으로)로 읽을 것을 제안한다. 위의 "원문주해" 39.a-a를 보라.

40.a-a. 칠십인역에는 7-8절이 이 절의 끝 부분에 위치한다.

양식/구조/배경

이 단락은 번역과 해석에 있어 상당히 많은 문제가 있다. 수신자는 전혀 문젯거리가 될 수 없다. 33절의 "너"는 남성 단수다. 33-34절에는 남성 단수 형태가 나온다. 35-36절에서 수신자는 남성 복수다. 37절에서는 남성 단수다. 38-40절에서 수신자는 남성 복수다. 많은 주석서들은 남성 단수의 수신자는 예레미야이며, 남성 복수의 수신자에는 전체적으로 거짓 선지자들과 지도자들과 백성들도 포함된다고 본다. 하지만 단락 어디에서도 남성 단수의 한 개인에 대해 지적하는 바가 없다.

이 단락은 질문과 그에 대한 응답으로 시작된다. 질문과 대답을 이루는 이 특별한 형식("그들이 너에게…질문하면, 너는 그들에게…대답하라")은 롱(Long)의 "B유형" 형태와 맞아들어가며, 예레미야에서도 상당히 자주 발견되는 경우다(5:19; 13:12-14; 15:1-4; 16:10-13).

단락의 나머지 부분은 33절의 질문 대 응답에 근거해서 마사(מַשָּׂא)에 대한 언어유희를 발전시킨다. 34절은 33절의 심판 선언을 지속하지만 조금 다른 뉘앙스에서 이루어진다. 34절 이하에서 심판은 특별히 "여호와의 마사(משא)"를 전하는 자들에 대해 이루어진다. 여기서 주어지는 교훈은 그 말씀들이 전해져서는 안 된다는 것이다. 이 강화 형식은 예레미야서에서 흔한 경우가 아니다. 일반적으로 그의 심판 강화는 백성들의 행위에 근거한 것이지 형식구를 이용(오용)한 것 때문은 아니다.

38b-40절은 확실히 전형적인 심판 강화를 형성한다. "내가 너희들을 보내면서 '…라 말하지 말라'고 했는데, 너희들이 (계속해서) …라 말하기 때문에" 기소가 이루어진 것이다. 기소의 앞부분에도 메신저 형식구가 있으며, 심판 강화를 시작하면서 라켄(לכן, "그러므로")이라는 단어가 사용된다. 불변화사 키(כִּי)는 동인적 의미를 가지고 있으며, 심판 강화의 기소 근거를 시작하는 기능을 갖는다. 심판 강화는 39-40절에서도 이어진다. 여기서도 라켄(לכן)으로 시작된다. 그리고 1인칭 형식인 힌느니(הנני, "보라 내가…")가 사용된다.

주석

33 익명의 한 사람에게 질문이 전해진다. "여호와의 마사(מַשָּׂא)가 무엇이냐?" 이 질문은 마사(מַשָּׂא)가 갖는 두 가지 상이한 의미 때문에 모호해진다. 그것은 "짐"과 "신탁"이다(한글 성경에서는 이를 "엄중한 말씀"으로 옮겨놓았다 – 역자주). 맥케인은 이 두 가지를 동음이의어로 보았고, BDB는 이를 하나의 어근 나사(נשׂא) 항목에 포함시켰다. 두 가지 의미가 하나의 어근에서 기인된 것이라면, 이들 두 가지 의미는 서로 어떻게 연관될까? "짐"은 어근 나사(נשׂא, "들다, 견디다, 운반하다")를 통해 보면 그 의미가 분명해진다. 운반되는 물건은 짐이다. 하지만 "신탁"은 조금 분명치 못하다. 이에 대한 설명으로 신탁은 엄한 심판의 메시지였으며, 그래서 선지자에게는 견뎌야 할 짐이라는 것이다. 또 한 가지 해석은 선지자가 신탁을 전하면서 그의 목소리를 들어올린다는 것이다. 그래서 이 어근이 갖는 의미와 연관된다는 것이다. 이 같은 다양한 해석은 제쳐두고, 분명한 것은 이 단락 전체를 통해 이루어지고 있는 언어유희가 짐과 신탁이라는 마사(מַשָּׂא)의 이중 의미를 둘러싸고 나타나고 있다는 점이다.

언어유희는 이 절에서의 질문 대 응답 속에서 분명해진다. 질문은 그 일차적 의미가 분명하다. "여호와의 신탁이 무엇이냐?" 그 응답은 "너희가 짐이다"이다. 이 이중 의미는 단락 전체를 통해 지속될 것이다.

그리고 여호와께서는 그분이 짐이 되는 자들을 버리실 것이라고 말씀하신다. 선지자와 제사장과 백성이 이 질문을 받았으며 모두가 심판의 대상에 포함된다는 것에 주목해야 한다.

34 이 절은 앞 절의 심판 선언을 재강조한다. 선지자와 제사장과 백성을 포함한 모두는 심판 아래 있게 될 것이다. 심판 선언은 여호와께서 그들 각자에게 "방문"(פקד – 파카드)하실 것이라는 말이다. 동사 파카드(פקד)는 긍정적, 부정적 함의를 모두 가지고 있다. 방문은 축복이 될 수도 심판이 될 수도 있다. 문맥에서만 그 의미를 정확히 이해할 수 있다. 여기서의 의미는 부정적인 "방문"이며 백성들을 "돌아보심"이다.

35 이 단락의 교훈 부분이 이 절에서 시작된다. 여기서는 정당한 응답이 이루어진다. 너희들(복수)이 다른 이에게 말하기를, "여호와께서 무슨 대답을 하셨느냐 혹 여호와께서 무엇을 말씀하셨느냐?" 이에 대해 이루어져야 할 응답은 다른 누군가가 변하게 될 것임을 제시해 준다.

36 이제 다른 응답이 부정적인 의미로 제시된다. 다시는 "여호와의 신탁/짐"이라는 말을 기억/언급하지 말라는 것이다. 이 문장은 달리 이런 의미를 가질 수도 있다. 너희들은 더 이상 "여호와의 신탁"을 기억하지 않을 것이다. 유사한 의미가 3:16에서 언약궤에 대한 언급 속에서 발견된다. 이것은 34절에서 그들을 버릴 것이라는 여호와의 협박과 평행을 이루면서 이 구절이 잊혀질 것임을 함축한다.

이 절의 두 번째 부분은 더욱 난해하다. 여기서의 번역은 마사(משא)가 "짐"으로 이해될 수 있다는 것과 짐이 각자에게는 그 자신의 말이라는 점을 함의하는 것이다. 백성들이 신탁으로 받은 것은 그들 자신의 말이었을 뿐이지 여호와의 것은 아니었다. 또한 언어유희가 의미하는 바는 아마도 이 말이 신탁이 아니라는 말인 것 같다. 이것은 각자의 짐이 될 것이다.

이 절의 마지막 부분 때문에 이러한 해석이 가장 가능성이 있어 보인다. 혐의는 백성들이 여호와의 말씀을 악용했다는 것이다.

37 이 절은 35절의 상당 부분과 평행을 이루며 반복되고 있다. 하지만 다른 것은 수신자들이다. 여기서는 선지자이지만, 35절에서는 친구요 형제들이었다.

38 이 절에서는 비록 각각의 경우에 그 의미가 분명히 여호와의 "신탁"일지라도 마사(משא)에 대한 언어유희가 계속된다. 이 절은 라켄(לכן, "그러므로")이라는 말로 심판 강화를 시작하면서 서론부를 심판 언어로 특징짓는다. 이어서 메신저 형식구가 뒤따른다. 이 문장의 첫 번째 단어는 웨임(ואם, "그리고 만일")인데, 이것은 조

건적 배경을 지시한다. 심판 강화는 금지된 언어의 지속적인 사용을 조건으로 두고 있다. 또한 백성들이 아무런 해명도 없이 그 말들을 사용한 것도 주목하라. 여호와께서는 그 말들을 사용하는 일을 중단하라는 말씀을 보내셨다. 이 형식은 우리로 하여금 심판이 즉각적으로 선포될 것으로 기대하게 만든다. 하지만 이 절의 나머지는 단순히 기소를 재진술할 뿐이다.

39 이 절 시작 부분에서 단어 라켄(לכן)은 38절의 형식을 반복하면서 심판 강화에 지나친 서론을 이루고 있다. 이 형식은 메신저 형식구로서 38절에 좀더 자연스럽게 부합된다. 하지만 이 절은 귀결절로서 38절 처음 부분의 조건절을 따르는 것이 더 바람직하다.

웨나쉬티(ונשיתי, "내가 잊었다[잊을 것이다]")라는 단어에 이어 부정사 절대형 나쇼(נשא, "잊기")가 나타난다. 해석과 관련된 의문은 이들 두 형태가 동일한 어근에 기인된 것이냐는 점이고, 만일 그렇다면 그것이 어느 어근이냐는 문제다. 많은 주석서들은 번역본들을 따라 나사(נשא, "들어올리다")라는 어근으로 이해하며, 이것이 마사(משא, "짐")에 대한 또 다른 언어유희를 함축한다고 본다. 하지만 이 같은 이해는 본문 수정을 조건으로 한 것이다. 마소라 본문은 수용 가능하며 여기서도 언어유희가 가능하다. 여기서는 두 어근 나샤(נשה)와 나사(נשא) 사이의 유음 현상과 관련이 있다. 부정사 절대형의 형태가 비정상적인 것 때문에 어근의 혼란이 발생한 것이 분명하다.

유음과 관련된 언어유희는 이 절의 나머지 두 개의 동사에서도 계속된다. 33절의 단어를 반복하여 여호와는 그들을 "버리실"(נטש – 나타쉬) 것이다. 또한 나타티(נתתי, "내가 주었다")는 나타쉬(נטש)와 유음을 이룬다.

버리는 대상은 백성과 도시 모두가 해당된다. 나타쉬(נטש)는 여호와를 저버린 자들을 말할 수 있다(신 32:15; 렘 15:6). 여기서 여호와께서는 그들을 버리심으로 주객을 전도시키신다. 여호와께서 그 도시를 버리심은 그가 그 도시를 떠나실 것을 의미한다(겔 8-11장과 카보드[כבוד, "영광"]의 떠나감). 그들을 버리시면서 여호와께서는 백성들과 그들의 터전인 도시를 떠나셨다.

33절의 마사 야호웨(משא יהוה, "여호와의 짐/신탁")와 어근 나타쉬(נטש, "버리다")의 38-39절에서의 반복은 단락에 대해 일종의 포섭 구조로서의 기능을 한다.

40 심판이 갖는 지속성이 이 절에서 드러난다. 여호와께서는 그 도시와 백성에게 "영원한 책망"(חרפת עולם – 헤르파트 올람)과 "치욕"(וכלמות עולם – 우클리무트 올람)을 주셨다. 이것은 다가올 황폐화와 추방의 심판에 대한 분명한 언급이다. 이렇

게 결코 잊을 수 없는 파멸이 완전하게 이루어질 것이다. 이것은 영원한 수치를 가져올 것이다. 이 구절은 20:11의 "영원한 수치(כלמת עולם - 클리마트 올람), 그것은 결코 잊을 수 없을 것이다"와 상당히 유사하다.

이 잊을 수 없는 신탁에 대한 언급은 백성들로 하여금 여호와의 이름을 잊게 만들었던 선지자들에 대한 앞서의 언급(23:27)과 뚜렷하게 대조된다. 백성들은 여호와의 이름을 잊을 수 있지만, 다가올 심판은 결코 잊지 못할 것이다.

해설

이 단락은 심판의 선언을 포함하는 질문과 대답의 형식으로 시작된다. 마사(מַשָּׂא, "신탁"과 "짐")에 대한 언어유희가 시작되어 단락 전체를 통해 계속된다. 백성들은 "여호와의 신탁이 무엇인가?"라고 질문하며, "너희들이 여호와의 짐이다. 너희들은 버려질 것이다"라는 답을 듣는다.

이렇게 이 단락은 "여호와의 신탁/짐"이라는 말이 더 이상 사용되어서는 안 된다는 것을 교훈해 준다. 백성들이 여호와의 말씀을 오용했기 때문이다(아마도 선지자들이 그들 자신의 말을 여호와의 것인 양 전했던 앞 단락을 두고 말하는 것 같다). "여호와의 신탁"을 전하는 자들은 누구든지 여호와의 심판 아래 있게 될 것이다. 그들은 버려질 것이고, 그들에게는 결코 잊을 수 없는 영원한 질책과 수치가 있을 것이다.

XIV. 환상과 심판의 신탁(24:1-25:38)

A. 무화과 두 광주리(24:1-10)

참고문헌

Berridge, J. M. *Prophet, People.* **Bright, J.** *Jeremiah.* **Long, B. O.** "Reports of Visions among the Prophets." *JBL* 95(1976) 353-65. **Niditch, S.** *The Symbolic Vision in Biblical Tradition.* HSM 30. Chico, CA: Scholars Press, 1983. **Pohlmann, K.-F.** *Studien.* **Raitt, T. M.** "Jeremiah's Deliverance Message to Judah." In *Rhetorical Criticism, Essays in Honor of James Muilenburg.* Ed. J. J. Jackson and M. Kessler. Pittsburgh Theological Monograph Series 1. Pittsburgh: Pickwick Press, 1974. 166-85. **Reventlow, H. G.** *Liturgie.* **Thiel, W.** *Die deuteronomistische Redaktion.* **Weinfeld, M.** *Deuteronomy and the Deuteronomic School.* Oxford: Oxford University Press, 1972. **Zimmerli, W.** "Visionary Experience in Jeremiah." In *Israel's Prophetic Tradition: Essays in Honour of Peter Ackroyd.* Ed. R. Coggins, A. Phillips and M. Knibb. Cambridge: Cambridge UP, 1982. 95-118.

본 문

1 바벨론 왕 느부갓네살이 유다 왕 여호야김의 아들 여고냐와 유다 방백들과 목공들과 철공들을 예루살렘에서 바벨론으로 옮긴 후에 여호와께서 여호와의 전 앞에 놓인 무화과 두 광주리로 내게 보이셨는데

1 [a]The Lord showed me, and behold two baskets of figs [b]being set[b] before the temple of the Lord after Nebuchadrezzar, king of Babylon, took into exile Jeconiah, the son of Jehoiakim, the king of Judah, and the princes of Judah, and the skilled craftsmen, [c]and the smiths[c] from Jerusalem, and brought them to Babylon.

2 한 광주리에는 처음 익은 듯한 극히 좋은 무화과가 있고 한 광주리에는 악하여 먹을 수 없는 극히 악한 무화과가 있더라

2 The one basket had very good figs, like first-ripe figs, and the other basket had very bad figs that could not be eaten from badness (rottenness).

3 여호와께서 내게 이르시되 예레미야야 네가 무엇을 보느냐 내가 대답하되 무화과이온데 그 좋은 무화과는 극히 좋고 그 악한 것은 극히 악하여 먹을 수 없게 악하니이다

3 Then the Lord said to me, "What do you see, Jeremiah?" Then I said, "Figs, the good figs are very good, but the bad are very bad, which cannot be eaten from badness."

4 여호와의 말씀이 또 내게 임하니라 가라사대

4 Then the word of the Lord came to me, saying,

5 이스라엘의 하나님 여호와가 이같이 말하노라 내가 이 곳에서 옮겨 갈대아인의 땅에 이르게 한 유다 포로를 이 좋은 무화과같이 보아 좋게 할 것이라

5 [a]"Thus says the Lord, the God of Israel,[a] 'Like these good figs, I will regard for good the captivity of Judah whom I sent from this place to the land of the Chaldeans.

6 내가 그들을 돌아보아 좋게 하여 다시 이 땅으로 인도하고 세우고 헐지 아니하며 심고 뽑지 아니하겠고

6 Further, I will put my eye[a] upon them for good and I will cause them to return to this land. I will build them and not break down; I will plant and not pull up.

7 내가 여호와인 줄 아는 마음을 그들에게 주어서 그들로 전심으로 내게 돌아오게 하리니 그들은 내 백성이 되겠고 나는 그들의 하나님이 되리라

7 I will give them a heart to know me, for I am the Lord; they will be to me a people and I will be to them God, if they will return to me with all their heart.

8 나 여호와가 이같이 말하노라 내가 유다 왕 시드기야와 그 방백들과 예루살렘의 남은 자로서 이 땅에 남아 있는 자와 애굽 땅에 거하는 자들을 이 악하여 먹을 수 없는 악한 무화과같이 버리되

8 'But like the bad figs which cannot be eaten from badness,' [a]indeed, thus says the Lord,[a] 'thus I will make Zedekiah, the king of Judah, and his princes, and the remnant of Jerusalem, the ones remaining in this land and the ones dwelling in the land of Egypt.

9 세상 모든 나라 중에 흩어서 그들로 환난을 당하게 할 것이며 또 그들로 내가 쫓아보낼 모든 곳에서 치욕을 당케 하며 말거리가 되게 하며 조롱과 저주를 받게 할 것이며

9 I have made them [a]for a terror[a] [b]for evil[b] to all the kingdoms of the earth, for a reproach, and for a by-word, [c]for a taunt and for a curse [d]in all the places where I banish them there.[d]

10 내가 칼과 기근과 염병을 그들 중에 보내어 그들로 내가 그들과 그 열조에게 준 땅에서 멸절하기까지 이르게 하리라 하시니라

10 I will send against them the sword, [a]the famine, and the pestilence until they are destroyed from upon the ground that I gave to them [b]and to their fathers.'"[b]

원문주해

1.a. 칠십인역 알렉산드리아 사본과 루시안 개정본과 소수의 사본들은 "그리고"를 추가시킨다. *BHS*는 코(כה, "이렇게")로 읽을 것을 제안하는데, 이것이 23:40의 마지막 부분에 나오는 케트(כת־)와의 사이에서 중자 탈락의 영향으로 생략된 것일 수 있기 때문이다.

1.b-b. 호팔 분사는 이 곳과 겔 21:21[16]에서만 나타난다. *BHS*는 가능한 수정으로 오미딤(עֹמְדִים)이나 마오마딤(מְעֻמָּדִים)이나 무다임(מוּדָעִים)까지도 제안한다.

1.c-c. 칠십인역은 "그리고 죄수들"이라고 읽는다. 하마스게르(המסגר)라는 단어는 열쇠공이나 금세공을 함의할 수도 있다. 칠십인역의 "죄수들"은 어근 사가르(סגר)를 지적한 것이다. 드라이버(Driver)는 이 용어가 하렘을 지시하는 것이라고 주장한다. 칠십인역은 또한 이 구절에 이어 "그리고 부자들"을 추가시키고 있다.

5.a-a. *BHS*는 이 구절을 추가로 본다.

6.a. 극소수의 사본들과 칠십인역과 불가타역은 복수형 "눈들"로 읽는다.

8.a-a. *BHS*는 이 구절을 추가로 본다.

9.a-a. 여기서 번역된 것처럼 케레는 르자아와(לזעוה, "공포로")다. 케팁은 리즈와아(לזועה, "떪, 흔들림, 놀람의 대상")다.

9.b-b. 칠십인역에는 없다. 시리아역과 탈굼역, 편집본들과 불가타역은 접속사를 추가시킨다. *BHS*는 이 형태를 중복오사로 삭제하거나 5절의 르토바(לטובה, "좋게")와의 평행을 위해 8절의 끝으로 옮길 것을 제안한다.

9.c. 카이로 사본의 단편들과 다수의 사본들, 칠십인역, 시리아역, 한 편의 탈굼역 사본은 접속사를 추가시킨다.

9.d-d. *BHS*는 이 구절을 신 28:37에서 취해진 추가일 것으로 제안한다. 루돌프는 이 구절이 10절과 모순된다는 점에 주목한다.

10.a. 다수의 사본들과 칠십인역, 시리아역, 탈굼역의 레우키니아누스 사본은 접속사 와우(ו)를 추가시킨다.

10.b-b. 칠십인역에는 없다.

양식/구조/배경

이 장은 일종의 산문체로 된 환상 보고다. 산문이기는 하지만 모빙켈(Mowinckel)은 이를 그의 "A"자료에 포함시킨다. 일부 주석가들이 이 구절을 신명기 사가적인 것으로 추정하지만(Nicholson, Hyatt), 다른 이들은 이를 후대의 것으로 보며(Duhm, May), 다수는 크게는 예레미야의 것이라고 본다(Rudolph, Bright, Holladay). 이 구절은 몇 가지 후대의 확장이 있었던 것으로 보인다.

형식에 있어서 이 구절은 18장과 유사하다. 이 구절은 환상으로 분류되지 않고 행적으로 이해되지만 그 요소들은 상당히 유사하다. 롱(Long, *JBL* 95[1976] 353-65)은 환상 기사의 요소들이 다음과 같다고 본다(24장에서의 절의 분할은 괄호 안에 표시되는 대로 렘 18장과의 평행 때문에 구별한 것이다).

i. 환상의 선포(24:1a) [18:1-3a]

ii. 전이(24:1b, 힌네[הִנֵּה]) [18:3b]

iii. 일련의 환상(24:1c-10) [18:3c-11]

  a. 이미지(24:1d-2) [18:3c-4]

  b. 여호와의 질문(24:3a) [없음]

  c. 선지자의 응답(24:3b) [없음]

  d. 여호와의 신탁(24:4-10) [18:5-11]

두 구절 사이의 형식적인 유사성이 증거되고 있다. 예레미야 24장과 아모스 7-8장 사이에는 보다 세밀한 형식적 유사성이 존재한다.

이 신탁은 두 개의 거의 균형이 잡힌 부분들로 구분되며, 좋은 무화과는 전반부에서 포로 된 자들로 그 정체가 드러나며, 악한 무화과는 후반부에서 시드기야와 그 땅에 남은 자들로 그 정체가 드러난다.

역사적 배경은 여고냐-여호야긴의 추방과 시드기야의 통치 시대로 보인다. 이 같은 정황으로 환상의 시기는 주전 597년과 587년으로 보인다.

주석

1 이 환상의 상황은 아모스 7장과 8장에서도 발견되듯이 "여호와께서 내게 보이셨다"라는 구절로 설정된다.

환상의 내용은 성전 앞에 놓인 두 무화과 광주리다. 이 환상이 실제적 근거를 가진 것인지 그저 환상일 뿐인지(꿈인지도)는 확정될 수 없다.

"성전 앞"이라는 장소는 무화과가 성전에 바쳐진 헌물이었음을 보여 준다. 이 절에서는 두 광주리에서 어떤 차이점도 나타나지 않는다.

배경과 시간이 나타난다. 장소에 더하여 환상은 여호야김의 아들 여고냐(=여호야긴)와 지도자들과 기술자들 상당수가 주전 597년에 바벨론으로 끌려간 이후로 설정되고 있다.

2 2절은 계속해서 광주리에 대해 묘사한다. 차이점은 극단적인 표현으로 드러난다. 한 광주리는 매우 좋은 무화과를 가졌고, 다른 하나는 매우 악한 것들을 가졌다. "처음 익은 무화과"(הבכרות – 하바쿠로트)는 특별히 맛이 좋은 것으로 여겨진다(BDB, 114). 이 단어와 관련지어 "첫 열매"(בכורים – 비쿠림)는 여호와께 바쳐지는 헌물이었다(레 2:14; 23:17, 20; 기타). 아마도 예레미야의 어휘 선택은 무화과가 헌물이었음을 보여 주기 위해 의도된 것으로 보인다.

두 번째 광주리의 "악함"은 그렇게 분명하지 않다. 아마도 그 의도되는 바로는, 그것은 야생의 시고 손상된 무화과라기보다는 부패된 것으로 보인다. 이에 비교할 수 있는 것으로 열왕기하 2:19에서는 "악한" 물에 대해 말하고 있다. 물이 마실 수 없는 것이었다면, 이 무화과는 먹을 수 없는 것이다.

3 이 환상은 그 자체로 쉽게 해석을 주지는 않는다. 해석은 하나님께 달려 있다. 이어지는 질문-대-응답의 모티프는 선지자들에게서 상대적으로 일반적인 경우다

(암 7장과 8장; 슥 5:1-4; 렘 1:11-14). 전형적으로 선지자의 응답은 환상을 서술하는 진술을 반복한다. 이 같은 반복이 불필요한 것으로 이해될 필요는 없다. 차라리 그것은 선지자가 환상을 정확하게 보았음을 보여 주는 것이다. 사자가 그 위임된 메시지를 정확하게 반복하는 일과 비교할 수 있다. 또한 해석의 근원이 선지자가 아니라 하나님이심을 지적하는 것이라면, 그 해석은 환상을 통해서는 알 수 없다.

4 절 전체가 도입 형식구가 되고 있다. 이것은 16:1과 동일하다. 거기서는 환상을 해석하기 위해 환상에서 신탁으로의 전이를 이루고 있다. 5-10절은 해석을 제공한다.

5-7 메신저 형식구는 루돌프, 할러데이 등에 의해 추가로 여겨지고 있다. 루돌프는 메신저 형식구가 사적인 환상 체험에는 부적절하다고 진술한다. 하지만 예레미야가 받았던 신탁은 백성들에게 전해졌으며, 자주 메신저 형식구로 시작되었다. 또한 마찬가지로 이 환상이 메신저 형식구로 시작하여 그 해석을 백성들에게 전해 준 것은 적절한 것일 수 있다. 환상은 선지자 자신의 계발을 위해서 주어진 것도 아니며 우선 선지자를 위해서 의도된 것도 아니다. 환상은 이어지는 신탁의 근거가 된다. 둘 다 왕과 백성들을 향한 것이었다.

신탁이 그 원래의 청취자들에게는 기대되던 바가 아니었을지라도 그 의미는 분명하다. 주전 597년의 추방 이후 유다와 예루살렘에 남겨진 많은 수의 신학은 자신들은 축복 받은 자들이고, 포로로 끌려간 자들은 심판을 받았다는 것이었다. 이 신탁은 정확하게 그 반대로 진술한다. "붙잡혀 간"(גלות – 갈루트) 자들은 축복을 받을 수 있는 자들이었다.

여호와께서 이 신탁의 행위자로 강조되고 있다. 이 절의 아홉 개의 동사는 1인칭 공통 단수 "나"이며, 여기에 추가적으로 1인칭 공통 단수 대명사가 나타난다. 각각의 경우에 여호와가 주어다. 그분은 포로 된 자들을 갈대아인들의 땅으로 보내셨고(5절), 그들을 좋게 여기실 것이며(5절), 그의 눈을 그들에게 선하게 두시며(6절), 그들이 그에게로 돌아올 경우 그들로 하여금 돌아오게 하실(6절) 분이다.

이 신탁에서의 언어의 요소들은 예레미야의 소명 체험을 회상시킨다. "내가 그들을 세울 것이다"(בניתים – 브니팀). "내가 헐지 않을 것이다"(לא אהרס – 로 에헤로스). "내가 그들을 심을 것이다"(נטעתים – 니타으팀). "내가 그들을 뽑지 않을 것이다"(לא אתוש – 로 에토쉬). 그러나 여기서는 소명에서처럼(1:10을 보라) 선지자가 아니라 여호와가 주어다. 이들 동일한 절들에 더하여 18:7-9도 나타나는데, 그 구절은 토기장이와 그릇의 신탁의 일부분으로서 18장과 본 장 사이의 유사성을 지적해 주는 또 하나의 요소가 되고 있다.

7절에서 "내가 그들로 나를 아는 마음을 줄 것이다"라는 구절은 32:39에서 "내가 그들에게 한 마음과 한 도를 주어 나를 경외하게 할 것이다"라는 구절과 유사하다. 두 경우 모두 마음의 변화가 백성들을 하나님께로 이끌게 될 것이다. 다른 구절에서도 마찬가지지만 "마음"은 내적인 인격, 즉 의지나 정신을 함의한다. 예레미야서에서 마음에 대한 대부분의 언급은 강퍅하거나 반항적이거나 악한 마음에 대해 말하고(3:17; 5:23; 11:8 등) 그것이 심판을 불러오는 것으로 말해지지만, 이 구절은 마음의 변화에 대해 서술하고 있으며 포로 된 자들에게 희망을 준다. 아직은 소망이 이 절의 마지막 구절이 지시하는 것처럼 조건적인 것은 아니다.

"나를 안다"라는 말이 예레미야서에서 발견되는데, 이 곳뿐만 아니라 22:16과 31:34, 그리고 5:5에서는 매우 밀접하게 관련된 용어로 나타난다. 백성들이 여호와를 알지 **못했다**는 부정도 나타나고 있다(2:8; 4:22; 5:4[미소한 차이를 보이는 구절]; 9:3, 6). 이 용어는 예레미야서와 다양한 방식으로 연관성을 가진 호세아서에서 일반적인 것이다. 우리는 이 구절이나 밀접하게 연관된 구절을 호세아 2:8; 2:20; 4:1; 5:4; 6:3; 6:6; 8:2; 13:4에서 발견할 수 있다.

키 아니 야흐웨(כי אני יהוה)라는 구절은 원인적으로 이해될 수 있거나("내가 여호와이기 때문에") 결과적으로 이해될 수도 있다("내가 여호와이니라"). 후자는 이중 목적격으로 쓰인다. 그래서 길게 풀어 보면, "그들이 나를 아는 것, (곧) 내가 여호와라는 것"이 된다. 이 같은 번역은 에스겔서에서 자주 드러나는 표현과 깊이 관련된다. "그리고 너희(그들)는 내가 여호와인 줄 알게 될 것이다"(겔 6:7; 6:10 등). 전자의 번역이 이 문맥에 더 바람직해 보이며, 이것은 이중 목적격을 피한 것이다. 원인적 구절은 여호와의 능동적 역할을 강조해 준다. 호세아서의 용례는 완전하지는 않지만 밀접한 평행을 이룬다. 호세아 11:8-9은 여호와를 주어로 둔 1인칭 동사를 사용하여 이스라엘을 향한 은총과 소망을 보여 준다. 원인 구절은 이 같은 은총의 이유를 제공하면서 키 엘 아노키(כי אל אנכי, "내가 하나님이기 때문에")라고 진술한다.

5절 시작 부분에 나오는 1인칭 동사의 연쇄는 절정으로 치닫는다. "내가 여호와이기에"라는 구절은 절정의 전조 역할을 한다. 여호와는 그가 여호와이시기 **때문에** 이들 포로 된 자들에게 긍정적으로 역사하지 않으실 것이다.

이 절의 완전한 절정이 이제 시작된다. 강력한 언약적 언어가 분명해진다. "그들은 내게 백성이 될 것이고, 나는 그들에게 하나님이 될 것이다." 유사한 용어가 출애굽 사건-시내산 언약의 일부를 이룬다(출 6:7; 레 26:12; 신 29:12[13]). 바인펠트(Weinfeld, *Deuteronomy*, 80)는 유사한 용어가 아브라함 언약(창 17:7-8)에 있음을 언급한다. "너희에게 하나님이 되리라." 이 구절은 예레미야서에서 추가적으로 여섯 번이나 더 나타난다(7:23; 11:4; 30:22; 31:1; 31:33; 32:38). 예레미야서에서 나타나는 다른 경우는 조건적인 규정이거나(7:23; 11:4), 회복의 배경(30-32장)에서 발견된다는 점을 주목해야 할 것이다. 이 구절은 두 배경을 중개해 준다. 그것은 회복 신탁이지만, 또한 다음 구절이 지시하는 대로 조건이기도 하다. 다시금 호세아와의 언어와 신학에 있어서의 유사성이 드러난다. 호세아 1:9은 부정적인 의미를 준다. "그 이름을 '내 백성이 아니라'라 하라. 너희가 내 백성이 아니고 내가 너희 하나님이 아니기 때문이다." 이것의 긍정이 호세아 2:25[23]에서 드러난다. "그리고 내가 내 백성이 아니었던 자에게 '너희는 내 백성이라' 하리니 저희는 이르기를 '주는 내 하나님이시라' 하리라."

키-야슈부 엘라이 브콜-리밤(כי־ישבו אלי בכל־לבם)이라는 구절은 자주 원인적으로 취급된다. "그들이 그 온 마음으로 내게 돌아올 것이기 **때문에**." 이 같은 문장은 예레미야의 신학적 이해에 대립되며, 하나님의 무조건적인 약속을 표현하는 것처럼 보인다. 이 절은 조건적으로 이해되는 것이 훨씬 더 바람직해 보인다. "**만일** 그들이 그 온 마음으로 내게 돌아온다면." 이 구절 앞에 나오는 강한 이접적 악센트(아트나)가 이 구절의 조건적 성격을 지지해 준다. 또한 이 조건은 이 절 후반부만이 아니라 절 전체와 신탁의 요점으로 작용한다. 신탁을 듣는 자는 5-7절에서의 진술 모두가 이 마지막 구절에 이르기까지는 비조건적이라고 추정하게 마련이다. 하지만 이 조건절은 전체 신탁에 영향을 미친다. 하나님이 약속하시는 축복은 백성들 편에서의 회개(여기서는 "돌아옴"으로 번역된 슈브[שוב])를 조건으로 둔다.

8-10 신탁의 후반부는 상대적으로 밀접하게 전반부와 평행을 이룬다. 원래의 청취자들의 기대 속에 있었던 오해가 지속된다. 그 땅에 남은 자들은 좋은 무화과가 아니었고, 그들은 악한/부패한 무화과였다. 동사 두 개(나탄[נתן]과 샬라흐[שלח])가 동일하게 나타난다. 1인칭 동사들도 다시 지배적으로 나타난다.

8절 시작 부분의 카트에님(כתאנים)에 있던 와우(ו)는 반의적 접속사다. 이것은 5절 이하와의 대조적 평행을 표시하는 기능을 한다. 여기 키(כי)와 더불어 나타난 메신저 형식구는 강조의미로 이해되며, 다수의 학자들은 이를 이차적이거나 첨가적인 것으로 여긴다(루돌프, 폴츠, 할러데이, 캐롤, 니딧취[Niditch, *Symbolic Vision*]). 하지만 키(כי)를 인과적인 것으로보다는 강조적인 불변화사로 이해함으로써 마소라 본문은 의미를 갖게 된다. 그렇다면 메신저 형식구는 단순히 5절에 있는 것과 평행을 이룰 뿐이고, 그럼에도 불구하고 이 구절은 히브리어에서의 군더더기가 된다.

"애굽 땅에 거하는 자들"에 대한 언급은 그것이 주전 587년 이후이거나 그달랴의 암살 이후에 애굽으로 피신한 자들을 지시하는 것이라면 시대착오적인 내용이 된다. 그래서 많은 주석가들은 구절 전체를 늦은 시기의 것이거나(캐롤), 이 구절이 후대에 추가된 것이라고 추정한다(할러데이, 폴츠, 니딧취). 하지만 포로기 이전의 유다 독립 후기는 왕실 내에서 친-애굽과 친-바벨론 세력 사이의 지속적인 책략이 난무하던 때였다. 그래서 친-애굽 세력의 일부가 주전 597년 여호야긴의 이주 시절에 애굽으로 피신했을 것이라고 기대하는 것이 전혀 비합리적인 것은 아니다(브라이트가 그렇게 본다). 할러데이가 이 구절이 수사적으로 확장되었다고 논증하지만 앞 절의 "이 땅에 남아 있는 자들"과 비교해 볼 때 그리 두드러진 흔적이 보이지는 않는다. 또한 양 절의 수사법은 예레미야의 요점에 정확히 들어맞는다. 그 땅에 남은 자들은 악한 무화과였다. 포로로 끌려간 자들은 좋은 무화과였다. 그러나 포로로 끌려가는 것을 피하기 위해 그 땅을 탈출한 자들은 악한 무화과에 포함된다. 예레미야의 메시지는 오랫동안 바벨론 사람들의 멍에에 대한 굴복이었다. 이 멍에를 피해 보려는 어떤 시도도 여호와의 책망을 피하려는 노력일 뿐이었다. 그리고 그 노력은 근본적으로 피할 길 없는 심판의 결과를 낳을 뿐이었다.

9 9절의 언어는 조약 저주와 밀접한 관련이 있다. 이 곳의 언어는 문맥이 유사했던 19:8을 회상케 한다. 포위 공격과 그 여파에 대한 공포가 두 곳 모두에서 서술되고 있다.

10 칼과 기근과 역병의 삼요소는 예레미야가 즐겨 사용하는 표현이다. 이것은 자주 포위 공격의 배경에서 철저한 파괴를 서술하는 경우에 나타난다(21:7과 그 부분에 대한 설명을 보라).

5-7절과 8-10절 사이의 주요 차이점은 이들 뒷 절에는 조건이나 희망이 없다는 것이다. 전자는 백성의 회개를 조건으로 하는 희망을 서술해 준다. 그러나 후자는 시드기야와 그 땅에 남은 자들에 대한 모진 심판을 서술해 준다.

이 모진 심판은 여호야김(22:18-23; 25:1-14)이나 시드기야(21:1-7; 34)를 향한 다른 신탁들과 전혀 다르지 않다. 여호야김을 향한 심판은 분명했으며 주전 597년에 이루어졌다. 현재의 시드기야를 향한 심판도 마찬가지로 확실하며, 이것 역시 이루어질 것이었다(주전 587). 하지만 주전 597년에 심판의 짐을 졌던 포로 된 자들에게도 축복이 임하듯이, 만일 그들이 회개한다면(24:5-7) 그 은총의 가능성은 여전히 남아 있었던 것이다. 심판은 분명히 올 것이다. 그것은 피할 수 없는 일이었다. 그러나 은총도 심판을 넘어서 가능할 수 있는데, 백성들이 회개할 경우에야 가능해진다. 이런 의미에서 5-7절은 최종적인 언어를 가진 것이다.

해설

많은 수의 선지자들에게도 마찬가지였지만, 하나님께서는 예레미야에게 환상을 보여 주신다. 그는 신탁을 이용해서 그 환상을 설명해 주신다. 그 신탁은 이미 심판의 타격을 입은(주전 597) 포로 된 자들이 회개할 경우 축복의 수혜자가 될 것이라고 말한다. 또한 아마도 자신들은 그 땅에 남아 있기 때문에 스스로를 의롭다거나 하나님의 축복을 받았다고 여기는 자들은 모진 심판을 약속 받는다. 이 말씀은 어떤 세대에서건 자기 스스로 옳다 하는 자들에게는 모진 심판만이 있을 것임을 보여 준다.

마지막 세 절에서의 모진 심판에도 불구하고, 신탁은 전체적으로 희망의 메시지를 준다. **만일** 그 백성들이 회개한다면, 하나님께서는 그의 눈을 그들에게로 선하게 돌리실 것이다. 시드기야 조차도, 가장 크게 죄를 범한 자라도, 회개만 한다면 용기를 가질 수 있게 된다.

B. 유다에 대한 심판(25:1-11)

참고문헌

Ackroyd, P. R. "Two Old Testament Historical Problems of the Early Persian Period." *JNES* 17(1958) 23-27. **Borger, R.** "An Additional Remark on P. R. Ackroyd, *JNES* XVII, 23-27." *JNES* 18(1959) 74. **Bright, J.** *Jeremiah.* **Christensen, D. L.** *Transformations of the War Oracle in Old Testament Prophecy.* HDR 3. Missoula, MT: Scholars Press, 1975. **Fensham, F. C.** "Maledictions and Benedictions in Ancient Near Eastern Vassal-Treaties and the Old Testament." *ZAW* 74(1962) 1-9. **Fishbane, M.** "Revelation and Tradition: Aspects of Inner-Biblical Exegesis." *JBL* 99(1980) 356-59. **Hillers, D.** *Treaty-Curse.* **Ho-**

lladay, W. L. "Style." *JBL* 81[1962] 44-54. **Lemke, W. E.** "Nebuchadrezzar, my Servant." *CBQ* 28(1966) 45-50. **Nicholson, E. W.** *Jeremiah 26-52.* **O'Connor, K. M.** *The Confessions of Jeremiah.* **Orr, A.** "The Seventy Years of Babylon." *VT* 6(1956) 304-6. **Plöger, O.** "Siebzig Jahre." In *Festschrift, Friedrich Baumgartel zum 70. Geburtstag.* Ed. J. Hermann. Erlangen: Universitatsbund Erlangen, 1959. 124-30. **Schenker, A.** "Nebukadnezzars Metamorphose - vom Unterjocher zum Gottesknecht." *RB* 89(1982) 498-529. **Stinespring, W. F.** "The Participle of the Immediate Future and Other Matters Pertaining to Correct Translation of the Old Testament." In *Translating and Understanding the Old Testament.* Ed. H. T. Frank and W. L. Reed. Nashville: Abingdon, 1970. **Vogt, E.** "70 anni exsilii." *Bib* 38(1957) 236. **Westermann, C.** *Basic Forms of Prophetic Speech.* Trans. H. C. White. Philadelphia: Westminster, 1967. **Whitley, C. F.** "The Term Seventy Years Captivity." *VT* 4(1954) 60-72. ______. "The Seventy Years Desolation - A Rejoinder." *VT* 7(1957) 416-18. **Zevit, Z.** "The Use of עֶבֶד as a Diplomatic Term in Jeremiah." *JBL* 88(1969) 74-77.

본 문

1 유다 왕 요시야의 아들 여호야김 사 년 곧 바벨론 왕 느부갓네살 원년에 유다 모든 백성에 관한 말씀이 예레미야에게 임하니라

1 The word which came unto[a] Jeremiah concerning all the people of Judah in the fourth year of Jehoiakim, the son of Josiah, the king of Judah [b](it was the first year of Nebuchadrezzar, the king of Babylon),[b]

2 선지자 예레미야가 유다 모든 백성과 예루살렘 모든 거민에게 고하여 가로되

2 which [a]Jeremiah the prophet[a] spoke concerning all the people of Judah and to all the inhabitants of Jerusalem, saying,

3 유다 왕 아몬의 아들 요시야의 십삼 년부터 오늘까지 이십삼 년 동안에 여호와의 말씀이 내게 임하기로 내가 너희에게 이르되 부지런히 일렀으나 너희가 듣지 아니하였으며

3 "From[a] the thirteenth year of Josiah, the son of Amon, the king of Judah and unto this day, these twenty-three years [b]the word of the Lord has come to me,[b] and I have spoken to you [c]repeatedly,[c] [d]but you have not listened.[d]

4 여호와께서 그 모든 종 선지자를 너희에게 보내시되 부지런히 보내셨으나 너희가 듣지 아니하였으며 귀를 기울여 들으려고도 아니하였도다

4 [a,b]Yet the Lord has repeatedly sent[b] to you [c]all his servants[c] the prophets, but you have not listened nor have you inclined your ears [d]to listen.[d]

5 이르시기를 너희는 각기 악한 길과 너희 악행에서 돌이키라 그리하면 나 여호와가 너희와 너희 열조에게 옛적에 주어 영원히 있게 한 그 땅에

5 They have said, 'Pray turn each from his evil way and from your evil deeds and you will remain upon the land which [a]the Lord[a] gave to you and to

거하리니
6 너희는 다른 신을 좇아 섬기거나 숭배하지 말며 너희 손으로 만든 것을 인하여 나의 노를 격동치 말라 그리하면 내가 너희를 해치 아니하리라 하였으나
7 너희가 내 말을 듣지 아니하고 너희 손으로 만든 것으로 나의 노를 격동하여 스스로 해하였느니라 여호와의 말이니라
8 그러므로 나 만군의 여호와가 이같이 말하노라 너희가 내 말을 듣지 아니하였은즉
9 보라 내가 보내어 북방 모든 족속과 내 종 바벨론 왕 느부갓네살을 불러다가 이 땅과 그 거민과 사방 모든 나라를 쳐서 진멸하여 그들로 놀램과 치소거리가 되게 하며 땅으로 영영한 황무지가 되게 할 것이라
10 내가 그들 중에서 기뻐하는 소리와 즐거워하는 소리와 신랑의 소리와 신부의 소리와 맷돌소리와 등불빛이 끊쳐지게 하리니
11 이 온 땅이 황폐하여 놀램이 될 것이며 이 나라들은 칠십년 동안 바벨론 왕을 섬기리라

your fathers from of old even unto eternity.
6 [a]Do not go after other gods to serve them or to worship them; you shall not provoke me to anger with the work of your hands [b]so that I will not bring evil[b] against you.'
7 Yet you have not listened to me," [a]an oracle of the Lord, [b]"in order to provoke me to anger[b] with the work of your hands to bring evil against you."[a]
8 Therefore, thus says the Lord of armies, "Because [a]you have not listened to[a] my words,
9 behold, I am about to send and take [a]all the families of the north,"[a] [b]an oracle of the Lord, "and Nebuchadrezzar, the king of Babylon, my servant,[b] and I will bring them against this land and against her inhabitants[c] and against all these[d] nations around,[c,e] and I will put them under the ban, and I will make them for a horror and for a shriek and for desolations[f] forever.
10 And I will destroy the sound of exultation and the sound of rejoicing, the sound of bridegroom and the sound of bride, [a]the sound of (two) millstones[a] and light of lamp.
11 Then all [a]this land will be a desolation,[a] a[b] horror; and [c]these nations will serve the king of Babylon[c] seventy years."

원문주해

1.a. 몇몇 사본들(de Rossi, III, 94)은 알(עַל) 대신에 엘(אֶל)로 읽는다.

1.b-b. 칠십인역에는 없다.

2.a-a. 칠십인역에는 없다.

3.a. 칠십인역은 마소라 본문의 "제13년 되는 해**부터**" 대신에 "제13년 되는 해**에**"로 읽는다.

3.b-b. 칠십인역에는 없다.

3.c-c. 마소라 본문의 아슈케임(אשׁכם, "나는 일찍 일어났다")보다는 카이로 사본의 단편들과 몇몇 사본들(de Rossi, III, 94)을 따라서 부사적 의미로 하슈켐(השׁכם, "반복적으로")으로 읽었다(KB, 970을 보라).

3.d-d. 칠십인역에는 없다.

4.a. *BHS*는 4절의 모든 것을 후대의 추가로 보고 삭제할 것을 제안한다.

4.b-b. 칠십인역은 여호와를 화자로 두고서 "그리고 내가 보내었다"로 읽는다.

4.c-c. 칠십인역은 4.b-b의 경우처럼 계속해서 여호와를 화자로 두고서 "내 종들"로 읽는다.

4.d-d. 칠십인역에는 없다.

5.a-a. 칠십인역과 하나의 탈굼역 사본은 "내가 주었다"로 읽는다. "원문주해" 4.b-b를 보라.

6.a. *BHS*는 절 전체를 후대의 추가로 보고 삭제할 것을 제안한다.

6.b-b. 칠십인역은 "너에게 해를 입히다"로 읽는다.

7.a-a. 칠십인역에는 없다. *BHS*는 삭제할 것을 제안한다.

7.b-b. 케레와 카이로 사본으로부터 하크이세니(הכעיסיני, "나를 자극하다")로 읽었다. 케팁은 히크이수니(הכעסוני, "그들이 나를 자극하였다")다.

8.a-a. 칠십인역은 "네가 믿지 않았다"로 읽는다.

9.a-a. 칠십인역은 "북방의 종족들"로 읽는다.

9.b-b. 칠십인역에는 없다. *BHS*는 삭제할 것을 제안한다.

9.c-c. *BHS*는 이 구절이 15절 이하를 예상하는 첨가라고 제안한다.

9.d. 칠십인역과 불가타역에는 없다.

9.e. 몇몇 사본들(de Rossi, III, 95)은 미사비브(מסביב, "사방으로부터")로 읽는다.

9.f. 칠십인역은 "그리고 영원한 치욕"으로 읽는다.

10.a-a. 칠십인역은 "몰약의 향기"로 읽는다.

11.a-a. 칠십인역에는 없다. *BHS*는 삭제할 것을 제안한다.

11.b. 다수의 사본들(de Rossi, III, 95)과 번역본들은 접속사 "그리고"를 추가한다.

11.c-c. 칠십인역은 "그리고 그들이 칠십 년 간 모든 열방들 가운데서 섬길 것이다"로 읽는데, 바벨론에 대한 것인지 전혀 언급이 없다.

양식/구조/배경

이 구절은 장 대부분이 그렇듯이 산문 단락이다. 학자들은 이 단락의 범위나 그 구분에 있어서도 의견이 서로 다르다. 많은 학자들은 이 단락을 9절 끝과/혹은 14절 끝에서 나누려 한다. 나는 11절 이후로 이 구절을 나누었는데, 1-11절까지에서는 유다와 예루살렘을 향한 심판을 이루어 오다가 12절 이하부터는 바벨론과 열방들에 대한 심판으로 전환하기 때문이다.

이 단락은 민족을 향한 많은 수의 공통적인 심판 신탁의 요소들을 가지고 있다 (Westermann, *Basic Forms*, 169-76를 보라). 비록 4절과 5절에 의해 예언 강화로 형성되었을지라도, 이 단락의 나머지 부분은 실제로는 여호와의 1인칭 강화로 나타난다. 이는 다음과 같이 개괄된다.

메신저 형식구(4-5절)
회개에의 부름(5-6절)
백성들의 응답(7절)
심판으로의 전이 "그러므로"(8절)
심판을 시작하는 반복된 메신저 형식구(8절)
힌네(הנה, "보라")로 시작되는 심판(9-11절)

이 장의 칠십인역에 대해 일반적인 언급을 해두는 것이 여기서 참조해야 할 중요 사항이다. 칠십인역은 마소라 본문보다 눈에 띄게 짧다. 상당수의 구절뿐만 아니라 일부 완전한 절마저도 생략해 버렸나. 칠십인역에서 생략의 상당수는 비벨론이나 느부가드렛살에 대한 언급들이다. 더욱 중요한 것은 칠십인역이 마소라 본문 46-51장의 이방 민족들을 향한 신탁들의 대부분을 13절 이하에(14절은 생략) 두었다는 점이다.

시기를 알려 주는 표제에 이어 단락의 대부분은 예레미야 설교의 개요에 기초한 메시지를 제공해 주고 있다. 그의 설교는 회개를 요청하고, 백성이 듣지 않기 때문에 임할 심판을 위협하고 있다.

단락에서는 그 정황이 드러나지 않는다. 하지만 시기를 알려 주는 형식구가 표제에 여호야김 제4년이라고 나타난다. 이 시기는 주전 605년이다. 또한 그 때가 느부가드렛살 제1년이라고 서술된다. 이 해는 느부가드렛살이 갈그미스 전투에서 애굽 군대를 패배시킨 해이기도 하다. 이 전투는 고대 근동사의 전환점으로 상징되고 있다. 이 일이 있은 후, 바벨론은 분명히게 지역 전체의 패권을 쥐게 되었다. 이 시기로부터 애굽보다는 바벨론이 시리아-팔레스타인의 주인이 되었던 것이다. 일부 주석가들, 특히 오코너(O'Connor, *Confessions*, 146) 같은 경우 21-25장이 이미 일어난 유다의 몰락을 전제로 하고 있다고 논증한 것을 언급해야겠다.

이 단락은 특별히 1장과의 사이에 어느 정도 문학적인 연관성을 지니고 있다. 3절은 요시야 제13년에 예레미야의 사역이 시작되었음을 말한다. 이는 1:2에 지시된 시기를 반복하고 있으며, 예레미야의 책에서 하나의 큰 단원의 시작과 끝을 지시하는 포섭 기능을 하는 것으로 볼 수 있다. (1-25장이 하나의 큰 주요 단원을 형성한다는 것은 학자들 사이에서 폭넓게 수용되고 있는 바다. 예를 들어, 브라이트, 163; 니콜슨, 14-15를 보라.) 유사한 포섭 구조가 "민족들의 선지자"로서의 예레미야에 대한 소명과 25:31-32에서 민족들에게 임할 심판, 그리고 25:18-26에서 수다한 민족들의 열거에서 나타나고 있다. 이들 구절들은 예레미야 1-25장에서의 이방 민족들을 향한 심판에 대한 주요 언급으로 특징지어질 수 있다.

1장과의 추가적인 연관성이 "여호와의 말씀이 내게 임하니라"(25:3; 1:1 참조), "내가 너희에게 부지런히 일렀느니라"(25:3; 1:6-9 참조), "보내다"라는 동사(25:4, 9; 1:7 참조) 그리고 "북방의 민족들"이라는 언급(25:8; 1:14-15 참조)에서 발견된다.

이 장과 35장 사이의 연관성은 특별히 25:5-7과 35:12-17 사이에서 분명하게 드러나고 있다.

주석

[1] 이 단락은 시간 형식구를 포함하는 표제로 시작된다. 예레미야서에서 몇 개의 다른 장들도 시간 형식구를 지니고 있다. 그들 중에는 1:1-3; 26:1; 27:1; 28:1; 32:1; 36:1 등이 포함된다. 시기는 대략 주전 605년이며, 고대 근동사에서 불길했던 한 해로 기록되고 있다. 본문은 그 해가 느부가드렛살의 바벨론 통치 첫 해였다고 삽입적으로 서술한다. 그 해는 또한 느부가드렛살 치하의 바벨론인들이 갈그미스에서 애굽 군대를 격파한 해이기도 하다. 이로써 바벨론의 세력은 전체 비옥한 초승달 지역의 군주로 서게 된다. 정치적으로 바벨론인들은 시리아-팔레스타인 지역을 주도하는 주요 세력이 될 것이다. 이러한 말들은 일반적으로는 바벨론이 그리고 특별히는 느부가드렛살이 여호와의 심판의 도구로 작용하게 될 북으로부터의 대적으로 서술되는 근거가 된다. 이 단락 시작부터의 이 같은 서술은 음울함과 멸망의 분위기를 고조시킨다.

[3] 여기서 예레미야 사역의 시작 시기를 언급한 것은 1:2의 그것과 일치한다. 예레미야는 그에게 전해진 여호와의 말씀을 진술했으며, 백성들에게 가끔씩이 아니라 "계속해서"(위의 "원문주해"에서 제안된 수정을 따라 하슈켐[השכם]) 말하였다. 하지만 백성들은 듣거나 응답하지 않았다.

[4] 또 하나의 고발은 여호와께서 예레미야를 보내기만 하신 것이 아니라 반복해서 모든 선지자들을 보내셨다는 것이다. 그럼에도 불구하고, 백성들은 그것들 중 어느 것도 주의하기를 거절했다.

[5]-[6] 예레미야가 전했던(다른 선지자들도 마찬가지다) 메시지는 여기서 간략

한 형태로 나타난다. 메시지의 첫 부분은 "기도하라, 각자 그 악한 길에서 돌이켜라"로서 예레미야서에서 여러 차례 추가적으로 발견된다(18:11; 26:3; 35:13; 36:3, 7). 그 문맥은 복수 명령형으로 이루어지고 있으며, 불변화사 나(נא, "제발 돌아서라, 제발 회개하라")로 아주 경미하게 약화되고 있다.

처음의 회개에 대한 요청으로부터 다음 구절로 이어지면서 인칭의 변화가 이루어진다. "너의 악한 행위들로부터." 이것은 3인칭 남성 단수로부터 2인칭 남성 복수로의 변화다. 이 구절 또한 예레미야서에서 몇 차례 나타난다(4:4; 21:14[참조 21:12]; 23:2[참조. 23:22; 26:3]; 44:22).

회개에 대한 요청의 결과는 이어지는 명령 속에서 드러난다. "그리고 거하라"(ישׁב – 야사브), 즉 "돌아서라 그리고 너는 거하게 될 것이다"(*GKC* § 110f). 두 어근 슈브(שׁוב, "돌아서다")와 야샤브(ישׁב, "거하다") 사이의 언어유희는 예레미야서에서 자주 발견되는 또 하나의 유음현상이다(Holladay, *JBL* 81[1962] 46).

회개에 대한 긍정적인 요청은 6절에서 두 개의 부정적인 것들로 이어진다. 첫 번째인 "다른 신들을 따라가지 말라"는 부정사 알(אל)을 사용하고 이어 청유형이 나온다. 두 번째 부정어는 강한 금지를 말하는 로(לא)와 미완료형이다. "너는 결코…해서는 안 된다." 이 두 번째 금지의 결과는 추가적인 로(לא)와 미완료형의 형태로 계속되고, 앞의 것과의 연결은 와우-접속사로 이루어진다. 긍정적인 명령처럼, 이들 두 개의 금지도 명령이 이루어지고 나서 그 결과가 나타난다. "너는 나를 격동케 하지 말라…그리고 내가 너를 해치지 아니하리라"는 "너는 내가 너를 해치지 않도록…나를 격동케 하지 말라"는 의미를 갖는다. 두 동사, 즉 카아스(כעס, "격동케 하다")의 히필과 라아(רעע, "악을 가져오다, 해치다")의 히필은 각각 예레미야의 책에서 상당히 자주 발견되는 말들이며, 그의 전형적인 어휘로 여겨진다(카아스[כעס]는 신명기 사가적 역사에서도 자주 나타나지만, 라아[רעע]는 그렇지 않다).

7 이 절은 앞 절의 반복으로서 여호와의 말씀을 듣는 일에 대한 백성들의 거부를 기술하며, 그로써 다가올 심판의 메시지를 정당화해 준다. 메신저 형식구("여호와의 신탁이니라")가 다시금 예레미야가 아니라 여호와께서 화자이심을 지적한다. 6절과 7절 사이의 밀접한 평행은 필요 이상으로 말을 길어지게 한다기보다는 백성들의 계속 반복되는 여호와의 말씀에 대한 거부와 회개에의 요청을 가능한 한도 내에서 크게 강조하는 것이다. "듣다"(שׁמע – 샤마)라는 말은 듣고, 귀기울이고, 주의/순종한다는 삼중적인 의미를 갖는다. 세 가지 모두가 현재의 본문에서 의도되고 있다. 백성들은 그 말씀을 듣지 않았고, 그 메시지에 귀기울이지 않았으며, 그들은 분

명히 회개에 대한 요청에 주의하거나 순종하지 않았다.

8 8절은 분명하게 심판으로의 전이를 표시한다. 완전한 형태의 메신저 형식구("만군의 여호와가 이렇게 말하노라")가 다시 나타나는 것은 화자가 여호와라는 것에 대한 절대적 확실성을 제공해 줄 뿐만 아니라 이것이 형식적인 문장임을 지적해준다. 심판은 앞 절에서 지시된 바와 같이 백성들이 듣기(듣고, 주의하고, 순종하기를)를 거부한 것에 근거한다. 다시금 언어는 백성들의 죄성에 대해 어떠한 의심의 여지도 남겨두지 않는다.

9 심판이 "보라, 내가 보내어 불러다가"라는 구절과 더불어 시작된다. 구문을 보면 불변화사 힌네(הנה, "보라")가 1인칭 공통 단수 접미와 더불어 나타나며 이어서 분사가 뒤따른다. 스타인스프링(Stinespring)의 제안을 따라 이 불변화사는 여기서는 임박한 미래를 표시하는 것으로 이해된다. 뒤따르는 완료형은 각각 와우로 연결되며, 여기서는 계속해서 임박한 미래의 문맥으로 이해된다.

"보내어"라는 말은 백성들에게 선지자들을 계속해서 보내신 과거 여호와의 행위에 대한 묘사에서 나온 것이다. 그들이 그 선지자들에게 응답하기를 거절했기 때문에, 이제 여호와께서는 다른 종류의 사자를 보내실 것이다.

"북방의 모든 족속"이라는 언급은 1:15의 예레미야 소명 기사에 있었던 "북방 왕국들의 모든 족속들"이라는 유사구를 기억나게 만든다. 하지만 여기서는 북방의 족속들이나 지파들의 정체성이 분명하다. 그들 보내진 자들 중에는 특별히 바벨론의 왕 느부가드렛살이 있다. 느부가드렛살은 또한 "내 종"으로 이해되며, 이는 4절에서 선지자들을 서술할 때 사용된 것과 동일한 표현이다. 그 함의하는 바는 여호와께서 일단의 종들을 보내셨으나 그들은 무시당했고, 그래서 이제 그분은 다른 사자 곧 종류가 전혀 다르고 전혀 무시당할 수 없는 그런 사자를 보내실 것이라는 말이다. 세 개의 절 속에서 세 번째로 메신저 형식구가 등장하는 것은 여호와께서 화자이며 행동하시는 바로 그분이라는 점을 기억하게 만든다.

그 땅과 거민에 대한 심판의 서술은 예레미야가 사용하는 전형적인 용어로 점철되어 있다(샤마[שמה, "공포"]는 예레미야서에 24회; 슈레카[שרקה, "절규"]와 관련 형태는 9회; 호르보트[חרבות, "황폐"]와 관련 표현은 19회 등장한다). 여기에 동사 하람(חרם, "내가 그들을 저주 아래 둘 것이다")도 있다. 이들 용어들과 조약 저주의 관계는 위에서 이미 서술하였다(18:16과 19:8에 대한 "원문주해"와 "주석"을 보라).

10 9절에서의 심판의 결과는 그 땅에서 모든 즐거움이 중단되는 것이며, 그것은 조약 저주다(Hillers, *Treaty-Curse*, 57-58; Fensham, *ZAW* 74[1962] 5-6). 기쁨이 중

단되기만 하는 것이 아니라, 거기에 더하여 일상사의 모든 소리와 광경도 중단될 것이라는 말이다. "맷돌 소리"(즉, 곡식이 갈리는 소리의 중단은 기근과 인구 감소의 결과다)와 "등불 빛"(즉, 이것이 그친다는 것은 기름이 부족하거나 인구가 줄어든다는 말이다)도 그치게 될 것이다.

11 11절의 개괄적 진술은 9절에서의 두 개의 주제어인 황폐와 공포를 반복한다. 여기에 더하여 압박의 기간이 언급되는데, 그것은 70년이다. 이 시간에 대한 언급은 상당한 흥미를 끌었다. 정확히 70년의 기간으로 맞추려는 시도들이 완전히 성공하지는 못했다. 지금은 627/26-539/38년(혹은 536년)일 수도 있고, 아니면 586-516년일 수도 있다(Whitley, *VT* 7[1957] 416-18를 보라). 그 수는 한 세대를 지시하는 40년과 비교하여 완전한 한 생애의 기간을 말할 수도 있고(시 90:10에서처럼), 그래서 바벨론에 대한 상당히 긴 기간의 예속 상태를 지시할 수 있다. 분명히 70년의 관념은 후기 구약 저술에서 중요한 것이 되었다. 다니엘 9장에서 예레미야의 70년이 70주의 해와 관련하여 새로운 예언 말씀의 근거로 언급되고 있다.

해설

23년이 넘는 기간 동안 예레미야는 유다를 향한 하나님의 회개하라는 부르심을 선포해 왔다. 그의 선지자들을 통해 하나님께서는 반복적으로 백성들에게 회개할 것을 촉구하셨으나, 그들은 그 경고들에 주의하지 않았다. 이제 심판은 임박해졌고, 하나님은 다른 종류의 메시지를 전하기 위해 다른 종류의 사자를 사용하실 것이다. 느부가드렛살이 하나님의 종이 되어 그의 메시지, 곧 황폐와 파괴의 메시지를 전하게 될 것이다. 유다는 그 죄에 대한 혹독한 대가를 치르게 될 것이다. 모든 즐거움은 그 일상사까지를 포함해서 그 땅에서 사라지게 될 것이다. 그리고 심판이 오래도록 계속될 것이다.

C. 바벨론에 대한 심판(25:12-14)

참고문헌

Orr, A. “The Seventy Years of Babylon.” *VT* 6(1956) 304-6. **Plöger, O.** “Siebzig Jahre.” In *Festschrift, Friedrich Baumgartel zum 70. Geburtstag.* Ed. J. Hermann. Erlangen: Universitatsbund Erlangen, 1959. 124-30. **Vogt, E.** “70 anni exsilii.” *Bib* 38(1957) 236. **Whitley, C. F.** “The Term Seventy Years Captivity.” *VT* 4(1954) 60-72. ______. “The Seventy Years Desolation – A Rejoinder.” *VT* 7(1957) 416-18.

본 문

12 나 여호와가 말하노라 칠십년이 마치면 내가 바벨론 왕과 그 나라와 갈대아인의 땅을 그 죄악으로 인하여 벌하여 영영히 황무케하되

12 [a]“And it will be, when seventy years are completed, I will visit [b]against the king of Babylon and[b] against that nation,”[c] an oracle of the Lord, “their iniquity, and against the land of the Chaldeans,[c] and I will make it horrors forever.

13 내가 그 땅에 대하여 선고한바 곧 예레미야가 열방에 대하여 예언하고 이 책에 기록한 나의 모든 말을 그 땅에 임하게 하리니

13 And I will bring[a] against that[b] land all my words which I have spoken against her, every thing which is written in this book [c]which Jeremiah prophesied against all the nations.[c]

14 여러 나라와 큰 왕들이 그들로 자기 역군을 삼으리라 내가 그들의 행위와 그들의 손의 행한 대로 보응하리라 하시니라

14 [a]For even they [Babylon] will serve[b] (as slaves) many nations and great kings; I will requite them [Babylon] according to their work and according to the deed of their hands.”[c]

원문주해

12.a. *BHS*는 이 절이 추가일 것으로 본다.

12.b-b. 칠십인역에는 없다.

12.c-c. 칠십인역에는 없다.

13.a. 케레의 웨헤베에티(והבאתי)를 따랐다. 케팁은 웨헤베이티(והבאיתי).

13.b. *BHS*는 마소라 본문의 하히(ההיא, “저것”) 대신에 하조트(הזאת, “이것”)로 읽기를 제안한다.

13.c-c. *BHS*는 이것이 15ff.절 때문에 추가된 것으로 보고서 삭제할 것을 제안한다(칠십

인역 참조).

14.a. 칠십인역에는 없다. *BHS*는 이를 아마도 12절과 연관하여 추가된 것일 것으로 본다.

14.b. *BHS*는 완료형보다는 미완료형으로 읽기를 제안한다.

14.c. 칠십인역에는 13절 이후에 46-51장의 민족들에 대한 많은 양의 신탁이 삽입되어 있다.

양식/구조/배경

12-14절은 바벨론을 향한 반(semi)-독립적인 신탁을 형성한다. 이는 25:1-11과 웨하야(והיה, "그리고 이렇게 될 것이다")로 연결된다. 또 하나의 연결점이 "70년"의 반복으로 이루어지고 있다. 하지만 앞 단락과는 달리, 이 신탁은 바벨론에 대한 신탁을 전하고 있다. 그 의미에 있어 이것은 유다와 예루살렘에 대한 심판인 1-11절과 유다와 모든 주변 민족들을 향한 심판을 말하고 있는 15-29절과의 사이에서 전이를 이루고 있다.

나는 이 신탁을 민족들을 향한 신탁들의 서론으로서 독립적으로 다루기로 했다. 하지만 이것이 앞 단락의 마지막에 위치하는 것일 수도 있다는 점도 인지하고 있다. 이를 독립적으로 다루려는 이유는 이것이 이방 민족인 바벨론을 향하고 있으며, 이방 민족들은 앞 단락에서는 그 초점의 대상도 되지 못했을 뿐만 아니라 메시지의 대상도 되지 못했기 때문이다. 또한 바벨론이 다음 단락에서 수신자가 되는 민족들 가운데 있지만(유다도 그렇다), 바벨론은 그 절정의 끝에 이르기까지 한 번도 언급되지 않는다. 그런 의미에서, 이 두 부분은 평행을 이루며 각각 바벨론에 대한 하나님의 심판을 지적한다.

주석

12 70년에 대한 언급은 위의 11절을 보라. 이 신탁은 메신저 형식구와 1인칭 대명사를 통해 여호와 강화로 이해된다. 심판적인 의미에서의 "방문하다"라는 단어는 상대적으로 예레미야서에서 자주 등장하는 편이며(23:2 참조), 유다와 그 밖의 민족들을 향한 여호와의 "방문"이 언급되고 있다.

유다에게 전해졌던 동일한 종류의 황폐화가 다시금 바벨론을 방문할 것이며, 바벨론은 "공포에 떨게 될"(שממות – 쉬므모트) 것이다.

13 바벨론을 향해 전해진 모든 말에 대해 말하는 이 절은 45-51장에서의 민족들

을 향한 신탁을 전제로 하고 있는 것 같다. 비슷하게, 이 책에 기록된 모든 것에 대한 언급도 동일한 전제를 두는 것으로 보인다. 또한 두루마리 책(ספר – 세페르)에 대한 언급은 36장의 두루마리를 지시하는 것으로 보인다. 이 같은 신탁에 대한 언급은 칠십인역이 민족들을 향한 신탁의 대부분을 이 절 뒤에 옮겨놓은 이유가 된 것 같다. 그럴 경우 마소라 본문의 위치가 원래의 것으로 여겨지며, 칠십인역은 본문상의 난점을 해결하려는 것으로 보인다. 이러한 사항들을 제쳐두고라도, 이 구절이 지시하는 바는 민족들을 향한 신탁이 예레미야의 어떤 자료가 담긴 책/두루마리에 담겨 있다는 것이며, 아마도 36장의 그것일 가능성이 높다.

14 14절은 많은 수의 대명사의 선행사를 결정짓기가 어렵다. 첫 번째의 "그들"은 분명히 바벨론 사람들을 지시한다. 그들은 불특정 민족들("그들")에게 봉사하게 될 것이다. 두 번째 구절("내가 그들에게 보복할 것이기에")은 첫 번째 것과 평행을 이루며 그 대상으로 바벨론 사람들을 지시한다. 주체에서 대상으로의 변화와 불특정 압제자에서 여호와로의 심판관/집행관의 변화는 예레미야 평행법의 전형적인 특성이다.

해설

이 전이적 신탁은 아직도 여호와 강화로서 심판이 유다와 예루살렘에게서 바벨론, 곧 여호와께서 그의 언약 백성에게 내리실 심판을 가져오는 데 사용된 민족에게로 옮겨간다. 하나님께서는 마침내 유다에게 내려졌던 동일한 심판 수단을 바벨론에게 내리실 것이다. 바벨론은 유다가 그랬듯이 그 죄의 대가를 지불하게 될 것이다. 각 민족은 그 행위의 보상을 받게 될 것이다(14절).

D. 민족들을 향한 심판(25:15-29)

참고문헌

Bardtke, H. "Jeremia der Fremdvolkerprophet." *ZAW* 53(1935) 220-27. **Brongers, H. A.** "Der Zornesbrecher." *OTS* 15(1969) 177-92. **Carroll, R. P.** *Jeremiah.* **McKane, W.** "Poison, Trial by Ordeal and the Cup of Wrath." *VT* 30(1980) 474-92. ______. *A Critical and Exegetical Commentary on Jeremiah.* **Nicholson, E. W.** *The Book of the Prophet Jeremiah Chapters 26-52.* **O'Connor, K. M.** *The Confessions of Jeremiah.* **Roche, M. de.** "Is Jeremiah 25:15-19a a Piece of Reworked Jeremianic Poetry?" *JSOT* 10(1978) 58-69.

본 문

15 이스라엘의 하나님 여호와께서 이같이 내게 이르시되 너는 내 손에서 이 진노의 잔을 받아 가지고 내가 너를 보내는 바 그 모든 나라로 마시게 하라	**15** For[a] thus says the Lord, the God of Israel, [b]to me[b]: "Take this cup of [c]raging [wrathful] wine[c] from my hand and make drink it all the nations to whom I am sending you.
16 그들이 마시고 비틀거리며 미치리니 이는 내가 그들 중에 칼을 보냄을 인함이니라 하시기로	**16** [a]They will drink and reel [shake][a] and behave insanely [b]from the sword which I am sending in their midst."[b]
17 내가 여호와의 손에서 그 잔을 받아서 여호와께서 나를 보내신 바 그 모든 나라로 마시게 하되	**17** Then I took the cup from the Lord's hand and I made all the nations to whom the Lord sent me drink:
18 예루살렘과 유다 성읍들과 그 왕들과 그 방백들로 마시게 하였더니 그들이 멸망과 놀램과 치소와 저주를 당함이 오늘날과 같으니라	**18** [a]Jerusalem and the cities of Judah, her kings and[b] her officials, to make them a desolation, a horror, a shriek [c]and a[n object of] curse as at this day;[c]
19 또 애굽 왕 바로와 그의 신하들과 그의 방백들과 그의 모든 백성과	**19** Pharaoh, the king of Egypt, his servants and his officials, and all his people,
20 모든 잡족과 우스 땅 모든 왕과 블레셋 사람의 땅 모든 왕과 아스글론과 가사와 에그론과 아스돗의 남은 자와	**20** [a]and all the mixed company;[a,b] [c]all the kings of the land of Uz,[c] all the kings of the land of the Philistines: [d]Ashkelon, and Gaza, and Ekron, and the remnant of Ashdod;
21 에돔과 모압과 암몬 자손과	**21** Edom and Moab and the Ammonites;
22 두로의 모든 왕과 시돈의 모든 왕과 바다 저편 섬의 왕들과	**22** all the kings of Tyre and all the kings of Sidon, and [a]the kings of the coast[a] which is across the sea;
23 드단과 데마와 부스와 털을 모지게 깎은 모든 자와	**23** Dedan and Tema and Buz[a] and all the ones whose corners (of hair) are cut off;
24 아라비아 모든 왕과 광야에 거하는 잡족의 모든 왕과	**24** [a]all the kings of Arabia,[a] [b]and all the kings of the mixed company,[b] the ones dwelling in the desert-wilderness;
25 시므리의 모든 왕과 엘람의 모든 왕과 메대의 모든 왕과	**25** all the kings of Zimri,[a] all the kings of Elam, and all the kings of Media;
26 북방 원근의 모든 왕과 지면에 있는 세상의 모든 나라로 마시게 하니라 세삭 왕은 그 후에 마	**26** all the kings of the north, the ones near and the ones distant, each to his brother; all the kingdoms

시리라

[a]of the earth[a] which are upon the surface of the ground; [b]and the king of Sheshak[c] will drink after them.[b]

27 너는 그들에게 이르기를 만군의 여호와 이스라엘의 하나님의 말씀에 너희는 마시라 취하라 토하라 엎드러지고 다시는 일어나지 말라 이는 내가 너희 중에 칼을 보냄을 인함이니라 하셨다 하라

27 And you say to them, "Thus says the Lord of armies, the God of Israel, 'Drink, and get drunk, and vomit,[a] and fall, and you shall not rise because of the sword which I am sending in your midst.'"

28 만일 네 손에서 잔을 받아 마시기를 거절하거든 너는 그들에게 이르기를 만군의 여호와의 말씀에 너희가 반드시 마시리라

28 And it will be, if they refuse to take the cup from your hand to drink, then you will say to them, "Thus says the Lord of armies: 'You shall surely drink!'

29 보라 내가 내 이름으로 일컬음을 받는 성에서부터 재앙 내리기를 시작하였은즉 너희가 어찌 능히 형벌을 면할 수 있느냐 면치 못하리니 이는 내가 칼을 불러 세상의 모든 거민을 칠 것임이니라 하셨다 하라 만군의 여호와의 말이니라

29 For behold, against the city upon which my name is called, I am about to bring evil, and you, shall you be exempt from punishment? You will not be exempt for I am about to call sword against all the inhabitants of the land, [a]an oracle of the Lord of armies."[a]

원문주해

15.a. 칠십인역에는 없다.

15.b-b. 칠십인역, 시리아역, 하나의 탈굼역 사본에는 없다.

15.c-c. 칠십인역은 "순수한 포도주"로 읽는다.

16.a-a. 칠십인역은 "그리고 토한다"로 읽는다.

16.b-b. *BHS*는 27b절로부터 추가할 것을 제안한다.

18.a. *BHS*는 이 절이 추가일 것으로 제안한다.

18.b. 여기서의 번역은 접속사 "그리고"를 추가해야 한다는 다수 사본(de Rossi, III, 95)과 역본들을 따라 *BHS*가 제안한 것을 따른 것이다.

18.c-c. 칠십인역에는 없다.

20.a-a. *BHS*는 19절과 조화를 이루기를 제안한다. 칠십인역과 시리아역을 참조하라.

20.b. 에레브(עֶרֶב)는 여러 가지가 섞인 것을 지시한다. 아마도 다양한 인종적 배경을 가진 자들이 모여 살지만 대다수의 인구가 완전히 동화되지 않은 집단을 지시하는 것으로 보인다.

20.c-c. 칠십인역에는 없다.

20.d. 칠십인역에는 와우-접속사가 없다. 여기서 번역하지 않은 이유는 영어의 번역체를 읽기 쉽게 만들기 위해서다(주변 문맥에 몇 군데 그런 곳이 있다).

22.a-a. 칠십인역에는 “그리고 그 왕들”로 나와 있으나 “해변의”라는 말이 빠져 있다.

23.a. 칠십인역은 “로스”(Rōs)로 읽는다.

24.a-a. 칠십인역에는 없다.

24.b-b. *BHS*는 중복오사로 보고 삭제할 것을 제안한다.

25.a. *BHS*는 지므키(זמכי)로 읽을 것을 제안한다. 이는 아트바쉬(*atbash*)로 해석될 수 있는데 “엘람”(עלם)을 말한다(아트바쉬에 대한 논의를 위해서는 아래 19-26절의 “주석”을 보라). 이럴 경우 이 구절이나 바로 다음 구절 중 하나가 중복오사로 인해 삭제되어야 한다. 칠십인역에는 “시므리의 모든 왕들”이라는 구절이 없다. 다른 학자들은 이 구절을 기므리(גמרי, “기브리 사람들”)로 수정할 것을 제안해 왔다.

26.a-a. 칠십인역과 시리아역에는 없다. *BHS*는 삭제할 것을 제안한다.

26.b-b. 칠십인역에는 없다.

26.c. 탈굼역은 “바벨론 사람인”을 추가하고 있다.

27.a. 마소라 본문에는 우크유(וקיו)로 되어 있다. 소수의 사본들(de Rossi, III, 96-97)과 카이로 사본의 단편들의 케팁은 우크우(וקוו)로 되어 있다. *BHS*는 웨키유(וְקִיו)로 읽을 것을 제안하며, 여기서의 번역도 이를 따랐다. 이것은 웨키우(וְקִיאוּ)의 이형으로 이해된다.

29.a-a. 칠십인역에는 없다.

양식/구조/배경

이 단락은 민족들을 향한 상징 행위에 대한 보고다. 예레미야는 여호와로부터 여호와의 잔을 받고 민족들로 그것을 마시게 하라는 지시를 받는다(15-16절). 그리고 그는 그렇게 행한다(17-26절). 그래서 그는 그들이 마신 잔과 관련된 심판과 그에 대한 해석을 말하게 된다(27-29절).

상징 행위는 예레미야서의 다른 부분들, 즉 13장과 19장 같은 경우를 회상하게 해준다. 여기서 예레미야는 진노의 잔을 받고 그것을 유다로부터 마지막에는 그 절정으로서 바벨론에 이르기까지 모든 민족에게 주도록 지시된다. 진노의 포도주가 담긴 잔에 관한 해석의 가능성들에 대한 논의를 위해서는 이 주석 시리즈 예레미야 하권에서 스모더스(Smothers)가 집필한 보유를 보라. 그 은유의 근원이 무엇이든 간에, 이 문맥에서 분명하게 진노의 포도주 잔은 심판의 은유가 되고 있다(McKane, *VT* 30[1980] 490-91를 보라). 16절과 27절 및 29절의 마지막 부분은 심판이 잔을 마심에 따라 일어나는 결과임을 보여 준다.

이 단락은 다음과 같이 개괄될 수 있다.

여호와의 말씀: 행위 명령(15절)
여호와의 말씀: 심판 선포(16절)
선지자의 행위: 명령을 수행(17-26절)
여호와의 말씀: 행위 명령(27a절)
여호와의 말씀: 심판 선포(27b절)
여호와의 말씀: 행위 명령의 재개(28절)
여호와의 말씀: 심판 선포의 재개(29절)

그 시기에 대해서 이 단락에서는 아무런 언급이 없다. 하지만 바벨론이 유다의 파괴자라는 점이 분명한 것으로 미루어 확실히 주전 605년경이 적절해 보인다. 오코너(O'Connor, *Confessions*, 146)는 21-25장 전체가 이미 추방을 전제로 하고 있다고 논증한다. 그 시기가 확실히 가능성이 있어 보이는 것은 이 단락이 민족들의 심판을 다루기 때문이다. 하지만 그것이 필연적인 것은 아니다.

주석

15 완전한 형태의 메신저 형식구로 민족들을 향한 예레미야의 상징 행위가 시작된다. 잔의 은유에 대해서는 "양식/구조/배경"과 스모더스(Smothers)의 예레미야 하권 "주석"을 보라. 이 절은 여호와 강화로부터 예언 행위로의 전이를 보여 준다. 예레미야가 말을 받는 자로 명기되어 있지는 않지만("여호와께서 이같이 내게 이르시되…"), 이는 문맥을 통해서 그리고 위의 1-4절과 13절을 근거로 증거된다.

16 진노의 잔을 마시는 결과는 술 취함이나 병이다. 일부는 이 잔을 독이 든 잔으로 이해하려 한다. 헤마(חמה, "진노하는")라는 단어가 일부 구절에서는 뱀의 잔으로 사용되기 때문이다(신 32:24, 33; 시 58:5; 140:4[3]; Brongers, *OTS* 15[1969] 177-92; McKane, *ICC*, 634-35를 보라; 탈굼역의 "저주의 잔"도 독을 의미할 수 있다). 이 이미지는 간결하게 칼의 이미지로 전환되면서 여호와께서 그의 심판을 가져오시는 수단에 있어 두 번째 은유의 기능을 한다.

17-18 17절은 예레미야가 여호와께서 그에게 명령하신 대로 행동했음을 보고한다. 18절은 예루살렘과 유다를 그 잔을 마시는 첫 민족으로 서술한다. 예루살렘과 유다는 하나님의 심판을 받는 첫 민족으로 표현되는데, 아마도 그들이 하나님과의 관계에서 누렸던 유일한 언약 관계 때문인 것 같다. "멸망과 공포와 비명"이라는 말들은 일찍이 유다가 당해야 했던 심판에서도 사용된 바 있다. 여기서 이것들은 이 심판 예언을 앞의 것들과 관련지어 준다(예를 들어, 18장과 19장). 유다가 저주의

대상이 되었다는 추가적인 서술이 우리로 하여금 언약적 배경을 회상하게 한다. 축복이 언약 순종의 일부인 것처럼, 저주는 언약 파기의 일부인 것이다.

"오늘날처럼"이라는 구절은 심판이 이미 유다와 예루살렘에 임했음을 함축한다. 이 단락은 앞 단락의 주전 605년보다는 주전 597년으로 볼 수 있다. 주전 597년 이후는 유다와 예루살렘의 파멸의 배경으로 더 적절해 보인다.

19-25 이 절에서는 통치자들과 민족들이 열거된다. 심판에 다양한 민족들의 목록이 포함된 것에 대해서는 여러 가지 이론들이 제시되어 왔다. 전체적으로 이 목록은 유다 남(서)방의 애굽으로부터 시작하여 북쪽으로 올라가고, 또한 이스라엘 경계 근처에 있는 민족/집단들로부터 시작하여 원방의 나라들로 이어지면서 마지막까지 바벨론을 생략하는 것으로 보인다. 두 민족 정도가 이 패턴에는 맞지 않아 보이는데, 아라비아 지역의 것으로 보이는 우스와 알려진 바가 없는 부스와 시므리가 그것이다.

이 같은 목록은 일반적으로 남에서 북으로 향하게 마련이다("북방 대적" 신탁은 반대 방향이다). 이 목록은 또한 근방 민족으로부터 원방 민족으로 나아가면서 바벨론이 신탁의 절정을 이룬다. 그래서 이 목록은 유다 남서부 경계에 있는 애굽으로부터 시작하여 남서 해안 평야 지대를 따라 블레셋에 이르기까지 진행하다가, 남동부와 동부 경계에 있는 에돔, 모압, 암몬으로 진전된다. 그러고 나서 목록은 북서 경계의 베니게와 북서방으로 보다 먼 지역으로 이어진다("바다 저편"은 아마도 베니게 식민지나 구브로 혹은 터키의 해안 지대를 말하는 것 같다). 이제 목록은 다시 동부 지역으로 이동해서 이번에는 에돔, 모압, 암몬보다 더 먼 지역을 열거한다. 아라비아와 사막 거민들이 그들이다. 그 후 목록은 바벨론 근거지보다 더 먼 지역인 엘람과 메대를 지적한다(그리고 아마도 알려진 바 없는 시므리도). 이어서 간략한 진술이 나타난다. 북방 원근의 모든 왕과 지면에 있는 세상의 모든 나라로 마시게 하니라. 마침내, 단락의 절정으로 세삭의 왕(바벨론을 지시하는 아트바쉬)이 잔을 마신다.

알렙(א)을 타우(ת)로 대체하고 베트(ב)를 쉰(ש)으로 대체하는 것 등으로 인해서 생긴 아트바쉬(*atbash*)는 구약성경에서 몇 차례 발견된다. 이 같은 대체는 자주 한 인물/장소의 정체를 모호하게 하기 위한 고의적인 암호였다. 니콜슨(Nicholson, *jeremiah 26-52*, 222-23)은 바벨론인들이 바벨론을 지시하는 데 세삭이라는 이름을 사용했을 것이라고 주장한다. 캐롤은 이 암호가 주문에서 마법의 기능을 하는 것으로 본다(500). 만일 아트바쉬의 마법적 속성이 정확하다면, 그래서 바벨론 사람들이 자신들의 이름으로 세삭을 사용했다면, 바벨론에 대한 이런 언급이 그 절정의 효과를 더욱 높였을 것이다.

27-29 이 단락에서 이 마지막 구절은 상징 행위에 대한 해석을 해준다. 완전한 형태의 메신저 형식구가 여호와 강화를 시작해 준다. 술 마심과 술 취함/병듦이 분명하다. 마신 모든 자들은 쓰러지거나 일어나지 못할 것이다. 술 취함의 은유는 절 중앙에서 군사적인 패배로 변화된다. "쓰러지고서 너희는 내가 보내는 칼로 인해 다시는 일어나지 못할 것이다"(27절).

그 잔을 마시기를 거부하는 자는 누구든지 이 말을 듣게 된다. "너희가 반드시 마시게 **되리라**!" 29절은 우주적 심판의 이유를 제시한다. 하나님께서 그의 이름이 걸린 도시에 심판과 파멸을 가져오신다면, 어떤 도시나 나라가 그 예외가 될 수 있겠는가? 분명히 그 답은 아니요일 것이다. 모든 민족이 하나님의 심판 아래 있게 될 것이다.

해설

상징 행위 속에서 예레미야는 진노의 포도주 잔을 받고 그것을 모든 민족에게, 먼저는 유다로부터 마지막에는 바벨론에 이르기까지 주라는 명령을 받는다. 그리고 그는 그렇게 한다. 그것을 마시는 모든 자들은 술 취하게/아프게 될 것이다. 은유적 저주는 이렇게 다른 은유로 설명되는데, 군사적 패배의 상징인 칼이 그것이다. 이 상징 행위/메시지의 주제는 어떤 민족도 하나님의 심판에서 예외가 될 수 없다는 것이다.

E. **민족들을 향한 심판**(25:30-38)

참고문헌

Bardtke, H. "Jeremia der Fremdvolkerprophet." *ZAW* 53(1935) 227-30. **Castellino, G. R.** "Observations on the Literary Structure of Some Passages in Jeremiah." *VT* 30(1980) 398-408. **Hillers, D.** *Treaty-Curse.* **Holladay, W. L.** *Jeremiah 1.* **Kaiser, W. C.** "מלא." *TWOT*, 505.

본 문

30 바벨론의 용사는 싸움을 그치고 그 요새에 머무르나 기력이 쇠하여 여인같이 되며 그 거처는 불타고 그 문빗장은 부러졌으며

31 보발군이 달려 만나고 사자가 달려 만나서 바벨론 왕에게 고하기를 그 성읍 사방이 함락되었으며

32 모든 나루는 빼앗겼으며 갈밭이 불탔으며 군사들이 두려워하더이다 하리라

33 만군의 여호와 이스라엘의 하나님이 이같이 말씀하시되 딸 바벨론은 때가 이른 타작마당과 같은지라 미구에 추수 때가 이르리라 하시도다

34 바벨론 왕 느부갓네살이 나를 먹으며 나를 멸하며 나로 빈 그릇이 되게 하며 용 같이 나를 삼키며 나의 좋은 음식으로 그 배를 채우고 나를 쫓아내었으니

35 나와 내 육체에 대한 잔학이 바벨론에 돌아가기를 원한다고 시온 거민이 말할 것이요 내 피 흘린 죄가 갈대아 거민에게로 돌아가기를 원한다고 예루살렘이 말하리라

36 그러므로 여호와께서 이같이 말씀하시되 보라 내가 네 송사를 듣고 너를 위하여 보수하여 그 바다를 말리며 그 샘을 말리리니

37 바벨론이 황폐한 무더기가 되어서 시랑의 거처와 놀람과 치소거리가 되고 거민이 없으리라

38 그들이 다 사자같이 소리하며 어린 사자같이 부르짖으며

30 And you, for your part, prophesy to them all these words, and you say to them: "The Lord roars from a height, from [a]the dwelling of[a] his holiness, he gives his voice; 3+4 he roars loudly against his habitation, shouting[b] like the ones treading he will respond [c]against all the inhabitants of the land.[c] 3+3+3

31 An uproar comes to the ends of the earth for the Lord has a controversy with the nations; 4+4 He will enter into litigation with all flesh: the wicked [a]he will give[a] to the sword," 4+3 an oracle of the Lord.

32 Thus says the Lord of armies, "Behold evil is about to go out from nation to nation 3+2 and a great storm is stirred up from the remote parts of the earth. 3+2

33 The ones slain by the Lord [a]in that day[a] will be from (one) end of the earth unto the (other) end of the earth; [b]they will not be bewailed, nor be gathered,[b] nor buried; dung upon the face of the earth they will be.

34 Howl, O shepherds, and cry out, mourn, O nobles of the flock. 3+3 For your days have come for slaughter [a]and your dispersions,[a] you will fall [b]like a precious vessel.[b,c] 4+3

35 Flight will perish from the shepherds, and escape from the nobles of the flock. 3+3

36 The sound of the shepherds' cry! the howling of the nobles of the flock! for the Lord is devastating their pasture. 3+3+3

37 The meadows of peace are silent from the heat of the Lord's anger. 3+3

38 He has abandoned his lair like[a] the young lion, for[b] their land will become a horror 3+3 from [c]the heat of[c] the oppression[d] [e]and from the heat of his anger."[e] 3+3

원문주해

30.a-a. 칠십인역에는 "~의 처소"가 없다.

30.b. 칠십인역, 오리겐역, 아퀼라역은 히브리어를 음역했다.

30.c-c. *BHS*는 31절과 연결시키기를 제안한다. 칠십인역을 참조하라.

31.a-a. 마소라 본문에는 "그가 그들에게 줄 것이다"로 나와 있다. 칠십인역은 "그들이 주어질 것이다"로 읽고, 불가타역은 "내가 주었다"로 읽는다.

33.a-a. 칠십인역은 "여호와의 날에"로 읽는다.

33.b-b. 칠십인역에는 없다.

34.a-a. 칠십인역에는 없다.

34.b-b. *BHS*는 비블리 헤믈라(בבלי חמלה, "인정사정 없이")로 읽자는 에어리히의 제안(Ehrlich, 1912, 309)을 포함하고 있다.

34.c. 칠십인역은 "양을 고르듯이"로 읽는다.

38.a. *BHS*는 중복오사로 삭제할 것을 제안한다.

38.b. *BHS*는 삭제가 가능하다고 제안한다.

38.c-c. 몇몇 사본들(de Rossi, III, 97)과 칠십인역과 탈굼역은 헤레브(חרב)로 읽는다. *BHS*는 하르보(חרבו)로 읽기를 제안한다.

38.d. 칠십인역은 "거대한"으로 읽는다. 그래서 "거대한 칼 앞에서"가 된다.

38.e-e. 칠십인역에는 없다.

양식/구조/배경

이 장의 마지막이면서 크게는 예레미야서의 제1부 마지막인 이 단락은 일차적으로는 시문이다. 이 단락은 두 개의 구분된 시문 신탁으로 구성되고 있으며, 두 번째 것은 그 안에 한 절로 된 산문을 포함하고 있다. 두 신탁의 주제는 지구의 종말에 이르는 여호와의 심판이다.

첫 번째 신탁은 민족들을 향한 심판 신탁과 리브(*rib*) 혹은 법률 양식의 요소를 모두 가지고 있다. 히브리어 어근 리브(רִיב, "논쟁")는 31절에서 명사로 나타나며, 또한 샤파트(שפט)의 니팔도 여기에서 사용되어 "소송에 임하다"로 번역되고 있다. 두 신탁 모두에서 초점은 심판의 결과이거나 베스터만의 용어를 빌리자면(17:1-4의 "양식/구조/배경"을 보라) 하나님의 중재와 그 중재로 인한 결과다.

할러데이(678)는 34절이 신음하며, 울부짖고, 애곡하라는 명령과 더불어 이루어지는 공동체 애가에로의 부름이라는 점에 주목한다. 분명히 애가는 이들 신탁들의 혹독한 심판의 정황에는 적절한 것이다.

이들 두 신탁의 함의는 고발 혹은 기소의 시기가 어떤 종류로든 회개의 가능성을 두고서 과거라는 점이다. 이제는 오직 심판만이 가능한 일이다.

심판이 민족들을 향해 표현되기 때문에, 그것이 필연적인 것은 아닐지라도 신탁이 왕국 몰락 이후의 시기가 되어야 한다는 점이 가능해진다(O'Connor, *Confessions*, 146를 보라).

주석

30 인칭대명사의 강조적인 사용이 선지자의 직무를 전면에 대두시킨다. 그는 여호와의 메시지를 선하는 사자다. 사자와 그를 보내는 자의 위치가 분명하게 규정된다. "그리고 너는 그들에게 이르기를"이라는 구절은 이 신탁을 동일한 구절로 시작하는 앞 단락의 마지막 부분(27절)과 연결시킨다. 30절의 시작 부분은 시문 운율을 벗어난다.

어근 샤아그(שׁאג, "울부짖음")의 삼중적인 발생은 여호와의 큰 목소리를 강조한다. 샤아그(שׁאג)는 사자가 그 먹이를 발견했을 때 포효하는 것에 대한 은유로 자주 나타난다. 이 이미지는 마치 사자가 그 먹이를 잡았을 때처럼, 여호와께서 민족에 대해 심판을 일으키려 하실 때의 것으로 보인다. 달리 이 은유는 임박한 심판을 크게 선포하면서 천둥처럼 소리내시는 여호와의 음성이 될 수도 있다.

두 개의 평행구인 "여호와께서 높은 데서 부르시며, / 그 거룩한 처소에서 소리를 발하시며"는 아모스서의 유사한 시작 부분을 연상시킨다. "여호와께서 시온에서부터 부르짖으시며, / 예루살렘에서부터 음성을 발하시리니"(암 1:2). 아모스 1:2과 동일한 언어가 요엘 4:16에서도 나타난다. 이 구절은 심판을 시작하는 것으로서의 기능과 백성들로 하여금 잘 알도록 하기 위한 기능이 공통적으로 적용된 것으로 보인다. 그래서 예레미야는 흔하게 사용되는 구절을 취해서 그것을 약간의 변화를 주어 시온-예루살렘에 대한 직접적인 언급을 삭제함으로써 이용한 것으로 보인다. 하지만 그 함의하는 바는 동일한데, 므온 카도쉬(מעון קדשו, "그의 거룩한 처소")는 그것이 시온의 성전이든지 하늘의 성전이든지 간에 여러 번 여호와의 거하시는 처소로 사용되었다(시 68:6[5]; 슥 2:17[13]; 신 26:15). 비슷하게 마롬(מרום, "높은 곳")은 이따금씩 예루살렘 시온으로 사용되었다(렘 17:12). 예레미야는 아모스서와 요엘서에서 언급된 바와 같이 심판에 대해 동일한 이미지를 사용한다. 그것은 여호와께서 시온에서 발하시는 것처럼 소리내심을 표현한다. 예레미야는 그것이 다음 행에서 분명해지는 것처럼 심판의 시작점이었기 때문에 시작 행에서 고의적으로 시온-예루살렘에 대해 언급하지 않는다.

여호와의 소리내심은 단순히 시온-예루살렘**으로부터**만이 아니었고, 여기 기술된 대로 나웨후(נוהו, "그의 거처"), 즉 시온-예루살렘을 **향한**(על, 알) 것이었다. 여기 이외에 이사야 33:20에서 시온-예루살렘은 거처로 서술된다. 하지만 시온은 여호와의 응답의 시작점일 뿐이다. 그것은 땅의 모든 거민을 향한 소리지름이다. "땅의 모든 거민"이라는 구절은 유다의 모든 백성을 지시할 수 있으며, 에레츠(ארץ)의 폭넓은 함의를 따라 온 "세상"을 의미할 수도 있다. 나는 이 절이 심판의 범위를 예루살렘과 유다에만 국한시킨다고 말하고 싶다. 그리고 다음 절에서 평행의 방식을 따라 그 심판의 범위가 모든 민족들로 확장된다.

31 샤온(שאון, "요란한 소리")은 30절의 샤아그(שאג, "울부짖음")와 동의어다. 이 절은 이제는 온 땅 끝으로 그 범위가 확장되고 있는 심판의 울부짖음을 통해 앞 절과 평행을 이룬다(위에서 "땅"으로 번역된 동일한 단어 에레츠[ארץ]를 사용한다).

법적인 함축이 리브(ריב, "논쟁")라는 단어와 동사 샤파트(שפט, "소송에 개입하다")로부터 증거된다. 이 법률-유형의 심판은 이스라엘과 유다와 관련하여 선지자들에게서 보다 자주 나타나지만, 여기서는 민족들과 관련된다. 첫 번째 신탁은 운율 구조의 바깥에 위치한 메신저 형식구로 결론을 맺었다.

32 이 단락의 두 번째 신탁 역시 메신저 형식구로 시작된다. 이 신탁에서 초점은 모든 민족들에 대한 심판으로 향하고 있다. 유다와 예루살렘이 특별히 언급되지는 않는다. 이 신탁의 시작 부분에서 기용된 은유는 악이 큰 바람이라는 말로 서술되는 점이다.

33 시문 신탁 한가운데 있는 이 산문 절은 폭풍 심판의 결과를 서술한다. 바욤 하후(ביום ההוא, "그 날에")라는 구절은 이 신탁에 다소 종말론적인 인상을 준다. 심판은 엄청난 양의 죽음이라는 결과를 낳았고, 심판의 규모가 너무도 커서 그들은 슬퍼함도 매장도 당하지 못할 것이다. 유사한 용어가 절박한 심판으로 인해 유다와 예루살렘에 발생한 죽음에 대해서도 이미 적용된 바 있다(8:2; 12:12; 16:4). 이제 동일한 결과가 민족들에게서 일어날 것이다. 이 심판은 조약 저주와 깊이 관련이 있다(Hillers, *Treaty-Curse*, 68-69).

34 신탁의 나머지 부분에서의 은유의 전이가 양의 은유와 목자와 초장의 파괴의 은유로 이어진다. 목자들은 민족들의 통치자들이다(2:8; 23:1, 2 참조). 아디레이

하초온(אדירי הצאן, "양떼의 인도자들")은 이 단락에서만 나타난다. 아디레이(אדירי)라는 단어는 여기서 목자들이라는 단어의 사용과 훌륭한 평행 관계를 유지하는데, 아마도 왕이나 지도자를 언급하는 것으로 보인다. 지도자들은 외치고(고통 때문에) 애곡하라는 명령을 받는다. "애곡"이라는 단어는 팔라쉬(פלש)의 히트파엘로, 애곡하는 행위를 지시하는데 아마도 재나 티끌 속에서 "구르는" 것으로 보인다.

지도자들은 절박한 도륙으로 인해 울부짖어야 한다. 우리는 예레미야 11:19과 이사야 53:7에서처럼 이 은유가 도륙을 위해 끌려가는 어린양을 지시하는 것으로 기대할 수 있다. 여기서는 살육이 임하고 있으나, 역설적으로 살육당하는 대상은 양이 아니라 목자들이다.

"너희 날들이 왔다"라는 구절은 히브리어로는 문자적으로 "너희 날들이 찼다"이다. 이 구절은(혹은 날을 해로 대체하여) 구약성경에서는 어느 기한이 끝남을 지시하는 일에 자주 사용된다(Kaiser, *TWOT*, 505). 우리는 신약성경에서 갈라디아서 4:4의 "때가 차매"라는 구절과 비교하지 않을 수 없다. 여기서는 목자에 대한 심판의 때가 왔음을 말한다.

"너희 흩음"이라는 구절은 시문의 흐름을 중단시키는 것처럼 보인다. 이것은 칠십인역에는 나타나지 않으며, 대부분의 주석가들은 이것을 오염되었고 이해하기 어려운 경우로 본다. 하지만 이 구절은 현재의 형태로 이해가 가능하다. 대개 양떼는 도륙당하는 대상이다. 그리고 목자를 잃어버릴 경우, 양들은 대개는 흩어지게 마련이다. "목자 없는 양같이"(왕상 22:17; 겔 34:5; 렘 10:21; 23:1-2 참조). 여기서 역설적으로 목자들이 양 대신 도륙을 당하게 되고/혹은 흩어지게 된다. "흩어짐"은 전쟁의 부산물인 이주와 추방에 대한 묘사일 수도 있다.

이 절의 마지막 구절인 "너희가 귀한 그릇의 떨어짐같이 될 것이라"는 구절은 추락 사실에 초점을 둔 것이 아니라 그 결과에 초점을 둔 것이다. 귀한 그릇은 특별히 고가의 도자기일 경우 떨어지면 깨어진다. 그 같은 추락을 견뎌내기 위해 동일한 종류의 그릇은 더 무거워지게 마련이다. 이 이미지는 다시 한 번 파괴의 이미지를 보여 준다.

35 절박한 심판으로부터 도망하려는 시도가 성공할 수 없음을 보여 주는 죽음에 이를 것 같은 도망의 이미지는 다른 예언 사역(암 2:14)과 애가(시 142:5[4]; 욥 11:20)에서도 발견된다. 거기서는 여호와의 심판을 피해 보려고 하는 자들에게 어떤 피난처도 없을 것이다.

36 36절은 완전한 문장이 아니다. 이것은 들리고 있는 소리, 즉 목자들의 고통으

로 인한 외침, 절망으로 인한 신음의 소리에 대한 절규다. 이 소리지름의 이유는 여호와께서 그들의 초장을 황폐하게 만드시기 때문이다.

37 여호와의 행위의 결과로 평화로운 목초지가 적막해진다. 그 곳에는 양 한 마리도 없고 목자도 없다. 신음하는 소리가 난 후에는 오로지 죽음의 고요만이 남는다. 고요와 폐허뿐이다.

38 선행 신탁을 시작했던 이미지처럼(30절), 이 신탁은 여호와를 사자로 서술하면서 끝을 맺는다. 선행 신탁에서는 강조된 것이 사자의 포효였다. 이 신탁에서는 재난이 목자들을 덮치기 때문에 울부짖는 목자들의 신음 소리가 사자의 포효를 대체한다. 선행 신탁에서는 여호와께서 그의 거처인 시온-예루살렘, 그리고 모든 민족을 향하여 소리를 발하셨다. 여기서 그분은 그의 우리(סכו – 스쿠)를 버리신다. 우리를 여호와의 거처인 시온의 은유로 사용한 것이 가능한 일인가? 공포의 장소가 되어버린 그 땅은 유다를 지시할 수도 있고, 더 넓게는 민족들을 지시할 수도 있다. 공포의 원인은 압박(혹은 압제자들[BDB, 413, 이를 집합명사로 취급함])의 열기(여호와는 대적들을 사용해서 민족들을 그들에게 넘기신다)와 여호와의 진노의 열기다. 예레미야가 자주 그랬듯이, 평행되는 행들이 지시하는 바는 여호와는 외적인 세력을 사용하시고 또한 여호와 자신이 스스로 능동적인 힘이 되신다는 것이다.

해설

이 단락은 심판에 대해서만 말한다. 심판은 하나님의 거처(시온-예루살렘)와 모든 민족에게 임할 것이다. 메시지는 쉴새없이 이루어지는 황폐화와 파괴다. 그리고 결국 모든 것이 말해지고 이루어진 후 마지막은 묻히지 못한 시체와 고요로 엉켜있는 전장의 이미지다. 사자는 하나님의 메시지를 가져왔고, 백성들은 그를 주의하지 않았으며, 그 결과는 황폐와 죽음의 고요였다.

예레미야(상)

■ 2011년 2월 25일 초판 3쇄 발행
■ 지은이: 피터 C. 크레이기 외 2인
■ 옮긴이: 권대영
■ 펴낸이: 박영호
■ 펴낸곳: 도서출판 솔로몬
■ 등록번호: 제16-24호
■ 등록일: 1990년 7월 31일
■ 주소: 서울시 동작구 사당로 155 신주빌딩 B1
■ 전화: 599-1482　　팩스: 592-2104
■ 직영서점: 596-5225

ISBN 978-89-8255-322-6
ISBN 978-89-8255-267-0(세트)